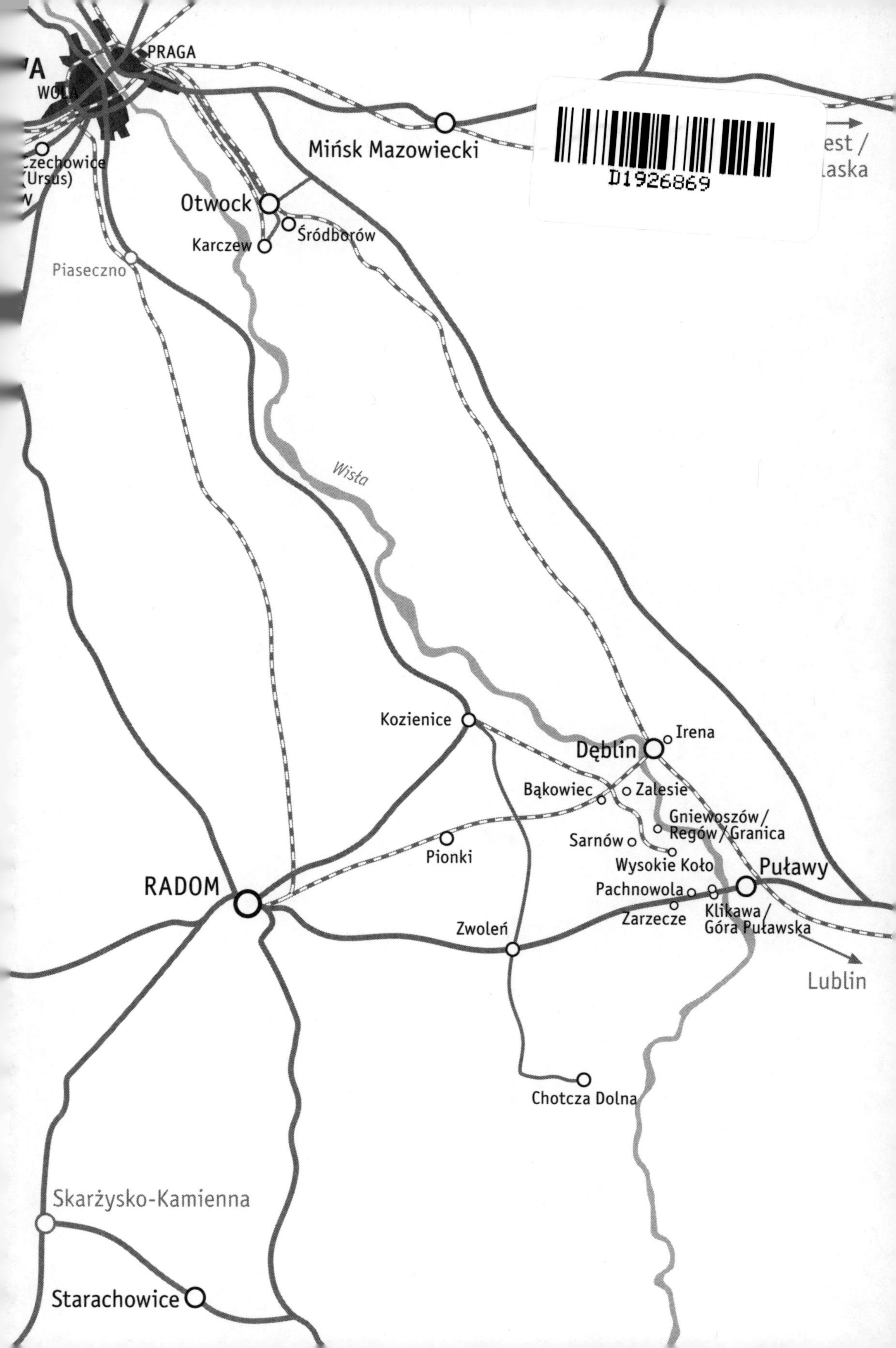

PRAGA
WOLA
Czechowice (Ursus)
Mińsk Mazowiecki
Otwock
Śródborów
Karczew
Piaseczno
Wisła
Kozienice
Dęblin
Irena
Bąkowiec
Zalesie
Gniewoszów / Regów / Granica
Sarnów
Wysokie Koło
Pionki
RADOM
Puławy
Pachnowola
Zarzecze
Klikawa / Góra Puławska
Zwoleń
Lublin
Chotcza Dolna
Skarżysko-Kamienna
Starachowice

Aufzeichnungen aus dem Versteck

Meiner Frau Ruth gewidmet,
die immer überzeugt war, daß meine Schriften
als wichtiges Dokument in die Öffentlichkeit gehören.

Frederick Weinstein

Aufzeichnungen aus dem Versteck

Erlebnisse eines polnischen Juden 1939–1946

Aus dem Polnischen übersetzt von Jolanta Woźniak-Kreutzer,
herausgegeben und mit einem Kommentar versehen
von Barbara Schieb und Martina Voigt

Lukas Verlag

Wichtiger Hinweis:
Die Rechte an sämtlichen Abbildungen und Dokumenten wurden äußerst sorgfältig geprüft und nachgewiesen. Sollten ungeachtet dessen von dritter Seite Ansprüche geltend gemacht werden, wird gebeten, sich an den Verlag zu wenden.

Der Verlag dankt der Hamburger Stiftung zur Förderung von Wissenschaft und Kultur für die unbürokratische und großzügige Unterstützung der Drucklegung dieses Buches.

Erstausgabe, 1. Auflage 2006

Lukas Verlag für Kunst- und Geistesgeschichte
Kollwitzstraße 57
D–10405 Berlin
www.lukasverlag.com

Lektorat: Sabine Leitner (Aufzeichnungen), Dr. Christian Hufen (Anmerkungen)
Layout, Satz und Umschlag: Verlag
Karten auf den Vor- und Nachsatzseiten: Uwe Lorenz, d 17
Druck: Elbe Druckerei Wittenberg
Bindung: Leipziger Großbuchbinderei
Printed in Germany

ISBN 10 3–936872–70–8
ISBN 13 978–3–936872–70–5

Inhalt

Vorbemerkungen

Mich heute über diese Publikation zu äußern, fällt mir weitaus schwerer als ehedem dieses Buch zu schreiben, weil es eine Reise in die schlimme Vergangenheit bedeutet.

Als ich damals die Ereignisse beschrieb, fast zeitgleich oder nur kurze Zeit später, da stoben die Worte nur so aus meinem Kopf heraus, und ich stand noch völlig unter dem Eindruck all der Greuelszenen und des menschlichen Leidens um mich herum. Mein Traum von unserer Befreiung und die Phantasien über eine gerechten Strafe für die Täter hielten mich aufrecht und ließen mich gegen alle widrigen Umstände leben.

Wenn sich der Leser fragt, weshalb dieses Manuskript erst jetzt, nach mehreren Jahrzehnten, zum Vorschein kommt, dann muß ich gestehen, daß dies nur auf Initiative bestimmter Menschen geschah. Mit ihren Argumenten, ihrer beständigen Unterstützung und Überzeugungskraft brachten sie mich schließlich dazu, dieses Buch für all jene zu veröffentlichen, die heute jung sind und von der Geschichte Osteuropas nur wenig wissen.

Zuerst überzeugten mich meine Frau Ruth und meine Kinder, und dann auch Barbara Schieb, welche von der Geschichte meines Überlebens sehr bewegt war. Ich dagegen, der ich niemals auch nur ein Stück dieser damaligen Aufzeichnungen hatte lesen wollen, da es mich seelisch zu sehr mitnahm, hatte das Heft als ein sehr wertvolles Vermächtnis und Erinnerungsstück verschlossen gehalten.

Das ausschlaggebende Argument war jedoch für mich, daß mein Buch eine wichtige Lektüre für alle jungen und nicht mehr so jungen Leute in Deutschland sein kann, denen ihre Väter und Großväter nicht von den von mir geschilderten Verbrechen des Zweiten Weltkrieges berichteten, da sie diese selbst zu verantworten hatten. Ob die Nachkommen dieser Männer ihnen verzeihen oder sie beschuldigen – was auch immer sie fühlen, die Leser meines Buches werden diese Akteure im Geiste richten.

Ich selbst schrieb nach dem Motto: »Der Feind meines Feindes ist mein Freund«. Daraus erklären sich die Ausbrüche sowohl von Freude als auch von Niedergeschlagenheit im letzten Teil meiner Aufzeichnungen, je nachdem, ob unsere lang erwarteten Befreier einen Gegenschlag hinnehmen mußten oder einen Sieg errangen.

Ich schulde den drei Frauen Dank, die mit Fleiß und Verständnis an dieser Veröffentlichung gearbeitet haben: Barbara Schieb und Martina Voigt, die das »Projekt« auf den Weg gebracht und organisiert haben, die den Fakten von damals nachgeforscht und die historischen Kommentare geschrieben haben. Jola Woźniak-Kreutzer danke ich außerordentlich für den guten deutschen Text, da sie in ihrem unermüdlichen Ringen mit der Übersetzung meines schwierigen handschriftlichen Textes dies alles erst ermöglichte.

Zum Schluß ist es mir ein tiefes Bedürfnis, diejenigen Menschen zu würdigen, die damals bereitwillig ihr eigenes Leben und das ihrer Familien für unser Überleben riskierten. Wer im von Nazi-Deutschland besetzten Polen verfolgten Juden half, mußte in jedem Fall mit der Todesstrafe rechnen, wenn dies bemerkt worden wäre.

Irena Bocian war eine junge Frau, die das Leben ihrer Mutter, ihrer Tochter und ihr eigenes in Gefahr brachte, als sie mich in ihrem Haus in Gniewoszów versteckte. Zofia, ihre damals erst zwölfjährige Tochter, besuchte und tröstete mich, als ich mich in einem Kornfeld verbergen mußte. Bis heute bin ich mit ihr in Kontakt. Sie lebt in der polnischen Hauptstadt Warschau.

Ebenfalls in Gniewoszów gewährte mir Bolesław Paciorek für ein paar Tage Unterschlupf in seinem Haus und besorgte für meine Eltern und mich Blankoformulare zur Beschaffung von Personalausweisen, mit denen wir uns unter falschen Namen legitimieren konnten.

Piotr Przeradowski, seine Ehefrau und seine Schwiegermutter und auch Jadwiga Łazarowicz aus dem Warschauer Stadtteil Wola halfen meiner Mutter, einen Kellerraum im »arischen« Teil Warschaus anzumieten, in dem wir – meine Eltern und ich – uns zu dritt verbargen. Piotr versorgte uns mit Nachrichten über den Frontverlauf und den Rückzug der Deutschen und versuchte, unsere Gemüter bei jedem seiner Besuch aufzuhellen. Er stand uns zwischen Herbst 1942 bis ins Jahr 1944 kontinuierlich bei. Ebenso half uns – mit Gaben und Verschwiegenheit – Andrzej Łukawski, mein Vorarbeiter bei den Warschauer »Ursus«-Werken.

Diese edlen Menschen trugen dazu bei, das Leben meiner Eltern und meines zu retten.

New York im Frühjahr 2006 *Frederick Weinstein*

Einleitung

Als Fryderyk Winnykamień im Mai 1946 von Bremerhaven aus New York erreichte, befanden sich in seinem bescheidenen Gepäck keine seiner Aufzeichnungen über die Jahre der Verfolgung. Er hatte die Papiere bei einer guten Freundin in Łódź zurückgelassen. Erst später, noch 1946 oder 1947, erreichte das Bündel mit Aufzeichnungen aus Europa die neue Welt. Seit dieser Zeit befinden sich die privaten Papiere im Besitz des Autors.[1]

Mit seiner Auswanderung in die Vereinigten Staaten von Amerika hoffte der junge Mann, der sich nun Frederick Weinstein nannte, sein bisheriges Leben hinter sich lassen zu können: Polen, das Land seiner Geburt und Jugend, die Verfolgung als Jude nach der deutschen Besetzung des Landes, die siebzehn Monate, die er sich 1943 und 1944 in einem Kellerraum in Warschau vor den deutschen Verfolgern verborgen hatte, die gefährliche und lebensrettende Verpflichtung als Dolmetscher für die Wehrmacht unter falscher Identität bis zur Befreiung 1945.

Beschäftigt mit dem Aufbau seines neuen Lebens in New York City, sah Frederick Weinstein keinen Grund, sich mit der Zeit zwischen 1939 und 1945 und den vergilbenden Blättern seiner Notizen und Tagebücher zu befassen. Heirat und Familiengründung, die drei Kinder, die Arbeit als Feinmechaniker – der Alltag des Aufbaus eines neuen Lebens ging vor. Doch bewahrte Weinstein seine Manuskripte sorgfältig auf und gab ihnen in jeder seiner Wohnungen einen besonders sicheren Platz. Lesen konnte sie ohnehin nur er selbst, denn weder seine Frau noch die Kinder beherrschen das Polnische.

Erst rund fünfzig Jahre später, als die längst erwachsen gewordenen Kinder immer häufiger nach dem Schicksal des Vaters in Europa fragten, wurden die Papiere wieder aus dem Schrank hervor geholt. Ende der neunziger Jahre übertrug ein Übersetzer die Aufzeichnungen ins Englische. Nun konnte die Familie nachlesen, wie es dem Vater während der Nazi-Okkupation Polens ergangen war.[2]

Um diese Zeit lernte Barbara Schieb Fredericks Weinsteins Ehefrau Ruth kennen, weil sie eine der letzten Zeuginnen eines jüdischen Familienschicksals in Berlin ist.[3] Frederick Weinstein gab Barbara Schieb die Übersetzung seiner autobiographischen Schriften aus dem Untergrund zu lesen. Fasziniert von der Dramatik der Erzählung sowie der Authentizität dieses historisch wertvollen

1 Diese Informationen stammen vom Autor, New York im Oktober 2002.

2 Frederick Weinstein, Life on the precipice of hope and fate, New York 2000, unveröffentlichtes Typoskript, © U.S.Library of Congress.

3 Barbara Schieb, Nachricht von Chotzen.

Berichts entstand der Plan, eine Übersetzung der polnischen Originalschrift aus den Jahren 1943 und 1944 in Deutschland zu veröffentlichen. Frederick Weinstein hat sich die Konsequenzen reiflich überlegt und schließlich eine Publikation im Land der Täter für sinnvoll gehalten. Ausschlaggebend war für ihn die Möglichkeit, den jüngeren Generationen in Deutschland mit Hilfe seiner Geschichte die Auswirkungen der nationalsozialistischen Politik auf einen einzelnen Menschen vor Augen führen zu können.

Im Zuge des darauf folgenden Editionsprozesses setzte er sich nicht nur einer Geduldsprobe aus, sondern auch der Belastung, durch unsere ständigen Nachfragen immer wieder aufs Neue in die lebensgefährliche Zeit der Verfolgung geführt zu werden. Trotz aller Versuche, so behutsam wie möglich vorzugehen, ließ es sich nicht vermeiden, daß er sich etliche Abgründe seines damaligen Lebens wiederholt vorstellen mußte. Dafür, daß er sich seiner Vergangenheit erneut stellte und sich immer so exakt wie möglich erinnerte, sind wir ihm zu tiefem Dank verpflichtet.

Mit Frederick Weinsteins Aufzeichnungen wird also ein historisches Dokument der Öffentlichkeit übergeben, dessen Autor auch am viel später stattfindenden Editionsprozeß teilhatte. Das ist etwas Besonderes. Denn die bekannten noch in der Zeit des Holocausts abgefaßten autobiographischen Schriften von Juden stammen zumeist von Autoren, die den Völkermord nicht überlebt haben – man denke an Anne Frank, die 1945 im Konzentrationslager Bergen-Belsen kurz vor der Befreiung starb. Aber auch von den polnischen Juden Emanuel Ringelblum, Adam Czerniaków, Abraham Lewin oder Chaim Kaplan kennen wir nur ihre schriftlichen Zeugnisse, nicht die Menschen. Deren Texte lesen sich wie verkapselte Botschaften aus der Vergangenheit.

Im vorliegenden Fall dagegen konnte der Autor sechzig Jahre nach der Niederschrift seiner Aufzeichnungen befragt werden. Weinsteins Tagebücher und Erinnerungen aus der Nazi-Zeit werden von ihm selbst erklärt, ergänzt und bereichert. Dabei haben wir uns dazu entschieden, diese zusätzlichen Informationen ausschließlich in den Anmerkungen oder den beigeordneten Kapiteln dieses Buches zu bündeln, – der Text seiner Schriften bleibt dadurch unverfälscht und im Duktus der Zeit erhalten. Durch die Gespräche mit dem Autor konnten weite Teile des Textes transparenter gemacht werden.

Manches Detail hat Frederick Weinstein freilich nach sechzig Jahren vergessen. Doch an den Verlauf seiner Verfolgungsgeschichte, an alle existenzbedrohenden Situationen, an Charaktere und Handlungsweisen vieler Personen erinnert er sich genau und hat die dazugehörigen Bilder deutlich vor Augen, als ob die Dinge gestern geschehen wären. Wenn er dann auf Fragen doch keine Antworten mehr wußte, sagte er das auch deutlich. Er wollte weder vage Vermutungen noch seine später erworbenen Kenntnisse über die NS-Verfolgung in die Kommentare einfließen lassen.

*

Der im Jahre 1922 geborene Fryderyk Winnykamień erlebte seinen 21. und 22. Geburtstag im Versteck. Schon zuvor waren seine Zukunftsvorstellungen von den Nazis zerstört worden. Der Sohn einer gebildeten, assimilierten jüdischen Arztfamilie hatte einen akademischen Beruf im technischen Bereich angestrebt. Doch die Verfolgung der Juden im deutsch besetzten Polen zerschlug diesen Plan. Seine Ausbildung an einem technisch-mathematisch orientierten Gymnasium in Łódź mußte Winnykamień abbrechen. Statt einer Karriere blieb ihm nichts anderes, als über mehrere Jahre hinweg als Hilfsarbeiter schwere körperliche Arbeiten zu verrichten. Zuletzt schuftete er als Zwangsarbeiter in dem Warschauer Rüstungsbetrieb »Ursus«. Die Nazi-Verfolgung warf den jungen Mann stärker auf seine Familie zurück als dies seiner Entwicklung angemessen war. Die engere Familie von Fryderyk Winnykamień blieb daher in seinem Leben und seinen Aufzeichnungen die zentrale Bezugsgruppe.

Beide Eltern stammten aus Warschau. Sein Vater Leopold Winnykamień wurde am 30. Mai 1893 als Sohn eines Feldschers (Wundarztes) geboren, seine Mutter Isabella, geborene Gerszange, kam am 5. Januar 1899[4] zur Welt. Nach dem Abitur an einem Warschauer Gymnasium studierte Leopold Winnykamień Zahnmedizin. Seine Ausbildung finanzierte er mit seiner Arbeit als Mathematiklehrer und Chefbuchhalter des Jüdischen Krankenhauses in Warschau. Nach dem Abschluß seines Studiums ging er in den letzten Monaten des Ersten Weltkriegs 1918 als Zahnarzt nach Deutschland. Nachgewiesen ist seine Anstellung in der Zahnklinik der Allgemeinen Ortskrankenkasse Bremerhaven-Geestemünde-Lehe zwischen August und November 1918.[5] Die deutsche Sprache beherrschte er bereits während des Studiums.

Schon seit seiner Kindheit kannte Leopold Winnykamień seine entfernte, nicht blutsverwandte Kusine Isabella Gerszange. Aus Freundschaft entwickelte sich mehr: Am 7. März 1919 heirateten sie in Warschau. Isabella Winnykamień hatte ihre Schulausbildung mit dem Abitur am Warschauer Russischen Gymnasium abgeschlossen und war somit für ihre Zeit, als Mädchen selten eine höhere Schule besuchen konnten, eine vergleichsweise gebildete Frau. Sie sprach Russisch fließend und akzentfrei und hatte zudem Deutsch gelernt.[6]

Am 21. Februar 1920, ein knappes Jahr nach der Hochzeit, wurde ihre älteste Tochter Apolonia, genannt Pola, in Warschau geboren. Als junger Zahnarzt sah Leopold Winnykamień wenig Chancen, in Warschau Fuß zu fassen. Deshalb

4 Ihr Geburtsjahr hat Isabella Winnykamień in verschiedenen Dokumenten auch mit 1903 oder noch späteren Jahresdaten angegeben – sie hatte die Neigung, sich jünger zu machen als sie war. (Landesentschädigungsamt München, Entschädigungsakte 24154, Bl. 1)

5 Bescheinigung der AOK Bremerhaven vom 20.5.1948, Privatbesitz Frederick Weinstein.

6 Interview Frederick Weinstein, New York, Oktober 2002, Band IV B.

ging er mit seiner Frau und der kleinen Tochter in den etwa 200 Kilometer weiter östlich gelegenen Ort Biała Podlaska und eröffnete dort seine erste Praxis. Am 14. Februar 1922 kam dort sein Sohn Fryderyk zur Welt. Nach etwa drei Jahren zog es den Vater in die damals nächstgrößere Stadt Międzyrzec. Die Familie ließ sich dort nieder, und am 27. Oktober 1927 wurde hier das dritte Kind, die Tochter Ryszarda, genannt Rysia, geboren. 1931 verließ die Familie auch diesen Ort, um sich in Łódź niederzulassen. Anfangs in einer Gemeinschaftspraxis tätig, wollte Leopold Winnykamień auf Dauer unabhängig sein und gründete deshalb 1934 seine eigene Praxis am Plac Kościelny 4 in der Łódźer Innenstadt. Die Wohnung der Familie lag in den angrenzenden Räumen. Hier lebten die Winnykamieńs bis zum Herbst 1939, als die deutsche Wehrmacht Polen überfiel und innerhalb weniger Wochen besetzte.

Die Familie sprach untereinander Polnisch und die Ausübung der Religion war Nebensache. Man beging lediglich die höchsten jüdischen Feiertage. Familie Winnykamień gehörte damit zu der dünnen polnisch-jüdischen Mittelschicht, die bemüht war, sich an die Mehrheitsgesellschaft zu assimilieren. Ein deutliches Zeichen dafür ist die Namensgebung der drei Kinder, die in keinem jüdischen Kontext steht.[7]

Doch die ungestörte Entfaltung des jungen jüdischen Zahnarztes war in der traditionell judenfeindlich eingestellten katholischen Mehrheitsgesellschaft zur Zeit der ersten polnischen Republik nicht immer reibungslos möglich. Leopold Winnykamieńs Biographie zeigt deutlich, wie sehr er sich den Gegebenheiten anpaßte und ständig genau beobachtete, wo sich neue Möglichkeiten für eine Verbesserung seiner Arbeits- und Lebenssituation ergeben könnten. Diese Haltung des Vaters hat auch den Sohn Fryderyk stark geprägt, und sie wirkte sich auch auf die Entscheidungen aus, die letztlich zum Überleben von Leopold, Isabella und Fryderyk Winnykamień in den Jahren der Judenverfolgung durch die Nazis führten.

Daß es der Sohn mit einem solch wendigen, klugen und vorausschauenden Vater nicht immer leicht hatte, wird der Leser dieses Buchs bemerken. Es ist sicherlich eine Besonderheit seiner Aufzeichnungen, daß Fryderyk Winnykamień seine Konflikte mit dem Vater recht offen beschrieb. Seine Mutter Isabella dagegen blieb eher im Hintergrund der Geschehnisse. Auf den ersten Blick scheint sie die traditionelle Hausfrauenrolle in der Familie ausgefüllt zu haben, doch kommt sie durchaus auch als eigenständig Handelnde vor.[8] Fryderyk Winnykamień drückte sich nicht sehr deutlich über sein Verhältnis zur Mutter aus, aber solch gravierende Probleme wie mit seinem Vater hatte er mit ihr offenbar nicht.

7 Die frühchristliche Märtyrerin Apollonia gilt als Schutzpatronin der Zahnärzte. Ihre Attribute sind Zahn und Zange.

8 Siehe S. 199 und 302.

Die Beziehungen des jungen Fryderyk zu seinen beiden Schwestern entwikkelten sich recht unterschiedlich: Während er sich zu seiner zwei Jahre älteren Schwester Pola sehr stark hingezogen fühlte, war der Kontakt zu der fünf Jahre jüngeren Rysia, der »Kleinen«, loser. Seine Bindung an Pola war die tiefste und positivste von all seinen Familienbeziehungen, und ihre spätere Weigerung, mit ihm das Warschauer Ghetto zu verlassen, sowie ihre Ermordung am ersten Tag des Ghetto-Aufstands stürzten ihn in tiefe Depressionen. Noch heute, mehr als sechzig Jahre später, fallen Frederick Weinstein Gespräche über Pola sehr schwer.[9]

In den Aufzeichnungen werden darüber hinaus viele Mitglieder des weiteren Familienkreises Winnykamień und Gerszange genannt: die Familien Kurctag, Fajersztajn, Fogler und Bigos. Das waren meist Geschwister oder Halbgeschwister der Eltern und deren Familien. Das Familienleben war kompliziert: Beide Großväter Fryderyk Winnykamieńs hatten nach dem Tod ihrer ersten Ehefrauen ein zweites Mal geheiratet, und so gab es zahlreiche Tanten und Onkel, die zum größten Teil in Warschau lebten. Fryderyk Winnykamieńs Verhältnis zu ihnen war höchst unterschiedlich, und auch hier ist bemerkenswert, wie freimütig er über die wechselseitig schlechten Beziehungen schrieb.

Mit dem Kriegsbeginn und der Besetzung Polens durch die Deutschen im September 1939 begann für die Familie eine Odyssee: immerzu fort vor der Nazi-Verfolgung. Im September lebte die Familie in Łódź. Eine panische Flucht – zusammen mit vielen weiteren Einwohnern – führte nach nur wenigen Tagen wieder zurück in die Stadt. Im Spätherbst 1939 zog die Familie zu Verwandten nach Warschau. Dort blieb sie bis zum Sommer 1940. Nach einem kurzen Zwischenaufenthalt in Otwock bei Warschau suchten Winnykamieńs im Herbst 1940 Zuflucht in dem kleinen Ort Gniewoszów im damaligen Distrikt Radom. Hier lebte die Familie die nächsten anderthalb Jahre in relativer Sicherheit. Nur Tochter Pola blieb nicht in diesem Provinzort und ging im Herbst 1941 ins Warschauer Ghetto, wo sie ihre Ausbildung als Krankenschwester fortsetzte. Von Gniewoszów mußte der Autor im Juni 1942 vor Razzien der Deutschen fliehen und ließ sich, da es kaum andere Auswege gab, ausgerechnet ins Warschauer Ghetto einschmuggeln. Kurz darauf begannen dort die großen Deportationen der Juden in das Vernichtungslager Treblinka. Seine Eltern und seine jüngere Schwester flohen wenig später, im August 1942, ebenfalls aus Gniewoszów und tarnten sich seit dieser Zeit als Nicht-Juden. Der gerade fünfzehnjährigen Rysia gelang es, sich als christliche freiwillige Arbeiterin »ins Reich« zu melden. Unter falschem Namen arbeitete sie von November 1942 an in einer Fabrik in Bötzow bei Berlin.

9 Auf Frederick Weinsteins Initiative hängt seit Ende 2004 eine Gedenktafel zum Gedächtnis an Pola Winnykamień auf dem Jüdischen Friedhof in Warschau.

Anfang Dezember 1942 konnte die Mutter unter falscher Identität ein Kellerzimmer in der Ulica Wolska 54, auf der »arischen Seite« Warschaus, im proletarisch geprägten Stadtteil Wola anmieten. Ab Februar 1943, nach seiner gelungenen Flucht aus dem Warschauer Ghetto, nicht lange vor Beginn des jüdischen Aufstands, lebte auch Fryderyk Winnykamień in dem gemeinsamen Warschauer Versteck. In einem einzigen Kellerzimmer verbarg er sich mit seinen Eltern auf engstem Raum – Vater und Sohn als heimliche Mitbewohner der Mutter, da nur sie falsche Dokumente besaß. Dort verfaßte Fryderyk Winnykamień seine hier vorliegenden Aufzeichnungen.

*

Fryderyk Winnykamień beschrieb seine Erfahrungen von 1939 bis Februar 1943 aus der Rückschau, zeitgleiche Aufzeichnungen aus dieser Periode befinden sich in dem Konvolut nicht. Vermutlich begann er nicht unmittelbar nach seiner Flucht aus dem Warschauer Ghetto, seine Erlebnisse aufzuschreiben. Der genaue Zeitpunkt ist ihm heute nicht mehr erinnerlich.

Die äußeren Umstände in dem Versteck waren sehr karg: Da gab es einen kleinen Tisch und einen Stuhl. Licht fiel nur durch ein Fenster unterhalb der Kellerdecke. Künstliche Beleuchtung existierte nicht. Tinte sowie die Papierbögen – Altpapier aus einem Büro – besorgte der christliche Helfer Piotr Przeradowski aus einer bis heute unbekannten Quelle. Tagsüber mußte Fryderyk Winnykamień immer auf Unterbrechungen gefaßt sein, wenn Nachbarn oder Helfer an der Tür klopften. Denn auch die wenigen Unterstützer der Familie sollten von seinen Aufzeichnungen nichts wissen.

Diese Manuskripte aus den Jahren 1943 und 1944 umfassen insgesamt 267 Seiten unterschiedlicher Größen. Sie bestehen aus drei Hauptteilen: aus einer ausformulierten autobiographischen Erzählung, die er 1944 noch im Ungewissen über sein weiteres Schicksal unter der Nazi-Verfolgung verfaßte (Manuskriptteil A), aus sieben Blättern mit Notizen über das Warschauer Ghetto (Manuskriptteile B und C) sowie fünf Bögen mit unregelmäßigen Tagebuchaufzeichnungen aus der Zeit im Versteck (Manuskriptteil E). Die verschiedenen Teile lassen sich am Papier, aber auch anhand der äußeren Gestaltung und der wechselnden Handschrift gut unterscheiden: Während der ausformulierte Text der Erzählung sehr ebenmäßig geschrieben ist, weisen sowohl der Notizenteil als auch der Tagebuchtext einen wesentlich gehetzteren Duktus auf. Auch Streichungen kommen in diesen beiden Teilen viel häufiger vor – man sieht, daß es sich für Fryderyk Winnykamień um vorläufige Texte gehandelt haben muß.

Der längste Teil der Aufzeichnungen besteht aus der ausformulierten Erzählung über seine Erlebnisse zwischen Ende August 1939 und dem 21. Juli 1942 (Manuskriptteil A, S. 45–269). Sie wurde am 9. Juni 1944 begonnen und

Manuskriptteil	geschilderter Zeitraum	Orte der Handlung	Entstehungszeit	Original-sprache
A Erzählung	August 1939 bis 21. Juli 1942	Łódż, Warschau, Otwock, Gniewoszów, Warschauer Ghetto	9. Juni bis maximal 2. August 1944	Polnisch
B Notizen zum Warschauer Ghetto	23. Juni 1942 bis 7. Februar 1943	Warschauer Ghetto	zwischen wahrschein-lich Herbst 1943 und Juni 1944	Polnisch
C ergänzendes Notiz-blatt zum Warschauer Ghetto	September 1942 bis Januar 1943	Warschauer Ghetto	zwischen wahrschein-lich Herbst 1943 und Juni 1944	Polnisch
D nachträglicher Bericht	7. Februar 1943 bis Herbst 1943	Warschau-Wola (Versteck)	um 1999	Englisch
E Tagebuch aus dem Versteck	November/Dezember 1943 bis 2. August 1944	Warschau-Wola (Versteck)	Dezember 1943 bis 2. August 1944	Polnisch

spätestens am 2. August 1944 abgeschlossen. Dieses Konvolut umfaßt 232 Seiten, die Fryderyk Winnykamień mit einem Einband versehen als dickes Heft zusammenband, sowie sechs lose, größere Blätter (S. 227–269).

Der inhaltlich folgende Teil kann als »Notizen aus dem Warschauer Ghetto« bezeichnet werden. Die Vorderseiten der sechs großen und beidseitig beschriebenen Bögen hat der Autor mit römischen Ziffern paginiert (Manuskriptteil B, S. 275–306). Des weiteren ist ein Bogen mit ergänzenden Vermerken überliefert (Manuskriptteil C, S. 309–312). Diese Notizen umfassen die Zeit im Warschauer Ghetto zwischen dem 23. Juni 1942 und Fryderyk Winnykamieńs Flucht am 7. Februar 1943. Es handelt sich nicht, wie der erste Augenschein vermuten läßt, um Tagebuchaufzeichnungen aus dem Ghetto, sondern um Notizen, die er ebenfalls erst später im Versteck außerhalb des Ghettos niederschrieb. Dabei schwebte ihm offenbar eine spätere Ausarbeitung zu einer geschlossenen Erzählung vor Augen, worauf die inhaltlichen Überschneidungen der Notizen mit dem letzten ausformulierten Kapitel IX der Erzählung und die häufig angebrachten Vermerke »Beschreibung von« hindeuten. Zu welcher Zeit im Versteck diese Notizen entstanden sind, ist nicht eindeutig zu rekonstruieren. Der Autor weiß es nicht mehr, und der Inhalt läßt keine genaue Bestimmung zu.

Fryderyk Winnykamień war nach seiner Flucht aus dem Ghetto mit dem Bau eines Verstecks in der Kellerwohnung beschäftigt. Im April und Mai 1943 lebte die Familie in großer Sorge, als sie wochenlang die Vernichtung des Warschauer Ghettos von der »arischen« Stadtseite aus beobachten mußte. Über einen Boten erhielt sie schließlich die Nachricht vom Tod der Tochter und Schwester Pola während des Ghettoaufstandes. Dieser Verlust ließ die drei Versteckten zeitweise verzweifeln, lethargisch verbrachten sie Tag für Tag, Woche für Woche. Es ist daher anzunehmen, daß Fryderyk Winnykamień mental nicht vor Herbst 1943 in der Lage gewesen sein wird, sich mit der Aufzeichnung seiner Erlebnisse zu beschäftigen. Wahrscheinlich verfaßte er also die Notizen parallel zu seinem Tagebuch ab Dezember 1943. Möglicherweise hatte der Autor weitere Notizen zu den Erlebnissen ab 1939 angefertigt, die er wegwarf, nachdem er sie zur Erzählung umgearbeitet hatte.

Der dritte große Teil der Aufzeichnungen umfaßt die Blätter mit annähernd zeitgleichen Tagebucheinträgen zwischen Spätherbst 1943 und August 1944 (Manuskriptteil E, S. 321–345). Der erste Eintrag stammt wahrscheinlich vom 16. Dezember 1943 und beginnt mit den Sätzen: »Es ist sehr kalt. Wir zittern vor Kälte.«[10] Bis zum 2. August 1944 beschrieb er fünf große Bögen mit Notizen, knappen Sätzen und Kurzbeschreibungen dessen, was er im Versteck erlebte. Er versah die Vorderseiten der beidseitig beschriebenen Blätter mit den arabischen Ziffern 1 bis 5. Es wechseln sich tägliche mit zusammenfassenden monatlichen Einträgen ab, doch ab Juli 1944 sind die täglichen Einträge regelmäßiger und bei weitem ausführlicher als zuvor. Mit seinem letzten Eintrag am Morgen des 2. August 1944 bricht der Text ab. Der Warschauer Aufstand hatte begonnen, und die brutalen Gegenmaßnahmen der Deutschen zwangen die Winnykamieńs zur Flucht aus ihrem Versteck.

In der Rückschau bezeichnet Frederick Weinstein sein damaliges Schreiben als »outburst«, als Ventil für seine in sich verschlossenen Erlebnisse. Der junge Mann war geübt, da er bereits einige seiner Erfahrungen in den Jahren 1940 bis 1942 durch eine recht umfangreiche Korrespondenz mit Bekannten und während seiner Zeit im Warschauer Ghetto auf kleinen Zetteln festgehalten hatte. Briefe und Notizen dieser Art haben sich jedoch nicht erhalten.

Anders als es der jetzige Aufbau des Buches erscheinen läßt, entstanden also die fragmentarischen Notizen zum Warschauer Ghetto (Manuskriptteil B und C) und ein Teil der Tagebuchaufzeichnungen (Manuskriptteil E) mehrere Monate früher als die Erzählung (Manuskriptteil A). Das hat ganz offenbar Gründe, die in der psychischen Situation des Autors lagen: Nachdem Fryderyk Winnykamień in den Wintermonaten 1943/44 und im folgenden Frühjahr lediglich etliche Erlebnisse in Stichworten festgehalten hatte, änderte die Nachricht über die erfolgreiche Invasion der alliierten Truppen an der französischen Atlantikküste am 6. Juni 1944 seine Haltung grundlegend. Die neue militärische Lage ließ die Befreiung von den Nazis erstmals wahrscheinlich werden.

10 Dieser Satz ist als der erste Eintrag nicht eindeutig zu identifizieren, weil der Autor weitere Notizen, unter anderem unter früherem Datum, um diese Zeile herum gruppierte, siehe die Abbildung dieses Blattes auf S. 319.

Diese Hoffnung muß ihn in eine Art »kontrollierten Schreibrausch« versetzt haben, denn er verfaßte innerhalb von knapp zwei Monaten seine gesamte autobiographische Erzählung.

Obwohl er sein Schreibbedürfnis als überwältigend empfand, ist Fryderyk Winnykamieńs Erzählung im Aufbau entlang der Chronologie der Geschehnisse und in der Wahl der stilistischen Mittel genauestens strukturiert. Sein Anspruch, das Erlebte auch in Details exakt zu benennen, war sehr hoch, doch standen ihm als Hilfsmittel nur sein und seiner Eltern Gedächtnis zur Verfügung. Er wollte das, was er er- und durchlebt hatte, mit genauen Daten bezeichnen und nicht irgend etwas Vages festhalten, sondern zum Ereignis auch Ort, Tag, Monat und Jahr hinzufügen. Sein Vater besaß einen oder mehrere – nicht erhaltene – Kalender vergangener Jahre, so daß er und sein Sohn über mögliche Datierungen gemeinsam berieten, jedoch mit der Tendenz, manches Ereignis eher geringfügig zu früh festzumachen.

Der Autor teilte seine Erzählung in neun Kapitel ein, wobei er die Zäsuren jeweils entlang seiner individuellen Ortswechsel vornahm. Lediglich das Ende des Kapitels IX (Manuskriptteil A, S. 269) folgte einem anderen Bruch in seinem Leben: Am 22. Juli 1942 begannen die Massendeportationen der Juden aus dem Warschauer Ghetto, die er in einem nie ausgeführten Kapitel X beschreiben wollte.

Spätestens am 2. August 1944 erreichte Fryderyk Winnykamień das Ende des neunten Kapitels seiner Erzählung und mußte seine Arbeit mit der erzwungenen Aufgabe des Verstecks abbrechen. Die auffällig langen Tagebuchnotierungen ab dem 27. Juli 1944 (Manuskriptteil E, ab S. 334) lassen jedoch mutmaßen, daß er die Abfassung seiner Erzählung bereits an diesem Tag unterbrach, da ihn die täglichen Ereignisse völlig absorbierten. Seine Einträge verdichten sich Ende Juli 1944 mit dem Heranrücken der Roten Armee auf Warschau und seiner wachsenden Hoffnung auf eine baldige Befreiung. Am Schluß gipfeln sie in nahezu stündliche Notizen.

Die Aufzeichnungen enden abrupt: Mitten in den Kämpfen des Warschauer Aufstands mußte die Familie die Kellerwohnung aufgeben. Mutter, Vater und Sohn mischten sich als polnische Zivilisten getarnt unter die übrige Stadtbevölkerung. Da Fryderyk Winnykamień wußte, daß es viel zu gefährlich gewesen wäre, die Schriften bei sich zu tragen – schließlich ging aus ihnen seine jüdische Identität eindeutig hervor –, vergrub er die Papiere in Wachstuch eingeschlagen im Sand des selbst gebauten Notverstecks unterhalb des Kellerfußbodens. Nach der Befreiung im Januar 1945 gab es für ihn nur einen einzigen Grund, nach Warschau zurückzukehren: Er mußte nachschauen, was aus seinen Aufzeichnungen geworden war. Er fand sie in den Ruinen des ausgebrannten Hauses unversehrt an der Stelle wieder, an der er sie ein halbes Jahr zuvor deponiert hatte.

*

Der Autor und Protagonist war siebzehneinhalb Jahre alt, als das Deutsche Reich Polen überfiel. Er war einundzwanzigeinhalb Jahre alt, als er seine Aufzeichnungen zu schreiben begann. Einen Monat nach der Befreiung beging er seinen dreiundzwanzigsten Geburtstag. In diesen Lebensjahren vollzieht sich gewöhnlich das Erwachsenwerden. Fryderyk Winnykamieńs Beschreibung seines Entwicklungswegs unter lebensbedrohlichen Bedingungen ist, abgesehen von der Schilderung der Ereignisse, eine der Subgeschichten dieses Textes. Dennoch ist dies nicht der Aspekt, der den Autor zu seinen Aufzeichnungen drängte. Sein Selbstbild, seine Selbstkonstruktion führt in eine andere Richtung: Er schrieb über seinen Überlebenskampf und tat dies nicht zuletzt zur mentalen Selbsterhaltung.

Mehrfach aber erwähnt er im Text seiner Erzählung seine möglichen Leser, versucht sogar, sich in ihre Lage zu versetzen, und spricht sie an.[11] Diese Adressierung und die an einen Fremden gerichteten Darstellungen seiner Person und Familie deuten darauf hin, daß er die Erzählung auch als eine Mitteilung an die Außenwelt verstand.[12] Anders hingegen die Notizen und alle Tagebucheinträge, die einen nach innen gerichteten Charakter tragen und vielfache Botschaften an ihn selbst enthalten. So sind zwei unterschiedliche Motive für das Niederlegen seiner Aufzeichnungen zu erkennen: die zum persönlichen Zweck entstandene Notierung seiner Erlebnisse einerseits, und andererseits sein Wunsch, zukünftig gegenüber Menschen, die die jüngsten Ereignisse in Polen nicht kannten, die Judenverfolgungen zu bezeugen. Als er seine Erzählung schrieb, wußte der Autor nicht, wie viele andere Verfolgte dies ebenfalls getan hatten oder taten. Er wußte nicht, ob jemals andere Zeugnisse die Außenwelt erreichen würden. Er konnte nicht ermessen, ob und wie viele Juden die Befreiung würden erleben können.

Für Fryderyk Winnykamień boten die autobiographischen Arbeiten auch eine Möglichkeit, sich selbst Entlastung und Erleichterung zu verschaffen.[13] Hinzu kam, daß das Schreiben für ihn eine ebenso sinnvolle wie praktikable Beschäftigung während seiner »Gefangenschaft in der Familienzelle« war, ähnlich dem Studium eines englischen Lehrbuchs, dem er sich zusammen mit seinem Vater widmete. Mit solch konzentrierter Tätigkeit fiel es ihm leichter, die räumliche Enge und den Hunger zu ertragen und nicht an der unsiche-

11 So zu Beginn des VIII. Kapitels, S. 175.

12 Zum imaginierten Adressaten als einem regelmäßig wiederkehrenden Motiv in den Tagebüchern Gefangener siehe das Kapitel 5 der Studie von Hélène Camarade: Ecritures de la résistance dans le journal intime sous le Troisième Reich (1933–1945), Dissertation an der Universität Toulouse 2, angenommen am 19. Dezember 2003, im Druck.

13 Interview Frederick Weinstein, New York, Oktober 2002, Band VIII A.

ren Zukunft zu verzweifeln. Auch konnte er so dem Zwang, sich monatelang vollkommen still zu verhalten, begegnen. Seine Erlebnisse aufzuschreiben, bot dem Autor die Chance, sich geistig aus der tatenlosen Anspannung im Versteck in jene Zeit zu versetzen, in der er zwar furchtbaren Geschehnissen ausgesetzt war, er jedoch nicht zur Untätigkeit verurteilt war. Dies mag ihm geholfen haben, die Hoffnung auf das Überleben der Familie nicht aufzugeben, obwohl er und auch seine Eltern die Situation im Keller häufig als unerträglich empfunden haben müssen.

Winnykamieńs Impetus, die Stationen seiner Leidenszeit zu notieren, erfuhr eine entscheidende Wende, als sich im Sommer 1944 die Befreiung abzuzeichnen begann. Nun drängte es ihn, sich schriftstellerisch in einer Erzählung (Manuskriptteil A) mit seiner persönlichen Geschichte während der Nazi-Verfolgung auseinanderzusetzen. Er entwickelte damit aus dem Schreiben eine Aufgabe, die auch nach außen gerichtet war. Gefragt, wen er sich als seinen Leser vorstellte, an den er sich im Vorwort und weiteren Stellen seiner Erzählung richtete, antwortete er, er habe an »den Befreier« des Landes gedacht, nicht aber an konkrete Personen oder Personengruppen.[14] Seine schriftstellerische Arbeit erhielt ab Juni 1944 also einen über die Situation im Versteck hinausreichenden, sogar bereits auf eine Zukunft in Freiheit gerichteten Sinn, denn mehr als zu überlegen, ob seine Aufzeichnungen ihn überleben könnten, richtete Fryderyk Winnykamień seine ganze innere Kraft darauf, mit seiner Schrift und durch sein Schreiben auch die letzten Monate der Verfolgung zu überstehen. Hier unterscheidet er sich grundlegend von vielen, die zu einem früheren Zeitpunkt, in weitaus hoffnungsloserer Verfassung, die Verfolgungszeit in Tagebüchern und Memoiren festhielten in der pessimistischen Aussicht, nur durch ihre Schriften in einer unbestimmbaren Zukunft nach dem eigenen Tod die Verbrechen an den Juden bezeugen zu können.[15] So verstand sich Fryderyk Winnykamień als Chronist der durchlittenen und beobachteten Verfolgungen. Hauptsächlich aber verfaßte er einen Rückblick auf sein eigenes Handeln und bewältigte Gefahren, mit dem er sich – vielleicht unbewußt – Mut für die noch bevorstehenden letzten Herausforderungen bis zur Befreiung zusprach. Die Erzählung ist voller Vitalität und spart nicht mit Sarkasmen: Auch das ein Zeichen dafür, daß dieser junge Mann nicht daran dachte, einfach aufzugeben. Wie er im Vorwort von 1944 bemerkte, wäre es ihm sinnlos erschienen, sich dieser Anstrengung zu einem Zeitpunkt zu unterziehen, als er über die Niederlage der Nazis noch im Ungewissen war.

14 Ebenda.

15 So beispielsweise Chaim Kaplan, der sein Tagebuch als eine Aufgabe verstand, die »bis ans völlige Ende meiner körperlichen und geistigen Kräfte mein historischer Auftrag ist«. (Kaplan, Buch, S. 385)

Der Protagonist der Erzählung erscheint als handelndes Individuum agil und autark. Das zur Untätigkeit und Abhängigkeit verdammte »Ich« im Keller konnte nur davon schreiben, wie es damals »draußen« pfiffig und »immer auf der Hut« gewesen war. Hätte der Autor von Phasen der Schwäche und Mutlosigkeit geschrieben, wie sie jeden in seiner Lage befallen mußten, hätte er fürchten müssen, daß Verzweiflung und Verzagen sich aus den Buchstaben auf dem Papier zurückwirkend seiner bemächtigen könnten. Hier wird die Selbstzensur deutlich, der sich Fryderyk Winnykamień unterwarf: Erwähnungen von Ausweglosigkeit, Depressionen und manchen Überlegungen einfach aufzugeben statt durchzuhalten hat er sich in allen seinen Aufzeichnungen verboten. Auch die quälende Gratwanderung zwischen der oft schwer erträglichen räumlichen Nähe zu seinen Eltern, denen gegenüber er sich verantwortlich fühlte, und seinen Versuchen, sein »Ich« zu bewahren, thematisierte er aus Gründen des Selbstschutzes nicht.

So ist die Ich-Person seiner Erzählung ein intelligenter und tatkräftiger junger Mann, der jede günstige Chance ergreift, der sich am liebsten auf nichts und niemanden verläßt, der Situationen schnell analysiert, der trotz der immer enger werdenden Spielräume seine Freiräume und seine Gedankenfreiheit zu bewahren versucht, und der harte Arbeit nicht scheut, wenn sie Lohn und Sicherheit verspricht.

Das klingt, als hätte dieser junge Mann das Heft des Handelns in der Hand gehabt. Aber das hatte er selbstverständlich nicht. Es war die deutsche Besatzungsmacht, die die Machtmittel besaß: qua Verordnungen, durch Polizeigewalt, Besatzungssoldaten und Beamte, durch gefügig gemachte kollaborierende Polen, durch die als Werkzeuge mißbrauchten Judenräte sowie durch die nackte Willkür einzelner. Die Betroffenen waren zum Reagieren verurteilt.

Fryderyk Winnykamień wußte selbstverständlich, daß kaum etwas in seiner Macht stand, sondern daß im Gegenteil böse und glückliche Fügungen ebenso wie Zufälle über die Wendungen seines Lebens entschieden. Als akribischer Beobachter blieb er den furchtbaren Lebensumständen anderer Verfolgter gegenüber nicht unempfindlich, bündelte aber all seine geistigen und körperlichen Kräfte, um sich auf sein eigenes Überleben zu konzentrieren. In seinen Aufzeichnungen reflektierte er diese Haltung und setzte sich mit eigenen Fehlentscheidungen und -handlungen selbstkritisch auseinander. Er hatte keine Veranlassung, den Druck eigener Mitschuld an den Verbrechen zu bewältigen, wie manche den Ghettos entkommene Memoirenautoren.[16] Zu keiner Zeit

16 Ein solches Motiv steht hinter den 1943/44 verfaßten Schriften Stanisław Adlers, eines Funktionärs des Jüdischen Ordnungsdienstes in Warschau, und Calel Perechodniks, der sich als früherer Ghetto-Polizist in Otwock mit der Frage seiner Schuld auseinandersetzte. Auch der frühere Angestellte des jüdischen Arbeitsamts in Warschau, Stefan Ernest (er ist nur unter diesem Tarnnamen bekannt), berichtet aus der Perspektive eines Funktionsträgers,

hatte er Macht über das Schicksal anderer besessen. Dennoch verzichtete er nicht darauf, auch über sein eigenes Handeln zu richten und es rückblickend an hohen moralischen Maßstäben zu messen. Diese sind dem Leser ständig präsent: Sein Handeln darf keinem Leidensgenossen direkt schaden, während dem Feind nicht genug geschadet werden kann.

Die Nutzung der engen Spielräume, die den Verfolgten offenstanden, um selbstrettend zu reagieren und zu versuchen, die eigene Würde zu wahren, sind die großen Themen von Weinsteins Aufzeichnungen.

Und so schilderte er das Schicksal seiner Familie als das von Verfolgten, denen es trotz aller Gefahren und Hindernisse gelang, ihre eigenen Wege zu gehen, auf denen sie den Deutschen so wenig wie möglich begegneten. Er erzählte, wie sie zu dem dringend notwendigen Geld kamen und diejenigen Menschen – Juden wie christlichen Polen – fanden, die ihnen Unterstützung geben konnten und wollten.

Die Gewalt der auf Ausbeutung und »ethnische Säuberungen« gerichteten deutschen Besatzungsherrschaft in Polen deuteten Fryderyk Winnykamień und seine Familie dabei als ganz persönliche Kampfansage. Die ergebene Fügung in ein vorgezeichnetes Schicksal war ihnen fremd. Die vom Autor geschilderte, von der Familie an den Tag gelegte Stärke entstand aus dem Willen, unabhängig leben zu wollen und auch in Gefahr nach Möglichkeit von niemandem abhängig zu sein, weder in geistiger noch materieller Hinsicht.

Schon als Reaktion auf die ersten judenfeindlichen Maßnahmen des Besatzungsregimes scheinen sich die Familienmitglieder entschieden zu haben, nur aus dem Vertrauen in die eigenen Kräfte zu handeln, und dies soweit wie möglich auch zum Nutzen anderer zu tun. Dies sicherte ihnen während der ersten Jahre der Verfolgung, einer Periode der systematischen Ausplünderung der jüdischen Bevölkerung, das materielle Überleben. Doch gaben sie ihrem Dasein auch stets eine mittelfristige Perspektive und wiederholt neuen Sinn inmitten des sich brutal verändernden Alltags und angesichts einer unkalkulierbaren Zukunft. Fryderyk Winnykamień und seine Familie reagierten außerordentlich flexibel auf die sich ihnen immer aufs neue bietenden Widrigkeiten: Orte und Tätigkeitsfelder wurden umstandslos gewechselt. Man fühlte sich fast ausschließlich für sich, seine nächste Familie und einige Freunde verantwortlich.

Ihre Strategie beruhte offenbar auf einer früh entwickelten, grundsätzlich pessimistischen Einschätzung der Absichten der Nazis. Diese Haltung ist nicht zu verwechseln mit vorausschauendem Wissen um die systematische Ermordung der polnischen Juden. Doch wird der Argwohn für Winnykamieńs

jedoch ohne Rechtfertigungsdruck. (Siehe: Adler, Warsaw Ghetto; Perechodnik, Mörder und Ernest, O wojnie.)

tatsächlich handlungsleitend gewesen sein, denn alle ihre Versuche zur Selbstbehauptung nach dem Kriegsbeginn im September 1939 zeugen davon, daß sie nicht auf eine Beruhigung der Lage hofften. Auch wenn heute nicht zu entscheiden ist, wieweit das 1944 vorhandene Wissen des Autors über die Judenvernichtung[17] die Darstellung seiner Wege und der seiner Angehörigen prägte: Es wird deutlich, daß die Familie ihr Verhalten und Handeln schon früh nach der Erkenntnis ausrichtete, daß die deutsche Besatzungspolitik auf fortlaufender Gewaltanwendung beruhte. Ihr Argwohn, ganz im Gegensatz zu der positiven Sicht der Familie auf Deutschland[18], speiste sich aus Erfahrungen, die in die ersten Kriegstage zurückreichten: aus der hautnah erlebten Bombardierung eines Flüchtlingsstroms, der Beobachtung willkürlicher Morde in der frühen Besatzungszeit und dem eigenen Leiden unter den in Łódź umgehend eingeführten judenfeindlichen Bestimmungen.

Der Familie gelang es mehrmals, einen Ort gerade noch rechtzeitig zu verlassen, bevor die Judenverfolgung dort ihre nächste, mörderische Eskalationsstufe erreichte. Fryderyk Winnykamień erfuhr von der Ghettobildung in Łódź und später in Warschau durch sporadischen Zugang zu Zeitungen, mündlichen Informationsaustausch und seine Korrespondenz mit dortigen Freunden. Als im Frühjahr 1942 in Gniewoszów ebenfalls ein Ghetto eingerichtet werden sollte und aus dem Nachbardistrikt Lublin die ersten Nachrichten über brutal

17 Nachrichten über die Massenmorde an den polnischen Juden waren von Anfang an im Generalgouvernement in Umlauf; siehe Sakowska, Etappe, sowie Tych (Red.) und dies. (Bearb.), Archiwum Ringelbluma, Bd. 1. Auch der Bericht der polnischen Exilregierung in London vom 10. Dezember 1942, der auf etlichen aus polnischen Untergrundkreisen eingegangenen Nachrichten basierte, benannte systematische Massenmorde an den polnischen Juden (Bericht als Faksimile abgedruckt in: Jonca (Red.): Studia nad faszyzmem i zbrodniami Hitlerowskimi, XIX, 1996, o. S.) Bereits zu diesem Zeitpunkt bestanden in Polen bzw. für die noch in Ghettos lebenden polnischen Juden, ihre und die polnischen Widerstandsorganisationen kaum mehr Zweifel, daß die deutschen Massenmorde auf die Vernichtung aller polnischen Juden abzielten und die Mehrheit bereits getötet worden war; vgl. auch den Bericht *Likwidacja żydowskiej Warszawy* der Untergrundorganisationen im Warschauer Ghetto vom 15. November 1942, der unter anderem erste Nachrichten aus dem Vernichtungslager Treblinka enthielt. Als Fryderyk Winnykamień ein Jahr später mit der Abfassung seiner Aufzeichnungen begann, war auf dem Gebiet des Generalgouvernements weitestgehend bekannt, daß das polnische Judentum ausgelöscht war. Zu den Berichten, die aus polnischen und jüdischen Untergrundkreisen ins Ausland gelangten, siehe die von Jacob Apenszlak, Moses Polakiewicz und anderen in den USA herausgegebenen Sammlungen Black Book von 1943 und Armed Resistance von 1944; zur generellen Einschätzung des Wissens über die Judenvernichtung im Generalgouvernement vgl. Scheffler, *Part*, S. 36 und 46.

18 Die Familie beherrschte die deutsche Sprache. Leopold Winnykamień hatte Deutschland während seines Studiums als ein Land wissenschaftlichen Fortschritts kennengelernt, in dem er seine Ausbildung vervollständigen konnte, und Frederick Weinstein erinnerte sich noch im Jahr 2004 daran, als Junge die Deutschen wegen ihrer »guten Organisation« und technischen Entwicklung als Vorbild bewundert zu haben.

erzwungene Deportationen mit unbekanntem Ziel zu ihm gelangten, wußte er noch nichts über die deutschen Pläne zur Ermordung aller Juden. Aufgrund seiner Skepsis und Vorerfahrungen aber habe er, so schrieb er, aus diesen Berichten und Beobachtungen auf die Existenz solcher Absichten geschlossen.

Aus den Aufzeichnungen spricht eine deutliche Verweigerung aller Gruppenbindungen. Die Familie fühlte sich aus Menschlichkeit und durch den ausgeprägten Gemeinsinn des Vaters ihren Schicksalsgenossen verbunden, doch war die Zugehörigkeit zur jüdischen Religionsgemeinschaft kaum Teil der Familienidentität. Mit keiner Silbe thematisierte Fryderyk Winnykamień religiöse Konflikte oder religiöse Zufluchtnahme angesichts der Verfolgung.

Auch politischer oder kultureller Zusammenhalt war seine Sache nicht. Zwar erwähnt er politische Gespräche unter den Jugendlichen in Gniewoszów, mit denen er eine schwärmerische kommunistische Überzeugung teilte. Doch suchte er nirgends Anschluß an eine noch geduldete oder im Untergrund wirkende jüdische Gruppe. Es erscheint sehr ungewöhnlich, daß sich ein junger Mann nicht auch geistig in einem Kreis Gleichaltriger bewegen wollte.[19] Diese auf den ersten Blick als Mangel anmutende Bindungslosigkeit bot ihm jedoch gleichzeitig die höchstmögliche Autonomie – falls die Verwendung dieses Begriffs unter den lebensbedrohlichen Umständen überhaupt legitim ist. Daraus erklärt sich, weshalb er auch im Warschauer Ghetto nicht zu denjenigen jungen Leuten gehörte, die sich jüdischen Widerstandgruppen gegen die deutsche Vernichtungspolitik anschlossen. Seine Notizen zum Herbst und Winter 1942/43 enthalten Stichworte zum Bau von Verstecken, jedoch kein Wort über die Vorbereitungen zum bewaffneten Widerstand. Da es für ihn nicht in Frage kam, für ein risikoreiches und von vornherein zum Scheitern verurteiltes Unternehmen wie bewaffneten Widerstand sein eigenes Leben aufs Spiel zu setzen, mied er solche Optionen ganz bewußt.

Winnykamieńs werden nicht die einzigen gewesen sein, die diesen Weg der Überlebens- und Selbstrettungsstrategie einschlugen. Doch hinterlassen solch individuelle, tatenorientierte Versuche der Existenzbewahrung kaum über den Tag hinausreichende Spuren. Anders als die aus Zusammenschlüssen hervorgegangenen, offen oder im Geheimen organisierten sozialen, religiösen oder kulturellen Aktivitäten in den Ghettos ist die Selbsterhaltung und -rettung von Einzelpersonen als Reaktion auf die Verfolgung wesentlich schwerer zu dokumentieren.[20] Mit Frederick Weinsteins Aufzeichnungen liegt ein Zeugnis hierüber vor.

19 Anders zum Beispiel Dawid Sierakowiak im Łódźer Ghetto: Er gehörte zum Kreis der Jugendorganisation einer früheren linken Gewerkschaft, ohne selbst Mitglied zu sein, teilte jedoch deren Ideen, las die gemeinsamen Texte und nahm an Diskussionsabenden teil. (Ghettotagebuch des Dawid Sierakowiak)

20 Siehe hierzu: Löw, »*Melancholie*«, worin hauptsächlich gruppenorientierte Reaktionen der polnischen Juden auf die NS-Verfolgung untersucht werden.

*

Der Lebensbericht eines als Jude in Polen während der Jahre der Nazi-Okkupation Verfolgten ist, aus individueller Perspektive geschrieben, immer mit jenen zentralen Themen verknüpft, die bis heute Gegenstand der Zeitgeschichtsforschung sind. In welcher Weise sind die vorliegenden Aufzeichnungen hierfür von besonderem Wert?

Fryderyk Winnykamień schrieb seine Erinnerungen aus geringer zeitlicher Distanz. Er schilderte aus der Rückschau seine Erlebnisse nach dem Kriegsbeginn 1939 mit dem Wissen, daß die Deutschen 1942 zum Massenmord an den polnischen Juden übergehen, Hunderttausende deportieren und alle Ghettos vollständig zerstören würden. So mußte er zwangsläufig die Erlebnisse der Vorjahre in dem Wissen beschreiben, daß es für Juden in Polen kaum einen Ort legaler Existenz mehr geben würde, kaum eine Nische, in der man durch besondere »Nützlichkeit«, Anpassung oder Unauffälligkeit das eigene Dasein hätte retten können. Dennoch gelang es ihm, Phasen der vermeintlichen Ruhe und Konsolidierung, ja der Langeweile, wie er sie in dem Provinzstädtchen Gniewoszów zwischen 1940 und 1942 erlebte, so zu beschreiben, daß sich die Atmosphäre angespannter Stagnation und der Ungewißheit über das weitere Schicksal auf den Leser überträgt.

Der längste Teil der Aufzeichnungen Frederick Weinsteins berichtet von der Verfolgung der Juden im sogenannten Generalgouvernement vor Beginn der systematischen Massenmorde im Frühjahr 1942. Die Auswirkungen, die die gezielte Ausbeutung und der anhaltende, aber nicht in flächendeckenden »Aktionen« ausgeübte Terror gegen die jüdische Bevölkerung in dieser Zeit auf die betroffenen Menschen hatte, werden angesichts der weiteren Eskalation der deutschen »Judenpolitik« leicht unterschätzt. Fryderyk Winnykamieńs detaillierte Schilderungen individueller Brutalität, der Razzien zur Rekrutierung von Zwangsarbeitern, des Hungers und der Seuchengefahr durch die erzwungene Verarmung schärfen das Bewußtsein dafür, daß die jüdische Bevölkerung den deutschen Besatzern Polens von Anfang an als vogelfrei galt. Schon vor Beginn des systematischen Massenmords an den europäischen Juden hatte die Besatzung in Polen genozidale Züge angenommen.[21]

21 Diese Periode findet hierzulande erst in jüngster Zeit größere Aufmerksamkeit in der Forschung, siehe den im Jahr 2004 von Klaus-Michael Mallmann und Bogdan Musial herausgegebenen Sammelband Genesis des Genozids. Polen 1939–1941, den Katalog der seit 2005 präsentierten Ausstellung »Größte Härte …« des Deutschen Historischen Instituts Warschau sowie demnächst (2006) Jochen Böhler, Auftakt zum Vernichtungskrieg – die Wehrmacht in Polen 1939.

22 Speziell über das Schicksal dieser Ortschaft während der deutschen Besatzungszeit ist bislang keine zeitnähere und ausführlichere Darstellung als die Fryderyk Winnykamieńs

Mit der Beschreibung des Lebens in dem kleinen Ort Gniewoszów[22] an der östlichen Grenze des damaligen Distrikts Radom ist Winnykamieńs Erzählung ein Quellentext zur Lage der Juden in einem abgeschiedenen polnischen Provinzort vor Beginn der eigentlichen Massenmorde. Anders als in den Ghettos der großen Städte existierte hier noch für kurze Zeit ein Rückzugsraum, in dem Elemente des Vorkriegslebens erhalten blieben. Da die Ghettobildung in dieser abgelegenen Region – wie in den meisten anderen Kreisen des Distrikts Radom – erst vergleichsweise spät erfolgte, war das soziale Leben zwischen Juden und Christen weiterhin stärker ineinander verwoben als es zu dieser Zeit in den großen Städten noch möglich war. Der Autor und seine Familie kamen, wie etwa 5000 andere Juden auch, als Flüchtlinge nach Gniewoszów. Fryderyk Winnykamień beschrieb den Ort aus der Perspektive des Fremden. Unterbringung und Versorgung der Neuankömmlinge überforderten die vorhandenen materiellen und sozialen Möglichkeiten völlig. Die Aversionen zwischen einheimischen und fremden Juden sowie die wachsende Not werden in seiner Erzählung ebenso deutlich geschildert wie die kulturelle Kluft, die sich zwischen den assimilierten, urban geprägten Zugezogenen und der traditionell lebenden, jiddisch sprechenden und frommen jüdischen Bevölkerung dieses »Shtetls« auftat.

Fryderyk Winnykamieńs Notizen über das Warschauer Ghetto zwischen Juni 1942 und Anfang Februar 1943 decken sich weitgehend mit dem, was durch andere Autoren überliefert ist. Er berichtet jedoch nicht – wie viele andere Warschauer Autoren von Tagebüchern und Memoiren – aus der Perspektive derer, die das Ghettoleben durch ihre Teilnahme am kulturellen oder religiösen Leben, an Untergrundaktivitäten oder – zum Guten oder Schlechten – in den Institutionen des Judenrats prägten. Er kam erneut von außen, versuchte, dort einfach Tritt zu fassen und war seit Beginn der ersten großen Deportationen in den Tod gezwungen, weitgehend auf sich alleine gestellt, seine eigene Existenz durch das Chaos hindurch zu retten.

Dieser Teil von Fryderyk Winnykamieńs Bericht – leider nur in Stichworten vorhanden – ist eines der seltenen Zeugnisse eines »Außendienstlers«, der den »jüdischen Wohnbezirk« täglich zur Arbeit, in diesem Falle bei der Rü-

bekannt. Es existieren ein Erinnerungsbuch ehemaliger Gniewoszówer Juden aus den 1960er und frühen 1970er Jahren sowie einzelne kurze unveröffentlichte Erinnerungsberichte aus der frühen Nachkriegszeit: Shtokfish (Hg.), Ginivashov Memorial-Book und im Archiv des Żydowski Instytut Historyczny (Jüdisch Historischen Instituts) in Warschau die in der ersten Zeit nach der Befreiung verfaßten Erinnerungsberichte aus Gniewoszów von Motel Grinbojm (Relacje 301/2915, undatiert) und Perec Szapiro (Relacje 301/8, Lublin 28.8.1944). Eine weitere Sammlung von Erinnerungsberichten in jiddischer Sprache, »Gewen amal a Leben«, 1961 in Buenos Aires zusammengestellt, soll sich in der Bibliothek des »Bund« in Tel Aviv befinden, konnte dort jedoch auf Anfrage der Herausgeberinnen nicht aufgefunden werden.

stungsfirma »Ursus«, verließ.[23] Die meisten Tagebücher und Aufzeichnungen aus dem Warschauer Ghetto wurden dagegen von Menschen verfaßt, die dort auch arbeiteten – in den niedergelassenen Betrieben oder den Organen der sogenannten jüdischen Selbstverwaltung. Berichte der »Außendienstler«, die zur Zwangsarbeit in Betrieben oder deutschen Dienststellen außerhalb des Ghettos eingeteilt waren, womit sie als Mittler zwischen der abgeschlossenen Welt des Ghettos und der »arischen Seite« tätig werden konnten, sind rar.

Besonders die Schilderung der Selbstverständlichkeit, mit der die Begegnungen zwischen den jüdischen und vielen christlichen polnischen Arbeitern in der Firma »Ursus« stattfanden, fällt auf. Da wurde Handel getrieben, und die Polen – oftmals Kommunisten – waren häufig bereit, den jüdischen Kollegen den einen oder anderen Gefallen zu tun. Unter diesen Kollegen fand die Familie Winnykamień auch die entscheidenden Helfer der nachfolgenden Zeit. Keiner anderen Gruppe als den »Außendienstlern« waren solche Kontakte jenseits der Ghettomauern möglich. Daher bietet dieser Text Einblick in eine Existenz, die zwischen drinnen und draußen pendelte, die im Ghetto lebte, doch »normale« Arbeits-Kontakte auf der »arischen« Seite unterhielt – eine bislang wenig bekannte Welt. Seine Notate über »Ursus« stehen auch in deutlichem Kontrast zu den zahlreichen feindseligen Begegnungen zwischen jüdischen und christlichen Polen, von denen etliche andere Passagen der vorliegenden Aufzeichnungen zeugen.

Im gesamten Text zeigt sich die dreifache Bedrohung, der sich Fryderyk Winnykamień ausgesetzt sah: durch die deutschen Besatzer, die nichtjüdischen Polen und die jüdischen Funktionäre.

Die deutschen Besatzer waren die sichtbaren und hassenswerten Feinde der polnischen Juden. Alle als Deutsche zu erkennenden Personen lösten Wachsamkeit und Vorsicht in Fryderyk Winnykamień aus, der genau wußte, daß die systematische Ermordung der polnischen Juden das Werk der nationalsozialistischen deutschen Regierung war.

23 Es gibt einige publizierte Berichte sogenannter kasernierter Außendienstler, die außerhalb des Ghettos lebten, so den von Leon (Arie) Najberg über die Zwangsarbeit in den Adam-Opel-Werken in Warschau- Żoliborz, Auszüge in Grynberg, Words, S. 213–221. Zur Lage der jüdischen Zwangsarbeiter bei der Firma »Ursus« sind außer den Notizen Fryderyk Winnykamieńs keine weiteren zeitgleichen oder -nahen Berichte bekannt. Jedoch liegen Zeugenaussagen dreier weiterer ehemaliger »Ursus«- Zwangsarbeiter aus den 1960er und 1970er Jahren vor: H.A., K.J. und J.W. sagten im Verfahren 141 Js 192/60 der Staatsanwaltschaft Hamburg gegen den früheren Kommandeur der Sicherheitspolizei und des SD in Warschau, Dr. Ludwig Hahn, teilweise mehrfach aus. Das Ziel ihrer Befragungen war jedoch nicht der Erkenntnisgewinn über die Lage der jüdischen Arbeiter bei dieser Rüstungsfirma, sondern die Aufklärung der im Ghetto begangenen Verbrechen. Nur am Rande berichteten sie darin über Vorkommnisse in den »Ursus«-Werken. (Staatsarchiv Hamburg, Bestand 0070, Bd. 003, Bl. 1766–1772; Bd. 010, Bl. 4752–4764; Bd. 019, Bl. 8236–8237; Bd. 021, Bl. 9149–9154 und Bd. 026, Bl. 11656–11664)

Aber das traditionell konfliktreiche, durch christlichen Antijudaismus und tiefgreifendes Mißtrauen belastete Verhältnis zwischen Juden und Polen durchzieht die gesamten Aufzeichnungen. Es prägte die Familiengeschichte bis 1939 und wurde nach dem deutschen Überfall nur komplizierter, da es unter den Bedingungen der Besatzungsherrschaft nicht gelang, deren Opfer – christliche und jüdische Polen – zusammenzuschweißen. Der Konflikt setzte sich nach 1945 fort und wirkt bis in die heutige Zeit. Die Frage nach dem Ausmaß der polnischen Unterstützung oder Duldung der nationalsozialistischen Judenverfolgung im Vergleich zu zahlreichen Hilfsleistungen christlicher Polen für Juden führt bis heute zu brisanten Diskussionen in Öffentlichkeit und zeithistorischer Forschung.[24] Dem Leser von Frederick Weinsteins Aufzeichnungen drängt sich manchmal die Frage auf, ob für den Autor die nicht-jüdischen Mitbürger letztlich gefährlichere Feinde waren als die Deutschen. Die oft sehr heftigen Urteile und Verdächtigungen, die er in seinen Aufzeichnungen äußert, sind jedoch das Resultat seiner Enttäuschung darüber, daß ein Großteil der Polen, obwohl selbst Opfer der deutschen Besatzungsherrschaft[25], ihre jüdischen Landsleute in der Zeit der Verfolgung nicht schützten. Juden konnten nie gewiß sein, ob sie es mit hilfreichen, ignoranten oder denunzierenden Polen zu tun hatten. Selbstverständlich hat Fryderyk Winnykamień nie vergessen, daß es die deutsche Besatzungsmacht war, die das Unheil über das ganze Land gebracht hat. Gerade weil er seine eigenen Spiel- und Handlungsräume kannte und nutzte, wußte er, welche Optionen auch den nichtjüdischen Polen zur Verfügung standen. Daher wägte er – trotz mancher pauschaler Unterstellungen – das Handeln der Menschen in seiner Umgebung genau ab und würdigte seine nichtjüdischen Helfer, mußte jedoch ohnmächtig zur Kenntnis nehmen, daß sich viele andere Polen opportunistisch verhielten und die judenfeindlichen Bestimmungen zum eigenen Vorteil zu nutzen verstanden. Diese Kränkung ist wie eine Wunde, die

24 Zu den innerpolnischen Debatten und Forschungsergebnissen siehe den Sammelband von Polonski (Hg.), »My Brother's Keeper?«, welcher unter anderem die 1987 durch Jan Błońskis provokanten Aufsatz »Biedni Polacy patrzą na getto« [»Die armen Polen sehen auf das Ghetto«] ausgelöste Diskussion wiedergibt; Friedrich, *Kollaboration und Antisemitismus*; Golczewski, *Heimatarmee*, bes. S. 670-676; Libionka, *Kirche* und die entsprechenden Abschnitte in Pohl, *»Aktion Reinhard«*. Zum Verhältnis zwischen Juden und Polen in dieser Zeit siehe u.a.: Bartoszewski, *Polen und Juden*; Friedrich, *Zusammenarbeit und Mittäterschaft*, S. 113–150; Gutman und Krakowski, Unequal Victims; Kosmala, *Ungleiche Opfer*; Paulsson, Secret City sowie die Studie von Jan Tomasz Gross, Nachbarn, über das Massaker in Jedwabne einschließlich der daraus entstandenen Diskussion, zusammengestellt in dem von Ruth Henning herausgegebenen Sammelband Die »Jedwabne-Debatte«.

25 Die Zahl der nichtjüdischen polnischen Todesopfer der deutschen Besatzungsherrschaft im gesamten Gebiet Polens wird auf etwa 1,55 Millionen geschätzt (Musial, Recht, S. 56). Nach einer jüngst von Tomasz Kranz durch die Überprüfung der Zahl der polnischen Opfer im Konzentrationslager Majdanek ausgelösten Forschungskontroverse muß diese Angabe jedoch eventuell nach unten korrigiert werden. (Kranz, Ewidencja)

bis heute nur oberflächlich geheilt ist. Die aus diesen Demütigungen resultierenden Emotionen sind in Frederick Weinsteins Aufzeichnungen durchgängig zu finden: Er benannte klar seine Abscheu, zügelte auch seine Wut nicht und bekräftigte, bevor er sein Manuskript in höchster Eile vergrub, noch einmal grundsätzlich sein zorniges Mißtrauen gegen alle Polen.

Frederick Weinstein hätte das Land, in dem er geboren wurde, aufwuchs und mit Glück und Geschick überlebte, gerne als seine Heimat bezeichnet. Infolge der antisemitischen Übergriffe und Pogrome 1945/46 zerbrach diese Hoffnung, und die drei Überlebenden der Familie Winnykamień entschlossen sich auszuwandern. Bis heute hat Frederick Weinstein polnischen Boden nicht wieder betreten.

Ähnlich hart wie mit seinen nichtjüdischen Landsleuten ging Fryderyk Winnykamień mit den Funktionären der Judenräte ins Gericht, die sich ihm nicht als Interessenvertreter der jüdischen Bevölkerung zeigten, sondern als korrupte und auf ihren persönlichen Vorteil bedachte Bürokraten. In seiner Empörung spiegelt sich jedoch auch die Wirksamkeit der deutschen Strategie wider, mit der erzwungenen Installierung von Judenräten den aufkommenden Unmut der jüdischen Bevölkerung hauptsächlich gegen deren eigene Repräsentanten zu lenken – eine perfide Konstruktion, die für die Betroffenen seinerzeit kaum durchschaubar war.

*

Am 9. Juni 1944 adressierte Fryderyk Winnykamień seine Erzählung an zukünftige Leser. Nach Kriegsende strebte Frederick Weinstein jedoch weder die Publikation seiner Memoiren noch öffentliche Auftritte als Überlebender und Augenzeuge an.[26] Ihm war immer bewußt, daß seine Papiere die Traumata seiner Jugend enthalten, und er hat im Laufe seines späteren Lebens ab und zu versucht, in seinen damaligen Texten zu lesen. Doch das war ihm psychisch und physisch unmöglich: Jedes Mal überwältigten ihn seine Emotionen. Er fürchtet den Blick auf seine eigene Handschrift, aus der sein früheres Leben wieder zum Vorschein kommt. Erst nach fast sechzig Jahren willigte er ein, die Aufzeichnungen der Öffentlichkeit zu übergeben. Die enorme seelische Anstrengung, die dies für ihn bedeutet, sollte auch der Leser nicht vergessen.

26 Frederick Weinstein gab jedoch der Survivors of the Shoah Visual History Foundation (Los Angeles) am 20. Februar 1997 ein lebensgeschichtliches Interview, das als Video in deren Sammlung unter der Nummer 26536 archiviert ist. Er war nie als Zeuge in Prozessen gegen NS-Verbrecher von einer Staatsanwaltschaft oder vor ein Gericht geladen.

Zur Edition

Frederick Weinsteins Aufzeichnungen liegen hier vollständig übersetzt und ohne Streichungen oder spätere Hinzufügungen vor. Jolanta Woźniak-Kreutzer hat sie im Kontakt mit dem Autor aus dem Polnischen ins Deutsche übertragen. Auf Nachfragen konnte sie ambivalent gehaltene Textstellen entschlüsseln und sinnverwandt übersetzen. Ihre Anmerkungen zur Verwendung einzelner Ausdrücke, zu seinen Codewörtern und bewußt oder unbewußt intransparent gehaltenen Sätzen sind als Fußnoten an der jeweiligen Textstelle angebracht.

Die Edition der Aufzeichnungen folgt der Lesbarkeit halber der Chronologie der Ereignisse und nicht der wahrscheinlichen Abfolge des Schreibprozesses.

Die Treue zum Original war oberstes Prinzip der Übersetzung, weshalb Besonderheiten des Schriftbilds wie Unterstreichungen und die vom Autor seinerzeit gestrichenen Textpassagen in die Übersetzung aufgenommen wurden. Alle damals durch ihn verschlüsselten Namen werden jetzt nach Möglichkeit entschlüsselt publiziert. Die durch Erstbenutzer auf dem Papier angebrachten Zahlenkolonnen und Vermerke sind in der Übersetzung nicht wiedergegeben.

Die Aufzeichnungen sind für die Publikation mit Erläuterungen versehen und um einige zusätzliche Texte zur weiterführenden Information ergänzt worden.

Eine Aufgabe der Herausgeberinnen war zunächst die weitestmögliche Überprüfung der Angaben des Autors über Personen und Sachverhalte. Darüber hinaus sollte der persönliche Bericht in den allgemeinen historischen Kontext der deutschen Besatzungsherrschaft und Judenverfolgung in Polen eingebunden werden. Schließlich wurde in Zusammenarbeit mit dem Autor versucht, jene Textstellen zu entschlüsseln, die Außenstehenden nicht unmittelbar zugänglich sind. Nicht zuletzt konnten einige Passagen seiner Aufzeichnungen durch Schilderungen aus seiner heutigen Erinnerung ergänzt und die Geschichte der Familie Winnykamień anhand weiterer Dokumente, die sich nicht im Privatbesitz des Autors befinden, nachvollzogen werden. Diese zusätzlichen Informationen befinden sich in den Anmerkungen und den ergänzenden Kapiteln.

Frederick Weinstein begleitete den Editionsprozeß von Anfang an und stellte sich während dreier persönlicher Begegnungen und in kontinuierlichem E-Mail-Verkehr den von ihm oftmals als endlos empfundenen Fragen. Er war an mehreren Tagen im Oktober 2002 zu einem sechzehnstündigen lebensgeschichtlichen Interview in New York bereit. Dieses floß zum Teil in die Kommentierungen seiner Aufzeichnungen ein und war auch für die Klärung offener Fragen zur Manuskriptgeschichte von großem Wert. Mit Unwägbarkeiten, wie sie die aufgefundenen Manuskripte ermordeter oder verschollener Autoren bergen, sowie mit Ungewißheiten über Veränderungen an authentischem Material, das von Nachfahren verwaltet wird, waren wir daher nicht konfrontiert.

Das entband uns jedoch nicht von der Aufgabe, den Bericht als historisches Dokument zu behandeln und ihn anderen Überlieferungen und dem Stand der historischen Forschung gegenüberzustellen.

Für die Herausgabe der Aufzeichnungen Frederick Weinsteins wurden die von ihm genannten Personen und Geschehnisse an einzelnen Orten nach Möglichkeit mit den Unterlagen in in- und ausländischen Archiven, der Forschungsliteratur und den Erinnerungen anderer Verfolgter verglichen. Zu den letztgenannten zählen Tagebuchaufzeichnungen und zeitnahe Erinnerungsberichte aus dem Warschauer Ghetto, Memoirenliteratur aus späterer Zeit sowie Zeugenaussagen in deutschen Strafverfahren wegen nationalsozialistischer Verbrechen. Weiterhin konnten wir einige Zeitzeugen befragen, die die Geschichte der Familie Winnykamień und ihrer Unterstützer aus persönlicher Erfahrung kannten. Die wichtigsten Zeuginnen sind Zofia Kwiatkowska aus Warschau, die Tochter der damaligen Helferin Irena Bocian, und Mary Schreiber aus Landshut, die als Kind mit ihrer Mutter und ihren Verwandten zu einem Kreis getarnt in Berlin lebender polnischer Juden gehörte, zu denen Winnykamieńs ab 1942 enge Kontakte hielten. Weiterhin wurde versucht, auch die Lebensgeschichte anderer, in den Aufzeichnungen häufig genannter Personen soweit zu rekonstruieren, wie es für die Verifizierung und Erläuterung von Frederick Weinsteins Erlebnissen notwendig war.

Die Recherchen waren im besonderen beim Auffinden von Dokumenten zur Geschichte der Familie Winnykamień überraschend erfolgreich. So fand sich im Archiv des Żydowski Instytut Historyczny (Jüdisch Historischen Instituts) in Warschau die Akte der »Jüdischen Sozialen Selbsthilfe« (JSS) zum Ort Gniewoszów, die die Korrespondenz zwischen Leopold Winnykamień und der JSS-Zentrale in Krakau enthält. Die für manchen Leser möglicherweise unglaubwürdig anmutende Erzählung über die Gründung eines jüdischen Seuchenkrankenhauses in der Kleinstadt im Herbst 1941 konnte dadurch verifiziert und die Initiative des Vaters glaubhaft belegt werden.

Im Ganzen haben die Überprüfungen gezeigt, daß Fryderyk Winnykamień seine Aufzeichnungen mit großer Präzision und Wahrheitsliebe geschrieben hat. In einem erstaunlich hohen Maße hat der Autor nicht nur die ihm bekannten Personen ohne erkennbare Verzerrungen beschrieben, sondern auch über deutsche Funktionsträger der unteren Ebene, mit deren Handeln er direkt konfrontiert war, weitestgehend zutreffende Angaben gemacht.

Seine noch vor der Befreiung, ohne Kenntnis der Entscheidungen im Hintergrund und ohne fremde Hilfsmittel geschriebenen Aufzeichnungen enthalten selbstverständlich Unstimmigkeiten. Vor allem ist hier seine bereits erwähnte Neigung zu verfrühten Datierungen zu nennen, aber auch die Tendenz, Äußerungen oder Handlungen hoher NS-Funktionäre den wenigen ihm namentlich bekannten Spitzenpolitikern des Regimes zuzuschreiben. Diese fehlerhaften Angaben sind im Text unverändert geblieben, sie wurden aber durch entsprechende Anmerkungen korrigiert.

Die Kommentare erstrecken sich nicht nur auf solche Richtigstellungen, sondern auch auf die Einbettung des Erzählten in den allgemeinen historischen Kontext und auf die nähere Erläuterung der von Fryderyk Winnykamień geschilderten Begebenheiten, Orte und Personen. Weiterhin finden sich in den Anmerkungen einige Überblicksdarstellungen über die verschiedenen Etappen der Judenverfolgung, des Kriegsgeschehens und über die Maßnahmen des deutschen Besatzungsapparates zur Unterdrückung und Ausbeutung der polnischen Bevölkerung – Erklärungen zur politischen Rahmenhandlung also, die einem Fachpublikum nicht näher erläutert werden müßten. Da Fryderyk Winnykamień fast ausschließlich die Auswirkungen, nicht aber die Hintergründe der Nazi-Politik bekannt waren, ergänzen die Anmerkungen seinen Bericht um Zusammenhänge, die sich nur aus der historiographischen Rückschau und durch die Sichtung des Schriftguts der Verantwortlichen erhellen. Forschungskontroversen, die sich an etlichen dieser Themen entzünden, werden dabei nicht diskutiert, die Leser erhalten aber Hinweise auf die entsprechende Fachliteratur.

Außer diesen Erläuterungen zu politischen Hintergründen enthalten die Anmerkungen nachträgliche Erinnerungen Frederick Weinsteins über persönliche Erlebnisse und Begegnungen, die er seinerzeit aus unterschiedlichen Gründen nicht in sein Manuskript aufnehmen wollte oder lediglich in Stichworten umriß. Soweit es heute aus seiner Rückschau und den hinzugezogenen Dokumenten möglich ist, werden darüber hinaus einzelne Textpassagen zu rein persönlichen oder von ihm bewußt verschlüsselt wiedergegebenen Erlebnissen für einen heutigen Leser transparent gemacht. Die teilweise umfangreichen Anmerkungen sind ein Angebot an den Leser. Um von der Erzählung Fryderyk Winnykamieńs nicht abzulenken und jedem, der seine Schilderungen ohne Unterbrechungen lesen möchte, dies zu ermöglichen, befinden sich diese Erläuterungen im Anhang.

Zur Vervollständigung der Biographie Frederick Weinsteins enthält die vorliegende Edition drei zusätzliche Kapitel neueren Datums.

Zum einen ist dies ein zwischen den Manuskriptteilen C und E eingefügter neuer, um 1999 verfaßter autobiographischer Text Frederick Weinsteins über seine Flucht aus dem Warschauer Ghetto und die ersten Monate im Versteck bis November 1943. (Manuskriptteil D, S. 314–317) Über diese Periode seiner Verfolgungsgeschichte fertigte er damals keine Aufzeichnungen an. Des weiteren ist im Epilog ein Teil des Interviews wiedergegeben, das die Herausgeberinnen im Jahr 2002 mit dem Autor führten. Die hier veröffentlichten Passagen enthalten die Schilderungen seiner Erfahrungen in der Zeit zwischen dem Verlust des Verstecks am 2. August 1944 während des Warschauer Aufstands und seiner Ankunft in der neuen Heimat New York City im Jahr 1946. Ein dritter Zusatz – von den Herausgeberinnen verfaßt – beschäftigt sich mit der polnisch-jüdischen Familie Pakman, die teils illegal, teils halblegal in Berlin lebte und mit Winnykamieńs zwischen 1942 und 1945 durch regelmäßige Korrespondenzen eng verbunden war. Auf dem Wege intensiven Brief- und Paketwechsels zwischen Winnykamieńs und Pakmans – »Zofia« war der von Fryderyk Winnykamień im Tagebuch verwendete Codename – gelangten Informationen, gefälschte Papiere, Lebensmittel und Geld aus Berlin in das Warschauer Versteck, auch nahmen sich Pakmans der als polnisch-katholische »Fremdarbeiterin« nach Berlin entkommenen Rysia Winnykamień an. Da Fryderyk Winnykamień bei der Abfassung seiner Aufzeichnungen die Lebensumstände der Geschwister Pakman nur in Umrissen kannte und sich verbat, deren Identität in seinen vor Entdeckung nie sicheren Tagebucheinträgen preiszugeben, werden seine Aufzeichnungen um einen Beitrag zur Geschichte dieser Familie ergänzt.

Die Edition und Kommentierung der Aufzeichnungen Frederick Weinsteins erforderte einige Entscheidungen in sprachlicher Hinsicht.

So verwandte der Autor das Attribut »arisch«, das rassistische Ideologen während des 19. bis zur Mitte des 20. Jahrhunderts bei der Klassifikation angeblicher Menschenrassen benutzten, im Sinne seiner Zeit ohne Distanzierungen. In der Übersetzung der Aufzeichnungen wird es daher – anders als in den Kommentierungen und neu hinzugefügten Kapiteln – ebenfalls ohne Anführungszeichen wiedergegeben, obwohl sich Übersetzerin und Herausgeberinnen der problematischen Bedeutung des Begriffs bewußt sind.

In ähnlicher Weise mag die von Fryderyk Winnykamień häufig gebrauchte Unterscheidung zwischen »Polen« einerseits und »Juden« andererseits bei deutschen Lesern Unbehagen hervorrufen. Anders als für die Beschreibung der sozialen Verhältnisse Deutschlands vor der nationalsozialistischen Machtübernahme ist diese Trennung jedoch für die Darstellung der Verhältnisse in Polen zutreffend und wird in der Literatur allgemein verwandt. Das polnische Judentum unterschied sich in sprachlicher und kultureller Hinsicht größtenteils stark von der polnischen katholisch geprägten Mehrheitskultur und hatte ein entsprechendes Selbstverständnis, obwohl Juden als nationale Minderheit seit 1921 verfassungsrechtlich gleichgestellte Staatsbürger der Republik Polen waren. Diese Unterscheidung wird daher auch für die ergänzenden Texte und die Kommentare übernommen.

Alle Namen großer Städte (Warschau, Krakau, Moskau usw.) werden mit Rücksicht auf die Lesegewohnheiten in der im Deutschen geläufigen Form verwendet. Alle anderen Orte, die zum Gebiet der Republik Polen in den Grenzen bis 1939 zählten, erscheinen – dem historischen Kontext entsprechend – in polnischer Schreibweise, auch wenn sie heute zur Ukraine oder Weißrußland gehören. Weitere Ortsnamen auf dem Gebiet der ehemaligen Sowjetunion werden hinsichtlich des damaligen Zusammenhangs und unabhängig von ihrer heutigen Zugehörigkeit zu den Einzelstaaten der GUS mit russischem Namen in gebräuchlicher, nicht wissenschaftlicher Umschrift wiedergegeben.[27]

Dank

Ohne die großzügige Finanzierung des Projekts durch die Hamburger Stiftung zur Förderung von Wissenschaft und Kultur hätte die Publikation nicht realisiert werden können. Wir sind Herrn Professor Dr. Jan Philipp Reemtsma zu großem Dank verpflichtet.

Ruth Weinstein gab die entscheidenden Anstöße zu diesem Buch, und die seelische Kraft, Geduld und Fürsorge, die sie in den zurückliegenden Jahren aufbrachte, um die persönlichen Erschütterungen unserer Nachforschungen aufzufangen, kann schwerlich überschätzt werden. Dafür und für die umfassende Gastfreundschaft, die sie uns in New York erwies, sei ihr an dieser Stelle sehr herzlich gedankt.

Daß das Manuskript letztlich durch den Lukas Verlag Berlin verlegt wird, haben wir Herrn Dr. Johannes Tuchel zu verdanken, der es mit großer Überzeugtheit vermittelte. Dr. Frank Böttcher ist ebenso zu danken, der den ideellen Wert des Manuskripts sofort erkannte und es mit Phantasie, Kreativität sowie harter Arbeit im Lukas Verlag publizierte.

Denjenigen, die eng am Projekt beteiligt waren, mit denen wir über die lange Projektdauer in bestem Einvernehmen zusammenarbeiteten, und deren Einsatz für das entstehende Werk immer höher war als der Blick auf die Uhr, sei hier gedankt: Jolanta Woźniak-Kreutzer und Michael Kreutzer für ihr unermüdliches Arbeiten an Frederick Weinsteins Text, Sabine Leitner für ihre Übersetzungen der historischen Fachliteratur aus dem Polnischen und Emily Link für das Übersetzen hebräischer und jiddischer Texte. Sabine Leitner begleitete uns auf unseren Archivreisen nach Polen, wo sie alles für uns hervorragend dolmetschend organisierte. In der Endphase lektorierten sie und Dr. Christian Hufen die verschiedenen Textteile mit Akribie und großer Sachkenntnis. Friedhelm Hoffmann fertigte alle Reproduktionen des Originalmanuskripts an, betreute die Fotoarbeiten und stand jederzeit für alle Fragen auf diesem

27 Nach der Vorlage des Haack-Weltatlasses, Gotha 1984.

Gebiet zur Verfügung. Uwe Lorenz danken wir für die wirklichkeitsgetreuen Karten in den Buchdeckeln. Matthias Kamm war während der langen Projektdauer unser bewährter Ansprechpartner für alles, was zwischen uns und der Hamburger Stiftung zu regeln war.

Ein besonderer Dank geht an den wissenschaftlichen Leiter des Żydowski Instytut Historyczny (Jüdisch Historischen Instituts) in Warschau, Dr. Jürgen Hensel, der uns mit außergewöhnlichem Engagement Türen zu anderen Archiven öffnete, uns den Kontakt zu entscheidenden Personen in Polen vermittelte und uns in vielfältiger Weise unterstützte.

Den Zeitzeugen sei für ihr Vertrauen und ihre Geduld gedankt: Mendel Borenstein (Berlin), Zofia Kwiatkowski (Warschau), Anneliese Midlasch (Berlin) und Mary Schreiber (Landshut).

Folgenden Fachkollegen, Archivaren, Bibliothekaren und Experten verschiedenster Art, die wir um Auskünfte baten, sei herzlich für ihre hilfreiche Kompetenz gedankt:

Dr. Michael Alberti, München; Dr. Andrej Angrick, Falkensee; Elke Bartholomae (Bundesarchiv Ludwigsburg); Dr. Ulrich Baumann (Stiftung Denkmal für die ermordeten Juden Europas), Berlin; Dr. Dagmar Bickelmann (Staatsarchiv Hamburg); Jürgen Bogdahn (Landesamt für Bürger- und Ordnungsangelegenheiten, Entschädigungsbehörde), Berlin; Dr. Martin Cüppers, Berlin und Ludwigsburg; Dr. Barbara Engelking, Warschau; Dr. Michael Esch, Berlin; Shaul Ferrero (Yad Vashem Archives), Jerusalem; Alois Fischer (Bundesarchiv Koblenz); Martin Friedenberger, Berlin; Amos Goldberg, Jerusalem; Alfred Gottwaldt, Berlin; Leitende Oberstaatsanwältin i.R. Helge Grabitz, Hamburg und Berlin (posthum); Markus Gryglewski, Berlin; Dr. François Guesnet, Berlin; Angela Hermann (Institut für Zeitgeschichte), München; Klaus Hillenbrand, Berlin; Lukas Imhof, Berlin; Jan Jagielski (Żydowski Instytut Historyczny), Warschau; Rainer Juchheim (Bundesarchiv Ludwigsburg); Karen Jungblut (University of Southern California, Shoah Foundation Institute for Visual History and Education), Los Angeles; Karin Kails, Köln; Hauptmann Agilolf Keßelring (Militärgeschichtliches Forschungsamt), Potsdam; Ulrike Kind, Berlin; Peter Klein, Berlin; Robert Knull (Landesarchiv Schleswig-Holstein), Schleswig; Bert Körner, Zöblitz; Dr. Karen Kopp, Berlin und Dresden; Stephan Kühmayer (Deutsche Dienststelle WAST), Berlin; Jürgen Küster (Leiter Archiv/Bibliothek des Museums für Kommunikation), Frankfurt/M.; Leitender Oberstaatsanwalt i.R. Wolfgang Kuhlmann, Hamburg; Dr. Kurt Malisch (Bayerisches Hauptstaatsarchiv); Steffi Mittenzwei (Kartenabteilung der Staatsbibliothek Preußischer Kulturbesitz), Berlin; Gisela Müller (Kreisarchiv Mittlerer Erzgebirgskreis), Marienthal; Gaby Müller-Oelrichs (Leiterin der Joseph-Wulf-Bibliothek, Gedenkstätte Haus der Wannsee-Konferenz), Berlin; Dr. Marion Neiss (Leiterin der Bibliothek des Zentrums für Antisemitismusforschung), Berlin; Oberfinanzdirektion München / Landesentschädigungsamt; Dr. Adam Penkalla, Radom (posthum); Dr. Sebastian Piątkowski (Archivum Państwowe w Radomiu), Radom; Dr. Dieter Pohl (Institut für Zeitgeschichte), München; Dr. Alexandra Przyrembel, Berlin und Göttingen; Dr. Gerhard Quaas (Deutsches Historisches Museum), Berlin; Joachim Schieb sen., Recklinghausen; Gerd Schilling (Kartenabteilung des Geographischen Instituts der Humboldt Universität), Berlin; Jenny Schwartzberg, Chicago; Werner Sommer, Bötzow; Hermann Träger (DB Museum), Nürnberg; Elżbieta Tymicka, Warschau; Dr. Gerd R. Ueberschär, Freiburg i.Br.; Karola Wagner (Bundesarchiv Berlin); Christina Weiblen, Freiburg i.Br.; Dr. Peter Widmann (Zentrum für Antisemitismusforschung), Berlin sowie Brigitte Wolf (Mitarbeiterin der Bundesbeauftragten für die Unterlagen des Staatssicherheitsdienstes der ehemaligen Deutschen Demokratischen Republik), Berlin.

Berlin im Juni 2006 *Barbara Schieb und Martina Voigt*

Zur Übersetzung

Fred Weinstein schrieb, als er seine Erinnerungen als Zwanzigjähriger aufzeichnete, ein korrektes Schriftpolnisch. Seine Erinnerungen notierte er nicht für sich selbst, sondern er schrieb in erzählender Form für einen Adressaten: für den Leser in einer Zeit, in der das, was er, Fred Weinstein, erlebt hatte, der Vergangenheit angehören würde.

Es ging und geht Fred Weinstein um Genauigkeit, Anschaulichkeit und Verständlichkeit. Handlungen sollen nachvollzogen und Gefühle, wenn irgend möglich, nachempfunden werden können. Die unter allen Umständen bewahrte Hoffnung auf eine andere Zeit danach prägt Fred Weinsteins Text. Die Verbrechen der Deutschen und ihrer Helfer und Kollaborateure und die Menschen, die diesen Verbrechen zum Opfer fielen, sollen niemals vergessen werden. Er selbst weiß, daß er sie nie wird vergessen *können*.

Fred Weinstein schrieb seine Aufzeichnungen in außergewöhnlich kurzer Zeit.

Für Ortschaften und häufig wiederkehrende Ausdrücke benutzte er uneinheitliche Kürzel. Personennamen kürzte er – aber keineswegs durchgängig – ab, um die Betreffenden zu schützen. In der Einleitung schrieb er: »Erst wenn der Krieg beendet ist oder unser Unglück auf andere Weise ein Ende gefunden hat, werde ich ihre vollständigen Namen nennen.« So können und sollen ihre Namen in der Übersetzung jetzt genannt werden. Nur in zwei Fällen reichte Fred Weinsteins Erinnerung an die hinter den Kürzeln verborgenen Namen nicht mehr heran.

Auch die anderen Kürzel werden in der Übersetzung durch die vollständigen Namen und Ausdrücke ersetzt, Zahlen in der üblichen Schreibweise wiedergegeben.

Deutsche Wörter, die Fred Weinstein selbst benutzt – zumeist dort, wo es für sie kein polnisches Äquivalent gibt, sondern allenfalls der Phonetik folgende polnische Transkriptionen *(Umschlagplatz, Volksdeutsche u.a.)* –, und von ihm zitierte deutsche Sätze oder Interjektionen habe ich durch *Kursivschrift* kenntlich gemacht, ebenso die wenigen jiddischen (z.B. *Luftgeschefte)* und die sprachlich gemischten Ausdrücke *(Tu Jude!)*. Wo Fred Weinstein Fehler unterliefen, weil er deutsche Wörter oder Sätze nach Gehör niederschrieb (z.B. *Rohstoffverfassung)*, wurden sie korrigiert.

Im Text vorkommende Auslassungs- und Anführungszeichen entsprechen weitestgehend der Interpunktion des polnischen Originals.

»SS« schrieb Fred Weinstein konsequent mit den auch in der deutschen Behördenkorrespondenz gebräuchlichen Runen.

Und wie in der deutschen Behördensprache ist der Ausdruck *Aussiedlung* auch bei Fred Weinstein mehrdeutig. Er bedeutet zum einen den Wohnortwechsel infolge der Verordnungen deutscher Behörden, zum anderen den Transport in die Vernichtungslager.

Der Ausdruck *przygoda* (»Abenteuer«) umfaßt bei Fred Weinstein sowohl positive als auch negative Erlebnisbereiche. Die Saiten der Harmlosigkeit oder Unterhaltsamkeit, die der Ausdruck »Abenteuer« für uns anschlägt, schwingen in seinem Text nicht mit.

Um Papier zu sparen, hat Fred Weinstein Absätze im Text fast gänzlich vermieden. Manchmal kennzeichnet er das Ende einer Ablauf- oder Sinneinheit durch überlange Gedankenstriche. An diesen, aber auch an anderen Stellen habe ich im Interesse der Lesbarkeit Absätze eingefügt.

Der an einigen Stellen vorgenommene Wechsel ins »historische Präsens« entspricht dem Original.

Ich habe versucht, den polnischen Text in ein »normales« heutiges Schriftdeutsch zu übertragen, das von Historisierungen, aber auch von Anachronismen frei sein sollte und doch – innerhalb der Grenzen dieser Zielsprache – so viel wie möglich von der Eigenheit, der Fremdheit des polnischen Originals bewahrt: Fred Weinsteins Hinwendung zum Detail, sein analytisches Interesse für Bedingungen, Gründe und Folgen des Handelns, seinen für einen Zwanzigjährigen erstaunlichen Reichtum des Wortschatzes, seine überraschenden und treffenden Bilder, sein Ringen um Fassung angesichts des nicht mehr Faßbaren.

Lis Wallmuth und besonders meinem Mann, Michael Kreutzer, möchte ich an dieser Stelle danken, daß sie meine Übersetzungsarbeit bis in zahllose Detailfragen hinein begleitet haben.

Fred Weinstein, der Deutsch spricht und liest, hat diese Übersetzung autorisiert.

Jolanta Woźniak-Kreutzer

[Editorische Notiz]

Der längste Teil von F.W.s Aufzeichnungen besteht aus der ausformulierten Erzählung über seine Erlebnisse zwischen Ende August 1939 und dem 21. Juli 1942. Bei diesem Teil steht fest, daß er am 9. Juni 1944 begonnen und spätestens am 2. August 1944 beendet wurde. Der Datumsvermerk des Vorworts vom 9. Juni 1944 steht auf demselben Blatt wie der Beginn der Erzählung. Dieses Konvolut umfaßt im Original zum einen jene 232 Seiten, die F.W. nachträglich oder zeitgleich mit Metallklammern zusammenheftete und mit einem Einband aus stärkerem, flexiblem Papier einfaßte, so daß ein Heft oder »Buch« entstand (hier S. 41 bis 223). Zum anderen zählen dazu sechs lose, größere Blätter, die er mit den Seitenzahlen 235 bis 245 versah (hier S. 227 bis 236).

Das »Buch« enthält neben dem Vorwort vom 9. Juni 1944 die Kapitel I bis VII sowie den größten Teil des Kapitels VIII seiner autobiographischen Aufzeichnungen über die Zeit von August 1939 bis zum 18. Juni 1942. Es wurde auf 58 zu einer Blattgröße von 20 × 26 cm gefalteten Doppelbögen eines einheitlichen, linierten Formularpapiers geschrieben. Die Bögen sind vom Hersteller am unteren Rand mit dem Aufdruck »Wzór No 3a / Min. Skarbu« (Muster 3a, Finanzministerium) versehen worden. Obwohl es sich offenbar um Altpapier handelte, tragen diese Blätter keine Beschriftungen von fremder Hand. F.W. beschrieb sie beidseitig mit schwarzblauer Tinte in einer ordentlichen und flüssigen Schrift, fast ohne Streichungen und zwischen die Zeilen eingefügte Zusätze.

Während die Blätter des »Buches« nahezu unbeschädigt sind, weisen die Bögen, auf denen F.W. seine Erzählung mit dem Rest des Kapitels VIII und dem Kapitel IX anschließend fortsetzte, kleine Beschädigungen am Rand auf, so daß vereinzelt Textverluste zu beklagen sind.

Im Konvolut des Originalmanuskriptes fehlt zwischen dem »Buch« (bis Originalseite 232) und den großen losen Blättern (erhalten ab Originalseite 235) ein Blatt. F.W. besitzt jedoch ein Schreibheft mit einer Abschrift des fehlenden Blattes der Originalseiten 233 und 234 (hier S. 223–227). Wahrscheinlich nach dem Krieg begann er, den Text von den losen, ungeschützten Blättern in ein Heft zu übertragen. Diese Abschrift stammt vermutlich vom Sommer 1945, als der Autor in Łódź lebte. Warum er damit angefangen und bald wieder aufgehört hat, kann F.W. nicht mehr erinnern. Nach Übertragung des ersten Blattes sah er keine Notwendigkeit, das Original aufzuheben. Die Arbeit an weiteren Abschriften führte er nicht weiter, so daß die anderen Originale erhalten blieben.

[Manuskriptteil A]

Einleitung

Wstęp.

– Jest początek czerwca r. 1944, gdy rozpoczynam pisać niniejsze pamiętniki. Postanowiłem bowiem, że z chwilą rozpoczęcia się inwazji aliantów na kontynent europejski – zacznę zapisywać wszystkie moje przeżycia od chwili wybuchu wojny europejskiej, tzn. od dnia 1 września r. 1939 – aż do końca tejże, o ile danym mi będzie przeżyć ją i nic mi w tej czynności nie przeszkodzi. – Trudno mi jest wprawdzie opisywać przeżycia moje w czasie, gdy muszę się cofnąć pamięcią prawie o 5 lat wstecz i dlatego będą niechybnie pewne luki w moim opowiadaniu i pominę z pewnością dużo dość interesujących szczegółów, zanim w moich wspomnieniach dojdę do bieżącego momentu. – Ale, wobec tego, że pamiętniki moje miałyby o wiele mniej wartości, gdybym je był pisał jedynie za czas bieżący, więc będę usiłował przypomnieć sobie wszystko to, co może mieć znaczenie dla późniejszych czytelników tego zeszytu, no i dla mnie, jeśli będę miał możność kiedyś w pomyślniejszych warunkach odczytywać te nieprawdopodobne przejścia, które były moim udziałem.

– Wyżej nadmieniłem, że postanowienie pisania tego pamiętnika wiąże się u mnie z terminem inwazji aliantów na Europę. – Związek ten może się wydać dziwny i muszę go wytłumaczyć; otóż do dnia inwazji, tj. do dn. 6 czerwca 1944 r. – mieliśmy najprzeróżniejszych plotek, pogłosek, przewidywań i przepowiedni na te[illegible] stanu rzeczy wszystkich państw na świecie, mnóstwo ciężkiego oczekiwania i wahań pomiędzy skrajnym optymizmem i pesymizmem – nie byliśmy w stanie nawet w przybliżeniu określić końcowego miesiąca naszej martyrologii! A więc czy warto[illegible]

Einleitung

Es ist Anfang Juni 1944, und ich beginne jetzt, die folgenden Erinnerungen zu schreiben. Ich habe nämlich beschlossen, im Moment der Invasion der Alliierten auf dem europäischen Kontinent[1] damit anzufangen, alles aufzuschreiben, was ich seit dem Ausbruch des Krieges in Europa, das heißt vom 1. September 1939 an, bis zu seinem Ende erlebt haben werde – vorausgesetzt, es gelingt mir, den Krieg zu überstehen, und ich werde durch nichts an meiner Arbeit gehindert.

Allerdings ist es nicht leicht für mich, meine Erlebnisse aus einer Zeit aufzuschreiben, zu der ich in meinen Erinnerungen fünf Jahre zurückgehen muß. Sicherlich wird meine Erzählung Lücken aufweisen, und bestimmt werden mir sehr viele interessante Einzelheiten entgangen sein, bis ich mit meinen Erinnerungen in der Gegenwart ankomme.

Trotzdem. Wenn ich nur über das aktuelle Geschehen schriebe, wären meine Erinnerungen vielleicht weniger wertvoll, und so werde ich mich bemühen, mich an alles zu erinnern, was von Bedeutung sein könnte – von Bedeutung für künftige Leser dieses Heftes und auch … für mich selbst, sollte ich irgendwann einmal unter besseren Bedingungen von diesen unglaublichen Geschehnissen lesen können, an denen auch ich beteiligt war.

Wie gesagt, mein Entschluß, diese Erinnerungen zu schreiben, hängt für mich mit dem Zeitpunkt der Invasion der Alliierten in Europa zusammen. Dieser Zusammenhang erscheint vielleicht seltsam, deshalb sollte ich ihn erklären.

Trotz allen Geredes, aller Gerüchte und Vorahnungen, trotz allem, was Staatsmänner aus allen Ländern der Welt versprachen, trotz aller Erwartungen und allen Schwankens zwischen absolutem Optimismus und totalem Pessimismus war es uns bis zu eben diesem Tage, dem 6. Juni 1944, unmöglich, den letzten Monat unseres Martyriums auch nur annähernd abzusehen. Wozu also hätte ich mir so viel Mühe machen und mich an Tatsachen aus ein paar vergangenen Jahren erinnern sollen, wenn ich doch bis dahin nur sehr wenig Hoffnung hatte, daß dies alles nicht ebenso zunichte würde wie viele andere unserer verzweifelten Anstrengungen?

Und hätte ich mich denn mit gutem Gefühl den Erinnerungen an meine Odyssee widmen können, solange ich damit rechnen mußte, daß niemand sie lesen und niemand je erfahren würde, was Elend und Leid, Blut und Tränen, Schmerz und Klagen, Verzweiflung und blinder Haß bedeuten?! – Nein! Unter solchen Bedingungen hätte ich nie angefangen zu schreiben. Denn, was auch immer kommen mag, ich möchte lieber diese Notizen überleben, als daß sie mich überleben – und dann weiterexistieren als Symbol dieses elenden Daseins, als Symbol unerfüllter Hoffnungen und des noch elenderen Endes unserer qualvollen Tage. Lieber will ich selbst in Zukunft ein lebendiges Symbol sein für alle diese Wahrheiten, ein Symbol für den Sieg der Geduld, des guten Glaubens und der Hoffnung über die Verzweiflung und die Verbitterung, über die äußerste Resignation und über den Wunsch, so bald wie möglich zu sterben.

Eigentlich hat sich unsere Situation mit dem Beginn der Invasion überhaupt nicht verändert, aber wir wissen jetzt: Das ist der Anfang vom Ende, das Vorspiel zum letzten Akt des Kriegsdramas. Und dieser Akt wird doch nicht sehr lange dauern können! So schöpfe ich daraus eine neue, starke Hoffnung, neue Kräfte und den Willen zu überleben. Und dieser Glaube an die baldige Befreiung läßt mich eben schreiben, denn ich vertraue darauf, daß diese Erinnerungen nicht vergeblich geschrieben werden, daß man später mit ihnen angemessen umgehen wird und sie so ihren Sinn erfüllen.

Ich werde grundsätzlich über meine eigenen Erlebnisse schreiben, denn sie sind mir natürlich am besten vertraut. Ich war aber fast während des ganzen Krieges mit meiner engsten Familie unzertrennlich verbunden, und so werde ich zwar über mich selbst schreiben, aber dies vor dem Hintergrund auch ihrer Erlebnisse, soweit ich sie kenne.

Ich schreibe diese Erinnerungen in unserer gemeinsamen »Gefängniszelle«, von der die Rede sein wird, wenn ich die Zeit um 1943 erreiche. Alle Personen, an die ich mich erinnere, weil sie zu der Erzählung über mich und meine Nächsten dazugehören, werden nur mit Abkürzungen bezeichnet, das heißt mit den Anfangsbuchstaben ihrer Vor- und Nachnamen. Ich tue das deswegen, weil diese Aufzeichnungen in falsche Hände fallen und so die Sicherheit und Existenz dieser Menschen gefährden könnten. Erst wenn der Krieg beendet ist oder unser Unglück auf andere Weise ein Ende gefunden hat, werde ich ihre vollständigen Namen nennen.[2]

Am Ende dieser kurzen Einleitung und Erläuterungen verbeuge ich mich tief vor den Schatten all der stillen Helden, die ich erwähnen werde und die aus den Händen der Hunnen des 20. Jahrhunderts[3] einen furchtbaren Tod empfingen. Ihr unschuldiges Opfer bleibt mir für immer im Gedächtnis. Mögen sie, die als Märtyrer lebten und starben, in Frieden ruhen! Ihnen zu Ehren!

Warschau, 9. Juni 1944
F. W.

[Manuskriptteil A]

Łódź, Herbst 1939

– I. –

– Ostatnie dni sierpnia 1939 r. i dni potym następujące – to początek mego złego losu, czego niestety wtedy jeszcze nikt nie przewidział, a więc i ja nie mogłem wiedzieć.

– Miałem wówczas lat 17-ście, gdyż urodziłem się 14.II.1922 r.

– Korzystając z 2-ch miesięcznej przerwy wakacyjnej w zajęciach szkolnych przebywaliśmy w lipcu i sierpniu w miejscowości Wiśniowa-Góra, położonej w oddaleniu 15 km. od miasta Łodzi.

– Ja miałem wówczas ukończone 3 klasy Gimnazjum Mechanicznego, mieszczącego się w Łodzi, przy ul. Pomorskiej 46/48.

i otrzymałem promocję do 4-ej i ostatniej zarazem klasy tejże uczelni. Starsza moja Siostra, Pola, była wówczas już rok po ukończeniu 8-klas. gimnazjum Skrzypkowskiej w Łodzi.

– Niestety nie kontynuowała Ona Swej nauki, gdyż mimo, że bardzo staraliśmy się, tzn. mój Ojciec – przez rozmaite protekcje i „plecy" – zapewnić Jej przyjęcie na Uniwersytet im. J. Piłsudskiego w Warszawie, lub na jakąś inną wyższą uczelnię w b. Polsce – nie została Ona przyjęta do żadnej z uczelni z powodu Jej żydowskiego pochodzenia. – Co prawda dzieci lekarzy miały pierwszeństwo w przyjęciach na wyższe studia – ale chodziło to w tym wypadku jedynie o dzieci lekarzy nie-Żydów.

– Przy pomocy protekcji mógł się i Żyd dostać na Uniwersytet i nawet wcale nie musiał pochodzić z lekarskiej rodziny, ale wyrzec się swego pochodzenia, a raczej aby je zatuszować, ściślej mówiąc zamaskować – posiadać musiał duże sumy pieniędzy, które pozwalały mu przekupić rozmaitych urzędników państwowych i władze uczelni, i tylko w ten sposób mógł on przystąpić do niedostępnych dla Żyda wyższych studiów.

I

Die letzten Tage des August 1939 und die Tage darauf stehen für den Anfang meiner schlimmen Geschichte, was leider zu dieser Zeit niemand voraussah, auch ich selbst nicht.

Ich bin am 14. Februar 1922 geboren, also war ich damals siebzehn Jahre alt.

Wir nutzten die Sommerferien, die zwei unterrichtsfreien Monate, und verbrachten den Juli und August in Wiśniowa Góra, einem Ort fünfzehn Kilometer von Łódź. Ich hatte gerade die 3. Klasse der Fachoberschule für Mechanik in der Ulica Pomorska 46/48* in Łódź beendet und war dort in die 4. und letzte Klasse versetzt worden.[4]

Meine ältere Schwester Pola hatte ein Jahr zuvor die 8. Klasse des Skrzypkowska-Gymnasiums in Łódź abgeschlossen und war damals zu Hause. Ihre Ausbildung hatte sie leider nicht fortsetzen können, denn obwohl mein Vater sich mit Hilfe von Protektion und Beziehungen sehr darum bemüht hatte, ihr einen Studienplatz an der Józef-Piłsudski-Universität in Warschau oder an einer anderen Hochschule zu sichern, war sie wegen ihrer jüdischen Herkunft an keiner Hochschule aufgenommen worden. Zwar genossen die Kinder von Ärzten Vorrang bei der Zulassung zum Hochschulstudium, aber dies galt eher für die Kinder nichtjüdischer Ärzte.

Mit Hilfe von Protektion war es allerdings wohl auch für Juden möglich, einen Studienplatz an der Universität zu bekommen; sie mußten dann nicht einmal unbedingt aus einer Arztfamilie stammen. An Stelle der richtigen Herkunft – oder besser gesagt: zur Vertuschung ihrer falschen – brauchten sie aber eine Menge Geld, um verschiedene Staatsbeamte und die Hochschulleitung zu bestechen. Nur so konnten sie das Hochschulstudium aufnehmen, das sonst für Juden unzugänglich war.[5]

Und so hatte meine Schwester nach ihrem Abitur nicht mit dem Medizinstudium beginnen können, für das sie – was sicherlich ererbt war – eine besondere Begabung und Neigung zeigte.

Der Altersunterschied zwischen mir und meiner älteren Schwester betrug fast genau zwei Jahre mit einer Differenz von nur einer Woche. Meine jüngere Schwester Ryszarda, 1927 geboren, wurde knapp zwei Monate nach Ausbruch des Krieges, am 27. Oktober 1939, zwölf Jahre alt. Für sie waren diese unver-

* Die Bezeichnung von Straßen und Plätzen folgt dem Original, wobei die Wörter *ulica* (»Straße«), *plac* (»Platz«), *aleja* oder *aleje* (»Allee«) und *rynek* (»Markt[platz]«), sofern sie zusätzlich zum Namen genannt werden, im Deutschen übernommen und, da sie die Funktion eines Substantivs haben, groß geschrieben werden.

geßlichen Sommerferien, unsere letzten, die verdiente Erholung nach den fünf Klassen der Grundschule.

Für meinen Vater hatten unsere Ferien eine praktische und nützliche Seite. Wir hielten uns ja in einer großen Ortschaft auf, in der im Sommer etwa 30 000 Gäste unterkamen, und daher hatte mein Vater sich dort eine Zahnarztpraxis eingerichtet, von der wir die Wohnungs- und Verpflegungskosten bestreiten konnten, wobei noch ein kleiner Überschuß blieb. Übrigens waren diese Kosten sehr hoch, viel höher als in der Stadt.

Zugleich hatte unser Vater in Łódź seine feste Praxis, die direkt an unsere Wohnung am Plac Kościelny 4 grenzte. Dort hatte er auch eine Assistentin, die ihn vertrat, wenn er jeden oder jeden zweiten Tag aufs Land fuhr.[6]

Die Gerüchte vom bevorstehenden Krieg erreichten also uns alle – die ganze Familie: meine Eltern, meine beiden Schwestern und mich – während unserer Sommerferien. Es waren Tage voller angespannter Erwartung, die ersten Tage des »Nervenkrieges«, der damals schon gegen uns entfesselt wurde.

Mitte August: Gerüchte, Gerede – es wird von diplomatischen Noten und Protesten gesprochen, und man hört ständig davon.

In der zweiten und dritten Dekade des Monats August verschärft sich der »Nervenkrieg«. Es ist keine Rede mehr davon, an den Strand oder ins Schwimmbad zu gehen. Sport zu treiben, kommt überhaupt nicht mehr in Frage. Selbst wenn ich dies noch tun wollte, fände ich dafür keinen Partner mehr. Allmählich werden alle von wachsender Unruhe ergriffen: Der Krieg mit den Deutschen liegt in der Luft ...[7]

Vor diesen heißen Tagen hatten die Menschen Radio gehört wegen der Musik, der Feuilletons u.ä. Nun aber versammeln sich vor den Radios große Gruppen von Menschen, die zitternd und hoffend auf sensationelle Nachrichten zur internationalen Entwicklung warten. Sie schauen einander mit stummen Fragen an: Ist es schon so weit? Gibt es wirklich Krieg? Wie wird er verlaufen? Diese letzte Frage ist allerdings nur in den Augen der klügeren Menschen zu lesen. Im allgemeinen wird eher geschrieen: Wir besiegen die Schwaben*, in einem Monat sind wir in Berlin!

Zu Hause, im Familienkreis, redet man ausschließlich vom Krieg. Die Radiomeldungen und politischen Neuigkeiten werden ausführlich besprochen, was man früher nie getan hat. Wie anfällig für Propaganda ist doch die menschliche Psyche!

In erst langsamer und dann immer schnellerer Folge fliehen die Sommer-

* *Szwaby* (»Schwaben«) ist eine der pejorativen polnischen Bezeichnungen für die Deutschen. Der Ausdruck *szwab/szwaby* wird im Folgenden mit »Schwabe/Schwaben« übersetzt. Das Adjektiv »schwäbisch« klingt allerdings in vielen Kontexten beinahe komisch; ich vermeide daher, *szwabski* mit »schwäbisch« zu übersetzen. Meistens ist hier der Genitiv – »der/des Schwaben« – ein guter Ersatz.

gäste, einer nach dem anderen, mit all ihrem Kram in die Stadt. Es wird immer schwieriger, ein Fuhrwerk nach Łódź zu bekommen, denn hin und wieder beschlagnahmen die auf den Straßen vorbeimarschierenden Truppen die Pferde, und viele Bauern haben Angst, ihre Gäule aufs Spiel zu setzen. Schließlich folgen auch wir dem Beispiel der anderen, packen einen Teil unserer Habe und verlassen damit Wiśniowa Góra mit der Parole »Nach Hause!«.

Wie es zu dieser wahnsinnigen und hektischen Flucht aus einem ruhigen Dorf in eine große Stadt kommen konnte, in eine Stadt, die doch bombardiert werden und in der die Lebensmittelversorgung usw. zusammenbrechen konnte, das weiß ich bis heute nicht. Jedenfalls war dies ein sichtbarer Beweis für die Panik, die weite Kreise der Bevölkerung ergriffen hatte.

Am 25. August trafen wir in unserer Wohnung in Łódź ein.

Die folgende Woche vor dem Kriegsausbruch bleibt mir in Erinnerung als eine Zeit großer Hitze und fieberhafter Erregung. Ich spürte sehr stark, daß die Atmosphäre mit Energien aufgeladen war, die jeden Moment zu einer Explosion führen konnten. Alle Menschen – nicht nur ich – waren aufgeregt, ruhelos und fast von Sinnen. In Kolonnen, zusammengestellt von den verschiedensten Gruppierungen, Vereinen, Gesellschaften, Verbänden, Delegationen und ähnlichen Organisationen, zogen Menschen mit Spitzhacken und Spaten auf den Schultern durch die Stadt. Es waren Freiwillige, die Gräben zum Schutz der Bevölkerung vor deutschen Luftangriffen ausheben sollten. Von morgens bis abends hörte man das Scheppern der Schaufeln und das enthusiastische Geschrei der Menschenmengen. Als wäre der Krieg schnell zu gewinnen, wenn das ganze Volk – Frauen und Kinder nicht ausgenommen – Luftschutzgräben baute. So ging es bis zum Tag der Mobilmachung, dem 31. August.[8]

In dem Moment, als die allgemeine Mobilmachung bekannt gegeben wurde, brach in der Stadt ein furchtbares Chaos aus. Ich fühlte mich verloren in diesem riesenhaften Mühlwerk, in das Łódź sich verwandelt hatte.

Ich war Mitglied einer vormilitärischen Ausbildungsgruppe beim 28. Kaniowski-Schützenregiment, dem regulär jeder Schüler der höheren und mittleren Gymnasialklassen angehörte. Der betreffenden Rundfunkanordnung zufolge hatte ich mich bei der Sammelstelle unseres Schultrupps zu melden.[9]

Dort gab man uns Schaufeln, und von dort brachen wir unter dem Kommando von Oberleutnant R. Scherantz, unserem ehemaligen Klassenlehrer, auf, um an einem Platz am oberen Teil der Ulica 11 Listopada Luftschutzgräben auszuheben.

Es war der Morgen des 1. September, und noch wußten wir nichts vom Ausbruch des Krieges.[10] Ich erinnere mich, daß unser Oberleutnant uns allein ließ und fortging. Und wir, meine Schulkameraden und ich, dachten, unsere Arbeit sei ihm egal und es sei für ihn offenbar nicht wichtig, ob die Schutzvorrichtungen entstünden oder nicht, wir warfen unsere Schaufeln hin und begannen, uns unsere Abenteuer aus den Sommerferien und alle möglichen Witze und Anekdoten zu erzählen; und so verging diese Zeit ziemlich lustig.

Als uns das Herumsitzen zu langweilig wurde, sprangen wir auf und pflückten die Sonnenblumen, die dort um uns herum wuchsen und schon reif waren. Das ist vielleicht läppisch und nicht erwähnenswert, aber in meiner Erinnerung verbinden sich diese Vorgänge sehr eng mit der ersten Nachricht vom Ausbruch dieses fatalen Krieges, und deshalb muß ich, ob ich will oder nicht, davon erzählen.

Denn gerade, als wir so fröhlich durch einen nahen Garten jagten und Sonnenblumen abrissen und einander damit bewarfen, erschien unser Oberleutnant. Wir konnten schon von weitem sehen, wie er auf uns zukam und eine Zeitung schwenkte. Als er heran war, schlugen seine Worte ein wie ein Blitz: »Statt zu graben, vertreibt ihr euch hier lustig die Zeit, und dabei wißt ihr gar nicht, daß es Krieg mit den Deutschen gibt!«

Obwohl wir doch eigentlich damit hätten rechnen müssen, überraschte uns die Nachricht sehr. Ich schämte mich ein bißchen, daß ich in dieser historischen Stunde eben noch so fröhlich gewesen war und … und wohl auch, daß ich es an ziviler und halbmilitärischer Loyalität gegenüber dem damaligen polnischen Staat hatte fehlen lassen. Vermutlich fühlten sich die anderen Schulkameraden genauso. Wir umringten unseren Oberleutnant Scherantz und fragten ihn alle gleichzeitig nach Einzelheiten aus und entrissen uns gegenseitig die Zeitung mit den denkwürdigen Nachrichten.

Es war 12.30 Uhr, und die Zeitung berichtete bereits, daß Polen Deutschland nach einem Vorfall an der Grenze den Krieg erklärt habe. Ich erinnere mich an die Worte aus der Ansprache des Präsidenten, die in der Zeitung standen: »Im Namen Gottes und des Vaterlandes« usw.[11]

Wir waren alle sehr nervös und aufgeregt, und es konnte keine Rede mehr davon sein, in diesem Zustand noch weitere Luftschutzgräben auszuheben. Wir wurden nach Hause geschickt.

Auf dem Nachhauseweg – es war ziemlich weit zu unserer Wohnung – konnte ich mir die Stadt am ersten Kriegstag genauer ansehen. Łódź war ein wichtiges Industrie- und Handelszentrum und daher immer schon eine belebte und laute Stadt, aber jetzt war dieser Verkehr, obwohl vielleicht gar nicht stärker als zu normalen Zeiten, so anders als sonst im Alltag, so ungewöhnlich, daß es in die Augen stach. Er ähnelte den Bewegungen in einem großen Ameisenhaufen, in den irgendein Tunichtgut einen Stock gesteckt hatte. Die Menschen verhielten sich wie Blinde auf einem sinkenden Schiff: nervös, hilflos, ängstlich. Kurz, sie hatten ganz und gar die Beherrschung verloren.

So viel war die polnische Regierung wert, so gut war sie in der Lage gewesen, die Bevölkerung auf die bevorstehenden Ereignisse vorzubereiten! Schon der erste Kriegstag brachte viele Mängel des damaligen polnischen Staatsgefüges ans Tageslicht.

Vor der Toreinfahrt meines Wohnhauses hielten Polizisten Wache, ausgerüstet mit Gewehren mit aufgesetztem Bajonett. In unserem Haus war das III. Revier der polnischen Polizei stationiert, und das Revier hatte, wie auch andere Dienststellen dieser Art, einen Wachposten aufgestellt, um den Publikumsverkehr zu regeln.

Schon um 14 Uhr saßen die ersten Brandgeschädigten und Flüchtlinge auf ihren Bündeln in der Toreinfahrt. Sie kamen aus Wieluń, einem Ort an der deutschen Grenze. Dieses Städtchen, das überwiegend aus Holzhäusern bestand, war frühmorgens um 5 Uhr, noch vor der Kriegserklärung, von deutschen Fliegern angegriffen und bombardiert worden und bis auf das letzte Haus abgebrannt. In diesem Städtchen war kein einziges Militärkommando stationiert, es gab auch keine anderen Objekte, die dieses erste Verbrechen der deutschen Brandstifter hätten erklären können.[12]

Als ich den Berichten der Augenzeugen zuhörte, überkam mich zum ersten Mal die Angst vor dem Bombenkrieg. In diesem Moment begriff ich, daß die deutschen Barbaren mit allen Mitteln kämpfen und mehr noch als die Militäreinrichtungen die von der Zivilbevölkerung bewohnten Ortschaften bombardieren würden, denn so würden sie keine Flugzeuge verlieren.

Als der Krieg ausbrach, oder vielleicht einen Tag vorher, ließ die Regierung verlauten, man müsse sich nun darauf vorbereiten, daß es zu Luftangriffen auf Łódź komme, und sie ordnete zur Probe für die Bevölkerung Alarmbereitschaft an. Als dann am 1. September und an den folgenden Tagen die Sirenen ertönten, um Fliegeralarm zu geben, war die Bevölkerung desorientiert, denn nun wußte man nicht, ob es sich um einen Probealarm der eigenen Luftstreitkräfte handelte oder ob wirklich deutsche Bombenflieger über der Stadt waren. Diese Anordnung konnte – nach meiner Vermutung – nur das Ziel haben, die Bevölkerung gründlich zu irritieren.

Und in diesem Fall tat sie das auch. Chaos und Verwirrung wuchsen noch. Überdies steigerten lakonische und fast nichtssagende Radiomeldungen von der Front und geheimnisvolle Telegramme und Funksignale die Nervosität. »Geht vorbei … Nähert sich … Ist vorbeigezogen … Der Betreffende liegt nicht in Łódź …« u.ä. Was diese Meldungen zu bedeuten hatten, woher sie kamen und an wen sie gerichtet waren, wußte man nicht.[13] Vermutlich sollte dieses Verwirrspiel bloß die aufgeregte Bevölkerung noch nervöser machen.

Am 2. September ging ich – dem Befehl an alle Schultrupps der vormilitärischen Ausbildungsgruppe folgend – wieder in Uniform zu unserer Sammelstelle. Ich wurde der Hauptkommandantur der Flugabwehreinheit für die Stadt Łódź zugeteilt. Die Hauptkommandantur war zusammen mit der Militärabteilung der Kommandostelle des Korpsbereichs und dem Polizeirevier in der Aleje Kościuszki stationiert. In der Kommandantur bekam ich einen Ausweis, eine rot-gelbe Dienstarmbinde und ein Armeegewehr mit fünf Patronen, »Mauser«, Modell 98, dazu noch eine Patronentasche mit einem Dutzend Patronen; man wies mich an, auf der Straße vor dem Hauseingang Wache zu halten. Der Dienst dauerte von 8 Uhr morgens bis 15 Uhr. Außer mir standen noch ein Polizist und ein älterer Pfadfinder Wache, beide waren wie ich mit einem Gewehr bewaffnet.

Es war kein angenehmer Dienst; ins Polizeirevier kamen viele Leute, und die meisten von ihnen brachten, der Verordnung über die Requirierung von Waffen jeder Art gehorchend, Feuer- und Hiebwaffen zum Sammelpunkt.

In die Militärabteilung kamen auch viele, die Lebensmittelpakete für ihre Verwandten beim Militär abgeben wollten. Die Wache war verpflichtet, alle Besucher zu durchsuchen und ihre Personalien festzustellen, was ziemlich anstrengend war.

Für die einzige Abwechslung bei dieser monotonen Arbeit sorgten die Lebensmittelpakete, die Verwandte der in der polnischen Armee dienenden Deutschen für sie abgaben. Allen Wachposten war inoffiziell befohlen worden, Personen deutscher Herkunft nicht zur Militärabteilung vorzulassen, also die Abgabe von Lebensmittelpaketen für deutschstämmige Soldaten zu verhindern.

Diesen Befehl befolgten wir nicht sehr streng. Zwar ließen wir die Deutschen nicht ins Gebäude hinein, aber die Pakete nahmen wir ihnen ab, öffneten sie und teilten ihren Inhalt unter uns auf. Fast alle waren für uns sehr wertvoll, enthielten ausgezeichnete Lebensmittel und versüßten uns unsere unerfreuliche Arbeit.

Ich kam immer sehr erschöpft nach Hause, konnte mich aber kaum ausruhen, da es immer wieder Fliegeralarm gab. Am Sonntag, dem 3. September, fielen die ersten Bomben auf Łódź.[14] Sie zerstörten zwei Wohnhäuser im Stadtzentrum. Am selben Tag gab der Rundfunk einen Gasalarm durch. Panik ergriff die Bevölkerung.[15] Obwohl man doch mit Luftangriffen dieser Art ernsthaft gerechnet hatte, besaß die Zivilbevölkerung keine Gasmasken. Die Menschen liefen kopflos umher und trugen Ersatzmasken aus Watte und Gaze bei sich, dazu Flaschen mit in Wasser aufgelöstem Natron zum Anfeuchten der Masken.

Wenn ich heute, nach fünf Jahren, daran zurückdenke und die Situation aus dieser Distanz betrachte, kommt sie mir vor wie eine gut gemachte Filmkomödie der feindlichen Propaganda. Der Rundfunk hatte nämlich auch noch von zwei Giftgasbomben berichtet, von denen eine auf das Stadion an der Aleja 3 Maja gefallen sein sollte. Heute halte ich das nicht mehr für wahr, aber damals habe ich es wie alle anderen geglaubt.

Der 4. und der 5. September vergingen ähnlich. Grundnahrungsmittel wie Brot, Kartoffeln u.ä. waren nicht mehr überall zu bekommen, und ihre Preise stiegen um hundert Prozent. Es gab beunruhigende Rundfunkmeldungen über erste Kämpfe, Gefechte und Bombardierungen sowie verstiegene Gerüchte und Klatschgeschichten, in denen enthusiastisch berichtet wurde, daß die polnische Kavallerie in Ostpreußen stehe und die Deutschen zurückgeschlagen worden seien usw. usw. Es verhielt sich jedoch genau umgekehrt.[16]

Auf den Straßen hörte man immer wieder feindselige Ausrufe gegen die Deutschen. Immer wieder kamen auch größere Gruppen von Leuten und brachten deutsche Einwohner der Stadt aufs Revier, die man bei verschiedenen Spionagetätigkeiten erwischt hatte. Man schlug, trat und bespuckte sie, was, wie sich später zeigte, noch zu wenig war, gemessen an der weitaus raffinierteren Rache, die die deutschen Einwohner nahmen, nachdem ihre Landsleute in Polen einmarschiert waren.

In diesen Tagen sah ich zum ersten Mal einen deutschen Fallschirmspringer. Er sprang über unserem Stadtteil aus dem Flugzeug. Dabei war er beobachtet worden, und so wurde er sofort gefaßt und in unser Haus zum Polizeirevier gebracht. Er war sehr jung, groß und breitschultrig und trug einen hellen Fliegeranzug. Vor seiner Brust hingen Patronengurte über Kreuz; zwei Maschinenpistolen hatte man ihm schon abgenommen. Er war blutig geschlagen, denn die vorbeigehenden Menschen hatten ihren Haß auf die Deutschen nicht bändigen können und ihn das schmerzlich spüren lassen. Auf dem Revier vollendeten die Polizisten das Werk, und ihre Schläge brachten dem Deutschen am nächsten Tag den verdienten Tod.

Am Dienstag, dem 5. September, war ich nach meinem Dienst bei der Flugabwehr sehr erschöpft. Zu allem Übel wurde für den frühen Abend wieder Fliegeralarm gegeben, der dann bis spät in die Nacht nicht mehr aufgehoben wurde. Meine Mitbewohner und ich befürchteten einen plötzlichen Alarm, behielten unsere Kleider an und legten uns da schlafen, wo wir gerade Platz fanden. Bei uns herrschte großes Durcheinander, niemand achtete mehr auf Ästhetik und Hygiene. Da ich vor Müdigkeit fast umfiel, legte ich mich in der Uniform der polnischen Armee aufs Bett und schlief sofort ein. Ich ahnte nicht im geringsten, was mich in dieser Nacht aus schwerem Schlaf reißen würde, was für eine Überraschung und welch schwierige Aufgabe mich und meine Nächsten erwarteten.

II

Jemand zerrte heftig an meiner Schulter und weckte mich aus meinem bleiernen Schlaf. Meine Mutter versuchte, mich vollends wach zu bekommen, indem sie mir laut etwas zurief. Im ersten Augenblick war ich so verschlafen und geistesabwesend, daß ich mich nur schüttelte und auf die andere Seite drehte, um weiterzuschlafen. Aber meine Mutter fuchtelte mit den Händen, schrie laut, und auch andere schrieen, und dies alles ließ mich nicht wieder einschlafen und riß mich schließlich aus meiner Benommenheit. In unserer Wohnung herrschte eine Geschäftigkeit wie in einem Bienenstock.

Ich hörte zu, was meine Hausgenossen aufgeregt einer nach dem anderen erzählten, und so erfuhr ich, daß die Polizisten aus dem Revier in unserem Haus dabei waren, alle ihre Akten und Papiere auf dem Hof zu verbrennen und die übrigen wertvollen Sachen auf Fuhrwerke zu laden, mit denen sie vorhatten, vor der anrückenden deutschen Armee in Richtung Warschau zu flüchten.

Es war 2 Uhr nachts. Ich sah aus dem Fenster; auf den verdunkelten Straßen herrschte ein Betrieb wie am hellichten Tag. Die Nacht war sehr dunkel, und es war schwer, etwas zu erkennen. Trotzdem konnte ich Kolonnen von Fuhrwerken und Militärfahrzeugen voller Soldaten sehen sowie Kavallerie- und Artilleriekolonnen, mehrere Reihen von Krankenwagen und verschiedenen anderen militärischen Einheiten. Dazwischen waren Zivilpersonen zu Fuß oder auf Pferdewagen unterwegs, sehr selten sah man Autos. Alles bewegte sich in Richtung Warschau und Lublin. Die Straße, in der ich wohnte, war eine Ausfallstraße, ein Zubringer zu den Landstraßen und zur Autostraße in diese Richtungen, und so zogen all diese Truppen und Flüchtlinge an den Fenstern unserer Wohnung vorbei.

Fahrzeuge brummten und dröhnten, Pferde schnaubten und wieherten, und als ich mir diesen pausenlosen Tumult anhörte, gewann ich den Eindruck, die Deutschen stünden bereits dicht vor der Stadt, fast schon in unserem Rükken.

Ich hörte mich um und erfuhr dabei von unseren Nachbarn im Haus, daß die flüchtenden Soldaten und Zivilisten aus Richtung Sieradz[17] kamen und die Deutschen ihnen auf den Fersen waren. Die Panik in unserem Haus aber hatten die Polizisten ausgelöst, die eilig ihre Sachen packten und die Bevölkerung aufforderten, sofort aus der Stadt zu fliehen, denn – so riefen sie – »sobald die Deutschen in die Stadt kommen, metzeln sie die ganze Bevölkerung nieder!«[18]

Als die Mieter unseres Hauses diese schrecklichen Worte hörten und mit eigenen Augen die flüchtenden Soldaten und Zivilisten sahen, überlegten sie nicht lange. Sie begannen, die teuersten Kleidungsstücke und andere Wertgegenstände einzupacken. Einer der Nachbarn hatte meine Eltern geweckt, und sofort fingen auch bei uns alle an, wild durch die Zimmer zu rennen; wir trugen alles zusammen, was uns würdig schien, mitgeschleppt zu werden, und packten drauflos. Innerhalb einer Stunde, vielleicht auch schneller, waren wir zum Aufbruch bereit.

Wir rechneten damit, gleich hinter der Stadt irgendein Pferdefuhrwerk oder ein anderes Fahrzeug bekommen zu können, deshalb nahmen wir drei vollgepackte Koffer mit; einer davon, der sehr groß war und unsere beste Garderobe enthielt, wog ungefähr 35 Kilo. Im zweiten, leichteren Koffer waren ein paar Kleider und Kleinigkeiten, und im dritten, dem kleinsten, hatten wir für alle Fälle einen 2-kg-Laib Brot für den Weg dabei. Weitere Lebensmittel nahmen wir nicht mit, da wir außer dem Brot nichts Eßbares mehr im Hause hatten. Das Brot mitzunehmen, sollte sich später als kluge Idee erweisen.

Gegen 3 Uhr verließen wir das Haus. Ich trug zwei Koffer: den schwersten und den leichtesten. Meine Eltern und meine ältere Schwester hatten außerdem ihre Pelzmäntel über dem Arm. Als wir das Haus verließen, war von den Nachbarn und Mietern kaum noch jemand da, auch keine Polizisten mehr. Alle waren schon geflüchtet!

Was die Polizei betrifft, muß ich etwas hinzufügen, was mir erst später bekannt wurde. Nach der Rückkehr von unserer traurigen Wanderung erfuhren wir, daß sich eine Stunde, nachdem wir das Haus verlassen hatten, ein Polizeimeister aus der Kanzlei des III. Polizeireviers im Hof mit einem Revolverschuß in den Mund das Leben genommen hatte. Wenn ich mich recht erinnere, hieß er Kaczmarek; er war übrigens auch ein Patient meines Vaters gewesen. Er starb mit dem Ausruf, er würde »lieber sterben, als deutsche Soldaten in Łódź sehen!«.

Auf dem Weg zur Landstraße nach Warschau sah ich Mitglieder der Luftabwehrkräfte im Dienst. Dies war ein Anzeichen dafür, daß sich die Leute im großen und ganzen der Flucht aus der Stadt noch gar nicht bewußt waren. Sie erfuhren erst am 6. September frühmorgens davon.

Wir verließen die Stadt mit der Absicht, Warschau zu erreichen, und in der Hoffnung, doch noch irgendein Verkehrsmittel zu finden, das es uns ersparen würde, die ganze Strecke nach Warschau marschieren zu müssen. Leider waren diese Hoffnungen, wie sich sehr schnell herausstellte, ganz und gar unbegründet.

Am 6. September, um 4 Uhr morgens waren wir fünf, meine Eltern, meine Schwestern und ich, auf dem Weg von Łódź nach Warschau, über Brzeziny, Jeżów und Rawa.

Bevor es hell wurde, hatte ich die ganze Zeit den Eindruck, daß wir uns inmitten einer dichten Menschenmenge bewegten, aber mehr als die Silhouetten konnte man von den Menschen, Tierleibern und Gegenständen, die uns umgaben, nicht erkennen. Erst bei Tagesanbruch konnte ich mich umsehen, und dabei bot sich meinen Augen ein Bild, das sich meiner Erinnerung unauslöschlich einprägte.

Wir trieben in einem breiten, in Wellen ansteigenden Strom von Menschen, Pferden, Fuhrwerken und anderen Fahrzeugen. Alles zusammen floß in eine Richtung: Warschau![19]

In einem lückenlosen Konvoi zogen Fuhrwerke und Militärfahrzeuge vorbei, darauf saßen unausgeschlafene, sichtlich übermüdete und hungrige Soldaten und trieben erbarmungslos ihre Zugtiere an, die mindestens so erschöpft und elend aussahen wie sie selbst. Zwischen den Fuhrwerken verschiedenstes Kriegsgerät: Geschütze unterschiedlichen Kalibers, Munition und dergleichen und am Ende jeder Einheit Feldküchen. Um all diese Fahrzeuge herum bewegten sich Karawanen von Zivilisten. Nur einige von ihnen hatten Pferdewagen, vor die ebenfalls halbtote Gäule gespannt waren, denn die Armee hatte die besseren und stärkeren Pferde unterwegs schon beschlagnahmt, ebenso wie die privaten Autos, Motor- und Fahrräder. Ganze Familien gingen also wie wir zu Fuß und schleppten dabei das Beste, was sie hatten, in Koffern, Rucksäcken und Bündeln mit sich. Diese Zivilisten, die zu Fuß auf der Flucht waren und deren panische Angst größer war als die der Armeeangehörigen, waren in der Überzahl. Etwa alle zehn bis zwanzig Minuten bildeten sich Staus, weil Pferde und Wagen immer wieder durcheinander gerieten; dies erschwerte und verzögerte das Vorwärtskommen erheblich. Es sah aus, als würge die Straße an diesen Unmengen von Menschen und Fahrzeugen; feindselig und als würde sie sich gegen diese unverhältnismäßige Beanspruchung wehren, errichtete sie immer wieder Staudämme gegen den starken und reißenden Strom der Flüchtlinge. Aber ihr trotziger Widerstand schien vergeblich zu sein. Welches Hindernis hätte diese Menschen aufhalten können, die in panischer Angst vor den Deutschen flohen? Sie wurden getrieben von den Gespenstern des entbrannten Krieges, des Raubes und Mordes, und so achteten sie nicht auf den Mangel an Lebensmitteln, die Hitze des Tages, ihre völlige Erschöpfung und den Wirrwarr auf den Straßen und gingen immer nur weiter vorwärts. So weit weg wie möglich von den heranziehenden Barbaren: den Brandstiftern und Mördern!

Immer häufiger und immer länger wurde der Straßenverkehr unterbrochen, und der wogende Menschenstrom stieg an und trat schließlich über die Ufer auf die angrenzenden Felder. Man lief neben der Straße und stampfte alles nieder, was dort wuchs.

Auch wir verließen die Straße; uns war klar geworden, daß wir sonst das Ziel unserer Wanderung niemals erreichen würden. Wie sich herausstellte, hätten wir das Ziel allerdings ohnehin nicht erreichen können. Aber davon hatten wir damals leider noch keine Ahnung. Wären wir uns dessen bewußt gewesen, dann hätten wir uns nicht auf unsere Flucht ins Ungewisse begeben. Auf einfache Weise wären uns dann viele belastende Erfahrungen und die ersten schlimmen körperlichen Schmerzen erspart geblieben, Angst, Grauen, Verzweiflung und all die Ungeheuerlichkeiten, zu denen es kommt, wenn die Moral verloren geht, und die wir in einem Zeitraum von nur fünf bis sechs Tagen erlebt hatten.

Auf unserem Weg am Straßenrand sahen wir Bilder, die auch Stärkeren und in Abenteuern Erfahreneren als uns den Mut und den Glauben an ein frohes und glückliches Ende dieser gespenstischen Pilgerfahrt hätten rauben können.

Mütter trugen Säuglinge und kleinere Kinder auf dem Arm, Männer waren mit all ihrem Hab und Gut bepackt wie Kamele. Diese Menschen gingen auf holprigen Wegen, die andere vor ihnen in die gepflügten Felder getreten hatten. Sie kamen nur langsam vorwärts, stolperten und gingen doch unbeirrbar weiter, ohne eine Pause zu machen und sich zu stärken. Die meisten hatten auch gar nichts zu essen oder zu trinken bei sich. Vor allem der schreckliche Durst setzte allen zu, je mehr die Sonne sich dem Zenit näherte, desto schlimmer.

Unmittelbar an dieser Straße gab es nur wenige Bauernhöfe, und diese wenigen waren von *Volksdeutschen*[20] bewohnt, deren Siedlungen sich hinter Łódź über viele Kilometer hin an der Straße entlang verteilten. Es ging das Gerücht um, man habe das Wasser in den Brunnen der deutschen Bauern vergiftet, um auf diese scheußliche und heimtückische, wahrhaft germanische* Weise die verdurstenden, vor den Deutschen flüchtenden Menschen zu vernichten. Wir kamen an mehreren Brunnen vorbei, wagten aber nicht, das Wasser zu trinken. Was von diesem Gerücht zu halten war, weiß ich nicht; vielleicht war auch dies nur eine der vielen Erfindungen der perfiden deutschen Propaganda, die mit allen Mitteln versuchte, unter der Bevölkerung Chaos und Panik auszulösen.

In der fürchterlichen Septemberhitze schleppten wir uns mühsam vorwärts, in dicken Mänteln und mit schweren Sachen beladen, mit Staub bedeckt und in Schweiß gebadet, und es war für mich und wohl auch für die anderen ein unvergeßlich schreckliches Gefühl, mit ausgetrockneter Kehle und verbrannten Lippen an den tiefen Brunnen vorbeizugehen, ohne ihr erfrischendes, kühles Wasser trinken zu können. Heute denke ich, daß wir ausgesehen haben müssen wie die Wahnsinnigen, damals habe ich darauf nicht geachtet.

Vor Erschöpfung fielen mir beinahe die Hände ab; ich trug den schweren Koffer, der mir zu schaffen machte, obwohl ich doch sehr kräftig war und harte Arbeit schon kennengelernt hatte. Der Koffer wurde mit jedem Schritt schwerer, und es machte mir immer mehr Mühe, ihn anzuheben. Immer öfter

* F.W. verwendet an manchen Stellen die Wörter *germański* (»germanisch«) und *Germaniec* (»Germane«) neben den neutralen Begriffen *niemiecki* (»deutsch«) und *Niemiec* (»Deutscher«), um seiner Verachtung Ausdruck zu verleihen.

mußte ich anhalten, um mich ein bißchen auszuruhen und die Last in die andere Hand zu verlagern. Schließlich wurde mir klar, daß ich den Koffer nicht mehr weitertragen konnte.

Dies war ja erst der Anfang unseres Weges, die ersten acht bis zehn Kilometer, und wir rechneten damit, auf diese Weise bis Warschau oder noch weiter marschieren zu müssen. Ein Fahrzeug hatten wir nicht gefunden, und die Hoffnung, auf dem weiteren Weg noch eines aufzutreiben, hatten wir aufgegeben. Wie sollte ich einen so schweren Koffer mehr als hundert Kilometer schleppen können? Ich hatte mich also zu entscheiden, entweder mit dem Koffer auf dem Weg zurückzubleiben oder aber ihn wegzuwerfen und seinem Schicksal zu überlassen, um weitergehen zu können.

Mein Vater sah, daß ich nicht mehr zurechtkam, und er wußte, daß er mir nicht helfen konnte. Er war Invalide und mußte, weil eines seiner Beine kürzer war, einen Stock benutzen, er trug an seinem eigenen Körper schon schwer genug. Aber er dachte sich etwas anderes aus. Wir könnten den Koffer für einige Zeit auf irgendeines der privaten Fuhrwerke legen, die sich im Schnekkentempo in dieselbe Richtung wie wir bewegten. Unsere Wahl fiel auf einen nicht ganz voll beladenen Pferdewagen, auf dem ein alter Jude aus Zduńska Wola[21] mit seiner Frau saß. Der Mann wollte seinen armen Gaul nicht noch mehr belasten und zögerte lange, bevor er uns erlaubte, unseren großen Koffer zwischen seinem Kram unterzubringen.

Ich war unbeschreiblich erleichtert, als ich den Koffer endlich losgeworden war, denn es war mir schon so vorgekommen, als sei er mit mir zusammengewachsen und würde mein Schicksal werden. Wir hatten uns von dem Fuhrwerkbesitzer Namen und Adresse geben lassen und nahmen uns vor, seinen Wagen, während wir neben der Straße gingen, fest im Auge zu behalten. In der nächsten Ortschaft, in Brzeziny, sollten wir den Koffer wieder von dem Fuhrwerk herunternehmen.

Aber alles sollte ganz anders kommen, als wir uns das gedacht hatten. Schon morgens um 8 Uhr waren über der Straße und ihrer Umgebung deutsche Flieger aufgetaucht; dabei handelte es sich allerdings offenbar nur um Aufklärer[22], denn vorerst ließen sie uns noch in Ruhe. Kurz nachdem wir unseren wertvollen Koffer auf das Fuhrwerk geladen hatten, bekamen wir jedoch die höllischen Folgen ihrer Aufklärungstätigkeit zu spüren.

Gegen 11 Uhr vormittags tauchten über der Straße zweimotorige deutsche Bomber auf. Wir hatten nicht damit gerechnet, daß sie sofort anfangen würden, Bomben abzuwerfen, denn vier Fünftel der Menschen, die auf der Straße gingen oder fuhren, waren Zivilisten; das hätten die Flieger mit ihren Geräten deutlich erkennen müssen, zumal sie nicht höher als zwanzig Meter flogen. Dies war das erste Mal, daß ich deutsche Bombenflugzeuge sah; neugierig beobachtete ich sie, wie sie da in der Sonne schimmerten, glänzten und funkelten. Sie sahen wie silberne Vögel aus. Bald aber zerplatzte der ganze Zauber, und die Vögel verwandelten sich in Mordmaschinen, die der menschliche Einfallsreichtum erfunden hatte und die Feuer, Verwüstung und Tod säten. Sie lavierten und manövrierten einige Minuten lang in der Luft und warfen dann ihre Bomben ab, auf die Straße und auf die anliegenden Feldstreifen, ohne Rücksicht darauf zu nehmen, daß die Bomben auf Zivilisten fielen – oder … vielleicht ging es ihnen ja gerade darum![23]

Nach der ersten Explosion entstand ein unbeschreibliches Chaos. Die Bombe war etwa 120 Meter von mir entfernt direkt neben der Straße eingeschlagen (aus dieser Höhe hätten sie besser treffen müssen!). Die Detonation war sehr stark, eine mächtige Säule aus Erde, Schutt und Steinen schoß auf, mehrere Dutzend Meter hoch, als wäre ein Vulkan ausgebrochen, und zwischen den Erdmassen konnte man Zweige und Äste, Deichseln und Wagenräder und menschliche Gliedmaßen erkennen. Den schlimmsten und gefährlichsten Eindruck machten auf mich diese fliegenden menschlichen Beine und Hände – ein sichtbares Symbol für den mörderischen Instinkt der germanischen Flieger, die nicht zögerten, vom Marsch ins Ungewisse erschöpfte, hungrige, verdurstende Frauen und Kinder zu massakrieren.

Der Knall dieser ersten schweren Bombenexplosion traf uns unvorbereitet und machte uns taub. Instinktiv ließen wir uns auf die Erde fallen und taten damit genau das Richtige, denn von jetzt an fielen die Bomben in kurzen Abständen. Und als ob es damit des Bösen noch nicht genug wäre, flogen die Flieger, nachdem sie ihre Bomben abgeworfen hatten, im Tiefflug über der Straße hin und her und schossen die Menschen mit ihren schweren Maschinengewehren nieder.

Etwa eine halbe Stunde lang lagen wir in einer Furche auf dem Feld, während über unseren Köpfen die Zerstörer und Verbrecher durch die Luft glitten. Um uns herum war die Hölle los! Wir lagen da, drückten uns mit dem ganzen Körper fest auf die Erde und bedeckten Gesicht und Augen mit den Händen.

Während wir so mit dem Gesicht zur Erde lagen und uns klein machten, weil wir wünschten, von oben unsichtbar zu sein oder, unserem Selbsterhaltungstrieb folgend, im Inneren der Mutter Erde zu verschwinden, um dort von dieser reichen Todesernte verschont zu bleiben, erzitterte der Boden wie bei einem Erdbeben. Die schweren Geschosse schlugen dröhnend ein, und die Luft vibrierte unter dem Donner der Explosionen.

Die Luft zischte und pfiff entsetzlich, wenn die Bomben sie mit hoher Geschwindigkeit zerschnitten, die Flugzeugmotoren dröhnten ohrenbetäubend, und die Bäume krachten, wenn sie zerbrachen oder wenn es sie mit den Wurzeln aus der Erde riß. All das wurde noch übertroffen von dem unsagbar grauenvollen Schreien, Heulen und Kreischen der Verletzten und Sterbenden. Wenn das Krachen der Bomben aber für einen Moment aussetzte und das Motorengeräusch sich entfernte, hingen immer noch menschliche Schreie in der Luft, die einem das Blut in den Adern stocken ließen. Diejenigen, die unverletzt geblieben waren, suchten ihre Angehörigen und riefen nach ihnen, denn jeder war dort hingefallen, wo er von der ersten Bombe überrascht worden war; die Verletzten und die unter schrecklichen Qualen Sterbenden schrieen nach Rache und Barmherzigkeit. Durch dieses Stimmengewirr drang das gleichmäßige Rattern der Schnellfeuerwaffen, mit denen die deutschen Flieger ihre Patronen auf am Boden liegende Verletzte, Lebende und Tote verschossen.

All das dauerte nur etwa eine halbe Stunde, aber uns kam sie vor wie eine Ewigkeit – eine ewige Aufregung, ein ewiges Warten auf den Tod, der vom hellen, sonnigen Septemberhimmel kommen sollte, eine ewige Unsicherheit und Hoffnung, daß das Unglück uns vielleicht doch nicht trifft. Die ganze Zeit sahen wir nichts und wollten auch nichts sehen, denn wir hatten Angst, uns zu bewegen. Erst als das Brummen der Motoren sich entfernt hatte und damit auch die Schnellfeuerwaffen schwiegen, wagten wir, die Köpfe zu heben, aufzustehen und uns umzusehen. Ich erinnere mich, daß ich mich nicht sehr lange umschaute, aber was ich dabei sah, reichte mir. Ich hätte bis dahin nie geglaubt, daß Menschen in so kurzer Zeit ein solches Vernichtungswerk vollbringen können.

Von der Straße waren, soweit ich sehen konnte, nur Gruben und Hohlwege, Erdlöcher und Bombentrichter übriggeblieben, Krater und Haufen von Steinen und Schutt. Dazwischen verstreut lagen neben zerstörten Wagen- und Fahrzeugteilen tote Menschen und Pferde. Mit Blut und Schlamm bespritzte menschliche Rümpfe und Schädel vervollständigten dieses unvergeßliche Bild!

Der Pferdewagen, auf den wir unseren Koffer gelegt hatten, war auf der Straße nicht mehr zu sehen. Da wir das Fahrzeug auch im näheren Umkreis nicht entdecken konnten – allerdings hätten wir es, wenn es kaputt gewesen wäre, auch kaum erkennen können –, hielten wir es für wahrscheinlich, daß der Besitzer ins nahe gelegene Brzeziny gefahren war.

Von denen, die nach der Bombardierung und dem Beschuß noch am Leben waren, blieb fast keiner noch länger in der Nähe dieser Straße, denn die Bomber hätten mit einer neuen Ladung tödlicher Munition zurückkommen können. Daher verließen die meisten Flüchtlinge diese Straße – auch wir fünf. Wir bogen ab und gingen einige Kilometer, um durch einen Wald, in dem uns die Flieger nicht sehen würden, nach Brzeziny zu gelangen. In diesem Städtchen, dachten wir, würden wir das Fuhrwerk mit unserem Koffer schon wiederfinden.

So gingen wir mehrere Kilometer in der Hitze, allerdings jetzt mit mehr Ruhe, da wir im Wald keine Luftangriffe befürchten mußten, und außerdem war es hier kühler oder besser gesagt: nicht ganz so heiß. Im Wald trafen wir auf kleine Militärtrupps, die, im Dickicht versteckt, um ihre Feldküchen herum saßen, für die sie schon am sechsten Kriegstag nichts mehr hatten.

Wir kamen auch an einigen Bauernhöfen und Obstgärten vorbei. Andere Flüchtlinge, die im Gänsemarsch vor uns hergingen, hatten fast alles Obst abgepflückt, so daß die Bäume ganz nackt aussahen. Ich stieß aber glücklicherweise auf einen noch vollen Apfelbaum, der ziemlich weit abseits stand und wohl aus diesem Grund bisher niemandem aufgefallen war. Ich schüttelte viele Äpfel herunter und verstaute sie in dem Koffer mit dem großen Brotlaib, den wir noch in Łódź eingepackt hatten. Wir legten eine kurze Rast ein und aßen die saftigen Äpfel, die uns ein wenig erfrischten und stärkten, zumal wir ja mit nüchternem Magen aufgebrochen waren.

Als wir so durch den Wald marschierten und Brzeziny schon so nahe war, daß wir durch die Lücken zwischen den Bäumen die ersten größeren Häuser sehen konnten, fing ein großer, breitschultriger junger Mann in Soldatenuniform ein Gespräch mit uns an. Wir unterhielten uns im Gehen und erfuhren dabei, daß er ein Jude aus Łódź war, der dort auch seinen ständigen Wohnsitz hatte, und daß er Jakubowicz hieß; zur Zeit diente er in einem Infanterie- oder Artillerieregiment, das weiß ich nicht mehr so genau. In der Nähe von Sieradz war sein Regiment geflohen, und während des Durcheinanders bei einem der Luftangriffe irgendwo bei Łódź hatte er es aus den Augen verloren. Seitdem war er allein auf der Flucht und suchte dabei erfolglos sein Regiment. Von diesem Tag an hörten wir immer wieder, daß den Soldaten ihre Kommandos und Einheiten abhanden gekommen waren und den Kommandeuren ihre Soldaten.

Als unser Soldat von unserem Vorhaben erfuhr, bis nach Warschau zu fliehen, schlug er vor, uns zu begleiten. Mit großer Freude nahmen wir sein Angebot an, denn es erschien uns angenehmer, diese unselige Wanderung in seiner netten Gesellschaft fortzusetzen. Er hatte ein sehr fröhliches Naturell, war nicht ängstlich und ließ uns zuweilen unsere Notlage vergessen. Auch wirkte er sehr energisch und klug, und so dachten wir, mit diesen Eigenschaften, mit seiner Uniform und seiner großen körperlichen Kraft – wie gesagt, er war ein stattlicher Bursche – würde er uns auf dem schwierigen Weg, der uns bevorstand, wohl mehr als einmal behilflich sein können. Nun waren wir ein Grüppchen von sechs Personen, und zu sechst erreichten wir Brzeziny ziemlich schnell.

Dieses Städtchen hat sicherlich niemals vorher und nie wieder danach einen solchen Betrieb und ein solch lautes Durcheinander erlebt wie damals. Mehrere Tausend Flüchtlinge, Tausende von Pferdewagen und Karren zogen hier hindurch; man hielt nur kurz an, um sich zu stärken und die Pferde zu versorgen, und setzte dann seinen Weg fort. Überall im Ort belagerten Massen von durstleidenden Menschen die offenen Brunnen und Pumpen und standen ungeduldig an, bis sie an der Reihe waren.

In diesem Getümmel von Fahrzeugen und Leuten, die ununterbrochen in Bewegung waren, gelang es uns nicht, den alten Juden und sein Fuhrwerk mit unserem Koffer und der Kleidung wiederzufinden. Wir beschlossen, in diesem

Städtchen, das, zwanzig Kilometer von Łódź entfernt, die erste Etappe unserer Flucht beendete, einen kurzen Aufenthalt einzulegen und uns vor dem weiteren Weg auszuruhen. Allerdings hatte keiner von uns, weder der Soldat in unserer Begleitung noch wir selber, irgendwelche Bekannten in diesem Städtchen, das wegen seiner zur Heimindustrie gehörenden Schneiderwerkstätten in ganz Polen berühmt war. So entschloß sich mein Vater, eine Ruhepause bei einem seiner Fachkollegen einer Rast bei wildfremden Menschen vorzuziehen. Nach Auskunft eines Einwohners sollte am Markt zwar kein Zahnarzt, aber ein guter, hilfsbereiter Zahntechniker wohnen, der sich wahrscheinlich auch mit einem Arzt solidarisieren würde. Ohne zu zögern, gingen wir dorthin.

Es war ein großes Haus mit Seitenflügeln. Meine Eltern stiegen mit meinen beiden Schwestern zu der Wohnung des Zahntechnikers in den dritten Stock hinauf, während der Soldat Jakubowicz und ich unten am Eingang zum Treppenhaus blieben und auf unser Gepäck aufpaßten. Schließlich wollten wir nicht aufdringlich sein und alle auf einmal bei diesen Leuten auftauchen, ohne zu wissen, wie sie uns empfangen würden.

Ich hatte etwa zehn bis fünfzehn Minuten im Flur gestanden, als wieder dicht über uns das höllische Dröhnen von Bombenflugzeugen zu hören war. Zugleich drängten Menschen von der Straße in die Hauseinfahrt, um hier, hinter den stabil wirkenden Mauern, Sicherheit zu finden, denn es gab kaum Luftschutzkeller. Im selben Moment hörte man auch schon das gräßliche Zischen und Pfeifen der Bomben, die jetzt in kurzen Abständen auf die Stadt niedergingen.[24] In Panik kamen meine Eltern, meine Schwestern und die Leute, die uns aufnehmen sollten, von der dritten Etage heruntergelaufen; sie hatten es kaum geschafft, einander zu begrüßen. Zudem hatte mein Vater in der Eile auch noch seinen Stock in der Wohnung vergessen, und ohne Stock konnte er sich nicht frei bewegen. Ich überlegte nicht lange und stieg hinauf, um ihn zu holen.

Damals glaubte ich, mich zu opfern, als ich die Treppe hinaufstieg, während die Explosionen krachten und die Fensterscheiben klirrend zu Bruch gingen. Ich hatte noch nicht begriffen, daß es zu einem solchen Zeitpunkt so gut wie egal war, ob man sich in der dritten oder fünften Etage oder auch unten am Hauseingang befand; wäre hier eine Bombe gefallen, dann wären wir alle dran gewesen.

Den Stock meines Vaters hatte ich schnell gefunden und heruntergebracht. Jetzt standen wir wieder alle unten, zusammen mit den Hausbewohnern und den Menschen von der Straße. Nun ging erst richtig die Hölle los! Nicht nur erhob sich um uns herum, begleitet vom feindseligen Brummen der Motoren, der ohrenbetäubende Lärm der Explosionen und zusammenstürzenden Häuser, sondern es spielten sich darüber hinaus ganz in unserer Nähe Szenen ab, die uns sehr deprimierten und demoralisierten.

Die alten Menschen, die bei uns standen, begannen nämlich laut zu beten und zu schreien und auf vielerlei Weise hysterisch zu reagieren. Ihre Nerven waren an solche Strapazen nicht gewöhnt, und es ist nicht verwunderlich, daß sie der Bombardierung mit ihren furchtbaren Folgen nicht standhielten; die Menschen mußten ihre Angst vor dieser Art zu sterben, die damals noch als die grauenhafteste erschien, laut herausschreien, um sie ertragen zu können.

Ich erinnere mich, daß ich selbst mich damals sehr ruhig verhielt und nur wenig Angst hatte; offenbar war ich mir nicht im klaren darüber, in welch großer Gefahr wir schwebten. Sie hätte jeden Augenblick über uns – im wahrsten Sinne des Wortes – hereinbrechen können. Trotz meiner Müdigkeit war ich jedoch nicht apathisch.

Nachdem wir zwanzig Minuten im Flur gestanden hatten – es war kurz nach 13 Uhr –, ertönte ein Knall, der noch schrecklicher war als alle davor.

Nur einige Dutzend Meter von uns entfernt war eine Bombe niedergegangen. Rauch und Staub wirbelten durch die Luft, nahmen uns den Atem, brannten uns in der Kehle und trieben uns Tränen in die Augen; währenddessen steigerten sich die Schreie der Umstehenden zu unvorstellbarer Heftigkeit. Jemand rief, der Seitenflügel des Hauses sei von der Bombe getroffen worden und habe Feuer gefangen. Daraufhin stürzten alle Hals über Kopf aus dem vom Feuer gefährdeten Haus auf die Straße. Wir reagierten natürlich genauso, denn auch wir wollten nicht verbrennen. Wenn ich das Vorangegangene als Hölle bezeichnet habe, so finde ich für das Grauen, das ich nun sah, keine Worte mehr – es übersteigt alle Begriffe. Das Bild ist nicht zu beschreiben, ein Maler hätte es für die Ewigkeit festhalten müssen!

Die Flammen schlugen bereits aus dem Seitenflügel zum Eingang herüber, dichter Funkenregen sprühte in alle Richtungen; rote, gelbe und violette Feuerzungen schnellten hervor und folgten den Menschen, die auf ihrer Flucht über Trümmer und allerlei kaputtes Gerät stolperten, das von der Wucht der Explosion hinauskatapultiert worden war. Es sah aus, als wollten die züngelnden Flammen ihre Opfer nicht aus dem Bereich ihrer vernichtenden Macht entkommen lassen und versuchten, sie mit ihren feurigen Tentakeln in ihre tödliche Umarmung zurückzuziehen.

Dabei ist der Bombenangriff noch keinesfalls zu Ende – er geht weiter.

Die meisten Menschen und auch wir fliehen aus der Stadt in Richtung der Straße, die uns schon gut bekannt ist. Wir sehen, daß es keinen Sinn hat zu bleiben. Offenbar haben die Deutschen aus unbekannten Gründen beschlossen, das Städtchen in Schutt und Asche zu legen, und unter solchen Bedingungen wäre es wohl lebensgefährlich, hier länger zu bleiben.

Als wir unter dem ununterbrochenen Donner der Bomben wegliefen, sahen wir viele Häuser wie Fackeln brennen. Wie wir später erfuhren, war zu diesem Zeitpunkt die örtliche Feuerwehr schon nicht mehr in der Stadt.

Sie hatte schon am frühen Morgen die Flucht ergriffen, und so löschte niemand die brennenden Wohnhäuser. Im übrigen bezweifele ich, daß dies von Bedeutung war; wenn die Feuerwehr noch vor Ort gewesen wäre und versucht hätte, irgend etwas vor dem Brand zu retten, hätten die Deutschen sie bombardiert oder beschossen und ihre Bemühungen mit Sicherheit verhindert.

Außerhalb der Stadt gelangten wir bald auf ein Feld, und dort blieben wir bis zum Ende des Bombenangriffs liegen. Die Flugzeuge kamen in Wellen und flogen sehr tief. Erst um 3 Uhr nachmittags beendeten sie ihre mörderischen Touren. Sofort gingen wir zum Städtchen zurück, aber wir fürchteten neue Bombenangriffe und eine Wiederholung der schmerzlichen Erlebnisse und beschlossen, sofern dies überhaupt von uns abhing, uns hier nicht länger aufzuhalten. Wir wollten nur durch die Stadt hindurch und in Richtung Warschau weiterziehen.

Als wir zurückkamen, bot das Städtchen ein trauriges Bild. Ein großer Teil war zerstört, viele Häuser lagen in Trümmern, einige brannten noch, andere dagegen waren schon ausgebrannt, aus ihnen gähnten die Fensterlöcher wie leere, schwarze Augenhöhlen. Aus den niedergebrannten Holzhäusern ragten die gemauerten Schornsteine zum Himmel auf; sie wirkten wie stumme Zeugen der barbarischen Gewalt der Deutschen, wie eine zum Himmel ausgestreckte, klagende Hand.

Wir gingen an einem Haus vorbei, das wie eine Fackel brannte; alle Fenster seiner drei Stockwerke spieen Flammen, die Bewohner dieses Hauses standen auf der anderen Straßenseite. Sie hielten ihre kleinen Kinder auf den Armen und weinten und jammerten heftig, denn sie hatten nicht nur ihr Obdach verloren, sondern es nicht einmal geschafft, etwas von ihrer Habe hinauszubringen oder hinauszuwerfen und dadurch zu retten. Sie standen also da und mußten mit ansehen, wie das Feuer im Innern des Hauses, in das sie nicht mehr hineinkonnten, ihren Wohlstand verschlang. Ihre Hilflosigkeit und Verzweiflung müssen sehr groß gewesen sein, als sie dort standen, so nahe bei dem, was ihnen wertvoll war und ihnen das Leben erleichtert hatte, und zugleich durch eine dichte Feuerwand von alledem getrennt.

Wir gingen auch an Häusern vorbei, in deren Trümmern Menschen nach ihren Nächsten suchten, indem sie ihre Namen riefen und voller Schmerz und Verzweiflung mit den Händen den Schutt beiseite räumten. Sie schnitten sich dabei in die Hände, aber sie achteten nicht darauf, denn die seelischen Schmerzen hatten ihre Sinne abgestumpft.

Im Vorübergehen sahen wir ein zerstörtes einstöckiges Haus, in dem zuvor, wie ein auf dem Boden liegendes Schild verkündete, das Gemeindeamt untergebracht gewesen war. Auf dem Gehsteig lag, ausgestreckt und entstellt, ein Toter, von dem nur die obere Hälfte zu sehen war. Der Rest des Körpers steckte unter meterhohem Schutt. Ich habe keine Ahnung, wer dieser Mensch war, aber wer auch immer er gewesen ist, einen solchen Tod hatte er gewiß nicht verdient. Wahrhaftig, dieses Bild mußte jede menschliche Seele erschüttern!

Ich weiß nicht, was andere in diesem Moment verspürten, aber als ich das alles sah, fühlte ich mich in meinem Menschsein wie ein unbedeutendes Staubkorn, vom Schicksal gezerrt und gestoßen, in alle Richtungen geschleudert, wie ein kleines Fischerboot auf den Wellen des stürmischen Ozeans.

Ich kann das alles ziemlich genau beschreiben, denn dieser Anblick hat sich meiner Erinnerung fest eingeprägt, und ich werde ihn vermutlich nie vergessen.

Wir hatten also Brzeziny hinter uns gelassen und marschierten wieder mit der ganzen Familie und jenem Soldaten auf der Straße in Richtung Jeżów. Die Hitze setzte uns zu, aber wie alle anderen auch beachteten wir sie nicht. Am frühen Abend waren wir etwa acht Kilometer von Brzeziny entfernt. Da ließ sich wieder einmal das bedrohliche Brummen der Bombenflugzeuge hören. Nach wenigen Sekunden tauchten über uns aufs neue die todbringenden deutschen Maschinen auf, um ihr Werk fortzusetzen. Sie gönnten uns nicht, uns auszuruhen und vom vorangegangenen »Nervenkrieg« zu erholen. Die Bomben fielen, wie vor einigen Stunden, auf und neben den Weg, mit den gleichen schrecklichen Folgen wie zuvor. Da wir dem nicht zum Opfer fallen wollten, rannten wir schnell von der Straße weg, und an einer Stelle, an der ein paar Bäume wuchsen, warfen wir uns hin, mit dem Gesicht zur Erde.

Dies war aber kein gutes Versteck, denn die Bäume standen zwei bis drei Meter weit auseinander. Nach dem Pfeifen und Krachen zu urteilen, mußten es viele Bomben sein, die auf die Straße niedergingen.

Plötzlich hörten die Detonationen auf, und wir hofften schon, die Flugzeuge zögen ab, als das Brummen der Motoren noch lauter einsetzte als zuvor. Die deutschen Maschinen waren unmittelbar über uns und flogen so niedrig, wie die Bäume und Telegraphenmasten es ihnen erlaubten. Wie Gespenster kreisten sie über unserem Versteck und feuerten aus ihren Maschinengewehren Salven auf uns ab.

In diesem Moment rief jemand, der einige Dutzend Schritte entfernt lag, zu uns herüber, ein Pilot schieße auf uns. Ich drehte sehr schnell, aber vorsichtig den Kopf zur Seite und sah, daß sehr tief über uns tatsächlich ein Bomber kreiste und mit einem Maschinengewehr auf uns zielte. Unter seinem dichten Feuer spritzte und stäubte unmittelbar neben uns und zwischen den Bäumen, in deren Schatten wir uns versteckt hatten, die Erde auf. Aber wir rührten uns nicht, und das rettete uns vermutlich das Leben. Denn nachdem er noch kurze Zeit weitergeschossen hatte, vermutete der Pilot wahrscheinlich, er habe uns tödlich getroffen, und flog fort.

Aufgrund der Richtung, in die die Flugzeuge sich entfernt hatten, nahmen wir an, sie wollten noch einmal Brzeziny bombardieren; das hieß, auch unsere Straße würde ein weiteres Mal beschossen und bombardiert werden.

Etwa einen Kilometer von uns entfernt war abseits der Straße ein größeres Wäldchen zu sehen, und wir wollten es erreichen, bevor die Bombenflieger zurückkehren würden.

Hastig liefen wir querfeldein dorthin. Kaum hatten wir die ersten Bäume erreicht, da tauchten auch schon die Flieger auf. Wir liefen tiefer in den Wald hinein und ließen uns dort erschöpft auf die Erde fallen. Dabei detonierten die Bomben, knatterten die Schüsse, lärmten die Motoren; die ohrenbetäubende Symphonie, die den Angriff begleitete, sprengte uns fast die Schädel.

In dem Wäldchen fühlten wir uns einigermaßen sicher.

Aber wir fürchteten, die Bombenflieger könnten jemanden entdecken, der während ihres Angriffs versuchte, in den Wald zu gelangen, denn dann würden sie wahrscheinlich erneut feuern und bombardieren. Zum Glück entdeckten die Deutschen niemanden, und am Ende lagen wir da und hielten uns die Ohren zu, um den schrecklichen Lärm nicht hören zu müssen.

Als die Bomber abgedreht hatten, dachten wir darüber nach, was wir nun tun sollten. Tagsüber weiterzumarschieren, hielten wir für sinnlos, weil wir dann zweifellos neuen Luftangriffen der Deutschen ausgesetzt sein würden. Daher beschlossen wir, die Dunkelheit abzuwarten, um in der Nacht unseren Weg nach Jeżów fortzusetzen. In der Zeit bis zum Abend stärkten wir uns und besprachen die vielen Ereignisse des Tages. Wir hatten einen Bärenhunger, und so schmeckte uns das alte Brot mit den Äpfeln ausgezeichnet.

Nachdem die Sonne untergegangen war, warteten wir noch bis zum Einbruch der Dunkelheit. Kurz nach 20 Uhr machten wir uns wieder auf den Weg, nachdem wir verabredet hatten, gut aufzupassen, um uns im Dunkeln – ganz gleich, was geschehen würde – unter keinen Umständen zu verlieren; die ganze Familie sollte ständig zusammenbleiben.

Wir verließen den Wald und gingen wieder zur Straße, wo lebhafter Verkehr herrschte. Wie sich herausstellte, hatte sich die Armee wegen der Luftangriffe tagsüber im Versteck ausgeruht, in der Nacht aber nutzte sie den Schutz der Dunkelheit und marschierte weiter. Viele Zivilisten machten es ebenso, auch wir selbst, und daher war die Straße jetzt voller Menschen.

Wir hatten gehofft, Jeżów in der Nacht ungestört erreichen zu können. Doch so weit, wie wir erwartet hatten, kamen wir nicht. Unser Marsch wurde schon nach knapp einem Kilometer durch unerwartete Ereignisse brutal unterbrochen.

Wie schon erwähnt, herrschte auf der Straße reger Verkehr. Alle waren in dieselbe Richtung unterwegs, zwischen uns und ringsum gingen, einzeln, Soldaten und Zivilisten, die meisten von ihnen Männer. Plötzlich und ohne daß wir den Anlaß erkennen konnten, begannen die Soldaten neben uns, mit ihren Gewehren in alle Richtungen zu schießen. Wir wußten nicht, was wir angesichts dieser Schießerei in unserer unmittelbaren Nähe tun sollten, und blieben wie angenagelt stehen. Wir hatten einfach den Kopf verloren. Ich verstand überhaupt nicht, was geschehen war und warum plötzlich geschossen wurde. In diesem Augenblick ergriffen alle wie auf Kommando die Flucht und liefen auf der Straße zurück. Warum zurück? Ich weiß es bis heute nicht. Am wahrscheinlichsten ist, daß einer in diese Richtung losstürzte und die anderen ihm – wie eine entsetzte, verblödete Hammelherde – folgten. Wir alle, meine Eltern, meine Schwestern, der Soldat und ich, machten es genauso. Wir rannten den Weg zurück, den wir gerade gekommen waren. Dabei waren wir bemüht, uns trotz der nächtlichen Dunkelheit nicht aus den Augen zu verlieren.

Ich wenigstens sah mich immer wieder um, ob wir noch alle beisammen waren, und achtete auf nichts anderes. Wir liefen weiter, während um uns herum, zwischen uns, vorn und hinten, rechts und links Soldaten und Zivilisten pausenlos aus ihren Schußwaffen feuerten, sie im Laufen luden und dann wieder schossen. Die Kugeln pfiffen uns um die Ohren, um die Körper, Beine und Hände, und beinahe berührte uns das Mündungsfeuer. Man konnte es gut sehen, denn es war sehr dunkel.

Als wir an den Bauernhäusern vorbeiliefen, hörten wir auch von dorther Schüsse. Beim Laufen kam mir in den Sinn, daß deutsche Saboteure, von denen im Hinblick auf die vielen hier ansässigen deutschen Bauern oft die Rede war, den Soldaten oder den Flüchtlingen eine Falle gestellt haben könnten und daß wir Pechvögel dort hineingeraten seien und uns dies das Leben kosten könnte.

Die Schüsse begleiteten uns, während wir liefen und liefen. Plötzlich sah ich zu meinem Entsetzen einen Mann dicht hinter meiner älteren Schwester laufen; er schoß, und dabei war seine Waffe auf sie gerichtet. Der Gewehrlauf war nahe an ihrem Ellenbogen, die Mündungsflamme schien sie zu berühren. Sie schwankte. Ich dachte, sie sei getroffen und würde stürzen, aber nein, sie duckte sich nur und lief weiter. Später stellte sich heraus, daß sie gestolpert war, als der Schuß fiel, und das hatte ihr mit Sicherheit damals das Leben gerettet. Allerdings nur, damit ein paar Jahre später eine andere Kugel sie tödlich treffen sollte.

Wir rannten, und unsere Lage wurde immer verzweifelter. Es wurde immer dunkler, so daß man nur mit großer Mühe die Umrisse der anderen sehen konnte. Der Weg vor uns war kaum noch zu erkennen, und die Schießerei hörte nicht auf. Im Gegenteil, auf der Straße gab es mehr und mehr bewaffnete Menschen, die einfach aufeinander schossen. Und wir waren mittendrin!

Vermutlich waren wir nicht mehr als fünfzehn bis zwanzig Minuten gelaufen, aber ich fühlte mich völlig erschöpft. Den anderen ging es sicher ähnlich, sie schnauften und stolperten immer wieder auf dem holprigen Weg. Ich habe keine Ahnung, wie das Abenteuer ausgegangen wäre und ob wir mit heiler Haut davongekommen wären, wenn nicht jemand gerufen hätte, wir sollten von der Straße weg und auf das Feld laufen.

Wir wußten zwar nicht, wer da gerufen hatte, aber wir gehorchten und bogen auf das Feld ab. Im Dunkeln bemerkten wir den Graben nicht und fielen hinein, schließlich erreichten wir über Gräben und unwegsames Gelände das freie Feld. Die Schießerei auf der Straße und hinter den Zäunen dauerte noch an.

Erst jetzt fiel uns auf, daß der Soldat Jakubowicz nicht mehr bei uns war; entweder war er von einer Kugel getroffen worden, oder er hatte uns beim Laufen verloren. Wie wir ein paar Tage später erfuhren, fand man am Morgen nach dem Zwischenfall mit den Saboteuren und der allgemeinen nächtlichen Schießerei viele Verletzte und Tote auf der Straße. Daß wir alle fünf mit dem Leben davongekommen waren, war wirklich ein Wunder.

Mitten in der Nacht auf dem Feld konnten wir uns anfangs nicht entscheiden, ob wir das Ende der Schießerei dort abwarten sollten, um dann auf der Straße weiterzuwandern, oder ob wir auf das nächste Haus zusteuern sollten, um dort zu übernachten. Wir kauerten uns in eine Ackerfurche, überlegten und berieten uns … Wir hatten einen schrecklichen Tag hinter uns. Und dies war ja nur der erste Tag unserer Flucht und Wanderschaft, der nun zu Ende ging. An diesem einen Tag waren wir obdachlos geworden, wir hatten den größten Teil unserer Kleidung (und zwar der besten!) verloren, wir waren Zeugen grauenhafter Szenen geworden, der Tod hatte uns mehrmals bedroht, und wie durch ein Wunder waren wir ihm entkommen. Panische Angst hatte uns befallen und nicht mehr aus ihren Klauen gelassen, hatte uns von einer verzweifelten Lage in die andere getrieben. Wir wußten damals nicht, was uns erwartete, ich konnte auch nicht ahnen, daß dies für mich erst der Anfang von mehreren Jahren ständiger, fast pausenloser Angst sein würde – Angst und Hoffnungslosigkeit, die von nun an meinen Seelenzustand bestimmen sollten.

Bereits an diesem 6. September war unsere Lage nicht beneidenswert: Todmüde, hungrig und frierend saßen wir auf unseren beiden Koffern, mit den Mänteln über dem Arm, auf einem öden Feld. Die Nacht war dunkel, wir wollten schlafen, wußten aber nicht, wo wir uns hätten zur Ruhe begeben können. Außerdem hatten wir ja doch nur eines vor: fliehen, fliehen, fliehen! … Flucht schien aber jetzt nicht mehr möglich zu sein, und das ließ unsere Verzweiflung noch anwachsen.

Nachdem wir uns etwa eine halbe Stunde leise beraten hatten, trafen wir schließlich eine Entscheidung. Zwar waren wir alle der Auffassung, daß wir fliehen mußten, aber in tiefster Seele wollten wir alle, auch ich, uns bloß ausruhen, ausschlafen und stärken, unter irgendeinem Dach, fern von der beunruhigenden Dunkelheit der Nacht und dem Echo der Schüsse. Dieser Wunsch hatte vermutlich großen Einfluß auf unseren Plan, der aber auch durch verschiedene andere Umstände völlig gerechtfertigt war. Wenn man bedenkt, daß der Schußwechsel immer noch anhielt, daß aber in einer nahe gelegenen Bauernhütte ein Licht flackerte und uns die ersehnte Ruhe zu versprechen schien, weit weg von den Gefahren, dann kann man unsere Entscheidung verstehen, diese Hütte aufzusuchen. Das flackernde, kleine Licht lockte uns, weil es uns an unser Zuhause zurückdenken ließ, in dessen Wärme und Geborgenheit man sich hatte ausruhen können. Das stand in einem so krassen Gegensatz zu dieser düsteren, kühlen Septembernacht und all den Gefahren, denen wir tagsüber ausgesetzt gewesen waren, daß ich kaum glauben konnte, jetzt ein so ruhiges Plätzchen zu finden. Zugleich aber gab ich mich gerade dieser Hoffnung hin, und das Licht ließ mein Herz höher schlagen. Offenbar fühlten die anderen dasselbe wie ich, denn trotz unserer Müdigkeit erreichten wir die Hütte sehr schnell.

Sie stand auf einem Feld abseits der Straße. Ohne darüber nachzudenken, wem sie gehören könnte, gingen wir hinein. Wir hätten ebenso gut auf einen Polen wie auf einen Deutschen treffen können, und letzteres hätte nichts Gutes bedeutet, besonders in der Nacht: Jeder Deutsche konnte ein bewaffneter Saboteur sein, und wir hatten keine Waffen bei uns.

In dem Raum, in den uns die Hausfrau hatte eintreten lassen, saßen mehrere Männer auf Bänken um einen Tisch herum. Wir standen eine Weile da und warteten darauf, daß einer von ihnen ein bißchen zur Seite rutschen würde, um unseren Frauen auf der Sitzbank Platz zu machen; aber dies geschah nicht. Die Männer blieben sitzen und musterten uns neugierig von Kopf bis Fuß, wobei sie einander etwas ins Ohr flüsterten. Als wir sahen, daß wir uns selbst um Sitzplätze kümmern mußten, legten wir unsere Koffer in eine Ecke und setzten uns darauf. Wir holten die Brotreste heraus und aßen sie auf. Dann sprachen wir die herumsitzenden Männer an. Im Gespräch gaben sie sich als polnische Flüchtlinge aus, die wie wir nur hierher gekommen waren, um zu übernachten. So stellten sie sich vor; aber es hätte sich bei ihnen auch um deutsche Saboteure oder irgendwelche andere Banditen handeln können. Man konnte ihren Worten schwerlich glauben, zumal sie aussahen, als seien sie schlechte Menschen. Oder bildete ich mir das vielleicht nur ein, weil sie unrasiert waren, zerzaustes Haar hatten und nachlässig – teils bäuerlich, teils städtisch – gekleidet waren? Jedenfalls erweckte das Aussehen dieser stämmigen Männer, sieben oder acht im besten Alter, bei mir kein Vertrauen. Dazu kam noch ihr geheimnisvolles Flüstern. Offenbar gefielen sie meinen Familienangehörigen auch nicht, wir verständigten uns nämlich rasch mit Blicken darüber, in der Nacht wachsam zu bleiben.

Meine Hoffnung auf eine ruhige Rast in dieser Nacht endete also mit einer Enttäuschung. Und diese Enttäuschung sollte schnell noch größer werden, und zwar so schnell, daß ich es nicht rechtzeitig schaffte, mir darüber klar zu werden.

Es war 11 Uhr abends, als die Wirtin, eine widerwärtige Alte, in den Raum kam. Sie sah, daß die Männer sich zum Schlafen auf den Tisch, die Bänke und auf ein Bett gelegt hatten, nahm die Petroleumlampe und ging hinaus. Wir blieben in der undurchdringlichen Finsternis zusammen mit diesen Kerlen, von denen, dem Aussehen nach, jeder einzelne zweifellos zehn Jahre Zuchthaus verdient hätte. Im Raum ertönte ihr lautes Schnarchen und Schnauben; entweder schliefen sie schon, oder sie taten nur so. Wir dagegen verhielten uns ganz still. Mir fielen die Augen zu, mein Kopf sank alle paar Minuten auf die Brust, aber weil die Situation nicht zu durchschauen war, nahm ich meine ganze Willenskraft zusammen, um nicht fest einzuschlafen. Meine Eltern und meine Schwestern schliefen vermutlich auch nicht, denn manchmal hörte ich sie ganz leise flüstern. Von draußen waren immer noch Schüsse zu vernehmen, unregelmäßig, mal seltener, mal öfter, mal von der einen, mal von der anderen Seite. Sehen konnte ich überhaupt nichts, weil das kleine Fenster, an dem ich saß, von außen mit Läden verschlossen war.

Aber selbst diese spärliche Erholung, bei der wir noch auf unser Gepäck und die Bewegungen unserer Nachbarn achten mußten, war uns nicht lange vergönnt.

Es war wohl gegen Mitternacht, als plötzlich draußen vor der Hütte wilde Schreie und Schüsse ertönten. Gleichzeitig wurden von außen die Fensterläden abgerissen und die Scheiben eingeschlagen, krachend und mit lautem Klirren fielen Glassplitter ins Zimmer.

Falls die Männer in der Wohnstube überhaupt geschlafen hatten, dann wurden sie jetzt jedenfalls sofort wach und begannen herumzulaufen, sich in der Dunkelheit an den Möbeln entlangzutasten und derbe Flüche auszustoßen. Draußen wurde immer noch geschrieen und geschossen, und es hatte den Anschein, als sei das Haus unter Feuer genommen worden. Wir preßten uns auf den Fußboden, denn die Kugeln hätten ohne weiteres die Wände durchschlagen können. Nach einer Minute fiel ein seltsames Licht in die Stube, und in dieser alptraumhaften Beleuchtung sahen wir unsere Wirtin in der Tür stehen, die aus Leibeskräften mit einer entsetzlich schrillen Stimme schrie: »Das Haus brennt!« Daraufhin stürzten die Männer, so schnell sie konnten, aus dem Zimmer; auch wir rissen, ohne zu überlegen, unsere Sachen, die wir die ganze Zeit festgehalten hatten, hoch und rannten hinaus. Ein Raum, durch den wir liefen, war schon voller Rauch. Draußen fanden wir uns wieder, und ich sah, daß das Feuer das Gebäude von zwei Seiten erfaßt hatte und das Haus in hellen Flammen stand.

Der Anblick war trotz all seiner Schrecklichkeit herrlich, aber wir hatten nicht die Zeit, länger zuzuschauen. In der Dunkelheit schossen die Flammen hoch in den Himmel, der im Widerschein der Feuersbrunst allmählich zu leuchten begann. In diesem gespenstischen Licht liefen Menschen hin und her, und ihre Flüche und Schreie mischten sich mit dem Prasseln des Feuers. Nach ein paar Sekunden flohen wir, wie aus einem Reflex heraus, in die Dunkelheit, so weit wie möglich weg vom Feuer. Wir hatten kein Ziel und folgten keinem

Plan, aber das hat uns wie alles, was man instinktiv tut, vermutlich gerettet. Wären wir bei dieser Schießerei in der Nähe des Feuers stehengeblieben, hätten wir in seinem Schein für die Gewehre von Saboteuren und deutschen Banditen ein gut sichtbares Ziel abgegeben.

Nun waren wir wieder allein auf freiem Feld in der tintenblauen Finsternis, und die Gegend war uns völlig fremd. Um uns herum erhellte, in einem großen, fast geschlossenen Kreis, purpurroter Feuerschein den Himmel.

Wir wollten den Ort, an dem uns die letzten Ereignisse überrascht hatten, so weit wie möglich hinter uns lassen, und als wir zwischen zwei weithin leuchtenden Feuern eine Lücke entdeckten, zögerten wir nicht und gingen in ihre Richtung.

Das war ein furchtbarer Weg! Wir wußten überhaupt nicht, wo wir waren, wohin wir gingen und was auf uns zukommen würde. Vor Erschöpfung und unter der Last all dieser Eindrücke konnten wir uns kaum noch auf den Beinen halten, schleppten uns mit letzter Kraft über Kohlfelder und Kartoffeläcker und fielen dabei immer wieder in Wassergräben und Schlammpfützen. Der Matsch klebte schwer an unseren Schuhen und machte uns das Gehen zur Qual, und manchmal versanken wir bis über die Knöchel tief im Erdreich. Wir gerieten in einen Sumpf, den wir in der Dunkelheit nicht gesehen hatten, und als es uns schließlich gelungen war, unsere müden, bis zu den Knien nassen Beine mit allem, was an ihnen klebte, aus dem Schlamm zu ziehen, hatten wir diesen gespenstischen Marsch satt. Vor uns erstreckten sich Kartoffelfelder, wir legten uns an Ort und Stelle hin und verbrachten den Rest der Nacht unter freiem Himmel.

In der Morgendämmerung – es war jetzt Donnerstag, der 7. September – stieg ich auf einen nahe gelegenen Hügel, um die Gegend zu erkunden. So weit das Auge reichte, nur Felder, nirgendwo ein Haus oder eine Rauchwolke aus einem Schornstein. Wir waren also ein ganzes Stück gelaufen. In der Hoffnung, doch auf irgendeine Behausung zu stoßen, beschlossen wir, den erstbesten Feldweg zu nehmen.

Und tatsächlich! Nach einigen Kilometern endete der Weg an einem Bauernhof. Wir gingen hinein. Der Bauer, der gerade sein Fuhrwerk für die Fahrt vorbereitete, warf uns einen feindseligen Blick zu. Aus dem Haus kam uns eine Frau mittleren Alters entgegen. Unentschieden und widerstrebend, wie an der Art zu erkennen war, in der sie ihr Gesicht verzog, erlaubte sie uns, uns am Brunnen zu waschen und uns danach in der Scheune ins Stroh zu legen. Sie wurde erst freundlicher, als wir sie baten, uns auch etwas zu essen zu machen, und dabei andeuteten, daß wir für alles mit Geld bezahlen würden.

Wie sich herausstellte, war sie die Frau des Bauern. Außer diesen beiden hielten sich im Haus noch einige junge Frauen und Männer auf. Ob sie Polen oder Deutsche waren, konnten wir nicht herausfinden.

Nach dem Frühstück, zu dem wir heiße Milch und Brot bekommen hatten, legten wir uns endlich zur wohlverdienten Ruhe in die Scheune.

Ich hatte vermutlich mehrere Stunden geschlafen, denn nach dem Aufwachen fühlte ich mich frisch und munter. Unwillkürlich wühlte ich mit der Hand im Stroh herum und stieß plötzlich auf etwas Hartes, Kaltes. Auch die Form kam mir bekannt vor. Ich schob eine Strohschicht beiseite: Dort lag ein »Mauser«-Karabiner versteckt! Da ich ein Stück weit von den anderen entfernt lag, zog ich ihn heraus und öffnete das Magazin: Es enthielt fünf Patronen. Ich legte den Karabiner an seinen Platz zurück und bedeckte ihn wieder mit Stroh. Gleich darauf erzählte ich meinen Eltern davon, und wir beschlossen, auf diesem Hof nicht länger zu übernachten; eine Waffe versteckt zu halten, kam uns sehr verdächtig vor.

Vielleicht gehörte die Familie, bei der wir Unterkunft gefunden hatten, zu einer Bande von Saboteuren, oder vielleicht hatte einer von ihnen die Pistole einfach gefunden und in schlechter Absicht dort versteckt. Jedenfalls war das alles sehr undurchsichtig. Würden wir jetzt dort übernachten und hätten die Bauern Böses mit uns vor, so wären wir ihren Plänen in dieser Wildnis schutzlos ausgeliefert.

Beim Mittagessen, das die Bäuerin für uns zubereitet hatte, trafen wir auf drei Männer, die wir noch nicht gesehen hatten; sie hatten ebenfalls den ganzen Vormittag geschlafen, allerdings in einer anderen Scheune. Wie sich herausstellte, waren diese Männer polnische Reserveoffiziere. Sie hatten ihre Einberufungsbefehle bereits erhalten, waren aber noch in Zivil. Wir faßten Vertrauen zu ihnen und erzählten ihnen von dem Karabiner. Kurz darauf sah ich mich auf dem Hof um und entdeckte auf einer Anhöhe, etwa einen halben Kilometer von dem Anwesen entfernt, einen Mann mit einem Gewehr in der Hand; der Lauf blinkte in der Sonne. Möglicherweise gab er jemandem ein Zeichen. Mir kam das so verdächtig vor, daß ich sowohl meiner Familie als auch den Offizieren sofort davon berichtete. Meine Beobachtungen, der versteckte Karabiner sowie der Umstand, daß wir die Volkszugehörigkeit unserer Gastgeber nicht kannten – all das zusammen war derart bedenklich, daß die Offiziere uns schließlich rieten, den Hof sofort zu verlassen. Sie selbst waren ebenfalls beunruhigt und begannen sich für den Abmarsch bereit zu machen, und zwar so schnell, daß sie schon vor uns fertig waren. Sie verabschiedeten sich von uns und gingen, wie sie es ohnehin vorgehabt hatten, in Richtung Skierniewice.

Als sie weg waren, fühlten wir uns erst recht unbehaglich; aber bald waren auch wir zum Aufbruch bereit. Der Bauer und seine Frau versuchten jetzt, uns zum Bleiben oder zumindest zu einer Übernachtung zu überreden, damit wir uns – wie sie sagten – noch mehr erholen konnten. Aber ihre Argumente überzeugten uns wohl nicht, denn wir nahmen, ohne weiter darauf einzugehen,

Abschied und machten uns auf den Weg. Unsere Entscheidung stand fest; und wenn wir den kühlen Empfang am Morgen mit der Wärme verglichen, mit der sie uns nun zum Übernachten überreden wollten, sahen wir uns in unserem Verdacht bloß bestätigt. Vermutlich hatten sie vor, uns in der Nacht zu berauben oder sogar umzubringen, um uns auf diese Weise nicht nur eine normale Ruhe zu garantieren, sondern die »ewige«! Unter solchen Bedingungen in dieser Wildnis zu übernachten, wäre sehr dumm gewesen.

Wir verließen also den Bauernhof so schnell wie möglich und gingen den Weg, den uns die Bauern gezeigt hatten, in Richtung der Straße, die uns nach Brzeziny zurückführen würde. Dort wollten wir uns über die allgemeine Situation und die Möglichkeiten informieren, wie wir unseren Weg fortsetzen konnten. Wir waren alle satt und gut erholt, so daß wir die acht Kilometer bis zur Straße sehr schnell zurücklegten.

Auf der Straße herrschte nicht mehr so viel Verkehr wie am Vortag, dem 6. September. Insbesondere der für die Flucht charakteristische Einbahnverkehr hatte aufgehört. In beide Richtungen gingen die Menschen zu Fuß oder bewegten sich auf Rädern oder Fuhrwerken vorwärts. Nur die Gräben und Bombentrichter sowie die Splitter und Bruchstücke, mit denen die Straße übersät war, zeugten noch von den Ereignissen des vergangenen Tages.

Wir waren schon ganz in der Nähe von Brzeziny, als uns Leute überholten, die wohl ahnten, daß wir dorthin und dann weiter nach Łódź unterwegs waren, und uns mit freudigen, enthusiastischen Stimmen zuriefen, die französische Armee sei in Łódź gelandet und man solle nach Łódź gehen und sich mit den Franzosen zusammentun, die gekommen seien, um Polen zu helfen. Auch die Flugzeuge am Himmel seien französische.[25]

Das war unerhörter Unsinn, den jemand sich ausgedacht und in Umlauf gebracht hatte. Wir aber brannten so sehr auf eine gute Nachricht, daß wir das logische Denken ausschalteten und im ersten Augenblick diesem Gerücht glaubten. So sehr wünschten wir uns, daß es wahr wäre.

In etwas fröhlicher und erregter Stimmung gelangten wir schnellen Schrittes bald nach Brzeziny; es war ungefähr 17.30 Uhr. Nun waren wir also genau dorthin zurückgekehrt, von wo wir vor mehr als 24 Stunden aufgebrochen waren. Genauso schutzlos wie am Vortag, unentschlossen und ohne Pläne für die nahe Zukunft standen wir vor dem Unbekannten – bloß um einige gefährliche Erfahrungen und Erlebnisse reicher.

Es dämmerte bereits, als wir anfingen, nach einer Unterkunft zu suchen, nach einem Gasthaus, einer Herberge oder ähnlichem, wo wir auch etwas zu essen bekommen könnten. Leider waren, wie zu erwarten, überall die Türen fest verriegelt. Als wir trotzdem weitersuchten, begegneten wir einem kleinen jüdischen Jungen und erzählten ihm von unserem Problem. Er erklärte, daß zwar alle öffentlichen Lokale geschlossen seien, dies aber nichts zu bedeuten habe. Er könne uns alle zum Haus seiner Eltern führen, wo wir genug Platz für die Rast finden und auch ein Abendbrot bekommen würden. Wir trauten diesem Edelmut nicht ganz, aber wir hatten ja keine Wahl, und so folgten wir dem Jungen. Und wirklich! Bis heute habe ich nicht vergessen, wie herzlich wir von seinen Eltern, von dieser mittelständischen, sehr religiösen Kaufmannsfamilie empfangen wurden. Gleich nach unserer Ankunft begann der Vater, ein älterer Mann, sich persönlich um uns zu kümmern. Ohne Fragen zu stellen – wer wir seien oder woher wir kämen –, nahm er sich unserer so fürsorglich an, daß es uns tief bewegte. Unseren Frauen, deren Füße wund gelaufen und geschwollen waren, gab er sofort Schüsseln mit Wasser zum Waschen und Handtücher. Dieser Moment erinnerte an eine Szene aus der Bibel, in der die Gastgeber ihren Gästen die Füße waschen. Danach bereitete er auf einem Petroleumkocher Tee zu und trug für uns alle das Abendessen auf. Dann ließ er sein Bett und das seiner Frau für uns beziehen, damit wir in normaler Bettwäsche schlafen konnten.

Wir hatten jedoch kaum geschlafen, da ertönte über uns wieder das feindselige Brummen der Flugzeugmotoren. Ob wir wollten oder nicht, wir mußten uns aus den Betten quälen und nach unten gehen (die Wohnung lag im zweiten Stock).

Das Haus hatte nicht nur keinen Luftschutzkeller, sondern überhaupt keinen Keller, und so richteten wir uns notdürftig in der Waschküche ein, die im Hof Wand an Wand an das Haus grenzte. Während wir unser Quartier dort bezogen, fielen auf Brzeziny und seine Umgebung die ersten Bomben in dieser Nacht. So verbrachten wir auch die Nacht vom 7. auf den 8. September im Sitzen, von Entsetzen gepackt und voller Angst um unser Leben. Die ganze Nacht waren die deutschen Flieger über uns in der Luft; sie kamen, warfen ihre teuflische Ladung ab und flogen fort, um bald wieder zurückzukommen.

Obwohl der Angriff diesmal eher dem Umland von Brzeziny galt, fielen Bomben auch ganz in unserer Nähe. Sie pfiffen und detonierten so laut, daß wir bis in den hellen Tag hinein kein Auge zumachen konnten – bis die Mörder endlich abgezogen waren. Am frühen Morgen verließen wir unser Versteck. Da wir uns nicht aufdrängen und die rührende Gastfreundschaft, die wir lang genug genossen hatten, nicht über Gebühr in Anspruch nehmen wollten, suchten wir eine Fachkollegin meines Vaters auf, die in diesem Städtchen als Zahnärztin arbeitete. In ihrer Wohnung saßen wir bis zum Nachmittag, und hier erfuhren wir, daß es sinnlos war, unsere Wanderung nach Warschau fortzusetzen, weil bereits unser erstes Etappenziel, Jeżów, weiträumig in Brand gesteckt worden war. Außerdem, hieß es, würden zahlreiche und gut bewaffnete Banden deutscher Saboteure die Menschen auf der Straße überfallen. Aus Łódź kamen dagegen sehr widersprüchliche Nachrichten: daß die Deutschen in der Stadt seien, daß sie aus der Stadt verjagt worden seien, und auch wieder Nachrichten über die Franzosen und ähnlicher Unsinn. Wie sich später herausstellte, waren die Deutschen an diesem Freitag, dem 8. September, tatsächlich bereits in Łódź.[26]

Am Nachmittag trieb uns der nächste Bombenangriff in den Keller, der in diesem Haus ziemlich tief und geräumig war. Er füllte sich sehr schnell mit Menschen, denn in den Nachbarhäusern gab es solche Kellerräume nicht.

Es waren höchstens einige Minuten vergangen, als auch schon das Bombardement begann, und es dauerte ohne Unterbrechungen bis zum hellen Morgen. Die Bomben wurden jetzt ausschließlich auf das Städtchen selbst abgeworfen. Für uns waren das zwölf Stunden tödlichen Entsetzens, das niemand, der es durchlebt hat, jemals vergessen kann. Da die Kellerfenster mit Sand zugeschüttet waren, saßen oder lagen wir in absoluter Dunkelheit auf irgendwelchen Holzkisten, wie und wo es gerade möglich war, während oben wahrhaftig die Hölle los war. Ich selbst hatte, das gebe ich ehrlich zu, panische Angst wie nie zuvor bei einem Luftangriff. Es war allerdings auch der schrecklichste, den ich bisher erlebt hatte. Es müssen sehr viele Bomberstaffeln im Einsatz gewesen sein, denn die Bomben fielen in so dichter Folge, als hätten die Schwaben beschlossen, in dieser Nacht die meisten Häuser des Städtchens von der Erdoberfläche zu tilgen. Die Bomben zerrissen pfeifend und heulend die Luft, detonierten mit ohrenbetäubendem Krachen und ließen die Mauern unseres Hauses erzittern, so daß wir fürchteten, es würde jeden Moment einstürzen und uns für immer unter sich begraben. Bei jedem Pfeifen, das die Explosionen ankündigte, preßten wir uns alle da, wo wir saßen oder lagen, zusammen, schlossen die Augen und stopften uns die Ohren zu, um nicht zu sehen und zu hören, was in jeder Sekunde passieren konnte, und … Gottes Wille geschehe …

Mitten in der Nacht, noch während dieser satanischen Ouvertüre, stellte sich heraus, daß meine ältere Schwester hohes Fieber hatte; sie hatte sich wohl in der letzten Nacht, während unserer ziellosen Wanderung durch die nassen Kartoffelfelder und Schlammpfützen, erkältet. Aber wir konnten ihr nicht helfen. Sie lag mit Schüttelfrost auf einer Holzkiste und wartete mit uns zusammen auf ein Ende der Untaten, die sie genauso grauenvoll erlebte wie wir. Der Bombenangriff aber dauerte weiter an, und ich dachte, er würde nie aufhören. Bis 4 Uhr früh waren die Schwaben unvermindert aktiv, dann folgte eine Pause, und wir fingen schon an, uns darüber zu freuen, daß wir auch diesmal wie durch ein Wunder dem Verhängnis entronnen waren. Unsere Gespräche und Zurufe wurden lauter, aber schon nach etwa zehn Minuten durch eine Bombardierung anderer Art wieder brutal unterbrochen. Erneut hörten wir Detonationen. Uns wurde klar, daß die Deutschen jetzt anfingen, die Artillerie einzusetzen, denn über unserem Haus pfiffen und dröhnten ihre Geschosse. Diese fürchteten wir nicht so sehr, denn der Keller bot genügend Schutz vor Artilleriebeschuß, uns hatte eine andere Angst gepackt. Die Deutschen, das war jetzt klar, konnten nicht mehr weit entfernt sein, bald würden wir die Brandstifter selbst zu sehen bekommen. Wie würden sie sein? Wie würden sie sich der Bevölkerung und besonders uns, den Juden, gegenüber verhalten? Aus diesen Fragen sprachen unsere Unsicherheit und unsere Angst vor der Zukunft, und sie beschäftigten uns ganz und gar. Wir achteten nun nicht mehr so genau auf die Geräusche von draußen, und da sie nur durch das Chaos unserer Gedanken hindurch noch zu uns drangen, empfanden wir sie als weniger bedrohlich.

Der Artilleriebeschuß hielt an, und irgendwo in der Nähe ratterte gleichmäßig ein Maschinengewehr. Jemand ging hinaus und kam kurz darauf mit der Nachricht zurück, das Maschinengewehr sei auf dem Türmchen der nahe gelegenen Kirche postiert. Nach etwa einer Stunde Artilleriebeschuß wurde es mit einem Mal ganz still, als hätte ein Dirigent mit einer einzigen Handbewegung das teuflische Orchester zum Schweigen gebracht, so plötzlich, daß es in unseren Ohren nachgellte.

Ganze zwölf Stunden hatte der Lärm unsere Trommelfelle so strapaziert, daß sie zu platzen drohten, und nun plötzlich diese vollkommene Stille!

In dieser ersehnten Stille drangen Stimmen an unser Ohr, die uns das Blut in den Adern gefrieren ließen und die uns bedrohlicher erschienen als der Bombenangriff, den wir gerade überlebt hatten. Vor unseren Kellerfenstern dröhnten plötzlich die Schritte schwerer, mit Nägeln beschlagener Stiefel, und wir hörten, wie laut gesagt wurde: »*Hans, nach Rawa, ja?*«[27] In diesem Augenblick, als wir ihre verhaßten Stimmen hörten, begriffen wir, daß die Schwaben in der Stadt waren. Wir verspürten eine eigenartige Furcht vor diesen Mördern, und wie begründet diese Furcht war, das sollte sich nur allzu bald erweisen.

Wir hatten Angst, den Keller zu verlassen; zugleich war es aber sinnlos, noch länger dort zu sitzen. Draußen war es ganz still, und wir waren erschöpft und hungrig und sehnten uns nach Tageslicht. So gingen wir um 8 Uhr hinaus und wieder hinauf in die Wohnung der Zahnärztin, wo uns der letzte Bombenangriff überrascht hatte. An diesem Samstag, dem 9. September, hörte und sah ich zum ersten Mal die Hunnen in moderner Ausgabe. Die Fenster der Wohnung boten eine gute Sicht auf die Ausfallstraße nach Rawa Mazowiecka. Ich stellte mich hinter die Gardine und sah hinunter auf die Straße. Dort unten zogen ununterbrochen Kolonnen von Soldaten auf Motorrädern, Geschütze und Zugmaschinen vorbei; zwischen ihnen hindurch flitzten kleine, graue Limousinen mit deutschen Kommandeuren. Mir fiel auf, wie gut genährt, wie frisch und erholt die Schwaben aussahen. Vor allem, weil sie fast durchgehend motorisiert waren, machten diese Kolonnen auf mich den Eindruck einer sehr starken Armee. Nie zuvor hatte ich eine solche Formation gesehen. Bei der polnischen Armee wurden die Geschütze von Pferden gezogen, die Infanterie ging zu Fuß oder schleppte sich im besten Fall mit Fuhrwerken vorwärts. Die Infanterie der Schwaben dagegen, wie ich sie hier sah, fuhr mit Motorrädern und Autos an die Front; daß die Soldaten sich ausgeruht dem Kampf stellen konnten, war also kein Wunder.[28]

Langsam wurde es Mittag. Wir waren hungrig, hatten aber nichts zu essen. Außerdem wußten wir nicht, wie die Lage war und ob man nach Łódź zurückkehren konnte. Um hierüber etwas zu erfahren, mußte man hinausgehen, ein bißchen durch die Straßen streunen und dabei Erkundigungen einziehen. In der Uniform unserer vormilitärischen Ausbildungsgruppe, die ich immer noch trug, wollte ich aber nicht hinausgehen. Wir kauften also bei einem Schneider im Haus eine Hose. Ich zog sie an, rollte die Uniformstücke zusammen und versteckte sie in einer Ecke des Kellers, in dem wir »übernachtet« hatten. Hätte ich mich nicht umgezogen, wäre ich vermutlich von den Germanen als Soldat gefangen genommen worden.

In dieser Zivilkleidung ging ich in die Stadt und versuchte als erstes, eine Bäckerei oder ein Lebensmittelgeschäft zu finden, um für uns etwas zu essen zu bekommen. Aber diese Hoffnung wurde enttäuscht. Vom Städtchen war nach dem letzten Luftangriff nicht viel übriggeblieben. Es sah trostlos aus. Nicht nur einzelne Häuser, sondern ganze Straßen und Blocks waren zerbombt oder abgebrannt. Es war nicht ratsam, auf dem Bürgersteig zu gehen, da von oben Schutt und wegbrechende Steine den Fußgängern auf den Kopf fallen konnten. Glas knirschte unter den Füßen. Auch die Geschäfte in den unversehrten Häusern boten einen kläglichen Anblick. Fast alle waren zertrümmert und ausgeplündert. Diese Geschäfte gehörten Juden; noch bevor die Deutschen kamen, hatten polnische Soldaten, die sich dort herumtrieben, und ortsansässige Polen sie ausgeraubt und die Einrichtung zerschlagen. Etwas zu essen zu kaufen, war daher ein unerfüllbarer Traum. Es gab einfach keine Lebensmittel. Die Bäcker hatten wohl kein Mehl mehr oder wollten, wenn sie welches hatten, nicht backen.

Überall, wo die deutschen Truppen durchzogen, an allen Weg- und Straßenkreuzungen, regelte deutsche Feldpolizei den Verkehr und wies den Kommandeuren einzelner Formationen, die die Verbindung zu vorausgehenden Einheiten verloren hatten, den Weg. Auf kleineren Plätzen und in Grünanlagen sowie auf Bürgersteigen vor eingestürzten Häusern standen Gruppen erster gefangengenommener polnischer Soldaten. Sie sahen noch erbärmlicher aus als vorher; entwaffnet, ohne Koppel, unrasiert und schmutzig standen sie in kleinen Gruppen eng beieinander, und dicht um sie herum zogen die Deutschen einen Stacheldrahtverhau. Natürlich bewachten deutsche Posten diese kleinen, improvisierten Konzentrationslager, bis die Gefangenen in ein größeres Lager abtransportiert wurden. Für diese Männer war der Krieg schon beendet.

Wir erfuhren, daß die Deutschen auch Łódź eingenommen hatten, und wir wollten dorthin in unser Haus zurückkehren. Man sagte uns aber, daß die Deutschen noch nicht erlaubten, die Straße nach Łódź zu benutzen. An der

Kreuzung neben dem Haus, in dem wir uns aufhielten, stand ein deutscher Feldpolizist, und mein Vater fragte ihn, ob es schon möglich sei, an seinen Wohnort, nach Łódź, zurückzukehren. Der Polizist antwortete, der Weg sei noch nicht gesäubert (das hieß: von den Überresten polnischer Soldaten!), und erst am nächsten Tag, Sonntag, dem 10. September, werde man den Weg nach Łódź wieder freigeben. Wir mußten also, ob wir wollten oder nicht, bis zum nächsten Tag warten. Und mit uns warteten auch andere Flüchtlinge, die am folgenden Tag aufbrechen wollten, um über Łódź in ihre weiter westlich gelegenen Heimatorte zurückzukehren.

Die Zahnärztin, die uns beherbergte, holte irgendwoher ein paar Kartoffeln, kochte sie mit der Schale und bot sie uns dann an. Dieses großartige und abwechslungsreiche Festmahl beendete den Tag des 9. September. Wir schliefen auf dem Fußboden. Es war seit unserer Flucht aus Łódź die erste Nacht, die uns einen ungestörten Schlaf bescherte.

Am nächsten Morgen, am 10. September, machten wir uns fertig für den Abmarsch. Obwohl es noch früh war, hatten sich viele Flüchtlinge schon vor uns auf den Weg gemacht. So brachen wir ohne Zögern auf.

Auf der Straße kamen uns deutsche Militärfahrzeuge entgegen, aber nicht mehr in Kolonnen, sondern vereinzelt. Zu Fuß in Richtung Łódź waren nur wenige Flüchtlinge unterwegs. In großer Zahl dagegen zogen Pferde-Pritschenwagen mit Rote-Kreuz-Fähnchen an uns vorbei. Sie gehörten jüdischen Wohlfahrtsorganisationen und waren aus Łódź gekommen, um verletzte Juden aus Brzeziny und Umgebung abzuholen. Einige Kilometer hinter Brzeziny hielten wir einen solchen Pritschenwagen, der Verletzte nach Łódź transportierte, an und baten den Verantwortlichen, wenigstens meinen Vater mit auf den Wagen zu nehmen. Zufällig gehörte dieser Wagen der Gesellschaft »Linas Hazedek«, bei der mein Vater Oberarzt war.[29] Deswegen und aufgrund seiner Behinderung ließen sie nach langem Zögern meinen Vater schließlich auf den Wagen steigen und erlaubten uns außerdem, die beiden Koffer und unsere Wintermäntel dort neben ihm unterzubringen. Da ja niemand von uns verletzt war, war dies dann doch eine nette Geste von ihnen.

Wir vereinbarten mit meinem Vater, er solle am Jüdischen Friedhof, wo unser Weg vorbeiführen würde, auf uns warten.

Später zeigte sich, was für ein Glück es für uns war, die Koffer auf diese Weise losgeworden zu sein. Hätten wir sie bei uns behalten, wäre auch unsere letzte Habe verloren gegangen. Das größte Glück aber war das Ganze für meinen Vater.

Von der Last der Koffer befreit, machten meine Mutter, meine Schwestern und ich uns auf den Weg, und wir gingen so schnell wie möglich.

Die Straße vor uns und die Felder auf beiden Seiten sahen aus, als wäre ein Wirbelsturm über sie hinweggezogen. Überall waren tiefe Bombentrichter,

Erd- und Steinhaufen zu sehen. Alte Bäume, die am Straßenrand gestanden hatten, waren mit den Wurzeln herausgerissen worden und lagen nun durcheinander; andere standen noch und streckten ihre abgebrochenen oder verbrannten Stümpfe in die Höhe. Die Rinde war abgerissen, und ohne sie sahen sie unheimlich aus, wie Menschen, denen die oberen Körperteile abgehackt worden waren, nackt und ohne Arme. An den nicht ganz zerstörten Bäumen hingen hier und da die Zweige tief herunter, schwer beladen mit einer ungewöhnlichen Last. Es waren Reste von Pferdekadavern und Leichen, die bei den Explosionen hinaufgeschleudert worden waren und die ein satanischer Kobold grotesk zwischen den Ästen aufgehängt hatte.

Die Straße selbst hatten die Deutschen schon mehr oder weniger gereinigt; alles, was dort gelegen hatte, hatten sie allerdings nur an die Seite geschoben. Bei diesem Anblick konnte man sich leicht vorstellen, an dieser Stelle sei vor kurzem ein düsterer und blutiger Film gedreht worden. Dicht an der Straße, zwischen zerstörten Fuhrwerken, deren Teile zertrümmert oder auf phantastische Weise verbogen waren, lagen die großen, aufgetriebenen Leiber der getöteten oder verendeten Pferde, und ihr Blut hatte die verbrannte, trockene Erde schwarz gefärbt. Vereinzelt erhoben sich eilig aufgeschüttete Gräber für die Menschen, die hier in den letzten Tagen umgekommen waren. Sie mußten erst am vergangenen Tag geschaufelt worden sein, denn die Sonne hatte es noch nicht geschafft, die obere Erdschicht zu trocknen.

Dort lagen die ersten Opfer der deutschen Barbaren; es war das erste Werk dieser nach Menschenblut gierenden Vampire und Sadisten. Die Gräber hatten keine Tafeln. Die Opfer lagen namenlos da, und nicht einmal ihre nächsten Familienangehörigen werden jemals erfahren, wo ihre sterblichen Überreste zu finden sind.

Dort standen auch auf der Flucht zurückgelassene Privatautos und Militärfahrzeuge, die auf den ersten Blick fahrtüchtig aussahen. Vermutlich hatten die Fahrer sie wegen eines gefährlichen Luftangriffs oder weil ihnen der Kraftstoff ausgegangen war, stehen lassen müssen.

Das meiste aber war Kriegsgerät, das man an verschiedenen Stellen zurückgelassen hatte, auf den Feldern und in den Wassergräben. Geschützrohre und Lafetten mit zerbrochenen Rädern steckten tief im Boden, daneben lagen ganze Stapel von Kisten mit verschiedenartiger Munition. Ein Teil der Munitionskisten war zertrümmert und geplündert worden. Außerdem lagen zahllose kleine militärische Gerätschaften und Ausrüstungsgegenstände herum, haufenweise Maschinengewehre, Bajonette, Handgranaten, Helme, Gasmasken und Uniformstücke. Für uns waren das untrügliche Beweise dafür, daß die polnische Armee geschlagen und versprengt war. An der Straße stand ein einmotoriger polnischer Bomber. Die Bomben hatte jemand hinausgeschafft, sie lagen nun dicht neben der Maschine auf der Erde. Hier sah ich damals zum ersten Mal eine Bombe vor der Explosion (nachher sieht man sie ja nicht mehr!), allerdings nur eine von kleinem Kaliber.

Wir marschierten zu viert mitten durch diese Orgie von Wirrnis und blutigem Chaos und näherten uns langsam dem Ziel unserer Wanderung. Obwohl die Hitze schrecklich war und uns sehr ermüdete und die Frauen von den Strapazen des Marsches geschwollene Beine hatten, legten wir keine Erholungspause ein.

Etwa sieben Kilometer vor Łódź – dort, wo seitlich der Straße die Siedlungen der *Volksdeutschen* beginnen – trafen wir auf eine lange Kolonne von leichten deutschen Panzern. Es war gegen 12 Uhr, und die Soldaten hielten wohl Mittagsrast. Sie hatten die Panzer verlassen und saßen in deren Schatten an der Straße oder standen da und unterhielten sich gemütlich mit den *volksdeutschen* Bauern, deren Höfe sich entlang der Straße in langen Reihen bis fast nach Łódź erstreckten. Die ganze lustige Gesellschaft, die Soldaten wie die *Volksdeutschen,* war angeheitert oder betrunken. Die Bauern knauserten ihren Rettern gegenüber nicht mit Wodka, was man daraus schließen konnte, daß sie laut miteinander redeten, sangen, lachten und wilde germanische Flüche ausstießen.

Wir mußten leider mitten auf der Straße an den betrunkenen Soldaten vorbeigehen; es war nichts zu machen, einen anderen Weg gab es nicht. Von allen Seiten her waren ihre Schreie zu hören. Die deutschen Siedler waren als Einheimische in der Lage, uns leicht als Juden zu erkennen, und als ich sie rufen hörte, ahnte ich, daß sie die Soldaten dazu anstachelten, gegen uns handgreiflich zu werden.

Wir versuchten daher, so schnell wie möglich an den betrunkenen Soldaten vorbeizulaufen, aber dies ging nicht, ohne daß sie uns dabei sahen. Plötzlich trennte sich ein wild gewordener Soldat, den die *Volksdeutschen* offenbar darauf hingewiesen hatten, daß wir Juden waren, von seiner Gruppe und begann zu brüllen: »*Los, los, laufen, schnell!*« und rannte uns hinterher. Dieser Sadist sah, daß wir schrecklich erschöpft waren, aber er ließ uns rennen, um uns auf solch einfache Weise zu quälen.

Meine Mutter, meine jüngere Schwester und ich rannten trotz unserer Erschöpfung los. Es hatte keinen Sinn zu zögern. Der wild gewordene Soldat hatte die Hand am Gewehrkolben und war völlig betrunken. Daß er betrunken war, spielt übrigens keine große Rolle: Ein nüchterner Deutscher kann viel schlimmere Verbrechen begehen als jeder betrunkene Krawallmacher. Meine ältere Schwester aber, die schon immer sehr stolz, ehrenhaft und ehrgeizig war, wollte, obwohl wir sie aufforderten, mit uns loszulaufen, dem Germanen nicht gehorchen. Der behandelte sie dann allerdings auch auf echt germanische Art. Er lief von hinten bis zu ihr heran, und ohne Rücksicht darauf, daß sie eine Frau war, schlug er ihr mit voller Kraft die Faust in den Rücken. Daraufhin ließen seine Kumpane wilde Beifallsrufe erschallen. Unter der Wucht des Schlages stürzte die Ärmste in den Straßengraben. Ich lief zu ihr und half ihr aus dem Graben heraus. Der Folterknecht stand, die Pistole in der Hand, über uns am Graben, und unter dem dröhnenden Gelächter und Geschrei seiner Räuberbande trieb er uns an, schnell weiterzulaufen.

Wir fingen wieder an zu rennen, und er verfolgte uns, er ließ uns weder anhalten noch auch nur langsamer werden und brüllte bloß immer: »*Los, los!*« Nach ungefähr einem Kilometer blieb er endlich stehen, aber er brüllte immer noch, wir sollten weiterlaufen. Als wir versuchten, das Tempo zu verlangsamen, nahm er die Verfolgung wieder auf. Schließlich verstummten die Schreie des Banditen und seiner Kameraden weit hinter uns, und wir hielten an, vor Erschöpfung halb tot.

So sah unser erster direkter Kontakt mit den Deutschen aus. Wir hatten aber auch nichts Besseres von ihnen erwartet.

Nach einer kurzen Erholungspause gingen wir weiter. Es war nicht mehr weit bis Łódź, wir sahen schon die Fabrikschornsteine und die ersten Häuser der Vorstadt. Jene Panzerkolonne hatten wir weit hinter uns gelassen, aber vor uns auf der Straße erschien jetzt eine zweite. Wieder standen betrunkene Soldaten mit deutschen Bauern am Straßenrand zusammen, lehnten sich an die Zäune oder lagen im Gras. Wir gingen weiter und waren auf etwas Ähnliches gefaßt wie das, was wir vor kurzem erlebt hatten.

Diesmal erwartete uns aber etwas anderes. Wir gingen gerade an der Einfahrt zu einem deutschen Bauernhof vorbei, da hielten ein paar der dort stehenden deutschen Soldaten und Zivilisten mich an und zerrten mich hinein. Meine Mutter fing an zu weinen, aber sie beachteten sie nicht und befahlen ihr zu gehen. Auf dem Hof standen schon einige Dutzend jüdische Männer, und ich sollte mich zu ihnen an den Zaun stellen. Nun begann eine groteske und sehr demütigende Zeremonie. Ein junger Soldat – einer dieser Schwaben – kam auf uns zu. Er beschimpfte uns und pöbelte uns an und zog dabei uns allen vorn das Hemd aus der Hose. Sehr religiöse Juden tragen immer ein ärmelloses, kurzes, an den Seiten aufgeschnittenes Hemdchen mit Fransen. Vermutlich war es das, wonach diese Soldaten suchten, um sich, wenn sie fündig würden, darüber lustig machen und uns verspotten zu können. Sie suchten nach einer billigen, sadistischen Unterhaltung.[30]

Während sie uns die Hemden herauszogen, schlugen sie einigen älteren Juden ins Gesicht. Bei mir fanden sie natürlich nicht, was sie erwartet hatten, deshalb nahmen sie bei mir eine strenge Leibesvisitation vor. All die kleinen Dinge, die ich in den Hosentaschen hatte, nahmen sie mir weg und warfen sie über den Zaun auf das Feld. Danach, um sich noch besser zu amüsieren, zogen sie mir den Gürtel aus der Hose und schleuderten ihn ebenfalls über den Zaun. Dem Gürtel folgte die Schülermütze, die ich auf dem Kopf trug; die paßte dem Soldaten auch nicht.

In derselben Weise gingen die Soldaten mit den anderen Juden um. Dann kam ein älterer Soldat und sagte zu dem Soldaten, der mich durchsucht hatte, meine Mutter weine sehr heftig und er solle mich früher laufen lassen. Ich wunderte mich über diese Worte. Der Soldat, der mich in der Mangel hatte, rief zurück, ich sei gleich fertig, und lief schnell ins Haus. Als er kurz darauf zurückkam, hielt er eine Schere in der Hand. Ich wußte nicht, was er vorhatte. Er war betrunken, und so dachte ich, er wolle mich mit der Schere abstechen oder mir vielleicht ein Ohr abschneiden oder etwas Ähnliches. Er machte sich aber an meinem Kopf zu schaffen. Er fing an, mir rund um den Kopf Haare herauszuschneiden oder eher herauszurupfen, um mich zu brandmarken. Ich versuchte, mich loszureißen und zu protestieren, aber ein anderer Soldat, groß und mit der Schnauze einer Bulldogge, sprang hinzu und schob mir vielsagend seine große Faust vor die Nase. Ich sah, daß Widerstand zwecklos war; sie würden mich höchstens verprügeln und dann sowieso das tun, was sie vorhatten. Also bezähmte ich meinen Impuls und ließ diese entehrende Operation vernünftigerweise über mich ergehen. Es dauerte tatsächlich nicht lange, bis ich »fertig« war. Die Deutschen, Soldaten und Bauern, fingen an, sich über mich lustig zu machen, und mein Folterknecht – der, der mich so zugerichtet hatte – baute sich ein paar Schritte vor mir auf, bog den Kopf zur Seite und betrachtete sein Werk mit spöttischem Grinsen. Das Blut schoß mir ins Gesicht. Zweifellos sah ich sehr komisch aus. Um den Haarschopf herum bildeten die ungleichmäßig geschnittenen Haare ein Kränzchen, und am Scheitel war nur ein Haarbüschel übriggeblieben.

Sich so behandeln lassen? … Aber was sollte ich denn tun? Mein Leben aufs Spiel setzen?

Sie lachten noch eine Weile über mich und befahlen mir dann zu gehen. Das brauchten sie nicht zweimal zu sagen: In Windeseile, als jagten hundert böse Geister hinter mir her, rannte ich zur Einfahrt und auf die Straße. Tatsächlich aber folgten mir der Hohn und das Gelächter der Schwaben, und das war noch viel schlimmer.

Einen halben Kilometer weiter traf ich wieder auf meine Mutter und meine beiden Schwestern. Sie weinten beim Gehen, weil sie das Schlimmste befürchteten und nicht wußten, ob sie mich jemals wiedersehen würden. Als sie mich sahen, freuten sie sich sehr; dann entdeckten sie, wie man mich gebrandmarkt hatte, und das machte auf sie einen schrecklichen Eindruck.

Der Weg in die Stadt dauerte nun nicht mehr lange, und wir legten ihn ohne weitere Vorfälle zurück.

Ich hatte keine Mütze mehr. Man hatte sie mir bestimmt weggenommen, damit mein Schandmal zu sehen war. Ich schämte mich zutiefst, wenn die Leute sich nach mir umsahen und mit dem Finger auf meinen Kopf zeigten. Ich fühlte mich entehrt, und ich wäre in der Tat entehrt gewesen, wenn es

Menschen gewesen wären, die mich so verunstaltet hatten. Aber die das getan hatten, waren ja keine Menschen, sondern nur Bestien in Menschengestalt! Davon aber konnten die Passanten nichts wissen, und so war ich aufs tiefste gedemütigt.

Mein Vater wartete auf uns, wie verabredet, am Jüdischen Friedhof; er hatte die Koffer und den Rest des Gepäcks bei sich. Ohne weitere Hindernisse legten wir die kurze Strecke nach Hause zurück. Der Friedhof und unsere Wohnung am Plac Kościelny 4 lagen an derselben langen Straße, der Brzezińska, die zugleich die Ausfallstraße nach Warschau war. Wir waren also schnell zu Hause. Mein Vater hatte leider den Schlüssel zum Schnappschloß verloren, so daß wir das Türfensterchen einschlagen mußten, um die Tür von innen zu öffnen. Ich traute meinen Augen nicht, als ich mich nach so vielen Strapazen und Gefahren endlich zwischen all meinem geliebten alten Zeug wiederfand. Wie angenehm war es doch, mich nach dem Marsch in der Hitze mit fließendem Wasser waschen zu können und mich danach im kühlen Zimmer auf die Couch zu legen. Auf meine eigene Couch! In glückseliger Ruhe und Stille konnte man endlich daliegen und über die vergangenen Ereignisse nachdenken.

Was für eine klägliche Bilanz! Fünf Tage lang waren wir herumgeirrt, waren unnötig und umsonst mehrere Dutzend Kilometer bei glühender Hitze gelaufen, nur um an den Ort zurückzukehren, den wir verlassen hatten. Wir waren um einen großen Koffer mit unserer besten Kleidung ärmer geworden, hatten Hunger, waren erschöpft, waren verspottet und gequält worden. Wie oft waren wir Bomben und Geschossen ausgesetzt gewesen? Und wie oft waren wir wie durch ein Wunder der Vernichtung entkommen? Mit einem Wort, wir bedauerten alle zutiefst diese vorzeitige Wanderung, aber nun war es zu spät. Wir dankten dem Schicksal, daß alles ein solches Ende genommen hatte.

Das erste, was ich tat, nachdem ich mich ein bißchen ausgeruht hatte, war, daß ich zum Friseur ging. Zum Glück hatte ein Friseur, ein Jude, seinen Salon in unserem Haus; ich brauchte mich also nicht ein weiteres Mal lächerlich zu machen. Ich ließ mir den Kopf glatt rasieren, aber auch wenn dieser »Kranz der Schande« nun nicht mehr zu erkennen war, so spürte ich doch in meinem Unterbewußtsein dieses Schandmal noch lange. Ständig kam es mir so vor, als zöge ich die Aufmerksamkeit der Leute auf mich und als sähen sie »das«, was nicht mehr da war.

III

Wir waren sehr hungrig nach Hause zurückgekommen, aber glücklicherweise hatten wir vor der Flucht zwei der drei gekauften Brote zurückgelassen. Das war wirklich ein großes Glück, denn es war äußerst schwierig, Brot zu besorgen. Nur ein paar deutsche Bäckereien nämlich buken noch Brot, und dies auch nur in kleinen Mengen.

Am Tag unserer Rückkehr, am Sonntag, dem 10. September, ließen die Deutschen mehrere Autos durch die Stadt fahren, mit Megaphonen, über die sie die Bevölkerung aufforderten, ihre Arbeit wieder aufzunehmen, Ruhe zu bewahren und sich den deutschen Machthabern unterzuordnen, denn Warschau sei bereits von der deutschen Armee besetzt, und die polnische Armee habe soeben kapituliert. Das war der erste echt deutsche lügnerische Propagandatrick großen Maßstabs; Warschau kapitulierte nämlich erst sechzehn Tage später.

Die ersten Tage unter deutscher Besatzung in Łódź (die Stadt war am 8. September besetzt worden) waren bestimmt von Lebensmittelsorgen und Zukunftsängsten. Wie gesagt, waren Lebensmittel, insbesondere Brot, kaum noch zu bekommen.[31] Gab es doch einmal etwas zu kaufen, dann waren die Preise im Vergleich zur Vorkriegszeit so hoch, daß man kaum daran zu denken wagte, wie dies weitergehen würde. Beinahe den ganzen Tag lang, bis zur Polizeistunde um 8 Uhr[32], mußte man beim Bäcker Schlange stehen, um ein Brot zu einem siebenmal höheren Preis als vor dem Krieg zu kaufen. Außerdem buken fast nur noch deutsche Bäckereien, und diese wollten nicht an Juden verkaufen. Deshalb nahmen die Leute auf dem Markt alles mit, was sie bekommen konnten: Gab es keine Kartoffeln, kauften sie Rüben oder Karotten oder anderes Gemüse. Alles Eßbare wurde sofort zum Gegenstand der größten Begierde.

Ich erinnere mich, daß alle unsere Bekannten, jedenfalls die, die wenig Geld hatten, ständig hungrig waren, und uns ging es genauso. Unsere Situation war ziemlich unsicher. Mein Vater hatte in seiner Praxis weder Arbeit noch Bareinnahmen, wir anderen Familienmitglieder verdienten auch nichts, und für die »schwarze Stunde« hatten wir alle nur sehr wenig zurückgelegt. Wir mußten also äußerst sparsam mit dem Geld umgehen, und deswegen hungerten wir. Zum Glück dauerte dieser Zustand nicht lange. Denn als nach ein paar Wochen unser Geld zur Neige ging, begann mein Vater wieder in seiner Praxis zu arbeiten, und von dieser Arbeit konnten wir schlecht und recht leben. Mein Vater hätte vielleicht noch mehr verdienen können, aber vom ersten Tag der deutschen Besatzung an standen ununterbrochen bewaffnete Posten vor unserem Eingangstor, und das schreckte viele Patienten davon ab, in unser Haus zu kommen. Früher, zur polnischen Zeit, hatten in unserem Haus nämlich ein

Polizeirevier und ein Untersuchungsgefängnis Räume belegt, die nun von der deutschen Polizei übernommen worden waren – daher die deutschen Wachposten vor unserer Hauseinfahrt. Sie hinderten zwar niemanden daran, das Haus zu betreten (es waren ältere Österreicher), doch jeder hatte sich auszuweisen und wurde genau befragt, zu wem er wolle, so daß es sogar uns Hausbewohnern sehr unangenehm war, zu oft hinaus- und hineinzugehen.

Wenige Tage nach unserer Rückkehr aus Brzeziny ging ich zu unserer Schule, um herauszufinden, ob und wann der Unterricht fortgesetzt werden sollte, und erfuhr, daß er erst Ende September beginnen würde. Bis dahin saß ich fast nur noch zu Hause, denn es wurde unangenehm, sich auf der Straße zu bewegen. Wie wir vermutet hatten, schlugen nun die Wellen des Terrors hoch, und es war besser, ihren Geräuschen aus der Ferne zu lauschen, als sich ihrem Anblick auszusetzen.

Schon in der ersten Woche ihrer Herrschaft begannen die Deutschen mit unterschwelligem Terror. Auf allen großen Plätzen der Stadt, das sind der Rynek Bałucki gleich nebenan, der Rynek Wodny, der Rynek Zielony, der Plac Reymonta und noch weitere Plätze, wurden große Galgen aufgestellt, und in der Nacht hängten die Schwaben Leichen daran auf, fünf an jeden Galgen, mit den Beinen nach oben. Am selben Morgen, an dem ich davon gehört hatte, ging ich auf den nahen Rynek Bałucki und überzeugte mich selbst. Der Anblick war entsetzlich, grauenhaft. Die Schwaben hielten es wohl für zu milde, diese Menschen normal am Hals aufzuhängen; um also bei der Bevölkerung noch größeres Grauen und Entsetzen hervorzurufen, hatten sie die Ärmsten an den Beinen aufgehängt. Unter den fünf Gehängten glaubte ich drei als Juden zu erkennen.

Man wußte nicht, ob diese Menschen schon vorher ermordet worden waren oder erst am Galgen starben. Die Galgen mit den baumelnden Leichen wurden drei Tage lang gezeigt. Dann nahmen die Schwaben wohl an, daß die Angst vor ihrer blutigen Macht sich tief genug in die Herzen der Menschen hineingefressen hatte, und bauten ihre Terrorwerkzeuge wieder ab.[33]

In der zweiten Septemberhälfte wurde ich unfreiwillig Augenzeuge einer Szene, die sich in meinem Herzen verewigt hat. Auch wenn ich in späteren Jahren viel schlimmere, grausamere Bilder gesehen habe, erinnere ich mich an dieses erste am besten.

Eines Morgens stand ich in unserer Küche am Fenster zum Hof, als plötzlich ein Jude in Joppe und mit jüdischer Kappe hereingelaufen kam. Hinter ihm her rannte wild schreiend ein deutscher Flieger mit einem Revolver in der Hand und befahl dem Juden brüllend, sich an die Mauer zu stellen. Er deutete auf eine Stelle direkt unter unserem Fenster. Ich begriff sofort, was folgen würde, hatte aber noch keinen klaren Gedanken fassen können, als der Schwabe schon schoß. Der Jude hob, in den Kopf getroffen, noch die Hände hoch, rief zwei

Worte des täglichen Gebets »Schma Israel« und fiel tot um. Der Mörder verließ mit ruhigen, langsamen Schritten den Hof. Nach ein paar Minuten hatte er von der Straße zwei junge Juden mit einem Handwagen geholt und befahl ihnen, die Leiche seines Opfers zum Friedhof zu fahren, was die beiden auch sofort taten. Dieser Vorfall hat mich tief erschüttert.

Einige Stunden später erfuhr ich, daß das Opfer ein armer Jude mittleren Alters war und der Flieger ihn ohne jeden Grund aus seinem Laden gezerrt und getötet hatte. Da habe ich verstanden, daß wir, die Juden, von nun an völlig rechtlos und den Mördern auf Gedeih und Verderb ausgeliefert waren. Ich hatte große Angst vor der Zukunft.

Von diesem Tag an – als ob mit diesem Mord an einem Unschuldigen eine Losung ausgegeben worden wäre – wurde die jüdische Bevölkerung auf äußerst raffinierte, bestialische Weise terrorisiert und gequält. Der Terror begann damit, daß man harmlose jüdische Fußgänger vom Bürgersteig hinunter auf den Fahrdamm drängte, bald aber nahm er immer gefährlichere Ausmaße an. Wenn die Deutschen riefen, Bürgersteige seien für Menschen vorgesehen, Juden aber hätten zusammen mit den Tieren den Fahrdamm zu benutzen, und wenn sie die Juden dann vom Bürgersteig drängten, so ging dies nicht ohne Prügel ab. Danach fingen sie an, Juden bei voller Fahrt aus den Straßenbahnen zu werfen; auch die Straßenbahn war nicht für die Juden da. Einer unserer jüdischen Bekannten wurde von Nazis aus einer fahrenden Straßenbahn geworfen und bezahlte dies mit einer schweren Behinderung.[34]

Die größten Anhänger und Vollstrecker des Terrors waren die Deutschen aus Łódź. Sie gehörten fast ausnahmslos Nazi-Organisationen an, legten gleich nach der Besetzung von Łódź die Armbinde mit dem Hakenkreuz an und begannen sofort damit, die Juden unmenschlich zu quälen.[35]

Schon Ende September hatte sich der Terror fest etabliert. Juden wurden auf der Straße geschlagen, man holte sie »zur Arbeit«, wie man es nannte, tatsächlich aber fing man sie nur, um sie auf besondere Art zu schlagen und zu schikanieren. Mit Hilfe von Nazis fingen Soldaten Juden auf der Straße und spannten sie wie Zugtiere vor ihre kaputten Autos und Motorräder. Sie selbst setzten sich in die Fahrzeuge und ließen sich von den Juden ziehen, dabei trieben sie sie mit der Peitsche an. Ich habe so ein unseliges menschliches Gespann von unserem Fenster aus selbst gesehen. Eine Gruppe roher Soldaten saß auf einem großen, kaputten Lastwagen und trieb mit Pfiffen und Rufen die ungefähr zehn Juden an, die den Wagen zogen. Um ihre Taillen war ein dickes Seil geschlungen, mit dem sie die Schwaben zogen. Gibt es für den Menschen eine größere Erniedrigung und Schande? Gibt es einen noch klareren Beweis für die Barbarei der Germanen? Damals hätte ich mir nicht träumen lassen, daß ich wenige Jahre später noch schlimmere Grausamkeiten zu sehen bekäme. Aber ich will meinem Bericht nicht vorgreifen.

Ohne jeden Grund begann man, Geschäfte und Häuser von Juden zu durchsuchen. Immer wieder erschienen deutsche Geheimpolizisten, und ohne ein Wort zu sagen oder gar zu erklären, wonach sie suchten, nahmen sie nach ihren gründlichen Hausdurchsuchungen alle Wertgegenstände und Geldbeträge mit, die ihnen in die Hände fielen. Ohne jeden Grund wurden in Geschäften von Juden Waren beschlagnahmt, und die Ladenbesitzer wurden sehr oft ins Gefängnis gebracht oder zu einem sogenannten Verhör mitgenommen, was aber nur hieß, daß man sie dort zusammenschlug.[36]

Da die deutsche Polizei in unserem Haus untergebracht war, konnte ich das allzu oft vom Fenster aus sehen. Die Deutschen hatten unseren Hof in einen Folterplatz verwandelt. Mehrmals am Tag trieben Polizisten auf der Straße eingefangene jüdische Ladenbesitzer und Händler auf den Hof und quälten sie auf verschiedene Art und Weise. Zumeist befahlen sie den jüdischen Männern und Frauen, sich in einer langen Reihe aufzustellen und die Hände hochzuheben. Dann folgte eine Leibesvisitation, und außer den Waren, die die Händler in ihren Körben dabeihatten, nahm man ihnen ihr gesamtes Geld ab. Danach mußte die Gruppe einige Stunden lang mit erhobenen Händen stillstehen. Ein oder zwei Schwaben gingen mit riesigen Peitschen um die Gruppe herum, und wenn ein Gefolterter seine steifen Arme herunterzunehmen versuchte, zogen sie ihm, ganz gleich, ob Mann oder Frau, zur Ermahnung die Peitsche über den Kopf. Die deutschen Polizisten hatten Fotoapparate dabei; sie traten von verschiedenen Seiten an die Gruppe heran und hielten die Szenen, die sie am lustigsten fanden, auf ihren Filmen fest.

Ende September ging ich wieder zur Schule. Sie war nach wie vor in der Pomorska 46/48, aber jetzt herrschte dort ein schreckliches Durcheinander. Dies stach um so mehr ins Auge, als in unserer Schule immer Ordnung und Disziplin geherrscht hatten wie auf einem Kriegsschiff.

Für das Chaos gab es mehrere Ursachen. Die wichtigste war, daß das sechsstöckige Vordergebäude und der Schulhof mitsamt dem Sportplatz von den Deutschen requiriert worden waren. Im Hauptgebäude hatte sich die motorisierte Infanterie einquartiert, und im Hof parkten die Soldaten ihre Autos und Motorräder. Früher hatten sich dort im Vorderhaus die Hörsäle befunden. Die Werkstätten für Mechanik und Weberei waren dagegen in einem zweiten, kleineren Gebäude untergebracht. Dort wurden nun auch provisorische Hörsäle eingerichtet, und dadurch wurde es sehr eng.

Außerdem wurde das Chaos dadurch vergrößert, daß es in den Werkstätten keinen planmäßigen Unterricht mehr gab und die Arbeit keinen methodischen Prinzipien mehr folgte. Während der vergangenen Sommerferien sollte die Gesellschaft, die für die Leitung der Schule zuständig war, dort bestimmte größere Renovierungs- und Umbauarbeiten vornehmen. Im Rahmen dieser Neugestaltung wurden das Gebäude und die Hallen mit den Werkstätten für

Mechanik umgebaut; außerdem wurde im Erdgeschoß eine neue Halle für die Schmiede, die Härterei und die Schweißerei gebaut, die sich bis dahin im Kellergeschoß des Vorderhauses befunden hatten.

Die Einberufung der Arbeiter und der Kriegsausbruch hatten diese Innovationsmaßnahmen mittendrin unterbrochen. Als wir mit der Schule begannen, war daher in diesen Werkstätten ein normaler Unterricht noch gar nicht möglich, wir mußten erst unsere Maschinenhallen, die Schlossereien und die Schmiede in Ordnung bringen. Da in der Halle für Mechanik die Maschinen in einer anderen Anordnung aufgestellt werden sollten, waren sie zum großen Teil aus dem Fundament oder den Verschraubungen herausgerissen worden. Auch die Transmissionswellen waren teilweise abmontiert worden. In der Schmiede stand ein neuer mechanischer Hammer, der noch nicht installiert war.

Wir begannen mit der Montagearbeit, aber es fehlte uns an Material und an sachkundiger Leitung, weil sich von allen unseren Meistern nur ein einziger zur Arbeit gemeldet hatte – Czarniecki.

Er war ein älterer Pole mit viel Erfahrung, aber diese Arbeiten überstiegen seine Kräfte, und er konnte sie nicht sachgemäß und schnell genug ausführen. Deshalb war der Zustand der Werkstätten auch nach ein paar Wochen Arbeit noch fast unverändert, zumal sich nur wenige Schüler daran beteiligten, genaugenommen arbeiteten in den Werkstätten nur wir, die 4. Klasse des Zweigs für Mechanik. Wir waren aber fast alle nahe am Verhungern, wahre Hungerleider, und unsere Kräfte reichten daher für diese Arbeit (eine schwere körperliche Arbeit!) nicht aus.

Auch der Theorieunterricht fand kaum statt, denn es hatten sich nur wenige Professoren* zum Schuldienst gemeldet; die meisten waren nicht mehr in Łódź.

So verbrachten wir die ersten Schultage vor allem damit, uns zu erzählen, was wir seit Kriegsbeginn erlebt hatten. Fast alle Jungen waren bei der Flucht am 6. September dabeigewesen, und manche hatten viel erlebt. Besonders viel zu erzählen hatten die Schulkameraden, die nach Warschau geflüchtet waren, sich dort aufgehalten hatten, bis die Deutschen die Stadt besetzt hatten, und nun zurückgekommen waren – sie erzählten von den Bombenangriffen, der Belagerung der Stadt und den Kämpfen gegen die Schwaben. Ein Klassenkamerad, Lissek, hatte sich als Freiwilliger gemeldet und war an den Kämpfen in Wola, einer Vorstadt von Warschau, beteiligt gewesen; er erzählte am meisten. Er hatte aus Warschau eine kleine Beute mit nach Hause gebracht: einige Paar Militärschaftstiefel, mehrere Mäntel und polnische Armeeuniformen.

Aber auch die interessantesten Erzählungen konnten unseren Hunger nicht stillen. Wir waren alle siebzehn bis achtzehn Jahre alt, also in einem Alter, in

* Bezeichnung und Anrede für Gymnasiallehrer.

dem man sich entwickelt und daher die größten Mengen an Essen vertilgt. Jetzt aber hatten wir nicht einmal normale Portionen zur Verfügung, und damit konnten wir uns auf keinen Fall abfinden. Wir ließen deshalb all unsere Montage- und Aufräumarbeiten in den Werkstätten links liegen und fingen an zu »organisieren«. Dabei machten natürlich nicht alle mit, nur ein paar besonders Pfiffige und Energische, die Lust hatten, sich das Leben mit Hilfe eines kleinen Nebenverdienstes zu erleichtern. Solche Schlitzohren, zu denen auch ich gehörte, gab es bei uns sowohl unter den besten als auch unter den schlechtesten Schülern.

Wir begannen, in den Werkstätten schamlos nur noch sogenannte »fuszerki«* zu machen, das hieß, für unsere eigenen Zwecke zu arbeiten. Einer von uns hatte einen Auftrag für Feuerzeuge besorgt, und wir stellten sie aus Material her, das der Schule gehörte. Danach fertigten wir Schlösser, Türriegel und verschiedene andere Gegenstände. Wir verdienten ziemlich gut, weil wir die Rohstoffe nicht zu bezahlen brauchten, den Gewinn teilten wir auf und verwendeten ihn für unsere dringendsten Bedürfnisse.

Außer übers »Organisieren« dachten wir auch über alles mögliche nach, besonders über Zukunftspläne. Viele Schulfreunde hatten vor, sich über die Demarkationslinie zu den Sowjets durchzuschmuggeln. Auch ich gab mich solchen Überlegungen hin. Obwohl ich siebzehn Jahre alt war, hatte ich mir damals noch keine politische Meinung gebildet. Unsere polnische Jugend war in dieser Hinsicht völlig unaufgeklärt, sie war erzogen worden wie in einem Sack. Man gab ihr einfach nicht die Zeit und die Möglichkeit, sich über die politischen Richtungen zu orientieren. Hätte ich nämlich damals schon so gut wie heute gewußt, was Kommunismus** bedeutet, hätte ich keinen Moment gezögert und wäre zu den Sowjets wie ins Paradies geflohen. So aber war ich unwissend und unentschieden, und da mich auch niemand ermunterte und wir noch vor kurzem ziellos umhergeirrt und gerade erst zurückgekehrt waren, ließ ich solche Pläne fallen. Viele meiner Schulfreunde gingen in die Sowjetunion, ich blieb leider da.

Auf diese Weise wurden wir in unserer Klasse immer weniger. Hinzu kam, daß die Deutschen jeden Tag Schüler auf dem Schulweg oder dem Nachhauseweg aufgriffen, um sie den ganzen Tag lang für sich arbeiten zu lassen. Dieses zweifelhafte Vergnügen wurde auch mir zuteil, obwohl ich auf meinem Schulweg, so lang er auch war, nie aufgegriffen wurde; nur spielte sich das etwas anders ab.

* Der Ausdruck *fuszerka* (»Pfuscharbeit«) bedeutet eigentlich Arbeit außerhalb der Zunft, die folglich keine Qualitätsarbeit sein konnte, darüber hinaus Schwarzarbeit nach Feierabend und/oder – wie hier – mit »organisiertem« Material.

** Im Text *komuna* (»Kommune«), umgangssprachlich für »Kommunismus« oder »Kommunisten«, heute eher abwertend gebraucht.

Es geschah in der zweiten Oktoberhälfte. Ich hatte eines Morgens gerade meine Bücher in die Schultasche gepackt und wollte meinen Mantel anziehen – der Unterricht begann um 8 Uhr –, da klingelte und klopfte es aufdringlich laut an unserer Tür, und es ertönte das »sympathische« Kollern eines Schwaben: »*Aufmachen!*« Ich öffnete die Tür, und ein Kriegsknecht mit einem Gewehr kam herein. Kurz und knapp forderte er mich auf, mit ihm zur Arbeit zu gehen.[37] Mir war klar, daß alle Versuche, mich hiervor zu drücken, von vornherein zum Scheitern verurteilt waren, trotzdem versuchte ich, mich ihm zu widersetzen und ihm meine Weigerung begreiflich zu machen. Auf meinen Einwand, ich müsse zur Schule usw., antwortete er laut und deutlich, ich könne doch am nächsten Tag zur Schule gehen. Dabei behielt er mich sehr genau im Auge, so daß ich auch keine Chance hatte abzuhauen. Dieser Soldat war übrigens, zumindest dem Aussehen nach, ein stumpfsinniger Rüpel, der jedem Befehl blind gehorchen würde. Bei einem Fluchtversuch hätte er vermutlich nicht gezögert, auf mich zu schießen. Er kam dann noch weiter in die Wohnung herein und suchte nach einem zusätzlichen geeigneten Mann für seine Zwecke.

Da es ziemlich früh am Morgen war, lag mein Vater noch im Schlafzimmer im Bett. Ich weiß nicht, was für den Soldaten den Ausschlag gab, vielleicht dachte er beim Anblick eines älteren Mannes, der am Tag noch in den Federn liegt, er habe einen Kranken vor sich, vielleicht sollte er auch nur jüngere Juden abholen. Jedenfalls sprach er meinen Vater in einem für germanische Gepflogenheiten seltsam sanften Ton an: »*Wollen Sie nicht zur Arbeit gehen?*« Natürlich bekam er auf diese Frage eine ablehnende Antwort. Daraufhin drängte er nicht weiter, sondern ging und nahm mich mit.

Er führte mich zu einem großen Lastwagen mit einem kleinen Anhänger, der sich nicht weit entfernt in einer Seitengasse (Kościelna) befand. Neben dem Wagen standen einige Soldaten, die ihn bewachten. Man ließ mich über die hohen Pritschenwände ins Wageninnere klettern. Dort waren schon etwa zwanzig bis dreißig Juden verschiedenen Alters. Die meisten waren Männer im besten Alter, zwischen dreißig und vierzig Jahren. Wie ich den Gesprächen entnehmen konnte, waren sie genau wie ich zu Hause abgeholt oder auf der Straße aufgegriffen worden. Sie entstammten verschiedenen sozialen Schichten. Zwischen Armen und Reichen, Arbeitern, Handwerkern und Kaufleuten gab es hier keinen Unterschied mehr.

Der Laster stand noch etwa eine halbe Stunde da, in dieser Zeit sprang alle paar Minuten ein weiterer Jude herein, den man aufgegriffen hatte. Der Lastwagen, in dem ich mich befand, und vermutlich auch der Anhänger waren schon voll mit Juden. Dann sprangen fünf Soldaten, bewaffnet mit Gewehren und Lederpeitschen, auf unseren Wagen, der Fahrer ließ den Motor an, und wir fuhren los. Damit sie genug Platz für sich selbst hatten, drängten sie uns in den vorderen Teil des Wagens zusammen, wo wir alle wie die Heringe übereinander lagen.

Sie befahlen uns, die Gesichter in Richtung Fahrerkabine zu drehen, damit wir den Weg nicht erkennen konnten. Der Wagen war mit einer Plane bedeckt, und die Zelluloidfensterchen waren außen von kleinen Klappen verdeckt. So wußten wir nicht einmal, wohin man uns brachte.

Um sich die Fahrzeit zu verkürzen, vergnügten sich die Deutschen damit, uns zu peinigen. Immer wieder holten sie einen aus unserer Mitte, der ihnen gerade ins Auge gefallen war, er mußte sich vor ihnen aufstellen, und sie wollten irgendwelches dummes oder belangloses Zeug von ihm wissen. Sie fragten ihn, was er so mache, womit er sich beschäftige, wie alt er sei, ob er sich über die Ankunft der Deutschen freue, ob er sie möge u.ä. Jede Antwort auf diese idiotischen Fragen wurde mit einem Faustschlag ins Gesicht oder einem Peitschenhieb quittiert, zuweilen auch mit beidem. Die Fragen unterschieden sich kaum, und der nächste Jude bemühte sich dann, sie genau entgegengesetzt zu seinem Vorgänger zu beantworten, aber die Henker waren, so oder so, immer unzufrieden. Es ging ihnen gar nicht um die Antworten auf ihre blöden Fragen, sie wollten einfach nur schlagen und taten es, ohne einen Grund vorzutäuschen.

Ich hatte große Angst, das alles auch an mir selbst erleben zu müssen. Aber vielleicht war ich für sie zu unscheinbar (ich war damals sehr mager), oder sie haben mich einfach übersehen, denn ich war so weit wie möglich in mich zusammengesunken, um ihnen nicht ins Auge zu fallen. Jedenfalls hatte ich Glück, und als der Wagen nach einer halben Stunde anhielt, gehörte ich zu den wenigen Juden, die unterwegs nicht geschlagen worden waren.

Der Lastwagen hielt kurz an, und ich hörte, wie ein Tor geöffnet und, nachdem wir hindurchgefahren waren, wieder geschlossen wurde. Dann befahl man uns auszusteigen, und wir sprangen so schnell wie möglich vom Wagen. Die Schwaben halfen uns dabei mit wilden, ohrenbetäubenden Schreien und trieben uns weiter an, indem sie immer wieder riefen: »*Los, los, schnell, verfluchte Juden-Hunde!*«

Erst jetzt bei Tageslicht sah ich einige der Juden, die im Wagen geschlagen worden waren. Bei einigen waren die Gesichter arg zugerichtet und blutverschmiert, andere hatten rote und blaue Striemen von den Peitschenhieben. Kaum waren wir alle (etwa achtzig Personen) vom Wagen gestiegen, liefen ein paar Offiziere und Unteroffiziere auf uns zu und befahlen uns, in einer Reihe anzutreten. Alle Schwaben hielten in den Händen riesengroße Peitschen, die einige von uns schon kennengelernt hatten. Die Offiziere strichen um uns herum wie Jagdhunde, die ihre Beute bewachen, taxierten uns und teilten uns dann in zwei Gruppen auf. Als sie endlich damit fertig waren, fiel mir auf, daß in der einen Gruppe alle etwas besser angezogenen und kräftiger aussehenden Juden waren, in der anderen die ärmlichen und abgemagerten. Zur zweiten Gruppe gehörte auch ich, denn ich war dünn wie ein Streichholz, und mein Wintermantel, den ich zu Hause noch angezogen hatte, war auch ziemlich kaputt.

Wir mußten uns in Dreierreihen aufstellen und wurden weiter auf das Gelände geführt. Unversehens befanden wir uns zwischen mehreren mir unbekannten Gebäuden, die durch eine Mauer von der Straße getrennt waren, und so hatte ich keine Ahnung, wo wir waren. Die Soldaten ließen unsere Gruppe auf einem weiträumigen Platz anhalten, wo ein Stapel leerer Holzkisten lag. Wir mußten unsere Mäntel und Sakkos ausziehen und dann die Kisten zu kleinen Scheiten für die Küche zerhacken. Da ich gern Holz hacke, habe ich mich richtig darüber gefreut. Ich hatte etwas viel Schlimmeres erwartet; dies war doch eine leichte Arbeit. Allerdings ist Holzhacken nicht gleich Holzhacken. Man gab uns nämlich, obwohl wir die Kisten zerkleinern sollten, keine Äxte, wahrscheinlich um uns die Arbeit zu erschweren. Wir ließen uns dadurch aber nicht aus der Fassung bringen und sind mit der Aufgabe dann auch alle irgendwie zurechtgekommen.

Ich fand eine Eisenstange, schlug sie in die Erde und brach dann alle dünnen Bretter mit einem Schlag über diese Stange. Diejenigen, die kein Hilfsmittel zum Hacken hatten, zerlegten die Kisten. Auf diese Weise kamen wir mit der Arbeit so gut voran, daß unser deutscher Bewacher uns nicht anzutreiben brauchte. Er schrie nur ab und zu laut und schwang die Peitsche über unseren Rücken, um den Schein zu wahren. Ich tat meine Arbeit und war dem Zufall dankbar, der mich zu dieser Gruppe geführt hatte.

Die zweite Gruppe hatte ein schlimmes Los. Der Schuppen, in dem wir das Holz stapeln mußten, lag ungefähr fünfzig Schritte von uns entfernt, und auf dem Weg dorthin kam ich an den Juden der anderen Gruppe vorbei. Während unsere Arbeit leicht war, mußten sie schuften wie die Ochsen. Man kann sich zwar mit jeder Arbeit abfinden, aber die Juden aus dieser Gruppe wurden dabei so schrecklich geschlagen und gefoltert, daß es jede Vorstellung übersteigt. Als ich das alles sah, verstand ich, daß die Schwaben uns nur aus einem Grund hierher gebracht hatten, nämlich um ihren sadistischen und blutrünstigen Instinkten zu folgen.

Die Juden aus der anderen Gruppe mußten jeweils zu zweit vollgefüllte Tragen mit Kalk von einem Gebäude zu einem anderen schaffen, das etwa hundert Meter entfernt lag. Auf der ganzen Strecke standen in Abständen von wenigen Metern Schwaben und schlugen mit ihren Peitschen die Juden, die mit ihren Lasten an ihnen vorbeimußten, auf Kopf und Rücken. Die Juden waren bis zur Taille nackt; offenbar hatten sie sich ausziehen müssen, damit die Schläge noch stärker weh taten. Es war schon anstrengend genug, stundenlang und ohne Pause die kalkgefüllten Tragen im Eilschritt hundert Meter weit schleppen zu müssen. Aber das war den Germanen nicht genug; mit ganzer Kraft traktierten alle Soldaten im Spalier die Vorbeikommenden mit ihren Reitpeitschen und schlugen auf alles ein, was in ihrer Reichweite war, ohne darauf zu achten, was sie trafen, die Hand, den Kopf, das Gesicht oder das Auge.

Ich konnte nicht mit ansehen, wie furchtbar zerschunden und blutig diese Unglücksmenschen waren. Mir war klar, warum die Deutschen gerade die besser angezogenen, kräftiger und stattlicher aussehenden Männer ausgewählt hatten, um sie auf diese Weise zu peinigen. Sie hätten einfach zu wenig Befriedigung dabei empfunden, nur so abgemagerte, armselige Menschen wie uns zu schlagen, während sie sich jetzt, wo sie die anderen quälten, in ihrem Rausch beinahe verschluckten. Hyänen! Wenn sie schlagen, schreien und fluchen konnten, waren sie in ihrem Element!

Diese bestialische Orgie wollte kein Ende nehmen. Endlich aber, nachdem wir alle Kisten in kleine Stücke gehauen hatten, ließen die Kriegsknechte alle Juden sich versammeln. Es war gegen 3 Uhr nachmittags. Wir zogen uns an, hörten uns noch ein paar Flüche an, einige von uns, die nahe bei den Schwaben standen, fingen sich die letzten Schläge ein – und endlich wurden wir auf die Straße hinaus in die Freiheit entlassen. Erst jetzt merkte ich, daß wir uns in Widzew befanden, weit draußen am Stadtrand von Łódź.

So sah meine erste Zwangsarbeit für die Deutschen aus. Es schien ein seltsamer Zufall gewesen zu sein, daß der Soldat aus dem ganzen großen Haus nur mich mitgeschleppt und überhaupt den Weg gerade in unsere Wohnung gefunden hatte; im Erdgeschoß wohnten doch auch Juden, und zu ihnen hätte er es näher gehabt. Später hat sich das aufgeklärt: Die Besitzerin des Blumengeschäfts in unserem Haus, eine Polin, hatte den Soldaten auf uns hingewiesen.

Nach diesem Zwischenfall hörte ich auf, zur Schule zu gehen, und blieb zu Hause. Ich hatte keine Lust, noch einmal gefangen und zur Arbeit gezwungen zu werden, was mir auf der Straße noch eher passieren konnte. Allerdings verlor ich auf diese Weise ganz den Kontakt zu meinen Schulkameraden.

Ich saß zwar zu Hause, aber ein Echo dessen, was in der Stadt geschah, erreichte mich trotzdem. So erfuhr ich auch davon, daß die Deutschen in Łódź alle Synagogen niedergebrannt[38] und ihren Terror noch gesteigert hatten.

Ende Oktober kam es zu einigen weiteren bezeichnenden Vorfällen, die uns auch schon direkt betrafen. Eines Tages tauchten zwei Deutsche in Zivil bei uns auf und durchsuchten unsere Wohnung und unseren Keller. Wir wußten nicht, wonach sie suchten, sie fanden auch nichts. Unsere einzige Rücklage, ein paar Gramm Gold, hatten wir gut versteckt. Ohne ein Wort zu sagen, verließen sie mit leeren Händen unsere Wohnung. An einem anderen Tag kamen wieder Spitzel und fragten nach unserem Vater. In dieser Zeit wurden alle jüdischen Ärzte verhaftet.[39] Mein Vater lag damals krank im Bett, das erklärte meine Mutter den Spitzeln. Sie sagte ihnen auch, daß er schwerbehindert sei und hinke, und zum Glück ließen sie meinen Vater zu Hause.

In den letzten Tagen des Monats beschlagnahmte die deutsche Polizei unsere Wohnung. Das Polizeirevier brauchte mehr Räume und beschaffte sie sich auf Kosten einiger jüdischer Familien, deren Wohnungen an die Revierräume angrenzten. Der Polizeihauptmann hatte uns in Begleitung des Hausverwalters aufgesucht, sich die Wohnung angesehen und angeordnet, sie bis zum 5. November zu räumen. Ich hatte mir das Lachen verkneifen müssen, als er hereinkam, obwohl ich im ersten Augenblick einen Schreck bekommen hatte. Als ich ihm die Tür öffnete, dachte er offensichtlich nicht daran, wen er vor sich hatte; er hob den Arm und begrüßte mich nach Faschistenart mit »*Heil Hitler!*«. Hätte er meine Antwort gehört, hätte er mich bestimmt erschossen.

Wir sollten das Telefon und das Radiogerät für ihn zurücklassen. Es tat uns weder um das eine noch um das andere leid, weil wir beides ohnehin nicht mehr benutzen durften. In dieser Zeit konfiszierte die Polizei die Rundfunkgeräte bei der gesamten polnischen und jüdischen Bevölkerung.[40]

Es fügte sich gut, daß sich im Seitenflügel unseres Hauses zahlreiche Schulräume befanden, die zur Zeit nicht genutzt wurden, so daß alle Familien ohne Wohnungen dorthin umziehen konnten. Vor dem Krieg war dort eine jüdische Volksschule untergebracht gewesen, und die Räume waren in sehr schlechtem Zustand. Der Polizeihauptmann, der sich als verhältnismäßig menschlich erwiesen hatte, zwang die ebenfalls jüdische Hausverwaltung, die Räumlichkeiten ein bißchen in Ordnung zu bringen. Uns wurden zwei große Räume mit einem separaten Eingang zugeteilt; wir bezogen sie am 5. November. Alle Möbel und all die Sachen, für die es in der neuen Unterkunft keinen Platz gab – mein Fahrrad gehörte auch dazu –, stellten wir in unseren Keller.

In materieller Hinsicht ging es uns in der neuen Wohnung nicht schlecht, denn mein Vater hatte in der Praxis viel zu tun. Doch die immer schmerzlicheren Verfolgungen und beunruhigende Gerüchte vergifteten unser Leben.

Anfang November wurde Łódź dem Reich angeschlossen[41], und wir rechneten mit neuen, für uns Juden sehr ungünstigen Verordnungen. Hatte es bislang auch immer einige tröstliche Gerüchte gegeben, z.B. über eine baldige Ankunft der Sowjets in Łódź, so klang nun alles sehr bedrohlich und brachte uns um den Schlaf. Immer häufiger redete man von bestimmten Erkennungszeichen für die Juden, von einem geschlossenen Ghetto und von verschiedenen Schikanen wie Papierkleidung, Holzschuhen u.ä. Seit Oktober durften sich die Juden nur zwischen 7 Uhr morgens und 5 Uhr nachmittags auf der Straße aufhalten; jetzt aber hörte man oft, daß es Juden verboten werde, sich länger als eine oder zwei Stunden im Freien zu bewegen. Zwar konnte man nicht jedem Gerücht glauben, doch hatten die Erfahrungen der letzten Wochen gezeigt, daß den Deutschen alles zuzutrauen war.

Es ist also kein Wunder, daß viele Juden – die nämlich, die sich das leisten konnten und besonders energisch und tatkräftig waren – aus Łódź flüchteten.

Die meisten fuhren nach Warschau und in andere Städte des Generalgouvernements, in denen das Leben noch verhältnismäßig frei war.[42] Ein großer Teil versuchte aber auch, über die Demarkationslinie ins sowjetische Rußland zu gelangen; und das war das Beste, was man tun konnte.[43]

Mitte November erging die Verordnung über die öffentliche Kennzeichnung der Juden: Alle Juden ab acht Jahren, Männer und Frauen, mußten gelbe Armbinden tragen. Diese Maßnahme ließ die Fluchtwelle noch weiter ansteigen.

Am 16. November, dem ersten Tag, an dem die gelben Armbinden sichtbar auf der Oberbekleidung getragen werden mußten, sah ich morgens aus dem Fenster auf die Straße. Ich hatte angenommen, daß in unserem überwiegend von Juden bewohnten Stadtteil die Straßen leer bleiben würden. Ich vermutete, die Juden würden sich dieser Schande schämen und nicht auf die Straße gehen wollen, denn ich selbst schauderte bei dem Gedanken, mich – gezeichnet mit dem mittelalterlichen »gelben Fleck« – auf der Straße zeigen zu müssen. Dieses Brandmal empfand ich als unvorstellbare Schmach.

Bei solchen Überlegungen hatte ich mich aber überhaupt nicht in die Lage der anderen versetzt. Ich selbst brauchte ja nicht in die Stadt zu gehen und konnte mir daher die so schmerzliche Erniedrigung ersparen. Aber die anderen? Wie hätten sie denn sonst ihre Angelegenheiten erledigen und ihre Familien versorgen sollen? Sie mußten dazu auf die Straße gehen. Und draußen hatten sie eben auch die Armbinde zu tragen, die zehn Zentimeter breit und aus gelbem Stoff sein mußte, denn auf das Nichttragen dieser Armbinde stand die Todesstrafe.[44] Für Juden gab es keine Gerichtsverfahren und keine andere Strafe als die Todesstrafe.

Da ich etwas ganz anderes erwartet hatte, war ich beim Anblick der Straße wie betäubt. Unsere Fenster gingen auf die Zgierska hinaus, und dort sah ich so viele Passanten mit Armbinden, daß es mir von all diesem Gelb vor den Augen flimmerte. Man hätte glauben können, alle 200 000 Juden in Łódź hätten sich verabredet, an diesem Tag demonstrativ auf die Straße hinauszugehen. Erstens wohnten wir wirklich in einem jüdischen Stadtteil, und so gab es nur wenige nicht gekennzeichnete Fußgänger auf der Straße. Und zweitens fiel die gelbe Farbe so stark ins Auge, daß es den Anschein hatte, als seien doppelt so viele Juden auf der Straße, wie es tatsächlich der Fall war.

Das Gerücht vom »gelben Fleck« hatte sich also sehr schnell bewahrheitet, und die Angst vor weiteren zu erwartenden Schikanen wuchs. Tausende von Juden aus Łódź suchten das Weite und nahmen alles mit, was sich mitnehmen ließ. Obwohl es uns zu dieser Zeit, als andere Juden schon hungern mußten, noch relativ gut ging, beschlossen auch wir, aus Łódź zu fliehen; es wurde dort immer schlimmer. Der »gelbe Fleck« setzte den Juden sehr zu; durch ihn wurden sie nicht nur moralisch erniedrigt, sondern auch mehr als bisher der Gefahr ausgesetzt, körperlich gequält zu werden. Waren sich die Deutschen bis zu diesem Zeitpunkt nicht immer sicher gewesen, ob die von ihnen auf der Straße angehaltenen Menschen tatsächlich Juden waren, so erleichterte die gelbe Armbinde den Schuften ihre Arbeit; und für die Juden auf der Straße war die Gefahr um tausend Prozent gewachsen.

Wir hatten vor, mit der ganzen Familie nach Rußland zu gehen, wo der Beruf meines Vaters, meine Fachausbildung und unser Arbeitswille uns allen ein gutes Auskommen sichern sollten. Wir konnten uns aber nicht auf den Abreisetermin einigen, schließlich ging es nicht um eine Lappalie, sondern um eine folgenschwere Angelegenheit. In der dritten Novemberwoche mußte ich einfach meinen besten Schulfreund Michał Ryszpan, mit dem ich zusammen nach Rußland fahren wollte, besuchen, auch um in Erfahrung zu bringen, ob er noch da oder schon weg war. Jetzt mußte also auch ich, ob ich wollte oder nicht, mit der gelben Armbinde auf die Straße. Es ist kaum möglich zu beschreiben, wie ich mich fühlte. Noch dazu war dieser Weg ganz umsonst. Ich hatte ja gehofft, mein Schulfreund sei noch in Łódź und wir könnten uns zusammen auf den Weg nach Rußland machen; diese Reise allein zu unternehmen, erschien mir unangenehm und gefährlich. Zu meiner Enttäuschung war er schon fort, er war ein paar Tage zuvor mit einer Gruppe anderer Kameraden nach Rußland gefahren.

Ich war verzweifelt, denn ich kannte sonst niemanden, mit dem ich mich auf eine solche Reise hätte begeben wollen, und mußte nun darauf warten, daß meine ganze Familie aufbrechen würde. Meine Eltern konnten sich immer noch nicht entschließen. Immerhin war das ein folgenschwerer Schritt und für sie um so schmerzlicher, als sie außer etwas Garderobe und Wäsche nichts hätten mitnehmen können; die gesamte Einrichtung der Zahnarztpraxis und unserer Wohnung hätten sie ihrem Schicksal überlassen müssen, das Werk von 25 Jahren Arbeit.

Die Tage verstrichen, und wir redeten ausschließlich von der Reise nach Rußland; nur wußten wir nicht, wann wir aufbrechen sollten. Dann aber geschah etwas, das uns schnell zu einer Entscheidung kommen ließ. Nach unserer Rückkehr aus Brzeziny war meine ältere Schwester aus Mangel an qualifizierten Lehrkräften bei einer privaten jüdischen Volksschule als Lehrerin engagiert worden. Sie arbeitete dort jeden Vormittag. Eines Tages aber wurde sie zusammen mit anderen Jüdinnen aus dem Schulgebäude geholt und von den Soldaten zur Arbeit gebracht. Zu dieser Zeit hatten die Deutschen gerade damit begonnen, systematisch auch jüdische Frauen zur Zwangsarbeit heranzuziehen. Wie meine Schwester anschließend erzählte, wurde sie zusammen mit den anderen Frauen auf einem gefederten Panjewagen zu einem Gebäude gebracht, das als Kaserne diente. Einen halben Tag lang mußten sie dort für die Schwaben Fußböden und Fenster putzen, aufräumen und Socken waschen. Zum Glück wurden sie wenigstens nicht geschlagen, die Schande war aber trotzdem groß.

Dieses Ereignis zwang meine Eltern, energischer zu handeln und endlich Entscheidungen zu treffen. Ich sollte zusammen mit meiner älteren Schwester nach Warschau vorfahren, wo wir viele Verwandte hatten, bei denen wir uns würden aufhalten können. Inzwischen sollten meine Eltern mit Hilfe von polnischen Bekannten unsere Kleidung und Wäsche dorthin bringen lassen; nach und nach, denn man konnte nicht alles auf einmal wegschaffen, das Risiko für das Gepäck wäre zu groß gewesen. Sobald sie alles hinübergeschickt hätten, wollten sie schließlich selbst zu uns nach Warschau kommen. Von da aus würden wir dann ein paar Tage später alle zusammen nach Rußland aufbrechen.

Noch während ich zu Hause war, gaben meine Eltern einen Teil der Praxiseinrichtung einem guten Bekannten zur Aufbewahrung, Dr. med. natur. J.[ohannes] H.[ardwäcker], einem Deutschen, der aber schon seit geraumer Zeit in Łódź lebte. Wir kannten uns schon lange, und er war uns freundlich gesinnt. Er war zwar ein alter, fanatischer Nazi, aber zugleich ein anständiger Mensch. Das mag paradox klingen; wie kann jemand Faschist und zugleich ein anständiger und ehrlicher Mensch sein! Er war wirklich beides. Um ihn zu rechtfertigen, muß ich hinzufügen, daß er diese Ideen verfocht, ohne selbst jemals mit der brutalen Wirklichkeit des Nationalsozialismus in Berührung gekommen zu sein. Der Krieg wird ihn ernüchtert haben, und sicherlich wird er nicht so verblendet geblieben sein; denn schon damals, als die Deutschen anfingen, die Juden zu schikanieren, war er über die verantwortlichen Nazis äußerst empört und fand kaum Worte, um auszudrücken, wie sehr er sie verurteilte. Der alte Schwabe wußte nicht, was Nationalsozialismus wirklich bedeutete, denn jetzt schrie er: »Das ist unmenschlich!« Und eigentlich ist doch alles unmenschlich und barbarisch, was mit Hitler und dem Faschismus zu tun hat.

Zu den Sachen, die wir ihm zur Aufbewahrung gegeben hatten, gehörten eine amerikanische elektrische Bohrmaschine, ein elektrischer Sterilisator und zwei elektrische Apparate zur Zahnbehandlung.[45]

[Manuskriptteil A]

Warschau, Winter 1939/40 und Frühjahr 1940

niemieckie przeciw Żydom, był on bardzo oburzo-
ny na inicjatorów - hitlerowców i nie szczędził wprost
słów na ich potępienie. Stary szwab, nie wiedział
co to hitleryzm, bo wołał: „das ist unmenschlich!",
a przecież wszystko co hitlerowskie i faszystowskie jest nieludzkie
i barbarzyńskie! Te przedmioty, które oddaliśmy mu
na przechowanie składały się: 1 elektryczna amerykańska
bormaszyna do zębów, 1 sterylizator elektryczny i 2 aparaty
do leczenia przy pomocy prądu.

— IV —

27 listopada wyjechałem z siostrą moją do Warszawy.
Każde z nas miało wypchany naszą osobistą bielizną i garde-
robą plecak oraz parę sztuk złotych i część z naszych kosztowności.
Oprócz tego ja miałem zwiniętą jedną kołdrę i poduszkę.
Niewiele tego było wprawdzie, ale i ten bagaż był nam
zawadą w naszej podróży. Dorożką udaliśmy się na dworzec
kolejowy Łódź-Kaliska do popołudniowego pociągu Łódź-Warszawa.
Na dworcu panował straszny tłok przy kasach biletowych,
ale my byliśmy przezorni i przez Polaka kupiliśmy bile-
ty już wcześniej. Do wyjścia na peron ciągnęła się
długa kolejka ludzi, wśród których dużo było Żydów.
Po obu stronach wyjścia stało dwuch żandarmów,
którzy kontrolowali bagaże, ale tylko u Żydów. Zdener-
wowałem się tym, bo wprawdzie nie wieźliśmy nic szczegól-
nego w naszych plecakach, ale miałem już nauczkę
i wcale nie pragnąłem bliższej styczności z Niemcami.
W dodatku, gdyby im się zachciało rewidować nasz
bagaż, to byłoby to kłopotliwe, bo tylko kilka minut
dzieliło nas od odejścia pociągu. Przeszliśmy wreszcie i ja i
siostra, a żandarmi machnęli tylko ręką na nasze [illegible]

IV

Am 27. November machte ich mich zusammen mit meiner Schwester auf die Reise nach Warschau.[1] Jeder von uns hatte einen mit Garderobe und Wäsche vollgestopften Rucksack dabei, dazu einige hundert Złoty und einen Teil des Familienschmucks. Ich hatte außerdem noch eine zusammengerollte Steppdecke und ein Kissen mitgenommen. Das war zwar alles in allem nicht viel, doch auch dieses Gepäck sollte uns auf der Reise zur Last werden.

Wir wollten den Nachmittagszug nach Warschau nehmen, und so fuhren wir mit einer Droschke zum Bahnhof Łódź-Kaliska. Dort herrschte an den Fahrscheinschaltern ein schreckliches Gedränge, aber wir hatten vorsichtshalber unsere Fahrscheine mit Hilfe eines Polen schon vorher besorgt. Vor dem Ausgang zu den Gleisen standen die Menschen in einer langen Schlange, unter ihnen auch viele Juden. Am Ausgang, links und rechts, kontrollierten zwei Gendarmen das Gepäck, aber nur das der Juden. Ich war sehr aufgeregt. Zwar hatten wir nichts Bemerkenswertes in unseren Rucksäcken, aber ich hatte schon einmal Lehrgeld bezahlen müssen, und mir lag nichts an einem näheren Kontakt mit den Deutschen. Außerdem wären wir, wenn sie unser Gepäck durchsucht hätten, schon deshalb in Schwierigkeiten gekommen, weil uns bis zur Abfahrt des Zuges nur noch einige Minuten geblieben waren. Aber endlich konnten wir dann doch passieren, die Gendarmen winkten angesichts unseres kümmerlichen Gepäcks bloß ab.

Äußerst glücklich über diesen Verlauf der Dinge versuchten wir, uns zu unserem Zug durchzudrängen, der auf dem Gleis wartete. Als wir dort ankamen, mußten wir jedoch feststellen, daß man die Juden nicht in die Waggons einsteigen ließ. Ich begriff diese Taktik nicht und dachte, man würde uns nicht erlauben, nach Warschau zu fahren, und uns wieder nach Hause schicken. Aber es kam anders. Statt einer Zugfahrt von zweifelhaftem Vergnügen erwartete uns eine neue Demütigung. Die Eisenbahner hatten an den Personenzug nach Warschau ein paar geschlossene Güterwaggons angehängt, in denen normalerweise Vieh transportiert wurde – und in diese Waggons durften die Juden einsteigen.

Es war allen klar, daß die vielen Juden, die Fahrscheine hatten, auf keinen Fall in den wenigen Waggons Platz finden konnten, und so drängten sich alle in einer Art Wettrennen zu den Wagen vor. Frauen und Kinder, die auf dem Weg dorthin angerempelt und gestoßen wurden, schrieen und kreischten, und die Deutschen hatten offensichtlich auf ein solches Schauspiel gewartet, denn sie amüsierten sich darüber und verspotteten die Juden.

Als ich dies sah, packte mich eine Wut, die alle meine Kräfte mobilisierte. Ich faßte meine Schwester fest bei der Hand und drängte mich mit ihr zur Tür eines Waggons vor. Der Einstieg befand sich bei Waggons dieser Art gewöhnlich einen Meter hoch über der Erde. Obwohl man mich in alle Richtungen zerrte, ließ ich mich von niemandem wegstoßen, auch nicht mit Gewalt, und warf mein Bündel mit der Steppdecke in den Waggon, sprang hinterher, gab meiner Schwester die Hand und zog auch sie herauf in den Wagen. Endlich konnte ich zufrieden aufatmen: So schwer es auch gewesen war, das zu schaffen – wir waren im Zug.

Als wir in den Waggon kamen, waren nur einige Menschen darin, innerhalb weniger Minuten aber war er so voll, daß man kaum noch atmen konnte. Ich glaube, wir waren etwa 150 Personen – Männer, Frauen und Kinder –, und wir alle standen und lagen, einer auf dem anderen, zusammengepreßt wie die Heringe im Faß. Dabei hatten keineswegs alle Juden in den Waggons Platz gefunden, viele von ihnen waren auf dem Bahnhof zurückgeblieben.

Die Eisenbahner schlossen die Türen von außen, und der Zug setzte sich in Bewegung. Ich sagte zu mir selbst: »Leb wohl, Łódź!«, aber ich empfand dabei keinen großen Schmerz. Schließlich war Łódź inzwischen eine deutsche Stadt geworden, und der Zug brachte uns doch in Richtung Freiheit, weiter, immer weiter weg vom blutigen Terror der Nazis.

Was aber war das für eine Fahrt! … Hätte man schon zu Beginn beinahe ersticken können, so war die Luft wegen der verschlossenen Türen bereits nach kurzer Zeit derart verbraucht, daß nicht nur Frauen, sondern auch Männer in Ohnmacht fielen. Der Zug schleppte sich langsam dahin, hielt lange an jeder Station, und uns allen kam jede Minute vor wie ein Jahrhundert in Hölle und Hitze. Vom regungslosen Stehen auf einem Fleck wurden die Beine steif. Es war gar nicht daran zu denken, eine Hand oder ein Bein zu bewegen, so dicht gepfercht standen wir nebeneinander, jeder umringt von verschwitzten menschlichen Körpern. Auch mir wurde mehrmals übel, und ich war einer Ohnmacht nahe, aber ich nahm all meinen Willen zusammen und zwang mich dazu, wach zu bleiben und diese höllische Reise bis zu ihrem Ende durchzustehen.

Endlich passierten wir die Grenze des Generalgouvernements[2], jemand gab das Stichwort, und daraufhin nahmen alle geschlossen ihre gelben Armbinden ab, denn im Generalgouvernement brauchte man sie nicht zu tragen. Mit einem Seufzer der Erleichterung und einem Gefühl unermeßlicher Freude riß ich mir mein gelbes Schandmal vom Arm, steckte es mir aber zur Erinnerung in die Tasche.

Erst in Łowicz wurde für eine Weile die Waggontür geöffnet, und es zeigte sich, von welch unschätzbarem Wert eine frische Brise sein kann. Die Luft erquickte mich, und ich fühlte mich wieder munterer.

Während des Aufenthalts kam ein polnischer Zeitungsverkäufer in unseren Waggon oder stellte sich vielmehr nur in die Tür und versuchte, uns Juden sein Schmierblatt zu verkaufen, indem er uns drohte und anschrie: »Wenn einer von den Juden am Bahnhof in Warschau die Zeitung nicht vorzeigt, bezahlt er eine hohe Strafe!« Auf diesen dummen, wahrhaft polnischen Streich fielen einige wenige Einfaltspinsel und Angsthasen herein und bezahlten ihm je einen Złoty für sein billiges 10-Groschen-Blättchen. Verärgert darüber, daß er am jüdischen Unglück so wenig verdient hatte, zog der polnische Gauner ab. Die weitere Fahrt verlief ohne Zwischenfälle, und um 11 Uhr abends kam der Zug in Warschau am Hauptbahnhof an.

Den Bahnhof erkannte ich kaum wieder. Zuletzt hatte ich ihn im Winter gesehen, im Januar 1939, aber er sah jetzt ganz anders aus als in seinem damaligen Zustand, ein Unterschied wie Tag und Nacht. Während der Belagerung war er von deutschen Bomben getroffen worden und ausgebrannt, und nun stand er da, versengt, schwarz, mit provisorischen Treppen und Schranken.[3] Auf dem Bahnhof herrschte reger Betrieb, man sah vor allem Zivilpersonen. In dieser Zeit waren nämlich ganze Massen von Menschen unterwegs, die vor und nach Kriegsausbruch und auch am 5. und 6. September in weit entfernte kleinere Städte geflüchtet waren und jetzt in ihre Häuser und zu ihren Angehörigen zurückkehrten.

Unser Zug war erst nach der Polizeistunde angekommen, und um diese Zeit war es verboten, sich noch in der Stadt zu bewegen.[4] So stellten wir uns hinter den anderen Fahrgästen an, um einen Passierschein zu bekommen, mit dem man in der Nacht zur eigenen Wohnung gehen durfte. Leider waren die Passierscheine rar und die Schlange vor uns lang, so daß meine Schwester und ich leer ausgingen. Daher beschlossen wir, die Nacht in einem der Warteräume am Bahnhof zu verbringen und am nächsten Morgen zu unseren Verwandten zu gehen.

Wir stellten unsere Rucksäcke an die Wand, setzten uns darauf und saßen dann zwischen den vielen anderen Menschen, die wie wir auf den Tagesanbruch warteten, um dann entweder weitergehen zu können oder einen passenden Zug zu nehmen. Wir waren beide sehr erschöpft und müde, doch von Einschlafen konnte keine Rede sein – auch wenn der Lärm uns nicht gestört hätte –, denn wir mußten uns vor Dieben in acht nehmen, die uns im Schlaf leicht hätten bestehlen können.

Währenddessen schaute ich mich nach jemandem um, der seinen Passierschein abtreten wollte. Und tatsächlich: Kurz vor Mitternacht fand ich einen jüdischen Jungen, der mir seinen Passierschein überließ. Er war auch mit unserem Zug gekommen und hatte einen Passierschein erhalten, wußte aber gar nicht, wohin er in der Nacht hätte gehen können. Meine Schwester und ich benutzten den Passierschein sofort und machten uns auf den Weg in die Zamenhofa 6, wo ein Onkel von uns und seine Frau zusammen mit unserer Großmutter wohnten. Wir bereuten sehr bald, daß wir nicht bis zur Morgendämmerung gewartet hatten, denn sowohl der Weg durch die Straßen als auch die restliche Nacht, die wir wartend unter freiem Himmel verbringen mußten, wurden für uns zu einem Alptraum, den wir uns leicht hätten ersparen können.

Es fiel herbstlicher Nieselregen, und es wehte ein Wind, der in dieser klebrigen Feuchtigkeit scharf und schneidend war. Die leeren Straßen, die fast undurchdringliche Dunkelheit und die Stille erweckten den Eindruck, man befände sich auf einem Gräberfeld. Wir gingen durch Straßen, in denen keine einzige Laterne brannte und kein einziger Lichtstrahl zu sehen war, der Regen und der Nebel vertieften noch die Dunkelheit, und wir gingen, als wären wir blind. Zu dieser Nachtzeit, unter diesen Bedingungen, die die Phantasie besonders anregten, wirkten die Reihen zerbombter und ausgebrannter Häuser sehr unheimlich auf mich. In der Luft hingen noch der unverwechselbare Brandgeruch und der Gestank nach mit Wasser gelöschter Glut. Obwohl nämlich schon einige Wochen vergangen waren, seit es gebrannt hatte, konnte ich doch in der tiefen Dunkelheit noch große Haufen rauchender Trümmer deutlich erkennen. In manchen ausgebrannten Häusern glommen sie noch immer rot und verströmten eine starke Hitze. Von weitem sahen sie wie rote Laternen aus – ein einzigartiger Anblick. Die Brände mußten schrecklich gewesen sein, wenn die Trümmer nach zwei Monaten noch immer rauchten. Entsetzen überkam mich, als ich mir vorstellte, was die Bewohner dieser Stadt alles erlebt haben mußten.

Da wir uns an Straßenecken und Querstraßen orientierten, verloren wir mehrmals den Weg, denn an manchen Kreuzungen lagen die Häuser ganz und gar in Trümmern, und das machte es uns schwer, uns zurechtzufinden.

Wir gingen auf der Fahrbahn und kamen nur langsam voran, denn wir stolperten immer wieder über das holprige und aufgerissene Pflaster und über den Häuserschutt, den man noch nicht weggeräumt hatte. Niemand hielt uns unterwegs an, wir sind nicht einmal jemandem begegnet.

Als wir uns schließlich in die Zamenhofa geschleppt hatten, sah ich, wie gnädig das Schicksal mit unseren Verwandten umgegangen war. Das Nachbarhaus Nr. 4, dessen eine Wand direkt an die Giebelwand grenzte, hinter der die Wohnung meines Onkels lag, war vollständig ausgebrannt; keine einzige Wohnung war übriggeblieben.

Auf unser Klingeln am Eingangstor zum Haus Nr. 6 kam niemand, um uns die Tür zu öffnen; möglicherweise war die Klingel außer Betrieb. Ich hämmerte an das Tor und trat mit den Absätzen dagegen, doch der Pförtner ließ sich nicht blicken. Ich trat und hämmerte immer stärker, denn ich bebte vor Wut. Nach so vielen Reisestrapazen und nachdem wir nachts herumgeirrt waren auf diesem Gräberfeld (meiner Meinung nach ist das die einzig richtige Bezeichnung für Warschau in der damaligen Zeit), hatten wir endlich unser Ziel erreicht, und nun sollten wir uns, nur weil der Pförtner einen so festen Schlaf hatte – was für ein dummer Grund –, nicht erholen dürfen! Leider nützte uns meine Wut gar nichts. Obwohl unter meinen lärmenden Schlägen das Tor erzitterte, wurde uns nicht geöffnet. Schließlich gaben wir auf. Wir setzten uns in einer Nische auf unsere Rucksäcke und warteten, bis der Tag anbrechen und der Pförtner uns ganz normal die Haustür aufmachen würde.

Es herrschte nächtliche Ruhe, und man hätte ein bißchen schlafen können; aber nachdem ich mich hingesetzt hatte, drangen verschiedene Geräusche an mein Ohr, die zuvor durch unsere Schritte und unser Gespräch übertönt worden waren. Der Wind schleuderte alle möglichen lose herumliegenden Gegenstände umher. Mal hier, mal dort fiel aus einem zerstörten Haus ein Fenster auf die Straße, ein Dachrinnenteil oder ein Stück vom Dachblech, meistens aber waren es Glasscherben, die laut klirrend auf dem Straßenpflaster aufschlugen. Hier und da krachten übriggebliebene Fenster und Türen auf und zu oder schwangen mit erbärmlich quietschenden Scharnieren im Wind hin und her. Der Wind fegte durch die ausgebrannten Häuser, er pfiff und heulte, und ein Dachblech schlug einen seltsamen Rhythmus, der mich an die deutlichen Schrittgeräusche von beschlagenen Schuhen auf dem Bürgersteig erinnerte. Ständig hatte ich den Eindruck, eine Polizeistreife nähere sich.

Ich war müde, und die verschiedenen Laute, die mein erschöpftes Gehirn registrierte, regten meine Phantasie sehr an. Sie arbeitete intensiv, und mir war, als stammten diese geheimnisvollen Schläge, das Flüstern, Pfeifen und Kichern von einem Tanz Besessener oder von einem Tanz der Seelen, die in die Häuser zurückkehrten, deren Trümmer die Menschen unter sich begraben hatten.

Mit großer Ungeduld erwartete ich die Morgendämmerung, denn mir war klargeworden, daß ich meine Umgebung bei Tageslicht mit ganz anderen Augen sehen würde. Mehrmals pochte ich noch an das Tor, aber es war vergeblich. Gegen Ende der Nacht kam dann eine polnische Polizeistreife vorbei. Zwei Polizisten sahen sich flüchtig unser Gepäck und den Passierschein an und gingen dann weiter. Erst um 5 Uhr früh öffnete der Pförtner endlich das Tor. Ich sagte ihm zwar meine Meinung, aber davon hatte ich letztendlich nichts. Ich ging ihm bloß auf die Nerven, weil ich ihm sagte, wenn er uns in der Nacht das Tor geöffnet hätte, hätte er sich 10 Złoty verdienen können.

Mein Onkel und meine Tante K.[urctag] begrüßten uns freudig, auch meine Großmutter, die Stiefmutter meiner Mutter, freute sich. Bei ihnen in der Wohnung lebten jetzt vorübergehend noch andere Verwandte: mein Onkel und meine Tante F.[ajersztajn] mit ihren beiden Jungen. Sie hatten vorher in der Mariańska 5 gewohnt, aber das Haus war abgebrannt, und bis auf einen Teil ihrer Wäsche, der sich in der Zamenhofa befunden hatte, war ihr gesamtes Hab und Gut durch das Feuer verloren gegangen.

Endlich konnten wir uns für ein paar Stunden hinlegen; später am Morgen aber wollten, wie immer in solchen Situationen, die Fragen kein Ende nehmen. Ich erfuhr, daß G.[erszange], mein Großvater mütterlicherseits, am Tag der Kapitulation Warschaus an Lungenentzündung gestorben war und daß seine Familie seitdem in ärmlichen Verhältnissen lebte. Nach dem Tod meines Großvaters hatten meine Großmutter und ihre beiden Söhne die Fabrik und das Lagerhaus mit Ledergürteln und anderen Galanteriewaren aus Gummi und Leder übernommen. Den anderen Kindern, drei Töchtern, hatten die Erben ihre Anteile in Waren ausgezahlt. Die beiden Söhne, meine Onkel, waren verheiratet, und da das Geschäft fast keine Gewinne mehr erzielte, also eigentlich nicht mehr rentabel war, befand sich die ganze Familie meiner Mutter in einer äußerst kritischen finanziellen Lage. Daher sahen sie uns gerne bei sich und erwarteten ungeduldig die Ankunft meiner Eltern, denn sie wußten, daß es uns relativ gut ging, und hofften, daß ihnen der Aufenthalt meiner Eltern in Warschau von Nutzen sein würde.

Die ersten Tage vergingen mir wie im Flug. Ich besuchte viele Bekannte aus Łódź, die sich in Warschau schon richtig eingerichtet hatten, und ich ging viel spazieren, um mir die durch die Bombenangriffe und die Schlacht verwüstete Stadt anzusehen. Das Ausmaß der Zerstörung war erschreckend. Was mich aber an den neuen Bedingungen freute, war die Handlungsfreiheit, die die Juden damals in Warschau noch genießen konnten. Es gab noch keine Armbinden, und man wurde nicht geschlagen und nicht für den Arbeitseinsatz aufgegriffen.[5]

Auf den Straßen von Warschau fühlte ich mich völlig frei, und da ich während der ganzen letzten Wochen in Łódź fast ausschließlich zu Hause gesessen hatte, versuchte ich nun, alles nachzuholen, was ich versäumt hatte. Wie anders als in Łódź sahen doch in dieser Zeit die Straßen in Warschau aus! Während im Handelsviertel von Łódź das rege Treiben fast zum Erliegen gekommen war und die Juden auf der Straße verstohlen vorbeihuschten und sich ständig umsahen aus Angst, für die »Arbeit« aufgegriffen oder einfach von den verbrecherischen Schwaben verprügelt zu werden, herrschte hier in Warschau ein Betrieb wie in einem Ameisenhaufen und erfreute das Auge – Stimmengewirr und Straßenlärm als sichtbare Symptome der Freiheit! Als ich die vielen verschiedenen Lebensmittel in den Schaufenstern sah, kam ich aus dem Staunen nicht heraus. Hätte ein Jude in Łódź so etwas ausgestellt, hätten ihn die Deutschen sicher sofort erschossen. In Łódź hatten die Juden keine Bewegungsfreiheit mehr, man mußte einen ganzen Tag Schlange stehen, um ein Kilo Schwarzbrot zu kaufen; hier aber gab es Weißbrot, so viel das Herz begehrte, und dazu noch zu einem niedrigeren Preis als das Schwarzbrot in Łódź, von den anderen Lebensmitteln ganz zu schweigen. Dies war ein eindeutiges Beispiel dafür, daß dort, wo Juden eine gewisse Bewegungsfreiheit haben, keiner von ihnen verhungert, es sei denn, er hat überhaupt keine Energie.

Bis zu ihrer Abfahrt aus Łódź hatten meine Eltern mehrmals etliche unserer Sachen durch Boten, zwei polnische Bekannte, nach Warschau geschickt.

Die beiden Polen fühlten sich unterwegs viel freier und sicherer als die Juden und hatten für gutes Geld unsere gesamte Bett- und Unterwäsche und auch unsere Garderobe nach Warschau gebracht. Viele Polen arbeiteten in jener Zeit als Fuhrunternehmer dieser Art. Indem sie jüdisches Hab und Gut transportierten, verdienten sie mehr Geld als alle anderen – sehr oft auch, weil sie den Juden dabei ihre kostbarsten Sachen stahlen. Zahlreiche Polen in Łódź sind durch dieses unsaubere Gewerbe zu Vermögen gekommen, auch weil sie die ganze Habe jener Juden in Verwahrung nahmen, die vermutlich nicht mehr zurückkehren würden. Kamen sie aber doch zurück, dann versuchten diese Polen, die Rechtlosigkeit der Juden auszunutzen, und weigerten sich, ihnen ihr Eigentum auszuhändigen.

Schon damals versuchten Polen, die günstige Gelegenheit nutzend, Juden auszubeuten. All das Vermögen, das die Juden durch körperliche oder geistige Arbeit mühsam erworben hatten und nun verloren, übernahmen jetzt Polen – Menschen, mit denen man Hunderte von Jahren zusammengelebt hatte. Schon damals begannen sie mit dem Raub jüdischen Eigentums und hörten damit erst auf, als Hitler alle Juden in Polen ausgerottet hatte und ihr Vermögen endgültig in polnische Hände übergegangen war. Diese Polen waren über die Tötung der Juden so erfreut, daß man oft von ihnen hörte, Hitler habe dafür ein goldenes Denkmal verdient.

In der zweiten Dezemberwoche verfügten die Deutschen, daß die Juden in Warschau Armbinden zu tragen hätten. Es handelte sich in diesem Fall um eine weiße Armbinde von zehn Zentimetern Breite mit einem blauen Davidstern; alle Juden beiderlei Geschlechts ab zehn Jahren sollten sie tragen.[6] Allerdings war diese Vorschrift zunächst nur von eher moralischer Bedeutung, denn praktisch blieb in den nächsten vier Wochen das Leben der Juden unverändert. Da es keine Kontrollen in der Stadt gab, trugen in dieser Zeit bloß sehr wenige Juden die Armbinden. In Warschau traf man nur selten deutsche Soldaten, geschweige denn Nazis; auch waren auf den Ärmeln der Fußgänger keine Hakenkreuze zu sehen.[7] Die polnische Polizei[8] richtete ihr Augenmerk anfangs ebenfalls nicht auf die jüdischen Armbinden, und die meisten Juden nutzten diesen Umstand, um den Zeitpunkt ihrer Demütigung möglichst weit hinauszuzögern. Auch ich ging damals ohne Armbinde, und ich freute mich an dem Gedanken, daß meine Eltern bald nach Warschau kommen und wir dann alle zusammen ins sowjetische Rußland ausreisen würden und daß ich diese Armbinde nie mehr tragen würde. Das Gefühl, auf diese unvergleichlich niederträchtige Weise gedemütigt zu werden, hatte ich zur Genüge kennengelernt.

Am 12. Dezember kamen meine Eltern mit meinem jüngeren Schwesterchen nach Warschau. Zusammen mit ihnen kam auch J.[?] M.[oszkowski], ein Feldscher aus Łódź und Freund des Hauses aus der Vorkriegszeit; er hatte sich meinen Eltern angeschlossen, um Freud und Leid mit ihnen zu teilen. Seine

Frau, mit der er sich nicht verstand, und seine beiden Kinder hatte er ihrem Schicksal überlassen.

Meine Eltern waren mit einem Lastwagen nach Warschau gekommen. Die Fahrt hatte mehrere Stunden gedauert und war reich an »Abwechslungen« gewesen, dafür hatten ein Abenteuer mit der deutschen Polizei und eine zweimalige strenge Durchsuchung an der Reichsgrenze gesorgt. Ein paar Tage nach der Ankunft meiner Eltern hatten wir uns auf den Weg nach Rußland machen wollen, aber leider wurde aus diesem Vorhaben nichts. Meine Eltern hörten auf unsere Bekannten und Verwandten, die sich bemühten, sie zum Bleiben zu überreden, und ihnen dringend von der Reise nach Rußland abrieten.

Die Bekannten, die solche Ratschläge erteilten, waren überwiegend reiche Juden; sie hatten keine Lust zu arbeiten und waren aus Rußland nach Warschau zurückgekommen, wo sie zu dieser Zeit von ihrem Geld noch gut leben konnten. Vor allem aber waren es unsere Verwandten, von denen sich meine Eltern haben überreden lassen, in Warschau zu bleiben. Ihr Argument war, daß Warschau im Generalgouvernement liege und nicht im Reich und daß die Deutschen die Juden hier nicht so terrorisieren würden wie in Łódź. Diese Verwandten dachten, mein Vater sei mit einem gefüllten Säckel gekommen, und sie versuchten, mit allen möglichen Argumenten – auch mit familiärer Gefühlsduselei – meine Eltern in Warschau zu halten. Warum auch immer – wir sind geblieben, zu unserem Unglück.

Wir wohnten also bei unseren Verwandten in der Zamenhofa 6, und wir hatten dort – mit dem Freund, der mitgekommen war – zu sechst dicht zusammengedrängt ein kleines Zimmer mit nur einem Fenster. In diesem Raum mußten wir, auch wenn wir es ohnehin schon etwas eng hatten, noch einen kleinen eisernen Kocher mit Ofenrohren unterbringen, einen sogenannten »Zigeuner«.[9]

Mein Vater begann, eine seinem Beruf entsprechende Verdienstmöglichkeit zu suchen. Es wurde zwar darüber geredet, daß der Krieg bald zu Ende sein würde, und unsere Verwandten glaubten, wir hätten viel Geld, aber tatsächlich besaßen meine Eltern nur unbeträchtliche Ersparnisse, und da wir nicht wußten, wann mein Vater uns wieder würde ernähren können, mußten wir mit diesem Geld sehr sparsam umgehen. So begann bei uns schon im Dezember die Hungerzeit, die dann fast ein Jahr dauern sollte. Zum Frühstück teilte meine Mutter jedem eine Scheibe trockenes Brot zu, danach tranken wir dünnen schwarzen Kaffee mit Saccharin. Mittags aßen wir ein bißchen Wassersuppe und abends das gleiche wie zum Frühstück.

Auch ich bemühte mich, irgendeine Beschäftigung, eine Verdienstmöglichkeit zu finden, aber ich hatte keinen Erfolg damit. Da in meinem Gewerbe alles stillstand, konnte ich als Mechaniker einfach keine Arbeit finden.[10] Viele Menschen, vor allem zugereiste Juden, die keine eigenen Unternehmen in

Warschau hatten, lebten damals von sogenannten »*Luftgescheften*«. So nannte man die Vermittlung von Geschäften mit allerlei Artikeln, bei deren Verkauf der Vermittler dann eine bestimmte Provision bezog. Eine große Rolle spielten in diesem Gewerbe die englische und die amerikanische Währung sowie Gold und Schmuck, deren Preise in jener Zeit enorm hoch waren.

Ein großer Teil unserer Bekannten lebte von solchen Geschäften, ohne Bargeld investiert zu haben. So gern auch ich etwas verdient hätte, so wenig Sinn hatte ich aber leider für einen Handel, bei dem man derart spekulieren mußte; ich schaffte es gerade eben, für meine kleinen persönlichen Ausgaben zu sorgen. Zigaretten waren damals in Warschau sehr teuer, aber ich kannte einige Quellen, wo man sie in kleinen Mengen zu niedrigen Monopolpreisen bekommen konnte. Dort kaufte ich sie und verkaufte sie dann weiter an unsere Verwandten und Bekannten; pro hundert Zigaretten verdiente ich dabei einige Złotys.

Mein Onkel und meine Tante in der Zamenhofa, bei denen wir wohnten, verhielten sich uns gegenüber immer ablehnender. Vor allem, weil wir sie enttäuscht hatten. Sie hatten sich davon überzeugen müssen, daß wir nicht reich waren und daß sie uns daher schlecht ausnutzen konnten. Außerdem begann sie auch die Beengtheit in der Wohnung zu stören, wofür wir schließlich die Ursache waren. Dabei war es meinem Onkel gelungen, sich in den Handel mit Manufakturwaren hineinzumogeln und dadurch finanziell auf die Beine zu kommen. Wir wohnten bei unseren Verwandten als normale Untermieter und bezahlten Miete und Nebenkosten. Das hielt sie aber nicht davon ab, immer wieder Streit zu suchen, und schließlich fingen wir an, ernsthaft über einen Wohnungswechsel nachzudenken.

Erst im Januar 1940 begann mein Vater zu arbeiten, und zwar in einer Tagesklinik in der Twarda 4, nachdem er dort zusammen mit seinem Studienfreund M.[oryc] S.[ztyfelman] eine Zahnarztpraxis eröffnet hatte. Die Praxis brachte jedoch so wenig ein, daß wir den größten Teil unserer Ausgaben mit unseren Ersparnissen bestreiten mußten. Sie schrumpften erschreckend schnell, da zudem auch die Lebensmittelpreise immer weiter stiegen. Als ich nach Warschau kam, hatte ein Weizenbrot etwa 1 bis 1,20 Złoty gekostet, und nun kostete es schon 3 Złoty.[11]

Etwa Mitte Januar schränkten einige wenige Maßnahmen die bescheidene Freiheit der Juden in Warschau entscheidend ein. Auf den Straßen tauchten jetzt zahlreiche Gruppen von Gestapoagenten auf und begannen zu kontrollieren, ob die Armbinde mit dem Davidstern pflichtgemäß getragen wurde. Auch die polnische Polizei beteiligte sich eifrig an dieser Aktion. Viele Juden, die man damals ohne Armbinde erwischte, wurden verhaftet, und auf diese Weise zwang man alle Juden, sich der Anordnung zu fügen.[12] Die Deutschen wären mit dieser Angelegenheit nicht so schnell fertig geworden, wenn die Polen sie nicht derart bereitwillig und kräftig unterstützt hätten. Denn die deutschen Besatzer konnten auf der Straße Juden von Ariern nicht sicher unterscheiden, aber gerade dabei halfen ihnen die Polen; sie hatten mit den Juden viele Jahre zusammengelebt, und so war es für sie nicht schwer, sie zu erkennen und diejenigen, die keine Armbinde trugen, den Deutschen auszuliefern.

In dieser Zeit trug auch ich die Armbinde. Mit den Maßnahmen, die uns zum Tragen des »*Schandebands*«[13] – wie die Deutschen die Armbinde nannten – zwangen, gingen in Warschau die ersten Razzien für den Arbeitseinsatz einher. Am Anfang fanden sie nur sporadisch statt, und sie wären auch nicht allzu lästig gewesen, weil nur uniformierte Deutsche dafür zuständig waren, und von denen gab es nicht viele, so daß man, wenn man gewitzt genug war, ihnen aus dem Wege gehen oder sich durch schnelle Flucht retten konnte. Doch auch da gingen den Schwaben, den ewigen Feinden und Besatzern, unsere Brüder, die Polen, zur Hand. In Warschau, am meisten aber im jüdischen Stadtteil, fuhren Lastwagen durch die Straßen, auf die man die Juden, die man geschnappt hatte, lud. Sobald diese Wagen auftauchten, ergriffen die Juden natürlich die Flucht und versteckten sich vor den Schwaben, die auf sie Jagd machten. Hatte aber ein Jude Pech und wurde sein Versteck von einem Polen bemerkt, so war seine Flucht umsonst, denn dann verriet der Pole ihn an die Deutschen, und diese bestraften darauf den Unglücklichen für die Flucht, indem sie ihn brutal zusammenschlugen. Oft stellten polnische Passanten fliehenden Juden ein Bein oder versuchten, sie auf eine andere gemeine Art an der Flucht zu hindern, damit sie ihren Verfolgern in die Hände fielen. Nicht nur einmal halfen Polen aus eigener Initiative den Deutschen bei ihrer Jagd auf die Juden.

Damit es nicht zu noch mehr Razzien kam, organisierte die Jüdische Gemeinde in dieser Zeit unter dem Druck der Behörden Arbeitseinsätze für Juden.[14] Dieser Zwangseinsatz betraf alle Männer im Alter von 18 bis 55 Jahren. Jeder Jude in diesem Alter mußte sieben Tage im Monat unentgeltlich bei den Deutschen arbeiten.

Von der Sammelstelle[15] in der Twarda 6 gingen jeden Tag Tausende von Juden in Gruppen zu den verschiedenen Arbeitsstellen und verrichteten dort jedwede unqualifizierte Arbeit; sie wurden von ihren Gruppenleitern begleitet (die von der Jüdischen Gemeinde bezahlt wurden) und von Deutschen eskortiert. Trotzdem kam es weiterhin immer wieder zu Razzien; je mehr Menschen die Gemeinde für die Arbeit lieferte, desto mehr verlangten die Deutschen. Diese Straßenaktionen hatten wohl ihren Grund darin, daß die Deutschen sich an sie gewöhnt hatten und zuviel Befriedigung empfanden, wenn sie die Juden verfolgten und jagten, als daß sie auf diese sadistische Wollust hätten verzichten können.

Ungeachtet der Razzien lief ich viel in der Stadt umher und suchte nach Verdienstmöglichkeiten. Mehrmals mußte ich vor den deutschen Verfolgern flüchten, und einige Male befand ich mich in fast ausweglosen Situationen – von allen Seiten umzingelt wie ein gehetztes Tier –, doch dank günstiger Zufälle und meiner flinken Beine gelang es mir immer wieder, den germanischen Schindern zu entkommen. Die liefen dann herum, ihre Reitpeitsche oder Pistole in der Hand, wütend wie in die Irre geführte Jagdhunde. Nur ein einziges Mal sollte es ihnen gelingen, mich in Warschau aufzugreifen, aber das geschah ein halbes Jahr später.

Mehrmals erlebte ich die Genugtuung, den Deutschen entkommen zu sein, und jedesmal hatte mir die Flucht nur deshalb gelingen können, weil mir dabei so gut wie nie Polen begegneten. Einmal hatte einer versucht, mich an der Flucht zu hindern und mir ein Bein zu stellen, doch ich hatte – soweit ich mich erinnern kann – sein verräterisches Manöver rechtzeitig bemerkt und ihm einen schmerzhaften Tritt verpaßt. Wenn mich mein Gedächtnis nicht täuscht, geschah dies im Frühjahr 1940 in der Orla.

Obwohl ich mich oft dafür in Gefahr begab, habe ich es damals nicht geschafft, etwas zu verdienen. Nur bei einigen wenigen Gelegenheiten brachte ich es zu ein paar Złoty, und zwar zunächst dadurch, daß ich kurzerhand Aushängeschilder und Aufschriften für die Poliklinik in der Twarda 4 druckte. Ab und zu bekam ich auch einen Złoty dafür, daß ich meinem Onkel fünfzig Kilo Kohlen aus der Kohlenhandlung holte und in den dritten Stock trug. Früher war ich ziemlich stark gewesen, aber nun war ich wegen der Unterernährung sehr entkräftet, und einen schweren Sack Kohlen in den dritten Stock zu tragen, kostete mich große Mühe. Wie oft drückte mich dieses Gewicht so nieder, daß mein Herz heftig schlug, mir der Atem ausging und ich die Wohnung nur taumelnd und auf wackligen Beinen erreichte. Aber die Aussicht, einen Złoty zu verdienen, ließ mich meine körperliche Schwäche vergessen, und ich plagte mich gern ab, denn bereits damals stand mir die Vorstellung, schon bald zu verhungern, wie ein Gespenst vor Augen, und jeder neue Groschen schob diesen Alptraum in weite Ferne.

Ich ging mit leerem Magen schlafen, stand dann hungrig auf und lief den ganzen Tag nüchtern und mit einem flauen Gefühl herum. Von Fleisch und Fett konnte überhaupt keine Rede sein, nicht einmal Kunsthonig oder Marmelade fürs Brot konnten wir uns leisten, und Brot und Kartoffeln aßen wir in so kleinen Mengen, daß ich von keiner einzigen Mahlzeit satt wurde. Die Portionen, die mir zugeteilt wurden, stillten allenfalls den ersten Hunger.

Ich lief also mit knurrendem Magen durch die Straßen und dachte stets darüber nach, wie ich mich einmal satt essen könnte; und die Schaufenster, in denen alle möglichen Lebensmittel ausgestellt waren, zogen mich durch ihren Anblick unwiderstehlich an. Ich blieb vor jedem Schaufenster stehen, und wenn ich mir dann all diese für mich unerreichbaren Delikatessen ansah, lief mir das Wasser im Mund zusammen, und ich bekam beinahe Darmverschlingungen vor Schmerzen und vor Hunger, der sich dann noch schlimmer bemerkbar machte. Vor Ladendiebstählen hielt mich damals nur mein Gewissen zurück; auch dachte ich, unser Schicksal könnte sich vielleicht noch zum Guten wenden, und dann würde ich diese schlechten Zeiten durchgestanden haben, ohne mir mit einem solchen Vergehen die Hände schmutzig gemacht zu haben.

Weil ich nichts Besseres zu tun hatte, besuchte ich meine Schulkameraden aus Łódź, die ebenfalls mit ihren Eltern nach Warschau gekommen waren. Meistens ging ich zu Szlomo Herszkowicz. In Łódź war er unser Nachbar gewesen; die Familie Herszkowicz hatte nämlich am Plac Kościelny 4 gewohnt, nur durch eine Wand von uns getrennt. In jenen Jahren hatten wir uns richtig angefreundet. In Warschau wohnten sie nun in der Nowolipie 30. Szlomos Eltern hatten viel Geld nach Warschau mitgebracht, so daß es ihnen recht gut ging; sie gaben das Geld mit vollen Händen aus. Ich schäme mich nicht zu sagen, daß ich sie manchmal auch in der Hoffnung besuchte, sie würden mir etwas anbieten, sie aßen nämlich sehr gut; aber leider durfte ich ihnen dabei immer nur zuschauen; sie waren überhaupt nicht gastfreundlich. Außerdem wußte mein Schulfreund ja nicht, daß ich ständig hungern mußte; seine Familie und er hatten uns in Łódź immer für sehr reiche Leute gehalten. Deshalb habe ich es auch nicht über mich gebracht, mich zu erniedrigen und ihnen von unserer Lebenssituation und meiner Hungerleiderei zu erzählen.

Während mein Schulfreund Herszkowicz also im Kreis von anderen leichtlebigen Freunden und Freundinnen irgendwelchen Unterhaltungen nachging, war ich auf der Suche nach Arbeit und Verdienst und mußte dabei viele schmerzliche Enttäuschungen erleben und den quälenden Hunger ertragen. Außerdem sind bekanntlich dort, wo Hunger und Armut herrschen, die Beziehungen innerhalb der Familie angespannt. Wir waren da keine Ausnahme, und auch unser Zusammenleben – das Verhältnis zwischen meinen Eltern und mir – wurde unerträglich. Immer wenn meine Eltern sich ärgerten, zu Recht oder zu Unrecht, hielten sie mir vor, daß ich ihnen im Alter von achtzehn Jahren immer noch zur Last fiele – was ja leider stimmte – und daß ich für mich selbst zu sorgen hätte – womit sie ebenfalls recht hatten. Die Dinge entwickelten sich so, daß ich mir brennend wünschte, mich unabhängig zu machen, doch es blieb noch eine ganze Zeitlang alles beim alten.

Die Wohnverhältnisse in der Zamenhofa zwangen uns schließlich zum Umzug. Am 30. Januar zogen wir in die Prosta 19, wo wir bei einer Ärztin, Frau Dr. Floksztrumpf, ein Zimmer mit Bad zur Untermiete nahmen. Ihre Wohnung im Erdgeschoß hatte mehrere Zimmer und war sehr schön, aber wegen der Heiz- und anderer Betriebskosten sehr teuer; außer unserem Raum gab es dort zwei weitere Zimmer, die die Wohnungseigentümerin und ihr Geliebter bewohnten.

In dieser Zeit herrschte eisige Kälte, und die Wohnung, die den ganzen Winter über nicht beheizt worden war, war derart ausgekühlt, daß wir drinnen dieselbe Kleidung tragen mußten wie auf der Straße, Handschuhe und Ohrenschützer eingeschlossen. Aber selbst durch diese Kleidung drang die Kälte, wir froren entsetzlich, und mehr als einmal trieb uns der Schmerz Tränen in die Augen. Im Bad, das an unser Zimmer grenzte, hatten wir unseren kleinen »Zigeuner« installiert und auf diese einfache Weise eine Küche eingerichtet. Nur einmal täglich, während die Suppe kochte, wärmten wir unsere steifen Arme und Beine, indem wir an dem kleinen Herd saßen, ganz nah, denn zwei Schritte weiter herrschte schon wieder schneidende Kälte. Das Zimmer, das uns zugleich als Schlaf- und Eßraum diente, beheizten wir überhaupt nicht; Kohlen waren sehr teuer, und wir konnten sie uns nicht leisten. So war die Wohnung einerseits sehr angenehm, weil es keine Scherereien und Streitereien mit den Verwandten mehr gab, andererseits hatten wir aber bis zum Frühjahr täglich 24 Stunden lang unter der strengen Kälte zu leiden, und der Winter war in diesem Jahr sehr hart.

Diese Beschwerlichkeiten waren für uns kaum zu ertragen, zumal wir auch ständig hungerten und unsere Organismen noch von den Vitaminresten aus der Vorkriegszeit zehrten. Wie oft habe ich versucht, meinen leeren Magen zu überlisten, indem ich dünnen schwarzen Kaffee trank – mehrere Tassen nacheinander. Leider wirkte dieser Trick immer nur für ein paar Minuten; der Hunger meldete sich danach doppelt so stark, und nur der gesegnete Schlaf konnte die Schmerzen lindern und sie vergessen lassen.

Den ganzen Februar über war ich weiterhin ohne Beschäftigung. Ich ging jetzt auch seltener in die Stadt, weil immer häufiger die Gefahr drohte, von den Deutschen für den Arbeitseinsatz aufgegriffen zu werden; außerdem herrschte sibirische Kälte, und ich war durch den Hunger so geschwächt, daß mich allein das Gehen schnell ermüdete.

Im Laufe dieses Monats gewann ich zwei neue Freunde, Juden wie ich. Einer von ihnen, Marian Kirszblum, war in meinem Alter und hatte schon immer in Warschau gewohnt; er war der Sohn des Lebensgefährten unserer Wirtin und dessen Ehefrau und lebte zeitweise hier in der Prosta bei seinem Vater. Er war ein lustiger und kluger Bursche, aber, da er keine besonderen Probleme hatte, auch ein Bruder Leichtfuß.

Der zweite Freund, Bronisław Sztyfelman, stammte aus Włocławek und war der Sohn des Partners von meinem Vater. Er war ein kluger, vernünftiger und ernsthafter Mensch, aber es fehlte ihm – genau wie seinem Vater – an Energie. Zusammen mit seinen Eltern und seinem kleinen Bruder wohnte er nicht weit von uns, in der Grzybowska 48, und auch dort war ich oft zu Besuch. Aber weder er noch meine anderen Freunde hatten solche Probleme wie ich.

Im Februar hatte mein Vater so geringe Einkünfte, daß er beschloß, für die Praxis zu werben. Er ließ mehrere hundert Plakate drucken, und ich hängte sie zusammen mit Bronek Sz.[tyfelman], dem Sohn seines Partners, in jüdischen Geschäften aus. Mit dieser Arbeit war ich eine Woche lang beschäftigt. In der unmittelbaren Umgebung der Praxis gingen wir von einem Geschäft zum anderen (nur in die jüdischen Läden!) und klebten überall diese Werbeplakate an. Ich empfand es als Genugtuung, daß ich wenigstens dieses eine Mal für mein Essen selbst aufkommen konnte, und fühlte mich als nützlicher Mensch.

Mitte Februar stand ich eines Morgens in der Prosta an, um zehn Kilo Kohle zu kaufen – so viel konnte man in einem bestimmten Kohlenlager zu einem offiziellen niedrigen Preis bekommen. Da ich bei eisiger Kälte schon etwa anderthalb Stunden Schlange gestanden hatte, spürte ich ein taubes Gefühl in den Gliedern. Plötzlich fuhr ein Militärlastwagen vor und hielt an. Ein Soldat sprang herunter. Er kam auf die Menschenschlange zugelaufen und begann, aus dieser Reihe Juden für einen Arbeitseinsatz zu holen. Als ich begriff, was sich anbahnte, versuchte ich, mich umzudrehen, damit der Soldat meine Armbinde nicht sah; ich hatte es leider nicht mehr geschafft, sie vorher abzuziehen. Mein Plan war erfolgreich, und der Soldat ging an mir vorbei, ohne mich zu beachten. Ich freute mich schon, den Schwaben so leicht irregeführt zu haben, aber wie sich herausstellte, hatte ich mich zu früh gefreut. Neben mir stand ein Pole, der meine erfolgreichen Bemühungen beobachtet hatte, und als der Soldat sich entfernte, rief er ihn zurück mit den Worten: »Hier Jude!« und zeigte mit dem Finger auf mich. Selbstverständlich wurde ich nun aus der Schlange geholt, und man stieß mich auf die Straße, wo schon einige Juden, die man vor mir aufgegriffen hatte, am Wagen standen. Der Schwabe ging um uns herum und wartete auf weitere Opfer, ich dagegen wartete auf eine Gelegenheit zu fliehen. Da die eisige Kälte die Menschen in den Häusern festhielt, war die Straße weit und breit so leer, daß mir eine Flucht fast unmöglich erschien. Ich fing schon an, mir Gedanken zu machen, zu welcher Arbeit und an welchen Ort das Schicksal mich bei dieser schrecklichen Kälte schicken würde, als sich unerwartet eine Fluchtgelegenheit bot. Der Schwabe hatte offenbar irgendwo einen Juden bemerkt und lief ein paar Schritte von uns weg; ohne weiter nachzudenken, rief ich den anderen zu, sie sollten abhauen, und suchte selbst das Weite. Aus dem Augenwinkel konnte ich noch sehen, wie sie alle auseinanderliefen.

Es gelang mir, durch das offene Einfahrtstor eines Hauses zu laufen und mich dort im Seitenflügel zu verstecken. Ich hatte nur Angst, daß irgendein Pole mich entdecken und dies einem Deutschen melden könnte – dann hätte mich ein schlimmes Schicksal erwartet –, aber das ist mir erspart geblieben. Erst als ich hörte, wie der Wagen brummend abfuhr, verließ ich mein Versteck. Ich empfand große Freude, nicht nur, weil ich selbst dem Schwaben entkommen war, sondern auch, weil ich die anderen Juden zur Flucht veranlaßt hatte.

Ende Februar hatte ich zu Hause ein unangenehmes Erlebnis. Eines Abends hatte ich Streit mit meiner kleinen Schwester Rysia, und dabei schubste ich sie aus Versehen etwas stärker, als ich eigentlich wollte. Mein Vater, der ein jähzorniger Mensch ist, warf mich wegen dieser Tat aus dem Haus, ohne überlegt zu haben, wohin ich überhaupt gehen könnte. Ich wurde übrigens zu Hause nie sanft behandelt. Stolz, wie ich war, ließ ich mir das nicht zweimal sagen, zog mich an und verließ die Wohnung. Allerdings hatte ich keine Zeit mehr, nach einer Übernachtungsmöglichkeit zu suchen, denn es war 20.55 Uhr; bis zur Polizeistunde waren es nur noch fünf Minuten[16], und auf die Nichtbeachtung der Ausgangssperre stand die Todesstrafe. Daher beschloß ich, die Nacht in unserem Treppenhaus zu verbringen. Natürlich hatte ich Angst, nachts auf der Treppe von einem der Hausbewohner entdeckt und für einen Dieb gehalten zu werden; ich stieg also die Treppen hinunter und legte mich auf die Steintreppe, die in den Keller führte. In dieser Nacht waren es wohl an die minus dreißig Grad. Ich schlief dort auf der Treppe mit einem Arm unter dem Kopf; es war ein hartes Bett, der Stein machte es noch kälter, und mir war, als würde mein Körper von einem Band aus Eis umspannt. Noch heute wundere ich mich, daß ich nach dieser Nacht keine Krankheit davongetragen habe – als hätte ich einen Körper aus Eisen gehabt.

In den ersten Märztagen wurde ich zusammen mit Marian Kirszblum in der Prosta von drei polnischen Halbwüchsigen überfallen. Sie gingen mit Fäusten auf uns los und riefen dabei: »Judy do budy!«* u.ä. Wir erschraken überhaupt nicht; und da Marian ein kampflustiger und kräftiger Bursche war, kam es zu einer Straßenschlägerei. Wir haben die Polen dermaßen verprügelt, daß sie sich am Ende, blutig geschlagen, verzogen. Dieser Vorfall, wie auch schon vorangegangene, ist bezeichnend für die Einstellung der Polen gegenüber ihren jüdischen Mitbürgern. Selbstverständlich verhielten sich nicht alle Polen so gräßlich und verräterisch, aber doch ein großer Teil (achtzig Prozent) von ihnen, die Nationalisten und die Endecja.[17]

Eines Abends waren wir, meine Eltern und ich, auf dem Weg von der Praxis nach Hause und trugen eine Tasche mit Kohlen bei uns. Nicht weit von unserem Haus wurden wir plötzlich von der Waliców her von den Scheinwerfern eines Autos angestrahlt. Eine Limousine wollte in die Prosta einbiegen. Da sich in der Stadt nur deutsche Autos frei bewegen durften[18], bekamen wir es sofort mit der Angst zu tun und versuchten, mit schnellen Schritten – zu laufen wäre sehr verdächtig gewesen – das Eingangstor unseres Hauses zu erreichen. Die Limousine bog jetzt in die Prosta ein und fuhr langsam hinter uns her. Wir

* »Juden auf den Polizeiwagen!« Die Hauptbedeutung des Wortes *buda* ist »Bude«. So hießen in der Umgangssprache während der Besatzungszeit die Lastwagen mit Aufbau oder einer Plane über der Ladefläche, auf denen die Deutschen ihre Opfer nach einer Razzia abtransportierten.

standen schon im Hauseingang, als sie anhielt. Jemand sprang aus dem Wagen und brüllte: »*Halt, stehen bleiben!*« Wir wußten sofort, daß wir gemeint waren, stürzten aber dennoch ins Treppenhaus, um uns in die Wohnung zu retten. Das schafften wir jedoch nicht mehr. Wütend wie ein Jagdhund, schnaufend, röchelnd und knurrend stürmte ein großer Schwabe durch das Tor herein, in der Hand eine Reitpeitsche von bestimmt mehr als einem Meter Länge. Mit einem Sprung stand er vor mir; vor lauter Angst setzte mein Herz aus, denn er trug die »*SS-Totenkopf*«-Uniform, und auch auf seiner Mütze war der Totenkopf[19] zu sehen. Dieser Mann gehörte zu einer Elitetruppe von Naziverbrechern, die geschult und geübt waren in Bestialität; und wenn man mit ihnen – wie jetzt ich – in Berührung kam, so bedeutete das unweigerlich den Tod oder doch mindestens schreckliche, brutale Schläge.

Ich erwartete seinen ersten Peitschenhieb, aber ich hörte nur, wie er brüllte: »*Was hast du hier?*«, und er befahl mir, die Tasche aufzumachen. Als er die Kohlen sah, machte er ein enttäuschtes Gesicht, drehte sich um und war verschwunden. Ich traute meinen Augen nicht, daß ich so glimpflich davongekommen war; das war ein unerhörtes Glück!

An einem anderen Tag stand ich gerade in unserem Zimmer am Fenster – es ging zur Straße hinaus –, als ich einen Lastwagen kommen und vor der Einfahrt halten sah. Mir schwante gleich, daß hier die Fänger für den Arbeitseinsatz kämen, und ich verließ sofort die Wohnung. Durch den Hintereingang ging ich auf den Hof und danach durch einen jüdischen Laden auf die Pańska hinaus – das Haus hatte ja mehrere Zugänge. Ich kam erst nach längerer Zeit wieder heim, und da stellte sich heraus, daß ich rechtzeitig geflohen war, denn die Deutschen hatten tatsächlich im ganzen Haus nach geeigneten Personen für einen Arbeitseinsatz gesucht.

Im März verdiente ich immer noch kein Geld, so daß ich begann, die Jüdische Gemeinde in der Grzybowska 26 aufzusuchen, um von ihr irgendeinen Arbeitsauftrag zu bekommen. Die Jüdische Gemeinde stellte damals verschiedene Arbeitskräfte ein, weil sie im Begriff war, eine neue Abteilung für Zwangsarbeit einzurichten – das sogenannte »*Arbeitsamt*« der Gemeinde. Ganze Tage verbrachte ich zusammen mit anderen Arbeitslosen in den Räumen der Gemeinde und wartete darauf, aufgerufen zu werden. Ich hatte mich schon vor längerer Zeit dort namentlich gemeldet[20], und obwohl ich mich nur um irgendeine einfache Arbeit bewarb, etwa die eines Boten für 3 Złoty pro Tag, konnte ich es kaum erwarten, daß ich an die Reihe kam.

Bei der Gemeinde spielten damals Korruption und Protektion die wichtigste Rolle, aber ich hatte weder Geld noch Beziehungen zu den Gemeindeangestellten. Ohne Protektion und ohne Geld – Geld ist wohl in einem solchen Fall die zuverlässigste Protektion – appellierte ich ergebnislos an verschiedene »Herren

Gemeinderäte«, »Herren Rechtsanwälte« und dergleichen.[21] Sie vergaben zwar Arbeit, aber nur an die Söhne reicher Juden, denen es eigentlich nicht um den Verdienst ging, sondern um eine Bescheinigung, die sogenannte »Arbeitskarte«, mit der sie sich in der Stadt frei bewegen konnten.

Ich suchte wie ein Verrückter verschiedene Büros und Dienstzimmer auf, und wenn ich nach mehreren Stunden Wartezeit bei einem »Herrn« Angestellten vorsprechen durfte – der sich tatsächlich oft für den Herrn über Leben und Tod der armen Arbeitslosen hielt – und der Angestellte sah, mit welch einem elenden Wesen er es zu tun hatte, schickte er mich zu einem anderen Angestellten, der zweite zu einem dritten, und erst der zehnte sagte mir dann, daß es vorläufig keine Arbeit für mich gebe. Mit diesen Bemühungen verlor ich jedesmal viel Zeit und setzte mich dabei Unannehmlichkeiten, wenn nicht gar Schlimmerem, aus. Fast jeden Tag – oft sogar mehrmals am Tag – kamen deutsche Militärs zur Gemeinde und forderten Arbeitskräfte für dringende Einsätze an. Die Gemeinde hatte solche Reserven an Arbeitern natürlich nicht zur Hand. Aber die Deutschen, die im Gemeindehaus ja doch so viele junge Juden sahen, versuchten dann, alle mitzunehmen, die ihnen dort in die Hände fielen, ganz gleich, ob Angestellte oder Besucher. Manchmal waren sie so unverschämt, daß sie junge Angestellte mit Gewalt hinter ihren Schreibtischen hervorholten; da half kein Bitten, diese Angestellten mußten den ganzen Tag für die Deutschen arbeiten.

Unter solchen Bedingungen waren wir jungen Arbeitslosen in größter Gefahr, denn da ihre Vorgesetzten die Gemeindeangestellten davor schützen wollten, zur Arbeit mitgenommen zu werden, lieferten sie uns gern den Schwaben aus. Fast täglich kam es also in der Gemeinde zu wilden Wettrennen; die Deutschen waren kaum bei der Gemeinde aufgetaucht, da jagten sie uns schon über den Vorplatz, durch Treppenhäuser und Flure. Ich hatte sehr schnell die Raumaufteilung des Gebäudes ausgekundschaftet, so daß ich den Verfolgern immer entkommen konnte. Mein Mauseloch hatte ich auf dem Dachboden des Gemeindehauses, dort haben sie mich nie gefunden; leider mußte ich manchmal mehrere Stunden da oben sitzen, ohne mich zu bewegen. Mit solchen Abenteuern waren also meine erfolglosen Bemühungen um Arbeit verbunden. Wie man sieht, war Arbeit leicht zu bekommen, allerdings nur unbezahlte.

Ende März entfachten die Polen antijüdische Unruhen und einen Pogrom, der zwei bis drei Tage dauerte. In Scharen zogen Polen durch die Straßen; sie demolierten und plünderten die mit dem Davidstern gekennzeichneten jüdischen Geschäfte und schlugen auf die vorbeigehenden Juden mit Eisenstangen ein. Einige Juden wurden während dieser Unruhen an verschiedenen Stellen in Warschau von Polen zu Tode geprügelt. Solange es aber nur Juden waren, die verletzt oder getötet wurden, mischten sich die Behörden nicht ein. Am zweiten Tag des Pogroms drangen Polen scharenweise – nachdem sie unterwegs auf alles, was jüdisch war, eingeschlagen, es zerbrochen, zertrümmert und zerstört hatten –, mit Brechstangen bewaffnet, in ein jüdisches Gäßchen ein, ein sogenanntes »Städtchen«* in der Krochmalna, zwischen der Rynkowa und der Ciepła, um auch hier mit den Juden abzurechnen. Aber dort, in diesem Nest von jüdischen Gepäckträgern und Kutschern, wurde ihnen ein übler Empfang bereitet. Zwischen den Juden und den polnischen Unruhestiftern kam es zu einer wilden Schlägerei, die einen halben Tag lang andauerte. Es war eine richtige Schlacht.

Als ich davon hörte, rannte ich schnell dorthin, um meinen Brüdern zu helfen; ich war sehr wütend auf die Polen, und mir kochte das Blut in den Adern, ich war bereit zu kämpfen und all das Unrecht zu rächen, das sie uns zugefügt hatten. Als ich aber in der Krochmalna ankam, war schon alles vorbei. Auf der jüdischen Seite hatte es ein paar Verletzte gegeben, doch die Polen hatten größere Verluste erlitten: drei Tote und einige Dutzend Schwerverletzte. Als abzusehen war, daß die Dinge eine für die Polen ungünstige Wendung nehmen würden, hatte sich die motorisierte Polizei auf ihren Krafträdern in die Auseinandersetzung eingemischt und die Kämpfenden auseinandergetrieben. Seitdem mußte man allerdings auf der Straße gut aufpassen, um nicht von Polen verprügelt zu werden.

Zweifellos war diese ganze antijüdische Agitation und Aktion von der Endecja und der Bourgeoisie gesteuert. Beide Gruppen wünschten sich sehr, daß die Juden unterdrückt und getötet würden, denn sie haßten uns und wollten außerdem die Geschäfte der Juden übernehmen. Dieses Ziel versuchten sie, mit allen Mitteln – und schnell – zu erreichen. Dabei gingen ihnen andere Polen zur Hand, die leider so wenig Verstand und Gewissen hatten, daß sie der tükkischen antijüdischen Propaganda der Deutschen Glauben schenkten.[22]

Anfang April begann ich, allerdings unregelmäßig, zu arbeiten. In dieser Zeit gestaltete sich das Verhältnis der Juden zur Zwangsarbeit nach folgendem Muster: Alle reichen Juden oder solche, die keine Zeit hatten, heuerten arme Juden an, die dann die sieben Tage im Monat an ihrer Stelle arbeiteten.[23] Das war leicht möglich, weil niemand unsere Personalausweise kontrollierte; den Deutschen war es ja egal, wen sie quälten.

Zuerst nahm ich solche »Arbeitszuweisungen« nur von meinen Bekannten an und arbeitete an ihrer Stelle für 5 Złoty pro Tag. Soviel wurde damals bezahlt. Dieses System funktionierte allerdings schlecht. Erstens hatte ich wenig Bekannte, die ich bei der Arbeit vertreten konnte, und zweitens verrichtete man diese Arbeit in Raten, je zwei Tage in der Woche, und so gab es in meiner Beschäftigung keine Kontinuität. Nicht selten vergingen mehrere Tage, bis

* F.W. gebraucht hier den polnischen – nicht den jiddischen – Ausdruck: *miasteczko*.

ich wieder eine neue zweitägige Vertretung bekam; und der Lohn von 5 Złoty reichte kaum für einen Tag.

Da ich in dieser Zeit oft Streit mit meinen Eltern hatte, wünschte ich mir noch sehnlicher als früher, für mich allein sorgen zu können. Aber leider war das nicht möglich, denn an den Tagen, an denen ich keine Vertretung übernahm, hatte ich auch kein Geld zum Leben. Deshalb verschaffte ich mir so viele Vertretungen wie nur irgend möglich. Ich suchte mir einen Gemeindeboten, der diese Gestellungsbefehle auszutragen hatte, und begleitete ihn. Wenn er den Bescheid übergab, bot ich zugleich meine Bereitschaft an, als Stellvertreter zu arbeiten – selbstverständlich nur dann, wenn ich den Eindruck hatte, der Betreffende könne sich das leisten. Der Gemeindebote hatte jedesmal 100 bis 150 Bescheide zuzustellen, was bedeutete, fast genauso viele Wohnungen in einem Haus oder in zwei oder drei nebeneinander liegenden Häusern besuchen zu müssen. Einen Tag in der Woche opferte ich dieser Tätigkeit, besorgte mir aber dadurch Vertretungen für den Rest der Woche. Oft – oder eher meistens – mußte ich mit leeren Händen abziehen, weil die reichen Juden schon längst ihre festen Leute hatten; aber nach einem halben Tag solcher Besuche in vielen Stockwerken und dank der Überzeugungsarbeit, die ich dabei leistete, waren meine sechs Arbeitstage dann am Ende doch gesichert.

Nach einiger Zeit, mit zunehmender Erfahrung, hatte auch ich meine Stammkunden und brauchte nicht mehr den Boten mit den Gestellungsbefehlen zu begleiten. Auf diese Weise sparte ich auch ein bißchen Geld, denn ich hatte ihm bis dahin für die Begleitung bis zu einem Złoty pro angenommene Vertretung bezahlen müssen.

5 Złoty[24] – soviel bekam ich durchschnittlich für einen Tag als Vertretung – waren in Anbetracht der Teuerung, die damals herrschte (ein Kilo Weißbrot kostete 5 Złoty), und der Art der Arbeit, äußerst wenig. Man arbeitete schließlich bei den Deutschen, und die Juden, die sich eine solche Vertretung leisten konnten, ersparten es sich dadurch mehrmals, zu schuften und sich von den Deutschen prügeln, absichtlich quälen und – immer wieder – erniedrigen zu lassen.

Bis kurz vor Mitte Mai 1940 arbeitete ich fast ohne Unterbrechungen bei den unterschiedlichsten deutschen Dienststellen als Vertretung für andere Juden – und eben gegen diese niedrige Bezahlung. Von den 5 Złoty bestritt ich an den Arbeitstagen meinen Lebensunterhalt selbst – wenn man das überhaupt als Lebensunterhalt bezeichnen kann –, und das war in dieser schwierigen Zeit auch mein einziger Trost. Ich konnte mir für 5 Złoty zwar kein Mittagessen leisten (so viel kostete in der Stadt allein schon eine Suppe), aber ich kaufte mir Brot und Rettich und lebte davon den ganzen Tag.

Die Arbeiten selbst waren sehr unterschiedlich. In den ersten Wochen war ich bei den verschiedensten Einsatzstellen tätig. Es waren so viele, daß ich mich heute nur noch an einige von ihnen erinnern kann, vor allem an solche, die ich mir wegen ihrer Besonderheiten gemerkt habe.

Alle Arbeitsgruppen hatten sich auf dem Hof des Hauses in der Twarda 6 zu sammeln. Am betreffenden Tag mußte man schon um 6 Uhr früh dort erscheinen. Vor dem im hinteren Hof gelegenen Gebäude, in dem das Arbeitsamt der [Jüdischen] Gemeinde untergebracht war, erstreckte sich, von Wohnhäusern umgeben, ein großer Platz. Als ich zum ersten Mal dort erschien, bot sich mir ein seltsamer Anblick. Auf dem Platz drängten sich Tausende von jüdischen Männern, zwischen denen überall deutsche Militärs, Flieger, Armeesoldaten und SS-Männer mit Knuten in den Händen hin und her liefen. Diese Deutschen kamen jeden Tag mit ihren Wagen oder auch zu Fuß, um das Kontingent an jüdischen Arbeitskräften abzuholen, das ihnen die Jüdische Gemeinde für ihre Arbeitsstellen zugeteilt hatte. Außerdem hatte jede deutsche Arbeitsstelle eigene Gruppenleiter – einen, zwei oder drei, je nachdem wie viele Arbeiter dort beschäftigt waren. Diese Gruppenleiter waren Juden, die von der Gemeinde bestimmt und bezahlt wurden. Zu ihren Aufgaben gehörte es, die von der Arbeitsstelle verlangte Anzahl von Arbeitern zusammenzustellen, diese Gruppe zur Arbeit hin- und danach zurückzubringen sowie solche Formalitäten zu erledigen wie Quittieren, Abstempeln usw.

Am ersten Tag hatte ich noch keinerlei Erfahrung und meldete mich auf dem Platz bei einem Gruppenleiter, der gerade seine Gruppe zusammenstellte. Mir war seine Arbeitsstelle nicht bekannt, und da ich deshalb nicht absehen konnte, wohin und zu welcher Arbeit ich gehen würde, geriet ich, wie mir sehr bald klar werden sollte, in eine der schlimmsten Gruppen. Auf dem Platz gab es noch andere Gruppenleiter, die versuchten, ihre Arbeitskräfte zu sammeln; während einige von ihnen allein dastanden und warteten, bis sich jemand bei ihnen meldete, drängten sich um andere die Juden und baten sie, in ihre Gruppe aufgenommen zu werden. Später begriff ich, daß dieser Unterschied von der Qualität der Arbeitsstelle abhing; die meisten von ihnen waren grauenhaft.

An meinem ersten Tag war ich auf diesem »Gebiet« noch ein Grünschnabel, und so erlebte ich einen schweren Reinfall. Um 6.30 Uhr wurden wir – die Gruppe, in der ich mich unglücklicherweise befand – von vier Fliegern abgeholt, die uns auf dem Weg zu eskortieren hatten. Wir setzten uns in Marsch Richtung Babice bei Warschau.[25] Unsere Gruppe zählte etwa 200 Mann. Nach kurzer Zeit verließen wir die Stadt, und schon in diesem Moment erkannte ich, was eine schlechte Arbeitsstelle bedeutete. Bereits in der Stadt hatten wir ziemlich schnell marschieren müssen, aber nun begannen die Flieger, uns richtig Beine zu machen, und schlugen uns mit Weidenzweigen auf den Rücken. Bis Babice waren es etwa acht Kilometer, und wir mußten in Reih und Glied laufen. Für die Jungen war dies keine so große Tortur wie für die Alten, die bald müde wurden und zurückblieben und daraufhin von den Fliegern so lange geprügelt wurden, bis sie all ihre Kräfte zusammennahmen und weiterliefen. Die Flieger umkreisten uns wie Hunde und achteten darauf, daß alle in einer Reihe blieben; im Tempo nachzulassen erlaubten sie uns nur, wenn sie selbst erschöpft waren. Allerdings verbot es ihnen ihr Schwaben-Hochmut, ihre Müdigkeit zu oft zu zeigen, noch dazu vor Juden; und so trieben sie uns hartnäckig an, obwohl sie genauso schwitzen und schnaufen mußten wie wir auch.

In Babice wurde vor uns eine Schranke hochgezogen und hinter uns wieder heruntergelassen – das war die Wache –, und unversehens befanden wir uns auf dem Gelände der deutschen Fliegerkaserne. Nach all der Anstrengung konnte ich mich kaum noch auf den Beinen halten, doch man erlaubte uns nicht, uns zu erholen. Plötzlich standen ein paar Unteroffiziere vor uns und teilten unsere Gruppe auf. Jeder Unteroffizier nahm eine bestimmte Anzahl Juden mit und begleitete sie auf dem Weg zu der Arbeit, die man für sie vorgesehen hatte.

Dieser Tag war bestimmt mein Unglückstag; zusammen mit einigen Dutzend anderen fiel ich einem Unteroffizier in die Hände, der berüchtigt war für die großen Qualen, die er den Juden zufügte. Er führte uns zu Haufen von Kohlebriketts, die vorher von Eisenbahnwaggons heruntergeschippt worden waren und die wir nun gleichmäßig im Lager verteilen sollten. Für jemanden, der körperliche Arbeit gewohnt ist, war diese Tätigkeit an sich nicht sehr schwer. Doch der Unteroffizier, der uns überwachte, gab sich alle Mühe, sie uns so unerträglich zu machen wie nur irgend möglich. Obwohl es erst April war, setzte uns die Sonne ziemlich zu, und unsere Körper waren schweißüberströmt. Dennoch quälte uns der Deutsche grausam, er behielt uns nämlich unablässig im Auge und ließ uns nicht einmal kurz zu Atem kommen. Man mußte ununterbrochen schaufeln und die Kohlen ins Lager schippen, und er achtete darauf, daß wir nicht schummelten – die Schaufeln hatten immer voll zu sein. Anfangs war das noch leicht möglich, eine oder auch anderthalb Stunden lang, doch diese Arbeit ging ohne Pause bis zum Abmarsch.

Mehrmals versuchte ich, meinen gebückten, schmerzenden Rücken wenigstens für einen kurzen Augenblick aufzurichten, und ich lauerte die ganze Zeit darauf, daß der Unteroffizier wegschaute. Aber dieser Schuft hatte so gute Ohren, daß er es sofort bemerkte, wenn der Klang meiner Schaufel nicht zu hören war, und dann sprang er sofort mit seiner Peitsche auf mich zu. Ich war schweißgebadet, und von der gebeugten Haltung tat mir der Rücken furchtbar weh. Mein Mund und meine Nase waren voller Kohlenstaub, und ich hatte schrecklichen Durst; aber der Schwabe erlaubte mir nicht, mich zu entfernen und etwas Wasser zu trinken. Auf diese Weise quälte er uns ununterbrochen etwa fünf Stunden lang. Dann ließ er uns eine Pause machen und kündigte an, für uns Brot zu holen. Ich habe mich sehr darüber gefreut, aber – mein Gott – was war das für Brot! Und auf welche Weise »gab« er es uns! Nach ein paar Minuten kam der Schwabe mit einer ganzen Kiste Brot zurück. Es waren

Reste und Stücke, die sehr lange gelegen haben mußten, denn sie waren mit einer dicken Schicht Schimmel bedeckt. Er befahl uns, uns im Kreis um ihn herum aufzustellen, und warf die verschimmelten Brotstücke in die Höhe – wie Knochen für Hunde! Wenn dann die ausgehungerten Juden – fast alle machten nur Vertretung – nach dem Brot schnappten, während es noch durch die Luft flog, und voller Gier es sich gegenseitig aus den Händen zu reißen versuchten und sich dabei fast verprügelten, lachte er zufrieden.

Beim Anblick einer solchen Erniedrigung war ich den Tränen nahe. Mit seinen scharfen Augen bemerkte der Schwabe aber, daß ich nicht nach seinem Brot haschte, und er fragte mich, warum nicht. Ich erwiderte, daß ich keinen Hunger hätte, worauf er sagte, das interessiere ihn nicht, wenn er Brot in die Luft werfe, hätte ich es zu fangen – ob ich wolle oder nicht. Gleichzeitig warf er mit Brot nach mir, und ich mußte es auffangen. Letzten Endes war das besser als geschlagen zu werden. Nach dieser Brot-»Verteilung« wurden wir alle wieder gesammelt, und es begann der Rückmarsch in die Stadt. So sah mein erster Arbeitstag bei den Deutschen in Warschau aus, und daraufhin beschloß ich, am nächsten Tag bei der Gruppenauswahl vorsichtiger zu sein.

Ich lernte schnell und wurde geschickter. Zur Sammelstelle kam ich nun schon um 5 Uhr morgens, denn zu den besten Arbeitsstellen gingen die Gruppen am frühesten. Ich begann, mich zu orientieren, wohin die einzelnen Gruppenleiter gingen, und wenn sie Gruppen für schlechte Arbeitsorte zusammenstellten, versuchte ich, sie zu meiden.

Und auch hierbei mußte man gewitzt sein und flinke Beine haben, vor allem aber Glück. Die schlechten Arbeitsstellen (Okęcie[26], Gestapo, Gendarmerie und andere) ließen ihre Arbeitskräfte von Soldaten abholen. Wenn sie kamen und sahen, daß ihre Gruppenleiter niemanden hatten, weil wegen des schlechten Rufs ihrer Arbeitsstellen die Leute Angst hatten, sich bei diesen Gruppenleitern zu melden, dann schäumten die Soldaten vor Wut und versuchten, sich Arbeiter unter den Menschen zu schnappen, die in großen Mengen auf dem Platz standen. Aber dann leerte sich dieser Platz, der gerade noch voller Juden gewesen war, wie durch einen Zaubertrick. Alle zerstreuten sich in die umliegenden Häuser und versteckten sich in den Treppenaufgängen oder auf den Dachböden. Viele Dutzend Male mußte ich mich auf diese Weise vor einer schweren Arbeit voll unmenschlicher Qualen und Schmerzen schützen.

Die Deutschen – größtenteils SS-Männer – liefen dann auf dem Platz herum, brüllten so laut, wie sie konnten und wie sie das auch sonst gern taten, und schwangen dabei ihre Revolver und Peitschen. Immer wieder schossen sie zur Warnung in die Luft, und wenn sie einen Juden entdeckten, der floh, zögerten sie auch nicht, auf ihn zu schießen. Bekamen sie einen Juden zu fassen, verprügelten sie ihn, vor Wut bebend, so sehr, daß der Ärmste an diesem Tag wohl kaum mehr imstande war zu arbeiten – und dafür gab es dann weitere Schläge.

Ich kauerte also mucksmäuschenstill in einem Versteck und hatte schreckliche Angst, von den Deutschen entdeckt und dann blutig geschlagen zu werden. Wie oft gingen diese Henker nur ein paar Schritte entfernt an mir vorbei, und wie oft zitterte ich dann vor Angst! Erst wenn ich sicher war, daß die Banditen ihre Arbeiter eingefangen hatten – Dummköpfe oder Pechvögel gab es nämlich immer genug – und daß sie alle fort waren, verließ ich mein Versteck.

In den folgenden Wochen, bis Mitte Mai, war ich immer auf der Hut, so daß ich nie mehr auf eine schlechte Arbeitsstelle hereinfiel, und ich arbeitete nur noch dort, wo, nach meiner Kenntnis, die Bedingungen einigermaßen annehmbar waren. Bis auf weiteres hatte ich noch keine eigene feste Arbeitsstelle und arbeitete jeden Tag woanders. Ich arbeitete in der SS-Kaserne in der Rakowiecka.[27] Dort mußten wir einen halben Tag lang eine große eiserne Walze ziehen, mit der wir die Kieswege walzten. Dabei trieb man uns nicht zu größerer Eile an, so daß ich mich nach dieser Arbeit nicht müde fühlte. Aber an dem Tag, an dem ich hier arbeitete, verprügelte ein SS-Mann einen Juden; deshalb beschloß ich, dort nicht mehr hinzugehen. Jeweils einen Tag lang arbeitete ich in der Fabrik »Ursus« in der Skierniewicka[28], in der SS-Kaserne in der Koszykowa, im Palais Brühl[29], im Łazienki-Park[30], im Stadion der Nazis in Mokotów[31], in der Kaserne in der Narbuta, bei den ZOM [Stadtreinigungsbetrieben][32] und, zwei Tage lang, in der Kaserne der SS-Reitereinheiten in Służewiec.[33]

Ich arbeitete noch an anderen Stellen, aber wo genau, daran kann ich mich leider nicht mehr erinnern. Einige von denen, die ich erwähnt habe, hatten besondere Merkmale.

Bei »Ursus« in der Skierniewicka dauerte die Arbeit nur ein paar Stunden, bis 13 Uhr. Vor und nach der Arbeit wurden wir alle am Fabrikeingang vom *Werkschutz* durchsucht.[34] Dort teilte man mich einer Gruppe zu, die Möbel irgendwohin tragen mußte, wo irgendwelche Räume eingerichtet wurden. Die Arbeit war nicht schwer; ich selbst war eigentlich nur eine Stunde lang beschäftigt, danach ruhte ich mich aus, bis wir die Fabrik verließen. Heimlich, um es den *Werkschutz* nicht sehen zu lassen, bot mir eine deutsche Köchin, der ich ein paar Eimer Kohlen in die Küche gebracht hatte, ein Mittagessen an, eine Suppe und dazu ein Kommißbrot. Im Palais Brühl, dem Sitz der »*SS-Totenkopf*«, trug ich Möbel und Holzbretter von Lastern hinüber in die Räume. Im Stadion der Nazis dagegen mußte ich Sportgeräte aus Wagen ausladen. In der Kaserne in der Narbuta putzte ich Fenster in beschädigten Häusern, die in dieser Zeit von polnischen Handwerkern renoviert wurden, damit die Deutschen dort einziehen konnten. Bei den Stadtreinigungsbetrieben mußte ich aus verschiedenen Gebäuden der Stadtverwaltung Möbel hinaustragen und auf Lastwagen laden.

Einen besonderen Charakter hatte die Arbeit in der Kaserne der SS-Kavallerie in Służewiec. Von der Twarda fuhren wir mit zwei großen Lastwagen dorthin. Hier brachte man uns zum Pferdestall, vor dem Reit- und Zugpferde standen, die paarweise aneinander gebunden waren. Wir bekamen Striegel und Kardätschen und sollten die Pferde putzen und striegeln, jeder von uns eines. Da ich Pferde sehr gern habe, gefiel mir diese Tätigkeit gut, zumal uns niemand hetzte oder gar prügelte. Ab und zu kam ein Soldat vorbei, um nachzusehen, ob wir nicht herumlungerten. Ich striegelte und bürstete mein Pferd eine Stunde lang, bis es vor Sauberkeit glänzte. Kurz danach erschien ein SS-Rittmeister zur Kontrolle und prüfte das Fell mit seinem weißen Handschuh. Wessen Pferd nach seiner Auffassung noch nicht sauber genug war, der mußte einfach weitermachen. Anschließend mußten wir die Tiere zum SS-Tierarzt bringen, der sie dann untersuchte. Danach ließ er jeden von uns der Reihe nach zwei Pferde am Halfter nehmen und mit ihnen laufen, damit sie dann nach ihrer Gangart in Paaren aufgestellt werden konnten. Zwischen den Pferden zu laufen, so schnell ich nur konnte, war für mich eine angenehme Unterhaltung; und als sie schon in starken Trab gefallen waren, hängte ich mich in ihr Zaumzeug, so daß sie mich einfach mit sich forttrugen. Diese Arbeit, die für mich eher wie ein Spiel war, dauerte bis 15 Uhr. Dann bekam jeder von uns ein Kochgeschirr voll fetter Suppe, und nach dem Essen fuhren wir zurück in die Stadt.

Am nächsten Tag arbeitete ich wieder dort. Ich hatte die gleiche Arbeit zu verrichten wie am Vortag, nur das Mittagessen war anders. An diesem Tag gab es für uns keine Suppe, statt dessen aber bekam jeder, und zwar erst, als wir in den Wagen stiegen, zwei große Scheiben Brot, sehr dick mit Schmalz bestrichen. Ich kann mich noch heute daran erinnern, wie ich mir nach diesem fetten Bissen die Lippen geleckt habe – so fett hatte ich seit Kriegsausbruch nicht mehr gegessen.

Die leichteste Arbeit machte ich im Łazienki-Park, wo ich ein paar Stunden lang das Laub von den Gehwegen und Alleen zu fegen hatte; den Rest des Tages lag ich faul im Gras und genoß die Sonne.

Nach einer gewissen Zeit – etwa Mitte April oder vielleicht in der letzten Aprilwoche – begann ich, bei einer neuen Einsatzstelle zu arbeiten, und von da an arbeitete ich, wenn ich eine Vertretung machte, nur noch dort. Mein Freund – oder eher Mitbewohner – Marian Kirszblum hatte durch Protektion die Stelle eines Gruppenleiters bei der Jüdischen Gemeinde bekommen, und er war der Arbeitsstelle der »*Rohstofferfassung*« in der Przyokopowa 24 zugeteilt worden.[35] An sich war dies keine gute Arbeitsstelle, denn die Arbeit dort war sehr schwer, aber da ich ja mit dem Gruppenleiter, der immerhin etwas zu sagen hatte, gut bekannt war, konnte ich mit gewissen Vergünstigungen rechnen.

Es handelte sich hier um eine alte Nadel- und Drahtfabrik, die noch aus der Vorkriegszeit stammte und 1939 – während der ersten Kriegsoperationen

– niedergebrannt war; die Juden luden die verbrannten und verschrotteten Maschinen sowie verschiedenste Metallteile auf Eisenbahnwaggons, die dann mit dem gesamten Schrott zu einer Gießerei fuhren. Die Juden arbeiteten unter der Leitung polnischer Arbeiter, von denen ich leider nicht sagen kann, daß wir von ihnen besser behandelt worden wären als von den Deutschen. Der einzige Unterschied war, daß die Polen uns nicht schlugen – wir ließen uns einfach nicht verprügeln –, dafür aber trieben sie uns bei der Arbeit an und machten nicht einmal den Versuch, uns diese schwere Tätigkeit zu erleichtern; sie schrieen uns an, fluchten und beschimpften uns mit unflätigen Ausdrücken – manchmal schlimmer als die Deutschen.

Die Arbeit dort war wirklich sehr hart. Hauptsächlich bestand sie darin, schwere Eisenteile zu schleppen und auf Waggons zu laden; und die Polen ließen uns, obwohl sie das hätten tun können, kaum Atem schöpfen. Außerdem machten sie sich über uns lustig, wenn einer von uns vor Hunger und Entkräftung irgendein schweres Teil nicht so heben konnte wie sie. Und viele von uns fielen beinahe in Ohnmacht, wenn wir mit ansehen mußten, welch große Stücke Wurst und Speck die Polen zu Mittag verschlangen – zu einem Mittagessen, bei dem die meisten von uns nicht mehr als eine Scheibe trokkenes Brot aßen und sie mit Wasser herunterspülten. Es war also kein guter Arbeitsplatz, und ich wäre wahrscheinlich nicht mehr dorthin gegangen, wenn es mir so schlecht ergangen wäre wie den anderen Arbeitern.

Mein Arbeitstag sah ungefähr so aus: Die Gruppe meines Freundes Marian hatte sich anfangs noch auf dem Platz in der Twarda 6 gesammelt, aber seitdem einige Deutsche keine Freiwilligen für ihre Gruppen mehr finden konnten und auf unverschämte Art den anderen Gruppenleitern ihre Arbeiter wegzunehmen versuchten, hatten wir unseren Treffpunkt an die Kreuzung der Straßen Grzybowska und Ciepła verlegt. Die Kollegen unseres Gruppenleiters machten es genauso wie er, und bald kamen auf dem Platz in der Twarda 6 nur noch einige wenige Gruppenleiter zusammen, und zwar die von der SS, weil sie nicht befürchten mußten, daß ein anderer Soldat es wagen würde, ihnen die Leute abspenstig zu machen. Auch die Deutschen hatten nämlich Angst vor der SS; wer den SS-Ausweis besaß, war eben unantastbar.

Unsere Zusammenkunft an der Kreuzung von Grzybowska und Ciepła war fast jeden Morgen mit Abenteuern verbunden, denn die Deutschen hatten herausbekommen, wo die Arbeiter sich sammelten, und versuchten, sie auf den Straßen abzufangen. Ich selbst habe mich damals nicht schnappen lassen, aber es wurden mehrmals auch Arbeiter aufgegriffen, die bereits auf der Liste unseres Gruppenleiters standen.

Fast jeden Morgen mußten wir mit den Deutschen diese Wettrennen veranstalten und Verstecken spielen, allerdings waren das gefährliche Spiele. Die Deutschen verfolgten uns, und wir versteckten uns in den Häusern der Grzybowska und Ciepła. Sie waren uns immer auf den Fersen und stürmten in diese Häuser hinein, aber wir rannten dann schon weiter, die Treppen hinauf, auf die Dachböden und in irgendwelche Winkel – wohin und so schnell wir nur konnten. Die Bestien waren manchmal sehr gewitzt, und es war nicht immer leicht, sich vor ihnen zu verbergen; doch am Ende ist ein wirklich schlauer Jude stets imstande, einen Schwaben an der Nase herumzuführen. Es kam vor, daß ein polnischer Pförtner uns nicht zum Einfahrtstor seines Hauses hereinlassen wollte; dann drängten wir auch nicht darauf, denn selbst wenn wir bei ihm ein Versteck gefunden hätten, hätte ein solcher Pole uns doch leicht verraten.

Nach einiger Zeit sah sich unser Gruppenleiter gezwungen, unseren Treffpunkt in der Grzybowska weiter die Straße hinauf zu verlegen, wo wir uns dann im Hof einer niedergebrannten Fabrik sammelten. In dieser Gruppe – für die Arbeitsstelle in der Przyokopowa – waren wir sechzig bis achtzig Leute.

Sobald ich zur Arbeit erschienen war, wurden mir, wie allen anderen auch, bestimmte Aufgaben zugewiesen. Ich fing dann an zu arbeiten, aber nach einigen Minuten nutzte ich irgendeine Gelegenheit – oft auch die Verwirrung, die immer wieder beim Beladen der Waggons entstand –, um mich heimlich zurückzuziehen, und ging in ein Gebäude, das zur Hälfte abgebrannt war und in dem mein Freund und Gruppenleiter sich auf dem Dachboden ein »Büro« eingerichtet hatte. Aus Holzbrettern und Pfählen hatten wir dort einen Tisch und ein paar Sitzgelegenheiten gebaut. Hier verbrachte ich gewöhnlich die ganze Arbeitszeit; ziemlich oft spielte ich mit meinem Gruppenleiter Karten, oder wir lasen Zeitung, nur um die Zeit totzuschlagen. Manchmal langweilte ich mich auf diesem Dachboden derart zu Tode, daß ich schon nahe daran war, arbeiten zu gehen, aber dann schien mir die Langeweile doch besser zu sein als die unbezahlte schwere Arbeit, die wir mit leerem Magen und unter der Leitung von Polen, die uns nicht leiden konnten, verrichten mußten; sie sagten oft zu uns – und damit folgten sie der deutschen Propaganda –, die Juden hätten den Krieg ausgelöst und »der goldene Hitler« habe »den Juden das Arbeiten beigebracht«.

Wenn wir oben auf dem Dachboden waren, mußte einer von uns immer an dem kleinen Fenster sitzen und Wache halten. Manchmal kam der Fabrikdirektor, ein Deutscher, vorbei, um uns zu kontrollieren; auf das Zeichen, daß er komme, rannte ich schnell hinunter, um an meinem Arbeitsplatz zu sein – und dort mußte ich dann auch so lange bleiben, bis er wieder abfuhr. Der Direktor war ein grausamer, dicker Schwabe, der in der Hand eine Peitsche hielt, mit der er zu seinem Spaß immer wieder unsere Rücken »behandelte«, und ich persönlich zog es vor, ihn nicht kennenzulernen.

Normalerweise dauerte die Arbeit bis 3 Uhr nachmittags; wenn aber bis dahin der Waggon nicht vollgeladen war, mußten wir so lange bleiben, bis wir mit dem Beladen fertig waren.

Das erste jüdische Ostern* im Krieg – im April 1940 – unterschied sich in nichts von einem normalen Alltag. Am ersten Feiertag arbeitete ich in der Przyokopowa. Trotzdem wollte ich diesen Feiertag, der für die Juden sehr wichtig ist, irgendwie begehen und kaufte mir darum in der Mirowska-Halle[36] ein Kilo Weißbrot. Bei meiner Finanzlage war das eine recht große Ausgabe. Zum ersten Mal in meinem Leben gab es in diesem Jahr bei uns nicht die verschiedenen traditionellen Speisen, dieses Essen, das dem Fest immer seinen besonderen Charakter und Charme verlieh. Lediglich von der jüdisch-amerikanischen Hilfsgesellschaft »Joint« bekamen wir eine kleine Ration Matze, Zwiebeln und Eier, insgesamt so wenig, daß es vielleicht gerade reichte, einer Person den hohlen Zahn zu füllen, aber wir waren schließlich zu sechst.[37]

Zu sechst, denn J.[?] M.[oszkowski], der Feldscher, wohnte noch immer bei uns; obwohl er inzwischen nicht schlecht verdiente, nahm er die Gastfreundschaft meiner Eltern weiterhin in Anspruch. Ich war darüber sehr erbittert, weil er anscheinend in dieser Hinsicht mehr Rechte hatte als ich. Er war ein schrecklicher Egoist, ich hatte ihn sehr gut kennengelernt, und seitdem haßte ich ihn regelrecht. Wenn wir alle zusammen am Frühstückstisch saßen und meine Familie ihr rationiertes trockenes Brot und schwarzen Kaffee zu sich nahm, war dieser Mensch imstande, sich Butter von einem 2-kg-Klumpen, den er von seinem Verdienst nur für sich gekauft hatte, scheibenweise aufs Brot (unser Brot!) zu legen, diese Butterscheiben waren etwa einen Zentimeter dick. Dabei waren wir doch so ausgehungert – meinem Vater ging es weiterhin schlecht – und so begierig nach einem Stück Butter, uns lief das Wasser im Munde zusammen, aber nie hat dieser Lump auch nur versucht, uns etwas davon anzubieten. Wenn man bedenkt, wie viele Monate er mit uns unter einem Dach lebte – ausgehalten von meinen Eltern! Er genoß seine Butter und äußerte laut sein Entzücken, um uns weh zu tun. Beim Anblick dieses Klumpens Butter, der mir nicht gehörte, kam mir das trockene Brot noch bitterer vor, als es tatsächlich war.

Im April erkrankte ein Bewohner unseres Hauses an Fleckfieber, und das Haus in der Prosta 19 wurde zunächst für sechs Tage und dann noch einmal für zehn Tage abgesperrt. Eine Verordnung der deutschen Behörden hatte alle Ärzte dazu verpflichtet, jede Epidemie dem zuständigen Gesundheitsamt zu melden, das daraufhin das von der Krankheit betroffene Haus sperren ließ. Das war nichts weiter als ein gutes Geschäft, denn das zuständige Gesundheitsamt riegelte das Wohnhaus ab und wartete ein paar Tage lang darauf, daß die Hausbewohner bestimmte Beamte bestachen. Wenn nichts Derartiges geschah, kamen Mitarbeiter der Desinfektionsstelle ins Haus, und dann hatte jeder Haus-

* Der Autor gebraucht hier das polnische Wort *Wielkanoc* (»Ostern«), nicht den hebräischen oder jiddischen Begriff für das jüdische Pessach-Fest.

bewohner die Möglichkeit, einzeln mit ihnen zu verhandeln und mit Hilfe eines Bestechungsgeldes der Karboldesinfektion zu entgehen. Die Sanitätskolonne nahm dann im ganzen Haus Desinfektionen vor, ohne Rücksicht darauf, ob eine Wohnung sauber oder schmutzig war; saubere Wohnräume desinfizierten sie sogar besonders oft, weil sie gerade dort mit einem Verdienst rechnen konnten. Danach mußten alle Hausbewohner in das städtische Bad gehen, dort ein Dampfbad nehmen und in speziellen Öfen ihre Kleidung desinfizieren lassen. Die Absperrung des Wohnhauses wurde erst dann wieder aufgehoben, wenn alle Hausbewohner eine Bescheinigung des Stadtbades vorlegen konnten. Selbstverständlich konnte man sich für ein paar Złoty eine solche Bestätigung ausstellen lassen, ohne das Bad in Anspruch genommen zu haben. So machten es vor allem die jüdischen Frauen, denn die Polen beim Gesundheitsamt und in den Bädern schikanierten sie gewöhnlich – das Personal der Bäder rasierte ihnen nämlich sehr gern die Köpfe.

Zweimal wurde also über uns Hausarrest verhängt. Auf der Straße vor dem Hauseingang stand ein polnischer Polizist Wache, alle zwei oder drei Stunden wurde die Wache abgelöst. Der Polizist hatte den Hausschlüssel und ließ nur Personen hinein oder heraus, die sich mit einem Passierschein vom Gesundheitsamt ausweisen konnten oder aber Schmiergeld bezahlten. Das Schmiergeld betrug ein paar Złoty und war der beste Passierschein. Da die Hausbewohner jedesmal zahlen mußten, wenn sie hinein- oder herausgingen, war die Versorgung mit Lebensmitteln sehr kostspielig geworden; aber wenn es so ablief, war dies noch einigermaßen angenehm. Es gab nämlich auch Polizisten, die sich nicht bestechen ließen und das Einfahrtstor überhaupt nicht öffneten, für niemanden.[38]

Unser Fenster ging auf die Straße hinaus, einer unserer Verwandten besorgte uns Lebensmittel, und wir zogen die Einkaufskörbe mit einer Schnur in unsere Wohnung herauf. Ich erinnere mich, daß ich – während der zweiten Absperrung – nach ein paar Tagen große Lust verspürte, auf die Straße hinauszugehen. Ich hatte aber kein Geld, um den Polizisten zu bestechen, und als dieser einmal unserem Fenster den Rücken zukehrte, nutzte ich die Gelegenheit und sprang aus dem Fenster auf die Straße. Das Fenster war im Hochparterre, etwa dreieinhalb Meter über dem Bürgersteig, und ich bin unglücklich gesprungen. Ich landete mit großer Wucht auf den Fersen, ging in die Hocke und konnte mich mehrere Minuten lang nicht rühren. Mit Müh und Not schleppte ich mich schließlich doch noch bis zur Wohnung meines Großvaters in der Żelazna – sie lag ja nicht sehr weit von unserer entfernt. Mein Großvater, der Oberfeldscher war, untersuchte mich und stellte fest, daß ich mir durch den unglücklichen Sprung einen Sehnenriß zugezogen hatte. Danach bekam ich hohes Fieber und konnte meine Beine nicht mehr richtig bewegen. Wie ein Invalide schleppte ich mich an diesem Tag wieder nach Hause. Ich ging beinahe auf allen vieren und weinte vor Schmerzen. Mein Freiheitsdrang kostete mich noch mehrere Tage Fieber und Bettruhe, und seitdem habe ich nie wieder versucht, aus unserem Fenster zu springen.

Im April ging meine ältere Schwester Pola auf die Krankenpflegeschule am Jüdischen Krankenhaus in Warschau. Zu dieser Schule gehörte auch ein Internat, das von der oben erwähnten Hilfsorganisation »Joint« unterhalten wurde.[39] Das Schulgeld, das mein Vater für meine Schwester zu zahlen hatte, war nicht hoch, denn sie konnte Sonderansprüche geltend machen.[40] Auf diese Weise waren wir nun nur noch vier – und natürlich dieser Freund aus Łódź, der weiterhin so unverschämt war, unsere Gastfreundschaft in Anspruch zu nehmen.

In dieser Zeit begannen in Warschau Plünderungen bei der jüdischen Bevölkerung, die sich sehr schnell zur Plage auswuchsen. Höhere SS-Offiziere kamen zu den Juden in die Wohnungen und nahmen alles mit, was ihnen gefiel: Geld, Schmuck, Kleidung und sogar Unterwäsche – selbstverständlich nur, wenn sie ihrem Geschmack entsprach. Auf diese Weise hat meine Mutter ihre kostbare Ledertasche verloren, die sie aus Łódź mitgebracht hatte und die dann bei meinem Großvater lag. Eines Tages nämlich drangen einige SS-Offiziere in seine Wohnung in der Żelazna 42 ein und nahmen unter anderem Kleidung und Unterwäsche und eben diese Tasche mit. In ihrer Gemeinheit hatten sie meiner Großmutter sogar den goldenen Ehering vom Finger gezogen.[41]

In der zweiten Maihälfte verbesserte sich meine materielle Lage ein bißchen. Die Jüdische Gemeinde begann damals für deutsche Arbeitsstellen Facharbeiter – jüdische Handwerker – anzunehmen. Diese Handwerker bekamen dann von der Gemeinde einen Tagelohn von 5 Złoty und, davon unabhängig, obendrein einen Tagelohn von den Deutschen. Allerdings gab es, ähnlich wie schon im Frühjahr, bei der Verteilung solcher Arbeitsstellen einige Schwierigkeiten: Da auf eine Stelle zehn Bewerber kamen, mußte man Protektion, Beziehungen oder Geld spielen lassen.

Ich bemühte mich mit Volldampf, eine Stelle als Mechaniker zu bekommen. Und auch diesmal waren meine Bemühungen nur aufgrund von Beziehungen erfolgreich – auch wenn es sich dabei gar nicht um meine eigenen Beziehungen handelte. Ich hatte mich nämlich damals mit einem sehr hilfsbereiten Cousin, Arnold Fogler, angefreundet, und er war es, der mir geholfen hat. Durch ihn lernte ich einen seiner Bekannten kennen, einen jüdischen Gruppenleiter, der in dieser Zeit für seine Arbeitsstelle jüdische Kraftfahrer und Automechaniker anwarb.[42] Obwohl ich weder Fahrer noch Automechaniker war, meldete ich mich bei ihm und behauptete, daß ich ein Fachmann sei, also genau das, was er suche. Ich hatte nichts zu verlieren und hoffte im übrigen, mit den Autos zurechtzukommen; ich hatte zwar auf diesem Gebiet keine Praxis, aber immerhin viel Ahnung. Der Gruppenleiter stellte mich, auch wenn er ein Bekannter war, natürlich nicht bloß ein, weil ihm meine Nase paßte. Ich mußte ihm dafür das erste Wochengeld geben, das ich von der Gemeinde bekommen hatte, also 30 Złoty.

Zu dieser Arbeit mußte jeder Handwerker sein eigenes Werkzeug mitbringen, so daß auch ich mir welches anschaffte, vorher hatte ich keines besessen. Für das Geld, das ich während meiner Arbeit als Vertretung bisher gespart hatte, besorgte ich mir einen Hammer, einen Meißel, einen Schraubenzieher, einen Schraubenschlüssel und noch ein paar andere wichtige Autowerkzeuge. Sie erwiesen sich später als unentbehrlich. Schließlich kaufte ich mir auf einem Trödelmarkt noch einen Militärbrotbeutel, um all dieses Werkzeug zur Arbeit schleppen zu können.

Am vorletzten Montag im Mai begann ich, an meinem neuen Arbeitsplatz zu arbeiten, an einem Arbeitsplatz, der ein Geschenk des Himmels war. Meine Arbeitsstelle war in den abgebrannten Gebäuden des ehemaligen M.S.W. [Ministeriums für Militärangelegenheiten] oder – besser gesagt – auf dem Platz, wo diese Gebäude einmal gestanden hatten, in der Ulica 6 Sierpnia am Plac Zbawiciela.[43]

Schon am ersten Morgen erlebte ich eine angenehme Enttäuschung. Bisher war ich immer mit einer ganzen Gruppe zur Arbeit bei den Deutschen gegangen; dadurch hatte dieser Weg einen besonderen Charakter gehabt, zumal wir dabei von deutschen Soldaten eskortiert wurden. Hier jedoch durfte jeder von uns einzeln und auf seine Weise zur Arbeit kommen und abends auch so nach Hause gehen. Das verlieh der ganzen Arbeit ein menschliches Gepräge; es war wie unter normalen Bedingungen.

Die Arbeit begann jeden Tag um 7 Uhr morgens und endete um 17 Uhr, von 12 Uhr bis 12.30 Uhr gab es eine halbstündige Pause. Vor dem Eingangstor hielt die polnische Polizei Wache; nur am ersten Tag wurden wir beim Hinein- und Hinausgehen von diesem Posten durchsucht, danach gab es keine derartigen Kontrollen mehr, so daß wir das Gebäude ohne Schwierigkeiten betreten und verlassen konnten. Ich benutze die Form »wir«, denn mit mir zusammen waren wir insgesamt neun Juden. Die anderen Männer waren alle älter als ich – ich war der jüngste –, und sie waren überwiegend Fahrer und Automechaniker von Beruf. Außer uns waren dort noch zehn Polen, drei Ukrainer und ein paar Deutsche beschäftigt, wir alle hatten dieselben Tätigkeiten zu verrichten; und manchmal arbeiteten wir sogar in Gruppen mit allen Nationalitäten zusammen.

Die Stellen als Meister hatten ausschließlich deutsche Handwerker inne. Wir Juden gehörten zusammen mit den Ukrainern und einem Deutschen zu einer Gruppe, die unter der Leitung eines solchen deutschen Meisters arbeitete. Unsere Tätigkeit war sehr interessant und nicht besonders schwer, aber ich muß sie ein bißchen genauer beschreiben.

Kurz vor Kriegsausbruch und auch kurz danach hatten die Polen die Beschlagnahmung aller privaten Kraftfahrzeuge angeordnet. Diese Wagen waren dann gesammelt auf dem Platz am Ministerium für Militärangelegenheiten abgestellt worden. Als die Deutschen in Warschau einmarschierten, geriet alles, was auf dem Platz stand, in ihre Hände, Tausende von Autos, Personen- und Lastkraftwagen, aber auch Rennwagen und Motorräder. Während der Belagerung Warschaus wurden diese Wagen zum Teil durch die Kampfhandlungen und zum Teil durch Plünderungen zerstört, so daß nur noch eine kleine Anzahl davon etwas taugte. Dieses Autoparks hatte sich dann eine deutsche Firma angenommen, die Alteisen und anderen Schrott aufkaufte und nach Deutschland schickte. Und diese Firma hatte sich aus Mangel an arischen Arbeitskräften, denen sie im übrigen auch fünfzig Prozent mehr Lohn hätte zahlen müssen, an die Jüdische Gemeinde gewandt und sie gebeten, ihr Arbeitskräfte zur Verfügung zu stellen. Auf diese Weise hatten ich und die anderen jüdischen Kollegen diese Arbeit bekommen.

Unter der Leitung des deutschen Meisters nahmen wir die nicht mehr reparierbaren Wagen auseinander und sortierten dann die Bestandteile nach Buntmetallen (Aluminium, Zinn, Kupfer usw.); reparierbare Autos dagegen setzten wir instand, so daß die Firma sie danach an deutsche Militärs verkaufen konnte. Die Arbeit dort ging mir sehr leicht von der Hand; die Bedingungen waren gut, und man behandelte uns auch nicht schlecht, was so sehr im Gegensatz zu allen meinen bisherigen Erfahrungen bei deutschen Arbeitsstellen stand, daß es einfach nicht zu glauben war. Unser deutscher Meister war – im Vergleich zu anderen – ein prima Kerl und, was außergewöhnlich war, er behandelte uns Juden genauso wie die Arier. Man brauchte nur so zu arbeiten, wie er das wünschte; dann wurde man nicht zur Eile angetrieben und hörte von ihm kein böses Wort. Ganz im Gegenteil, wenn er mit einem von uns zufrieden war, dann kam er ihm entgegen und bemühte sich – außerhalb seiner Arbeit – für ihn bei der Direktion um Passierscheine, Bescheinigungen und ähnliches.

Außerdem arbeitete ich draußen auf dem Platz unter freiem Himmel; und da dieser Sommer besonders schön war, machte das um so mehr Spaß. Als die Ukrainer sahen, wie der Deutsche mit uns umging, verhielten auch sie sich uns gegenüber nicht besonders schlecht – sie blieben eher gleichgültig. Nur die Polen, vor allem die Mechaniker, versuchten ab und zu, einen von uns zu hänseln, wurden jedoch bei diesen Versuchen vom Meister gebremst.

Ich hatte mich sehr schnell mit der Konstruktion der verschiedenen Fahrzeuge vertraut gemacht, so daß ich mit meiner Arbeit hinter den erfahrenen Fachleuten nicht zurückblieb.

Auch die Bezahlung war für die damaligen Verhältnisse nicht schlecht. In den ersten zwei Wochen bekamen wir von der Firma 8 Złoty täglich und dazu noch die 5 Złoty von der Jüdischen Gemeinde. Zusammen machte das 13 Złoty pro Tag, und das für eine Tätigkeit, mit der ich ohnehin sehr zufrieden war. Ich konnte also meinen Lebensunterhalt allein bestreiten und erlaubte mir dabei sogar, mehr Brot zu essen, als ich das früher getan hatte; außerdem versuchte ich noch, für Notzeiten ein bißchen Geld auf die hohe Kante zu legen.

Nach zwei Wochen jedoch hörte die Gemeinde auf, uns die 5 Złoty pro Tag auszuzahlen[44]; zunächst vermuteten wir, die Gemeindeangestellten seien zu dem Schluß gekommen, daß ein Tagelohn von 13 Złoty für uns viel zu hoch sei. Wie sich später aber herausstellte, hatte die Gemeinde uns offiziell weiter bezahlt, aber die Kassierer und unser Gruppenleiter hatten das Geld gemeinsam unterschlagen. Tatsache war, daß wir nach zwei Wochen nur noch die 8 Złoty täglich von der deutschen Firma bekamen. Das war natürlich nicht mehr so viel wie früher, trotzdem mußte es mir für eine bescheidene Verpflegung reichen.

Das Brot für mein Frühstück und Mittagessen nahm ich mir morgens immer mit, dazu eine Flasche dünnen schwarzen Kaffee. Zur Arbeit ging ich zu Fuß oder fuhr mit der Straßenbahn, je nachdem wie spät es war; die erste Voraussetzung für ein gutes Verhältnis zu unserem Meister war nämlich Pünktlichkeit. Bei ihm war es einfach ausgeschlossen, zu spät zu kommen. Wie ich eben schon erwähnt habe, fingen wir jeden Tag pünktlich um 7 Uhr an zu arbeiten; wenn ich bis dahin genug Zeit hatte, aß ich vor der Arbeit noch mein »Frühstück«.

Der Meister teilte jedem von uns einen oder zwei Wagen zu, die wir entweder auseinanderzunehmen oder zu reparieren hatten, und danach ließ er uns allein. Die Arbeit ging mir dann leicht von der Hand; man arbeitet bekanntlich besser, wenn man keiner Aufsicht mit Knute und Revolver ausgesetzt ist. Im übrigen war das eine überaus interessante und lehrreiche Tätigkeit für mich. Ich habe sehr viel dabei gelernt, unter anderem auch Autofahren. Mit einem Wort – diese Arbeit mochte ich sehr. Eine Autoreparatur auszuführen war allerdings schon ein bißchen schwieriger, doch auch damit kam ich zurecht. Zunächst arbeitete ich zwar länger als andere, aber nur in den ersten Tagen, ich war ein geschickter Lehrling.

Bei der Zerlegung von Autos wurde zuerst der Motor herausgenommen und danach meistens mit einem schweren Hammer zerschlagen, dann wurden die »Innereien« aus dem Motor genommen, sie gehörten in jedem Fall zum Schrott; das Ziel des Ganzen war, die Metalle nach ihrem Wert voneinander zu trennen. Alle anderen Bestandteile der zerlegten Autos wurden ebenfalls sortiert: Die Fahrgestelle kamen auf einen Haufen, die Blechteile der Karosserien auf einen anderen usw. usw. Manchmal mußte ich so schöne teure Wagen zu Schrott zerlegen, daß mir das Herz wehtat, denn das alles sollte ja für Munition verwendet werden, also gegen unsere Brüder! Aber was half es? Das Leben ist gnadenlos, und man mußte das alles tun, um weiterexistieren zu können.

So gingen oft die besten Automarken der Welt durch meine Hände: Packard, Chrysler, Rolls Royce, Buick und viele andere, die ich unter normalen Umständen niemals hätte anfassen können. Hier nun aber zerlegte oder zerschlug ich sie, dank eines seltsamen Zufalls, zu Schrott. War aber an einem Auto, damit es wieder fuhr, nur eine kleine Reparatur vorzunehmen – und das kam ziemlich oft vor –, dann reparierte ich es. Während der Reparatur mußte man selbstverständlich den Motor anlassen, und so waren Probefahrten notwendig; bei diesen Gelegenheiten lernte ich Autofahren, und zwar so gut, daß ich nach zwei Wochen Arbeit im Autopark alle Autos jeder dort vorhandenen Marke bestens fahren konnte. Meine damaligen Arbeitskollegen, die Kraftfahrer, haben nur gestaunt, nach welch kurzer Zeit ich ihr Fach beherrschte.

Sehr oft sahen uns beim Arbeiten deutsche Besucher zu. Am häufigsten kamen Nazis vorbei, die »schwarzen« von der SA[45] und der *SS-Totenkopf* – kurz, die Elite der Hitlerbanditen. Aber da wir während der Arbeit keine weißen Armbinden trugen und genau wie die Deutschen, Ukrainer und Polen verdreckt waren von Schmierfett und Öl, waren wir von den anderen anscheinend nur schwer zu unterscheiden, und so machten diese Schwaben keine boshaften Bemerkungen. Ganz im Gegenteil, sie begannen sogar mehrmals Gespräche mit den anderen und auch mit mir, und wir unterhielten uns miteinander.

Oft kamen die Deutschen, meistens Offiziere der obengenannten Verbände, in den Autopark, um sich ein Ersatzteil auszusuchen oder bei der Firma ein Auto zu kaufen. Da nur wir Juden Deutsch sprechen konnten, wies der Meister dann einen von uns an, diese Deutschen fachmännisch zu bedienen. Da er mich mochte und ich übrigens von uns allen auch am besten Deutsch konnte, betraute er mich oft mit dieser Aufgabe. Auf diese Weise verbrachte ich immer wieder mal einen halben, mal auch einen ganzen Tag bis zum Feierabend mit einem SS- oder SA-Offizier auf dem Platz, und wir versuchten, für ihn das richtige Auto zu finden. Wir probierten die Autos so lange aus, bis er sich eines ausgesucht hatte, das seinen Wünschen entsprach, oder ich montierte auch aus verschiedenen Autos gute Ersatzteile heraus und baute sie dann in das Auto ein, das er zum Kauf ausgesucht hatte. Der Schwabe folgte mir wie ein Schatten und redete sehr freundlich und sympathisch, denn er wußte nicht, mit wem er es zu tun hatte. Oft wurde ich gefragt, woher ich so gut Deutsch könne, worauf ich immer erklärte, ich hätte es speziell im Hinblick auf den kommenden Krieg gelernt. Mit dieser Antwort waren die Verbrecher dann immer sehr zufrieden. Ach, wenn sie damals geahnt hätten, mit welcher Freude ich sie in Stücke gerissen hätte! Sie hätten bestimmt nicht mehr so nett gelächelt, wenn sie gewußt hätten, mit wem sie es zu tun hatten und wie sehr ich sie haßte. Aber ich beherrschte mich und tat alles, um meine Gefühle unter einer Maske von Gleichgültigkeit sorgfältig zu verbergen. Zur Belohnung für die Gefälligkeiten, die ich ihnen erwies, bekam ich von den Schwaben gewöhnlich ein paar Złoty oder eine Schachtel Zigaretten. Das nahm ich gern an; sie wußten ja nicht, daß sie diese Geschenke einem Juden gaben.

Im Laufe der Zeit fiel uns auf, daß die polnischen und ukrainischen Mechaniker heimlich verschiedene Autoteile aus dem Autopark hinaustrugen. Daraufhin fingen wir Juden ebenfalls damit an. Jeder von uns schaffte auf eigene Faust alles nach draußen, was wertvoll war und was man hinausbringen konnte, ohne die Aufmerksamkeit der deutschen Firmenleitung oder der polnischen Polizei zu erregen. Mein Interesse an der Arbeit sank auf ein Minimum. Ich trieb mich nun ständig auf dem Platz herum, egal ob es nötig war oder nicht, schraubte da und dort aus den Autos die verschiedensten Teile heraus und schaffte sie jeden Tag aus dem Autopark nach draußen. Samstags, wenn die Arbeit nur bis 13 Uhr dauerte, verkaufte ich sie dann weiter an Händler auf dem Kercelak.*

Ich nahm alles, was sich abmontieren ließ: Anlasser (Dynamos, »Delco«-Apparate**), kleine Scheinwerfer, Glühlampen, Wagenplanen für Limousinen, mehrstimmige Hupen, Kontakte usw. Am besten verkauften sich die ledernen Sitzbezüge, denn Leder war damals sehr teuer. Wenn es in irgendeinem Behälter noch Benzin gab, füllte ich es in Flaschen ab. Ein einziges Mal habe ich in einem französischen Wagen – wenn ich mich nicht irre, war es ein Peugeot – eine Autouhr gefunden. Ich habe mich sehr gewundert, daß sie zu diesem Zeitpunkt noch nicht abmontiert und herausgenommen worden war, denn alle Wagen hatten vor mir schon die Polen und die Ukrainer durchsucht.

All diese Gegenstände, die ich nach draußen schaffte, brachten mir ziemlich gute Gewinne und obendrein eine doppelte Genugtuung: Ich verdiente nicht nur besser, ich verdiente gerade dadurch mehr, daß ich den Deutschen stahl, was sie für ihr Eigentum hielten. Einmal allerdings hätte ich diesen materiellen Gewinn und die Genugtuung, den Deutschen Schaden zufügen zu können, fast mit dem Leben bezahlt. Ich entging dem Tod nur um Haaresbreite.

An jenem Tag hatte ich aus einem Wagen einen »Delco«-Anlasser herausmontiert. Nach der Arbeit steckte ich ihn ganz tief in meinen Brotbeutel, unten auf den Boden, und darüber legte ich meine metallene Werkzeugkiste sowie die leere Kaffeeflasche. Der Anlasser nahm aber – mit allen Kabeln, die dazugehörten und eingewickelt waren – ziemlich viel Platz ein, so daß mein Brotbeutel sehr vollgestopft aussah. Zufällig stand an diesem Tag der deutsche Firmenchef am Ausgang des Autoparks und paßte auf, daß wir nichts hinausbrachten. Sein Blick fiel sofort auf meinen vollgestopften Brotbeutel, und er

* *Kercelak:* Damals ein bekannter Marktplatz in Warschau. Der offizielle Name des Platzes lautet: *Plac Kercelego.*

** Gemeint sind Anlasser der US-amerikanischen Firma »Delco Remy«, die sich auf die Herstellung elektrischen Kfz-Zubehörs spezialisiert hat.

rief mich zu sich und fragte mich, was ich denn da drin hätte. Ich antwortete: »Werkzeug natürlich.« Aber meine Antwort stellte ihn nicht zufrieden, und er befahl mir, die Sachen zu zeigen. Ich erinnere mich, daß mir der Schreck in die Beine fuhr und das Blut in den Adern erstarrte. Während ich die Riemchen meines Beutels löste, dachte ich an mein bevorstehendes Ende, gleich würde ich bei der Gestapo landen, und dann würde mich eine Kugel treffen.[46] Leb wohl, schöne Welt!

Ich weiß nicht, welchen Umständen ich mein unwahrscheinliches Glück zu verdanken hatte: Der Deutsche blickte nur kurz in meinen Brotbeutel, und als er sah, daß dort lauter Werkzeug lag – es lag oben und bedeckte das gestohlene Gerät –, suchte er nicht mehr weiter und ließ mich einfach gehen.

Dieses Erlebnis berauschte mich so, daß ich wie betäubt die Straße entlangging. Ich hatte einen Schock, und zugleich war ich fassungslos vor Freude. Auf der Straße erzählte ich dann meinen jüdischen Kollegen, was ich in meinem Brotbeutel hatte. Sie wollten mir nicht glauben, bis ich es ihnen zeigte; sie waren entsetzt, aber bestaunten mich zugleich wegen meines unerhörten Glücks und konnten nur noch die Köpfe schütteln. Sie sagten, ich hätte mein Leben im Lotto gewonnen. Vielleicht hatten sie recht, denn zwei Wochen vorher hatte derselbe Direktor einen polnischen Mechaniker dabei erwischt, wie er ein kleines Teil aus dem Autopark zu stehlen versuchte, er hatte ihn der Gestapo übergeben, die ihn dann am gleichen Tag erschoß. Wenn der Firmenleiter so etwas mit einem Polen getan hatte, dann hätte er vermutlich nicht gezögert, dasselbe mit einem Juden zu machen. Seit diesem Tag war ich viel vorsichtiger.

Die Arbeit im Autopark lief wochenlang ganz normal weiter, zu Hause aber bahnten sich große Veränderungen an. Zwar hatten sich unsere Ausgaben um einiges verringert – meine Schwester war nicht da, und mein Unterhalt kostete kaum etwas –, aber die Einkünfte meines Vaters aus seiner Praxis in der Klinik und aus der neuen, kleinen Praxis, die er inzwischen in einer Privatwohnung eröffnet hatte, reichten immer noch kaum zum Leben, und so fing er an, allmählich das wenige Gold zu verkaufen, das wir aus Łódź mitgebracht hatten. Aber auch das hätte nicht lange gereicht, und meinem Vater wurde klar, daß er sich nach einer neuen Beschäftigung umsehen mußte. Da Warschau einem Zahnarzt keine Überlebensmöglichkeit mehr bot, schien für einen solchen Neuanfang nur die Provinz geeignet.

Aus einer großen Zahl von Orten wählte mein Vater die Stadt Otwock aus, die in der Nähe von Warschau liegt, denn dort wohnten viele Juden, und nur wenige von ihnen waren Zahnärzte.[47] Dort also wollte mein Vater seinen Wohnsitz und seinen Arbeitsplatz haben. So mietete er eine Wohnung in der Mickiewicza 11, in einer Villa, die einem Juden gehörte, und am 5. Juni 1940 zogen meine Eltern, nachdem sie die Warschauer Wohnung aufgegeben hatten, mit meiner jüngeren Schwester Rysia nach Otwock um. Der Feldscher

J.[?] M.[oszkowski], der schon seit längerer Zeit eine eigene Praxis in Warschau hatte, blieb hier und ließ meine Eltern endlich in Ruhe. Meine ältere Schwester Pola wohnte weiterhin im Internat ihrer Warschauer Schule, und auch ich selbst blieb wegen meiner Arbeit im Autopark in Warschau. Nachdem meine Eltern die Stadt verlassen hatten, zog ich zu meinem Onkel in die Zamenhofa 6, wo wir nach unserer Ankunft aus Łódź schon einmal gewohnt hatten.

V

Nach der Abfahrt meiner Eltern aus Warschau begann ein neuer Abschnitt in meinem Leben. Ich war nun auf mich selbst angewiesen und nahm mir vor, mich von den widrigen Umständen nicht unterkriegen zu lassen, und zwar so lange nicht wie nur irgend möglich. Wie vorher arbeitete ich auch weiterhin im Autopark. Ich wohnte, oder besser gesagt, ich übernachtete bei meinem Onkel in der Zamenhofa 6, wo ich in der Küche auf einem Feldbett schlief. Meinem Onkel ging es inzwischen sehr gut; er verkaufte nun auf eigene Faust Manufakturwaren und verdiente außerdem viel Geld bei Kartenspielen, die in seiner Wohnung stattfanden. Kurz gesagt, er betrog dabei seine Mitspieler und verdiente auf diese Weise leicht und reichlich; das Spiel brachte ihm einen beachtlichen Gewinn. Für damalige Zeiten lebte seine Familie – meine Tante, das kleine Töchterchen und meine Großmutter (seine Schwiegermutter) – auf großem Fuß, genauso wie vor dem Krieg. Sie hatten sogar Ersparnisse, obwohl sie doch dem Anschein nach ganz arme Schlucker gewesen waren, als ich aus Łódź kam. Im übrigen hatte ich einfach zu wenig Zeit, um mich für sie zu interessieren. Die Woche über arbeitete ich im Autopark. Ich ging am frühen Morgen um 5.30 Uhr aus dem Haus und kam abends um 18 Uhr heim. Die restlichen drei Stunden bis zur Polizeistunde verbrachte ich außerhalb der Wohnung und kam dorthin nur zurück, um mich zu waschen, etwas zu essen und zu schlafen, denn die Gesellschaft meiner Verwandten konnte ich nicht ertragen. Schon im Winter hatte ich von ihnen genug gehabt.

Was meinen Lebensunterhalt betrifft, so versuchte ich, meine Ausgaben auf das Notwendigste zu beschränken, um von meinen 8 Złoty Tagelohn noch etwas auf die Seite zu legen – für die »schwarze Stunde« des Hungers. Seit ich dieses Gefühl kennengelernt hatte, hatte ich große Angst davor, Hunger leiden zu müssen. Jeden Tag nach der Arbeit kaufte ich mir also bei einem Straßenhändler an der Kreuzung von Miła und Zamenhofa ein 2-kg-Schwarzbrot; das Brot war dort am billigsten und kostete 3 Złoty oder 3,50 Złoty. Die eine Hälfte, also ein Kilo, aß ich mit Marmelade oder mit selbstgemachtem Quark gleich zum Abendbrot. Dazu trank ich dünnen schwarzen Kaffee mit Saccharin. Ich habe wahrhaftig unheimlich viel Brot zu mir genommen. Aber war das eigentlich wirklich so eine große Mahlzeit? Es war trockenes Brot ohne ein Milligramm Fett. Nach einer Stunde hatte ich wieder Hunger. Und doch war es mehr als vor meiner Beschäftigung im Autopark, da hatte ich nicht einmal halb so viel zu essen gehabt. Die andere Hälfte des Brots, das zweite Kilo, nahm ich immer mit zur Arbeit; ich frühstückte nie zu Hause. Ich aß es auf der Arbeit und trank den dünnen Kaffee nach. Abends um 6 Uhr aß ich den Teller Suppe, den meine Tante immer von ihrem Mittagessen für mich übrigließ. So habe ich mich täglich ernährt. Der Qualität nach taugte meine Ernährung eigentlich nicht viel, doch besseres Essen konnte ich mir nicht leisten. Für alle diese Lebensmittel brauchte ich schon 6 Złoty pro Tag, und die übrigen 2 Złoty mußte ich während der Woche zurücklegen, um mich auch am Sonntag ernähren zu können. Denn sonntags hatte ich frei und verdiente daher auch nichts. Außerdem wollte ich etwas Geld für Notzeiten beiseite legen, und dies nahm ich von meinen Nebenverdiensten aus dem Verkauf der Autoteile, die ich im Autopark stahl.

Ich führte also ein streng organisiertes Leben – wie ein Automat – mit abgezähltem Geld und einer bis auf die Minute verplanten Zeit. Nur nach der Arbeit versuchte ich, mich ein wenig zu amüsieren. Die Arbeit im Autopark war nicht sonderlich anstrengend – Arbeit, die Spaß macht, kann einfach nicht anstrengen, außerdem vermied ich es, bei der Arbeit an diesen Autos allzu sehr ins Schwitzen zu geraten.

Da ich meine Verwandten nicht mochte und nur notgedrungen bei ihnen wohnte, versuchte ich, sie zu meiden. Wie es schien, waren sie davon überzeugt, daß sie mir mit der Unterkunft eine Gnade erwiesen, und ich war zu stolz, um mich mit einer solchen Haltung abzufinden. Ich wollte ihnen nicht dankbar sein müssen und bezahlte sogar für meinen Teller Suppe. Es war zwar nicht viel, nur ein Złoty, aber mehr kostete die Suppe sie auch nicht. Wenn sie mir an Sonntagen beim Mittagessen ein Stück Fleisch anboten, lehnte ich es ab, auch wenn ich für diese Suppe bezahlte. Normalerweise hätte ich das durchaus angenommen, aber ich hatte vorher sehr oft mit ihnen zu Abend gegessen, und während ich mir den Magen mit Marmeladenbrot vollstopfte – Marmelade gab es damals nur auf Marken –, standen Butter, Käse, Wurst, Schinken, Eier und andere Delikatessen auf dem Tisch, und nicht ein einziges Mal haben sie mir etwas davon angeboten. Als sie einige Zeit später ihren Fehler entdeckten, wollte ich ihre so edle Gutherzigkeit nicht mehr ausnutzen. Ich zog mein trokkenes Schwarzbrot ihrem Schinken vor. Und ich versuchte, möglichst selten mit ihnen in Berührung zu kommen. So kam ich abends nach Hause, machte mich ein bißchen frisch und aß meine Suppe; danach zog ich mich um und ging in die Stadt.

Als ich anfing, im Autopark zu arbeiten, hatte ich vom Arbeitsamt der Jüdischen Gemeinde einen Ausweis erhalten, die sogenannte »Arbeitskarte«[48], die mich davor schützte, auf der Straße für den Arbeitseinsatz aufgegriffen zu werden. Diese Karte wurde jeden Monat von einem Kontrolleur abgestempelt.

Bis zur Polizeistunde bummelte ich also zusammen mit meinem Cousin und Freund Arnold Fogler durch die Stadt. Er war zwei Jahre älter als ich und in Berlin geboren. 1938 hatte seine ganze Familie nach Polen aussiedeln müssen – seine Mutter, seine Schwester und er, die alle im Reich geboren waren, und sein aus Polen stammender Vater.[49]

Arnold war ein ausgezeichneter Autoelektriker und arbeitete in diesem Beruf damals bei der Gendarmerie. Da er kaum Polnisch konnte, lernte ich durch den Kontakt mit ihm Deutsch, und mein Deutsch bekam dadurch zugleich einen unverkennbaren Berliner Akzent. Arnold war äußerst sympathisch und lustig, daher mochte ich ihn sehr.

In dieser Zeit traf ich zufällig auf der Straße eine gute Schulfreundin aus Łódź, Mirka Braczkowska.[50] Und auch mit ihr habe ich mich oft nach der Arbeit verabredet. Sie war ein bildhübsches, schöngewachsenes und sehr nettes Mädchen, und ich war in sie verliebt – zum Glück nur ein bißchen, nicht allzusehr. Auf jeden Fall versüßte sie mir viele Stunden nach der Arbeit und an den Sonntagen, die ich ja ganz frei hatte. Zusammen gingen wir oft in Mokotów spazieren, dem Stadtteil, wo sie in der Ulica 6 Sierpnia 18 wohnte (was für ein Zufall, gerade gegenüber dem Ministerium für Militärangelegenheiten, wo auch der Autopark war). Wir verbrachten viel Zeit auf den Feldern und Wiesen von Mokotów, und Mirka konnte mir diese Stunden so schön machen, daß sie mir immer im Gedächtnis bleiben werden. Sie füllte die Leere in meiner Seele, die ich damals spürte, und erfüllte mehr als nur eine meiner jugendlichen Sehnsüchte ... Abends trennten wir uns gewöhnlich so zeitig, daß ich es schaffte, vor der den Juden verordneten Polizeistunde zu Hause zu sein, also vor 21 Uhr.

Eines Abends im Juli aber waren wir so sehr miteinander beschäftigt, daß wir uns zu spät verabschiedeten. Hinzu kam, daß die Straßenbahn, mit der ich nach Hause fahren mußte, sich ebenfalls verspätete, so daß, wenn sie die Marszałkowska erreichte, ich darin der einzige Jude sein würde. Es war genau 9 Uhr abends, und jede weitere Minute, die ich draußen verbrachte, konnte mich das Leben kosten. Polen durften sich bis 22 Uhr auf der Straße aufhalten.[51] Ich erinnere mich, wie ich zwischen vielen Polen an der Straßenbahnhaltestelle stand und mir Gedanken darüber machte, was ich nun tun sollte. Schließlich nahm ich meine jüdische Armbinde ab, und zwar so, daß niemand etwas merken konnte: Ich schob sie einfach in meine Hosentasche ... und dann fühlte ich mich als Pole. Zum ersten Mal seit einem halben Jahr hielt ich mich ohne Armbinde auf der Straße auf, und das war für mich sehr riskant, denn ich war schwarzhaarig wie ein typischer Jude, allerdings hatte ich keine semitischen Gesichtszüge. Ich hatte also, wie mir schien, das kleinere Übel gewählt und nun wenigstens eine Chance, mit dem Leben davonzukommen – vorausgesetzt, ich zog nicht die Aufmerksamkeit einer deutschen Polizeistreife auf mich; denn würde ich mich nach 9 Uhr auf der Straße mit der Armbinde zeigen, so dachte ich, dann könnte ich als Jude sofort angehalten und erschossen werden.

Doch gewann ich auch diesmal in der Lotterie des Lebens und erreichte die Haustür, ohne angehalten worden zu sein. Auf dem Weg von der Haltestelle nach Hause war ich einer Gendarmerie-Patrouille begegnet, die mich, Auge in Auge, sehr aufmerksam angesehen, aber vermutlich nichts Verdächtiges bemerkt hatte; dem Schlimmsten war ich also entkommen. Zwar schlug mir dabei das Herz vor lauter Angst bis zum Hals, und jeden Augenblick erwartete ich den Ruf: »*Halt!*«, bei dem ich sofort die Flucht ergreifen wollte, denn ihnen in die Hände zu fallen, hätte den sicheren Tod bedeutet; doch so weit kam es zum Glück nicht. Da die Haustüren inzwischen abgeschlossen waren und die Świętojerska, wo sich das alles abspielte, ganz menschenleer war, hätte ich den Kugeln aus ihren Maschinenpistolen nicht entgehen können.

Etwa Mitte Juni verschlimmerten sich meine Arbeitsbedingungen sehr. Eines Tages – ich arbeitete schon ungefähr einen Monat bei jener Firma – waren alle auf dem Platz vor dem Ministerium für Militärangelegenheiten stehenden Autos entweder in Einzelteile für die Verschrottung zerlegt oder repariert. Daß dieser Tag einmal kommen würde, war mir klar gewesen, und trotzdem hatte ich ihn gefürchtet. Unsere Arbeit war beendet, und wir erwarteten die Kündigungen. Statt dessen erklärte unser Meister uns Juden, daß die Firma uns zwar als Mechaniker entlassen müsse, wir aber, wenn wir wollten, als einfache, unqualifizierte Arbeiter weiter beschäftigt werden könnten. Die Bezahlung in Höhe von 8 Złoty pro Tag sollte beibehalten werden. Ich konnte mir sehr gut vorstellen, um welche Art von Tätigkeit es dabei ging.

Unsere Firma kaufte in großen Mengen Schrott an und transportierte ihn mit der Eisenbahn nach Deutschland. Sie brauchte also Arbeiter zum Aufladen. Ich wußte, daß diese Arbeit nicht leicht sein würde, doch ich glaubte, sie bewältigen zu können. Was hätte ich auch sonst tun sollen? Eine andere Beschäftigung zu bekommen war einfach eine Illusion, und hier war, wie auch immer, mein Lebensunterhalt durch kontinuierliche Arbeit gesichert. Ich blieb also bei der Firma. Und auch alle anderen jüdischen Mechaniker entschieden sich dafür, ohne Rücksicht darauf, was für eine Tätigkeit sie zu verrichten hätten – vermutlich, weil auch sie zu dem Schluß gekommen waren, daß eine andere Arbeit gar nicht zu finden war.

Und so stiegen wir eines Tages nach dem Mittagessen auf einen großen Lastwagen, einen »Büssing«, und wurden zum Warschauer Straßenbahndepot in die Młynarska gebracht.[52] Durch die Arbeit im Autopark hatte ich schon fast vergessen, wie brutal uns die Deutschen behandeln konnten, und nun wurde ich – im wahrsten Sinne des Wortes – schmerzlich daran erinnert. Der Wagen fuhr auf den Depotplatz und näherte sich langsam einer Gruppe von Juden, die dort arbeiteten; aus der Entfernung konnte ich sehen, wie sie Straßenbahnschienen schleppten und diese auf Frachtwaggons der Straßenbahn luden. Noch bevor unser Lastwagen zum Halten kam, hörte ich ein furchterregendes Geschrei: »*Los, aussteigen!*« Ich drehte mich um und sah einen Deutschen mit einer großen Peitsche auf uns zulaufen. Er war ein Riese, etwa 1,90 Meter groß und unwahrscheinlich dick. Dabei war er häßlich wie ein Affe; sein Gesicht war so abstoßend, daß man einen Schreck bekam, wenn man ihn nur ansah. Seiner ganzen Gestalt und seinem Gesicht nach hatte man es mit einem echten deutschen Barbaren zu tun. Seine Figur erinnerte an einen typischen deutschen Biertrinker, und seine bösen, sadistischen Instinkte waren ihm ins Gesicht geschrieben. Seine große, aufgedunsene Fresse war ein Abbild seiner Seele – wenn er überhaupt eine hatte, denn er war eher ein Tier in menschlicher Verkleidung.

Als ich diesen Kerl sah und die schrillen Töne hörte, die aus seiner Kehle kamen (was er schrie, konnte ich nicht verstehen), bekam ich eine Gänsehaut und sprang blitzschnell vom immer noch fahrenden Wagen hinunter. Meine Kollegen zögerten und saßen immer noch auf dem Laster, als sich dieser Schwabe schon mit voller Wucht auf sie stürzte und sie mit seiner Peitsche traktierte, um sie zur Eile anzutreiben. Allein vom Hinschauen bekam man Angst. Er jagte uns auch auf der Stelle zur Arbeit, und zwar so schnell, daß wir unsere Sachen dort stehen und liegen ließen, wo wir uns gerade befanden.

Wie sich herausstellte, würde der dicke Schwabe von nun an unser Meister sein; zwar war auch unser alter Meister aus dem Autopark jetzt hier, aber nur noch als sein Untergebener. Der »Dicke« war ein solcher Bandit, daß er bestimmt auch unseren alten Meister verprügelt hätte, wenn der sich ihm offen widersetzt hätte. Von diesem Tag an würde ich also einen solchen Vorgesetzten haben. Was sich dann aber wirklich abspielen sollte, übertraf noch meine schlimmsten Befürchtungen.

Zusammen mit den anderen Juden dort hatten wir die Straßenbahnschienen zu den Straßenbahnwaggons zu schleppen. Die anderen arbeiteten hier schon ziemlich lange und hatten sich wohl an diese Tätigkeit gewöhnt, aber wir … Die Schienen lagen zu mehreren Haufen gestapelt und waren auf eine Länge von etwa fünf bis sechs Metern zugeschnitten. Eine solche Schiene mußte man zu zweit etwa hundert Meter weit tragen und sie dann vor dem Waggon hochheben, um sie über die Seitenwand auf die Ladefläche zu befördern. Anfangs dachte ich, dies sei eine Lappalie, doch nachdem ich zusammen mit einem anderen Juden ein solches Teil zum Waggon geschleppt hatte, wurde mir klar, was für eine Arbeit das war. Eine solche Schiene wog im Durchschnitt 150 Kilo und durfte von nicht mehr als zwei Leuten getragen werden. Es war schon ein tolles Kunststück, zu zweit die Schiene hochzuheben und dann zu tragen, denn man konnte sie sehr schlecht halten, und sie rutschte mir immer wieder aus den Händen. Ich hielt das ganze Gewicht auf vier Fingern einer Hand, und wenn die Finger erlahmten oder ich falsch zugriff, drohte uns die Schiene auf die Füße zu fallen. Wie ich es geschafft habe, das erste, das zweite, das dritte und das vierte Teil auf den Waggon zu befördern, weiß ich bis heute nicht. Eine Schiene hoch über den Kopf zu heben, erforderte übermenschliche Fähigkeiten, und wir brauchten eine magische Geschicklichkeit, um – ohne zu Schaden zu kommen – gleichzeitig Schwung zu holen und sie mit aller Kraft über die Seitenwand in den Waggon zu werfen. Der Waggon bebte unter dem

Aufprall, wenn innen die Schiene parallel zur Seitenwand krachend und ächzend auf den Boden fiel, und er federte noch eine Sekunde lang nach.

Noch heute wundere ich mich, wie ich das fertigbrachte. Vielleicht hat mir die Angst vor dem dicken Schwaben ungeahnte Kräfte verliehen, mit denen ich diese Arbeit bewältigen konnte. Zusammen mit einem anderen Neuling hätte ich es bestimmt nicht geschafft. Glücklicherweise war der andere jüdische junge Mann schon seit längerer Zeit dort beschäftigt und hatte viel mehr Erfahrung; er instruierte mich, wie ich die Teile mit einem möglichst geringen Kraftaufwand tragen konnte und wie man die Schiene anfassen mußte, damit sie einem nicht aus den Händen rutschte und die Füße zerquetschte. Hätte ich mich nicht nach seinen Hinweisen gerichtet, so hätte der »Dicke« mit seiner Peitsche Hackfleisch aus mir gemacht; denn die benutzte er sehr großzügig, und ich sah mit Entsetzen, wie gnadenlos er damit auf meine Kollegen aus dem Autopark einschlug, wenn sie nicht zurechtkamen.

Bei dieser Arbeit verbrauchte ich sehr schnell all meine Kräfte und meine Ausdauer. Zwar hatte ich schon oft von verschiedenen schweren Tätigkeiten gehört, aber diese Arbeit überstieg auch meine Vorstellungen. Sie war einfach Sklavenarbeit und für den, der sie nicht gewohnt war, fast eine Todesstrafe.

Jedesmal gelang es mir nur mit großer Mühe, die Schiene von der Erde hochzuheben. Ich versuchte es, aber ihr Gewicht zog mich zu Boden, so daß ich mich nicht aufrichten konnte und das Teil in gebückter Haltung schleppen mußte. Nach mehreren Metern versagten dann auch meine Finger, sie erlahmten und wurden taub; daß die Schienen mir nicht die Füße zerquetschten, ist ein Wunder, denn allein schon am ersten Tag rutschten sie mir mehrmals aus den steifen Fingern. Wenn ich dann endlich den Waggon erreicht hatte, war ich am Ende meiner Kräfte, doch dort mußte man das Gewicht dann noch in die Höhe heben und mit gefühllosen Händen über den Kopf in den Waggon werfen. Auf meinem Rücken spürte ich den animalischen Blick des dicken Schwaben, und ich war mir sicher: Wenn ich dies jetzt nicht durch irgendeinen Zauber doch noch fertigbrächte, würde er mich, sobald ich mich umdrehte, mit einem höhnischen und verächtlichen Blick strafen – mit diesem Blick auf den Juden, der eben nichts anderes sein kann als eine Niete! Da dem »Dicken« aber Hohn allein zu wenig sein würde, dachte ich mir, wären dann auch Peitschenschläge fällig. So biß ich also die Zähne zusammen und spannte meine Muskeln an, um seiner Peitsche zu entgehen und ihm zu zeigen, daß ich, auch wenn ich eine so furchtbar schwere Arbeit zum ersten Mal machte, sie doch bewältigen konnte.

Wenn dann eine Schiene auf dem Waggon lag, hätte ich gern Atem geholt, nur eine halbe Minute lang; das war aber leider nicht möglich. Der »Dicke« stand auf einer Anhöhe und versuchte, uns alle, besonders aber die »Neulinge«, im Auge zu behalten. Wenn wir zurückgingen, um die nächste Ladung zu holen, trieb er uns mit seinem wilden Geschrei und seiner Reitpeitsche an und achtete darauf, daß keiner von uns neun Juden aus dem Autopark Atem schöpfen konnte.

Das Tempo dieser Arbeit, dieser Sklavenarbeit, die neu für uns war, war mörderisch. Kaum hatten wir einen Waggon vollgeladen und Luft geholt, da stellte der Fahrer des Triebwagens schon einen weiteren leeren Waggon bereit. »Oh Gott«, dachte ich dann, »noch ein Waggon ... das halte ich nicht mehr durch!« Aber ich war gerade Zeuge eines Vorfalls geworden, bei dem mir das Blut in den Adern gefror, so daß ich mich mit aller Kraft zum Weiterarbeiten zwang. Einer von den Mechanikern, ein großer, kräftiger Mann, hatte diese anstrengende Arbeit mit ihrem unmenschlichen Tempo nicht mehr durchgehalten und war, als er gerade einen Stahlbalken trug, zusammengebrochen; das Teil rutschte ihm aus den Händen, und er verlor das Bewußtsein. Zum Glück fiel der Balken ein Stück von ihm entfernt zu Boden, so daß er nicht verletzt wurde. Aber diese enorme Anstrengung hatte ihm den Rest gegeben, und er sackte bewußtlos zusammen. Daraufhin machte sich der »Dicke« über ihn her und versuchte, ihn mit Peitschenhieben wieder zu sich zu bringen. Er schlug so lange auf den ohnmächtigen Juden ein, bis dieser das Bewußtsein wiedererlangte. Und er ließ erst von ihm ab, als der Arme aufzustehen versuchte, blutverschmiert und am ganzen Körper (wir trugen bei der Arbeit keine Hemden) mit roten Striemen gezeichnet. Er war jedoch nicht mehr imstande, sich aus eigener Kraft aufzurichten; zwei andere Juden halfen ihm dann auf die Beine und setzten ihn abseits von den Arbeitenden nieder.

Ich vermag dieses Bild kaum zu beschreiben, diese Szene, die ich immerhin vor kurzem selbst miterlebt hatte. Es war ein makabrer Anblick, nicht einmal auf der Leinwand hatte ich so etwas vorher gesehen. Mir blutete das Herz aus Mitleid mit dem armen Juden, und die Angst vor der fetten Bestie saß mir in den Gliedern. Ich betete zu Gott, daß er mich in meiner Erschöpfung bloß nicht in Ohnmacht fallen lassen möge, damit ich nicht das gleiche erleiden müßte wie er.

Ich habe keine Ahnung, woher ich damals meine Kräfte nahm. Der Waggon war erst zur Hälfte beladen, aber ich fühlte mich wirklich am Ende. Ich sah mich schon zusammenbrechen: Gleich würden meine Beine zittern, dann würden sie taub werden, und meine Arme mit den geschwollenen und schmerzenden Fingern würden kraftlos herunterfallen. Und in eben diesem Augenblick, als ich mich schon unter den Peitschenhieben sah, rief man den »Dicken« ins Büro. Das war meine Rettung. Ich erholte mich ein bißchen, und unter der Aufsicht meines alten Meisters arbeitete ich an diesem Tag mit Unterbrechungen bis zum Feierabend, also bis 5 Uhr nachmittags.

Nach dieser schweren Arbeit war ich deprimiert, zerschlagen und einfach völlig ausgelaugt, und in diesem Zustand schleppte ich mich nach Hause in die

Zamenhofa 6. Als ich in die Wohnung kam, hatte ich keine Kraft mehr, mich zu waschen oder etwas zu essen, sondern warf mich einfach in meiner Arbeitskleidung aufs Bett. Ich schlief wie ein Stein und wachte erst am nächsten Tag auf; alles tat mir weh. Ich fühlte mich kaputt und wie auseinandergenommen, sämtliche Knochen schienen lose zu sein, ohne Zusammenhalt. Während ich mir den Schlaf aus den Augen rieb, dachte ich an die Vorfälle des vergangenen Tages; ich ließ sie einfach in meiner Phantasie noch einmal ablaufen und überlegte dabei, ob ich weiter zur Arbeit gehen sollte oder nicht. Sehr lange konnte ich darüber leider nicht nachdenken, weil es schon an der Zeit war, das Haus zu verlassen, und am Ende entschloß ich mich, die Erschöpfung zu überwinden und hinzugehen.

An diesem Tag sollten wir direkt zum Depotplatz in die Młynarska kommen. Nur noch fünf der neun Mechaniker waren zur Arbeit erschienen – schon nach dem ersten schweren Arbeitstag waren vier kräftige Männer ausgefallen.

Am zweiten Tag ging es mir ein bißchen besser mit der Arbeit, das heißt, ich bekam in der Mittagszeit und auch danach keine Schwächeanfälle und mir wurde auch nicht mehr schwindlig. Wir arbeiteten im Akkord. Als wir eine bestimmte Anzahl von Waggons mit Schienen vollgeladen und einen Stapel solcher Teile für den folgenden Tag vorbereitet hatten, ging der »Dicke« weg, und wir ruhten uns aus.

Am dritten Tag erschien außer mir nur noch ein weiterer Mechaniker aus dem Autopark zur Arbeit. Die anderen sieben, alles stattliche, kräftige Männer – wie Berufsfahrer eben so sein können –, hatten die Anstrengung und das wahnsinnige Tempo dieser Arbeit nicht ausgehalten. Ich selbst aber gewöhnte mich von Tag zu Tag immer mehr daran und wurde auch immer geschickter, so daß ich dann imstande war, dieselbe Arbeit schneller und ohne allzu viel Kraftaufwand auszuführen.

Nach einigen Tagen verschaffte uns der alte Meister die Möglichkeit, in der Kantine für die polnischen Depotarbeiter zu Mittag zu essen. Wir aßen also mit den Polen zusammen in einem Speisesaal. Als sie uns an ihren Tischen sitzen sahen, an denen noch nie, nicht einmal vor dem Krieg, ein Jude gesessen hatte, verzogen sie die Gesichter. Ich vermute, daß viele von ihnen aus diesem Grund die Deutschen mehr haßten und nicht deshalb, weil sie deren Gefangene waren. In der Kantine bekamen wir für 30 Groschen eine Portion wohlschmeckende Suppe; dabei durfte jeder von uns so viele Portionen kaufen, wie er in der halben Stunde Mittagspause essen konnte.

Meine Arbeit lief nun mechanisch und monoton ab, nur das Gebrüll und die Befehle des »Dicken«, seine Peitschenhiebe und die Unglücksfälle unterbrachen immer wieder ihre Eintönigkeit, denn fast jeden Tag kam es vor, daß jemandem eine Schiene auf die Füße fiel, einem anderen die Hand zerquetschte und dergleichen. Ich hütete mich vor solchen Unfällen, so gut ich konnte, nicht nur wegen der Schmerzen, die ich dann zu ertragen gehabt hätte, sondern auch, weil ich meine Arbeitsfähigkeit nicht verlieren wollte – mit ihr hätte ich nämlich auch meine Einkünfte verloren.

Nach einer Woche war ich schon so routiniert und so an die unmenschliche körperliche Anstrengung gewöhnt, daß ich einer der ersten und schnellsten Arbeiter wurde. Es schien mir fast lächerlich, daß ich noch einige Tage zuvor bei derselben Arbeit fast in Ohnmacht gefallen wäre; denn nun ging ich nach der Arbeit nach Hause, und danach verbrachte ich meine Zeit wieder ähnlich wie vorher, als ich noch im Autopark beschäftigt war. Ich wusch mich, aß etwas, zog mich um, und die Müdigkeit des ganzen Tages fiel von mir ab. Wie früher ging ich mit meinem Cousin Arnold oder mit Mirka Braczkowska lange spazieren und verhielt mich so, als hätte ich tagsüber nicht unter größter Anstrengung geschuftet. Wenn ich daran denke, staune ich immer wieder, daß ich trotz meiner schlechten Ernährung so schwer hatte arbeiten können, wahrscheinlich war es allein meine Willensstärke, der ich meine Energie zu verdanken hatte.

Die Tage, an denen wir in der Depotkantine zu Mittag aßen, waren sehr bald vorbei, denn die polnischen Arbeiter protestierten bei der Direktion gegen das gemeinsame Essen, und daraufhin entzog man uns dieses »Privileg«.

An den Sonntagen fuhr ich nicht nach Otwock, um meine Eltern zu besuchen, und ich traf mich auch nur selten mit meinem Vater, obwohl er mehrmals die Woche nach Warschau kam. Der Grund dafür war, daß wir uns bei ihrer Abfahrt nach Otwock nicht gerade als Freunde voneinander getrennt hatten. Obwohl mein Vater voller Zuversicht gewesen war, ging es ihm in Otwock nicht sehr gut; er verdiente gerade eben genug, daß sie zu dritt – meine Eltern und meine jüngere Schwester – mehr schlecht als recht davon leben konnten.

Ende Juni wurde eines Tages, kurz bevor ich zur Arbeit ging, das Haus in der Zamenhofa 6 gesperrt. Flieger vom Flughafen Okęcie waren zusammen mit der Polizei der Jüdischen Gemeinde in Lastwagen gekommen, um Juden für die Arbeit auf dem Flughafen mitzunehmen.[53] Da ich mich mit der »Arbeitskarte« auswies, konnte ich selbst das Haus ohne Schwierigkeiten verlassen. Aber sie holten meinen Onkel aus unserer Wohnung. Erst am Abend kam er zurück, nachdem er den ganzen Tag auf dem Flughafen gearbeitet hatte. Innerlich war ich froh, daß er wenigstens einmal hatte richtig arbeiten müssen. Ich selbst schuftete immerhin Tag für Tag wie ein Sklave und ernährte mich beinahe von Sägemehl, während er keinen Finger krümmte, sein Geld als Spieler beim Zocken gewann und fraß wie ein Scheunendrescher. Nur daß es die Deutschen waren, bei denen und für die er gearbeitet hatte, störte meine heimliche Freude. Ginge es nämlich nach mir, dann sollte jeder versuchen, es so lange wie möglich zu vermeiden, bei ihnen zu arbeiten und für sie ins Schwitzen zu geraten.

Im Straßendepot ging unsere Arbeit derart schnell voran, daß der Depotplatz schon in den ersten Junitagen von allem Schrott wie Straßenbahnschienen, Pfählen, Maschinenteilen, alten Straßenbahnmotoren u.ä. gereinigt war. Dort brauchte man uns nicht mehr, und so verlegte die Firma, bei der wir beschäftigt waren, unsere gesamte Gruppe zur Arbeit an den Güterbahnhof Warschau-West.

Auf dem Bahnhof stießen wir auf eine zweite Gruppe jüdischer Arbeiter, die schon ziemlich lange bei der Firma beschäftigt war. Als ich sie sah, wurde mir sofort klar, warum die Waggons, die wir im Straßenbahndepot mit Schienen vollgeladen hatten, immer so rasch entleert zurückgekommen waren. Diese jüdischen Arbeiter waren allesamt stattliche, baumstarke Kerle, die vor dem Krieg hauptsächlich als Packer gearbeitet hatten. Kein Wunder also, daß sie imstande waren, fast doppelt so schnell zu arbeiten wie wir. Sie hatten ihr Leben lang geübt, Eisenbahnwaggons zu beladen, und viele von ihnen waren darüber hinaus wahre Athleten. Es gab einen, der ganz allein Teile von 600 bis 700 Kilo stemmte und in die Waggons warf; der »Dicke« und die anderen Deutschen bewunderten ihn bei dieser Arbeit und nannten ihn »*Eisenbär*«.

Als ich diese ganze Mannschaft von Packern bei der Arbeit sah, überkam mich große Angst, denn von jetzt an sollten wir zusammen arbeiten. Ich fürchtete, beim Beladen der Waggons mit ihnen nicht Schritt halten zu können und als Folge davon die Reitpeitsche des »Dicken« zu spüren zu bekommen. Als ich anfing, gemeinsam mit diesen »armen Kerlen« zu arbeiten, bemühte ich mich deshalb sehr, meine ganze Aufmerksamkeit ihren Bewegungen und Handgriffen zu widmen – hinsichtlich der körperlichen Kraft konnte ich ihnen ja nicht das Wasser reichen. Ich versuchte, mir ihre Packer-Griffe anzueignen, die mir fast meisterlich erschienen, und so kam ich mit der Arbeit leidlich zurecht.

Auch hier wurde im Akkord gearbeitet, aber es gab viel mehr zu tun, und man mußte aus verschiedenen Gründen noch schwerer arbeiten als im Straßenbahndepot in der Młynarska. Die Waggons waren hier größer – denn es waren Eisenbahnwaggons –, man mußte die schweren Teile, um sie über die höhere Seitenwand werfen zu können, entsprechend höher heben; und auch das Arbeitstempo war natürlich erschreckend. Die Packer schufteten wie die Teufel, um ihre Waggons so schnell wie möglich voll zu bekommen und sich danach auszuruhen, und – ob ich wollte oder nicht – ich mußte versuchen, mit ihnen Schritt zu halten. Hätte ich nicht vorher im Straßenbahndepot in der Młynarska geübt, wäre ich jetzt nach der ersten halben Stunde schon ausgeschieden; aber die Tätigkeit dort hatte mich widerstandsfähiger gemacht, auch gegen noch größere Mühen.

Bei einer solchen Arbeit vergingen die Tage und Wochen sehr schnell, und um den 20. Juli beendete die Firma die Schrottausfuhr aus Warschau und entließ alle Juden.

Plötzlich stand ich wieder ohne Beschäftigung und Verdienst da. Ich hatte etwa 60 Złoty beiseite gelegt, und so beschloß ich, von diesem Geld zu leben und zugleich eine neue Arbeit zu suchen. Ich versuchte, sehr sparsam mit dem Geld umzugehen, um möglichst lange davon leben zu können, und deshalb litt ich Hunger wie nie zuvor. Einmal am Tag bekam ich bei meiner Tante für einen Złoty einen Teller Suppe, aber Brot kaufte ich mir nur selten. Ich holte mir jedoch täglich für einen Złoty ein Kilo Kartoffeln, und morgens und abends aß ich jeweils die Hälfte davon. Auf diese Weise ernährte ich mich eine ganze Woche lang.

Und eben diese Woche brachte ich bei der Jüdischen Gemeinde zu, um mich dort um Arbeit zu bemühen. Diese Tage glichen genau jenen im Frühjahr. Wieder verbrachte ich zusammen mit vielen anderen Arbeitslosen viel Zeit in Wartezimmern, wieder stand ich stundenlang Schlange, um bei den verschiedenen »Herren Gemeinderäten« vorzusprechen und dann immer dasselbe zu hören: »Leider kann ich nichts tun, wir haben einfach keine Arbeit für Sie!« Einige Tage lang ging ich immer wieder dorthin und drängte, aber es war alles vergebens. Ohne Protektion und Geld waren diese Unternehmungen von vornherein zum Scheitern verurteilt. Schließlich gab ich es auf und begann, mich statt dessen in Fabriken und Werkstätten von Juden nach Arbeit umzusehen.

Aber auch dort hatte ich kein Glück; das jüdische Gewerbe stagnierte[54], und die meisten Juden lebten hauptsächlich von ihren Läden oder von verschiedenen »*Luftgescheften*«. Aber ich wünschte mir so sehr, mir meine Existenz auch künftig aus eigenen Kräften sichern zu können, daß ich trotz dieser Mißerfolge weitersuchte; wegen des Umzugs meiner Eltern nach Otwock war ich ja dazu verurteilt, auf eigenen Füßen zu stehen. Wir hatten uns im Streit getrennt, und nun verbot es mir mein Stolz, sie um Hilfe zu bitten, und ließ mich statt dessen hartnäckig nach irgendeinem anderen Ausweg suchen, um mich einfach über Wasser halten zu können.

Ich blieb jedoch weiterhin ohne Erfolg und sah keine Rettung mehr. Mein Geld schwand dahin, obwohl ich kaum noch etwas aß. Eine Woche nach der Entlassung hatte ich nur noch 50 Złoty übrig, 10 Złoty hatte ich bis dahin schon ausgegeben. Schließlich gewann die Vernunft die Oberhand über meine Impulsivität und meinen Stolz (das ist charakteristisch für meine Natur), und nachdem ich nun nichts gefunden hatte, was mir die Existenz in Warschau hätte ermöglichen können, rang ich mich dazu durch, das allerletzte zu tun und mich an meine Eltern zu wenden. Denn auf diesen Ausweg ist immer Verlaß.

Und so entschied ich mich, sofort nach Otwock zu fahren. Sofort bedeutete: Bevor ich den Rest meines Geldes in Warschau ausgegeben hatte, denn 50 Złoty waren zwar nicht viel, aber meine Eltern waren ebenfalls in einer finanziell kritischen Situation und konnten dieses Geld gut gebrauchen. So endete mein erster Sprung in die Selbständigkeit.

[Manuskriptteil A]

Otwock, Sommer 1940

to niewielka suma, ale wszakże byli również w krytycznych warunkach i mogły im się te pieniądze przydać. Tak się zakończył mój pierwszy zryw do samodzielnego lotu.

VI

W ostatnich dniach lipca spakowawszy manatki wyjechałem kolejką z W-wy i znalazłem się w Otwocku. Warunki bytu rodziców i siostry także były opłakane. Praktyka ojca była znikoma i ledwo, ledwo starczyła na takie samo nędzne wyżywienie jak w W-wie. Ponadto matka moja była ciężko chora w międzyczasie i wyglądała teraz po chorobie jak cień; wprost jej nie poznałem po przyjeździe. Było więc niewesoło i wyrzucałem sobie, że jeszcze ja będę ich objadał, ale cóż było robić, nie miałem innego wyjścia i próbowałem przedtym na różne sposoby dać sobie w inny sposób radę. Postanowiliśmy jednak razem z rodzicami, że nie będę siedział z założonymi rękami.

Swoboda Żydów w Otwocku była bardzo ograniczona. Większość Żydów żyła z handlu na miejscu i ze szmuglu do W-wy i z W-wy do Otwocka. Jeśli chodzi o bliższy stosunek Niemców w Otwocku do Żydów, to nie przedstawiał się on w miły sposób. Żydzi w Otwocku musieli się kłaniać Niemcom w mundurach na ulicy i był to ostrzejszy zwyczaj i jednocześnie zabawny. Żandarmeria w Otwocku utrudniała Żydom handel, który oczywiście był tajny, ciągle robiąc rewizje we wskazywanych przez Polaków miejscach, co oczywiście pociągało za sobą konfiskatę towarów, a często i kary pieniężne i więzienia. Ponadto często-gęsto w dzielnicy najbiedniejszej przez Żydów zamieszkałej odbywały się łapanki z domów w nocy do roboty, a za dnia na ulicach prawie ciągłe mniejsze lub większe obławy na Żydów do roboty. Po dwóch dniach od przyjazdu mego z W-wy zabrałem się do szmuglu, co robili wszyscy prawie biedni Żydzi w Otwocku. Z Otwocka do W-wy szmuglowano mąkę, mleko, słoninę, zaś z W-wy do Otwocka inne produkty. Tak więc z „zastępcy" na robotach u Niemców, potym mechanika, a potym tragarza kolejowego stałem się szmuglerem żywnościowym. Szmuglowałem przez 2-3 tygodnie.

VI

An einem der letzten Tage im Juli packte ich alle meine Sachen und machte mich auf den Weg nach Otwock; ich nahm in Warschau die Kleinbahn[1] und erreichte Otwock ziemlich schnell. Die Lebensbedingungen meiner Eltern und meiner kleinen Schwester waren beklagenswert. Die Zahnarztpraxis meines Vaters brachte nur geringe Einkünfte, so daß die Familie, wie auch schon vorher in Warschau, kaum davon leben konnte. Außerdem war meine Mutter in der Zwischenzeit sehr krank geworden und war nun nur noch ein Schatten ihrer selbst; bei meiner Ankunft habe ich sie kaum erkannt. Die Lage war also ernst, und ich machte mir sofort Vorwürfe, daß nun auch ich noch die Beine unter ihren Tisch strecken würde. Aber was hätte ich tun sollen? Ich hatte doch vorher alles versucht, um für mich allein zu sorgen, und keinen anderen Ausweg gefunden.

Nun kamen wir gemeinsam zu dem Schluß, daß ich nicht untätig herumsitzen sollte. Die jüdische Bevölkerung in Otwock hatte nur begrenzte Bewegungsfreiheit. Die meisten Juden bestritten ihren Lebensunterhalt mit örtlichem Handel, oder sie lebten vom Schmuggel nach und aus Warschau.[2]

Was das Verhältnis der Deutschen zur jüdischen Bevölkerung betraf, so war die Lage hier in Otwock nicht sonderlich gut. Die Juden hatten Deutsche in Uniform auf der Straße zu grüßen; dieses Verhalten war abscheulich und zugleich komisch. Die Gendarmerie machte es den Juden schwer, ihren – natürlich – illegalen Handel zu treiben, indem sie überall dort, wo Polen ihnen Hinweise gaben, Durchsuchungen vornahm und die Waren konfiszierte; oft gab es obendrein Geld- oder Gefängnisstrafen. Zudem fanden in den Stadtteilen mit mehrheitlich jüdischer Bevölkerung sehr oft Razzien statt, bei denen man viele Menschen zum Arbeitseinsatz auch nachts aus ihren Häusern holte; tagsüber gab es solche Razzien für den Arbeitseinsatz fast ständig.

Zwei Tage nach meiner Ankunft aus Warschau begann ich mit dem Schmuggel, wie ihn fast alle armen Juden in Otwock betrieben. Aus Otwock nach Warschau schmuggelte man Mehl, Milch und Speck und aus Warschau nach Otwock andere Waren. So war ich vom »Vertreter« bei den Arbeitseinsätzen für die Deutschen zunächst zum Automechaniker, dann zum Packer und nun zum Lebensmittelschmuggler geworden. Geschmuggelt habe ich etwa zwei bis drei Wochen lang. In dieser Zeit fuhr ich jeden Tag mit der Kleinbahn nach Warschau (die normale Eisenbahn zu benutzen war für Juden inzwischen verboten).[3] Abends besorgte ich also die Waren für Warschau, und morgens gegen 7 Uhr fuhr ich los.

Juden durften damals nur spezielle Waggons benutzen; außerdem mußte jeder Jude einen »*Entlausungsschein*« besitzen, der von einem der deutschen Ärzte in Otwock ausgestellt sein mußte; diese Bescheinigung konnte man sich für ein paar Złoty ohne Untersuchung besorgen. Der *Entlausungsschein* galt nur fünf Tage. Bei der Bahnkontrolle zeigte man ihn dem Schaffner zusammen mit dem Fahrschein. Hatte man ihn nicht bei sich, zahlte man dem Kontrolleur einfach nur 50 Groschen. Das war ein fester Tarif. Wenn jedoch ein Amtsarzt zusammen mit der deutschen Gendarmerie die jüdischen Passagiere der Kleinbahn kontrollierte, kam es allerdings viel schlimmer. Dann wurde ein Jude ohne *Entlausungsschein* verhaftet und bestraft.

Jeden Morgen machte ich mich, mit zwanzig Kilo Weizenmehl, ein paar Kilo Speck im Rucksack und mit dem Entlausungsschein versehen, auf den Weg nach Warschau, um dort Handel zu treiben. Das war allerdings keine Vergnügungsfahrt.

Noch in Otwock, auf dem Weg zur Kleinbahnhaltestelle, mußte man kleine Gassen und Nebenstraßen benutzen, um mit seiner Schmuggelware nicht einer motorisierten Streife der Gendarmerie in die Hände zu fallen. Mit meiner Last auf dem Rücken (nach dem letzten Arbeitseinsatz bei den Schwaben kam sie mir nicht schwer vor) eilte ich von Baum zu Baum, von Haus zu Haus, heimlich und schnell, fast im Laufschritt, zum Bahnhof. Dort angekommen, kaufte ich mir eine Fahrkarte nach Warschau und versteckte mich zusammen mit anderen, erfahrenen Schmugglern nahe bei den Bahngleisen im Gebüsch. Sehr oft tauchte nämlich zur Ankunfts- oder Abfahrtszeit der Kleinbahn ganz plötzlich die Gendarmerie auf und beschlagnahmte die Schmuggelware; im Warteraum auf die Bahn zu warten, war daher sehr gefährlich. Also hielt ich mich im Gebüsch versteckt, bis sich der Zug in Richtung Warschau in Bewegung setzte. Erst dann sprang ich mit meiner Ware in den Waggon mit der Aufschrift »*Für Juden* – Dla Żydów«. Auch dort drinnen fühlte man sich mit der Ware noch keineswegs sicher, denn an jeder größeren Haltestelle drohte die Gefahr, daß die Gendarmerie hereinplatzte und einen durchsuchte. Vor allem kurz vor den Stationen Falenica und Radość streckten alle ihre Köpfe hinaus und fragten gleichzeitig: »Sind die Hunde da? Keine Hunde in Sicht?« Und jedem schlug das Herz heftiger bei dem Gedanken, daß sie vielleicht doch gleich hereinkommen und die Ware beschlagnahmen würden; denn wie oft hatten die Händler doch für diese Ware ihr letztes Geld gegeben.

Die größte Angst aber hatten die Fleischschmuggler, denn sie riskierten mehr als nur ihre Ware. Für sie stand auch ihr Leben auf dem Spiel; wurde man nämlich mit Fleisch erwischt, so drohte einem die Todesstrafe. Ich selbst fühlte mich am unsichersten erst kurz vor Warschau, denn hier an der Endstation wurde die Bahn meistens schon von der deutschen und der polnischen Polizei erwartet. Sie paßten den Zug ab, und kurz bevor er im Bahnhof zum Stehen kam, umzingelten sie die Waggons von allen Seiten. Dann ging die Schmuggelware unweigerlich verloren, denn unter solchen Umständen war ihnen überhaupt nicht mehr zu entkommen.

Auch die Polen schmuggelten ihre Ware mit der Kleinbahn, aber die Aktionen der Gendarmerie und der polnischen Polizei richteten sich hauptsächlich gegen die jüdischen Schmuggler. Auf geheimnisvolle Weise gelang es ihnen jedoch fast immer, rechtzeitig vor der Ankunft in Warschau zu erfahren, ob die deutsche Polizei dort auf den Zug wartete oder nicht. Waren Gendarmen an der Endstation, stiegen die Schmuggler, die ja ihre Ware nicht aufs Spiel setzen wollten, eine Station früher aus und gingen dann durch verschiedene Nebenstraßen zu Fuß in die Stadt, oder sie fuhren mit der Straßenbahn weiter.

In der Stadt selbst versuchte ich immer, auf der Straße der polnischen Polizei aus dem Weg zu gehen, was auch nicht schwer war. Die zwanzig Kilo Mehl wurde ich immer sehr schnell los, nämlich en gros. Zwar konnte ich dabei nur geringe Gewinne erzielen, aber dies so zu organisieren war mir lieber, denn auf diese Weise verlor ich keine Zeit und konnte noch am selben Tag nach Otwock zurückfahren. Mehr Probleme hatte ich jedoch mit dem Speck. Um an einem Kilo ein oder zwei Złoty mehr zu verdienen, mußte ich mit dem Speck alle meine Bekannten ablaufen und ihn stückweise verkaufen, jeweils ein, ein halbes oder ein Viertel Kilo. Das war ein scheußliches Geschäft, und manchmal kochte ich beinahe vor Wut und Enttäuschung. Nachdem ich nämlich zu meinen Bekannten irgendwo in den fünften Stock hinaufgestiegen war, viel geredet und eine halbe Stunde lang für »meine Ware« geworben hatte, mußte ich schließlich wieder gehen, hinunter auf die Straße, ohne etwas verkauft zu haben. An einer anderen Stelle begrüßte mich ein mir bekanntes »Weib« mit den Worten: »Oh, dann verkaufen Sie jetzt also Speck?!« Und dann fing sie an, am Speck zu riechen und ihn von allen Seiten zu befühlen, und fragte: »Was kostet das? Ach so. Das ist sehr teuer, und außerdem habe ich noch etwas Vorrat.« Danach mußte ich wieder gehen, ohne etwas ausgerichtet zu haben. Mit einigen Kilo mußte ich in der Stadt umherlaufen; ich mußte Hunderte von Treppen hinauf- und hinuntersteigen, um mehrere Dutzend Bekannte zu besuchen, bis ich endlich den gesamten Speck verkauft hatte. Und dabei mußte ich reden wie ein Buch, so daß ich eine trockene Kehle bekam und mir nur noch wünschte, der Teufel möge das alles holen. Und daher hörte ich nach mehreren solchen »Vergnügen« mit dem Speckschmuggel auf. Immerhin, mir tat es nicht leid darum, denn ich selbst hatte seit fast einem Jahr keinen Speck mehr gegessen, ihn aber den Reichen für ein paar Groschen nach Hause bringen müssen.

Aus Warschau nahm ich gewöhnlich etwa fünfzehn Kilo Zucker mit nach Otwock. Ich fuhr immer spätnachmittags zurück und erlebte dann auf dem Weg zur Station, in der Kleinbahn und auf dem Nachhauseweg dieselben Strapazen wie morgens und dieselbe Angst: daß mir die Schmuggelware abgenommen wird. Daheim angekommen, aß ich zu Mittag und ging dann auf die Suche nach einem Abnehmer für den mitgebrachten Zucker, einen festen Käufer hatte ich nämlich nicht. Mit einer Zuckerprobe besuchte ich mehrere Geschäfte und Pensionen, und manchmal vergingen etliche Tage, bis ich meine Ware losgeworden war, denn es gab mehr Schmuggler und Waren als Käufer und Nachfragen. Aus diesem Grund waren auch die Preisunterschiede zwischen Warschau und Otwock sehr gering, so daß ich sehr wenig verdiente; aus dem Schmuggel in beide Richtungen erzielte ich durchschnittlich einen Gewinn in Höhe von 17 Złoty. Im Verhältnis zum Kaufpreis der Ware war das weniger als wenig. Aber es deckte immerhin meine Unterhaltskosten völlig ab, sogar mit einem Überschuß, und damit konnte ich schon sehr zufrieden sein.

Eines Tages fuhr ich, nachdem ich die Schmuggelware verkauft hatte, von Warschau nach Otwock zurück; ich war in Begleitung meines Vaters, der an diesem Tag in der Praxis in der Twarda 4 Sprechstunde hatte; er fuhr immer noch mehrmals die Woche dorthin. Und an eben diesem Tag hatte ich keinen gültigen *Entlausungsschein*; wie üblich hatte ich vorher dem Schaffner die 50 Groschen dafür bezahlt. Alles wäre auch gut gegangen, wenn es an diesem Tag keine Kontrolle gegeben hätte. Als die Kleinbahn einige hundert Meter von der Station Radość entfernt war, stürzte ein Schaffner (ein Pole) in unseren Waggon und sagte uns Bescheid, daß an der nächsten Station, in Radość, die Gendarmerie zusammen mit Leuten vom Gesundheitsamt auf den Zug warte, um die Entlausungsscheine zu kontrollieren. Als ich das hörte, war ich wie betäubt. Ich war bisher noch nicht in einer solchen Situation gewesen und hatte keine Ahnung, was ich machen sollte. Mein Vater hatte zum Glück seinen Schein dabei, aber ich mußte damit rechnen, verhaftet zu werden, und diese Aussicht war alles andere als verlockend. Anfangs verlor ich fast den Kopf, aber die Sekunden verstrichen, und die Kleinbahn näherte sich dem Bahnhof, wo uns die Gendarmen erwarteten.

Wie meist in solchen Situationen, kam die Entscheidung von selbst. Was sich dann abspielte, habe ich immer noch in Erinnerung, als ob es gestern passiert wäre.

Ich sah aus dem Waggonfenster, und mein Blick fiel auf die Gendarmen, die dort draußen standen; da kam mir ein verzweifelter Gedanke: fliehen, fliehen, fliehen.

Mit einem Satz erreiche ich die Waggontür und schaue mich ganz kurz um; nur etwa hundert Meter trennen meinen Wagen noch von der Station. Ich steige auf den Austritt und springe bei voller Fahrt aus dem Zug auf den Bahndamm. Während ich springe, sehe ich aus den Augenwinkeln, daß mir viele Juden folgen; gleichzeitig kommen von allen Seiten Gendarmen mit schußbereiten Waffen auf den Zug zugelaufen. Ich denke nicht lange nach; nachdem ich nach dem Sprung mein Gleichgewicht wiedererlangt habe, renne ich los in die entgegengesetzte Richtung, auf eine Baumgruppe zu.

Kaum bin ich ein paar Schritte, vielleicht ein paar Dutzend Meter, gelaufen, höre ich hinter mir laute Rufe: »*Halt! Halt!*«, in kurzen Abständen, und gleich darauf Schüsse. Ich wende im Laufen ganz rasch den Kopf und sehe einige Gendarmen. Die Verfolger sind mir dicht auf den Fersen und schießen auf mich. Bei diesem Anblick bricht mir der kalte Schweiß aus. Inzwischen habe ich die Baumgruppe erreicht und beginne im Zickzack und in großen Sätzen von Baum zu Baum zu laufen, um den Verfolgern das Zielen zu erschweren. Ich presse mich einen Augenblick lang fest an einen Baum und drehe mich wieder um. Sie laufen auf mich zu und schießen in meine Richtung.

Ohne eine Sekunde zu zögern, rannte ich los, wieder im Zickzack. Dann sah ich vor mir einen Seitenweg mit einigen Villen und schlug diesen Weg ein. Hinter den Villen, die mich vor den Augen und den Kugeln der Gendarmen schützten, lief ich dann weiter und auf einen Sandhaufen zu, der auf der Straße lag und von weitem zu sehen war; dahinter wollte ich mich verstecken, ehe die Verfolger diesen Weg erreicht hatten.

Aber was war das für ein Gerenne! Ich war schon erschöpft und stolperte auf Schritt und Tritt, ich versank im tiefen, weichen Sand der Straße, ich fiel mehrmals auf die Knie, sprang wieder auf und rannte wie verrückt weiter. Die Angst vor den Kugeln der Barbaren machte mir Beine und verlieh mir neue Kräfte – unter normalen Bedingungen wäre ich zu dieser Leistung nicht fähig gewesen. Ich war auf der Flucht vor dem Tod und lief wie ein gejagter Hase.

Wenige Sekunden später hatte ich es dann doch hinter diesen hohen Sandhaufen geschafft, der dort quer auf der Straße lag, und fühlte mich sofort ein bißchen sicherer. Die Gendarmen hätten schon auf diesen Hügel steigen müssen, um mich zu finden. Dennoch wollte ich auf keinen Fall länger auf der Straße bleiben und sah mich nach einer Stelle um, wo ich mich bis auf weiteres verstecken konnte – so lange, bis ich sicher sein konnte, daß die Verfolgungsjagd wirklich zu Ende war. Ich nahm die jüdische Armbinde ab und wollte zu einer der Villen an der Straße gehen, um mir dort ein Versteck zu suchen. Aber vor ihrem Eingang stand ein Pole und wollte mich nicht hinter den Zaun lassen, vermutlich weil er von weitem gesehen hatte, wie ich mein jüdisches Schandmal entfernte.

Ich lief also weiter, bis sich mir zum Glück ein polnischer Laden als nächstes Versteck anbot. Dort kaufte ich mir etwas zu essen und aß es auch gleich, um einen Vorwand zu haben, eine halbe Stunde in dem Laden bleiben zu dürfen. Danach mußte ich allerdings weitergehen, aber wie ich dann sehen konnte, drohte mir auf dem Weg auch keine Gefahr mehr. Es herrschte absolute Stille; offensichtlich hatten die Gendarmen sich geschlagen gegeben und die Verfolgungsjagd eingestellt.

Ich war sehr froh darüber, daß ich so viel Glück gehabt hatte; ich war den tödlichen Kugeln entkommen und konnte mich wohlbehalten nach Otwock begeben. Die Armbinde legte ich nicht wieder an, ich machte mich also als Arier auf den Heimweg. Ich wollte nicht riskieren, zur Kleinbahn zurückzugehen, und schlug daher den Weg zur Eisenbahnstrecke ein. Sie verlief parallel zur Kleinbahn, und wenn ich ihr folgte, würde ich Otwock am leichtesten erreichen. Einige Stunden ging ich dann an den Gleisen entlang nach Otwock; weit und breit war kein einziger Mensch zu sehen. Als ich das Städtchen erreichte, war die Polizeistunde längst vorbei. Aber auf dem Weg nach Hause ist nichts weiter passiert, und ich bin von niemandem angehalten worden.

Daheim freuten sich alle sehr über mein Erscheinen, denn meine Eltern und meine beiden Schwestern (die ältere machte gerade Urlaub in Otwock) hatten schon befürchtet, ich sei nicht mehr am Leben oder zumindest verhaftet worden. Ich erfuhr nun, daß die Juden, die wie ich aus der Kleinbahn geflohen waren, und auch die, die dort keinen Entlausungsschein hatten vorzeigen können, allesamt verhaftet worden waren; mir war durchaus bewußt, daß ich wie durch ein Wunder entkommen war.

Nach diesem Vorfall schmuggelte ich nur noch kurze Zeit. Eines Morgens nämlich, als ich mit meiner Schmuggelware, Mehl, unterwegs zur Kleinbahnstation in Otwock war, fiel ich einer motorisierten Polizeistreife in die Hände. Die Gendarmen, die mit dem Auto im Einsatz waren, nahmen mir zwölf Kilo Mehl samt einem kleinen Sack weg (an diesem Tag hatte ich weniger Mehl dabei als sonst) und fertigten ein Protokoll an, das eine Verwarnung enthielt. Wenn ich noch einmal beim Schmuggeln erwischt würde, käme ich in den Knast. Ich hatte also auf einen Schlag meinen gesamten Wochenverdienst verloren und den Sack dazu, und daraufhin hörte ich mit dem Schmuggeln auf.

Ich wollte und konnte aber nicht ohne Beschäftigung zu Hause sitzen, und so bemühte ich mich bei der Jüdischen Gemeinde in Otwock um Arbeit.

Die Jüdische Gemeinde dort stellte in dieser Zeit ungelernte Arbeitskräfte ein, die dann auf verschiedenen Arbeitsstellen in Otwock und im Umland eingesetzt wurden. Der Tagelohn betrug 4 Złoty. Wie schon in Warschau gab es auch hier mehr Arbeitswillige als Arbeitsangebote, und die Privilegierten genossen Vorrang. Meine Eltern hatten jedoch, bevor ich nach Otwock kam, einen einflußreichen Gemeindeangestellten kennengelernt, der mir nun half, als Arbeiter angenommen zu werden. Als es soweit war, stellte mir die Gemeinde einen »*Ausweis*« aus, eine »*Arbeitskarte*« mit meinem Foto, und ich fing an zu arbeiten.

Ich wurde Erdarbeiter. Morgens, kurz nach 5 Uhr, sammelten wir uns auf dem Gelände der Jüdischen Gemeinde, und von dort brachen wir zu 150 Personen zur Arbeit auf, ausgerüstet mit Schaufeln, die uns die Gemeinde zugeteilt hatte. Unser Einsatzort lag weit außerhalb von Otwock. Bis wir dort waren, mußten wir etwa zehn Kilometer die Eisenbahnstrecke nach Lublin entlangmarschieren. Es ging um riesengroße Wiesenflächen, die eine deutsche Firma dort zu meliorieren hatte.[4] Die Jüdische Gemeinde mußte ihr unter dem

Druck der Behörden die dafür erforderlichen Arbeitskräfte liefern und diese obendrein auch noch selbst bezahlen.

Wir hatten also die Wiesen zu meliorieren, und meine Arbeit und die meiner jüdischen Kollegen bestand darin, tiefe Gräben zu ziehen. Das war nicht einfach. Wir wurden von einem polnischen Techniker angeleitet, und jeden Morgen teilte er jedem von uns ein paar Meter des Grabens zu, der vorher markiert worden war und den wir ausheben mußten. Die Arbeit an sich war nicht kompliziert, aber von dem langen Marsch waren alle ziemlich erschöpft, und überdies war der Boden sehr schwer zu bearbeiten. Er bestand dort, wo die Gräben zu ziehen waren, aus fettem Lehm, und jede Scholle blieb am Spaten kleben, so daß man sie nur mit einer schwungvollen Bewegung entfernen konnte.

Den Lehm hinauszuschaufeln war sehr schwer, und sobald man das Grundwasser erreichte, mußte man, tief im Graben stehend, den Schlamm ausheben; dabei steckte man selbst bis über die Knöchel im Matsch. Doch jeder von uns versuchte, so wenig zu graben wie nur möglich, und ich selber war ja auch nicht dumm. Wir wurden nur von einem älteren Polen, einem Techniker, beaufsichtigt. Er war uns Juden zwar keineswegs wohlgesinnt, aber das Gebiet mit den Gräben, das er zu kontrollieren hatte, war zu groß, und er konnte nicht überall zugleich sein. Obwohl also die Arbeit nicht leicht war, weil in diesen heißen Augusttagen jede Schaufel ausgehobener Erde mehrere Zentner zu wiegen schien und die Stunden bis zum Feierabend sich unendlich lange hinzogen, habe ich mich nicht überanstrengt. Und hätte man nicht täglich zwanzig Kilometer auf diesem schweren, sandigen Weg marschieren müssen und sich besser ernähren können – ich versuchte, fürs Essen nicht mehr als die 4 Złoty auszugeben, die ich verdiente –, so wären die Arbeitsbedingungen dort erträglich gewesen.

Eines Tages, als ich von der Arbeit nach Hause ging, wurde ich für einen zweiten Arbeitseinsatz aufgegriffen.

Normalerweise zerstreuten wir uns immer auf dem Heimweg; einige gingen in kleineren Gruppen zusammen, manche überholten die Langsameren, um möglichst schnell zu Hause zu sein. Wir gingen, nicht weit von Otwock, gerade an der SS-Kaserne in Śródborów vorbei, da erschien plötzlich wie aus dem Boden gewachsen vor uns ein SS-Mann, ein großer Kerl mit einer Peitsche in der Hand; offensichtlich hatte er uns von weitem gesehen und war deshalb aus der Kaserne zu uns gelaufen. Er hielt seine Peitsche schlagbereit und rief uns zu, wir sollten uns beeilen. Diesmal hatte ich Pech, denn ich war in diesem Moment, zusammen mit einigen anderen Juden, nur ein paar Schritte von ihm entfernt. Ich sah keinen anderen Ausweg, als geradeaus an ihm vorbeizulaufen und mich dabei seinen Peitschenschlägen auszusetzen. Ich rannte also los, den anderen nach, und versuchte, seiner Peitsche auszuweichen. Ich machte mich klein, zog den Kopf zwischen die Schultern und wollte blitzschnell vorbei – aber das sollte mir nicht gelingen. Die Peitsche des Schwaben erwies sich als noch schneller und flinker, und ich bekam einen kräftigen Schlag über den ganzen Rücken. Meine Haut dort begann zu glühen, und der Schmerz trieb mir die Tränen in die Augen. Ich dachte schon, daß damit alles überstanden sei, aber fünf Schritte weiter stand in einer Seitenstraße eine Gruppe SS-Männer, die mich jetzt zu sich riefen, und als ich zögerte, sprangen einige von ihnen mit gezogenen Pistolen auf mich zu, um über mich herzufallen. Ich dachte also nicht länger nach, sondern bog in die kleine Straße ein. Dort stand ein großer, mit Möbeln beladener Lastwagen, und in seiner Nähe beluden ein Dutzend jüdische Arbeiter mehrere Fuhrwerke. Unter ihnen erkannte ich einige Arbeiter aus unserer Gruppe, die wenige Minuten vor mir gefaßt worden waren.

Die Schwaben jagten mich auf der Stelle zur Arbeit. Da ich ans Auf- und Abladen gewöhnt war, war dies für mich eine Lappalie. Die SS-Männer trieben uns zwar mit Schreien an und liefen mit ihren Reitpeitschen in den Händen zwischen uns herum, doch ich versuchte, mich außerhalb ihrer Reichweite aufzuhalten; auf diese Weise habe ich weitere Peitschenschläge vermeiden können.

Etwa fünfzehn Minuten später brachten SS-Leute einen weiteren Juden an, den sie vermutlich auf der Straße geschnappt hatten. Er war über fünfzig Jahre alt und kam mir auf den ersten Blick gut situiert vor. Er war korpulent, elegant angezogen, trug einen Hut und glänzende Schuhe, und aus seiner Westentasche hing eine Uhrkette. Wir anderen kamen immer verdreckt und zerlumpt wie Bettler von der Arbeit, und unser elendes Aussehen paßte in das Bild von Hunger und Entbehrung. Dieser ältere Mann unterschied sich also sehr stark von uns. Vielleicht war es sein menschliches Aussehen, das die SS-Männer wütend machte, denn sie betrachteten alle Juden gern als geschlagene, elende, arme Hunde – genauso, wie wir damals aussahen. Sie begannen, diesen Juden schrecklich zu mißhandeln, so, wie es auf der ganzen Welt nur ein Deutscher tun kann. In diesem Augenblick achtete keiner der SS-Leute mehr auf uns und unsere Arbeit; sie umringten den Ärmsten, ließen ihn die schwersten Teile auf die Wagen laden und traktierten ihn mit Peitschenhieben, als schlügen sie mit Dreschflegeln auf Getreide ein. Gleich beim ersten Schlag fielen dem armen Mann der zerfetzte Hut vom Kopf und die Brille von der Nase. Er stand mit erhobenen Händen da und versuchte, sich vor den unmenschlichen Hieben zu schützen. Leider vergebens, denn die Schwaben schlugen von allen Seiten auf ihn ein – auf den Kopf, den Nacken, das Gesicht, die Arme, überallhin. Nach wenigen Minuten hatte die Peitsche sein Gesicht mit Striemen gezeichnet, es sah aus wie ein blutiges Netz, und Blut floß ihm über die Augen. Von schrecklichen Schmerzen überwältigt, fiel er auf die sandige Straße, aber die Folterknechte schlugen immer weiter auf ihn ein. Seine Kleidung sah aus wie ein alter Lumpen, sie war blutdurchtränkt, die Peitschenhiebe hatten sie in Fetzen gerissen.

Ich war so aufgeregt und entsetzt und mußte meine Wut und meinen Haß so sehr zurückhalten, daß ich am ganzen Körper zitterte, und mein Herz wollte zerspringen, so sehr wünschte ich, dem Unglücklichen zu helfen. Aber genauso gut hätte ich mir vornehmen können, die Sterne vom Himmel zu holen.

Ich weiß nicht, wie lange sie ihn noch weitergequält haben, denn zwischendurch befahl uns einer der SS-Männer auseinanderzugehen, wir waren bereits mit dem Aufladen fertig. Wir rannten wie wahnsinnig fort von diesem Folterplatz und dankten Gott, daß er uns der höllischen, blutigen Qual unseres Bruders nicht länger hatte zusehen lassen.

Nach diesem Ereignis hatte ich noch lange eine Strieme auf der Haut, und sie schmerzte mich ungefähr zwei Wochen lang, doch alles, was ich damals sah, ist bis heute in meinem Gedächtnis erhalten und wird für immer dort bleiben. Und das wird mir nicht erlauben, meinen Haß auf die Deutschen auszulöschen, solange ich atme.

Nach einer Woche Arbeit wurde der Einsatzort gewechselt. Wir arbeiteten zwar weiterhin an der Meliorierung des Bodens, aber diesmal bei Karczew, ebenfalls etwa zehn Kilometer von Otwock entfernt. Erneut mußten wir hin- und zurückmarschieren, und die Arbeit selbst war noch viel schlimmer als die vorherige. Täglich stand ich zehn Stunden lang in einem tiefen Meliorationsgraben, bis über die Hüften und manchmal sogar über die Taille in fließendem, kaltem Wasser, und schaufelte Schlick und Schlamm nach oben.

Es waren Bewässerungsgräben, die wir zu vertiefen hatten, und ununterbrochen floß in reißenden Strömen das Wasser aus der Weichsel in sie hinein.

Die Arbeit war sehr eintönig und ermüdend, und als im August kältere Tage kamen und der Regen einsetzte, wurde sie richtig unangenehm. Jetzt stand ich ganz im Wasser, bis zur Taille im kalten, fließenden Wasser, und die Kleidung, die ich am Oberkörper trug, war naß und schwer. Obwohl es nicht erlaubt war fernzubleiben, erschienen von Tag zu Tag weniger Juden zur Arbeit. Ich aber harrte auf dieser Arbeitsstelle aus.

Einmal, an einem regnerischen Tag, kam ich durchnäßt und mit hohem Fieber, etwa vierzig Grad, nach Hause. Ich dachte schon, ich hätte mir bei dieser Arbeit im Wasser eine schwere Krankheit zugezogen, doch in der Nacht ging die Temperatur zurück, und danach fühlte ich mich wieder gut genug, um zur Arbeit zu gehen. Dort hielt ich es aber nur noch eine Woche lang aus. Vielleicht hätte ich auch weiter dort gearbeitet, doch nach dieser Woche fing die Gemeinde an, es mit der Geldauszahlung nicht mehr so genau zu nehmen; zuerst wollte sie uns überhaupt nicht bezahlen, dann zahlte sie nur noch viel geringere Löhne als vorher. Ich sah also kommen, daß ich mich in Zukunft würde ohne Bezahlung abrackern müssen, und es hatte daher keinen Sinn, noch länger dort zu arbeiten. Allerdings war es auch nicht sinnvoll, faul zu Hause zu sitzen. Und so machten wir uns auf die Suche nach einer neuen Beschäftigung für mich: Ich selbst sah mich vor Ort um, und mein Vater tat das gleiche in Warschau.

Es traf sich aber in dieser Zeit, daß zu meinen Erfahrungen, um die ich bei meinen verschiedenen Berufen und Abenteuern seit Kriegsausbruch reicher geworden war, eine neue hinzukam. Eines Tages besuchte uns ein alter Bekannter aus Przysucha (ein naher Verwandter des Feldschers J.[?] M.[oszkowski]); er brachte tausend Eier und mehrere Dutzend Kilo Butter mit, geschmuggelte Ware, die in Otwock verkauft werden sollte. Damit bot sich für mich natürlich die Gelegenheit, beim Verkauf dieser Milchwaren etwas zu verdienen, und ich machte mich gleich an die Arbeit. Den ganzen Tag lief ich mit einer Tasche voller Eier und Butter durch die Stadt; ich besuchte alle Villen von Otwock, und dabei rief ich, um ja viele Kunden anzulocken: »Eier, Eier, frische Butter!« Wenn ich heute daran zurückdenke, wie ich diese groteske Rolle spielte, muß ich fast lachen. Doch damals war das für mich eine überaus ernste Sache, es ging um eine Verdienstmöglichkeit und ... um das Essen, von dem wir so wenig hatten.

Das Schicksal wollte, daß ich auch diese Erfahrung machte und einen Tag als Milchwarenverkäufer arbeitete. Seitdem empfinde ich eine solche Tätigkeit als unangenehm und für mich gänzlich ungeeignet; dann schon lieber Schienen schleppen – allerdings nicht für die Deutschen!

Während eines seiner häufigen Besuche in Warschau erfuhr mein Vater – er suchte weiterhin eine Beschäftigung für mich –, daß die Jüdische Gemeinde dort als Arbeitskräfte Juden einstellte, sofern sie freiwillig zur Arbeit bei den Deutschen fahren würden, was nichts anderes bedeutete, als daß sie in »Arbeitslager« im Generalgouvernement[5] gebracht werden sollten. Ohne darüber nachzudenken, was das für Lager waren und unter welchen Bedingungen und als was man dort arbeitete, meldete mein Vater mich für diese Arbeit an; er ließ mir die Nachricht zukommen, ich solle wegen einer Arbeit sofort mit allen meinen Siebensachen und meiner Bettwäsche nach Warschau kommen. Ich habe mich über diese Nachricht richtig gefreut, und am nächsten Morgen war ich mit meinem Kram in Warschau.

Mein Vater übergab mir die Anmeldekarte für das Arbeitslager, mit der ich noch am selben Tag – ich erinnere mich, daß es ein Freitag war – zur ärztlichen Untersuchung gehen mußte. Diese Untersuchung war sehr kurz; ich schien gesund zu sein und wurde angenommen. Ich hatte dann nur noch die Ausreisekarte zu unterschreiben, die die rot geschriebene Aufschrift »*Freiwillig*!« trug. Indessen fiel mir auf, daß die (jüdischen) Ärzte, die diese Untersuchungen vornahmen, mich und diese Aufschrift mit Verwunderung betrachteten, da sie nur sehr wenige Freiwillige zu untersuchen hatten, aber sie verloren darüber kein Wort. Ich sollte mich dann zwei Tage später unmittelbar vor der Abfahrt an einer Sammelstelle melden. Das hieß also, daß ich am Sonntag abreisen würde.

Vor meiner Abreise wollte ich allerdings genau wissen, wohin ich fahren würde und was ich auf diesem neuen Weg, den mein Leben nahm, zu erwarten hatte; deshalb versuchte ich noch am Freitag und dann den ganzen Samstag über, Informationen einzuholen. Am Samstag erfuhr ich entsetzliche Dinge über die Arbeitslager. An diesem Tag nämlich trafen in Warschau einige Briefe von Juden ein, die in der Woche davor, sei es freiwillig oder unter Zwang, in verschiedene Arbeitslager gebracht worden waren.[6] Diese Briefe waren erschreckend. Die Juden schrieben, daß ihre Arbeit selbst (auch wenn es sich hauptsächlich um Erdarbeiten handele) zwar nicht allzu schwer sei, daß aber die ukrainischen Lageraufseher[7] sie furchtbar mißhandelten. Die Ukrainer würden sie schlagen, nach Lust und Laune auf sie schießen und sie obendrein hungern lassen. Eine Flucht aus dem Lager sei kaum möglich. Wie hätte es noch schlimmer kommen können?!

Nachdem ich das alles gehört hatte, verzichtete ich auf diese Reise; wie mir jetzt klar war, hätte sie nichts anderes bedeutet, als daß ich damit mein Leben aufs Spiel gesetzt hätte. Und auch wenn ich dabei noch Glück haben sollte, würde ich doch nie sicher sein können, jemals wieder in die Freiheit entlassen zu werden. Jedenfalls bin ich nicht gefahren, ich bin nicht einmal zum Sammelpunkt gegangen, denn wenn ich auch als Freiwilliger galt, hatte ich doch Angst, verhaftet zu werden, und so ließ ich auch bei der Gemeinde nichts mehr von mir hören. Erst mehr als ein Jahr später sollte sich herausstellen, daß ich klug und richtig gehandelt hatte, als nämlich von den Juden, die man in die Arbeitslager gebracht hatte, nur ein Viertel zurückkehrte, nachdem drei Viertel von ihnen durch Hunger, Krankheiten, Schläge oder Todesschüsse dort umgekommen waren.

Ich fuhr also zurück nach Otwock, aber auch dort sollte ich nicht mehr lange bleiben. Unsere Familie war in einer verzweifelten Lage, und unsere Situation wurde immer schlimmer. Mein Vater hatte aus seinen beiden Praxen, in Warschau und in Otwock, kaum noch Einkünfte und sah sich angesichts der hoffnungslosen Lage gezwungen, nach einem neuen Ausweg zu suchen. Er entschloß sich, durch das Generalgouvernement zu reisen und im Distrikt Radom nach irgendeinem Ort zu suchen, in dem es für ihn noch eine sichere Möglichkeit gab, eine Zahnarztpraxis aufzumachen.

Anfang September 1940 brach mein Vater von zu Hause auf, und drei Tage später kam er mit einem Erfolg zurück. Auf seiner dreitägigen Suche hatte er im Kreis Kozienice einen Ort gefunden, der wohl zu seinem Vorhaben paßte: das Städtchen Gniewoszów.[8] Gniewoszów selbst war kein bedeutender Ort, wo man seine Einkünfte schnell hätte verbessern können, es hatte nur 4000

Einwohner, und die Hälfte von ihnen waren Juden. Doch die Gegend um das Städtchen herum war sehr reich. An der Weichsel gelegen, bildete Gniewoszów das Zentrum eines aus 22 Dörfern bestehenden Gemeindebezirks, und auch das Gemeindeamt hatte dort seinen Sitz.

In der ganzen Gegend gab es keinen einzigen Zahnarzt, so daß der Bürgermeister, ein *Volksdeutscher,* schon als mein Vater das Städtchen zum ersten Mal besuchte, auf der Versammlung der Gemeindevorsteher für seine Zahnarztpraxis werben konnte. Alle Bauern aus dieser Gegend hatten jedesmal, wenn sie Zahnschmerzen hatten, sehr weit nach Dęblin oder nach Puławy[9] fahren müssen, und so begrüßten die Gemeindevorsteher die Neuigkeit jetzt mit Freude. Trotz des großen Wohnungsmangels gelang es meinem Vater, bei einer jüdischen Familie Räume für die Praxis zu mieten, und bereits am ersten Tag seines Aufenthalts in Gniewoszów hatte er dort Patienten.[10]

Als mein Vater nach diesen drei Tagen wieder in Otwock war, hörten wir seinen Berichten mit großer Begeisterung zu. Das Städtchen Gniewoszów schien wie im Märchen für uns herbeigezaubert worden zu sein. Langsam verschwand das Gespenst der Hungersnot, es wurde verdeckt durch die Erzählung meines Vaters vom Wochenmarkt in Gniewoszów, auf dem es viele Menschen und in Hülle und Fülle Lebensmittel gab – wie vor dem Krieg. Die Preise für all diese Lebensmittel – von der Milch bis zum Fleisch – waren um die Hälfte niedriger als in Warschau. Und fast schon unglaubwürdig klang die Nachricht, daß es in Gniewoszów und seiner nächsten Umgebung keinerlei Dienststellen der Deutschen gebe, daß dort also gar keine uniformierten Schwaben zu sehen seien und die Juden so frei lebten wie vor dem Krieg.

Also beschlossen wir, die Wohnung in Otwock aufzugeben und für die Zeit, bis die Praxis richtig gehen würde, wieder nach Warschau zu ziehen. Einige Tage später verließen wir Otwock und begaben uns nach Warschau. Dort konnten wir bei meinem Onkel mütterlicherseits in der Karmelicka 23 ein kleines Zimmer beziehen.

[Manuskriptteil A]

Warschau,
September und Oktober 1940

wynająć przy Grodzkiej oddzielne locum na gabinet i miał w nim już pacjentów pierwszego dnia pobytu w Gniewoszowie. Byliśmy wszyscy ogromnie rozentuzjazmowani, kiedy ojciec wrócił z tej trzydniowej podróży do Otwocka i opowiadał nam o tym wszystkim. Zdawało się, że to miasteczko Gniewoszów zostało wyczarowane dla nas jak w bajce! Widmo głodu zniknęło przysłonięte opowieścią ojca o jarmarku gniewoszowskim, na którym panuje taki tłok ludzi i wszelkich produktów, jak przed wojną! Ceny tych produktów – poczynając od nabiału, a kończąc na mięsiwach – są o połowę niższe niż w W-wie. A już zupełnie nieprawdopodobnym wydawało się, gdy ojciec opowiadał, że w Gniewoszowie i najbliższej okolicy nie ma służbowych placówek niemieckich, umundurowanych szwabów nawet „na lekarstwo”, a Żydzi żyją sobie tu tak swobodnie jak przed wojną! Postanowiliśmy zlikwidować mieszkanie w Otwocku i zamieszkać na razie, nim ojciec wyrobi sobie praktykę w Gniew., w W-wie. Po kilku dniach opuściliśmy też Otwock i zamieszkaliśmy znów w W-wie, w pokoiku odnajętym u brata mojej matki przy ul. Karmelickiej 23.

VII

W ten sposób w pierwszych dniach września znalazłem się znów w W-wie. Z matką i młodszą siostrą (starsza była w internacie przy Szkole Pielęgniarstwa!) mieszkałem u wujostwa przy ul. Karmelickiej 23, a ojciec prawie cały tydzień był w rozjazdach, bo dwa razy w tygodniu dojeżdżał statkiem do Gniewoszowa. Pierwsze dni jego praktyki w tej miejscowości wskazywały na to, że miejsce to było dobrze wybrane i że zapewni nam byt. Jednakże mogło się zdarzyć, że to złote jabłko okaże się po pewnym czasie blichtrem tylko i pamiętając o tym, nie szastaliśmy przywożonymi przez ojca pieniędzmi, lecz żyliśmy na dawnej, nędznej i głodowej stopie. Na śniadania i kolacje suchy chleb z pomidorami, które były tanie wtedy, a na obiady chodziliśmy do tzw. „kuchni samopomocowej”, gdzie

VII

So war ich Anfang September wieder in Warschau. Meine Mutter, meine jüngere Schwester (die ältere lebte im Internat der Krankenpflegeschule) und ich wohnten zur Untermiete bei meinem Onkel und seiner Familie in der Karmelicka 23; mein Vater dagegen mußte zweimal pro Woche mit dem Schiff nach Gniewoszów fahren und war daher ständig unterwegs.

Nach den ersten Tagen in der neuen Praxis deutete sich an, daß der Ort gut gewählt war und uns eine Existenz sichern konnte. Doch immer noch würde sich nach einiger Zeit herausstellen können, daß es kein Gold war, was hier glänzte; mit diesem Gedanken im Hinterkopf warfen wir das Geld, das mein Vater mitbrachte, nicht zum Fenster hinaus und lebten weiterhin in dürftigen Verhältnissen. Zum Frühstück und zu Abend aßen wir trockenes Brot mit Tomaten, die zu dieser Zeit billig waren, und mittags nahmen wir die sogenannte »Garküche« in Anspruch, wo eine Portion Suppe einen Złoty kostete.[1]

Da unsere Situation immer noch nicht sehr sicher war, bemühte ich mich wieder um eine Arbeit; mein Wunsch, auf eigenen Füßen zu stehen, war sogar noch dringlicher als zuvor. Bei der Jüdischen Gemeinde allerdings konnte ich nun leider nicht mehr um Arbeit ansuchen. Da ich dort für die Lager erfaßt war, mußte ich vielmehr jedweden Kontakt mit den Behörden in Warschau vermeiden. Also begann ich wieder, reiche jüdische Bekannte bei der Arbeit für die Deutschen zu vertreten.

Nun folgten in meinem Leben ähnliche Zeiten wie im Frühjahr dieses Jahres, nur die Sorge um unsere Zukunft, wie ich sie damals empfunden hatte, war jetzt nicht mehr so groß. Ich lebte in der Hoffnung, daß es meinem Vater in Gniewoszów gutgehen würde. Voller Zuversicht glaubte ich fest daran, daß die Sonne des Glücks nun endlich auch für uns scheinen würde und wir nicht mehr länger Hunger zu leiden hätten. Es war auch höchste Zeit; wir hatten ein ganzes Jahr lang gehungert und dabei unsere Kräfte verbraucht und ebenso den Rest unseres kostbaren Schmucks. Das Schicksal hatte es gewollt, daß wir fünf vor zwölf dieses Städtchen fanden.

Diese plötzliche und unerwartete Wendung zum Besseren hob meine Stimmung so sehr, daß ich wieder die Gesellschaft meiner Altersgenossen suchte, mit denen ich inzwischen kaum noch verkehrt hatte. Nach der Arbeit auf dem Flughafen Okęcie, in der SS-Kaserne oder bei einer anderen Arbeitsstelle grübelte ich nicht mehr wie im Frühling über traurige Dinge nach, sondern holte in der Stadt meine »Tagesgage« ab, die immer noch 5 Złoty betrug, und verbrachte dann angenehme Stunden im Kreis meiner Freunde und Freundinnen. Ab und zu besuchte ich auch meine Freundin Mira Braczkowska, die durch einen seltsamen Zufall fast genau gegenüber meiner neuen Unterkunft wohnte, in einem Haus an der Kreuzung von Dzielna und Karmelicka. So verlebte ich mehrere Tage recht abwechslungsreich.

Ungefähr zwei Wochen nach meiner Ankunft in Warschau kam an einem Samstag mein Vater aus Gniewoszów und berichtete uns, daß man in diesem Städtchen mit völliger Sicherheit gut leben könne und er auch vorhabe, meine Mutter und meine kleine Schwester dorthin mitzunehmen.

Ich selbst sollte in Warschau bleiben, meine ältere Schwester ebenfalls, und zwar in ihrer Schule. Die Miete für das Zimmer bei meinem Onkel in der Karmelicka wurde für einen Monat oder anderthalb Monate im voraus bezahlt, und mein Vater wollte, daß ich dort so lange wohnen blieb, bis meine Eltern es sich in Gniewoszów bequemer eingerichtet hätten; denn ihre Wohnung dort war wohl ziemlich klein.

Ich fand diesen Plan gut (genau genommen hatte ich keine andere Wahl), zumal ich von meinem Vater Unterhaltsgeld bekommen hatte, das für zwei Wochen reichen sollte, 75 Złoty für fünfzehn Tage. Das war verdammt wenig, pro Tag nur 5 Złoty, aber ich dachte mir: »Hol's der Teufel! Ich verdiene als Vertretung noch etwas dazu.« In zwei Wochen würde mein Vater aus beruflichen Gründen wieder nach Warschau kommen und mir dabei das Geld für die nächste Zeit mitbringen. Seinen Worten konnte ich auch entnehmen, daß er sich – gelinde gesagt – wünschte, endlich weit weg von mir zu sein. Ich konnte das gut verstehen, weil ich ihn ebenfalls nicht sehr vermißte; und bei mir in Warschau ging es in dieser Zeit ziemlich lustig zu – natürlich nur so lustig, wie das für einen Juden unter deutscher Besatzung überhaupt möglich war.

Leider dauerte diese einigermaßen unterhaltsame Zeit nicht lange, sie endete plötzlich wie abgeschnitten. Nicht ganz zwei Wochen lang hatten sich meine Muskeln und Nerven ein bißchen entspannen können, und ich hatte – wie es normalerweise geschieht, wenn ein Mensch eine materiell sichere Zuflucht findet – sozusagen mein inneres Gleichgewicht wiedererlangt, da hielt das Schicksal, dem ich als junger Mensch offenbar noch zu wenig schlechte Erfahrungen gesammelt hatte, neue schwierige Prüfungen für mich bereit; und in meinem Leben begannen wieder schlechte Zeiten.

Als ich Mitte September allein in Warschau war (meine Schwester habe ich in dieser Zeit kaum gesehen), arbeitete ich, um meine Haushaltskasse ein wenig aufzubessern, weiterhin als Vertretung für andere Juden. Eines Tages, als ich von der Arbeit kam, erzählte man mir, daß um 6 Uhr morgens, also kurz nachdem ich das Haus verlassen hatte, die Polizei der Jüdischen Gemeinde[2] wegen des Arbeitslagers nach mir gesucht habe. Zuerst nahm ich das auf die leichte Schulter; als aber am frühen Abend des nächsten Tages dieselbe Polizei mich wieder suchte und ich nur zufällig nicht zu Hause war, begriff ich, daß die Angelegenheit ernst zu nehmen war. Das hieß nämlich, man suchte nach mir im Zusammenhang damit, daß ich mich nicht zur Abreise ins Arbeitslager eingefunden hatte.

Jetzt, da mein Dasein gerade wieder Gestalt anzunehmen begann, hielt ich das natürlich für besonders gefährlich. Zwei Tage später suchte man wieder nach mir, aber diesmal fragte nicht die jüdische Polizei nach mir, sondern die polnische, und zwar wieder ein paar Minuten, nachdem ich zur Arbeit gegangen war. Meine Angelegenheit war also anderen, übergeordneten Behörden übergeben worden. Da es möglich war, daß die polnische Polizei auch in der Nacht nach mir suchen würde, entschied ich, nicht mehr in meiner Wohnung zu schlafen.[3] Bei den Verwandten in der Zamenhofa durfte ich ebenfalls nicht übernachten, denn dort war ich gemeldet, und die polnische Polizei hatte inzwischen auch dort nach mir gefragt. Und so machte es mir die brutale Wirklichkeit wieder einmal unmöglich, in Ruhe zu leben.

Der beste Ausweg aus dieser Lage schien mir zu sein, Warschau zu verlassen. Andererseits hatte ich jedoch die Hoffnung, daß diese Fahndungswelle abebben würde, wenn sie ohne Erfolg blieb; und um mich davon überzeugen zu können, wollte ich einfach noch eine gewisse Zeit in Warschau bleiben. Ich konnte, auch wenn ich dabei Hunger litt, ohne zusätzliches Geld auskommen, und so hörte ich auf, zur Arbeit zu gehen. Irgendwo den Tag zu verbringen war nicht besonders schwierig; ich konnte in dieser Zeit meine Freunde und Bekannten besuchen. Aber in der Nacht wußte ich nicht, wohin.

Doch nicht umsonst sagt ein weiser Spruch: »In jedem Unglück steckt ein Quentchen Glück.« Das traf jetzt auch auf mich zu. Zufällig begegnete ich einem Bekannten aus Łódź, Zdzisław Hammer, dem ich von meinen Sorgen erzählte. Er erklärte sich sofort bereit, mir zu helfen. Er bot mir an, mit ihm zusammen im Kommissionsladen seiner Stiefmutter Weronika Raszewska (sie war Polin, er aber Jude) zu übernachten; das Geschäft lag in der Solna 18. Mein Freund selbst verbrachte dort jede Nacht, um den Laden vor Diebstählen zu schützen. Ich war sehr glücklich über seinen Vorschlag, zumal er genau zum richtigen Zeitpunkt kam; und schon von der kommenden Nacht an schlief ich dort. Aber was war das für ein miserables Lager! Dementsprechend schlecht schlief ich dort auch. Mein Freund hatte ein sehr schmales Feldbett zur Verfügung – es war so schmal, daß keine zweite Person neben ihm liegen konnte –, und ich mußte, ob ich wollte oder nicht, in normaler Kleidung und ohne Bettwäsche auf der Ladentheke schlafen. Um 5 Uhr morgens mußten wir beide den Laden verlassen, denn mein Freund ging zur Arbeit. Ich dagegen – nach einer solchen Nacht so übermüdet, als hätte ich schwer gearbeitet – wußte nicht, wohin in aller Frühe. Ob bei Regen oder Sonnenschein, bei gutem oder schlechtem Wetter, ich war gezwungen, mich auf den Straßen herumzutreiben. Erst vier bis fünf Stunden später konnte ich irgendeinen meiner Bekannten besuchen, aber auch ihnen durfte ich mich nicht allzu oft aufdrängen, und so verbrachte ich, alles in allem, die meiste Zeit damit, durch die Stadt zu wandern.

Das war für Juden nicht ungefährlich, denn die Razzien für die »Zwangsarbeitslager« – ein milderer Ausdruck für »*Konzentrationslager*« – gehörten inzwischen zum Alltag der jüdischen Bevölkerung in Warschau. Die SS-Fänger fuhren mit ihren Wagen durch die am meisten »verjudeten« Stadtteile (wie die Polen sie nannten), griffen die Juden auf der Straße auf oder holten sie aus den Wohnungen. Ich mußte ständig auf der Hut sein, um nicht vom Regen in die Traufe zu kommen. Tausend Befürchtungen um mein weiteres Schicksal versetzten mich in eine quälende Unruhe, und außerdem litt ich in diesen Tagen, wenn ich mich verstecken mußte, unter schrecklichen Entbehrungen. Ich hatte gehofft, bald wieder in die Wohnung in der Karmelicka zurückkehren zu können, doch leider erfuhr ich immer wieder, daß ich weiterhin gesucht wurde. Während meiner Abwesenheit war sowohl die jüdische als auch die polnische Polizei gekommen, um mich abzuholen, und zweimal waren dort sogar Spitzel erschienen, einmal am Tag und einmal in der Nacht.

Die Jagd auf mich dauerte an, und ich hatte Angst, daß diese »Geheimen« auf irgendeine Weise meine Übernachtungsadresse herausbekommen könnten. Es gelang mir zwar in dieser Zeit, nicht verhaftet zu werden – was schon sehr viel wert war, nur das Leben selbst war noch wertvoller –, aber um welchen Preis! Ich hatte keine menschenwürdige Übernachtungsmöglichkeit mehr, keinen Ort, an dem ich mich waschen und das Frühstück oder Abendbrot zu mir nehmen konnte. Obendrein war ich dazu verurteilt, als Herumtreiber ständig Gefahren ausgesetzt zu sein. Und als ob ich noch nicht genug Böses erlebt hätte und mein Schicksal mit mir immer noch nicht fertig wäre – das Maß war vermutlich noch nicht voll –, hatte ich zu allem Unglück noch einen Unfall.

Eines Tages überwältigte mich das Verlangen nach einem normalen Frühstück so sehr, daß ich die Gefahr, gefaßt zu werden, ignorierte und in meine Wohnung ging, um etwas Warmes zu trinken. Während ich in der Wohnung war, wurde ich den Gedanken nicht los, jeden Augenblick könne die Polizei mich holen kommen, und ich war durch die Schwierigkeiten der letzten Tage psychisch auch so erschöpft, daß ich dauernd zu hören glaubte, wie es an meine Wohnungstür hämmerte und jemand ein Wort schrie, das ich leider nur zu gut kannte: »*Aufmachen*!« Kein Wunder also, daß ich mich in meiner Aufregung bemühte, möglichst schnell zu essen und zu trinken und diesen gefährlichen Ort wieder zu verlassen. Ich machte also alles in größter Eile, und als ich mit einer Tasse kochendem Wasser durchs Zimmer ging, tat ich das viel zu schnell und rutschte auf dem gebohnerten Fußboden aus. Ich fiel hin, und das heiße Wasser spritzte mir in die Augen. Im ersten Moment war ich wie blind, es brannte schrecklich, als ob mir jemand an der Stirn, im Gesicht und am Auge glühende Kohle auf die Haut drücken würde. Das kochende Wasser war mir ins offene rechte Auge gespritzt. Ich schrie und heulte vor Schmerzen; und jeder, der sich einmal am Auge und im Gesicht verbrannt hat, wird mich gut verstehen.

Ich bin sofort zum ärztlichen Rettungsdienst in die Leszno 54 gerannt.[4] Ich war auf einem Auge blind, und ich weiß nicht, wie ich dorthin gelangt wäre, wenn ich nicht durch einen glücklichen Zufall am Hauseingang einen Freund getroffen hätte. Er sah sofort, in welchem Zustand ich war, und begleitete mich. In der »Notfallstation« leistete ein Arzt mir Erste Hilfe und erklärte dann, daß es um mein Auge nicht gut stehe und ich das Sehvermögen verlieren könne; ich solle daher sofort einen Augenarzt aufsuchen. Da mich diese Diagnose erschreckte, ging ich ohne zu zögern dorthin. Der Augenarzt tröstete mich aber und meinte, so schlimm sehe die Sache gar nicht aus. An diesem Tag traf ich mich auch mit meiner Schwester, und sie war über das, was sie sah, völlig entsetzt.

Der Arzt verschrieb mir Verbände, die mir jemand anlegen mußte. Da ich gesucht wurde und weder in die Zamenhofa noch in die Karmelicka gehen konnte und mich mit meinen Schmerzen und halb blind auch nicht in der Stadt herumtreiben konnte, zumal ich meinen Kopf hinlegen und ruhig halten mußte, entschloß ich mich, den letzten Ort, der mir geblieben war, aufzusuchen: Ich ging zur Schwester meiner Mutter in die Nowolipie 13. Dies war der allerletzte Ausweg, und ich wäre niemals dorthin gegangen, wäre ich nicht in einer so kritischen Lage gewesen.

Meine Tante bewohnte mit ihrem Mann und ihren zwei Söhnen zusammen ein kleines Zimmer bei einer Familie, sie lebten also sehr beengt. Daher war ich mir darüber klar, daß ich dort nicht gern gesehen war, aber darauf nahm ich keine Rücksicht. Meine Tante würde meine Bitte, mich einige Tage unter ihrem Dach zu beherbergen, nicht abschlagen können, vor allem, wenn sie mich so sah, verbunden wie nach einem Autounfall. Meine Schwester hatte mir nämlich noch am selben Tag meterweise Bandagen aus dem Krankenhaus mitgebracht, und so hatte ich mir um den Kopf und über das Auge einen Verband angelegt.

Erst während dieses mehrtägigen Aufenthalts bei meiner Tante erholte ich mich von der schweren Zeit, in der mich die Angst vor der Verhaftung von einem Ort zum anderen gejagt hatte, in der ich mich stundenlang auf den Straßen herumtreiben mußte, ohne einen Platz zu haben, den ich aufsuchen konnte. Und nun hatte sich sogar jemand gefunden, der sich um mich kümmerte, das heißt, mich pflegte und mir die Verbände über dem kranken Auge wechselte. Das war die Tochter der Vermieterin meiner Tante; in ihrem guten Herzen empfand sie Mitleid mit meiner einsamen Seele, und ich habe keinen Zweifel daran, daß dieses Mädchen sehr zu meiner schnellen Genesung beitrug. Sie machte die Verbände meisterlich, wahrhaftig mit der Sanftmut und der Geduld eines barmherzigen Samariters. Nach ein paar Tagen konnte ich wieder auf beiden Augen sehen.

Sobald ich einigermaßen gesund war, begann meine Tante mir zu zeigen, daß sie unruhig wurde, und ließ beiläufig Bemerkungen fallen, daß es höchste Zeit für mich sei, ihre Wohnung zu verlassen. Sie sagte zu mir, sie befürchte, die Polizei könne in Erfahrung bringen, wo ich mich aufhalte, und das könne unangenehme Konsequenzen nach sich ziehen, bis hin zur Verhaftung ihres Mannes. Aus unparteiischer Sicht hätte ich ihr teilweise recht geben müssen. Doch ich wußte noch immer nicht, wohin ich gehen sollte; die Möglichkeit, wie zuvor den Tag in der Stadt zu verbringen und auf einer Ladentheke zu schlafen, stand mir nicht mehr offen. Die schmerzenden Verbrennungen hatten mir ziemlich zugesetzt, und ich war körperlich noch nicht imstande, die vorherige Lebensweise fortzusetzen. Ich war nahe daran zu verzweifeln. … Am letzten Ort, der für mich in Frage kam, wurde ich zurückgewiesen.

Nachdem ich eine Weile überlegt und mich anschließend mit meiner Schwester, die mich in ihrer Freizeit oft besuchte, beraten hatte, kamen wir zu dem Entschluß, unseren Eltern ein Telegramm zu schicken, in dem wir meine ausweglose Situation genau beschrieben und meine Ankunft in Gniewoszów ankündigten. Die Reaktion auf dieses alarmierende Telegramm war, daß mein Vater mich in Warschau besuchte, er kam gleich am folgenden Samstag, Anfang Oktober, in die Stadt. Er wollte sich vor Ort überzeugen, ob meine Lage wirklich so hoffnungslos war, daß ich nach Gniewoszów fahren mußte. Die Aussicht, meine Angelegenheit auf diese Weise erledigen zu müssen, war für ihn bestimmt nicht angenehm, aber letztendlich war er schuld an meiner Lage, denn er hatte mich für das Arbeitslager angemeldet, und dies war der Grund dafür, daß mich jetzt die Polizei suchte und ich mich vor ihr verstekken mußte.

Nolens volens erkannte mein Vater, daß ich keinesfalls länger in Warschau bleiben konnte. Er ließ mich den Rest aller in Warschau verbliebenen Sachen zusammenpacken und versah mich mit Reisegeld. Er selbst fuhr mit dem Zug, für den er einen Passierschein hatte, noch am selben Tag zurück. Ich sollte am darauffolgenden Tag mit dem Schiff aufbrechen. Natürlich habe ich mich sehr gefreut, daß die Sache eine solche Wendung nahm. Mein Herz hüpfte vor Freude, weil ich nun endlich diesen Alptraum der Verfolgungsjagd loswerden sollte, der seit Tagen andauerte, und weil ich befreit würde aufatmen können und nicht länger unter den Entbehrungen der Obdachlosigkeit zu leiden hätte. Ich hatte mich davon überzeugt, daß ein Leben ohne ein Dach über dem Kopf schlimmer ist als die allerschwerste Arbeit. Ich konnte beides leider aufgrund eigener Erfahrung vergleichen.

Ich war durch verschiedene Gefühle sehr aufgewühlt. Ich freute mich, daß ich Warschau verlassen konnte, die Stadt, in der ich so viel Böses erfahren hatte, in der mir widrige Lebensumstände und Schwierigkeiten auf Schritt und Tritt zu schaffen gemacht hatten, in der mich das Schicksal von einer schwierigen Lage in die nächste gebracht hatte, ohne mir ein bißchen Zeit zu lassen, das verlorene Gleichgewicht wiederzufinden. Die Stadt war für mich häßlich geworden – mit all ihren Razzien, mit den immer schärferen Verordnungen für die jüdische Bevölkerung, mit dem feindseligen Verhältnis der Polen zu den Juden, mit den gesonderten Straßenbahnen für die Juden und all dem anderen, was einem den Aufenthalt dort »so angenehm« machen konnte. Und die Polizeijagd auf mich hatte das Maß voll gemacht.

Der nächste Tag war ein Sonntag, und ich bereitete mich auf die Reise vor. Für eine einzelne Person hatte ich ziemlich viel Gepäck, aber mein Vater hatte gewollt, daß ich alles mitnahm. Da meine Sehkraft immer noch nicht wiederhergestellt war – der Verband bedeckte mein rechtes Auge ganz und das linke zur Hälfte –, konnte ich mit alldem nicht so leicht zurechtkommen. Aber die Freude und die Neugier auf mein weiteres Leben ließen mich die nötige Energie aufbringen, und in Windeseile hatte ich alles eingepackt.

Ich hatte eine Menge Sachen: Teile von unserem eisernen Bett (Stäbe, Böcke usw.), unseren »Zigeuner« mit den Rohren, einen Sack mit Bettwäsche, einen Sack mit Küchengeschirr und Kochtöpfen und meine gesamte Garderobe, die ich angezogen hatte, das heißt: zwei Anzüge (einer davon war ein Arbeitsanzug) sowie einen Sommer- und einen Wintermantel. Ich hatte zwar keine Ahnung, wie ich unterwegs damit fertigwerden sollte, aber darüber machte ich mir keine Sorgen.

Nachdem ich das ganze Zeug eingepackt hatte, besuchte ich der Reihe nach alle meine näheren Freunde, Freundinnen und Verwandten und nahm von ihnen Abschied; auf dem Weg zum Hafen an der Weichsel begleitete mich mein bester Freund S.[zlomo] Herszkowicz, den ich um Hilfe gebeten hatte (er stand mir am nächsten, sowohl was mein Herz als auch was die Entfernung zu meiner Wohnung betraf).

Wir stiegen in eine Droschke, die dann mit all diesen Gerätschaften so beladen war, daß sie von weitem wie ein Leichenwagen oder ein Feuerwehrwagen aussah. Mit der Droschke kamen wir am Hafen an, und während S.[zlomo] H.[erszkowicz] dort auf meine Sachen aufpaßte, gab ich das Gepäck auf und brachte es an Bord. Als ich mit allem fertig war, verabschiedeten wir uns voneinander, und ich bestieg das Schiff, das ich am Ende der Fahrt verlassen würde, um ein neues, von einem anderen Schicksal bestimmtes Leben zu beginnen. Um 16 Uhr begannen sich die Schaufelräder des Schiffes zu drehen, die Sirenen heulten zum Abschied von Warschau laut auf, und wir fuhren los. Ich warf noch einen letzten Blick auf die Stadt, in der ich fast ein ganzes Jahr verbracht hatte, ein Jahr des Bösen und des Ringens mit einer gnadenlosen Bestimmung.

Die Fahrt dauerte bis zum nächsten Tag 10 Uhr. Das war schnell, aber das Wasser auf der Weichsel stand auch hoch, und zufällig war das Schiff kein einziges Mal auf eine Sandbank gelaufen. Es hätte eigentlich Schmuggelschiff heißen müssen und nicht Passagierschiff, denn es gab sonst keinen Passagier wie mich an Bord. Das Deck und der Raum darunter, die sogenannte zweite Klasse, waren voll von Schmugglern aller Art und jeder Spezialisierung, überwiegend (zu achtzig Prozent) Polen, die übrigen waren Juden.

Das Schiff fuhr die ganze Nacht über flußaufwärts, und die Fahrt wurde nur dadurch gestört, daß es unterwegs in bestimmten Häfen anlegen mußte; die Schiffsjungen riefen sich etwas zu, und die Schmuggler unterhielten sich mehr oder weniger laut über die gefürchteten Durchsuchungsaktionen der Gendarmerie, die in jedem Hafen, an jeder Anlegestelle an Bord kommen konnte.

Ich habe die ganze Nacht kein Auge zugemacht, weil ich Angst hatte, daß etwas von meinem vielen Gepäck gestohlen würde. Zudem saß ich auf dem oberen Deck, wo ich vor Kälte zitterte, und immer wenn mich die Müdigkeit übermannen wollte, weckte mich die frische, kalte Luft. In der Nacht streifte ich auch meine jüdische Armbinde ab, denn ich saß zufällig unter Polen und konnte ihren Gesprächen entnehmen, wie feindlich sie Juden gegenüber eingestellt waren; ich wollte nicht, daß ich ihnen als Jude auffiel. Ich konnte die Armbinde während der ganzen Reise versteckt halten; denn entgegen den zahlreichen Ankündigungen der Schmuggler ist die Gendarmerie auf der ganzen Strecke kein einziges Mal an Bord des Schiffes gekommen.

Am Montag um 10 Uhr legte das Schiff im Hafen Regów, meinem Reiseziel, an. Die Schiffsjungen warfen die Laufplanke hinüber ans Ufer, und die Passagiere gingen von Bord. Ich gab den Schiffsjungen 5 Złoty, damit sie mir halfen, meine Sachen an Land zu tragen. Allein hätte ich dies nicht geschafft, weil das Schiff dort nur eine Minute lang hielt. Dann setzte ich mich neben meinen Gepäckhaufen und wartete, daß jemand von meiner Familie – wie mein Vater versprochen hatte – mich am Hafen abholen würde.

Inzwischen waren alle Passagiere, die dort ausgestiegen waren, nach Gniewoszów gegangen oder gefahren – der Ort lag etwa anderthalb Kilometer vom Flußhafen entfernt –, nur ich war allein zurückgeblieben, am menschenleeren Ufer und mit leerem Magen, denn in den letzten 24 Stunden hatte ich keine Zeit gefunden, etwas zu essen. Erst als ich schon zwei Stunden gewartet hatte, sah ich in der Ferne meine Mutter, die geradewegs auf mich zukam. Sie kam in Begleitung eines jüdischen Mädchens, um mich abzuholen. Und sie hatte einen kleinen Korb voll mit frischen Brötchen, Weißbrot und Äpfeln dabei; offensichtlich hatte sie geahnt, daß ich großen Hunger haben würde.

Wie ein Wolf stürzte ich mich auf diese Delikatessen und konnte mich kaum satt essen. Im Nu hatte ich zehn Brötchen, genauso viele Äpfel und ein Kilo Brot verspeist. Seit kurz nach dem Kriegsausbruch 1939 hatte ich solche

Dinge doch nur noch in Schaufenstern sehen können. Dann begaben wir uns ins Haus des Hafenwärters, um dort ein Fuhrwerk für den Transport des ganzen Gepäcks zu mieten. Bei einem Bauern kaufte meine Mutter noch ein Glas Sahne für mich, die ich sofort austrank. Ich war einfach begeistert. Das war schon ein wahrer Luxus, und ich erkannte, daß ich in ein Land gekommen war, darinnen Milch und Honig fließen.

Querfeldein fuhren wir mit einem Pferdefuhrwerk nach Gniewoszów, und plötzlich, das launische Schicksal hatte es wieder einmal so gewollt, war ich da – an einem Ort, von dem ich nie zuvor gehört hatte und der in meinem weiteren Leben eine außergewöhnliche Rolle spielen sollte.

[Manuskriptteil A]

Gniewoszów, Oktober 1940 bis Juni 1942

VIII

Wraz z nowym rozdziałem w tym pamiętniku rozpoczyna się rów-
nież nowy rozdział w moim życiu, który dla czytającego może oka-
zać się do pewnego miejsca niezbyt ciekawy. Ponieważ jednak nie
mogę go ominąć, mimo, że jest to długi okres bez przygód
prawie, muszę umieścić go również na tych kartach. Łączy
się on tak ściśle z wydarzeniami, które następują po nim, a które
przełomowe są dla reszty mego życia, że nie sposób go omi-
nąć. Ale, ponieważ jest to okres dość długi (przeszło 1½ roku) będę
się streszczał o tyle o ile to nie pogmatwa tej smutnej historii.
Zawiedziony opisanymi poprzednio wydarzeniami znalazłem się w
osadzie Gniewoszów. Już na samym wjeździe do miasteczka uj-
rzałem widok, który w zupełności potwierdził opowiadania ojca.
Nazywając rzecz po imieniu nie było to wcale miasteczko, lecz
zapadła wieś i to taka, jaką spotkać można tylko w Polsce.
Domy przeważnie drewniane, wrosłe w ziemię, pochylone ze starości.
Na peryferiach chłopskie strzechy kryte słomą, w centrum zaledwie
kilka piętrowych budynków. Po ulicach świnie wyżerają odpadki
z kałuż po deszczu i pomyjach. Furman zatrzymał się przed 1-pię-
trowym domem przy głównej ulicy, brukowanej kocimi łbami. Tutaj mia-
łem zamieszkać. Na piętrze, do którego schody staromodnym zwyczajem
wiodły przez mieszkanie właściciela, mieścił się gabinet ojca w jednym
i pokój mieszkalny nasz, tzn. stołowy, sypialnia i poczekalnia dla pacjentów
w drugim pokoju. Po obfitym obiedzie, składającym się z kilku dań
jakich nie jadłem od wybuchu wojny i jakim delektowa-
łem się przez cały czas jedzenia wybrałem się na miasto – aby
poznać tę krainę, do której niespodzianie zawitałem. Nie wierzy-
łem własnym oczom, skoro zobaczyłem coś, od czego odwykłem zupeł-
nie. Pomijając już obraz zapuszczonej i zapomnianej prze-

VIII

In diesem neuen Abschnitt meiner Erinnerungen geht es zugleich auch um einen neuen Abschnitt in meinem Leben, der bis zu einer gewissen Stelle dem Leser vielleicht weniger interessant vorkommen mag. Obwohl es sich hier um eine längere Zeit fast ohne Abenteuer handelt, will ich sie auf diesen Blättern unterbringen. Diese Lebensphase sollte nicht ausgelassen werden, weil sie sehr eng mit den Ereignissen verbunden ist, die dann folgten und die zu Wendepunkten für mein weiteres Leben wurden. Es war eine ziemlich lange Zeit (mehr als anderthalb Jahre), daher werde ich versuchen, mich möglichst kurz zu fassen, allerdings ohne daß dabei diese traurige Geschichte allzu verwirrend wird.

Enttäuscht von den oben beschriebenen Ereignissen, befand ich mich also in dem kleinen Ort Gniewoszów.[1] Schon als wir in das Städtchen hineinfuhren, bot sich mir ein Anblick, der die Berichte meines Vaters in jeder Hinsicht bestätigte. Um die Dinge beim rechten Namen zu nennen: Es handelte sich hier nicht um ein Städtchen, sondern um ein gottverlassenes Dorf, so eines, wie man es nur in Polen finden kann. Die Häuser zumeist aus Holz, in die Erde hineingewachsene Hütten, gebeugt unter der Last des Alters. Am Ortsrand Bauernhäuser mit Strohdächern, lediglich im Zentrum ein paar mehrstöckige Gebäude. Auf den »Straßen« fressen Schweine Lebensmittelreste aus Pfützen von Regen- und Abwaschwasser.

Der Kutscher hielt auf der kopfsteingepflasterten Hauptstraße vor einem einstöckigen Haus. Hier also sollte ich von heute an wohnen. Die Zahnarztpraxis meines Vaters befand sich in einem Zimmer im ersten Stock, zu dem die Treppe, nach alter Art, durch die Wohnung des Hausbesitzers führte, und das zweite Zimmer war gleichzeitig unser Wohn-, Eß- und Schlafzimmer sowie der Warteraum für die Patienten.[2]

Nach einem reichlichen Mittagessen, das aus mehreren Gängen bestand und bei dem ich zum ersten Mal seit Kriegsausbruch mit großem Genuß aß, machte ich mich auf den Weg »in die Stadt«, um das Märchenland, in dem ich unversehens gelandet war, kennenzulernen.

Ich traute meinen Augen nicht, als ich hier all das sah, wovon ich geglaubt hatte, ich würde es niemals wieder zu Gesicht bekommen. Zwar sah das Dorf verfallen aus, und Gott und die Welt schienen es vergessen zu haben, aber vor den kleinen Läden, eher Verkaufsständen, sah ich viele Juden; manche standen in kleinen Gruppen auf der Straße, andere gingen langsam hin und her – sie alle verhielten sich so, als hätten sie noch nie von den Grausamkeiten der Deutschen gehört und als würden deren Verordnungen sie überhaupt nicht betreffen. Die jüdischen Jugendlichen liefen ohne Armbinden herum, und die älteren Juden trugen Kaftane und jüdische Kappen, lange Bärte und Schläfenlocken, genauso, wie sie dies hier auch vor dem Krieg getan hatten. Ich kam aus dem Staunen nicht heraus, denn im Vergleich zu Warschau, wo die Juden unablässig den schlimmsten Schikanen ausgesetzt waren, kam mir dieser Ort fast wie Palästina vor. Bis zu diesem Augenblick hatte ich mir kaum vorstellen können, daß es im Generalgouvernement noch einen Platz gab, wo noch nach einem Jahr deutscher Besatzung die Juden so viel Freiheit genossen.[3]

Da ich dies nicht verstehen konnte, versuchte ich, den Ursachen auf den Grund zu gehen. Ich glaubte auch ziemlich schnell, sie herausgefunden zu haben, und vermutete sie darin, daß die Ortschaft weit entfernt von allen Verkehrswegen lag und es im Ort selbst keinerlei Dienststelle der Gendarmerie oder der Armee gab[4] – es gab einzig und allein vier polnische Polizisten auf der Wache, mit denen sowohl die Juden als auch die Polen Geschäfte machten, indem sie ihnen für Handel und Schmuggel Bestechungsgelder zahlten. Wahrlich, es war sinnvoll, alles dafür zu opfern, um in diesem gottverlassenen Nest die Zeit der deutschen Besatzung verbringen und die Freiheit genießen zu können.

Bald hatte ich auch einen Freund gefunden, Hersz Perelsztajn.[5] Er war der Sohn unserer Wirtin, ein Jahr älter als ich und erwies sich als ein sehr intelligenter und kluger Junge. Seine Mutter war Schneiderin und sein Vater Stiefelmacher. Sein Vater, ein Bruder und eine Schwester hielten sich zu diesem Zeitpunkt in Lwów auf, wo sie später vom deutsch-sowjetischen Krieg[6] überrascht wurden; er selbst, seine Mutter und vier weitere Geschwister wohnten dagegen alle in dem Häuschen, in dem sie uns Unterkunft gegeben hatten.

Die ersten Tage nach meiner Ankunft in Gniewoszów verbrachte ich, indem ich mit ihm zusammen spazierenging und er mir dabei etwas über das Städtchen und das Leben seiner Bewohner erzählte; in diesen Gesprächen habe ich viel darüber erfahren. Ich geriet zwar anfangs noch in Verlegenheit, als Juden, die in den Haustüren oder auf der Straße standen, mich angafften und mit dem Finger auf mich zeigten, wie es in der Provinz üblicherweise geschieht, wenn ein »Neuer«, ein »Fremder«, auftaucht. Doch im Laufe der Zeit gewöhnte ich mich an die eigentümliche Art der Einwohner, mir ihr Interesse an meiner Person zu zeigen, und auch sie gewöhnten sich langsam an meine Anwesenheit. Für sie war es nicht alltäglich, neue Gesichter zu sehen, außer die der Schmuggler. Nun aber war ein Jude aus Warschau aufgetaucht – das war doch beinahe so, als wäre jemand aus dem Ausland gekommen –, und der wollte sich hier sogar niederlassen und in die Gemeinschaft der Bürger aufgenommen werden. Kein Wunder also, daß sie mich ganz genau ansehen wollten, und weiß Gott, sie machten das sehr sorgfältig, von Kopf bis Fuß. Sicherlich wußten sie schon am zweiten Tag meines Aufenthalts im Ort besser als ich selbst, was für Socken ich trug und aus welchem Material meine Hose war.

Was diese und ähnliche Einzelheiten betrifft, so wußten sie bestimmt gleich Bescheid, denn unter der Bevölkerung rangierten dem Prozentanteil nach die Schneider an erster Stelle; es folgten die Schuh- und Stiefelmacher und dann die Kaufleute – diese Quoten beziehen sich natürlich auf die jüdische Bevölkerung. Unter den polnischen Einwohnern dagegen gab es nur wenige Kaufleute, den größten Teil der Bevölkerung bildeten hier die reichen Grundbesitzer, deren Äcker sich rund um das Städtchen erstreckten. Charakteristisch für den Ort waren also der jüdische Kleinhandel und die Heimwerkstätten der jüdischen Schneider und Schuhmacher, die alle feste Beziehungen zu den Nachbardörfern unterhielten.

Wegen der schlechten Wege machte die deutsche Gendarmerie so selten Abstecher nach Gniewoszów, daß der Handel hier ungestört blühte und die Preise für die hiesigen Produkte sehr niedrig waren; diese Gegend, Powiśle, war nämlich sehr fruchtbar. Nur von Zeit zu Zeit kamen ein paar Gendarmen mit dem Auto aus nahegelegenen größeren Städten wie Radom, Dęblin und Zwoleń hierher. Dann verschwanden alle Juden von den Straßen und verriegelten sämtliche Türen ihrer Häuser und Geschäfte. Bis zu meiner Ankunft im Ort hatte es sehr selten Durchsuchungen bei Juden gegeben. Die Gendarmen besuchten die Gaststätte eines Polen (F.[7]), wo sie sich satt fraßen und sinnlos betranken; die hohen Rechnungen mußte dann allerdings die Jüdische Gemeinde in Gniewoszów[8] bezahlen. Im Anschluß an ihre Sauferei, deren hohe Kosten die Juden zu tragen hatten, kamen die Gendarmen ins jüdische Gemeindehaus und verlangten, innerhalb einer halben Stunde etwa zwanzig Mastgänse sowie Eier und Butter geliefert zu bekommen.[9] Die Juden brachten alles und dankten Gott dafür, daß sie zu diesem Preis ihr Leben und ihre Geschäfte in Ruhe führen durften. Meistens endete der Besuch der Gendarmen im Ort auf diese Weise, es sei denn, unterwegs fiel ihnen zufällig noch ein Jude in die Hände; dann schlugen sie, bevor sie endlich abfuhren, erst einmal gnadenlos auf ihn ein und ließen ihn verschwollen und blutend irgendwo liegen. Es war also kein Wunder, daß das Städtchen immer wie ausgestorben aussah, wenn die Gendarmen kamen. Kaum waren sie abgefahren, kaum hatte sich der gepanzerte Wagen entfernt und war hinter den Staubwolken der Straße verschwunden, da strömten die Juden in Scharen aus ihren Häusern und erzählten sich die neuesten Nachrichten.

Als ich all diese Einzelheiten aus dem Leben der jüdischen Bevölkerung in Gniewoszów erfahren hatte, waren meine ersten Tage in dem Städtchen schon vorbei. Unsere Verwandten aus Warschau schrieben uns, daß ich weiterhin von der Polizei gesucht werde, und wir bekamen wieder Angst, die Deutschen könnten mich in Gniewoszów aufspüren und mich hier wegholen. Diese Angst war zwar etwas übertrieben, aber es gab immerhin doch einen echten Grund zur Beunruhigung. Wir suchten also gemeinsam nach einem Ausweg, damit ich, falls mich die deutschen Behörden doch ausfindig machten, nicht Gefahr liefe, verhaftet zu werden. Die beste Lösung schien uns eine Arbeit bei den Deutschen zu sein, die man vielleicht als Rechtfertigung gelten ließ und die mich vor Verfolgung und Strafe bewahren könnte.

Etwa zehn Kilometer von Gniewoszów entfernt, bei Puławy, liegt die Ortschaft Klikawa. Dort bauten die Deutschen damals einen Flugplatz, und sie nahmen Freiwillige zur Arbeit an, Polen und Juden. Mehrere arme, junge Juden aus Gniewoszów arbeiteten dort bereits als Freiwillige, und auch ich beschloß, mich dort zur Arbeit zu melden und so lange zu arbeiten, bis ich überzeugt war, in Gniewoszów keinen Gefahren mehr ausgesetzt zu sein.

Alle Flugplatzarbeiter bekamen Essen, das in einem Kessel gekocht wurde, und übernachteten in ihnen zugeteilten Unterkünften bei Bauern in den nahegelegenen Dörfern Zarzecze, Pachnowola und Góra Puławska. Da ich nicht riskieren wollte, ein Quartier zugewiesen zu bekommen, wo ich unbequem wohnen und vielleicht sogar unfreundlichen Menschen begegnen würde, vereinbarte mein Vater mit einem ihm bekannten Bauern aus Pachnowola, einem Patienten, daß ich, solange ich auf dem Flugplatz beschäftigt sein würde, bei ihm wohnen sollte. Der Bauer, der sonst irgend jemand anderen zugewiesen bekommen hätte, war froh darüber, einem Bekannten Unterkunft gewähren zu können.

Ich war Anfang Oktober 1940 nach Gniewoszów gekommen und hatte nur eine Woche lang das neue Leben ohne Hunger, Angst und Unbequemlichkeiten genießen können – und vor allem ohne den Anblick der mir verhaßten Deutschen. Es war aber eben nur eine Woche gewesen. Denn um einem noch schlimmeren Schicksal zu entgehen, mußte (!) ich nun wieder bei ihnen arbeiten. Und so packte ich am folgenden Sonntag das notwendige Waschzeug und Eßgeschirr in meinen Rucksack, schnallte ihn samt der zusammengerollten Bettdecke auf den Rücken und machte mich auf den Weg nach Pachnowola, um mein Quartier bei dem Bauern Wiercioch zu beziehen.

Ich brach vor dem Abend auf und marschierte mitten durch Feld und Wald, bis ich nach acht Kilometern an Ort und Stelle war. Es war schon fast dunkel, als ich, von Hundegebell begrüßt, am Bauernhof der Wierciochs ankam. Im Haus traf ich dann die ganze Familie an: den Bauern und seine Frau, ihre drei Söhne und ihre Tochter. Sie gefielen mir sofort; sie schienen nett und hilfsbereit zu sein, und ihre Kinder waren noch dazu alle sehr lustig und witzig. Aus unserem Gespräch an diesem Abend ging hervor, daß sie sehr reich waren. Außer großen Mengen Schlachtvieh besaßen sie 65 Morgen* fruchtbares Land und fünf Morgen Wald. Der Wohlstand war übrigens in jeder Ecke der geräumigen Küche sichtbar, in der wir, wie es auf dem Lande üblich ist, auf der Ofenbank saßen.

* F.W. rechnet hier in alten polnischen Morgen (ein Morgen = 5600 m^2).

Erst um 11 Uhr abends ging ich schlafen; ich schlief im Stroh über dem Kuhstall. Dort übernachtete nicht weit von mir auch der Knecht, ein halb schwachsinniger Bursche, Włodzio. Ich mußte um 5 Uhr in der Frühe aufstehen und zum Flugplatz gehen, um mich zur Arbeit zu melden. Da ich in der Nacht von Flöhen geplagt wurde, schlief ich sehr schlecht, und bei Tagesanbruch weckte mich die Stimme der Bäuerin, die ihren Gehilfen aufstehen hieß. Ich stand dann auch gleich auf und machte mich auf den Weg zum Flugplatz in Klikawa, der etwa anderthalb Kilometer entfernt lag. Ohne Schwierigkeiten wurde ich zur Arbeit angenommen und konnte auch sofort anfangen.

Es war Mitte Oktober 1940. Ich wurde einer Gruppe von jüdischen Arbeitern zugeteilt, bekam einen Topf bitteren schwarzen »*Ersatz*«-Kaffee, einen Spaten und … los, an die Arbeit! Unsere Gruppe zählte etwa sechzig Juden, und der aus unserer Mitte ausgewählte Gruppenleiter war ebenfalls Jude. Der Anteil der jüdischen Arbeiter an den dort Beschäftigten war nicht sehr hoch, er betrug etwa acht bis zehn Prozent. Die Polen wurden zu gesonderten Gruppen zusammengefaßt.

Der Bau des Flugplatzes befand sich zu diesem Zeitpunkt im Anfangsstadium, und die Arbeit bestand hauptsächlich darin, auf dem künftigen Flugplatzgelände Wege anzulegen und Anschlußstraßen durch Felder und Wälder zu ziehen. Dabei hatten jüdische und polnische Arbeiter die gleichen Tätigkeiten auszuführen. Während meiner Arbeitszeit mußte ich verschiedene Arbeiten verrichten. Ich hob große, etwa zehn Meter tiefe Gräben für unterirdische Treibstoffzisternen aus, schaufelte gelben Sand auf Fuhrwerke und schippte ihn danach wieder hinunter auf die mitten im Wald neu angelegten Wege, für die man dort die Bäume gefällt hatte. Dann planierte ich diese Straßen, und am Ende mußte ich noch Steine klopfen.

Charakteristisch für diese Arbeiten war, wie der Sand auf die Fuhrwerke geschaufelt werden mußte. Ich stand an einem Sandhaufen, und an mir fuhr ein Pferdewagen nach dem anderen vorbei. Auf jedes Fuhrwerk hatte ich zwei Schaufeln Sand zu werfen. Ich mußte in einem atemberaubenden Tempo arbeiten, um den Sand auf den Wagen werfen zu können, bevor er vorbeigefahren und schon so weit entfernt war, daß ich ihn mit meinem Schwung nicht mehr erreichen konnte. Zwischen zwei Fuhren war kaum eine Atempause möglich, denn fast unmittelbar hinter der Ladefläche eines jeden Fuhrwerks erschien schon das Maul des Pferdes, das das nächste zog. Deshalb war mein Rücken ständig gebeugt und meine Arme waren beim Sandschaufeln immer in Bewegung. Nur selten gelang es, zu schummeln und bloß eine Schaufel Sand auf eine Fuhre zu werfen, denn die Deutschen und die Techniker liefen dauernd hin und her und ließen uns nicht aus den Augen. Und wenn es tatsächlich einmal eine Schaufel weniger war, dann war die Atempause äußerst kurz, so daß man nur für einen Augenblick den Oberkörper aufrichten konnte. Die Fuhrwerke mußten ununterbrochen hintereinander im Kreis fahren, und ich freute mich sehr, wenn es dabei immer wieder zu Karambolagen kam.

Bei der Arbeit wurden wir vor allem von bewaffneten *Volksdeutschen* bewacht.[10] Sie behandelten uns sehr schlecht, ganz im Sinne der germanischen Barbaren. Nicht genug damit, daß sie uns keine Zeit zum Verschnaufen gönnten; sie suchten auch Vorwände, um uns zu schlagen, und wenn sie keine fanden, verprügelten sie uns trotzdem.

In der Regel waren diese Wachmänner betrunken; sie soffen Wodka mit den polnischen Arbeitern, die auf diese Weise versuchten, die Wachleute zu bestechen und sich vor der Arbeit zu drücken. In betrunkenem Zustand zügelten die Wachleute ihr Temperament nicht, und ihr animalischer Sadismus entlud sich auf Kosten der Juden, die man ungestraft demütigen konnte. Auf dem Flugplatz arbeiteten auch viele polnische Mädchen. Um ihnen zu imponieren und ihre Gunst zu erlangen, quälten die Deutschen die jüdischen Arbeiter und machten sich über sie lustig. Übrigens nahmen alle Polen dies mit Beifall auf und ermutigten so die Deutschen, mit den Schikanen weiterzumachen. Die Deutschen überwachten uns sehr streng; aber gewöhnlich arbeiteten wir verstreut auf einem längeren Abschnitt, und sie konnten nicht überall gleichzeitig sein. Sobald man aus ihrer Sichtweite verschwunden war, hörte man auf zu arbeiten.

Die Arbeit wurde von polnischen Tiefbau-Technikern verteilt, die mit uns in einer Weise umgingen, daß ich Grund zu der Annahme habe, sie hätten uns – falls das überhaupt möglich war – noch viel schlechter behandelt, wenn sie die Befugnisse der Deutschen gehabt hätten. Sie schikanierten uns auf Schritt und Tritt, angefangen damit, daß sie uns die schwerste Arbeit und die schlechtesten Geräte zuteilten, und gipfelnd darin, daß sie die Lebensmittelrationen reduzierten. Das letztere war als ein Geschäft zu verstehen, das die Polen mit dem deutschen Lagerverwalter machten.

Was die Lebensmittelversorgung betrifft, so bekamen wir alle drei Tage gegen Lohnabzug 1,2 Kilo Kommißbrot und tagsüber, morgens und abends nach der Arbeit, in unbegrenzter Menge dünnen schwarzen Kaffee aus dem Kessel. In der Mittagspause, die eine Stunde dauerte, konnte jeder einen Liter Suppe bekommen. Das war fast jeden Tag eine schleimige, mit verdorbenem, stinkendem Fleisch gekochte Graupensuppe; daher hieß der Flugplatz »Klikawa« bei den Arbeitern auch »Klej i kawa« [Leim und Kaffee]. Dieses Essen war wirklich ekelhaft, und selbst wenn ich großen Hunger hatte, konnte ich kaum etwas davon herunterbringen. Allerdings brauchte ich mich auch nicht dazu zu zwingen, diesen widerlichen Fraß, der nicht einmal mit Salz gekocht wurde, zu mir zu nehmen, denn jeden Tag nach der Arbeit aß ich mit der Familie Wiercioch zu Abend. Diese Mahlzeiten, die die Bäuerin und ihre Tochter zubereiteten, waren sehr reichlich und schmeckten auch herrlich. Natürlich waren die Gerichte einfach, aber die alte Wiercioch kochte erstaunlich gut, und das kommt bei Bauern selten vor.

Tagsüber war die Arbeit für mich nicht sehr ermüdend, denn meine Muskeln waren viel größere Anstrengungen gewöhnt. Doch nachdem ich den ganzen Tag lang die harzhaltige Waldluft geatmet hatte, war ich am Abend außerordentlich schläfrig. Beim Essen entspannen sich jedoch gemütliche Plaudereien mit der Familie Wiercioch, und fast jeden Abend baten sie mich, ihnen aus der Zeitung vorzulesen oder ihre Rechnungen zu überprüfen. Da sie mir gegenüber sehr gastfreundlich waren, konnte ich ihnen diese kleinen Bitten nicht abschlagen, doch dadurch verlor ich kostbare Stunden Schlaf. Ziemlich oft bat mich auch einer der Söhne der Wierciochs, Bolesław, der übrigens in meinem Alter war, ihm auf dem Hof behilflich zu sein. Also half ich ihm abends nach der Arbeit, die Pferde zu versorgen, Häcksel zu schneiden oder Fahrzeuge zu reparieren. Ich legte mich spät nieder, und die Flöhe im Stroh plagten mich schrecklich, so daß ich nur wenig und unruhig schlief. Und unvermeidlich riß mich jeden Morgen bei Tagesanbruch derselbe laute Ruf der Bäuerin, die als erste aufstand und alle anderen weckte, aus dem Schlaf. Jeden Tag wurde ich durch den für ein polnisches Dorf typischen Satz wach: »Włodzio, steh auf, der Tag ist schon hell!« Diese Worte waren an den Knecht gerichtet, diesen großen, leicht schwachsinnigen Kerl, der wie ich im Kuhstall schlief.

An den Samstagen nach der Auszahlung des Wochenlohns (2,50 Złoty pro Tag – ein Kilo Brot kostete 6 Złoty) ging ich mit anderen Juden zusammen nach Gniewoszów, um den Sonntag zu Hause zu verbringen. Es war wunderschön, in den Mondnächten durch Feld und Wald zu marschieren.

Auf diese Weise vergingen zwei Wochen. In der dritten Woche meiner Arbeit am Flugplatz, also in der ersten Novemberwoche, wurde unserer Gruppe ein Abschnitt der im Bau befindlichen Autobahn zugeteilt, die den Flugplatz mit der Stadt Puławy verbinden sollte. Im Bereich unserer Strecke hatten wir die Aufgabe, weißen Stein mit schweren Hämmern in kleine Stücke zu zerschlagen. Wir standen auf der Straße, die über freies Feld lief und von keiner Seite gegen den Wind geschützt war, ganz in der Nähe der Weichsel. Die Arbeit an sich war schon nicht leicht, und noch dazu wehte vom Fluß her ein eisiger Wind, wir froren bis auf die Knochen und besonders an den Händen, die vor Kälte beinahe taub wurden. Inzwischen lag auch schon überall der erste Schnee, es wurde noch kälter, und die Feuchtigkeit drang in die abgenutzten (noch aus der Vorkriegszeit stammenden) Schuhe. Die Deutschen überwachten uns noch strenger als bisher, als ob sie wütend geworden wären. Plötzlich hatte ich keine Lust mehr, unter solchen Bedingungen für die Schwaben zu arbeiten. Im Laufe der Zeit war ich außerdem zu der Überzeugung gekommen, daß ich mich in Gniewoszów sicher fühlen konnte; wenn mir nämlich die Warschauer Polizei innerhalb von drei Wochen noch nicht auf die Spur gekommen war, dann war mein Aufenthalt bei den Eltern wohl nicht mehr gefährdet. Unmittelbar nach einem Mittagessen setzte ich meinen Entschluß in die Tat um. Ich ging gar nicht mehr zur Arbeit, sondern packte meine Sachen zusammen, und noch am selben Tag war ich bei meinen Eltern in Gniewoszów.[11]

Während meiner Abwesenheit war meine Schwester aus Warschau nach Hause gekommen. Unsere Eltern hatten sie gezwungen, ihre Ausbildung zu unterbrechen und unter den neuen, guten Bedingungen etwas für ihre angegriffene Gesundheit zu tun. Wir waren also alle wieder zusammen, die ganze Familie. Für mich kam nun eine Zeit, in der ich hauptsächlich faulenzen und mich endlich satt essen konnte; dafür sorgte die immer besser gehende Praxis meines Vaters. Der Qualität nach ernährte ich mich jetzt genauso wie vor dem Krieg, der Quantität nach allerdings nicht ganz normal. Ich fühlte mich noch immer sehr ausgehungert, und ich erinnerte mich nur zu gut an die vergangenen Monate, in denen ich Hunger litt. Daher konnte ich mich lange Zeit nicht beherrschen und stürzte mich jedesmal wie ein Wilder aufs Essen. Die Zivilisation wird in solchen Fällen doch immer vom natürlichen Instinkt verdrängt. Außerdem aßen wir in der Familie alle so, als hätten wir Angst, daß diese guten und reichlichen Speisen auf unserem Tisch nur ein Traum seien, aus dem wir jeden Augenblick erwachen könnten, und daß sich dann die Wirklichkeit wieder zeigen würde mit ihrer Hungersnot.

Zum Glück hatten wir diese Zeiten hinter uns! Es folgten Tage, an denen ich die Brotstücke nicht mehr zählen mußte; ich ging auch nicht hungrig ins Bett, und wenn ich morgens aufstand, konnte ich essen, so viel mein Herz begehrte – und zwar alles, wovon ich bisher nur hatte träumen können. Unsere Eltern wußten aus eigener Erfahrung, was wir durchgemacht hatten, deshalb gönnten sie uns das alles. Nun aber, als ich satt war und keine Sorgen mehr hatte, spürte ich allmählich eine entsetzliche Langeweile; ich hatte mir doch das Faulenzen abgewöhnt oder – anders gesagt – gar nicht erst angewöhnen können. Gniewoszów entpuppte sich als gottverlassenes Kaff, in dem man vor Langeweile sterben konnte.[12] Es gab dort keine Bibliothek, und manchmal vergingen Wochen, bis mir irgendeine alte Zeitung in die Hände fiel. Der einzige Kontakt mit der Außenwelt war die Post. Um ihn zu halten, führte ich mit meinen Freunden aus Warschau und Kielce einen ausgedehnten Briefwechsel[13], vor allem aber auch, um diese tödliche Langeweile zu vertreiben, und nach und nach gelang mir das auch.

Allmählich freundete ich mich auch mit den jüdischen Jugendlichen in Gniewoszów an und verbrachte die meiste Zeit in ihrer Gesellschaft. Wie meist überall in der tiefsten polnischen Provinz waren die Jugendlichen ziemlich ungehobelt und hatten keine Manieren, und es fiel mir schwer, mich daran zu gewöhnen. Sie sprachen Jargon*, und hierbei hatten sie oft Gelegenheit, sich über mich lustig zu machen – natürlich nur auf scherzhafte Weise. Ich hatte nämlich den Wunsch, mit ihnen noch vertrauter zu werden, wollte mich überhaupt nicht mehr von ihnen unterscheiden und auch Jargon sprechen. Leider hatte ich darin keine Übung, und mein Akzent war so komisch, daß ich gar nicht böse auf sie sein konnte, wenn sie darüber lachten. Schließlich stellte ich meine vorschnellen Versuche ein, und begann nun selbst, meine neuen Bekannten auf den Arm zu nehmen, denn ihre Ausdrucksweise im Polnischen ließ mindestens so viel zu wünschen übrig wie meine im Jargon.

Unser einziges gemeinsames Interesse war Politik. Aufgrund dessen habe ich mich mit den jüdischen Jugendlichen von Gniewoszów angefreundet, denn ähnlich wie ich selbst waren sie alle, unabhängig von ihrer materiellen Lage, leidenschaftliche Kommunisten; und wenn ich einige von ihnen ins Herz schloß, dann eben deshalb, weil ich ihre aufrichtige Begeisterung für die Idee des Kommunismus teilte. Leider hatte ich diese Idee erst in dem Jahr verstanden, als die Not und die schreckliche Unterdrückung durch die germanischen Bestien begannen. Am besten von allen gefiel mir Hersz Perelsztajn; er war der intelligenteste von ihnen und kannte sich mit der Welt gut aus. Mit ihm verbrachte ich die meiste Zeit.

Auf diese ziemlich eintönige Art verliefen nun meine Tage, ohne Nervenanspannung, ohne Sorgen. Das einzige, was mir zu schaffen machte, war die Suche nach einer guten Methode, die tödliche Langeweile zu bekämpfen. Die Eintönigkeit dieser Tage und Wochen wurde nur durch die sporadischen Besuche der Gendarmen aus Zwoleń und Radom unterbrochen, die jedesmal ihren Tribut von den Juden forderten – Geflügel und Milchprodukte sowie die Bezahlung der hohen Rechnung für ihr Zechgelage in der polnischen Gaststätte. Der größte Gewinner dabei war der polnische Wirt namens F.; auch, weil er diese Besuche dazu nutzte, den Gendarmen die Namen von Juden und Polen zu verraten, die irgendwo Schmuggelware versteckt hielten. Viele Leute aus dem Städtchen verdankten diesem Denunzianten Durchsuchungen, Beschlagnahmungen ihrer Sachen und Gefängnisstrafen.[14]

Weil es kaum Zeitungen gab, erreichten die Nachrichten aus der weiten Welt den Ort nur selten; wenn sie kamen, dann nur als ein schwaches Echo und viele Tage später, wenn die Ereignisse längst Geschichte geworden waren. Gniewoszów war also sich selbst überlassen; es arbeitete, trieb seinen Handel und lebte wie in Lethargie versunken. Und ebenso träge kam auch ich selbst mir vor.

Aus diesem Zustand erwachte ich am 15. November 1940 auf äußerst unangenehme Art. An diesem Tag wurde nämlich das Ghetto für die Juden in

* Das Wort *żargon* (»Jargon«) war vor dem Krieg ein gebräuchlicher Ausdruck für das Jiddische.

Warschau geschlossen.[15] Das war eine erschütternde Nachricht. Es stimmt zwar, daß die Juden schon seit Monaten damit gerechnet hatten, doch dies linderte ihre entsetzliche Lage in Warschau nicht im geringsten. Die jüdische Bevölkerung, auch ich selbst natürlich, ahnte, daß damit die barbarischen Unterdrückungsmaßnahmen der Deutschen nicht enden würden. Ich konnte mir kaum vorstellen, daß man eine Mauer errichtete, hinter der eine so große Anzahl von Juden leben sollte wie in Warschau (500 000!); und die Angst vor dem Hunger, der dort zu erwarten war, ließ mir keine Ruhe. Plötzlich erfaßte mich die große Furcht, daß die Deutschen auch in anderen Städten des Generalgouvernements Ghettos errichten könnten, denn dann würde es auch um uns nicht gut stehen. Ich hatte immer noch Goebbels Worte im Ohr, die er 1939 nach der Besetzung Polens gesagt hatte: »*Die Polen werden unsere Sklaven sein, und die Juden müssen ausgerottet werden!*«[16] Wieder überkam mich Angst, und ich machte mir Sorgen um die Zukunft. War es uns nur so kurze Zeit vergönnt, den Wohlstand zu genießen? Müssen wir so schnell wieder in die ärmlichen Verhältnisse zurückkehren, die wir gerade hinter uns gelassen hatten?

Dennoch verstrich die Zeit, ohne daß etwas geschah, und allmählich vergaß ich – oder tat wenigstens so – die schreckliche Bedrohung, die von den Hunnen ausging. Ich wollte einfach nicht daran denken, was jeden Augenblick mit uns geschehen konnte; es wäre ja auch überhaupt nicht hilfreich gewesen, wenn ich ständig meine Seele mit solchen Gedanken vergiftet hätte.

Inzwischen besorgte mir mein Vater neue Gamaschen und eine Jacke; bisher hatte ich nämlich meine sehr abgenutzten, löchrigen Schuhe getragen. Jetzt aber setzte in Gniewoszów die herbstliche Regenzeit ein, und die Wege und »Straßen« verwandelten sich in wahre Sümpfe, in denen man knöcheltief waten mußte. Ähnlich wie die Bauern trugen deshalb fast alle Einwohner des Städtchens Schaftstiefel, die aus Gründen der Bequemlichkeit und der Gesundheit unentbehrlich waren. Auch war mein Wintermantel ziemlich dünn, und der Winter rückte schnell heran und versprach sehr kalt zu werden.

In der zweiten Dezemberhälfte wurde die Langeweile, die mich ständig umgab, wieder einmal unterbrochen, diesmal von einem angenehmen Ereignis. Ein Freund meiner Schwester, Adek Litwak, der aus Łódź stammte, besuchte uns. Er kam aus Radom, wo er und seine Eltern sich als Vertriebene aufhielten.[17] Der junge Mann besaß jede Menge gesunden Humor, war sehr witzig und dabei besonders nett. Während seines über zwei Wochen dauernden Besuchs habe ich mich nicht eine einzige Minute gelangweilt. Außerdem war er endlich einmal »einer von uns«, ein Einwohner und ein Bekannter aus Łódź, dieser Stadt, der unser ganzes Herz gehörte.

Nach längerer Zeit war wieder einmal jemand da, mit dem wir uns an die alten, besseren Zeiten erinnern konnten.

A.[dek] Litwak verbrachte mit uns den Jahreswechsel 1940/41. Wie anders war doch dieses Fest im Vergleich zum Silvester des vorangegangenen Jahres. Ein Jahr zuvor hatte sich dieser Tag in nichts von unserem normalen Alltag unterschieden; er war nicht anders gewesen als die übrigen Tage der Hungersnot und des Elends, des bitteren Schicksals und der traurigen Hoffnungen. Und nun verbrachten wir die Silvesternacht unter dem Zeichen der Sattheit und des Wohlstands, auf daß 1941 für uns ein ebensolches Jahr würde! Aber abgesehen davon war das alte Jahr auch ein Jahr unerfüllter Hoffnung auf Unabhängigkeit und Befreiung gewesen, einer Befreiung, die wir uns doch alle von ganzem Herzen gewünscht hatten. Silvester 1940 haben wir immer wieder unsere Gläser erhoben und auf die Befreiung getrunken; in dieser Nacht war ich zum ersten Mal in meinem Leben etwas beschwipst.

Der Winter dieses Jahres war außerordentlich hart. Ältere Menschen erzählten uns, daß es genauso schneidend kalt sei wie im Winter von 1929. Im Januar hatten wir 30 bis 35 Grad minus, und es gab Schneestürme wie in Sibirien. Im Städtchen wurde der Schnee nicht weggeräumt, so daß er an manchen Stellen anderthalb Meter hoch lag; und der Wind legte ständig weitere Schneeschichten darüber.

Während der Schneestürme saß ich immer zu Hause, aber sobald der Wind sich gelegt hatte, ging ich hinaus; und wir – meine jüdischen Altersgenossen aus Gniewoszów und ich – amüsierten uns draußen großartig, vor allem an den hellen Abenden, wenn wir bei Mondlicht und klirrendem Frost durch die menschenleeren Gassen jagten und die Mädchen neckten, indem wir mit Schneebällen nach ihnen warfen. Die Polizeistunde brauchte man hier nicht zu beachten. Offiziell galt sie von 20 Uhr bis 5 Uhr morgens, aber keiner achtete darauf, daß man sich daran hielt. Nicht selten erschallten deswegen unsere Gesänge und unser Gelächter bis tief in die Nacht hinein, wenn wir mit der ganzen Schar durch das Städtchen oder außerhalb des Ortes spazierengingen, als ob es in Polen keine deutschen Besatzer gäbe. Ich selbst war immer noch verwundert und mißtrauisch, denn nach allem, was ich in Łódź, Warschau und Otwock erlebt, gesehen und gehört hatte, war diese Freiheit unglaublich; aber trotzdem versuchte ich, sie in vollen Zügen zu genießen.

Als die Kälte einsetzte, kam uns unsere kleine Wohnung bei der Familie Perelsztajn noch unbequemer vor als vorher. Da unser größeres Zimmer unbeheizbar war, mußten wir uns auf das Stübchen beschränken, wo unser »Zigeuner« (unser Kocher) stand und wo wir außerdem aßen und schliefen. Wir waren nun zu fünft, dazu noch die Aufwartefrau; und obwohl – schon im Oktober 1940 – die Praxis meines Vaters ins Haus des Juden Wierzbicki verlegt worden war, wohnten wir in bedrückender Enge.

Und das war der Grund dafür, daß wir am 1. Februar 1941 in das Haus von Irena Bocian[18] umzogen. Wir mieteten dort ein Zimmer mit einer kleinen Diele;

unseren »Zigeuner«, den Wanderer, samt Zubehör stellten wir in das Vorzimmer und richteten uns dort eine kleine Küche ein. Der Umzug nahm mich mehrere Tage in Anspruch; ich schleppte nämlich ganz allein alle Gerätschaften hinüber und richtete auch die neue Wohnung ein. Ich dankte dem Schicksal dafür, daß es mich ein paar Tage lang arbeiten ließ, denn die Untätigkeit hatte mir inzwischen zugesetzt.

Die Wohnverhältnisse erwiesen sich als sehr angenehm, sowohl drinnen im Haus als auch draußen. Das Häuschen lag nämlich am Rande des Städtchens und war von einem Garten, Rasenflächen und Blumenbeeten umgeben. Im Vergleich zu anderen Häusern in Gniewoszów war es auch äußerst wohnlich und ziemlich modern ausgestattet. Trotz der eisigen Kälte und der großen Dreilichtfenster war es in unserem Zimmer sehr warm. Das Haus war zwar aus Holz, aber so solide gebaut, daß die Öfen nur wenig Brennstoff brauchten. Es war gemütlich, in einer solchen Wohnung zu sitzen, während draußen der Schneesturm wütete, der Wind ums Haus heulte und die Schneeflocken gegen die Scheiben klatschten und dabei das Feuer im »Zigeuner« prasselte, auf dem ein gutes Essen kochte.

Wie sehr unterschied sich doch dieses Bild von dem im vergangenen Jahr! Damals in Warschau hatten wir in der Wohnung in der Prosta 19 gesessen; wir hatten Wintermäntel, Handschuhe und Ohrenschützer getragen und trotzdem gefroren und dabei versucht, unsere leeren Mägen mit dünnem, bitterem Kaffee zu überlisten. Und draußen waren die Schwaben mit Wagen unterwegs und griffen Juden auf. Hier aber und jetzt wußte ich nicht einmal, wann die Gendarmen das Städtchen heimsuchten. Ich erfuhr es immer erst, nachdem sie wieder verschwunden waren; auf diese Weise blieb mir der Anblick ihrer widerwärtigen, barbarischen Gesichter erspart.

Unsere Wirtin war Polin, sie arbeitete als Lehrerin in Gniewoszów an der Volksschule für polnische Kinder. Bevor wir bei ihr einzogen, hatte sie allein mit ihrer fünfundsiebzigjährigen Mutter und ihrer zwölfjährigen Tochter Zofia in dem Haus gewohnt. Ihr Mann, Antoni Bocian, war als Oberleutnant der polnischen Armee in deutsche Gefangenschaft geraten und befand sich in einem Kriegsgefangenenlager in Deutschland.[19] Außer uns lebten im Haus also nur noch drei Personen, und es war dort sehr, sehr ruhig. So war die Lage, als ich am 14. Februar neunzehn Jahre alt wurde.

Ende Februar lebte mein Großvater, der Feldscher, in Warschau in derart großer Bedrängnis, daß mein Vater sich entschloß, ihn aus dem Ghetto herauszuholen und bei uns aufzunehmen. Er fand einen Deutschen, einen *Volksdeutschen*, der sich bereiterklärte, gegen reichliche Bezahlung meinen Großvater, einen rüstigen dreiundsiebzigjährigen Mann, und seine Frau aus dem Ghetto hinauszuschmuggeln und zu uns zu bringen. Auf diese Weise kamen Ende Februar 1941 meine Großeltern nach Gniewoszów.

Anfangs wohnten wir alle zusammen; für die Großeltern hatten wir bei Frau Bocian zusätzlich ein Zimmer gemietet. Aber zu Beginn des Sommers nahmen sich meine Großeltern in dem Städtchen eine eigene Wohnung; mein Großvater hatte sich nämlich so gut erholt, daß er wieder als Feldscher praktizieren konnte.[20]

Nach diesem außerordentlich harten Winter stellte auch der Frühling eine Art Naturkatastrophe dar, vor allem für solche Ortschaften wie Gniewoszów. Die gewaltigen Schneemassen schmolzen und schmolzen; und da der verharschte Boden kein Wasser in die Erde sickern ließ, bildeten sich auf den Straßen und Plätzen des Städtchens riesige Pfützen. Unter diesen Umständen wäre das beste Verkehrsmittel dort eigentlich ein Kajak gewesen, doch niemand benutzte einen. Zugleich mit der Frühjahrsschneeschmelze verstärkte sich auch ein Gerücht, das schon seit längerer Zeit umging: Der deutsch-sowjetische Krieg stünde nahe bevor. Über dieses Gerücht habe ich mich regelrecht gefreut, denn ich glaubte felsenfest an die Kampfstärke unserer Roten Armee, mehr noch, ich war fast sicher, daß sie uns bald nach Kriegsbeginn von dem germanischen Joch befreien würde. Ich wartete ungeduldig darauf, daß die Sowjets einen Vorstoß an den Bug unternähmen. Inzwischen aber gingen weitere Tage ins Land …

Unsere Wirtin, Frau Irena B.[ocian], erwies sich als eine äußerst sympathische Frau und gute Demokratin. Sie war gegenüber der jüdischen Bevölkerung im allgemeinen und uns im besonderen sehr freundlich eingestellt. Ich sah ihr an, daß sie aufrichtige Sympathie für die Juden empfand und ihr deren Schicksal leid tat. Ich fand das bewundernswert, denn die anderen polnischen Bewohner des Städtchens zeigten sich fast ausnahmslos eher feindselig gegen die Juden. Außer dieser Eigenschaft hatte die Lehrerin noch viele andere Vorzüge, und daher faßte ich große Zuneigung zu ihr. Im Laufe der Zeit freundeten wir uns richtig an, vor allem im Frühling, als ich ihr, weil ich nichts anderes zu tun hatte, bei den Gartenarbeiten zu helfen begann; sie hätte sonst wie immer alles allein tun müssen. Im März und April verbrachte ich fast die ganzen Tage damit, kleine Arbeiten in ihrem Garten zu machen oder Bücher aus ihrer kleinen Bibliothek zu lesen. Abends spielten wir dann zur Abwechslung Karten miteinander. Die Langeweile wurde also vernichtend geschlagen.

Irgendwann im März kamen die ersten verzweifelten Briefe von unseren Verwandten aus Warschau; sie baten uns um Hilfe. Sie alle lebten im Warschauer Ghetto und waren kurz vorm Verhungern (auch der Onkel und die Tante aus der Zamenhofa 6). Also entschloß sich mein Vater, ihnen unter die Arme zu greifen. Anfang April kamen auf seine Veranlassung zwei Familien aus Warschau nach Gniewoszów: der Onkel F.[ajersztajn] und der Onkel K.[urctag] mit ihren Frauen und Kindern sowie die Stiefmutter meiner Mutter. Sie zogen alle bei uns ein. Jedesmal stieg in mir ein heftiger Widerwille auf, wenn ich sah, wie sie sich, ausgehungert nach dem fünfmonatigen Aufenthalt im Ghetto, wie die Wilden auf das Essen stürzten. Dabei hatte ich mich doch selbst noch ziemlich lange nach meiner Ankunft in Gniewoszów ganz ähnlich verhalten; ich hatte auch nicht genug bekommen können, genau wie sie. Doch »die Satten glauben den Hungrigen ihren Hunger nicht«, das hatte ich vergessen.

Mehrere Wochen lang wohnte also die ganze Verwandtschaft bei uns, bis mein Vater schließlich Wohnungen für sie gefunden hatte (getrennte, damit sie sich nicht streiten konnten) und sie auch mit dem Geld versorgte, das sie brauchten, um irgendeinen Handel beginnen zu können. Aber sie wußten sich trotz alledem nicht zu helfen. Folglich mußte mein Vater für den Unterhalt beider Familien aufkommen, und zwar während ihres gesamten Aufenthaltes in dem Städtchen. Für ihr Herz aus Stein zahlte mein Vater ihnen mit Brot. Als wir nämlich in Warschau am Hungertuch nagten, hatte uns Onkel K.[urctag] keinerlei Hilfestellung gegeben, obwohl es ihm damals sehr gut ging. Und nun lebte er vom Brot meines Vaters. So dreht sich eben das Glücksrad!

Ende April erlebte ich ein kleines Abenteuer. Eines Morgens hatte ich wegen einer Lappalie, die mein Vater sich eingebildet hatte, Streit mit meinen Eltern; infolge dieser Auseinandersetzung warf mich mein Vater aus der Wohnung. Sein despotisches Verhalten erbitterte mich bis tief in meine Seele, so daß ich das Haus mit dem Entschluß verließ, mich selbständig zu machen und mir mein Brot selbst zu verdienen. Ich rannte auch sofort los, aus dem Städtchen hinaus. Ich ging von Dorf zu Dorf, von Bauernhof zu Bauernhof und suchte nach einer Arbeit. Die Frühjahrsarbeiten waren schon fast beendet, nur hier und da lagen noch ein paar Felder brach. Da die Bauern entweder mit der Arbeit schon fertig waren oder aber Knechte beschäftigten, hatten sie mir nichts anzubieten. Erst in einem weiter entfernten Dorf, in Stare Zalesie, stellte mich ein junger, wenig sympathisch aussehender Bauer bei sich ein.

Ich fing auch unverzüglich an. Den ersten Tag sollte ich zunächst zur Probe arbeiten und erst danach mit dem Bauern die Bezahlung vereinbaren. Ich habe also den ganzen Tag im Schweiße meines Angesichts geschuftet. Ich schleppte Säcke voll Setzkartoffeln aufs Feld, lud Mist aufs Fuhrwerk und brachte ihn auf ein anderes großes Feld, wo ich ihn auch verteilen mußte. Am nächsten Tag sollte ich dieses Feld pflügen. Am Abend ging ich nach Hause zurück, um mich für meine neue Arbeit auszurüsten. Doch am nächsten Morgen stellte sich heraus, daß der Bauer mich verschaukelt hatte. Hinterlistig wie er war, hatte er erreicht, daß ich den ganzen vergangenen Tag lang ohne Bezahlung (ein bißchen Essen ausgenommen) für ihn gearbeitet hatte. Als ich aber nun wieder zur Arbeit kam, die ich mir schon als langfristige vorgestellt hatte, sah ich auf dem Feld, das ich hätte pflügen sollen, einen anderen arbeiten, einen Polen. Der Bauer bemühte sich lange, mir das zu erklären; er sagte, sein früherer Knecht sei heute ganz unerwartet bei ihm aufgetaucht, und da er eben schon im vorigen Jahr bei ihm gearbeitet habe, müsse er ihn nun bevorzugen.

So machte ich mich wieder auf den Weg, um eine Beschäftigung als Landarbeiter zu suchen; ich tat das übrigens leichten Herzens, weil mir dieser Bauer, ehrlich gesagt, nicht besonders gefallen hatte. Er hätte mich bestimmt um meinen Lohn betrogen.

An diesem Tag, einem Samstag, fand ich noch im selben Dorf Arbeit beim Bauern Ziemski; dort mußte ich den ganzen Tag im Garten erfrorene Obstbäume fällen. Für diese Tätigkeit bekam ich ein gutes Essen und ein 3-kg-Brot. Doch auch er wollte mich nicht einstellen, weil alle Feldarbeiten bereits beendet waren. Erst im Juli bei der Getreideernte hätte ich wieder bei ihm arbeiten können. Ziemski verwies mich aber an einen anderen Bauern im Dorf, namens Kuc, der gerade zu diesem Zeitpunkt nach einem Knecht suchte. Ich ging also direkt zu ihm und wurde auch sofort für den ganzen Sommer eingestellt – bis zur Kartoffelernte im Oktober. Für die sechsmonatige Arbeit sollte ich Naturallohn bekommen: 500 Kilo Roggen und 1000 Kilo Kartoffeln, gleich nach der Ernte. Da der folgende Tag ein Sonntag war, sollte ich erst einen Tag später, also am Montag, zur Arbeit erscheinen. Nach zwei Tagen Suche begann also meine Karriere als Bauernknecht.

Wie sich herausstellte, war Kuc, verglichen mit den anderen, ein mittlerer Bauer. Er besaß etwa dreißig Morgen Ackerland, eine große Menge Rinder, Schweine und sechs Pferde. Man hatte bei ihm alle Hände voll zu tun. Ich arbeitete mit ihm und seinen beiden Söhnen zusammen. Da die beiden aber erst etwa zwölf und dreizehn Jahre alt waren, lag die ganze Arbeitslast auf meinen Schultern und denen des Bauern. Dieser war groß und kräftig, ein Kerl wie ein Schrank, und wenn wir eine Arbeit zusammen verrichteten und ich versuchte, mit ihm mitzuhalten, geriet ich regelrecht ins Schwitzen.

Meistens wurden mir bestimmte Aufgaben zugeteilt, und ich erfuhr jeden Morgen, welche Arbeiten ich am jeweiligen Tag verrichten sollte. Alle Männer im Haus mußten bei Tagesanbruch oder noch früher, schon um 4 Uhr, aufstehen. Ich wurde von dem Bauern selbst geweckt; wir schliefen alle in einem Raum, und ich hatte mein Bettlager aus Stroh und Pferdedecken auf dem Fußboden. Zuerst wusch ich mich an dem Bach, der durch das Gehöft floß, danach tränkte ich die Pferde, und als nächstes mußte ich mit der Mistgabel den Kuhstall ausmisten. Bis zum Frühstück lud ich den Mist auf Pferdewagen, spannte an und fuhr aufs Feld. Das Feld, das ich zu düngen hatte, lag etwa fünf Kilometer vom Haus entfernt, und die Fahrt dauerte ziemlich lange. Während der Fahrt mit dem Fuhrwerk tat ich zwar nichts, aber damit war ich nicht zufrieden; zu dieser Zeit gab es nämlich starke Regenfälle, und ich war oft bis auf die Haut durchnäßt. Auch auf dem Feld konnte ich mich nirgendwo unterstellen;

außerdem mußte das Feld, egal wie das Wetter war, gedüngt werden, denn es war höchste Zeit, den Acker zu bestellen.

Tag für Tag lud ich Mist auf die Wagen, fuhr damit aufs Feld und dann wieder zurück, es war immer dasselbe. Dann mußte ich auch das Feld pflügen und eggen, also den ganzen Tag hinter dem Pflug oder der Egge hertrippeln. Abends nach der Arbeit auf dem Feld war ich völlig erschöpft, aber ich hatte immer noch viel zu tun. Vor dem Abendessen mußte ich aus einer Kartoffelmiete, die man auf dem Feld angelegt hatte, ein paar Säcke Kartoffeln holen. Die Söhne des Bauern halfen mir zwar oft bei der Arbeit, doch ihre Hilfe war nichts gegen meine Arbeitsbelastung. Wenn ich endlich vom Feld nach Hause kam, brach schon die Dunkelheit herein. Bei Lampenlicht mußte ich dann die Pferde ausspannen, füttern und tränken. Mein Gott, wie viele Eimer Wasser konnten diese Biester austrinken! Unaufhörlich schleppte ich Wasser, so daß mir vor Erschöpfung meine eigenen Beine im Weg standen. Beim Abendessen verspürte ich deshalb keinen Hunger mehr und konnte vor Müdigkeit nicht aus den Augen sehen, aber der Arbeitstag war immer noch nicht zu Ende. Während die Bauernsöhne längst in tiefstem Schlaf lagen, irrten der Bauer und ich zusammen auf dem Hof umher wie zwei verlorene Seelen; mit einer Laterne in der Hand sahen wir uns alles an, den Wagenschuppen, den Kornspeicher, den Pferdestall usw. Hier mußten einige Pferdewagen für den nächsten Tag repariert werden, dort standen kaputte landwirtschaftliche Geräte, die ebenfalls instand gesetzt werden mußten, und an wieder anderer Stelle war ein Sack Saatgut abzuwiegen. Und ich mußte das alles selbst tun ... Der Herr zahlte, also hatte ich es zu machen, egal was und wieviel er verlangte. Von morgens früh bis abends spät. Erst zwischen 11 und 12 Uhr ging ich schlafen.

Es war eine anstrengende Arbeit, aber ich mochte sie, und ich tat sie besonders gern, weil ich mir damit meine eigene Existenz aufbaute. Es war zwar nur die kümmerliche Existenz eines Bauernknechts, aber sie bedeutete für mich immerhin die Unabhängigkeit, die ich mir von ganzem Herzen gewünscht hatte. Mein Vater spielte sich nämlich gern als Herrscher auf, was hieß, daß ich ihm blind zu gehorchen hatte, solange er mich unterhielt.

Meine Hoffnung aber, endlich nicht mehr auf seine Hilfe angewiesen zu sein, wurde bald enttäuscht.

Nachdem ich eine Woche lang bei Kuc gearbeitet hatte, kamen unerwartet nahe Verwandte von ihm zu Besuch; sie waren, wie sie erzählten, im Distrikt Radom umgesiedelt worden.[21] Der Bauer hatte also überraschend noch mehr Mäuler zu stopfen, aber auch mehr Hände für die Arbeit zur Verfügung. Obendrein war die Bäuerin außerordentlich geizig; sie hätte keinem Verwandten etwas zu essen gegeben, wenn der dafür nicht mit eigener Arbeit bezahlt hätte. Da der Besuch aus mehreren Personen bestand, mangelte es nun nicht mehr an Arbeitskräften. Unter diesen Umständen war ich einfach entbehrlich. Ich bekam also für eine Woche Arbeit etwas Gerstengrütze und ... fort mit dir! Einen Juden durfte man doch behandeln, wie es einem beliebte.

Ich ging wieder nach Hause zurück. Dort angekommen, stellte ich fest, daß mein Vater mir nicht länger grollte; offenbar war ihm klar geworden, daß er mir gegenüber einen Fehler gemacht hatte. Angesichts dessen blieb ich nun zu Hause. Wäre ich jedoch anders empfangen worden, hätte ich mich ohne Zweifel weiter auf Arbeitssuche begeben – das war mein fester Entschluß gewesen.

In den folgenden Wochen suchte ich mir Dinge, die am Haus zu tun waren – nur, um die Zeit totzuschlagen. Deutsche Soldaten zogen jetzt ununterbrochen durch unser Städtchen, sie bewegten sich in Richtung Osten auf die Demarkationslinie und damit auf die Sowjets zu. Es lag nun klar auf der Hand, daß der deutsch-sowjetische Krieg unvermeidlich und nahe war. Das pfiffen alle Spatzen von den Masten und Telegraphendrähten. Freude und Hoffnung ließen die Herzen der Juden höher schlagen, aber das Leben ging ganz normal weiter und ... wir faßten uns in Geduld.

Um die Tage des Wartens zu verkürzen, machte ich alle möglichen Arbeiten, die mir unterkamen. Ich grub den Garten unserer Wirtin um, ich säte, pflanzte und goß. Ich legte auch für uns ein Gemüsebeet an. Unsere Wirtin hatte es uns »in Pacht« gegeben, und ich säte dort Gemüse und pflanzte Tomaten an. Ich hackte und sägte Holz, reparierte Zäune, Schuppen und eine Wasserpumpe und machte noch weitere ähnliche Reparaturen. Kurz, ich nahm die Instandhaltung und Pflege des Hauses sowie die ganze Gartenarbeit in die Hand; mit solch netten und idyllischen Tätigkeiten verging mir nun die Zeit.

Im Mai ereignete sich bei uns ein Zwischenfall mit den Deutschen. Eines Tages kamen einige Flieger vom Flugplatz in Klikawa nach Gniewoszów, um Juden zur Arbeit zu holen; gleich nach ihrer Ankunft begannen sie, im Städtchen Menschen aufzugreifen. Wir konnten sie von weitem auf unser Haus zulaufen sehen; daraufhin versteckte mich unsere Wirtin in dem einen ihrer beiden Kellerräume unter dem Küchenfußboden.[22] Auf die Kellerklappe rückte sie einen kleinen Schrank. Kaum war sie damit fertig, fiel ein Flieger wie ein Wilder in die Wohnung ein, schnuppernd wie ein Jagdhund, der ein Tier aufspürt. Schon an der Tür fragte er brüllend, ob sich ein Jude im Haus befinde. Auf die verneinende Antwort von I.[rena] B.[ocian] stieß er die Drohung aus, daß er das Haus durchsuchen werde und, wenn er einen Juden fände, diesen auf der Stelle erschießen werde. Vermutlich hatten ihm irgendwelche Polen erzählt, daß in diesem Haus ein Jude wohne; seine Wut rührte also daher, daß er seine Beute nicht finden konnte.

Es war daher anzunehmen, daß er mich, wenn ich ihm in die Hände fiele, aus Wut und Haß erschießen würde. Die Germanen sind doch blutrünstig wie die Wölfe. Ich habe das ganze Gespräch des Schwaben mit der Wirtin Wort für Wort mitbekommen; sie standen nämlich genau über dem Kellerraum. Da der

Flieger mit seinen eisenbeschlagenen Schuhen auf der Suche nach mir fluchend und brüllend hin und her durch die ganze Küche lief und in alle Ecken schaute, bebte über meinem Kopf die Decke. Ich hockte genau darunter – zusammengekrümmt, denn der Keller war ziemlich niedrig und bis zur Hälfte mit Kohlen gefüllt –, und die Stimme des Schwaben, der mich suchte, tönte laut im Raum über mir; ich vermute, kein Mensch hätte in diesem Augenblick in meiner Haut stecken wollen. Jede Sekunde schien eine Ewigkeit zu dauern! Und wenn der Hunne für einen Moment zu fluchen aufhörte, stellte ich mir sofort vor, daß er gerade mein Versteck entdeckt hätte und daß er gleich den Schrank beiseite rücken und die Kellerklappe öffnen würde und ... alles wäre vorbei!

Zum Glück ist nichts Derartiges passiert. Der Schwabe verließ die Küche und suchte in anderen Zimmern des Hauses nach mir; er lief auf den Dachboden hinauf, durchsuchte danach den eigentlichen, tiefen Kellerraum, den ich nicht als Versteck benutzte, und als er keinen Juden fand, rannte er wie der Blitz hinaus. Er war dabei so voller Zorn, daß er den kleinen Hund unserer Wirtin, der ihm über den Weg lief, mit dem Gewehr erschießen wollte; sie mußte ihn richtig anflehen, den Hund am Leben zu lassen. Etwa eine halbe Stunde später, nachdem wir erfahren hatten, daß die Flieger aus dem Städtchen verschwunden waren und mehrere Dutzend junge jüdische Männer mitgenommen hatten, verließ ich den Keller; ich war wieder um eine neue bittere Erfahrung mit den germanischen Bestien reicher geworden. Ich hielt mir ständig vor Augen, wer mich vor ihnen versteckt und wer gelogen hatte, um mir das Leben zu retten (und wer dem Deutschen das Ehrenwort gegeben hatte, daß sich im Haus kein Jude befinde). Seit diesem Erlebnis bemühte ich mich noch mehr als zuvor, unserer Wirtin in allem behilflich zu sein. Das kam mir nur zugute, denn meine Zeit war dadurch ausgefüllt, und ich brauchte sie nicht mehr totzuschlagen. Es war auch keine vergebliche Anstrengung, denn der Garten, in dem ich so viele Pflanzen anbaute und den ich auch fast allein hegte und pflegte, blühte sichtlich und versprach eine gute Ernte. Die Arbeit an der frischen Luft, eine landwirtschaftliche Arbeit, stärkte auch meine Gesundheit; ich wuchs, nahm etwas zu und wurde immer kräftiger. Ich wurde übrigens so kräftig und stark, daß keiner meiner Altersgenossen in Gniewoszów wagte, sich mit mir zu messen. Natürlich rührte diese Kraft in erster Linie von der guten Ernährung her.

Der Juni 1941 kam und mit ihm das unvergeßlich schöne Wetter. Jeden Tag lief ich im Badetrikot in unserem Garten herum und genoß in vollen Zügen die Wohltaten, die mir das Schicksal auf vielerlei Weise erwies. Ich lag faul im Gras und ließ mich von der Sonne braten, ich rannte und sprang durch den Garten, ich las Bücher. Als die Erdbeeren im Garten unserer Wirtin reif waren, aß ich beim Pflücken jede Menge davon; sie schmeckten ausgezeichnet, niemals vor dem Krieg hatte ich so gute Erdbeeren gegessen. Und auch die

Süßkirschen hatten einen wunderbaren Geschmack, man mußte allerdings auf die Bäume klettern, um sie zu pflücken. Vor einem Jahr waren mir all solche Dinge nicht vergönnt gewesen. Deshalb konnte ich nun von diesem Leben in Natur und Freiheit nicht genug bekommen. Vor allem in Freiheit! Es herrschte eine glühende Hitze, und irgendwann fing auch ich an, zusammen mit den anderen jüdischen Jugendlichen zum Weichselstrand zu gehen, der etwa einen Kilometer entfernt lag.

Unterdessen vergingen die Tage, und man redete immer lauter vom Zusammenstoß der beiden Armeen am Bug. Die deutschen Truppen, d.h. eigentlich nur die Troßkolonnen, zogen ununterbrochen, Tag und Nacht, durch unser Städtchen, und alle sprachen davon, daß die Front jeden Augenblick im Osten stehen würde. Und tatsächlich! Am 22. Juni, als unsere Erregung und Ungeduld fast den Höhepunkt erreicht hatten, brach der deutsch-sowjetische Krieg aus[23]; der deutsche Rundfunk berichtete am selben Tag davon. Uns allen hüpfte das Herz vor Freude, und wir hofften darauf, ja, wir waren uns fast sicher, daß unsere geliebte Rote Armee sehr bald, vielleicht schon in wenigen Tagen, zu uns kommen und uns auf ihren Bajonetten die Befreiung bringen würde.

Nun folgten für mich Tage voller freudiger Erregung und Erwartung, daß meine kommunistischen Brüder kommen würden. In der Nacht war von der Front her das furchtbare Donnern der Artilleriegeschütze zu hören, das die Erde erzittern ließ; am Himmel blitzten immer wieder die Leuchtspuren explodierender Bomben und Geschosse auf.[24] Und morgens sammelten wir Juden uns in kleinen Gruppen und freuten uns darüber und warteten gespannt …

Die Polen dagegen waren ganz niedergeschlagen, voller Haß auf die Kommunisten und das sowjetische Rußland, denn sie fürchteten den Zusammenschluß ihrer Landgüter zu landwirtschaftlichen Produktionsgenossenschaften sowie den Verlust ihres nationalen Einflusses und des Wirkens der Endecja. Natürlich waren es nur die polnischen Faschisten, die solche Befürchtungen hegten, aber von denen gab es in Gniewoszów leider eine ganze Menge. Tonangebend unter ihnen waren der Veterinärmediziner Dr. F.K., der stellvertretende Bürgermeister und Sekretär der polnischen Gemeinde J.Ż., der Arzt Dr. med. K.J. und sein Bruder, der Richter J., die Apothekenbesitzerin K. und andere.[25] Sie alle standen der Gruppe jener Polen vor, die die Gerechtigkeit des Proletariats sehr fürchteten. Diese Polen hatten sich dank der deutschen Besatzung an dem Vermögen der Juden erheblich bereichert; jetzt bekamen sie Angst, daß sie bei der Übernahme polnischer Gebiete durch die sowjetische Armee ein für allemal die Idee eines faschistischen Polens würden aufgeben müssen und daß der Traum von der totalen Vernichtung und Ausrottung des jüdischen Volkes, auf dessen Vermögen sie hofften, niemals in Erfüllung ginge. Sie haßten das sowjetische Rußland und die Juden gleichermaßen; sie waren Knechte der Schwaben und Feinde des Volkes.

Aus diesem Grunde waren wir Juden also alle voller freudiger Hoffnung und Begeisterung, während die Polen Leichenbittermienen aufsetzten; dabei pflegten sie zu sagen, sie würden lieber das ganze Leben unter den Schwaben verbringen, als die »verfluchten Bolschewiken« hier zu haben. Die Inhalte der Gespräche, die im Kreis dieser faschistischen Rädelsführer geführt wurden, kannte ich sehr gut, weil I.[rena] B.[ocian] diesen Leuten, ob sie wollte oder nicht, immer wieder begegnete. Anschließend berichtete sie mir genau, was sie alles hatte hören können. Nach einiger Zeit bekam sie jedoch das Gefühl, daß die Leute ihre wahren Ansichten vor ihr zu verbergen suchten; sie wußten nämlich, daß sie ihre heimlichen Gedanken einem Juden weitererzählte.

Eine Woche lang, bis Ende Juni, gab es keine Berichte aus dem deutschen Hauptquartier. In dieser Zeit horchte ich angespannt auf die Geräusche an der Front, doch nach ein paar Tagen wurden sie immer leiser und leiser, bis kein Echo mehr zu hören war. Ich wußte nicht recht, was ich davon halten sollte. Im Städtchen ging das Gerücht um, die sowjetischen Truppen bewegten sich immer weiter vorwärts, hätten schon den Bug überschritten und seien in Lublin, Łuków und … Das eine ließ sich aber mit dem anderen nicht vereinbaren. Wäre nämlich die Front näher gekommen, hätte das Donnern lauter werden müssen; doch es war überhaupt nicht mehr zu hören. Und dann kam schließlich der erste deutsche Bericht, und er brachte eine traurige Nachricht: Die sowjetische Armee sei zurückgeschlagen worden, und die deutschen Truppen befänden sich tief in der Sowjetunion. Das war eine grausame, erbarmungslose Enttäuschung für uns Juden. Wir hatten doch so sehr gehofft, daß die Befreiung ganz nahe war, und nun? …

Nach diesem Schlag befiel uns tiefe Trauer, während alle Polen sich darüber freuten; jetzt konnten sie endlich laut über den Kommunismus, das sowjetische Rußland und die Juden herziehen. Vorläufig waren sie ja auch die Gewinner. Sie beteten in ihren Kirchen für den Sieg ihrer eigenen Feinde – der deutschen Armee.[26] Die meisten Juden, zu denen auch ich gehörte, zweifelten nicht an der Stärke der sowjetischen Armee, denn was hätte stärker sein können als eine Armee, die dem Proletariat entstammte? Ihren Rückzug hielten wir nur für ein strategisches Manöver, aber auch wenn dies zutraf, schien der Zeitpunkt der Befreiung in weite Ferne gerückt.

Es vergingen Tage, Wochen und Monate, und die Unseren zogen sich immer weiter zurück. Die fieberhafte Erregung verschwand langsam, und das Leben nahm wieder seinen alltäglichen Lauf; ich söhnte mich mit meinem Schicksal aus, und nur die Selbstsicherheit der Polen im Ort brachte mich noch in Wut: ihr offensichtlicher Wunsch, das jüdische Leben zu vernichten, und ihre offen feindselige Haltung uns gegenüber. Das habe ich nämlich am eigenen Leibe zu spüren bekommen.

Am 12. Juli, um 4 Uhr in der Frühe kam unsere Wirtin auf die Veranda, wo ich aus Platzmangel in unseren Räumen oft schlief – die Veranda grenzte an ihre Wohnung – und weckte mich mit den Worten, die Deutschen seien bei meinen Eltern im vorderen Teil des Hauses und suchten nach mir. Ich erschrak, weil ich in diesem Augenblick überhaupt nicht wußte, was zu tun war, doch unsere Wirtin forderte mich sofort auf, wieder in den kleinen Kellerraum zu gehen, in dem ich mich schon einmal hatte verstecken müssen. Ich hatte keine Zeit zu überlegen; die Veranda und unsere Wohnung waren nur durch ein paar Meter voneinander getrennt, die Deutschen konnten mich also jeden Augenblick hier erwischen. Ich hatte auch keine Zeit mich anzuziehen, deshalb griff ich nur nach meiner Hose und meinem Hemd und verschwand im Nachtgewand unter dem Fußboden in dem Keller, der mir ja schon vertraut war. Kaum war ich dort drinnen und kaum hatte sie, wie schon einmal, über meinem Kopf den Schrank verrückt, da hörte ich ein heftiges Rütteln an einer Tür, vermutlich der Verandatür, und gleich darauf Fetzen des Gesprächs, das unsere Wirtin – sie konnte etwas Deutsch verstehen – mit einem Schwaben führte. Dann vergingen noch einige Minuten schrecklicher Ungewißheit, ob der Deutsche schon weg war oder nicht, plötzlich aber hörte ich, wie der Schrank zur Seite geschoben und die Klappe geöffnet wurde; Irena Bocian ließ mich, so schnell ich konnte, herauskommen. Sie versuchte sich kurz zu fassen und erzählte mir rasch, daß es unser polnischer Nachbar K.K.[27], ein Mitglied der Feuerwehr in Gniewoszów, gewesen sei, der den Deutschen ganz speziell auf mich hingewiesen habe. Nachdem der Deutsche mich in der Wohnung meiner Eltern nicht gefunden hatte, habe er schon gehen wollen, sagte die Wirtin. Doch dieser K. habe ihn zu der Veranda geführt, weil er wußte, daß ich gewöhnlich dort schlief. Der Deutsche habe auf der Veranda gesehen, daß meine Bettwäsche in Hektik durcheinandergeworfen worden war, als hätte ich die Flucht ergriffen, und gemerkt, daß sie sogar noch warm war, und da sei er sich sicher gewesen, daß ich irgendwo in der Nähe versteckt sein mußte. In dieser Überzeugung habe ihn der Pole K.K. bestärkt. Daraufhin sei der Deutsche wieder in die Wohnung meiner Eltern gegangen und habe sie gewarnt: Sollte ich mich innerhalb von fünfzehn Minuten nicht gestellt haben, würde mein Vater trotz seiner Behinderung mitgehen müssen. Als mein Vater dieses »dictum averbum« gehört habe, habe er nicht gewußt, was er tun sollte. Also habe er dem Deutschen angedeutet, ich müsse irgendwo im Haus sein.

Durch die dünne Wand, die unsere Wohnungen trennte, hatte meine Wirtin den ganzen Dialog genau hören können. Sie kam daher schnell zu dem richtigen Schluß, daß ich mich dem Deutschen stellen mußte, wenn ich nicht meinen Vater der Gefahr und sie selbst allerhand Unannehmlichkeiten aussetzen wollte. Aus diesem Grunde hatte sie mich aus dem kleinen Kellerraum geholt. Nach wenigen Sekunden, kaum daß sie mir das alles erzählt hatte, entdeckte mich auch schon der Deutsche, denn nachdem mein Vater ihm gesagt hatte, ich müsse mich hier drinnen befinden, stand er wieder vor dem Haus. Er war ein dicker Schwabe in Zivil mit einer Peitsche in der Hand, wie ich später erfahren habe, gehörte er auch zur Gestapo; neben ihm sah ich den Polen K. Als er mich erblickte, glänzten seine Augen vor Freude, war es ihm doch gelungen, mich zu verraten und sogar ergreifen zu lassen. Ich war voller Abscheu und Haß, und diesen Haß empfinde ich bis heute und werde ihn später einmal – wenn ich einen günstigen Augenblick dafür erlebe – stillen, indem ich dafür Rache nehme, daß er mich den Germanen ausgeliefert hat.

Das Häuschen, in dem wir wohnten, lag etwa einen halben Kilometer vom Städtchen entfernt, und es wohnten in seiner Umgebung keine weiteren Juden. Es lag also auf der Hand, daß dieser Pole den Deutschen nur deshalb geholt hatte, damit er mich mitnehmen konnte. Und das tat er auch. Wir verließen das Haus; ich ging vor und er hinterher, die Pistole auf meinen Rücken gerichtet – ich sollte bloß nicht auf die Idee kommen zu fliehen. Auf dem Fußpfad in Richtung Ortsmitte kamen wir an einem Haus vorbei, in dem eine jüdische Familie wohnte. K., der uns begleitete und mich wie ein Hund bewachte, hielt den Deutschen an, zeigte auf die Fenster und rief laut: »Hier auch *Jude*!« Der Schwabe brüllte daraufhin wie ein wildes Tier, worauf mein Altersgenosse Rudolf Gensel blitzschnell aus der Tür kam – als der Junge nämlich das wilde Brüllen gehört hatte, war er unbedacht ganz kurz am Fenster erschienen und hatte sich beim Anblick der Pistole so erschrocken, daß er sofort herauskam. Dem durchtriebenen Lächeln von K. konnte man ansehen, daß er Genugtuung darüber empfand, den deutschen Verfolgern zwei junge jüdische Männer ausgeliefert zu haben.

Gleich danach erreichten wir den Platz vor dem Sitz der Jüdischen Gemeinde. Der Gestapomann forderte mich auf, mich unter die anderen Juden einzureihen. Etwa 150 Männer waren bereits aufgegriffen worden und standen nun dort, aber es kamen immer noch weitere hinzu. Ganz in unserer Nähe standen drei Panzerwagen, mit denen die Schwaben, SS- und Gestapomänner in Zivil, hierhergekommen waren, um diese Razzia zu veranstalten.[28] Die aufgegriffenen Juden in meiner Gruppe wurden von SS-Männern, die Maschinengewehre oder schußbereite Pistolen in den Pranken hielten, und von der polnischen Polizei aus Gniewoszów bewacht.

Diese polnische Wache bestand aus vier Polizisten, von denen sich einige als äußerst strenge und dienstbeflissene Beamte erwiesen. Zu ihnen gehörten die Oberwachtmeister S. und P. sowie der Kommandant, Polizeimeister B., der strengste von allen. Nur einer von ihnen, Wachtmeister C.[29], zeigte ein gutes Herz und versuchte, soweit er konnte, den Juden behilflich zu sein.

Nachdem wir etwa eine Stunde dort gestanden hatten, hatten sie offenbar ausreichend viele Juden beisammen; wir gingen also los, in Richtung Bąkowiec, wo wir bei den Arbeiten auf den Bahngleisen eingesetzt werden sollten. Wir marschierten etwa acht Kilometer weit bis Bąkowiec, eskortiert von den Wagen der SS-Männer und von Schwaben in Zivil, die uns zu Fuß begleiteten. Eine Flucht schien ausgeschlossen. Einer der Juden hat es trotzdem versucht; er wurde sofort gefaßt und bestialisch mit der Peitsche ins Gesicht geschlagen. In Bąkowiec wurden uns Arbeiten beim Bau der neuen Eisenbahnbrücke zugeteilt. Vorher waren noch alle unsere Namen registriert worden, auf daß wir dort jeden Tag zur Arbeit erschienen; ich habe jedoch nur diesen einen Tag dort gearbeitet und mich danach auf der Baustelle nicht mehr blicken lassen. Genauer gesagt, ich habe einfach einen falschen Namen angegeben und ... wenn es nach dem Namen gegangen wäre, hätten sie bis zum Jüngsten Tag nach mir suchen können.

Gleich zu Beginn wurden wir dazu angetrieben, einen Bahndamm aufzuschütten* und dafür Sand auf die Kipploren zu schaufeln. Ich schippte den ganzen Tag, bis 5 Uhr nachmittags. In der halbstündigen Pause bekamen wir weder etwas zu essen noch zu trinken, und dies, obwohl wir doch schon mit nüchternem Magen gearbeitet hatten. Und die Deutschen paßten auf uns auf. Manche von ihnen konnte man täuschen, indem man weniger intensiv arbeitete, aber wenn ein bestimmter dicker Schwabe – eine richtige Bestie – mit seiner Reitpeitsche in unsere Nähe kam, mußten wir arbeiten wie die Sträflinge, ohne die Augen von der Schaufel zu heben; wir durften nur schaufeln und schippen, schaufeln und schippen. Während wir diese Arbeit machten, fuhren Güterzüge von der Front an uns vorbei; beim Anblick der zerstörten sowjetischen Panzer und Fahrzeuge blutete mir das Herz.

Nach der Arbeit, um 5 Uhr nachmittags, kaufte ich mir eine Fahrkarte für den Zug von Bąkowiec nach Wysokie Koło (der Bahnhof Wysokie Koło war nur einen Kilometer von Gniewoszów entfernt); der Zug fuhr nach wenigen Minuten ab, und so kam ich viel schneller und bequemer nach Hause, als ich am Morgen zur Arbeit gekommen war. An diesem Tag hatte ich auch etwas begriffen, wovon ich mich später noch mehrmals habe überzeugen können, und zwar, daß die Juden unter der deutschen Besatzung nicht einmal in einem Mauseloch vor der Verfolgung sicher sein konnten, wenn es in ihrer Nähe solche von Kopf bis Fuß mit der deutschen Propaganda vollgestopften Polen gab wie unseren Nachbarn K.

Nach diesem Erlebnis vergingen wieder mehrere Wochen und Monate ... In Gniewoszów gab es in dieser Zeit keine besonderen Ereignisse. Im August rief die Jüdische Gemeinde den Jüdischen Ordnungsdienst ins Leben, dessen wichtigste Aufgabe es war, von widerspenstigen Zahlern die Steuern zugunsten der Gemeinde einzuziehen. Der Ordnungsdienst bestand aus sechs Personen.[30]

* Aus dem polnischen Wort geht nicht hervor, ob sie den Damm bauen oder abtragen mußten.

Im selben Monat kam auch der Verlobte meiner älteren Schwester aus Szydłowiec zu uns zu Besuch, Marek Mydlarz.[31] Auch er war ein Flüchtling aus Łódź und wohnte jetzt zusammen mit seinen Eltern und dem jüngeren Bruder in Szydłowiec.[32] Die Zeit verging nun noch schneller als sonst. Das Wetter war schön, und wir nutzten es entsprechend aus, indem wir an die Weichsel zum Strand gingen oder am Haus faul im Gras herumlagen. Kein unangenehmer Zwischenfall unterbrach diese Idylle. Zwar machten die Deutschen immer wieder Razzien in dem Städtchen und versuchten, Juden für den Arbeitseinsatz aufzugreifen, aber ich war stets vor ihnen auf der Hut.

Gegen Ende des Sommers fuhr zuerst der Verlobte meiner Schwester nach Warschau zurück, und danach verließen auch fast alle meine Verwandten den Ort (geblieben sind nur mein Großvater und seine Frau). Meine Verwandten wußten sich in Gniewoszów einfach nicht zu helfen. Außerdem hatten sie ihre ganze Habe in Warschau gelassen, und sie wollten dort nach dem Rechten sehen; daher hatten sie den starken Wunsch, wieder im Warschauer Ghetto zu sein. Mein Vater gab ihnen Geld, mit dem sie sich ins Ghetto hineinschmuggeln konnten, und schickte ihnen nach ihrer Abfahrt regelmäßig einmal in der Woche einen größeren Geldbetrag per Post nach Warschau.[33]

Als ihr Verlobter abgereist war, spürte meine Schwester noch stärker als bisher die Langeweile, die in dieser tiefen Provinz herrschte; sie hatte hier einfach keine passende Gesellschaft. So entschied auch sie sich, nach Warschau ins Ghetto zurückzufahren und ihre Ausbildung in der Krankenpflegeschule fortzusetzen.[34]

Meine Eltern versuchten mit allen Kräften, sie von diesem verfrühten Vorhaben abzubringen, aber ihre Mühe war vergeblich. Meine Schwester hatte sich diese Idee nun einmal in den Kopf gesetzt und hielt nun stur daran fest, denn sie sehnte sich danach, die Langeweile von Gniewoszów endlich hinter sich zu lassen und wieder mit vielen Freunden zusammen in Warschau in ihrer vertrauten Welt zu leben. Und sie setzte ihren Willen durch. Mein Vater besorgte ihr schließlich die Passierscheine, einen für die Bahnfahrt und einen für das Ghetto[35], und am 15. Oktober fuhr sie nach Warschau. Dort ist sie dann auch bis zu dem tragischen Ende ihres Lebens geblieben. Und falls sie vielleicht irgendwann später einmal ihre Entscheidung bereute, so hat sie es sich nie anmerken lassen, denn aus ihren Briefen aus Warschau klang immer nur ihre Begeisterung für das Lernen und für ihre Arbeit als Krankenschwester im Jüdischen Krankenhaus, eine Arbeit, die sie von Herzen gern tat. Sie hatte im übrigen in Warschau auch keine materiellen Sorgen, denn mein Vater schickte ihr regelmäßig genügend Geld.

Seit der Schließung des Warschauer Ghettos strömten unzählige jüdische Flüchtlinge nach Gniewoszów und in andere Gegenden des Generalgouvernements. Diese Flüchtlinge waren so elend und ausgemergelt, daß sie sich aus dem

Ghetto einfach auf den Weg ins Unbekannte machten; sie hatten eben nichts mehr zu verlieren außer ihrem Leben. Im Ghetto war nämlich alles schrecklich teuer, und für die meisten Juden war es dort unmöglich, irgendeine Arbeit zu finden. So schmuggelten sich also die Ärmsten, die überhaupt nichts mehr besaßen, durch die Ghettomauer und gingen danach zu Fuß weiter, ohne ein festes Ziel vor Augen zu haben. Sie gingen von einem Städtchen zum anderen und blieben dann dort, wo größere Gruppen reicherer Juden wohnten.[36]

Wegen der Freiheit und wegen des Wohlstands, in dem die jüdische Bevölkerung in Gniewoszów lebte, zog das Städtchen diese armen Menschen, die auf ihrem Weg hier durchkamen, an. Sie ließen sich hier nieder und hofften, in dem Städtchen Fuß fassen zu können. Diese Flüchtlinge wohnten dann überall, wo der Herrgott es möglich machte: auf dem Marktplatz in den leeren, kleinen Buden, die vorher als Stände für den Fleischverkauf gedient hatten, in der Synagoge, in alten, kaputten Häusern und Schuppen und oft auch unter freiem Himmel. Sie lebten hauptsächlich vom Betteln. Da der Ort ziemlich klein war und sie nur zu den Juden betteln gingen, kam es den jüdischen Einwohnern so vor, als hätten sie eine feste Steuer zu zahlen.

Es wäre daran auch nichts Schlimmes gewesen, ganz im Gegenteil. Aber der jüdischen Bevölkerung von Gniewoszów war bisher nur selten Unheil widerfahren (die Juden lebten hier immer noch in ihren eigenen Häusern, arbeiteten in ihren Geschäften und genossen mehr Freiheiten als alle übrigen Juden in Polen), und so verhielt sie sich in dieser Sache eher egoistisch. Ihre Spenden für die armen Flüchtlinge, ihre Brüder, waren sehr klein; zum Leben zu wenig und zum Sterben zu viel. Im Laufe der Zeit wurde dieser Zustand unerträglich; die Ärmsten litten nicht nur Hunger, sondern unter ihnen breiteten sich auch ansteckende Krankheiten aus, so daß die Sterblichkeit enorm zunahm. Und die Ursache für all das Unglück war mangelnde Ernährung. Jemand von der jüdischen Gemeinschaft hätte sich dieser Angelegenheit annehmen und irgendwelche Hilfe organisieren müssen, aber niemand hatte Lust dazu. Schließlich nahmen meine Eltern die Sache in die Hand.

Mit Hilfe eines einflußreichen Bekannten, eines gewissen Dr. Weihert[37], gelang es meinem Vater, vom Jüdischen Wohlfahrtskomitee in Radom einen Zuschuß für die Einrichtung einer Volksküche für die armen Juden in Gniewoszów zu bekommen. Am 19. Oktober 1941 begann diese Küche mit ihrer erfolgreichen Arbeit. Jeden Tag wurden 500 bis 600 Mittagessen ausgegeben; das bedeutete, daß etwa ein Viertel der jüdischen Bevölkerung des Städtchens hier ein Essen bekommen konnte.[38] Angesichts der Hungersnot, die im Ort herrschte, war das eine außergewöhnlich große Hilfe, die Armen hörten nicht auf, meine Mutter für ihre Arbeit als Küchenleiterin zu segnen. Und diese Arbeit war tatsächlich nicht leicht; es war eine aufopfernde Tätigkeit für das Wohl der Gemeinschaft.

Leider dankte die jüdische Gemeinschaft von Gniewoszów meinen Eltern dies nur mit Mißtrauen und Neid. Schon im vergangenen Jahr waren unserer Familie immer wieder unfreundliche Blicke begegnet. Die Juden von Gniewoszów betrachteten uns weiterhin als Eindringlinge, die ungebeten in ihrem Leben aufgetaucht waren und sich dann eine gute Existenz aufgebaut hatten; sie nannten uns *»die Fremden«*. Bei jeder Gelegenheit hielten sie uns vor, wir seien fast bettelarm, jedenfalls mittellos, nach Gniewoszów gekommen, und dann sei es »ihr« Städtchen gewesen, in dem wir unsere angeschlagene Gesundheit und verbrauchten Kräfte hätten wiederherstellen und uns obendrein auch die materiellen Grundlagen verschaffen können, die es uns erlaubten, menschenwürdig zu leben (daß wir das alles nur der Arbeit meines Vaters verdankten, schien ihnen nicht der Rede wert zu sein). Nun, nachdem mein Vater ohne ihre Hilfe, nur mit meiner Mutter zusammen, eine »Küche« für die notleidenden Juden eingerichtet hatte, wurde ihre Mißgunst noch größer. Daß jemand uneigennützig so viel Zeit, Mühe und Energie aufwandte, um den Ärmsten der Armen zu helfen, konnten sie sich einfach nicht erklären. Das überstieg die kleinstädtische Logik dieser schlauen Füchse.

Da mein Vater jetzt mit größeren Geldbeträgen zu tun hatte, die von der Zentrale der Jüdischen Selbsthilfe kamen[39], und außerdem für die Lebensmittel zuständig war, die der Küche zugeteilt wurden, stellten sich die Juden von Gniewoszów vor, daß er das alles nur tat, um aus dieser Einrichtung Nutzen für sich selbst zu ziehen. Übrigens begann die Küche im Laufe der Zeit auch in den Morgenstunden Mahlzeiten sowie Milch für Säuglinge auszugeben.[40] Es war einfach eine schmachvolle Verleumdung und für meine Eltern um so schmerzlicher als mein Vater mehrmals sein eigenes Geld in die leere Kasse steckte oder mit unseren Kartoffeln das leere Lagerhaus versorgte und diese Vorräte aus unserem eigenen Anbau auch nie zurückhaben wollte. Außerdem bemühte mein Vater sich sehr darum, daß die Küche sieben Tage in der Woche, ohne einen einzigen freien Tag, mit derselben Ergiebigkeit arbeitete; denn er hielt sich ständig vor Augen, daß mehrere hundert Menschen nur von dem lebten, was sie aus diesem Kochtopf bekommen konnten. Die Juden in Gniewoszów waren auch deshalb voll Neid, weil nicht sie selbst, sondern eben die von ihnen so gehaßten »Fremden« als erste eine Wohlfahrtsinstitution in ihrem Städtchen gegründet hatten; und sie schämten sich wegen ihres eigenen Versagens.

Diese üble Nachrede, daß meine Eltern sich durch ihre Arbeit für die armen Juden bereicherten, versuchten die Leiter der Jüdischen Gemeinde zu verbreiten, der Vorsitzende J. Dyner und der Sekretär J. Kuropatwa[41], die sich damit persönlich an meinem Vater rächen wollten. Diese beiden Juden hatten nämlich erkannt, daß die Arbeit in der »Volksküche« gute Möglichkeiten eröffnete, Geld und Lebensmittel zu unterschlagen, Möglichkeiten, die in ihren Augen nur der Küchenleiter haben konnte.[42] Um an diese Quelle leicht verdienten

Geldes zu kommen, hatten sie zunächst mit allerlei mehr oder weniger unlauteren Mitteln – hinterlistige Intrigen nicht ausgenommen – versucht, meinem Vater die Leitung wegzunehmen und sie sich gierig unter die eigenen Nägel zu reißen. Aber ihre Manöver hatten ihnen nicht viel genutzt, denn mein Vater hatte saubere Hände und ein reines Gewissen sowie auch ordentlich geführte Finanzbücher; er hatte ihnen die Leitung nicht übergeben müssen, ganz im Gegenteil, er hatte sie bei der Leitung, um die sie so leidenschaftlich gekämpft hatten, nicht einmal mitwirken lassen. Auch war er auf keinen ihrer unsauberen Vorschläge eingegangen, die armen Juden gemeinsam zu betrügen. Verärgert über ihren Mißerfolg, sannen die beiden Leiter der Gemeinde auf Rache und begannen nun mit ihrer Wühlarbeit gegen meinen Vater und unsere ganze Familie; dieser gegen uns geführte Grabenkrieg dauerte dann bis zur Aussiedlung der Juden aus Gniewoszów und hatte sowohl für die beiden als auch für uns lauter unangenehme Folgen. Vor allem für uns.

Seit ihrem Mißerfolg versuchten die beiden Leiter der Jüdischen Gemeinde, meinen Eltern ihre wohltätige Arbeit schwerzumachen. Sie schürten Feindschaft gegen uns, indem sie einer bestimmten Clique von Juden, die Tag für Tag mit den Händen in den Hosentaschen in dem Städtchen herumliefen, erzählten, aus der Kasse dieser Institution flössen geradezu märchenhafte Geldbeträge in die Taschen meiner Eltern. Hinzu kam, daß mein Vater in der Volksküche ausschließlich verarmte Flüchtlinge beschäftigte; auch dieses besondere und doch verständliche Privileg der verhaßten »Fremden« paßte den Einheimischen nicht, es war vielen ein Dorn im Auge. Den meisten Gesprächsstoff aber lieferte ihnen der Umstand, daß als Sekretär der Einrichtung ein Cousin meines Vaters angestellt wurde. Es handelte sich dabei um Józef Fogler, der inzwischen zusammen mit anderen Flüchtlingen das Warschauer Ghetto verlassen hatte und nach Gniewoszów gekommen war. Er war mit seinen Eltern gekommen, die dann hier leider einer Infektionskrankheit zum Opfer gefallen waren; und ihm selbst fehlte es am Notwendigsten. Die Stelle in der Selbsthilfe-Einrichtung konnte ihm wenigstens eine Existenz sichern, wenn auch nur eine äußerst bescheidene. Außerdem war er ein intelligenter und gebildeter Mensch, so daß er sich, besser als jeder andere in dem Städtchen, für diese Stelle eignete.[43]

Doch solche und ähnliche Einzelheiten waren nichts als Wasser auf die Mühlen der oben genannten Leiter der Jüdischen Gemeinde von Gniewoszów, die jede Gelegenheit zu nutzen versuchten, um meinen Eltern Knüppel zwischen die Beine zu werfen und bei der jüdischen Bevölkerung im Ort Mißtrauen gegen sie zu säen. Ihren Anstrengungen zum Trotz ließen sich jedoch eine ganze Anzahl Juden durch diese Agitation nicht irreführen, vor allem solche, denen die Notlage der anderen naheging, aber auch viele kleinere jüdische Handwerker und nicht zuletzt all die Leute, die selbst in irgendeiner Form Unterstützung in Anspruch nahmen. Diese Menschen hatten schnell begriffen, was sich hinter alldem verbarg; und sie hatten – anders, als die Agitatoren es erwartet hatten – volles Verständnis dafür, daß meine Eltern daran arbeiteten, die Lebensbedingungen der vielen jüdischen Flüchtlinge zu verbessern, und sprachen mehrmals meinem Vater das Vertrauen aus.

Die Wohnverhältnisse der jüdischen Bevölkerung in Gniewoszów waren schrecklich. Die Mißstände zeigten sich besonders im Laufe des Sommers und des Herbstes, als die Beengtheit in den Wohnungen und die damit verbundenen schlechten hygienischen Bedingungen die Zahl der Infektionen durch ansteckende Krankheiten (Fleckfieber) stark ansteigen ließ – und mit ihr die Sterblichkeit, die dann etwa bei zehn Prozent lag.[44] Mehrere Inspektionen, die er in dem Städtchen durchgeführt hatte, ließen den Kreisarzt Dr. T. Majchrzak zu dem Schluß kommen, daß angesichts des festgestellten Gesundheitszustandes der Bevölkerung ein Krankenhaus für ansteckende Krankheiten *(Seuchenkrankenhaus)* für Juden errichtet werden müsse. Er befand, daß die Jüdische Gemeinde von Gniewoszów für die entstehenden Kosten aufzukommen habe; die Verantwortung aber für die Einrichtung des Krankenhauses und seine ganze Verwaltung solle, als der einzige jüdische Arzt im Ort, mein Vater tragen.

Der Kreisarzt hatte diese Anordnung zwar nicht aus Rücksicht auf die Gesundheit der Juden getroffen, sondern eher, um auf diese Weise einer Verbreitung der Fleckfieberepidemie unter der polnischen Bevölkerung in Gniewoszów vorzubeugen, doch angesichts der hohen Sterblichkeit unter den erkrankten Juden konnten kaum Zweifel daran bestehen, daß das Krankenhaus tatsächlich vor allem dem Wohl der gesamten jüdischen Gemeinschaft im Ort dienen würde. Also machte sich mein Vater voller Eifer an die Arbeit. Er nahm keinerlei Rücksicht auf die zögernden Leiter der Jüdischen Gemeinde, die den Bau des Krankenhauses aus ihren eigenen Taschen mitfinanzierten – denn darin befand sich eigentlich das Geld der Gemeinde –, sondern er stellte in dem Bewußtsein, eine wichtige Institution einzurichten, innerhalb von zwei Wochen ein ganzes Krankenhaus auf die Beine. Er hatte nur ein Gebäude zur Verfügung, aber es gelang ihm, es in dieser Zeit von A bis Z auszustatten: mit zwei Krankensälen, einem für Frauen und einem für Männer mit fünfzig Betten*, einem Baderaum und einem elektrischen Desinfektionsofen. Eine entsprechende Anzahl von Krankenschwestern und Ärzten sowie eine Krankenhausapotheke gehörten ebenfalls dazu. Am 30. November 1941 wurde das Krankenhaus in Betrieb genommen.[45] Aber auch diese innovative Idee stieß bei der jüdischen Bevölkerung auf größtes Unverständnis. Die seit vielen Jahren dort ansässigen Juden waren in einem finsteren, durch nichts begründeten Aberglauben befangen, der sie Furcht und Ekel bei dem Gedanken empfinden ließ, die Kranken zur

* Es geht aus dem Manuskript nicht hervor, ob es sich um Säle mit »je« oder mit »insgesamt« fünfzig Betten handelte.

Behandlung ins Krankenhaus bringen zu müssen. Vielleicht war das nichts anderes als die Verstocktheit von Kleinstadtbewohnern und ihre Scheu vor Neuem und Unbekanntem; vielleicht ließ sich das auch aus einem Mangel an Aufklärung erklären. Jedenfalls mußte mein Vater lange Zeit gegen die inneren Widerstände der jüdischen Bevölkerung ankämpfen, um sie von den guten Seiten dieser Einrichtung zu überzeugen. Und das mußte er tun, obwohl dank seiner Bemühungen dieses Krankenhaus hervorragende Bedingungen bot (einen großen, sauberen Krankensaal, Pflege und Behandlung mit Unterkunft und Essen), also all das, was den Kranken in den eigenen Häusern fehlte (die meisten von ihnen konnten es sich, wenn sie krank waren, nicht einmal leisten, zum Arzt zu gehen).

Die Anstrengungen meines Vaters führten sehr bald zu Erfolgen. Etwa anderthalb Monate nach der Gründung des Krankenhauses war die seuchenbedingte Sterblichkeit unter den Juden von zehn Prozent auf zwei Prozent gesunken. Nun äußerten viele Leute ihr Bedauern darüber, daß mein Vater das Krankenhaus nicht schon einige Monate früher hatte einrichten lassen, noch vor der Typhusepidemie, die so viele jüdische Opfer, vor allem natürlich unter den Armen, gefordert hatte. Aber bevor die Juden in dem Städtchen zu dieser Einsicht kamen, hatte man den Kranken lange zureden müssen, ins Krankenhaus zu gehen, oder man hatte sie fast mit Gewalt dorthin bringen müssen. Und diese Zeit hatte natürlich die Leitung der Jüdischen Gemeinde für ihre Zwecke genutzt. Wieder einmal waren die beiden Leiter auf meinen Vater böse gewesen, denn um das Krankenhaus so einzurichten, daß es tatsächlich dem Wohlergehen der jüdischen Bevölkerung dienen konnte, hatte er keine Kosten gescheut, und das Geld dafür stammte in erster Linie aus ihren Taschen. Als das Krankenhaus fertig eingerichtet war, ließ es mein Vater nicht zu, daß sie sich die investierten Gelder auf unlautere Weise zurückholten, zum Beispiel durch Entwendung von Bettwäsche und anderen Dingen, die das Jüdische Wohlfahrtskomitee in Radom dem Krankenhaus für die Krankenbetten zugeteilt hatte. Diese beiden führenden Juden nutzten nun also die Gunst der Stunde und säten unter der Bevölkerung blindwütig Mißgunst und Neid gegen unsere ganze Familie; und all das fiel auf fruchtbaren Boden. Zu diesem Zeitpunkt nämlich waren die Juden dem Krankenhaus nicht wohlgesinnt und ärgerten sich über alles und alle, die mit dieser Einrichtung zu tun hatten.

Diese Dinge betrafen mich nicht persönlich, jedenfalls nicht unmittelbar. Im Herbst und im Winter hatte ich nicht viel zu tun; und da mich die Gesellschaft der jüdischen Jugendlichen sehr langweilte, las ich Bücher, spielte Karten und unterhielt mich mit unserer Wirtin. Diese Tätigkeiten konnten mir aber die langen Tage nicht ausfüllen. So lebte ich dann doch inmitten all dieser sozialen Angelegenheiten und nahm unter diesen Umständen auch unwillentlich

Anteil daran. Der Krieg, den die Jüdische Gemeinde meinem Vater erklärt hatte, richtete sich gegen unsere ganze Familie, so daß ich, mit wechselhaftem Glück, daran beteiligt war. Am Ende kam ich zu dem Schluß, daß die wirklich schlagenden Argumente, die diese Hohlköpfe von Gniewoszów am ehesten würden überzeugen können, Zeit, Taten und Gleichmut waren, und ich hörte auf, auf sie einzureden und mich dabei zu ärgern. Später sollten auch sie doch noch alles verstehen.

Unter solchen Verhältnissen, sorglos und im Wohlstand, in einer Zeit, in der meine Interessen sich wegen der allgemeinen Langeweile nicht gut hatten entwickeln können, begrüßte ich Neujahr 1942. Ein Jahr bedeutsamer Ereignisse stand uns bevor, ein für die Juden in Polen tragisches Jahr; doch davon wußten wir noch nichts, ja, wir ahnten das kommende Unheil nicht einmal. Und so verbrachten wir Silvester zu Hause in sehr guter Stimmung. Die Einkünfte aus der Zahnarztpraxis meines Vaters erlaubten es uns, bei uns eine kleine Feier zu veranstalten. Im Kreise unserer nächsten Verwandten und Freunde, die wir eingeladen hatten, habe ich mich großartig amüsiert. Mit von der Partie waren unsere Großeltern, der Cousin Fogler, mein Freund Perelsztajn und unsere Wirtin Irena Bocian, mit der sich inzwischen unsere ganze Familie angefreundet hatte, nicht nur ich allein. Dieser Silvesterabend sollte der letzte Silvesterabend im Krieg sein, den wir unter solch guten Bedingungen verbringen konnten. Als ob die drohende Katastrophe in meinem Unterbewußtsein schon vorhanden gewesen wäre – ein derartiger Gedanke kam mir natürlich damals nicht in den Sinn –, habe ich mich an diesem Abend wirklich sehr gut amüsiert. Das historische Jahr 1942 begann, ein Jahr bestialischer Verbrechen, wie sie die Welt bis dahin nicht gekannt hatte.

Das Verhängnis brach über unsere Familie ziemlich schnell herein. Im Januar erkrankte auch meine Mutter an Fleckfieber; da sie unentwegt für das Wohl der Armen sorgte und sich inmitten des Elends aufhielt, blieb sie von diesem Unglück nicht verschont. Auch sie mußte nun also ins Seuchenkrankenhaus gebracht werden. Ihre Krankheit verlief so schwer, daß meine Mutter mehrere Tage lang mit dem Tod rang. Während sie zwischen Leben und Tod schwebte, hatte ich am 14. Februar Geburtstag. Ich wurde zwanzig Jahre alt. Es war der traurigste Geburtstag meines Lebens, voller Angst und Sorge um meine Mutter. Ein paar Tage später trat die Krise ein, aber meine Mutter hat sie, dank der unerhörten Anstrengungen meines Vaters, der keine Kosten und Mühen scheute, glücklich überstanden. Ich kann mich bis heute gut an jenen Tag im Februar erinnern, als mein Vater um 5 Uhr in der Frühe weinend vom Krankenhaus herbeigelaufen kam, wo er am Bett meiner Mutter übernachtet hatte, und uns verkündete, daß unsere Mutter im Sterben liege. Ich wurde zu einem Arzt geschickt. Auf der Stelle zog ich Schuhe und Jacke an und rannte los.[46] Draußen schien auch die Natur sich gegen uns verschworen zu haben;

der Wind brauste, pfiff und heulte, und es schneite in dicken Flocken, die sich, eben noch in der Luft tanzend, dann in Schneeverwehungen zusammenfanden. Ich galoppierte quer über die Felder; alle paar Schritte versank ich dabei bis zur Taille im Schnee oder stolperte über die schneebedeckten Erdschollen. Mich bewegten widersprüchliche Gefühle: Angst, böse Vorahnungen, Schmerz und Hoffnung. An diesem Tag trat nämlich die Krise ein, und meine Mutter stand an der Schwelle des Todes. Doch das Schicksal ließ dieses Unglück nicht geschehen. Ende Februar wurde meine Mutter aus dem Krankenhaus entlassen, und sie war auf dem Weg der Genesung.

Noch während der Rekonvaleszenz meiner Mutter besuchte uns wieder Marek Mydlarz, der Verlobte meiner Schwester. Da sowohl er selbst als auch seine Eltern in Szydłowiec in finanziellen Schwierigkeiten waren, behielten ihn meine Eltern gern länger bei sich; so blieb er viele Monate bei uns – bis zur Aussiedlung der Juden aus Gniewoszów und sogar noch darüber hinaus.

Im Gegensatz zu mir beteiligte er sich während seines ganzen Aufenthalts bei uns sehr aktiv am gesellschaftlichen Leben des Städtchens, und so war er meinem Vater eine große Hilfe bei der Leitung der Selbsthilfeeinrichtungen.

Wieder war Frühling, und die Wochen vergingen … Der März ging vorbei, und es kam der April. Dieser Monat sollte für uns, die jüdische Bevölkerung von Gniewoszów, besonders bedrohliche Folgen haben. Bereits im letzten halben Jahr hatte man wahrnehmen können, daß das Städtchen allmählich aufhörte, ein Hort der Freiheit zu sein, und daß man die Rechte der Juden mehr und mehr in Frage stellte; der Ort wurde vielen anderen Städten im Generalgouvernement immer ähnlicher. Die Gendarmerie interessierte sich immer stärker für die Handelsbeziehungen des Städtchens, die Gesundheitsbehörde war ebenfalls an der Situation im Ort interessiert, und der Jüdische Ordnungsdienst war gegründet worden – all das hatte einen negativen Einfluß auf die inzwischen ohnehin schon beunruhigten Gemüter der jüdischen Bevölkerung, die dies als Anzeichen einer bevorstehenden Bedrohung sah. Man begann unter den Juden darüber zu munkeln, daß die Deutschen vorhätten, in Gniewoszów ein Ghetto zu errichten. Es erschien jedoch kaum realistisch, daß in einem solch gottverlassenen Ort nach dem Vorbild all der anderen kleineren und größeren Städte des Generalgouvernements ein Ghetto errichtet werden könnte. Die arische und die jüdische Gemeinschaft des Ortes waren, was das Wohnen betraf, sehr stark miteinander verschmolzen, und es schien schlechterdings unmöglich zu sein, sie voneinander zu trennen.

Wieder neue Sorgen und Ängste bereitete uns dann die Aussiedlung der Juden aus Lublin[47]; denn danach redeten manche schon darüber, daß der gesamte Distrikt Radom ausgesiedelt werden solle und nur in Warschau die Juden noch bleiben dürften. Andere meinten, alles solle gerade umgekehrt vor sich gehen, und dann doch wieder so; aber jedesmal war von diesen beiden

Distrikten die Rede, von Radom und Warschau. Ein anderes Mal erzählte man, daß alle Juden aus dem Distrikt Radom nach Radom umgesiedelt würden; kurz, keiner wußte etwas Genaueres, und alle stellten nur Überlegungen an, wie man das Unglück vermeiden könnte. Man zog verschiedene Möglichkeiten in Erwägung: was, wie, wo und wann? Was dann aber Wirklichkeit werden sollte, kam niemandem in den Sinn: das Schlimmste, was geschehen konnte und tatsächlich auch geschah. Und nachdem sich die Unruhe nun einmal in unser Leben eingeschlichen hatte, verließ sie uns auch nicht mehr, zumal sich bald darauf in unserer Sichtweite Dinge zutragen sollten, die auf keinen Fall geeignet waren, uns zu beruhigen. Ganz im Gegenteil: Mit doppelter Kraft zwangen sie uns die unangenehmsten Gedanken und die schmerzlichsten Vorahnungen auf.[48]

Im April spielten sich grausame Dinge ab ... Zuerst erreichte uns die erschütternde Nachricht von der Aussiedlung der Juden aus Dęblin-Irena.[49] In den ersten Stunden unserer Verzweiflung gewannen die egoistischen, animalischen Instinkte die Oberhand über das Mitleid mit unseren Brüdern. Man dachte an nichts anderes, als daß Dęblin von Gniewoszów nur knapp dreizehn Kilometer entfernt liegt, also ganz in unserer Nähe, und daß daher auch wir nun von demselben Schicksal unmittelbar bedroht waren. Man konnte an kaum etwas anderes denken und auch nicht über den Tag hinaus. Bald darauf aber besann man sich; und neue Fragen drängten sich auf: was, wie und wohin? Und die Antworten, die man von einigen jüdischen Flüchtlingen und von den Polen erhielt, die aus Dęblin kamen, waren so niederschmetternd und grausam, daß wir es nicht für möglich hielten.

Es stellte sich heraus, daß eines Tages in der Frühe die gesamte jüdische Bevölkerung von Dęblin auf dem Marktplatz versammelt worden war. Aus dieser Menschenmenge wählten dann die Deutschen und die sogenannten »Schwarzen« – d.h. die Ukrainer –, die dieses Verbrechen gemeinsam begingen[50], einige Dutzend junge, sehr kräftig aussehende Juden aus; diese Männer durften bleiben, weil man sie für den Arbeitseinsatz auf dem Flugplatz brauchte. Alle anderen, etwa 5000 Menschen, wurden zum Bahnhof gejagt. Wer von den alten oder kranken Menschen im Tempo nicht mithalten konnte und auf dem Weg zum Bahnhof zurückblieb, der etwa einen Kilometer von der Stadt entfernt war, der wurde von den Schwaben oder den Ukrainern sofort erschossen und fiel einfach tot um. Bäche von Blut flossen auf diesem Weg, denn in dieser Menschenmenge gab es sehr viele alte und kranke Leute. Auf dem Bahnhof geschah dann das Allerschlimmste. Das ist übrigens nicht der richtige Ausdruck, denn alle Einzelheiten dieses Verbrechens waren immer nur eine weitere Etappe auf einem Weg: auf dem Weg zur größten Barbarei aller Zeiten. Auf dem Bahnhof sortierten die Schwaben alle Juden. Die Frauen kamen in einen Güterzug, die Kinder in einen zweiten und die Männer in einen dritten, alle getrennt. Anschließend wurden diese Güterzüge versiegelt und fuhren sofort ab. Und auf diese Weise, in versiegelten Waggons, verließen alle Juden von Dęblin die Stadt. Sie fuhren ins Unbekannte, zur Hinrichtung. Die Kinder allein, die man ihren Müttern mit Gewalt entrissen hatte – wenn eine jüdische Mutter sich von ihrem Kind nicht trennen wollte, wurde sie zusammen mit ihrem Kind auf der Stelle mit mehreren Kugeln von den Schwaben getötet –, die Frauen allein, ohne ihre Brüder, Männer und Väter, und die Männer ebenfalls ohne ihre nächsten Angehörigen. Wer nur einen Augenblick zögerte, den brachten die Schwaben sofort um.

Nachdem die Züge abgefertigt worden waren, kehrten die Schwaben (SS) in die Stadt zurück und machten sich auf die Suche nach den Juden, die noch übriggeblieben waren. Sie kontrollierten jede Wohnung und jedes Haus von oben bis unten, um die Juden zu finden, die sich dem Befehl widersetzt und ihre Wohnungen nicht verlassen hatten. Einige der Juden, die sich auf diese Weise hatten verstecken wollen, wurden gefunden und ebenfalls sofort getötet. Das jüdische Blut floß ... Nur einem Dutzend vielleicht war es gelungen zu fliehen, und einige von ihnen waren nach Gniewoszów gekommen. Aus ihren Berichten haben wir von alledem erfahren, aber auch von den Polen, die Zeugen dieser Szenen waren, die von Dante hätten stammen können. Die Polen aber erzählten davon mit einem hämischen Grinsen und einem Anflug von Zufriedenheit.

Zu Anfang wußte man gar nicht, wohin die Juden gebracht worden waren. Erst einige Tage später trafen jene schlimmen Nachrichten ein, die wir am meisten gefürchtet, mit denen wir aber zugleich auch schon gerechnet hatten. Auf keine Weise war aber der Name des Ortes zu erfahren, an dem die Juden aus den Zügen herausgelassen worden waren. Eine Familie aus Gniewoszów, die Verwandte in Dęblin hatte, beauftragte jedoch einen polnischen Eisenbahner, gegen hohe Bezahlung die Spur dieser Züge zu verfolgen. Sie wollte erfahren, wo diese Züge angehalten hatten und welches Schicksal den Unglücklichen bestimmt war. Nach seiner Rückkehr berichtete dieser Eisenbahner, daß die Züge in Richtung Włodawa am Bug gefahren seien und dort in ein umzäuntes Gelände, zu einem von einer Absperrkette der Deutschen umgebenen Lager, nicht weit von Włodawa entfernt.[51] Dort hätten sich ihre Spuren verloren. Aus Gesprächen mit anderen Eisenbahnern ging aber hervor, daß die Juden dort getötet wurden. Einige erzählten, sie würden mit Hilfe von Strom getötet, andere meinten, mit Gas vergiftet, und noch andere glaubten, man würde sie ganz normal erschießen oder mit Hilfe von Granaten massakrieren. Auf jeden Fall hat keiner jemals dieses Lager wieder verlassen. Das war die Erkenntnis, in der alle übereinstimmten. Es war eine unbestreitbare Tatsache, daß die dorthin gebrachten Juden vernichtet wurden – auf welche Art und Weise auch immer.

Mehrere Wochen vergingen. Von den deportierten Juden kam kein einziges Lebenszeichen. Zwar hatte es viele Juden gegeben, die sich bis zu diesem Zeitpunkt in dem Glauben wiegten, die Transporte bedeuteten in Wirklichkeit nur eine Aussiedlung an andere Orte, doch nun wußten sie über vieles Bescheid und waren wie vor den Kopf geschlagen. Mich selbst aber hatte die grausame Wahrheit gar nicht überrascht. Ich hatte all dem ungereimten Zeug nicht geglaubt und ebenso wenig dem, was die deutsche Propaganda über die Aussiedlung behauptete. Ich wußte es zwar nicht, aber ich spürte, daß der Tod und die Vernichtung der Juden bevorstanden. Und diese Ahnung vom unheilvollen Schicksal aller noch lebenden Juden im Generalgouvernement bedrückte mich sehr. Nach diesem Verbrechen in Dęblin befiel uns ein großer, lähmender Schrecken, der wie eine Hundert-Tonnen-Last auf unsere Brust drückte. Unruhe und Angst vor der nächsten Zukunft, vor der nächsten Stunde, ergriffen unser Herz. Alles, was wir gehört hatten, war so unheimlich, so schrecklich und so nah, daß meine bisherige Denkweise auf einen Schlag ganz aus den Fugen geriet. Nun begann ich in anderen Kategorien zu denken: Ich dachte an den Tod, an Rettungsmöglichkeiten, an Flucht und an Rache – obwohl Rache kaum möglich war. Eine grenzenlose Verzweiflung schnürte mir die Kehle zu, und die Angst verschlug mir den Atem, denn in diesen entsetzlichen Nachrichten enthielt jedes einzelne Wort einen wahren Abgrund an Grauen. Manche Juden klammerten sich an die Hoffnung, die Aussiedlung würde nur den Distrikt Lublin betreffen, zu dem auch Dęblin gehörte. Da Gniewoszów von diesem Gebiet durch die Weichsel getrennt und Teil eines anderes Distrikts war, würde man uns, so meinten sie, in Ruhe lassen. Wie töricht diese Hoffnung war, davon haben sie sich bald überzeugen können.

Inzwischen war die gesamte jüdische Bevölkerung von Gniewoszów voller Angst und rechnete von Stunde zu Stunde mehr und mehr mit dem Unheil. Auch mir wurde in diesem Augenblick klar, daß die Zeiten sorgloser Fröhlichkeit und ruhigen Schlafs endgültig vorbei waren. Ich dachte zwar an den Tod, aber freiwillig ergeben wollte ich mich ihm nicht. Der Gedanke an Rache, der brennende Wunsch, mich für all das zu rächen, war geboren. Ich schwor mir, den ersten Ukrainer oder Deutschen, der mir begegnen oder gar zu nahe kommen würde, umzubringen, danach würde ich selbst leichter sterben können. Doch ich besaß keinen Revolver.

Ich war aber von meinem Vorhaben so besessen, daß ich, weil ich keine andere Waffe hatte, anfing, für diesen heiligen Zweck ein Bajonett zu schärfen, das mir zufällig in die Hände gefallen war. Immer wenn ich an das jüdische Blut dachte, das in Dęblin geflossen war, an die Kinder, die ihren Müttern weggenommen worden waren, an alle, die man fortgebracht und ermordet hatte, traten mir Tränen in die Augen, Tränen der Verzweiflung, der Hilflosigkeit und des Schmerzes; und mein Wunsch, diese armselige Waffe zu benutzen, sie in dieses verdammte germanische Blut einzutauchen, wurde immer stärker.

Und wieder vergingen die Tage … Die jüdischen Herzen verschlossen sich in dieser ständigen Unruhe und gewöhnten sich langsam daran, bis plötzlich etwas geschah, das unsere Wachsamkeit weckte. Am 18. April 1942 kam der stellvertretende *Kreishauptmann*, der Referent für Strafangelegenheiten, Kerklies[52], in das Städtchen und verfügte, daß innerhalb eines Monats, also bis zum 18. Mai, in Gniewoszów ein Ghetto für die Juden zu errichten sei. Diese Anordnung bestätigte alle unsere bisherigen Befürchtungen und rief eine neue Welle der Unruhe hervor. An einem einzigen Tag erreichte Gniewoszów damit das Niveau, auf dem alle anderen kleinen Städte des Generalgouvernements sich schon befanden.[53]

Die Errichtung des Ghettos bestätigte nur das, was ich bisher schon unbewußt befürchtet hatte; für mich war dies nämlich nichts anderes als eine Etappe auf dem Weg zur endgültigen Liquidierung der jüdischen Bevölkerung. Viele Juden im Ort verspürten die gleiche Angst, und alle waren sich im klaren darüber, daß es wirklich sehr schlecht um uns stehen müsse, wenn sich die Deutschen jetzt schon eines solch gottverlassenen, nicht einmal erwähnenswerten Nestes wie Gniewoszów mit solcher Schärfe angenommen hatten. Schneller und schneller zogen schwarze Wolken am Horizont herauf, und jedem Juden mit gesundem Menschenverstand zeigte sich unsere Zukunft immer dunkler und bedrohlicher. Doch jetzt in dieser Lage erforderte der Alltag so viel Energie und Verstand und nahm so viel Zeit in Anspruch, daß niemand mehr genug Ruhe fand, weit genug vorauszuschauen, um zu ermessen, wie grauenhaft die Situation war. Und auch wenn dies möglich gewesen wäre, so hätte es doch nicht viel genutzt …

Für die Errichtung des Ghettos, die Umzüge und alles, was damit zusammenhing, war genau ein Monat vorgesehen. Wie sich aber zeigte, war in diesem Zeitraum das Problem kaum zu lösen; es beanspruchte so viel Zeit und Aufmerksamkeit, daß fast keiner der Juden noch imstande war, sich um andere Dinge zu kümmern. So hörten die Juden auf, sich Sorgen um die Zukunft zu machen, und nahmen sich ihrer vielen Alltagsprobleme an. Um der Anordnung über das Ghetto nachzukommen, mußten sie erhebliche Schwierigkeiten überwinden. Die Grenzen des Ghettos, die von der Besatzungsmacht markiert worden waren (sie waren in Übereinstimmung mit den Vertretern der polnischen Gemeinschaft in Gniewoszów festgelegt worden!), umschlossen ein nur kleines Gebiet. Viele Juden, auch wir, mußten den für die polnische Bevölkerung vorgesehenen Ortsteil verlassen. Im Vergleich zum Ghetto war das Gebiet, das den Polen zur Verfügung gestellt wurde, sehr groß. Dies wurde als Bestätigung der Nachricht aufgefaßt, das Ghetto sei auf die mehrmaligen Petitionen der Polen von Gniewoszów hin errichtet worden, in denen sie darum gebeten hätten, die Juden im Ort zu isolieren. Diese Petitionen seien von folgenden Polen unterschrieben worden: Dr. B.K., Dr. K.J., dem Richter J., der Apothekerin K., Dr. vet. F.K., J.Ż. (dem Sekretär des Gemeindeamtes) und G.[54]

Die Polen hofften und rechneten sogar fest damit, daß in dem Augenblick, da man die Juden ins Ghetto zwängte, viele ihrer Häuser frei würden und ihnen damit zur Auswahl stünden. So kam es dann auch. Während es nach dem Umzug der Juden ins Ghetto im polnischen Ortsteil sehr geräumig war – viele verlassene Häuser standen einfach leer – und die Polen sich die besten Häuser aussuchten und sie bezogen, herrschten im Ghetto Gedränge und großer Mangel an Wohnraum. Hier begann sofort ein wildes Wettrennen um die freistehenden Wohnungen; alle jüdischen Familien, die ihre bisherigen Wohnungen hatten verlassen müssen, waren auf der Suche nach einer neuen Bleibe. Auch wir hatten unser bisheriges Quartier verlassen müssen, und lange Zeit hatten wir keine Wohnung zur Verfügung.

Diesen Notstand wußten natürlich zwei gewisse Bekannte gut zu nutzen, die Herren Dyner und Kuropatwa. Gemeinsam mit dem Gemeindevorsteher, einem *Volksdeutschen*, machten sie ihre Geschäfte, indem sie die im Ghetto leerstehenden Wohnräume nur gegen größere Geldbeträge vergaben. Da auch wir von der Wohnungsnot betroffen waren, konnten hier die Herren endlich an uns Rache nehmen. Für die Zuteilung von Räumlichkeiten wollten sie von meinem Vater eine Menge Geld haben, aber für ihn war es Ehrensache, ihnen nicht einen Groschen zu geben. Deshalb kämpfte er hartnäckig und lange gegen sie, bis man uns endlich ein Zimmer zur Verfügung stellte, das unmittelbar an seine Praxis im Ghetto grenzte.

Nachdem wir uns von allen bisherigen Bequemlichkeiten verabschiedet hatten, zogen wir am 15. Mai 1942 dort ein. Das war auch höchste Zeit, denn schon drei Tage später, am 18. Mai, rammte man an der Grenze zum Ghetto Pfähle mit Schildern ein, die es den Juden bei Todesstrafe verboten, sich außerhalb des Ghettos aufzuhalten.[55] Diese Vorschrift wurde allerdings nicht sehr streng befolgt. Zwar wohnten alle Juden jetzt ausschließlich im Ghetto, aber niemand paßte wirklich auf, ob die Juden das Ghetto verließen und sich in anderen Ortsteilen aufhielten. Die Grenze zum Ghetto war auch nur symbolisch. Sie bestand lediglich aus einem Graben von je einem halben Meter Tiefe und Breite, und später, unter verschärften Bedingungen, kam noch ein Lattenzaun hinzu, der etwa einen Meter hoch war.

Diese Grenze wurde sicherlich nicht deshalb nur so provisorisch abgesteckt, damit die Juden sich bequem bewegen konnten, sondern dies lag im Interesse der polnischen Gemeinde; sie wollte Rücksicht auf die Polen nehmen, die ja oft einmal die Hilfe eines jüdischen Händlers oder Handwerkers aus dem Ghetto benötigten. Alles in allem gab es also überhaupt keine Schwierigkeiten, aus dem Ghetto hinaus- oder ins Ghetto hineinzukommen. Oft reichte es aus, das Bein über den Zaun zu schwingen, und an manchen Stellen war nicht einmal das nötig: Sie waren offen. Die Juden mußten also beim Verlassen des Ghettos nur achtgeben, daß sie nicht einem der Deutschen begegneten, die immer wieder durch das Städtchen fuhren, denn das konnte sehr schlimme Folgen haben.

Wieder schien das Leben der Juden – der ewigen Wanderer – irgendwie weiterzugehen. Das Ghetto pulsierte in schnellem Rhythmus, im Arbeits- und Handelstempo, und man gewann den Eindruck, daß sich nur unter geographischem Gesichtspunkt etwas verändert hatte, sonst aber nichts. Seltsam kamen einem nur die Ghettozäune vor, sie sahen nämlich aus wie Hühnerstangen. Und auch wenn wir Juden unsere gegenwärtige Lage nicht so ernst nahmen und den schändlichen Verlust der Freiheit immer wieder vergaßen oder vergessen wollten, so gab es im Städtchen doch genug Polen, die uns immer wieder daran erinnerten. Während wir hinter dem Zaun standen oder uns dort hin und her bewegten, waren sie auf der anderen Seite des Zaunes in Freiheit und lachten uns wegen unserer Tragödie aus, dabei machten sie laut ziemlich deutliche Anspielungen darauf, was uns – ihrer Meinung nach – in Zukunft erwartete. Sie hofften weiterhin, wir würden das Schicksal der Juden aus Dęblin teilen, und das wünschten sie sich so sehr, daß sie sich fast sicher waren, den Augenblick erleben zu dürfen, in dem sie das Vermögen der Juden, und zwar vollständig, würden an sich raffen können.

Unsere neue Wohnung hatte zwei Eingänge: einen zur Praxis meines Vaters vom arischen Ortsteil her, an dessen Grenze wir lebten, und von der jüdischen Seite her einen zweiten zu unserer Wohnung, die mit der Praxis eine Einheit bildete. Lange Zeit stand die Tür der Praxis zur arischen Seite hin immer offen. Dieses Privileg hatte der Gemeindevorsteher meinem Vater zugestanden, und zwar auf die Bitten zahlreicher arischer Patienten hin, die bei meinem Vater in Behandlung waren und sie nicht unterbrechen wollten. In dieser Zeit waren die Einkünfte meines Vaters schon sehr gering, weil er keine neue Arbeit mehr bekam; die Bauern hatten Angst davor, immer wieder ins Ghetto zu gehen.

Damit die Polen nicht mehr zum Zahnarzt ins Ghetto gehen mußten und das Geld einen Juden verdienen ließen, holten nach einer gewissen Zeit die schon zweimal erwähnten einflußreichen Polen von Gniewoszów eine polnische Zahnärztin aus Warschau. Kaum war sie im Ort erschienen, da wurde uns das Privileg der offenen Tür zum polnischen Ortsteil hin aberkannt, die Tür wurde zugenagelt. Seit dieser Zeit stand die Praxis meines Vaters völlig still. Dies bereitete uns damals allerdings noch keine Sorgen, weil mein Vater beträchtliche Ersparnisse besaß. Während der ganzen Zeit, die wir uns in Gniewoszów aufhielten, hatte er Geld beiseitegelegt, von dem wir nun leben konnten.

Sobald der ganze Trubel des Umzugs ins Ghetto vorbei war und wir uns dort eingerichtet hatten, fand ich wieder nichts, wofür ich mich interessieren konnte, und ich begann aufs neue, mich zu langweilen. Zu Hause hatte ich jetzt nichts mehr zu tun; es gab keinen Garten, kein Gemüse- oder Blumenbeet, keinen Holzschuppen, einfach nichts dergleichen. Ich hielt es jedoch nicht aus, ruhig zu Hause zu sitzen, und so versuchte ich, mir die Freiheit wenigstens vorzutäuschen, und stahl mich deshalb tagsüber und auch abends aus dem Ghetto und ging auf die nahegelegenen Weiden. Die Armbinde, die ich eher nach Lust und Laune trug, nahm ich tagsüber ab – auch wenn sie mir inzwischen schon egal war, denn unter moralischem Gesichtspunkt war das Ghetto etwas viel Schlimmeres –, und ich lief auf den Weiden an der Weichsel herum und badete im Fluß; in dieser Zeit war das Wetter sehr gut. Abends und nachts lief ich wie ein Schatten auf den Straßen umher, wo mir der Aufenthalt bei Todesstrafe verboten war. Dabei machte ich mir Gedanken über die Zukunft, ich versuchte mir vorzustellen, was ich noch erleben und wie lange ich überhaupt noch leben würde. Nein, es waren keine frohen Gedanken. Manchmal ging ich in unsere ehemalige Wohnung. Ich wollte mir noch einmal all die Stellen ansehen, wo das Leben leicht und sorgenfrei verlaufen war, und auf diese Weise meinem Gedächtnis all das einprägen, was vorüber war und nie mehr zurückkehren würde. Viermal war ich dort, zweimal aus eigenem Antrieb und zweimal vom Schicksal gezwungen. Doch ich will nicht vorgreifen. Jedesmal empfing unsere (ehemalige) Wirtin mich herzlich, aber ich durfte sie leider nicht sehr oft besuchen, denn ich hatte gehört und gesehen, wie ihre polnischen Nachbarn, K., R., C., B. und R.[56], wegen dieser Besuche eines Juden bei Polen murrten (bei ihnen niemals!). Es war ihnen zuzutrauen, daß sie in ihrem blinden Haß gegen die Juden imstande waren, sowohl meiner Wirtin als auch mir großen Schaden zuzufügen und während eines meiner Besuche bei ihr einen Deutschen herbeizuholen; dann wäre für mich alles zu Ende gewesen.

Während meiner beiden freiwilligen Besuche bei I.[rena] B.[ocian] half ich ihr, die jüdische Habe, die sie von einigen ihrer jüdischen Bekannten in Verwahrung genommen hatte, in verschiedenen Verstecken unterzubringen. Diese Polin genoß nämlich großes Vertrauen bei den Juden, und ebenso viel Vertrauen brachte sie auch mir entgegen. Da wir uns sehr nahestanden, besuchte sie uns nach unserem Umzug ins Ghetto ziemlich oft. Doch zwangsläufig verkehrte sie auch mit Endecja-faschistischen Kreisen, dieser polnischen Pseudointelligenz, und diese Gesellschaft begann ihr wegen ihrer Besuche bei den Juden so hart zuzusetzen, daß sie zu ihrem eigenen Wohl damit aufhören mußte, uns zu besuchen. Statt dessen aber schickte sie ihre Tochter Zofia zu uns, die sehr viel Verständnis für das schwere Schicksal der Juden hatte, tiefes Mitleid mit ihnen fühlte und sie wirklich mochte, und das, obwohl sie noch sehr jung war (dreizehn Jahre alt) und in einer antijüdischen Umgebung aufwuchs.

Ich selbst genoß ihre besondere Sympathie, nur wußte ich nicht, wann und wie ich ihre Zuneigung gewonnen hatte. Ich erinnere mich, wie ich ihr von der Tragödie der jüdischen Bevölkerung in Dęblin erzählte und sie dabei viele Tränen vergoß ... So war sie damals, aber ist sie nach der Ermordung der Juden so geblieben? Wenn ich den Krieg überlebe, werde ich versuchen, das in Erfahrung zu bringen. Unter einem psychologischen Gesichtspunkt ist das nämlich sehr interessant, denn der Erfolg im Leben eines Menschen beeinflußt entscheidend seine Weltanschauung und seinen Charakter; und nachdem alle Juden weggebracht worden waren, hat es auch die Familie Bocian zweifellos zu etwas gebracht – allein schon die Habe der Juden, die bei I.[rena] B.[ocian] verblieben war, stellte einen großen materiellen Wert dar. [*Dazu F. W. im Jahr 2006:* Meine Verbitterung über die mangelnde Solidarität und die judenfeindliche Haltung vieler Polen ließ mich damals diese düstere Vermutung hegen. Nach dem Krieg konnte ich mich jedoch davon überzeugen, daß Irena Bocian in bester Absicht gehandelt und aufbewahrte Habe auch zurückgegeben hat. Sie lebte in bescheidenen Verhältnissen in Radom, ihr Haus war geplündert worden, und sie hatte nach unserer Flucht noch andere Juden unterstützt.]

Als die vielen Hindernisse und Schwierigkeiten überwunden waren und das Leben im Ghetto seinen gewohnten Gang zu gehen begann und als das ewige Gesetz des Lebens und Sterbens die Juden dazu zwang, ihre Arbeit weiterzuverrichten, um ihren Familien die Existenz zu sichern, da fingen die Menschen an – inzwischen befreit von der Sorge um ein Dach über dem Kopf –, ihren Verstand anzustrengen und in andere Richtungen zu denken. Man redete wieder über die »Aussiedlung« und darüber, auf welche Weise man sich ihr würde entziehen können, dann über Flucht und über die Möglichkeiten, in anderen Städten zu leben u.ä. Symptome dieser allgemeinen Angst zeigten sich auch in unserer Familie. Ein Ghetto in Gniewoszów – das war ein allzu deutliches Anzeichen für die geplante Aussiedlung und damit für die Vernichtung, die früher oder später zur vollendeten Tatsache werden würde.

Während andere ihre Zeit mit fruchtlosen Diskussionen verbrachten, stellten wir – meine Eltern, der Verlobte meiner Schwester, Mydlarz, und ich – zu Hause Überlegungen an, wie man in einem solchen Fall mit dem Leben davonkommen konnte. Es ging das Gerücht um, daß Warschau wegen der hohen Konzentration von Juden dort (eine halbe Million) auf keinen Fall »ausgesiedelt« werden sollte. Gerüchten konnte man zwar keinen Glauben schenken, doch schien uns Warschau auf jeden Fall mehr Möglichkeiten zu bieten als die Ghettos in anderen Städten. Also beschlossen wir, uns Schritt für Schritt auf unsere Abreise ins Warschauer Ghetto vorzubereiten, um in dem Augenblick, in dem die Lage sich zuspitzen und damit kritisch werden würde, nicht in Panik zu geraten, was nur zu unserem Untergang geführt hätte, sondern mit einem fertigen Fluchtplan zu versuchen, den Henkersknechten zu entkommen. Um uns freier bewegen zu können, beschlossen wir außerdem, uns auf Polen ausgestellte Personalausweise zu besorgen. Das waren zwei äußerst kluge Entscheidungen.

Die polnisch-arischen Personalausweise für uns alle haben wir sehr schnell beschaffen können.[57] Die Dokumente trugen fremde Namen. Wir würden uns also einfach für jemand anderen ausgeben. Leider waren aber diese Ausweise aus zwei Gründen nicht viel wert. Erstens waren sie nicht mit Fotos versehen, dafür aber mit (fremden) Fingerabdrücken, so daß wir uns nicht gut mit ihnen ausweisen konnten, und zweitens waren sie zwar von deutschen Behörden ausgestellt, doch sie liefen in Kürze ab, weil sie durch neue Ausweise, sogenannte »Kennkarten«, ersetzt werden sollten.[58] Wir hielten es für das Beste, für uns alle gefälschte »Kennkarten« zu besorgen. Dank seiner intensiven Bemühungen gelang es meinem Vater auch, solche »*Kennkarten*« zu beschaffen, allerdings nur unausgefüllte Formulare, Vordrucke, die erst passend »gemacht« werden mußten.[59] Mit der Aufgabe, alle diese Dokumente auszufertigen, wurde ich betraut. Also füllte ich die Formulare auf der Schreibmaschine aus, die von mir angefertigten Stempel waren zwar mit den Originalstempeln identisch, aber leider sehr schwach und blaß; letzten Endes ist es mir nicht gelungen, die »*Kennkarten*« richtig zu »präparieren«. Da ich kein taugliches Verfahren kannte, einen Stempelabdruck zu fälschen, war ich nicht imstande, die *Kennkarten* so auszufertigen, daß sie nicht vielleicht doch Verdacht erwecken könnten. Bei diesem Stand der Dinge mußten wir auf die *Kennkarten* also verzichten und uns mit den einfachen, alten Ausweisen der Polen zufriedengeben, was bedeutete, daß uns für die »schwarze Stunde« (wortwörtlich) nichts als diese Papiere zur Verfügung standen. Diesen Dokumenten zufolge waren wir keine Familie, denn in jedem Ausweis stand ein anderer Name. Außerdem paßte auch das angegebene Alter nicht zu uns, ich zum Beispiel hätte laut meinem Ausweis zehn Jahre älter sein müssen.

Diese Personalausweise versprachen nicht viel, aber sie bedeuteten zumindest eine Chance; andere Juden waren nicht einmal zu dem Versuch imstande, sich auf eine solche Weise abzusichern. Und auch wenn sie das getan hätten, dann aber zufällig an Polen geraten wären, wären viele von ihnen wegen ihres semitischen Aussehens[60] von vornherein zum Tode verurteilt gewesen, denn die Polen hätten sie bestimmt nicht gedeckt.

Ich selbst sah in diesem roten Stück Papier, das wie ein kostbarer Schatz unter den Fußbodenbrettern versteckt lag, immerhin eine ganz geringe Chance, und außerdem vertraute ich ein bißchen auf mein Glück, so daß ich von nun an klarer in die Zukunft blicken konnte. Ich glaubte einfach daran, daß es mir und der ganzen Familie gelingen würde, selbst der äußersten Todesgefahr noch im letzten Augenblick zu entkommen. Die Angst, die mich bisher gequält hatte, verwandelte sich in Ungeduld; ich spürte, daß etwas passieren mußte, und ich wünschte, es würde so schnell wie möglich passieren. Das Leben in diesem Schwebezustand war sehr ermüdend, und alles schien besser als die Ungewißheit; ich hatte den starken Wunsch, ein Ergebnis zu sehen, auch wenn alles schlecht ausgehen sollte.

Das Hauptthema unter den Juden war die baldige Aussiedlung, mit der man fest rechnete; nach den verschiedenen Äußerungen des Gemeindevorstehers zu diesem Thema, nach den Worten des polnischen Polizeikommandanten und einiger anderer Polen konnte man sicher sein, was kommen würde. Erstaunlicherweise war ich aber innerlich sehr ruhig; man bedenke nur, wieviel Hoffnung, Zuversicht und Kraft einem ein solcher Wisch geben kann, ein Zettel, der die germanische Welt in die Irre führt, weil er besagt, daß du ein Arier bist. Es kommt mir schon beinahe komisch vor, wie leicht es war, die Schwaben zu beschwindeln; man mußte nur etwas Geschick, ein bißchen Glück und nicht zuletzt auch Geld haben – und das war allein ihrer übertriebenen Bürokratie zu verdanken. Nun aber genug davon.

Von ungefähr Anfang Juni an wurden den Juden in Gniewoszów immer mehr und in immer kürzerer Folge vernichtende Schläge versetzt; dies ging so schnell, daß man überhaupt keine Zeit mehr hatte, sich davon zu erholen. Zugleich mit den Gerüchten über die »Aussiedlung« verbreiteten sich auch Nachrichten über »Zwangsarbeitslager«, in die junge, arbeitsfähige Juden gebracht werden sollten[61]; diese Gerüchte schienen sich durch die mehrmaligen Besuche von Mitarbeitern des deutschen »*Arbeitsamtes*« in Radom, mit dem Deutschen Janick[62] an der Spitze, zu bestätigen. Um uns, d.h. Marek Mydlarz und mich, vor einem solchen Arbeitslager zu bewahren – wir hatten inzwischen eine feste Meinung über die »Vorzüge« eines solchen Lagers –, gründete mein Vater als Leiter des Seuchenkrankenhauses eine Sanitätskolonne, die dem Krankenhaus angegliedert war; in dieser Kolonne sollten wir beide und acht weitere besonders tüchtige junge Leute, die dies voll und ganz verdient hatten, beschäftigt werden. Diese Sanitätskolonne wurde vom Kreisarzt anerkannt, und seine Bestätigung sollte uns gegebenenfalls davor schützen, zum Arbeitslager gezwungen zu werden. Bald zeigte sich aber, daß diese Absicherung nicht viel wert war. Der deutsche Chef des »*Arbeitsamtes*« in Radom, Janick, der oft in jüdischen Angelegenheiten nach Gniewoszów kam, ließ sich nämlich vom Vorsitzenden und vom Sekretär der Jüdischen Gemeinde bestechen; die beiden machten mit ihm verschiedene einträgliche »Geschäfte«, bei denen es darum ging, Juden – natürlich gegen hohe Bezahlung – von der Zwangsarbeit freizustellen. Eines Tages im Juni kam dieser Janick in den Ort; den Hinweisen seiner Genossen von der Jüdischen Gemeinde entsprechend, rief er die Mitglieder der Gemeinde, also alle Gemeinderäte, zusammen – und eben auch unsere gesamte Sanitätskolonne. Er musterte die ganze Gruppe von oben bis unten und begeisterte sich an unserer Größe und Gesundheit, dabei ließ er solche Äußerungen fallen wie: »*Ach, solche kräftigen, gesunden Juden! Die müßten noch niemals gearbei-*

tet [haben]!«[63] – bis auf ein oder zwei Kranke sahen alle versammelten Männer zufällig wie Prachtkerle aus. Während er uns so mit Entzücken ansah, gefiel es ihm, uns zu verkünden, er werde sich darum bemühen, uns innerhalb von zwei Wochen in einem Arbeitslager unterzubringen, und er schrieb sich unsere Namen auf. Es war klar, daß die eigentliche Triebfeder bei alldem die pure Gewinnsucht der beiden von mir mehrmals erwähnten Leiter der Jüdischen Gemeinde war, die sich auf diese raffinierte Weise das Feld für ihre Aktionen und ihre Gelderpressereien frei machten; das Geld hofften sie diesmal von allen ihren Gemeinderäten, also den wohlsituierten Juden, und von uns, den Mitarbeitern der Sanitätskolonne, für die Befreiung von der »*Zwangsarbeit*« zu bekommen.[64] Dieser Vorfall fand am Samstag, dem 13. Juni, statt.

Die Ankündigung, in ein Arbeitslager gebracht zu werden, habe ich mir nicht zu Herzen genommen. Ich war zu allem entschlossen und hatte vor, schlimmstenfalls und wenn alle anderen Stricke reißen sollten, nach Warschau zu fliehen. Nun, in Erwartung einer plötzlichen Aussiedlung und der allen Anzeichen nach wohl unvermeidlichen *Arbeitsamt*saktion, lebte es sich in Gniewoszów wie auf einem Vulkan. Der folgende Tag, Sonntag, der 14. Juni, verlief ganz ruhig. Am Abend war ich zur Trauung und Hochzeitsfeier bei unseren Nachbarn eingeladen und amüsierte mich zusammen mit den anderen Gästen so lange, bis jemand uns ein Zeichen gab, daß Lastwagen in das Städtchen gekommen seien – sicherlich, um die Juden zu holen. Diese Nachricht beendete die Unterhaltung und das Saufgelage. Erst danach ist mir bewußt geworden, daß die Hochzeit, all das Amüsement und diese zügellose Heiterkeit charakteristisch waren für die Resignation, die unter den Juden herrschte, und für ihren Wunsch, jeden kleinen Augenblick zu nutzen – weil sie eben hier wie auf einem Vulkan saßen, der jede Minute ausbrechen konnte, wie Menschen, die zur Vernichtung verurteilt waren und sich auch so fühlten.

Am Montag, dem 15. Juni, in der Frühe kam Janick mit seinen Arbeitsamtsmitarbeitern wieder nach Gniewoszów; zusammen mit der polnischen Polizei und dem Jüdischen Ordnungsdienst machten sie eine Razzia gegen die Juden. Meine Kollegen von der Sanitätskolonne und ich wollten zeigen, daß wir tatsächlich auch eine Sanitätskolonne waren; deshalb besetzten wir, in Wartestellung, unsere Posten in der Badeanstalt und auf der Entlausungsstation des Seuchenkrankenhauses. Gleich am frühen Morgen brachte man alle Juden, die man aufgegriffen hatte, in die Badeanstalt, und wir von der Sanitätskolonne mußten sie baden und ihre Kleidung im Desinfektionsofen desinfizieren. Das war keine angenehme Tätigkeit, doch dankte jeder von uns Gott dafür, daß die Deutschen uns in Ruhe ließen.

Während ich meinen Verpflichtungen als Sanitäter nachzukommen versuchte, half ich auch ein paarmal, als ich die Chance dazu sah, jungen jüdischen Männern dabei, aus dem Krankenhausgebäude zu fliehen. Die anderen

Mitglieder der Sanitätskolonne taten das gleiche. Ich denke, daß uns dies nicht gerade zugute kam, weil die Deutschen unsere Machenschaften durchschauten; aber ich hatte ein ruhiges Gewissen. Nachdem etwa fünfzig Männer desinfiziert worden waren, brachten die Deutschen sie mit den Lastwagen ins Arbeitslager nach Pionki im Distrikt Radom.[65] Das war ein verhältnismäßig geringer Tribut, und wir waren froh darüber; dabei hofften wir auch, das Ganze sei auf diese Weise zu Ende. Am nächsten Tag, dem 16. Juni, kam Janick jedoch mit seinen Leuten wieder, und diesmal hatte er [Textverlust: ein Wort] ein Kommando bewaffneter Soldaten dabei. Als ich diese Expedition von Banditen sah, begriff ich sofort, daß sie etwas im Schilde führten und die Lage ernst wurde. Marek Mydlarz, die anderen aus der Sanitätskolonne und ich zogen sofort die Krankenhauskittel an und gingen, wie schon am Tag zuvor, auf Posten. Diesmal aber standen wir untätig da. Die Razzia im Ort lief auf vollen Touren. Dabei halfen Janick nicht nur die deutschen Soldaten, sondern auch mehrere Dutzend bewaffnete *Volksdeutsche*, die an diesem Tag zufällig in dem Städtchen an einer Versammlung teilnahmen. Die Soldaten und die *Volksdeutschen* liefen umher und suchten, vor Wut schäumend, zusammen mit den Vertretern des Arbeitsamtes nach Juden. Ihre Waffen schußbereit in den Händen, griffen sie Alte und Junge, Gesunde und Verkrüppelte auf, ohne irgendwelche Ausnahmen zu machen. Da ihnen am Tag zuvor viele Juden entkommen waren, brachten sie die Leute nun nicht mehr zur Desinfizierung, sondern sammelten alle vor dem Haus der Jüdischen Gemeinde in einer Gruppe. Dort bewachten sie sie und warteten auf die Lastwagen, die jeden Augenblick kommen sollten, um die aufgegriffenen Juden abzutransportieren.

Etwa gegen Mittag kam jemand ins Krankenhaus gelaufen und richtete uns aus, daß zwei Sanitäter sich sofort mit einer Trage vor dem Gemeindehaus zu melden hätten, um einen verwundeten Juden abzuholen. Ein Kollege und ich packten uns eine Trage und rannten auf den Platz vor der Jüdischen Gemeinde. Dort lag neben der Gruppe der aufgegriffenen Juden auf der Erde ein älterer Mann mit zerfetztem Kiefer; aus Oberkiefer und Kinn floß ihm das Blut in Strömen fast über den ganzen Körper und durchtränkte seine Kleider, ehe es in den Straßensand sickerte. Über ihm stand sein Henker, ein junger *Volksdeutscher* von vielleicht siebzehn Jahren, mit einem noch rauchenden Trommelrevolver in der Hand; er sah mich mit wilden Augen an, wie ein Keiler, der niemanden an seine Beute herankommen läßt. Der Jude war noch nicht tot. Beim Anblick seiner ausfransenden Wunde wurde mir etwas schwindelig, und ich hatte Mühe, ihn mit Hilfe des zweiten Sanitäters hochzuheben; dann legten wir ihn auf die Trage. Während wir das alles taten, versuchte er immer wieder, etwas zu sagen, doch aus seinem Mund kam außer Blut nur noch ein Röcheln.

Wir brachten ihn eilends ins Krankenhaus. Mein Großvater, der Feldscher, untersuchte ihn dort und legte ihm einen Verband an. Der Mann war, wie sich herausstellte, bei einem Fluchtversuch angeschossen worden; dabei war die Kugel von hinten in den Nacken eingedrungen und dann durch den Mund wieder ausgetreten. Da die Waffe ein großes Kaliber hatte, war die Kugel tödlich. Der arme Jude starb nach einer halben Stunde. Es ist heute vielleicht nicht mehr wichtig, doch damals war es das noch: Er hinterließ eine Frau und sechs minderjährige Kinder. Der Deutsche, sein Mörder, erklärte dem Sekretär Kuropatwa gegenüber mit Ironie, das sei erst sein dritter Jude gewesen und man solle ihm das nicht übelnehmen. Ein siebzehnjähriger germanischer Verbrecher!

Indessen kochte Janick vor Wut, weil er trotz einer so intensiven Aktion nur 150 Juden hatte aufgreifen können; er befahl, daß sofort unsere gesamte Sanitätskolonne sich auf dem Platz zu melden habe, und machte meinen Vater, als den Leiter der Kolonne, für die Ausführung dieses Befehls verantwortlich. Ein Teil unserer »Kolonne« machte sich sofort aus dem Staube, aber Marek, ein paar andere Kollegen und ich beschlossen, uns den Schwaben zur Verfügung zu stellen, denn wir wollten meinen Vater nicht gefährden, ihn also nicht einer Gefängnisstrafe aussetzen. Es war uns aber klar, daß wir alle Chancen, die wir als Sanitäter des Krankenhauses gehabt hatten, nun verloren. Die einzigen Möglichkeiten, die uns noch blieben, waren Bestechung oder Flucht. Damit Marek und ich überhaupt in der Lage waren, gegebenenfalls jemanden zu bestechen, gab mein Vater jedem von uns 1000 Złoty, und über dieses Geld sollten wir so verfügen, daß wir dem Kessel entkommen konnten.

Ich hatte meinen Glauben immer noch nicht aufgegeben und den Mut noch nicht verloren; ich war entschlossen, mich nicht unterkriegen zu lassen und bei der ersten Gelegenheit die Flucht zu ergreifen, aber das sollte so vonstatten gehen, daß Janick nie erfahren würde, wer geflüchtet war. Also begaben Marek und ich uns sofort auf den Platz vor dem Gemeindehaus und reihten uns einfach in die dort stehende Gruppe ein. Wir warteten auf die Lastwagen, die uns jeden Augenblick abholen sollten. Die Gruppe war von Soldaten und *Volksdeutschen* umgeben, die mit schußbereiten Waffen in den Händen patrouillierten. Da Marek und ich unsere gute Alltagskleidung und auch gute Schuhe anhatten, brachte uns mein Vater die ganze Ausstattung, die man in einem Arbeitslager würde brauchen können: warme Unterwäsche, schlechtere Kleidung und Gamaschen; wir zogen uns auch gleich um, so daß mein Vater die guten Sachen nach Hause mitnehmen konnte.

Inzwischen war es schon Mittag. Kurz danach setzte ein starker Regen ein, der bis zum Abend anhielt; wir standen unter freiem Himmel und warteten auf die Wagen, die immer noch nicht in Sicht waren. Eine Stunde verging. Der Regen wurde mit jeder Minute heftiger. Ich war schon pudelnaß und unruhig, weil die Autos nicht kamen, als mir plötzlich eine Idee durch den Kopf schoß, die mir wert schien, in die Tat umgesetzt zu werden. Dieses Warten langweilte mich zu Tode, und ich hatte es satt, noch länger durchnäßt im strömenden Regen zu stehen. Ich entschloß mich also, mein Heil in der Flucht zu suchen. Ich begann darauf zu achten, ob sich hierfür eine günstige Gelegenheit bot, um sie dann beim Schopfe zu packen und schnell Reißaus zu nehmen. Ich erzählte Marek von meinem Vorhaben, doch er zuckte nur skeptisch mit den Achseln. Ich konnte seine Geste verstehen: Wir waren von allen Seiten umstellt, und die Schwaben waren bereit, auf jeden zu schießen, der es wagen würde zu fliehen; eine Flucht schien unmöglich zu sein. Ich war aber trotzdem entschlossen, es auf einen Versuch ankommen zu lassen. Marek sollte tun, was er für richtig hielt, dies war schließlich seine Sache.

Wie ich schon erwähnt habe, war der Regen inzwischen immer heftiger geworden, und einige der *Volksdeutschen*, die bis auf die Haut durchnäßt waren, gingen ins Haus der Jüdischen Gemeinde, um sich dort etwas abzutrocknen und das Ende des strömenden Regens abzuwarten. Manche von ihnen standen in der geöffneten Tür des Gebäudes und versuchten, unsere Gruppe im Auge zu behalten, und nur drei Soldaten und ein *Volksdeutscher* gingen noch Patrouille. Zwei Soldaten begannen miteinander zu plaudern, und der *Volksdeutsche* begab sich zum hinteren Teil der Gruppe; vorne aber, nahe der Stelle, zu der ich mich vorgeschoben hatte, patrouillierte nur ein Soldat, der immer hin- und herging. Ich wartete also, bis er vorbei war, mir den Rücken zukehrte und weiter nach hinten ging; ich wollte fliehen, solange er sich von mir entfernte. Es sah so aus, als ob sich keine bessere Gelegenheit als diese bieten würde.

Nach der momentanen Lage zu urteilen, konnte ich damit rechnen, daß mich die Soldaten beim Fluchtversuch erst bemerken würden, wenn ich mehrere Dutzend Schritte hinter mir hätte; und bevor sie ihre Gewehre auf mich richten und schießen würden, wäre ich schon wieder dreißig Schritte weiter, und von da aus würden nur noch fünfzehn Schritte fehlen – bis zu den engen Gassen, die ich erreichen wollte. Fünfzehn Schritte im Zickzack zu laufen, um den Kugeln zu entkommen, schien mir eine Lappalie zu sein. Von dieser Berechnung ausgehend, wartete ich nun auf die erste günstige Gelegenheit. Ich schob mich noch weiter nach vorn und hielt mich bereit. Noch eine Minute, noch fünfzehn Sekunden, jetzt! Und dann, genau in diesem Augenblick, verließ mich unerwartet der Mut. Plötzlich stand mir das Bild des Juden vor Augen, der vor anderthalb Stunden getötet worden war, und mir wurde bewußt, daß ich genauso aussehen könnte wie dieser Unglückliche, wenn mein Fluchtversuch scheiterte. Das hat mich gehemmt.

Währenddessen hatte offensichtlich auch ein anderer Jude die Flucht ins Auge gefaßt und wie ich auf den richtigen Augenblick gewartet, denn plötzlich löste er sich aus der Gruppe und rannte weg. Er hatte ausnahmsweise Glück. Als ich das sah, gewann ich meine Fassung zurück und sagte mir: »Jetzt oder nie!« Die Aufstellung der Patrouillen war unverändert. Ich wartete kurz ab, bis der patrouillierende Soldat mir den Rücken kehrte und … lief davon. Alles spielte sich so ab, wie ich es berechnet hatte, jedenfalls annähernd so. Der Regen übertönte meine Schritte, und erst nach etwa vierzig bis fünfzig Schritten hörte ich die Rufe: »*Halt! Halt!*« und dann auch die Gewehrschüsse. Ich rannte weiter oder hoppelte eher, schnell wie ein Hase. Sie trafen mich nicht, und im Nu war ich im Labyrinth der kleinen Gassen. Ich war so schnell abgehauen, daß sie offenbar nicht glaubten, mich wieder einfangen zu können, denn mir war niemand gefolgt. Leider durfte ich mich hier nicht zu lange aufhalten, weil mich vielleicht doch ein Verfolger entdecken könnte. Wo sollte ich also hin? Ich hatte die Wahl, entweder irgendwo auf freiem Feld Zuflucht zu suchen und dort im Liegen die Abenddämmerung abzuwarten oder mich bei irgendeinem Polen zu verstecken und dann dort bis nachts zu bleiben. Da der heftige Regen nicht dazu ermutigte, auf dem Feld zu liegen, noch dazu einen ganzen Tag lang, entschied ich mich für die zweite Möglichkeit. Ich kannte aber nur ein einziges polnisches Haus, in dem man mir die Bitte, mich zu verstecken, nicht abschlagen würde: das Haus von Irena Bocian, unserer ehemaligen Wirtin.

Zufällig führte von der Stelle, an der ich stand, ein direkter Weg zu ihrem Haus. Um die Lage zu peilen, warf ich einen Blick auf die Straße, und das Ergebnis meiner Beobachtung war, wohl dank des strömenden Regens, positiv. Schnell nahm ich die Armbinde ab und ging mit leichten, ungezwungenen Schritten, die keinen Verdacht aufkommen lassen würden, weiter, so daß ich nach wenigen Minuten vor I.[rena] B.[ocians] Zaun stand. Glücklicherweise war ich auf dem Weg keinem Polen begegnet, und damit dies auch im letzten Augenblick nicht noch geschah – in unserer ehemaligen Wohnung lebte inzwischen eine polnische Familie –, sprang ich von der Gartenseite her über den Zaun und landete fast direkt im Haus. Wie ich erwartet hatte, schlug man wenigstens hier es mir nicht ab, mich zu verstecken. Ich konnte auch zu Mittag essen – an diesem Tag war ich bisher gar nicht dazu gekommen – und ich saß dort bis zur Dämmerung. Dann durfte ich schlafen, vom Abend bis etwa 3 Uhr, denn um diese Zeit ließ ich mich wecken. Erst nach dem Aufstehen erfuhr ich von I.[rena] B.[ocian], daß die Lastwagen nicht gekommen waren und alle Juden, die man aufgegriffen hatte und die abgeholt werden sollten, gegen 9 Uhr abends nach Hause entlassen worden waren.

Meine verwegene und riskante Flucht war also unnötig gewesen. Und ein jüdisches Leben war offenbar ohne jeden Grund geopfert worden. Ich war sehr wütend, aber diese Wendung der Dinge hatte man schließlich nicht voraussehen können. Nach alldem lief ich schnell nach Hause. Ich wollte mich sofort hinlegen, mich waschen und die Kleidung wechseln. Doch meine Eltern erlaubten mir nicht, zu Hause zu bleiben. Sie meinten, die Wagen seien zwar bisher nicht gekommen, aber sie könnten jeden Moment auftauchen; die Vertreter des *Arbeitsamts* seien immer noch da, Janick eingeschlossen, und so sei äußerste Vorsicht geboten. Marek Mydlarz hielt sich auf dem Dachboden des Krankenhauses versteckt, und so ging auch ich dorthin.

Der Dachboden hatte einen getarnten Eingang und bot uns daher mehr oder weniger Sicherheit. Nachdem ich hinaufgeklettert war, entdeckte ich dort außer Marek noch fünf weitere junge jüdische Männer, unter anderem meinen Freund Hersz Perelsztajn. Marek und ich blieben bis zum Morgen dort liegen. Am nächsten Tag in der Frühe erschien mein Vater und ließ uns herunterkommen. Er sagte uns, er habe an diesem Tag schon mit Janick geredet und dieser habe ihm versprochen, die Sanitätskolonne in Ruhe zu lassen. Zwar konnte man sich auf das Wort eines Schwaben nicht verlassen, aber nach allem, was in der letzten Zeit vorgefallen war, waren die Ruhe und Bequemlichkeit unserer Wohnung fast zu einem Traum geworden, so daß wir einfach nach Hause gehen wollten.

An diesem Tag gegen Mittag – es war Mittwoch, der 17. Juni – kamen die Lastwagen, um die Juden abzuholen. Sie kamen so spät, weil sie am Tag zuvor wegen des schlechten Zustands der Wege irgendwo zwischen Pionki und Radom steckengeblieben waren. Die Razzia gegen die Juden begann aufs neue. Für viel Geld und unter anderem auch eine goldene Uhr hatten die Ratsmitglieder der Jüdischen Gemeinde mit Janick ausgemacht, daß er keine Razzia mehr veranstalten und die Ratsmitglieder nicht zur Zwangsarbeit heranziehen werde; dafür wollten sie ihm ihrerseits das Kontingent an Juden liefern, das er forderte. Auf diese Weise hatte die Jüdische Gemeinde, oder genauer gesagt, hatten die Herren Dyner und Kuropatwa die Angelegenheit geregelt. Jetzt waren es die Juden selbst, die eine Razzia gegen die Juden durchführten. Was für eine Scham und Schande![66] Doch Egoismus wird immer eine untrennbare Eigenschaft der Zivilisation bleiben.

Nun wurden nur die unverheirateten Männer mitgenommen – die einzige Milderung –, und dies tat der Jüdische Ordnungsdienst mit Hilfe der Gemeinderäte, die sich auf diese Weise vom Arbeitslager freikaufen wollten, und mit Hilfe eines Dutzends verheirateter und »kinderreicher«, kräftiger Männer, die nicht zur Zwangsarbeit verpflichtet werden sollten, dafür aber bei diesen Aktionen mithelfen mußten, damit das Kontingent rechtzeitig abgeliefert werden konnte. Die eifrigsten von ihnen allen waren die Gemeinderäte selbst, denen Janick mit Verhaftung gedroht hatte, falls sie ihrer Verpflichtung nicht nachkommen sollten.

Die Treibjagd dauerte den ganzen Tag, aber mich, Marek und die anderen Sanitäter ließ man in Ruhe. Am frühen Abend kam uns zu Ohren, daß die Juden in Gniewoszów über Marek und mich zu murren begannen. Voller Zorn, Wut und Neid redeten sie über uns. Wir »Fremden«, die Landstreicher aus der weiten Welt, seien verschont geblieben und nicht zur Zwangsarbeit geschickt worden, während sie, die Einheimischen, an unserer Statt zwei von »ihren«, in Gniewoszów geborenen, Leuten hätten ausliefern müssen. Da ich auf der

Straße ständig mit zornigen und mißgünstigen Blicken verfolgt wurde, wollte ich nicht noch Öl ins Feuer gießen und blieb zu Hause. Während dieses Tages wurden mehrere Gruppen von Juden nach Pionki ins Lager gebracht. Für uns verlief der Tag dagegen eher ruhig, wenn man von jenen Gerüchten absieht, die mich etwas aus der Fassung gebracht hatten, denn ich hatte nicht damit gerechnet, daß mich die Juden von Gniewoszów nach achtzehn Monaten noch als einen Fremden betrachteten. Trotzdem versuchte ich, darin keine Gefahr zu sehen; leider sollte sich herausstellen, daß ich mich getäuscht hatte.

Die Nacht verlief ebenfalls ruhig – für uns; zwar ging die Razzia in dieser Nacht noch weiter, doch uns ließ man in Ruhe.

Am nächsten Morgen aber, am Donnerstag, dem 18. Juni, kam mein Vater mit einer Hiobsbotschaft aus dem Städtchen nach Hause. Er war dort bei der Jüdischen Gemeinde gewesen, und der Vorsitzende hatte ihm erzählt, die Juden im Ort wären über mein und Mareks Verhalten sehr empört und verlangten von der Gemeinde, uns beide ins Arbeitslager zu überstellen. Wir seien nämlich »Fremde« und außerdem unverheiratet, also sollten wir dort zwei Einheimische ersetzen, denen dann diese Arbeit erspart bliebe. Dabei hatte er meinem Vater zu verstehen gegeben, daß sich mit Geld allerdings über die Sache reden ließe.

Mein Vater hatte sich nicht dazu geäußert. Die Gemeinde, das war sonnenklar, sah hier ihre allerletzte Chance, ihm das Geld aus der Tasche zu ziehen, diesmal als Preis für unsere Freistellung vom Arbeitslager, und ebenso offensichtlich war die Feindseligkeit der anderen Juden uns gegenüber von der Gemeindeleitung selbst geschürt worden.

So beschlossen wir, keinen Groschen für diesen Handel zu geben, kein Bestechungsgeld zu zahlen, und zwar nicht, weil uns die Mittel dazu fehlten, sondern weil es für uns einfach eine Ehrensache war, den Kampf mit der Leitung der Jüdischen Gemeinde aufrecht zu überstehen.

Aber was hätten wir tun sollen? Nach den Ankündigungen des Vorsitzenden Dyner erschien es uns gut möglich, daß man uns bald aufgriff und verhaftete, denn ohne Zweifel rechnete die Gemeinde mit einer »gütlichen finanziellen Einigung« und wollte sie zügig vorantreiben. Wir sahen keinen anderen Ausweg, als noch schneller zu sein und vorher zu verschwinden.

So begannen Marek und ich gleich mit den Reisevorbereitungen. Wir hatten vor, mit dem Zug nach Warschau zu fahren und uns mit den erwähnten Ausweisen als Polen auszugeben. Wir verloren keine Zeit, zogen uns schnell um, rasierten uns und begannen zu frühstücken. Während des Frühstücks gaben uns meine Eltern letzte Ratschläge. Gleich nach dem Frühstück sollten wir heimlich das Städtchen verlassen und uns zum Bahnhof in Bąkowiec begeben. Von dort sollten wir über Radom nach Warschau fahren und uns dann ins Ghetto hineinschmuggeln usw.

Doch wir haben es nicht geschafft, unsere Pläne in die Tat umzusetzen. Wir beeilten uns zwar nach Kräften, aber wie sich herausstellte, hatte auch die Jüdische Gemeinde nicht vor, Zeit zu verlieren. Im übrigen haben die Wände Ohren, vor allem in einem solch gottverlassenen Nest, und jemand muß Marek und mich denunziert und gemeldet haben, daß wir die Flucht vorbereiteten. Es ist auch egal, wie es dazu kam; Tatsache ist, daß wir während des Frühstücks plötzlich vom Hof her das Dienstmädchen laut rufen hörten, die Polizei sei gleich da. Mit »Polizei« bezeichnete man in dieser Zeit den Jüdischen Ordnungsdienst. Mir war sofort klar, daß sie unsertwegen kamen. Marek und ich mußten fliehen; wir hatten nur ein paar Sekunden. Die Leute vom Ordnungsdienst standen schon im Hof, ich hörte ihre Stimmen, jeden Moment konnten sie bei uns im Zimmer auftauchen, und dann wäre alles verloren.

Diese Gedanken schossen mir durch den Kopf. Ich sprang sofort vom Tisch auf und stürzte ins Praxiszimmer meines Vaters, wo die Fenster zum polnischen Teil des Städtchens hinausgingen; ich sah keinen anderen Fluchtweg. Ich befand mich im Parterre, und die Fenster waren nicht hoch über der Erde, so brauchte ich nur die Beine hinauszustrecken und schon war ich im polnischen Teil. Aber ich hatte mich verrechnet. Unsere Häscher hatten an diesen Fluchtweg gedacht, und kaum stand ich auf der Straße, da umringten mich auch schon von allen Seiten Angehörige des Ordnungsdienstes und die Juden, die man ihnen als Helfer zugeteilt hatte, zusammen etwa ein Dutzend Leute. Sie packten fest zu und nahmen mich regelrecht in die Zange, es war für mich unmöglich, mich loszureißen.

Einige von ihnen bemerkten voller Ironie, diesmal würde es mir nicht gelingen zu fliehen wie vor zwei Tagen, als ich den Deutschen entkommen konnte. In gewissem Sinne hatten sie auch recht damit. Ich war mir über meine hoffnungslose Lage völlig im klaren. Zwar war ich hier nicht von Schwaben umstellt, aber doch von Leuten, die sich voll Befriedigung und Genugtuung Marek und mich im Arbeitslager vorstellen konnten: wie wir, die »Fremden«, dann genauso würden arbeiten müssen wie sie.

Es blieb mir nichts anderes übrig, als mich zu ergeben und mit ihnen zu gehen. Sie wollten mich sofort zur Sammelstelle bringen. Aber ich trug meine besten Stiefel und dazu nur Hose und Hemd, dies war insgesamt nicht die richtige Kleidung fürs Arbeitslager, und so bat ich sie, mich in die Wohnung zu begleiten, damit ich mich umziehen konnte.

[Textersatz aus Abschrift[67]] Ich betrat den Hof. Ich ging so langsam wie möglich, um Zeit zu gewinnen. Ich hoffte nämlich, inzwischen würde mir vielleicht irgendein guter Gedanke, eine gute Idee kommen und mir helfen, aus der Falle, in die ich geraten war, herauszugelangen. Mein Denken kreiste nur um diese eine Vorstellung: Gleich bin ich in der Wohnung, ich ziehe mich um, ich gehe hinaus, geradewegs ins Arbeitslager, direkt in die Arme der Nazi-Bestien; und es wird schwierig sein, wenn nicht unmöglich, von dort wieder herauszukommen. Ich trat gerade über die Hausschwelle, da schoß mir ein Gedanke durch den Kopf, ein Plan, in dem ich die einzige und letzte Chance sah, meinen Verfolgern zu entwischen. Und ich war sofort bereit, ihn zu verwirklichen.

Zwei oder drei Juden vom Ordnungsdienst gingen mir hinterher (sie sollten mich beim Umziehen bewachen). Als ich den Fuß über die Türschwelle setzte, machte ich einen mächtigen Sprung nach vorne und vergrößerte auf diese Weise den Abstand zu ihnen. Bevor sie das gemerkt hatten, war ich schon wieder im Arbeitszimmer meines Vaters, und um ihnen die sofortige Verfolgungsjagd zu erschweren, schloß ich die Tür hinter mir ab. Dann wiederholte ich den vorherigen Streich mit dem Sprung aus dem Fenster.

Ich sprang also zum Fenster hinaus und befand mich wieder im polnischen Ortsteil. Zuvor schon war mir nämlich aufgefallen, daß auf dem Gehsteig vor unseren Fenstern niemand von denen, die mich bewacht hatten, mehr da war. Nachdem man mich gefangen hatte, waren alle Leute, die man dort aufgestellt hatte, wieder gegangen. Nun war die Straße leer. Offenbar hatten sie nicht erwartet, daß ich ihnen den gleichen Streich noch einmal spielen würde. Und darauf hatte ich bei diesem Spiel spekuliert. Jetzt hatte ich sie wirklich hereingelegt, wie es sich gehört. Und wenn meine Lage nicht so ernst gewesen wäre, hätte ich mich totgelacht … Leider war das kein passender Augenblick, um zu lachen.

Ich stand auf der Straße, und der Weg vor mir war frei. Doch meine Verfolger konnten jeden Moment die Lage durchschauen und herausgelaufen kommen, um mich zu suchen. Und jetzt hörte ich sogar laute Schreie und einen Tumult, so daß ich sofort die Flucht ergriff – schon zum dritten Mal in dieser Woche!

Ich lief über den Marktplatz und gelangte in eine Seitenstraße, die zum jüdischen Friedhof führte. Als ich schon etwa 250 Meter von unserem Haus entfernt war, bemerkte ich aber eine ganze Horde von meinen Verfolgern. Ich beschleunigte meinen Lauf, so sehr ich konnte, und rannte weiter. Nach einer Weile sah ich mich wieder um. Die ganze Bande, die hinter mir herlief, war weit zurückgeblieben, allerdings hatten sich zwei Männer aus der Gruppe – offenbar bessere Läufer – an die Spitze vorgeschoben und kamen mir langsam aber stetig näher. Ich trug schwere Schuhe und mußte auf einem sandigen Weg laufen. Allmählich verließen mich die Kräfte, und ich begann Haken zu schlagen. Ich wollte auf diese Weise meinen Verfolgern aus den Augen verschwinden. Da wir uns aber auf weiten, offenen Feldern befanden, konnte mir der Plan nicht gelingen.

Inzwischen bekam ich kaum noch Luft, mein Atem pfiff, und ich stolperte immer öfter über die Erdschollen. Ich nahm alle Kraft zusammen, lief noch schneller und drehte mich wieder einmal um. Die beiden Verfolger kamen mir zwar nicht näher, doch sie blieben leider auch nicht zurück. Ich befand mich in einer kritischen Lage, ich war völlig »groggy«, konnte nicht mehr und wußte nicht, wohin ich laufen sollte, um mich zu verstecken. Und überdies ließen meine Verfolger mich nicht aus den Augen. Ich wäre nicht mehr imstande gewesen, ihnen zu entfliehen. In welche Richtung ich auch immer bog, wohin ich auch zurückkehrte, welchen Haken ich auch schlug, sie waren mir stets auf der Spur, wie Jagdhunde, wie mein verdammter Schatten – sie folgten mir und hatten mich immer im Blick.

Es waren nur zwei Männer. Hätten sie wie durchschnittliche Menschen ausgesehen, hätte ich angehalten und versucht, mit den Fäusten auf sie loszugehen. Doch während der eine wohl nicht allzu bedrohlich aussah, hatte ich in dem anderen einen Lastträger erkannt, der in der ganzen Gegend als Kraftprotz bekannt war.

Er war zwei Meter groß (seine Beine waren so lang, daß es nicht verwunderlich war, daß er mich einholen konnte), ein Koloß, der imstande war, ein Gewicht von 350 Kilo wie ein Spielzeug auf dem Rücken zu tragen oder sogar ein Pferd hochzuheben. Es wäre nicht vernünftig gewesen, es mit so einem »Bürschchen« aufnehmen zu wollen.

Und ich fiel tatsächlich schon fast um vor Erschöpfung, so daß mir nur noch eine Möglichkeit blieb: meine Verfolger zu bestechen. Das war meine letzte Hoffnung. Wenn mir dies nicht gelänge, dann würden sie mich bezwingen. Ich hielt also an. Als die beiden, die fast genauso laut schnauften wie ich selber, auf mich zukamen, zog ich zwei 50-Złoty-Scheine aus meiner Hosentasche, und ohne ein Wort zu sagen, drückte ich jedem von ihnen das Geld in die Pfoten. Es war nicht nötig, sie zu überreden. Sie strichen das Geld sehr gern ein und … sie hatten genau verstanden, wofür ich sie bezahlte. Es waren zwei Polen, die aus purer Langeweile Lust bekommen hatten, an einer Verfolgungsjagd teilzunehmen; das Rennen versprach einfach gute »Unterhaltung«. Und dieser Spaß nahm für sie nun noch ein überaus erfreuliches Ende: 50 Złoty Bestechungsgeld dafür, daß sie einen Juden, der auf der Flucht vor einem deutschen Arbeitslager war, hatten entkommen lassen. Gut möglich, daß sie sogar mit einem solchen Epilog gerechnet hatten. Doch über all dies zerbrach ich mir damals nicht den Kopf. Die beiden waren besiegt, und ich beschloß, weiterzufliehen und den Weg nach Kozienice einzuschlagen, denn die größere Gruppe meiner Verfolger war zwar irgendwo hinter mir verschwunden, doch sie konnte, nachdem ich jetzt Zeit verloren hatte, jeden Augenblick wieder auftauchen. Und dann wären die 100 Złoty, die ich so leicht ausgegeben hatte, verschwendetes Geld gewesen.

Also rannte ich wieder los. Nach etwa zwanzig Schritten hörte ich hinter mir laute Schreie. Ich drehte mich um und sah die ganze Schar auf mich zukommen. Sie hatten also die Zeit genutzt, meinen Vorsprung aufzuholen. Nun hatten sie mich wieder im Blick, so daß sie anfingen, immer schneller zu rennen, sogar schneller als ich; ich war außer Atem, und sie kamen immer und immer näher. Mein Anblick war wohl ein Anreiz für sie; er gab ihnen Auftrieb, oder besser gesagt, er machte sie wütend. Ich begriff, daß ich nicht mehr in der Lage war, ihnen davonzulaufen, und ich beschloß, mich vor ihnen zu verstecken, denn wir waren nur noch ein paar Meter voneinander entfernt.

Ich lief also auf ein Feld, in das hohe Korn und rannte immer tiefer hinein. Das Korn stand zwar schon hoch (es war der 18. Juni), aber es verdeckte mich nicht ganz. Daher begann ich, auf dem Bauch zu kriechen, zur Mitte des Kornfeldes hin, so weit wie möglich von den Feldrändern weg, einen Hügel hinauf, damit sie mich nicht sehen konnten. Als ich oben auf dem Hügel angekommen war, rührte ich mich nicht mehr. Nach einer Weile hörte ich die Stimmen meiner Verfolger, die ungeduldig am Feldrand auf der Stelle traten und den anderen laut zuriefen, ich müsse bestimmt hier im Roggen versteckt sein, denn sie hätten mich hineinlaufen sehen.

Ich fürchtete erst, sie würden das ganze Kornfeld systematisch nach mir durchsuchen, aber sie wagten es nicht, das Getreide eines fremden Besitzers zu zerstören. Denn darauf stand eine hohe Strafe.

Sie kochten also vor Wut, weil ich ihnen zum zweiten Mal hatte entkommen können. Sie waren sich nämlich sicher gewesen, mich so gut wie gefaßt zu haben, und wieder war ich ihnen entwischt.

Sie wußten, daß ich in diesem Roggenfeld lag (wenn ich ihre Worte richtig verstanden hatte, dann stimmte sogar ihre Vermutung, was die genaue Stelle betraf), und liefen eine Stunde lang im Kreis herum, ohne etwas unternehmen zu können; vielleicht warteten sie darauf, daß ich eine Dummheit machte und von mir aus auf sie zukäme. Hatte ich sie doch in den Augen des ganzen Städtchens an der Nase herumgeführt.

Am Ende aber konnte ich ihrem Gespräch entnehmen, daß sie den Besitzer des Feldes, den Bauern Skórkiewicz, bitten wollten, ihnen zu erlauben, sein Kornfeld zu durchsuchen, und sie gingen zu ihm.

Ich wollte aus dem Kornfeld verschwinden, hatte aber zugleich Angst, sie hätten, als sie weggingen, jemanden als Wache zurückgelassen; ich blieb daher weiter regungslos liegen, nur in etwas bequemerer Haltung. Ich vermutete, daß der Bauer unter keinen Umständen erlauben würde, sein Roggenfeld zu zertreten – das war vorauszusehen, und ich sollte recht behalten. Die Horde meiner Verfolger war verschwunden und tauchte auch nicht wieder auf; sie war weder zu sehen noch zu hören.

Trotzdem hielt ich es für richtig, das Kornfeld noch nicht zu verlassen; am hellichten Tage durfte ich dies nicht tun. Außerdem war es auch zu gefährlich, nach Hause zu gehen; und zur Familie Bocian – die ich aufsuchen wollte – konnte ich ebenfalls nicht gehen, solange noch Tag war, da man mich unterwegs hätte sehen können. Ich durfte jetzt keiner Versuchung nachgeben, denn es war ein unwahrscheinliches Glück gewesen, das mir bis hierher geholfen hatte.

So faßte ich den Entschluß abzuwarten, bis es ganz dunkel war und erst dann zu I.[rena] B.[ocian] zu gehen, um mich eine Zeitlang bei ihr zu verstekken, bis wir irgendeine Lösung gefunden hätten.

Ich streckte mich also auf der Erde aus und versuchte einzuschlafen, um mir die lange Wartezeit bis zum Beginn der Nacht zu verkürzen. Doch es war vergeblich. Die Erlebnisse der letzten Stunden und Tage wirkten nach, es war alles viel zu viel und dazu noch so frisch, daß es mir nicht gelang einzuschlafen. Der Tag zog sich also hin, die Stunden waren unendlich lang. Da ich wegen der Ereignisse nicht hatte zu Ende frühstücken können, hatte ich schrecklichen Hunger, und dann begann ich noch zu frieren. Es fing an zu regnen, und ich trug nur ein Hemd mit kurzen Ärmeln, so daß ich vor Kälte zu zittern begann. Ich war vom Regen naß und lag halb nackt auf der ebenfalls nassen und nackten Erde, die mich, alles andere als gastfreundlich, mit ihrer Kälte von sich stieß.

Als es dann endlich zu regnen aufhörte, wurde es, wie gewöhnlich abends im Juni, noch kühler. Doch schlimmer als dieses Wetter waren der Hunger und die entsetzliche Langeweile, die vom Warten kam. So lag ich im Roggenfeld, bis es ganz dunkel war und auf dem Weg keine Schritte vorbeigehender Menschen mehr zu hören waren. [Ende der Abschrift]

Dann lief ich auf die Straße hinaus und quer über die Felder, so daß ich zu I.[rena] B.[ocians] Haus gelangte, ohne daß mich jemand sah. Dort hatte natürlich niemand damit gerechnet, mich hier wiederzusehen. Als erstes bot mir I.[rena] B.[ocian] ein Abendbrot an, denn ich war völlig ausgehungert; nach dem Essen ging ich schlafen. Ich schlief in einem Versteck, das ich selbst einmal gebaut hatte, damit I.[rena] Bocian, die von einigen Juden Wertsachen in Verwahrung genommen hatte, im Falle einer Durchsuchung nichts zu befürchten brauchte. Ich kann nicht behaupten, daß es dort bequem war. Wie eine Saite gespannt, lag ich die ganze Nacht hindurch ausgestreckt auf dem Rücken, ohne meine Gliedmaßen bewegen zu können, und das obendrein auf harten Holzbrettern und ohne frische Luft. Doch dieses Versteck bot so viel Sicherheit, daß daran gemessen alles andere keine große Bedeutung hatte. Man hätte schon das ganze Haus in Bretter zerlegen müssen, um mich hier zu finden.

In diesem »Schlupfloch« verbrachte ich die Nacht und den ganzen darauffolgenden Tag. Am Freitag, dem 19. Juni, reichte mir I.[rena] B.[ocian] frühmorgens durch einen Spalt das Frühstück, und gegen 3 Uhr nachmittags verließ ich dann mein Loch, um Mittag zu essen und mit ihr über meine Lage zu sprechen. Sie berichtete mir, daß im Zuge der Fahndung nach mir alle Häuser von Juden gründlich durchsucht worden waren. Da die Fahndung ohne Erfolg geblieben war, hätten die Leute begonnen, laut Vermutungen darüber anzustellen, daß ich mich wohl bei unserer ehemaligen Wirtin versteckt halten müsse – was ja auch zutraf –, denn die meisten wußten über unsere Freundschaft Bescheid. Daß I.[rena] B.[ocians] Haus durchsucht werden würde, war daher so gut wie sicher. In der Zwischenzeit hatte sie sich auch mit meinen Eltern getroffen, und diese ermöglichten es mir, noch am Abend umzuziehen, und zwar zu einem polnischen Patienten meines Vaters, der sich bereiterklärt hatte, mich einen oder zwei Tage lang bis zu meiner Abreise nach Warschau zu verstecken.[68] Meine Eltern hatten nämlich beschlossen, daß ich dorthin ins Ghetto fahren sollte, denn hier am Ort durfte ich auf keinen Fall länger bleiben.

Am Abend bei Dunkelheit sollte ich mich also zu diesem Polen begeben.

Damit mich unterwegs niemand erkennen konnte, wandten wir beide – die Bocian und ich – alle unsere maskenbildnerische Kunst auf und nutzten überhaupt alle Möglichkeiten der Tarnung. Ich zog nach Art der Nazis ein gelbes Hemd an, das I.[rena] B.[ocian] mir zu diesem Zweck geschenkt hatte, befestigte auf dem linken Ärmel ein rotes Haarband als Armbinde, die man in der Dunkelheit für eine Hakenkreuzbinde halten konnte, und umwickelte einen Teil meines Gesichts mit einem Kopftuch. Außerdem trug ich eine schwarze Binde über dem Auge und setzte obendrein die Sportmütze von I.[rena] B.[ocians] Mann auf, die so groß war, daß sie mir immer wieder über die Augen rutschte, aber genau so sollte es ja auch sein. Ich sah wirklich wie ein gemeiner Verbrecher aus, glich einem Nazi und war auch für mich selbst kaum noch zu erkennen, und so war nicht zu befürchten, daß mich andere identifizieren konnten. Um diese Möglichkeit ganz auszuschließen, lieh I.[rena] B.[ocian] noch von ihrem neuen Mieter ein Fahrrad aus, mit dem ich die kurze Strecke zu meinem neuen Versteck zurücklegen sollte. Zwar mußte ich den entgegengesetzten Ortsrand erreichen, aber diese Entfernung war schon zu Fuß in nur zehn Minuten zu bewältigen. Ich nahm Abschied von der Mutter der Bocian und von ihrer Tochter Zofia, die zu mir sehr freundlich war und Mitleid mit mir hatte. Nach unserem Plan sollte I.[rena] B.[ocian] gleich nach mir das Haus verlassen, um, wenn ich an Ort und Stelle angekommen war, das Fahrrad abzuholen. Ich setzte mich also aufs Rad und begann in die Pedale zu treten; innerhalb einer halben Minute war ich wie der Wind durchs Städtchen, nicht – Gott behüte! – durchs Ghetto gehuscht.

Bei dem Polen erwarteten mich schon meine Eltern, die ebenfalls im Schutz der Dunkelheit dorthin gekommen waren. Wir entschieden, daß ich den ganzen nächsten Tag und den Sonntag bei diesem Bekannten im Versteck bleiben sollte, so lange, bis ich Gniewoszów verlassen würde. Der Plan war, daß ich mit einer jüdischen Schmugglerin nach Warschau reisen sollte; diese Frau hatte genügend Routine darin, sich ins Warschauer Ghetto hineinzuschmuggeln. Meine Eltern hatten fast alle meine Sachen schon dabei, und den Rest wollten sie mir so bald wie möglich zukommen lassen. Inzwischen war auch I.[rena] B.[ocian] aufgetaucht; sie versprach mir, mich am nächsten Tag zu besuchen, nahm das

Fahrrad und ging zurück nach Hause. Ich nahm auch gleich Abschied von meinen Eltern, die ich in Gniewoszów nicht mehr sehen sollte, und auch sie gingen nach Hause. Diese Nacht verbrachte ich dann schon bequemer als die letzte, in einem frisch bezogenen, weichen Bett.

Am nächsten Tag, am Samstag, dem 20. Juni, erfuhr ich morgens von den Leuten, die mich versteckt hatten, daß die Lastwagen mit den Juden, die man aufgegriffen hatte, gerade eben ins Arbeitslager abfuhren und daß auch Marek dabei war. Er war also nicht geflüchtet. Es schien, als habe er gar nicht versucht zu fliehen. Als die Wagen an dem Haus vorbeifuhren, in dem ich mich versteckt hielt, packte mich für ein paar Minuten die Angst. Irgendein Jude hatte versucht, den Schwaben zu entkommen, und sie hatten sofort die Verfolgung aufgenommen; unter anderem rannten sie in die Scheune meines Gastgebers, dann liefen sie so nah am Haus vorbei, daß ich dachte, sie würden eindringen und mich so sicher dort finden, wie zwei plus zwei vier ist. Glücklicherweise sind sie aber nur gefährlich nah an uns vorbeigelaufen.

Nach dem Mittagessen besuchte mich I.[rena] B.[ocian] und brachte mir ein halbes Kilo frische Erdbeeren; es waren die ersten in dieser Saison. Die Erdbeeren kamen von ihrer Tochter Zofia, die das Obst von ihrem ersparten Geld für mich gekauft hatte. Dieser überaus liebe Beweis ihrer Sympathie rührte mich sehr. Mit I.[rena] B.[ocian] verabredete ich, alle Briefe an meine Eltern an ihre Adresse zu schicken, und sie sollte es auch sein, die die Briefe meiner Eltern an mich nach Warschau schickte. Denn wir waren alle zu der Überzeugung gekommen, daß es nicht gut sei, die Briefe mit der Adresse meines Vaters zu versehen. In diesem Fall nämlich hätte die Korrespondenz über die jüdische Postabteilung der Gemeinde gehen müssen und wäre daher der Zensur unterlegen; so hätten sie meinen Aufenthaltsort in Erfahrung bringen können, was gar nicht unseren Wünschen entsprach. I.[rena] B.[ocian] versprach mir, meinen Eltern zu helfen, wo immer es ihr möglich sein würde. Am späten Nachmittag brachte mir dann die Jüdin, mit der zusammen ich die Reise antreten sollte, die Reste meines spärlichen Gepäcks vorbei, samt der letzten schriftlichen Anweisungen meiner Eltern. Darin hieß es, ich sollte mit dieser Frau zusammen am folgenden Tag spätnachmittags das Städtchen verlassen. Da ich mich auf der nächsten Bahnstation in Wysokie Koło nicht zeigen durfte – die Gefahr, Angestellten der Jüdischen Gemeinde zu begegnen, die nach mir suchten, schien einfach zu groß –, sah der Plan vor, daß wir in den Zug nach Warschau am Bahnhof Bąkowiec einstiegen, etwa acht Kilometer von Gniewoszów entfernt. Wir hatten vor, den Zug zu nehmen, der am Montag, gegen 5 Uhr nachmittags abfuhr. Die Zeit zwischen Sonntagnachmittag und der Abfahrt unseres Zuges sollten wir bei einem Patienten meines Vaters, dem Bauern Bąk, im Dorf Zalesie verbringen, einige Kilometer von Bąkowiec entfernt, und dies nur, um eventuelle Verfolger in die Irre zu führen. Mein Vater hatte das alles vorher mit dem Bauern besprochen und ihm für unseren Aufenthalt von knapp 24 Stunden Geld gegeben.

An diesem Tag und auch am Sonntag, dem 21. Juni, bekam ich keine weiteren Besuche. Am Sonntag holte mich meine künftige Reisebegleiterin bei Einbruch der Dämmerung ab, und wir machten uns auf den Weg zu dem Bauern.

Diese jüdische Frau stammte aus Warschau; und wie wir war sie mit ihrer Familie auf der Suche nach einer neuen Existenz nach Gniewoszów gekommen. Sie war eine energische Frau mittleren Alters, deren arische Gesichtszüge es ihr erlaubten, ständig als Polin mit dem Zug nach Warschau zu reisen, wo sie sich ins Ghetto hineinschmuggelte und von dort allerlei Manufakturwaren hinausbrachte, um sie zu verkaufen; die Preise für Waren dieser Art waren woanders viel höher als dort. In solchen Fahrten und im Schmuggeln hatte sie sehr viel Routine, und deshalb hatten meine Eltern sie als Reisegefährtin für mich ausgesucht; gegen Bezahlung sollte sie mir die Fahrt zum Ziel erleichtern. Selbstverständlich sollten wir beide als Polen reisen – sie mit dem von I.[rena] B.[ocian] geliehenen Taufschein und ich mit meinem falschen Ausweis.

Das war ein äußerst riskantes Unternehmen, denn die deutsche Gendarmerie versuchte unablässig, Juden aufzuspüren, die sich im Zug als Polen ausgaben; die Juden, die sie dabei erwischten, wurden dann auf der Stelle erschossen.[69] Vor allem polnischen Reisenden gegenüber war äußerste Vorsicht geboten; ich durfte von ihnen nicht als Jude identifiziert werden, sonst würden sie mich ohne Zweifel der Gendarmerie ausliefern. Den Juden war unter Androhung der Todesstrafe verboten, das Ghetto zu verlassen, und die Polen hielten es mit dieser Anordnung noch strenger als die Deutschen selbst, d.h. sie hatten mehr Möglichkeiten, auf ihre Einhaltung zu achten, denn die Juden mußten ja in dieser Zeit, ob sie wollten oder nicht, mit ihnen verkehren. Und da die Polen diese Möglichkeiten hatten, nutzten sie sie auch. Ich bin so kühn zu behaupten, daß 95 Prozent der Juden, die außerhalb des Ghettos, auf den Straßen und in den Zügen aufgegriffen und erschossen wurden, auf das Konto polnischer Denunzianten gehen. So war zwei Wochen zuvor ein jüdisches Ehepaar, das als polnisches Ehepaar mit Schmuggelware nach Warschau und zurück reiste, bei einem Zugaufenthalt von einem Polen, der die beiden zufällig kannte, denunziert worden. Die Gendarmen hatten das Paar aus dem Zug geholt und die beiden jungen Menschen vor dem Waggon, in dem sie gesessen hatten, vor den Augen aller Fahrgäste erschossen.

Mehr noch als vor der – in dieser Zeit eher seltenen – Ausweiskontrolle durch die Gendarmerie auf dem Weg zum Zug mußte ich mich davor in acht nehmen, daß Polen hinsichtlich meiner Herkunft Verdacht schöpften. Da ich jedoch nicht semitisch aussah, hatte ich wenig Angst, von den Mitreisenden als Jude erkannt zu werden; überhaupt fürchtete ich mich vor dieser Reise gar nicht. Ich war vielmehr voller Hoffnung und glaubte daran, daß die Sache gut ausging – so wie alles andere vorher auch. Wieder einmal ein bißchen Glück zu haben, darauf rechnete ich hier am meisten.

Es war schon dunkel, als wir das Haus des Bauern Bąk erreichten. Der Bauer und die Bäuerin bereiteten für uns in ihrer besten Stube, in der sie auch immer selber schliefen, ein Bettlager aus Stroh; kurz danach war ihr lautes Schnarchen zu hören. Ich konnte lange nicht einschlafen. Ich dachte darüber nach, mit welcher Freude und Hoffnung im Herzen ich in diese Gegend gekommen war, um mich hier vor der Warschauer Polizei zu verstecken, die mich damals verfolgt hatte; nun hatte sich meine Lage ins Gegenteil verkehrt. Jetzt wurde ich von der Polizei in Gniewoszów gesucht, und ich war unterwegs nach Warschau, um mich dort vor ihr zu verstecken. Die Situation war ähnlich; allerdings hatte bei meiner vorigen Reise nicht mein Leben auf dem Spiel gestanden, während ich jetzt alles auf eine Karte setzen mußte. Der Einsatz war hoch, aber ich hatte einfach keine andere Chance mehr, mich zu retten. Immerhin verließ ich Gniewoszów ohne tiefe Trauer, denn der Ort hatte seine Aufgabe erfüllt und zumindest einen Teil der Hoffnungen, die ich auf ihn gesetzt hatte, nicht enttäuscht. Ich war schwach, ausgehungert, abgezehrt und niedergeschlagen hierher gekommen, aber ich verließ das Städtchen als kräftiger, gesunder Mensch und war obendrein sicher, daß der endgültige Sieg kommen würde. Nur eine Erwartung hatte Gniewoszów nicht erfüllt: Ich hatte fest damit gerechnet, daß wir die Befreiung vom Joch der germanischen Barbarei hier in diesem Städtchen erleben würden; aber wie sich gezeigt hatte, war es leichter, durch eine tödliche deutsche Kugel befreit zu werden als von der Herrschaft der Deutschen.

Abgesehen von den Essenspausen verbrachte ich den ganzen folgenden Tag bis zu unserem Aufbruch damit, daß ich im Gras oder in einem Kornfeld lag. Das war mein Abschied von der Natur, denn ich ahnte, daß ich sie so schnell nicht wieder würde genießen können. Ich war tief in Gedanken versunken und grübelte über alles mögliche nach. Dann, kurz bevor wir zum Zug aufbrachen, erzählte mir Frau Wapniarska, meine Reisebegleiterin, eine schreckliche Geschichte.

Am Freitag, dem 19. Juni, als ich mich bei Irena Bocian versteckt hielt, hatten meine Eltern ein grauenvolles Abenteuer erlebt, über das sie bei unserem Treffen am Abend desselben Tages kein Wort verloren hatten. Viele Juden waren irritiert durch meine beiden erfolgreichen Fluchtversuche und durch die Gewißheit, daß ich ihrer Falle nun endgültig entgangen war. Sie wußten nun, daß dieser »Fremde« nicht ins Arbeitslager gegangen war und auch nicht mehr dorthin gehen würde, und das brachte sie am meisten aus der Fassung. Nicht zuletzt angestiftet vom Vorsitzenden und vom Sekretär der Jüdischen Gemeinde, die mich nun nicht mehr benutzen konnten, um meinem Vater Geld aus der Tasche zu ziehen, und darüber verärgert waren und jetzt auf

Rache sannen, drang eine größere Menge dieser aufgebrachten Juden in Abwesenheit meiner Eltern in deren Wohnung ein und demolierte die gesamte Einrichtung. Diese Leute schlugen die Fensterscheiben ein und stahlen alles, was offen herumstand und nicht irgendwo eingeschlossen war, darunter auch solche Kleinigkeiten wie einen Wecker oder die für den Samstag gekauften Backwaren u.ä. Das war die Rache dieser Meute dafür, daß ich den Deutschen entkommen war, was sie als ihren persönlichen Schaden ansahen. Der Pöbel war schon immer – wahrscheinlich hört das nie auf – ein blindes Werkzeug der Rache in den Händen der Anstifter …

Etwas später hatte Janick meinen Vater auf den Marktplatz bestellt und von ihm gefordert, meinen Aufenthaltsort preiszugeben. Da mein Vater ihm keine Antwort gab, wurde er dort in aller Öffentlichkeit mit der Reitpeitsche geschlagen. All das war der Initiative der zornerfüllten und rachsüchtigen Leiter der Jüdischen Gemeinde zu verdanken. Und es betraf unmittelbar meine Eltern.

Etwa um die Mittagszeit überkam Janick und seine Bande deutscher Spitzel plötzlich die Lust, ein großes Schauspiel zu veranstalten. Also befahlen sie allen jüdischen Mädchen und Frauen, sich sofort auf dem Marktplatz zu versammeln. Dort ließen sie alle Frauen, die Schwangeren nicht ausgenommen, sich in mehreren langen Reihen bäuchlings in den Sand legen. Danach gingen sie zwischen diesen Reihen hindurch und schlugen mit der Peitsche schrecklich auf die Frauen ein. Kann man sich eine noch scheußlichere Bestialität überhaupt vorstellen? Für die Polen aus dem Städtchen war dies allerdings eine spannende, äußerst unterhaltsame Veranstaltung. In großer Zahl standen sie am Rand des Marktplatzes, und zwar auf der arischen Seite hinter der Umzäunung, und machten sich über die armen, entehrten und geschlagenen jüdischen Frauen lustig. So etwas sieht nur Polen ähnlich: keinerlei Mitleid, nur idiotische Zufriedenheit und Genugtuung.

Meine Mutter war nicht auf den Marktplatz gegangen, und mein jüngeres Schwesterchen Rysia hatte sie in den polnischen Ortsteil geschickt, damit sie sich dort bis zum Abend bei Dr. Bronisław Kiełczyński versteckte.[70] Kaum aber hatte die Kleine die Pforte geöffnet und das Grundstück betreten, kam ihr schon die Schwägerin des Doktors entgegen, die Gadulska, die mit einem Kapitän verheiratet war, und schrie: »Hier nicht, hier nicht!« und jagte sie wieder auf die Straße. So sind die Polen!

Zur selben Zeit lagen die jüdischen Frauen im Sand und Staub auf dem Platz, wo die Deutschen sie schlugen, bespuckten und beleidigten. Bis zum Abend beschimpften die Deutschen sie mit unflätigen, verletzenden Ausdrücken und drohten ihnen dabei, sie in ein Arbeitslager zu bringen. Endlich, nachdem sie ihre sadistischen Gelüste befriedigt hatten, fuhren sie wieder nach Radom ab. Das waren die letzten Nachrichten über die Schandtaten Janicks in Gniewoszów, die mir zu Ohren gekommen sind. Einige Monate später hörte ich allerdings, daß er etwa einen Monat nach diesem Schauspiel von den Deutschen erschossen wurde; jemand habe ihn denunziert und unter anderem angegeben, er habe von Juden eine goldene Uhr u.ä. angenommen. Janick wurde zwar umgebracht, doch angesichts seiner Verbrechen erschien mir sein Tod noch viel zu sanft.[71]

Um 4 Uhr nachmittags brachen wir beide zum Zug auf. Selbstverständlich trugen wir keine jüdischen Armbinden. Von diesem Augenblick an bis zu unserer Ankunft im Warschauer Ghetto hatten wir die Rollen von Polen zu spielen, von Ariern; erst im Ghetto wollten wir die Armbinden wieder anlegen. Unterwegs beschlossen wir, uns als polnisches Ehepaar auszugeben, das ins Ghetto fuhr, um dort Schmuggelware zu holen. Auf dem Weg zum Bahnhof in Bąkowiec begegneten wir anderen polnischen Reisenden – im Gegensatz zu uns wirklichen Polen –, mit denen wir dann gemeinsam zur Bahnstation gingen oder besser: liefen; denn tatsächlich war es schon sehr spät, viel später, als es die Uhr bei unseren Bauern angezeigt hatte.

Der Zug war schon eingefahren, und wir wollten gerade zum Schalter gehen, um die Fahrscheine zu lösen, als wir plötzlich zwei Polizisten von der polnischen Polizeiwache in Gniewoszów bemerkten: die Oberwachtmeister S. und P. Sie waren dienstlich hier und bewaffnet, und wir zerbrachen uns den Kopf, ob sie etwa zu diesem Bahnhof geschickt worden waren, um mich zu erwischen, wenn ich in den Zug stieg. Ich weiß bis heute nicht, was sie dort tatsächlich gemacht haben. Wie auch immer, wir durften uns auf keinen Fall auf dem Bahnhof sehen lassen. Die beiden kannten sowohl mich als auch Frau Wapniarska sehr gut, so daß sie hundert Gründe gehabt hätten, um uns, falls sie uns entdeckten, zu verhaften. Dessen waren wir uns ganz sicher. So warteten wir, nicht weit vom Bahnhof im Gebüsch versteckt, beobachteten die beiden und hofften, daß sie endlich verschwinden würden. Die Minuten verstrichen, aber die beiden standen da oder gingen am Zug nach Radom auf und ab; und es war klar, daß sie auf die Abfahrt des Zuges warteten. Die Abfahrtszeit rückte immer näher, und ich überlegte schon, ob ich nicht besser heute auf die Reise verzichten und den nächsten Zug nehmen, d.h. am nächsten Tag erst fahren sollte. Die Lokomotive stand schon unter Dampf, wir hatten immer noch keine Fahrkarten, und die Polizisten liefen weiterhin in der Nähe der Waggons und des Fahrkartenschalters herum. Plötzlich ertönten die Pfiffe des zweiten Zuges, der ebenfalls fahrbereit auf dem Gleis stand und in die Gegenrichtung, nach Wysokie Koło, fahren sollte. Der Zug schnaufte und setzte sich in Bewegung, die beiden Polizisten sprangen schnell auf und fuhren ab. Gleichzeitig aber – oder vielleicht sogar ein paar Sekunden früher – hatte sich auch unser Zug in Bewegung gesetzt. Er war schon richtig in Fahrt, und wir hatten immer noch keine Fahrscheine; aber der Bahnsteig war frei, und die Polizisten waren verschwunden, und so sprangen wir auf einen Waggon auf und fuhren mit. Im Zug erledigte ich dann alles Nötige mit dem polnischen Schaffner, der uns für

10 bis 12 Złoty die erforderlichen Fahrkarten brachte und sich für den Zusatzverdienst herzlich bedankte.

Im Abteil herrschte ein schreckliches Gedränge, aber nach kurzer Zeit wurden dann doch einige Plätze frei, und meine Pseudo-Ehefrau und ich konnten uns setzen. Unsere Mitreisenden unterhielten sich über irgendwelche banalen Dinge, und nach wenigen Minuten beteiligte ich mich an ihrem Gespräch. Ich rief mir ins Gedächtnis, daß ich die Polen zu meiden hatte wie das Feuer (wie das Unheil – das ist keine Metapher!); und die erste Bedingung dafür, mein »Inkognito« zu wahren, war, daß ich heiter und sorglos auftrat, ohne eine Spur von Geheimnissen, denn so etwas haben die Menschen im allgemeinen sehr gern. Daher durfte ich mich nicht so verhalten, als wäre ich auf meiner eigenen Beerdigung. Bis wir in Warschau ankamen, beteiligte ich mich also rege am Gespräch und versuchte dabei, sehr witzig zu sein. Das ist mir vollauf gelungen. Da auf dem Bahnhof in Radom immer viele Gendarmen umherliefen, wollten wir dort nicht aussteigen, und während des Zugaufenthalts zitterten wir vor Angst, weil da auch die meisten Ausweiskontrollen durchgeführt wurden. Trotzdem erhellte unsere Gesichter ein freundliches, fröhliches Lächeln, das unseren Mitreisenden galt. Auf der nächsten Station, in Rożki, sind wir dann allerdings ausgestiegen. Hier mußte ich sehr gut aufpassen, denn der Bahnschutz versuchte, unter den Reisenden alle zu schnappen, die etwas mit Schmuggel zu tun hatten. Doch ich fiel nicht weiter auf und wurde wie bisher in Ruhe gelassen.

Etwa zwanzig Minuten später stiegen wir dann in einen Zug, der direkt nach Warschau fuhr. Dieser Zug war nicht voll, und das Abteil, in das wir gingen, war fast leer, doch unterwegs füllte es sich dann bis auf den letzten Platz. Zu unseren Mitreisenden, die wie wir bis Warschau fuhren, gehörte ein polnisches Ehepaar – sie waren beide Schmuggler und transportierten eine größere Menge Mehl von Kielce nach Warschau –, dann ein polnischer Polizist, der durch einen seltsamen Zufall auf der Bank mir gegenüber saß, weiterhin ein deutscher Beamter in Uniform sowie einige Frauen. Die Fahrt ging bis an ihr Ziel Warschau unerwartet glatt vonstatten. Obwohl an verschiedenen Stationen viele Waggons mehrmals durchsucht wurden, blieb unser Abteil verschont. Bei uns gab es keine einzige Kontrolle. Zwar schauten einmal Polizisten durchs Fenster in das Abteil, aber beim Anblick ihres Kollegen traten sie eilig den Rückzug an und verschwanden.

Es gab unzählig viele Stationen, denn wir saßen in einem Personenzug, der an jedem Bahnhof hielt. Jedesmal, wenn der Zug an einer Station Aufenthalt hatte, bekam ich Herzklopfen bei dem Gedanken, die Gendarmerie könnte gleich erscheinen und sich unsere Ausweise zeigen lassen; ich mußte mich sehr anstrengen, um mich nicht durch Gebärden zu verraten und den anderen meine Angst nicht zu erkennen zu geben. Meine Mitreisenden hatten, das spürte ich, nicht den geringsten Verdacht, daß ich ein Jude sein könnte, das wäre ihnen nicht einmal im entferntesten in den Sinn gekommen. Ganz im Gegenteil, im Laufe der Reise unterhielten wir uns mit dem Ehepaar aus Kielce und dem Polizisten so nett, daß der Eindruck entstand, wir seien nun schon gute Bekannte, und bei der ersten Gelegenheit würden wir zweifellos zusammen »einen trinken« und uns die »Brüderschaft« anbieten, wie es in Polen üblich war. Ich war in meiner Rolle so erfolgreich, daß ich schließlich daran zu glauben begann, vielleicht doch als »Mensch« gelten zu können. Sollte ich irgendein Brandmal im Gesicht gehabt haben, so wurde es jedenfalls von niemandem bemerkt. Höchstwahrscheinlich waren alle gezeichnet, außer Hitler selbst.

Eine besondere Sympathie brachte mir und meiner Reisebegleiterin das Schmuggler-Ehepaar entgegen. Als wir nicht mehr weit von Warschau waren, erfuhren sie im Gespräch von unserem Vorhaben, uns ins Ghetto hineinzuschmuggeln, um dort »bei den Juden alle möglichen Dinge zu kaufen«; daraufhin boten sie uns gleich ihre uneigennützige Hilfe an. Obwohl wir schon eine Unterkunft für die Nacht hatten – wir wollten uns erst am nächsten Morgen ins Ghetto schmuggeln –, luden sie uns ein, mit ihnen zusammen bei den Abnehmern ihrer Schmuggelwaren zu übernachten; diese Leute würden uns dabei helfen, meinten sie, gegen Morgen ins Ghetto zu gelangen. Ich hatte einige Bedenken, diesen freundlichen Vorschlag anzunehmen, denn es hätte sich doch sehr gut auch um eine Falle handeln können – sollten sie doch etwas ahnen. Doch der Schmuggler und seine Frau waren so sympathisch, daß wir, meine »bessere Hälfte« und ich, das Angebot schließlich annahmen. Und wir haben klug gehandelt.

Wir kamen nach 10 Uhr abends auf dem Warschauer Hauptbahnhof an. In Anbetracht der Tatsache, daß sich Polen nur bis 10 Uhr frei bewegen konnten, besorgten wir uns am Schalter Passierscheine, oder vielmehr die Schmugglerin besorgte sie für uns alle; dann begaben wir uns zu unserer Unterkunft in der Złota 49. Auf dem Hinweg half ich den Schmugglern, eines ihrer Pakete mit Mehl zu tragen. Obwohl wir vielen verschiedenen deutschen Militärs begegneten, hielt uns auf der Strecke vom Bahnhof zur Złota niemand an. In der Złota 49 schleppten wir uns in den fünften Stock eines Hinterhauses hinauf, wo wir in der kleinen Wohnung (ein Zimmer mit Küche) irgendwelcher Polen endlich am Ziel waren. Wir wollten keine Zeit verlieren, verabredeten mit dem Wohnungsbesitzer, dem Abnehmer der Schmuggelware, daß er uns frühmorgens die Übergangsstelle ins Ghetto zeigte, und gingen alle schlafen. Meine »Ehefrau« und die Frau des Schmugglers hatten zusammen ein Bett zur Verfügung, er und ich schliefen auf seinem Mantel auf dem Fußboden. Wir lagen so nahe nebeneinander, daß wir uns berührten. Um meine Rolle eines polnischen Katholiken zu Ende zu spielen, fiel ich vor dem Einschlafen auf unserem primitiven Bettlager auf die Knie, bekreuzigte mich und murmelte ein paar Minuten vor mich hin. Das sollte bedeuten, daß ich ein Gebet sprach, und möglicherweise hatte dieser Trick auch die erhoffte Wirkung. Nachdem wir einige Stunden schlecht geschlafen hatten, verabschiedeten wir uns von den Schmugglern, die so sehr von uns angetan waren, daß sie uns ihren Namen und ihre Adresse in Kielce gaben und uns einluden, sie dort einmal zu besuchen. Um 5 Uhr morgens, als das Eingangstor geöffnet wurde, verließen wir das Haus. Der Bekannte unserer Reisegefährten, der Abnehmer ihrer Waren, zeigte uns einen nahe gelegenen Grenzabschnitt, der allgemein als günstige Übergangsstelle ins Ghetto galt, und wir gingen auf direktem Weg dorthin.

Es handelte sich dabei um die Stacheldrahtumzäunung an der Kreuzung der Straßen Wielka und Pańska. Auf der arischen Seite hielt nur ein einziger polnischer Polizist Wache, und auf der jüdischen Seite stand ebenfalls nur ein Ordner vom Jüdischen Ordnungsdienst – die jüdischen Ordnungsleute werde ich im weiteren Verlauf meiner Erzählung als »jüdische Polizei« bezeichnen, da dies auch allgemein so üblich war.[72] Da Frauen heikle Angelegenheiten im allgemeinen schneller und leichter erledigen können, zumal eine Frau mit so viel Erfahrung wie meine Reisebegleiterin, blieb ich im Einfahrtstor eines nahegelegenen Hauses stehen und wartete, während sie zu dem polnischen Polizisten ging, um ihn zu bestechen. Sie war in Windeseile fertig, und nach kurzer Zeit wurde ich durch einen Wink herbeigerufen. Vermutlich hielt uns der Polizist für Polen, denn er behandelte mich außerordentlich freundlich und hob den Stacheldraht über dem Fahrdamm ein ganzes Stück an, damit ich bequem darunter durchrutschen konnte.[73] Und schon war ich auf der anderen Seite, im Ghetto. Da beide Polizisten, der polnische und der jüdische, uns für Polen hielten, war die ganze Angelegenheit nicht sehr teuer. Der polnische Polizist nahm dafür 20 und der jüdische 10 Złoty. Wir gingen in die erstbeste Toreinfahrt und zogen unsere Armbinden heraus. Dann legten wir sie an. Ein seltsames Gefühl überkam mich dabei, denn inzwischen hatte ich mich daran gewöhnt, eine freie, nicht gebrandmarkte Persönlichkeit zu sein.

[Manuskriptteil A]

Warschauer Ghetto, Juni und Juli 1942

[illegible] przyjęło do getta i [illegible] się [illegible] [illegible]

[illegible] podwozie na jego ostatniej [illegible], jednym razem [illegible] tak blisko, że dotknęliśmy się. Aby dograć swoją rolę Polaka-katolika, przed [illegible] się do niego klęknąłem na naszym prymitywnym posłaniu, [illegible] [illegible] i pomrucząłem słów kilka. Miało to oznaczać, że odmawiam pacierz i prawdopodobnie tak [illegible] [illegible] w mym nadzieję. Po tylu przespanych kilku godzinach pożegnaliśmy się serdecznie ze szmuglerami, którzy byli tak zachwyceni, że dali nam nazwisko i adres [illegible] w Kielcach, abyśmy zawsze ich [illegible] odwiedzili. O 5-tej godz. rano równo z otwarciem bramy wyszliśmy na ulicę. Odbiorca naszego [illegible] wskazał nam jako dogodny punkt wejścia do getta blisko położony odcinek graniczny. Udaliśmy się tam. Było to ogrodzenie z drutu kolczastego przy zbiegu ulicy Wielkiej i Pańskiej. Ze strony aryjskiej stał na warcie tylko jeden polski policjant, zaś ze strony [illegible] [illegible] z [illegible] [illegible], których w dalszym ciągu mego opowiadania będę nazywał tak, jak ich nazywano potocznie: policją żydowską. Ponieważ sprawy delikatnej natury kobieta — w dodatku z doświadczeniem jak moja towarzyszka — załatwia prędzej i łatwiej, ja zatrzymałem się w najbliższej bramie jakiegoś domu, a ona podeszła do policjanta, po [illegible] by go przekupić. Po [illegible] i po krótkiej chwili zostałem przywołany skinieniem ręki. Policjant myślał, że jesteśmy Polakami, czego najlepszy dowód uzyskałem, gdy odezwał się do mnie „[illegible] [illegible] (!)" [illegible] wysoko drut kolczasty nad jezdnią, tym mógł wygodnie się prześliznąć! I już byłem po drugiej stronie, [illegible] Ponieważ myśleli i polski i żydowski policjant, że jesteśmy Polakami — kosztowało nas to wyjątkowo mało: polski wziął 20 zł., a żydowski 10 zł. Udaliśmy do pierwszej bramy i wyjrzawszy z ukrycia nasze opaski, włożyliśmy je. Trochę głupio [illegible] poczułem, bo już się przyzwyczaiłem do wolnej, nieograniczonej swobody.

IX

W ten sposób we wtorek 23 czerwca 1942 r. o godz. po 5-tej rano znalazłem się w getcie [illegible]. Tym razem nie była to (4) Warszawa, jaką opuściłem w 1940 r. Teraz byłem w zamurowanej ze wszystkich stron i otoczonej kordonem żandarmerii, policji i innych wart dzielnicy, w której zamknięto było ½ miliona Żydów. Niemcy sami nazywali getto „eine Todesstätte". Pierwsze moje kroki skierowałem do mojej siostry Poli, której [illegible] [illegible] [illegible] bardzo blisko przy [illegible] ulicy Pańskiej i [illegible] ([illegible] [illegible] dawny [illegible] [illegible] [illegible]). Było jeszcze bardzo wcześnie, ale siostra już [illegible] i [illegible] mnie [illegible] pokrewieństwa mogłem [illegible] się zaraz [illegible]. Pięć z bliskich pokrewieństwa, bo [illegible] [illegible] prowadziła była na [illegible], [illegible] i [illegible] [illegible] absolutnie nie [illegible] do środka. Ongiś siostra [illegible] nie [illegible] więcej mnie, ale [illegible] ją, gdy się dowiedziała co mnie zmusiło do wyjazdu z Gniewoszowa. [illegible] [illegible] [illegible], gdy powiedziałem jej o zamierzonym przyjeździe do której [illegible] z najmłodszą naszą latorośl, gdyż nie wiedziała [illegible] [illegible] [illegible] [illegible] i [illegible] się na [illegible] [illegible]. Po omówieniu takich itp. spraw [illegible] [illegible], po odpowiedzi na [illegible] pytania zadane mi przez siostrę, zacząłem omawiać moją sytuację. Przedewszystkiem oddałem siostrze pieniądze dla niej przywiezione; było ich około 1000 zł. i tyle [illegible] mojej pozostało mnie. Potem rozglądnąłem się naokoło gdzie [illegible] [illegible] [illegible], aby mi pomógł [illegible]. Nikt mi nie [illegible] i nie wiem dokąd się udać na pierwszą noc, ponieważ bo [illegible] [illegible] [illegible] [illegible] potrzeby, nie [illegible] [illegible] [illegible] [illegible]. Wreszcie [illegible] z siostrą udałem się do jej [illegible] [illegible] pp. Pakman na ul. Pańskiej 13. Pakmanowa była to rodzona siostra Marka Mydlarz-Róża. Była ona [illegible], [illegible] [illegible] mojej [illegible], pamiętając już, że była rodzoną siostrą ojca jej narzeczonego. Mąż jej zaś, inż. Wiktor Pakman był [illegible] [illegible] i [illegible] człowiekiem. O tym ostatnim [illegible] się z niedługo [illegible] przekonać osobiście. Gdy [illegible] do nich [illegible] przy ul. Pańskiej 13, po miłym powitaniu, i powiedzeniu [illegible], że przybyłem do [illegible] [illegible] spojrzeli na mnie tak, jakbym przybył conajmniej [illegible] tremens. Zaraz się dowiedziałem o przyczynie tego spojrzenia. Otóż [illegible] [illegible] [illegible] od pewnego czasu pogłoski o mającym nastąpić wysiedleniu Żydów i każdego nowo przybyłego Żyda, który teraz [illegible] do getta [illegible] za [illegible]. [illegible] jednak wytłumaczyłem moje conajmniej [illegible] — [illegible] postępowanie opowiadaniem o tym [illegible] w Gniewoszowie i ile [illegible] już to [illegible] w całej Guberni. O ile idzie o mnie to nawet [illegible] [illegible] wysiedlenia Żydów z W-wy [illegible] [illegible] [illegible], nie wydawało mi się prawdopodobne, aby nawet taki [illegible] [illegible] i [illegible] jak Hitler mógł [illegible] [illegible] ½ miliona Żydów. Pomieszkanie jednak do mojego noclegu to okazało się, że u pp. Pakman [illegible] będę go mógł dostać, gdyż zamieszkiwali mały pokój w [illegible] ze swym przyjacielem, [illegible] Szymonem [illegible] [illegible], którego szwagrem był [illegible] Wiktora Pakmana — i nie [illegible] się [illegible] [illegible] [illegible] — [illegible] mi. [illegible] [illegible], bo [illegible], że mamy w W-wie wielką familię i do nich właśnie w pierwszym rzędzie powinienem się był udać na nocleg, [illegible] [illegible] [illegible] wszystkich krewnych [illegible] [illegible] [illegible] — z małymi wyjątkami. Róża Pakman powiedziała [illegible] tylko [illegible] [illegible] [illegible] dwie kanule i 2 pary skarpet, które zabrałem z Gniewoszowa i [illegible] [illegible] [illegible] [illegible]. [illegible] [illegible] aby było to pełny podstęp z jej strony, ani też by była wszystkiemu godzina, [illegible] co bądź — powinna była pamiętać, że jej brat Marek od [illegible] [illegible] był u nas w gościnie. Ale [illegible] [illegible] przez całe życie należy być przygotowanym na [illegible] [illegible] i na [illegible] tak [illegible] [illegible] [illegible] [illegible]. Fakt, że nie [illegible] noclegu [illegible] na [illegible] [illegible] [illegible] [illegible] [illegible] gdzie się umieścić! Przedewszystkiem musiałem to sobie załatwić, [illegible] [illegible] [illegible] [illegible] [illegible] — nie mogłem się zabrać do żadnej z nich, nie mając zapewnionego dachu nad głową. Gdzie więc [illegible]? [illegible] tam [illegible] powinienem się spodziewać [illegible] minimalny przyjaźniejszej [illegible] za domem [illegible] [illegible]. Udałem się więc na Zamenhofa 6 do tych krewnych, u których [illegible] [illegible] mieszkałem i [illegible] [illegible] [illegible] [illegible] z naszej gminy w Gniewoszowie i do [illegible] dnia otrzymywali pensję z Gniewoszowa od [illegible] [illegible]. Z ulicy Pańskiej 13 na Zamenhofa 6 był wielki kawał drogi, ale postanowiłem pójść pieszo, [illegible] [illegible] [illegible] [illegible] aby [illegible] [illegible] [illegible] po drodze, aby przyjrzeć się [illegible] getta. Musiałem przejść z tzw. „małego getta" [illegible] [illegible] się ulicą Chłodną do tzw. „dużego getta", w którym mieszkało ¾ ogółu Żydów. Przez [illegible] [illegible] [illegible] [illegible] byłem oszołomiony i trochę zdziwiony wielkim [illegible] [illegible] i [illegible] w getcie, który w porównaniu z [illegible] [illegible] życia w Gniewoszowie, w jakim [illegible] się 1½ roku, wydawał mi się nieskończenie [illegible] [illegible] sklepy i sklepiki z produktami spożywczymi [illegible] były jeden przy drugim, zaś [illegible] [illegible] [illegible] była dość sporo nieprawdopodobna! Na wystawach wystawione, jak dawniej, a może i [illegible] [illegible] [illegible] pieczywo, nabiał, owoce i jarzyny obok [illegible], mąk itp. ze [illegible] [illegible] cenami, wypisanymi na kartkach! Ceny były [illegible], ale fakt faktem, że niczego brak nie było! Widziałem na wystawach [illegible] [illegible] w tym [illegible] — [illegible] nie widziałem jeszcze w Gniewoszowie, tej [illegible] i [illegible] [illegible] [illegible] [illegible] [illegible] tymi [illegible] [illegible] getta, bo [illegible] jeszcze w Gniewoszowie na ten temat [illegible], że jeśli [illegible] Polak w Warszawie [illegible] [illegible] [illegible] takich [illegible] [illegible] [illegible] [illegible], to [illegible] [illegible] [illegible] „z getta" — miała prawda! Co mnie jednak najwięcej zadziwiło, i [illegible] to [illegible] na jednej z ulic! Był to typowy obrazek z pierwszej połowy XIX wieku. [illegible] [illegible] [illegible] [illegible] tylko konny tramwaj [illegible] [illegible] omnibus. Był to [illegible] wagon na [illegible] [illegible], przyczepiony do dyszla z dwa konie. Z tyłu mieściła się platforma z wyjściem na ulicę po stopniach, [illegible] [illegible] omnibusu widać było 2 tarcze [illegible] [illegible] i konduktora z torbą! A więc powrót do prymitywu! Komicznie to wyglądało, gdy tak wóz ten powoli [illegible] lekkim truchtem i nie mogłem powstrzymać się od śmiechu, gdy [illegible] przypomniałem, że moje pradziadki jeździły po ulicach W-wy [illegible] podobnym, ale nie w getcie! A teraz [illegible], [illegible] [illegible] [illegible] 6-ciotonowych [illegible] [illegible] o wadze 52000 kg. mam [illegible] [illegible] [illegible] [illegible] [illegible] [illegible] [illegible] jak [illegible] się. Jednak ten środek lokomocji [illegible] [illegible] [illegible] bo [illegible] [illegible] [illegible] [illegible] [illegible] — miał duże powodzenie, choć różnił się od tradycyjnego [illegible]. Na [illegible] [illegible] [illegible], dla [illegible] [illegible] to on nie [illegible]. Nie [illegible] [illegible], że [illegible] [illegible] [illegible] [illegible] przez całe getto [illegible], bo [illegible] „wcale nie"! [illegible] tylko jeden [illegible] [illegible] [illegible] tramwaju elektrycznego po niektórych ulicach, a to było [illegible] [illegible] lokomocji. [illegible] [illegible] [illegible] [illegible] obie strony [illegible] [illegible] odpowiedniemi [illegible]. W ten sposób powstało [illegible], [illegible] na [illegible] [illegible] [illegible] pełnymi [illegible]. Był to tzw. [illegible] [illegible], [illegible] [illegible] [illegible] [illegible] [illegible] [illegible]

IX

So war ich also am Dienstag, dem 23. Juni 1942, im Warschauer Ghetto angekommen.[1] Und diesmal war es ein anderes Warschau – es war nicht mehr die Stadt, die ich 1940 verlassen hatte. Nun befand ich mich in einer Kiste, die von allen Seiten zugemauert war; eine halbe Million Juden waren in dieser Kiste eingeschlossen, umgeben von einem Kordon aus Gendarmerie, Polizei und anderen Wachleuten. Selbst die Deutschen nannten das Ghetto *»eine Todeskiste«*.[2]

Meine ersten Schritte lenkte ich zu meiner Schwester Pola, denn ihre Krankenpflegeschule befand sich in der Nähe, an der Straßenkreuzung Pańska und Mariańska (Mariańska 1, im ehemaligen Gebäude der Sozialversicherung). Es war noch sehr früh am Morgen, aber meine Schwester war schon aufgestanden; nur dank unserer familiären Beziehung erlaubte man mir, gleich mit ihr zu sprechen. Ich hatte unsere nahe Verwandtschaft besonders betont, denn diese Krankenpflegeschule wurde nach dem Vorbild einer Klosterschule geführt, und das bedeutete, daß fremde Männer unter keinen Umständen in das Gebäude hineingelassen werden durften.[3]

Selbstverständlich freute meine Schwester sich sehr, als sie mich sah. Als ich ihr allerdings von den Umständen meiner Abreise berichtete, trübte das ein wenig ihre Freude. Doch dann erzählte ich ihr von den Plänen unserer Eltern, mit unserer kleinen Schwester ebenfalls nach Warschau zu kommen, und über diese Nachricht konnte sie sich wieder richtig freuen; sie hatte sie alle seit Oktober des vergangenen Jahres nicht mehr gesehen und vermißte sie sehr. Nachdem wir auf diese Art und Weise alle familiären Dinge und Herzensangelegenheiten besprochen hatten und ich Hunderte von Fragen beantwortet hatte, widmeten wir uns meiner aktuellen Situation. Zuallererst jedoch übergab ich meiner Schwester das Geld von unserem Vater; es war ein Betrag von etwa 1000 Złoty, und genauso viel Geld blieb auch für mich. Danach begannen wir darüber nachzudenken, wo ich unterkommen könnte, ohne etwas für Unterkunft und Verpflegung bezahlen zu müssen. Ich wurde nirgendwo erwartet und wußte nicht einmal, wo ich die erste Nacht verbringen sollte. Ich wollte nämlich nicht unnötig Geld ausgeben, zumal ich keine Ahnung hatte, wann ich wieder selbst welches verdienen würde. Schließlich ging ich zusammen mit meiner Schwester zu sehr guten Bekannten von ihr, dem Ehepaar Pakman, in die Pańska 13. Róża Pakman war die verheiratete ältere Schwester von Marek Mydlarz und außerdem eine enge Freundin von Pola. Ihr Mann, Ing. Wiktor Pakman, war ein äußerst netter und hilfsbereiter Mensch.[4] Davon sollte ich mich einige Zeit später persönlich überzeugen können.

Sie begrüßten uns sehr herzlich, als wir in ihr kleines Zimmer in der Pańska 13 traten, wo sie zur Untermiete wohnten. Als ich ihnen aber erzählte, ich sei nach Warschau gekommen, um hier ständig zu wohnen, starrten sie mich an, als ob ich mindestens im Delirium tremens wäre. Warum sie mich so verstört ansahen, erfuhr ich sofort: In Warschau ging schon seit längerer Zeit das Gerücht um, daß alle Juden bald ausgesiedelt werden sollten, und aus diesem Grund hielt man jeden Juden, der ins Ghetto ging, schlechterdings für verrückt. Daraufhin erklärte ich ihnen mein scheinbar seltsames Verhalten, indem ich erzählte, daß sich solche Gerüchte auch in Gniewoszów verbreitet hätten; und soweit mir bekannt war, gingen solche Nachrichten im gesamten Generalgouvernement um. Ich selbst hatte angesichts dieser Gerüchte über eine Aussiedlung der Juden aus Warschau zuerst nur abgewinkt; es war mir einfach zu unwahrscheinlich erschienen, sogar für einen solchen Erzverbrecher, für eine solche Hyäne wie Hitler, daß er planen könnte, eine halbe Million Juden zu töten.

Um aber auf meine Übernachtungsmöglichkeit zurückzukommen: Wie sich herausstellte, konnte ich bei den Pakmans nicht bleiben, weil sie in diesem kleinen Zimmer schon zu dritt wohnten – zusammen mit ihrem Freund Szymon Rozen, einem Schwager Wiktor Pakmans, der aus Łódź stammte[5] –, noch mehr Unbequemlichkeiten wollten sie sich nicht zumuten und verweigerten mir die Unterkunft. Das war zum Teil berechtigt, denn sie wußten von unserer großen Warschauer Verwandtschaft, die ich doch in erster Linie hätte in Anspruch nehmen müssen. Was sie jedoch nicht wußten, war, daß ich diese Verwandten, bis auf einige wenige natürlich, allesamt nicht ausstehen konnte. Róża Pakman erlaubte mir aber immerhin, meine beiden Hemden und zwei Paar Socken, die ich aus Gniewoszów mitgebracht hatte, in ihrem Schrank unterzubringen und mich dann auch noch in ihrer Wohnung zu rasieren und zu waschen. Ich kann nicht sagen, daß dies eine gute Tat von ihr war, außerdem war sie auch nicht besonders gastfreundlich, immerhin hätte sie daran denken sollen, daß ihr Bruder Marek seit mehreren Monaten bei uns zu Gast war. Doch das zählt nicht; man muß im Leben immer darauf gefaßt sein, daß sich Menschen selten dankbar zeigen und oft sehr egoistisch handeln, und man selbst tut das natürlich auch. Jedenfalls hatte ich schon für die erste Nacht in Warschau keine Unterkunft, und wo ich überhaupt unterkommen konnte, wußte ich genausowenig.

Vor allen Dingen mußte ich mich also nach einer Bleibe umsehen. Ich hatte zwar tausend andere Dinge zu erledigen, doch ohne ein Dach über dem Kopf konnte ich keine einzige Sache anfangen. Wohin sollte ich also gehen? Natürlich dahin, wo ich wenigstens ein gewisses Minimum an Dankbarkeit für die von meinem Vater erwiesenen Wohltaten erwarten konnte. Ich ging also in die Zamenhofa 6 zu den Verwandten, bei denen ich bereits zweimal gewohnt hatte und die ein halbes Jahr lang unsere Gastfreundschaft in Gniewoszów in Anspruch genommen hatten. Sie bekamen übrigens auch jetzt noch finanzielle Hilfe von meinen Eltern aus Gniewoszów.

Von der Pańska bis zur Zamenhofa 6 war es ein gutes Stück Weg, aber ich entschloß mich dennoch, zu Fuß zu gehen, und zwar aus zwei Gründen, erstens um das Geld für Verkehrsmittel zu sparen und zweitens um mir das Innere des Ghettos anzusehen. Zunächst mußte ich aus dem sogenannten »Kleinen Ghetto«, wo die Pańska war, in das sogenannte »Große Ghetto« hinübergehen, wo etwa drei Viertel aller Juden lebten.[6] Ich war überrascht und in den ersten Stunden oder Tagen sogar bestürzt angesichts des starken Fußgänger- und Straßenverkehrs, der im Ghetto herrschte. Im Vergleich zu Gniewoszów, wo das Leben im Schneckentempo verlief und ich in diesem Tempo anderthalb Jahre gelebt hatte, machte dieser Verkehr auf mich den Eindruck fieberhafter Erregung. Überall lagen verschiedenste größere und kleinere Lebensmittelgeschäfte dicht nebeneinander, dazu gab es beinahe unzählige kleine Konditoreien jeglicher Kategorie. In den Fenstern waren wie früher viele – oder jetzt vielleicht sogar noch mehr – verschiedene Lebensmittel ausgestellt: Backwaren, Milchprodukte, Obst und Wurstwaren sowie Mehl, Grütze u.a.m. Allerdings waren diese Artikel sehr teuer, wie man auf den Preisschildchen sehen konnte. Es waren saftige Preise, aber Tatsache ist, daß es an nichts fehlte. Ich konnte in den Schaufenstern sogar das erste Obst aus der diesjährigen Ernte sehen, was ich in Gniewoszów, in diesem »Land, darinnen Milch und Honig fließen«, noch nicht gesehen hatte. Dennoch erstaunten mich diese Lebensmittelbestände im Ghetto nicht, denn schon in Gniewoszów hatte ich darüber eine Anekdote gehört: »Wenn ein Pole in Warschau eine Kiste schönen Obsts oder einen Sack guten Mehls kaufen möchte, so muß er das alles aus dem Ghetto herausschmuggeln.« Eine kleine Übertreibung![7]

Am meisten aber wunderte ich mich über den Anblick einer bestimmten Straße. Es war ein Bild wie aus der ersten Hälfte des 19. Jahrhunderts. Ich sah hier nämlich so etwas wie eine mit Pferden bespannte Straßenbahn. Oder besser gesagt: nicht eine Straßenbahn, sondern eher einen Omnibus. Es war ein mit einem Dach versehener Waggon auf luftgefüllten Reifen, an den ganz einfach eine Deichsel montiert und vor den zwei Pferde gespannt waren. Hinten hatte dieser Zweispänner eine kleine Plattform mit einer Treppe zum Ein- und Aussteigen, und in seinem Inneren sah man zwei längs aufgestellte Bänke und den Schaffner mit seiner Tasche. Also zurück in die Primitivität! Es sah schon komisch aus, wie sich dieser Wagen so in leichtem Trabtempo bewegte; als ich mir vorstellte, daß meine Urgroßmütter mit ähnlichen Gefährten durch die Straßen von Warschau gefahren waren – allerdings nicht im Ghetto! –, konnte ich mir das Lachen kaum verkneifen. Nun sollte also ich, ihr Urenkel, der im Zeitalter der sechsmotorigen Bombenflugzeuge und der Land- und Wasserpanzer von 52 000 Kilo Gewicht lebte, ein solch primitives Fahrzeug benutzen! Ich konnte nicht anders als lachen.

Gleichwohl schien dieses Verkehrsmittel sehr gefragt zu sein; denn danach zu urteilen, wie häufig die Passagiere ein- und ausstiegen, hatte es großen Erfolg – auch wenn es Unterschiede zwischen ihm und der Pferdebahn gab. Der Kutscher saß hier zwar ebenfalls auf dem Bock, aber er hatte keine Glocke dabei. Es war übrigens gar kein Wunder, daß sich diese pferdebespannten Omnibusse einer solchen Beliebtheit erfreuten. Durch das ganze »große« Ghetto verkehrte nur eine einzige richtige elektrische Straßenbahn (im »kleinen« Ghetto gab es überhaupt keine). Und da diese eine Linie nur auf wenigen Straßen fuhr, war die Straßenbahn als Verkehrsmittel für eine halbe Million Juden kaum von Bedeutung. Daher mußten sie sich eigene Verkehrsmittel beschaffen. Auf diese Weise sind Tausende von »Rikschas« entstanden, nach dem chinesischen Modell konstruiert, aber mit Pedalantrieb. Das waren die sogenannten Fahrradrikschas – meistens für zwei Personen –, in denen die Passagiere vorn auf weichen Sitzplätzen mit einer Rückenlehne saßen, während der Rikschafahrer hinten auf dem kleinen Sattel saß und seine Fahrgäste vorwärts schob, indem er in die Pedale trat. Das Gefährt war zwar [Textverlust, eventuell: langsamer oder leichter] als eine normale chinesische Rikscha, doch ich bezweifle, daß es für diese Rikschafahrer weniger anstrengend war als für die chinesischen, wenn sie für ein paar Złoty, je nach Länge der Strecke, ihre lebendige Ware vorwärts schoben. Ich bin sogar sicher, daß sie eine genauso mörderische Arbeit leisteten wie die Chinesen, denn das Gewicht ihrer Rikscha war derart groß, daß es die, gemessen an den chinesischen Kulis, geringere Geschwindigkeit aufwog. Diese Rikschas warteten an den Rikscha-Ständen in langen Reihen, wie es zuvor die Taxis getan hatten, nur gab es jetzt viel mehr Rikschas als früher Taxis; jedenfalls hatte ich diesen Eindruck, denn sie waren ununterbrochen unterwegs und fuhren in alle Richtungen aneinander vorbei.

Außer Rikschas, Pferde-Omnibussen und ein paar sehr einfachen jüdischen Droschken[8] gab es im Ghetto keine öffentlichen Verkehrsmittel mehr. Und obwohl es sehr viele Rikschas gab, warfen sie doch noch genug ab für den Lebensunterhalt, denn schließlich kosteten neue Schuhsohlen viel mehr als diese Beförderung. Aber vor allem eines brachte die Juden dazu, ein Verkehrsmittel in Anspruch zu nehmen: Den meisten von ihnen fehlte die körperliche Kraft zu Fuß zu gehen; hinzu kam noch der Zeitmangel – wie gewöhnlich durfte das Geschäft nicht warten. Und wenn es keine Staus gab oder der Verkehr nicht irgendwo unterwegs unterbrochen war, waren die Rikschas auch verhältnismäßig schnell.

Wenn mich auch der Anblick des Pferde-Omnibusses – als ein Bild aus dem vorigen Jahrhundert – zum Lachen gebracht hatte, so erstarrte mein Lachen in dem Augenblick, als ich auf dem Bürgersteig in der Nähe eines Hauses einen großen Bogen Papier liegen sah. Das Papier war mit ein paar Steinen beschwert, und unter dem Papier ragten die beiden nackten, angeschwollenen Füße eines Menschen hervor. Der Rest war nicht zu sehen, aber man konnte sich deutlich vorstellen, daß unter dem Papierbogen eine Leiche lag. Zuerst dachte ich, jemand sei plötzlich gestorben, und ging einfach weiter; ich wunderte mich in diesem Moment lediglich darüber, daß die Leiche mit Papier bedeckt auf der Straße lag. Als ich dann aber einige Häuser weiter ein ähnliches Bild sah und mir danach immer wieder in fast gleichen Abständen die mit Papier bedeckten oder einfach frei daliegenden Leichen in die Augen fielen, wurde mir bewußt, daß ich Zeuge nur einer der vielen stillen Tragödien des Warschauer Ghettos war. All diese Leichen, das waren obdachlose, vor Hunger gestorbene Juden, die von der »Bestattungsabteilung« der Jüdischen Gemeinde noch nicht hatten fortgeschafft werden können, weil es eben sehr viele solcher Toten gab. Manchmal lagen sie den ganzen Tag, vom Morgen bis zum Abend, auf der Straße, bis sie abtransportiert wurden.

Es war mir nicht möglich, an diesen Leichen gleichgültig vorbeizugehen, und ich wunderte mich sehr über andere Fußgänger, die sie kaum eines Blikkes würdigten oder nur gedankenlos kurz hinsahen, um nicht über sie zu stolpern; die Passanten sprangen oder stiegen einfach über sie hinweg, als ob diese Toten für ihr Leben keine Bedeutung hätten – solange sie nur selbst am Leben waren. Es war für mich wirklich schrecklich, so viele Leichen zu sehen (mehrere Dutzend zwischen der Pańska und der Zamenhofa) und dabei daran denken zu müssen, daß diese Ärmsten verhungert waren. Sie waren einfach vor Hunger umgekommen.

Dabei waren die Geschäfte und Schaufenster, vor denen die Leichen lagen, bis zum Rand mit den allerbesten Delikatessen gefüllt. Das war wirklich kaum zu fassen, schlechterdings entsetzlich, und immer wenn ich die geschwollenen, aufgedunsenen Leichen von Juden sah und kurz danach ihre elegant gekleideten Brüder und Schwestern, drehte sich mir das Herz im Leib herum und wurde von einer eisigen Kälte erfaßt. Denn was Eleganz und äußerlichen Überfluß betrifft, so hatte sich im Ghetto überhaupt nichts geändert. Die jüdischen Frauen, denen ich begegnete und die ich auf der Straße im Vorbeigehen sah, waren zwar blaß und anämisch, und sie sahen unterernährt aus, doch ihre Eleganz, ihren Schick und ihre Grazie hatten sie behalten, sie waren genauso wie in früheren Zeiten, vor dem Krieg und vor der Errichtung des Ghettos. Die Frauen, die ärmlich aussahen (natürlich sahen nicht alle ärmlich aus), gaben sich viel Mühe, die Mängel mit Hilfe eines gut gemachten Make-ups auszugleichen. In der tiefsten Provinz, dort, wo ich herkam, hatte ich nicht das Vergnügen gehabt, richtig elegante Damen zu sehen; nun drehte ich mich nach beinahe jeder Frau um und bewunderte, soweit ich mich in diesen Dingen überhaupt auskannte, ihre mondäne Eleganz und ihren Schick, die sich wirklich sehen lassen konnten.

Dem Aussehen der Männer dagegen schenkte ich, bei Gott, nur wenig Aufmerksamkeit. Trotzdem ist mir nicht entgangen, daß die meisten von ihnen ärmlich angezogen waren und furchtbar ausgemergelt aussahen. Ihre Gesichter waren beinahe durchsichtig. Alle diese Gestalten schienen jedoch von irgendeiner Energie und von einem angeborenen Unternehmungsgeist getrieben zu werden, vorwärts und immer weiter; rastlos jagten all diese Männer irgendeiner Verdienstmöglichkeit nach. Kein Wunder, daß sie so schrecklich abgemagert aussahen. Die Lebensmittel in den Schaufenstern, Obst und andere Dinge waren wegen ihrer hohen Preise nur einer kleinen Gruppe von Kunden zugänglich.

Noch im sogenannten »Kleinen Ghetto« hatte ich etwas anderes beobachtet, was ich ganz und gar nicht alltäglich fand (dort war das allerdings ein eher gewöhnliches Bild). Ich ging gerade die Waliców entlang und befand mich auf dem Abschnitt zwischen der Krochmalna und der Chłodna. Die Waliców war an dieser Stelle der Länge nach geteilt; ein Stacheldrahtzaun schnitt die Straße in der Mitte in zwei Teile: Eine Straßenseite war »jüdisch« und die andere »polnisch«. An den Kreuzungen dieser Straßen hielten auf der »jüdischen« Seite zwei Gendarmen Wache, auf der »polnischen« Seite hingegen standen Posten der uniformierten polnischen Polizei. Was ich jedoch mit Staunen sah, war der Schmuggel, der dort vor den Augen der Gendarmen und der Polizei getrieben wurde, oder besser gesagt: nicht vor ihren Augen, sondern nur in ihrer Anwesenheit, denn sie wurden dafür bezahlt, daß sie sich umdrehten und »nichts sahen«. Auf unserer Seite standen die jüdischen Schmuggler und auf der anderen die Polen, und über den Zaun flogen Pakete sowie mündliche und schriftliche Anweisungen hin und her. Mir blieb einfach die Luft weg, als ich diese offenkundige Korruption der deutschen Gendarmen wahrnahm (über die Polen stand meine Meinung schon seit langem fest), und ich blieb am Straßenrand stehen und beobachtete das alles. Der Schmuggel ging etwa fünf Minuten mit Volldampf vor sich, dann erwachten plötzlich die Gendarmen auf ihren Posten aus ihrem (buchstäblich) goldenen Traum. Einer von ihnen gab den polnischen Polizisten ein Zeichen, und der ganze Schmuggel, die Beförderung der Pakete über den Zaun, hörte auf – wie abgeschnitten. Sowohl auf unserer als auch auf der arischen Seite begannen die Schmuggler sich zu bewegen wie üblich, sie gingen in die Häuser oder in die verschiedenen Läden.[9]

Ich wollte natürlich wissen, was diesen plötzlichen Stillstand der »gegenseitigen Lieferungen« bewirkt hatte, und konnte auch gleich darauf meine Neugierde stillen, denn als ich eine Patrouille von sechs Gendarmen näher kommen sah, wurde mir sofort alles klar. Die Patrouille ging in eine andere Straße hinein, und fünf Minuten später begann das alte Treiben im selben Tempo von neuem. Vermutlich endete das Ganze mit der Ablösung der Wachposten.

Nur wenige Meter weiter stieß ich auf eine andere interessante Einzelheit, die zugleich typisch war für das Warschauer Ghetto: die hölzerne Brücke über die Kreuzung Chłodna und Żelazna. Die Żelazna gehörte mit einer Straßenseite zum Ghetto, sie kreuzte sich aber mit der Chłodna an der Stelle, wo deren arischer Teil begann. Die Chłodna teilte das Ghetto in zwei Teile: das »kleine« und das »große« Ghetto. Damit die Fußgänger zwischen den beiden Ghettos verkehren konnten, war an dieser Kreuzung die Chłodna mit einer etwa zwei Stockwerke hohen Holzbrücke überbaut worden. Die Brücke verband die Ghettos miteinander; sie sollte aber auch die arische Seite vor den Juden schützen, die sich dort sonst hätten aus dem Staub machen können. Es war eine Brücke nur für Fußgänger, und ich kann nicht behaupten, daß diese Einrichtung für die Juden bequem war. Um bis zu einer Höhe von zwei Etagen hinaufzusteigen, brauchte man viel Zeit und Kraft.

Der jüdische Fahrzeugverkehr traf an dieser Stelle im rechten Winkel auf den arischen in der Chłodna; auf der arischen Seite wurde er durch zahlreiche Posten der Gendarmerie und der polnischen Polizei kontrolliert und geregelt, im Ghetto überwachte ihn die jüdische Polizei; dazu wurden auch besondere bewegliche Schranken aus Eisen benutzt.

Ich blieb vor dem nächsten Schaufenster stehen und beobachtete von dort aus den gesamten Verkehr. Wenige Minuten später konnte ich erkennen, auf welche Weise die Gendarmerie die jüdischen Verkehrsteilnehmer schikanierte. Die Schranken wurden für die Juden in größeren Zeitabständen (etwa alle zwanzig bis dreißig Minuten) geöffnet und blieben dann nur so kurz offen, daß sich davor im »großen« wie im »kleinen« Ghetto die Fahrzeuge in schier endlosen Schlangen stauten, die sich manchmal lange Zeit gar nicht von der Stelle bewegen konnten. Nicht einmal ein Rettungswagen aus dem Krankenhaus, der in der Schlange steckte, konnte das Tempo beeinflussen.

Nachdem ich über die Brücke gegangen war, entdeckte ich im Großen Ghetto bis zur Zamenhofa nichts Neues mehr.

Meine Verwandten in der Zamenhofa – mein Onkel und meine Tante Kurctag sowie meine Großmutter – machten große Augen, als ich bei ihnen auftauchte. Ähnlich wie die anderen versuchten sie, mir klarzumachen, wie absurd es war, daß ich ins Ghetto gekommen war, zumal, wie auch sie meinten, dessen Aussiedlung bevorstehe. Als ich ihnen dann erklärte, was ich mit meinem Besuch bezweckte, ließen sie sich lang und breit über ihre Wohnverhältnisse aus, die übrigens tatsächlich sehr schlecht waren. Ich verstand, was sie damit andeuten wollten: Ich sollte mich anderswo nach einer Übernachtungsmöglichkeit umsehen.

Meine Verwandtschaft war völlig auf den Hund gekommen, und davon zeugten sowohl ihr enorm schlechtes Aussehen – sie waren regelrecht ausgemergelt – als auch der Zustand ihrer Wohnung. Früher hatten sie drei Zimmer und eine Küche zur Verfügung gehabt, aber nun zwang das Elend sie dazu, fast die gesamte Wohnung zu vermieten. In einem Zimmer (das, in dem wir hatten wohnen dürfen, als wir 1939 aus Łódź gekommen waren) hauste nun zusammengepfercht die Familie Rajchman, Bekannte von uns aus Łódź, und im zweiten wohnte, zu [Zahl unleserlich] Personen, die Familie London, ebenfalls aus Łódź; einer ihrer Söhne durfte in der Küche schlafen. Mein Onkel, meine Tante, ihr Töchterchen Lusia und meine Großmutter lebten alle zusammen in dem kleinen dritten Zimmer – mit nur einem Fenster –, in dem man sich nun kaum noch bewegen konnte. Nachdem ich mir ihre Lage klargemacht hatte, erschien es mir ein wenig berechtigt, daß ich ihnen nicht willkommen war. Ich brach also auf und stand wieder auf der Straße.

Inzwischen war die Mittagszeit gekommen, und ich fiel fast um vor Hunger. Um etwas Ruhe zu finden, ging ich in eine Garküche[10], die für ihre äußerst billigen Speisen warb, und dort bekam ich für 5 Złoty einen Teller Graupensuppe. Das Essen schmeckte gar nicht so schlecht, aber es war derart mager und wäßrig, daß ich, als ich vom Tisch aufstand, genauso hungrig war wie vorher; aber da ich nicht wußte, wie lange ich mit meinem Geld würde auskommen müssen, konnte ich mir nicht mehr erlauben. Dabei roch es in diesem Speiseraum so gut nach schmackhaften [Textverlust: ein Wort], meinem Lieblingsgericht, und das Wasser lief mir im Munde zusammen … Ich konnte der Versuchung kaum widerstehen, aber schließlich verließ ich doch schnellen Schrittes das Lokal – mit knurrendem Magen zwar, aber ohne meinen Geldbeutel noch weiter strapaziert zu haben.

Wieder stand ich im Ghetto auf der Straße, immer noch ohne Unterkunft für die kommende Nacht. Ich fand mich schon langsam damit ab, am Ende diese eine Nacht in einem Hotel verbringen und dafür von meinem kostbaren Geld mehr als ein Dutzend Złoty ausgeben zu müssen, und so zerbrach ich mir nicht länger den Kopf darüber und machte mich auf den Weg zu der Zahntechnikerin meines Vaters, der ich einen Auftrag von ihm übergeben sollte. Bei ihr in der Karmelicka verbrachte ich einige Stunden. Als ich mich im Verlauf unseres Gesprächs ein bißchen über mein Obdachlosenschicksal beklagte, bot sie mir ganz unerwartet an, in dieser Nacht bei ihnen zu schlafen, und ihre beiden Söhne stimmten dem zu. Diese Leute waren Fremde für mich, ich sah sie zum ersten Mal in meinem Leben, dennoch dachte ich über ihren Vorschlag nicht lange nach und nahm ihre großherzige Einladung an. So hatte ich für diese erste Nacht eine sichere Unterkunft. Ich hatte gewonnen, das Glück hatte mich noch nicht verlassen. Allerdings durfte ich mich ihnen nicht aufdrängen; wenn sie mir eine Nacht anboten, dann sollte es auch bei einer Nacht bleiben. Daher mußte ich sofort damit anfangen, mich nach einer Unterkunft für den nächsten Tag und überhaupt nach einer Bleibe umzusehen; ich konnte mich doch nicht Tag für Tag nur herumtreiben und jede Nacht woanders verbringen wie ein herrenloser Hund.

Aus diesem Grund, aber auch weil gewisse unbestimmte Sehnsüchte mich trieben, fing ich noch an diesem Tag damit an, meine Freunde und Bekannten im Ghetto zu besuchen. Leider hatte ich bis zur Sperrstunde, die im Ghetto um 21 Uhr begann, nicht mehr viel Zeit und konnte daher an diesem Tag nur noch einen Ort aufsuchen.[11] Und natürlich ging ich als erstes zu meiner Freundin Mira Braczkowska, die weiterhin mit ihren Eltern und Schwestern in der Dzielna 13 wohnte. Wie es schien, freuten wir beide uns gleichermaßen über das Wiedersehen, aber ich war verstimmt, da ich mit Mira nicht einen Augenblick lang allein sein konnte. Die ganze Zeit über saßen wir mit ihrer Familie zusammen, und so fiel die Art, wie wir uns begrüßten und an unsere frühere vertraute Beziehung anknüpften ... ziemlich blaß aus. Ich mußte erfahren, daß auch ihre Familie wie viele andere »auf den Hund gekommen« war. Als das Ghetto errichtet wurde, war es Miras Vater noch sehr gut gegangen; er war damals noch in seiner Branche, dem Wollhandel, tätig. In dieser Zeit brauchte noch keine seiner drei Töchter zu arbeiten, und Mira selbst, die schon vor dem Krieg eine große Begabung für das Ballett gezeigt hatte, trat, ohne etwas dafür zu verlangen, auf den sehr bekannten Bühnen des Ghettos auf.[12] Doch bald schon ging es ihrem Vater schlechter und schlechter. So mußte Mira, weil dieser Spaß materiell nichts abwarf, ihre zweifellos guten und mit herzlichem Beifall aufgenommenen Auftritte aufgeben und anfangen zu arbeiten. Zu diesem Zweck erlernte sie das Bürstenbinden, und zum Zeitpunkt meines Besuchs gehörte sie schon eine Weile zu den besten Arbeiterinnen in dieser Branche[13] und verdiente die Hälfte des Lebensunterhalts für die ganze Familie. Ihre ältere Schwester Rena mußte ebenfalls arbeiten und war jetzt als Schneiderin tätig; sie war sehr begabt und hatte ziemlich viel zu tun. Kurz, diese beiden Schwestern waren tapfere Mädchen. Die dritte und jüngste Schwester ging noch zur Schule, sie war damals erst zwölf Jahre alt.[14]

Als ich mich mit alldem im einzelnen vertraut gemacht und auch von mir selbst erzählt hatte, bemerkte ich, daß es schon kurz vor 9 Uhr war. Schnell verabredete ich mich mit Mira für den nächsten Tag und kehrte in die Karmelicka zurück, wo ich übernachten sollte. Der Balkon der Wohnung ging auf die Straße hinaus, und hier konnte ich nach 9 Uhr eine sonderbare Szene beobachten, die für mich noch neu, für das Ghetto aber typisch war. Irgendwelche schrillen Laute hatten mich auf den Balkon gelockt: Geschrei auf der Straße. Ich sah, wie einige jüdische Polizisten versuchten, obdachlose Juden, Landstreicher, vom Bürgersteig und vom Fahrdamm zu verjagen und dann weiter vor sich herzutreiben. Die obdachlosen Juden wollten einfach auf der Straße schlafen und leisteten Widerstand, indem sie laut heulten und jammerten.[15] Meine Gastgeber klärten mich darüber auf, daß diese Szene dort unten untrennbar zum Alltag des Ghettos gehörte wie auch all das andere: die Brücke, die Leichen auf den Straßen und die primitiven Verkehrsmittel.

Das Abendessen, mit dem meine Gastgeber mich bewirteten, war für die Verhältnisse im Ghetto nicht schlecht und ließ ihren Wohlstand erkennen. Nach dem Essen stellten sie mir ein Sofa zur Verfügung, das so groß und so sauber bezogen war, daß ich nach all den Eindrücken des Tages eigentlich wie ein Stein hätte schlafen müssen. Doch ich schlief sehr schlecht. Die ganze Nacht hindurch träumte ich von Pferde-Omnibussen voller Leichen, die mit Papierbogen zugedeckt waren, ich sah Szenen, in denen Gendarmen als die niederträchtigsten Gestalten auftauchten und ihre Klauen nach Bestechungsgeldern ausstreckten – für den Schmuggel am Stacheldrahtzaun. Am nächsten Morgen stand ich, da ich sowieso nicht mehr schlafen konnte, sehr früh auf; schließlich hatte ich vieles zu erledigen. Das Wichtigste war, eine Unterkunft zu finden. Ich hoffte, über irgendeinen meiner Bekannten an eine möglichst billige Bleibe zu gelangen, wenn nicht sogar bei einem von ihnen ganz mietfrei unterzukommen, und so machte ich mich auf den Weg, um einen nach dem anderen von ihnen zu besuchen.

Als erstes suchte ich S.[zlomo]* Herszkowicz auf, meinen Freund und Nachbarn aus Łódź. Er wohnte immer noch mit seiner ganzen vielköpfigen Familie zusammen in der Nowolipie 30. Als ich ihre Wohnung betrat, war jedoch der Anblick aller dort Anwesenden für mich so schrecklich, daß es mir die Sprache verschlug. Sie hatten sich alle so furchtbar verändert, daß ich kaum die Tränen unterdrücken konnte. Samek, seine Eltern und Schwestern, sein Schwager Stawski und der Neffe Mietek sahen erbärmlich aus, fast wie Gespenster, wie Skelette – geradezu wie wandelnde Leichen. Mir fehlen die Worte, um zu beschreiben, in welchem Zustand ich sie vorfand. Vielleicht läßt es sich am besten so ausdrücken: Sie alle verkörperten das Warschauer Ghetto, seinen Hunger und sein Elend.

Ich wußte zwar schon aus unserem Briefwechsel, daß mein Freund Samek eine Rikscha besaß und seinen Lebensunterhalt damit verdiente, daß er Leute kutschierte, aber wie sein Leben wirklich aussah, davon hatte ich so gut wie keine Ahnung gehabt. Jetzt erfuhr ich aus ihren wenigen Worten etwas über ihr wechselvolles Schicksal.

Sameks Vater, der alte Herszkowicz, hatte anfangs zu Hause einen Betrieb für die Herstellung von Kunsthonig gehabt und danach gemeinsam mit einem Partner Lutschbonbons produziert. Als er jedoch bei diesem Geschäft zusetzen mußte, eröffnete er mit einem Verwandten zusammen einen kleinen Lebensmittelladen. Das geschah allerdings noch, bevor solche Geschäfte prosperierten, und nach einiger Zeit hatte er sich auch aus diesem Unternehmen zurückziehen müssen. Von dem Geld, das ihm noch geblieben war, kaufte er Samek eine Fahrradrikscha für 2000 Złoty. So fuhren mein Freund und sein

* F.W. benutzt anstelle von »Szlomo« meistens den Rufnamen »Samek«, zuweilen auch »Szlamek«.

Schwager Stawski nun Rikscha, jeweils einen halben Tag im Wechsel. Allein mit diesen Rikschafahrten konnten sie jedoch ihren Lebensunterhalt nicht bestreiten, so daß der alte Herszkowicz dazuverdienen mußte. Deshalb hatten sie in ihrer Wohnung eine Getreidemühle mit Motorantrieb, die sie an einem Tisch festgeschraubt hatten und mit der sie Roggen mahlten. Aber das Leistungsvermögen der Mühle war ziemlich gering, so daß auch dieses Geschäft keine guten Erträge brachte. Das lag allerdings nicht nur an der Kapazität der Mühle, sondern mehr noch am Kundenmangel. Abnehmer waren schwer zu finden, denn auf dem Markt war das Angebot an Mehl sehr groß, und daher herrschte hier eine ungeheure Konkurrenz. Zehn Kilo Mehl ließen sich unter diesen Umständen schwieriger mit Gewinn verkaufen als in der Vorkriegszeit mehrere Waggons. Und obwohl auch noch eine der Töchter, Fräulein Masza, in der Bürstenfabrik arbeitete, waren sie angesichts der Teuerung im Ghetto alle zusammen nicht imstande, genug zu verdienen. Es reichte gerade, um am Leben zu bleiben, um nicht zu verhungern – und auch dies nur für begrenzte Zeit.

Mein Freund Samek, der arme Kuli, sah aus, als hätte er bei den Fahrten mit den Gästen in der Rikscha seinen ganzen Körper und [Textverlust: ein Wort, vermutlich: Kraft] verloren, denn mehr als seine vorspringenden Knochen unter der herabhängenden Haut war von ihm nicht übriggeblieben. Ich wirkte neben ihm wie ein Kraftprotz, wie ein Weltmeister im Schwergewicht, sonnengebräunt, gesund, kräftig und gut genährt. Die Blicke meines Freundes waren mir äußerst unangenehm, denn wenn er mich anschaute, war sein Neid nicht zu übersehen. Auch die anderen Familienmitglieder waren nur noch Haut und Knochen, wie mein Freund, der für mich ein Symbol für die Hungersnot im Ghetto war.

Gleich nachdem ich angekommen war und sie alle begrüßt hatte, fragte ich nach der alten Frau Herszkowicz, Sameks Mutter, die ich nirgendwo entdecken konnte. Was für eine tiefe Verzweiflung ergriff mich, als daraufhin jemand auf eine alte, zierliche und entsetzlich magere Frau zeigte. Ich hatte sie vorher schon begrüßt und konnte es einfach nicht begreifen: Diese Frau sollte Sameks Mutter sein? Hatte sie sich in den anderthalb Jahren im Ghetto derart verändert, daß ich sie nicht mehr wiedererkannte? Ich, der ich sie doch so gut gekannt hatte! Ich mußte sie mehrere Minuten lang betrachten, bis ich Ähnlichkeiten mit der früheren Frau Herszkowicz entdecken konnte. Es waren ihre Gesichtszüge, die sich fast gar nicht verändert hatten, so daß ich endlich glauben konnte, daß sie es war. Und auch ihre Stimme war dieselbe. Früher war Sameks Mutter eine lebhafte, füllige und kräftige Frau gewesen, nichts davon war jetzt noch übrig. Ich war überzeugt, daß sie eine schwere Krankheit durchgemacht hatte, und fragte sie danach. Als sie das jedoch verneinte, da wußte ich nicht mehr, was ich sagen sollte. Daß sie jetzt so aussah, kam also vom Hunger, nur vom

Hunger, von der Unterernährung! Und genau wie sie sahen auch alle anderen aus. Es fehlte nicht mehr viel bis zu ihrem Hungertod.

Ich war grenzenlos verzweifelt angesichts ihrer Not, wechselte das Thema und fragte Samek nach unseren verschiedenen gemeinsamen Freunden aus, die in Warschau lebten, als ich damals abreiste.

Leider war es kein Trost, was ich über sie zu hören bekam. Einer unserer Freunde, Zdzisiek Hammer, der mir eine Übernachtungsmöglichkeit im Laden seiner Stiefmutter in der Solna 18 verschafft hatte, als ich vor meiner Abreise nach Gniewoszów von der Polizei gesucht wurde, war vor acht Monaten an Hunger gestorben. Ein zweiter Freund, Jerzy Moszer, war zusammen mit seinen Eltern, als die Armut im Warschauer Ghetto ihnen zu sehr zusetzte, in den Distrikt Lublin gefahren. Als die Juden dort ausgesiedelt wurden, hatten die drei den gewagten Versuch unternommen, nach Hrubieszów zu fliehen. Alle drei waren, irgendwo auf einem Feldweg, erschossen worden. Meine anderen Freunde, soweit sie noch in Warschau wohnten, fuhren Rikscha wie Samek und sahen ebenso verhungert aus wie er.

In der Zusammensetzung, so, wie ich ihn 1940 verlassen hatte, gab es meinen alten Freundeskreis also nicht mehr – diese Freunde, die durch Warschau spazierengingen und mit Mädchen (und manchmal auch mit verheirateten Frauen) flirteten, während ihre Väter dickes Geld verdienten.

Was meine Unterkunft anging, so hatte ich weiterhin nichts Sicheres in Aussicht. Bei der Familie Herszkowicz war es so eng, daß ich gar nicht gewagt hatte, das zur Sprache zu bringen. Außer ihnen hatte ich an diesem Tag noch einige andere Bekannte besucht, jedoch auch bei denen keine Möglichkeit entdeckt, mich einzuquartieren. Und die Auskünfte über zu vermietende Zimmer erfüllten mich ebenfalls nicht mit Freude. Zwar hätte ich zur Not ein Kämmerchen bei einer Familie finden können, aber die monatliche Miete hätte mich vor ein fast unlösbares Problem gestellt. Solange ich keine Einkünfte hatte, konnte ich eine derartige Verpflichtung nicht eingehen.

Als ich wieder zu Mittag gegessen hatte (genau das gleiche wie am Tag zuvor) und immer noch ohne Schlafstelle oder gar eigene vier Wände war, beriet ich mich mit meiner Schwester und entschied mich dann angesichts dieser Schwierigkeiten für den allerletzten Ausweg, mich noch einmal an die Tante in der Zamenhofa 6 zu wenden. Ich ging also zu ihnen zurück und versicherte ihnen, nur so lange bleiben zu wollen, bis ich ein billiges eigenes Zimmer gefunden hätte, und dieses wolle ich bald besorgt haben. Darauf verließen sie sich und willigten ein. So zog ich wieder in die Zamenhofa 6, zum dritten Mal während des Krieges.

Für die nächste Zukunft hatte ich nun ein sicheres Dach über dem Kopf und nahm mir vor, in den folgenden Tagen all die Dinge zu erledigen, die mir auf der Seele lagen. Zuerst widmete ich mich dem Auftrag meines Vaters, bestimmte Schritte einzuleiten, um meinen Eltern die Reise nach Warschau zu ermöglichen. Dabei sollte ich die Hilfe des Bruders meiner Mutter, Mieczysław Gerszange, und seiner Frau Janina in Anspruch nehmen, die in der Nowolipie 25 zur Untermiete wohnten, und dann sollten wir zu der Angelegenheit noch einen Bekannten von ihnen, einen jüdischen Richter, hinzuziehen. Zuerst bemühte ich mich darum, meine Eltern und meine Schwester Ryszarda zu einer Verhandlung vor dem Landgericht Warschau vorladen zu lassen; mit Hilfe dieser Vorladungen würden sie sich dann beim zuständigen Kreishauptmann Passierscheine für die Bahnfahrt nach Warschau ausstellen lassen. Mein Vater hatte mir diese Methode genannt, denn auf diesem Wege hatten schon viele Juden den Distrikt Radom in Richtung Warschau verlassen.[16] Und tatsächlich stellte sich heraus, daß die Sache auf diese Weise ohne große Mühe zu erledigen war. Leider würde das alles nur ziemlich viel Zeit in Anspruch nehmen: zwei Wochen für die Versendung der Vorladungen und eine weitere Woche, bis diese Post zugestellt wurde. Und Zeit spielte die größte Rolle, da meine Eltern Gniewoszów so schnell wie möglich verlassen wollten.

Zuerst mußte ich sie über den Stand der Dinge informieren, und als mir alle notwendigen Informationen vorlagen, tat ich das noch am selben Tag. Die Kosten für die Vorladungen zur Gerichtsverhandlung mit allem Drum und Dran beliefen sich pro Kopf auf 300 Złoty; falls man sich tatsächlich mit diesen Unterlagen Passierscheine nach Warschau ausstellen lassen konnte, war dies ein minimaler Preis. All dies schrieb ich meinen Eltern und wartete dann auf ihre Antwort und gegebenenfalls auf das Geld, mit dem ich das gesamte Vorhaben bezahlen sollte. So war ich diese Sorge los und konnte wieder über mich selbst und die Absicherung meiner Existenz nachdenken.

In Warschau herrschten horrende Preise, und das Geld, das ich flüssig hatte, floß tatsächlich auch schnell davon. Denn obwohl ich (jetzt schon!) hungerte und, nicht anders als meine Tante und mein Onkel, bei denen ich wohnte, das Essen sparsam einteilte, rann mir das Geld wie Sand durch die Finger. Die Lebensmittelpreise im Ghetto sahen am Tag meiner Ankunft im einzelnen so aus: ein Kilo Schwarzbrot 10 Złoty, ein Kilo Kartoffeln 5 Złoty, ein Kilo Grütze 30 bis 35 Złoty, ein Kilo Butter 110 Złoty und ein Kilo Speck 125 Złoty.[17] An diese Preise kann ich mich deshalb noch sehr gut erinnern, weil sie dreimal so hoch waren wie die Preise in Gniewoszów. Kein Wunder, daß die Menschen vor Hunger starben wie die Fliegen.

Da ich meinen Tagesetat auf 15 Złoty festgelegt hatte, fühlte auch ich mich schon nach ein paar Tagen im Ghetto viel schwächer. Ich befolgte die Essensrationierung sehr streng, und zwischendurch mußte ich richtig hungern. Jeden zweiten Tag kaufte ich mir ein Kilo Schwarzbrot und teilte es mir in vier Mahlzeiten auf, je ein Viertel Kilo fürs Frühstück und fürs Abendbrot. Um nicht nur trockenes Brot zu essen, kaufte ich mir alle möglichen »*Ersatze*« zum

Aufstreichen, von »Heringen« in Öl, die meinen ohnehin schon unerträglichen Appetit noch steigerten, bis zu künstlichem Käse und Kunsthonig. Zum Brot mit diesen »Leckereien« trank ich »*Ersatz*«-Kaffee mit Saccharin. Mit einem Wort, ich ernährte mich hauptsächlich von »Ersatzen«, und auch das in äußerst begrenzten Mengen. »Zu Mittag« aß ich jedesmal in einem einfachen Eßlokal eine wäßrige Suppe, der Preis für einen Teller schwankte zwischen 5 und 5,50 Złoty. Um zu testen, wo man mir die dickste Suppe anbot, besuchte ich jeden Tag ein anderes Lokal. Man bekam nämlich gelegentlich eine Suppe, in der eine halbe Kartoffel mehrere Kartoffeln symbolisch vertrat oder zehn Gramm Grütze die Grütze als solche. Der Rest war einfach trübes Wasser mit Geschmack oder eine andere Flüssigkeit, dafür aber verziert mit allerlei Grünzeug. Ach, mein Gott, was war das doch für ein nahrhaftes Essen!

Wieder einmal begann für mich ein neuer Lebensabschnitt, und er ließ sich ganz ähnlich an wie im Jahr 1940. Ich lief den ganzen Tag mit leerem Magen umher und sah mir gierig die Schaufenster an. Ich erlebte all das noch einmal, nur mit einem Unterschied, der alles noch schwerer machte: Jetzt hatte ich Geld, aber ich mußte meinen ganzen Willen zusammennehmen, um es nicht innerhalb einer Woche oder noch schneller auszugeben. Trotzdem schmolz es dahin, und mir wurde klar, daß ich mich sofort nach einer Erwerbsquelle umsehen mußte, denn bald würde ich nichts mehr haben, und dann könnte es dafür viel zu spät sein. Kein Mensch wußte ja, wie lange es dauern würde, bis ich eine Verdienstmöglichkeit gefunden hätte. Kaum hatte ich mich ein paar Tage später akklimatisiert, fing ich daher an, nach einer Arbeit zu suchen.

[Textverlust, vermutlich: In] seinen Briefen nach Gniewoszów hatte mir mein Freund Herszkowicz in der letzten Zeit geschrieben, daß man im Warschauer Ghetto mit der Lupe nach Mechanikern suche.[18] Auf eine solche Situation hatte ich mich daher eingestellt. Wenn ich [Textverlust, vermutlich: jedoch] erwartet hatte, ich bräuchte nur den Finger zu rühren, um irgendwo Arbeit zu bekommen, [Textverlust, vermutlich: so] wurde ich allerdings sehr schnell enttäuscht. Wie sich herausstellte, arbeiteten die mechanischen Betriebe im Ghetto zwar mit Volldampf, aber ihr Bedarf an Mechanikern war überhaupt nicht groß. Mein Fachgebiet waren leichte und schwere Maschinen, und wenn es überhaupt Bedarf gab, dann eher an Drehern und Stanzern, denn die meisten Waren im Ghetto wurden in Stanzwerken produziert. Für Metallfacharbeiter aller anderen Bereiche war es möglich, sehr schnell bei deutschen Betrieben auf der arischen Seite eingestellt zu werden.[19] Dies ging aber nur über das deutsche *Arbeitsamt*, das auch im jüdischen Wohnbezirk eine Zweigstelle hatte, und zwar an der Kreuzung von Leszno und Żelazna.[20]

Zum Arbeitsamt konnte ich auf keinen Fall gehen, da ich bisher weder beim Einwohnermeldeamt noch beim Arbeitsamt gemeldet war – bei der Registrierung im *Arbeitsamt* wurde jedem Juden eine sogenannte *Meldekarte* ausgestellt, in die das Arbeitsamt das Beschäftigungsverhältnis der betreffenden Person eintrug. Schon seit längerer Zeit mußten in Warschau alle Juden eine *Meldekarte* besitzen und beschäftigt sein, gleichgültig ob bei den Deutschen oder nur in einer bei ihnen registrierten Firma, andernfalls machten sie sich strafbar. Das bedeutete, daß jeder Jude, gleich ob Kaufmann oder Handwerker, sich monatlich die *Meldekarte* vom *Arbeitsamt* abstempeln lassen konnte, wenn er nur einen Gewerbeschein für seine Firma hatte. Damit entsprach er dann den Vorschriften.[21]

Um mich ohne Schwierigkeiten beim *Arbeitsamt* um eine Beschäftigung bemühen zu können, beschloß ich, mich so schnell wie möglich zu melden. Es gab dafür noch einen zweiten Grund: die Gefahr, die mir in der Nacht drohte. Ich hatte nämlich erfahren, daß es streng verboten war, nicht gemeldeten Personen Unterkunft zu gewähren, im Zusammenhang mit dieser Anordnung nahm die jüdische Polizei in den Wohnungen des Ghettos häufig nächtliche Kontrollen vor, und dann konnten nicht nur die nicht gemeldeten Personen, sondern auch die ganze Familie des betreffenden Wohnungsbesitzers verhaftet werden.

Als ich gehört hatte, welcher Gefahr ich ausgesetzt war, ging ich zu dem für unseren Stadtteil zuständigen Einwohnermeldeamt bei der Jüdischen Gemeinde in der Gęsia 6. Doch obwohl ich dort meinen 1940 durch die Stadtverwaltung Warschau registrierten Ausweis vorlegte, den mir I.[rena] Bocian inzwischen zugeschickt hatte, wollte man mich nicht melden. Man verlangte von mir nur eines: einen Passierschein für das Ghetto, der in meinem bisherigen Wohnort Gniewoszów ausgestellt sein mußte – also nicht mehr und nicht weniger als einen von deutschen Behörden ausgefertigten Passierschein. Ohne diesen Schein konnte ich einfach nicht gemeldet werden.[22]

Ich konnte ihnen ja nicht sagen, daß ich mich ins Ghetto geschmuggelt bzw. hineingeschlichen hatte, nachdem ich vorher ein paar Polizisten bestochen hatte; das hätte gar nichts gebracht. Und so erzählte ich den Angestellten aus dem Stand eine kleine und, wie ich fand, sehr glaubwürdige Geschichte, nämlich diese: Ich hätte bis vor kurzem einen Passierschein gehabt, dieser sei mir aber am Eingang ins Ghetto von einem sehr aufgeregten Gendarmen des Wachpostens völlig zerrissen worden. Damit sie mir glaubten, versuchte ich zu lügen, so gut es ging, aber am Ende wußte ich nicht, ob ich mein Ziel erreicht hatte; denn als ich den »Herren Angestellten« mit meiner Beharrlichkeit zu sehr auf die Nerven ging, wollten sie mich hinauswerfen, und als ich dann immer noch keine Anstalten machte zu verschwinden, drohten sie mir mit der Polizei. Die Polizei! Das hatte mir in diesem Augenblick gerade noch gefehlt: eine Begegnung mit der Polizei während meines illegalen Aufenthaltes im Ghetto. Ich entschloß mich also, einen anderen, besseren Weg zu suchen, um mein Dasein im Ghetto zu legalisieren, und nahm, so schnell ich konnte, die Beine in die Hand.

Ich war also nicht gemeldet und durfte mich daher auch weiterhin nicht auf offiziellem Weg um eine Arbeit in meinem Beruf bemühen.

Daher begann ich, mich nach einer Beschäftigung in einer privaten Fabrik oder Werkstatt umzusehen. Und auch dabei kam es mir vor, als durchlebte ich das Jahr 1940 teilweise noch einmal. Wie damals ging ich von Werkstatt zu Werkstatt und von Fabrik zu Fabrik, um dort meine Bereitschaft zu bekunden, sofort eine Arbeit anzunehmen. Und wie damals hatte ich kein Glück. Mein Magen knurrte vor Hunger, die unerträgliche Hitze setzte mir hart zu, und in den Stiefeln, in denen ich aus Gniewoszów gekommen war, wurden mir die Beine steif vor Müdigkeit. Trotzdem ging ich weiter von Tür zu Tür, mit Empfehlungen von Bekannten oder auch ohne, aber ich blieb erfolglos. Hier sollte ich in einer Woche wiederkommen, dort in zehn Tagen, woanders wurde ich überhaupt nicht gebraucht. Doch ich mußte sofort eine Arbeit haben, denn mein Geld schwand dahin, mein Magen aber fragte nicht danach. Für meine Notlage interessierte sich, wie es schien, kein Mensch. Die Tage vergingen, und ich lief quer durch das ganze Ghetto, ich lief mir die Sohlen ab – vergeblich.

Inzwischen hatte ich über Irena Bocian Briefe von meinen Eltern bekommen, die an mich und meine Schwester gerichtet waren. Meine Eltern berichteten darin, daß sie nach und nach alles verkauften, was sie besaßen, und sich auf die Abreise nach Warschau vorbereiteten. Außerdem schickten sie mir in jedem Brief eines von meinen echten Dokumenten, die ich in Gniewoszów zurückgelassen hatte, um mich unterwegs als polnischer Reisender mit ihnen, gelinde gesagt, nicht zu »kompromittieren«.

Nachdem ich per Einschreiben mehrere solche Sendungen bekommen hatte, war ich wieder im Besitz meiner Geburtsurkunde, meines Zeugnisses der Fachoberschule für Mechanik, der Eintragungen aus verschiedenen Registern und aller »Arbeitskarten« sowie von *Ausweisen* u.ä. Es waren auch ein paar Briefe von Irena Bocian selbst in der Post. Sie waren in freundschaftlichem Ton gehalten, und aus ihnen ging hervor, daß sie mir angesichts der im Warschauer Ghetto herrschenden Teuerung sehr gern finanziell habe helfen wollen. Ihre Bemühungen seien jedoch an den Beschränkungen der Post gescheitert. Es gelang ihr nur, mir ein Päckchen mit zwei Kilo Gerstengrütze zu schicken – das habe ich wirklich bekommen.[23] Irena Bocian berichtete mir auch, daß das Postamt von Gniewoszów auf Veranlassung von Dr. F.K. und von J.Ż.[24] (dem Sekretär des dortigen polnischen Gemeindeamts) ihre Post überwachte, so daß ich eine gewisse Zeit lang meine Briefe sogar an verschiedene andere Adressen schicken mußte. Auf meine Bitte hin versprach mir Irena Bocian, meinen Eltern vor der Abreise zu helfen, wo sie nur konnte.

Mein Briefwechsel mit Gniewoszów nahm viel Zeit in Anspruch; aber die Dinge, mit denen ich mich sonst beschäftigte, waren weniger angenehm. Ich war weiterhin auf der Suche nach Arbeit, doch auf meinen Wanderungen durch die Straßen entdeckte ich nur die Geheimnisse des Ghettos und seine eher grauenerregenden Eigenschaften. Der Gang eines Juden durch das Ghetto gehörte weder zu den angenehmen noch zu den einfachen Unternehmungen, vor allem wenn man sich nicht verschiedenen »Unannehmlichkeiten« aussetzen wollte, angefangen von Prügeleien bis zum Verlust des eigenen Lebens.[25] Schon wenn man am Eingang zum Ghetto an der Kreuzung von Leszno und Żelazna an dem Wachposten vorbeiging, mußte man auf der Hut sein, um nicht von den Gendarmen unerwartet eine tödliche Kugel abzubekommen. Die Gendarmen dort amüsierten sich nämlich, indem sie auf die Juden schossen, die wenige Meter entfernt an ihnen vorbeigehen mußten. Jeden Tag brachen dort Menschen tot zusammen. Es gab keinen anderen Weg zum »Kleinen Ghetto«, und jedesmal liefen die Juden, die diesen Übergang benutzen mußten, Gefahr, ganz plötzlich getötet zu werden.

Ein Gendarm war den Juden besonders gut bekannt, weil er zu den größten Verbrechern gehörte. An jedem Tag, an dem er Wache hielt, erschoß er zehn jüdische Fußgänger. Die Menschen, die an diesen Tagen den Übergang benutzen mußten, hatten entsetzliche Angst, denn es war nicht vorauszusehen, wer dieser Hyäne ins Auge fallen und für das Risiko, in der unmittelbaren Nähe des Ausgangs zur arischen Seite vorbeigehen zu müssen, mit dem Tod bezahlen würde.[26] Viele Juden versuchten, sich an diesen Tagen von dem Übergang fernzuhalten. Doch es war unmöglich, daß der gesamte Verkehr dort zum Erliegen kam. Es flossen Ströme von jüdischem Blut, und unzählige Menschen brachen dort tot zusammen ... Die Leichen wurden dann eingesammelt, und der Verkehr ging weiter ...

Auch der Übergang in der Karmelicka galt als ziemlich gefährlich. War die Straße selbst schon sehr eng, so waren die Bürgersteige auf beiden Seiten noch viel, viel enger. Die Karmelicka gehörte trotzdem zu den meistbenutzten Straßen – sie war die kürzeste Verbindung zwischen der Leszno mit ihren auf die arische Seite hinauslaufenden Mündungsstraßen und dem Rest des »Großen Ghettos« –, und daher herrschte dort von den frühen Morgenstunden bis zum späten Abend, oder genau genommen: bis zur Polizeistunde, ein ungewöhnlich starker Personen- und Fahrzeugverkehr. Da auf den Bürgersteigen nicht genug Platz war, mußten die Fußgänger die Fahrbahn benutzen, wenn sie vorankommen wollten. Und dabei konnte geschehen, was diese Fußgänger befürchteten: daß sie ihr Leben verloren oder im besten Fall zum Krüppel geschossen wurden. Ganz plötzlich konnte nämlich dort, besetzt mit SS-Männern oder deutschen Polizisten, ein Wagen auftauchen, der entweder von der Seite der Leszno oder aus der Richtung des »Pawiak«-Gefängnisses[27] mit wahnsinniger Geschwindigkeit die Straße entlangraste. Die wilden germanischen Soldaten stellten sich dann auf beiden Seiten des Wagens auf und schlugen mit schweren Knüppeln und Stangen auf die Köpfe all der Juden ein, die sich nicht rechtzeitig in einen

Hauseingang hatten retten können.[28] Außerdem hatten diese Germanen immer einen großen Vorrat an Ziegelsteinen in ihrem Wagen, mit denen sie – zu diesem Zweck nahmen sie die Steine jedesmal mit – ebenfalls die Köpfe der Juden zu treffen versuchten.

Es war klar, daß man durch diese Schläge oder Steine getötet werden konnte. Doch noch viel schlimmer war es, wenn die SS-Leute ihre Schußwaffen benutzten. Dann hielten sie plötzlich an oder verringerten ihr Fahrtempo und feuerten blind auf die Juden. Danach war die Straße übersät mit Toten und Verwundeten … Doch das schwerste Schicksal hatten die armen jüdischen Rikschafahrer zu tragen. Die Wagen mit den SS-Männern fuhren oft mit hoher Geschwindigkeit (ich denke, bis zu 120 Stundenkilometer), und wenn eine der Rikschas, die oft auf der Straße fuhren, ihnen im Weg war oder ihr Auto vielleicht ganz leicht streifte, hielten die Schwaben gnadenlos auf sie zu, überrollten, zerdrückten und zerstörten sie und massakrierten dabei natürlich auch ihren Fahrer. Hatte der Fahrer aber wider Erwarten diese Aktion überlebt, liefen sie mit ihren Pistolen zu ihm hin und vollendeten das blutige Werk mit ihren Kugeln. Und kein noch so guter Rikschafahrer war imstande, den rasenden SS-Autos auszuweichen, denn die Schwaben wußten das zu verhindern, indem sie von einem Bürgersteig zum anderen im Zickzack fuhren. Es gab für einen Rikschafahrer nur zwei Möglichkeiten, sich und seine Riksch a zu schützen: Entweder verschwand er so schnell wie möglich mit dem Fahrzeug in der nächsten Hauseinfahrt, oder er fuhr auf den Bürgersteig und dort hinter einen eisernen Laternenpfahl.[29]

Die Wagen mit den SS-Männern fuhren mehrmals täglich die Karmelicka entlang, da sie Verhaftete ins »Pawiak«-Gefängnis brachten oder Gefangene von dort abtransportierten.

Nachdem ich schon einige Tage in Warschau war, mußte auch ich mehrmals die Beine in die Hand nehmen, wenn ich in der Karmelicka einen Wagen mit SS-Männern vorbeirasen sah. Diese Banditen schossen vom Wagen aus in alle Richtungen wild um sich. Wenn ich dann später den Hauseingang verließ, der mir Zuflucht geboten hatte, sah ich auf der Straße die zerschmetterten Rikschas liegen und daneben ihre toten Besitzer. Die SS-Männer hatten ihnen in den Kopf oder den Mund geschossen (damit ihr Tod sicher war!).

Schließlich hatte ich mich dadurch so weit entmutigen lassen, daß ich nicht mehr durch diese Straße gehen und mich nicht länger dieser Gefahr aussetzen wollte, und überredete auch meine Schwester Pola, dies bleiben zu lassen, denn sie war bis dahin zweimal täglich diese Strecke gegangen, weil sie so am schnellsten vom »Kleinen Ghetto« zu ihrer Arbeitsstelle im Jüdischen Krankenhaus in der Stawki gelangen konnte.[30]

Seitdem die Morde der Germanen in der Karmelicka derart erschreckende Ausmaße angenommen hatten, gingen wir nur noch durch die Markthalle in der Leszno 42. Diesen Übergang konnten allein Fußgänger nehmen. Was aber sollten die Rikschafahrer und die anderen Verkehrsteilnehmer tun? Um ein paar Złoty pro Fahrt zu verdienen, mußten sie weiterhin ihr Leben aufs Spiel setzen. Viele dieser Menschen verließen ihre Wohnungen, in denen ihre Familien am Verhungern waren, und versuchten, mit ihren Fahrten diese paar Złoty zu verdienen – und dann kehrten sie nicht mehr nach Hause zurück ... Die germanischen Verbrechen lassen sich in ihrem Ausmaß kaum beschreiben.

Aber es waren nicht nur bestimmte einzelne Orte, an denen man unerwartet zu Tode kommen konnte; der Tod war auf jeder Straße des Ghettos anzutreffen, und überall war er so grausam wie in der Karmelicka oder am Posten Ecke Leszno und Żelazna oder auch am Übergang in der Nalewki. Von jedem Wachposten aus schossen die Gendarmen auf die Juden. An jedem Tag und zu jeder Tageszeit – zumeist aber in den späten Nachmittagsstunden – fuhren SS-Offiziere in mehreren Autos im ganzen Ghetto umher und schossen auf jüdische Fußgänger. Diese Autos glitten heimlich, still und leise dahin, schlichen sich von hinten an das ausgewählte Opfer an, und dann fiel der tödliche Schuß ... Wehe dem, der sich nicht nach allen Seiten umsah!

Ich beschreibe dies aus persönlicher Erfahrung, die mich gelehrt hat, immer auf der Hut zu sein, mich unablässig in acht zu nehmen.

Eines Abends gegen 8 Uhr ging ich mit Mira Braczkowska und noch einer Freundin die Dzielna entlang. Wir waren gerade sehr in irgendeine Diskussion vertieft, als unmittelbar neben uns auf der Fahrbahn plötzlich, wie aus dem Boden gestampft, zwei SS-Leute auftauchten. Kaum hatte ich sie bemerkt, feuerten sie auch schon aus ihren Waffen, die auf uns gerichtet waren. Wir stoben auseinander, jeder lief blitzschnell in eine andere Richtung. Ich selbst rannte in die nächste Hauseinfahrt, in der zugleich viele andere von Panik ergriffene Fußgänger Schutz suchten. Bevor ich die Einfahrt erreichte, konnte ich allerdings noch einen Blick auf die Straße werfen und sah an der Stelle, von der aus wir geflüchtet waren, auf der Fahrbahn ein Auto stehen. Das war also des Rätsels Lösung! Dieser Wagen war so leise von hinten an uns herangefahren, daß wir ihn nicht hatten hören können – auch nicht, als er anhielt. Erst als wir die SS-Leute sahen und die ersten Schüsse hörten, erkannten wir die drohende Gefahr; wären wir es gewesen, die diese Verbrecher als ihre Opfer ausgewählt hatten, wäre es für eine Flucht viel zu spät gewesen. Wenn sie die Absicht gehabt hätten, eine meiner Begleiterinnen oder mich zu treffen, hätten in diesem Augenblick schon unsere erstarrenden Leichen auf der Straße gelegen. Während ich in der Einfahrt stand, hörte ich noch zwei weitere Schüsse, dann herrschte Stille.

Schon etwa eine Viertelstunde später strömten die Leute aus der Toreinfahrt auf die Straße hinaus; ich folgte ihnen. Auf der Straße waren weder das Auto noch die SS-Männer zu sehen. Sie waren weggefahren, die Verbrecher waren von der Bildfläche verschwunden, aber ihre Bluttaten hatten Spuren hinterlassen – auf dem Gehsteig lagen zwei tote Juden. Ich trat näher an sie heran. Es waren zwei junge Männer, die dort in ihrem Blut lagen, die Kleider über der Brust zerfetzt und die Körper von Kugeln durchlöchert. Jeden Tag starben Dutzende von Juden in den Straßen des Ghettos einen ähnlichen Tod. Jeden Tag hörte man: Hier seien zwei Leute umgebracht worden, dort drei, woanders wieder zwei – ohne Namen. Namenlose Opfer germanischer Mordgier.

Ein paar Tage, nachdem ich im Ghetto angekommen war, etwa um den 28. Juni herum, wurde unsere Bewegungsfreiheit auf den Straßen weiter eingeschränkt, als hätte es nicht schon genug Erschwernisse gegeben. Razzien und Verfolgungsjagden setzten ein, man griff Juden auf, um sie in Arbeitslager zu bringen.[31] Und diesmal wurden die Razzien von der jüdischen Polizei veranstaltet. Alle männlichen Fußgänger mußten sich ausweisen können, wenn sie auf der Straße angehalten wurden, und hatte einer keine *Meldekarte* dabei, die das *Arbeitsamt* im laufenden Monat abgestempelt hatte – das war der Nachweis dafür, daß der Inhaber irgendwo beschäftigt war –, so wurde er auf der Stelle verhaftet und mit aller Wahrscheinlichkeit in ein Arbeitslager gebracht. Da ich überhaupt keine *Meldekarte* hatte, geschweige denn eine abgestempelte, mußte ich mich vor solchen Kontrollen sehr in acht nehmen. Da ich mich ja illegal im Ghetto aufhielt, hätte das für mich noch schlimmere Folgen haben können, als ins Arbeitslager geschickt zu werden. Zu unserem Glück verfügte die jüdische Polizei nicht über Waffen, was bedeutete, daß man sein Heil in der Flucht suchen konnte, ohne tödlichen Kugeln ausgesetzt zu sein. Und wenn man sich dann verstecken wollte, konnte man sich auf die jüdische Bevölkerung verlassen, sie verriet die hilfesuchenden Juden nicht.

Jedenfalls konnte ich nicht mehr wie in den ersten Tagen nach meiner Ankunft im Ghetto zu jeder Tageszeit jeden beliebigen Ort aufsuchen. Sehr oft mußte ich nun stundenlang nutzlos zu Hause herumsitzen, weil auf der Straße eine Razzia war, und wenn ich hinausging, mußte ich manchmal sofort davonlaufen, so schnell mich meine Beine trugen, um in einer Einfahrt oder einem Haus Schutz zu suchen. Oft mußte ich mich dort so lange versteckt halten, bis die Straße frei war und ich es wieder wagen konnte hinauszugehen. Für den Fall, daß man trotzdem gefaßt wurde, bestand allerdings noch die Möglichkeit, einen jüdischen Polizisten zu bestechen, und zwar noch bevor man zur Sammelstelle gebracht wurde – ausnahmslos jeder jüdische Polizist war mit Geld zu bestechen. Hätte ich mir allerdings angewöhnt, auf diese Weise meine Bewegungsfreiheit zu sichern, wäre das viel zu teuer für meinen Geldbeutel geworden, der ohnehin von Tag zu Tag flacher wurde.

Da sich die Ghettobewohner tagsüber auf den Straßen aufhielten, machte die jüdische Polizei in dieser Zeit dort ihre Razzien. In der Nacht wurden dagegen einzelne Häuser umstellt, und die jüdischen Polizisten holten dann

Menschen, die auf ihrer Namensliste standen oder arbeitslos waren, aus ihren Wohnungen und Häusern.[32] Ständig mußte ich mit einer solchen nächtlichen Kontrolle rechnen und fand daher auch keinen ruhigen Schlaf. Wäre ich nämlich schlafend in der Wohnung erwischt worden, hätte ich dem Arbeitslager nicht mehr entkommen können. Also mußte ich mich unbedingt nach einem guten Unterschlupf für die Nacht umsehen. Ich war in unserer Wohnung, besser gesagt: in der Wohnung meines Onkels Kurctag, auch nicht der einzige, dem diese Gefahr drohte; außer mir wohnten dort noch zwei weitere illegale Untermieter, die nirgendwo offiziell beschäftigt waren. Einer von ihnen war Herr Rajchman (übrigens ein prima Kerl), und der andere war der Sohn des zweiten Untermieters, Harry London.

Zu dritt machten wir uns deshalb auf die Suche nach einem Versteck für die Nacht. Und wir fanden einen ausgezeichneten Unterschlupf. Wir wußten, daß eine Giebelwand des Hauses Zamenhofa 6 unmittelbar an die Wand des Hauses Zamenhofa 4 grenzte, das 1939 gebrannt hatte und zu etwa drei Viertel zerstört worden war. Ein Teil des Nachbarhauses, der an unser Haus grenzte, war noch erhalten. Im vierten Stock, auf dem Dachboden unseres Hauses, brachen wir daher dicht über dem Fußboden ein Loch in die Mauer, eine so kleine Lücke, daß wir nur mit Mühe hindurchkriechen konnten. Wie groß war aber unsere Freude, als wir durch dieses Loch auf die andere Seite gelangt waren und uns plötzlich in einem kleinen, ausgebrannten Zimmer im Nachbarhaus befanden. Die anderen drei Wände dieses Zimmerchens waren zwar völlig zerstört, und auch die Decke war nicht mehr vorhanden. Aber das war für uns nicht von Bedeutung; die Hauptsache war, daß die Fläche, auf der wir standen, uns absolut fest und sicher zu sein schien, so daß es uns möglich sein würde, nächtelang darauf zu liegen. Wir standen allerdings nicht auf einem Fußboden, sondern auf dem Schutt einer oder vielleicht auch zweier eingestürzter Zimmerdecken; denn das Zimmer lag nicht im obersten Geschoß dieses Hauses, und trotzdem war über uns der freie Himmel. Der Schutt war einige Jahre lang der Wirkung von Regen und Sonne ausgesetzt gewesen, hatte sich abgelagert und machte nun einen völlig festen Eindruck, und von der Straße aus konnten wir sehen, daß diese Fläche von soliden eisernen Trägern gestützt wurde.

Seitdem verbrachten wir jede Nacht dort. Wir krochen zuerst durch die Lücke, dann verstellten wir sie zur Tarnung mit Ziegelsteinen. Dort oben zu liegen, war nicht besonders bequem, aber das nahmen wir gerne in Kauf, um nicht gefangen und ins Arbeitslager gebracht zu werden. Wir schliefen in unserer Kleidung auf dem gnadenlos harten und unebenen Schutt, wir lagen sehr dicht nebeneinander und hatten uns mit einem Seil fest aneinander gebunden, denn schon einen Meter weiter war unsere Plattform nach allen drei Seiten hin offen, und der Abgrund dahinter war vier Stockwerke tief. Manchmal kroch ich an den Rand und steckte meinen Kopf vor. Dann konnte ich nur die ganz kleinen Pflastersteine unten im Hof sehen. Blickte man von dort unten hinauf, dann sah unsere Schlafstelle aus wie ein Adlernest, das zwischen Felsen über einem Abgrund hing. In klaren Julinächten konnte es sogar Spaß machen, dort zu liegen und den Sternenhimmel über sich zu betrachten. Bei schlechtem Wetter aber, wenn manchmal die ganze Nacht lang der Regen auf uns niederprasselte ... war es nicht mehr so angenehm, denn wir hatten dann nicht nur keinen trockenen Faden mehr am Leibe, sondern fürchteten auch die tiefe und unheimliche Dunkelheit, die sich auf uns und alle Dinge um uns herum herabgesenkt hatte. Dann kam es uns vor, als spuke es in diesem seltsamen, ausgebrannten vierten Stock.

Die Tage vergingen. Da mir jetzt die Razzien die Arbeitssuche erschwerten, war ich immer noch ohne Beschäftigung. Eines Tages besuchte ich meinen alten Schulfreund Zenon Zdanowski. Seit er seine Mutter und seinen Bruder in Warschau beerdigt hatte, wohnte er zusammen mit seinem Vater und seiner Schwester in der Nowolipie 29. Er war gelernter Dreher, und er übte diesen Beruf bei der Firma der Gebrüder Gruszkiewicz aus, wo er relativ gut verdiente, im Durchschnitt etwa 30 Złoty pro Tag. Sein Vater und seine Schwester verkauften im Einzelhandel Kartoffeln; ihren Verkaufsstand – das waren einfach die vollen Kartoffelsäcke – hatten sie in der Toreinfahrt ihres Hauses. So verdiente diese Familie ihren Lebensunterhalt. Vor dem Krieg hatten sie in Łódź ein Transportunternehmen mit fünfzehn Lastkraftwagen besessen.

Zenek Zdanowski war ein netter und hilfsbereiter Freund. Er unterstützte mich auch bei der Arbeitssuche. Er kannte einen Werkstattbesitzer, der zu diesem Zeitpunkt eine Arbeitskraft brauchte und daher der erste war, den wir beide zusammen aufsuchten. Dieser Mann, ein gewisser Deleglewicz, hatte im »Kleinen Ghetto«, in der Ceglana 9, einen kleinen Betrieb für Mechanik, in dem sechs Werkzeugmaschinen standen. Er stellte mich sofort ein. Zwar sollte ich nicht in meinem gelernten Beruf arbeiten, sondern als Dreher an der Revolverdrehmaschine, aber im Grunde war mir das egal. Ich war glücklich, endlich eine Arbeit gefunden zu haben, die mir wenigstens einen kärglichen Unterhalt sichern konnte. Der Werkstattbesitzer zahlte 1,50 Złoty pro Stunde, und ich sollte zehn Stunden täglich arbeiten. Insgesamt sollte ich also 15 Złoty am Tag verdienen, und das war genauso viel, wie ich bisher täglich ausgegeben hatte.

Am nächsten Tag – genau zehn Tage nach meiner Ankunft im Ghetto – meldete ich mich am Arbeitsplatz. Obwohl ich zehn Stunden lang, die halbstündige Mittagspause ausgenommen, an der Drehbank stehen mußte, fand ich die Tätigkeit überhaupt nicht lästig, zumal ich in einem Fach arbeitete, das mit meinem immerhin verwandt war.

Am nächsten Tag kaufte ich mir für 100 Złoty einen Arbeitsanzug: eine dunkelblaue Hose und ein Hemd. Diese einmalige Ausgabe mußte ich verschmerzen, denn mir war klar, die Kleidung, die ich trug und die um einiges teurer war, würde durch das Schmierfett in ein paar Tagen kaputtgehen. Andere Sachen besaß ich aber nicht, und so hatte ich gar keine Wahl.

Nun ging ich regelmäßig zur Arbeit, während die Razzien fortgesetzt wurden. Ich übernachtete in unserem Versteck in dem ausgebrannten Haus, und um 6 Uhr morgens verließ ich meine Schlafstelle und ging zur Werkstatt. So früh am Tag unternahm die jüdische Polizei noch keine Razzien, so daß ich meinen Arbeitsplatz relativ sicher erreichen konnte. Unterwegs ging ich in irgendein kleines Café und bestellte für 50 Groschen ein Glas Tee (»*Ersatz*«-Tee). Dazu aß ich ein Viertel Kilo Schwarzbrot. Das war mein ganzes Frühstück, und damit mußte ich auf der Arbeit bis 1 Uhr auskommen, also bis zur Mittagspause, die ich wieder außerhalb der Werkstatt verbrachte. Das Mittagessen! In der nächstgelegenen Garküche aß ich einen Teller Suppe für 5 Złoty. Das Süppchen war nicht fetter und nicht dicker als die vielen anderen Suppen, die ich bisher in verschiedenen Eßlokalen, zum Beispiel in den sogenannten »Volksküchen«, gegessen hatte. Diese wäßrige Flüssigkeit mußte mich mit der Kraft und Energie versorgen, die ich brauchte, um die zweite Tageshälfte über arbeiten zu können, bis zum Abendbrot, das ich um 9 Uhr aß und das sich in keinerlei Hinsicht vom Frühstück unterschied.

Allerdings konnte ich von Glück sagen, wenn ich in der Mittagszeit die Werkstatt überhaupt verlassen konnte, um die »nahrhafte« Suppe zu mir zu nehmen. Es kam nämlich immer wieder vor, daß die jüdische Polizei ihre Razzien auf der Straße direkt vor der Werkstatt oder in der Nähe der Garküche abhielt. Dann mußte ich auf das Mittagessen verzichten und fastete, an meiner Maschine weiterarbeitend, bis zum Abend.

Einmal, als ich wie gewöhnlich in der Pause zu Mittag essen wollte, wäre ich beinahe in die Klemme geraten.

Es ist 1 Uhr. Ich gehe ganz normal aus der Hauseinfahrt in der Ceglana 9 auf die Straße und will die Richtung zur Garküche in der Ciepła einschlagen. Kaum tauche ich aus der Toreinfahrt auf, kommt schon ein jüdischer Polizist auf mich zugelaufen und verlangt meine *Meldekarte* zu sehen. Mir ist sofort klar, was das bedeutet, doch an Flucht wage ich nicht zu denken. Ich versuche, etwas zu finden, womit ich mich herausreden kann, irgendeinen passenden Grund, daß ich von der Arbeit käme oder zur Arbeit unterwegs sei oder etwas in diesem Sinne. Doch der Schuft läßt sich einfach nicht abbringen und fordert mich weiter auf, ihm meine *Meldekarte* zu zeigen. Da ich keine habe, weigere ich mich und tue so, als ob meine Papiere in Ordnung seien und es nicht nötig sei, mich vor ihm auszuweisen usw. Daraufhin zieht mich der Schuft am Ärmel, damit ich mit ihm auf das zuständige »Revier« gehe. Mir ist klar, was das für Folgen hätte: Für den Aufgegriffenen gibt es von dort nur einen einzigen Weg hinaus, und der führt direkt ins Arbeitslager. Ich will mich losreißen, leiste

Widerstand. Zugleich sehe ich, wie der Polyp zur Pfeife greift. Ich male mir aus, wie ich in wenigen Sekunden von einer Menge Polizisten umstellt sein würde … Dann hätte ich verloren! Also versuche ich, die Sache anders anzupacken. Ich schlage ihm vor, mit mir in die Toreinfahrt zu treten, um das Problem zu »erledigen«. Der Polizist tut ein bißchen so, als habe er Bedenken, aber letztendlich unterscheidet er sich nicht von anderen Polizisten und geht mit mir in die Toreinfahrt, aus der ich vor kurzem aufgetaucht bin.

Dort brachten wir die Sache tatsächlich zu Ende. Nach langen Verhandlungen drückte ich ihm 10 Złoty in die Hand (er wollte unbedingt 20 Złoty haben), und er ließ mich gehen. Bevor er sich entfernte, ermahnte er mich, in Zukunft vorsichtiger zu sein.

Und ich nahm mir seine Warnung zu Herzen. Es würde mir bestimmt nicht noch einmal gelingen, mich so günstig aus der Affäre zu ziehen. Von nun an zog ich es vor, bis zum Abend zu fasten, auch wenn es meine Freiheit beeinträchtigte; auf diese Weise sparte ich auch etwas Geld.

Im Laufe der Zeit wurde das Warschauer Ghetto für mich immer abstoßender, und dieses Gefühl verstärkte sich von Tag zu Tag, so daß ich immer häufiger in Erwägung zog, wenn mir die Verhältnisse dort zu sehr zusetzten, aus dieser »*Todeskiste*« auf die arische Seite zu flüchten. Ich dachte allerdings noch nicht darüber nach, wohin oder zu wem ich gehen konnte. Für alle Fälle wollte ich mehr Sorgfalt auf meinen gefälschten arischen Ausweis verwenden. Deshalb überklebte ich meinen Fingerabdruck mit meinem Foto und fälschte den Stempel des Amtes, das den Ausweis ausgestellt hatte. Diesmal gelang mir das sogar ziemlich gut, viel besser als vordem in Gniewoszów mit der *Kennkarte*. Ich war damit sehr zufrieden, denn ich hatte nun einen Trumpf in der Hand, den ich zuletzt immer noch ausspielen konnte, falls ich einmal mit einem Fuß im Grabe stehen würde.

Zu dieser Zeit ging ich weiterhin regelmäßig arbeiten. Wenn auf den Straßen keine Razzien stattfanden, machte ich abends kurze Spaziergänge mit Mira Braczkowska oder besuchte meine Bekannten und Freunde, wie das Ehepaar Pakman, Familie Herszkowicz und andere. Nachts schlief ich weiterhin in der Ruine des ausgebrannten Hauses … Ich war aber dieser Situation insgesamt sehr überdrüssig und müde geworden, sie schien mir auf die Dauer unerträglich. Tagsüber verrichtete ich zwar meine Arbeit, aber ich mußte trotzdem auf der Hut sein, um mich nicht aufgreifen zu lassen, und in der Nacht fand ich keinen Schlaf und kam nicht zur Ruhe. Die Werkstatt, in der ich arbeitete, war nämlich nicht registriert, so daß sie offiziell überhaupt nicht existierte. Daher hatte ich auch keine Bescheinigung über mein Arbeitsverhältnis. In dieser Hinsicht waren meine Rechte und die des Werkstattbesitzers gleich: Er mußte während jeder Razzia den Kontakt mit der Polizei genauso meiden wie ich.[33]

Dieser Stand der Dinge gefiel mir überhaupt nicht; ich trug mich mit der Absicht, nach einer Arbeit zu suchen, bei der ich mich nicht vor der Polizei zu fürchten brauchte. Ich wollte mich einfach nicht länger verstecken müssen. Ohne meine Arbeit zu unterbrechen, begann ich, mich wieder einmal um eine andere Tätigkeit zu bemühen. Doch diesmal wollte ich dabei meine Beziehungen und mein Geld ins Spiel bringen, weil mir klar geworden war, daß es ohne das nicht ging. Mein Bekannter, Wiktor Pakman, bot mir seine Unterstützung an. Er war ein äußerst edelmütiger, guter und hilfsbereiter Mensch.

Den besten Ruf hatten die Arbeitsstätten* auf der arischen Seite. Sie verschafften einem nicht nur die Garantie, daß man vom Arbeitslager verschont blieb, sondern auch eine gute Verdienstmöglichkeit, weil die Arbeiter bei der Rückkehr verschiedene Waren ins Ghetto schmuggeln und dadurch ihren Lohn aufbessern konnten. Aus diesen Gründen begannen Wiktor Pakman und ich, nach einer solchen Tätigkeit für mich zu suchen. Die beste von allen Arbeitsstätten auf der arischen Seite war in unseren Augen die Fabrik »Ursus«, zumal dort Juden als Mechaniker eingestellt wurden.[34] Wiktor Pakman kannte einen Angestellten beim *Arbeitsamt*, der mir für 500 Złoty eine Anstellung bei den »Ursus«-Werken vermitteln sollte. Leider dauerte das Verfahren aber eine gewisse Zeit. Trotzdem gab ich schon nach zehn Tagen Arbeit in der Werkstatt in der Ceglana 9 meine Tätigkeit dort auf. Mein »Chef« war offensichtlich nicht mehr zahlungsfähig: Erstens zahlte er niemals pünktlich, und zweitens bekam er kaum noch neue Aufträge für die Rikscha-Achsen, die in seiner Werkstatt hergestellt wurden. Kurz, sein Geschäft erschien mir zweifelhaft.

Wieder einmal war ich also ohne Beschäftigung. Ich hoffte jedoch, mit Hilfe des Ingenieurs Pakman recht bald eine Arbeit bei den »Ursus«-Werken zu bekommen.

Bis dahin besuchte ich (wenn ich mich nicht mit der wunderschönen und netten Mira Braczkowska traf) weiter meine Freunde und Bekannten und hörte mir jede Menge Berichte und Gerüchte über die Aussiedlung der Juden aus Warschau an. Dieses bedrückende Echo wurde von Tag zu Tag lauter, und infolgedessen beherrschten Unruhe und Unsicherheit das Leben der jüdischen Bevölkerung im Ghetto immer stärker. Aussiedlung! Das Wort bedeutete etwas Schlimmeres als Razzia und Verschickung in ein Lager. Was aber tatsächlich darunter zu verstehen war, wußte ich selbst am besten.

In diesen Tagen sagte mir Wiktor Pakman, daß mir der Angestellte des *Arbeitsamts* leider keine Arbeit bei »Ursus« vermitteln könne, wenn ich keine *Meldekarte* hätte. Ich geriet dadurch in große Verlegenheit, denn um eine *Mel-*

* *Placówka* – den Ausdruck für außerhalb des Ghettos befindliche Arbeitsstellen – übersetze ich im folgenden durchweg mit »Arbeitsstätte«. Überall, wo von »Arbeitsstätten« die Rede ist, sind diese »Arbeitsaußenstellen« gemeint.

dekarte zu bekommen, mußte man beim Einwohnermeldeamt gemeldet sein; das hatte ich aber bisher noch nicht erledigt. Doch auch in dieser Situation half Herr Pakman mir. Er kannte einen Rechtsanwalt, der auf solche Aufträge spezialisiert war, und dieser »Fälscher« – ein gewisser Beer in der Mariańska 2 – erklärte sich bereit, all das für mich zu erledigen, und zwar für 150 [Złoty]. Selbstverständlich beruhigte es mich sehr, daß ich nun endlich ohne Schwierigkeiten und zu einem niedrigen Preis meinen Aufenthalt im Ghetto würde legalisieren können. Deshalb akzeptierte ich diesen Preis ohne Wenn und Aber. Und dann ging alles sehr schnell vonstatten. Nach zwei oder drei Tagen war ich schon beim Einwohnermeldeamt gemeldet und besaß sowohl eine Lebensmittelkarte als auch eine vom *Arbeitsamt* ausgestellte offizielle *Meldekarte*. Zwar war ich nur zum Schein irgendwo in der Twarda 5, Wohnung 75, gemeldet, aber das war im Grunde unwichtig. Nun begann Herr Pakman sich ernsthaft darum zu bemühen, daß man mich den »Ursus«-Werken zuteilte. Da es für solche Arbeitsstätten angesichts der zahlreichen Razzien sehr viele Bewerber gab, zog sich auch dieses Verfahren wieder lange hin, obwohl ich bereit war, dem Angestellten beim *Arbeitsamt* 500 Złoty zu zahlen.

Im Ghetto aber hörten die Gerüchte über eine Aussiedlung überhaupt nicht mehr auf, im Gegenteil, sie verstärkten sich von Stunde zu Stunde, fast von Minute zu Minute. Man spürte, daß etwas in der Luft lag, und diese Bedrohung schien noch gefährlicher zu sein, als wenn das Schwert des Damokles über einem gehangen hätte.

Im »großen« Ghetto wurde erzählt, alle Juden würden ins »kleine« Ghetto zwangsumgesiedelt, und im »kleinen« war man der umgekehrten Ansicht. Dann erzählte man wieder, die beiden Ghettoteile würden demnächst endgültig voneinander getrennt und die Brücke über die Chłodna würde abgetragen. Und so zogen die Juden nach »eigenem Gutdünken« mit ihren Familien und ihrem Eigentum vom »kleinen« Ghetto ins »große« und vom »großen« ins »kleine« – jeder dorthin, wo es ihm sicherer erschien.[35] Außerdem ging noch das Gerücht um, alle Juden, aus beiden Teilen des Ghettos, würden in die Ukraine ausgesiedelt, wo sie dann auf den Feldern arbeiten sollten.[36] Immer wenn ich von dieser »Ukraine« hörte, stieg eine unsägliche Wut in mir auf. Mit unendlicher Geduld und allem Nachdruck versuchte ich den Leuten zu erklären, daß diese »Ukraine«, diese »Arbeit auf den Feldern« und überhaupt diese »Aussiedlung« – sollte es denn dazu kommen – nichts anderes bedeuteten als den Transport in die Vernichtung, die Reise in einen schrecklichen Tod.

Wenn ich davon sprach, führte ich solche Beispiele an wie Lublin und Dęblin, aber das war alles vergebens. Die menschliche Natur ist nun mal so; wenn der Mensch mit dem Schlimmsten rechnet, steckt er den Kopf in den Sand wie der Vogel Strauß, um die heraufziehende Gefahr nicht wahrnehmen zu müssen. Jedesmal, wenn ich sagte, die eventuelle »Aussiedlung« bedeute im Grunde nichts anderes als den Tod aller Ausgesiedelten, tat man dies mit einer ungeduldigen Handbewegung ab, wie wenn man eine lästige Fliege verscheucht. Ich habe begreifen müssen, daß ich, so sehr ich mich auch bemühte, die Juden auf die heraufziehende Gefahr hinzuweisen, nur tauben Ohren predigte. Mit der wirkungsvollen deutschen Propaganda konnte ich es nicht aufnehmen. All diese Märchen über die »Ukraine« und die »Arbeit auf den Feldern« waren ihr Werk – bekanntlich glauben die Menschen besseren Nachrichten lieber als schlechteren.

Am 15. Juli brach unter der Ghettobevölkerung eine Panik aus, die dann von Tag zu Tag immer größere Ausmaße annahm. An diesem Tag wurde das Ghetto außen von einer polizeilichen Absperrkette umstellt; diese Wachposten setzten sich aus Ukrainern, Letten und Deutschen zusammen, die mit Schutzhelmen und vollständiger Kampfausrüstung ausgestattet waren. Von den Straßen aus, die vom arischen Wohnbezirk nur durch einen Stacheldrahtzaun getrennt waren, konnte man sehen, wie all diese Hunde dort reglos standen und das Ghetto schief beäugten. Das Ghetto war umstellt und wurde von allen Seiten überwacht, damit es kein Mensch verlassen konnte.[37] Und das war ein eindeutiges Zeichen dafür, daß den Juden im Ghetto irgend etwas ins Haus stand. Jeden Tag, jede Stunde rechnete man mit dem Geheimnisvollen, Gefährlichen, Unvorstellbaren, für das man den Begriff »Aussiedlung« verwendete – als hätte sich irgendein dummer Verstand nicht eine noch mildere Bezeichnung ausdenken können für diesen grauenvollen Massenmord, für das Verbrechen, das jeden Augenblick beginnen konnte. Im Ghetto brach ein wildes Chaos aus – Aufregung und sinnlose Betriebsamkeit –, und in allen Gesichtern sah man deutlich die Angst. Der Handel hörte auf, es gab keine Arbeit, und die Preise stiegen von Tag zu Tag, denn als die Mörder das Ghetto umstellten, setzte dies auch dem Schmuggel durch die Ghettomauer ein Ende.

Genau zu dieser Zeit bekam ich einen Brief von meinen Eltern aus Gniewoszów. Darin berichteten sie mir, daß sie vom Gemeindevorsteher ihren Passierschein für Warschau bereits erhalten hätten und in den nächsten Tagen in die Stadt kämen. Dieser Brief brachte mich völlig aus dem Gleichgewicht. Was sollte ich jetzt tun? Sie schrieben, daß man auch in Gniewoszów ständig von der Aussiedlung der jüdischen Bevölkerung rede. Was für Ratschläge hätte ich ihnen in dieser Situation geben sollen? Ich wußte nicht, was ich ihnen antworten sollte. Ich hatte keine Ahnung, womit wir hier noch zu rechnen hatten, und was in Gniewoszów passieren würde, wußte ich auch nicht. Deshalb beschrieb ich ihnen schließlich haargenau die Lage in Warschau, im Ghetto, damit sie das tun konnten, was sie für richtig hielten – und nicht unvorbereitet vom Regen in die Traufe kämen.

Zwei Tage, nachdem das Ghetto umstellt worden war, tauchte ein neues Gerücht auf: Es sollten alle Juden ausgesiedelt werden, die nicht für die Deutschen arbeiteten. Daraufhin wollten plötzlich alle für die Schwaben arbeiten. Man riß sich um Arbeitsstätten auf der arischen Seite. Das *Arbeitsamt* wurde fast belagert.[38] Doch die armen Juden standen vergeblich in der langen Schlange an, um irgendwo Arbeit zu bekommen, denn das Arbeitsamt, d.h. die Aufnahmestelle, wurde geschlossen.

Daraufhin stürzten sich die Menschenmassen auf die »Shops«.* Tagelang standen die Juden in langen Schlangen und bettelten hier um irgendeine Arbeit. »Shops« waren deutsche Firmen, die ihre Produktionsstätten im Ghetto hatten und ausschließlich jüdische Arbeitskräfte beschäftigten. Die deutschen Firmenbesitzer verdienten eine Menge Geld an den Juden. Es wurde nämlich sehr viel produziert, aber der durchschnittliche Lohn betrug nur 5 Złoty pro Tag, dazu gab es noch einen Teller Suppe als Mittagessen. Zu den größten und bekanntesten Betrieben gehörten die »Shops« von Walther C. Többens und Schultz.[39] Diese »Shops« stellten die komplette Bekleidung für die deutsche Armee her, und alles sprach dafür, daß derjenige, der dort beschäftigt war, die größte Chance hatte, von der »Aussiedlung« verschont zu bleiben. Es war nicht verwunderlich, daß die Juden begierig darauf waren, in diesen Werkstätten zu arbeiten, zumal das *Arbeitsamt* keine Stellen mehr vermittelte. Und die Besitzer der »Shops« – sowohl Többens als auch Schultz – nutzten diesen Umstand aus und nahmen diese »billigen Neger« auf, um sie gründlich auszubeuten, solange es noch möglich war.

Auch hier herrschte, ähnlich wie bei anderen deutschen Behörden, eine erschreckende Korruption. Mit Bestechung und »Beziehungen« konnte jeder Arbeit bekommen, unabhängig von seiner Qualifikation und ohne ermüdet und entnervt in langen Schlangen warten zu müssen. Man brauchte auch nicht an die Türen verschiedener »Chefs« oder Kanzleibeamter und ähnlicher Hyänen zu klopfen, die die günstige Lage nach Strich und Faden ausnutzten.

Wie besessen irrten Tausende von Juden auf den Straßen des Ghettos umher. Ihren Gesichtern war die Müdigkeit anzusehen, die von den vielen schlaflosen Nächten kam, in denen sie über alles nachgrübelten. Und in ihren Augen lag schon die Tragik, die ihnen noch bevorstand. Wenn man durch das Ghetto ging, hörte man sie über nichts anderes sprechen als über »Aussiedlung« und Arbeit. Einem kamen die Fragen zu Ohren, die von Hunderttausenden gestellt wurden und aus Mündern quollen, die zu einem verbitterten Lächeln verzogen waren, Fragen dieser Art: Hast du schon etwas? Und dein Bruder? Arbeitet ihr? Wo denn? Usw.

* Dieser Begriff wurde im Ghetto fast nur mündlich – gesprochen »Schop« – verwendet. Der Ursprung des Wortes ist nicht eindeutig geklärt, eventuell besteht eine sprachliche Verbindung zu den amerikanischen »sweatshops«, Produktionsstätten mit ausbeuterischen Arbeitsbedingungen. Verschriftlicht existiert der Begriff in verschiedenen Varianten. F.W. gebrauchte die polnische Form »szop«. Im folgenden wird die heute als Terminus technicus übliche Schreibweise »Shop« verwendet.

Auch mich überschüttete man mit solchen Fragen, und selbstverständlich fragte ich dasselbe auch die anderen, denn alle restlichen Themen waren aus den jüdischen Köpfen verdrängt worden, nur dieses eine war übriggeblieben, dieser eine Gedanke, der so schrecklich war, daß man ihn nicht fassen konnte. Aber bei Gott! Niemand, nicht einmal ich, der ich doch schon von den bestialischen Grausamkeiten der Deutschen in Dęblin gehört hatte, wäre imstande gewesen, das vorauszusehen, was in Kürze eintreten sollte. Etwas derart Verbrecherisches konnte sich nur das besessene Hirn eines fanatischen Faschisten ausdenken, eines blutrünstigen Sadisten, eines Verbrechers ohnegleichen – des Inbegriffs von Gewalt, Grausamkeit und Mord –, des Nachkommen der Hunnen, der auf vollkommene Weise das Böse verkörperte, des Brandstifters an den Menschen – das Hirn Hitlers!

Auch ich versuchte aus verschiedenen Gründen, eine Beschäftigung zu finden, und diesmal suchte ich fast fieberhaft, in viel höherem Tempo als bisher. Vor allem hatte ich Angst davor, kein Geld zu haben. Außerdem steckte in der Behauptung, daß die bei den Deutschen Beschäftigten im Falle der »Aussiedlung« größere Chancen hätten, zweifellos ein Körnchen Wahrheit. Doch wie die Versuche vieler anderer Juden blieben auch meine Bemühungen ohne Erfolg. Ich ging mehrmals zum *Arbeitsamt* – jetzt, mit der »*Meldekarte*«, hatte ich nichts mehr zu befürchten –, aber es wurde ja überhaupt keine Arbeit vermittelt. Auch an die Firma »Ursus«, bei der ich unbedingt arbeiten wollte, gingen keine Kontingente an Arbeitskräften. Mein hilfsbereiter Bekannter, Ingenieur Pakman, konnte ebenfalls nichts für mich tun, weil der besagte Angestellte des *Arbeitsamts* nicht bereit war, die Angelegenheit zu erledigen, nicht einmal für 500 Złoty. Ich konnte also überhaupt nichts ausrichten, und infolgedessen hätte ich beinahe einen fatalen Weg eingeschlagen, der mich das Leben hätte kosten können.

Vor dem 20. Juli gab es im Ghetto mehrere Plakatanschläge des *Arbeitsamts*, auf denen bekanntgegeben wurde, daß jüdische Fachkräfte, Metallarbeiter, angenommen und zur Arbeit in Smolensk eingesetzt würden. Die unsichere und bedrückende Lebenssituation im Ghetto setzte mir derart zu, daß ich dem Wunsch kaum widerstehen konnte, mich als Mechaniker für diese Arbeit zu melden und dann wegzufahren und das ganze Ghetto hinter mir zu lassen – mir hing das Ghetto einfach zum Hals raus! Allerdings wartete ich noch damit. Und dieses Zögern rettete mir das Leben. Zwei Wochen später erfuhr ich nämlich – das war den Juden schon allgemein bekannt –, daß alle Menschen, die sich für Smolensk gemeldet hatten, die Stadt tatsächlich verlassen hatten, aber in dieselbe Richtung wie die »Ausgesiedelten« – sie teilten deren Schicksal.[40]

Schon am 20. Juli konnte man absolut sicher sein, daß die Aussiedlung beschlossen war. Diese Gewißheit beruhte auf zwei Vorgängen, die alle Juden im Ghetto mit eigenen Augen sehen konnten. Erstens hielt die Absperrkette von Ukrainern, Letten und Deutschen ununterbrochen Wache – diese Wachposten hatte man an der äußeren Seite der Mauer in sehr kleinen Abständen aufgestellt –, und zweitens erschienen auf den Straßen lange Karawanen deutscher Juden, die auf Rikschas und großen Pferdewagen durch den jüdischen Bezirk zogen, voll beladen mit ihrem Gepäck, ihren Bündeln und Koffern. Das waren deutsche Juden, die zuvor in einem sogenannten Sammelpunkt, in der Synagoge in der Tłomackie, untergebracht worden waren. Auf besondere Verfügung der Jüdischen Gemeinde »fuhren« sie jetzt mit ihrem gesamten Gepäck irgendwohin ins Unbekannte.[41] Auch an meinem Wohnhaus in der Zamenhofa zogen diese langen Karawanen vorbei, Rikschas und Pferdewagen, brechend voll ausschließlich mit alten und kranken Juden.

Die Jungen, ihre Kinder, blieben in Warschau. Man sah die große Trauer auf den Gesichtern dieser alten und zum Teil gebrechlichen Menschen, die als erste den Weg zum Danziger Bahnhof antreten mußten – den Weg, den die germanischen Bestien für eine halbe Million Warschauer Juden bestimmt hatten. Auch unsere Gesichter zeigten Trauer. Und die Menschen, die diese Bilder sahen, hatten schwarze Gedanken, denn jedem war bewußt, daß dies nur der Anfang der Aussiedlung war. Bis zu diesem Zeitpunkt hatte niemand wissen können, welches Schicksal ihn selbst erwartete, aber dieser Anblick war für alle mehr, als ihre Nerven ertragen konnten.

Die alten Menschen in den Wagen saßen auf ihrem Gepäck und weinten – ihren schrecklichen Tod vorausahnend – so bitterlich, daß einem das Herz blutete. Man wußte sehr gut, welche Gefühle sie erfaßt hatten: Verzweiflung und das bedrückende Bewußtsein, als alter Mensch wertlos geworden zu sein. Ich fühlte tiefes Mitleid mit ihnen, denn sie ließen ihre engste Familie hier zurück, und sie selbst stellte man – nach dem grausamen Recht der Germanen – am Rand des Lebens ab, als altes, abgenutztes und unbrauchbares Gerät. Man hatte keine Ahnung, wohin diese Unglücklichen fuhren. Und was das eigentliche Ziel und den Sinn dieser Wanderung betraf, so hatten viele Menschen inzwischen die Orientierung verloren, denn die Deutschen versuchten, die Menschen in die Irre zu führen, indem sie ihre üblichen betrügerischen Tricks anwandten und all diese Juden ihre gesamte Habe mitnehmen ließen.

Erst später, nach eigenen schmerzlichen Erfahrungen, kam ich zu der Überzeugung, daß dies im Auftrag der SS geschehen war – dieser Nazi-Mörder, Banditen und Räuber. Die deutschen Juden waren in der Regel reich[42], wenn auch jetzt nicht mehr, so doch vorher in Deutschland, und ihr ganzes Hab und Gut, das in ihrem Gepäck steckte und später in die Hände ihrer Henker fallen würde, war von sehr hohem Wert. Der Grund für dieses »Privileg« lag also klar auf der Hand: Es sollte den Schwaben den Raub erleichtern.

So stellte sich die Lage am 20. Juli dar, und genauso verlief das Leben im Warschauer Ghetto bis zum 22. Juli 1942. Die jüdische Bevölkerung ging mit schnellen Schritten ihrem höllischen Schicksal entgegen, das die Urheber des allerschlimmsten Verbrechens gründlich und gnadenlos vorbereitet hatten und das, zusammen mit der totalen Vernichtung der Juden, unwiderruflich auf sie zukam.

Ich selbst war trotz äußerst intensiver Suche und vielen Bemühungen weiterhin arbeitslos. Daher sah ich voll Angst in die Zukunft, denn natürlich ergriffen die allgemeine Panik und das Gefühl, nicht anders zu können, als auf »etwas Unbestimmtes« zu warten, auch mich.

Die erste Aussiedlungsaktion der Juden aus Warschau: 22. Juli 1942.

— X —

[Editorische Notiz]

Hiermit endet die ausformulierte Erzählung. Die neue Kapitelnummer »X« läßt vermuten, daß der Autor zumindest den Plan hatte, diese im gleichen Stil fortzusetzen. Doch die nachfolgenden Ereignisse, hat er dann – aus nicht eindeutig zu klärenden Gründen – nicht mehr ausführlich beschrieben.

Das Blatt dieser Seite weist eine Besonderheit auf: Die Vorderseite ist nur zur Hälfte beschriftet und das Papier wurde – vermutlich später – gekürzt. Die Rückseite ist unbeschrieben.

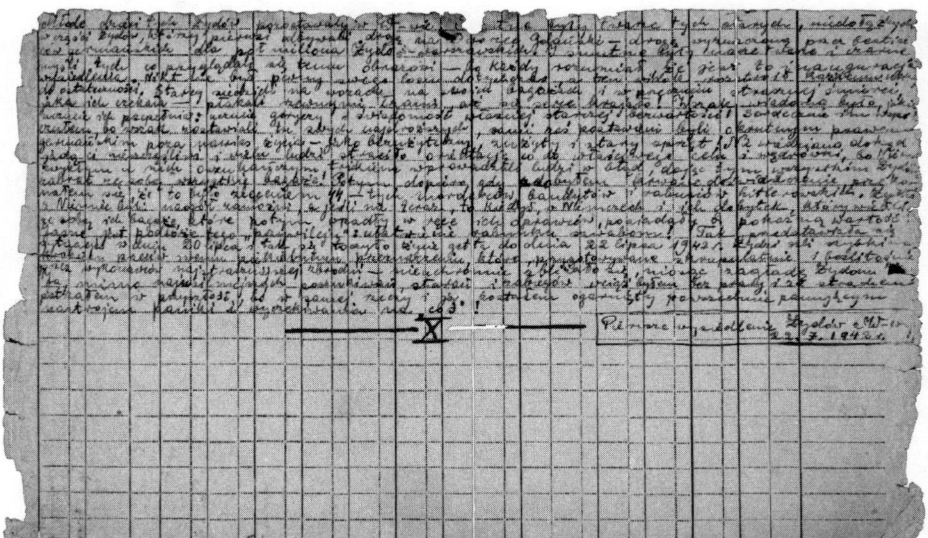

X

Pierwsze wysiedlenie Żydów z W-wy 22. 7. 1942 r.

[Manuskriptteil B]

Warschauer Ghetto, Juni 1942 bis Februar 1943

[Editorische Notiz]

Die folgenden Seiten, im Manuskript sechs Blätter, die Fryderyk Winnykamień mit den römischen Ziffern I bis VI numeriert hat, enthalten seine chronologisch geordneten Notizen für die Zeit im Warschauer Ghetto vom 23. Juni 1942 bis zum 7. Februar 1943. Es handelt sich hierbei nicht um zeitgleiche Tagebucheinträge, sondern um nachträgliche Notizen, die er in der Zeit zwischen Herbst 1943 und Frühsommer 1944 festhielt. Offensichtlich sollten sie ihm als Erinnerungsstütze für seine noch auszuformulierende, schließlich jedoch nicht weitergeführte Erzählung dienen.

Inhaltlich überschneiden sich diese Notizen anfangs mit Kapitel IX von seiner bald darauf angefertigten ausführlichen Beschreibung der Ereignisse vor dem 22. Juli 1942. So lassen sich, subsummiert unter dem Eintrag »23. Juni«, Notizen und Erzählung miteinander vergleichen.

Fryderyk Winnykamień ordnete seine – mit einem Abstand von etwas mehr als einem Jahr niedergeschriebenen – Notizen anhand jener Daten, die ihm noch erinnerlich waren. Soweit als möglich – wahrscheinlich erst für die Notizen für Herbst und Winter 1942 bis 1943 – zog er auch den Kalender seines Vaters beziehungsweise dessen Erinnerungen an einzelne Daten und Ereignisse hinzu. (Leopold Winnykamień traf am 19. Oktober 1942 im »arischen« Teil Warschaus ein. Von diesem Zeitpunkt an hielt er einzelne Ereignisse in der Stadt in seinem Kalender fest. Dieser ist nicht erhalten geblieben.)

Diese aus der Rückschau vorgenommenen Datierungen allgemeiner Ereignisse weichen mitunter von anderen, zeitlich näheren Überlieferungen ab. Dies stellt jedoch weder die von Fryderyk Winnykamień notierten Tatsachen selbst noch deren Abfolge in Frage. Sie lassen sich, soweit sie sich auf öffentliche Vorgänge im Ghetto beziehen, weitestgehend anhand anderer Quellen verifizieren.

Ungenaue Datierungen finden sich ausschließlich in Notizen, die der Autor einzelnen Tagen zwischen dem 25. Juli und Ende August 1942 zuordnete, also dem ersten Monat der Massendeportationen aus Warschau. So wurden unter dem Datum »25. Juli« mehrere Geschehnisse subsummiert, die sich nicht vor dem 29. des Monats zugetragen haben können. Vermutlich erinnerte der Autor im Rückblick auf die sich überschlagenden Ereignisse eine knappe Woche der Geschehnisse nach Beginn der Deportationen nicht mehr. Er griff erst wieder die nächste Eskalationsstufe (ab 29. Juli) auf und datierte auch die Ereignisse im August relativ konsequent um etwa eine Woche vor. Seine Notizen ab 1. September 1942 stimmen dann wieder weitgehend mit der tatsächlichen Chronologie überein.
Die Datierungen des Originals blieben im Haupttext unverändert. Richtigstellungen erfolgen, soweit exakte Zuordnungen möglich sind, in den Anmerkungen.

Fryderyk Winnykamień verwendete hier gebrauchtes, liniertes Formularpapier mit Aufschriften von fremder Hand und Spuren einfacher Lochung. Die Bögen wurden auf eine Größe von durchschnittlich 18 × 35 cm zurechtgeschnitten. Das mittlerweile abgegriffene, aber kaum gerissene Papier ist vom Hersteller mit dem Aufdruck »Drukarnia Państwowa nr 87653. 29. XII 36.« [Staatsdruckerei ...] versehen worden. Die Bögen I bis V wurden beidseitig beschrieben, der Bogen VI nur einseitig. Der Duktus der mit dunkelblauer Tinte ausgeführten Handschrift ist sehr eng, teilweise flüchtig; die Blätter sind mit Streichungen und Einfügungen versehen.

Alle vom Autor im Original gestrichenen Passagen werden auch im folgenden als durchgestrichener Text wiedergegeben.

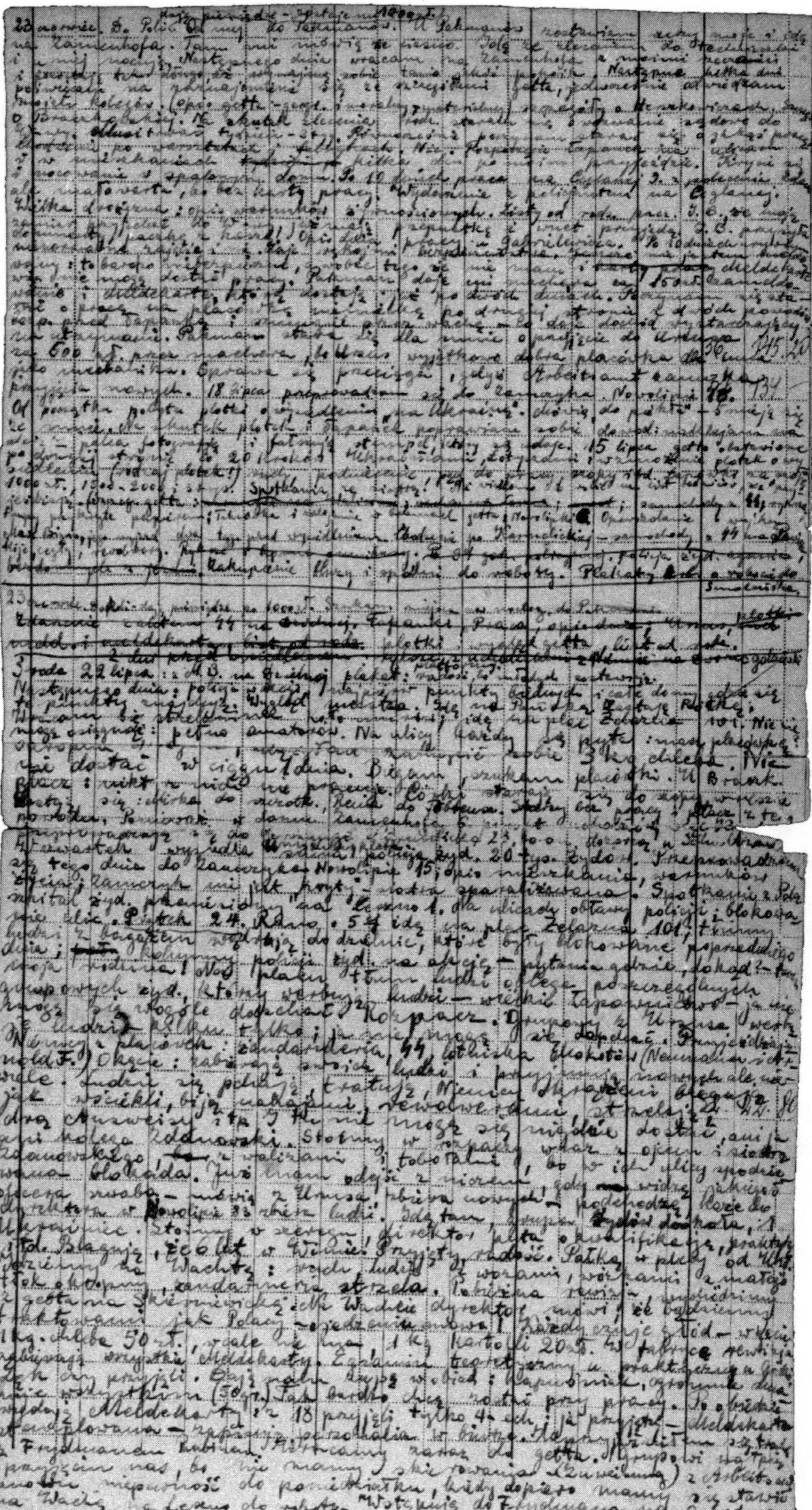

Mają pieniądze – zapłatę [illegible] 1000 zł.

22 czerwiec. D. Polic. Od niej do Patkmanów. U Patkmanów zostawiam rzeczy moje i idę na Zamenhofa. Tam mi mówią że wszystko. Idę z [illegible] do [illegible] i u niej nocuję. Następnego dnia wracam na Zamenhofa a [illegible] i [illegible] tak długo aż [illegible] sobie [illegible] gdzie [illegible]. Następne [illegible] poświęcam na zapoznawanie się ze szczegółami getta, jednocześnie odwiedzam wszystkich kolegów. (Opis getta – geogr. i moralny, materialny) [illegible] o [illegible] o [illegible]. Na skutek [illegible] [illegible] starania się o [illegible] do [illegible]. [illegible] – 34. [illegible] [illegible] starać się o [illegible] [illegible] po warsztatach i [illegible]. [illegible] [illegible] i w mieszkaniach [illegible] kilka dni po moim przyjeździe. [illegible] i nocowanie z [illegible] domu. Po 10 dniach praca na Ciepłej 3. z polecenia [illegible] ale [illegible], bo bez karty pracy. Wydalenie z policjantami na Ciepłej. Wielka drożyzna; opis warunków i [illegible]. Listy od rodz. [illegible]. I. B. ze [illegible] [illegible] [illegible] przepustkę i [illegible] przyjeżdża. I. B. [illegible] [illegible] i [illegible]! Opis [illegible] pracy u Gabrielewicza. Po 10 dniach [illegible] [illegible] [illegible] [illegible] to bardzo [illegible], [illegible] tego że nie mam i [illegible] meldekarte [illegible] mogę dostać pracy. Patkman daje mi [illegible] na 1500 zł [illegible] i meldekarte, które dostaję po dwóch dniach. [illegible] [illegible] o pracę na placówce [illegible] po drugiej stronie i [illegible] [illegible] [illegible] i [illegible] [illegible] daje dostać [illegible] na [illegible]. Patkman stara się dla mnie o [illegible] do Uniwersal za 600 zł. [illegible] [illegible] wyjątkowo dobra placówka dla [illegible] jako mechanika. Sprawa się przeciąga, gdyż Arbeitsamt zaczyna przyjęcia nowych. 18 lipca przeprowadzam się do Zamczyka Nowolipie 16. 36 134 145.20

Od początku polska plotki o wysiedleniu na Ukrainę. Mówią, do [illegible] – [illegible] [illegible] [illegible]. Na skutek plotek i [illegible] [illegible] [illegible] [illegible] [illegible] [illegible] i [illegible] [illegible] [illegible]. 15 lipca getto [illegible] po drugiej stronie [illegible] 20 [illegible] [illegible], [illegible] i [illegible] plotek o wysiedleniu [illegible] plotek!) [illegible] [illegible] do [illegible] [illegible] 1000 zł, 1500–2000 [illegible]. Spotkanie ze [illegible]! [illegible] 16 [illegible] jeszcze [illegible] getta; [illegible] [illegible] i [illegible] z 44 [illegible] [illegible] [illegible]; [illegible] i [illegible] getta. Nowolipki [illegible]. Opowiadanie [illegible] [illegible] [illegible] [illegible] przed wysiedleniem. [illegible] po Karmelickiej – samochody z 44 na [illegible] [illegible], [illegible]. [illegible] [illegible]. [illegible] [illegible] [illegible], policja żyd. [illegible], [illegible] [illegible] z [illegible]. Zakupienie [illegible] i [illegible] do roboty. Plakaty [illegible] o [illegible] do Smoleńska.

23 [illegible] [illegible] [illegible] po 1000 zł. [illegible] [illegible] [illegible] do Patkmanów.

Zdanowicz [illegible] 44 na [illegible], [illegible], Praca, opis [illegible] [illegible], plotki [illegible] i meldekarty, [illegible] od [illegible]. plotki i wygląd getta. [illegible] od [illegible].

2 [illegible] [illegible] [illegible] [illegible] [illegible] [illegible] [illegible] [illegible] [illegible]

Środa 22 lipca: z M. B. na [illegible] plakat: [illegible] [illegible] [illegible]. Następnego dnia: policja [illegible] [illegible] punkty [illegible] i całe domy [illegible] się te punkty [illegible]. Wygląd miasta. Idę na [illegible] [illegible] [illegible] [illegible] [illegible] idę na plac Żelazna 101. Nie mogę [illegible]: pełno amatorów. Na ulicy każdy się pyta: i masz placówkę? [illegible] [illegible] [illegible] [illegible] 3 kg chleba. Nie mi dostać w ciągu 1 dnia. Biegam, szukam placówki. U Brandt. [illegible]: [illegible] [illegible] w [illegible]. [illegible] [illegible] starają się do [illegible] [illegible] [illegible] się: [illegible] do [illegible]. [illegible] do [illegible]. [illegible] bez pracy i [illegible] z tej [illegible], [illegible] z domu Zamenhofa 5 [illegible] [illegible] 23 [illegible] [illegible] [illegible] 23, [illegible] [illegible] u [illegible]. Czwartek wyszedł [illegible] [illegible], policja żyd. 20 tys. Żydów. Przeprowadzam się tego dnia do Zamczyka Nowolipie 15; opis mieszkania, warunków życia; Zamczyk mi [illegible] [illegible] – [illegible] [illegible]. Spotkanie z [illegible] [illegible] żyd. [illegible] na [illegible] 1. Na [illegible] obławy policji i blokowanie ulic. Piątek 24. Rano 5 1/4 idę na plac Żelazna 101, [illegible] ludzi z bagażem wjeżdżają do dzielnic, które były blokowane poprzedniego dnia; [illegible] [illegible] policji żyd. na akcję – pytania gdzie, dokąd? – [illegible] [illegible] żyd., którzy [illegible] ludzi – [illegible] [illegible] [illegible] [illegible] się wgóle dochciać? Kopacz. [illegible] z [illegible] [illegible] ludzi [illegible] tylko i [illegible] [illegible] się [illegible]. Przychodzi [illegible] placówek: żandarmeria, 44, lotniska Okęcie: [illegible] ludzi i [illegible] [illegible] ale [illegible] [illegible]. Ludzi się [illegible], [illegible], Niemcy [illegible] [illegible] jak wściekli, biją [illegible], rewolwerami strzelają. [illegible] Ausweisy [illegible] [illegible] nie mogą się [illegible] dostać, ani [illegible] ani kolega Zdanowski. Stoimy w [illegible] [illegible] z ojcem i siostrą Zdanowskiego [illegible] z walizami i tobołami, bo w ich ulicy spodziewana blokada. Już [illegible] odejść z niczem, gdy [illegible] [illegible] jakiegoś oficera [illegible] – [illegible] z [illegible] [illegible] [illegible]! – podchodzę [illegible] do dyrektora w Nowolipiu 33 [illegible] ludzi. Idą tam, [illegible] [illegible] [illegible] [illegible], [illegible] Ukraińców. Stoimy w [illegible] dyrektor, [illegible] o kwalifikacje, praktyki [illegible]. Błagają, że 6 lat w Wiedniu! Przyjęty, radość. [illegible] w plecy od [illegible] [illegible] na Wachtę: [illegible] ludzi z worami, [illegible] z małego [illegible] [illegible], żandarmeria strzela. [illegible] [illegible] z getta na Skierniewicką. Na Wachcie dyrektor mówi, że będziemy traktowani jak Polacy – [illegible] [illegible]! Każdy [illegible] [illegible] – [illegible] 1 kg. chleba 50 zł, [illegible] [illegible] [illegible], 1 kg kartofli 20 zł. W fabryce [illegible] [illegible] wszystkie Meldekarty. Egzamin teoretyczny u praktyczny u [illegible] [illegible] [illegible]. [illegible] [illegible] [illegible] [illegible]: [illegible], [illegible] [illegible] wszystkim (50 gr.) [illegible] [illegible] [illegible] [illegible] przy pracy. Po [illegible] [illegible] Meldekarty z 18 przyjęli tylko 4 [illegible] i ja [illegible] – Meldekarta [illegible] – [illegible] [illegible] w [illegible]. [illegible] [illegible] z Frydmanem [illegible]. [illegible] nasz do getta. [illegible] [illegible] [illegible] nas, bo nie mamy [illegible] (Ausweisy) z Arbeitsamt [illegible] [illegible] do poniedziałku, kiedy dopiero mamy się stawić na Wachę, na [illegible] do roboty. Wstępuję do Frydmana na Ogrodową –

23. Juni*

Zu Pola. Ich gebe ihr das Geld. Es bleiben mir 1000 Złoty übrig. Ich lasse meine Sachen bei den Pakmans zurück und gehe in die Zamenhofa. Dort sagt man mir, daß es in der Wohnung sehr eng sei. Ich gehe mit dem Auftrag zu der Zahntechnikerin und bleibe dort über Nacht. Am nächsten Tag komme ich mit meinen Sachen in die Zamenhofa zurück und bleibe dort so lange, bis ich eine billige Unterkunft gefunden habe.

An den darauffolgenden Tagen widme ich mich der Erforschung aller Einzelheiten des Ghettos, zur selben Zeit besuche ich meine Freunde (die Beschreibung des Ghettos unter geographischen, moralischen und materiellen Gesichtspunkten).

Einzelheiten über die Familie Herszkowicz.

Einzelheiten über Braczkowska.

Im Auftrag meiner Eltern versuche ich, für sie eine Vorladung zur Gerichtsverhandlung nach Warschau zu besorgen. Das soll bis zu drei Wochen dauern. Zur selben Zeit bemühe ich mich um eine Arbeit. Anfragen bei verschiedenen Werkstätten und Fabriken. Nichts.

~~Eine Woche~~ Ein paar Tage nach meiner Ankunft im Ghetto beginnen die Razzien auf den Straßen und in den Wohnungen. Das Verstecken und die Übernachtung im ausgebrannten Haus.

Zehn Tage später auf Veranlassung von Zdan.[owski] Arbeit in der Ceglana 9; leider nicht von großem Nutzen, denn ohne *Meldekarte*.

Das Ereignis mit dem Polizisten in der Ceglana.

Enorme Überteuerung: Beschreibung der Lebensmittelsituation.

Briefe von den Eltern, geschickt über I.[rena] B.[ocian], sie haben die Absicht, nach Warschau zu kommen, haben bereits den Passierschein und werden bald in Warschau erscheinen.

I.[rena] B.[ocian] schickt mir meine Papiere und ein Päckchen mit Gerstengrütze.

Beschreibung eines Arbeitstages bei Gabrielewicz.

Zehn Tage später höre ich dort auf. Ich arbeite dort nicht unter normalen Umständen, und die Beschäftigung garantiert mir keine Sicherheit.

Ich bin noch nicht gemeldet. Das ist ziemlich gefährlich. Da ich keine ~~*Arbeitskarte*~~ *Meldekarte* habe, kann ich auch keine Arbeit bekommen.

Pakman besorgt mir für 150 Złoty einen Fälscher. Nach zwei Tagen bin ich schon gemeldet und bekomme eine *Meldekarte*. Aus zwei Gründen fange ich an, nach einer Arbeitsstätte bei den Deutschen auf der anderen Seite zu suchen:

* Die als Abschnittsüberschriften fungierenden Datumsangaben werden in der Übersetzung fett hervorgehoben und gegebenenfalls um die Monatsangabe in eckigen Klammern ergänzt. Die – teils einfachen, teils doppelten – Unterstreichungen der Datumsangaben finden sich im Manuskript.

wegen der Sicherheit vor den Razzien und wegen der Möglichkeit, Waren durch die Wache zu schmuggeln – letzteres garantiert einem den Lebensunterhalt.

Pakman bemüht sich, mir bei Ursus Arbeit zu verschaffen – durch den Fälscher für 500 Złoty. Die Fabrik Ursus wäre für mich als Mechaniker eine äußerst günstige Arbeitsstätte. Das Verfahren zieht sich hin, weil das *Arbeitsamt* keine neuen Arbeitskräfte annimmt.

Am 18. Juli ziehe ich zu Zamczyk in die Nowolipie 15 um.

Seit ich mich im Ghetto aufhalte, gibt es Gerüchte über eine Aussiedlung »in die Ukraine«. Ich sage: »In die Hölle.« Aber alle lachen mich aus.

Wegen der Gerüchte und Razzien bessere ich meinen Personalausweis nach: Auf den Fingerabdruck klebe ich ein Foto, und ich fälsche einen Stempel, was mir gut gelingt.

Am 15. Juli wird das Ghetto von außen umstellt. Zwanzig Schritte voneinander entfernt Ukrainer und Letten. Verstärkung der Gerüchte über die Aussiedlung (die Art der Gerüchte), starker Betrieb, Erregung, Drang zur Arbeit, »Shops« usw.

Schmiergelder für die »Shops«: 1000, 1500 bis 2000 und 3000 Złoty.

Treffen mit meiner Schwester. Keine Vorstellung, wie man auf den Brief von meinen Eltern reagieren soll. Sie wollen bald nach Warschau kommen. Einzelheiten über das Ghetto: ~~Schmuggel in der Walicόw, Wache in der Leszno, Brücke~~ Autos mit SS-Leuten, Rikschas, mit Papier bedeckte Leichen; Taxis und Erschießungen in den Hauseinfahrten: Nowolipki 6. Erzählen über den Onkel Maks Bigos und seine Ausreise etwa zwei Wochen vor der Aussiedlung.[1]

Das Gehen auf der Karmelicka – Autos der SS in Richtung Pawiak, Stöcke, Ziegelsteine, Revolver. ~~Rikschas und Pferde-Omnibusse. Nach 9 Uhr, der Polizeistunde, vertreibt die jüdische Polizei die Obdachlosen von der Straße~~

Kauf eines Arbeitshemds und einer Arbeitshose.

Plakatanschläge beim *Arbeitsamt* über Arbeitseinsätze in Smoleńsk.

23. Juni. Geld an Pola, 1000 Złoty. Suche nach einer Übernachtungsmöglichkeit. Die erste Anfrage bei Pakmans. ~~Vorfall mit einem Auto der SS in der Dzielna, Razzien, Arbeit, Beschreibung des Tages; Ursus, Gerüchte, Meldung und *Meldekarte*, Brief von den Eltern~~ Gerüchte und Aussehen des Ghettos. Brief von den Eltern. ~~Zwei Tage vor der Aussiedlung; Rikschas und Pritschenwagen mit Flüchtlingen aus Deutschland zum Danziger Bahnhof~~

Mittwoch, 22. Juli[2]

Mit M.[ira] B.[raczkowska] in der Dzielna. Plakatanschlag. Freude, weil die jungen Leute bleiben dürfen.[3]

Am nächsten Tag: Polizei im Einsatz, zuerst die Stellen, wo die Armen wohnen, dann die ganzen Häuser, in denen sich diese Stellen befinden.[4]

Aussehen der Stadt.

Ich gehe in die Pańska und treffe dort Róża an.[5]

Ich gehe zurück, Schießerei an den Mauern; ich gehe zum Plac Żelazna 101.[6] Ich erreiche aber nichts: viele Interessenten.

Auf der Straße fragt jeder jeden: Hast du eine Arbeitsstätte?[7]

Schreckliche Überteuerung[8]; zufällig habe ich es geschafft, drei Kilo Brot zu kaufen.

An einem Tag ist nichts zu bekommen. Ich laufe herum und suche nach einer Arbeitsstätte.

Bei der Familie Braczk.[owski] großes Weinen: Keiner von ihnen hat Arbeit. Die Töchter versuchen, an die »Shops« heranzukommen. Endlich haben sie Glück: Mirka kommt in die Bürstenfabrik, Renia findet Arbeit bei Többens. Die Alten sind arbeitslos und vergießen deshalb Tränen.

Weil es im Haus Zamenhofa 6 [zwei bis drei Wörter unleserlich, vermutlich: schwerer ist zusammenzutreffen], ziehen die K.[urctags] zu Gerszange in die Karmelicka 23 um, denn er ist Pförtner bei Schultz.[9]

Am Donnerstag werden von der jüdischen Polizei 20 000 Juden ausgesiedelt[10] – *Umschlagplatz**.[11] Am selben Tag ziehe ich zu Zamczyk in die Nowolipie 15 um. Beschreibung der Wohnung und der Lebensbedingungen; Zamczyk ist nicht »gedeckt« [hat keine schützende Arbeitsstätte] – seine Schwester gelähmt.

Treffen mit Pola, das Jüdische Krankenhaus in die Leszno 1 verlegt.[12]

Polizeirazzien auf den Straßen; Straßenblockaden.

Freitag, 24. [Juli]

Morgens um 5 Uhr gehe ich zum Plac Żelazna 101; Menschenmengen ziehen mit ihrem Gepäck zu den Wohnvierteln hin, die am vergangenen Tag abgesperrt waren. Kolonnen von jüdischen Polizisten einsatzbereit – Fragen: wo, wohin? – dort ist meine Familie!

Auf dem Platz ein furchtbares Gedränge, die einzelnen jüdischen Gruppenleiter[13], die für bestimmte Einsatzstellen werben, werden von den Menschen belagert. Eine große Bestechungsaktion. Ich bin nicht imstande, mir einen Weg durch das Gedränge zu bahnen. Tiefe Verzweiflung. Ein Gruppenleiter von Ursus wirbt für seine Firma[14] – nur ein paar Leute; ich komme leider in dem Gedränge nicht durch.

Deutsche von anderen Arbeitsstätten tauchen auf: von der Gendarmerie, von der SS, von den Flugplätzen Mokotów (Neumann und Arnold F.[ogler]) und Okęcie. Sie holen ihre Leute ab und nehmen nur einige neue auf. Die Men-

* Das deutsche Wort »Umschlagplatz« kommt im Text von F.W. in drei Schreibweisen vor: *Umschlagplatz* sowie verkürzt *umschlag* und *umszlag*.

schen versuchen, sich zu ihnen vorzudrängen, sie treten einander achtlos auf die Füße; die eingekreisten Deutschen laufen voller Wut herum, sie schlagen mit Peitschen und Revolvern, sie schießen und zerreißen Ausweise u.ä. Weder mein Freund Zdanowski noch ich erreichen hier irgend etwas. Wir stehen verzweifelt da, zusammen mit seinem Vater und seiner Schwester; sie haben ihre Bündel dabei, weil ihre Straße abgesperrt werden soll. Ich bin schon bereit, mit leeren Händen wegzugehen, als ich plötzlich einen Schwaben, einen Offizier, sehe und höre, er sei von Ursus und halte Ausschau nach neuen Arbeitskräften. Ich gehe auf ihn zu, er schickt mich zum Direktor in die Nowolipie 83, dort sammeln sich Leute. Ich gehe dorthin. Eine Gruppe von Juden steht herum, nur ein Ukrainer ist dabei.[15] Wir stehen in einer Reihe. Der Direktor fragt nach der Qualifikation und Berufserfahrung usw. Ich trage dick auf und sage, sechs Jahre bei Wim.* Ich werde genommen. Große Freude.[16]

Ein Schlag vom Ukrainer mit dem Schlagstock auf den Rücken. Wir gehen auf die Wache: reger Verkehr, Menschen mit großen und kleinen Wagen aus dem »Kleinen« Ghetto, großes Gedränge, die Gendarmen schießen. Oberflächliche Durchsuchung. Wir verlassen das Ghetto in Richtung Skierniewicka.[17] Auf der Wache sagt uns der Direktor, daß wir genau wie Polen behandelt würden – die Rede ist vom Essen. Jeder hat Hunger – im Ghetto ein Kilo Brot 50 Złoty, es gibt nichts, ein Kilo Kartoffeln 20 Złoty.

Eine Durchsuchung in der Fabrik, alle *Meldekarten* eingesammelt. Eine theoretische und praktische Prüfung bei [ein Wort unleserlich]. Angst, ob man genommen wird.

Zum Mittagessen geben sie uns eine Suppe, Sauerkrautsuppe, sie schmeckt allen ausgezeichnet (50 Groschen). Ich wünsche mir sehr, dort zur Arbeit angenommen zu werden.

Nach dem Mittagessen geben sie die *Meldekarten* zurück: Von achtzehn Arbeitswilligen werden nur vier genommen. Und ich bin dabei – meine *Meldekarte* abgestempelt, meine persönlichen Daten im Büro aufgeschrieben.

Ich habe mich ein bißchen mit Rubin Frydman angefreundet. Wir gehen ins Ghetto zurück. Die Gruppenleiter zweifeln, daß wir wirklich genommen werden. Wir haben nämlich keine *Zuweisung* vom *Arbeitsamt*.[18] Die Unsicherheit taucht wieder auf und quält uns – bis Montag, denn erst dann sollen wir auf der Wache in der Leszno zur Arbeit erscheinen.

Ich gehe bei Frydman in der Ogrodowa vorbei; Freude seiner Frau und seines kleinen Sohnes darüber, daß er die Arbeit bekommen hat und sie auf diese Weise deckt. Doch er hat keine *Ausweise* für sie. Deshalb hat er Angst,

* Bei *Wim* könnte es sich um die Abkürzung für eine Polytechnische Akademie, eine Technische Hochschule oder einen entsprechenden Fachbereich handeln, vermutlich: *Wydział Inżynierii Materiałowej (Politechniki Warszawskiej)*.

wenn er in die Stadt geht und sie allein läßt: ob sie noch da sind, wenn er zurückkommt.[19]

An diesem Freitag wurden wieder etwa 15 000 ausgesiedelt.

Ich sehe Pola in der Mariańska wieder; glücklich – ich habe endlich Arbeit gefunden, und dazu noch bei Ursus (!). Sie fühlt sich auch sicher, weil sie ein Zeugnis vom Krankenhaus hat.[20]

Bei der Familie Braczkowski große Ungläubigkeit, Bewunderung und Neid, daß ich Arbeit bekommen habe (jetzt schon und in einer Rüstungsfabrik!).

Ich besuche den Onkel in der Karmelicka: Bei B. [vermutlich: Braczkowski], bei Zamcz.[yk], bei Kurct.[ag], bei Gersz.[ange] – nirgendwo haben sie etwas zu essen. Ich habe noch etwas von den drei Kilo Brot und der Gerstengrütze von I.[rena] B.[ocian] übrig. Meine Schwester bekommt in der Schule ihre Verpflegung.

Von Pola erfahre ich, daß sie einen Anruf von unserem Vater bekommen hat: Bei ihnen alles in Ordnung; unser Vater habe uns 1000 Złoty geschickt, aber das Geld ist nicht mehr angekommen.[21]

Ein Straßenbild: Die Menschen irren herum wie vergiftete Mäuse.

Vom jüdischen Postamt aus schicke ich ein Telegramm nach Gniewoszów. Es wird durch einen Bekannten, Moszen B., in Empfang genommen.[22]

Wenigstens die Nacht ruhig.

Samstag, 25. [Juli][23]

Morgens auf die Wache: Vielleicht werde ich heute in der Fabrik genommen. Ich habe Angst, im Ghetto zu bleiben, und ich will essen und nochmals essen. Aber leider nichts dergleichen – sie lassen mich erst am Montag kommen. Wieder Angst, ob wir tatsächlich genommen werden.

Beschreibung der Wache: Gruppen werden gesammelt, Durchsuchungen usw.

Vor den Többens-Werken lange Schlangen: Die Menschen haben Näh- und Sattlermaschinen, »Ziegen« [tragbare Nähmaschinen] u.ä. dabei.[24]

Das *Arbeitsamt* nimmt niemanden mehr an, ist aber trotzdem von Menschenmassen belagert.[25]

Blockaden von verschiedenen Straßen und Häusern; Frauen flüchten von den Pritschenwagen, sie zerren und winden sich und heulen. Sie lassen ihre Männer und Brüder zurück. Frauen, Schwestern, Mütter und Kinder werden mitgenommen – ein furchtbarer Anblick!

Die Pritschenwagen in Richtung *Umschlag*platz, die Pferde-Omnibusse überfüllt.[26] Hier eine Blockade und dort die nächste. Als ich vom Postamt in der Zamenhofa 19 zurückgehe, Blockade in der Zamenhofa. Ich werde angehalten – nur mit größter Mühe gelingt es mir freizukommen, denn sie glauben nicht mal meiner *Meldekarte*.

An diesem Tag sind zum ersten Mal Ukrainer und Letten im Einsatz.[27] Die Blockade von morgens bis abends, die Nowolipie von der Seite der Karmelicka und der Smocza. Auf den Straßen Autos der Gestapo, *Totenk.*[opf], sie schießen aus Maschinenpistolen auf die Vorbeigehenden.

Ich sitze in der Nowolipie 15. In dieser Zeit in der Nowolipie von der Smocza bis zur Karmelicka Einsatz von Ukrainern und der SS.[28] Von 10 Uhr morgens bis 7 Uhr abends wird geschossen und werden Handgranaten geworfen. Am Abend gehe ich nachsehen, wer das überlebt hat: Im Haus von Herszkowicz ([Nowolipie] 30) liegen viele Leichen von Juden im Blut. Blut ... Allein in diesem Haus 300 Leichen – ganze Familien ermordet. In der Wohnung von Herszk.[owicz] niemand da – ich weiß nicht, was mit ihnen passiert ist. Alle Wohnungen ausgeraubt, zerstört und von Ukrainern leer gegessen, Bettwäsche, Daunendecken mit Bajonetten zerschnitten. Federn fliegen umher, Geschirr und Möbel liegen herum. Koffer und Bündel liegen auf dem Fußboden verstreut – die Menschen sind ohne sie gegangen, oder sie wurden getötet. Allein während dieser Blockade mehrere Tausend Tote.

Ich gehe zu meinem Onkel ([Nowolipie] 25). Sie sind da, nur der Rest der Familie des Schwagers nicht. Ich gehe zurück. Auf dem Weg treffe ich Herszk.[owicz]: Sie hatten die Ukrainer aus der Entfernung gesehen und konnten rechtzeitig fliehen. Szlamek hat sich mit seiner Rikscha bei den Schultz-Werken als Rikschafahrer gemeldet. Er fährt unentgeltlich verschiedene leitende Mitarbeiter umher und bekommt nicht mal eine Suppe dafür.

Auf den Straßen trauert man weinend um die nächsten Familienangehörigen – die Menschen suchen nach irgendwelchen Lebensmitteln, sterben vor Hunger. Es gibt nichts. Die Läden bleiben geschlossen, weil die Besitzer mit Gewalt weggebracht werden – nur die, die noch über Lebensmittelkarten verfügen, werden zur Zeit in Ruhe gelassen.

Bei Braczk.[owskis] großes Weinen: Sie haben seit zwei Tagen nichts mehr zu essen. Sie fürchten, daß es jeden Augenblick mit der Blockade losgehen kann. Sie sitzen auf ihren gepackten großen Rucksäcken, die sie »in die Ukraine« mitnehmen wollen, und heulen. Das ist ein richtiges Unglück, daß alle Menschen in diesem Wartezustand sind; sie sitzen da mit ihren großen Koffern und anderem Gepäck, das sie dann zum *Umschlagplatz* mitschleppen. Ich verabrede mich mit dem alten Braczk.[owski] für Sonntag morgen auf dem Plac Żelazna 101; ich will ihm helfen, als Arbeiter in irgendeine Gruppe hineinzukommen. Dann gehe ich wieder in die Karmelicka 23.

Kurctag bittet mich, ihn zu Ursus mitzunehmen. Ich weigere mich, weil dort keine neuen Fachkräfte aufgenommen werden. Deshalb gibt es einen Streit zwischen uns. Lucyna ist lungenkrank – sie essen nichts, sie haben Hunger.[29]

Ich erfahre, daß die Marinows freiwillig zum *Umschlagplatz* gegangen sind, wegen des Hungers – dort gibt man nämlich den Freiwilligen ein Kilo Brot und ein halbes Kilo Marmelade pro Kopf. Der Hunger zwingt viele Menschen, in die Waggons zu gehen.[30]

Ich besuche Onkel F.[ajersztajn] und seine Familie – alle leiden Hunger. Mein Onkel arbeitet als Pförtner anstelle eines Ausgesiedelten. Dort gab es auch eine Blockade. Sie hatten sich versteckt.

Während ich in der Stadt bin, Blockade in der Nowolipie 15. Alle fünf Personen waren in einer Nische hinter einem Schrank; sie hatten sich versteckt, als die Polizei vom Hof aus allen befahl herunterzukommen. Wie geht es weiter?

Tagsüber die Straßen menschenleer. Die Leute sitzen in allen möglichen Unterschlüpfen – Löchern[31]; abends und morgens starker, fieberhafter Verkehr.

Sonntag, 26. [Juli]

Um 5 Uhr morgens gehe ich mit Braczk.[owski] zum Plac Żelazna 101. Leider kann er nirgendwo Arbeit bekommen – zu alt. Es sei denn, er hätte viel Geld für eine Bestechung, aber so; er weint und weint, er klagt, daß er schon verloren sei mit seiner Frau und seinen Töchtern, denn ihre »Shops« seien unwichtig.[32]

Was geschieht am Plac [Żelazna] 101! Die Menschen achten nicht auf die Schüsse und Schläge, sie drängen sich vor, um angenommen zu werden: Hunger und Tod treiben sie dazu.

Mehrere Kolonnen jüdischer Polizisten, gefolgt von einer Kompanie aus Ukrainern und Letten; zum Einsatz. Es ist nicht bekannt, wohin. Braczk.[owski] bekommt Angst. Vielleicht geht es um sein Haus. Er läuft schnell heim. Man muß mehrmals vom Weg abbiegen, weil einige Straßen bereits abgesperrt sind. Ich bin in der Nähe von Arnold, also gehe ich bei ihm vorbei (Nowolipie 81). Alle sind glücklich, sie haben Arbeit: die Alten und die Tochter bei Többens – er ist Meister, Arnold ist als Meister für die jüdischen Mechaniker in Mokotów verantwortlich, der Vorarbeiter, Kollege Neumann, ist ihm untergeordnet.

Ich gehe zu Frydman in die Ogrodowa. Dann gehen wir zusammen eine Uhr kaufen, als Bestechungsgeschenk für unseren vermutlich künftigen Meister. Wir kaufen eine für 200 Złoty.

Dann gehen wir wieder zusammen zum Gruppenleiter Orensztein (wer ist das? – er muß Beziehungen haben!), um in Erfahrung zu bringen, wie es mit unserer Arbeit steht. Es ist alles noch nicht ganz sicher. Mit ihm gehen wir (Frydman als Fachmann) eine Uhr für den Direktor Venke kaufen[33]; auch das ist eine Bestechung. An der Wache warten wir auf die Gruppe von Ursus. Wir wollen etwas Gutes für uns hören. Sie kommen, sie haben Päckchen mit Kartoffeln und Brot dabei – Neidgefühle.

Beschreibung der menschenleeren Straßen: Man merkt, daß es hier immer weniger Menschen gibt.

An diesem Tag Pola bei mir. Ich hatte noch ein Stück Brot, also gab ich es ihr. In ihrer Schule gibt es immer weniger zu essen. Ich gehe dagegen morgen arbeiten, auf die arische Seite!

Montag, 27. [Juli]

Um 5 Uhr morgens wieder mit Braczkowski zum Plac Żelazna 101. Wieder nichts. Kurz vor 6 Uhr lasse ich ihn dort mit seiner Verzweiflung allein und gehe zum Treffpunkt für die Ursus-Leute in die Leszno vor die Wache.[34] Menschenmassen stehen da, mit und ohne Gepäck. Denn hier sammeln sich die Arbeiter, also »hier wird es keine Blockade geben«, deswegen stehen sie hier den größten Teil des Tages.

In den Hauseinfahrten hängen Anschläge; es sind Aufforderungen an die Hausbewohner, sich im Laufe des Tages am *Umschlagplatz* zu melden.[35]

Es kommen immer noch Wagen von verschiedenen Arbeitsstätten, um neue Arbeitskräfte anzuwerben. Allerdings brauchen sie nur ein paar Leute, aber auf diese Plätze drängen sich Tausende und aber Tausende. Die Juden verdienen inzwischen nichts mehr, sie haben also kein Geld mehr und verkaufen ihre schönsten Sachen.[36] Die Polen kommen über die Wache ins Ghetto und kaufen spottbillig alles auf. Wunderschöne Herrenwintermäntel gegen ein Kilo Brot, schöne Männeranzüge für ein Viertel Kilo Speck, gute Unterwäsche für ein Kilo Gerstengrütze, also fast gratis. Ein Wagen von der Arbeitsstätte in Rembertów[37] rekrutiert junge Mädchen – es tut mir irgendwie leid, daß Pola nicht hier ist, denn vermutlich hätte sie eine Chance, dorthin zu gehen. Ich habe Angst um sie im Ghetto, auf der arischen Seite ist man doch viel sicherer.

Die Leute vom *Werkschutz* bei Ursus kommen auf den Platz.[38] Der Direktor wirbt wieder neue Arbeitskräfte an. Er nimmt unter anderem drei jüdische Mädchen auf. Sie sollen als Bedienung in der Küche für jüdische Arbeiter beschäftigt werden – lauter bildhübsche 19- bis 20jährige Mädchen. Ich erkundige mich, ob sie nicht noch ein Mädchen, Pola, nehmen würden; nichts dergleichen, nur, wenn ich mehrere tausend Złoty anbieten könnte, die ich nicht habe, ließe sich vielleicht etwas machen.

Wir gehen auf die andere Seite hinüber – die Gendarmen zählen uns alle.

In der Fabrik laufe ich den halben Tag zusammen mit Frydman ohne Arbeitszuteilung herum. Zuerst reinigen wir in der »Werkzeugabteilung« die Maschinen.

Das Mittagessen schmeckt wie noch nie – vorher nämlich fast eine Woche ohne warme Mahlzeiten, nur trockenes Brot und Hunger. Ich würde so gern etwas für meine Schwester mitnehmen, weil auch sie im Ghetto Hunger leidet; aber weder bekommt man einen zweiten Liter noch darf man Suppe aus der Fabrik mit hinausnehmen.[39]

Nach dem Mittagessen werden Frydman und ich dem Meister Andrzej Łukawski[40] von der Abteilung für Maschinenreparatur zugeteilt. Wir beginnen sofort mit der Arbeit: Der Support einer Schwerdrehmaschine wird demontiert. Die Arbeit läuft gut. Ich arbeite in der größten Halle für Mechanik, der Halle »C«.[41] Hier befindet sich auch ~~der Tisch~~ die Werkbank meines Meisters. Außer uns beiden arbeitet dort seit längerer Zeit ein älterer Jude, Blajsiewicz. Schon vor der Aussiedlung da beschäftigt; ein miserabler Schlosser.

Um den Meister Łukawski für uns günstig zu stimmen, geben Frydman und ich ihm zu Anfang eine Uhr. Wir sehen nämlich, daß alle Polen dort nur zu gern die Hand nach Bestechungsgeldern ausstrecken; wenn man sich den eigenen Meister nicht kauft, dann hat man nicht nur erschwerte Arbeitsbedingungen, sondern kann auch den Arbeitsplatz in der Fabrik verlieren – auch wenn man der beste Fachmann ist – und zum *Umschlagplatz* geschickt werden. Zdanow.[ski] sieht in der Fabrik eine Lebensquelle.

Während der Arbeitszeit rufen die Gruppenleiter im Ghetto an, dann informieren sie uns, wo es Blockaden gab oder noch gibt. Unter den Arbeitern, die ihre Frauen und Kinder, ihre Mütter und Schwestern im Ghetto gelassen haben, breitet sich Unruhe aus. Wir zahlen Geld für Lebensmittelpakete ein, die dann ins Ghetto geliefert werden: sechs Kilo Kartoffeln, 1,2 Kilo vom rationierten Brot – der Preis ist ein bißchen höher als er sonst auf dieser Seite ist.

Wir bekommen *Ausweise* von der Fabrik Ursus ausgestellt. Nach der zweiten Portion Suppe kehren wir ins Ghetto zurück. Auf dem Rückweg kommen auf der Straße polnische Jungen auf die Gruppe zugelaufen. Ich kaufe ihnen 200 Zigaretten ab. Ich bin froh, für den Unterhalt meiner Schwester und für meinen eigenen sorgen zu können.

Was an der Wache in der Leszno passiert: zig Gruppen von zurückkehrenden Juden in langen Reihen, eine hinter der anderen. Die Fahrbahnen in der Leszno und der Żelazna wie verbarrikadiert. Anderthalb Stunden lang stehen wir mit unseren Papiertüten voller Schmuggelware da, bis uns die Gendarmen ohne Durchsuchung hineinlassen. Wir werden nur alle gezählt. Kurz danach, hinter der Wache, stürzen sich die Leute wie hungrige Wölfe auf uns und unsere Päckchen. Sie sind bereit, jeden Preis zu zahlen, und versuchen flehend, uns ihr ganzes Geld in die Hände zu drücken. Innerhalb einer Minute habe ich fünf Kilo Kartoffeln verkauft. Ein Kilo habe ich für Zamcz.[yk] übriggelassen, und mit dem Brot bin ich zu Pola gelaufen. Sie hat sich über das Brot und die Zigaretten, die es im Ghetto nicht mehr gibt, sehr gefreut. Alle ihre Freundinnen beneiden sie, daß sie einen Bruder hat, der in einer Arbeitsstätte beschäftigt ist.[42]

Ich kehre in die Nowolipie 15 zurück. Zamczyk und seine Schwester preisen mich selig für das Kilo Kartoffeln – sie essen nur das: Salzkartoffeln.

Neue Untermieter kommen hinzu: ein älteres Ehepaar – Bekannte von Zamcz.[yk] aus dem »Kleinen« Ghetto. Alle Nachbarn und Hausbewohner bitten mich flehentlich darum, ihnen meine ganze Schmuggelware abzugeben. Sie bestellen Speck und anderes.

~~Ich gehe~~ Zamczyk wird in dem Sattler-»Shop« »Dal« angenommen. Doch dieser Betrieb zahlt noch nicht, verteilt auch keinen Proviant und arbeitet nicht.[43]

Zamczyk will seine kranke Schwester im Krankenhaus unterbringen, weil er keine Verpflegung für sie hat, und außerdem ist sie zu Hause nicht mehr sicher – die Ukrainer bringen bei den Blockaden die schwerkranken Menschen um.

Ich besuche die Familie Braczk.[owski]; bei ihnen hat sich die Lage nicht verändert. Die Blockade hat noch nicht stattgefunden, aber sie rechnen jeden Augenblick damit. Sie sitzen auf ihren Bündeln, bereit zum Weg in den Tod, und weinen. Die Alten haben weiterhin keine Arbeit, und die jüngste Tochter ist auch ohne Beschäftigung. Die älteste Tochter findet keine Möglichkeit, bei den Többens-Werken angenommen zu werden. Nur Mirka ist in einem »Shop«, einer Bürstenbinderei, eingetragen, aber dieser Betrieb wird bei den Blockaden nicht verschont.

An diesem Tag – 20 000 Juden.

Dienstag, 28. [Juli]

Frühmorgens gehe ich zur Wache; unterwegs treffe ich A.[dek] Rzepnik, der in Okęcie arbeitet. An der Wache kaufe ich ein paar Pullover und Hemden – der erste Schmuggel. Alles läuft gut, ohne Durchsuchung, der Gendarm läßt sich nur das gesamte (!) Geld zeigen. Man darf bis zu 100 Złoty dabeihaben.

In der Fabrik (Arm gebrochen) – Arbeit und Handel. Hoher Verdienst.

Zurück ins Ghetto: Speck, Saccharin, Zigaretten, Brot, Kartoffeln, Rüben, Möhren, Rettich. Große Gewinne. Die Gendarmen sehen sich die Pakete an, nehmen uns aber noch nichts weg. Im Nu verkaufe ich fast alles. Nur die Kartoffeln lasse ich für Zamcz.[yk] übrig, und das Brot für Pola. Doch kaum tauche ich bei Zamcz.[yk] auf, schon sehe ich ihren Gesichtern an, daß sie etwas Schreckliches erlebt haben. Der Alte ist auf der Couch erschossen worden – alle anderen waren im Versteck hinter dem Schrank –, und die ganze Couch ist mit Blut durchtränkt.

Pola kommt Brot abholen; sie erzählt von einem Anruf unseres Vaters aus Gniewoszów und dem Bericht über Rysia.[44] Wir sind verzweifelt und hilflos.

Ich gehe wieder zu Braczk.[owskis] – unverändert.

Ich gehe zu Janka [Janina Gerszange][45] – unverändert. Sie bitten mich um Verpflegung.

Ich besuche auch die Familie Herszk.[owicz]. Sie bitten mich ebenfalls um Proviant – weiterhin unverändert.

Mittwoch, 29. [Juli]

~~Ich kaufe an für~~ Das Aussehen der Wache – unverändert.

Ich kaufe Schmuggelware ein. Die Gendarmen untersuchen inzwischen unsere Taschen, aber man kann sie leicht täuschen. Als Frydman und einige andere Kollegen am vorhergehenden Tag nach der Arbeit nach Hause kamen, waren ihre Frauen und Kinder nicht mehr da.

Stechkarten werden markiert.

Die Fabrik: Ich fange an, mit Przerad.[owski][46] zu handeln. Er bringt Speck und Saccharin mit. Den Speck schmuggele ich in den Stiefelschäften – Beschreibung der Durchsuchung: *Silbergeld! Zigaretten!* Fette und Fleisch werden uns weggenommen.

Immer mehr Bargeld und bessere Ernährung.

Die Waren verkaufe ich teils an Janka, teils an die Bracz.[kowskis], den Rest überlasse ich Pola und Zamcz.[yk].

Das Ghetto bleibt dicht umstellt, die Aktion wird unverändert durchgeführt. Die Polen bringen weiter die spottbillig erworbenen Sachen hinaus.

Auf den Straßen nach der Arbeit immer Blutlachen. Man merkt auch, daß es weniger Juden gibt. Viele Häuser leer. Die Deutschen legen die Beschäftigten zusammen.[47]

Jede Firma bekommt für ihre Arbeiter einen Häuserblock. [Für das Werk von] Schultz [ist er] schon bestimmt: die ganze Nowolipie von der Karmelicka bis zur Smocza, ein Teil der Karmelicka und eine Straßenseite der Nowolipki. Für Többens: die Leszno, die Żelazna mit einem Teil der Nowolipie und der Karmelicka.[48] Die Polizei hat ebenfalls ihren Häuserblock in der Dzielna und der Karmelicka; die Angestellten der Jüdischen Gemeinde haben einen Wohnblock in der Gęsia zur Verfügung. Überall werden Zäune errichtet. Die Ursus-Werke sollen ebenfalls einen Häuserblock bekommen.

An diesem Tag holt Pola wieder Brot ab; sie erzählt, daß ihre Schule in die Gęsia umzieht, in das sogenannte »*Schwesternheim*« im Wohnblock der Gemeinde.[49] Ich freue mich darüber, daß sie nicht mehr zwischen dem »Kleinen« [Ghetto] und dem Krankenhaus im »Großen« Ghetto hin- und hergehen muß – die Gęsia liegt nämlich im »Großen« Ghetto. In der letzten Zeit ist es sehr gefährlich geworden, die Waliców entlangzugehen. Der Verkehr ist geringer geworden, und die Ukrainer schießen sogar durch den Zaun auf die Juden. Vorgestern ging meine Schwester hinter einem jungen jüdischen Mann her, nur einen Schritt von ihm entfernt, als er plötzlich tot umfiel.

Ich gehe zu den Braczk.[owskis]. Sie bitten mich, mit Mirka eine Scheinehe zu schließen. Die Gründe. Ich stimme zu.[50]

Donnerstag, 30. [Juli]

Frühmorgens zur Arbeit. An der Wache kaufe ich die Schmuggelwaren, ich ziehe die Sachen in einer Hauseinfahrt an.

Mehrere Polizeitrupps, die Ukrainer auf Rikschas zum Einsatz. Großes Gedränge, Chaos, Durcheinander! Durchsuchung auf der Wache – die Oberteile, Hemden sollen aufgeknöpft werden; Geld!

Bei Ursus fangen Ukrainer und *Volks.*[deutsche] an, die Arbeiter zu durchsuchen und dabei sogar zu schlagen.

Mein Verhältnis zum Meister ist sehr gut. Die Briefe von der Bocian an seine Adresse.[51] Ich werfe meine Briefe auf der arischen Seite ein. Ich betreibe weiterhin Handel mit Przerad.[owski]; Speck in Streifen, der Preis im Ghetto: 260 Złoty. In der Fabrik das Essen ein bißchen schlechter. Viele neue jüdische Arbeitskräfte sind angenommen worden. In der Skierniewicka gibt es inzwischen etwa 100 von uns, in Czechowice möglicherweise sogar 120.[52] Dorthin mit Autos.

Beschreibung meiner Arbeit in der Fabrik. Ich freunde mich mit Adek Rozenberg an, dem Fräser.

Zdanowski verliert in dieser Zeit seinen Vater und seine Schwester.

An diesem Tag erfahren wir auch, daß uns ein Häuserblock in der Miła zugeteilt wird. Wir wünschen, daß dies schnell vonstatten geht, denn in den sogenannten wilden Häusern ist es trotz unserer *Ausweise* nicht ungefährlich.[53]

Ich gehe mit der Schmuggelware zurück. Die Durchsuchungen werden immer schärfer – die Leute werden ziemlich oft geschlagen, und zwar, wenn man bei ihnen Fett gefunden hat. Ich bringe der Tante F.[ajersztajn] Gemüse.

Der Eingang zum Schultz-Werk wird streng überwacht.

Ich treffe Szlamek auf seiner Rikscha. Er hat keine Eltern mehr; er selbst, seine Schwestern, sein Schwager und der Neffe Mietek mußten umziehen. Sie wohnen jetzt in einem sogenannten wilden Haus in der Zamenhofa 42.

Die Többens-Werke dürfen ebenfalls nicht mehr betreten werden.[54] Die Beschäftigten verschiedener »Shops« ziehen mit ihren Familien in die ihnen zugeteilten Wohnblocks um. Morgens und abends dort reger Verkehr – kleine Wagen mit Gepäck. Das Haus in der Zamenhofa schon leer. Die anderen Bewohner sind bereits ausgesiedelt worden.

Mirka hat ihre Schwester und ihre Eltern in dem »Shop« eingetragen, in dem sie selbst beschäftigt ist; dieser Betrieb hat nämlich ganz plötzlich neue Aufgaben bekommen, auch einen Wohnblock. Sie sollen in diesen Wohnblock umziehen.[55]

Es wird fieberhaft geheiratet: Trauungen von Jugendlichen und Scheinehen.

Zamczyk hat seine Schwester ins Krankenhaus Leszno – Żelazna eingeliefert. Die Familie Wajnberg ist zu uns gestoßen. Sie mußten ihr Haus in der Karmelicka verlassen, weil es den Többens-Werken als Wohnblock zur Verfügung gestellt wurde.

Freitag, 31. [Juli]

Wie gewöhnlich zur Arbeit. Die Lage in der Stadt unverändert. ~~Zerstörte Geschäfte~~ Ich sehe viele Familien von *Arbeitsamt*sangestellten hierher ziehen.[56] Die übliche Durchsuchung, wie am Tag zuvor.

In der Fabrik auch alles unverändert: Przeradowski bringt mir ein zusätzliches Mittagessen in die Maschinenhalle; es schmeckt viel besser – Fleisch.

Peter und Venke [erzielen] Gewinne bei den Paketen – zehn Kilo Kartoffeln, 1,4 Kilo Brot.

Ziemlich hohe Verdienste. Aber unsere Jungs verderben die Preise – sie bringen viele Waren bei ihren Familien unter, das heißt, sie geben die Sachen einfach gratis ab.

Der Rückweg: Beschreibung der Durchsuchung mit mehreren Einzelheiten – Austricksen der Gendarmen.

An diesem Tag die Nachricht, daß wir fünf Häuser in der Miła zur Verfügung haben. Wir vier, und eines steht den Mitarbeitern aus Czechowice zu. Die Nummern angeben: 46, 44, 42, 40, 38. Am Sonntag, dem 2. August, sollen die Wohnungen verteilt werden.

Samstag, 1. August

Wir arbeiten nur (Nummern: 3733) bis 3.15 Uhr. Wieder zu Hause erledige ich alles blitzschnell. Meine Schwester zu diesem Zeitpunkt noch in der Mariańska.[57] Das »Kleine« Ghetto scheint leer zu sein.[58] Es ist sehr gefährlich, dorthin zu gehen, weil die Ukrainer von der anderen Seite wahllos auf die Vorbeigehenden schießen.

Ich bringe meiner Schwester Proviant und gebe ihr einen Brief von den Eltern – an die Adresse von A.[ndrzej] Ł.[ukawski], Pańska 77/27. Wir freuen uns sehr, daß ich eine eigene Wohnung bekomme. Meine Schwester will zu mir ziehen, aber in diesen Block dürfen nur Ehefrauen und Kinder der Arbeiter. Es soll kontrolliert werden, die übrigen Bewohner auf den *Umschlag*platz. Deshalb habe ich Angst.

An diesem Tag erfahre ich von Zamczyk, daß das ganze Krankenhaus Leszno – Żelazna ausgesiedelt worden ist.[59] Seine kranke Schwester sei vom zehnten Stock hinuntergesprungen. Verzweifelt darüber; außerdem ohne Geld usw.

Bei den Braczkowskis bestätige ich am Abend, daß ich ihre wiederholte Bitte, Mira zu heiraten, annehmen will, denn ihr »Shop« scheint weiterhin unsicher zu sein. Sie wohnen nun bei Bekannten in der Nowolipie 67a; ihr Haus in der Dzielna 13 wurde bereits der Polizei zugeteilt.[60]

Sonntag, 2. August

Entsprechend unserer Verabredung gehe ich an diesem Tag in der Frühe zu den Bracz.[kowskis]. Sie haben schon einen Schein vom Rabbiner aus Przejazd. Daraus geht hervor, daß Mira vom heutigen Tag an meine Frau ist – die Trauzeugen haben auch schon ihre Unterschriften daruntergesetzt. Dies alles hat die Braczk.[owskis] 50 Złoty gekostet. Ich habe ein seltsames Gefühl wegen einer solchen Scheinehe. Mira soll mit mir zusammen die Wohnung beziehen, die ich zugeteilt bekomme. Außerdem muß sie sich den Gruppenleitern und dem Hausverwalter Kelter als meine Frau vorstellen. Sie ist als meine Frau nur in meinem Wohnblock sicher. Die Mutter von Mira verzweifelt: eine Person von hoher Moral. Aber letztendlich hat sie wohl dem Ganzen zugestimmt, um das Leben ihrer Tochter zu retten. Im übrigen kennt sie mich schon ziemlich gut, so daß sie großes Vertrauen in mich setzt. Ich habe ihr außerdem versichert, daß ich nicht vorhabe, diese außergewöhnliche Situation auf sündhafte Weise auszunutzen.

Ich gehe mit M.[ira] B.[raczkowska] zusammen in den Block, um dort eine Wohnung zu bekommen. Ich entscheide mich für ein Zimmer mit einem Alkoven in einer 6-Zimmer-Wohnung in der Miła 42. Unsere Wohnung liegt im Vorderhaus im ersten Stock. Mein Zimmer ist zum Teil möbliert; Beschreibung der Einrichtung.

Da ich sehr wenig, fast gar kein eigenes Gepäck habe, wollen die Braczk.[owskis] im Laufe des Tages alle ihre Sachen zu mir bringen; zu Hause haben sie nämlich keinen Platz mehr.

In unserer Wohnung sind untergebracht: Stan.[isław] Żychliński und R.[ubin] Frydman; die Tür mir gegenüber im Flur, der Gruppenleiter Kuba Cytrynbaum mit seiner kleinen, jungen Ehefrau (so jung wie meine). Jeder der genannten Bewohner hat ein Zimmer zur Verfügung, meines am größten und schönsten. Sollte ich aber noch im Winter dort bleiben, könnte ich vor Kälte sterben. Doch wer denkt jetzt schon an den Winter?

Da ich keine eigenen Sachen habe, soll ich Frydman dabei helfen, seine Sachen zu holen. Ich gehe mit ihm in die Ogrodowa, dabei komme ich bei meiner Schwester in der Mariańska vorbei. Es stellt sich heraus, daß ich dort zum richtigen Zeitpunkt auftauche, denn sie muß (heute noch!) umziehen. Ich helfe ihr; ich nehme ihren Rucksack mit der ganzen Wäsche usw. in meine

Wohnung mit, und sie selbst soll ihre anderen kleinen Sachen in das *Schwesternheim* in der Gęsia[61] tragen. Ich nehme also ihren Rucksack mit und laufe zu Frydman in die Ogrodowa.

Frydman besorgt einen Karrenfahrer. Dann laden wir seine Möbel, Kleidung, Bett- und Unterwäsche und auch den Rucksack meiner Schwester auf den kleinen Karren. Wir fahren los. Schüsse eines Ukrainers in der Żelazna: eine Litfaßsäule.

Der Übergang vom »Kleinen« in das »Große« Ghetto geschlossen – dort Blockade. Mehrere kleine und große Wagen, auch Rikschas, stehen in einer langen Reihe vor der Schranke. Wir warten deshalb stundenlang dort. Zufällig bietet sich mir eine Chance, drei Fahrräder für je 50 Złoty zu kaufen – auf der arischen Seite 2500 Złoty.

Nach mehreren Stunden des Wartens geht es (gegen 14 [Uhr]) wieder los. Wir folgen unserem Karrenfahrer; [er ist] jung. Während wir den Karren schieben, begegnen wir betrunkenen Ukrainern, die auf Rikschas vom Einsatz zurückfahren. An der Ecke Gęsia und Lubeckiego werden wir von einem Ukrainer angehalten. Er nimmt nur den Karrenfahrer fest, uns läßt er in Ruhe. Dann fährt er ab. Kurz danach taucht ein zweiter Ukrainer in einer Rikscha auf, er hält an und verlangt, daß wir uns ausweisen. Ich habe meinen *Ausweis* verloren, *Meldekarte* nicht besonders wichtig. Ich versuche, mich in der Wołówka in den Müll zu flüchten.[62] Der Ukrainer sieht mich aber und greift sofort nach seiner Waffe, um auf mich zu schießen. Ich hebe die Hände hoch und gehe zurück. Er setzt mir seine Maschinenpistole an den Kopf und befiehlt mir, mich neben ihn in die Rikscha zu setzen. Es ist nichts zu machen. Frydman bleibt mit dem Wagen allein (er hatte seinen *Ausweis* dabei), und ich bin auf dem Weg zum *Umschlag*platz. Ich bekomme vor Angst eine Gänsehaut. Ich sitze neben dem Ukrainer. Flucht ist kaum möglich, er würde dann auf mich schießen. An der Ecke Smocza und Gęsia springt der Ukrainer hinaus: Er hat ein paar Juden entdeckt. Ich setze zur Flucht an, doch der Rikschafahrer ruft nach dem Ukrainer – er hat selbst Angst vor ihm. Der Ukrainer läuft auf mich zu und will mich erschießen, aber ich lache und tue so, als ob ich das nur aus Spaß gemacht hätte. Ich verhalte mich so, als hätte ich keine Angst vor dem *Umschlag*platz, und verspreche ihm, ruhig in der Rikscha sitzen zu bleiben. Daraufhin geht er wieder zu diesen paar Juden, die sich zu wehren versuchen. Der Ukrainer dreht den Kopf. Ich haue dem Rikschafahrer eins aufs Maul, damit er mich nicht verrät, und springe aus der Rikscha. Ich fliehe in eine Hauseinfahrt in der Smocza. Dort bleibe ich ~~einige~~ beinahe drei Stunden. Danach zum Wohnblock.

Im Wohnblock begrüßt man mich, als sei ich von den Toten auferstanden. Meine Flucht finden alle bewundernswert.

Viel Gepäck und eine Couch von den Braczk.[owskis]. ~~In dieser Nacht schlafe ich in meiner Wohnung. Ein Bett und eine Couch~~ Wir errichten einen Zaun mit der Aufschrift »Ursus-Block«, damit die SS-Männer und die Ukrainer keine Blockade bei uns machen.

Die Nachbarblocks von Steyr-Daimler, von Puch, von A-Ha-Ge und von einer Flugzeugfirma.[63] Dieser Stadtteil nur Arbeiterwohnblocks. Man munkelt von einer Verkleinerung des Ghettos.

Ich schlafe bei mir zu Hause.

Montag, 3. [August]

Zur Arbeit. Die Wache. In der Fabrik, Durchsuchungen.

Nach der Arbeit gehe ich bei Zamczyk vorbei, um meine übrigen Sachen abzuholen. Er ~~gibt mir~~ mietet aber einen kleinen Wagen und lädt seine Siebensachen auf den Karren, um sie bei mir unterzubringen. Er muß nämlich in den Wohnblock seiner Firma »Dal« umziehen. Er sagt mir auch, daß es heute in der Nowolipie 13 eine Selektion gegeben hat – mein Onkel und seine Familie seien nicht mehr da.

Ich gehe mit ihm zum Wohnblock, seine Sachen nehmen wir mit hinaus. Dann gehe ich noch einmal zurück, um mein Geld abzuholen. Als ich zu meinem Wohnblock gehe, ist es schon dunkel.

In der Zamenhofa kommt ein SS-Wagen vorbei, sein Licht blendet mich. Ich springe blitzschnell in eine Hauseinfahrt. Schüsse. Ich gehe hinaus. Ich trete in eine Blutlache. Da liegt ein erschossener Jude. Ein paar Schritte weiter noch zwei. Da es dunkel ist, trete ich auf sie. Der heutige Tag war besonders blutig. Es wurden mehrere tausend Juden getötet.[64]

Im Wohnblock essen wir bei Kerzenlicht zu Abend. Ich habe meine Schwester und Mirka zu Hause vorgefunden. Sie essen Suppe, die ich jetzt jeden Tag mitbringe. Sie schlafen auch bei mir. Ich lasse den beiden Brot und Kartoffeln da. Den Rest verkaufe ich. Da ich Angst vor einer Kontrolle habe, schicke ich Pola frühmorgens weg. Abends kommt sie wieder, zum Essen und zum Schlafen. Ich gebe ihr auch Bargeld. So jeder Tag.

Die Schwestern und die Eltern von Mirka wohnen inzwischen in einem Wohnblock ihres »Shops« in der Świętojerska.[65]

Die Blockaden immer brutaler. Die Ukrainer erschießen ~~die Hälfte~~ die Menschen an Ort und Stelle.

Die *Meldekarten* inzwischen mit dem neuen Stempel der SS.[66] Doch selten hilft das jemandem weiter, weil die Ukrainer einfach nach eigenem Gutdünken schießen. Leistet einer Widerstand, wird er auf der Stelle erschossen. Arbeiter, die aus dem Block nur zur Apotheke gehen, kommen nicht wieder – sie verschwinden. Die schönsten Mädchen heiraten den ersten besten. Dann wohnt ein solches Mädchen als seine Geliebte mit ihm zusammen – alles nur, um sich selbst zu retten.

Unsere Wohnung wird langsam voll: Bei Frydm.[an] taucht ein schönes Mädchen auf, bei Żychliński ist Mira Herszkowicz mit ihrer Mutter. Bei Frydman ist noch ein Arbeiter eingezogen, mit seiner Geliebten oder vielleicht auch seiner Frau.

Ich organisiere*, wo ich kann, damit ich so viel Brot wie nur möglich beschaffen kann, für Pola, Mirka und als Handelsware. Da die Wache kein aufgeschnittenes Brot beschlagnahmt, teile ich einen halben Laib in Viertel auf und gebe einen Teil meinem Freund Adek, der jeden Tag dieses Brot für mich über die Wache bringt. Jeden Abend hole ich es dann bei ihm in der Wohnung ab. Beschreibung seiner Familie.

Ich bin glücklich, daß ich für Pola und Mira Suppe mitbringen kann. Ich kaufe sie in der Fabrik einem Polen, Kołodziejczyk, ab und zahle für eine Portion 2 Złoty.

In dieser Woche gab es in der Gęsia, im Wohnblock der Gemeinde, eine Blockade. Unsere Polusia** war auf dem *Umschlag*platz, nur durch ein Wunder ist sie zurückgekommen.[67] Ihr Bericht über den *Umschlag*platz.

Ein Arbeitstag: Beschreibung. Erschöpfung durch den anstrengenden Weg, das Warten an der Wache, die lange Schlepperei und den Verkauf der Schmuggelware.

Samstag, 8. August

Auszahlung von 50 Złoty. Mein Verhältnis zu unserem Meister wird immer besser (heimliches Zustecken), auch zu Przerad.[owski], dem ich bei der Arbeit helfe. Ich schenke ihm immer mehr Vertrauen.

Sonntag, 9. August

Vor dem Mittagessen treffe ich mich mit Szlamek. Zu diesem Zeitpunkt gibt es sie noch alle. Ich nehme ihn mit in meinen Wohnblock und verkaufe ihm Brot. Ich sah ihn zum letzten Mal – ~~wie bisher andere Rikschafahrer~~ Mira kocht ein Mittagessen für ~~mich~~ uns drei. Es ist Sonntag, und es ist schade, zu Hause zu sitzen. In der Mittagszeit gehe ich in die Stadt. Ich bin in der Gęsia, bemerke eine Kolonne von Letten, die von SS-Männern angeführt wird. Ich verstecke mich irgendwo im dritten Stock. Beschreibung dieser Wohnung und der Art und Weise, wie ich dorthin gelangt bin.

* Der Ausdruck *kombinuję* – im Sinne von: »ich organisiere« – steht hier wie an anderer Stelle für riskante Geschäfte und Besorgungen.

** *Polusia* ist eine zärtliche Verkleinerungsform von Pola.

Laut schreiend fordert ein jüdischer Polizist zum Hinausgehen auf. Das Haus wirkt leer und ausgestorben. Ich gehe hinunter. Auf der Straße stehen inzwischen viele Menschen vor einem SS-Mann Schlange, um sich auszuweisen. Auch Letten mit Gewehren. Es ist gut, daß ich herausgekommen bin, denn die Ukrainer benutzen Handgranaten und Brechstangen, um die verschlossenen Türen aufzubekommen, und die SS-Offiziere gehen mit einem Schäferhund dort hinein. Sie treiben eine jüdische Frau mit einem Kind und Gepäck auf die Straße hinaus. Die Ausweiskontrolle: »*Nur mit dem roten Stempel!*«[68] Ich und noch acht weitere Juden werden freigelassen. Doch ein Lette erlaubt uns nicht, das abgesperrte Gebiet zu verlassen. Wir müssen mit einer Gruppe zusammen weitergehen.

Beschreibung der Gęsia und Okopowa: überall Leichen, Pakete, Rucksäcke, Koffer, neue Schuhe usw.; zertrümmerte und ausgeraubte Läden. Die Okopowa: der Weg gesperrt, die Dzielna blockiert. Ich bin nur um Haaresbreite zum zweiten Mal dem Tod entkommen. Ich warte mehrere Stunden lang und gehe in dieser Zeit durch leerstehende Häuser sowie durch verwüstete Läden. Ich habe großen Hunger. Ich finde Waffeln und Kunsthonig; ich esse mich satt. Mehr Eßbares gibt es dort nicht. Den Honig nehme ich mit nach Hause. Ich komme erst am Abend zurück, ohne etwas erledigt zu haben. Dabei hatte ich meinen Onkel bei den Schultz-Werken besuchen und mich nach seiner Familie erkundigen wollen.

Montag, 10. August

Die Aktion dauert an. Auf den Straßen gibt es kein Gedränge mehr, nicht mal in den Morgenstunden; ganze Straßenzüge wirken leer.[69] Es ist schwer, etwas zu verkaufen, aber wenigstens sind die Preise noch ziemlich hoch. Inzwischen werden schon Menschen eingefangen, die in den besten Arbeitsstätten tätig sind, die über die besten, sichersten *Ausweise* verfügen.[70] Sie gehen rücksichtslos vor. Es ist gefährlich, sich allein auf der Straße aufzuhalten. Am Montag abend kommt Mirka weinend zurück. Sie erzählt mir, daß es in ihrem Block eine Blockade, eine Selektion gegeben habe, und ihre Eltern, die sich versteckt hatten, seien gefunden und zum *Umschlag*platz gebracht worden. Weint, daß sie »nur in einem Kleid auf so einen Weg« (?!) [gegangen seien]. Noch am selben Tag [seien sie] vom *Umschlag*platz weggebracht [worden], denn die Züge seien schon zur Abfahrt bereit gewesen.[71]

Auch bei Pola fand an diesem Tag eine Blockade statt. Pola hat es aber noch geschafft, sich in einem kleinen Zimmer hinter einem Schrank zu verstecken (nur jüdische Polizisten). Der Wohnblock der jüdischen Polizei ist in die Wołyńska verlegt worden, in den Abschnitt von der Zamenhofa bis zur Lubeckiego.[72]

Mirka zieht in den Wohnblock der Bürstenfabrik um, wo sie ihren ständigen Wohnsitz haben soll; ihre Sachen bleiben aber bei mir. Sie verkauft alte Kleider und lebt davon. Sie kommt alle paar Tage bei mir vorbei. Polusia kommt dagegen jeden Tag zu mir und bleibt auch über Nacht in meiner Wohnung.

Der Handel vor unserem Wohnblock: ein Leinentuch von Widzew – 120 Złoty, auf der arischen Seite 1500 Złoty. Ich habe gekauft: Schuhe für 250 Złoty, eine Jacke für 120 Złoty, eine Hose zu den Schuhen für 110 Złoty. Ich kaufe auch Hemden für Przerad.[owski]. Auf der Wache immer strenger kontrolliert, in der Fabrik ebenfalls häufiger Durchsuchungen der Juden und auch der Polen. Der *Werkschutz* behandelt uns immer schlimmer, wir werden geschlagen. Im Speiseraum bin ich selbst einmal ins Gesicht geschlagen worden.

Zamczyk kommt seine Sachen abholen – er verkauft sie, ich borge ihm Geld.

Sonntag, 16. August

Ich wasche meine Sachen. Pola kocht ein Mittagessen für uns. Ich gehe zu Herszkow.[icz], aber Szlamek ist nicht da.

Anstrengende Tage: vor 5 Uhr aufstehen, die Waren an der Wache vorbeischmuggeln, aufpassen, der Weg in die Fabrik. In der Fabrik arbeiten, Handel treiben, unten schlafen bei Kołodziejczyk in der Härtungswerkstatt.[73] Danach wieder schmuggeln, stundenlang an der Wache warten, die Gendarmen austricksen. Im Ghetto [darf man] sich jetzt nur in Gruppen bewegen; etwas anderes ist verboten. Die jüdische Polizei greift alle auf, die einzeln auf der Straße erscheinen.[74] Auch der Straßenhandel ist inzwischen verboten[75]; ich werde von einem Polizisten mit dem Schlagstock verprügelt. Handel treiben immer schwerer – es ist nur heimlich in den Hauseinfahrten möglich. Warenverluste (die polnische Polizei treibt die Händler auseinander), Geldverluste und Geldgewinne durch plötzliche erfolgreiche Fluchtversuche.

Im Wohnblock bei Kerzenlicht Abendessen mit Pola. Ich habe nicht einmal die Kraft, mich zu waschen. Schlafen, schlafen, schlafen! Ich muß aber noch mein Kochgeschirr reinigen und die Schmuggelware für den nächsten Tag vorbereiten, damit ich die Sachen mitnehmen kann.

Tatsächlich gehe ich erst zwischen 11 und 12 Uhr schlafen. Kaum lege ich mich hin, beginnt schon der Alarm; jede Nacht.[76] Man muß sich also schnell anziehen und in die Hauseinfahrt hinuntergehen, bis der Alarm vorbei ist. Morgens kann man nur schwer die Augen aufmachen, aber man muß schnell zur Wache. Die Schmuggelware wird nicht mehr dort verkauft, sondern in der Nowolipie, zwischen den Straßen Smocza und Żelazna. Man muß sich nach den Sachen umsehen, sie danach kaufen und anziehen [in der Kleidung unterbringen] oder auch irgendwo verstecken. Die Waren werden von Tag zu

Tag teurer und auch weniger, denn die Polen selbst kaufen nun alles im Ghetto (die Polizei!), und die Juden bringen viele Sachen aus dem Ghetto hinaus. Es gibt immer weniger und weniger. ~~Nur~~ Und die Polen in der Fabrik zahlen nun nur noch so viel, wie sie in den ersten Tagen gezahlt haben.

Dann wieder am Wachposten warten, Durchsuchung usw. Der Weg zum Wohnblock wird immer gefährlicher. Auf keinen Fall darf man sich einzeln auf die Straße wagen. In meinen Stiefelschäften trage ich Eisensägen und meinen polnischen Personalausweis – das Ziel!

In unserem Block hat es bisher keine einzige Blockade gegeben. Ausnahmsweise! In den angrenzenden Blocks wurden schon einige durchgeführt. Wir haben den Eindruck, Ursus ist sehr sicher. Denn woanders, z.B. bei A-Ha-Ge[77], bei Steyer oder bei Avia, werden die Leute ständig selektiert; alle Frauen, die nicht beschäftigt sind. ~~Nur~~

In dieser Woche ist Polusia krank. Ich bringe ihr, was ich kriegen kann: Grieß, Äpfel, Bonbons. Sie hat hohes Fieber und liegt im Bett. In der Frühe muß sie aber das Haus verlassen, bevor die angekündigte Kontrolle stattfindet. Zum Glück fühlt sie sich schon gesund – es ist uns nicht klar, wie sie das geschafft hat.

Erleichterungen beim Einkaufen.

Ich lerne Lilka Szymańska kennen – der Anlaß dafür sind die Mittagessensportionen u.ä.

Sonntag, 23. August[78]

Ich gehe um 8 Uhr hinaus, um in der Stadt gebrauchte Kleidungsstücke zu kaufen. Ich bin gerade in der Leszno und suche nach entsprechender Ware. Plötzlich beginnt eine Kompanie von Ukrainern zusammen mit der SS die Leszno von der Żelazna her zu blockieren. Ich renne zur Karmelicka – schon abgesperrt. Die Solna auch blockiert, da steht ein Wachposten mit Ukrainern. In der Falle. Eine Gruppe Juden steht da, von Okęcie oder von einer anderen Arbeitsstätte. Die Gruppe soll sich gleich auf den Weg zur Arbeit machen. Ich schließe mich ihnen an. Doch der Gruppenleiter schickt mich weg, er hat seine Leute abgezählt. Ich habe außerdem keinen Ausweis von seiner Firma. Aus allen Häusern in der Leszno werden die Bewohner herausgeholt. Eine Gruppe von Männern und Frauen (im Ghetto gibt es seit langem keine Kinder mehr) steht bereits da, sie sollen alle auf den *Umschlag*platz gehen. Ich stehe auch daneben, ich habe nur einen Gedanken im Kopf: Ich will ihnen entkommen.

Inzwischen holen die Ukrainer alle Leute heraus, die sich irgendwo auf dem Dach versteckt haben (fünf Männer). Sie müssen sich zuerst an die Wand stellen, die Gesichter zur Wand drehen und dann die Hände hochheben. Danach haben sie sich bäuchlings auf den Gehsteig zu legen. Und schließlich, nach weiteren zwanzig Minuten böser Scherze, schießt man jedem einzelnen von ihnen aus unmittelbarer Nähe in den Kopf.

Die Gruppe geht zum Wachposten, damit dort die Personalien festgestellt werden können. Ich darf nicht mitgehen. Hinter der Gruppe gehen die jüdischen Polizisten. Sie versuchen, mich zu der Gruppe vorzuschieben, die auf den *Umschlag*platz gehen soll. Ich leiste Widerstand; einige von ihnen kommen auf mich zu und versuchen mit Gewalt, mich mitzunehmen. Sie wollen meinen *Ausweis* gar nicht sehen. Sie nehmen alle mit, ohne Unterschied. Ich wehre mich, aber ein ukrainischer Mörder mit einem Schießeisen springt auf mich zu, also nehme ich mich zusammen. Ich bin verloren! Meine einzige Rettung [besteht] in den Metallsägen und dem Personalausweis. Plötzlich kommt der Oberscharführer Brandt angefahren, der Herrscher über Leben und Tod![79] Alle Leute mit irgendwelchen Dokumenten stürzen sich auf ihn, aber er schwingt sofort seine Peitsche und läßt niemanden an sich heran. Ich will auch zu ihm. Doch die jüdischen Polizisten lassen mich nicht durch. Ich reiße mich los und komme dann doch an ihn heran. Ich sage ihm, wo ich arbeite, aber er hat es nicht gehört; er schlägt mir mit der Peitsche auf den Kopf. Ich rufe noch einmal: »Ursus«, und diesmal hat er das Wort gehört. Er läßt mich zur Seite gehen, zu den zwei anderen – freigelassenen. Wir standen mehrere Stunden da, bis die ganze Aktion zu Ende war. Die gesamte Gruppe von 200 Personen ist auf den *Umschlag*platz gegangen, auch die Leute, [die] mit kleinen Wagen [gekommen waren]; die Wagen mit ihren Sachen sind dageblieben. Eine Aktentasche mit einem Kilo Gerstengrütze habe ich mitgenommen.

30. August

Über A.[ndrzej] Łuk.[awski] ein Brief von I.[rena] B.[ocian]. Über meine Eltern: bei Frau Belochowa in Chotcza. Glücklich darüber, daß es ihnen gelungen ist, aus Gniewoszów zu fliehen[80], schreiben wir ihnen.

1. September

Polusia übernachtet bei mir. Ein Luftangriff, ein Brand. Beschreibung: Raketen, Sirenen. Ich komme erst herunter, nachdem die ersten Bomben gefallen sind. Das Nachbarhaus steht in Brand.[81] Löscharbeiten die halbe Nacht. In der Frühe zur Arbeit usw.

In der Fabrik scharfe Kontrollen, Armbinden, Verbot des Handels usw.; auch Gespräche mit Polen werden verboten. Schikanen im Speisesaal. Das Essen wird immer schlechter und weniger, man darf dabei nicht sprechen und nichts übriglassen usw. Mitten in der Arbeit wird man zu Durchsuchungen aufgerufen. Die Löhne werden nicht mehr ausgezahlt, das ganze Geld wird von der SS übernommen.[82]

7. September, Montag

Eine Selektion.[83] Beschreibung ihres Anfangs um 4 Uhr in der Frühe. Pola verläßt das Haus in Richtung *Schwesternheim*.

Das Aussehen der Miła um 8 Uhr. Alle Bewohner aus den Wohnblocks und Häusern in das Quadrat Lubeckiego – Zamenhofa und Niska – Wołyńska hinausgedrängt.

Der Anblick vom Balkon aus.

Um 9 Uhr kommt Renia vorbei. Mit einer Nachricht über Pola: nach Okęcie, gerettet![84] Renia nahm ihren Rucksack mit und ging los.

Schrecklicher Hunger.

Auf der Straße treffe ich Arnold und Urszula, sie haben sehr viel Gepäck dabei.[85]

Ein Gerücht über Kasernierung. Kofferpacken. Ich teile mit Zdanows.[ki] die Sachen auf und verkaufe ihm Schuhe. Wir leiden beide Hunger. Zwiebeln, Würfelsuppe für 5 Złoty.

Ein grauenvoller Anblick von Frydmans Balkon aus. Das Schießen wird durch die Geräusche der Menschenmassen übertönt. Links – rechts. Die SS-Leute selektieren die Menschen nach der Methode: wohin das Auge fällt. Die Alten, Kinder, Leute mit großem Gepäck – die Hauswand in der Miła 34. Ein großer Berg Leichen. Die Trennung der Familienangehörigen: die einen nach rechts, die anderen nach links.

Das Aussehen der Miła in der Mittagszeit: Die Menschen wollen nicht in die Zamenhofa gehen, aber sie werden von den hinteren Reihen nach vorne geschoben. Die Menschenmassen strömen über die Straße, sie gehen weiter und dann wieder zurück und wieder weiter. In den Tod? Kleine Wagen, große Wagen, Bündel auf dem Straßenpflaster. 1000 Złoty für ein Kilo Brot – es gibt aber keins. Die Vorbeiziehenden wollen in unseren Wohnblock. Sie denken, da seien sie sicherer. Der Zaun [wird] überwacht. Wenn eine fremde Person (viele) in unser Haus kommen würde, könnten auch wir einer Selektion unterzogen werden.

Die Selektion dauert an. Das Blut spritzt, ab und zu kommt das Gedränge der vor Angst Irren zum Stehen, dann fangen die SS-Männer aus Richtung Lubeckiego an zu schießen und jagen die Menge in die Zamenhofa hinein. Das geht so den ganzen Tag.

Ich habe nichts mehr zu essen. Ich sitze auf meinem Rucksack. Kein Mensch weiß, was man mit uns vorhat. Auf den *Umschlag*platz oder in die Fabrik. Die Selektion die ganze Nacht. Es waren 150 000 Juden.[86] Wir warten bis Dienstag früh darauf, daß wir zur Arbeit in der Fabrik abgeholt werden. Am Morgen geht die Selektion ohne Pause weiter. Von Stunde zu Stunde immer weniger Menschen. Aus der Fabrik ein Anruf mit der Nachricht, daß uns jemand abholt. Die Zeit vergeht, und nichts dergleichen geschieht. Es gibt nichts mehr zu essen.

Um 12 Uhr kommen Venke, Gross und SS-Hesse. [Wir sind] glücklich, aus dieser Hölle herauszukommen.[87] Sie sammeln uns alle ein, überprüfen unsere Namen und nehmen beide Schichten mit, die Nacht- und die Tagesschicht, sowie die von Czechowice.[88] Sie sagen, daß wir vielleicht nicht mehr in den Wohnblock zurückkommen. Ich ziehe meine besten Sachen an und nehme 1000 Złoty mit. Die Frauen bleiben voller Verzweiflung allein zurück.

Wir gehen in die Lubeckiego. Dort werden wir von den SS-Männern kontrolliert. Wir gehen weiter. An der ersten Ecke wieder die SS, schwere Maschinengewehre usw. Einige Menschen hocken in der Lubeckiego. Die Straßen wirken völlig ausgestorben.

Eine genaue Beschreibung. Berge von Leichen. Man tritt beinahe überall in Blut. Auf die Wache. Durchsuchung.

An diesem Tag verläßt unsere Gruppe als erste das Ghetto. Die Polen auf der anderen Seite sehen uns an, als seien wir Tiere. Sie möchten uns alles abkaufen, was wir noch haben – für ein paar Groschen.

Fabrik. Eine Durchsuchung. Ich verstecke in der Halle »C« meine 1000 Złoty. Es wird gemunkelt, daß Hesse kommt. Ich verkaufe eine Hose, einen Pullover, ein Hemd. Im Werk wenigstens etwas zu essen.

Die Arbeit. Übernachtungen auf dem Wagen, auf dem Fußboden, auf dem Tisch – bis zum Donnerstag. Ich gebe Przeradows.[ki] 1000 Złoty in Verwahrung. Mein Vorhaben: mein verdientes Geld bei ihm unterbringen und dann damit aus dem Ghetto fliehen.

Am 10. September kehre ich mit mehreren Paketen ins Ghetto zurück.

Die Preise im Ghetto: ein Kilo Brot 100 Złoty, Kartoffeln 30 Złoty. Im Ghetto sind die Straßen, die wir überqueren, leer und ruhig, ausgestorben, nur ein paar Wohnblocks sind vielleicht noch bewohnt. Patrouillen der SS.

Im Wohnblock. Nur in unserem Wohnblock hat es noch keine Blockade gegeben. Die Frauen sind alle noch da, eine große Freude – ausgehungert.

Ich habe niemanden mehr – ich habe alles verkauft – eine Menge Geld!

Nun gibt es Versuche, mit Gewalt Geld zu besorgen. Alle aus unserem Block gehen verlassene Wohnblocks plündern.[89] Ich auch … Rozenberg will es nicht machen, also gehe ich allein in den Wohnblock der Polizei in der Wołyńska.[90] Beschreibung, Eindrücke. Was ich beide Male mitbringe. Ich verstecke alles in der Couch.

Mirka [Braczkowska] kommt zu Besuch: Renia mußte auf den *Umschlag*platz. Nur sie und ihre kleine Schwester sind übrig. Sie bleibt nun bei den Bürstenfabrikarbeitern, weil sie für sich und ihre kleine Schwester sorgen muß.

Polusia ist nicht da – in Okęcie.

Vom nächsten Tag (dem 11. September) an beginne ich, alles mögliche hinaus- und hereinzutragen, zu sparen, bei P.[iotr] P.[rzeradowski] mein Geld einzulagern (auf Rechnung – er bezahlt nichts). Außerdem kaufe ich noch Sachen, wenn sie besonders billig sind – ich habe viele Waren. Die Polen zahlen noch weniger, weil die Burschen sehr viel geplündert haben.

Auf der Wache wieder Durchsuchungen – ich im Smoking zur Arbeit. Handel auf der anderen Seite der Wache.

In der Fabrik immer wieder Durchsuchungen. Handel ist kaum möglich.

Briefe von den Eltern: Sie fahren nach Starachowice.[91]

Auf dem Rückweg nehme ich Pakete mit: Verkauf erst vor dem Wohnblock möglich, denn auf der ganzen Strecke keine Menschenseele. In den ersten Tagen nach der Selektion werden vor unserem Block 5 Złoty für eine Tomate gezahlt! Die Hälfte aller Arbeitsstätten ist abgeschafft worden, und ein Viertel der Beschäftigten wurde in Kasernen untergebracht, so daß sie nicht mehr nach Hause zurückkehren können.[92] Auch Polusia kommt von Okęcie nicht zurück. ~~Erst~~

Am 13. September nach Verlassen der Fabrik auf der Wache eine Selektion. Die erste. Angst. Beschreibung: zum *Umschlag*platz – geradeaus, zum Wohnblock – links. Unsere ganze Gruppe – links zum Wohnblock. Viele Gruppen sitzen und stehen da – direkt auf den *Umschlag*platz.

Wir rennen, als ob wir vom Teufel gejagt würden, was aber alles noch schlimmer macht. Im Wohnblock sehen wir durch die Umzäunung, wie die Ukrainer über die Zamenhofa zum *Umschlag*platz laufen. Sie schießen dabei blindlings auf die Leute in den hinteren Reihen. Die Menschen fallen tot um. Gleich hinter der Gruppe fahren Leichenwagen, die von der Straße die noch warmen Leichen einsammeln.

14. September

Pola ist von Okęcie zurückgekommen. Sie hatte dort nichts, wovon sie hätte leben können, und hat deshalb ihren Ring verkauft. Sie brauchen dort keine Krankenschwester. Nun übernachtet sie bei mir, und tagsüber ist sie im neuen *Schwesternheim* in der Świętojerska 24.[93]

18. September

Die zweite Selektion auf der Wache.

Auf dem Weg von der Fabrik, in der Wronia, erfahren wir von den Gruppen, die das Ghetto verlassen, daß auf der Wache gerade eine Selektion durchgeführt wird. Wir wollen sofort kehrtmachen, doch ein Ukrainer erlaubt uns nicht wegzugehen. Danach zu spät: Ein SS-Offizier kommt angelaufen. Er schlägt unserem Gruppenleiter Segał mit der Peitsche ins Gesicht und vertreibt ihn vom Bürgersteig. Dann jagt er uns, mit der Peitsche in der Hand, auf die Wache. Wir gehen. Vor der Wache verabrede ich mich noch mit Zdanowski. Wir passieren alle die Wache, direkt in die Leszno. Dort werden wir wie eine Gruppenparade von jungen SS-Männern in Empfang genommen. Während wir an ihnen vorbeimarschieren, holen sie nach dem Zufallsprinzip aus unseren Reihen junge, gesunde und starke Männer heraus. Wir bekommen Angst. Einer, der neben mir geht, wird herausgeholt. Ich gehe unmittelbar an einem SS-Mann vorbei. Zum Glück [geht es] gut.

Auf der Straße, in der Leszno, hocken auf der Fahrbahn die für den *Umschlag*platz Ausgesuchten, von SS-Männern und Ukrainern bewacht. Ihre Gesichter. Sie wissen, was ihnen bevorsteht. Unsere 80-Mann-Gruppe verliert dreißig Personen. Meine Freunde Zdanowski und Rozenberg und ich sind geblieben.

Nach diesen beiden Selektionen will die Fabrik keine Arbeitskräfte mehr verlieren. Deshalb werden wir von den Mitarbeitern des *Werkschutzes* nach Hause begleitet. Sie holen dann auch gleich die Nachtschicht ab. Die Aktion ist nämlich immer noch nicht zu Ende. Unsere Gruppe wird von Peter begleitet.

Am Samstag, dem 19. September, stoßen wir auf eine Blockade bei A-Ha-Ge.[94] Sie wird von Ukrainern durchgeführt. Eine Schießerei. In unserer unmittelbaren Nähe versucht ein Jude zu fliehen, ein Ukrainer schießt auf ihn, und der Mann fällt sofort tot um. Er läuft zu dem Toten und nimmt ihm die Uhr und sein Geld weg. Ein Leichenwagen – die sind bei jeder Blockade dabei – schafft gleich danach die Leiche fort. Dies alles geschieht in der Lubeckiego, Ecke Miła.

Wir gehen durch das »Tor« der Miła, auf der Fahrbahn Frauenleichen, Spielzeugbären – Teddybären, Koffer. Peter geht zu einer Leiche. Mit einem teuflischen Lächeln dreht er die tote Frau mit der Schuhspitze um, um ihr Gesicht zu sehen. Das Gesicht ist völlig entstellt. Er lacht und sagt, daß alle Juden einmal so aussehen würden.

Ein Pole möchte Mirka bei sich aufnehmen, aber sie will es nicht.

Im Wohnblock erfahren wir, daß es seit dem frühen Morgen eine Blockade bei dem Werk A-Ha-Ge gibt. Die Ukrainer hätten fast alle Frauen erschossen, ihre Leichen sollen noch in den Gebäuden des Wohnblocks liegen; die Männer mußten auf den *Umschlag*platz marschieren. Die Aktion im Gebäude uns gegenüber dauert noch mehrere Stunden, bis zum Abend. Schüsse – Gesänge betrunkener Ukrainer und wilde Schreie – Leichen auf dem Fahrdamm.

Sonntag, 20. September

Die Jungs gehen in der Frühe in den Wohnblock der Firma A-Ha-Ge. Kein einziger Lebender, überall nur blutige Leichen. Alles ist zertrümmert. Die Jungs fangen an, Männeranzüge herauszutragen. Ich will nicht mitgehen. Żychliński hat fünfzehn Anzüge, ein paar große Koffer usw. herausgebracht. ~~Ich will nicht hingehen~~ Die anderen auch. Frydman, Abbe und Żychliński bringen mehrere Koffer voller Handschuhe heraus. Als sie schwer beladen den Block der A-Ha-Ge verlassen und in unseren Wohnblock hineingehen, werden sie von vorbeifahrenden SS-Männern gesehen; es ist verboten, etwas anzurühren. In der Mittagszeit fährt am Eingang der A-Ha-Ge die SS vor und holt zwei Ukrainer heraus, die beim Plündern erwischt wurden. Die SS-Leute reißen den beiden ihre Gurte mit Waffen und Munition sowie Epauletten und Mützen herunter und nehmen sie mit dem Auto mit: Ihr Leben ist vorbei.

Montag, 21. September

Wir gehen ganz normal über die Wache zur Arbeit. Bevor ich aus dem Wohnblock gehe, sage ich Pola, daß sie die Wohnung verlassen soll. Ich habe so ein komisches Gefühl, etwas liegt in der Luft. Auf der Arbeit erfahren wir, daß der ganze *Werkschutz* – von unserem Werk und von Czechowice – mit Hesse und Peter ins Ghetto gefahren ist, um vor unserem Haus eine Blockade durchzuführen.[95] Die Plünderungen im Wohnblock der A-Ha-Ge am vorigen Tag und die Meldung der SS-Männer hätten diese Aktion ausgelöst.

Die Männer sind sehr aufgeregt: Dort sind doch ihre Frauen und ihre ganzen Habseligkeiten.

Ich bin froh, daß Pola nicht in unserem Wohnblock ist, aber ich mache mir Sorgen darüber, daß mir alle meine »Klamotten« weggenommen werden könnten. Adek zerbricht sich über seine Familie, seine Mutter und seine Schwestern den Kopf. Wir kehren in den Wohnblock zurück: tiefe Verzweiflung! Fast alle Frauen (90%!) und die noch übriggebliebenen Kinder sind weggebracht worden. Weinen. Wahrhaftes Brüllen. Das Jüngste Gericht!

Die Schwestern von Adek und seine Mutter sind da: eine Begrüßung vor dem Haustor! Aus unserer Wohnung sind die Frauen von Cytrynbaum und von Frydman weggebracht worden. Mirka Herszkowicz und ihre Mutter sind noch da, sie hatten sich auf dem Dach versteckt. Alle Wohnungen sind zertrümmert. Das Aussehen meines Zimmers: zertrümmert, zerstört; aus meiner Tasche wurde meine Geldbörse entwendet, und die Aktentasche von Pola ist auch geraubt worden. Die Hinterbliebenen berichten vom Jüngsten Gericht im ganzen Ghetto: überall Leichen, Leichen und nochmals Leichen.

Von diesem Tag an [machen] die Ukrainer nur noch sporadisch Aktionen dieser Art; sie gehen nachts auf Raubzug. Sie waren auch bei uns – Beschreibung!

Ich fange an, die Rozenbergs zu besuchen. Ich bringe Suppe mit, die Pola tagsüber abholt.

~~Langsam normalisiert sich~~ Die Aktion ist beendet. Das Leben geht wieder seinen normalen Gang. Der *Umschlag*platz geschlossen; die übriggebliebenen Frauen werden nach zwei Wochen freigelassen.[96] Die Tragödie von Bella Rozen, deren Mann freiwillig auf den *Umschlag*platz gegangen ist.

Polusia zieht mit all ihren Sachen ins *Schwesternheim* in der Świętojerska um. Dort befreundet sie sich mit den Pinkierts.[97] Ihre erste Anstellung bei einem Arzt im Wohnblock der Schultz-Werke – 50 Złoty täglich.[98]

Mein Dasein bei Schultz.

Adek, der Bruder von Mirka Herszkowicz, kommt aus Treblinka zurück.[99] Sein Bericht, seine genauen, bleibenden Eindrücke.

Ein Vorfall und der Diebstahl eines Gummimantels.

Von dem Gedanken an mein arisches Aussehen geleitet, kaufe ich eine Lederjacke. Ich will nicht mehr lange im Ghetto bleiben. Bei Przerad.[owski] habe ich inzwischen etwa 3000 liegen. Wir vereinbaren, daß ich mit seiner Frau zu einem Schmied nach Hruślina fahre. Inzwischen schreibe ich an Paciorek und bitte ihn, mir an die Adresse von Przer.[adowski] eine *Kennkarte* zu schicken.[100]

Beschreibung des Alltagslebens im Ghetto: frühmorgens zur Arbeit ~~Arbeitsstätten~~, mit der Schmuggelware auf die Wache. Unterwegs eine ausgestorbene Stadt. ~~Nur~~ Auf der Wache warten viele Gruppen auf ihre Durchsuchungen.

Beschreibung einer Durchsuchung: Ein SS-Mann nimmt den Leuten ihr Geld weg (er meint, mehr als 100 Złoty dürfe man nicht dabeihaben, dann nimmt er das Geld und gibt den Leuten den Rest von ihren Beträgen zurück usw. – ein Geschäft!). Die Schuhe abstreifen und die Hemden ausziehen (neue oder zwei übereinander[gezogene] werden weggenommen). Starker Andrang auf der Wache; regelmäßige Versuche, sich der Durchsuchung zu entziehen.

Auf der anderen Seite Handel mit den Polen: Sie wollen alles umsonst haben.

In die Fabrik kann man kaum noch etwas hineinschmuggeln – scharfe Kontrollen. Zurück auf die Wache – scharfe Kontrollen; der Schmuggel von Kartoffeln und Brot lohnt sich nicht, es gibt keine Käufer mehr. Die Preise in den Läden und Bäckereien im Ghetto unterscheiden sich nur geringfügig von denen woanders.

Mirka hat die Wintermäntel von Zamczyk abgeholt und die restlichen Sachen verkauft; sie ist weiterhin in der Bürstenfabrik und betreibt auch ihren Handel.

19. Oktober

[über der ersten Zeile eingefügt:] 4000[101]

In der Fabrik erfahre ich, daß mein Vater und Rysia zu Łuk.[awski] kommen.[102] Über Łuk.[awski] verabrede ich mich mit meinem Vater, das Treffen soll bei Przer.[adowski] stattfinden, dessen Adresse meinem Vater durch den Briefwechsel bekannt ist (wie die von Łuk.[awski] auch).

20. Oktober

An diesem Tag verlasse ich vorläufig meine Gruppe usw. Beschreibung des ganzen Tages – Berichte meines Vaters – in der Wilcza – Mittagessen bei Przer.[adowski].[103] Die *Kennkarte* von Pac.[iorek]. Rückkehr zu meiner Gruppe ins Ghetto.

21. Oktober

Ankunft meiner Mutter aus Starachowice. Ulica Belgijska 5. Rysia arbeitet als Hausmädchen bei Polen. Sie wohnen bei Przerad.[owski].

3. November

Reise meiner Mutter nach Gniewoszów: Sie will ~~eine Geburtsurkunde~~ einen Identitätsnachweis für Rysia besorgen.[104]

6. November

Rückkehr meiner Mutter nach Warschau. Erzählung von Gniewoszów. Ein SS-Mann, F.R. – 2000 Złoty.[105]

6. November – Rysias Fahrt von Warschau nach Preußen.[106]

7. November, Samstag

An diesem Tag erfahre ich von P.[iotr] P.[rzeradowski], daß Rysia verschwunden ist.

Am 10. November Vater ins Ghetto.[107]

Meine Mutter zieht nach Żoliborz, wo sie etwa zwei Wochen lang bei Frau Martoszowa in der Mickiewicza 20 übernachtet. Danach übernachtet sie bei P.[iotr] Przer.[adowski]. Die letzten zwei Nächte schläft sie auf dem Fußboden; bei Barbara Purto in der Wolska 54/66; am 4. Dezember bezieht meine Mutter ein kleines Zimmer in der Wolska 54/165; die Kellerwohnung wurde über J.[adzia] Ł.[azarowicz], eine Bekannte von P.[iotr] P.[rzeradowski], (für 50 Złoty) vermittelt. Mein Vater wohnt vom 12. November bis zum 4. Dezember bei Zdzisław Kamiński in der Długa 26/17.

Beide hinausgeworfen: Die Martoszowa wirft meine Mutter in der Nacht auf die Straße, Kamiński meinen Vater mit einem Polizisten (300 Złoty!). Danach ziehen meine Eltern zusammen.[108]

November im Ghetto

Neue Mauern, die Wohnblocks zugemauert, der Zugang zum Ghetto gesperrt.[109] Das Leben normalisiert sich. Geschäfte, Bäckereien, Friseurläden, Arztpraxen, Zahnarztpraxen. Es mangelt nicht mehr an Lebensmitteln. Die Kleidung wird teurer, die Preise sind inzwischen fast so hoch wie in den polnischen Stadtteilen; dabei immer weniger. Tagsüber kein Leben mehr, morgens und abends reger Verkehr, sonntags der Verkehr eher normal. Alle Frauen müssen zur SS, zur Werterfassung[110], zur Gemeinde oder zur Registratur.

Der Alltag in einem Wohnblock: Gelage, Spaß, Ausgelassenheit und Ausschweifung. Lebensmittelversorgung.

Mein eigenes Leben: Meine Freundschaft mit Adek vertieft sich. Ich besuche ihn immer häufiger abends und bleibe oft bei ihnen über Nacht. Zdanowski ist lungenkrank, er stirbt im Krankenhaus.

Ein schweres Leben: früh aufstehen und die Schmuggelware anziehen [in den Kleidern verstauen]. Ich spare am Essen und nehme nur sehr wenig zu mir. Auf der Wache wegen einem Złoty; Durchsuchung eines Schlesiers, muß sich ausziehen, alles wird weggenommen.

In der Fabrik: Peter und Hesse (will den Elektriker wegen des Weißbrots aufhängen) führen Durchsuchungen durch. Manchmal lassen sie die Leute sich ganz ausziehen, sie streifen ihnen auch die Schuhe ab usw. Damit sie feststellen können, ob wir arbeiten, stehen wir ständig unter scharfer Beobachtung. Man darf keine Zigaretten rauchen. Man wird dauernd geschlagen.[111]

Auf dem Heimweg: Die in der Fabrik zusammengestellten Pakete lohnen sich nicht (teuer!); man entfernt sich von der Gruppe, um die Waren außerhalb zu besorgen. Die Leute erscheinen dann getrennt auf der Wache.

Das Verhältnis der Polen zu uns auf dem Weg hin und zurück: ein Versuch, uns zu prügeln, Beschimpfungen, Prophezeiungen u.ä.

Auf der Wache wird uns alles weggenommen, außer rationierten Kartoffeln und Brot. Bestechungsgelder für die Wachposten und Passieren der Wache, ohne durchsucht zu werden.

Eine Durchsuchung: ein Schütze von der SS – ein Hobler, wegen einem Złoty, wegen Fett. Aus unserer Gruppe werden drei erschossen. Bäuchlings hinlegen usw. Stundenlanges Warten im Regen in langen Schlangen, bis man durchsucht wird.

Rückkehr ins Ghetto: Leichen in der Smocza.[112] Die SS auf Streife und Schüsse auf Gruppen von Juden.

Ein Treffen mit Br.[onisław] Sztyfelman.[113]

In unserem Wohnblock: dunkel, kalt und einsam. Abends bei Rozenbergs. Pola im Schwesternheim; sie ist mit einem von den Pinkiert-Leuten befreundet.

[nachträglich eingefügt:] Ich ziehe zu Adek um.[114]

1. Dezember

Der zweite Wachposten an der Ecke Zamenhofa und Gęsia.[115] Bei beiden Wachen wird kontrolliert. Einzelne Personen dürfen nicht über die erste Wache nach draußen gehen. Verboten, in die »Shops« hineinzugehen.

Die Lage bei Ursus immer schlimmer: Durchsuchungen, Essen, Arbeit. Ein Tag in Czechowice.

Pola arbeitet bei Kapłan, danach auch bei anderen. Wir lassen unseren Eltern über Piotr Geld und Bettwäsche zukommen, mein Jackett usw. Ich will nicht mehr im Ghetto bleiben.

Bemühungen um einen reichen Juden: zu meinen Eltern in die Wohnung.

Am 12. Dezember verlasse ich wieder meine Gruppe und gehe zu meinen Eltern: Auf der Wache wird mir der Rock meiner Mutter weggenommen. Nach dem Besuch bei meinen Eltern schließe ich mich erneut meiner Gruppe an; ich habe Schmuggelware dabei. Es hat aber keinen Sinn mehr, irgend etwas hinauszuschmuggeln. ~~Einen Tag gehe ich nicht zur Arbeit~~ Ich bringe nur Brot mit, das ich den Jungen auf der Straße abkaufe. Wieder entferne ich mich von der Gruppe und versuche, Schmuggelware zu besorgen.

Der Vorfall mit einem Polizisten in der Żelazna.

Der Vorfall mit Weißbrot auf der Wache.

Eine Vereinbarung mit der Familie Makower – für 1500 Złoty, 200 Złoty Vorschuß. Zwei Wochen bei den Eltern.

Das Leben im Ghetto fast normal. Nur etwa 50 000 Juden.[116] Geschäfte usw., Lebensmittelversorgung usw. – nur auf den Straßen schleichen sich SS-Leute von hinten an die Menschen heran und schießen auf sie, wie bisher.

Das Werk Ursus hat einen wichtigen Auftrag. Sie lassen mich 36 Stunden lang nicht zum Wohnblock; dann wieder 48 Stunden[117], schreckliches Essen – nichts davon darf übrigbleiben.

Ein neuer *Werkschutzleiter*: neue Schikanen; man muß jeden Tag zur Arbeit erscheinen. In der Halle wird ein großer, grauhaariger Jude geschlagen. Neue Methoden der Durchsuchung. Zerstörung der Maschinen.[118] Überwachung bei der Arbeit. Es gibt keine Pakete mehr; es lohnt sich nicht mehr, etwas hinauszubringen. Ich trage nur Wodka und Zigaretten in den Hosenbeinen meines Schutzanzuges hinaus.[119]

Abends gehe ich bei Pola in der Zamenhofa 36[120] vorbei. Ich bringe ihr Nachrichten von den Eltern und hole von ihr das Geld, das sie verdient hat, für die Eltern ab, auch ihre Briefe. Abends esse ich gewöhnlich bei den Rozenbergs eine Suppe (~~zu 8 Złoty~~ zum Selbstkostenpreis!). Übrigens, ich sollte die Lebensbedingungen bei ihnen beschreiben. Saba[121] arbeitet bei der *Werterfassung* der SS. Totale Erschöpfung. Die Wasserleitungsrohre im Wohnhaus sind wegen Kälte geplatzt, es gibt kein Wasser mehr. Man kann sich nicht waschen. Manchmal haben sie Strom, dann aber vier Tage lang nicht (Bestechungsgeld an den polnischen Kontrolleur). Ein sehr schweres Leben.

Auf der Wache immer schlimmer. Peitschenschläge eines SS-Mannes auf der Wache.

Ich besorge Schuhe für Pola. Ich laufe ganz allein hinter dem ersten Wachposten – das frühere Ghetto: eine Einöde, ein Friedhof.[122]

Januar 1943, Neujahr

Eine Blockade des *Werkschutzes* und Flucht über den Zaun usw.

Polusia arbeitet woanders. Sie verliert ihre Arbeit und lebt von der Suppe, mit der die Gemeinde das *Schwesternheim* beliefert, mit den Pinkiert-Leuten zusammen.

10. Januar

Bei der Trauung von Saba und Zygmunt[123] (Ziel der Heirat!). Mit List in die Schultz-Werke. Feier und Spaß die ganze Nacht. Deutliche Verbesserung der Lebensbedingungen bei den Rozenbergs.

Bei Ursus – es kann nicht mehr schlimmer werden. Es wird nichts mehr ins Ghetto geschmuggelt, es lohnt sich nicht. Ich habe auch keine Klamotten mehr – ich lebe sehr sparsam.

16. Januar, Samstag

Aus den Fabrikfenstern sehe ich die Wolska und das Haus Wolska 54. Die Straße und das Haus sind von Gendarmen umzingelt.

17. Januar, Sonntag

Pola und ich machen uns Sorgen um unsere Eltern. Es wird geredet, daß die Menschen im polnischen Stadtteil ausgesiedelt werden, viele Häuser dort abgesperrt. Mehrere mit Polen beladene Wagen fahren durch das Ghetto in Richtung Zitadelle.[124]

18. <u>Januar</u>, Montag

Die zweite Aussiedlung![125]

Beschreibung dieser Aktion von Anfang bis Ende – Montag, Dienstag, Mittwoch, Donnerstag, [klein zwischen die Zeilen geschrieben:] abends mit der SS [unleserlich] 500 Złoty! Nachricht über Pola, übermittelt durch Anszel (vorher ein Gerücht von Abe über den Leichenwagen).[126]

Am Freitag – Ende der Aussiedlungsaktion. Saba und Zygmunt kommen vom Schultz-Werk zurück. Ich gehe mit Zygmunt Kartoffeln besorgen.

Die nächsten Tage: Wegbringen aller Sachen – Inkasso – Bargeld einsammeln.[127] Das Geld, (meine) Sachen und die Wäsche werden an meine Eltern weitergeleitet.

In der Fabrik findet eine Leibesvisitation statt; nackt in eisiger Kälte. Stalingrad.[128]

Ich habe vor, mit Pola zusammen das Ghetto zu verlassen.

Endlich, am 7. Februar, verlasse ich das Ghetto, aber mit Adek, ohne Pola.[129]

[Manuskriptteil C]

Warschauer Ghetto, September 1942 bis Januar 1943

[Editorische Notiz]

Unter den Manuskripten befindet sich ein einzelner, beidseitig beschriebener Bogen, auf dem Fryderyk Winnykamień verschiedene Ereignisse ab Herbst 1942 notierte. Die Vermerke sind nicht in strikt chronologischer Reihenfolge aufgeführt. Daher kann vermutet werden, daß es sich um Ergänzungen zu seinen bereits niedergeschriebenen Notizen handelt. Inhaltlich korrespondieren sie zwar mit denen der übrigen Notizen des Zeitraums 1942/43, wiederholen diese aber kaum.

Sowohl durch das benutzte Formularpapier, in dem vorgedruckte, betitelte Rubriken für Steuerabrechnungen angebracht sind, als auch durch seine stark beschnittenen Ränder und den Charakter der höchstwahrscheinlich zuvor angebrachten Einträge von fremder Hand unterscheidet sich dieser Bogen von den übrigen überlieferten Manuskriptblättern. Dennoch steht außer Zweifel, daß Fryderyk Winnykamień ihn beschriftet hat, denn es ist eindeutig seine Handschrift zu identifizieren.

[Vorderseite]

Oktober/November [1942]
Beschreibung eines alten Bettlers auf der Smocza. Die Feuerwehr – Schmuggel.

1. Dezember
Abe und Żychl.[iński] plündern immer wieder in der Nalewki. Das ist sehr gefährlich. Der Mitbewohner von Frydman wird erschossen, weil er der SS Maschinen gestohlen hat.

Hunderte von Juden kommen von der polnischen Seite zurück: Das Verhalten der Polen, ihre Preistreiberei und ihre Denunziationen usw. zwingen sie dazu zurückzugehen.[1]

Im Dezember
Die Wachmannschaften der Gendarmerie wärmen sich an Feuerstellen im ehemaligen Ghetto.[2] Mehrere kleine SS-Streifen mit Scheinwerfern. Zahlreiche Verhaftungen im ehemaligen Ghetto. Wachen mit Gendarmen am Wohnblock der Schultz-Werke.

Die Flucht mehrerer Zigeuner aus dem Gefängnis in der Gęsia und die Suche nach ihnen auf den Wachpostenstellen.[3] Es wird von Aussiedlung geredet.

Neujahr bei R[ozenbergs].

Januar [1943]
Am 10. Januar auf der Hochzeit, der Aufenthalt bei meinem Onkel – eine Vereinbarung mit seinem Schwager.

Am 16. Januar nach der Rückkehr ins Ghetto sehe ich in einem Auto Heinrich Himmler.[4]

17. Januar, Sonntag. Saba geht mit ihrem Mann zu Schultz, um sich dort zu amüsieren.

18. Januar
Die Aussiedlung. Versuche, sich zu verstecken. Hunger. Plünderungen.

Am Freitag in der Frühe herrscht Ruhe; abends zusammen mit Zygmunt von Pola zurück; ein Zwischenfall mit einem SS-Mann in der Zamenhofa. Der Bericht von Zygmunt; Schultz verteidigt sich.[5]

VI 430

Zaległości końcowe (czarnym atramentem) i nadpłaty (czerwonym atramentem)				Przedpłaty z ub. okresu budż. nie zarachowane na poczet wymiaru (17—18)	Egzekucja: tytuł wykonawczy		Uwagi
data, od której biegną odsetki	podatek skarbowy	dodatek samorządowy			Data wysławienia	Nr	
29	30	31	32	33	34	35	36
~~36 r.~~	~~2126,61~~						
~~35~~							
36	300.-						
35.	192,28						
~~37~~	~~1682,13~~						
1937	1682,14						

Październik 44/ listopad.
Opis starego żebraka na Smoczej. Straże ogniowe – [illegible]
1 grudnia: Abe – Żydek chodzący na Nalewki, 6. miejsce [illegible] Współlokator Frydman zastrzelony za kradzież maszyn [illegible]
Żydzi wracają z [illegible] z polskiej strony: Polacy ich przegaaniają swoim zachowaniem, zabieraniem, wydawaniem itd.
14 grudnia: Straże żandarmów przy ogniskach w b. getcie.
Patrolki SS z reflektorami. Aresztowania. Wachty żandarmów przy bloku Schultza w getcie. Ucieczka z zamknięcia Geata [illegible] z [illegible] cyganów na Wachach. Mówi się o wysiedleniu.
Nowy Rok u R.
Styczeń. 10 stycznia na ślubie i pobyt u wujka – umowa z jego szwagrem.
16 stycznia po powrocie do getta widzę warty Heinricha Himmlera.
17 stycznia niedziela. Saba idzie z mężem do Schultza ratować się.
18 stycznia wysiedlenie. Piątek rano spokojnie wieczorem z Zygmuntem od Poli, wydanie z SS-owcami na Zamenhofa. Opowieści Zygmunta. Schultz broni się. 23 stycznia likwidacja.
33. [illegible] po akcji 15 [illegible] z Werkstaty i wypłaca [illegible] pokrewnym akcji. Większa część getta po likwidacji placówek Schmidt i Münstermann, Dal, Ost-Bahn itd. Wyprowadzka Poli na Zamenhofa 38, bo likwiduje się Schwesterheim po wywiezieniu większej części pielęgniarek wraz z całym szpitalem z ul. Gęsiej 6. Na Zamenhofa mieszka z Pinkertowcami.
Od 25 stycznia Werkschutze pilnują bloku i nas. Wzmożona kontrola po drodze do i z fabryki. Samochodami. Mówią, że za 2 tyg. ostateczna likwidacja Żydów. Wiać, bo coraz trudniej. 2 dni później rano [illegible] wcale nie można, tylko z grupą nocą. Straty w Karku od SS na Zamenhofa.
Plakaty Gminy (Zamenhofa 19) o przyjmowaniu Żydów do pracy w Urzędzie Robót; nawoływanie kryjówek.
Czy Mirka jest nie wiem, czy żona jest nie wiem.
Kt. zginął z bloku i jak: Templowa, Chalebska, dzidka [illegible] Dorka Rozental, Szydlicki Stanisław.
Wygląd getta po ostatnim wysiedleniu – ani żywej duszy, nic, wszędzie nie ma nic. Nie ma

23. Januar

Die Liquidierung. Gleich nach der Aktion machen sich die SS-Leute und die Mitarbeiter der Werterfassung auf den Weg, sie säubern die Gegend; viele Leichenwagen sind dabei.

Der größere Teil des Ghettos nach der Liquidierung der Arbeitsstätten bei Schmidt und Münstermann, Dal, Ost-Bahn usw.[6]

Nachdem das ganze Krankenhauspersonal von der Gęsia 6 – darunter die meisten Krankenschwestern – deportiert worden ist, wird das *Schwesternheim* liquidiert.[7] Deshalb zieht Pola in die Zamenhofa 38. Dort wohnt sie mit den Pinkiert-Leuten zusammen.

Vom 25. Januar an werden unser Wohnblock und wir vom *Werkschutz* überwacht. Verstärkte Kontrollen auf dem Weg zur und von der Arbeit in der Fabrik. Mit Wagen.

Es wird geredet, daß in zwei Wochen alle Juden endgültig liquidiert werden. Fliehen! Das wird nämlich immer schwieriger – die Tage werden länger, und morgens ist es überhaupt nicht möglich; nur mit der Gruppe, die sich nachts bewegen darf.

SS-Männer in der Zamenhofa schießen ins Genick.

Plakatanschläge bei der Gemeinde (in der Zamenhofa 19): Juden werden zur Arbeit bei Ursus aufgenommen.

Errichtung und Bau von Verstecken.[8]

Ich weiß nicht, ob Mirka noch da ist und ob Zamczyk noch da ist.[9]

Wer von den Bewohnern des Wohnblocks umgekommen ist und wie: die Frauen Templowa, Chalebska, Lilka Szymańska und Dorka Rozental sowie Stanisław Żychliński.

Das Aussehen des Ghettos nach der letzten Aussiedlung – kein Verkehr, weder am Tag noch am Abend. Keine [Textverlust: ein Wort unleserlich].

[Rückseite]

September [1942]

SS-Offiziere plündern an der Straßenecke Smocza und Gęsia. Ich bin Vorarbeiter. Drei Juden leisten mir Hilfe. Der <u>letzte Brief</u> von I.[rena] B.[ocian].[10] Im ~~Oktober~~ September darf man keine Briefe mehr schreiben.[11]

Am <u>Freitag, dem 22. Januar 1943</u>, nach der Aussiedlungsaktion wurden die Wohnblocks neu belegt; viele Arbeitsstätten wurden aufgelöst.

November
Ich fange an, mein bei Piotr aufbewahrtes Geld nach und nach zurückzuholen und an die Eltern weiterzuleiten.

Dezember
Ein Zwischenfall auf der Wache mit zwei Flaschen Wodka.[12]

Weihnachten: neun Tage Arbeit in der Fabrik, Renovierungsarbeiten, die Polen in Urlaub.

Im November müssen in der Fabrik alle Suppendosen abgegeben werden.

Januar nach der Aussiedlung
Bei der Wache gibt es nun viel weniger Gruppen zu sehen; es herrschen auch kein Gedränge und kein Verkehr mehr. Kein Handel mehr in der direkten Nähe der Wache. Die Gendarmen patrouillieren oft.

Im November – ein Brief von Budziek aus Berlin, mitgebracht von der Prażuchowa, die ihn von I.[rena] B.[ocian] bekommen hat.[13]

Der erste Brief und die weiteren Briefe von Marcin kommen aus dem Lager in Starachowice an die Adresse von Łuk.[awski]. Eine Postkarte von Budziek wurde an Marcin weitergeschickt; er hat uns geschrieben, daß er einen Brief von Róża, Budziek usw. bekommen habe.[14]

Dezember
Ein Brief aus B. über Alfred und Pela, geschickt an Przerad.[owski].[15]

{148/122 Wajnberg N., Ulica Franciszkańska 21}[16]

[Manuskriptteil D]

Warschau-Wola, Februar bis November 1943

[Editorische Notiz]

Fryderyk Winnykamień fertigte seinerzeit über die ersten Monate seines Lebens im Versteck, also von Mitte Februar bis November 1943, keinerlei Aufzeichnungen an.

An dieser Stelle folgt nun sein nachträglicher Bericht, ähnlich dem, den er der englischen Übersetzung[1] seiner Aufzeichnungen hinzufügte. Er wurde von den Herausgeberinnen in Absprache mit dem Autor auf der Basis der englischen Fassung und von Informationen, die er im Interview im Oktober 2002 gab, zusammengestellt.

Frederick Weinstein über seine Zeit im Versteck zwischen Februar und November 1943

Nach der Januar-Aktion ahnte ich, daß die Deutschen das ganze Ghetto in absehbarer Zeit liquidieren würden. Daraufhin faßte ich den Entschluß, zusammen mit Pola das Ghetto zu verlassen. Doch meine Schwester wollte nicht mitgehen, da ihr Platz, wie sie mir gegenüber sagte, bei den Kranken im Ghetto sei.

Ich wartete eine Woche und noch eine weitere. Die Tage wurden länger, und ich konnte nur aus dem Ghetto entkommen, wenn ich zur Nachtschicht ging und es um diese Zeit bereits dunkel war.

Der 7. Februar 1943 war dann der Tag, an dem ich aus dem Ghetto floh. Am Abend ging ich mit meiner Arbeiterkolonne durch das Ghettotor. Mein Freund Adek Rozenberg hatte sich ebenfalls zur Flucht entschlossen, doch Pola blieb bei ihrer Entscheidung, nicht mitzukommen. Als wir uns auf der »arischen« Seite von der »Ursus«-Gruppe entfernten, beobachteten uns einige polnische Männer, die uns sofort folgten. Das waren *Szmalcownicy*, professionelle Erpresser, die jedem Ghettoflüchtling auflauerten. Wir gingen in die Richtung der Wohnung meiner Mutter, die in der Ulica Wolska 54 im Warschauer Stadtteil Wola lag. Da wir die Männer jedoch nicht auf unser Versteck aufmerksam machen wollten, versuchten wir wegzurennen, konnten sie aber nicht abhängen. Als sie uns stellten, forderten sie von uns alles, was wir bei uns hatten. In der Eiseskälte dieser Februarnacht zogen sie Adek die Lederjacke aus, und von mir verlangten sie alles, was ich in den Taschen hatte. Glücklicherweise war es nicht viel. Daraufhin ließen sie uns gehen, und wir liefen noch lange kreuz und quer durch andere Straßen, um sicher zu sein, daß sie uns nicht folgten.

Sehr viel später gingen wir dann zu der kleinen Kellerwohnung meiner Mutter. Adek sollte so lange bei uns bleiben, bis er Anschluß an eine Partisanengruppe gefunden hätte. Nach zwei Tagen jedoch hielt Adek die Enge unserer kleinen Wohnung nicht mehr aus. Zudem sorgte er sich sehr um seine

Mutter und seine Schwestern im Ghetto und wollte zu ihnen zurückkehren. Er verließ uns sehr früh am Morgen, um sich der von »Ursus« ins Ghetto zurückkehrenden Gruppe anzuschließen.

Wir haben ihn nie wieder gesehen noch je wieder von ihm gehört.

Nun lebten wir drei in diesem sehr kleinen Raum, der für die nächsten anderthalb Jahre unser Versteck sein sollte: Es war die Einzimmerwohnung Nummer 165 im Keller des linken Seitenflügels des Mietshauses Ulica Wolska 54. Meine Mutter wohnte hier legal als Marianna Gizińska, als alleinstehende, katholische Frau. Durch die Vermittlung meiner beiden polnischen Helfer, die ich durch meine Arbeit bei Ursus kennengelernt hatte – Andrzej Łukawski und Piotr Przeradowski – konnte meine Mutter dieses Zimmer mieten, und zwar mit Hilfe von Bola Purtowa und Jadzia Łazerowicz, die beide oben im Haus wohnten. Da die Familien untereinander befreundet waren, kam das Arrangement mit der Wohnung zustande.

Natürlich besaß meine Mutter eine Geburtsurkunde auf ihren neuen Namen. Sie mußte ihre Rolle gut spielen, sonst hätte sie uns alle drei gefährdet. Mein Vater und ich verließen diesen Raum nie, und niemand außer Frau Łazerowicz und der Familie Przeradowski wußte von unserer Existenz.

Wenn wir uns bewegten, schlichen wir auf Strümpfen, und wenn wir reden wollten, durften wir nur flüstern. Die Wände waren sehr dünn, und hinter der einen Wand lag die Nachbarwohnung des Ehepaars Maryniak. Wir hatten keine Waschgelegenheit außer einem Becken mit fließend kaltem Wasser. Ein kleiner Ofen diente uns sowohl zum Heizen als auch zum Kochen. Meine Mutter leerte unsere Nachttöpfe immer sehr früh am Morgen. Ich schlief auf einem Strohsack am Boden, den ich tagsüber wegräumte, und meine Eltern hatten ein schmales, eisernes Bett, das eigentlich nur für eine Person gedacht war. Licht fiel nur tagsüber in das Zimmer hinein, und zwar durch ein kleines Fenster unter der Decke, das zum Hof zeigte. Für die Beleuchtung des Raumes in den Winter- und Abendstunden hatten wir weder elektrisches Licht noch eine Petroleumlampe.

Eines Tages gelang es meiner Mutter, sich bei der Stadt Warschau zu registrieren und eine legale Kennkarte zu erhalten. Sie bekam nun auch Lebensmittelkarten und teilte ihre Essens- und Kohlerationen mit uns. Selbst für eine Person war es sehr wenig.

Meine Eltern hatten während ihrer Flucht von Gniewoszów nach Warschau alles verloren, und so waren wir auf das Geld angewiesen, das ich durch meinen Schmuggel verdient hatte und durch meine beiden Helfer und Kollegen bei »Ursus« hatte beiseitelegen können. Später kamen dann auch noch einige Geldsendungen von den Schwestern Wiktor Pakmans aus Berlin hinzu. Aber das Beschaffen der notwendigen Lebensmittel war ein permanentes Problem.

Seit ich so bei meinen Eltern im Versteck lebte, war ich fast vollständig vom Ghetto abgeschnitten. Piotr Przeradowski kam ab und zu vorbei und versorgte uns mit einigen wenigen Informationen.

Die erste Zeit in diesem Zimmer nutzte ich, ein Notversteck für meinen Vater und mich zu bauen. Ich entfernte den Holzfußboden unter unserem kleinen Schrank und hob im Erdreich darunter ein Loch aus, in dem wir, mein Vater und ich, uns bei Gefahr verstecken konnten. Diese Arbeit dauerte drei Monate, da wir den Sand nicht in größeren Mengen aus der Wohnung schaffen konnten. Mutter trug ihn im Schutz der Dunkelheit eimerweise hinaus und schüttete ihn in die großen Müllbehälter im Hof.

So vergingen der Februar und der März. Mitte April begann in Warschau der Frühling. Mein Vater und ich sahen durch das kleine Fenster unter der Decke nur ein winziges Stück Himmel. Gerüchte kamen auf, daß sich im Ghetto schlimme Dinge zutragen würden. Unsere polnischen Helfer, die sich mit einem verabredeten Signal an unserer Tür meldeten, berichteten uns, daß deutsche Truppen das Ghetto umzingelt hätten. Verzweifelt versuchten wir, zu Pola Kontakt herzustellen, aber es war unmöglich.

Am Montag, dem 19. April 1943 – zugleich Ostermontag und Seder-Abend – hörten wir plötzlich bis in unser Versteck heftigen Artilleriebeschuß, Bomben und Maschinengewehre. Wir lebten ungefähr zwei Kilometer von der Ghettomauer entfernt. Unsere polnischen Freunde berichteten uns von Kämpfen und Brandschatzungen im Ghetto. Mutter ging hinaus auf die Straße und kam weinend zurück. Sie hatte gesehen, daß der Himmel über dem Ghetto rot war, und dachte an ihr Kind und die anderen Menschen, die dort gerade starben.

Der später berühmt gewordene Ghetto-Aufstand, der verzweifelte Kampf der eingeschlossenen Juden gegen die militärische Übermacht der Deutschen – angeführt von einer kleinen Gruppe sehr junger Juden – dauerte Wochen.[2] Uns erreichten während dieser Zeit sehr verschiedene Nachrichten – richtige und falsche. Nur einmal wußten wir, daß sie stimmten. Es war, als Anszel, der junge Totengräber, eines Nachts zu uns kam. Er war in der zweiten Woche des Aufstandes über den Friedhof aus dem Ghetto geflohen.

Er brachte uns Polas Stiefel, ihre Schwesternhaube und ihr Abzeichen. Er hatte gesehen, wie sie von SS-Rottenführer Blösche[3] erschossen worden war – am 19. April, am ersten Morgen des Aufstandes –, als sie sich auf der Straße um Verletzte kümmerte. Anszel verließ uns noch in derselben Nacht und wollte sich den Partisanen in den Wäldern um Warschau anschließen. Wir haben auch von ihm nie wieder etwas gehört.

Die folgende Zeit war geprägt von unseren unzähligen schlaflosen Nächten, in denen wir immer wieder das Bild meiner lieben Schwester in den letzten

Augenblicken ihres Lebens vor Augen hatten. Ich weiß nicht, wie wir, besonders meine Mutter, die folgenden Tage, Wochen und Monate durchgestanden haben. Wir konnten nicht essen oder trinken. Selber zur Untätigkeit verurteilt, trauerten wir um Pola, aber auch um all die anderen Menschen, die im Ghetto ermordet worden waren.

Für meine Mutter war dies eine besonders schwere Zeit, weil sie zudem ihre Rolle als unbeteiligte, »arisch«-polnische Frau spielen mußte.

Die Kämpfe im Ghetto dauerten Wochen, und der Geruch der Feuer und des Rauchs drang sogar durch geschlossene Fenster und Türen. Es gab keine direkte Verbindung zum jüdischen Viertel. Wir hatten nur Piotr, der zu uns kam und uns von der verzweifelten Lage im Ghetto berichtete. Wir trauerten.

Ende Mai war praktisch alles vorbei. Uns wurde erzählt, daß das Ghetto zerstört und niemand mehr dort sei. Wir mußten uns zusammenreißen, um nicht vor Verzweiflung zu schreien, denn die Wände hatten ja Ohren. Immer wieder mußten wir prüfen, ob uns niemand hörte, und ich lauschte durch das Fenster den Gesprächen der Nachbarn. Wir mußten ganz sicher sein, daß sie uns nicht doch im Zimmer meiner Mutter sprechen hörten.

Irgendwann begann ich mit meinen Aufzeichnungen, und Vater und ich lernten Englisch mit Hilfe eines Lehrbuches, das Piotr uns besorgt hatte.

Die geringe Anteilnahme, mit der die Polen von dem sprachen, was sie mit eigenen Augen gesehen hatten, war schwer zu ertragen. Unsere Vorstellungen vom Horror der letzten Tage des Ghettos haben uns während dieser Zeit immer begleitet.

Der Sommer kam und dann der Herbst. Die Tage wurden kürzer und dunkler und sehr bedrückend. Es gab nicht viel Licht im Zimmer, weil der Verdunkelungsvorhang sehr dicht sein mußte. Aber jeder Tag, den wir in diesem Versteck ohne Zwischenfälle erlebten, brachte uns unserem Ziel, dem Überleben, näher.

15 listopada oprzytomniony [illegible] (1) [illegible] opis. Na 8 tyg. [illegible]
41 listopadowe 43 [illegible] [illegible] gar.

Przychodzenie i pukanie Purtowej. [illegible]

16 grudzień 1943 r. Zimno, trzymiemy się. Zawsze po [illegible] na łóżko. O godz. 19[30] wieczór [illegible] nagle do domu [illegible] i zaczynamy się zbierać do zejścia na dół. Mama wychodzi i dowiaduje się że [illegible] strzelił ktoś do policjanta polskiego, leży ranny u doźorcy. Schodzimy do piwnicy i tam wojujemy, że zapaliliśmy się oblatując [illegible].

17 grudzień. Wyszliśmy z piwnicy. Mama dowiaduje się o szczegółach zdarzenia: trzech chłopców odebrało broń policjantowi, jeden z nich zabrany do szpitala – nie ma dochodzenia. Rano Bot przynosi list od Marka i [illegible] od Przeradowskiej — pogniewała się, bo mama prosiła o swoje [illegible].

Wieczór godzina 10[00] opis całego zdarzenia z Gestapo u Krystyny Gajewiczowej: zabicie Henryka, matki i [illegible]. Klimek chodzi cały czas.

18 grudnia: Ruch w całym domu, [illegible] opowieści [illegible] zatwierdzona.

19 grudnia. Pogrzeb Gajewiczowej. Do nas nikt nie przychodzi i Przeradowscy nie [illegible]. Jadzia wyjeżdża na święta – nie ma nas. Lazowski i Władek handlują choinkami przy [illegible]. Zarabiają tysiące dziennie.

Wilia Bożego Narodzenia: Matyjasikowie proszą mamę do wspólnej kolacji, mama odmawia. W pierwsze święto mama idzie do Matyjasików na śniadanie. Jadzia przynosi tu wszystko, ale ja nie mogę nawet kawałka i nie [illegible]. Wyglądam przez okno: słuchamy i patrzę jak [illegible] się bawią, a ja nie mogę wyjść. Nadchodzi Nowy Rok 1944 i co nam on przyniesie? Nasi robią ofensywę od Żytomierza, czekamy jak dotąd. Do nas wszyscy [illegible] nie przychodzi. Raz był Władek, żeby nam pokazać jak [illegible].

Nowy Rok 1944. Matyjasikowie wyszli na cały dzień. Cicho, pusto, [illegible], [illegible] jedzenie wystarczy. Święty chleb z cebulą. Wyglądam przez okno – śnieg pada, pada... A [illegible] polskie bawi się, chodzi, [illegible], [illegible] śniegiem. A ja [illegible]

3 stycznia 1944. Jadzia przychodzi, że [illegible] Sowiety. Radość – [illegible] [illegible]. Czekamy teraz z dnia na dzień. Równe i [illegible] zajęte. [illegible] [illegible] przyjeżdża [illegible]. List z B. z adresem na polecony. Wyzwolenie. [illegible] i [illegible]. Przysyła 100 Rotl. [illegible]. Od Przerad. nikt nie przychodzi. Jadzia [illegible] nie może siedzieć dłużej niż 5 minut – nowy [illegible]! Mają zabierać mieszkania przyfrontowe – boimy się o nasze! Od Ryzi dobre listy, i z Bartka [illegible] rozmawiają. Wydawanie Żydów przez Polaków – po wydaniu policjanta [illegible] i 15 Żydach. Pod 53 [illegible] wyciągnęło Żydów. Zofia przysyła [illegible]: makaron, budyń, [illegible] [illegible]. [illegible] [illegible] sana do nocy. A tymczasem bolszewicy stanęli.

Od Ryzi [illegible] listy. Od Marka nic, bo Przeradowscy nie przychodzi. Na ulicach zabijają Niemców. Polacy o Żydach gadają. [illegible] bolszewik też nie przyjdzie! My będziemy [illegible] [illegible] [illegible] i [illegible]. Czekamy na [illegible]. Tymczasem [illegible] pomocy ze wszystkich stron. Jadzia [illegible] przychodzi. Władek też nie – [illegible] [illegible]! My [illegible] pozostali [illegible] i [illegible]. Mama sprzedaje [illegible] Purtowej. Jadzia kosztuje 40 zł [illegible] [illegible].

Luty 1944. Marzniemy. Od Przeradowskich [illegible] [illegible]. Żadnych wiadomości. 13 [illegible] i [illegible].

Pożar. Zdarzenie z Żydami od [illegible], 19 Żydów [illegible].

Berlina i od Ryzi – normalnie. Z B. przychodzi [illegible]. Rośnie [illegible]. Władek przychodzi coraz częściej z zadaniami [illegible] – [illegible]. Jadzia od nas do nas [illegible]. Kilka razy [illegible] [illegible] w żandarmerii [illegible] Jadzi [illegible] – tymczasem [illegible] Franek [illegible] przyjeżdża. Mamy od 12 stycznia [illegible]. Kuroń [illegible] [illegible]. Na wszystkich frontach cicho, a [illegible] Polacy się bawią, żyją, a my w [illegible] [illegible]. Czytam książki, gazety i uczę się [illegible] angielskiego. 14 lutego [illegible] 2 [illegible]. Jadzia [illegible] Piotra na ulicy i „niech Bóg ze [illegible]" [illegible] 1928 [illegible] [illegible].

Opowiadanie Franka Tomy o Żydach, co się [illegible] na [illegible] [illegible].

Marzec 44. [illegible] ofensywa ze wschodu! [illegible], bolszewicy idą dalej, nie [illegible] do nas, tylko na Rumunię i Podkarpacie. Mama zaczyna chorować i reumatyzm, [illegible]. Przez do Berlina [illegible] przysyłają [illegible] 600 Rotl. i [illegible] co tydzień [illegible] [illegible]. Zaczynamy jeść trochę więcej i lepiej. Sowieci idą naprzód! [illegible] [illegible], [illegible] [illegible], [illegible] [illegible] [illegible], że wojna nas oswobodzi i że [illegible] [illegible] to [illegible] ze wszystkich stron. [illegible] bardzo Ryzi i [illegible] [illegible]. [illegible] Marka [illegible] i [illegible] i [illegible] na Berlin. Zabili [illegible] SS [illegible] – [illegible]. 500 Polaków za niego. [illegible] [illegible] z mieszkań w okolicy katedry. Strach, bo my w razie czego nie mamy gdzie pójść! Wieczorem [illegible] [illegible] to [illegible] z [illegible] 44-go roku. Sowieci idą naprzód: [illegible] w [illegible], Tarnopolu i [illegible]. Wokół [illegible] przychodzi [illegible]. Przyniósł list Marka, że przyjedzie chyba na święta Wielkanocne. Helena [illegible] [illegible] do [illegible] [illegible] do szafy. Przynosi resztki zupy, trochę węgla i po gazetach codziennie. Czas schodzi na czytaniu książek i gazet. Jadzia coraz rzadziej przychodzi, bo [illegible] coraz gorzej. ~~[illegible]~~ Władek przychodzi codzień z zadaniami.

W niedzielę [illegible] – [illegible] się chce – [illegible] niemiecka gazeta. Marzniemy, czekamy na [illegible] i każdej [illegible].

Drukarnia Państwowa nr 87653. 29.XII 36.

[Manuskriptteil E]

Warschau-Wola, Dezember 1943 bis August 1944

[Editorische Notiz]

Möglicherweise ist der folgende Teil, den Fryderyk Winnykamień mit den arabischen Ziffern 1 bis 5 paginierte, der von ihm zuerst begonnene seiner Aufzeichnungen. Es handelt sich um seine eigentlichen Tagebuchnotizen aus dem Versteck.

Die Einträge dieser Seiten setzen mit dem 16. Dezember 1943 ein, obwohl der Autor noch eine Notiz mit dem Datum »15. November« hinzufügte. Seine Gründe, zu diesem Zeitpunkt mit Tagebuchnotizen zu beginnen, liegen im Dunkeln. Eventuell erhielt er zu diesem Zeitpunkt von seinem Helfer Piotr Przeradowski Papier und Tinte, wodurch er zum Schreiben motiviert wurde. Es kann aber genauso möglich sein, daß er die im Haus hörbaren Schüsse und die damit verbundenen Aufregungen und Ängste zum Anlaß nahm, kurze Bemerkungen über sich und das, was um ihn herum geschah, festzuhalten. Sein höchstwahrscheinlich erster Satz kreist um seine Situation im Versteck: »Es ist sehr kalt, wir zittern vor Kälte.«

Der Stil dieses letzten Teils ähnelt demjenigen der Notizen in Manuskriptteil B – Fryderyk Winnykamień schrieb wie viele, die Ereignisse kurz und knapp festhalten.

Die Papiere sind dieselben wie in Manuskriptteil B: linierte Blätter, die mit Spalten, aber ohne Rubrikentitel bedruckt sind und vorher von anderer Hand mit Zahlen oder Zahlenkolonnen und Daten der Jahre 1937 und 1938 beschriftet worden waren. Winnykamień überschrieb diese schwarzen Ziffern manchmal, an anderen Stellen gruppierte er seinen Text um sie herum. Auf jedem Blatt ist »Drukarnia Państwowa nr 87653 29.XII 36« eingedruckt.

Das Besondere dieses letzten Manuskriptteils ist seine Zeitnähe. Zu Beginn notierte Fryderyk Winnykamień einige tägliche Einträge, bis er dann wöchentliche, ab Januar 1944 sogar nur monatliche Zusammenfassungen niederschrieb. Es kann vermutet werden, daß, wenn er genaue Daten niederschrieb, dies nicht unbedingt die Tage der Einträge waren, sondern die Tage der Ereignisse, die er festhalten wollte. (Siehe den Eintrag S. 331 und die Anmerkung 45 zum 20. Juli 1944, S. 535.) Ab dem 22. Juli 1944 schrieb er über jeden Tag, und ab dem 27. Juli 1944 verfaßte er sehr lange tägliche Ereignisberichte, die zum Schluß in stündliche Eintragungen übergingen. Es muß bedacht werden, daß Fryderyk Winnykamień ab dem 9. Juni 1944 seine »große Erzählung« für die Zeit ab Kriegsbeginn niederzuschreiben begann (Manuskriptteil A). Wir vermuten, daß er sie um den 27. Juli 1944 nach der Erwähnung des Deportationsbeginns aus dem Warschauer Ghetto abbrach. Von jenem Moment an widmete er sich vermutlich ausschließlich dem Tagesgeschehen.[1]

Das Ende dieses Manuskriptteils E ist auch das Ende des gesamten Manuskripts.

Am 15. November verkaufen wir den Mantel meines Vaters. Für 3000. Jadzia verdient 750 Złoty. Im November 43 – Przer.[adowski] zum letzten Mal.

16. Dezember 1943

[eingefügt über dem nachfolgenden Satz:] Besuche von der Purtowa, Anka und Helena.[2] Ihr Klopfen an die Tür. Besuche des Briefträgers.

Es ist sehr kalt, wir zittern vor Kälte.[3] Gleich nach dem Essen legen wir uns aufs Bett. Abends um 19.30 Uhr Schüsse in unserem Haus. Wir springen sofort auf und schicken uns schnell an, nach unten[4] zu gehen. Meine Mutter geht hinaus und erfährt, daß im Haustor auf einen polnischen Polizisten geschossen worden sei, er liege nun beim Pförtner. Da wir deshalb mit einer Umzingelung durch die Gendarmen rechnen, gehen wir hinunter in unser Loch und bleiben dort über Nacht.

17. Dezember

Wir verlassen unser Loch. Meine Mutter bringt genaue Einzelheiten des Vorfalls vom Vortag in Erfahrung: Drei Personen haben versucht, dem Polizisten seine Schußwaffe wegzunehmen, sie waren ihm vorher auf der Straße gefolgt usw. Ins Krankenhaus eingeliefert. Keine Ermittlungen.

Piotr bringt uns in der Frühe einen Brief von Marek; auch unsere restlichen Sachen, von der Przeradowska, hat er dabei – die Przeradowska ist beleidigt, weil meine Mutter ihr altes wollenes Halstuch zurückhaben wollte.

Abends um 10 Uhr der ganze Vorfall mit der Gestapo bei Krystyna Gryniewicz genau nacherzählt: Heniek getötet, Verletzung und Tod seiner Mutter. Die Polizei überwacht die Gegend die ganze Nacht hindurch.

Beschreibung des gesamten Vorfalls.

18. Dezember

Ein furchtbarer Betrieb im ganzen Haus, vor allem im Kellergeschoß.

19. Dezember

Die Beerdigung von Frau Gryniewicz.

Wir bekommen keine Besuche: Familie Przeradowski will nicht, Jadzia bereitet alles für Weihnachten vor und hat keine Zeit. Łaszewski und Władek verkaufen Tannenbäume in der Jasna. Sie verdienen mehrere Tausend täglich.

Heiligabend

Familie Maryniak lädt meine Mutter zum gemeinsamen Festessen ein, sie lehnt ab. Am ersten Weihnachtstag geht meine Mutter zu ihnen zum Frühstück; Jadzia bringt uns ein Lebensmittelpaket mit, doch ich will nichts davon probieren. Und ich halte mich wirklich daran. Ich sehe zum Fenster hinaus; ich höre und sehe, wie die Polen sich amüsieren, aber ich kann nicht hinausgehen.

Das neue Jahr 1944 steht uns bevor. Was wird es uns bringen?

Die Unseren gehen von Schitomir aus zur Offensive über.[5] Mal sehen, was kommt.

Wir bekommen weiterhin keine Besuche. Ein einziges Mal war Władek bei uns, nur um uns zu zeigen, wie er einen Apfel ißt.

Neujahr 1944

Die Maryniaks sind den ganzen Tag außer Haus. Ruhe, Leere, Kälte. Das Essen ist nach Löffeln abgezählt. Trocken Brot mit Zwiebel. Ich schaue durchs Fenster – es schneit und schneit ... Und die polnische Jugend amüsiert sich. Die jungen Leute bewegen sich auf den Straßen, singen, bewerfen sich mit Schneebällen. Und ich zittere vor Kälte.

3. Januar 1944

Jadzia kommt zu Besuch. Sarny sei besetzt, berichtet sie. Freude – es ist nicht mehr weit. Wir warten jetzt von Tag zu Tag. Równe und Łuck besetzt.[6] Sonst nichts. Wir leiden weiterhin Hunger und frieren.

Ein Brief aus B.[7] mit der Adresse für Einschreibebriefe. Ich schicke die *Kennkarte* und den *Ausweis*.[8] Sie schicken uns 100 RM monatlich zu.

Kein Angehöriger der Familie Przerad.[owski] besucht uns zur Zeit. Jadzia sehr selten – sie kann nicht länger als fünf Minuten bleiben, weil sie an den Füßen friert.

Den Zugereisten sollen ihre Wohnungen weggenommen werden, wir haben auch Angst, unsere vier Wände zu verlieren.[9]

Von Rysia gute Briefe: Aus Berlin wird ihr ein bißchen geholfen.[10]

Die Polen verraten Juden – Erzählung eines Polizisten über Miłosna, über eine Höhle und fünfzehn Juden. Aus der Wolska 53 sind Juden herausgeholt worden.[11]

Zofia schickt uns Päckchen: Nudeln, Pudding, Weizenmehl, Grieß.[12] Wir zittern von morgens bis abends vor Kälte. Inzwischen sind die Bolschewisten stehengeblieben.

Ziemlich gute Briefe von Rysia. Keine Nachrichten mehr von Marek, da Przeradowski nicht auftaucht.[13]

Auf den Straßen werden Deutsche getötet. Die Polen reden viel über die Juden. Sie sagen, die Bolschewisten würden nicht hierher kommen. Sie selbst würden gegen sie kämpfen.

Anka Jakubiak und Ewiakowa. Wir warten auf die Invasion. Gleichzeitig müssen wir ständig nach allen Seiten hin auf der Hut sein.

Jadzia besucht uns kaum noch, Władek auch nicht. Bestimmt haben sie zu Hause genug zu fressen. Wir dagegen zählen das übriggebliebene Geld und die Essensreste. Meine Mutter verkauft ihr Kleid an die Purtowa – Jadzia bekommt Prozente, 40 Złoty. Dabei haben sie so viel Geld, daß sie selbst nicht wissen, wieviel.

Räuberische Überfälle von Karl und den Mongolen.*

Februar 1944

Wir frieren entsetzlich. Die Przerad.[owskis] kommen nicht bei uns vorbei. Ein Brand. Ein Vorfall mit Juden in der Płocka (neun Juden im Untergrund).[14] Briefe von Rysia und aus Berlin kommen wie bisher.

Aus B. kommt die *Kennkarte*. Ich stelle Stempel her.[15]

Władek kommt immer öfter mit Rechenaufgaben; dann jeden Tag. Jadzia kommt ab und zu vorbei. Einige Male müssen wir unten im Loch sitzen, denn laut Jadzia haben Gendarmen unser Haus umstellt. Inzwischen ist die ganze Straße, die Wolska, umzingelt[16] – Frank fährt durch die Stadt.[17]

Vom 19. Januar an haben wir jeden Tag den »Kurier« vom Vortag.[18] An allen Fronten Ruhe, und die Tage gehen schnell dahin. Die Polen amüsieren sich gut und genießen das Leben, während wir im Gefängnis sitzen, und dazu noch in so einem. Ich lese Bücher und Zeitungen, und ich lerne (wiederhole) Englisch. Am 14. Februar bin ich 22 Jahre alt geworden.

Jadzia hat auf der Straße Piotr getroffen: »Sie sollen Gott danken, daß sie leben und daß das Brot auf Marken billig ist!«

Franto Tuna erzählt von Juden, die sich in der Skierniewicka erhängt haben.

7. März 1944

Die sowjetische Offensive beginnt! Neue Hoffnung. Die Bolschewisten bewegen sich vorwärts, aber leider nicht in unsere Richtung; in Richtung Rumänien und Süd- und Ostkarpaten.[19]

* Die Bedeutung dieser vermutlich verschlüsselten Notiz konnte F.W. im Gespräch mit der Übersetzerin (New York, April 2003) nicht mehr aufklären.

Meine Mutter fängt an zu kränkeln: Rheuma, Rücken- und Kreuzschmerzen. Ich beschreibe in einem Brief nach Berlin unsere Lebensbedingungen; sie schicken uns sofort 600 RM und versprechen, uns einmal wöchentlich Geld zukommen zu lassen. Wir essen wieder etwas mehr und besser. Die Sowjets rücken immer weiter vor. Sie bilden immer neue Kessel. Vielleicht vernichten sie die Deutschen und brechen durch die feindlichen Fronten?

Aus B. schreiben sie uns, daß der Onkel* uns bestimmt bald besuchen wird. Und wenn es wärmer wird, würden auch gleich auf allen Seiten Heilkuren** beginnen. Rysia bekommt dort sehr viel Unterstützung von ihnen: Lebensmittel, Kleidung. Ich mache für Marek einen Personalausweis und noch einen *Ausweis* und schicke ihm beides nach Berlin.[20]

In Warschau ist der Chef der Waffen-SS, ein Neffe von Himmler, umgebracht worden. 500 Polen sollen dafür mit dem Tod bezahlen. Am nächsten Tag müssen alle Bewohner in der Gegend um den Dom herum ihre Wohnungen verlassen. Große Angst, denn wir hätten in diesem Fall keine Versteckmöglichkeit mehr. Am Abend stellt sich aber heraus, daß diese Maßnahme mit der Beerdigung eines SS-Mannes zusammenhing.[21]

Die Sowjets rücken weiter vor: Einkesselung deutscher Truppen in Kamenez, Kowel, Tarnopol und Płoskirów.[22] Deshalb taucht auch Piotr wieder auf: »Wie geht's denn so?« Er hat einen Brief von Marek mitgebracht, mit der Nachricht, daß er uns wahrscheinlich zu Ostern besucht.

Helena klopft immer wieder an die Tür, wir daraufhin blitzschnell in den Schrank. Sie bringt Suppenreste und ein paar Kohlen mit und holt jeden Tag die Zeitung ab. Wir lesen Bücher und Zeitungen, und so vergeht die Zeit.

Auch Jadzia besucht uns immer häufiger, wohl deshalb, weil ihre Ernährung immer schlechter wird. ~~Zieliński verhaftet, sitzt im Ghetto und macht~~

Władek kommt jeden Tag, um sich bei seinen Aufgaben helfen zu lassen. Am Sonntag besorgt er auch, wenn er Lust hat, eine deutsche Zeitung. Wir frieren immer seltener – wir warten jede Stunde auf die Invasion.

Im Ghetto werden alle ausgebrannten Häuser gesprengt, und die Trümmer wie auch der Schrott werden weggebracht. Den ganzen Tag Detonationen. Bei diesen Arbeiten werden Polen und Juden aus Griechenland eingesetzt.[23] Sie finden immer noch weitere Bunker [im Sinne von: Verstecke], die aber voller Leichen sind – die SS plündert.

* Mit »Onkel« ist Stalin gemeint (Auskunft von F.W., New York, April 2003).

** »Heilkuren« (*kuracje*) stehen für Offensiven (Auskunft von F.W., New York, April 2003).

April 1944
Ein Brand. Die sowjetische Offensive dauert an. Wir haben fette Feiertage, denn wir haben wieder 100 RM, im Brot versteckt, aus Berlin bekommen. Wir haben auch mit Marek gerechnet, aber er ist nicht gekommen. Wir schreiben wegen der *Kennkarte* an Pac.[iorek].[24]

Am 9. April beginnen die Ostertage. Piotr kommt zu Besuch und bringt ein Lebensmittelpaket mit: ein geweihtes Osterei – es stinkt – und etwas Salat – verdorben.

Am Dienstag, dem 11. April, kommt auch Maria P.[rzeradowska] vorbei. Sie erzählt von der Familie von Stefek und deren Schwiegersohn, der Jude ist. Sie schmieden Pläne, wie sie mich mit der Tochter ihrer Cousine – Janka Kowalczyk – zusammenbringen könnten.

Zieliński verhaftet; er sitzt im Ghetto und [sic!] in der Aleja Szucha.[25]

Die Przeradowska kommt nun wegen der Sache mit Janka jeden Tag zu uns. Sie erzählt viel von ihr usw. Verschiedene Pläne, zum Beispiel wie man an die Sache herangehen soll, wohin wir danach umziehen usw. Janka ärgert sich, daß sie meine Adresse nicht haben darf.[26]

Jede Woche kommen aus Berlin 100 in einem Brot. Die Briefe kündigen die Invasion und die »Ankunft des Onkels« an. Die sowjetische Offensive reißt bei Lwów und Kowel ab.[27]

Die Przeradowska bringt Fotos von der Familie Kowalczyk mit. Sie nehmen die ganze Angelegenheit sehr ernst. Selbstverständlich soll ich mich vor der Heirat taufen lassen. All das, um in die Freiheit hinausgehen zu können.[28]

Am 19. April ist der Todestag von unserer Pola. An dem Tag der erste Brief von Janka. Sein Inhalt. Briefwechsel – Austausch von Fotos. Meine Freude – vielleicht kann ich doch bald hinaus?

Sie will mich unbedingt sehen – kommt für sie etwas dabei heraus, wenn sie sich auf eine »Mesalliance« einläßt? Zu diesem Zeitpunkt wissen wir noch nicht, daß sie die Tochter eines Hauswartes ist. ~~Letzten Sonntag~~ Sie schickt uns einen Selbstgebrannten, um »Brüderschaft« zu schließen.

Am letzten Sonntag während des Besuchs von der Prażuchowa – sie hat auch einen Brief von Janka mitgebracht – gab es eine Menge Gendarmen im Hof, etwa 25 Mann. In die Garage, in die Werkstatt im Schloß[29], wegen eines Autos. Wir: einen halben Tag unten im Loch.

Aus Berlin kommen neue Ankündigungen der sowjetischen Offensive; sie beginnt im Mai, in Richtung Böhmen.[30] Gute Briefe von Rysia.

Im Ghetto werden die letzten Häuser in Schutt und Asche gelegt. In der Stadt herrscht einigermaßen Ruhe. Durchs kleine Fenster zeigen sich die Anzeichen des Frühlings. Ein Akkordeon und ein Klavier im Hinterhaus. Musikanten.

Helena ständig mit neuen Anliegen – wir dann hundertmal am Tag in den Schrank.

Die Gestapo hat Krup von zu Hause abgeholt. Wir haben nichts davon gewußt. In unserem Treppenhaus war nachts die Polizei – eine Person ist festgenommen worden.

Mai 44

Der Monat fängt sehr gut an – herrliches Wetter. Die Polen gehen auf den Straßen, singen und amüsieren sich. Wir dagegen schauen nur durch das Fensterchen hinaus, leise, leise, pst! ...

Propaganda, die Antek von der Eisenbahn mitbringt, und was er von der Vernichtung der Juden, bis zum letzten, sagt.

Ich wechsele weiterhin Briefe mit Janka, sie schickt mir sogar ein Tuch zu. Doch ich gewinne langsam den Eindruck, daß aus der ganzen Angelegenheit nichts wird – alles dauert viel zu lange. Da ich keine Papiere habe, gerät die Sache ins Stocken. Janka verliert langsam die Geduld, sie will unbedingt meine Adresse haben, um mich zu Gesicht bekommen zu können. Ob sich das alles lohnt?

Aus Berlin kommen nun die ersten »Verbeugungen«*, versteckt im doppelten Boden. Sie spenden unseren Seelen Trost. Sie schreiben, daß wir mit dem Besuch von Marcin rechnen können. Wir üben uns im Warten und hoffen, jeden Augenblick die angekündigte Invasion erleben zu können. Ich produziere für den Bruder von Janka ein paar Stempel – für zwei Liter Selbstgebrannten.[31]

Wir sind wütend; Janka, weil sie mich endlich einmal sehen will, und ich, weil ich in die Freiheit hinaus will.

Am 22. Mai** geht meine Mutter, mit Marysia [Maria Przeradowska] zusammen, Janka besuchen. Der Eindruck meiner Mutter: ein großes Stück Weib. Janka wird immer mutiger. Sie sendet mir Tausende von Küssen, ständig schreibt sie in ihren Briefen von Liebe und so, ihre Unterschrift ist in jedem Brief mit »Deine« versehen – sie entwirft schöne Projekte für die Zukunft »zu zweit«. Die Przeradowska redet über die Taufe. Die Angelegenheit zieht sich hin, denn ich soll einen neuen Namen annehmen: Ryszard Warecki. Doch bisher ist eigentlich noch nichts erledigt worden. Allmählich finde ich den Briefwechsel nur noch ermüdend. Ich bin entschlossen, die Beziehung zu beenden: entweder – oder.

Am Samstag, dem 21. Mai, mache ich mich mit Marysia auf den Weg zu ihnen. Bericht über den Besuch dort, meine Eindrücke. Was ist bisher erledigt worden. Am Sonntag, dem 22. Mai, kehre ich in das Kellerloch zurück. Es war

* Mit »Verbeugungen« sind Reichsmark gemeint (Auskunft von F.W., New York, April 2003).

** So das Datum im Original. Das ist nicht ganz plausibel; der Ereignisfolge nach dürfte es sich eher um den 20. Mai gehandelt haben.

wunderbar! Doch mir reißt langsam die Geduld. Ich will raus, in die schöne Welt des Monats Mai.[32]

Der Inhalt des Briefes von Janka nach unserer Begegnung: Kühle, aber sie hat weiterhin vor, mich zu heiraten, aus Eigennutz. Die Mutter von Janka, Frau Kowalczyk, äußert dazu folgende These: Auch wenn Janka mir nicht gefalle, sei sie trotzdem bereit, mich anzumelden. Dabei verstehe ich natürlich, daß ich ihr nicht gefalle; und ich möchte kein Mitleid mehr erregen – ich bedanke mich für ihre Hilfsbereitschaft. Sollte ich überleben, will ich nicht zu lebenslanger Dankbarkeit verpflichtet sein.

Przer.[adowski] bei uns. Danach: Jadzia und Fela entdecken in mir gutes Material für einen Ehemann für Fela. Sie laden mich zur Namenstagsfeier von Fela ein; das Fest findet zu Pfingsten, am Sonntag, dem 28. Mai, bei der Łazar.[owicz] statt. Ich komme in der Nacht nach Hause zurück. Wanda und die Purtowa denken wohl, ich sei ein Deutscher.[33] Am 29. Mai gehe ich morgens zum Fotografen und danach zum Frühstück bei der Łazarow.[icz]. Dann mache ich einen Spaziergang vor den Fenstern der Przeradowskis. Und zuletzt gehe ich auf den russischen Friedhof. Beschreibung des ganzen Tages. Um 6 Uhr abends bin ich wieder zu Hause.[34]

Im Mai werden Juden aus Ungarn ins Warschauer Ghetto gebracht.[35]

Nun kann ich kaum noch ruhig zu Hause sitzen. Nach den Feiertagen kommt die Prażuchowa vorbei und sagt, wir seien auf dem Friedhof aneinander vorbeigegangen; sie sind verärgert, weil ich bei ihnen nicht hereingeschaut habe. Ich habe das nicht getan, weil Piotr es nicht wollte; er hatte einfach Angst und war unruhig.

Wir warten auf die Invasion und die sowjetische Offensive. In Italien werden die Deutschen ordentlich verprügelt, die Truppen ziehen sich ziemlich schnell zurück. Wahrscheinlich tauchen die Alliierten bald in Rom auf. Doch wir warten auf die sowjetische Offensive, sie ist für uns am wichtigsten. Ich habe auch nach Berlin geschrieben, wegen des Hutes; denn ich rechne fest damit, mit Hilfe der Familie Kowalczyk in die Freiheit hinausgehen zu können. Inzwischen wissen wir, daß sie als Hausmeister arbeiten. Also, Jana möchte sich nicht mehr auf diese Mesalliance einlassen.

Aus B. kommt wieder Geld. Sie schreiben, Marcin bemühe sich – gegen Geld – um die Papiere und um einen Wegbegleiter. Wir machen uns Sorgen um Marek, denn in den Bahnen und auf den Straßen muß man sich ständig ausweisen können.

Jadzia kommt nun jeden Tag zu uns, wegen der Pläne mit Fela. Schließlich sage ich ihr ganz deutlich, daß ich keine Lust habe, mich taufen zu lassen, denn mein Gott sei doch gut zu mir. Von diesem Moment an redet sie nicht mehr über Fela. Sie kommt nur zum Essen und um zu sehen, was bei uns gekocht wird. Auch die Prażuchowa hat endlich aufgehört, über die Taufe zu reden.

Marysia ist schwer krank und kann gar nicht kommen – wie sie das schon angekündigt hatte.

Juni 1944

Wunderschöne Tage. Wir schauen durchs Fenster und unterhalten uns sehr leise. Und wir leben nur von der Hoffnung. Wir sitzen nun öfter im Schrank.

Das Fenster muß häufiger geöffnet werden, sonst wundert sich die Purtowa. Sie redet ständig über unser Fenster.

Wir rechnen mit der Invasion und mit der sowjetischen Offensive: In Italien bekommen die Schwaben heftige Prügel. In ein paar Tagen in Rom.

5. Juni

Die Alliierten in Rom, aber der Krieg ist noch nicht zu Ende.[36] Wir warten weiterhin auf die Invasion und die sowjetische Offensive.

6. Juni

Der Briefträger bringt uns wieder ein Päckchen aus B. und die Nachricht, daß die Invasion in der vorigen Nacht begonnen hat.[37] Hurra! Neue Hoffnung, neues Leben. Die nächsten Tage sind voll Spannung.

Am 8. Juni der letzte Brief von Jana. Ich antworte ihr, daß ich nun mit der schnellen Befreiung rechne, unabhängig davon, was kommen mag. In diesem Brief spiele ich auch auf die Offensive der Bolschewisten an. Seitdem schreibt Jana mir keine Briefe mehr. Doch ich zerbreche mir darüber nicht den Kopf, ich habe die Nase voll von ihr.

Marysia ist weiterhin sehr krank.

Die Invasion hat zwar begonnen, aber sie kommen sehr langsam voran. Das Wichtigste ist, daß die Alliierten inzwischen sehr stabile Stellungen an der Küste haben. Nun hoffen wir darauf, daß auch die Häfen von ihnen besetzt werden und daß die Offensive der Bolschewisten anfängt.

Ich schicke Rysia mein Foto zu. Ein Brief aus Berlin – der Krieg soll nicht mehr länger als vier, fünf Monate dauern. Sie schreiben von den amerikanischen Militärstützpunkten bei den Sowjets, und sie warnen vor Bombenangriffen. Außerdem bekomme ich von ihnen einen Hut. Da sie befürchten, die Post könnte ihre Arbeit nicht aufrechterhalten, schicken sie uns nun das Geld in größeren Beträgen. Marek schreibt, er versuche zu uns zu kommen und würde das erst im letzten Augenblick tun.

Die sowjetische Offensive hat immer noch nicht begonnen. Und die Alliierten bewegen sich auch nur sehr langsam vorwärts.

15. Juni

Bombenangriffe auf England. Neue Bomben eingesetzt.[38] Wir freuen uns darüber, denn die Deutschen beschleunigen auf diese Weise selbst ihr eigenes Ende und das Kriegsende überhaupt.

Der Briefwechsel mit Marek bricht ab.

Die Eisenbahner besetzen das Haus in der Wolska 82, und die Familie Przeradowski wird obdachlos. In die ihnen zugewiesene Schule in der Zawiszy will man sie nicht hineinlassen. Sie müssen bis zum 20. Juni aus ihrer Wohnung ausziehen. Angst.

Die Deutschen besetzen viele Häuser in der Wolska. Es wird über unser Haus geredet. Sollte es betroffen sein, haben wir überhaupt keine Möglichkeit, irgendwo unterzukommen. Wahrscheinlich bleibt uns nur Gift. Die Bolschewisten sind immer noch nicht in Sicht. Die Polen sagen dazu immer wieder: »Wir lassen die nicht herein, diese jüdischen Scheißkerle. Wir werden gegen sie kämpfen!« »Wir stoppen sie hier!« »Sie sollen da bleiben, wo sie sind, bis sie angegriffen werden! Sie haben vermutlich viel Kraft verloren und sind nun nicht mehr imstande, die Deutschen zu schlagen!«, sagt der alte Jakubiak. Und die Raniszewska meint, die Deutschen machten jetzt an der russischen Front eine Offensive. Und ähnliches dummes Zeug.

Inzwischen hat die Familie Przerad.[owski] keine Wohnung mehr; sie müssen aber umziehen, mit der schwerkranken Marysia. Ihre Verwandten wollen sie nicht bei sich aufnehmen, deshalb soll sie zu uns gebracht werden und ein Lager im Keller bekommen. Das ist der Lohn für ihre Diebstähle und überhaupt für ihre ganze Einstellung uns gegenüber: gnadenvolles Schweigen! Das ist uns eine volle Genugtuung, denn als hier noch etwa 50 000 Juden wohnten, sagte sie immer wieder, es gebe noch viel zu viele von ihnen, und die Deutschen seien gut – da hast du es, du Hure! Wie angenehm ist es nun zu sehen, wenn die alte, devote Prażuchowa kommt und heult! Wenn sie ihr Schicksal, ihre Armut und ihr Elend beklagt … Die Deutschen wollen sie nicht in die Schule in der Zawiszy hineinlassen. Der 20. [Juni] ist inzwischen vorbei – das Haus ist leer, und sie sind die einzigen Hausbewohner; wegen der Kranken erlauben ihnen die Deutschen immer noch dazubleiben.

Am 22. fängt die sowjetische Offensive an, doch noch nicht in unserem Landesteil, sondern erst im Gebiet Witebsk – Beresina.[39] Sie rücken immer weiter vor. Hurra! Von morgens bis abends sitzen wir mit Zirkeln in der Hand über den Landkarten: Wie weit ist es noch? Überschreiten sie den Bug? Wie lange kann es noch dauern? Usw. usw.

Ein Brief von Zofia, daß »der Onkel nach Minsk fährt« und »vorhat, die Eltern von Halina* zu besuchen«. Unsere Freude! Zofia schickt meiner Mutter

* Mit Halina ist F.W.s Schwester Rysia in Berlin gemeint (Auskunft von F.W., New York, April 2003).

ein Kleid, einen Mantel und eine Schürze und meinem Vater eine Hose; und wir warten.

Władek kommt immer noch jeden Tag zu uns.

Am 23. wird die Familie Przerad.[owski] in die Schule hineingelassen. Przeradowskis ziehen mit Marysia dorthin um – Gott sei Dank, nicht zu uns! Abgesehen von den Unbequemlichkeiten (Beschreibung!) wäre es auch äußerst gefährlich – Beschreibung.

Ich fasse den Entschluß, die Przerad.[owskis] noch in der alten Wohnung zu besuchen. Am Sonntag, dem 25. Juni, mache ich mich auf den Weg dahin.[40] Beschreibung des ganzen Tages bis zu meiner Rückkehr. Ich komme um 3 Uhr* zurück, die Tür ist abgeschlossen. Meine Mutter amüsiert sich bei den Maryniaks, sie feiern den Namenstag von Jan. Ich gehe zur Familie Łazarowicz. Treffen mit der Purtowa: ein Deutscher usw. usw. Um 6 Uhr nach Hause.

Meine Mutter unterhält sich mit S.B.**, der bei der Partei aktiv ist, und vereinbart für mich ein Treffen mit ihm am Mittwoch, dem 28. Juni. Beschreibung der Begegnung, Bekanntschaft mit Helena und Verabredung für den nächsten Tag, Donnerstag, den 29. Juni, 6.30 Uhr abends.

»Ich bin gekommen« – er ist nicht da – Helena sitzt da und redet. »Es ist schon 8.30 abends. Da ich nicht in diesem Haus wohne, muß ich mich langsam auf den Weg machen« – ich habe mir vorher ausgedacht, daß ich meine Bekannten, die Familie Łazar.[owicz], besuche. Helena begleitet mich durch den Flur und zeigt mir das Treppenhaus der Familie Łazar.[owicz]. Bei ihnen treffe ich Bola Purto [Barbara Purtowa]. Zieliński über das Pawiak-Gefängnis. Ich bleibe da bis 12 Uhr in der Nacht. Nachdem das ganze Haus eingeschlafen ist, gehe ich leise, auf Socken, in unser Kellergeschoß zurück.

3. Juli, Montag

~~Letzte~~ 600 RM aus Berlin.

M.[arysia] Przeradowska ist im Jesuskind-Krankenhaus.

Wir zählen die Tage und auch die Kilometer auf den Landkarten. Die Sowjets rücken immer näher an uns heran. Jeden Tag bekommen wir eine deutsche »*Warschauer Zeitung*« – wir haben ein Abonnement über J.[adzia] Ł.[azarowicz], Wohnung 82. Die Deutschen geben alle Städte auf, eine nach der anderen. Die Qual der Ungeduld und Neugier läßt uns keine Ruhe.

Aus B. nur Pakete – mit einem Männerhemd und mit Damenblusen, von Rysia Einschreiben; keine Nachrichten von Marek.

* Die Zahl ist schwer leserlich, andere Lesart: 5 Uhr.

** An den sich hinter den Initialen verbergenden Namen konnte F.W. sich im Gespräch mit der Übersetzerin (New York, April 2003) nicht mehr erinnern.

Rysia hat uns ein tolles Paket geschickt: anderthalb Kilo Zucker, Grieß und eine Damenbluse. Wir sind gespannt, ob es bei uns ankommt.

Die Polen haben Angst vor den heranrückenden Bolschewisten. Denn mit ihnen kommen auch Juden – so die deutsche Propaganda. Anka und Franka sagen zu meiner Mutter: »Man darf hier nicht mehr auf die Russkis* warten, man soll schnell das Weite suchen, denn wenn die verfluchten Juden ihre Löcher verlassen, werden sie Rache üben – dafür, daß sie in Polen ausgerottet wurden!« Doch keiner zweifelt mehr daran, daß die Bolschewisten kommen. Ich sage dazu, daß sie schon Brest, Białystok und Grodno erreicht haben.[41]

[eingefügt:] Sieben Juden sind in der Żelazna denunziert worden.

Ein Brief von Zofia, abgeschickt am 15. [Juli]; sie schreibt, daß »der Onkel in Białystok ist und plant, weiter nach Warschau zu gehen«. Ich solle mich vor ihm verbeugen. Im Brief geben sie uns zu verstehen, daß es nicht mehr lange dauern wird, bis er kommt, nur ein paar Tage, nicht länger. Sie fragen auch danach, ob die Post immer noch arbeitet.

[eingefügt:] Anka bringt von der Gendarmerie Zigaretten und Bonbons.

[Blatt 3, oberer Blattrand, andere Tinte:] Ł.[azarowicz oder Łaszewski] und andere munkeln vor der Einfahrt, daß die Juden vor der Ankunft der Russen ausgerottet werden – wenn die Russen sehr nah heranrücken.

18. Juli

Ich habe den letzten Brief nach B. geschickt und den Namen des Mörders von Pola genannt – gut versteckt und mit einer Fotografie.

Hier großer Betrieb. Die Deutschen verlassen allmählich Warschau.[42] Sie nehmen ihren Kram mit usw. Die Zeitung berichtet von den Kämpfen bei Lwów, Kowel[43], Brest und Białystok. Wir freuen uns darüber, denn das sind auch »unsere« Abschnitte an der Front. Es wird geredet, daß all diese Städte bereits besetzt seien. Die Bolschewisten hätten eben den Bug überschritten[44] und bewegten sich vorwärts … Ist die Freiheit schon nah? …

20. Juli, Donnerstag

Die Zeitung über Attentat auf Hitler. Geteilte Meinungen: Lebt er noch oder ist er verreckt? Die meisten denken, er sei verreckt. Es wird von Waffenruhe gesprochen, vom Kriegsende und von allen anderen Möglichkeiten.[45] Währenddessen rücken die Sowjets wohl immer weiter vor: am stärksten von Kowel her in Richtung Lublin.[46] Sie kommen immer näher heran. Die Teuerung setzt wieder ein, hält sich jedoch in Grenzen. Freitag und Samstag vergehen mit

* *Kacapy* – pejorativer Ausdruck für die Russen.

Warten auf das Päckchen von Rysia, auf einen Brief. Der Brief ~~der letzte~~ kommt am Samstag, dem 22. [Juli].

[nachträglich am Seitenrand eingefügt:]

Samstag, 22. Juli
Flieger klopfen an die Tür.[47]
Bazylak zieht um.

Sonntag, 23. Juli
Das Gerücht über die Besetzung von Lublin.[48] Am Abend Łaszewski und Anka darüber, daß die deutsche Zivilbevölkerung und ein Teil der Bediensteten bis Montag, 4 Uhr evakuiert werden sollen. Meine Mutter bringt ein Lebensmittelpaket von Anka nach Hause.

Die Prażuchowa erzählt. Vorfälle mit den Juden in der Świętojerska: elf Tote.

Montag, 24. [Juli]
Morgens bei der Maryniak: Dęblin besetzt.[49] Die Post zum letzten Mal – die polnische und die deutsche Zeitung. Es gibt keine Pakete, weder aus B. noch von Rysia. Der Briefträger sagt, die Bahnverbindung Warschau – Krakau sei unterbrochen. Radom, Kielce und Częstochowa seien wohl bereits besetzt.[50] Seit den frühen Morgenstunden sei die Armee ununterbrochen auf der Flucht in Richtung Westen – der ganze Troß sei unterwegs. In der Mittagszeit erzählen die Leute, Garwolin und Mińsk Mazowiecki seien besetzt worden – sie seien schon bei Otwock.[51]

Die Prażuchowa kommt vorbei: »Wahrscheinlich sind sie schon in Garwolin. Ihr seid die Sieger, wir sind die Verlierer!«

Die Preise für Lebensmittel steigen enorm: ein Kilo Brot 60 Złoty, Kartoffeln 15 Złoty und Speck 500 Złoty. Die Prażuchowa bringt uns ein Brot; verschimmelt (?!).

Dienstag, 25. [Juli]
Der Rundfunk sagt: [die Sowjets sind bei] Siedlce, die Leute: bei Otwock.[52] Diese Situation stellt unsere Geduld auf eine harte Probe und irritiert uns sehr. Wir haben wieder unter Hunger zu leiden. Die Armee rückt immer weiter vor, aber schon weniger. Im Radio hört man, daß der Bolschewik in der Nähe ist, aber

die Tore von Warschau sollen ihm verschlossen bleiben, er soll zurückgedrängt werden. Dies alles nur, damit eine Panik vermieden wird und man weiterhin in die Fabrik geht. Inzwischen stehen die Fabriken aber still. Die Firmenchefs haben ihre Betriebe längst verlassen, nachdem sie vorher ihre Gehälter für drei Monate im voraus ausgezahlt bekommen hatten.[53] Die Polizei und die Gendarmerie halten ihre Stellungen.

Uns reißt langsam die Geduld, daß »sie« noch nicht in Sicht sind.

Am späten Nachmittag bringt Jadzia eine Nachricht über Unruhen in der [Straße] Krakowskie Przedmieście: Die Häuser seien von der SA* umstellt, es gebe da Schußwechsel und Leichen über Leichen …

Anka soll warten, bis Franto wegfährt. Danach soll sie allein nach Legionowo ziehen. Hier ist sie nämlich als deutsche Hure bekannt. Sie möchte meiner Mutter die Schlüssel zu ihrer Wohnung hinterlassen.

Am Abend um 10.20 Uhr Bomben, danach heulen die Sirenen.[54] Eine Stunde bis zur Entwarnung.

[nachträglich eingefügt:] **Mittwoch, 26. [Juli]**

Morgens wird darüber geredet, daß die Grochowska, die Vororte Otwock, Karczew und Międzylesie sowie der Ostbahnhof und der Westbahnhof bombardiert worden seien. Doch keiner weiß genau, wo die Bomben gefallen sind.

Die Post kommt immer noch nicht. Wir haben auch keine Zeitungen. Wir sitzen wie auf glühenden Kohlen, hungrig und ungeduldig.

Jadzia weint, daß sie nichts zu essen hat. Für den kleinen Stasio nimmt sie Brot mit Marmelade, aber dann kauft sie bei Antek 3,5 Kilo Schweinefleisch für 250 Złoty pro Kilo.

Am frühen Nachmittag meldet der Rundfunk, daß die Bolschewisten vor Lublin zurückgeschlagen worden seien. Die Bevölkerung wird unter Androhung der Todesstrafe aufgefordert, zur Arbeit zu gehen.[55] Wir sind grenzenlos verzweifelt. Wir kommen auch beinahe um vor Hunger. Unser Vorrat an Lebensmitteln und Zwieback ist auf 45 Tage berechnet.

Nach dem Besuch bei Zieliński kommt Jadzia abends zu uns: Sie sind nicht zurückgedrängt worden. Innerhalb von 72 Stunden wird auch Warschau besetzt sein.

[am linken Seitenrand eingefügt:] Die alte Maryniak kommt zu Besuch; wir sitzen im Schrank.

Abends um 10.20 Uhr Alarm. Es fallen keine Bomben. Nach einer halben Stunde Entwarnung.

* Gemeint ist vermutlich SS.

Donnerstag, 27. [Juli]
Ich tröste mich mit dem Gedanken, daß sie sich – wenn überhaupt – vielleicht nur für ein paar Tage zurückgezogen haben. Von der Straße höre ich das Rattern der Panzerketten: Entweder Lastwagen oder Panzer fahren in Richtung Wola, sie sind auf der Flucht.

Anka war gestern bei Franto in der Skierniewicka, sie hat sich von ihm verabschiedet, für alle Fälle. Zusammen mit seinem *Leutnant* will Franto unterwegs versuchen zu fliehen.

7 Uhr morgens: Meine Mutter geht auf die Straße hinaus, um zu sehen, ob die Wagen vorbeifahren. Es ist fast nichts los. Die Kamińska will uns keine zweite Lebensmittelkarte geben und ist froh darüber, daß »die Bolschewiken so weit zurückgeworfen worden sind«. Maryniak soll gestern gesehen haben, wie die ungarischen Juden aus dem Ghetto freigelassen worden seien[56] und sich unter die Reihen der vorbeiziehenden [Textverlust: Silben, vermutlich: ungarischen] Infanterietruppen gemischt hätten. Da er fast immer betrunken ist, fällt es uns leider schwer, ihm zu glauben.

Während ich schreibe, knurrt mir der Magen vor Hunger. Alles ist schrecklich teuer! Wenn die »Unseren« uns nicht schnell genug befreien, sterben wir noch in den »letzten fünf Minuten«. Der vierte Tag Hungerleiden, und schon fühle ich mich entkräftet. Kein Wunder: morgens Zwieback mit Wasser, am späten Nachmittag für uns drei ein Süppchen aus einem halben Kilo Kartoffeln und einem Viertel Kilo Mehl oder Bohnen. Das Fett reicht nur noch für ein paar Tage.

Die Polen fressen wie die Scheunendrescher. Ich schaue zum Fenster hinaus: Der Hauswirt, der Fleischer und Dutzende anderer Leute sind so dick, daß sie sich kaum bewegen können. Die Polen kaufen kiloweise Speck, Fleisch und Butter. Jadzia geht es auch nicht schlecht: Zum Frühstück haben sie heute eine Milchsuppe mit Nudeln gegessen. Pawlicki spielt Akkordeon, und mir spielt der Magen die Marschmusik dazu.

Der Gärtner hat meiner Mutter erzählt, daß die Unseren nicht zurückgedrängt worden seien und die Bolschewisten sich nun in Siedlce befänden. Es würde noch eine bis anderthalb Wochen dauern, bis sie in Warschau ankämen. Sie hätten sich wohl mit dem »Untergrund« gestritten, meint er, deswegen würde Warschau nun verteidigt werden. So ein dummes Zeug wird von den Polacken* verbreitet![57]

Mittags um 1 Uhr kommt ganz unerwartet der Briefträger zu uns und bringt einen Einschreibebrief von Rysia sowie 1000 RM und 300 Gramm Grieß von Zofia. Rysia schreibt, sie sei drei Tage lang krank gewesen. Der Briefträger sagt uns, daß die Post zur Zeit keine Briefe annimmt. Wir können also die Zustellung

* *Polaczek* – ein teils diminutiver, teils pejorativer Ausdruck.

der Sendungen leider nicht bestätigen. Wir wissen auch nicht, ob sich die Post mit der Lieferung im Rückstand befindet oder ob die Briefe ganz aktuell sind. Denn auf dem Päckchen von Zofia ist als Datum der 21. Juli eingetragen. Es ist also naheliegend, daß sie auch unser Einschreiben mit meinem Foto bekommen hat. Während wir im Schrank sitzen, tröstet uns der Briefträger mit der Nachricht, die Bolschewisten hätten sich bis in die Nähe von Lublin zurückgezogen, um neue Kräfte zu sammeln. Dies würde aber nicht lange dauern – inzwischen bewegten sie sich aus Richtung Puławy vorwärts, in Richtung Radom, und seien nur wenige Kilometer von dieser Stadt entfernt.[58] Also sehr gut.

Danach kommt die Prażuchowa zu uns. Sie brachte zwei Kilo Brot mit – der beste Beweis dafür, daß die Bolschewisten immer näher vorrücken.

Und endlich hat meine Mutter eine deutsche Zeitung gekauft, mit einer für uns guten Meldung: Das Gebiet um Lublin herum und das zwischen Weichsel, Bug und San sind schon von den Bolschewisten besetzt worden. Also, eine neue Lage auf der ganzen Linie – der Finanzen und der Front. Und wieder die Köpfe hoch! Wieder eine neue Hoffnung!

Plakatanschläge auf den Straßen: Man darf nicht erzählen, daß die Bolschewisten in Siedlce sind, weil es nicht der Wahrheit entspricht. Man soll weiterhin zur Arbeit gehen, die Geschäfte nicht schließen und die Preise nicht anheben. Auf all das steht die Todesstrafe.

Eine neue Verordnung: Morgen, d.h. am Freitag, dem 28. Juli, um 8 Uhr in der Früh, sollen sich alle Frauen und Männer im Alter von 17 bis 60, mit Schaufeln ausgerüstet, melden, um Schützengräben auszuheben. Ich bin gespannt, wie viele Menschen dieser Aufforderung folgen und wie das überhaupt ablaufen wird.[59]

Um 6 Uhr am Nachmittag war Franka, die germanische Hure, zu Besuch. Auf dem Tisch lagen verschiedene Landkarten: der Stadtplan von Warschau. Ich denke, sie hat sie nicht bemerkt, denn meine Mutter ist sofort mit ihr hinausgegangen.

Ein Bekannter von Zieliński hat heute beobachtet, wie einige Polen einen bewaffneten Juden ergriffen haben. Der Mann habe geschossen; die Polen hätten ihn aber freigelassen. Ich glaube nicht daran, daß sie ihn haben gehen lassen, es sei denn, er war ein Pole.

Abends um 8 Uhr ist Piotr aufgetaucht. Er erzählte davon, daß der Hauptdirektor von Ursus, Marx[60], eine Rede an die Arbeiter gehalten hat. Der Direktor hat angekündigt, die Deutschen würden zur Verteidigung von Warschau ihre Reservesoldaten herschicken und die Stadt den Bolschewiken nicht kampflos überlassen. Es würde wieder einmal »ein Wunder an der Weichsel«[61] geschehen, wie im Jahre 1920. Dasselbe ist auch den Plakatanschlägen zu entnehmen.

Um 9.40 Uhr abends fielen die ersten Bomben, danach wurde Alarm gegeben. Dieser Bombenangriff war schrecklich, denn die deutschen Geschütze donnerten bis 12 Uhr, fast pausenlos. Es scheint, daß der Flughafen Okęcie gebrannt hat.

Freitag, 28. [Juli]

Morgens um 6.30 Uhr kam Jadzia Ł.[azarowicz] zu uns, direkt von der Straße. Sie erzählte, sie habe Massen von Juden aus dem Ghetto gesehen, etwa 5000 Leute in gestreifter Kleidung. Streng bewacht von der Gendarmerie und der Armee (mit Hunden und Maschinengewehren), marschierten sie in Richtung Wola. Sie gingen barfuß, ihre Beine waren geschwollen, in nur einem Schuh usw. Wenn einem eine Schüssel hinunterfiel, durfte er sich offenbar nicht danach bücken, jedenfalls schob man sie mit dem Fuß zur Seite. Es wäre interessant zu wissen, wohin sie geführt wurden. Vermutlich irgendwohin, wo man sie ermorden konnte, um sie nicht den Bolschewisten zu überlassen.[62]

An der Mauer hängt ein Plakat: »Bürger von Polen! Der Feind kommt von drei Seiten auf uns zu. Packt mit an, Arm in Arm mit der deutschen Armee! Nur so können wir ihn von Warschau zurückdrängen!«

Jadzia erzählte auch, daß die Purtowa versucht habe, gestern abend während des Bombenangriffs zu meiner Mutter zu kommen – meine Mutter wohne doch in einem Schutzkeller. Nur mit allergrößter Mühe hat Jadzia sie unsertwegen von der Tür weggezerrt. Es wäre doch Unsinn gewesen, sie hineinzulassen; wir hätten dann eine oder zwei Stunden lang im Schrank sitzen müssen. Es sei wohl kaum möglich, so lange dort drinnen zu sitzen, ohne irgendwelche Geräusche zu verursachen. Man könnte zum Beispiel niesen müssen. Auf diese Weise könne man doch ganz einfach auffliegen. Die Purtowa habe sich gewundert: »Warum macht Marysia [F.W.s Mutter unter ihrem falschen Vornamen] denn nicht die Tür auf? Sie geht während des Bombenangriffs nicht mal auf den Flur hinaus!« Um ihr das Maul zu stopfen und sie zugleich nicht ins Zimmer zu lassen, wird meine Mutter in Zukunft bei einem Bombenangriff uns beide einfach einsperren und auf den Flur vor den Luftschutzkeller hinausgehen müssen oder zur Familie Maryniak.

Seit gestern fahren ständig Tanks vorbei, in beide Richtungen, Osten und Westen.[63] Es ist schwer, sich klarzumachen, was das zu bedeuten hat. Eins ist sicher: Die Deutschen werden Warschau verteidigen. Gestern haben sie im Radio gesagt, Warschau sei ein Kulturzentrum, eine Festung voll historischer Denkmäler usw. usw., lauter Unsinn; und die Motive, die Gründe für ihr Vorhaben, aus diesem Kulturtempel einen Berg aus Schutt und Asche zu machen![64]

Eine Schlacht steht uns bevor! Ich weiß nicht, ob wir dieses Feuer überleben und heil davonkommen.

Die Polen sagen: »Wenn schon der Bolschewik kommen muß, dann soll er eben kommen – ja, das geht nicht anders! Es ist gut, daß wir wenigstens die Juden losgeworden sind. Dafür müssen wir dem Hitler danken!« Unser Briefträger hat auch solche Sachen gesagt. Was wäre wohl geschehen, wenn er gewußt hätte, wem er seit einem Jahr die Post bringt, daß zwei Juden im Schrank sitzen und die dritte Person, die mit ihm über all das spricht, auch eine Jüdin ist?

Die Leute reden davon, daß der Bahnhof Wileński und auch Ulrychów bombardiert worden seien. Auf den Straßen wurden Plakate einer illegalen Partei ausgehängt. Ihrem Inhalt zufolge dürfen Polen keinesfalls Schützengräben ausheben, unter Androhung der Todesstrafe. Kann man denn daraus schlau werden?

Auf der Straße gibt es Patrouillen. Ein Gendarm geht auf einer Straßenseite, der zweite auf der anderen, und zehn Soldaten begleiten sie.

Jadzia kam wieder vorbei. Sie erzählte noch einmal, was die Purtowa so vor sich hinredet: »Ich werde Ihnen beweisen, daß Marysia anderer Nationalität ist! Warum macht sie denn ihre Tür und ihre Fenster nicht auf? Und warum sitzt sie während des Alarms eingeschlossen, statt hinauszugehen? Sie läßt auch niemanden herein, wie eine Einsiedlerin.« So eine Hure! Obwohl der Bolschewist schon vor der Tür steht, beschimpft sie noch meine Mutter!

Der Briefträger brachte uns das Paket von Rysia, das wir schon verloren geglaubt hatten: Zucker, Nudeln, ein Hemd und einige Kleinigkeiten. Es stellt sich heraus, daß es [ein Wort unleserlich, vermutlich: ab] heute möglich ist, Post ins Reich zu schicken, aber nur Postkarten. Allerdings müssen sie direkt am Postschalter aufgegeben werden. Morgen wollen wir solche Karten über den Briefträger nach B. und an Rysia schicken.

Meine Mutter hat auf der Straße ein Plakat einer illegalen Partei gelesen: »Polen! Die Zeit der schrecklichen Besatzung ist bald vorbei! Seid zu Taten bereit, mit und ohne Waffen!« usw.

Mitglieder der PPR [Polnische Arbeiterpartei][65] laufen in der Stadt umher und werben Leute an, unsere Nachbarin, Frau Osmalkiewicz, hat das gesehen. Im Rundfunk – Lautsprecher[66] – wird nicht mehr davon gesprochen, daß Schützengräben ausgehoben werden. Es wird nur vom Frontabschnitt bei Przemyśl berichtet, von unserem [Textverlust, vermutlich ein Wort].

Als wir das Paket von Rysia auspackten, kam Helena Maryniak herein. Bevor meine Mutter ihr die Tür aufmachte, konnten wir uns natürlich schnell im Schrank verstecken. Sie ist aber ganze fünfzehn [Textverlust, vermutlich: Minuten] dageblieben. Dann ist sie noch einmal gekommen, um meiner Mutter etwas zu erzählen. Es ist schon komisch und gleichzeitig auch tragisch, wenn sie so neben dem Schrank steht und ich ihren Kopf durch einen Spalt beobachte. Obwohl wir uns persönlich kennen, wage ich nicht zu atmen, damit sie mich nicht hört, dieses Miststück! Am Nachmittag gegen 5 Uhr klopfte sie wieder an die Tür, damit meine Mutter die Reichsmark bei Maryniak vorbeibringt – er soll sie umtauschen.

Maryniak hört über Megaphon die Meldung, daß Brest und Lwów bereits aufgegeben worden seien, und gestern auch Lublin.[67] Ich denke, wenn die Sowjets die Absicht haben, Warschau zu besetzen, werden sie das im Laufe der nächsten drei bis vier Wochen tun. Alles würde dann also länger dauern, als wir es uns am Anfang dieser Woche vorgestellt hatten.

In den Vororten von Warschau und an verschiedenen anderen Straßen requiriert die vorbeiziehende deutsche Armee das frisch gemähte und gerade auf den Feldern zu Schobern aufgeschichtete Getreide. Das Korn geben sie ihren Pferden, und mit dem Stroh machen sie Feuer und kochen ihren Kaffee.

Abends nach 10 Uhr gab es wieder einen Bombenangriff. Der Anflug und das Bombardement dauerten bis 12 Uhr. Die ganze Operation war aber nicht so schrecklich wie gestern.

Meine Mutter ist auf den Flur vor dem Luftschutzkeller hinausgegangen, und wir beide sind allein im Kellergeschoß geblieben.

Samstag, 29. [Juli]

Die Leute reden wieder davon, daß die Russen schon in Mińsk Mazowiecki und bei Otwock sind[68], und davon, daß alle Deutschen, die sich immer noch in Warschau aufhalten, bis etwa 5 Uhr nachmittags die Stadt zu verlassen haben.[69] Danach soll Warschau geschlossen werden. Ich halte das alles für Gerüchte. Das wäre doch zu schön! Erst wenn ich es überlebe, werde ich diesen Gerüchten glauben.

Von den Schützengräben, d.h. vom Ausheben der Schützengräben, hört man inzwischen nichts mehr. Keiner ist hingegangen, und es ist bisher ruhig. In der letzten Nacht haben die Russen wohl mehrere Fallschirmspringer abspringen lassen[70], und jetzt sind auf den Straßen Patrouillen von Soldaten und Gendarmen zu sehen. Sie durchsuchen die Leute und greifen sie auch auf.

Ganz unerwartet haben wir einen Brief von Zofia aus Berlin bekommen. Sie schreibt, daß die Russen schon in Lublin sind und sich weiter in Richtung Warschau bewegen. Der Brief ist auf den 24. Juli datiert. Pela schreibt, daß sie oft um Mitternacht (0.10 Uhr) Radio Moskau hört und daß die Russen sehr schnell Warschau erreichen wollen.[71] Und daß unsere geliebte Rote Armee aus Warschau direkt nach Berlin ziehen wird. Ach, Gott! Wie sehr ich mir wünsche, diesen Augenblick zu erleben, in dem Berlin von den Russen besetzt wird!

Unser Päckchen mit meinem geheimen Brief und dem Foto ist bei ihnen angekommen. Es ist schade, schreiben sie, daß ich so lange gezögert hätte, ihnen den Namen des Mörders von Pola zu schreiben (SS-Zugführer Blesche[72]). In B. rechnet man wohl fest mit der baldigen Besetzung Warschaus durch die Russen, denn sie schreiben auch, ihr Brief werde uns wahrscheinlich nicht mehr erreichen, und deshalb schickten sie uns keine weiteren Sachen mehr.

Die deutsche Zeitung von heute berichtet von einer neuen Taktik, die nun an der Ostfront verfolgt wird, und zwar: Zurückweichen. Es wird auch erwähnt, daß die »Spitze« der sowjetischen Armee nach Warschau vordringt. Die Leute reden sogar davon, daß die Unseren bereits Otwock erreicht haben. Ach, wenn dieses Gerede doch der Wahrheit entspräche! Zur Zeit sitzen wir aber hier und rösten in einer unerträglichen Glut. Da es heute draußen sehr heiß ist, herrscht in unserer Kellerwohnung eine glühende Hitze.

Heute hat uns auch Władek Ł.[azarowicz] besucht, er log das Blaue vom Himmel herunter. Der Schuft spürt schon, daß wir nicht mehr lange auf das edelmütige Schweigen seiner Familie angewiesen sein werden.

Etwa um 5 Uhr am Nachmittag hämmerte ein besoffener Pole mit den Fäusten gegen unsere Tür, Stańczak. Er brüllte dabei sehr laut: »Machen Sie die Tür auf!« Meine Mutter gab keinen Ton von sich, so daß er nach wenigen Minuten abzog. Doch er hatte es noch geschafft, bei den Maryniaks ein Fenster einzuschlagen. Da unser Fenster zu ebener Erde liegt, hatten wir Angst, daß er in die Wohnung hereinfallen könnte. Das wäre vielleicht ein Ding gewesen – unangenehm und lebensgefährlich.

Maryniak hat heute viel Deputatwodka mitgebracht; das Finanzamt ist nun geschlossen worden, und jetzt – es ist 5.30 Uhr nachmittags – hat er meine Mutter zu »einem Glas« Wodka eingeladen. Nun sitzen sie bei ihnen und trinken.

Kurz vor 8 Uhr abends tauchte Piotr auf, aber meine Mutter war noch nicht da (sie trinkt immer noch mit den Maryniaks); ihm hat also keiner die Tür aufgemacht.

<u>Sonntag, 30.</u> [Juli]

In der Nacht war es unerwartet ganz ruhig. Es gab keine Bombenangriffe, keine Detonationen. Wir schliefen alle noch, als Piotr kam. Da er einen Bombenangriff befürchtet hatte, war er über Nacht bei Jadzia Ł.[azarowicz] geblieben – er wohnt außerhalb der Stadt, und dort halten sich jetzt viele Soldaten auf, und es gibt auch jede Menge Geschütze. Kurz danach kam auch Jadzia Ł.[azarowicz] selbst und erzählte uns, daß sich die Polen auf einen Aufstand gegen die sowjetische Armee vorbereiten; er soll zu dem Zeitpunkt beginnen, wenn die Sowjets in Warschau einmarschieren. Die Rote Armee sollte alle diese Unruhestifter, die sich nicht darüber im klaren sind, daß sie sich in germanischer Gefangenschaft befinden und die Rote Armee sie daraus befreien wird, bis zum letzten Mann niedermachen. Sie wollen sich – diese Verräter – gegen ihre Erretter erheben. Aber die Polen waren schon immer unberechenbar. Sie wollen mit Messern gegen die T-52-Panzer angehen. Und nachher werden sie sich, wie schon oft, wundern und sagen: »Durch Schaden wird der Pole klug.« Die Polen denken wohl, daß es hier um Juden geht, die außerhalb des Gesetzes gestellt worden sind und die man straffrei berauben, verprügeln und den Schwaben in die Hände fallen lassen könne. Nun werden sie sich überzeugen können, was das Recht auf Freiheit bedeutet. Hurra!

Die heutige Zeitung berichtet, daß es bei Siedlce, südöstlich von Warschau, zu erbitterten Kämpfen gekommen ist und daß die Bolschewisten versucht haben, die Weichsel zu überschreiten. Den Gerüchten verschiedener Leute zufolge soll Radzymin (45 Kilometer von Warschau) bereits von den Russen besetzt worden sein.[73]

Um 12 Uhr mittags gab es einen Bombenangriff, ohne daß vorher Alarm gegeben worden war, und dabei wurden Flugabwehrkanonen eingesetzt. Ich vermute, daß es in dieser Nacht sehr heiß wird. Bomben und Artilleriegeschütze von der Front und dazu noch in der Stadt.

Um 14 Uhr kam Władek Ł.[azarowicz] zu uns und brachte ein Flugblatt des »Polnischen Nationalrates« mit, in dem zur Zusammenarbeit mit der Roten Armee aufgerufen wird.[74] Ein paar Minuten später kam auch seine Mutter. Sie erzählte uns von den sich verbreitenden Gerüchten, denen zufolge sowjetische Einheiten Babice erreicht haben (acht Kilometer von Warschau entfernt). Warschau ist also eingekesselt.[75] Es kommt bestimmt zu erbitterten Kämpfen um die Stadt. Ich denke, wenn die Kanonade noch heute abend beginnt – von oben und von unten –, dann endet sie wohl erst in dem Augenblick, wenn die Rote Armee die ganze Stadt übernommen hat.

Es ist 15 Uhr nachmittags. Die ganze Skierniewicka, in die ich bei Ursus zur Arbeit gegangen war, steht in Flammen. Die Deutschen haben selbst alles in Brand gesteckt, bevor sie Warschau aufgeben, denn dort befinden sich die großen Lagerräume des Deutschen Roten Kreuzes.

Um 16.45 Uhr kam Jadzia mit einer »Neuigkeit« angerannt: Mehrere Leute seien gerade dabei, die brennenden Lagerhallen in der Skierniewicka zu plündern. Sie wurde fast blaß vor Neid, als sie von diesen Leuten sprach. Und während sie sich lang und breit darüber ausließ, bemerkte sie durchs Fenster ihren Władek, der auch etwas von der Straße nach Hause schleppte. Eine Lampe. Sieh mal einer an! Nun war also alles in Ordnung. Sehr schnell rannte Jadzia nach oben, um genau zu sehen, was denn ihr Władek mitgebracht hatte. Etwa zwanzig Minuten später platzten von Panik ergriffene Leute von der Straße in den Hof. Mehrere Autos voller Gendarmen waren aufgetaucht, und die Gendarmen hatten angefangen, mit Maschinenpistolen auf die Plünderer zu schießen. Es gab mehrere Verletzte und einen Toten.

Während ich das aufschreibe, ist meine Mutter nicht da. Die Nachbarinnen Hutnikowa und Szwagierkowa haben sich vor unserem Fenster niedergelassen und es sich bequem gemacht. »Diese Frau ist ausgegangen, also ist niemand dort drin«, hat die Maryniak der anderen Frau auf die Frage geantwortet, ob meine Mutter zu Hause sei.

Es hat sich herausgestellt, daß auch Jadzia Ł.[azarowicz] verletzt worden ist. Sie hat sich eine Verbrennung durch ein Mündungsfeuer zugezogen, und ein vom Eingangstor abgebrochenes Teilchen ist ihr gegen die Stirn geflogen.

Montag, 31. [Juli]
Gestern haben wir Vorbereitungen für den Fall getroffen, daß es einen Bombenangriff gibt und wir das Haus eventuell fluchtartig verlassen müssen. Zum Glück ist die Nacht aber, wie die vorige, ganz ruhig, ohne Bombardements, verlaufen. Mitten in der Nacht habe ich zwar von irgendwo auf der Straße her einen Schußwechsel gehört. Aber die Schüsse kamen aus Gewehren und Revolvern, und die ganze Schießerei dauerte etwa fünfzehn Minuten. Sonst herrschte Stille.

Morgens um 7.30 Uhr fielen dann doch mehrere Bomben, und die schweren Artilleriegeschütze donnerten laut. Doch alles in allem dauerte das nicht sehr lange und passierte ziemlich weit von uns entfernt. Ich bin gespannt, wann die Rote Armee Warschau stürmt und uns endlich befreit.

Gegen 8.30 Uhr morgens kommt Jadzia Ł.[azarowicz]. Sie sagt, die Rote Armee habe schon Grochów und Praga unter Feuer genommen; niemand dürfe dort hinein.[76] Seit gestern nachmittag 15 Uhr führen auch keine Straßenbahnen mehr dorthin. Die Deutschen verkündeten, daß sie die Stadt den Russen übergeben würden, aber in drei Wochen kämen sie zurück. Ich habe den Eindruck, dasselbe werden sie auch noch sagen, wenn die Rote Armee vor den Toren Berlins steht.

Alle Geschäfte sind zu; sie sind auch leer, denn die Bauern haben Angst, nach Warschau zu kommen. In Piotrków ging schon vor einer Woche das Gerücht um, daß Warschau längst nicht mehr in den Händen der Nazis, sondern schon befreit worden sei.

In Warschau werden die von den Deutschen verlassenen Quartiere geplündert, alles, was nicht niet- und nagelfest ist, wird mitgenommen. Die germanischen Soldaten gehen zu zwanzig Mann auf Streife und durchsuchen die Passanten.

Etwa 14 Uhr: Einheiten der Roten Armee befinden sich schon in Grochów. Mein Vater geht in unser Loch hinunter, um seinen Gehstock zu holen.

14.45 Uhr: Es gibt einen kleinen Bombenangriff, und die Stadt wird beschossen. Es werden Geschütze und Maschinengewehre eingesetzt. Ich mache mich gleich daran, rote Armbinden mit Hammer und Sichel im fünfzackigen Stern anzufertigen – für meinen Vater, für Łaszewski, für Władek und für mich.

15.10 Uhr: Wieder werden Bomben auf germanische Stellungen außerhalb der Stadt abgeworfen. Es scheint, als ob wir jetzt tatsächlich von den Unseren umzingelt wären. Nur schade, daß die Germanen immer noch zusammen mit uns in der Stadt sind, diese Verbrecher Hitlers!

15.30 Uhr: Die Unseren werfen wieder Bomben ab. Die Eisenbahngleise und die Waggons der abseits abgestellten Züge stehen in Flammen. Die Deutschen selbst haben den Ostbahnhof in Praga in Brand gesteckt.

19 Uhr: Auf den Straßen Plakatanschläge mit neuen Verordnungen des Polizeipräsidenten: Die polizeiliche Sperrstunde für Polen wird verändert, sie beginnt nicht mehr um 21, sondern um 20 Uhr.

Heute haben wir den ganzen Tag auf den Briefträger gewartet, der unsere beiden Postkarten nach Deutschland schicken wollte – vergeblich, er ist hier überhaupt nicht erschienen. Heute gab es auch keine Zeitungen mehr, weder die deutsche Zeitung aus Krakau noch den »Kurier Warszawski« in polnischer Sprache. Wie man hört, sollen die Schwaben inzwischen alle Druckmaschinen außer Landes geschafft haben. Die Zeitungsverkäufer sagen, daß am heutigen Tag eigentlich die erste freie polnische Zeitung erscheinen sollte, aber dann hätten die Verleger es doch mit der Angst zu tun bekommen, weil es noch so viele Schwaben in Warschau gibt.

Dienstag, 1. August[77]

Die Lage ist unverändert. In der Nacht war es auch äußerst ruhig. Nicht einmal ein einziger Revolverschuß war zu vernehmen.

Es regnet wie aus Eimern, und wir vergehen fast vor Ungeduld und vor Sehnsucht nach Freiheit. Einstweilen erfahren wir nichts von neuen Ereignissen, nichts darüber, ob die Unseren etwas tun. Das macht uns sehr nervös, denn wir wissen nicht, was wir davon halten sollen. Wie ist diese Stille zu verstehen? Ist das die Stille vor dem Sturm? …

13 Uhr: Jadzia Ł.[azarowicz] ist zu Besuch. Sie hat eine neue Nachricht mitgebracht: Der Genosse Zieliński hat erzählt, daß er einen Aufruf an die polnische Bevölkerung gelesen habe, in dem stand, daß heute oder spätestens morgen früh die Rote Armee die Stadt zu stürmen beginne. Ich bin gespannt, wie lange es dauern wird, bis Warschau ~~besetzt~~ den Germanen weggenommen wird, und ob wir die Schlacht überleben … Auf diese Nachricht entgegnete mein Vater, daß es für uns höchste Zeit sei, befreit zu werden, daß wir schon genug gelitten hätten. Jadzia reagierte darauf mit Empörung und beschimpfte meinen Vater. Sie sagte zu ihm, wortwörtlich, daß er für sie kein Mensch sei und daß doch nicht nur wir litten, sondern alle, und zwar noch schrecklicher als wir. Unter ihren Äußerungen fand sich sogar die Drohung, uns nicht mehr besuchen zu kommen. Und das alles passiert heute, einen Tag vor dem Einmarsch der Roten Armee in Warschau.

17.25 Uhr: Eine neue Verordnung: Man darf sich nur bis 18 Uhr frei bewegen. In diesem Augenblick wird auf der Straße schrecklich geschossen, aus allen möglichen automatischen Waffen, einfachen Karabinern und Revolvern. Ein

Donner von Granaten! Die Kugeln fallen durch das Einfahrtstor auf den Hof. Ein Schußwechsel zwischen Soldaten und Zivilisten. Einige gut informierte Leute sagen, daß in dieser Nacht, gleichzeitig mit dem Sturm der Roten Armee auf Warschau, ein Aufstand des polnischen Volkes losbrechen solle.[78] Die Polen müssen sehr aktiv mit der Roten Armee zusammenarbeiten.

18.30 Uhr: In den Straßen, die in unserer direkten Nachbarschaft liegen, wird ununterbrochen geschossen. Auf unserer Straße liegen die ersten Toten. Im Moment weiß ich noch nicht, ob das Zivilpersonen sind oder Schwaben. Ich kann nämlich nichts sehen. Ich bin zwar so etwas wie ein Kriegsberichterstatter, aber nur ein akustischer. Ich schreibe das auf, was ich selbst höre oder was mir meine Mutter erzählt, die sich wiederum von verschiedenen Leuten alles berichten läßt.

In der Żytnia errichten die Deutschen einen Stacheldrahtverhau. Meiner Meinung nach geht die heutige Schießerei von den Deutschen aus. Bestimmt wissen sie schon Bescheid, daß sich die Polen heute auf den Weg machen werden, um zum Treffpunkt der Aufständischen zu gelangen, und um dieses Treffen zu verhindern, schießen sie überall in den Straßen wild um sich. Aus diesem Grund haben sie heute auch die Sperrstunde auf 18 Uhr vorverlegt. Ich glaube aber, die Polen werden sich trotzdem zu helfen wissen.

Leider muß ich jetzt aufhören, meinen kurzen Bericht zu schreiben, denn in diesem Augenblick donnern die Geschütze besonders heftig. Es scheint, als ob die Polen auf dem Dach unseres Hauses oder vielleicht auch des Nachbarhauses ein schweres Maschinengewehr aufgestellt hätten. Alle paar Minuten wird nämlich eine geballte Ladung Kugeln auf die Straße abgefeuert.

18.45 Uhr: In diesem Augenblick kam meine Mutter vom Hof in die Wohnung herein. Sie bringt auch die neuesten Nachrichten: Pünktlich um 17 Uhr hat der Aufstand der Warschauer Bevölkerung gegen die Besatzer begonnen.[79] Unsere Jungs fahren mit Autos in der Stadt umher und schießen mit schweren Maschinengewehren. Auch von den Dächern schießen die Unseren.

Die Brücken über die Weichsel befinden sich nun auch in den Händen der Unseren; sie haben die Schlacht um diese Brücken gewonnen und verhindert, daß die Deutschen sie in die Luft sprengen.[80]

In diesem Moment (18.55 Uhr) ist Władek Ł.[azarowicz] zu uns gekommen, er informiert uns über die neuesten Ereignisse: Unsere Leute haben in manchen Straßen Barrikaden errichtet. Der Kampf dauert an. Die Unseren fahren schon mit Panzern vorbei. Die Deutschen springen von ihren Autos herunter und versuchen, sich in Hauseinfahrten zu verstecken, von wo aus sie dann auf die anderen schießen. Viele Deutsche ergeben sich. Sie heben ihre Hände hoch, zerbrechen ihre Gewehre und werfen sie auf die Erde. In der Młynarska, bis zur Leszno hin, wurden mit umgekippten Straßenbahnen und Bussen Barrikaden errichtet. Einige Stützpunkte sind inzwischen von unseren Leuten besetzt worden.[81]

20 Uhr: Der Geschützdonner hält noch an, er ist nur mal stärker, mal schwächer. Es werden überwiegend Handgranaten und Maschinengewehre eingesetzt. In dem Augenblick, in dem ich das schreibe, wird unser Haus von drei aufeinanderfolgenden heftigen Detonationen erschüttert. Wir wissen nicht, ob diese Detonationen durch fallende Bomben verursacht wurden oder ob etwas auf dem Boden gesprengt worden ist. Wie dem auch sei, wir haben uns auf jede Möglichkeit vorbereitet, auch auf einen Bombenangriff. Und meine Mutter ist zur Maryniak gegangen, denn in einer solchen Situation gehört es sich einfach nicht, so »allein« hinter geschlossener Tür im Zimmer zu sitzen. Wir rechnen fest mit einem Bombenangriff, einem Bombardement. Auf diese Weise werden vermutlich die Deutschen der polnischen Bevölkerung den Aufstand heimzahlen wollen, indem sie die Zivilbevölkerung aus der Luft bombardieren.

Nun muß ich aufhören, den heutigen Bericht zu schreiben, es wird nämlich schon dunkel. Da wir hier kein Licht haben, muß ich eine Pause machen, bis ich morgen meine Reportage fortsetzen kann – wenn wir noch am Leben sind.

Vielleicht aber doch noch ein paar Worte dazu, im Dunkeln sitzend geschrieben. Es ist 20.30 Uhr: Einige Straßen Warschaus befinden sich schon in den Händen der Aufständischen. Frauen und Männer mit weißen Armbinden ~~des Volkskomitees~~ gehen die Straßen entlang und sammeln die Verwundeten ein. Das Fort Wola brennt, die Fabrik Dobrolin und der Flughafen in Mokotów, von den Deutschen angezündet. In der Nähe unseres Hauses, in der Płocka und der Działdowska, sind ebenfalls Barrikaden errichtet worden.[82]

Mittwoch, 2. August

Die ganze Nacht hindurch donnerten in der Stadt die Geschütze, pausenlos. Am meisten die durch Granaten verursachten Explosionen. Jetzt ist es 5.30 Uhr in der Frühe. Der Geschützdonner dauert immer noch an. Wie man hört, haben die Aufständischen schon die ganze Stadt erobert.[83] Nur noch im Krankenhaus (Czyste) in der Dworska sollen die Schwaben weiterhin Widerstand leisten; dort haben sie nämlich gestern ihre vielen Verwundeten untergebracht, auch die Gendarmen von der Wache Leszno – Żelazna schießen ununterbrochen weiter und werfen Handgranaten. Diese Wache ist mir gut bekannt – sie liegt am Ausgang des ehemaligen Ghettos.

Es ist verwunderlich, daß es bisher keine Luftangriffe der Deutschen gab; ich bin sicher, daß sie noch kommen werden. Es liegt nämlich in der Natur der Nazi-Sadisten, die Zivilbevölkerung zu vernichten und zu ermorden, vor allem jetzt, da die deutschen Truppen aus der Stadt verschwunden sind.

6.30 Uhr: Die Kanonade hält ununterbrochen an. In diesem Moment gehen alle Männer aus den Wohnungen auf die Straße hinaus. Auf Befehl der Armia Ludowa [Volksarmee] [84] sollen sie nun Barrikaden bauen. Sie werden von Soldaten der Volksarmee vom Hof abgeholt. Ich konnte sie durch unser Fensterchen sehen: jung, in Zivil gekleidet und mit weiß-roten Armbinden. Einer von ihnen hatte ein Gewehr dabei, ein anderer trug einen Trommelrevolver in der Hand.

Ich würde auch gern hinausgehen, um die Schwaben grün und blau zu schlagen. Leider kann ich das aber nicht tun, bis zu dem letzten Moment, wenn die Rote Armee gekommen ist – ich kann die Wohnung meiner Mutter nicht nach Belieben verlassen und betreten, da hier bis zum Schluß kein Mensch über uns Bescheid wissen darf, denn man kann den Polen nicht trauen. Wir haben uns doch hundertmal davon überzeugen können – und nun sind wir übertrieben vorsichtig. Wenn ich am Leben bleibe, werde ich bestimmt mehr als einmal Gelegenheit haben, Deutsche zur Strecke zu bringen. Doch ich kann nicht zum polnischen Patrioten werden nach alledem, was ich und meine Familie durch die Polen erlitten haben.

7.30 Uhr: Auch in unserer Straße, in der Wolska, stehen schon Barrikaden.[85] Das ist sehr gut. Denn hier sind die Schwaben bisher immer mit ihren Autos entlanggefahren. Gestern abend sind sogar von Wola her mehrere Dutzend Panzer in die Stadt gekommen. Auch eben ist in der Wolska ein Wagen erschienen. Er kam von der Stadtseite her, aber beim Anblick der Barrikaden kehrte er um und fuhr zurück.

Epilog:
August 1944 bis 1946/2002

Gespräch mit Fred Weinstein über seine Erlebnisse zwischen dem 2. August 1944 und seiner Emigration nach New York 1946,

geführt von Barbara Schieb und Martina Voigt, New York, Oktober 2002

Frage: Am 2. August 1944 saßen Sie im Keller der Wolska 54, Sie schrieben und warteten.

F.W.: Ja, ich schrieb und wußte, daß es die letzten Tage waren, bevor etwas sehr, sehr Wichtiges passierte. Wir hatten keine Ahnung, und ich weiß nun auch nicht mehr genau, was ich damals dachte. Ob ich gedacht habe, die Polen würden den Aufstand gegen die Deutschen gewinnen? Nein, das glaubte ich nicht. Aber ich hatte die Hoffnung, daß die Russen über die Weichsel kommen und uns befreien würden. Die Russen blieben jedoch noch sechs Monate lang auf der östlichen Weichselseite. Davon wußten wir am 2. August natürlich nichts, aber wir hofften, daß sie jeden Moment in der Wolska erscheinen würden.

Frage: Die letzten Sätze des Tagebuchs haben Sie morgens um 7.30 Uhr geschrieben. Sie beinhalten das wenige, was Sie von Ihrem kleinen Fenster aus hören und sehen konnten.

F.W.: Es waren Augenblicke höchster Anspannung, wir waren wie im Fieber. In der Nacht zuvor konnte ich auch nicht schlafen. Wir saßen im Dunkeln und versuchten zu hören; das war das einzige, was wir tun konnten.

Frage: Und dann haben Sie Ihr Tagebuch vergraben?

F.W.: Ja, ich habe es in eine Art Öltuch eingewickelt, damit Wasser oder Feuchtigkeit nicht eindringen konnten, und dann habe ich es im trockenen Sand unseres Verstecks unter dem Schrank vergraben. Es lag also im Sand des Verstecks unseres kleinen Kellerzimmers. Von draußen hörte man Schüsse und Stimmen der Deutschen, die die Bewohner aufforderten, herauszukommen.[1] Meine Mutter ging mit den anderen hinaus, mein Vater und ich blieben im Keller. Alle Frauen wurden nach Pruszków[2] gebracht, doch das haben wir erst später erfahren. Wir mußten unser Versteck wegen des Rauchs verlassen – unser Haus brannte, und der Rauch drang bis in den Keller hinunter. Als wir vorsichtig in den Hof gingen, sahen wir in der Toreinfahrt tote Männer liegen. Die SS hatte diese Polen getötet und liegengelassen. Es waren ungefähr zehn Leichen.

Als mein Vater und ich herauskamen, hatte das Schießen aufgehört. Aber das Gebäude stand in Flammen, und das war der eigentliche Grund, warum wir das Haus verlassen mußten. Wir wußten nicht, was wir tun sollten. Wir wußten nur, daß wir ersticken würden, wenn wir hier blieben.

Frage: Wo war das Feuer genau, auf dem Dach oder in den Wohnungen?

F.W.: In den Wohnungen. Ich denke, es war im zweiten oder dritten Stock. Sie warfen Brandbomben hinein, und dann begann es überall zu brennen. Sie sagten, daß ein Maschinengewehr oben auf dem Dach gestanden habe. Die Aufständischen hatten ein Maschinengewehr auf dem Dach, und ich denke, daß das die Deutschen provoziert hatte. Wir öffneten die Haustür zur Straße ganz vorsichtig, der Rauch im Haus war schon sehr stark, und da wir niemanden sahen, verließen wir das Haus und gingen nach rechts. Ich erinnere mich an brennende Häuser auf beiden Straßenseiten, Panzer fuhren hin und her und schossen, schossen auf alles, was sich bewegte. Mein Vater und ich drückten uns ganz dicht an die Häuserwände. Wir krochen fast. Wir waren klug genug, einige Bündel mitzunehmen, Bündel mit Bettzeug, was immer wir hatten, eine Decke, vielleicht ein Kopfkissen. Das Bettzeug war nur zur Tarnung. Wir hatten unsere wichtigsten Dinge, unsere Papiere bei uns, aber nichts zu essen. Wir trugen die Bündel auf unseren Rücken und sahen aus, als würden wir aus einem brennenden Haus flüchten.

Frage: Weil alles so chaotisch war, hatte niemand den Verdacht, Sie und Ihr Vater könnten Juden sein?

F.W.: Nein, alle sahen aus wie wir, mit Bündeln auf dem Rücken, und ich denke, uns hat gerettet, daß alle gleich aussahen. Wir krochen auf diese Weise einige Häuserecken weiter, und dann war da eine Kirche. Es war die Kirche św. Wojciecha.[3] Menschen rannten dorthin, und wir folgten ihnen. Ein Gendarm stand vor der Kirche und ließ alle Leute hinein. Sie war der einzige Ort, der damals nicht brannte, und wir hätten auch nicht gewußt, wohin wir sonst hätten gehen sollen. Ich war sehr froh, daß es diese Kirche gab, in die die Leute liefen. Wissen Sie, die Tür war offen, und wir rannten wie alle anderen hinein. In der Kirche war es dunkel, sehr dunkel, und das war ein Glück.

Frage: Wie viele Menschen waren darin?

F.W.: Hunderte …

Frage: Konnten Sie sich hinsetzen?

F.W.: Ja, da waren Kirchenbänke. Wir konnten auf diesen Bänken sitzen. Es gab aber auch Menschen, die auf dem Boden an den Wänden saßen, und nach einigen Tagen war diese Kirche wirklich sehr voll. Es gab gar nichts zu trinken.

Frage: Alle Menschen in der Kirche hatten Angst. Wie verhielten sie sich?

F.W.: So wie wir auch – alle kamen in die Kirche, den sicheren Ort, setzten sich und warteten ab. Nur einige ganz religiöse Frauen beteten Litaneien oder sangen Lieder. Nein, die meisten waren ruhig.

Frage: Wie lange waren Sie dort?

F.W.: Ich denke, wir waren zwei Tage dort, und am dritten Tag kam die SS herein und rief: »Alle Männer über vierzehn raus! Raus!« Sie richteten eine Art Kontrollpunkt an der Tür ein, am Kirchenausgang. Da war ein schmaler Ausgang an der Seite der Kirche. Dort gingen wir hinaus, und ich zeigte meine neue Kennkarte vor, und mein Vater hatte seine Geburtsurkunde. Dann waren wir draußen, und ich glaube, es war nur ein kurzer Weg zum Gefängnis, und sie führten uns alle dorthin. Ich kann mich nicht an die Straße erinnern, aber es war nicht weit weg von der Kirche.[4]

Frage: War es ein kleines oder großes Gefängnis?

F.W.: Wir waren alle in einer riesengroßen Zelle mit einer Gittertür, die man zur Seite schieben konnte. Ob das Gebäude groß war? Ich glaube eher nicht, ich denke, es war ein ziemlich kleines Gebäude.

Frage: Eine Polizeistation?

F.W.: Nein, das glaube ich nicht. Man sagte, es sei ein SS-Gefängnis gewesen. Aber ich weiß nicht, was es tatsächlich war. Vielleicht war es nie ein Gefängnis gewesen, und man hat nur zu diesem Zweck eins draus gemacht, wer weiß?

Frage: Haben die Gefangenen dort etwas zu essen und trinken bekommen?

F.W.: Nein, absolut nichts. Ich glaube, einige Polen hatten etwas zu essen dabei.

Frage: Wie viele Menschen waren dort in der Zelle?

F.W.: Ich würde sagen einige hundert.

Frage: Wie lange waren Sie dort?

F.W.: Einen Tag, eine Nacht? Ich weiß nicht, ob wir am zweiten oder dritten Tag dort herausgeholt wurden. In der Zwischenzeit holten die Deutschen immer Gruppen von zehn Männern heraus und erschossen sie. Zehn Polen für einen Deutschen, der während des Aufstands umkam. Man wurde ja nicht richtig informiert, aber das war das Gerücht, und man wußte es auch: für einen getöteten Deutschen wurden zehn Polen erschossen. Keiner wollte deswegen in der Nähe der Tür sein. Aber irgend jemand war automatisch immer an der Tür, nicht jeder konnte sich in eine Ecke verkriechen.

Frage: Da muß es ja ein ständiges Kämpfen um den eigenen Platz gegeben haben?

F.W.: Ja, da war ein Herumstoßen. In dieser Zelle war an einer Seite eine Latrine, und ich erinnere mich, daß ich alles, was in meinen Taschen war und was mich verraten könnte, dort runtergespült habe. Mein Vater tat das auch. Und dann haben wir beschlossen, nicht immer zusammenzusein, damit keiner wußte, daß wir Vater und Sohn sind. Wir wollten uns nicht verdächtig machen.

Während ich das erzähle, sehe ich das alles vor meinem inneren Auge: Diese Zelle und die lange Tür, vier Meter lang, mit etwa zweieinhalb Zentimeter dicken Stangen, vom Boden bis zur Decke, eine Rolltür. Gegenüber dieser Tür waren Schlafplätze mit Strohsäcken, und irgendwo dazwischen war ein Fenster nach draußen, ein vergittertes Fenster. Diejenigen, die am Fenster waren, konnten sehen, was draußen vor sich ging. Sie erzählten uns, daß dort draußen die Männer erschossen würden. Einige Männer versuchten, sich unter den Bettstellen zu verbergen und sich mit Stroh zu bedecken, daran erinnere ich mich auch. Aber jeder saß nachts auf dem Boden und wartete.

Frage: Nachts wurden auch Männer herausgeholt?

F.W.: Ja, immer wenn sie dachten, sie müßten ihre Gelüste befriedigen, kamen sie herein und nahmen eine Gruppe Männer mit. Ich weiß nicht, wie oft, fünf, sechs Mal in zwei Tagen … Ich weiß jetzt nicht, kamen sie herein und holten sie die Männer heraus? Oder packten sie sie einfach am Kragen? Das waren riesige Kerle, diese SS-Männer. Sie waren so groß! Sie waren ja extra ausgesucht, nach Größe und Stärke, vielleicht auch nach Brutalität.

Am dritten Tag machten sie die Rolltür auf, und alle mußten herauskommen. Sie räumten diese Zelle. Wir gingen hinunter, und dort standen Armeelastwagen, auf die wir verladen wurden. Da mein Vater und ich beschlossen hatten, nicht zusammenzusein, wurde ich auf den einen und mein Vater auf einen anderen Lastwagen verladen.[5] Da wir einige hundert Männer waren, gab es mehrere Lastwagen. Jeder wurde von einem Soldaten mit einer Maschinenpistole bewacht, die ins Wageninnere gerichtet war. Jeder Wagen wurde von Motorrädern begleitet, und so verließen wir Warschau. Wir redeten über unser Schicksal. Einige meinten, daß wir – der Route nach zu urteilen – zu einem Erschießungsplatz gebracht würden. Alle begannen zu beten. Auch ich betete leise das Kaddisch[6] bzw. die Bruchstücke, die ich noch wußte. Aber wir fuhren an diesem Ort vorüber und weiter. Wir kamen an dem nächsten Erschießungsort vorbei, und jeder hatte Angst, daß wir dort erschossen würden. Aber die LKWs fuhren weiter. Und dann fuhren wir bis zum Abschnitt Modlin, ungefähr einen Kilometer oder weniger von der Weichsel entfernt, die Laster stoppten, und wir stiegen aus. Dort waren Österreicher stationiert, nur Wehrmacht, keine SS. Wir stellten uns auf, und ein österreichischer Oberst sagte zu uns: »Hier an der Front an der Weichsel werden Schützengräben angelegt. Wenn Sie arbeiten, bekommen Sie zu essen und brauchen nichts zu befürchten.« Und dann fragte er noch, ob jemand Deutsch könne und dolmetschen wolle. Ich trat heraus, und so wurde ich Dolmetscher. Für sechs Monate war ich Dolmetscher für die Wehrmacht.[7]

Frage: Wie viele Männer waren von Warschau dorthin gebracht worden?

F.W.: Ich denke wir waren 200 oder 250, ja, diese Zahl habe ich im Kopf.

Frage: Sie hatten nun die ganze Zeit Angst, irgendwie erkannt und denunziert zu werden?

F.W.: Ja, und zwar deswegen, weil es Männer waren, die bei »Ursus« gearbeitet haben könnten und mich noch als jüdischen Zwangsarbeiter kannten. Die Wolska und die Nebenstraßen gehörten zur Nachbarschaft der »Ursus«-Werke in der Skierniewicka, und Arbeiter könnten während des Aufstandes durchaus – so wie wir – in diese Kirche geflüchtet sein. Ich hatte Angst, von diesen »Ursus«-Arbeitern erkannt zu werden. Die anderen konnten mich nicht kennen, aber »Ursus«-Arbeiter konnten mir gefährlich werden, weil ich bei »Ursus« von Abteilung zu Abteilung gegangen war – das heißt: viele polnische Arbeiter hatten mich damals dort gesehen.

Frage: Wie sah Ihre Arbeit für die Wehrmacht aus?

F.W.: Ich mußte nicht selber mit dem Spaten arbeiten, sondern mußte den anderen erklären, wie tief und wie breit sie graben sollten. Zu meinen Aufgaben gehörte auch, Zusatzrationen zu verteilen, einmal im Monat Salami oder Zigaretten oder Schnaps, solche Dinge. Ich hatte das alles in meinem Raum, und dann verteilte ich es. Und immer wenn es Bekanntmachungen gab, erklärte ich ihnen, was die Wehrmachtsstellen von uns wollten. So ungefähr sahen meine Tätigkeiten dort aus.

Frage: Das hört sich nicht so an, als sei Ihre Arbeit sehr schwer gewesen?

F.W.: Nein, nur im Winter war es hart, weil wir uns durch die gefrorene Erde graben mußten. Da half ich dann auch mit. Das war wirklich hart, zuerst die gefrorene Erde aufzubrechen. Und wenn man dann dort durchgestoßen war, dann konnte es passieren, daß man sehr schnell im Wasser stand, weil der Fluß ganz in der Nähe war. Die Erde war dann sehr naß.

Aber ich hatte eigentlich keine schlechte Zeit dort, wenn man davon absieht, daß ich ständig Angst hatte, erkannt zu werden. Ich hatte zu essen, und ich hatte meine eigene Unterkunft bei Bauern. Alle anderen mußten in Scheunen und im Stroh schlafen, aber ich hatte ein Bett in einem Zimmer bei Bauern.

Frage: Mußten Sie jeden Tag zur Arbeit gehen? Wie weit war es?

F.W.: Wir mußten jeden Tag zum Frontabschnitt gehen, wo die Gräben ausgehoben wurden. Wir mußten einige Kilometer laufen, vielleicht zwei bis drei Kilometer, das war nicht so schlimm.

Frage: Blieben Sie immer am selben Ort?

F.W.: Nein, wir zogen natürlich weiter. Wenn wir einen Abschnitt fertig hatten, bewegten wir uns weiter. Wir waren am Westufer der Weichsel stationiert und bauten die Gräben und Panzersperren von Modlin Richtung Nowy Dwór, aber wo wir genau waren, weiß ich nicht mehr. Die Namen der Dörfer habe ich vergessen.

Einige dieser Bauern waren verrückt nach mir, weil sie wollten, daß ich ihre Töchter heirate. Ja, es klingt merkwürdig, aber Sie müssen eins wissen: wenn jemand in Polen gebildet war, wenn damals jemand lesen und schreiben konnte und wußte, wie man redet, dann war er jemand. Und in diesen kleinen Nestern gab es niemanden, der des Lesens und Schreibens kundig war. Wenn ihnen dann so ein Bursche – sie dachten, ich sei Pole! – begegnete, ein Pole aus Warschau, dann mochten sie das sehr. Diese Bauern hätten mich gerne als Schwiegersohn in ihre Familie aufgenommen. Und so kam es, daß sie mich sehr gut behandelt haben. Sie haben für mich gekocht – sie haben mich wirklich gut behandelt. Wenn da nicht die Angst und die Sorge um meine Eltern gewesen wäre und um die ganze Situation, kann ich nicht sagen, daß ich gelitten hätte.

Öfters mußte ich doch auf dem kalten Boden schlafen, weil es nicht überall ein Bett für mich gab, aber ich hatte so einen langen Allwettermantel, so einen Mantel, wie ihn die Flieger der Luftwaffe[8] hatten. Das war ein grauer, glänzender, langer Gummimantel. Und unter meinen Sachen trug ich eine kleine Schaffellweste. So schlief ich mit der Schaffellweste und dem langen Mantel, durch den ich vor Feuchtigkeit geschützt war – da war ich eigentlich ganz warm. Dieser Mantel hat mir das Leben gerettet. Denn draußen war es sehr kalt, und wir waren den ganzen Tag im Freien.

Frage: Haben alle Arbeiter einen solchen Mantel bekommen?

F.W.: Nein, den hatte ich nicht von der Wehrmacht. Ich glaube, den hatte ich mir schon im Ghetto besorgt. Es war auch kein Wehrmachts-, sondern ein ziviler Allwettermantel.

Frage: Ah, dann gehörte dieser Mantel zu den Sachen, die Sie aus der Wolska mitnahmen?

F.W.: Ja, er war vermutlich in meiner kleinen Tasche, die ich auf dem Rücken trug, und die Schaffellweste auch. Deshalb hatte ich sie überhaupt.

Frage: Sie kamen natürlich mit Ihren Bewachern in Kontakt, den Österreichern …

F.W.: Ja, diese Österreicher waren nicht ganz auf Zack. Denen war vieles egal. Sie warteten auf das Kriegsende. Die überwiegende Mehrzahl waren ältere Männer in den Fünfzigern, manche waren irgendwie gehbehindert, und ich bin mir nicht sicher, ob sie überhaupt wußten, wie man schießt. Aber sie paßten auf uns auf und mußten sicherstellen, daß wir unsere Aufgaben erfüllten. Aber sie waren milde im Vergleich zu allen anderen, sie waren für niemanden eine Bedrohung. Und dann waren sie sehr redselig. Wie dieser Baumann. Er wollte über seine Heimat reden, seine Arbeit, seine Familie, was er in Wien gemacht hatte – er war Schneider. Und dann war dort dieser junge Bursche, ich glaube, er war Unteroffizier, er war jung, scharf, er war vielleicht ein kleiner Nazi, aber ich bin mir nicht sicher. Er hatte so ein schneidiges Verhalten, ein Verhalten, das man erwirbt, wenn man zur Hitler-Jugend geht, also mehr oder weniger indoktriniert. Von allen war er der einzige, der so war, aber auch er wollte reden. Und vermutlich hat er die Polen nicht gehaßt, weil er mir seine Feldpostnummer gegeben hat. Ich hatte ihn nicht darum gebeten, er bot sie mir an. Ich sagte ihm nämlich, daß ich gerne schreiben würde und daß ich Freunde in Berlin hätte. Er war gar nicht neugierig. Ich hatte halt Freunde in Berlin. So sagte ich, daß ich nicht wüßte, wie ich ihnen schreiben könnte, und da sagte er nur: »Hier, nimm meine Nummer.« Und er nahm meine Briefe und schickte sie weg, und er gab mir die Antwortschreiben.

Frage: Und er las die Briefe nicht selber?

F.W.: Oh nein, er war ein Gentleman. Er hatte keinen Verdacht. Ich war ihm nicht verdächtig. Und ich hatte auch vor den Deutschen überhaupt keine Angst, nur vor den Polen. Deutsche hätten niemals in mir einen Juden gesehen – Polen schon.

Frage: Und durch diese Feldpost kamen Sie in Kontakt mit Ihren Eltern?

F.W.: Ja, dadurch wußte ich, wo sie waren. Es war ein Glück, daß sich meine Mutter die Adresse in Berlin gemerkt hatte. Sie schrieb von ihrem Lager aus, sie war irgendwo im Erzgebirge. Ich weiß aber nicht, was sie gearbeitet hat. Das einzige, was ich von ihr weiß, ist, daß sie in einen Scherbenhaufen gefallen war und sich an einem Bein ernsthaft verletzt hatte. Sie wurde dort sogar in ein Krankenhaus gebracht und behandelt. Aber an den Spätfolgen hat sie bis zu ihrem Tod gelitten.[9]

Frage: Noch einmal zurück zu Ihren Kontakten: Sie schrieben nach Berlin und Ihre Mutter auch.

F.W.: Und auch mein Vater schrieb an die Pakmans.

Frage: Sie bekamen dann Antwort?

F.W.: Ja, die Pakmans schrieben meinem Vater, meiner Mutter, und sie schrieben mir. Sie waren die zentrale Anlaufstelle. Sie wußten unsere Adressen und schrieben jedem, was sie von den jeweils anderen wußten, was wir machten und wo wir waren.

Frage: Heißt das, daß Sie nie direkt Briefe von Ihren Eltern erhielten?

F.W.: Ja, ich bekam nur von den Pakmans Briefe, nur aus Berlin. Und durch einen dieser Briefe aus Berlin erfuhr ich, wohin es meinen Vater verschlagen hatte. Was ihm genau passierte, nachdem er aus dem Lastwagen ausgeladen worden war, erfuhr ich natürlich erst, als ich ihn wiedertraf. Man stellte beim Ausladen fest, daß er hinkte, und so wurde er, zusammen mit einigen anderen älteren Männern, wieder auf einen LKW geladen. Man sagte ihnen, daß sie für die Arbeit an Schützengräben ungeeignet seien, und so fuhr man sie einfach nach Nowy Dwór und überließ sie sich selber. Also war er in dieser Stadt und wußte nicht, wohin er gehen und was er machen sollte. Da überlegte er sich, daß er sich als Flüchtling aus Warschau ausgeben könnte, er sei ausgebrannt, im Zuge des Aufstands sei ihm das Haus abgebrannt. Diese Geschichte haben ihm die Leute geglaubt, und er mietete sich irgendwo ein und fand heraus, daß er Zeitungen verkaufen könnte. Es gab wohl ein Lagerhaus oder einen Stand, wo er Zeitungen kaufen konnte, und dann lief er herum, um die Zeitungen zu verkaufen, und auf diese Art und Weise verdiente er ein paar Groschen. Nachdem er das schon eine ganze Weile gemacht hatte, kam er eines Tages, wie jeden Tag, in die Kommandantur von Nowy Dwór und verkaufte die »Tägliche Rundschau« an die Offiziere. Dort sah ihn an diesem Tag ein ukrainischer SS-Mann und sagte ihm ins Gesicht: »Du bist ein Jude!« Mein Vater wußte nicht, was er tun sollte, doch dann ließ er den Stapel Zeitungen fallen und begann zu rennen. Dieser Ukrainer lief hinter meinem Vater her. Und stellen Sie sich vor: Mein hinkender Vater lief dem jungen Ukrainer davon! Er rannte und rannte und verirrte sich und kam nie wieder an diesen Ort zurück. Er ging in einen anderen Ort, ich glaube, er hieß Leszno, und verschwand dort. Er verkaufte dort Schnaps in kleinen Mengen und verdiente sich einen kümmerlichen Lebensunterhalt. Ja, mein Vater war schon ein zäher Bursche! Er muß in diesem Moment unglaubliche Energien gehabt haben, er wollte einfach nicht sterben.

Frage: Wenn man schon so weit gekommen war.

F.W.: Als das Ende schon so nahe war, wollte er nicht sterben. Und wir alle wußten voneinander – durch die Briefe der Pakmans –, das spielte auch eine Rolle.

Frage: Wissen Sie noch, wann seine Flucht aus Nowy Dwór war?

F.W.: Es war im Winter. Es könnte sein, daß es drei bis vier Wochen vor der russischen Offensive war. Im Dezember 1944 wahrscheinlich.[10]

Frage: Nun zurück zu Ihnen. Hatten Sie Angst, krank zu werden?

F.W.: Nun, in regelmäßigen Abständen nahm ich einen Eimer Wasser und ging weit weg von den anderen in die Felder. Dort machte ich ein Feuer und kochte meine Unterwäsche und Strümpfe. Ich wrang sie aus und zog sie feucht wieder an. Selbst im Winter bekam ich keinen Schnupfen! Und ich wurde auf diese Weise alle Läuse los, die eventuell an meinem Körper waren. Natürlich hatte ich Angst, krank oder auch entdeckt zu werden.

Um dieser Angst entgegenzuwirken, tat ich etwas sehr Schlaues. Ich dachte, ich müsse irgend etwas tun, um meine Identität zu schützen. Um zu diesem Ziel zu kommen, wußte ich, daß ich irgend etwas machen mußte, damit die Leute erst gar nicht auf die Idee kämen, ich könnte Jude sein. Ich wollte über jeden Verdacht erhaben sein. Wie gelingt es, dahin zu kommen? Man muß ein richtiger Pole sein. Wie ist ein richtiger Pole? Man muß sich selbst die antisemitischen Bemerkungen, die man so hört, erlauben, man darf sich nicht dagegen sträuben. Zwei Polen unserer Gruppe waren ziemliche Antisemiten, der eine war Architekt, der andere war Kellner. Ich erinnere mich an keinen Namen. Der Kellner kam aus Praga, das ist ein Stadtteil Warschaus auf der anderen Weichselseite. Auch er war irgendwie in diese Kirche geraten und wurde von dort herausgeholt. Der Architekt hatte ganz in der Nähe der Wolska gewohnt. Und diese beiden rühmten Hitler, und sie rühmten die SS, und sie rühmten jeden, der die Juden verfolgte. Und sie sagten, daß Hitler eine Auszeichnung bekommen müsse. Sehr häufig hörte ich sie davon reden, daß sie sicher seien, daß es noch Juden geben müsse, die sich irgendwo versteckt hielten. Die sollten auch noch gefunden und umgebracht werden. Und ich wußte, daß ich geschützt sein würde, wenn ich ihre Gesellschaft fände. Ich schaffte es tatsächlich, mich mit ihnen zu befreunden. Wie ich das machte? Nun, ich hatte diese Extra-Rationen zu verteilen, und ich gab ihnen ab und zu eine zusätzliche Packung Zigaretten oder Salami, oder ich gab ihnen von meiner Wurst, die ich nicht aß. Und so wurden sie meine »unverbrüchlichen Freunde«. Wenn ich einen eigenen Raum bei den Bauern hatte, dann ließ ich sie bei mir schlafen. Das einzige, was mich störte, war, daß sie redeten, wenn ich schlafen wollte. Die beiden redeten, sie sagten furchtbare Dinge über die Juden. Und ich lag da und zitterte vor Wut, ich war ohnmächtig vor Wut. Aber bis zum Ende waren sie meine »Freunde«, und weil sie solche Juden-Hasser waren, hatte ich es leichter. Niemand wäre im Traum darauf gekommen, daß ich ein Jude sein könnte, da ich mit solchen Antisemiten befreundet war.

Ja, das war ein kluger Schachzug von mir. Und doch war meine Furcht, erkannt zu werden, völlig berechtigt. Anfang oder Mitte Januar kam ein Mann unserer Gruppe zu mir, er hieß Stanisław Złotowski, und er sagte mir, daß er mich schon lange erkannt habe. Er war Vorarbeiter bei »Ursus« gewesen, er war der Meister der Drehbank-Abteilung gewesen und hatte vermutlich auch in der Nähe der Wolska gewohnt. Er sagte, daß er mich warnen wolle: Zwei Polen, die auch bei Ursus gearbeitet hatten, würden über mich reden, ihnen würde mein Gesicht nicht gefallen, und sie hätten den Verdacht, daß ich Jude bin. Ich bekam einen Schreck und wollte sofort in die Wälder fliehen. Aber ich dachte, daß es besser wäre zu bleiben, und so sah ich zu, daß ich den beiden völlig aus dem Weg ging. Ich wollte, daß sie mich überhaupt nicht mehr zu Gesicht bekamen. Ein paar Tage später begann die russische Offensive, und da konnte ich aufatmen. Dem Stanisław Złotowski war ich wirklich sehr dankbar. In dieser Situation hat er mir das Leben gerettet.

Nach dem Beginn der russischen Offensive konnte ich es nicht erwarten, meinen beiden »Freunden« zu sagen, wer ich wirklich bin. Die deutschen Truppen flohen, und ich beschloß, nicht mit der ersten Division, die sich nach Westen abzusetzen versuchte, mitzurennen. Langsamer, mein Rucksack auf einem Pferdefuhrwerk, gingen wir mit. »Unsere« Österreicher waren nicht so gut ausgerüstet wie andere Truppen. Dann irgendwann nahm ich meinen Rucksack und sagte: »Ich gehe jetzt in die Wälder.« Das war in der Nacht, und wir waren westlich von Modlin. Zu den beiden »Freunden« sagte ich: »Wollt ihr mitkommen? Wenn ja, ist es in Ordnung, wenn nicht, gehe ich auch alleine.« Sie dachten, ich sei schlau, und so kamen sie mit mir mit. Wir gingen in der Nacht durch den Wald, wir hatten uns von den deutschen Truppen entfernt und stießen im Wald auf eine Bauernkate. Nur die Bäuerin war dort, und sie ließ uns in der Scheune im Stroh schlafen. Als ich im Stroh lag, bemerkte ich, daß darunter Maschinenpistolen lagen. Natürlich wußte ich nicht, was das zu bedeuten hatte. Wir hatten nicht geschlafen und standen ganz früh auf. Es war 5 oder 6 Uhr morgens, es dämmerte ein wenig, es war der 17. Januar, und ich schaute aus dem Scheunenfenster. Wir sahen draußen schemenhaft ein paar Soldaten rennen, aber wir konnten die Uniformen nicht erkennen und wußten nicht, was für Soldaten es waren. Als es ein wenig heller wurde, sahen wir diese merkwürdigen Uniformen, diese grauen Mäntel der russischen Artillerie, und da wußten wir: das sind die Russen. Wir verließen die Scheune und begannen zu laufen, wir marschierten durch die Felder. Unterwegs sahen wir viele Leichen. Die beiden »Freunde« marschierten mit mir, und ich war von meiner Freude so überwältigt, daß ich ihnen sagte, wer ich wirklich bin. Keine halbe Stunde später waren sie verschwunden – sie hatten Angst.

Das war mein Kriegsende.

Mein nächstes Ziel war, meinen Vater zu treffen.

Frage: Sie wußten genau, wo er war?

F.W.: Ja, durch die Berliner wußte ich genau, wo er war.

Frage: Er war tatsächlich dort, wo Sie ihn suchten?

F.W.: Ja, ich weiß nun nicht, ob es Leszno war, jedenfalls war er dort, wir trafen uns, und wir gingen zusammen Richtung Warschau. Und prompt wurden wir von den Sowjets verhaftet und zwei Tage festgehalten. Sie glaubten mir nicht, daß ich Jude bin, sondern vermuteten in mir eine Art Spion. Sie wollten uns nicht gehen lassen. Am dritten Tag kam ein NKWD-Offizier, und dem erzählte ich wieder, daß wir Juden seien und versteckt überlebt hätten. Er sagte: »Das ist unmöglich. Wir sind von Stalingrad bis hierher marschiert und haben unterwegs keinen einzigen lebenden Juden gesehen. Du lügst.« An diesem Tag sah ich einen russischen Soldaten, von dem ich annahm, daß er Jude sei. Den fragte ich, ob er ein Gebetbuch habe, ein hebräisches. Er sagte, ja, er habe eins dabei. Ich sagte: »Bring mir das Buch. Wenn ich diese Gebete lesen kann, werdet ihr mir dann glauben?« Er brachte mir ein altes Gebetbuch, und ich las ihm die Gebete vor, woraufhin er sagte: »In Ordnung, ihr könnt gehen.« So wurden wir entlassen und wanderten weiter.

Auf dem Weg nach Warschau kamen wir an einem Ort vorbei, in dem ich gearbeitet hatte. Dort war ich bei einem Bauern untergebracht gewesen, der wollte, daß ich seine Tochter heirate. Ich erzählte meinem Vater diese Geschichte, und er mußte lachen. Wir kehrten dort ein und bekamen etwas zu essen. Und dieser Bauer wollte immer noch, daß ich seine Tochter heirate! Nach dieser Rast gingen wir weiter nach Warschau. Ich wollte in die Wolska und nach meinem Tagebuch sehen. Das Haus war völlig zerstört, aber die Mauern standen noch, und ich ging in den Keller, in unser altes Versteck und grub mein Buch aus – es war völlig unversehrt.

Frage: Haben Sie irgend jemanden in Warschau getroffen? Sind Sie zu einer jüdischen Institution gegangen?

F.W.: Nein, ich glaube nicht. Wir wollten nach Łódź.

Frage: Hatten Sie während der Zeit Ihres Versteckstseins besprochen, daß Sie sich in Łódź wiedertreffen, falls Sie getrennt würden?

F.W.: Ja, falls einer von uns verlorengehen würde, wollten wir uns in Łódź wiedertreffen.

Das war unser gemeinsamer Hauptwohnsitz vor dem Krieg gewesen, also bis zum Krieg, und wir fanden es natürlich, dorthin zurückzukehren. Meine Eltern stammen zwar aus Warschau, aber die längste gemeinsame Zeit hatten sie in Łódź verbracht. Es waren immerhin neun Jahre gewesen.

In Warschau machten wir uns auf den Weg und gingen zunächst zu einer Bahnstation und nahmen den ersten Zug, den es überhaupt gab. Es war ein Güterzug für die Russen. Wir dachten, daß der Zug nach Westen fahren würde, Nachschub für die Truppen, die Richtung Berlin marschierten, aber unseligerweise fuhr er Richtung Osten, und wir fanden uns in Siedlce wieder. Wir hatten nichts zu essen, und mein Vater erinnerte sich dann an einen seiner früheren Patienten aus Siedlce, der Bäcker war. Obwohl es so lange her war, erinnerte sich mein Vater an den Namen dieses Patienten. So gingen wir in die Stadt und fragten nach einer Bäckerei dieses Namens, die es tatsächlich noch gab. Und dieser Bäcker erkannte meinen Vater sogar und versorgte uns wirklich mit Brot! So setzten wir uns wieder in einen Zug, aber bald merkten wir, daß wir Richtung Moskau fuhren, und stiegen wieder aus. Wenigstens hatten wir etwas zu essen. Jedenfalls waren wir tagelang mit Zügen unterwegs, mal fuhren sie, dann fuhren sie wieder rückwärts, dann kamen sie auf Abstellgleise, dann verließen wir den Zug, liefen zwischendurch auch und versuchten es mit einem anderen. Wir schliefen in den Zügen. Schließlich fanden wir wirklich einen, der Richtung Westen fuhr, nicht nach Łódź, aber nach Westen, wir stiegen immer wieder aus, wenn der Zug anhielt. Die Russen verrieten niemandem, wann ihre Züge wohin fuhren – schließlich war noch Krieg, und sie hatten ihre Befehle. Jedenfalls waren wir Richtung Westen unterwegs, und zum Schluß nahmen uns russische Lastwagen mit. Wir trampten. Nach Łódź kamen wir mit einem Armeelaster. Das alles war keine Spazierfahrt, es war Ende Januar und richtig kalt. Zu meinem Geburtstag am 14. Februar waren wir in Łódź.

Frage: Was machten Sie in Łódź zuerst?

F.W.: Zuallererst ging ich in die Piwna. Das ist eine Straße im Ghetto, wo mein Lieblingsfreund Jakob Gottlieb gewohnt hatte. Sein Vater war polnischer Jude und seine Mutter eine Berliner Jüdin. Die drei Kinder, zwei Jungen und ein Mädchen, sprachen zu Hause Deutsch, weil ihre Mutter nie ein Wort Polnisch gelernt hatte. Da hatte ich vermutlich viel von dieser Sprache aufgeschnappt, weil wir oft zusammen waren. Wir lebten im selben Haus, und wir mochten uns sehr, obwohl Jakob einige Jahre älter war als ich und auf eine andere Schule ging. Von Gniewoszów aus hatte ich ihnen Päckchen ins Ghetto geschickt, solange sie durchkamen, denn sie litten schrecklich unter dem Hunger. Natürlich waren sie sehr dankbar. Nach einiger Zeit kamen keine Briefe mehr, und ich konnte ihnen auch nichts mehr schicken. Jedenfalls ging ich zu dieser Adresse. Natürlich wußte ich, daß dort niemand mehr war, aber ich hoffte, irgend etwas zu finden, eine Nachricht, eine Inschrift von ihnen an den Wänden – ich fand nichts. Da das Haus aus Holz gebaut war, hatten die polnischen Einwohner nach der Räumung des Ghettos alles, was aus Holz war, herausgenommen und verfeuert, die Fensterrahmen und selbst die Fußböden. Ich fand absolut nichts von meinen Freunden.

Was aus unserem Haus beziehungsweise unserer Wohnung am Plac Kościelny geworden war, haben wir ja noch mitbekommen. Anfangs hatte es die deutsche Polizei übernommen, aber als dann das Ghetto eingerichtet wurde, zog das Arbeitsamt der Jüdischen Gemeinde dort ein – genau in unsere Wohnung. Innen haben sie sie völlig verändert, sie zogen Trennwände ein, und es entstanden quadratische Räume.

Interessant war, daß es eine kleine Gruppe überlebender Juden gab, als die Rote Armee in Łódź einmarschierte. Es waren vielleicht achtzig Juden, die sich irgendwie in Verstecken verborgen hatten und dann sofort da waren. Sie bildeten eine Art Selbsthilfe-Komitee und kümmerten sich um die Überlebenden. Es gab sofort Listen, und jeder, der kam, schrieb seinen Namen auf diese Liste, die dann dort, wo früher das Gemeindezentrum war, ausgehängt wurde. So konnte man sich finden. Und dieses Komitee sorgte für die Verpflegung. Dort wurde sofort Suppe ausgegeben. Proviant bekamen sie von den Russen, und jeder, der wollte, konnte sich dort versorgen. Immer, wenn wir etwas zu essen brauchten, sind wir dort hingegangen und bekamen eine Schüssel Suppe.

Frage: Was machte Ihr Vater, als Sie in Łódź ankamen?

F.W.: Ich denke, daß mein Vater sofort zum Büro des Zahnarztverbandes ging, um irgend etwas zu organisieren. Sie gaben ihm eine Wohnung und eine Praxis, die ein Nazi-Zahnarzt verlassen hatte. Davor hatte die Praxis aber einer jüdischen Zahnärztin gehört, ich glaube sie hieß Katznelson. So hatten wir eine Wohnung – sie lag an der Ulica Piotrkowska 82 –, aber keinen Brennstoff. Wir fanden jedoch zurückgelassene Lebensmittel wie Marmelade, die wir dann allmählich verzehrten. Im Mai waren wir immer noch dort; im Mai kam Adam Litwak zurück, der in Auschwitz befreit worden war. Er war völlig verlaust, und ich spießte seine Sachen auf einen Stock, machte im Hof ein Feuer und verbrannte sie. Adam nahm ein Bad und konnte sich neue Sachen anziehen, die sich in den Schränken befanden.

Und dann kam die Zahnärztin zurück, sie hatte ein Lager überlebt, und natürlich gab mein Vater ihr die Wohnung wieder zurück, und er bekam eine andere Praxis, in der Ulica Piłsudski. Auch sie war von einem Deutschen verlassen worden, und vorher war auch dies eine jüdische Praxis gewesen. In Łódź gab es nicht viele polnische Ärzte oder Zahnärzte. Die meisten waren Juden oder Deutsche.

Hier wohnten mein Vater und ich, als meine Mutter zurückkam.

Frage: Wissen Sie, wie es Ihre Mutter schaffte, von Südost-Deutschland nach Łódź zu gelangen?

F.W.: Sie kam mit Zügen, es waren schon keine russischen Militärzüge mehr, sondern normale Züge, die dann schon wieder fuhren. Das muß ungefähr im Juni gewesen sein.

Frage: Sie wußten genau vom Tod Ihrer Schwester Pola. Wie erfuhren Sie, was mit Ihrer Schwester Rysia geschehen war?

F.W.: Meine Eltern hatte es unendlich beunruhigt, absolut nichts aus Berlin zu hören. Das letzte, was wir wußten, war, daß Rysia bei den Pakmans in Kreuzberg lebte. Ganz ungeduldig warteten meine Eltern auf die Möglichkeit, regulär mit dem Zug nach Berlin zu fahren. Sobald das möglich war, fuhren sie nach Berlin und fanden Tania und Karola Pakman. Irgendwie. Wie, das weiß ich nicht. Sie erfuhren von ihnen das Schreckliche: Meine Schwester Rysia kam am 3. Februar 1945 bei einem Bombenangriff auf Berlin ums Leben. Mit ihr starben zwei andere junge Frauen: Mareks Schwester Róża, die mit Wiktor Pakman verheiratet gewesen war, und Pela Rozen, die Schwester von Wiktor, Tania und Karola. Tania war mit Pelas zehnjähriger Tochter Mary beim Alarm in den Luftschutzkeller gegangen, die drei jungen Frauen hatten gedacht, sie hätten noch zehn Minuten Zeit, um sich fertigzumachen. Sie wurden auf der Straße, der Alexandrinenstraße, von den Bomben überrascht. Meine Mutter konnte es Karola und Tania ihr Leben lang nicht verzeihen, daß sie die drei jungen Frauen nicht gezwungen hatten, in den Luftschutzkeller mitzukommen.

Als sie aus Berlin zurückkamen, waren meine Eltern fassungslos und erschüttert. Diese schreckliche Nachricht, daß Rysia so kurz vor dem Kriegsende ums Leben kam, hat uns alle sehr mitgenommen. Wieder begannen wir zu trauern. Und wir mußten feststellen, daß von unserer Familie nur wir drei überlebt hatten. Hinzu kam, daß alle Verwandten und die meisten unserer Freunde umgebracht worden waren. Wir trauerten sehr und fühlten uns einsam und verlassen.

Frage: Waren Sie die ganze Zeit von diesem Gefühl beherrscht? Was hatten Sie in dieser Zeit nach der Befreiung für Ideen für Ihre Zukunft?

F.W.: Wissen Sie, alles war unwichtig, solange wir uns frei und ohne Lebensgefahr bewegen konnten. Ich habe um die Toten getrauert, aber ich war jung und wollte leben, etwas von der Welt sehen und reisen. Hatten wir Geld? Ich weiß es nicht, jedenfalls schafften wir es irgendwie, keine Not zu leiden. Wissen Sie, nach dem, was wir erlebte hatten, war nichts mehr schwierig. Alles war einfach. Es gab keine Ausgangssperren, man mußte keine Armbinden tragen – Freiheit!

Mein Vater hat sofort als Zahnarzt gearbeitet und Geld verdient, er hat mich unterstützt.

Frage: Hatten Sie einen bestimmten Berufswunsch?

F.W.: Nein. Mein Vater wollte, daß ich eine zahnärztliche Ausbildung mache. Ich hatte keinen eigenen Wunsch. Eigentlich wollte ich zur Schule gehen, aber ich wußte wirklich nicht, was ich lernen wollte. In dieser Zeit lebte ich wie ein

Junge, von Tag zu Tag, ohne mich um irgend etwas zu sorgen oder zu kümmern. Ich genoß meine Freiheit.

Frage: Haben Sie sich irgendwo angemeldet oder eingeschrieben?

F.W.: Ja, ich denke, ich habe mich an der Łódźer Universität eingeschrieben, und obwohl ich das Gymnasium nicht bis zum Abitur besucht hatte, haben sie mich akzeptiert, irgendwie haben sie meine verlorene Zeit anerkannt. Aber ich bin nie hingegangen. Das Studium habe ich nie begonnen.

Frage: Was hat Ihr Vater dazu gesagt?

F.W.: Er hat nichts dazu gesagt. Er ließ mich in Ruhe. Er hat sich mit seinen Praxen beschäftigt, das war seine Aufgabe. Er hat keine Gemeinschaftsaufgaben mehr übernommen – er war auch müde. Wir waren alle müde.

Frage: Sie waren in Łódź, Adam Litwak kehrte zurück, Ihre Mutter kam dorthin zurück. Sie wollten in Polen, in Łódź bleiben, Sie wollten …

F.W.: Ich wußte überhaupt nicht, was ich wollte. Zu dieser Zeit machte ich mir darüber gar keine Gedanken. Das einzige, was ich wollte, war eine gute Zeit haben – und die hatte ich! Wissen Sie, man fand sich, da waren einige Burschen meines Alters, einige waren christlich, einige waren Juden, alle möglichen Leute. Wir trafen uns, wir hatten Mädchen und Frauen, und wir fuhren auch einfach mal nach Breslau, wir hatten einfach eine gute Zeit. Über die Zukunft dachte ich nicht im geringsten nach. Aber zwei, drei Monate später begannen diese Vorfälle: daß die Polen Juden ermordeten.

Frage: Was wissen Sie darüber? Passierte so etwas nicht sogar in Ihrer unmittelbaren Nachbarschaft?

F.W.: Im Stockwerk unter uns wohnte eine jüdische Familie, wir kannten sie nicht gut, wir wußten nur, daß sie dort lebte. Man sprach sich ab und zu kurz im Treppenhaus, und wir wußten, daß diese Familie aus vier Personen bestand, die an verschiedenen Orten überlebt hatten – im Lager oder bei den Partisanen –, sie waren Überlebende. Und eines Nachts kam die AK [Armia Krajowa] und erschoß alle, die ganze Familie. Wir haben keine Schüsse gehört und niemanden gesehen, aber man sagte, daß es AK-Leute gewesen seien. Die ganze Familie. Daraufhin sagte mein Vater: »Unter diesen Umständen bleiben wir nicht in diesem Land. Hier ist für uns keine Zukunft.« Und er hatte recht. Das passierte im November 1945.

Frage: War das nicht ein Schock für Sie?

F.W.: Ja, wir wären gerne in Polen geblieben, schließlich war das unser Heimatland, aber wir wollten leben, wir wollten ohne Verfolgung leben.

Frage: Was haben Sie gemacht?

F.W.: Nun, wir haben nicht lange gezögert. Gemeinsam haben wir überlegt, wohin wir gehen können. Wenn ich mich recht entsinne, hatten wir zu diesem Zeitpunkt schon von Lagern für Displaced Persons in der amerikanischen Zone in Deutschland gehört und daß man von dort weiterkäme. Ich erinnere mich daran, daß wir von Palästina sprachen, Israel gab es ja noch nicht. Diese vagen Ideen hatten wir. Mein Vater verkaufte seine Praxis, und er hatte Glück, sie schnell verkaufen zu können. Es war schon eine gutgehende Praxis.

Marek Mydlarz hatte auch überlebt, und als ich ihn zum ersten Mal in Łódź sah, trug er die Uniform der neuen polnischen Armee. Er war »Hauptmann Mydlarz«. Da er meine Eltern mochte, half er uns. Wir hatten nicht viel Gepäck und fuhren mit dem Zug von Łódź nach Stettin. Dort holte uns Marek mit seinem Auto ab – er hatte einen Fahrer –, und er fuhr uns über die Grenze bis nach Berlin. Zuerst blieben wir bei Tania und Karola Pakman, die in der Bodelschwinghstraße in Treptow wohnten. Das war im russischen Sektor von Berlin. Für kurze Zeit hatten wir auch eine eigene Wohnung im Baumschulenweg. Ende Dezember oder Anfang Januar gingen wir von dort in die amerikanische Zone, ins DP-Lager Schlachtensee.

Frage: Sie dachten, daß es gut sei, in der amerikanischen Zone zu sein, in einem Lager für jüdische Überlebende?

F.W.: Wir wußten vorher ja so gut wie nichts. Wir hatten in Łódź Gerüchte gehört, vielleicht auch in der dortigen Jüdischen Gemeinde, aber grundlegend waren wir schlecht informiert gewesen. Das einzige, was ich aber wirklich wußte: ich war glücklich, aus diesem Land herauszukommen.

Frage: Hatten Sie zu dieser Zeit schon daran gedacht, nach Amerika auszuwandern?

F.W.: Nein, überhaupt nicht. Als ich nach Berlin kam, war es mein Plan, nach Palästina zu gehen, und zwar auf dem illegalen Weg, mit der Alija Bet, wissen Sie.[11] Im DP-Lager war ich registriert als jemand, der nach Palästina wollte.

Frage: Was haben Sie in Berlin-Schlachtensee gemacht? Haben Sie gearbeitet?

F.W.: Ja, ich habe für die UNRRA[12] gearbeitet. Die UNRRA hatte eine Wohlfahrtsabteilung, und dort habe ich wieder gedolmetscht. Wissen Sie, in Schlachtensee waren so viele Leute, die die verschiedensten Sprachen sprachen, und ich bot den UNRRA-Leuten meine Übersetzungshilfe an. Die UNRRA gewann großes Vertrauen zu mir, und ich wurde so etwas wie ein inoffizieller Offizieller. Aber ohne Bezahlung, ich machte das ehrenamtlich. Ich wollte einfach etwas Sinnvolles tun. Und diese Art Arbeit bot sich mir an. Die Flüchtlinge in Schlachtensee sprachen Polnisch, Russisch und Jiddisch, keiner sprach Englisch. Und da ich mir Englisch selber beigebracht hatte, dachte ich, daß ich etwas Sinnvolles tun könnte. Natürlich sprach ich noch nicht so gut Englisch, aber ich las englische und amerikanische Zeitungen, die Zeitung, die von der Army herausgegeben wurde, und natürlich deutsche Zeitungen. Ich verstand die UNRRA-Leute, wenn sie was wollten. Wissen Sie, zu der Wohlfahrtsabteilung kamen Leute mit Beschwerden, mit Forderungen, oft waren sie frustriert. Viele suchten ihre verlorenen Verwandten, und wir mußten ihnen helfen, sie zu anderen Abteilungen schicken, ihnen Wege zeigen, wohin sie mit welchen Problemen gehen können, und was sie überhaupt tun sollen. Ja, das war meine Arbeit.

Frage: Und wovon lebten Sie?

F.W.: Wir bekamen unsere Rationen von der UNRRA und brauchten kein zusätzliches Geld. Auch mein Vater fing sofort an, für die UNRRA zu arbeiten. Sie richteten ihm eine Zahnarztpraxis ein, aber ich weiß nicht, ob er dort Geld bekam. Wissen Sie, wir hatten genug zu essen, und wir hatten ein Zimmer für uns in diesen Kasernen, in den früheren Kasernen der SA oder SS in der Potsdamer Chaussee 86.

Ja, und nun fällt mir ein, daß ich sogar in Berlin versucht habe zu studieren. Gibt es eine Technische Hochschule in Berlin?

Frage: Ja, es gab die Technische Hochschule in Charlottenburg, später wurde sie umbenannt in Technische Universität. Wie kamen Sie dorthin?

F.W.: Nun, mein Vater wollte immer, daß ich etwas lerne. Also ging ich zu dieser Hochschule, und obwohl ich keine Dokumente hatte, akzeptierten sie mich aufgrund meiner mündlichen Qualifikationen. Einige Wochen ging ich sogar in die Seminare und Kurse, aber um die Wahrheit zu sagen: ich war angewidert.

Frage: Warum?

F.W.: Wegen der Deutschen. Meine Mitstudenten waren in meinem Alter oder etwas älter. Sie waren Soldaten gewesen, manche bestimmt auch Nazis. Ich fühlte mich unter ihnen hundeelend. Mit diesem inneren Widerwillen konnte ich nichts lernen. Ich habe es dort nicht ausgehalten.[13]

Frage: Wie lernten Sie Ruth, Ihre spätere Frau, kennen?

F.W.: Ruth ist gebürtige Berlinerin und lebte bei ihrer Schwiegermutter in Wilmersdorf, nachdem sie Theresienstadt, Auschwitz und das Lager Merzdorf in Schlesien überlebt hatte.[14] Ihre Mutter und ihre beiden Schwestern kehrten zwar aus Theresienstadt zurück, aber sie hatte ihren Mann verloren. Anfangs arbeitete sie in der Flüchtlingssuchstelle in Berlin, doch irgendwann mochte sie dort nicht mehr arbeiten und kam nach Schlachtensee, um zu fragen, ob sie nicht dort einen Job haben könnte. Sie schrieb Schreibmaschine und wurde eingestellt. Sie war dann die Sekretärin in dem Büro, in dem auch ich arbeitete. So lernten wir uns kennen. Nach Dienstschluß saßen wir oft stundenlang im Büro und erzählten uns unsere Geschichten. Das tat uns beiden gut.

Ruth war nicht als DP, Displaced Person, registriert, aber sie ließ sich bei der UNRRA als Überlebende eintragen, die auswandern wollte. Auch sie hatte Palästina als Emigrationsziel angegeben. Sie war im eigentlichen Wortsinn nicht »displaced«, weil sie ja in ihrer Stadt lebte, aber innerlich fühlte sie sich displaced.

Frage: Nun wollten Sie beide nach Palästina auswandern und landeten dann in Amerika – wie kam das?

F.W.: Ruth hatte ihrer Mutter versprochen, sie niemals mehr in ihrem Leben allein zu lassen. Ruths Mutter wurde nach Theresienstadt deportiert, Ruth kam nach einem Jahr ebenfalls dorthin und wurde weiter nach Auschwitz gebracht. Ruth fühlte sich für ihre Mutter sehr verantwortlich, und die wollte – wenn möglich – nach New York. Sie hatte dort einige Verwandte, einen Cousin, eine Großtante und einen Großneffen. Jedenfalls sagte Ruth zu mir: »Ich muß mit meiner Mutter gehen«. Nun war die Auswanderung nach Palästina mit der Alija Bet keine wirkliche Möglichkeit, weil sie so richtig illegal war, das funktionierte nur durch ein ausgeklügeltes Untergrundsystem. Jedenfalls wußte ich, daß sich mit Ruth alles zu ändern begann, und dann sagte ich zu ihr: »Okay, wenn du gehst, komme ich mit.« So haben wir uns alle für Amerika registrieren lassen.

Frage: Haben Sie Ihre Pläne mit Ihren Eltern besprochen?

F.W.: Ich habe gar nichts mit ihnen besprochen, denn sie sind vor mir aus Berlin – und auch von mir – weggegangen.

Frage: Wie kam denn das?

F.W.: Meine Eltern hatten panische Angst davor, daß ganz Berlin von den Russen besetzt werden könnte. Damals gab es solche Gerüchte und Ängste. So suchten sie nach einem Ausweg und gingen nach Westdeutschland, nach Eschwege, in ein anderes DP-Lager, das in der amerikanischen Zone lag. Dort fühlten sie sich sicherer. Aber mit mir haben sie das nicht besprochen. Jedenfalls schickte ich meinem Vater einen Brief oder ein Telegramm und schrieb ihm, daß ich mich entschieden hätte, in die Vereinigten Staaten zu gehen. Ich fühlte mich meinen Eltern nicht mehr verpflichtet, nachdem sie mich in Berlin zurückgelassen hatten. Kurz vor meiner Abreise schickten sie mir ein wütendes und verzweifeltes Telegramm mit den Worten: »Dein Platz ist bei Deinen Eltern!« Nein, mein Platz war durchaus nicht an der Seite meiner Eltern, wenn sie ohne mich weggegangen waren.

Ruth, ihre Schwestern und ihre Mutter kamen auf die Liste für New York, und auch ich stand darauf. Die drei fuhren mit dem ersten Schiff und ich mit dem zweiten. Ruth kam an ihrem Geburtstag, dem 21. Mai 1946, in New York an, und ich zwei Tage später. Wir fielen nicht unter die übliche Quote, weil Truman anordnete, daß jeder, der am 22. Dezember 1945 »displaced« war, berechtigt war, außerhalb der Einwanderungsquote nach Amerika zu kommen.[15] Wir kamen also mit dieser speziellen Quote, und der Joint organisierte die Überfahrt und bezahlte sie auch. Vermutlich regelte er auch die Sache mit den Affidavits.[16] Da wir unter dieses Gesetz fielen, war es für uns also recht einfach auszuwandern.

Frage: Was hatten Sie für Gefühle, als Sie in Amerika ankamen?

F.W.: Das war wie aus einem Kerker in einen Palast zu kommen. Als ich das Schiff verließ, wissen Sie, es war Mai und ein sonniger, heller Tag, und man sah die Menschen, wie sie angezogen waren, den Luxus und den Verkehr, alles war geschäftig – fröhlich geschäftig. Oh, und ich war so glücklich, ich wußte gar nicht so recht, wie mir geschah. Dieses Gefühl war unglaublich. Ich dachte nicht an die Vergangenheit, ich dachte nur an die Zukunft. Das Schiff, das uns rüberbrachte, war ein miserables Armeeschiff, ein Truppentransporter, es hieß »Marine Perch«, und ich schlief auf einer Bank – es gab nichts anderes. Und dann verließ ich das Schiff – es war am Hudson River ungefähr an der 40. Straße – und sah, wie anders das Leben dort war: hell, licht und voller Reichtum. Ich kam ja aus Berlin, und Berlin war zerstört, voller Ruinen und ausgebrannter Häuser. Trümmer lagen herum, auch wenn man sie von den Straßen schon weggeräumt hatte, standen überall Ruinen, und man sah hauptsächlich Frauen, die die Ziegel säuberten und beiseite schafften – es war alles so grau! Die Menschen waren so ohne Mut, und dann kam ich hierher, keine Ruinen, sondern nur schöne Häuser. Ich kam aus dem Dunkel direkt ins Paradies, ja ins Paradies.

Frage: Wartete jemand am Kai auf Sie?

F.W.: Nein, auf mich persönlich wartete niemand, aber da waren viele Menschen, die zu dem Schiff kamen, um nach Angehörigen oder Freunden Ausschau zu halten. Ein Ehepaar aus Wien mochte mich und kümmerte sich ein wenig um mich. Drei Tage lang wohnte ich im Hotel Marcel in der 103. Straße in der Nähe des Broadway – das hatte der Joint organisiert, und dorthin kamen diese Wiener und brachten mir einige Kleidungsstücke, weil sie sahen, daß ich fast nichts hatte. Nach den drei Tagen hatte ich schon eine Arbeit gefunden, und die nächste Woche wohnte ich bei diesem Wiener Ehepaar, bis ich dann bei einem uralten jüdischen Ehepaar aus Deutschland in der Bronx wohnte, das ein Zimmer zu vermieten hatte. Arbeit fand ich in einer Maschinenwerkstatt in Brooklyn, es war harte, schwere Arbeit. Ich bekam dort den niedrigsten Lohn, aber ich war unabhängig und verdiente mein eigenes Geld.

Frage: Wie haben Sie Ruth wiedergesehen?

F.W.: Noch am Tag meiner Ankunft ging ich zu ihr und brachte ihr ihr Akkordeon. Sie hatte es bei ihrer Abreise nicht mitnehmen wollen, weil sie schon so viel Gepäck hatte, aber ich wußte, daß sie sehr daran hängt, und so versprach ich ihr, es für sie zu transportieren. Sie hatte es nach Theresienstadt mitgenommen und spielte darauf, und nachdem sie nach Auschwitz deportiert wurde, blieb es bei ihrer Mutter, die es von Theresienstadt wieder nach Berlin brachte.

Frage: Sie beide blieben zusammen?

F.W.: Ja, wir heirateten am 30. November 1946. Wir hatten keine religiöse Zeremonie. Nein, wir gingen zum Magistrat in der Bronx, der Beamte sagte ein paar Worte, wir tauschten unsere Ringe aus und dann sagte er: »Nun, mein Herr, dürfen Sie Ihre Braut küssen.« Das war's.

Im April oder Mai 1947 kauften wir uns ein eigenes Apartment. Das war sehr schwierig, weil es eigentlich keine gab, aber ich schaffte es. Wir wohnten dann in der 113. Straße am Broadway, und unsere Fenster gingen genau auf die Bibliothek der Columbia University. Auch Ruth ermunterte mich, etwas zu lernen, zu studieren. Aber ich mußte doch unseren Lebensunterhalt verdienen, und nach einer harten 60-Stunden-Woche war ich viel zu müde, um noch zu studieren.

Frage: Was ist aus Ihren Eltern geworden? Blieben sie in Deutschland?

F.W.: Zuerst blieben sie in Eschwege, aber schon bald gingen sie nach München. Überall arbeitete mein Vater als Zahnarzt, und in München machte er sogar eine Schule auf – im Zusammenhang mit ORT.[17] Es ging ihnen gut, und in Bad Reichenhall machten sie eine Kur. Dorthin kam auch Marek und besuchte sie. Davon gibt es Fotos. Als dann 1948 der Staat Israel gegründet wurde, gingen meine Eltern nach Israel. Sie lebten bei Haifa in der sogenannten »deutschen Kolonie«. Nach einigen Jahren, Anfang der fünfziger Jahre, wollten sie dann auch nach Amerika. Mit der Einreise war es für sie nicht so einfach wie für mich damals, aber mein früherer Chef stellte ihnen Affidavits aus, und so kamen sie nach New York. Überall hat mein Vater als Zahnarzt gearbeitet, und meine Mutter hat sich immer um Freunde und Verwandte gekümmert. Mein Vater starb am 1. November 1978 und meine Mutter erst vor drei Jahren in einem Pflegeheim in Florida – sie ist über hundert Jahre alt geworden!

Jedenfalls haben wir uns alles, was wir im Leben erreicht haben, selbst erarbeitet. Wir schulden niemandem etwas, wir haben alles selber geschafft. Wir haben drei Kinder und sechs Enkelkinder. Das ist unsere Familie.

Und das erfüllt mich mit großer Genugtuung.

[Exkurs]

Die Familie Pakman-Woop in Berlin

Die Familie Pakman-Woop in Berlin

Barbara Schieb, Martina Voigt

In Fryderyk Winnykamieńs Aufzeichnungen finden sich ab November 1942 verschiedene Hinweise auf eine postalische Beziehung zur Familie Wiktor Pakmans in Berlin. Wiktor Pakman wird bei Fryderyk Winnykamień genannt, als er ihn im Juni und Juli 1942 im Warschauer Ghetto traf, später taucht er in dessen Tagebuchnotizen als »Budziek« auf, und an anderen Stellen gebraucht Fryderyk Winnykamień darin die Tarnnamen »Zofia« oder »Pela«. Von der Familie Pakman, die sich hinter diesen Namen verbirgt, bezogen Winnykamieńs vielfältige Unterstützung, und über deren Berliner Adresse konnten sie auch nach ihrer Trennung im August 1944 miteinander in Kontakt bleiben.

Gegenseitige Hilfe unter Freunden und Familienangehörigen in Notzeiten wird als selbstverständlich angesehen. Doch im Falle der Schwestern Pakman in Berlin und der Winnykamieńs in Warschau, die sich erst im Sommer 1945 persönlich begegneten, war die Hilfeleistung der Berliner eine höchst seltene und risikoreiche Angelegenheit, da die Geschwister Pakman selber illegal beziehungsweise halblegal lebten.[1] (Siehe zu deren Familie die Fotos S. 410–413.)

Die vier Geschwister Pakman waren die Kinder des Ehepaars Chaim und Lea Pakman, geborene Blühbaum:

Karola wurde 1907 geboren, Wiktor 1909, Pela 1913, und Tania kam 1915 auf die Welt. Alle sind in der Stadt Garwolin südlich von Warschau geboren worden, wo der Vater Chaim Gutsbesitzer war.[2] Allen Kindern wurde eine Gymnasialbildung in Łódź ermöglicht, Wiktor und Tania legten das Abitur ab und studierten, Karola wurde Chemielaborantin und Pela heiratete sehr früh. Die Familie Pakman gehörte zu der gebildeten, assimilierten und wohlhabenden polnisch-jüdischen Mittelschicht, die sich ihres Glaubens durchaus bewußt, aber nicht orthodox-religiös war. Sie sprachen Polnisch und Deutsch sowie etwas Hebräisch, Jiddisch und Russisch.

Die älteste Tochter Karola heiratete 1929 oder 1930[3] den nichtjüdischen Deutschen Ernst Woop. Von dieser Zeit an lebten sie gemeinsam in Berlin und bauten einen Betrieb zur Herstellung von kosmetischen Artikeln und Putzmitteln auf.[4] Ernst Woop, 1890 im ostpreußischen Königsberg geboren, war siebzehn Jahre älter als Karola. Über sein Leben bis zur Heirat ist nichts bekannt. Sie lebten und arbeiteten im Berliner Bezirk Kreuzberg. Die Wohnung befand sich in der Prinzenstraße 78, die Betriebsräume lagen in der Nähe: in der Kommandantenstraße 37 und der Alexandrinenstraße 33. Die Ehe blieb kinderlos.

Die jüngste Schwester, Tania Pakman, legte 1931 in Łódź das Abitur ab und ging danach zum Studium nach Berlin. Nach einer einjährigen Vorbereitungszeit auf die Immatrikulationsprüfung, die sie im Oktober 1932 bestand, schrieb sich Tania Pakman zum Wintersemester 1932/33 als Pharmaziestudentin an der Friedrich-Wilhelms-Universität in Berlin ein. Sie wohnte bei ihrer Schwester Karola in der Prinzenstraße 78.[5]

Zwei der vier Geschwister lebten also bereits etliche Jahre in Berlin, während Pela und Wiktor in den dreißiger Jahren in Łódź blieben. Pela heiratete dort den Kaufmann Symon Rozen und brachte 1935 ihre Tochter Mary zur Welt.[6]

Wiktor Pakman muß nach dem Besuch einer Ingenieurschule im väterlichen Betrieb oder der Firma seines Schwiegervaters leitend tätig gewesen sein. Im April 1939 heiratete er Róża Mydlarz[7], die Schwester von Marek Mydlarz, der seinerseits zeitweise mit Pola Winnykamień verlobt war.

In den 1930er Jahren erlitten die beiden Schwestern in Berlin Einschränkungen durch die judenfeindlichen Gesetze des NS-Regimes: Karola durfte nicht mehr Inhaberin ihres Betriebes sein – sie überschrieb die Firma 1938 ihrem Mann Ernst Woop, arbeitete anscheinend jedoch genauso weiter wie vorher. Tania Pakman legte im November 1937 noch die Chemische Verbandsprüfung ab und war damit Diplom-Chemikerin, durfte aber nicht mehr promovieren, wie sie es ursprünglich geplant hatte.[8] Karola Woop war einerseits den deutschen Behörden als Jüdin bekannt – ihre mit »J« markierte deutsche Kennkarte trägt das Ausstellungsdatum 4. November 1939[9] – andererseits genoß sie durch ihre »einfache Mischehe« einen gewissen Schutz. Von Tania Pakman muß angenommen werden, daß sie staatenlos war. Aus dieser Zeit ist kein Ausweis von ihr überliefert. Von der Ausweisung polnischer Juden aus dem Deutschen Reich im Oktober 1938 blieb sie offenbar ausgenommen. Um 1938 müssen Karola Woop und Tania Pakman jedoch von der Gestapo verhaftet, verhört, mißhandelt und wieder freigelassen worden sein. Die Gründe sowohl für die Verhaftung als auch für die Freilassung sind nicht bekannt.[10]

Mit Beginn des Zweiten Weltkrieges und dem deutschen Überfall auf Polen gerieten auch Pela Rozen mit ihrer Familie und Wiktor Pakman mit seiner Frau Róża in Bedrängnis.

Karola und Tania versuchten, ihren Angehörigen in Polen beizustehen. Ende Dezember 1939 gelang es Ernst Woop, seine Schwägerin Pela Rozen und deren Tochter Mary mit dem Zug von Łódź nach Berlin zu bringen, es ist jedoch nicht überliefert, wie er dies arrangierte. Während der Bahnfahrt tarnten sich die drei als Familie, und der vierjährigen Mary, die kein Wort Deutsch sprach, wurde eingeschärft, nichts zu sagen. Nur ein vorher eingeübtes Lied auf Deutsch durfte sie singen.[11] Pelas Mann Szymon Rozen war zu dieser Zeit Kriegsgefangener in Deutschland und kehrte erst im März 1940 nach Polen zurück.[12]

Was Ernst Woop veranlaßte, nach dieser Rettungsaktion wieder nach Łódź zurückzukehren, wird nicht mehr genau herauszufinden sein. Er trennte sich von seiner Frau und lebte ab Anfang 1940 im von den Deutschen umbenannten Litzmannstadt. Die Ehe mit Karola blieb jedoch formal bestehen.

Karola Woop führte den Betrieb in Berlin unter seinem Namen weiter. Sowohl in der Firma als auch bei der Betreuung der zugezogenen Verwandten half ihre Schwester Tania. Pela und Mary Rozen hatten keine gültigen Papiere und lebten somit ab Ende Dezember 1939 illegal in Berlin. Sie wohnten nicht in der Woopschen Wohnung in der Prinzenstraße 78, sondern in den Geschäftsräumen in der Alexandrinenstraße 33.[13]

Die drei Schwestern lebten mit der kleinen Mary so unauffällig wie möglich und setzten die Produktion von Putzkissen und Kosmetika fort, wobei sie höchstwahrscheinlich manche behördlichen Hindernisse zu umgehen wußten.[14] Der Betrieb war weiterhin im Besitz von Ernst Woop, seine Frau Karola jedoch die inoffizielle Geschäftsführerin. Sie konnte sicherlich ungefährliche Kunden- und Lieferantenkontakte aus den dreißiger Jahren aufrechterhalten. Der Betrieb muß soweit floriert haben, daß er vier Personen ernähren konnte.

Die Frauen hatten ein Radio zur Verfügung und informierten sich über die Kriegslage auch aus den Quellen der BBC.[15] So wußten sie über die Ghettos in Polen Bescheid und taten ihr Mögliches, um mit ihrem Bruder im Kontakt zu bleiben.

Ab welchem Zeitpunkt Wiktor Pakman im Warschauer Ghetto war, ist nicht feststellbar. Er und Fryderyk Winnykamień begegneten sich im Juni 1942. Ihr Kontakt lockerte sich jedoch, nachdem Fryderyk Winnykamień die »sichere« Arbeit bei »Ursus« gefunden hatte und er sich um sich selbst und seine nahen Angehörigen während der Deportationen im Sommer 1942 kümmern mußte. Anscheinend sind sich beide während dieser Zeit nicht oder nur sehr selten begegnet, und vermutlich war Fryderyk Winnykamień in Wiktor Pakmans Fluchtpläne nicht eingeweiht. Ende September 1942 jedenfalls konnten Wiktor und seine Frau Róża aus dem Warschauer Ghetto fliehen und nach Berlin gelangen.

»Im Jahre 1942 gelang es meiner Schwester Karola Woop, zu einem deutschen Offizier, der in Warschau stationiert war, durch Mittelsperson Verbindung aufzunehmen. Gegen hohes Entgelt wurden mein Bruder und Schwägerin aus dem Ghetto nach Berlin gerettet.«[16] Dies sind die einzigen Hinweise von Tania Pakman auf die Rettung des Bruders und Schwägerin aus dem Warschauer Ghetto.

Zwischen dem 22. Juli und dem 21. September 1942 wurden die meisten Juden aus dem Warschauer Ghetto deportiert und größtenteils ermordet – aus Berlin wurden die Juden seit Oktober 1941 Richtung Osten verschleppt: In dieser

Zeit schafften es die Schwestern Pakman, ihren Bruder und ihre Schwägerin aus dem Ghetto nach Berlin zu bringen.

In der Kreuzberger Wohnung lebten nun fünf Erwachsene und ein Kind. Karola war die einzige, die nach außen hin agieren konnte, weil sie in »Mischehe« legal lebte. Sie erfuhr aber zu einem nicht näher bestimmbaren Zeitpunkt, daß der Schutz durch ihren Ehemann kaum mehr bestand. Ernst Woop war am 28. Juni 1942 in Łódź verhaftet worden und bis Ende Oktober 1942 im dortigen Gestapo-Gefängnis inhaftiert gewesen, bis er am 1. November als politischer Gefangener ins Konzentrationslager Auschwitz I eingeliefert wurde.[17]

Woop selbst nannte folgende Gründe für seine Inhaftierung: »[...] Ferner, dass ich durch sachliche Mitarbeit die Freilassung von 8 KZ-Häftlingen aus dem KZ ermöglicht hatte, sowie einem Polen Beistand geleistet hatte, dass er nicht zur Zwangsarbeit verschleppt wurde. [...] Hilfe und Unterstützung zahlreicher Juden. [...] Mitausschlaggebend war, dass ich eine jüdische Ehefrau hatte.«[18]

Derjenige, auf dessen Namen der Betrieb eingetragen war und auf dem somit die Verantwortung für seine jüdische Ehefrau und deren illegal lebende Verwandten ruhte, saß ab Sommer 1942 im Gefängnis, später im Konzentrationslager – eine schwer vorstellbare Situation.

Ungefähr zeitgleich, ebenfalls im Oktober 1942, konnte sich Pelas Mann, Szymon Rozen, aus dem Warschauer Ghetto nach Berlin retten.[19] Karola Woop vermittelte ihm die Hilfe einer vertrauenswürdigen Nachbarin aus der Prinzenstraße 78. Bei ihr, Anna Brüning, hielt er sich größtenteils auf, erhielt aber auch von seinen Schwägerinnen Nahrungsmittel und andere lebensnotwendige Hilfen.[20]

Wiktor Pakman – dem Ghetto entronnen – wollte nach seiner Rettung wissen, wie es Fryderyk Winnykamień und seiner Familie ergangen war, und schickte einen Brief an Irena Bocian nach Gniewoszów, von der er annahm, daß sie weiterhin Kontakt zur Familie Winnykamień unterhielt. Seine Frau Róża sorgte sich zur selben Zeit um ihren Bruder Marek, der in einem Zwangsarbeiterlager, vermutlich in Starachowicze, Sklavenarbeit verrichten mußte.

Da Irena Bocian diese Post weiterleitete, kam der direkte Kontakt zwischen den Geschwistern Pakman und der Familie Winnykamień zustande. Er riß bis Januar 1945 nicht ab, und die Familie Winnykamień erhielt regelmäßig Post aus Berlin, zudem Päckchen mit Lebensmitteln, Alltagswaren, Informationen und Geld. Tania Pakman unterstützte Fryderyk Winnykamień außerdem bei der Fälschung seiner polnischen Kennkarte.

Als Fryderyk Winnykamieńs Schwester Rysia unter falscher Identität als freiwillige Arbeiterin im November 1942 Warschau verließ, kam sie durch Zufall nach Bötzow-West in die Nähe Berlins. Von dort aus nahm auch sie Kontakt zu den Geschwistern Pakman auf und muß sie öfters besucht haben. Sie erhielt dort menschliche und materielle Hilfe. Angesichts der eigenen dramatischen

Situation ist die Hilfeleistung der Schwestern Karola Woop und Tania Pakman als sehr außergewöhnlich einzuschätzen.

Ein Jahr später, Ende September 1943, traf die Geschwister ein schwerer Schlag: Alle Versteckten in der Alexandrinenstraße erlitten eine Lebensmittelvergiftung, die vermutlich durch verunreinigtes Mehl verursacht wurde, das sie auf dem Schwarzmarkt erworben hatten. Am 1. Oktober 1943 starb Wiktor Pakman daran, während alle anderen die Erkrankung überlebten. Da eine reguläre Bestattung für einen in der Illegalität Verstorbenen nicht möglich war, wickelten die Schwestern die Leiche in einen Teppich und ließen sie von zwei vertrauenswürdigen Männern an das Ufer des Berliner Landwehrkanals legen. Als »unbekannte männliche Leiche« wurde Wiktor Pakman am 15. Oktober 1943 von Amts wegen auf dem Friedhof im Stadtbezirk Marzahn bestattet.[21]

Nun wohnten die drei Schwestern Karola, Tania und Pela mit Tochter Mary sowie die Schwägerin Róża illegal in der Alexandrinenstraße, teilweise auch in der Prinzenstraße. Tania Pakman war diejenige, die die Briefe nach Warschau schrieb.[22] Mary Schreiber erinnert sich, daß etliche Päckchen für die Warschauer gepackt wurden.[23]

Auch als die drei Mitglieder der Familie Winnykamień durch die Wirren des Warschauer Aufstandes Anfang August 1944 voneinander getrennt wurden, waren die Geschwister Pakman in Berlin die postalische Anlaufstelle, durch die sie über den Verbleib der jeweils anderen informiert blieben.[24]

Rysia Winnykamień hatte als freiwillige polnische Zwangsarbeiterin durchaus die Möglichkeit, in der arbeitsfreien Zeit ihr Wohnlager zu verlassen und sich im Ort Bötzow aufzuhalten. Sie nutzte dies und fuhr entgegen der Bestimmungen öfter nach Berlin, wo sie die Familie Pakman besuchte. Als junge Frau völlig auf sich gestellt, muß es ihr gutgetan haben, Bekannte in ihrer Nähe aufsuchen zu können, die sie und ihr Schicksal kannten. Seit der Befreiung Warschaus am 17. Januar 1945 hat es vermutlich keinen Briefkontakt mehr zwischen den Berlinern und Winnykamieńs gegeben. Obwohl Rysia Winnykamień sicherlich über die militärische Lage in Polen informiert war, konnte sie nicht wissen, ob ihr Vater und ihr Bruder dort überlebt hatten.

Zu einem unbekannten Zeitpunkt, vermutlich im Januar 1945, beschloß sie, die Zeit bis zum absehbaren Kriegsende mit den Pakmans zu verbringen. Sie kehrte nicht mehr nach Bötzow zurück und lebte seitdem in der Alexandrinenstraße 33.[25] Die »Oemeta«-Werke in Bötzow meldeten Rysia Winnykamień alias Michalina Wawczyk am 1. März 1945 dem Landrat in Nauen gegenüber als »flüchtig«. Schon am 12. Februar 1945 war ihre polizeiliche Abmeldung bei der Gemeinde Bötzow erfolgt, mit der Angabe, sie sei seit dem 1. Februar 1945 »flüchtig«.[26]

Als am Samstag, dem 3. Februar 1945 um 10.39 Uhr in Berlin-Kreuzberg Bombenalarm ertönte, ging Tania Pakman mit ihrer Nichte Mary sofort in den

Luftschutzbunker des nahegelegenen Patentamts. Die drei Frauen Pela Rozen, Róża Pakman geb. Mydlarz und Rysia Winnykamień wollten sich kurze Zeit später auf den Weg machen. Sie wurden von den Bomben überrascht und starben im Inferno dieses schwersten Angriffs auf den Berliner Stadtteil Kreuzberg.[27]

Am Abend des 3. Februar 1945 mußten Karola und Tania feststellen, daß sie nur sich selber und ihre Nichte Mary retten konnten. Die drei hatten durch den Angriff ihre Bleibe verloren und fanden Unterkunft in einer Laube in Bohnsdorf am südöstlichen Stadtrand Berlins. Dort erlebten sie das Kriegsende.

Friedrich Ernst Woop überlebte die Konzentrationslager Auschwitz und Dachau. Bis zu seinem Tod 1951 nahm er keinen Kontakt zu seiner Ehefrau in Berlin auf. Karola Woop erfuhr vom Tod ihres Mannes in Ansbach durch die erforderlichen Regelungen bezüglich seines Nachlasses.

Auch Szymon Rozen überlebte die Verfolgung und wanderte nach Israel, später nach Australien aus. Er hat nie den Kontakt zu seiner Tochter Mary gesucht.

Von 1945 bis 1953 lebten Karola Woop, Tania Pakman und Mary Rozen im Ostberliner Stadtteil Treptow. Dorthin kamen Winnykamieńs, als sie im Dezember 1945 Polen verließen. Sie blieben nur wenige Wochen im sowjetischen Sektor der Stadt und siedelten Anfang 1946 ins DP-Lager Schlachtensee über.

Aus politischen Gründen zogen Karola Woop und Tania Pakman mit ihrer heranwachsenden Nichte 1953 gemeinsam nach Neukölln um, in den Westteil Berlins. Dort hatten sie kontinuierlichen Kontakt zu Marek Midlarz, der sich mit einem Textil-Geschäft in Berlin niedergelassen hatte.

Karola Woop starb dort 1956, Tania Pakman wurde knapp achtzig Jahre alt und starb 1994. Beide Frauen sind auf dem Friedhof der Jüdischen Gemeinde in Berlin-Charlottenburg beerdigt.

Anhang

ANMERKUNGEN

Łódź, Herbst 1939 [A]

1 Die Landung amerikanischer und britischer Truppen in Frankreich am 6. Juni 1944 gilt als die entscheidende militärische Wende an der Westfront.
Die Westalliierten waren bestens vorbereitet, und unter sehr hohem Einsatz von Fallschirmspringern, Schiffsartillerie und Luftwaffe gingen die 2. britische Armee, in ihr eingegliederte kanadische Einheiten und die 1. US-Armee in der Normandie bei der Halbinsel Cotentin an Land, wo der Atlantikwall vergleichsweise schwach ausgebaut war und die Deutschen nicht mit einem Angriff rechneten. Innerhalb von sechs Tagen gelang es den Alliierten, dort mehr als 300 000 Soldaten und 54 000 Fahrzeuge an Land zu bringen. Durch Fehlentscheidungen auf deutscher Seite, die sehr große Materialüberlegenheit sowie starke Luftunterstützung der Alliierten, faßten diese trotz erbitterten Widerstands der deutschen Heeresgruppe B (Feldmarschall Rommel) in Frankreich Fuß.
Auf deutscher Seite fielen 114 000 Soldaten, 41 000 gerieten in Gefangenschaft, die Alliierten verloren 122 000 Soldaten.
(Siehe Erdmann, Zweiter Weltkrieg, S. 137f.; Zentner und Bedürftig [Hg.], Lexikon, S. 271 und 427f.)
F.W. schöpfte aus diesem militärischen Ereignis die Hoffnung, gerettet zu werden und die Befreiung in absehbarer Zeit zu erleben.

2 F.W. hatte sich zwar vorgenommen, alle Namen so festzuhalten, daß keine Person identifizierbar war, doch im Eifer des Schreibens hielt er sich nicht immer an seine eigene Vorgabe. Er benutzte ausgeschriebene Vornamen und Nachnamen ebenso wie Initialen. Die unterschiedlichen Schreibweisen sind von der Übersetzerin kenntlich gemacht.
Im letzten Teil des Manuskripts (Teil E, S. 321-345) kommen Tarnnamen für F.W.s illegal in Berlin lebende Freunde vor. Deren Namen und Identität durften durch ihn keinesfalls genannt werden. Daran hielt er sich strikt, während er mit den meisten anderen Namen variabel umging.
F.W. ist es wichtig, daß die Namen dem heutigen Leser unverschlüsselt zugänglich sind.

3 Die Bezeichnung der Deutschen als Hunnen hatte sich im Sprachgebrauch verschiedener europäischer Länder verselbständigt. Im Ursprung geht sie auf die bekannte »Hunnenrede« des deutschen Kaisers Wilhelm II. vom 27. Juli 1900 in Bremerhaven zurück. Dieser hatte seine Ansprache bei der Verabschiedung deutscher Truppen zur Niederschlagung des chinesischen Boxeraufstandes mit den Worten geschlossen:
»Kommt ihr vor den Feind, so wird derselbe geschlagen! Pardon wird nicht gegeben! Gefangene werden nicht gemacht! Wer euch in die Hände fällt, sei euch verfallen! Wie vor tausend Jahren die Hunnen unter ihrem König Etzel sich einen Namen gemacht, der sie noch jetzt in Überlieferung und Märchen gewaltig erscheinen läßt, so möge der Name Deutscher in China auf 1000 Jahre durch euch in einer Weise bestätigt werden, daß es niemals wieder ein Chinese wagt, einen Deutschen scheel anzusehen!«
(Korrekter, aber amtlich nicht veröffentlichter Text in: Görtemaker, Deutschland, S. 300)

4 Die Jüdische Technische Oberschule (Męskie szkoły przemysłowe oder Gimnazjum mechaniczne) in der Ul. Pomorska 46/48 bestand seit 1901. F.W. erinnert sich, daß er nach dem Abschluß der Grundschule das Hebräische Gymnasium in Łódź besuchte, wo die meisten Fächer auf Hebräisch unterrichtet wurden. Da F.W. von Hause aus keinen Bezug zu dieser Sprache hatte, fiel ihm das Lernen dort sehr schwer. Als sein Vater das Unglück seines Sohnes erkannte, meldete er ihn an diesem Technischen Gymnasium an. Leopold Winnykamień legte großen Wert auf die Ausbildung seiner Kinder und schätzte seinen Sohn richtig ein: F.W. war technisch sehr begabt und kam dann gut voran. Er selbst berichtet darüber: »Diese Schule war eine private jüdische Institution. Sie wurde vom

Joint Distribution Committee und von ORT [russisch: Obschtschestwo Rasprostranenija Truda sredi Jewrejew; deutsch: ›Gesellschaft zur Förderung der Arbeit unter den Juden‹, Encyclopedia Judaica, 1971, Band mit O, S. 11–13] unterstützt. Und so war das Schulgeld nicht so hoch. Mein Vater zahlte vielleicht 400 oder 500 Zł. – vielleicht für ein Schuljahr? Das weiß ich nicht mehr. […]. Es war eine Schule nur für jüdische Jungen. Es war eine wirklich gute und besondere Schule. Sie hatte eine Textilabteilung und eine mechanische Abteilung. An sechs Tagen der Woche hatten wir jeweils vier Stunden Theorie-Unterricht in den Klassen und dann vier Stunden Praxis in den Werkstätten. Der Samstag war frei und sonntags hatten wir nur theoretischen Unterricht. […] Unsere Lehrer waren wirklich gute Lehrer, der Mathematiklehrer war auch Ingenieur – er war sehr begabt, genauso der Physiklehrer. Wir hatten sehr moderne Chemie- und Physikräume, ja, es war eine sehr gute Schule. Und ich gehörte zu den Besten meiner Klasse.« (Interview F.W., Bd. I A, Übersetzung aus dem Englischen B.S.)

Im Jahr des Kriegsbeginns 1939 besuchten 244 jüdische Jungen diese Schule. (Baranowski, Łódź Ghetto, S. 10)

5 Die politisch schwierige Zeit Polens, das lange nicht eigenständig gewesene Land nach dem Ersten Weltkrieg zu einen, wirtschaftliche Schwierigkeiten zu meistern sowie die verschiedenen Minderheitengruppen zu integrieren, muß in Betracht gezogen werden, um die Behandlung der Juden in den Jahren zwischen 1935 und 1939 nachzuvollziehen. National-polnische Kräfte waren immer antisemitisch eingestellt und sahen in den Juden eine eigene Nation, die per se nicht in den polnischen Staat integrierbar wäre. Die Ära von Staatspräsident Józef Piłsudski zwischen 1926 und 1935 war weniger antisemitisch geprägt als die Jahre nach seinem Tod bis zum Angriff Deutschlands 1939. 1936 rief die Regierung offen zum Boykott jüdischer Geschäfte auf, forderte die »Polonisierung der Wirtschaft«, verbot, staatliche Aufträge an jüdische Firmen zu vergeben, und schränkte den Verkauf koscheren Fleischs ein. Regierungsmitglieder und ihnen nahestehende Journalisten diskutierten öffentlich Überlegungen zur Zwangsemigration der polnischen Juden; als Ort war Madagaskar in der Debatte, und es fiel die Zahl von 100000 auszuweisenden Juden pro Jahr. Die Bürgerrechte sollten ihnen entzogen werden.

Ein Teil der antisemitischen Ausgrenzung kam einem universitären Numerus clausus für Juden gleich: »Neben der antisemitischen Presse wurde an den Universitäten der Kampf gegen die Juden am heftigsten geführt. Seit Gründung der Republik forderten fast alle katholisch-polnischen Studenten einen rigiden numerus clausus für Kommilitonen jüdischer Herkunft. In den dreißiger Jahren radikalisierte sich die Studentenschaft zunehmend. Es wurde der völlige Ausschluß der Juden von den Universitäten, ein ›numerus nullus‹, gefordert. Als dieser nicht durchzusetzen war, wurden ab 1937 ›judenfreie Tage‹ und ›Ghettobänke‹ für die Juden in den Hörsälen gefordert und, teilweise mit der Kooperation vieler Professoren, auch verwirklicht.« (Gerson, *Deutsche und Juden*, S. 83)

Den offenen und öffentlichen antisemitischen Kampagnen der Regierung stand jedoch eine Verfassungswirklichkeit gegenüber, die erst durch die Deutschen geändert wurde: Juden wurden die Bürgerrechte nicht entzogen, jüdische Abgeordnete waren weiterhin Mitglieder des Parlaments und jüdisches Vereinsleben ging weiter. Doch als junger Jude konnte man nur durch hohe Bestechungssummen und einer dadurch erwirkten Namensänderung an den Hochschulen des Landes studieren, wenngleich auch eine neue Identität keine Garantie für ein von antisemitischen Belästigungen freies Studium war. Darüber konnte Familie Winnykamień nicht näher nachdenken, da ihr das Geld fehlte, um der Tochter Pola ein Medizinstudium zu ermöglichen.

(Siehe insgesamt Gerson, *Deutsche und Juden*, S. 62–92; Gutman, *Polish Antisemitism*, S. 97–108, Melzer, *Antisemitism* S. 126–137, Tomaszewski, *Civil Rights 1918–1939*, S. 115–127.)

6 Über Leopld Winnykamieńs beruflichen Werdegang, seinen Charakter und seine Familiengeschichte siehe die Einleitung der Herausgeberinnen, S. 11ff.

7 Die Vorgeschichte des deutschen Überfalls auf Polen begann Ende April 1939, als die Einverleibung Polens geplant und dementsprechend am 28. April der deutsch-polnische

Nichtangriffspakt von 1934 aufgekündigt wurde. Mit dem Stahlpakt schlossen Deutschland und Italien am 22. Mai 1939 ein Militärbündnis, und England führte am 26. Mai die allgemeine Wehrpflicht ein. Der am 23. August 1939 geschlossene Nichtangriffspakt zwischen Deutschland und der Sowjetunion kam für alle europäischen Länder höchst überraschend. Von dem geheimen Zusatzprotokoll über die Aufteilung der jeweiligen Interessenssphären in den Gebieten Polens, der baltischen Staaten, Finnlands und Bessarabiens erfuhr die Öffentlichkeit nichts. Das polnisch-englische Bündnis mit einer Garantieerklärung Englands für Polen vom 25. August und Mussolinis Weigerung, an Hitlers Krieg teilzunehmen, ließ Hitler den ursprünglich für den 26. August geplanten Angriff verschieben. England, Frankreich und Schweden waren alarmiert, und mit sofortigen diplomatischen Bemühungen sollten Polen und Deutschland zu direkten Verhandlungen über Danzig und den »Korridor« (seit 1919 polnisches Staatsgebiet, vorher deutsche Provinzen Posen und Westpreußen) bewogen werden. Doch Hitler hielt an seinen Plänen fest. Am 29. August 1939 reklamierte er den »Korridor« für Deutschland und verlangte die Entsendung eines polnischen Unterhändlers nach Berlin bis zum 30. August, der aber nicht erschien.

Die hektischen Bemühungen der Diplomatie ab dem 23. August 1939 blieben der Öffentlichkeit nicht verborgen. (Siehe insgesamt Erdmann, Zweiter Weltkrieg, S. 26–32.)

8 In Polen wurde am 30. August 1939 um 16.30 Uhr die allgemeine Mobilmachung für den darauffolgenden Tag angeordnet. (Archiv der Gegenwart, 1939, S. 4196)

9 Meldepflichtig waren alle Personen mit weißer Einberufungskarte. (Piekalkiewicz, Polenfeldzug, S. 67) Der junge Tagebuchschreiber Dawid Sierakowiak vermerkte, es hätte alle Männer unter vierzig betroffen. (Adelson und Lapides [Hg.], Lodz Ghetto, S. 8)

10 Am 1. September 1939, um 4.45 Uhr fand der Angriff des deutschen Panzerkreuzers »Schleswig Holstein« auf die Westerplatte bei Danzig statt. Dies geschah ohne offizielle Kriegserklärung. (Hitler verkündete vor dem Reichstag fälschlich: »Seit 5.45 Uhr wird jetzt zurückgeschossen!«) Den propagandistischen Vorwand eines Kriegsgrunds inszenierte der SD mit einem vorgeblich von Polen durchgeführten Überfall auf den Reichssender Gleiwitz am Abend des 31. August 1939. Daraufhin löste Hitler den »Fall Weiß« aus. Weitere Angriffe folgten sofort. In zwei Angriffskeilen stießen die Heeresgruppe Nord (General v. Bock) und Süd (General v. Rundstedt) in Richtung Warschau vor. Zwei Luftflotten mit insgesamt 1538 Flugzeugen unterstützten den deutschen Vorstoß, der am Boden mit rund 2500 Panzern geführt wurde.

(Siehe Piekalkiewicz, Polenfeldzug, S. 68f. sowie Zentner und Bedürftig, Lexikon Zweiter Weltkrieg, S. 447f.)

11 Die ersten Extra-Ausgaben polnischer Zeitungen zum Kriegsbeginn erschienen an Nachmittag des 1. September 1939 und enthielten die Rede des Staatspräsidenten Ignaz Moscicki, die mit den Worten begann: »Diese Nacht hat unser Erbfeind Angriffshandlungen gegen den polnischen Staat begonnen. Ich stelle das vor Gott und vor der Geschichte fest.« Es folgte ein Aufruf an alle Polen, das Vaterland zu verteidigen. (Redetext in: Ursachen und Folgen, Bd. 14, S. 7) Bisher gibt es keinen Hinweis darauf, daß die Zeitungen den deutschen Angriff auf Polen als Angriff Polens auf Deutschland darstellten.

Sowohl die regierungsnahen Presseorgane als auch die der Opposition sahen in möglichst pro-polnischen Berichten über den Kriegsverlauf eine ihrer Möglichkeiten, die Regierung zu unterstützen und die Moral der Bevölkerung und der Soldaten zu heben. (Dobroszycki, *Prasa*, S. 151)

12 Der Angriff auf die Kleinstadt Wieluń (100 km östl. von Oppeln direkt hinter der deutsch-polnischen Grenze) erfolgte am 1. September 1939 zwischen 4 und 5 Uhr früh. Das erste Bombardement fand laut Augenzeugen um 4.40 Uhr statt, also fünf Minuten vor dem Angriff auf die Westerplatte. Es flogen zwei deutsche Fliegergeschwader (Stuka-Geschwader 76, Geschwader 2 Immelmann) und vernichteten ca. 70 Prozent des Ortes. Das unverteidigte Städtchen hatte keine strategische oder ökonomische Bedeutung. Angriffsgrund wird die deutsche Absicht gewesen sein, die neuen Jagdbomber JU 87 B zu testen. Von allen bom-

bardierten Städten dieser Region hatte Wieluń mit 1200 Toten die höchste Opferzahl zu beklagen. (Siehe Rosin, *Zbrodnie Wehrmachtu*, S. 201 und Trenkner, *Ziel vernichtet*.)

13 Die verwirrenden Runkfunkmeldungen gehen auf das Konto der deutschen Propagandatechnik. Unter Verletzung international geltenden Rechts hatten sich deutsche Rundfunksender auf die Wellen polnischer Sender gelegt und irreführende Meldungen gesendet. Ihr Ziel war es, die polnische Verteidigung zu desorganisieren und die Bevölkerung in Richtung einer defätistischen Haltung zu manipulieren. Zwar ist dieses Ziel nicht erreicht worden, doch die Diversionsattacken aus dem Äther reichten aus, die Bevölkerung zu desorientieren und zu verunsichern, wie F.W. es beschrieb. (Dobroszycki, Presse, S. 14, mit weiteren Literaturangaben)

14 Am 2. September 1939 wurde Łódź zum ersten Mal bombardiert, und an den folgenden Tagen wurden weitere Luftangriffe auf die Stadt geflogen. Dadurch wurden erhebliche Zerstörungen in der Stadt bewirkt. Es kamen dabei über 300 Zivilisten ums Leben. (Budziarek, Łódź 1939–1945, S. 62)

15 Über den Einsatz von Giftgas ist nichts bekannt. Hitler hatte in seiner Rede vom 1. September aber gesagt: »Wer mit Gift kämpft, wird mit Giftgas bekämpft«. (Rede abgedruckt in: Archiv der Gegenwart 1939, S. 4199–4200, hier S. 4200.) Ob die deutsche Propaganda oder der Łódźer Rundfunk über einen Einsatz von Giftgas berichteten, ist ungeklärt. Nur das Ergebnis steht fest: die Bevölkerung reagierte verständlicherweise panisch.

16 Am 4. September 1939 berichtete die polnische Presseagentur PAT: »Unsere Kavalleriebrigade ist in Ostpreußen eingedrungen. Nachdem sie Klarheim und Kowahlen genommen hat, stößt sie weiter in Ostpreußen vor. Der Feind zieht sich in Unordnung zurück und hinterließ riesige Mengen an Munition.« (Piekalkiewicz, Polenfeldzug, S. 99) Solche absichtlich falschen Informationen gehörten zu den Presseverlautbarungen, die in bester Absicht zur Hebung der Moral abgegeben wurden.

17 In Sieradz hatten die Bombardierungen vierzig Tote am Bahnhof gefordert. Weitere achtzig Menschen starben auf den Landstraßen des Kreises Sieradz. Insgesamt kamen während des deutschen Angriffs 420 Menschen in und um Sieradz ums Leben. (Rosin, *Zbrodnie Wehrmachtu*, S. 197f. sowie Tabelle 1)

18 Im Zuge des Vormarschs der deutschen Wehrmacht auf Łódź kam es zu einer Panik unter der gesamten Stadtbevölkerung. Gerüchte und Nachrichten über Greueltaten der Deutschen kursierten in der Stadt und viele fürchteten bei dem deutschen Einmarsch um ihr Leben. Hauptquelle der Gerüchte waren vermutlich die rücksichtslosen deutschen Luftangriffe auf nicht-militärische Ziele. (Zur Panik unter der Bevölkerung siehe Buziarek, Lodz 1939–1945, S. 62 sowie den Tagebucheintrag von Dawid Sierakowiak am 6.9.1939 in: Adelson und Lapides [Hg.], Lodz Ghetto, S. 8f.)
In dieser Situation verließen viele städtische Behörden und der Rundfunk die Stadt.

19 Aus Angst vor den einrückenden deutschen Truppen und wegen ihres brutalen Vorgehens flüchtete eine große Zahl Łódźer Einwohner Richtung Warschau. In diesem Flüchtlingsstrom befanden sich jedoch auch Flüchtlinge aus anderen Städten sowie Soldaten der polnischen Armee. Der Zustand der polnischen Armee war desolat, wie es F.W. beschrieb. Befehlsstrukturen waren abgerissen, Einheiten versprengt, und oft war es für die Soldaten selbst nicht klar, wo sich ihr jeweiliger Einsatzort befand. Da die polnische Heeresleitung den deutschen Gegner hinsichtlich Taktik, Stärke und Ausrüstung völlig unterschätzt hatte, wurden die polnischen Armeen an den Grenzregionen zerschlagen. Am 5. September ordnete die polnische Heeresleitung den allgemeinen Rückzug hinter die Weichsel an. (Zentner und Bedürftig, Lexikon Zweiter Weltkrieg, S. 448)

20 Seit der Zweiten Polnischen Republik war der Anteil der Deutschen in Łódź rückläufig. Der Zensus von 1921 zeigt, daß 61,9 % Polen, 30,7 % Juden und 7 % Deutsche in Łódź lebten. Sowohl die Juden als auch die Deutschen gehörten zu den Minderheiten des neuen polnischen Staates. Ihr Verhältnis untereinander veränderte sich durch die Machtübernahme der Nationalsozialisten 1933 in Berlin sehr. Auch wenn die Deutschen in politischer Hinsicht keine homogene Gruppe bildeten, wurde das Verhältnis zu den Juden schwieriger. Die

NS-Ideologie wurde von dem »Deutschen Volksverband« aufgegriffen und durch seine Organe transportiert. Als die deutsche Wehrmacht Polen überfiel, wurde sie von vielen »Volksdeutschen« begrüßt.
(Siehe Kosmala, *Lodzer Juden und Deutsche*, S. 237–245; Samuś, *Lodz. Heimatstadt*, S. 13–32.)
Viele »Volksdeutsche« organisierten sich während des schnellen Vormarsches der Wehrmacht und bildeten den »Volksdeutschen Selbstschutz«, der von den Ortskommandanten der Wehrmacht begrüßt und lokal zum Schutz von öffentlichen Gebäuden eingesetzt wurde. Am 8. September 1939 wurde auf einer Konferenz von SS-Führern unter Vorsitz Himmlers im Führerhauptquartier beschlossen, den »Selbstschutz« flächendeckend zu mobilisieren. Schon am nächsten Tag wurden Sofortmaßnahmen zur Umsetzung des Beschlusses ergriffen. Formal dem Chef der deutschen Ordnungspolizei unterstellt, wurde der »Selbstschutz« eine Art Hilfspolizei. Als solche benutzten ihn die agierenden Machtgruppen – die Wehrmacht sowie die Einsatzgruppen der Sicherheitspolizei und des SD –, wobei sie den »Selbstschutz« auch zu Tötungsaktionen an Polen heranzogen. (Siehe Jansen und Weckbecker, *»Volksdeutscher Selbstschutz«*, S. 482–500, hier bes. S. 485ff.)
F.W.s Mißtrauen gegenüber am Wegesrand gelegenen Bauernhöfen von »Volksdeutschen« zeugt von einer Unsicherheit, wie deren Verhalten unter den veränderten Umständen einzuschätzen wäre.

21 Dies ist ein Hinweis darauf, daß nicht nur Einwohner aus Łódź in Richtung Warschau flohen, sondern auch Flüchtlinge aus weiter westlich gelegenen Gebieten darunter waren. Zduńska Wola liegt ca. 40 km westlich von Łódź und damit auf dem Eroberungsweg der deutschen Truppen.

22 Genau über Brzeziny führte der deutsche Vormarsch des XI. Armeekorps und des XVI. Panzerkorps der 10. deutschen Armee von Wieluń aus, über Zelów und Tuszyn südlich an Łódź vorbei Richtung Warschau. Dabei war die Luftunterstützung von wesentlicher strategischer Bedeutung. (Rosin, *Zbrodnie Wehrmachtu*, S. 191)

23 Die von F.W. beschriebenen Angriffe auf den Treck auf der Straße, die von Łódź über Rawa Mazowiecka nach Warschau führte, sind durch Lagemeldungen der deutschen Luftwaffe dokumentiert. Der Luftwaffen-Führungsstab Ic meldete am Abend des 6. September 1939: »Die Luftwaffe wurde im Osten mit der Masse der fl.[iegenden] Verbände zur Unterstützung des Heeres gegen marschierende Kolonnen u. Eisenbahnlinien eingesetzt. […] Die im Rückzug befindl. Feindkol. wurden auf folgenden Straßen angegriffen: […] Lodz – Rawa-Mazowieka – Radom […].«
In der Tagesmeldung vom 7. September 1939, 10.30 Uhr hieß es erneut: »In Durchführung der Aufgabe der mittelbaren und unmittelbaren Unterstützung des Heeres hat die Luftwaffe am 6.9.39 noch folgende Ziele angegriffen. […] b) Marschkolonnen auf den Straßen […] Tomascow, Rawa-Macewiecka <sic!>, Brzeziny – Nowe Miasto […].«
(Mehner, Tagesberichte, Bd. 1, S. 16 und 19)
Tomaszow Mazowiecki und Nowe Miasto lagen im südlichen Angriffskeil des Heeres auf Warschau, Brzeziny und Rawa Mazowiecka dagegen auf der etwas nördlich geführten Angriffslinie. (Rosin, *Zbrodnie Wehrmachtu*, S. 191)

24 Die Angriffe auf Brzeziny an diesem und dem folgenden Tag gehören zum Terror gegen die Zivilbevölkerung und sollten den möglichen Widerstandswillen gegen die Besatzer brechen. (Madajczyk, *Verantwortung der Wehrmacht*, S. 113) Die Zahlen der Opfer dieses Bombardements differieren zwischen 150 und 200. (Rosin, *Zbrodnie Wehrmachtu*, S. 197)

25 Wahrscheinlich ein Gerücht, das aus einer Falschmeldung entstanden ist. Am 6. September 1939 meldete die polnische Presse: »Siegfriedlinie zusammengebrochen. Franzosen marschieren ins Rheinland ein. Luftangriffe polnischer Bomber auf Berlin«. (Express Poranny, Titelseite abgebildet in: Piekalkiewicz, Polenfeldzug, S. 103) Die Herausgeber dieser Zeitungen gaben damit ihrer tiefen Hoffnung Ausdruck, daß doch noch Hilfe von außen kommen würde, eine Hoffnung, die sich in der polnischen Armeeführung sowie in der gesamten polnischen Bevölkerung bis zur Kapitulation Warschaus hielt.

Die Geschwister Winnykamień (von links: Fryderyk, Rysia und Pola) um 1931 in Międzyrzec kurz vor dem Umzug nach Łódź

Isabella und Leopold Winnykamień in Bad Reichenhall 1946

Im dritten Stock dieses Hauses am Plac Kościelny 4 in Łódź wohnte Familie Winnykamień bis Ende 1939. Das Foto zeigt das Haus an der Ghettogrenze um 1940.

Deutsches Kampfflugzeug über flüchtenden polnischen Zivilisten im September 1939

Kriegsschäden in Warschau, aufgenommen von Joe J. Heydecker im Januar 1941

Jüdische Zwangsarbeiter bei Arbeiten an der Weichsel 1940 oder 1941

Fleckfiebersperre in einem Warschauer Haus 1940 oder 1941

Reichsgrenzenkarte 1942

Generalgouvernement

Der Gouverneur des Distrikts Radom

Abteilung Innere Verwaltung

ANORDNUNG

über Aufenthaltsbeschränkungen für Juden im Bereich des Distrikts Radom vom 11.12 1941.

Auf Grund der Verordnung über Aufenthaltsbeschränkungen im G.G. vom 13.9.1940 (Vbl.G.G. I Seite 288) in Verbindung mit der 2. Verordnung über Aufenthaltsbeschränkungen im G. G. vom 29.4. 1941 (Vbl. G.G. Seite 274) und der 3. Verordnung über Aufenthaltsbeschränkungen im G.G. vom 15.10.1941 (Vbl. G.G. Seite 595) ordne ich an:

§ 1.

Allen im Bereich des Distrikts befindlichen Juden wird das auch nur vorübergehende Verlassen ihres Wohnortes untersagt. Als Wohnort gilt die Stadt- oder Landgemeinde oder das Dorf, wo der Jude seinen Wohnsitz oder seinen dauernden Aufenthalt oder, in Ermangelung eines solchen, den letzten Aufenthalt hat.

Die Wohnorte nach Abs. 1 sind für alle Juden im Bereich des Distrikts Radom die ihnen im Sinne des § 4b der Verordnung über Aufenthaltsbeschränkungen im G.G. vom 13.9.1940 (Vbl. G.G. I Seite 288) zugewiesenen Wohnbezirke.

§ 2.

Ausnahmen von dem § 1 kann in dringenden Fällen auf Antrag der zuständige Kreis- (Stadt-) Hauptmann zulassen.

Dringende Fälle sind besonders dann gegeben, wenn Juden

1) **wegen eines öffentlichen Interesses,**
2) **im Rahmen ihrer Arbeitspflicht oder**
3) **in ausschliesslicher Ausübung der ihnen von einer deutschen Behörde ausdrücklich zugewiesenen Aufträge**

ihren Wohnort verlassen müssen.

In diesen Fällen ist ein zeitlich und örtlich beschränkter Ausweis vom zuständigen Kreis- (Stadt-) Hauptmann auszustellen.

Für Juden, die zur Arbeitspflicht herangezogen werden, kann der Ausweis auch von dem Leiter der deutschen Beschäftigungsbehörde ausgestellt werden.

Juden, die unter unmittelbarer behördlicher Aufsicht ihren Wohnort verlassen, bedürfen keines Ausweises.

§ 3.

Es ist verboten, Juden, die den Bestimmungen der §§ 1 und 2 zuwiderhandeln, Unterkunft, Verpflegung oder andere Unterstützung zu gewähren oder sonst das Fortkommen zu erleichtern.

§ 4.

Die Benutzung von im Privateigentum stehenden Fahrzeugen und sonstigen nichtöffentlichen Verkehrsmitteln, insbesondere von bäuerlichen Pferdefuhrwerken, durch Juden ist auf öffentlichen Strassen und Wegen ausserhalb der Ortschaften verboten.

Es ist allen Führern und Haltern von Fahrzeugen verboten, die Benutzung ihrer Fahrzeuge durch Juden zu dulden. Ausgenommen sind die Fälle, in denen Juden zur Arbeitspflicht oder zu einer sonstigen Dienstleistung von einer deutschen Behörde eingesetzt sind.

Die Verordnung des Generalgouverneurs über Benutzung öffentlicher Verkehrsmittel durch Juden im G.G. vom 20.2.1941 (Vbl. G.G. Seite 69) wird davon nicht berührt.

§ 5.

Juden, die den ihnen nach dieser Anordnung zugewiesenen Wohnort unbefugt verlassen, werden nach § 4b Absatz 1 der Vorordnung über Aufenthaltsbeschränkung im G.G. vom 13.9.1940 (Vbl. I Seite 288) mit dem Tode bestraft. Die gleiche Strafe betrifft diejenigen Personen, die solchen Juden wissentlich Unterschlupf gewähren.

Neben der Bestrafung nach § 4a und § 4b der Verordnung über Aufenthaltsbeschränkungen im G.G. vom 13.9.1940 (Vbl. I Seite 288) kann die Unterbringung in einem Arbeitslager angeordnet werden.

§ 6.

Diese Anordnung tritt am 1.1. 1942 in Kraft.

F. d. R.:

Ahlenbusch
Angestellte.

gez. Kundt.

Diese öffentlich plakatierte Bekanntmachung über die Aufenthaltbeschränkungen für Juden des Distrikts Radom vom 11.12.1941 erschien gleichzeitig auf Deutsch und Polnisch

Irena Bocian vor ihrem Haus in Gniewoszów 1941 oder 1942

Antoni Bocian als Kriegsgefangener in Deutschland 1940

Zofia (links) und Irena Bocian betrachten ein Album, Gniewoszów 1941 oder 1942

Eintrag Fryderyk Winnykamieńs in Zofia Bocians Poesiealbum, Gniewoszów 1941

Das Haus Bocian in Gniewoszów, von links: Helene Muszyńska (Mutter von Irene Bocian), Zofia Bocian mit Hund, Irena Bocian, 1941 oder 1942

Beim Kartenspielen, von links: Zofia Bocian, Helene Muszyńska, Irena Bocian und unbekanntes Nachbarskind, 1941 oder 1942

Fryderyk Winnykamień im Hause Bocian, vermutlich im Sommer 1941

Fryderyk Winnykamień bei der Arbeit an einer Vorratsmiete vor Bocians Haus, Winter 1941/42

Pferdestraßenbahn auf der Ulica Żelazna im Abschnitt zwischen den Straßen Lezno und Ogrodowa im Warschauer Ghetto, 1940 oder 1941

Rikschas und die Straßenbahn im Warschauer Ghetto, um 1941

Straßenszene im Warschauer Ghetto, auf der Fahrbahn eine Pferdedroschke und Rikschas, um 1941

Die Brücke über die Ulica Chłodna in Warschau, die das »kleine« Ghetto (rechte Seite) mit dem »großen Ghetto« (linke Seite) verband; Blick nach Osten, Frühjahr 1942

Vor dem ausgebrannten Haus Ulica Zamenhofa 4 im Warschauer Ghetto. Im obersten ausgebrannten Stock nächtigte Fryderyk Winnykamień etliche Wochen im Juni/Juli 1942, als er »illegal« im Ghetto lebte. Aufnahme von Heinz Jöst, 19.9.1941.

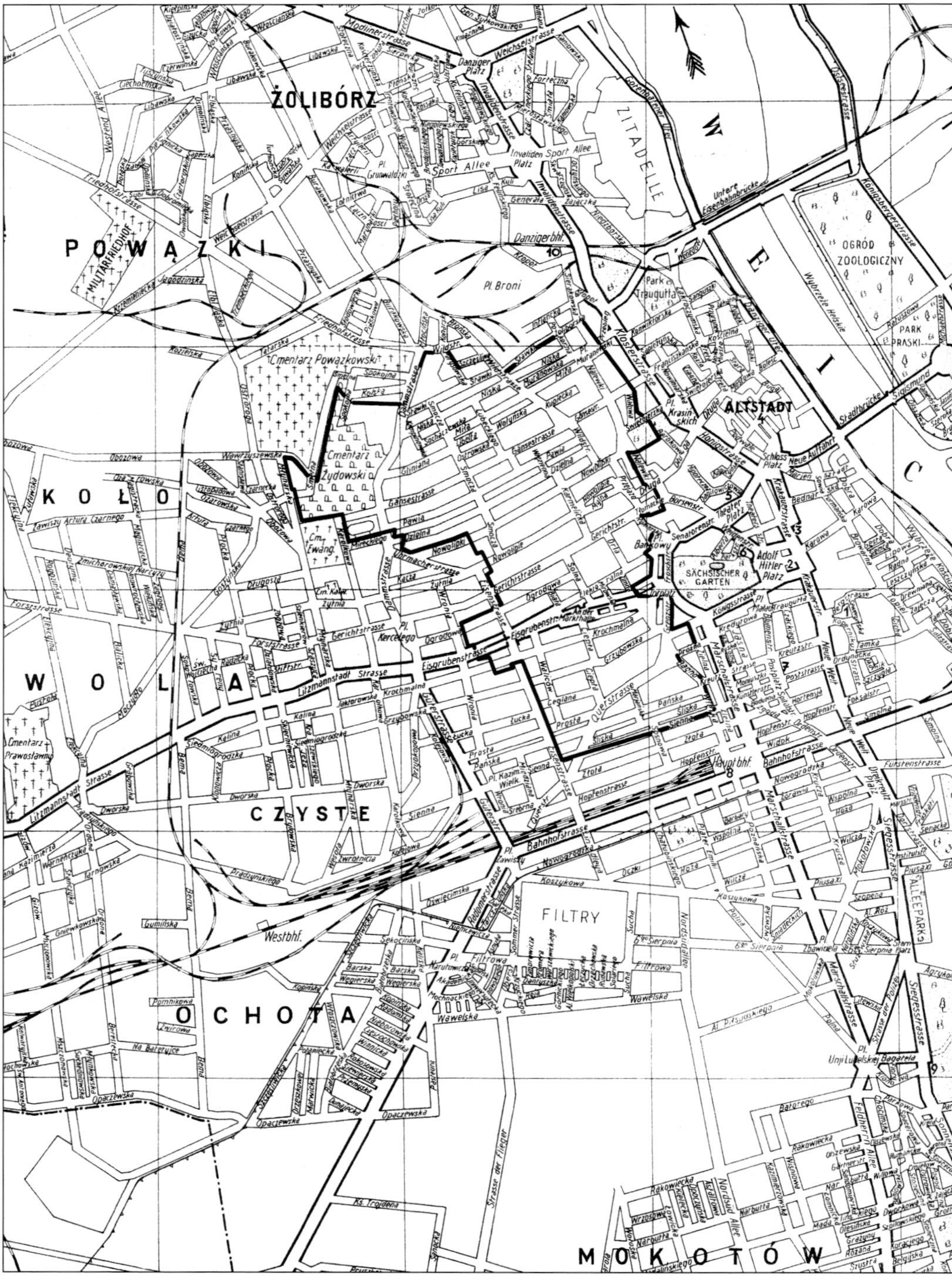

Die Grenzen des Ghettos inmitten der Hauptstadt Warschau, 1942. Diese Karte lag dem »Führer durch Warschau« von Karl Grundmann (Krakau 1942) bei.

Legende

[light grey shading]	»Seuchensperrgebiet«, festgelegt seit Sommer 1940
[diagonal hatching]	Gebiet, das während der »Sommerdeportation« 1942 geräumt wurde
[reverse diagonal hatching]	Gebiet, das während der »Sommerdeportation« 1942 geräumt und mit polnischen Einwohnern besiedelt wurde
[solid line]	Ghettogrenzen am 22. Juli 1942
[dotted shading]	sogenanntes Restghetto von Herbst 1942 bis April 1943
A	Zentralghetto
B	»Produktives Ghetto« mit den Betrieben von W. C. Többens, Schultz & Co. GmbH, K. G. Schultz & Co. und anderen
C	Bürstenbinderviertel
D	weiteres Betriebsgelände von Többens
[line with gates]	Ghettotore
[bridge line]	Verbindungsbrücken
W	Sitz der »Werterfassung«
×	Wohnblock der »Ursus«-Zwangsarbeiter, Miła 38–46
● ■	Kampfplätze und Verstecke während der Aufstände im Januar und April/Mai 1943

1 Judenrat, Grzybowska 26–28, später Zamenhofa 19
2 Kommandantur des Jüdischen Ordnungsdienstes, Krochmalna 32, Ogrodowa 15–17 und Gęsia 4
3 Ghettogefängnis (»Arrest«), Gęsia 24
4 Pawiak-Gefängnis, Dzielna 24–25
5 Gericht, Leszno 53–54
6 Arbeitsamt, Leszno 84
7 Postamt, Zamenhofa 19
8 Versorgungsamt, Franciszkańska 30
9 Krankenhäuser, Gęsia 6–8, Żelazna 86, Leszno 1, Stawki 6–8,
10 Große Synagoge, Tłomackie 7–9
11 Untergrund-Archiv (»Ringelblum-Archiv«), Nowolipki 68
12 »Befehlsstelle«, Żelazna 103
13 »Umschlagplatz«, Stawki 6–10
14 Jüdischer Friedhof

Plan des Ghettos, nach dem Krieg von dem Landvermesser Josef Ziemian und Moshe Ring auf der Grundlage früherer Vermessungsarbeiten für den Warschauer Judenrat gezeichnet. Die ursprüngliche Legende wurde von Barbara Schieb und Martina Voigt den Erfordernissen des vorliegenden Buches angepaßt.

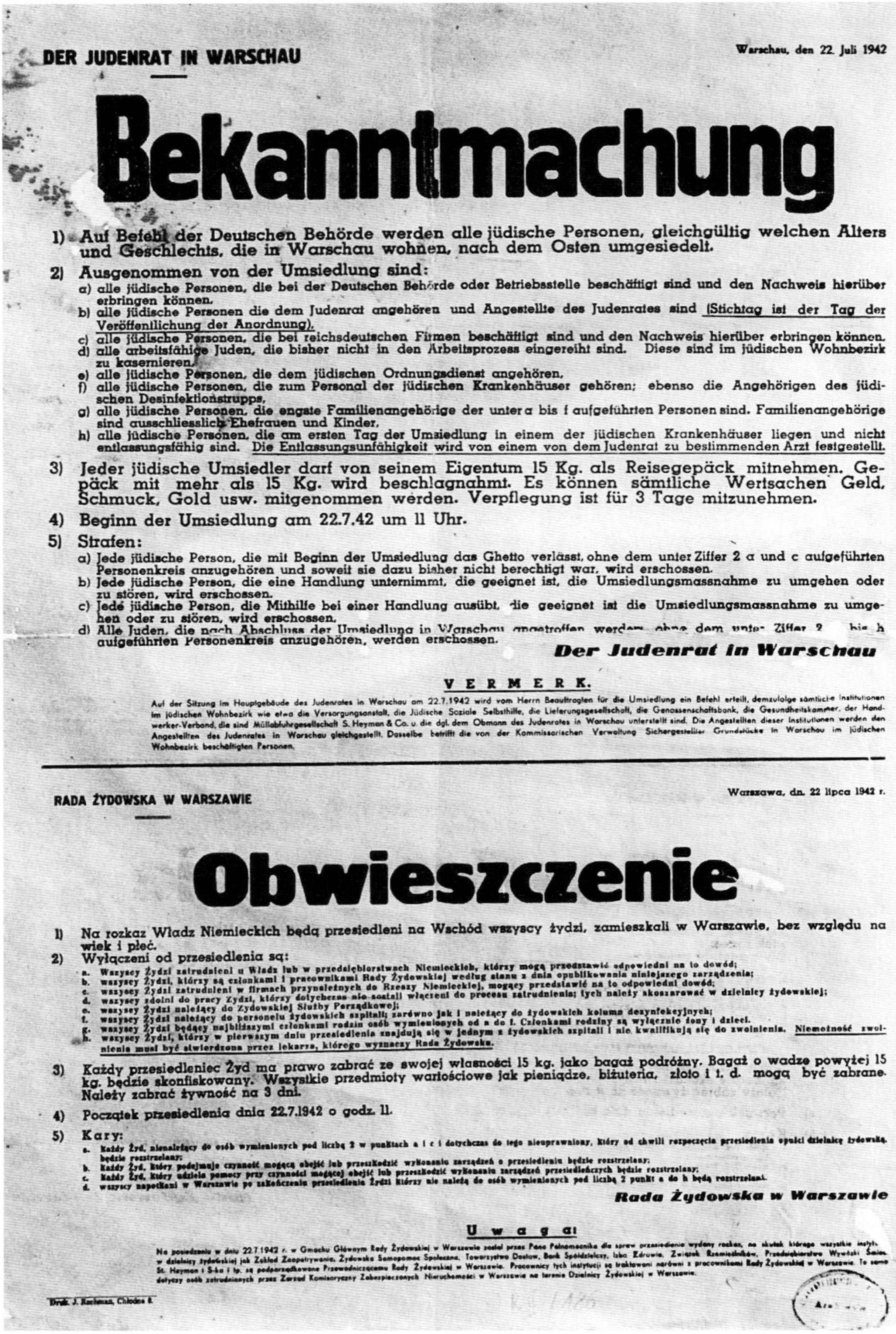

DER JUDENRAT IN WARSCHAU

Warschau, den 22. Juli 1942

Bekanntmachung

1) Auf Befehl der Deutschen Behörde werden alle jüdische Personen, gleichgültig welchen Alters und Geschlechts, die in Warschau wohnen, nach dem Osten umgesiedelt.

2) Ausgenommen von der Umsiedlung sind:
a) alle jüdische Personen, die bei der Deutschen Behörde oder Betriebsstelle beschäftigt sind und den Nachweis hierüber erbringen können.
b) alle jüdische Personen die dem Judenrat angehören und Angestellte des Judenrates sind (Stichtag ist der Tag der Veröffentlichung der Anordnung).
c) alle jüdische Personen, die bei reichsdeutschen Firmen beschäftigt sind und den Nachweis hierüber erbringen können.
d) alle arbeitsfähige Juden, die bisher nicht in den Arbeitsprozess eingereiht sind. Diese sind im jüdischen Wohnbezirk zu kasernieren.
e) alle jüdische Personen, die dem jüdischen Ordnungsdienst angehören.
f) alle jüdische Personen, die zum Personal der jüdischen Krankenhäuser gehören; ebenso die Angehörigen des jüdischen Desinfektionstrupps.
g) alle jüdische Personen, die engste Familienangehörige der unter a bis f aufgeführten Personen sind. Familienangehörige sind ausschliesslich Ehefrauen und Kinder.
h) alle jüdische Personen, die am ersten Tag der Umsiedlung in einem der jüdischen Krankenhäuser liegen und nicht entlassungsfähig sind. Die Entlassungsunfähigkeit wird von einem von dem Judenrat zu bestimmenden Arzt festgestellt.

3) Jeder jüdische Umsiedler darf von seinem Eigentum 15 Kg. als Reisegepäck mitnehmen. Gepäck mit mehr als 15 Kg. wird beschlagnahmt. Es können sämtliche Wertsachen Geld, Schmuck, Gold usw. mitgenommen werden. Verpflegung ist für 3 Tage mitzunehmen.

4) Beginn der Umsiedlung am 22.7.42 um 11 Uhr.

5) Strafen:
a) Jede jüdische Person, die mit Beginn der Umsiedlung das Ghetto verlässt, ohne dem unter Ziffer 2 a und c aufgeführten Personenkreis anzugehören und soweit sie dazu bisher nicht berechtigt war, wird erschossen.
b) Jede jüdische Person, die eine Handlung unternimmt, die geeignet ist, die Umsiedlungsmassnahme zu umgehen oder zu stören, wird erschossen.
c) Jede jüdische Person, die Mithilfe bei einer Handlung ausübt, die geeignet ist die Umsiedlungsmassnahme zu umgehen oder zu stören, wird erschossen.
d) Alle Juden, die nach Abschluss der Umsiedlung in Warschau angetroffen werden, ohne dem unter Ziffer 2 [illegible] bis h aufgeführten Personenkreis anzugehören, werden erschossen.

Der Judenrat in Warschau

VERMERK.

Auf der Sitzung im Hauptgebäude des Judenrates in Warschau am 22.7.1942 wird vom Herrn Beauftragten für die Umsiedlung ein Befehl erteilt, demzufolge sämtliche Institutionen im jüdischen Wohnbezirk wie etwa die Versorgungsanstalt, die Jüdische Soziale Selbsthilfe, die Lieferungsgesellschaft, die Genossenschaftsbank, die Gesundheitskammer, der Handwerker-Verband, die sind Müllabfuhrgesellschaft S. Heyman & Co. u. die dgl. dem Obmann des Judenrates in Warschau unterstellt sind. Die Angestellten dieser Institutionen werden den Angestellten des Judenrates in Warschau gleichgestellt. Dasselbe betrifft die von der Kommissarischen Verwaltung Sichergestellter Grundstücke in Warschau im jüdischen Wohnbezirk beschäftigten Personen.

RADA ŻYDOWSKA W WARSZAWIE

Warszawa, dn. 22 lipca 1942 r.

Obwieszczenie

1) Na rozkaz Władz Niemieckich będą przesiedleni na Wschód wszyscy żydzi, zamieszkali w Warszawie, bez względu na wiek i płeć.

2) Wyłączeni od przesiedlenia są:
a. Wszyscy Żydzi zatrudnieni u Władz lub w przedsiębiorstwach Niemieckich, którzy mogą przedstawić odpowiedni na to dowód;
b. wszyscy Żydzi, którzy są członkami i pracownikami Rady Żydowskiej według stanu z dnia opublikowania niniejszego zarządzenia;
c. wszyscy Żydzi zatrudnieni w firmach przynależnych do Rzeszy Niemieckiej, mogący przedstawić na to odpowiedni dowód;
d. wszyscy zdolni do pracy Żydzi, którzy dotychczas nie zostali włączeni do procesu zatrudnienia; tych należy skoszarować w dzielnicy żydowskiej;
e. wszyscy Żydzi należący do Żydowskiej Służby Porządkowej;
f. wszyscy Żydzi należący do personelu żydowskich szpitali; zarówno jak i należący do żydowskich kolumn dezynfekcyjnych;
g. wszyscy Żydzi będący najbliższymi członkami rodzin osób wymienionych od a do f. Członkami rodziny są wyłącznie żony i dzieci.
h. wszyscy Żydzi, którzy w pierwszym dniu przesiedlenia znajdują się w jednym z żydowskich szpitali i nie kwalifikują się do zwolnienia. Niemożność zwolnienia musi być stwierdzona przez lekarza, którego wyznaczy Rada Żydowska.

3) Każdy przesiedleniec Żyd ma prawo zabrać ze swojej własności 15 kg. jako bagaż podróżny. Bagaż o wadze powyżej 15 kg. będzie skonfiskowany. Wszystkie przedmioty wartościowe jak pieniądze, biżuteria, złoto i t. d. mogą być zabrane. Należy zabrać żywność na 3 dni.

4) Początek przesiedlenia dnia 22.7.1942 o godz. 11.

5) Kary:
a. Każdy Żyd, nienależący do osób wymienionych pod liczbą 2 w punktach a i c i dotychczas do tego nieuprawniony, który od chwili rozpoczęcia przesiedlenia opuści dzielnicę żydowską, będzie rozstrzelany;
b. Każdy Żyd, który podejmuje czynność mogącą obejść lub przeszkodzić wykonaniu zarządzeń o przesiedleniu będzie rozstrzelany;
c. Każdy Żyd, który udziela pomocy przy czynności mogącej obejść lub przeszkodzić wykonaniu zarządzeń przesiedleńczych będzie rozstrzelany;
d. wszyscy napotkani w Warszawie po zakończeniu przesiedlenia Żydzi którzy nie należą do osób wymienionych pod liczbą 2 punkt a do h będą rozstrzelani.

Rada Żydowska w Warszawie

Uwaga!

Na posiedzeniu w dniu 22.7.1942 r. w Gmachu Głównym Rady Żydowskiej w Warszawie został przez Pana Pełnomocnika dla spraw przesiedlenia wydany rozkaz, na skutek którego wszystkie instytucje w dzielnicy żydowskiej jak Zakład Zaopatrywania, Żydowska Samopomoc Społeczna, Towarzystwo Dostaw, Bank Spółdzielczy, Izba Zdrowia, Związek Rzemieślników, Przedsiębiorstwo Wywózki Śmieci St. Heyman i S-ka i tp. są podporządkowane Przewodniczącemu Rady Żydowskiej w Warszawie. Pracownicy tych instytucji są traktowani narówni z pracownikami Rady Żydowskiej w Warszawie. To samo dotyczy osób zatrudnionych przez Zarząd Komisaryczny Zabezpieczonych Nieruchomości w Warszawie na terenie Dzielnicy Żydowskiej w Warszawie.

Druk. J. Kachman, Chłodna 8.

Bekanntmachung der Bestimmungen über die Deportationen aus dem Warschauer Ghetto vom 22.7.1942

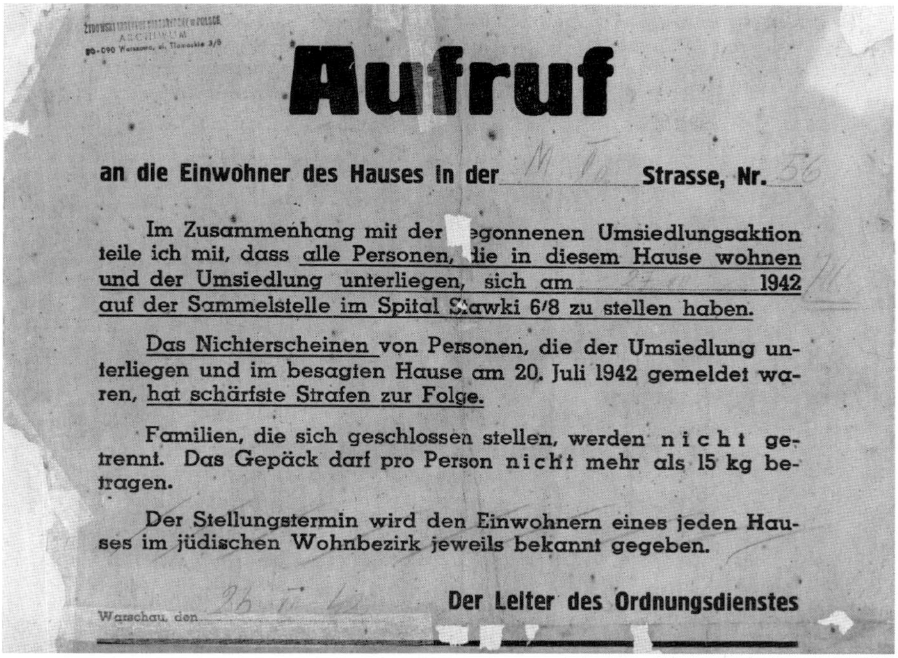

Aufruf

an die Einwohner des Hauses in der M[illegible] **Strasse, Nr.** 56

Im Zusammenhang mit der [illegible]egonnenen Umsiedlungsaktion teile ich mit, dass alle Personen, [illegible]ie in diesem Hause wohnen und der Umsiedlung unterliegen, sich am [illegible] 1942 auf der Sammelstelle im Spital S[illegible]awki 6/8 zu stellen haben.

Das Nichterscheinen von Personen, die der Umsiedlung unterliegen und im besagten Hause am 20. Juli 1942 gemeldet waren, hat schärfste Strafen zur Folge.

Familien, die sich geschlossen stellen, werden n i c h t getrennt. Das Gepäck darf pro Person nicht mehr als 15 kg betragen.

Der Stellungstermin wird den Einwohnern eines jeden Hauses im jüdischen Wohnbezirk jeweils bekannt gegeben.

Warschau, den 26 [illegible] 42

Der Leiter des Ordnungsdienstes

Plakatierter Räumungsbefehl für die Bewohner der Miła 56 vom 26. 7. 1942

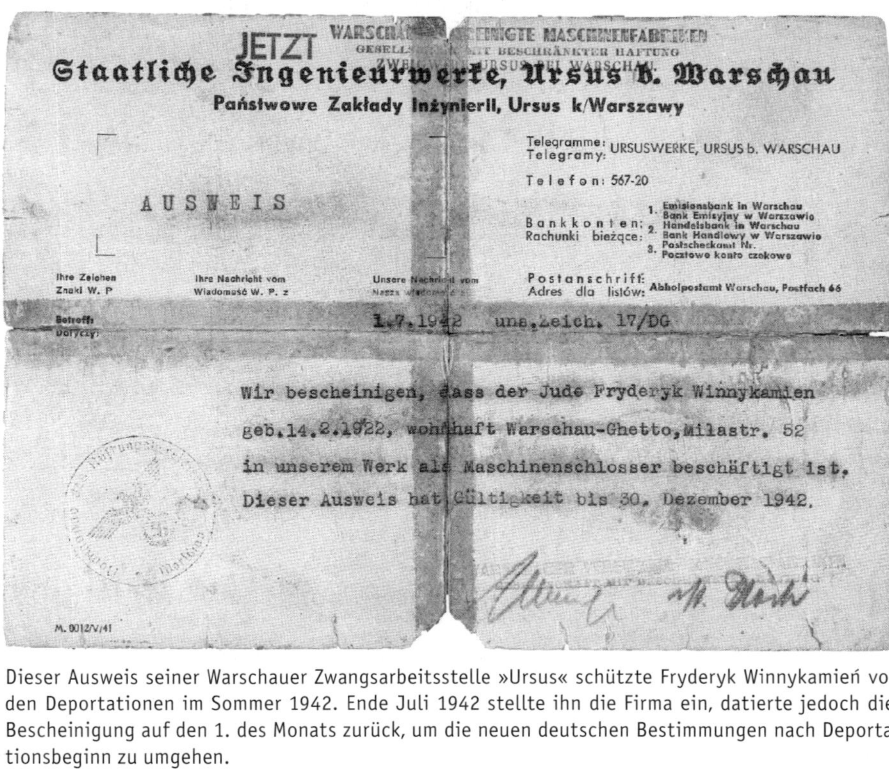

JETZT WARSCHAU[illegible] [illegible]EINIGTE MASCHINENFABRIKEN GESELLS[illegible] MIT BESCHRÄNKTER HAFTUNG

Staatliche Ingenieurwerke, Ursus b. Warschau

Państwowe Zakłady Inżynierii, Ursus k/Warszawy

Telegramme: / Telegramy: URSUSWERKE, URSUS b. WARSCHAU

Telefon: 567-20

Bankkonten: / Rachunki bieżące:
1. Emissionsbank in Warschau / Bank Emisyjny w Warszawie
2. Handelsbank in Warschau / Bank Handlowy w Warszawie
3. Postscheckamt Nr. / Pocztowe konto czekowe

Postanschrift: / Adres dla listów: Abholpostamt Warschau, Postfach 66

AUSWEIS

Ihre Zeichen / Znaki W. P — Ihre Nachricht vom / Wiadomość W. P. z — Unsere Nachricht vom / Nasza wiadomość z

Betreff: / Dotyczy:

1.7.1942 uns.Zeich. 17/DG

Wir bescheinigen, dass der Jude Fryderyk Winnykamien geb.14.2.1922, wohnhaft Warschau-Ghetto,Milastr. 52 in unserem Werk als Maschinenschlosser beschäftigt ist. Dieser Ausweis hat Gültigkeit bis 30. Dezember 1942.

M. 0012/V/41

Dieser Ausweis seiner Warschauer Zwangsarbeitsstelle »Ursus« schützte Fryderyk Winnykamień vor den Deportationen im Sommer 1942. Ende Juli 1942 stellte ihn die Firma ein, datierte jedoch die Bescheinigung auf den 1. des Monats zurück, um die neuen deutschen Bestimmungen nach Deportationsbeginn zu umgehen.

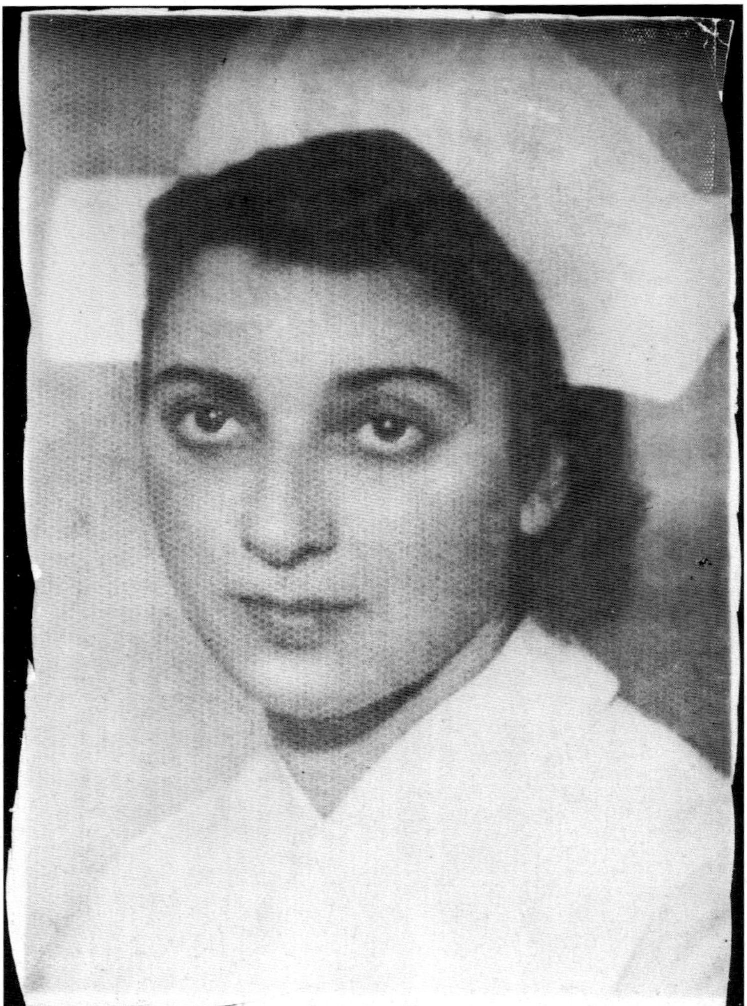

Pola Winnykamień als Krankenschwester, Warschau zwischen 1940 und 1942

Am 23.12.1942 von Fryderyk Winnykamień von der »arischen« Seite Warschaus abgeschickte Weihnachtspostkarte an Zofia Bocian in Gniewoszów

Das Haus Wolska 54 im Jahr 2003. Im Souterrain des linken Seitenflügels im ersten Hof befand sich das von Isabella Winnykamień angemietete Versteck für die drei Familienmitglieder.

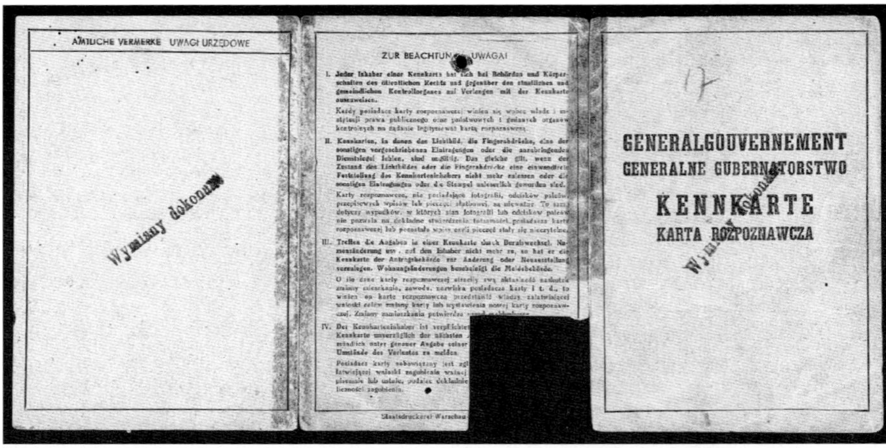

AMTLICHE VERMERKE UWAGI URZĘDOWE

Wymiany dokonano

ZUR BEACHTUNG UWAGI

Staatsdruckerei Warschau

17

GENERALGOUVERNEMENT
GENERALNE GUBERNATORSTWO
KENNKARTE
KARTA ROZPOZNAWCZA

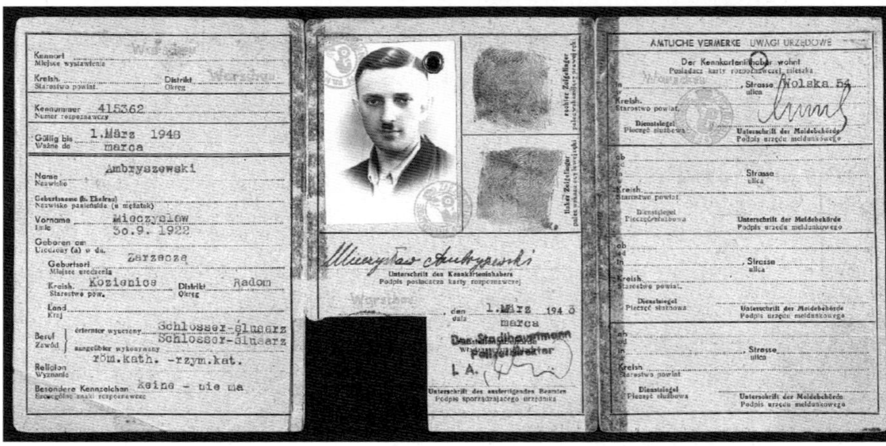

Kennort / Miejsce wystawienia: Warschau
Kreish. / Starostwo powiat. — Distrikt / Okręg: Warschau
Kennummer / Numer rozpoznawczy: 415362
Gültig bis / Ważne do: 1. März 1948 / marca
Name / Nazwisko: Ambryszewski
Geburtsname (b. Ehefrau) / Nazwisko panieńskie (u mężatek)
Vorname / Imię: Mieczysław
Geboren am / Urodzony (a) w dn.: 30.9. 1922
Geburtsort / Miejsce urodzenia: Zarzecze
Kreish. / Starostwo pow.: Kozienice — Distrikt / Okręg: Radom
Land / Kraj
Beruf / Zawód: erlernter / wyuczony: Schlosser-ślusarz; ausgeübter / wykonywany: Schlosser-ślusarz
Religion / Wyznanie: röm.kath. -rzym.kat.
Besondere Kennzeichen / Szczególne znaki rozpoznawcze: keine - nie ma

Mieczysław Ambryszewski
Unterschrift des Kennkarteninhabers / Podpis posiadacza karty rozpoznawczej

Warschau, den / dnia 1. März 1943 / marca
Der Stadthauptmann / Polizeidirektor
I. A.
Unterschrift des ausfertigenden Beamten / Podpis sporządzającego urzędnika

AMTLICHE VERMERKE UWAGI URZĘDOWE
Der Kennkarteninhaber wohnt / Posiadacz karty rozpoznawczej zamieszkały
in Warschau — Strasse / ulica: Wolska 54
Kreish. / Starostwo powiat.
Dienstsiegel / Pieczęć służbowa — Unterschrift der Meldebehörde / Podpis urzędu meldunkowego

Gefälschte Kennkarte des Autors auf den Namen Mieczysław Ambryszewski. Das Formular stammte von Bolesław Paciorek aus Gniewoszów, Tania Pakman füllte es in Berlin aus, und Fryderyk Winnykamień befestigte das Foto mit einer Schuhbandöse seines Vaters und zeichnete die Stempel. Das Foto entstand im Mai 1944, wofür er eins der wenigen Male sein Versteck verließ.

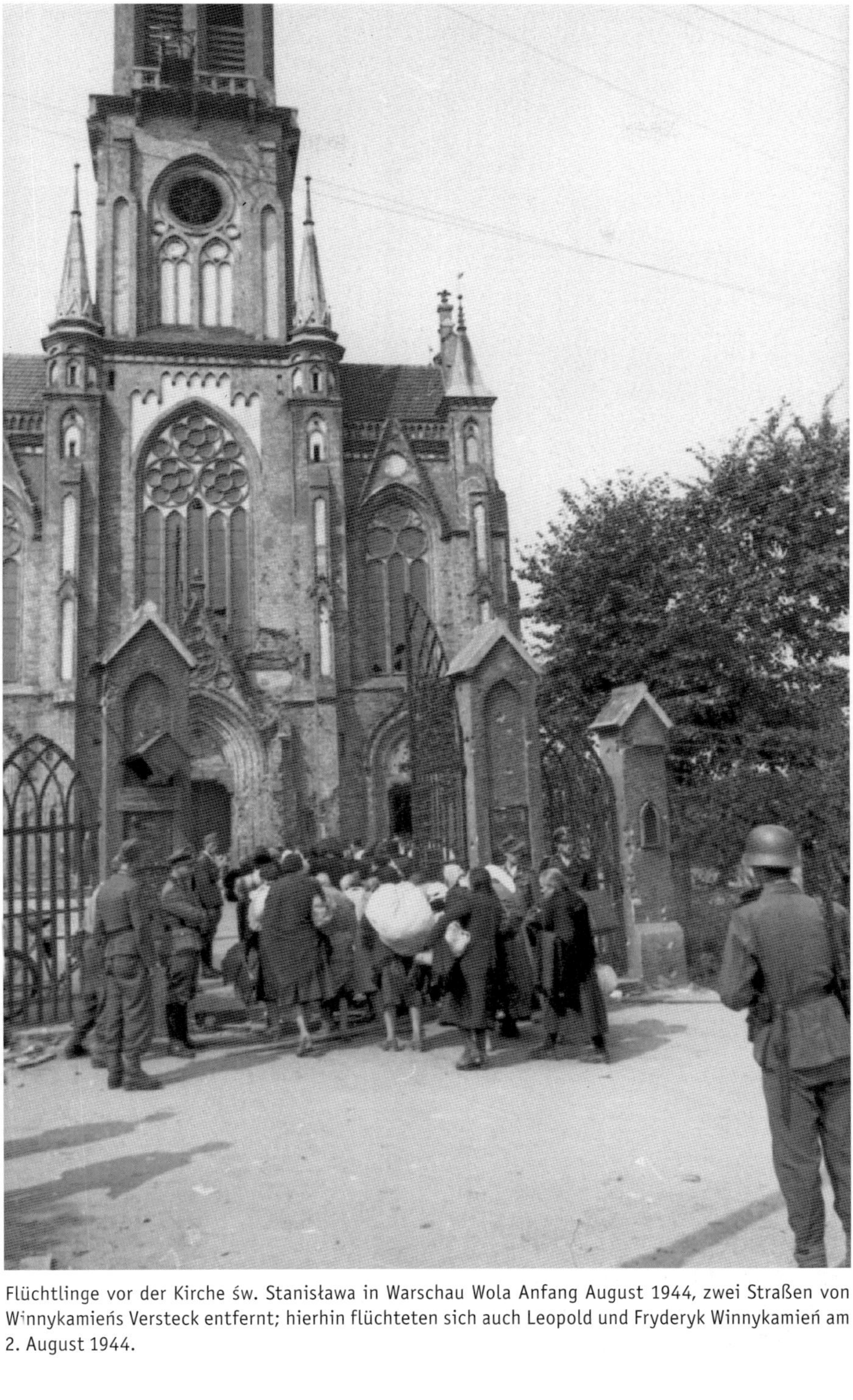

Flüchtlinge vor der Kirche św. Stanisława in Warschau Wola Anfang August 1944, zwei Straßen von Winnykamieńs Versteck entfernt; hierhin flüchteten sich auch Leopold und Fryderyk Winnykamień am 2. August 1944.

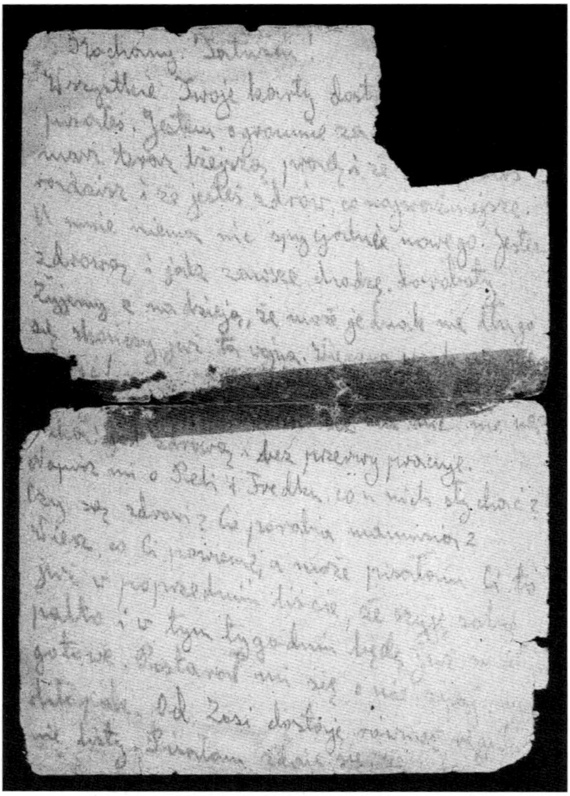

Postkarte der Tochter an ihren Vater: Michalina Wawczyk (Rysia Winnykamień) schrieb Ende Dezember 1944 von Bötzow-West an Josef Giziński (Leopold Winnykamień) nach Leszno:
»Lieber Vater! Alle Deine Karten habe ich erhalten. [..., unleserlich, abgerissen] Du hast geschrieben. Ich bin sehr zufrieden, daß Du eine leichtere Arbeit hast, und daß Du zurechtkommst und das Wichtigste, daß Du gesund bist. Bei mir gibt es nichts besonders Neues. Ich bin gesund und gehe wie immer zur Arbeit. Wir leben mit der Hoffnung, daß dieser Krieg vielleicht doch bald zu Ende ist. [..., unleserlich] ist gesund und arbeitet ununterbrochen. Schreibe mir bitte über Pela [Pola?] und Fred. Wie geht es den beiden? Sind sie gesund? Was macht die Mutter? Weißt Du was ich Dir noch sagen will? Vielleicht habe ich Dir schon im letzten Brief darüber geschrieben, daß ich mir einen Wintermantel habe anfertigen lassen. Er müßte in dieser Woche fertig sein. Ein Bekannter, ein junger Mann, hat mir geholfen, diesen Mantel zu besorgen. Auch von Zofia bekomme ich regelmäßig Briefe. Vermutlich habe ich Dir schon davon geschrieben. Wir haben uns zu Weihnachten gesehen; ich habe sie besucht. Nun werde ich erst einmal schließen. Ich küsse Dich sehr herzlich und vielmals.
Deine Halina
Verbeugungen an alle. Und auch zum Neujahr alles Gute. Mögen alle Deine Wünsche in Erfüllung gehen.« (Übersetzung: Jolanta Woźniak-Kreutzer)

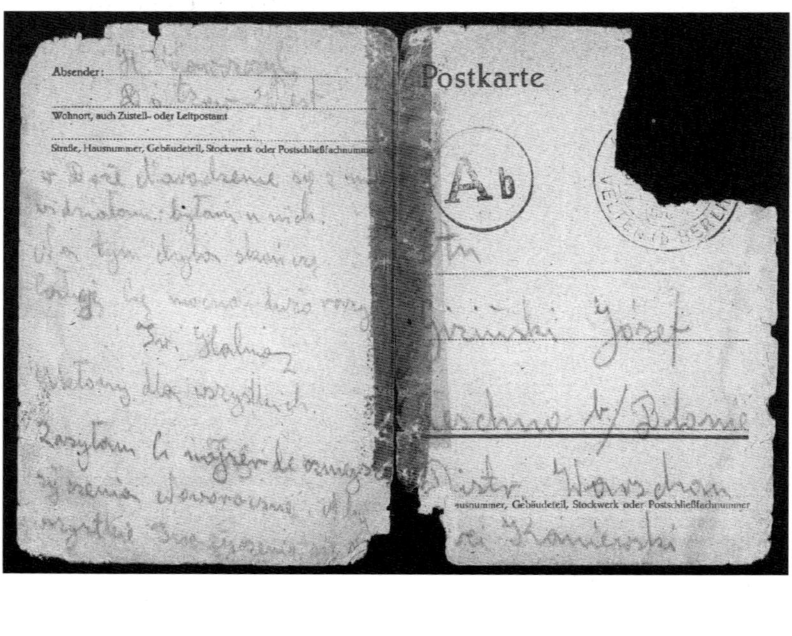

Absender:
Wohnort, auch Zustell- oder Leitpostamt
Straße, Hausnummer, Gebäudeteil, Stockwerk oder Postschließfachnummer
Postkarte

Paßfoto von Rysia Winnykamień als Michalina Wawszczyk, aufgenommen Anfang November 1942 in Bötzow bei Velten. Dieses Foto war Teil der polizeilichen Anmeldung der polnischen freiwilligen Arbeiter.

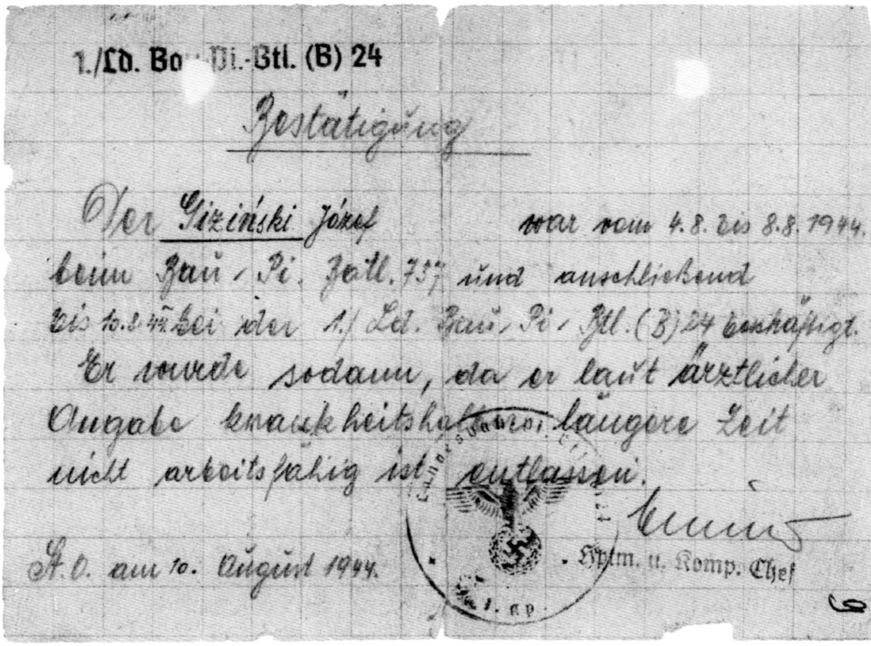
1./Ld. Bau-Pi.-Btl. (B) 24

Bestätigung

Der Giziński Józef war vom 4.8. bis 8.8.1944 beim Bau-Pi. Batl. 757 und anschließend bis 10.8.44 bei der 1./Ld. Bau-Pi.-Btl. (B) 24 beschäftigt. Er wurde sodann, da er laut ärztlicher Angabe krankheitshalber längere Zeit nicht arbeitsfähig ist, entlassen.

O.U. am 10. August 1944.

Hptm. u. Komp. Chef

Entlassungsbestätigung aus der Wehrmacht für Leopold Winnykamień unter seinem Tarnnamen Josef Giziński vom 10.8.1944

Früher Nachkriegsausweis für Leopold Winnykamień, ausgestellt von Bolesław Paciorek am 26. Januar 1945 in Gniewoszów, ungefähr 10 Tage nach der Befreiung. Der Ausweis vermerkt beide Identitäten.

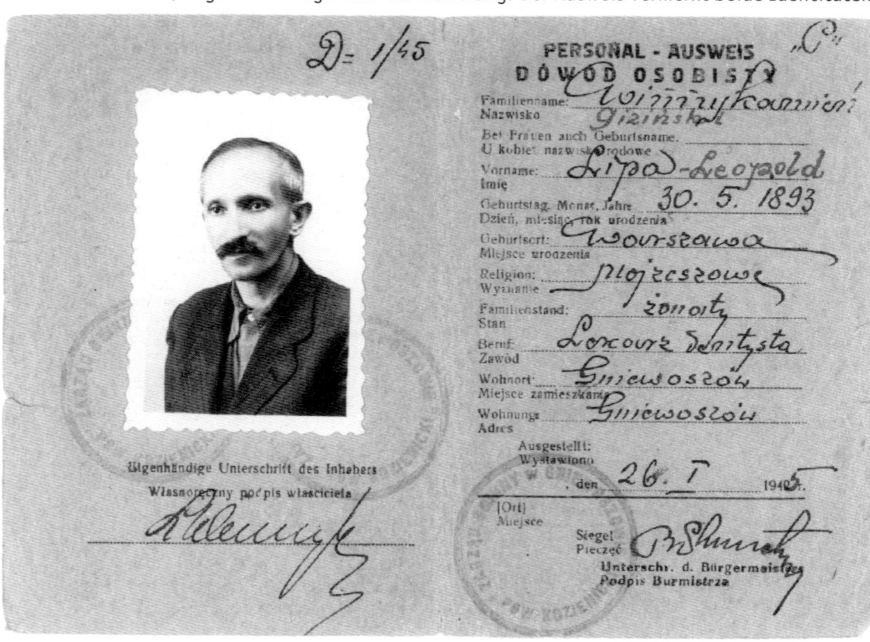
D= 1/45

PERSONAL - AUSWEIS
DOWÓD OSOBISTY

Familienname: / Nazwisko: Winnykamień / Giziński

Bei Frauen auch Geburtsname. / U kobiet nazwisko rodowe

Vorname: / Imię: Lipa-Leopold

Geburtstag, Monat, Jahr / Dzień, miesiąc, rok urodzenia: 30. 5. 1893

Geburtsort: / Miejsce urodzenia: Warszawa

Religion: / Wyznanie: Mojżeszowe

Familienstand: / Stan: żonaty

Beruf: / Zawód: Lekarz Dentysta

Wohnort: / Miejsce zamieszkania: Gniewoszów

Wohnung: / Adres: Gniewoszów

Eigenhändige Unterschrift des Inhabers / Własnoręczny podpis właściciela

Ausgestellt: / Wystawiono: [Ort] / Miejsce ... den 26. I 1945

Siegel / Pieczęć

Unterschr. d. Bürgermeisters / Podpis Burmistrza

Gleislager Nr. 4927/18/54
Zöblitz
Telefon Nr. 238

40

Lager - Ausweis

Die ausländische Z.-Arbeiterin (Polin)

Name: Gizinska, Maria geb. am 8.10.92

ist Insasse des Lagers.

Dieser Ausweis ist beim Ausscheiden abzugeben.

Gleislager Zöblitz (Stempel)

Unterschrift des Inhabers — der Lagerführer

Isabella Winnykamieńs Zwangsarbeiter-Ausweis als Maria Gizińska, Zöblitz, ohne Datum, wahrscheinlich 2. Jahreshälfte 1944

Isabella Winnykamień (hinten Mitte) um die Zeit der Befreiung am 8. Mai 1945 in Zöblitz. Als einziger ist außerdem ganz links stehend der Zöblitzer Friseur Jobst Arno zu identifizieren.

Karola Woop, geb. Pakman, hier um 1945/46

Ernst Woop nach der Befreiung, um 1946

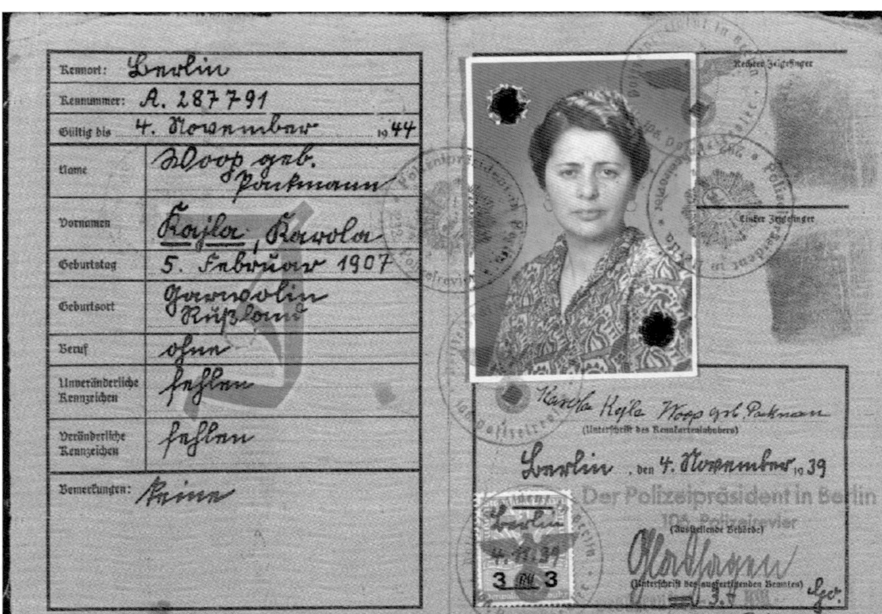

Kennort: Berlin
Kennnummer: A. 287791
Gültig bis 4. November 1944
Name: Woop geb. Pakmann
Vornamen: Kajla, Karola
Geburtstag: 5. Februar 1907
Geburtsort: Garwolin Rußland
Beruf: ohne
Unveränderliche Kennzeichen: fehlen
Veränderliche Kennzeichen: fehlen
Bemerkungen: keine

Rechter Zeigefinger
Linker Zeigefinger

Karola Kajla Woop geb Pakman
(Unterschrift des Kennkarteninhabers)

Berlin, den 4. November 1939

Der Polizeipräsident in Berlin
106. Polizeirevier
(Ausstellende Behörde)

(Unterschrift des ausfertigenden Beamten)

106.R./223/39

Jüdische Kennkarte des Deutschen Reiches für Karola Woop, ausgestellt in Berlin am 4.11.1939. Als jüdischer Vorname ist nicht – wie üblich – der Zwangsname »Sara«, sondern »Kajla« eingefügt.

Die Geschwister Pakman und Szymon Rozen Anfang der 1930er Jahre in Łódź, von links: Tania Pakman, Wiktor Pakman, Pela Rozen, geb. Pakman und Szymon Rozen

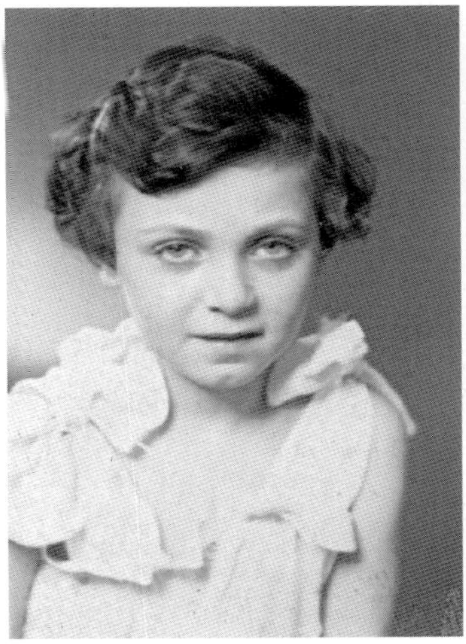

Mary Rozen als Fünfjährige, Berlin, 1. Jahreshälfte 1940

Szymon Rozen, 2. Hälfte 1930er Jahre

Tania Pakman Ende der 1930er Jahre in Berlin

Nur gültig mit Semesterstempel

Ausweiskarte

für Herrn — Frl. — stud. pharm.

Tania Pakman

Wohnung der Eltern

Wohnung in Groß-Berlin

Nummer des Rektoratsjahres

Immatrikuliert am

Eigenhändige Unterschrift

Winter-Semester 1932/33

21. 11. 32 Quästur

Sommer-Semester 1933

27. 4. 33

Winter-Semester 1933/34

21. 10. 33

Sommer-Semester 1934

8. 6. 34

Nur gültig mit Semesterstempel

Tania Pakmans Studentenausweis der Berliner Friedrich-Wilhelms-Universität ab dem Wintersemester 1932/33

Marek Midlasch um 1946/47

Wiktor Pakman in Łódź Mitte der 1930er Jahre

Die Übriggebliebenen 1945/46 in Berlin: Tania Pakman (links), Mary Rozen und Karola Woop

UNRRA-Team des DP-Camps Berlin-Schlachtensee im Frühjahr 1946: hinten Mitte Fryderyk Winnykamień, vorne Mitte Ruth Chotzen

Ruth Chotzen und Fryderyk Winnykamień auf einem Spaziergang nahe des DP-Camps Berlin-Schlachtensee, April 1946

Auf der Überfahrt nach New York im Mai 1946

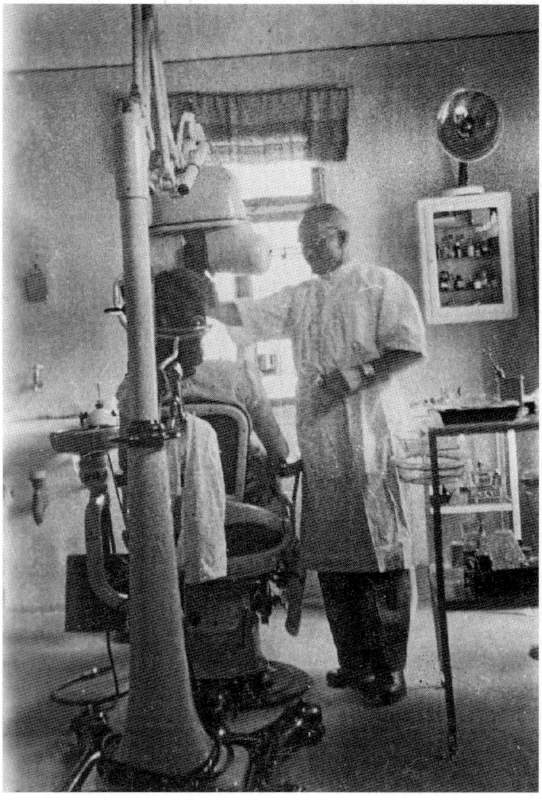
Leopold Winnykamień in seiner Zahnarztpraxis in Haifa/Israel um 1950

Frederick Weinstein und Barbara Schieb in Manhattan, August 2001

26 Die 8. Armee erreichte den Stadtrand von Łódź am Spätnachmittag des 8. September 1939 und besetzte die Stadt am Morgen des folgenden Tages. (Siehe die Berichte in: Mehner, Tagesmeldungen, Bd 1, S. 24f.)
Tagebucheinträge beschreiben die Besetzung von Łódź am 8. September 1939. (Tagebuch Jardena, in: Loewy und Schoenberner [Red.], »Unser einziger Weg«, S. 148f.; Tagebuch Dawid Sierakowiak, in: Adelson und Lapides (Hg.), Lodz Ghetto, S. 10; siehe auch Buziarek, *Lodz 1939–1945*, S. 64.)

27 F.W. beherrschte die deutsche Sprache gut genug, um Unterhaltungen wie diese verstehen und in Deutsch notieren zu können.

28 In der Tat trafen die deutschen Armeeverbände auf schlecht und veraltet ausgestattete polnische Einheiten. So stand, zum Beispiel, 15 deutschen Divisionen motorisierter Fahrzeuge und Panzer nur eine Panzer-Brigade auf polnischer Seite entgegen – ein Mißverhältnis, an dem auch die polnische Kavallerie (elf Brigaden) scheitern mußte. (Siehe die Übersicht in Das Deutsche Reich und der Zweite Weltkrieg, Bd. 2, S. 111.)

29 Der 1899 als »Linas Hazedek – Łódźer Gesellschaft zur Unterstützung von armen und kranken Juden« gegründete jüdische Verein wurde 1922 behördlich genehmigt. Seine Ursprünge reichen jedoch noch viel weiter in die Wohltätigkeitsverpflichtungen der jüdischen Gemeinden zurück. Der Name »Linas Hazedek« bedeutet »anständige Unterkunft« und bot erwerbslosen, obdachlosen und durchreisenden Juden Übernachtungsmöglichkeiten.
Die Gesellschaft, in der sich Leopold Winnykamień in den 1930er Jahren engagierte, war auf medizinische Hilfe ausgerichtet. Linas Hazedek vermittelte gegen niedriges Entgelt ärztlichen Beistand durch einen Nachtrettungsdienst sowie eine Ambulanz, konnte Krankenschwestern entsenden und verlieh medizinische Geräte und Instrumente.
(Behördliche Genehmigung des Statuts Linas Hazek 1922 und Protokoll der Buchprüfung 1938, APŁ, Sign. 39/166/1444 und 39/166/1458, beide unpag.)

30 Verschiedene Fotos von lachenden Wehrmachtsoldaten, die im September 1939 polnischen Juden Bärte und Kopfhaare schnitten, sind allgemein bekannt. Die Demütigungen von Juden durch deutsche Wehrmachtsangehörige haben in ganz Polen stattgefunden und gehörten zu den frühen Machtdemonstrationen der Besatzer. Solche Art Sadismus kam in der Phase der konkreten Besetzungssituation vor der Einrichtung einer Militärverwaltung in zahlreichen Orten und Regionen vor. Parallel zum Einmarsch der Wehrmacht in Polen agierten die Einsatzgruppen der Sicherheitspolizei und des SD, deren Kompetenzen ab 7. September 1939 insofern erweitert wurden, als daß sie die polnische Führungsschicht »unschädlich« machen und gegen die polnischen Juden vorgehen sollten.
(Siehe Madajczyk, *Verantwortung der Wehrmacht*, S. 113ff., bes. S. 116; Alberti, *»Exerzierplatz«*, S. 111–126; Böhler, *»Tragische Verstrickung«*, S. 36–70; zu den Fotos: Deutsches Historische Institut Warschau [Hg.], »Größte Härte…«, S. 117f. und Haus der Wannsee-Konferenz [Hg.], Dauerausstellung, Katalogbroschüre, S. 25–28.)

31 Die Geschehnisse in Łódź im Herbst 1939 und die damals ergangenen deutschen Verordnungen sind in der Literatur nicht ausreichend dokumentiert. Die »Deutsche Lodzer Zeitung« (DLZ) erschien erst ab dem 24. September 1939 und ist als Propagandaorgan der Deutschen anzusehen. F.W.s Erleben der ersten Besatzungstage und seine spätere Schilderung entsprechen den Aufzeichnungen anderer Augenzeugen. (Siehe: Tagebuch Jardena, in: Loewy und Schoenberner [Red.], »Unser einziger Weg«, S. 148f., Tagebuch Dawid Sierakowiak, in: Adelson und Lapides (Hg.), Lodz Ghetto, S. 10ff.)
Am 2. Oktober 1939 erschien in der DLZ ein Artikel »Weshalb das Anstellen?« mit folgender Erklärung: »Belagert sind in erster Linie die Bäckereien, weil ja Brot das erste Nahrungsmittel ist. Die Mehlvorräte der Bäckereien sollten für mehrere Wochen reichen. Wie kommt es nun, daß es schon jetzt an Brot mangelt? Die Antwort auf diese Frage ist nicht schwierig. Die meisten jüdischen Bäcker haben die Stadt in wilder Flucht verlassen, obwohl es ihre Pflicht war, am Ort zu bleiben und den eigenen Artgenossen zum täglichen Brot zu verhelfen. Die wenigen jüdischen Bäcker, die in der Stadt zurückgeblieben sind, backen an den jüdischen Feiertagen nicht. Die dadurch entstehende Lücke in der

Brotversorgung der jüdischen Bevölkerung müssen die arischen Bäcker ausfüllen.« (DLZ, 2.10.1939)
Es ist unschwer zu erkennen, daß es sich hier um eine antisemitische und propagandistische Deutung der angespannten Versorgungslage handelt.

32 Nach den Anordnungen des Stadtkommandanten von Łódź vom 13. und 24. September 1939 bestand in der Stadt eine Ausgangssperre ab 20 Uhr, Ausnahmen galten nur für Inhaber von Passierscheinen. (Bekanntmachung in der DLZ vom 24.9.1939)

33 Für diesen Zeitraum sind Meldungen über öffentliche Hinrichtungen oder eine Zurschaustellung Getöteter nicht überliefert, was nicht heißt, daß F.W. dergleichen nicht gesehen hat. Für den 10. November 1939 ist die öffentliche Hinrichtung zweier Polen und eines Juden bekannt, deren Leichen danach tagelang am Galgen hängen gelassen wurden. (Baranowski, Vorgeschichte und Geschichte, S. 252). Ein unbekannter Fotograf hat diese Szene festgehalten. (Abbildung in: Loewy und Schoenberner [Red.], »Unser einziger Weg«, S. 148.)

34 Ein Hinweis auf den von F.W. beschriebenen Vorfall findet sich im November 1939 in der Deutschen Lodzer Zeitung unter der Überschrift »Juden in der Straßenbahn. Der Motorwagen für Arier vorbehalten«: »Wie wir von zuständiger Stelle erfahren, wird es nicht weiter geduldet, daß Juden in den Motorwagen der Straßenbahn fahren. Sie werden künftighin rücksichtslos daraus entfernt werden. Das Publikum selbst soll darauf achten, daß wenigstens die Motorwagen judenfrei sind. Wo kein Polizist zur Stelle ist, sollen die Fahrgäste selbst die Eindringlinge entfernen.« (DLZ 22.11.1939, Seite: »Der Tag in Lodz«)
Wie diese kurze Notiz erahnen läßt, entbehrte dieser willkürliche Terror jeder gesetzlichen Grundlage und forderte die Bevölkerung regelrecht dazu auf, selber gegen Juden tätlich zu werden.

35 Łódźer Deutsche unterstützten als Helfer der deutschen Soldaten und Polizeitruppen das Auffinden von Juden. Sie kannten sich in ihrer Stadt besser aus und steuerten oft ganz gezielt die Wohnungen und Geschäfte von wohlhabenderen Juden an, um sie auszuplündern. Häufig wurden reiche Juden zur Zahlung von Lösegeldern gezwungen. (Siehe Baranowski, *Vorgeschichte und Geschichte,* S. 250f.; ausführlich zur Organisierung, Instrumentalisierung der Volksdeutschen im »Volksdeutschen Selbstschutz« und dessen Agieren Jansen und Weckbecker, *»Volksdeutscher Selbstschutz«,* S. 482–500.)

36 Die Tagebucheinträge des jungen Juden Dawid Sierakowiak vom 10., 12. und 16. September 1939 zeigen ebenfalls, daß Juden aus sadistischen Gründen zur Arbeit aufgegriffen wurden, daß sie beraubt und geschlagen wurden, daß jüdische Geschäfte geplündert und Juden aus den Schlangen vor Lebensmittelgeschäften verdrängt wurden. (Adelson und Lapides [Hg.], Lodz Ghetto, S. 10f.)
Der im September 1939 noch unorganisierte und sporadische Raub durch Wehrmachts- und Polizeiangehörige wurde sehr bald durch Verordnungen kanalisiert: Am 18. September 1939 erging das Verbot, mehr als 2000 Złoty Bargeld zu besitzen, Bankkonten von Juden wurden gesperrt, und am folgenden Tag wurde der Handel mit Leder- und Textilwaren verboten. Dem »wilden« Raub folgte der organisierte Raub durch die Einsatzgruppen der Sicherheitspolizei und des SD, Militärbehörden (Lodzer Nebenstelle des Amtes von General Robert Bührmann), die Haupttreuhandstelle Ost (HTO) und die Lodzer Warenhandelsgesellschaft (LWHG). (Siehe Baranowski, *Vorgeschichte und Geschichte,* S. 251.)

37 Die veröffentlichten zusammenfassenden Passagen über die letzten vier Monate des Jahres 1939 aus der »Enzyklopädie des Ghettos«, der fragmentarischen Łódźer Ghettochronik, berichten über das willkürliche Aufgreifen von Juden in den Straßen zu sinnloser und demütigender Arbeit, später dann über das gezielte Verschleppen von Juden aus den Häusern. Es wird berichtet, daß anfangs nur Männer, später aber auch Frauen, Kinder und alte Leute zu schikanöser Arbeit, bei der Werkzeuggebrauch verboten war, gezwungen wurden. (Adelson und Lapides [Hg.], Lodz Ghetto, S. 21–23) Obwohl die Jüdische Gemeinde am 8. Oktober 1939 begann, tägliche Arbeiter-Kontingente für die Deutschen zusammenzustellen, wurden dennoch immer wieder Juden willkürlich auf den Straßen aufgegriffen. (Ebenda, S. 13f.)

38 In den Tagen zwischen dem Erlaß der Kennzeichnungsverordnung am 14. November und deren Inkrafttreten am 18. November 1939 brannten zwei Łódźer Synagogen aus: Am 15. November die Synagoge in der Kosciuszki-Allee, und am 16. November die Synagoge in der Wolborska Straße. Meldungen darüber finden sich in der Deutschen Lodzer Zeitung am 16. und 17. November 1939. In beiden kurzen Nachrichten fehlt jeder Hinweis auf die Brandstifter. Erwähnt wird jedoch, daß die Feuerwehr ein Übergreifen der Flammen auf die Nachbarhäuser verhindert hat.

39 Hier könnte F.W. die Verhaftung von fünfzehn jüdischen Intellektuellen am 1. November 1939 meinen, die einen Tag später im Wald von Lagiewniki erschossen wurden. Zugleich wurden viele andere jüdische Politiker, Intellektuelle und Aktive des gesellschaftlichen Lebens geschlagen, gefoltert und terrorisiert. Im Ganzen gesehen gehörte diese Aktion zu der Verfolgung polnischer und jüdischer Intellektueller, wobei es vorbereitete Listen gab, nach denen die Besatzer und »Volksdeutschen« ihre Opfer gezielt aufspürten. Eventuell hatte F.W. von Verhaftungen von Kollegen seines Vaters gehört, so daß er meinte, es habe eine speziell gegen Ärzte gerichtete Terrorwelle gegeben. (Siehe dazu Baranowski, *Vorgeschichte und Geschichte,* S. 251; ders., Łódź Ghetto, S. 26 und Alberti, *»Exerzierplatz«,* S. 111f.)

40 In der Amtlichen Bekanntmachung des Polizeipräsidenten vom 5. November 1939 heißt es, daß alle Polen und Juden in der Stadt Łódź ihre Rundfunkgeräte innerhalb von zehn Tagen bei 16 benannten Polizeirevieren abzuliefern hätten. (DLZ 5.11.1939)

41 Am 9. November 1939 wurden die Stadt Łódź und der gesamte »Reichsgau Wartheland« (26. Oktober 1939 bis Januar 1940: »Reichsgau Posen«) an das Deutsche Reich angegliedert. (Zu den Zielen der deutschen Politik und die Wahl der Mittel zur Durchsetzung siehe Alberti, *»Exerzierplatz«,* S. 111–126.)

42 Gemäß Hitlers Erlaß vom 12. Oktober 1939 wurde am 26. Oktober 1939 auf dem von Deutschland besetzten, jedoch nicht vom Reich annektierten Gebiet Zentralpolens das »Generalgouvernement für die besetzten polnischen Gebiete« ausgerufen. Es bestand aus den neugebildeten Distrikten Warschau, Radom, Krakau und Lublin und war faktisch eine deutsche Kolonie. (Näheres siehe S. 420f., Anm. 2.)
Beruhten die Fluchtbewegungen aus den polnischen Westgebieten in das Generalgouvernement anfangs auf dem Entschluß der Betroffenen, so wurden ab dem 12. Dezember 1939 Juden aus den von Deutschland annektierten polnischen Gebieten dorthin deportiert. Diese mit großer Brutalität durchgeführten Verschleppungen gehörten in das Konzept, das dem Deutsche Reich angegliederte Wartheland auf Kosten der polnischen und jüdischen Bevölkerung »ethnisch bereinigt« in einen NS-Mustergau umzuwandeln und diesen zu »germanisieren«. Die Zahlen über die jüdischen Opfer dieser Umsiedlungen und Vertreibungen aus Lodz sind nicht gesichert und schwanken zwischen 71000 und 75000, die freiwillig oder gezwungenermaßen Łódź verließen. Die Deportationen von Juden aus dem »Warthegau« in das Generalgouvernement wurden Anfang 1940 wegen des Protests von Generalgouverneur Frank in Krakau gestoppt, weil dieser keine Möglichkeit sah, eine große Zahl mittelloser Juden in seinem Territorium aufzunehmen. (Siehe Baranowski, *Vorgeschichte und Geschichte,* S. 252; ders., Łódź Ghetto, S. 28 und Alberti, *»Exerzierplatz«,* S. 113f.)

43 So wie F.W. und seine Familie überlegten, in die Sowjetunion zu gehen, taten es viele andere Juden aus Łódź auch. Die Sowjetunion hatte ab dem 17. September 1939 die östlichen Teile Polens besetzt und keine rassistischen Separierungsmaßnahmen gegen die Juden erlassen. Deshalb erschienen diese Gebiete polnischen Juden als geeignete Zufluchtsorte. Es gingen jedoch auch etliche Juden – so wie Familie Winnykamień – nach Warschau oder in andere Städte des Generalgouvernements, wo die Zahl judenfeindlicher Bestimmungen – im Vergleich zum »Warthegau« – zu dieser Zeit noch geringer war. Sehr wohlhabende Juden schafften es bisweilen noch, in neutrale Staaten auszuwandern. Das Schicksal derjenigen Juden, die in das sowjetisch besetzte Ostpolen flohen, war unterschiedlich. Obwohl sich einige – besonders Angehörige der politischen Linken – mit den Verhältnissen während der

Angliederung der Gebiete an die Sowjetunion arrangieren konnten, wurde die Mehrheit schon bald Opfer der einsetzenden Verfolgungen und Verschleppungen »sowjetfeindlicher« und »unsicherer Elemente«.
Insbesondere im Juni 1940, während der dritten von vier Massendeportationen, wurden mehrheitlich jüdische Flüchtlinge ins östliche Landesinnere – meist nach Sibirien – verschleppt. Nach neueren, vorsichtigen Schätzungen wurden insgesamt etwa 430 000 ehemals polnische Bürger deportiert. Etwa 30 Prozent der Opfer aller stalinistischen Verfolgungen in Ostpolen waren Juden. Von ihnen kamen etwa 30 000 während der Transporte oder in den Arbeitslagern ums Leben. Die Mehrheit jedoch überlebte – auf diese Weise – den nationalsozialistischen Völkermord, der mit der deutschen Besetzung der westlichen Sowjetunion einschließlich des ehemaligen Ostpolens im Sommer 1941 begann.
(Siehe dazu: Lustiger, Rotbuch, S. 94–97; Warschau – Hauptstadt, S. 105; Musial, »Elemente«, S. 32f. sowie die Erinnerungen eines ehemaligen jüdischen Flüchtlings: Wat, Jenseits von Wahrheit und Lüge.)

44 Am 14. November 1939 erließ der Regierungspräsident von Kalisz (und damit von Łódź), Friedrich Uebelhoer, folgende Verordnung:
»§ 1 Als besonderes Kennzeichen tragen Juden ohne Rücksicht auf Alter und Geschlecht am rechten Oberarm unmittelbar unter der Achselhöhle eine 10 cm breite Armbinde in judengelber Farbe.
§ 2 Juden dürfen im Verwaltungsbereich des Regierungspräsidenten zu Kalisch in der Zeit von 17–8 Uhr ihre Wohnung ohne meine besondere Genehmigung nicht verlassen.
§ 3 Zuwiderhandlungen gegen diese Verordnung werden mit dem Tode bestraft. Bei Vorliegen mildernder Umstände kann auf Geldstrafe in unbeschränkter Höhe oder Gefängnis, allein oder in Verbindung miteinander, erkannt werden.
§ 4 Diese Verordnung tritt bis auf die Bestimmung in § 1 sofort, § 1 vom 18. November 1939 ab in Kraft.«
(Veröffentlicht in DLZ 16.11.1939; Abbildung des Plakats in: Loewy und Schoenberner [Red.], »Unser einziger Weg«, S. 149.)

45 Zu diesem deutschen Allgemeinmediziner, der sich auf Naturheilverfahren spezialisiert hatte, unterhielt Familie Winnykamień ein gutes Verhältnis. F.W. erinnert sich, daß Johannes Hardwäcker ihn als Kind in den 1930er Jahren wegen einer Lungenentzündung behandelt hatte. Hardwäcker überlebte den Krieg nicht, aber über seine Schwester erhielt Leopold Winnykamień nach dem Krieg die Teile seiner bei ihm eingelagerten Instrumente zurück, die nicht anderweitigen Plünderungen zum Opfer gefallen waren. (Interview F.W., Bd. II A)

Warschau, Winter 1939/40 und Frühjahr 1940 [A]

1 In Warschau befand sich seit dem 19. Jahrhundert die größte jüdische Gemeinde Europas. Am Vorabend des Zweiten Weltkrieges lebten hier knapp 380 000 Juden, ein Drittel der Warschauer Einwohner. Die jüdische Bevölkerung war überwiegend (ca. 80%) in Handwerk und Industrie, im Handel und im Finanzwesen tätig. Juden waren in den freien Berufen stark vertreten (8%), außer als Lehrer in der staatlichen und städtischen Administration jedoch nicht zu finden.
»Obwohl unter den Warschauer Juden ein verhältnismäßig großer Prozentsatz dem Großbürgertum angehörte, bildeten Kleinbürgertum und Proletariat den Kern der Bevölkerung. […] Gerade in der Hauptstadt traten sehr große Unterschiede z.B. in der Wohnungssituation, beim Konsum und in der Ausbildung auf. Sie führten zu scharfen Kontrasten und sozialen Konflikten in der Gemeinschaft.« (Sakowska, Menschen, S. 13 u. 37; siehe auch Gutman, Vorwort zum Tagebuch von Adam Czerniaków, Getto, S. VIIf.)

2 Die Grenze zwischen dem »Reichsgau Wartheland« und dem »Generalgouvernement« verlief ca. 35 km nordöstlich von Lodz. Das Generalgouvernement (bis Juli 1940 »General-

gouvernement für die besetzten polnischen Gebiete«) wurde durch Erlaß Hitlers vom 12. Oktober 1939 auf dem deutsch besetzten, vom Deutschen Reich jedoch nicht annektierten Gebiet Zentralpolens gebildet. Die Militärverwaltung wurde am 26. Oktober 1939 durch eine Zivilverwaltung unter dem zum Generalgouverneur ernannten Juristen Hans Frank ersetzt. Nach der am selben Tag verfügten deutschen Verwaltungsgliederung bestand das Generalgouvernement aus den Distrikten Warschau, Radom, Krakau und Lublin; am 1. August 1941 kam das ostgalizische Gebiet um Lwów (Lemberg), das seit September 1939 unter sowjetischer Verwaltung gestanden hatte, als fünfter Distrikt hinzu.
Der rechtliche Status des Generalgouvernements ist aufgrund ungeklärter deutscher Zielvorstellungen niemals festgelegt worden. So prägte Frank die im Völker- und Staatsrecht nicht verankerte Bezeichnung »Nebenland des Reiches«. Die von deutscher Seite formulierten Nahziele für die ersten Jahre der Besatzungsherrschaft waren: Zerstörung jeglicher polnischer Eigenstaatlichkeit, wirtschaftliche Ausbeutung, Schaffung eines »Arbeitskräftereservoirs« und militärischen Aufmarschgebietes für das Deutsche Reich sowie eines Auffangterrains für die aus den annektierten Gebieten zwangsdeportierten »unerwünschten« Bevölkerungsgruppen. Das Generalgouvernement besaß dadurch faktisch den Status einer deutschen Kolonie, die vom Reich durch eine Polizei-, Währungs-, Devisen- und Zollgrenze getrennt war.
Um die geplante Zerstörung des polnischen Staatswesens und die Versklavung und Dezimierung von Teilen der Bevölkerung effizient umzusetzen, waren die Verwaltungsorgane des Generalgouvernements ausschließlich mit Deutschen besetzt; eine abhängige »polnische Selbstverwaltung« bestand nur auf der Ebene kleinerer Gemeinden. Generalgouverneur Hans Frank, der seinen Sitz auf dem Wawel, der Königsburg in Krakau, genommen hatte, war Hitler direkt unterstellt. Seine Administration trug zunächst die Bezeichnung »Amt des Generalgouverneurs« und ab Dezember 1940 »Regierung des Generalgouvernements«. Sie hatte die Kompetenzen zur eigenständigen »Rechtssetzung« im Generalgouvernement. Der Spitze der Zivilverwaltung in Krakau unterstanden die jeweiligen Distriktgouverneure, auf regionaler Ebene besaßen die deutschen Stadt- und Kreishauptleute in insgesamt 47 (ab August 1941 63) Kreisen und kreisfreien Städten erhebliche Handlungsfreiheiten in der Umsetzung zentraler Vorgaben.
Den gesamten SS- und Polizeiapparat im Generalgouvernement leitete Friedrich-Wilhelm Krüger (ab November 1943 Wilhelm Koppe) als Höherer SS- und Polizeiführer. Zwar der zivilen Verwaltung formal unterstellt, agierten SS und Polizei oft in Konkurrenz zu dieser. Krüger unterstanden die beiden Befehlshaber der Sicherheits- und Ordnungspolizei im Generalgouvernement sowie auf Distriktsebene jeweils ein SS- und Polizeiführer. Zur Sicherheitspolizei zählte unter anderem die Gestapo. Die Ordnungspolizei gliederte sich in mobile Polizeiregimenter und -bataillone und war außerdem regional durch die Schutzpolizei in den Städten und die Gendarmerie auf dem Land stationiert. SS und Polizei besaßen ausgreifende Kompetenzen im Terror gegen die Zivilbevölkerung und in der Durchsetzung des von Hitler geforderten »harten Volkstumskampfes«, hierin besonders in der Verfolgung der Juden.
Auch nach dem Ende der Militärverwaltung am 25. Oktober 1939 hielt die Wehrmacht unter dem Oberbefehlshaber Ost (Oberost, ab Juli 1940 Militär-, ab Juli 1942 Wehrkreisbefehlshaber im Generalgouvernement) eigene Stäbe im Generalgouvernement aufrecht. Deren Hauptaufgaben waren die Vorbereitung des Aufmarschgebiets für den geplanten Krieg gegen die Sowjetunion und die Kontrolle der im Generalgouvernement ansässigen Rüstungsindustrie.
Auch die Waffen-SS war überall im Generalgouvernement stationiert. Ihre Einheiten sind regelmäßig zur gewalttätigen Durchsetzung »bevölkerungspolitischer Maßnahmen« herangezogen worden. (Siehe dazu: Cüppers, *Art.*)
Das Generalgouvernement umfaßte in seinen Grenzen bis 1941 eine Fläche von rund 95 000 Quadratkilometern mit etwa 12 Millionen Einwohnern. Die Bevölkerung bestand zu 80% aus polnischen Christen überwiegend katholischer Konfession. Der Anteil der jüdischen Be-

völkerung lag bei etwa 10 %, weitere Minderheiten waren Ukrainer, die zu diesem Zeitpunkt 5,7 % der Bevölkerung stellten, »Volksdeutsche« (unter einem Prozent der Bevölkerung) und Weißrussen. (Bömelburg und Musial, *Besatzungspolitik*, S. 72 und 87f.; Musial, *Recht*, S. 32)
Die nichtdeutsche Bevölkerung des Generalgouvernements galt vor den Besatzungsbehörden (nicht völkerrechtlich) als staatenlos, während die »Volksdeutschen« die vollen Rechte der »Reichsdeutschen« erhielten. Nach den Vorstellungen der deutschen Besatzungsherrschaft war der einheimischen polnischen Bevölkerung langfristig das Schicksal eines Helotenvolkes auf niedrigstem kulturellem und wirtschaftlichem Stand zugedacht. Die ukrainische Minderheit wurde unter Ausnutzung bestehender ethnischer Konflikte gezielt zur Kollaboration aufgefordert und mit gewissen Privilegien ausgestattet.
Vom Beginn der deutschen Herrschaft an eskalierte die Verfolgung der jüdischen Bevölkerung. Nach der weitestgehenden Entrechtung, Enteignung, Ausbeutung und Separierung der Juden in den ersten zwei Jahren mündete die Verfolgung ab 1942 in den organisierten Massenmord, dem bis Sommer 1943 die überwiegende Mehrzahl der Juden im Generalgouvernement zum Opfer fiel.
(Siehe insgesamt: »Besprechung des Führers mit Chef OKW über künftige Gestaltung der polnischen Verhältnisse zu Deutschland« am 17.10.1939, IMG, Bd. XXVI, S. 378–383, Dokument 864-PS; »Erlaß des Führers und Reichskanzlers über die Verwaltung der besetzten polnischen Gebiete« vom 12.10.1939, RGBl. I, 1939, S. 2077f.; »Erste Verordnung über den Aufbau der Verwaltung der besetzten polnischen Gebiete« vom 26.10.1939, VBl.GG, 1939, S. 3f.; »Zweite Verordnung über den Aufbau der Verwaltung des Generalgouvernements« vom 1.12.1940, VBl.GG 1940 I, S. 357f.; Broszat, Polenpolitik, S. 70–83; Eisenblätter, Grundlinien, S. 66–109; Bömelburg und Musial, *Besatzungspolitik*, S. 71–91; Madajczyk, Okkupationspolitik, S. 46–75; Majer, »Fremdvölkische«, S. 459–483; Musial, *Recht*; du Prel, Generalgouvernement, Ausgabe 1942, S. XV–XX.)

3 Am 8. September 1939 hatten die deutschen Truppen den Südwesten Warschaus erreicht und innerhalb weniger Tage ganz umzingelt. Die Stadt hielt der Belagerung knapp drei Wochen lang stand. Der deutsche Beschuß aus der Luft und vom Boden aus zerstörte zwölf Prozent aller Gebäude und kostete mehr als 10 000 Zivilisten das Leben. Die deutsche Luftwaffe hatte die Stadt seit dem 1. September mehrfach bombardiert, der schwerste, mehr als zehn Stunden währende Angriff erfolgte am 25. September und zerstörte große Teile der Innenstadt. Ihm folgte der Generalangriff der Wehrmacht auf die Stadt. Am 28. September 1939 kapitulierte Warschau, nachdem die Lebensmittelversorgung zusammengebrochen und keine Hilfe von außen mehr zu erwarten war. (Siehe Szarota, *Luftangriffe*, S. 121–128; Madajczyk, Okkupationspolitik, S. 7 und 236; Bartoszewski, Todesring , S. 17.)

4 Seit dem 22. November 1939 galt in Warschau eine nächtliche Ausgangssperre von 20 bis 5 Uhr, davor sogar ab 19 Uhr. (Bekanntmachung im Amtsblatt für die Stadt Warschau Nr.14, 21.10.1939, S. 2)

5 In Warschau (Generalgouvernement) und Łódź (»Warthegau«) wurden die judenfeindlichen Bestimmungen in dieser Zeit unterschiedlich gehandhabt.
Von Beginn der deutschen Besatzung an unterlagen die am 8. Oktober 1939 in das deutsche Reich eingegliederten polnischen Westgebiete einer rücksichtslosen »Germanisierungspolitik« ohne gesetzliche Bindungen. Sie richtete sich gegen die polnischen Eliten, Akademiker und den Klerus, gegen alle Juden und andere sogenannte Unerwünschte wie Kranke und Behinderte und im Prinzip auch gegen alle Polen. Hauptverantwortlich für willkürliche Drangsalierungen, Verhaftungen, Verschleppungen und Morde waren neben der deutschen Verwaltung die Einsatzgruppen der Sicherheitspolizei und des SD sowie die Einheiten des »Volksdeutsche Selbstschutzes«. Bis zum 26. Oktober 1939 waren im »Warthegau« bereits 10 000 Menschen ermordet worden. Mit einer ersten Massendeportation wurden im Dezember 1939 im Rahmen des »1. Nahplans« 87 838 Polen und Juden nach vollständiger Beraubung in das Generalgouvernement abgeschoben. Bis zum Frühjahr 1940 waren Enteignung, Entrechtung und Isolierung der jüdischen Bevölkerung in Ghettos abgeschlossen.

Im Generalgouvernement, über dessen Zukunft unter deutscher Herrschaft im Herbst 1939 noch keine endgültige Klarheit bestand, traten erste Verordnungen zur Kennzeichnung, Beraubung und Ausbeutung der jüdischen Bevölkerung lediglich mit einer Verzögerung von wenigen Wochen im Herbst und Winter 1939/40 ebenfalls in Kraft. (Siehe: Alberti, »*Exerzierplatz*« sowie Bömelburg und Musial, Besatzungspolitik, S. 48–63.)

6 Am 23. November 1939 erließ Generalgouverneur Frank die »Verordnung über die Kennzeichnung von Juden und Jüdinnen im Generalgouvernement« (VBl.GG, 1939, S. 61):
»§ 1 Alle Juden und Jüdinnen, die sich im Generalgouvernement« aufhalten und das 10. Lebensjahr überschritten haben, sind verpflichtet, vom 1. Dezember 1939 an am rechten Ärmel der Kleidung und Überkleidung einen mindestens 10 cm breiten weißen Streifen mit dem Zionsstern zu tragen.
§ 2 Diese Armbinden haben sich die Juden und Jüdinnen selbst zu beschaffen und mit dem entsprechenden Kennzeichen zu versehen.
§ 3 Zuwiderhandlungen werden mit Gefängnis bestraft. Zuständig für die Aburteilung sind die Sondergerichte.«

7 Diese Beobachtung F.W.s beruht auf dem Kontrast zu Łódź, wo im Straßenbild viele »Volksdeutsche« zu sehen waren, die mit dem Tragen der Hakenkreuzarmbinde ihre Verbundenheit mit den deutschen Besatzern bekundeten. In Warschau lebten kaum »Volksdeutsche«.

8 Neben der deutschen Sicherheits- und Ordnungspolizei war im Generalgouvernement auf lokaler Ebene polnische Polizei (nach der Uniformfarbe »dunkelblaue Polizei«) eingesetzt. Sie unterstand seit Jahresbeginn 1940 der deutschen Ordnungspolizei, also dem Befehlshaber der Ordnungspolizei im Generalgouvernement, in den jeweiligen Distrikten den Kommandeuren der Ordnungspolizei. Vor Ort wurde die polnische Polizei, die sich aus ehemaligen, nach einer Überprüfung wiedereingestellten Angehörigen der polnischen Staatspolizei rekrutierte, von deutscher Schutzpolizei beziehungsweise der deutschen Gendarmerie kontrolliert.
Im November 1939 waren im Generalgouvernement 5000 polnische Polizisten eingesetzt, davon 3000 in Warschau. Ihre Zahl stieg rasch auf etwa 8000 Mann im April 1940 und bis November 1942 auf 12 000 Mann. Sie waren mit Hieb- und Stichwaffen (Gummiknüppeln und Seitengewehren, bisweilen mit Pistolen) ausgestattet.
Bei der polnischen Bevölkerung schlecht beleumundet und vom deutschen Dienstherren mangelhaft besoldet, galt die polnische Polizei den Deutschen als leidlich zuverlässig: Disziplinarprobleme wie Unzuverlässigkeit und Korrumpierbarkeit wurden häufiger beanstandet.
(Siehe: Eisenblätter, Grundlinien, S. 137f.; Majer, »Fremdvölkische«, S. 542 sowie Präg und Jacobmeyer [Hg.], Diensttagebuch, S. 60, 94, 136, 182, 231 und 574.)

9 Diese Art Herd wurde »Zigeuner« genannt, weil er transportabel war. Er bestand aus einer mit Kohle zu befeuernden Kochstelle, vier Beinen und einem Abzugsrohr. Der Herd konnte zusammengelegt und überall dort installiert werden, wo es möglich war, den Rauch nach außen zu leiten. (Interview F.W. Bd. III A)

10 Ein Großteil aller Warschauer Betriebe war durch die Kriegshandlungen zerstört oder schwer beschädigt. In den Industriebetrieben der Stadt konnten bis Mitte November 1939 lediglich fünf Prozent (etwa 3000 Personen) der Arbeiter der Vorkriegstage wieder beschäftigt werden. (Bericht über Wirtschaftsfragen des Abteilungsleiters Gaudick von der Distriktsverwaltung Warschau vom 28.2.1940, in: Präg und Jacobmeyer [Hg.], Diensttagebuch, S. 123)
Der Zuzug von Flüchtlingen, der die Warschauer Bevölkerungszahl von 1,4 Millionen vor Kriegsbeginn auf 1,8 Millionen im Januar 1940 ansteigen ließ, verschärfte die Arbeitslosigkeit weiter. (Erklärung Franks auf der Abteilungsleitersitzung im Generalgouvernement vom 19.1.1940, in: Präg und Jacobmeyer [Hg.], Diensttagebuch, S. 92)
Wirtschaftliche Zwangsmaßnahmen und Berufsverbote bewirkten ferner erhebliche Verschiebungen auf dem Arbeitsmarkt, als zusätzlich zu den stellungslosen Arbeitern

enteignete Selbständige, entlassene Beamte und beschäftigungslose Akademiker zumindest vorübergehend nach Verdienstmöglichkeiten durch manuelle Tätigkeiten suchten. (Szarota, Warschau, 53f. und Sakowska, Menschen, S. 66–70)

Eine Wiederaufnahme der Produktion war zunächst nicht geplant: Bis zum Jahresende 1939 beförderten deutsche Stellen nur den Raub von Maschinen, Rohstoffen und anderen Vermögenswerten aus dem Generalgouvernement, also die Zerschlagung industrieller Ressourcen. Vorrangig auf Betreiben der Wehrmacht änderte sich der Kurs der generellen Demontage. Ab Dezember 1939 produzierten die verbliebenen Anlagen im Generalgouvernement für den deutschen Kriegsbedarf.

Sämtliche Betriebe aus polnischem Staats- und jüdischem Privatbesitz wurden in den ersten Monaten der deutschen Besatzung enteignet und unter »Treuhandschaft« gestellt. Deutsche Behörden und Polizei besaßen außerdem das grundsätzliche Recht zur Beschlagnahme polnischen Privatvermögens. Die Inbetriebnahme oder Neugründung von Unternehmen unterlag der Genehmigungspflicht. Maßgeblich dafür war das deutsche Programm zur Lenkung und »Rationalisierung« der Wirtschaft. Ein großer, als unrentabel oder militärisch unwichtig eingestufter Teil der Betriebe wurde zwangsweise liquidiert oder nicht wieder aufgebaut.

(Siehe die »Verordnung über die Errichtung einer Treuhandstelle im Generalgouvernement« und die »Verordnung über die Beschlagnahme des Vermögens des früheren polnischen Staates innerhalb des Generalgouvernements«, beide vom 15.11.1939, VBl.GG 1939, S. 36f.; die »Verordnung über die Pflicht zur Anmeldung jüdischen Vermögens im Generalgouvernement« vom 24.1.1940, VBl.GG 1940 I, S.31f; Łuczak, *Assumptions*; Madajczyk, Okkupationspolitik S. 543–561 und 577–593; Majer, »Fremdvölkische«, S. 529–539 und Musial, *Recht*, S. 41ff.)

Polnische Betriebe unter deutscher Besatzung boten wesentlich weniger Arbeitsplätze an als noch im Sommer 1939. Im Januar 1940 stieg die Beschäftigungsquote in der Warschauer Industrie auf 27,4% des Vorkriegsniveaus (Bericht Gaudick wie oben). Nach Angaben der Industrie- und Handelskammer lag die Beschäftigungsquote in der Warschauer Metallbranche (ohne Angaben der Rüstungsbetriebe) im Dezember 1939 bei 23% des Vorkriegsniveaus und stieg bis April 1940 lediglich auf 32%.

(Wiadomości Gospodarcze, Nr. 38 vom 31.7.1940, Tabellen 1 und 2: Beschäftigung in den Industriebetrieben auf dem Gebiet Warschaus auf dem Stand vom 20.12.1939 und 1.4.1940, S. 2f.)

11 Seit Beginn der deutschen Besatzung herrschte im Generalgouvernement eine rapide Teuerung. Infolge der Abtrennung der fruchtbareren polnischen Westgebiete von dem ohnehin kargen Gebiet des neuen Generalgouvernements stiegen die Lebensmittelpreise auf dem freien (oder schwarzen) Markt bereits zum Frühjahr 1940 um das Vier-, in einzelnen Produktsparten bis um das Zehnfache.

Ein Teil der Agrarprodukte wurde den vor Ort ansässigen Deutschen und stationierten Truppen reserviert, ein anderer ab 1940 ans Reich abgeliefert, wodurch es unter der einheimischen nichtdeutschen Bevölkerung zu einer wachsenden Nahrungsmittelverknappung kam.

Preisgebundene, rationierte, also auf dem eigentlich legalen Markt erhältliche Nahrungsmittel deckten den Mindestbedarf nicht mehr. Mit Ausnahme der »Volksdeutschen« erhielt die einheimische Bevölkerung auf offiziellem Wege außer Getreideprodukten, Kartoffeln, Zucker und selten etwas Fleisch kaum weitere Zuteilungen, weshalb sie größtenteils auf den Schwarzmarkt angewiesen war. Die jüdische Bevölkerung erhielt ab Februar 1940 gesonderte, niedriger dotierte Lebensmittelkarten. Während der deutschen Bevölkerung mehr als 2000 Kilokalorien täglich zugebilligt wurden, maß man der polnischen konstant weniger als 1000 zu, Juden erhielten bereits Mitte 1940 weniger als die Hälfte der polnischen Rationen, bis ihre offizielle Zuteilung 1941 auf rund 200 Kilokalorien täglich schrumpfte. (Siehe: Gerlach, *Bedeutung*, S. 170–174; Bauer, American Jewry, S. 74; Eisenblätter, Grundlinien, Tabelle 5, nach S. 342; Bömelburg und Musial, *Besatzungspolitik*, S. 78–84; Madajczyk,

Okkupationspolitik, S. 279–293 und 596–602; Musial, *Recht*, S. 43f. sowie Szarota, Warschau, S. 80ff. und 111–130.)

Die Löhne hielten sich in den ersten Jahren der Besatzungszeit relativ gleichbleibend auf Vorkriegsniveau. Wegen des allgemeinen Preisanstiegs bedeutete dies im gesamten Generalgouvernement einen Realverfall der Kaufkraft um durchschnittlich 20 Prozent, wobei die Teuerung in Warschau die anderer Orte noch überstieg. (Długoborski und Madajczyk, *Ausbeutungssysteme*, S. 411 und Madajczyk, Okkupationspolitik, S. 600)

Der Wert des Złoty zur Reichsmark war auf das Verhältnis 2:1 festgelegt worden, sein Wert gegenüber dem US-Dollar betrug im Herbst 1939 auf dem regulären Markt 5:1, bis zum Frühjahr 1940 war er bereits auf 10:1 gesunken, der Schwarzmarktkurs lag um ein Mehrfaches höher. (Bauer, American Jewry, S. 70)

Der jüdischen Bevölkerung war es überdies untersagt, über ihre Guthaben frei zu verfügen. Seit November 1939 waren alle Konten und sonstige Guthaben von Juden gesperrt. Für den täglichen Gebrauch durften sie nur über eine Barschaft von 250 Złoty wöchentlich verfügen. Ab Januar 1940 waren alle Vermögenswerte meldepflichtig, womit ihre Enteignung eingeleitet war. (»Anordnung Nr. 4 des Leiters der Abteilung Devisen im Amte des Generalgouverneurs« vom 20.11.1939, VBl.GG 1939, S. 57f.; und die »Verordnung über die Pflicht zur Anmeldung jüdischen Vermögens im Generalgouvernement« vom 24.1.1940, VBl.GG 1940 I, S. 31f.)

12 Es gab zwei Gründe für die zunehmend schärferen Kontrollen der Armbinden: Zum einen sollten Juden als solche erkannt werden, um zu Arbeiten jeglicher Art herangezogen werden zu können, zum anderen war ihre sofortige Erkennbarkeit für Ausplünderungszwecke nützlich. Adam Czerniaków, Oberhaupt der Jüdischen Gemeinde von Warschau, hielt in seinem Tagebuch viele Begebenheiten hinsichtlich der Handhabung der Kontrollen im Januar 1940 fest. Er wurde von jüdischer Seite oft um Intervention zur Freilassung inhaftierter Juden gebeten, während deutsche Stellen immer höhere Strafzahlungen für Juden forderten, die ohne Armbinde aufgegriffen worden waren. (Getto, 8.1.1940, S. 31; 10.1.1940, 12.1.1940, 13.1.1940, S. 32f.; 24.1.1940, S. 35f.; 26.1.1940, S. 36; 27.1.1940, S. 37)

Die entsprechende Verordnung für solche Zahlungen datiert jedoch erst vom 19. Februar 1940 und legte fest: »Zuwiderhandlungen [gegen die Pflicht zum Tragen der Armbinde] werden mit Gefängnis und mit Geldstrafe bis zu unbeschränkter Höhe oder mit einer dieser Strafen bestraft.« (VBl.GG, 1940 I, S. 79)

13 Juden wie F.W. fühlten sich durch das Tragen der Armbinde »geschändet« im Sinne von gedemütigt und als Persönlichkeit mißachtet, und in diesem Sinn verwendet er hier das deutsche Wort. Andere gaben dem Wort eine weitere Bedeutung: »Wir nannten sie [die Armbinde] das Schandeband«, berichtete Benjamin Gruszka, »und wir meinten damit die Schande, die sich die Deutschen damit zufügten.« (Zitiert nach Schwarberg, Getto, S. 102.)

14 Wie in Lodz griffen die deutschen Behörden auch in Warschau und anderen polnischen Städten Juden willkürlich zur Zwangsarbeit auf. Obwohl der Arbeitszwang formal erst am 26. Oktober 1939 eingeführt wurde (»Verordnung über die Einführung des Arbeitszwangs für die jüdische Bevölkerung des Generalgouvernements«, VBl.GG 1939, S. 6f.), entschloß sich der Warschauer Judenrat schon vorher zur Aufstellung des sogenannten Arbeitsbataillons (»Batalion Pracy«), um eine Mindestversorgung der Zwangsarbeiter zu gewährleisten und Gestellung sowie Einsatz der Arbeiter in kontrolliertere Bahnen zu lenken, ohne daß er damit die Praxis der Razzien vollständig aufhalten konnte. Schon vom 21. Oktober 1939 an stellte er Gruppen von Mittellosen als Arbeiter für deutsche Stellen auf. (Bericht des Warschauer Judenrats für die Zeit vom 17.10.1939 bis 31.12.1940, FGM, Dok. 149, S. 200)

Die zweite Durchführungsvorschrift zur oben genannten Verordnung vom 12. Dezember 1939 (VBl.GG 1939, S. 246–248) bestimmte, daß männliche Juden zwischen dem vollendeten 14. und 60. Lebensjahr der Zwangsarbeitspflicht unterlagen. Ihre Registrierung wurde den Judenräten auferlegt.

Generell unterstand der gesamte Zwangsarbeitereinsatz bis zur Jahresmitte 1940 der Kontrolle von SS und Polizei.

Nach anfänglichen Einsätzen im Winterdienst, zu Räum- und Säuberungsarbeiten stellte das Arbeitsbataillon im Laufe des Jahres 1940 Arbeiter für deutsche Dienststellen, Einrichtungen und Betriebe, für die städtischen Reinigungsbetriebe und für Außenstellen des Judenrats selbst, so für dessen mechanische Werkstatt. Eine Aufstellung des Arbeitsbataillons für Juni 1940 benannte insgesamt 199 dieser Stellen in der Stadt, an denen täglich insgesamt 14 907 Arbeiter einzusetzen waren. (AŻIH, Ring I, 28, Teil II, Bl. 5–12)
Das Arbeitsbataillon beabsichtigte, den Arbeitern aus Mitteln des Judenrats Mindestlöhne von 3 bis 4 Złoty auszuzahlen. Dies überstieg jedoch seine Finanzreserven bei weitem. Trotz der Einführung einer Sonderbesteuerung aller Gemeindemitglieder und der Erhebung von Gebühren auf die Ausgabe von Lebensmittelkarten blieb die Auszahlung so lückenhaft, daß damit im Laufe des Jahres 1940 nur durchschnittlich 70 Prozent der geleisteten Arbeiten vergütet werden konnten.
(Siehe insgesamt den Allgemeinen Bericht des Arbeitsbataillons des Judenrats von 1940, AŻIH Ring I, 28, Bl. 1–7 und 10–13; Sakowska, Menschen, S. 53f. sowie Berenstein, *Praca*, S. 42–48 und 62–70.)

15 Diese Passage (»Von der Sammelstelle ...« bis »... verlangten die Deutschen«) wurde als polnischer Originaltext bereits veröffentlicht. (Engelking und Leociak, Getto, S. 153)

16 F.W. meinte vermutlich, es sei kurz vor 20 Uhr gewesen, denn die Sperrstunde wurde erst Anfang April für die Sommermonate 1940 auf 21 Uhr verlegt. (Bekanntmachung im Mitteilungsblatt der Stadt Warschau Nr.11 (28), 8.4.1940, S. 1)

17 Die National-Demokratische Partei Polens (»Narodowa Demokracja«, Abk. »Endecja«) formierte sich kurz vor der Wende zum 20. Jahrhundert. Unter Führung Roman Dmowskis wollte sie die russische und preußische Fremdherrschaft abschütteln und einen eigenständigen polnischen Staat wiedererrichten.
Im Unterschied zu anderen Konzepten politischer Gruppierungen für einen polnischen Nationalstaat betonte das Programm der »Endecja« jedoch ganz offen, daß die in Polen lebenden Juden niemals Polen sein könnten. Diese Programmatik harmonierte mit einer weitverbreiteten antisemitischen Haltung im ganzen Land. Polnische Juden wurden zur Minderheit erklärt, die für die Rückständigkeit der polnischen Gesellschaft verantwortlich wäre.
Schon 1914 war die »Endecja« eine herrschende politische Kraft des Landes. Obwohl seit der Staatsgründung im November 1918 zur Opposition gehörend, blieb sie bis 1939 eine führende politische Kraft und behielt auch ihr antisemitisches Programm bei. Die Hochburg der »Endecja« befand sich im ehemaligen preußischen Polen (Provinz Posen), wo sie in der Zwischenkriegszeit häufig bis zu 80 Prozent der Stimmen gewann. (Gerson, *Deutsche und Juden*, S. 62–92)

18 Sämtliche Kraftfahrzeuge der polnischen Bevölkerung wurden erst vom polnischen Militär, dann für den Eigenbedarf der Wehrmacht beschlagnahmt. Im gesamten Generalgouvernement war der Betrieb eines Fahrzeugs nach dem 31. Januar bzw. 29. Februar 1940 nur nach einer Neuanmeldung gestattet, ausgenommen war lediglich der Fuhrpark deutscher Dienststellen. Die Besitzer der Fahrzeuge besaßen keinen Anspruch auf eine Wiederzulassung. De facto kam die Regelung einer Stillegung des einheimischen Kraftfahrzeugverkehrs gleich. In den folgenden Jahren wurde der restliche private Fahrzeugbetrieb sukzessive verboten.
(Siehe die »Verordnung über die Zulassung von Kraftfahrzeugen im Generalgouvernement« vom 23.11.1939 einschließlich der dazugehörigen ersten Durchführungsverordnung vom 8.12.1939, VBl.GG 1939, S. 205f. und 213f. sowie die Änderungsverordnung vom 29.1.1940, VBl.GG 1940 I, S. 37f. und die entsprechende Bekanntmachung des Warschauer Stadtpräsidenten vom 18.1.1940 im Mitteilungsblatt der Stadt Warschau Nr. 2 (19), 23.1.1940, S. 1f.; Majer, »Fremdvölkische«, S. 585 und Szarota, Warschau, S. 163.)

19 F.W. gebraucht im folgenden mehrfach den Begriff »Totenkopf-SS«, was keine bestimmte Einheit bezeichnet. Das martialische Zeichen an der Mütze war Bestandteil der Uniformen verschiedener SS-Formationen.

20 Im Februar 1940 hatte der Warschauer Judenrat zweimal Melderegister jüdischer Männer zum Zweck der Zwangsarbeit erstellen müssen. Eine erste Registrierung fand zwischen dem 4. und 15. Februar 1940 auf Anordnung des deutschen Stadtpräsidenten von Warschau statt, wobei alle jüdischen Jungen und Männer im Alter zwischen zwölf und sechzig Jahren »erfaßt« wurden. Auf Befehl des Höheren SS- und Polizeiführers (HSSPF) im Generalgouvernement fand zum Ende des Monats eine erneute Registrierung statt, die zusätzliche Angaben über berufliche Qualifikationen sowie den Besitz von Handwerkszeugen und Arbeitsmaterialien erforderte. Diese zweite Zählung, die im gesamten Generalgouvernement durchgeführt wurde, bildete den Grundstock der Zwangsarbeiterkartei der Dienststelle des HSSPF in Krakau, die im Juli 1940 an die Arbeitsverwaltung des Generalgouvernements übergeben und laufend erweitert wurde.
(Siehe Berenstein, *Praca*, S. 48 sowie den »Dienstbefehl an die Judenräte für die Erfassung und Gestellung der Juden zur Zwangsarbeit« des HSSPF vom 20. 1. 1940, abgedruckt in Doc. Occ., Bd. VI, S. 565–568.)

21 Von Anfang an stand die konkrete Arbeit des Judenrats in der Kritik der Warschauer Juden. Die Auswahl ungeeigneter Mitarbeiter in den einzelnen Abteilungen, die Ignoranz der Hauptsprache – Jiddisch – gegenüber (die »Amtssprache« war anfangs ausschließlich Polnisch) und die Ungerechtigkeit der Besteuerung provozierte den Unmut vieler Juden. »Der Judenrat galt als arrogant, inkompetent und korrupt.« (Engelking und Leociak, Getto, S. 166; siehe auch Trunk, Judenrat, S. 36ff.)

22 Antisemitische Überfälle von Polen gab es vereinzelt schon im Winter 1940 (Kaplan, Buch, S. 136, Tagebucheintrag vom 1.2.1940), doch Ostern 1940 fand ein regelrechter Pogrom statt. Motivationen, soziale Herkunft und Absicht der Täter sowie die Rolle der Deutschen sind bis heute unklar. Viele Chronisten, so Emanuel Ringelblum, Ludwik Landau und Chaim A. Kaplan, hielten diese Vorgänge fest. Am ausführlichsten berichtete Ludwik Landau:
»25. März 1940 Antijüdische Übergriffe halten an und nehmen zu. Heute ist eine Bande von Halbwüchsigen, hauptsächlich im Alter von höchstens 14 bis 15 Jahren, durch jüdische Geschäfte in der Gegend der Marszałkowska-Straße gezogen, hat Schaufensterscheiben eingeworfen und Waren geplündert. Die Passanten haben sich passiv verhalten, wahrscheinlich hatten sie Angst, daß ein aktives Verhalten ihrerseits für sie irgendwelche Unannehmlichkeiten oder sogar Gefahren verursachen könnte; die Polizei hat sich hingegen nicht gezeigt, weder die polnische noch die deutsche.
Es fällt schwer sich vorzustellen, daß sich derartige Vorfälle gegen den Willen der deutschen Behörden ereignen. Wenn sie aber mit ihrem Wissen geschehen, dann ist es ebenso wahrscheinlich, daß sie auch auf ihre Initiative hin stattfinden.
28. März 1940 [...] Ziel dieser Aktion ist es, sowohl die christliche und jüdische Bevölkerung gegeneinander aufzuhetzen, als auch Dokumente zu erhalten, die die Anwesenheit der Deutschen auf dem Gebiet Polens in den Augen des Auslands rechtfertigen – ja, mehr noch: sie als Verteidiger der Ordnung, als Rächer der Unterdrückten auf einen Sockel heben – sollen! Dazu dienen die Fotografien und Filme; dazu soll auch die Bitte der Juden an die Deutschen um Schutz vor den Übergriffen der christlichen polnischen Bevölkerung dienen. Angeblich haben die Deutschen den jüdischen Gemeinden die geheime Anweisung erteilt, sich offiziell mit der Bitte um Hilfe an sie zu wenden; andernfalls – warnen die Deutschen – würden die Ausschreitungen immer ernstere Ausmaße annehmen. [...] Was die Juden angeht, so versuchen sie sich zu verteidigen, indem sie eine Art Selbsthilfe, eine Miliz, organisieren – natürlich ohne irgendwelche Waffen –, die die Bevölkerung und ihr Hab und Gut vor den Angreifern schützen soll. Aber ob das ausreicht, ob die Juden letzten Endes nicht doch gezwungen sein werden sich an die Deutschen zu wenden, so wie diese das fordern?«
(Landau, Kronika, Bd. I, S. 366–371, Übersetzung Sabine Leitner)
Die Rolle der deutschen Besatzungsmacht bei diesem Pogrom ist nicht hinreichend erforscht. Sie benutzte ihn offenkundig aber für die Begründung der ersten Maßnahmen zur Separierung der Juden von der nichtjüdischen Bevölkerung Warschaus. Adam Czerniaków

notierte am 4. April 1940: »Morgens bei Braun (Leists Adjudant). ›Die Mauern sind dazu da, die Juden vor Ausschreitungen zu schützen.‹« (Getto, S. 58) Offiziell wurde das Errichten der Mauern mit der Eindämmung von Epidemien begründet. (Siehe dazu auch Friedrich, *Seuchenprävention*, bes. S. 616–618.)
Als »jüdisches Viertel« wurden die Straßen Warschaus bezeichnet, in denen fast ausschließlich die traditionell-jüdische Bevölkerung seit Generationen beheimatet war. Sie gehörten später zum Bereich des Ghettos. Das Leben in der Ul. Krochmalna vor dem Ersten Weltkrieg beschrieb Isaak B. Singer in seinen Erinnerungen (Eine Kindheit in Warschau) sehr lebendig.

23 In den ersten Monaten des Jahres 1940 ließen sich viele mittellose Männer als Vertreter eines einberufenen Zwangsarbeiters einsetzen. Sie erhielten, da der Einberufene dies ebenfalls vergütete, in der Regel einen höheren Lohn als das Arbeitsbataillon hätte auszahlen können. Zunächst billigte der Judenrat den Einsatz der Ersatzmänner, obwohl dies nicht den Vorschriften entsprach, im Mai 1940 wurde der Ersatz formell geregelt. Das Bataillon schätzte ihre Zahl auf 4000 bis 5000 Personen. (Allgemeiner Bericht des Arbeitsbataillons des Judenrats für das Jahr 1940, AŻIH Ring I, 28, Bl. 9 und 11)

24 Der folgende Abschnitt, beginnend mit »5 Złoty …« bis zu Seite 121 »... Kaserne der SS-Reitereinheiten in Służewiec« wurde als polnischer Originaltext in Auszügen bereits veröffentlicht. (Engelking und Leociak, Getto, S. 154)

25 In Babice, am nordwestlichen Stadtrand von Warschau, war ein Fliegerausbildungsregiment stationiert. Im Juni 1940 waren hier täglich durchschnittlich 250 jüdische Zwangsarbeiter im Einsatz. (Verzeichnis des Arbeitsbataillons des Warschauer Judenrats über die Arbeitsaußenstellen und ihren Bedarf zum Zeitpunkt Juni 1940, AŻIH, Ring I, 28, Teil II, Blatt 6, Position 48)
Die verantwortliche militärische Einheit war nach Tatiana Berenstein das 22. Fliegerausbildungsregiment. (*Praca*, S. 53) Einer Auskunft der Deutschen Dienststelle für die Benachrichtigung der nächsten Angehörigen von Gefallenen der ehemaligen deutschen Wehrmacht (WASt) zufolge war das Regiment zwischenzeitlich in Warschau stationiert. Im August 1940 befand sich die 3. Kompanie, im Mai 1940 (mit Datum 30.5.) zumindest die 5. (Kraftfahrausbildungs-) Kompanie des Fliegerausbildungsregiments 22 in Warschau. Herrn Stephan Kühmayer von der Deutschen Dienststelle sei für diesen Hinweis gedankt.

26 Im Einzugsbereich des deutschen Fliegerhorsts in Okęcie befanden sich verschiedene Dienststellen der deutschen Luftwaffe und ihr zuarbeitende Firmen. Sie beschäftigten in der ersten Jahreshälfte 1940 zeitweise mehr als 2000 jüdische Zwangsarbeiter. (Verzeichnis des Arbeitsbataillons des Warschauer Judenrats über die Arbeitsaußenstellen und ihren Bedarf zum Zeitpunkt Juni 1940, AŻIH, Ring I, 28, Teil II, Blatt 6, Position 43ff.)
Zu Jahresbeginn 1940 waren Gewalttaten an den Arbeitern bekannt geworden. So schlugen deutsche Soldaten und »volksdeutsches« Personal auf die Arbeiter ein und zwangen sie, schwere Eisenteile im Laufschritt zu transportieren. (Berenstein, *Praca*, S. 59) Im März 1940 kam es dort zu einem weiteren Vorfall, als nach dem Tod zweier Deutscher 30 jüdische Arbeiter und 90 Polen verhaftet wurden: An mehreren Tagen versammelten sich deren Angehörige im Gebäude des Warschauer Judenrats, um Beistand für die Freilassung zu erflehen. (Czerniaków, Getto, Tagebucheinträge vom 12. bis 16.3.1940, S. 49–52)

27 Bei der SS-Kaserne in der Ul. Rakowiecka im Stadtteil Mokotów handelte es sich um die sogenannte Staufferkaserne der Waffen-SS. Nach den Angaben des vom Arbeitsbataillon des Warschauer Judenrats angelegten Verzeichnisses der Arbeitsaußenstellen waren im Juni 1940 in der Ul. Rakowiecka 6a täglich durchschnittlich 120 jüdische Zwangsarbeiter tätig. (AŻIH, Ring I, 28, Teil II, Bl. 5, Position 19) Die Angabe »II. SS.-T-/8 Inf. Rgt.« des Arbeitsbataillons über die in der ersten Jahreshälfte 1940 dort stationierte Einheit ist jedoch fragwürdig, da zu diesem Zeitpunkt die offizielle Bezeichnung »SS-Regimenter« noch nicht eingeführt war. Aus der 8. SS-Totenkopfstandarte, auf die diese Bezeichnung schließen läßt, war das 2. Bataillon zwischen Mai und Juli 1940 nach Warschau verlegt worden.

Wir danken Herrn Stephan Kühmayer von der Deutschen Dienststelle (WASt) und Herrn Dr. Martin Cüppers für ihre Nachforschungen und Auskünfte bezüglich dieser Einheiten. Die in der ersten Jahreshälfte 1940 in den Kasernen beziehungsweise Gebäuden in der Ul. Koszykowa und der Ul. (Ludwika) Narbutta in Mokotów untergebrachten Einheiten ließen sich nicht ermitteln. Laut der genannten Aufstellung des Arbeitsbataillons waren in der Ul. Narbutta 26 im Juni 1940 zwölf jüdische Zwangsarbeiter für die SS tätig (AŻIH, Ring I, 28, Teil II, Bl. 5, Position 1), Angaben über Zwangsarbeiter in der Ul. Koszykowa fehlen oder sind wegen des schlechten Papierzustands des Dokuments nicht mehr erkennbar.

28 Die Maschinen- Flug- und Fahrzeugbaufirma »Zakłady Mechaniczne URSUS S.A.«, die noch heute existiert, zählt zu den wichtigsten Industriebetrieben Warschaus. Sie diente vor und während der deutschen Okkupation vor allem der Rüstungsfertigung. Nach der deutschen Besatzung 1939 war die Firma enteignet und als »Staatliche Ingenieurwerke Ursus bei Warschau« unter deutsche Treuhand gestellt worden. Sie arbeitete im Auftrag der Wehrmacht. Ihr Hauptsitz lag in dem südwestlich von Warschau gelegenen Vorort Czechowice (später umbenannt in Ursus), das alte »Stadtwerk« befand sich in der Ul. Skierniewicka in Warschau-Wola. Dort arbeiteten im Juni 1940 im Durchschnitt täglich 50 jüdische Zwangsarbeiter.
(Siehe insgesamt den firmeneigenen Überblick über die Geschichte der Firma unter http://www.ursus.internetdsl.pl/firma/historia.html; Encyklopedia Warszawy, S. 919f. und die Aufstellung des Arbeitsbataillons des Judenrats über die Arbeitsaußenstellen für Juni 1940, AŻIH, Ring I, 28, Teil II, Bl. 11, Position 154. Näheres zu den Ursus-Werken siehe S. 479f., Anm. 34 und im Haupttext ab S. 277.

29 Das Brühl-Palais, ein Barockschloß am Ostrand des Sächsischen Gartens (Ogród Saski), war nach Graf Heinrich Brühl, Minister Augusts des Starken, benannt, der den 1641 errichteten Palast (Palais Sanguszko) 1750 erworben hatte, umbauen und endgültig ausgestalten ließ. Zur Zeit der polnischen Republik residierte hier bis 1939 das Außenministerium. Während der deutschen Besatzungszeit war das Palais Brühl Sitz des deutschen Gouverneurs des Distrikts Warschau, verschiedener seiner Abteilungen sowie des SS- und Polizeiführers. Das Schloß wurde nach der Zerstörung der Stadt 1944/45 nicht wieder aufgebaut.

30 Der Łazienki Park entstand im 18. Jahrhundert durch Ausbau und Erweiterung des Bades (Łazienka) von Kronmarschall Stanisław Herakliusz Lubomierski zur königlichen Sommerresidenz. In dem großen, südlich an die Innenstadt anschließenden Stadtpark befinden sich verschiedene Gewässer, Theater, Tempelbauten und Schlösser, darunter das Belvedere, der Sitz der polnischen Staatspräsidenten. Während der deutschen Besatzung nahm Generalgouverneur Frank seinen Warschauer Dienstsitz im Belvedere. Der polnischen Bevölkerung war das Betreten des Parks ab 1940 verboten. (Luft, Warschau, S. 108ff. und Szarota, Warschau, S. 30)

31 Polnische Sportvereine waren mit Beginn der deutschen Herrschaft aufgelöst worden, große Stadien wurden beschlagnahmt und durften nur noch für Sportveranstaltungen (volks-)deutscher Vereine, der Wehrmacht, der SS und der Polizei genutzt werden. Hier ist wahrscheinlich das Wehrmachts-Stadion (früher: Agricola-Stadion) nördlich des Łazienki-Parks gemeint, das mit 40000 Zuschauerplätzen größte der Stadt, welches von der Wehrmacht beschlagnahmt worden war. Es war anfangs offenbar ein Stadion für deutsche Vereine, wurde dann aber ausschließlich dem Militär zur Verfügung gestellt. (Siehe: Szarota, Warschau, S. 227–229 und 254 sowie die Anmerkung des Herausgebers Thomas Vogel zu Hosenfeld, »Ich versuche ...«, S. 1047.)

32 Zakłady Oczyszczania Miasta, Stadtreinigungsbetriebe. Im Frühjahr 1940 arbeiteten bis zu 2000 jüdische Arbeiter bei der Stadtreinigung, vorwiegend während der schlechten Witterungsperiode. Die Arbeit war grundsätzlich unbezahlt. (Siehe den Allgemeinen Bericht des Arbeitsbataillons des Judenrats für das Jahr 1940, AŻIH Ring I, 28, Bl. 11 und dessen Aufstellung über die Arbeitsaußenstellen für Juni 1940, ebenda, Teil II, Bl. 10, Position 145 bis 148 sowie Berenstein, *Praca*, S. 57f. und 67.)

33 Die Aufstellung des Arbeitsbataillons des Judenrats über die Arbeitsaußenstellen im Juni 1940 weist zwei entsprechende Einsatzorte jüdischer Zwangsarbeiter in Służewiec am südlichen Stadtrand Warschaus aus: 35 jüdische Arbeiter waren dort täglich bei der I. SS. Totenkopf-Reiterstandarte beschäftigt, durchschnittlich weitere 80 im dortigen Armeepferdelazarett der Wehrmacht. (AŻIH, Ring I, 28, Teil II, Bl. 5, Position 9 und Bl. 6, Position 40)

34 Als »Werkschutz« wurden betriebseigene Wacheinheiten bezeichnet, die das Gelände der (Rüstungs-) Firmen im Inneren kontrollierten. (Näheres siehe ab S. 282, einschließlich Anm. 38, S. 494.)

35 Unter dem Sammelnamen »Rohstofferfassung« befaßte sich ein Konglomerat privater deutscher Firmen und »Arbeitsgemeinschaften« in Warschau mit der Sammlung von Materialien aus zertrümmerten Häusern sowie der Demontage von Maschinen. Zusammen beschäftigten sie im Juni 1940 mehr als 1400 jüdische Zwangsarbeiter. Den Arbeitern wurden jegliche Schutzmaßnahmen zur Verhinderung von Unfällen bei den oftmals gefährlichen Räumarbeiten vorenthalten.
(Vgl. den Allgemeinen Bericht des Arbeitsbataillons des Judenrats für das Jahr 1940, AŻIH Ring I, 28, Bl. 12 und dessen Aufstellung über die Arbeitsaußenstellen für Juni 1940, AŻIH, Ring I, 28, Teil II, Bl. 11 bis 12, Positionen 156 bis 192 sowie Berenstein, *Praca*, S. 56.)
Die Lenkung der Verschrottung und Ausschlachtung lag bei der Dienststelle für den Vierjahresplan im Generalgouvernement unter Generalmajor Robert Bührmann. Dieser schätzte, bereits bis Frühjahr 1940 Rohstoffe im Wert von 300 Millionen Reichsmark für das Reich konfisziert zu haben. (Madajczyk, Okkupationspolitik, S. 557f. und 610)
Genaueres zu der von F.W. genannten Firma in der Ul. Przyokopowa 24 im Osten des Stadtteils Czyste ist nicht mehr zu ermitteln, jedoch wird in der Auflistung der Arbeitsaußenstellen in der Rubrik »Rohstofferfassung« eine Firma unter dieser Adresse aufgeführt, deren Name durch einen Papierschaden unleserlich ist. Dort waren im Juni 1940 durchschnittlich 15 jüdische Arbeiter am Tag beschäftigt. (AŻIH, Ring I, 28, Teil II, Bl. 11, Position 163)

36 Die Markthalle am Pl. Mirowski, zwischen der Ul. Elektoralna im Norden und der Ul. Krochmalna im Süden gelegen, war nur einen kurzen Fußweg von der Wohnung der Familie in der Ul. Prosta 19 entfernt.

37 Als Vereinigung zweier jüdisch-amerikanischer Hilfsorganisationen wurde das »American Jewish Joint Distribution Committee« im November 1914 mit dem Zweck gegründet, praktische Hilfe beim Verteilen von Geldern zu ermöglichen, die beide Vereinigungen für notleidende Juden im Nahen Osten und Europa gesammelt hatten. In der Folgezeit baute der »Joint« in vielen Ländern Niederlassungen auf.
Einige Jahre vor Beginn des Zweiten Weltkriegs hatte sich die wirtschaftliche und gesellschaftliche Lage der polnischen Juden dramatisch verschlechtert, so daß sich der »Joint« dort besonders mit humanitärer Hilfe für notleidende Juden engagierte. Mit der Besetzung des Landes durch Deutschland veränderte sich die Arbeit des Warschauer Joint-Büros grundlegend.
Zu Beginn des Jahres 1940 beschloß die Büroleitung, zu Pessach 1940 unter der jüdischen Bevölkerung traditionelle Lebensmittel wie Mazze zu verteilen und darauf einen Hauptteil ihres Budges zu verwenden. Obwohl bestens organisiert und von den deutschen Behörden genehmigt, kam der Transport erst in der zweiten Wochenhälfte des Pessach-Festes in Warschau an. Er bestand aus 137 Eisenbahnwaggons mit 603 Tonnen Mazze, 12 000 Büchsen Kondensmilch, 350 Tonnen Getreide sowie 29,4 Tonnen Fett und Fleisch. 47 Prozent der Ladung wurden in der Stadt und dem Distrikt Warschau von der Jüdischen Sozialen Selbsthilfe (JSS) verteilt. Schätzungen vermuten, daß 560 000 Erwachsene und 75 000 Kinder kleine Zuwendungen erhalten haben. Von der Größe der einzelnen Zuteilungen gibt F.W. dem Leser eine lebendige Vorstellung.
(Siehe: Bauer, American Jewry, hier S. 98 und darin auch das ganze Kapitel über Polen, S. 67–106.)

38 Typhus (Fleckfieber) war neben Tuberkulose und Hunger die Hauptursache für die hohen Sterberaten in den Ghettos. In Warschau traten die ersten Typhus-Erkrankungen schon Ende des Jahres 1939 auf, ihren Höhepunkt erreichte diese erste Welle jedoch im März, April und Mai 1940. Die deutschen Besatzer begründeten damit die ersten Separierungsmaßnahmen von Juden, später die hermetische Abriegelung der Ghettos. Das im März 1940 errichtete »Seuchensperrgebiet« muß als Vorläufer der späteren Ghettoisierung angesehen werden. Die Ausbreitung des Typhus und anderer Epidemien infolge von Mangelernährung, hoher Wohndichte und ungenügenden sanitären Einrichtungen wurde durch diese Abschließungen jedoch noch verstärkt.

Dies war zwar den jüdischen Ärzten bekannt, doch die deutschen Behörden reagierten auf den Ausbruch von Krankheiten mit drakonischen, brutalen, letztendlich jedoch wirkungslosen Gegenmaßnahmen. Anstatt die Seuchen ursächlich zu bekämpfen – durch ausreichende Verdienst- und Ernährungsmöglichkeiten, bessere Wohn- und Hygieneverhältnisse – benutzten sie die Epidemien, um die Bevölkerung zu schikanieren, weiter auszurauben und ihre Existenzgrundlagen noch weiter einzuschränken.

Wie F.W. beschreibt, nutzten zudem die Mitarbeiter der Seuchenbekämpfung diese als Quelle für zusätzliche Einkünfte. Polizisten, Sanitäter und Ärzte teilten sich den Gewinn.

Später stellte sich heraus, daß ein Umgehen der Zwangsmaßnahmen durch Bestechung (so wie es F.W. und seine Familie tat) durchaus von Vorteil war: das Anstehen vor den Bädern und die Enge in den Krankenhäusern vergrößerten das Ansteckungsrisiko enorm.

Auf Kreisebene war die »Abteilung Gesundheit und Gesundheitsfürsorge« beim Chef des Distrikts Warschau für die Seuchenbekämpfung zuständig, für die Stadt der Oberarzt beim Stadthauptmann von Warschau. Von Oktober 1939 bis zum 10. Februar 1941 bekleidete Dr. Kurt Schrempf diesen Posten. Er war Mitglied der SS und wurde wegen seiner Brutalität und seines ordinären Verhaltens gehaßt und gefürchtet. Er verhängte Zwangsquarantänen, Massenbäder, wirkungslose Desinfektionen und verordnete die Zwangsbehandlung in überfüllten, schlecht ausgestatteten und überforderten Krankenhäusern.

Erst sein Nachfolger, Dr. Wilhelm Hagen (10.2.1941 – 28.2.1943), erlaubte im Herbst 1941 unter ausreichenden sanitären Bedingungen die häusliche Pflege.

Zur Durchsetzung der Zwangsquarantäne wurden ganze Straßen oder Straßenabschnitte abgesperrt, zu deren Einhaltung Schußwaffen eingesetzt. Außerdem mußte der Judenrat einige Straßen einzäunen: »An neun Stellen der Stadt, namentlich in der Krochmalna, werden Holzzäune aufgestellt. Die Gesundheitsbehörden gaben bekannt, daß die Krochmalna die Hauptbrutstätte von Infektionskrankheiten ist. Wenn sie könnten, würden sie sie abbrennen.« (Ringelblum, im März 1940, zit. nach Engelking und Leociak, Getto, S. 280, Übersetzung Sabine Leitner)

(Siehe hierzu insgesamt Engelking und Leociak, Getto, S. 277–288; die Tagebucheinträge von Adam Czerniaków vom 11.3., 1.4., 15.4. und 16.4.1940, Getto, S. 49, 57 und 62; Chaim Kaplan beschreibt in seinem Tagebucheintrag vom 27.3.1940 [Buch, S. 159f.] die Auswirkungen der Quarantäne- und Desinfizierungsbestimmungen. Über die Rolle deutscher Gesundheitspolitik in Bezug auf die Ghettoisierung und Ermordung der polnischen Juden siehe Friedrich, *Seuchenprävention*; Browning, *Genozid und Gesundheitswesen*, S. 316–328; Dreßen und Rieß, *Ausbeutung und Vernichtung*, S. 157–171 sowie Caumanns und Esch, *Fleckfieber*.)

39 Diese Schule war 1923 von der »Gesellschaft zur Förderung der Krankenschwesternschule am Jüdischen Krankenhaus« gegründet worden. Sie war die erste ihrer Art in ganz Polen. Geld, Ausbildungsprogramm und Personal kamen anfänglich aus den USA (vom American Joint Distribution Committee), doch schnell rekrutierte sich das nachfolgende Ausbildungspersonal aus den Reihen der ersten Absolventinnen. Diese Schule betrat Neuland und leistete Pionierarbeit auf dem Gebiet der professionellen Krankenpflege.

Durch die berufliche Verknüpfung der Familie Winnykamień mit dem Jüdischen Krankenhaus über zwei Generationen war die Familie sicherlich gut über die Besonderheit dieser Ausbildungsstätte informiert. Pola Winnykamień gehörte zu der ersten Gruppe

Krankenschwesternschülerinnen, die nach der Instandsetzung des während der Belagerung im September 1939 beschädigten Gebäudes in der Ul. Dworska 17 (Stadtteil Cyste) am 1. April 1940 ihre Ausbildung begann.
Dr. Israel Milejkowski war als Leiter der Gesundheitsabteilung des Judenrates ab Oktober 1939 für die Schule zuständig. Dieser mußte sich mit den deutschen Behörden arrangieren, vor allem mit dem Amtsarzt Dr. Kurt Schrempf (vgl. Anm. 38), der dem Stadthauptmann von Warschau unterstellt war. Das Bestreben des Judenrates war es, das Jüdische Krankenhaus sowie die ihm angegliederte Krankenschwesternschule zu erhalten.
Luba Blum-Bielicka, die letzte Direktorin der Krankenschwesternschule, beschreibt in ihren Erinnerungen die Begegnung zwischen Dr. Milejkowski und Dr. Schrempf: »Die Audienzen waren immer kurz. Dr. Milejkowski fragte ihn, ob die Krankenschwesternschule weitergeführt werden dürfe, worauf als Antwort ein einziges Wort fiel: ›Ja‹. Also konnten wir die Krankenschwesternschule am Leben erhalten.« (Blum-Bielicka, *Skoła Pielęgniarstwa*, S. 71, Übersetzung Sabine Leitner)
Der genaue Zeitpunkt dieser Entscheidung zugunsten der Ausbildungsstätte ist unbekannt, wird jedoch im Winter 1939/40 gelegen haben. Die Erlaubnis zur Fortführung dieser Schule war von großer Bedeutung, da das gesamte jüdische Bildungswesen zunächst verboten wurde, dann jedoch unter Aufsicht und zensorischen Auflagen weiter existieren konnte. Die Krankenschwesternschule war eine der wenigen legalen Möglichkeiten der beruflichen Bildung für Juden. Die Finanzierung der Schule gestaltete sich schwierig, wurde aber durch den Direktor des »Joint« in Warschau, Dawid Guzik, sichergestellt. Das Internat der Schule war den Volksküchen der Jüdischen Sozialen Selbsthilfe angegliedert.
Die Schülerinnen-Gruppe, zu der Pola Winnykamień gehörte, bestand aus elf jungen Frauen (mehr hatten die deutschen Behörden nicht zugelassen). Ausbilderinnen dieser Gruppe waren die jungen Absolventinnen Lola Neuhauz und Sara Lejwand-Landowa. (Siehe hierzu: Engelking und Leociak, Getto, S. 252–254; Blum-Bielicka, *Skoła Pielęgniarstwa*, S. 70ff. und Sakowska, Menschen, S. 129–148.)

40 Pola Winnykamień wird mit Hinweis auf ihren Vater und Großvater und ihr eigenes starkes Interesse an einer medizinischen Berufsausbildung sicherlich bevorzugt ausgewählt worden sein. Luba Blum-Bielicka erwähnt folgende Auswahlkriterien: »Gesundheit, Ausbildung und Referenzen« (Blum-Bielicka, *Skoła Pielęgniarstwa*, S.72).

41 Willkürliche Plünderungen jüdischer Wohnungen durch deutsches Besatzungspersonal fanden in dieser Zeit tagtäglich statt. Sie dienten der persönlichen Bereicherung. Helena Szereszewska (Memoirs, S. 16ff.) berichtet davon, ebenso Władysław Szpilman. (»Meines Vaters Verbeugungen«, in: Hiob 1943, S. 58f.)

42 Den einzelnen Arbeitsaußenstellen in Warschau waren Gruppen des Arbeitsbataillons des Judenrats zugeordnet, im Frühjahr 1940 etwa 200, welche nun auch mit einer gewissen Konstanz für die jeweilige Einsatzstelle tätig waren. Die Verantwortung für die Meldung und Gestellung der Arbeiter sowie die Regelung ihrer Auszahlung lag bei den einzelnen Gruppenleitern des jüdischen Arbeitsbataillons. (Allgemeiner Bericht des Arbeitsbataillons für das Jahr 1940, AŻIH Ring I, 28, Bl. 3 und Berenstein, *Praca*, S. 45; siehe auch oben Anm. 14 zu S. 425f.)

43 Die Ulica 6 Sierpnia (Straße des 6. August) verlief zwischen der Ul. Marszałkowska und der Al. Ujazdowskie im südlichen Stadtzentrum Warschaus. In der Aufstellung des Arbeitsbataillons des Judenrats über die Arbeitsaußenstellen wird unter den zur Wehrmacht zählenden Arbeitsstellen ein Autopark in der 6. Sierpnia genannt, in dem im Juni 1940 durchschnittlich 100 jüdische Arbeiter am Tag tätig waren. (AŻIH, Ring I, 28, Teil II, Bl. 7, Position 54) Der Name der deutschen Firma, die den Autopark betrieb, ist wegen eines Papierschadens nicht mehr zu erkennen.

44 Die Selbstverpflichtung zur Entlohnung der Zwangsarbeiter stürzte den Warschauer Judenrat, der die Bezahlung nur für einen Teil der Arbeiter gewährleisten konnte, in eine finanzielle Dauerkrise. Auch verschiedene Versuche, die Reserven durch Sondersteuern und Kreditaufnahmen aufzustocken, brachten keine wesentliche Entlastung. (Siehe z.B.

die Tagebucheinträge Adam Czerniaków vom Juni 1940, Getto, S. 77–88.) Im Juni 1940 vereinbarte der Judenrat zumindest mit einigen Schrottfirmen in Warschau, daß diese ihrerseits einen Teil der Bezahlung übernahmen. (Allgemeiner Bericht des Arbeitsbataillons des Judenrats für das Jahr 1940, AŻIH Ring I, 28, Bl. 27 und Berenstein, *Praca*, S. 67)
Parallel dazu änderten die deutschen Behörden im Sommer 1940 grundsätzlich Zuständigkeiten, Organisation und Bezahlung der Arbeit von Juden. Die Arbeitsvermittlung ging vom SS- und Polizeiapparat an die zivile Arbeitsverwaltung über, ebenso die Führung der Arbeiterkarteien. Sicherungsfragen des Einsatzes blieben Sache der Polizei. Die Bekanntgabe dieser Regelungen an die regionalen Dienststellen der Arbeitsverwaltung erfolgte am 5. Juli 1940. Darin stellte die Abteilung Arbeit im Generalgouvernement grundsätzlich fest, daß jüdische Arbeiter, die dem Arbeitszwang unterlagen, sowohl zu Arbeiten in geschlossenen Gruppen oder Lagern als auch zu freien, also dem regulären Arbeitsmarkt entsprechenden Arbeiten herangezogen werden konnten.
(Siehe dazu das Schreiben des HSSPF, Krüger, an den Leiter der Abteilung Arbeit im Generalgouvernement, Frauendorfer, über die Neuregelung der Kompetenzen bei der »Erfassung« und dem Einsatz jüdischer Arbeiter vom 13. 6. 1940, BA, R 102 II/24, Bl. 1f. und das Schreiben der Abteilung Arbeit im Amt des Generalgouverneurs an die Leiter der Abteilungen Arbeit in den Distrikten und die Leiter der Arbeitsämter im Generalgouvernement vom 5. 7. 1940 in Doc. Occ. Band VI, S. 568–572.)
Vorgesehen war eine generelle Lohnregelung für alle jüdischen Arbeiter, die außerhalb von Lagern tätig waren. Sie sollten von den jeweiligen Auftraggebern in Höhe von 80 Prozent des jeweiligen Tariflohns polnischer Arbeiter entlohnt und entweder persönlich oder über die Judenräte ausgezahlt werden.
Diese Bestimmung kollidierte in der darauffolgenden Zeit jedoch mit der Praxis des Arbeitseinsatzes, da die Mehrheit der potentiellen Auftraggeber, insbesondere Dienststellen von SS, Polizei und Wehrmacht, die Einstellung jüdischer Arbeiter gegen Entlohnung verweigerten. Eine Lösung des Konflikts, in dem die Arbeitsverwaltung im Hinblick auf den sich im Generalgouvernement abzeichnenden Arbeitermangel auf der Einhaltung der neuen Regelungen bestand, wurde letztlich von der im Herbst und Winter 1940/41 beginnenden Ghettoisierung überholt.
(Siehe insgesamt Berenstein, *Praca*, S. 50–52 und Browning, *Arbeitskräfte*, S. 96f.)

45 Gemeint sind wahrscheinlich Personen in den schwarzen Uniformen der Allgemeinen SS.

46 Die SS- und Polizeiorgane besaßen nicht nur ausgedehnte Möglichkeiten zur Ausübung willkürlichen Terrors. Sie waren durch die »Verordnung zur Bekämpfung von Gewalttaten im Generalgouvernement« des Höheren SS- und Polizeiführers im Generalgouvernement vom 31. Oktober 1939 (VBl.GG 1939, S. 10f.) auch formal ermächtigt, jegliche widersetzliche Handlung von Polen mit polizeilichen standgerichtlichen Todesurteilen zu ahnden. Dies betraf im Prinzip alles, was als gegen die deutsche Ordnung im Generalgouvernement gerichtet, als Gefährdung der deutschen Bevölkerung oder jener Einrichtungen und Güter, die deutschen Zwecken dienten, eingestuft werden konnte. Die Standgerichte hatten einen weiten Ermessensspielraum, Anschuldigungen konnten, aber mußten nicht im einzelnen überprüft werden. Oft reichte der pauschale Vorwurf der »Sabotage« zur Vollstreckung der Urteile. (Siehe hierzu auch Majer, »Fremdvölkische«, S. 886–889 und Bartoszewski, Todesring, S. 19–26, worin einige Bekanntmachungen solcher Todesurteile abgedruckt sind.)

47 Nach einer deutschen Bevölkerungsstatistik hatte der Kurort Otwock 1940 insgesamt 23 293 Einwohner, darunter 12 457 Juden. (Angaben in der Broschüre des Amtes des Generalgouverneurs für die besetzten polnischen Gebiete/Abteilung Ernährung und Landwirtschaft – Statistisches Amt, »Die Ernährung und Landwirtschaft im Generalgouvernement für die besetzten polnischen Gebiete«, Reihe B, Heft 6: »Gemeindeverzeichnis und Einwohnerzahl vom 1. 6. 1940, Teil I: Die Bevölkerung des Generalgouvernements nach Volkszugehörigkeit«, Krakau 1940, S. 48, BA, R 52 VII/6.)

In Otwock befanden sich mehrere jüdische Sanatorien und Heilanstalten. Die deutschen Behörden zwangen die jüdischen Einwohner zur Jahreswende 1940/41 zum Umzug in ein Ghetto, welches im August 1942 durch die Deportation der Bewohner nach Treblinka gewaltsam »geräumt« wurde.

48 Gemeint ist der Kontrollabschnitt der »Erfassungskarte«, der den bei den Judenräten registrierten Zwangsarbeitspflichtigen ausgehändigt wurde. (Punkt A10 im Dienstbefehl des HSSPF an die Judenräte für die Erfassung und Gestellung der Juden zur Zwangsarbeit vom 20.1.1940, Doc. Occ. Bd. VI, S. 565–568, hier S. 567)

49 Im Jüdischen Adreßbuch von Groß-Berlin des Jahrgangs 1929/30 findet sich der Eintrag »Vogler, Max Moses, Damenkonfektion, N 65, Schulstraße 69«. Dies könnte die Firmenadresse der Familie Fogler in Berlin-Wedding gewesen sein. Fred Weinstein erinnert sich jedoch daran, daß die Familie ihr Geschäft am Kurfürstendamm hatte.

Wochen vor der Ausweisung von Juden mit polnischen Pässen am 27. und 28. Oktober 1938 hatte es einen diplomatischen Dissens zwischen Polen und dem Deutschen Reich gegeben. Entsprechend der deutschen Politik, Juden zum Verlassen des Landes zu zwingen, sollten in Deutschland lebende polnische Juden abgeschoben werden, während das ebenfalls antisemitisch eingestellte Polen den Zuzug seiner ehemaligen jüdischen Staatsbürger zu verhindern suchte. Wochenlang drohten beide Seiten mit einseitigen Schritten (Deutschland: neue Ausländerpolizeiverordnung, Polen: spezielle Vermerke in von Auslandsvertretungen ausgestellten polnischen Pässen, die am 30.10.1938 in Kraft treten sollten), doch letztlich ordnete der Reichsführer SS und Chef der deutschen Polizei am 26. Oktober 1938 die »Abschiebungshaft für alle polnischen Juden, die im Besitz gültiger Pässe sind«, an.

Jeden einzelnen traf diese Maßnahme völlig überraschend. In Berlin wurden Juden mit polnischer Staatsangehörigkeit am 28. Oktober 1938 verhaftet. An den darauffolgenden Tagen erfolgte ihre Deportation an die polnische Grenze, wo die Abgeschobenen nicht ins Land gelassen wurden. Sie verblieben zunächst in den verschiedenen Grenzstädten (Zbąszyń, Chojnice, Drawski Młyn), wo sie unter menschenunwürdigen Bedingungen untergebracht waren und einem ungewissen Schicksal entgegensahen.

Herschel Grynszpans Motiv für sein Attentat auf den Legationssekretär Ernst vom Rath in Paris am 7. November 1938 war Verzweifelung angesichts der internationalen Ignoranz gegenüber der dramatischen Lage seiner Familie und seiner Glaubensbrüder an der polnischen Grenze.

Erst nach den inszenierten Pogromen am 9./10. November 1938 in Deutschland (»Reichskristallnacht«) wurde weiterverhandelt. Da Polen mit der Ausweisung deutscher Staatsbürger drohte, einigten sich beide Länder wie folgt: Die abgeschobenen Juden aus Deutschland mit polnischem Paß durften an ihre Wohnorte zurückkehren und ihre persönlichen Verhältnisse regeln (Wohnungen auflösen, Vermögen regeln), um dann bis Ende Juli 1939 Deutschland »freiwillig« verlassen zu haben.

(Siehe: Maurer, *Abschiebung und Attentat*, S. 52–73; Reich-Ranicki, Leben, S. 157–160.)

Wie sich F.W. erinnert, hatte Familie Fogler ihr ganzes Vermögen aus Berlin nach Warschau mitnehmen können und lebte in der ersten Zeit der Besatzung relativ sorgenfrei. (Interview F.W. Bd. I A)

50 F.W. kannte die junge jüdische Frau aus Łódź. Sie war genauso alt wie er, hatte ein Gymnasium besucht und begann danach eine Ausbildung als Ballett-Tänzerin. Zusammen mit ihren Eltern und ihren beiden Schwestern – die eine war älter, die andere jünger als sie – kam sie von Łódź nach Warschau. F.W. beschreibt sie heute: »Sie war blond, hatte blaue Augen und eine helle Haut, sie sprach perfekt Polnisch, ohne Akzent, und: sie war gebildet. Ich mochte sie sehr.« (Interview F.W. Bd. V B)

51 Seit dem 19. Juni 1940 galten in Warschau unterschiedliche Zeiten der nächtlichen Ausgangssperre. Das bis dahin geltende Verbot, sich nach 21 Uhr auf der Straße aufzuhalten, blieb für Juden bestehen, während es Polen nun gestattet war, bis 22 Uhr auszugehen. (Mitteilungsblatt für die Stadt Warschau Nr. 21 (38), 24.6.1940, S. 2)

52 In der Ul. Młynarska 2 im Stadtteil Wola befand sich die Straßenbahn- und Omnibusverwaltung Warschaus, der die Straßenbahnwerkstätten angeschlossen waren. Während der Kampfhandlungen waren 1939 etwa 80 Prozent des Warschauer Straßenbahnnetzes einschließlich der Schienen zerstört und mehr als die Hälfte aller Waggons beschädigt worden; mit der Wiederherstellung begann man unmittelbar nach der Kapitulation der Stadt. Die ersten Straßenbahnlinien nahmen am 18. Oktober 1939 ihren Betrieb wieder auf. (Szarota, Warschau, S. 163 und 167)

53 Der Vorfall trug sich am 29. Juni 1940 zu. Adam Czerniaków notierte an diesem Tag, vom Luftwaffenstützpunkt Okęcie aus habe eine Razzia auf sogenannte Arbeitsunwillige stattgefunden, bei der 150 Juden abgeführt worden seien. (Czerniaków, Getto, S. 87)

54 Unternehmen in jüdischem Besitz waren von den Zwangsliquidierungen im Zuge der sogenannten Rationalisierung der Wirtschaft im Generalgouvernement ganz besonders betroffen. (Siehe hierzu auch Anm. 10 zu S. 423f.) Viele kleinere Handwerksbetriebe und Fabrikationen wurden im Herbst 1939 zwangsweise stillgelegt oder durften nach der Kriegszerstörung nicht wieder aufgebaut werden. Alle Neukonzessionierungen waren an einen Abstammungsnachweis der Inhaber gebunden. Der Raub des Eigentums jüdischer Unternehmer erfolgte nicht nur auf dem Verordnungsweg (»Verordnung über die Pflicht zur Anmeldung jüdischen Vermögens im Generalgouvernement« vom 24. 1. 1940, VBl.GG 1940 I, S. 31f.), sondern vielfach auch durch Betrug und Erpressung. Profiteure versuchten, Betriebe jüdischer Inhaber als »herrenlos« deklarieren und unter Treuhandschaft stellen zu lassen. Damit war meist zugleich die Entlassung aller jüdischen Arbeiter und Angestellten verbunden.

Vielfach waren die deutschen, »volksdeutschen« und polnischen Treuhänder eher an einer raschen Abschöpfung der vorgefundenen Werte interessiert als an einer ökonomisch verantwortungsvollen Fortführung der Betriebe, so daß sie diese innerhalb kurzer Zeit in den Konkurs trieben. Von den 1000 in »Treuhand« überführten Unternehmungen in Warschau aus polnischem und jüdischem Besitz waren im Jahr 1940 lediglich 300 noch produktionsfähig. (Majer, »Fremdvölkische«, S. 538)

Nach dem Bericht des Amts des Generalgouverneurs an Hitler vom Juli 1940 (FGM, Dok.136, S. 184) sollte Juden die Wiederaufnahme von Tätigkeiten in der Industrie, im Im- und Export, im Banken- und Versicherungsgewerbe sowie im Transport- und Speicherwesen grundsätzlich verboten sein. Wie es hieß, sei ihr Ausschluß im mittelständischen Gewerbe, im Handwerk und im Einzelhandel anzustreben, jedoch zu diesem Zeitpunkt noch nicht vollständig realisierbar. Die noch zugelassenen Betriebe, die schärfsten Kontrollen unterliegen sollten, litten unter rapidem Auftragsverlust.

Diese Politik erfuhr 1941 mit dem Aufbau der Ghettowirtschaft einige Änderungen. (Siehe insgesamt: Majer, »Fremdvölkische«, S. 535–539; Gutman, Jews, S. 19–21; Sakowska, Menschen, S. 50–53; Madajczyk, Okkupationspolitik, S. 558 sowie Bömelburg und Musial, *Besatzungspolitik*, S. 81.)

Otwock, Sommer 1940 [A]

1 Parallel zur Hauptstrecke Warschau – Lublin verlief zwischen Warschau und Karczew eine Nebenstrecke, die ebenfalls über Otwock führte. Diese gehörte zur Ostbahn. (Deutsches Kursbuch Gesamtausgabe, Jahresfahrplan 1944/45, S. 112, Angaben zur Strecke 536 d)

2 Der Kauf von Lebensmitteln auf dem schwarzen Markt war für die nichtdeutsche Bevölkerung der Städte im Generalgouvernement angesichts unzureichender offizieller Zuteilungen lebensnotwendig, da diese nur maximal 50 Prozent des Mindestbedarfs deckten. Seit Beginn der deutschen Besatzungsherrschaft, verstärkt ab 1941, beruhte die Versorgung im Generalgouvernement zwingend auf illegalem Handel vor allem mit Agrarprodukten, die schwarz gegen Geld oder im Tausch gegen städtische Konsumgüter verschoben wurden. An dem illegalen Warentransfer zwischen den ländlichen Regionen

und den Städten beteiligten sich Menschen aller Bevölkerungsschichten. (Siehe hierzu auch Anm. 11, S. 424f.)
Schwarzhandel gab es in allen Größenordnungen, von einfachen Tauschgeschäften zwischen Einzelpersonen zur Direktversorgung bis hin zu Großhändlern, denen es gelang, mit breit angelegten Handelsringen ein Vermögen zu erwirtschaften. Auch in kleinerem Maßstab betrieben, sicherte regelmäßiger Schwarzhandel zu erhöhten Preisen den Zwischenhändlern ein Einkommen, das einen regulären Durchschnittslohn um ein Mehrfaches übersteigen konnte.
Der Warentransport im Großraum Warschau verlief hauptsächlich auf den fünf sternförmig ins Umland führenden Kleinbahnen, deren Personal mit den Händlern durch ein System von Bestechung und Warnung kooperierte. In Warschau etablierte sich der Schwarzmarkt zunächst als Straßenhandel, nach einem Verbot der Stadtverwaltung vom 5. Januar 1940 wichen die Verkäufer auf den Hausierhandel aus oder nutzten die regulären Märkte der Stadt.
Offiziell wurden Schwarzmarktgeschäfte mit Höchststrafen geahndet, es konnten Geld-, Gefängnis- und Zuchthausstrafen in unbegrenzter Höhe verhängt werden (§§ 5 und 6 der »Verordnung über die Preisbildung im Generalgouvernement« vom 12. 4. 1940, VBl. GG 1940 I, S. 132f.) sowie die Einweisung in ein Zwangsarbeits- oder Konzentrationslager folgen. Schwarzschlächtern drohte die Todesstrafe. In der Praxis zeigten sich die deutschen Behörden jedoch relativ inkonsequent in der Verfolgung des Schwarzhandels, verstärkte Razzien wechselten mit Perioden der Duldung, welche nicht unwesentlich auf der Korruption der Kontrollorgane beruhte.
Auch die deutsche Führungsebene im Generalgouvernement hatte ein ambivalentes Verhältnis zum Schwarzhandel. Zwar wollte man ihn einerseits bekämpfen, andererseits aber die permanente Unterversorgung der Bevölkerung aufhalten, um eine geregelte Produktion mit dazu befähigten Arbeitern zu gewährleisten. Dies war mit den legalen Pro-Kopf-Rationen nicht möglich. Darüber hinaus sah man sich außerstande, mit den vorhandenen Polizeikräften alle Warenströme zu kontrollieren.
(Siehe insgesamt: Szarota, Warschau, S. 118–130; Madajczyk, Okkupationspolitik, S. 596–602; Majer, »Fremdvölkische«, S. 884; Musial, *Recht*, S. 46f. sowie Gerlach, *Bedeutung*.)

3 Juden waren Fahrten mit der Eisenbahn im gesamten Generalgouvernement seit dem 27. Januar 1940 verboten. Ausnahmen galten nur für diejenigen, die im Auftrag einer deutschen Behörde reisten und eine Genehmigung besaßen. Übertretungen dieses Verbots konnten vor Sondergerichten mit Haft- oder Geldstrafen in unbegrenzter Höhe geahndet werden. (»Verordnung über die Benutzung der Eisenbahn durch Juden im Generalgouvernement« vom 26. 1. 1940, VBl.GG 1940 I, S. 45)
Offenbar galt diese Regelung zunächst nicht für Klein- und Nebenbahnen, denn noch im September 1940 forderte die Abteilung Preisüberwachung im Amt des Generalgouverneurs, dieses Verbot auch auf Neben- und Straßenbahnen sowie Droschken auszudehnen. (FGM, Dok. 57, S. 97) Eine entsprechende Verordnung erging am 20. Februar 1941. (VBl.GG 1941, S. 69f.)

4 Im gesamten Generalgouvernement begannen die deutschen Wasserwirtschaftsämter 1939/40 mit umfangreichen Meliorationsvorhaben. Zur Gewinnung von Anbauflächen und Wasserwegen sollten unter anderem Drainagen verlegt, Flüsse reguliert und eingedeicht werden.
Im Oktober 1940 waren knapp 42 000 Arbeiter im Wasserbau tätig, darunter 16 145 zur Arbeit verpflichtete Juden. (Präg und Jacobmeyer [Hg.], Diensttagebuch, S. 189–191 einschließlich der Anmerkung der Herausgeber S. 190) Gemäß der Aufstellung des Arbeitsbataillons des Warschauer Judenrats über die Arbeitsaußenstellen vom Juni 1940 waren täglich allein 3000 jüdische Zwangsarbeiter aus Warschau zur Bodenentwässerung am Weichselufer eingesetzt. (AŻIH, Ring I, 28, Teil II, Blatt 10, Position 144) Siehe hierzu auch die Abbildung auf S. 389 oben.

5 Seit Jahresbeginn 1940 war in Berlin und seitens des SS- und Polizeiführers von Lublin,

Odilo Globocnik, erwogen worden, an der Ostgrenze des Generalgouvernements Arbeitslager zum Bau von Befestigungsanlagen zu errichten. Ein erstes Lager ließ Globocnik im Frühjahr 1940 in Bełżec einrichten. Im Juni 1940 erhielt er die Unterstützung der Wehrmacht zum Aufbau eines entsprechenden Lagersystems zwischen San und Bug entlang der deutsch-sowjetischen Demarkationslinie, wofür er einen Bedarf von 31 000 jüdischen Zwangsarbeitern anmeldete.
Am 6. August 1940 sagten die Arbeitsverwaltungen in Warschau, Radom und Krakau zu, aus ihren Distrikten jüdische Arbeiter in die Lubliner Lager zu schicken. (Protokoll der Sitzung der Abteilung Arbeit im Generalgouvernement, FGM, Dok. 163, S. 215) Diese sollten nicht nur zum Bau der Befestigungsanlagen, sondern auch in Lagern für Wasser- und Straßenbauprojekte eingesetzt werden. Für derartige Projekte im Distrikt Lublin, die teilweise privatwirtschaftlich betrieben wurden, bestand ein Bedarf von mehreren Tausend Arbeitern.
Der Befehl zur Gestellung von Warschauer Juden für diese Lager kam Anfang August 1940. Eine erste Gruppe von 435 Männern verließ die Stadt am 16. August. Im Verlauf des Jahres 1940 fuhren fünfzehn Arbeitertransporte mit insgesamt 4118 Juden aus Warschau in den Distrikt Lublin, von denen die Mehrheit in dreizehn Lager für Wasserbau eingewiesen wurde, weitere in Straßenbaulager, in die SS-eigenen Lager zum Bau der Befestigungen und in zwei Lager in den Städten Lublin und Zamość. Die Aussicht auf eine Prämie von täglich 1,50 bis 2,50 Złoty bewirkte, daß sich für die ersten drei Transporte überwiegend Freiwillige aus den ärmsten Bevölkerungsschichten meldeten. So bestand die erste Gruppe aus 360 Freiwilligen und 75 zwangsweise einberufenen Männern.
Nachdem sich in Warschau erste Berichte über die katastrophalen Zustände in den Lagern herumgesprochen hatten und sich kaum mehr Freiwillige meldeten, rekrutierte das Warschauer Arbeitsamt die benötigten Arbeitskräfte von September bis November 1940 mittels Gestellungsbefehl und teilte Juden aus Haftstätten zur Verschickung ein. Zugleich unternahm der Warschauer Judenrat einige Versuche, die Arbeiter in Lublin materiell und medizinisch zu unterstützen. Desgleichen suchte man bei den deutschen Behörden den Schutz einiger Personengruppen vor der Deportation zu erwirken.
Das Lubliner Arbeitsprogramm wurde mit Beginn des Winters 1940/41 unterbrochen und nach einer Wiederaufnahme 1941 eingestellt, da sich einige der Projekte als unzweckmäßig erwiesen und die Arbeit mit ausgezehrten Arbeitern wenig Gewinne für die deutsche Seite erbracht hatte.
(Siehe insgesamt den Bericht des Arbeitsbataillons des Warschauer Judenrats über die Lager in Lublin im Jahr 1940, besonders Anlagen Nr. 1 und 28, AŻIH, Ring II, 128 [in Auszügen abgedruckt in FGM, Dok. 169, S. 218–222]; die Tagebucheinträge von Adam Czerniaków in den Wochen nach dem 9. 8. 1940, Getto, ab S. 100 sowie Browning, *Nazi Germany's Initial Attempt*, und Kiełboń, *Judendeportationen*, S. 120–124.)

6 In Warschau trafen nach kurzer Zeit verschiedene alarmierende Berichte über die Arbeitslager ein, die sich teils aus Nachrichten der Gefangenen, teils aus Berichten von Emissären der jüdischen Gemeinde Warschaus speisten. Ende 1940 verfaßte das Arbeitsbataillon des Warschauer Judenrats einen umfangreichen Bericht, in dem es die völlig unzureichenden Lebensbedingungen, die Unterernährung, die Gewalttaten des Wachpersonals und die Seuchengefahr in den Lubliner Lagern dokumentierte. (Undatierter Bericht, vermutlich vom Dezember 1940, AŻIH, Ring II, 128; siehe auch Auszüge daraus in FGM, Dok. 169, S. 218–222.)
Diese Kenntnisse verbreiteten sich rasch unter der jüdischen Bevölkerung in Warschau, wie aus einem Memorandum des Judenrats vom November 1940 hervorgeht: »In der dritten und vierten Woche, als die ersten schlechten Berichte aus den Lagern kamen, hörte der Freiwilligeneinsatz auf und die Einberufenen, die bisher ihrer Einberufung Folge geleistet hatten, begannen, aus Furcht vor den schlimmen Nachrichten, die aus den Lagern kamen, den Einberufungen nicht mehr in voller Höhe nachzukommen. Die Verhältnisse in den Lagern waren und sind auch in Wirklichkeit äußert schlechte. Abgesehen davon, daß den Verlagerten die in Aussicht gestellte Bezahlung in Form von Leistungsprämien nicht

gegeben wurden, waren die Unterbringungs- Verpflegungs- und Sanitärverhältnisse die denkbar schlechtesten.« (Abschrift des den Behörden vorgelegten Memorandums des Warschauer Judenrats vom 8. 11. 1940, Original in deutscher Sprache, AŻIH, Ring II, 128, Anlage Nr. 27, S. 46)

7 In den Arbeitslagern im Distrikt Lublin waren frühere polnische Staatsbürger ukrainischer Nationalität als Wachpersonal eingesetzt. (Richtlinien des SSPF Lublin für den Einsatz in Zwangsarbeitslagern, undatiert, vermutlich vom Mai 1940, BA, Film 72200, unpag.) Unter Ausnutzung bestehender Nationalitätenkonflikte machten die deutschen Besatzungsorgane der ukrainischen Minderheit, die vorwiegend im Osten des Generalgouvernements lebte, verschiedene Angebote zur Kollaboration. Das hier erwähnte Wachpersonal war nicht identisch mit den »Trawnikis« oder »Askaris« genannten ehemaligen ukrainischen Soldaten der Roten Armee, die 1942 aus deutschen Kriegsgefangenenlagern als Hilfspolizisten angeworben wurden und als Wachmannschaften in den Vernichtungslagern bzw. während der »Ghettoräumungen« eingesetzt waren.

8 Zu Gniewoszów, etwa 50 Kilometer östlich der Stadt Radom, siehe ausführlich ab S. 175.

9 Dęblin und Puławy liegen je etwa 15 Kilometer nördlich bzw. südlich von Gniewoszów auf dem Ostufer der Weichsel und gehörten nach den damaligen deutschen Verwaltungsgrenzen zum Distrikt Lublin des Generalgouvernements.

10 Um eine Zahnarztpraxis für alle Bewohner des Ortes zu eröffnen, mußte Leopold Winnykamień wahrscheinlich eine ganze Reihe bürokratischer Hürden überwinden. Die 1939 eingerichtete Gesundheitskammer im Generalgouvernement hatte jüdischen Ärzten am 6. März 1940 ein Behandlungsverbot für nichtjüdische Patienten erteilt. In Ermangelung nichtjüdischer Ersatzärzte waren – besonders in ländlichen Regionen – befristete Ausnahmen zugelassen, sofern der jeweilige Kreisarzt sie genehmigte. Diese Berechtigungen wurden jeweils nur für einen Monat erteilt. Die Regelungen galten für Ärzte, Zahnärzte, Feldscher und Hebammen.

(Erste und zweite »Anordnung. Betr. Behandlung von Juden« des Leiters der Gesundheitskammer im Generalgouvernement, in Vertretung Kroll, an die Distriktsärzte vom 6.3. und 7.5.1940, abgedruckt in Zdrowie i Życie, 1. Jg., Nr. 3, 15. 9. 1940, S. 23f.)

Werner Kroll hielt im Herbst 1940 die flächendeckende Betreuung durch nichtjüdische Ärzte für gewährleistet. (Kroll, *Die Gesundheitskammer*, in: Gesundheit und Leben, 1. Jg., Nr. 1, 1.9.1940, S. 2f.) Im darauffolgenden Jahr mußte er jedoch eingestehen, daß lediglich »eine möglichst strenge Scheidung zwischen Ariern und Juden« im Gesundheitswesen erreicht und die Tätigkeit jüdischer Ärzte »fast ausschließlich« auf die Behandlung von Juden beschränkt sei. Daher müsse die völlige Ausschließung der jüdischen Mediziner aus der allgemeinen Versorgung weiter vorangetrieben werden. (Kroll, *Die Moral der Heilberufe und das Judentum*, erster Teil, in: Gesundheit und Leben, 2. Jg. Nr. 12 [29], 23. 3. 1941, S. 170–173, hier zitiert S. 170 und 173)

Gut möglich, daß Leopold Winnykamień zunächst als Zahnarzt für die jüdische Bevölkerung Gniewoszóws zugelassen worden ist und dann, mit Duldung der lokalen Behörden, weil keine Alternative in Sicht war, auch nichtjüdische polnische Patienten behandeln durfte. Letzteres wurde auf örtliche Initiative erst im Mai 1942 mit der Bildung des Ghettos in Gniewoszów und dem Eintreffen einer polnischen Zahnärztin unterbunden. (Siehe S. 211) Erinnerungsberichte überlebender Juden aus Gniewoszów erwähnen auch den polnischen Arzt Bronisław Kiełczyński, der unterschiedslos jüdische und polnische Patienten behandelt hat. (Bericht von Sara Gertner in: Shtokfish [Hg.], Ginivashov Memorial-Book, S. 310f.)

Ein ähnlicher Fall aus Szczebrzeszyn nahe Zamość im benachbarten Distrikt Lublin ist durch die Tagebuchaufzeichnungen des polnischen Arztes Zygmunt Klukowski bekannt. Der kleine Ort hatte einen einzigen – jüdischen – Zahnarzt, der, anscheinend ebenfalls unter den Augen der Zivilverwaltung, die eigene Praxis bis zu seiner Verhaftung am 7. Mai 1942 weiterführen durfte. (Klukowski, Diary, S. 112 und 195)

Warschau, September und Oktober 1940 [A]

1 Die Einrichtung öffentlicher Küchen stammte aus der Zeit der Belagerung Warschaus 1939, als man sich pro Block oder Haus zusammenschloß, um diese Gemeinschaft zentral zu versorgen. Manche dieser Volks-, Sozial- oder Suppenküchen blieben nach der deutschen Besatzung bestehen. Sie waren für die nach Warschau strömenden Flüchtlinge oft die einzige Versorgungsmöglichkeit. Im Laufe der Zeit gab es viele verschiedene Suppenküchen – organisiert von Hauskommittees, den unterschiedlichen Landsmannschaften, vom Judenrat oder von der Jüdischen Sozialen Selbsthilfe (JSS). Da die Finanzierung immer schwierig war, mußten Spenden aller Art eingetrieben werden (von wohlhabenden Juden, dem Joint, der JSS). Zu dieser Zeit kostete eine Suppe 10 Groszy. Täglich wurden zigtausende bedürftige Menschen – Juden und Nichtjuden – auf diese Art versorgt, genauere Angaben fehlen jedoch. (Sakowska, Menschen, S. 91–102; Engelking und Leociak, Getto, S. 301–307)

2 Gemeint ist der Ordnungsdienst innerhalb des Arbeitsbataillons des Judenrats, der für die Disziplin in den Unterkünften, die Ahndung von Widersetzlichkeiten und Nachforschungen gegen jene verantwortlich war, die sich dem Aufruf zur Zwangsarbeit entzogen. Dieser aus 111 Mann bestehende Ordnungsdienst, der dem Straf- und Exekutivreferat des Arbeitsbataillons zugeordnet war, bildete die Basis für den im Oktober 1940 gegründeten jüdischen Ordnungsdienst, der innerhalb des Ghettos Polizeifunktionen ausübte. Der Ordnungsdienst des Arbeitsbataillons konnte zur Ahndung Geldstrafen verhängen, zusätzliche Arbeitstage auferlegen und Säumige unter Zwang an ihren vorgesehenen Arbeitsplatz überstellen. (Allgemeiner Bericht des Arbeitsbataillons des Judenrats für das Jahr 1940, AŻIH, Ring I, 28, Bl. 4 und 17 sowie Berenstein, *Praca*, S. 46)

3 Nach der am 5. Juli 1940 vereinbarten Zuständigkeitsverteilung zwischen der Arbeitsverwaltung und der SS bei der Organisation des Zwangsarbeitseinsatzes war die »Sicherung der Durchführung der Maßnahmen bei der Erfassung« weiterhin Aufgabe von SS und Polizei. (Doc. Occ., Bd. VI, S. 568–572, hier 571) Im Lagebericht der Abteilung Arbeit im Distrikt Warschau für September 1940 heißt es dazu, die Behörde sei angesichts der ausbleibenden Freiwilligen für die Lubliner Lager »gezwungen gewesen, mit Hilfe der Polizei die erforderlichen Arbeitskräfte zu erfassen und dem Auffanglager zuführen zu lassen«, wobei das Arbeitsamt der Polizei eine entsprechende Namensliste übergeben habe. »Von den darin aufgeführten 700 Juden konnten nur 183 gefaßt werden. Die übrigen Juden waren ausnahmslos geflüchtet und in ihren Wohnungen nicht mehr anzutreffen.« (Bericht vom 3.10.1940, Doc. Occ., Bd. X, S. 450–456, hier S. 455)

4 Vermutlich meint F.W. den Ort des Rettungsdienstes in der Ul. Leszno 58. Dort befand sich seit der Vorkriegszeit eine Ambulanz, in der Notfälle versorgt und von dort aus zu anderen Ärzten oder in Krankenhäuser überwiesen wurden. (Engelking und Leociak, Getto, S. 245)

Gniewoszów, Oktober 1940 bis Juni 1942 [A]

1 Während der deutschen Besatzungszeit gehörte Gniewoszów zur Kreishauptmannschaft Radom-Land des Distrikts Radom. Dem polnischen Magistrat des Ortes stand in dieser Zeit ein »volksdeutscher« Bürgermeister, Theophil Pfau, vor. Historisch und verwaltungstechnisch war die Kleinstadt eng mit dem im Süden angrenzenden Nachbarort Granica verbunden, beide gehörten seit der Zwischenkriegszeit administrativ zur Gemeinde Sarnow. 1954 wurden Gniewoszów und Granica unter dem Namen Gniewoszów offiziell vereinigt.
Erste urkundliche Zeugnisse über Gniewoszów reichen in das Jahr 1693 zurück. In der ersten Hälfte des 18. Jahrhunderts erhielten sowohl Gniewoszów als auch Granica die Stadtrechte. Der Doppelort war wegen seiner Lage an der Handelsroute zwischen Warschau und Lublin deutlich vom Gewerbe geprägt.

In Gniewoszów und Granica ist die Existenz jüdischer Gemeinden seit dem 18. Jahrhundert nachgewiesen. In beiden Orten bestanden eigenständige Glaubensgemeinschaften, die im 19. Jahrhundert vereinigt, seit 1908 jedoch erneut getrennt waren. Da sie jeweils einen Friedhof, Gebetshäuser und Religionsschulen unterhalten hatten, bestand sowohl in Gniewoszów als auch in Granica eine Synagoge, welche die deutschen Besatzer 1939 zerstörten und in einen Pferdestall bzw. eine Schmiede umwandelten.
Vor dem deutschen Überfall im September 1939 zählten beide Orte zusammen wenige tausend Einwohner. (Statistiken über die Gesamtbevölkerung existieren lediglich für 1921, spätere Zählungen führen sie nur innerhalb der Großgemeinde Sarnow auf). Juden stellten in beiden Orten die Bevölkerungsmehrheit. Nach dem polnischen Zensus von 1921 waren 66,4 % der Einwohner von Gniewoszów jüdischer Herkunft (585 Personen) und 63,2 % der Bürger Granicas (651 Personen). Im September 1939 lebten in beiden Gemeinden zusammen etwa 1580 Juden, die vorwiegend im Handwerk und im Handel tätig waren.
Wegen der Zerstörungen durch die Kämpfe an der Weichsel und bei der Belagerung des Ortes in der letzten Kriegsphase sind amtliche Dokumente der Ortsverwaltung und des Judenrats in Gniewoszów nicht erhalten. Nur in wenigen Ausnahmefällen existieren Überlieferungen aus Korrespondenzen mit übergeordneten Dienststellen in Radom. Die Erforschung des Schicksals Gniewoszóws und Granicas und ihrer jüdischen Gemeinden während der deutschen Besatzungszeit kann daher im wesentlichen nur auf Augenzeugenberichten beruhen. In Israel gab ein Komitee ehemaliger jüdischer Bürger von Gniewoszów im Jahr 1971 eine umfangreiche Sammlung solcher Erinnerungsberichte heraus: Shtokfish (Hg.), Ginivashov Memorial-Book. Diese in hebräischer und jiddischer Sprache verfaßten Lebenszeugnisse geben ein Bild von der Geschichte der jüdischen Gemeinde Gniewoszóws in der ersten Hälfte des 20. Jahrhunderts bis zu ihrer Zerstörung im August 1942.
Angaben zur historischen Entwicklung beider Orte enthalten die Kurzdarstellung »*History of Ginivashow and Granitz*«, in: ebenda, S. 6–9 sowie der Beitrag über Gniewoszów in: Pinkas ha-Kehillot Polin, Bd. VII, S. 121f. und Apenszlak (Hg.), Black Book, S. 226. Wir danken Herrn Dr. Sebastian Piątkowski vom Archivum Państwowe w Radomiu für Angaben zur Dokumentenlage sowie zur Verwaltungsgeschichte und Bevölkerungszahl beider Orte.

2 Zu den Arbeitsbedingungen Leopold Winnykamieńs siehe oben Anm. 10, S. 438.

3 Wie überlebende Juden aus Gniewoszów berichten, erfuhr die jüdische Bevölkerung zu Beginn der deutschen Besatzung (ab 16.9.1939) durchaus die Willkürherrschaft der Deutschen, darunter Erschießungen, Plünderungen jüdischer Geschäfte, völlig sinnlose Zwangsarbeit, willkürliche Mißhandlungen sowie das Abschneiden und Verbrennen von Bärten. (Siehe die Augenzeugenberichte in Shtokfish [Hg.], Ginivashov Memorial-Book: von Abraham Libhaber S. 286ff., Sara Gertner S. 310f., Perez Shapira S. 331 und Malka Tirangel S. 348ff.) Nach dem Bericht von Riwka Rosenberg war die Lage der Juden zu der Zeit, als Familie Winnykamień nach Gniewoszów zog, tatsächlich besser als in anderen Orten des Generalgouvernements. Sie selbst kehrte ungefähr um die gleiche Zeit aus einem kleinen Städtchen des Distriktes Lublin in ihre Heimatstadt Gniewoszów zurück. (Ebenda, S. 376ff.)

4 Gniewoszów wurde durch den deutschen Gendarmeriezug Radom-Land kontrolliert. Dieser war in mindestens neun Posten zu je etwa zehn bis fünfzehn Beamten aufgeteilt, die nächstgelegenen befanden sich in Kozienice und Zwoleń. Von dort aus führten die Gendarmen in unregelmäßigen Abständen Patrouillen in die umliegenden Orte durch. Für Gniewoszów war offenbar die Gendarmerie aus Zwoleń zuständig. In den kleineren Gemeinden selbst war lediglich polnische Polizei stationiert, die der deutschen Gendarmerie unterstand.
(Siehe die Aussagen von R. F. am 28.1.1965 und von J. J. am 7.4.1967 im Ermittlungsverfahren 2 Js 161/65 der StA Verden/Aller betreffend die Gendarmerie Radom-Land, BAL, B 162/ AR-Z 19/64, Bd. I, Bl. 242 und Bd. III, Bl. 670; Einstellungsverfügung der StA Frankfurt/Main

vom 16.4.1984 im Verfahren 50 Js 19.946/78 betreffend den Gendarmerieposten und das Ghetto in Kozienice, BAL, B 162/ AR-Z 73/76 -R-, Bd. I, Bl. 115ff.; Aussage H. N. vom 6.3.1972 und den Schlußvermerk im Vorermittlungsverfahren der Zentralen Stelle Ludwigsburg gegen Unbekannt betreffend Zwoleń und Umgebung, BAL, B 162/ AR-Z 95/80 -R-, Bd. III, Bl. 232 und 458ff.)

5 Einziger Überlebender der Familie Perelsztajn war Herszels Bruder David, der 1969 von Polen nach Israel auswanderte. Er nennt die Namen der einzelnen Familienmitglieder: Vater Josua, Mutter Perel Perelsztajn, seine Geschwister hießen Sara, Mosche, Herszel, Hanna, Abraham, Heske und Simcha. (Shtokfish [Hg.], Ginivashov Memorial-Book, S. 537 u. 531 mit Fotos der Familienmitglieder)

6 Gemeint ist wahrscheinlich »der deutsche und sowjetische Krieg« und damit die nach dem deutschen Überfall auf Polen erfolgte Besetzung der ostpolnischen Gebiete durch die Sowjetunion. Im Anschluß an die Aufteilung der Interessensphären im geheimen Zusatzprotokoll zum deutsch-sowjetischen Nichtangriffspakt vom 23. August 1939 überschritten sowjetische Truppen am 17. September 1939 die polnische Ostgrenze und besetzten die östlich des Bug gelegenen Gebiete Polens. Das Deutsche Reich und die Sowjetunion versicherten sich ihrer Herrschaftsgebiete entlang dieser Linie im gegenseitigen Grenz- und Freundschaftsvertrag vom 28. September 1939. Damit unterstand auch das seit Ende des Ersten Weltkriegs polnische Ostgalizien mit der Stadt Lwów (Lemberg) für die folgenden eindreiviertel Jahre sowjetischer Verwaltung. Im Zuge des deutschen Überfalls auf die Sowjetunion am 22. Juni 1941 besetzte die deutsche Wehrmacht das Gebiet, das am 1. August 1941 als fünfter Distrikt ins Generalgouvernement eingegliedert wurde. Allein dort fielen mindestens weitere 540000 Juden unter die nationalsozialistische Herrschaft.

7 Der Name des Gastwirts wird im Original genannt, jedoch hier und im folgenden, auch auf Wunsch von F.W., aus Personenschutzgründen anonymisiert.

8 Als die Familie Winnykamień 1940 nach Gniewoszów zog, existierte dort bereits ein Judenrat. Sein Vorsitzender war Jakob Dyner und dessen Stellvertreter Josef Kuropatwa. Nach den geltenden Bestimmungen hätte der Gniewoszówer Judenrat zwölf Mitglieder haben müssen, weitere Namen sind jedoch nicht bekannt. Wann genau der Judenrat sich konstituiert hatte und ob er aus den Vorkriegsstrukturen der Jüdischen Gemeinde hervorgegangen war, ließ sich nicht ermitteln.

Die deutsche »Verordnung über die Einsetzung von Judenräten« für das Generalgouvernement stammte vom 28. November 1939 und bestimmte:

»§ 1 In jeder Gemeinde wird eine Vertretung der Juden gebildet.

§ 2 Diese Vertretung der Juden, Judenrat genannt, besteht in Gemeinden bis zu 10 000 Einwohnern aus 12, in Gemeinden über 10 000 Einwohnern aus 24 Juden, die der ortsansässigen Bevölkerung entstammen. Der Judenrat wird durch die Juden der Gemeinde gewählt. Scheidet ein Mitglied des Judenrates aus, so ist sofort ein neues zuzuwählen.

§ 3 Der Judenrat wählt aus seiner Mitte einen Obmann und einen Stellvertreter.

§ 4 [...] Der Kreishauptmann (Stadthauptmann) entscheidet darüber, ob die mitgeteilte Besetzung anzuerkennen ist. Er kann eine andersartige Besetzung verfügen.

§ 5 Der Judenrat ist verpflichtet, durch seinen Obmann oder durch seinen Stellvertreter die Befehle deutscher Dienststellen entgegenzunehmen. Er haftet für seine gewissenhafte Durchführung in vollem Umfange. Den Weisungen, die er zum Vollzuge dieser deutschen Anordnungen erläßt, haben sämtliche Juden und Jüdinnen zu gehorchen.«

(VBl.GG 1939, S. 72/73)

Der Gouverneur des Distrikts Radom hatte diese Bestimmungen in seiner »Verordnung über die Judenabwanderung« vom 20. November 1939 bereits vorweggenommen und die Einrichtung »jüdischer Ältestenräte« in allen Gemeinden angeordnet. Diese seien in dem Prozeß der beginnenden umfangreichen Bevölkerungsverschiebungen »für die exakte und termingemäße Durchführung« aller behördlichen Anweisungen verantwortlich. Bei Widersetzlichkeiten drohten ihnen »schärfste Maßnahmen«. (Amtsblatt des Chefs des Distrikts Radom Nr.1, 1939 vom 20.11.1939, S. 10–12, hier S. 11)

Mit diesen Verordnungen schufen die Besatzungsbehörden im Generalgouvernement das rechtliche Instrument, alle Juden dieser Verwaltungseinheit unter absolute Kontrolle zu nehmen. Die Mitglieder der Judenräte mußten persönlich für die Durchsetzung aller deutschen Anweisungen haften. Neben dem Zwang, deutsche Befehle umzusetzen, oblagen den Judenräten auch noch die Verpflichtungen, für die jede Jüdische Gemeinde traditionell verantwortlich ist: Wohlfahrt sowie religiöse und soziale Betreuung.
Die später auftauchenden Konflikte zwischen der jüdischen Bevölkerung und ihren Vertretern waren durch die sich widersprechende Aufgabenhäufung der Judenräte vorprogrammiert. Dies war von deutscher Seite perfiderweise einkalkuliert: »Wenn es Mangelerscheinungen gibt, dann richtet die jüdische Bevölkerung ihren Protest an erster Stelle gegen das jüdische Management und nicht gegen die deutschen Behörden.« (Brief Heinz Auerswalds, Kommissar des Warschauer Ghettos, an den Bevollmächtigten des Generalgouverneurs in Berlin, Dr. von Medeazza, 24.11.1941, zit. nach Trunk, Judenrat, S. 261)

9 Es scheint zumindest im Distrikt Radom häufiger vorgekommen zu sein, daß die jüdischen Gemeinden im Verlauf einer Razzia die Wirtshausrechnungen der Deutschen zahlten. Aus Gniewoszów erinnert sich Jakob Kormann, daß Deutsche sich vom dortigen Judenrat in der Wohnung von Josef Kuropatwa üppige Mahlzeiten auftischen ließen. (Jakob Korman, in: Shtokfish [Hg.], Ginivashow Memorial-Book, S. 406) Eine andere Zeche während einer Razzia in Starachowice am 28. August 1940 wurde beim Arbeitsamt Radom aktenkundig, nachdem Beschwerden wegen der außerplanmäßigen Verschleppung von einhundert im Kreis benötigten jüdischen Arbeitern nach Lublin eingegangen waren. Wie sich herausstellte, hatte der Judenrat einem Kasino in Starachowice 1350 Złoty für das Essen und den erheblichen Alkoholkonsum der etwa fünfzig an der »Aushebung der Juden« mitwirkenden Personen gezahlt. In den vom Arbeitsamt eingeholten Stellungnahmen wiesen die beteiligten Angehörigen des Arbeitsamtes und der deutschen Polizei die Verantwortung für das Gelage jeweils von sich. Offen blieb damit, auf wessen Initiative hin der Judenrat die Kosten übernommen bzw. ob er von sich aus die Zeche ausgelegt hatte, um die Auswahl der Zwangsarbeiter zu beeinflussen. (APR, Gubernator Dystryktu Nr. 806, Bl. 1–18)

10 Bei den Wachmannschaften handelte es sich vermutlich um Angehörige des »Sonderdienstes«, hilfspolizeilicher Kommandos, die der Zivilverwaltung des Generalgouvernements seit Mai 1940 zur Verfügung standen. Der »Sonderdienst« rekrutierte sich aus »Volksdeutschen« im Alter von 18 bis 40 Jahren und wurde zum Wach- und Objektschutz, zur Preisüberwachung, Ernte- und Steuereintreibung herangezogen. (Scheffler, *Einordnung*, S. 201 und Broszat, Polenpolitik, S. 78)

11 Zwangsarbeiter, die sich ihrer Arbeit entzogen, konnten nach der Verordnung vom 12. Dezember 1939 mit Zuchthaus bis zu zehn Jahren bestraft werden. (VOBl.GG 1939, S. 246–248) Zwar war F.W.s Kalkül aufgegangen, und er wurde nicht weiter gesucht, doch ein Parallelfall zeigt, was auch ihm hätte passieren können:
Das Sondergericht Warschau verhängte gegen einen jungen Juden aus Skierniewice, der seit dem 1. September 1940 in Untersuchungshaft saß, am 27. März 1941 eine Strafe von über einem Jahr Zuchthaus und die Zahlung der Verfahrenskosten von 20 Reichsmark für folgendes Vergehen:
»Sie sind Jude und unterliegen als 21jähriger Jude dem Arbeitszwang. Sie wurden am 28.6.1940 zu den Meliorationsarbeiten in Wola-Makowska vom 1. Juli 1940 abbefohlen. Sie verliessen ohne Grund diesen Arbeitsplatz. [...] Erst am 10. Juli 1940 nahmen Sie beim Sägewerk Wola-Pekoczewska Arbeit auf, obwohl Sie dorthin nicht vermittelt waren, offensichtlich in der Absicht bei einem strafrechtlichen Einschreiten gegen Sie, sich auf freiwillige Arbeit berufen zu können.
Verbrechen nach §§1, 7 Abs. 1 Ziff. 1e der Erfassungsvorschrift vom 12.12. 1939.«
(BA Film 18576, unpag.)

12 Das jüdisch-gesellschaftliche Leben Gniewoszóws vor dem Einmarsch der Deutschen im September 1939 wird von einigen Überlebenden als höchst interessant und rege beschrie-

ben. Jede religiöse und politische Strömung sei vertreten gewesen, und der »Berufsverein« hätte die Isaak-Leib-Perez-Bibliothek unterhalten. (David Perlstein, in: Shtokfish [Hg.], Ginivashov Memorial-Book, S. 500–504)
Malka Tirangel, durch Heirat nach Gniewoszów gekommen, schloß sich der zionistischen Jugend an. Sie berichtet von Diskussions-, Spiel- und Tanzabenden, zu denen sie andere Jugendliche in ihr Haus einlud. Einigen dieses Kreises gelang es, vor 1939 nach Palästina auszuwandern. (Ebenda, S. 348ff.)

13 Korrespondenz F.W.s aus dieser Zeit ist nicht erhalten.
Der Postverkehr im Generalgouvernement wurde durch die »Deutsche Post Osten« (DPO) betrieben. In den Ghettos allerdings war die jeweilige Abteilung der Judenräte zuständig. Im Warschauer Ghetto schloß die DPO am 15. Januar 1941 ihr Postamt in der Ul. Zamenhofa, und der Judenrat übernahm es in seine Regie.
Vor Beginn der Deportationen aus dem Warschauer Ghetto am 22. Juli 1942 gab es einen gut funktionierenden Postverkehr ins Generalgouvernement (»Inland«). Der Zensur unterworfen waren nur Postsendungen ins Ausland.
(Siehe Ueberschär, Deutsche Reichspost, S. 117–126; Sakowska, Menschen, S. 58f.; Engelking und Leociak, Getto, S. 358ff.)

14 Diese Beschuldigungen gegen den Gaststättenbesitzer F. kannte F.W. nicht aus eigenem Erleben, sondern durch die damals kursierenden Gerüchte.

15 Nach anderthalb Monaten erzwungener Umzüge wurde das Ghetto in Warschau am 16. November 1940 endgültig abgeriegelt. Am 2. Oktober 1940 ordnete der Distriktgouverneur von Warschau, Ludwig Fischer, die Bildung eines abgeschlossenen »jüdischen Wohnbezirks« westlich der Innenstadt an. (Amtsblatt des Chefs des Distrikts Warschau im Generalgouvernement Nr. 10 1940, S. 145–147) Die Grenzen des bereits im Frühjahr 1940 umrissenen »Seuchensperrbezirks« im traditionellen jüdischen Wohnviertel Warschaus wurden weiter verengt.
Da im Ghetto ausschließlich Juden leben sollten, hatten nichtjüdische Nachbarn den künftigen Ghettobereich zu verlassen. Etwa 250 000 Bürger Warschaus – Juden und Nichtjuden – mußten ihre Wohnungen wechseln. Für die Umzüge gab es nur wenige Wochen Zeit, viele Betroffene mußten den größten Teil ihrer Habe zurücklassen.
Das 4,3 Quadratkilometer umfassende Ghettogebiet wurde mit einer drei Meter hohen, stacheldrahtbesetzten Mauer von den übrigen Stadtteilen abgetrennt. Anfangs bestanden 22, später nur 15 bewachte Zugänge, die bis Februar 1942 auf sieben reduziert wurden. Die Bewachung des Ghettos außerhalb der Mauer oblag der »blauen« polnischen Polizei sowie deutschen Patrouillen, im Inneren des Ghettos war der Jüdische Ordnungsdienst eingesetzt.
(Siehe die Karten auf den Seiten 398 und 399 und zum genauen Verlauf der Grenzen in den ersten Monaten sowie den Regelungen des Umzugs die »Bekanntmachung betr.: Bildung eines Juden-Wohnbezirks in der Stadt Warschau« des Stadthauptmanns im Mitteilungsblatt der Stadt Warschau Nr. 38 (55) vom 18.10.1940, S. 1–4 und dessen Anordnung vom 14.1.1941, ebenda, Nr. 3, 18.1.1941, S. 1–5.)
Anfänglich lebten etwa 400 000 Menschen im Warschauer Ghetto. Dessen Bewohnerzahl stieg mit den Flüchtlingen und durch den erzwungenen Zuzug aus umliegenden Gemeinden kontinuierlich und erreichte im März 1941 mit 445 000 registrierten Bewohnern ihren Höchststand. (Tabelle bei Gutman, Jews, S. 63) Die Gesamtzahl der Ghettobewohner wird einschließlich nicht gemeldeter Personen für 1941 auf 500 000 geschätzt.
Die Abriegelung des Ghettos führte zum Zusammenbruch von Wirtschaft und Handel in diesem Stadtteil. Die Versorgung der eingeschlossenen Bewohner hing von den Zuteilungen der deutschen »Transferstelle« ab, welche die offiziellen Nahrungsmittelrationen drastisch beschränkte und die Zufuhr im Winter 1940/41 zeitweise vollständig unterließ. In der ersten Jahreshälfte 1941 lagen die behördlich zugeteilten Lebensmittelmengen mit rund 200 Kilokalorien pro Tag weit unter dem Existenzminimum. (Vgl. die vom Untergrundarchiv des Warschauer Ghettos zusammengestellte Nährwerttabelle in FGM, Dok. 95, S. 136.) Infolge-

dessen grassierten Hungersnot und Seuchen, die Sterblichkeit stieg rapide und erreichte im Hochsommer 1941 einen Höhepunkt, als monatlich mehr als 5500 Menschen im Ghetto starben; auch in den folgenden Monaten lag die Zahl der Sterbefälle im Ghetto bei über 4500 monatlich. (Ebenda, Dok. 97, S. 138) Allein der Kauf eingeschmuggelter Lebensmittel zu überhöhten Preisen konnte das Überleben sichern. Unter diesen Umständen versetzten die meisten Ghettobewohner ihre gesamte Habe, um Waren des täglichen Bedarfs auf dem Schwarzmarkt erstehen zu können.
(Siehe insgesamt: Gutman, Jews, S. 62–116; Sakowska, Menschen, S. 55–80; Grabitz und Scheffler, Spuren, S. 9–15, mit Abbildungen bis S. 22; Browning, *Ghettoisierungspolitik*, S. 45–50; ders., Entfesselung, S. 185–199 und S. 239–248.)

16 F.W. mag Goebbels Stimme und den Inhalt so gehört und erinnert haben, doch ist keine Goebbels-Rede dieses Inhalts überliefert. Vielmehr findet sich in der Rede Friedrich Uebelhoers, des Regierungspräsidenten von Litzmannstadt (Łódź), die er zum »Tag der Freiheit« 1940 gehalten hatte, folgende Stelle:
»Gilt es doch hier [gemeint ist der »Warthegau«] das Gebiet ganz mit Deutschen zu besiedeln, die Judenpest auszurotten und das polnische Volkstum zunächst in die dienende Rolle zu verweisen mit dem Endziel der gänzlichen Entfernung aus diesem Raum.« (Reden zum Tag der Freiheit, S. 104) Diese Rede wurde am 26. Oktober 1940 im »Ostdeutschen Beobachter« veröffentlicht. F.W. kann sie also durchaus rezipiert haben.

17 Adek Litwak, der etwas älter als Pola Winnykamień war, arbeitete als Partner seines Vaters in dessen Druckerei in Łódź, bis diese durch die deutsche Besatzung enteignet wurde. Adek kannte Marek Mydlarz (siehe Anm. 31, S. 448) und war sehr gut mit ihm befreundet. Auf der Suche nach halbwegs erträglichen Lebensbedingungen verließ auch Familie Litwak die Stadt Łódź und befand sich Ende 1940 in Radom, wo es zu dieser Zeit noch kein Ghetto gab. (Interview F.W. Band I A, IX A)

18 Irena Bocian wurde als Irena Muszyńska 1908 in Krakau geboren, besuchte das Gymnasium und absolvierte ihre Ausbildung als Volksschullehrerin am Lehrerseminar in Bielsko-Biała. Ab Ende der 1920er Jahre arbeitete sie an der Schule in Gniewoszów. Dort lernte sie ihren Kollegen Antoni Bocian kennen. 1929 heirateten sie, und im April 1930 kam ihre Tochter Zofia zur Welt. Das Haus der Familie Bocian befand sich in unmittelbarer Nähe der Schule. Direktes Nachbarhaus war das des Schulleiters Gutkiewicz und seiner Familie, mit der Bocians guten beruflichen und privaten Kontakt pflegten.
Mit dem deutschen Überfall auf Polen veränderte sich auch das Leben der Familie Bocian: Antoni Bocian wurde als Reservist eingezogen, kämpfte in Warschau und geriet in deutsche Kriegsgefangenschaft. In Gniewoszów beschlagnahmten deutsche Truppen die Schule, so daß der Unterricht monatelang ausfiel. Bei den Bocians quartierten sich deutsche Offiziere ein. Spätestens im Frühjahr 1940 (der genaue Zeitpunkt ist nicht bekannt) verließen die deutschen Truppen Gniewoszów, und Irena Bocian nahm gerne die Familie Winnykamień als Untermieter auf. Wie sich Tochter Zofia im Jahr 2002 erinnerte, hatten F.W. oder dessen Vater am Markt ein Wohnungsgesuch ausgehängt, worauf sich Irena Bocian bei ihnen meldete.
Im Haus wohnte auch Irena Bocians Mutter, Helene Muszyńska. Die streng katholische Frau – sie hatte jahrelang als Stickerin sakrale Textilien einer Ordensgemeinschaft verziert – soll die religiöse Indifferenz ihrer Tochter und des Schwiegersohns toleriert haben. Nach Auskunft von Zofia Kwiatkowska waren ihre Eltern als Lehrer zwar in die örtlichen religiösen Strukturen eingebunden (Schulgottesdienste etc.) und feierten alle christlichen Feste, doch eine persönliche religiöse Bindung hatten sie nicht. (Zur Familiengeschichte insgesamt: Interview Zofia Kwiatkowska, Warschau 6. 2. 2002, Band IA und 8. 2. 2002, Band IA; siehe auch die Fotos S. 392f.)

19 Der Volksschullehrer Antoni Bocian (* 1903 in Garbatka, 15 km westlich von Gniewoszów) war als Kriegsgefangener bis 1945 im Offizierslager Neubrandenburg (Oflag II E 11) interniert. Irena Bocian lebte in dieser Zeit in ständiger Sorge um ihren Mann, stand mit ihm in regelmäßigem Briefwechsel und schickte ihm Lebensmittelpäckchen. Er antwortete in

den erlaubten Abständen: manchmal mit Fotos und selbst gestalteten Postkarten, einmal sogar – untergebracht in einem Märchenbuch für die Tochter – schickte er einen Kassiber über die gescheiterte Flucht dreier Mitgefangener, die dafür erschossen worden waren. Nach Kriegsende kehrte er zu seiner Familie zurück, die von Gniewoszów nach Radom gezogen war. (Insgesamt dazu: Interview Zofia Kwiatkowska, Warschau, 6.2.2002, Band IA, IIA.)

20 Leopold Winnykamieńs Vater Meier und dessen zweite Frau Raisa bezogen nach F.W.s Erinnerung ein leerstehendes Ladenlokal am Markt von Gniewoszów, das Leopold Winnykamień für sie angemietet hatte. Dieses Geschäft bestand aus einem Raum und einer Küche. (Interview F.W. Band IV A) Im Laufe der Zeit, als sich Meier Winnykamieńs Anwesenheit herumsprach, wurde er oft zu Kranken in der näheren und weiteren Umgebung geholt. F.W. erinnert sich, daß sein Großvater bei den Bauern beliebt gewesen ist, da er Tag und Nacht bereit war, Krankenbesuche zu machen; seine Bezahlung bestand oft aus Naturalien. (Interview F.W. Bd. V A)

21 Hauptsächlich wegen des Baus deutscher Truppenübungsplätze wurden zwischen 1940 und 1942 im Generalgouvernement 188 Ortschaften zwangsweise geräumt. Dieses betraf insbesondere den Distrikt Radom, wo die polnischen Bewohner von ca. 160 Dörfern ihre Wohnorte 1940 und 1941 verlassen mußten. Obwohl ihnen die Mitnahme ihrer beweglichen Habe gestattet und Entschädigungszahlungen für die beschlagnahmten Höfe zugesichert worden waren, verloren die meisten de facto ihren gesamten Besitz, ohne eine Kompensation zu erhalten. (Madajczyk, Okkupationspolitik, S. 421; Bömelburg und Musial, *Besatzungspolitik*, S. 92) Im Lagebericht der Kreishauptmannschaft Radom-Land für Oktober 1940 wurde festgestellt, daß diese Umsiedlung nur unter Anwendung von Gewalt stattfinden könne und im Kreis keine Möglichkeit bestehe, den hier etwa 70 000 betroffenen Personen neue Unterkünfte zur Verfügung zu stellen. (BA, R 52 III/25, Bl. 37) Aufgrund der Folgen dieser Vertreibungen und des Wohnraummangels verstärkten die deutschen Behörden im Distrikt die Ghettoisierung der jüdischen Bevölkerung. (Młynarczyk, *Organisation*, S. 167)

22 Irena Bocian setzte sich mit dieser Hilfe für F.W. selbst großen Gefahren aus. Zwar galt zu dieser Zeit noch nicht die am 15. Oktober 1941 erlassene Verordnung, wonach die Unterstützung fliehender Juden mit der Todesstrafe geahndet werden konnte, doch waren Hilfsleistungen für Juden auch zuvor bereits zu strafbaren Handlungen erklärt worden. So sah die »Zweite Durchführungsvorschrift zur Verordnung über die Einführung des Arbeitszwangs für die jüdische Bevölkerung im Generalgouvernement« vom 12. Dezember 1939 vor, auch Personen, die Juden bei Verstößen gegen den Arbeitszwang unterstützten, mit Zuchthaus bis zu zehn Jahren zu bestrafen. (VBl.GG, 1939, S. 246-248, hier § 7, S. 247)

23 Am Morgen des 22. Juni 1941 begann der deutsche Angriff auf die Sowjetunion (Tarnname »Unternehmen Barbarossa«). Er traf die Sowjetunion unvorbereitet. Ihre Luftverteidigung war nach wenigen Tagen gebrochen, die an der Westgrenze stationierten Armeeverbände wurden verlustreich geschlagen oder zurückgedrängt; mehr als eine Million Soldaten der Roten Armee gerieten in den ersten Monaten des Krieges in deutsche Gefangenschaft. Erst im Dezember 1941 wurden die deutschen Heeresverbände, deren Vorstoß bis zum Ural geplant war, vor Moskau aufgehalten.

Der Krieg gegen die Sowjetunion, geplant ab Dezember 1940, war, allem voran, ein ideologisch motivierter Vernichtungsfeldzug gegen Kommunisten, Juden und Slawen. In wirtschaftlicher Hinsicht war eine Ausplünderung der industriellen und natürlichen Ressourcen der Sowjetunion geplant, die ausschließlich dem Deutschen Reich und der Versorgung der eigenen Truppen zugute kommen sollten; ein Hungertod von Millionen sowjetischer Bürger war damit bewußt einkalkuliert worden. Der Krieg beinhaltete von Anfang an auch den völkerrechtswidrigen Kampf gegen die Zivilbevölkerung des angegriffenen Staates. Grundlegende Befehle, die das Vorgehen der deutschen Einheiten in diesem Krieg regelten, so die Anweisungen zur Ermordung sowjetischer Kriegsgefangener, politischer Funktionäre sowie »feindlicher Zivilpersonen«, brachen bewußt mit

dem geltenden Kriegsvölkerrecht (z.B. die »Richtlinien für die Behandlung politischer Kommissare« des OKW vom 6.6.1941 [»Kommissarbefehl«], abgedruckt in: Ueberschär und Wette [Hg.], Überfall, S. 259f.).
Mit diesem Eroberungskrieg begannen die systematischen Massenmorde an der jüdischen Bevölkerung in einem deutsch besetzten Gebiet. Etwa 2,5 Millionen Menschen jüdischer Herkunft in der Sowjetunion in den Grenzen von 1941, die – historisch bedingt – vor allem in den westlichen Gebieten lebten, gerieten mit dem Vormarsch der deutschen Truppen unter nationalsozialistische Herrschaft. (Pohl, Verfolgung, S. 70; zum Vergleich: nach dem Zensus von 1926 hatten allein 74,2% der Juden der alten Sowjetunion auf dem Gebiet der Ukraine und Weißrußlands gelebt, Wischnitzer, Juden, S. 231.)
Verantwortlich für die Massenerschießungen waren hauptsächlich die hinter der Front agierenden SS- und Polizeikräfte. Die vier Einsatzgruppen der Sicherheitspolizei und des SD, die Bataillone der Ordnungspolizei und die dem neugebildeten »Kommandostab Reichsführer SS« zugeordneten drei Brigaden der Waffen-SS wurden allerdings, wie nachgewiesen werden konnte, vielerorts von Wehrmachtseinheiten unterstützt; teilweise ging die Initiative zu Massakern an der Zivilbevölkerung sogar von diesen aus.
Nach neueren Erkenntnissen gab es keinen zentralen, noch vor dem Einmarsch gegebenen Befehl Hitlers für den Massenmord an den sowjetischen Juden. Vielmehr beruhte die Eskalation der Morde in der zweiten Hälfte des Jahres 1941 auf einer stufenweisen, regional unterschiedlich vollzogenen Ausweitung der ursprünglich an die einmarschierenden Einheiten ausgegebenen, grob gehaltenen Anweisungen zur Erschießung von »Juden in Partei und Staatsstellungen«, kommunistischen Funktionären und »radikalen Elementen« (so z.B. Heydrichs nachträgliche Anweisung an die HSSPF vom 2.7.1941, abgedruckt in Klein [Hg.], Einsatzgruppen, S. 323–328). Ineinanderwirkende Initiativen oberster Reichsstellen und lokaler Kommandeure führten schließlich ab Spätsommer und Herbst 1941 zum systematischen Mord an allen Juden im eroberten Gebiet.
Es wird geschätzt, daß etwa zwei Millionen Juden in der Sowjetunion (davon mehr als eine Million in den 1939/40 von der Sowjetunion annektierten Gebieten) den Massakern zum Opfer fielen. Die Gesamtzahl der sowjetischen Opfer wird auf rund 30 Millionen Menschen geschätzt. (Robel, *Sowjetunion*, S. 560 und Wette, *Krieg*, S. 16)
(Als kürzere Gesamtdarstellungen des Mordes an den sowjetischen Juden einschließlich der Diskussion des neueren Forschungsstands siehe den Beitrag von Matthäus, *»Unternehmen«* sowie die entsprechenden Kapitel in Longerich, Politik. Zu verschiedenen Aspekten des Überfalls und der deutschen Besatzungsherrschaft: die Aufsätze in: Kaiser [Hg.], Täter sowie [einschließlich einer Sammlung der zentralen Befehle] die Beiträge in: Ueberschär und Wette [Hg.], Überfall. Zu den Einsatzgruppen: Klein [Hg.], Einsatzgruppen, und Angrick, Besatzungspolitik. Zur Rolle der Wehrmacht die entsprechenden Kapitel in: Hamburger Institut für Sozialforschung [Hg.], Verbrechen der Wehrmacht. Zur deutschen Besatzungsherrschaft, insbesondere in Weißrußland, unter besonderer Berücksichtigung der Hungerpläne: Gerlach, *Ausweitung*, und ders., Morde.)

24 Die Front verlief ca. 150 Kilometer weit östlich von Gniewoszów. Im etwa zwölf Kilometer entfernten Dęblin allerdings befand sich ein Flugplatz, der am 1. November 1939 als Sitz der Fliegerhorstkommandantur aufgestellt worden war. Seit Juni 1941 fungierte er als Leithorst (Sitz des Kommandanten in einem Flughafenbereich) der deutschen Luftwaffe. Auch wenn beim Überraschungsangriff der deutschen Wehrmacht die sowjetischen Luftstreitkräfte empfindlich getroffen worden waren, kam es doch zu vereinzelten Versuchen sowjetischer Kräfte, Richtung Westen deutsche Stellungen aus der Luft anzugreifen. Das Kriegstagebuch des Oberkommandos der Wehrmacht (OKW) verzeichnet für den 22. Juni 1941: »Überraschung Luft voll gelungen. 40 (?) russische Einflüge, meist einzeln, nur an einer Stelle 9, davon 5 abgeschossen.« Der Kriegslärm, den F.W. in den ersten Kriegstagen gehört hatte, kann nur mit eventuellen Gegenangriffen der sowjetischen Luftstreitkräfte und der deutschen Flak-Verteidigung erklärt werden. Für die Hinweise danken wir Hauptmann A. Keßelring vom Militärgeschichtlichen Forschungsamt in Potsdam.

(Siehe auch: Das Deutsche Reich und der Zweite Weltkrieg, Bd. 4, S. 652–656 und Beiheft, Karte 3: Aufmarsch der deutschen Luftflotten.)

25 Die Namen werden im Original genannt, hier und im folgenden, auch auf Wunsch von F.W., aus Personenschutzgründen jedoch anonymisiert.

26 Es ist nicht bekannt, ob. F.W. am Ort eventuell Vertretern jener politisch unbedeutenden Minderheit rechtsextremer Polen begegnete, die ausdrücklich für das Zusammengehen mit Deutschland eintraten. Ebenso mag er sich auf Äußerungen einzelner kollaborationsbereiter Individuen beziehen. Als Urteil über die Mehrheit des bürgerlichen, klerikalen und auch nationalistischen Lagers mutet die hier geäußert Einschätzung jedoch fragwürdig an. Generell wurden hier die Gefahrenpotentiale Deutschlands und der Sowjetunion gleichermaßen hoch eingestuft. Dennoch nahm die polnische Exilregierung am 30. Juli 1941 auf britischen Druck hin diplomatische Beziehungen zur UdSSR auf (die Stalin im April 1943 abbrach). Vereinzelte Versuche, in Polen einen grundsätzlich deutschfreundlichen Kurs einzuschlagen, scheiterten bereits im Ansatz. Bewertungen, wieweit die dafür in Frage kommenden Personen auch Rückhalt im Lande gehabt hätten, fallen unterschiedlich aus. (Siehe: Friedrich, *Zusammenarbeit*, S. 115–122; Madajczyk, *Polen*, S. 139–142 und Lukas, Holocaust, S. 111ff.)

Durch die massive Verfolgung der polnischen Geistlichkeit insbesondere in den von Deutschland annektierten Gebieten bestand auch für die – im Generalgouvernement in ihren Strukturen fortbestehende – scharf antisowjetisch ausgerichtete katholische Kirche wenig Anlaß, ein Bündnis mit dem deutschen Aggressor zu anzustreben. Fürstbischof Adam Stefan Sapieha, der Vertreter des ins Exil geflohenen Primas von Polen, stand in Opposition zu den deutschen Besatzern, wenngleich innerhalb der Kirche die ethisch zulässigen Methoden des Widerstands umstritten waren.

Weitaus prekärer war die Haltung der polnischen katholischen Kirche – wie eines großen Teils der polnischen Gesellschaft – zur Verfolgung der Juden. Eine Intervention der polnischen Kirchenspitze gegen Verfolgung und Massenmord an den Juden blieb während der gesamten Besatzungszeit aus. Um das Schicksal der Juden besorgte Appelle Sapiehas an die deutsche Besatzungsmacht beschränkten sich auf die Fürsprache für Konvertiten. Auch sind keine diesbezüglichen Berichte des polnischen Klerus an den Vatikan bekannt, wohingegen der Terror gegen die polnische Bevölkerung Gegenstand mehrerer Memoranden war.

Es gelang der katholischen Kirche ebensowenig wie weiten Teilen der Bevölkerung, ihren tiefgreifenden Antijudaismus angesichts der deutschen Judenverfolgungen zu überwinden oder zumindest flächendeckend zu dämpfen. Das weitverbreitete Klischee von einer jüdisch-bolschewistischen Interessenidentität war ungebrochen wirksam und führte in den polnischen Ostgebieten nach dem deutschen Überfall auf die Sowjetunion zur Teilnahme etlicher Polen an Pogromen, wie sie aus der Ortschaft Jedwabne bekannt geworden sind (Gross, Nachbarn). Forderungen – gerade aus Kreisen der Kirche – nach einer Ausweisung aller Juden aus Polen verstummten trotz und wegen der deutschen Judenpolitik nicht (so z.B. geäußert im Delegatur-Bericht an die Exilregierung zur Lage der katholischen Kirche in Polen für die Zeit vom 1.6. bis 15.7.1941, in englischer Übersetzung in Gutman und Krakowski, Victims, S. 52f.). Eine einheitliche Linie der Kirche zur Lage der Juden in Polen bestand während der deutschen Besatzungszeit nicht. So lag die Entscheidung über das Verhalten angesichts der Judenverfolgungen in hohem Maße bei den einzelnen Geistlichen selbst. Auch weiterhin waren in Polen antisemitisch geprägte Kanzelpredigten zu hören. Zahlreiche Angehörige des Klerus und der katholischen Orden machten sich jedoch auch durch die Beschaffung falscher Taufbescheinigungen, die Bereitstellung von Verstecken und andere Hilfsleistungen um die Rettung von Juden verdient.

(Die polnische Diskussion hierzu ist noch nicht abgeschlossen, siehe insgesamt und auch zu den noch offenen Fragen: Friedrich, *Kollaboration;* ders., *Zusammenarbeit;* Libionka, *Church;* ders., *Kirche* ; Gutmann und Krakowski, Victims; Madajczyk, *Polen;* Lukas, Holocaust, S. 95–181 und Myszor, *Kirche.*)

27 Der Name des Nachbarn wird im Original genannt, hier und im folgenden, auch auf Wunsch von F.W., aus Personenschutzgründen jedoch anonymisiert.

28 Zu dieser Zeit, im Sommer 1941, war es vor allem die Arbeitsverwaltung, die Razzien auf jüdische Zwangsarbeiter veranlaßte. Zur »Aushebung« der Arbeitskräfte in den einzelnen Ortschaften wurden die Beamten von bewaffneten deutschen Polizeikräften, vorwiegend von Zügen der kasernierten Ordnungspolizei begleitet. Der anhaltende Konflikt zwischen SS/Polizei und Zivilverwaltung führte jedoch auch dazu, daß Razzien allein auf Anordnung der SS- und Polizeiführer erfolgten. (Siehe hierzu u.a. den Vermerk des Chefs des Distrikts Lublin vom 28.11.1940, FGM, Dok. 168, S. 218; Browning, Entfesselung, S. 214–228.)

29 Die Namen der Polizisten werden im Original genannt, hier und im folgenden, auch auf Wunsch von F.W., aus Personenschutzgründen jedoch anonymisiert.

30 Mit der »Anordnung betr.: Regelung der Wohn- und Wirtschaftsverhältnisse der Juden im Distrikt Radom« vom 19. März 1941 bestimmte der Gouverneur des Distrikts, in den einzelnen Orten sei die Bildung »jüdischer Wohnviertel« vorzubereiten, zugleich sei jeweils ein „jüdischer Ordnungsdienst" aufzustellen, welcher neben der deutschen und polnischen Polizei »für die Aufrechterhaltung der Ruhe, Sicherheit und Ordnung in den Judenvierteln zu sorgen und zu verhindern« habe, »dass Juden ohne schriftliche Genehmigung ihren Bezirk verlassen«. (Amtsblatt des Chefs des Distrikts Radom im Generalgouvernement Nr. 9, 1941, S. 132–134)
Die Aufstellung dieser »jüdischen Polizei« oblag den Judenräten. Diejenigen, die sich für diese Tätigkeiten meldeten, hatten vielfach die Hoffnung, dadurch von Zwangsarbeit und Deportation ausgenommen zu sein. Bei der jüdischen Bevölkerung waren sie oft verhaßt, weil sie die Aufgaben der deutschen Besatzungsmacht ausführten. Chef der jüdischen Polizei in Gniewoszów war Jechiel Grosman. (Shtokfish [Hg.], Ginivashov Memorial-Book, Bericht von Menachem Weinreb, S. 422)
Jakob Kormann erinnert sich: »Auch Kontributionen mußten gezahlt werden. Das Geld haben jüdische Polizisten eingetrieben, die Mützen mit glänzendem Schirm, Hosen mit dunkelroten Streifen und Gummistöcke trugen. Wer nicht rechtzeitig gezahlt hat, wurde im Haus beim Gelben Schmuel inhaftiert.« (Ebenda, S. 404, aus dem Jiddischen von Emily Link)

31 Marek Mydlarz (* 23. März 1919 in Łódź, Foto S. 413 oben links) stammte aus einer angesehenen Unternehmerfamilie. Sein Vater David (*1890) führte in Łódź in mindestens zweiter Generation das Familienunternehmen, eine große Spinnerei mit etwa 200 Arbeitern, die sich in der Ul. Wólczańska 90 befand. Ein Jugendfreund Mareks beschreibt die gesellschaftliche Stellung der Familie:
»Ich […] kann bestätigen, daß die Familie sehr angesehen war, ein großes Haus führte, oft Gesellschaften gab und der Vater des Marek Midlasch zu den führenden Persönlichkeiten des Ortes gehörte. Er hatte die höhere Schule besucht und war ein gebildeter Mann.« (Erklärung von M. B. vom 22.10.1958, Entschädigungsamt Berlin, Reg.Nr. 11051, Bl. B 90)
Mareks Mutter Ryfka, geb. Rosenwald, wird als fröhliche, attraktive und junge Frau beschrieben, die gerne ausging (Auskunft von Marek Midlaschs Witwe Anneliese, Berlin, 20.12.2001). Die elterliche Wohnung in Łódź, wo Marek mit seiner zwei Jahre älteren Schwester Róża und seinem jüngeren Bruder Leon aufwuchs, befand sich in der Ul. Szromiejko 7. (Entschädigungsakte, ebenda, Bl. C 6)
Marek Midlasch schilderte seinen beruflichen Werdegang:
»Bis 1934 besuchte ich das Deutsche Gymnasium in Lodz und mußte diese Schule nur deswegen verlassen, weil die nationalsozialistischen Umtriebe an dieser Schule ein weiteres Verbleiben für einen Juden unmöglich machte. Anschließend kam ich an das sogenannte Schweizer Gymnasium, an welchem ich in Polnisch ebenso wie in Deutsch unterrichtet wurde und dort mein Abitur machte.« (Ebenda, 5.12.1966, Bl. M 77)
Nach Auskunft von Mendel Borenstein, eines Freundes von Marek Mydlarz, war dieser zu Kriegsbeginn 1939 zum Militär eingezogen und auf Grund seiner Bildung im Rang eines

Offiziers eingesetzt worden. Nach der Kapitulation ist es ihm gelungen, nicht in deutsche Kriegsgefangenschaft zu geraten. (Gespräch mit M. Borenstein, Berlin, 12.11.2003)
Während seiner Schulzeit war Marek Mydlarz eng mit Adek Litwak (siehe Anm. 17, S. 444) befreundet, und beide hatten guten Kontakt zu Pola Winnykamień. Marek und Pola galten inoffiziell als verlobt. (Interview F.W. Bd. II B)
Wann genau die Familie Mydlarz in dem Städtchen Szydłowiec Zuflucht gesucht hatte, ist nicht genau feststellbar. Jedenfalls blieben Marek, dessen jüngerer Bruder Leon und die Eltern zusammen, während Mareks Schwester Róża schon vorher eigene Wege gegangen war. Seit April 1939 war sie mit dem Ingenieur Wiktor Pakman (* 1909), ebenfalls aus Łódź, verheiratet, der bis Kriegsbeginn in der Mydlarz'schen Spinnerei mitarbeitete. In der Zeit, als Marek Mydlarz die Familie Winnykamień in Gniewoszów besuchte, befanden sich Róża und Wiktor Pakman im Warschauer Ghetto. (Entschädigungsamt Berlin, Entschädigungsakte Nr. 377348, Tanja Pakman nach Wiktor Pakman, Bl. M 28f.)

32 Die Bevölkerungsmehrheit in der etwa dreißig Kilometer südwestlich von Radom gelegenen Stadt Szydłowiec war seit dem 18. Jahrhundert jüdisch. Vor Kriegsbeginn 1939 gehörten rund 7200 von etwa 10 000 Einwohnern der jüdischen Religionsgemeinschaft an. Durch den Zuzug von Flüchtlingen und erzwungene »Einsiedlungen« stieg ihre Zahl 1940 auf 8503 und bis 1941/42 auf etwa 10 000 bis schließlich auf mehr als 16 000. Szydłowiec nahm, verglichen mit anderen Ortschaften, überdurchschnittlich viele Flüchtlinge auf, vermutlich bedingt durch die günstigeren Verhältnisse in dieser überwiegend jüdischen Stadt. 1940 begann die Ghettoisierung der jüdischen Bevölkerung in Form von Betretungs- und Ausgangsverboten und war bis Frühjahr 1942 abgeschlossen. Die Opfer der »Liquidierungen« des Ghettos am 23. September 1942 und am 13. Januar 1943 wurden mehrheitlich in das Vernichtungslager Treblinka deportiert und dort ermordet. Unter Ihnen befanden sich möglicherweise auch die Angehörigen von Marek Midlarz.
(Siehe: »Szydłowiec« in: Pinkas ha-Kehillot Polin, Bd. VII, S. 557–561; Rutkowski, *Martyrologia*, S. 78, 118 und Tabelle XI c.d., S. 159; Arad, Belzec, Tabelle 3, S. 393 sowie den Zwischenbericht No. 1 der Untersuchungsstelle für N.S. Gewaltverbrechen beim Landesstab der israelischen Polizei betreffend »Aufklärung von N.S. Gewaltverbrechen in Szydlowiec/Distrikt Radom« vom 15.6.1964, BAL, B 162/ AR-Z 19/64, Bd. I, Bl. 3–7.)

33 Es war möglich, per Postanweisung Geld aus dem Generalgouvernement ins Warschauer Ghetto zu schicken. Beträge bis zu 250 Złoty wurden dort durch Postboten zugestellt, höhere Summen mußten auf dem Postamt in der Ul. Zamenhofa 19 abgeholt werden. Eine deutsche Bestimmung besagte, daß täglich nicht mehr Geld das Ghetto verlassen durfte, als hineinkam. Da im Jahr 1941 viele Ghettobewohner Geld an notleidende Verwandte in den Arbeitslagern schicken wollten, wird Leopold Winnykamień keine Probleme gehabt haben, den zurückgekehrten Verwandten Geld ins Ghetto zu schicken. (Siehe dazu Sakowska, Menschen, S. 58f. sowie Engelking und Leociak, Getto, S. 356–369, bes. S. 361f.)

34 Seit Pola Winnykamień kurz vor der Abriegelung des Warschauer Ghettos im November 1940 nach Gniewoszów gegangen war, hatte sich in der Krankenschwesterschule vieles geändert. Nun, Mitte Oktober 1941, ein Jahr später, waren sowohl das Krankenhaus als auch die Schule ins Ghetto umgezogen. Die Ausbildungsstätte zog ins Gebäude der ehemaligen Sozialversicherungsanstalt in der Ul. Mariańska 1 (Ecke Ul. Pańska). Luba Blum-Bielicka, die letzte Direktorin der Schule, bezeichnete es als eines der schönsten Gebäude im Ghetto. Das Haus war zugleich Unterrichtsstätte und Wohnheim der Auszubildenden. Bis Oktober 1941 gab es einen Vorführsaal mit drei Krankenbetten zu Übungszwecken. Die Übungen und Vorlesungen fanden auf den Treppen und im Zwischengeschoß statt. Ab Oktober 1941 allerdings wurde ein weiteres Stockwerk im Haus hinzugenommen, in dem ein Vortragssaal untergebracht wurde. Die notwendigen Praktika wurden in den verschiedenen Abteilungen des Cyste-Krankenhauses und anderen Institutionen durchgeführt (Chirurgische Abteilung: Ul. Leszno 1, Abteilung für Infektionskrankheiten: Ul. Stawki 6/8, Pädiatrie: Berson-Baumann-Krankenhaus Ul. Sliska 51, soziale Krankenpflege: Mutter-Kind-Fürsorgestation in der Ul. Mariańska und in den Flüchtlingsstellen).

Die Krankenschwesterschülerinnen waren an ihrer besonderen Tracht zu erkennen. »Aus Vorkriegsbeständen wurden den Schülerinnen hübsche rosafarbene Schwesterntrachten und weiße Schürzen genäht«, erinnert sich Luba Blum-Bielicka. (*Skoła Pielęgniarstwa*, S. 73) Eine der Schülerinnen der Schule, Alina Margolis-Edelman, unterstreicht ausdrücklich den Kontrast, wenn sie das Aussehen und die Kleidung der jungen Frauen genau beschreibt:

»In den überfüllten, schmutzigen, farblos grauen Straßen des Ghettos erschienen von Zeit zu Zeit Gruppen von Mädchen in rosa Kleidern, weißen Trägerschürzen und weißen Häubchen. [...] Diese Mädchen waren Schülerinnen der Krankenschwesternschule. [...] Zur Arbeit gingen wir in unserer Schwesterntracht, die wirklich ganz reizend aussah. Das Kleid weiß-rosa gestreift, eine Schürze mit auf dem Rücken gekreuzten Trägern. Die Kleider hatten kurze Ärmel mit weißen Aufschlägen und Kragen, die fast bis zum Ende des Ghettos in der Schule gestärkt wurden. Als Kopfbedeckung trugen wir leichte weiße Häubchen, die ein Gummi hinten zusammenhielt. Nach dem zweiten Unterrichtsjahr erschien auf dem Häubchen ein quer aufgenähtes schwarzes Samtband. Wenn wir die Schule verließen, hüllten wir uns in weite blaue Umhänge. Die Umhänge der Schülerinnen waren aus dunkelblauem Tuch geschneidert, die der Lehrschwestern aus blauem und die der Direktorin aus rotem.« (Margolis-Edelman, Ghetto, S. 43f., 48; siehe auch Engelking und Leociak, Getto S. 252–254)

Ob Pola Winnykamień in ihre ursprüngliche Klasse der Schwesternschule zurückkehrte, oder, weil ihr ein Jahr Ausbildung fehlte, einer anderen Gruppe zugeteilt wurde, ist unbekannt.

35 Juden war die Fahrt mit Bahnen aller Art sowie mit Bussen und Droschken nur gestattet, wenn sie pro Fahrt eine Genehmigung des deutschen Kreishauptmannes eingeholt hatten. (Nach der »Verordnung über die Benutzung öffentlicher Verkehrsmittel durch Juden im Generalgouvernement« vom 20. Februar 1941, VBl.GG 1941, S. 69f.) Solche Genehmigungen sollten nur erteilt werden, wenn ein offizielles deutsches Interesse an der Fahrt bestand. Auch für das Betreten des Warschauer Ghettos benötigten alle Personen, die nicht der deutschen Ghettoverwaltung angehörten, einen sogenannten Passierschein, den die »Transferstelle« ausstellte, welche dem »Kommissar für den jüdischen Wohnbezirk« in Warschau unterstellt war und die (wirtschaftlichen) Außenbeziehungen des Ghettos kontrollierte. (»Kurze Instruktion für die Posten der Ghettowachen in Warschau«, undatiert – nach April 1941, vor Februar 1942 –, BAL, Dokumentenordner Polen 365 c, Bl. 1–5, hier Bl. 2)

36 Die äußerst kritische Lebensmittelversorgung ließ viele Juden aus dem Warschauer Ghetto fliehen. Waren 450 000 Juden im April 1941 im Warschauer Ghetto registriert, belief sich die Zahl im Oktober 1941 auf 394 700. (Sakowska, Menschen, S. 37) Nach Gniewoszów kamen Juden aus vielen Orten: Ausgesiedelte aus den annektierten Gebieten (»Warthegau«), Überlebende gewaltsamer Dorfräumungen und Betroffene von Aktionen zur frühen Schaffung »judenfreier Orte« im Generalgouvernement sowie Flüchtlinge aus dem in Warschau und andernorts in Polen eingerichteten Ghettos.

Die ersten 300 Flüchtlinge kamen 1939/40 aus Puławy, Zwoleń, Ryk (im Nordosten von Dęblin, Distrikt Lublin) und Łódź nach Gniewoszów. Die ca. 3000 Juden, die zwischen März und August 1942 eintrafen, stammten aus dem Warschauer und dem Łódźer Ghetto, aus Krakau und Radom, Puławy und Kazimierz im Distrikt Lublin, Zyrardów im Distrikt Warschau, aus Garwolin und Przytyk im Distrikt Radom und anderen kleineren Ortschaften. Aus Przytyk war die verarmte jüdische Bevölkerung im Zusammenhang mit dem Bau des Truppenübungsplatzes im März/April 1941vertrieben worden. (Alle Angaben nach Rutkowski, *Martyrologia*, S. 95, Tabelle XI S. 156 und Ergänzungen dazu S. 179 auf der Grundlage verschiedener JSS- und AJDC-Akten sowie der Schätzungen durch die wenigen überlebenden Gniewoszówer Juden.)

Die Flucht vieler Juden aus ihren Wohnorten war eine Reaktion auf die deutsche Ghettoisierungspolitik. Bevor 1941 vielerorts im Generalgouvernement Ghettos eingerichtet wurden, kam es im Distrikt Radom zu Jahresbeginn vielfach zur Vertreibung der jüdischen

Bevölkerung aus größeren Ortschaften, wo deutsche Soldaten während des Aufmarsches gegen die Sowjetunion einquartiert wurden. (Browning, Entfesselung, S. 199ff.)
Durch diesen Zuzug von Flüchtlingen stieg die Zahl der Juden in Gniewoszów kontinuierlich:

Vor dem 1.9.1939:	1580 Juden
Februar 1940:	1800 Juden
März 1941:	2300 Juden
Mai 1941:	2750 Juden
Oktober 1941:	2987 Juden
August 1942:	6580 Juden.

Weil den jüdischen Gemeinden die Last der Unterbringung der Fremden aufgebürdet wurde, kam es zu Spannungen zwischen den einheimischen Juden und den Flüchtlingen. Erheblichen Unmut löste deren Einquartierung in Wohnungen der ortsansässigen jüdischen Bevölkerung aus. (Libhaber, in: Shtokfish [Hg.], Ginivashov Memorial-Book, S. 286f.)

37 Leopold Winnykamień schrieb über seine Begegnung mit Dr. Michael Weichert [F.W. benutzt in seinem Text die polnische Umschrift aus dem Jiddischen] im September 1941: »Ich erlaube mir zu erwähnen, daß ich während eines Kuraufenthaltes in diesem Monat in Solec-Zdrój die Ehre hatte, den Vorsitzenden des Präsidiums der Jüdischen Sozialen Selbsthilfe in Krakau, Herrn Dr. M. Weichert, persönlich kennenzulernen. Dieser hat nach einer Besprechung mit mir über die in diesem Brief erwähnte Angelegenheit [d.i. Zuschuss für ein Seuchenkrankenhaus] ein paar Zeilen an das Präsidium geschrieben und um die Befürwortung meiner Bitte gebeten.« (Leopold Winnykamień an JSS Krakau, 28.9.1941, AŻIH, 211/405, Bl. 2, Übersetzung Sabine Leitner)
Dr. Michael Weichert (* 1890 in Stare Miasto im Landkreis Podhajce) war die Schlüsselperson der Jüdischen Sozialen Selbsthilfe (JSS, siehe dazu Anm. 39, S. 452ff.). Nach einem Studium der Rechtswissenschaft, Literatur-, Theater- und Kunstgeschichte in Lwów (Lemberg), Berlin und Wien, wo er promovierte, hatte er sich in Warschau für das jüdische Theater und im jüdischen Verbandswesen engagiert.
Ab 1939 betrieb er hartnäckig und konsequent die Etablierung und Konsolidierung der JSS im Generalgouvernement. Dr. Weichert verstand es, mit den verschiedenen deutschen Zivilverwaltungsstellen umzugehen. 1940 zog er nach Krakau, wohin die JSS ihre Zentrale verlegen mußte. Im August 1942 wurde die Dachorganisation, zu der die JSS gehörte, aufgelöst; die JSS existierte in einer Grauzone weiter, und Michael Weichert, im Krakauer Ghetto inhaftiert, wurde im Oktober 1942 von deutscher Seite aufgefordert, eine Nachfolgeorganisation ins Leben zu rufen, die JUS (Jüdische Unterstützungsstelle).
Zwischen Verbot (Dezember 1942 bis März 1943, August 1943 bis Februar 1944) und legaler Existenz – zuletzt zwischen Februar und Juli 1944 – lavierte sich Dr. Weichert durch die schwierigen Verhältnisse und versuchte die wenigen eintreffenden Hilfsgüter zu verteilen. Mit Hilfe des deutschen Zivilbeamten Lothar Weirauch, dem Leiter der Abteilung Bevölkerung und Fürsorge innerhalb der Inneren Verwaltung des Generalgouvernements (in dieser Funktion ab spätestens Januar 1941), konnte er im August 1944 untertauchen. Es gelang ihm, sein Leben sowie das Archiv der JSS zu retten.
Die polnische Nachkriegsjustiz beschuldigte Dr. Weichert der Kollaboration mit den Deutschen. In Ermangelung von Beweisen wurde er freigesprochen und emigrierte 1958 nach Israel, wo er seine Memoiren schrieb. Er starb 1967 in Tel Aviv.
Dr. Weichert war der einzige Überlebende, der über die inneren Strukturen der JSS/JUS berichten konnte.
(Siehe: Weichert, Aleinhilf; Brustin-Berenstein, *Jüdische Soziale Selbsthilfe*, S. 156–174; Bauer, American Jewry, S. 84–92, 317–322 und zu Lothar Weirauch seine Aussage vom 18.9.1962, BAL, B 162/AR 1434/61, Band II, Bl. 200.)

38 Auf die Idee, eine Suppenküche für die Flüchtlinge in Gniewoszów einzurichten, kam Leopold Winnykamień vermutlich durch seine Begegnung mit Dr. Weichert. Nach der Anerkennung als JSS-Vertreter Gniewoszóws bekam L. Winnykamień von der JSS- Zen-

trale in Krakau sowie auch von der JSS Radom-Land (Vorsteher dieser Institution war der Präses des Radomer Jüdischen Ältestenrates, Josef Diamant) Zuwendungen an Bargeld und Lebensmitteln.

Nach den erhaltenen Berichten der JSS Radom-Land für die Monate Januar bis Juni 1942 gehörte Gniewoszów zu den 13, später 15 Orten des Kreises Radom-Land, die regelmäßig mit Geld und Naturalien unterstützt wurden. In der Statistik für den Monat Januar 1942 lag Gniewoszów an fünfter Stelle hinsichtlich ihrer Kapazität: ihre Volksküche teilte 18000 Essen aus, d.h. 600 pro Tag. (APR, Gubernator Dystryktu, Akte 100, Bl. 15) Die JSS Radom-Land kaufte monatlich größere Lebensmittelmengen über die Abteilung Ernährung und Landwirtschaft beim Kreishauptmann Radom-Land und verteilte sie kostenlos an die einzelnen Orte. Auch die Transportkosten übernahm die JSS in Radom.

Aus den in deutscher Sprache abgefaßten monatlichen Tätigkeitsberichten der JSS Radom-Land für den Kreishauptmann Radom-Land, ergeben sich für Gniewoszów folgende Zuwendungen:

	Jan. 42	Febr. 42	März 42	Juni 42
Roggenmehl	700 kg	700 kg	600 kg	400 kg
Weizenmehl	–	–	100 kg	75 kg
Eier	300 St.	1000 St.	–	150 St.
Kaffee-Ersatz	8 kg	40 kg	40 kg	45 kg
Grütze	75 kg	60 kg	40 kg	–
Nudeln	–	–	30 kg.	–
Marmelade	30 kg	60 kg	55 kg	45 kg
Margarine	–	3 kg.	–	–
Suppenwürfel	70 St.	–	–	–
Zitronen	40 St.	–	–	30 St.
Saccharin	–	–	15 Pack.	300 g
Sauerkraut	–	–	–	100 kg
Kohle	600 kg	–	–	–

(Tätigkeitsberichte in: APR, Gubernator Dystryktu, Akte 100: Januar 1942 Bl. 15–17, Februar 1942 Bl. 84–86, März 1942 Bl. 44–46, Juni 1942 Bl. 94–98; im April und Mai 1942 wurden keine Lebensmittel ausgegeben.)

Die Verfasser der Tätigkeitsberichte scheuten sich nicht, ihre Adressaten über die dramatische Situation der Juden im Distrikt Radom zu informieren:

»Die Anforderungen, die an die Volksküchen gestellt werden, werden aber von Tag zu Tag grösser und die Zahl der ausgegebenen Mittagsportionen wird viel unzureichend. Laut Meldungen unserer Delegaturen [der einzelnen Orte] ist die Zahl der auf Hilfe angewiesenen bedeutend grösser. Die beschränkte Möglichkeiten, infolge ungenügender Lebensmittelzuweisungen, erlauben es aber nicht, für alle Bedürftigen Hilfe, wenn auch im minimalen Umfange, zu leisten.« (Tätigkeitsbericht für Februar 1942 vom 7.4.1942, deutsch im Original, APR, Gubernator Dystryktu, Akte 100, Bl. 84)

Die JSS-Zentrale Krakau hatte am 13. Dezember 1941 750 Złoty als Lebensmittelhilfe an den Judenrat von Gniewoszów angewiesen. (AŻIH 211/405, Bl. 13) Ob auch in den letzten drei Monaten des Jahres 1941 entsprechende Hilfen aus Radom nach Gniewoszów gelangten, ließ sich aufgrund fehlender Quellen nicht feststellen.

In der Rückschau erinnert sich F.W. an die Aufgabenverteilung seiner Eltern: Während sein Vater die Organisation und Finanzierung der Küche übernommen hatte, war seine Mutter als Küchenleiterin für die Zubereitung und Verteilung der Speisen zuständig. (Interview F.W. Bd IV A, V A)

39 Der polnische Name dieser Organisation war »Żydowska Samopomoc Społeczna«, auf jiddisch hieß sie »Jidische Aleijnhilf«.

Am 2. September 1939 kamen die Vertreter der sieben bestehenden karitativen polnisch-jüdischen Gesellschaften in Warschau zusammen und beschlossen ihre Vereinigung für

die Dauer des Krieges, um besser handlungsfähig zu sein. Man nannte sich »Koordinierungskommission« (Koord.Kom.) und begab sich unter das Dach des von der polnischen Regierung ins Leben gerufenen »Komitees für Soziale Selbsthilfe« (SKSS).
Interessant ist die enge traditionelle Verflechtung der jüdisch-karitativen Gesellschaften mit dem »American Joint Distribution Committee«, der diese Organisationen seit den 1920er Jahren finanziell unterstützte. So kam es im September 1939 auch zu einer typischen Personalunion: Leon Neustadt, Direktor des polnischen »Joint«, wurde zum Vorsitzenden der »Koord.Kom.« ernannt, Dr. Michael Weichert zu seinem Vize. Da sich Neustadt jedoch ausschließlich der Leitung des »Joint« widmen mußte, wurde Dr. Weichert schon kurze Zeit später sein Nachfolger. Zum Generalsekretär der »Koord.Kom.« wurde Dr. Emanuel Ringelblum ernannt.
Nach der Kapitulation Warschaus übernahm für kurze Zeit die NSV (Nationalsozialistische Volkswohlfahrt) die Aufsicht über die SKSS, die jegliche Unterstützung für die jüdische »Koord.Kom.« einstellte. Bis Januar 1940 agierte die »Koord.Kom.« im rechtsfreien Raum. Erst als die Abteilung »Bevölkerungswesen und Fürsorge« beim Warschauer Stadtpräsidenten für die Sozialpolitik deutscherseits zuständig war, wurde ihr die »Koordinierungskommission« unterstellt. In diesem Kontext nannte sie sich in »Jüdische Soziale Selbsthilfe« (Żydowska Samopomoc Społeczna) um.
Die Geschichte der JSS ist von ihrer komplexen Bürokratie geprägt sowie dem ständigen Kampf mit den deutschen Behörden, die die Existenz dieser Organisation vermutlich aus Eigeninteresse gestatteten. Lebensmittelhilfen für Polens Bevölkerung entlasteten die Deutschen, und eine gut organisierte jüdische Hilfs- und Kommunikationsstruktur konnten die deutschen Besatzungsbehörden für eigene Zwecke nutzen.
Der Hauptsitz der JSS im Generalgouvernement war in Krakau, analog zum Sitz der Regierung des Generalgouvernements, wohin Dr. Weichert 1940 aus Warschau zog. Im Zuge der Binnenwanderung der Juden und ihrer dramatischen Verarmung wurden in allen Distrikten des Generalgouvernements Niederlassungen eingerichtet, die wiederum die Ansprechpartner für die einzelnen Ortvertretungen waren. Oft waren die lokalen Judenräte gleichzeitig die JSS-Vertreter, doch in Gniewoszów hatte diese Funktion Leopold Winnykamień inne, der unabhängig vom Judenrat agieren wollte.
Die JSS war organisatorisch eingebunden in die Struktur des »Obersten Rates des Ausschusses« (Naczelna Rada Opiekuńcza, NRO), der unter seinem Dach die Selbsthilfeorganisationen der Polen (Rada Główna Opiekuńcza, RGO), polnischen Ukrainer (Ukrainischer Hauptausschuss) und Juden (JSS) zusammenfaßte. Die Aufgaben der drei Hilfsorganisationen bestanden in der Verteilung der vom Ausland nach Polen gelangenden Hilfsgütersendungen an ihre jeweils betreute Bevölkerungsgruppe. Hilfsgüter kamen unter anderem aus den USA (vom Amerikanischen Roten Kreuz, der »Commission for Polish Relief« und dem »Joint«) und Frankreich (von der »Commission Mixte de Secours de la Croix-Rouge«) und wurden durch das Deutsche Rote Kreuz an den »NRO« weitergeleitet. Nach zähen Verhandlungen wurde der Anteil für die JSS an allen eintreffenden Spenden auf 17 Prozent festgelegt.
Die JSS versuchte jedoch auch selber Geldmittel zu beschaffen: Sie trieb Mitgliederbeiträge ein, bewarb sich um Staats- und Kommunaldotationen sowie um Einnahmen aus Sammlungen und Lotterien und organisierte Benefizveranstaltungen. Anfang 1942 hatte sie im Generalgouvernement ein Netz von 412 örtlichen Delegaturen aufgebaut, wovon sich 56 im Distrikt Galizien befanden. Dr. Weichert legte großen Wert darauf, unabhängig von den Judenräten der verschiedenen Orte zu agieren, und hatte den subjektiven Eindruck, auch an den deutschen Kontrollen vorbei handeln zu können. Doch war die JSS handfesten deutschen Bestimmungen unterworfen. (§ 8 der Satzung: »Die JSS ist für ihre Tätigkeit der Hauptabteilung Innere Verwaltung in der Regierung des GG gegenüber voll verantwortlich und zu jeglicher Auskunft verpflichtet.«, BA, R52 III, Bl. 45)
Im August 1942 wurde das NRO zwangsweise aufgelöst. Somit verlor die JSS ihre Dachorganisation, existierte selber aber weiter, bis die Abteilung »Bevölkerungswesen und

Fürsorge« sie im Oktober 1942 unter dem neuen Namen »Jüdische Unterstützungsstelle« (JUS) anerkannte. Nun sollte sie sich ausschließlich um Juden in Zwangsarbeitslagern kümmern. Am 1. Dezember 1942 wurde auch sie verboten, zwischen März und August 1943 jedoch wieder zugelassen. Ab diesem Zeitpunkt schien Dr. Weichert mit der polnischen Organisation RGO zu kooperieren, bis er die Tätigkeit der JUS im Februar 1944 wieder aufnehmen durfte. Im Juli 1944 jedoch war es mit der Legalität der JUS endgültig zu Ende. (Bauer, American Jewry, S. 318–321)
Neben dem Aufbau des engmaschigen Verteilungsnetzes kümmerte sich die JSS-Zentrale schon ab 1941 um die Verschleppten in Arbeitslager. Zu den Vernichtungslagern jedoch erhielt Dr. Weichert nie Zutritt. In seinen Verhandlungen mit den deutschen Zivilbeamten der Abteilung »Bevölkerungswesen und Fürsorge« ging es ihm darum, wenigstens einen Teil seiner Interessen durchzusetzen. Seine Hoffnung, er könne Juden mit dem Hinweis auf die kriegswirtschaftliche Bedeutung ihres Einsatzes am Leben erhalten (ab Frühjahr 1942), ging nicht in Erfüllung.
Im Rückblick erscheinen alle Finanzhilfen der JSS wie ein »Tropfen auf den heißen Stein«. Punktuell konnte Not gelindert werden, aber zu nachhaltiger Hilfe ist die JSS niemals in der Lage gewesen. Ähnlich wie die Judenräte wurde auch die JSS in ihrer kleinteiligen Struktur – ihr Netz reichte bis in die kleinsten Provinzortschaften – von den Deutschen für ihre Vernichtungspolitik benutzt. Viele Überlebende, so auch Dr. Weichert, haben erst nach 1945 wirklich verstanden, daß die Ermordung der Juden in engem organisatorischen Zusammenwirken mit den Zivilverwaltungsstellen der einzelnen Distrikte des Generalgouvernements durchgeführt wurde.
Detailforschungen zur Indienstnahme des JSS durch deutsche Dienststellen fehlen bisher. Auch über die Meinungsverschiedenheiten innerhalb der JSS und mit dem »Joint« ist noch kein abschließendes Urteil möglich.
(Siehe insgesamt: Brustin-Berenstein, *Jüdische Soziale Selbsthilfe*, S. 156–174; Bauer, American Jewry, S. 84–92 und 317–334; Sakowska, Menschen, S. 81–128 und 269–272.)

40 In seinem Halbjahresbericht vom 26. Mai 1942 an die JSS-Zentrale in Krakau beschreibt Leopold Winnykamień die Kinderspeisung:
»Zum Zweck der Fürsorge für die ärmsten Kinder hat die Vertretung [d.i. die Vertretung der JSS in Gniewoszów] ›Einen Tropfen Milch‹ für Säuglinge und Kinder bis zu drei Jahren eingerichtet sowie eine Speisungsstelle und einen Gemeinschaftsraum für Kinder von vier bis einschließlich zehn Jahren. [...] ›Ein Tropfen Milch‹ ist täglich vormittags geöffnet und gibt gesüßte Milch für 20 Säuglinge aus sowie Frühstück in Form von Brötchen mit Marmelade und Milch für 25 Kinder bis drei Jahre. Die Speisungsstelle ist täglich nachmittags geöffnet und verteilt Vespern in Form von Brot mit Marmelade und gesüßtem [Ersatz-] Kaffee an 180 Kinder im Alter von vier bis einschließlich zehn Jahren.« (JSS Gniewoszów an JSS-Präsidium Krakau, 26.5.1942, AŻIH 211/405, Bl. 28, Übersetzung aus dem Polnischen von Sabine Leitner)
»Ein Tropfen Milch« war die Bezeichnung aller Hilfsorganisationen (der polnischen, ukrainischen und jüdischen) für die Verteilung von Milch an Kinder.

41 Persönliches über die beiden Judenräte von Gniewszów ist kaum überliefert. F.W. erinnert sich, daß Jakob Dyner ein wohlhabender Kaufmann gewesen ist, wahrscheinlich war er im Lederhandel tätig. (Interview F.W. Bd. V A) Über seine familiären Verhältnisse ist bislang nichts bekannt. Józef Kuropatwa war, als einziger Jude, bis 1939 als Angestellter in der Gemeindeverwaltung Gniewoszóws tätig. Er war verheiratet und hatte zwei Töchter und einen Sohn. Mit einer der beiden Töchter war die gleichaltrige Rysia Winnykamień befreundet. (Interview Zofia Kwiatkowska, 8.2.2002, Bd. IA) Auf welche Art und Weise beide in ihre Funktion als Judenräte Gniewoszóws kamen, ist unbekannt.

42 F.W. erläuterte dies 2002 im Gespräch: »Mein Vater hatte einen ausgeprägten Sinn für das Gemeinwohl, und sein Ziel war es, diesen armen Leuten im Ort zu helfen. Als er merkte, daß die Gemeinderatsleute davon profitieren wollten, hat er es nicht zugelassen. Jedes Kilogramm Mehl, Butter, Brot oder Kartoffeln war pures Geld. Die Lebensmittelvorräte

kamen mit einem Fuhrwerk nach Gniewoszów, und mein Vater stellte sicher, daß sie kamen. Und die anderen wollten unter der Hand etwas abbekommen, aber er ließ das nicht zu. Da waren sie natürlich gegen ihn. Mein Vater war ein grundehrlicher Mann, und er mochte solche Machenschaften nicht.« (Interview F.W. Bd. V A, aus dem Englischen B.S.)

43 Über den Cousin seines Vaters weiß F.W. wenig. Józef Fogler war zwischen dreißig und vierzig Jahre alt und unverheiratet. Er wurde als Angestellter der Gniewoszówer Jüdischen Sozialen Selbsthilfe aktenkundig. Das Schreiben der Radomer JSS an das Präsidium der JSS in Krakau vom 19.2.1942 zeigt, daß in Gniewoszów zwei Personen – neben Leopold Winnykamień wahrscheinlich Józef Fogler – die JSS vertraten:
»Die Vertretung in Gniewoszów übt, obwohl noch nicht genehmigt, einstweilen in einer Besetzung von zwei Personen alle Tätigkeiten im Rahmen der sozialen Fürsorge aus und erfüllt ihre Pflichten im allgemeinen recht gut.« (AŻIH, 211/405, Bl. 17, aus dem Polnischen von Sabine Leitner)
Zwei Schreiben der Gniewoszówer JSS-Vertretung an die Zentrale in Krakau tragen neben Leopold Winnykamieńs Unterschrift auch eine weitere, die durchaus als »Józef Vogler« oder »Fogler« gelesen werden kann. (Ebenda, Bl. 7 und 8, beide vom 19.11.1941)
Über sein Schicksal ist nur bekannt, daß Józef Fogler die Shoa nicht überlebte. (Interview F.W. Bd. I A, IV A)

44 Im Herbst 1941 stieg die Zahl der Fleckfiebererkrankungen im Generalgouvernement erneut an. Nach einem Bericht des Amtsarztes Dr. Waisenegger, Leiter des Gesundheitswesen im Distrikt Radom, waren im September 1941 im Distrikt 1129 Fleckfieberfälle gemeldet worden. (Bericht in den Anlagen zur Regierungssitzung des Generalgouvernements vom 18.10.1941 in Radom, in: Präg und Jacobmeyer [Hg.], Diensttagebuch, S. 433)
Ende November 1941 galt der Distrikt Radom als die am stärksten von der Seuche betroffene Region im gesamten Generalgouvernement. (Erklärung von Professor Kudicke, Leiter des Warschauer Hygieneinstituts, auf der Gesundheitssitzung des Generalgouvernements vom 26.11.1941, ebenda, S. 447) Nach den Angaben des Distriktgouverneurs Kundt vom 16. Dezember 1941 war die Zahl der Erkrankten bis zur Monatsmitte auf 3082 angestiegen. (Bericht Kundts auf der Regierungssitzung des Generalgouvernements vom 16.12.1941, ebenda, S. 453)
Wie bereits im Vorjahr sahen die deutschen Gesundheitsbehörden in der jüdischen Bevölkerung den Hauptverursacher der Epidemie, weshalb sie als vorrangige Maßnahme zur Bekämpfung der Krankheit deren weitestgehende Abschließung forderten und die Verordnung vom 15. Oktober 1941, nach welcher auf Zuwiderhandlungen gegen die Aufenthaltsbeschränkungen die Todesstrafe stand, befürworteten.
Zwar wußte man auch in der deutschen Verwaltung um den Zusammenhang zwischen der Massenarmut der Juden in den bedrängten Wohnverhältnissen und der Entstehung von Seuchen, doch blieben diese Einsichten folgenlos.
(Siehe die Redebeiträge von Waisenegger auf der Regierungssitzung am 18.10.1941, wie oben S. 433f., und Kudickes auf der Arbeitstagung der Abteilung Gesundheitswesen in der Regierung des Generalgouvernements in Bad Krynica, 13.–16.10.1941, BAL, Ordner Verschiedenes 293/19, Bl. 19 des Originals.)
Da man generell mit antisemitischen Deutungsmustern arbeitete, reagierte die deutsche Verwaltung mit weiter verschärften Zwangsmaßnahmen gegen die jüdische Bevölkerung. Maßgebliche Vertreter wie Jost Walbaum, der Leiter der Abteilung Gesundheitswesen bei der Regierung des Generalgouvernements, forderten offen, die jüdische Bevölkerung zu ermorden, um der Seuche Herr zu werden.
(Walbaum auf der Tagung in Bad Krynica, ebenda, Bl. 20 des Originals; siehe hierzu auch: Browning, *Genozid*; Caumanns und Esch, *Fleckfieber*; Dreßen und Rieß, *Ausbeutung*.)

45 Die schrittweise Einrichtung des Seuchenkrankenhauses in Gniewoszów kann anhand der Gniewoszówer JSS-Akte (AŻIH, 211/405) genau rekonstruiert werden. (Die Schriftstücke liegen im Original auf Polnisch vor; Übersetzung ins Deutsche von Sabine Leitner.)
Danach gab der Kreisarzt Dr. Majchrzak in Radom am 29. August 1941 die mündliche

Anordnung an den Gniewoszówer Judenrat, ein »Isolierzimmer für infizierte Kranke in der Synagoge« einzurichten, »Klosetts mit 3–4 Abortbrillen neben der Synagoge von Granica« zu bauen, einen Desinfizierapparat zu kaufen oder eine Desinfektionskammer zu bauen sowie die »verseuchten Gebiete« zu säubern. Diese Forderungen wurden am 2. September 1941 schriftlich fixiert und für die JSS-Zentrale in Krakau als Abschrift weitergeleitet. (Ebenda, Bl. 4)
Angesichts der Tatenlosigkeit des Judenrates ergriff Leopold Winnykamień die Initiative, wie aus seinem Brief vom 28. September 1941 an das Präsidium der JSS hervorgeht:
»Ich wohne und praktiziere in Gniewoszów [...], und als einziger jüdischer Arzt in diesem Gebiet – außer mir gibt es hier nur zwei jüdische Feldscher und zwei christliche Ärzte – sehe ich mich durch mein nationales Pflichtgefühl gezwungen, eine Hilfsaktion für die große Zahl der armen und kranken [...] Juden in Angriff zu nehmen und mich zu diesem Zweck als Kandidat für den Vorsitz der Vertretung der JSS aufstellen zu lassen. Gniewoszów hatte vor dem Krieg 1730 jüdische Einwohner, während des Krieges kamen ungefähr 1200 Flüchtlinge und Ausgesiedelte hinzu, d.h. derzeit leben hier etwa 3000 Juden, darunter ungefähr 800 Männer, etwa 1000 Frauen und ca. 1200 Kinder bis 15 Jahre. Im zweiten Kriegsjahr weitete sich die Not immer mehr aus, der örtliche Judenrat war nicht in der Lage, den Erfordernissen der sozialen Fürsorge nachzukommen, und zugleich mit dem Elend breitete sich allmählich eine Epidemie von Infektionskrankheiten aus. Im Frühling und Anfang Sommer dieses Jahres gab es hier eine beträchtliche Anzahl von Fällen von Unterleibstyphus, und seit 2 Monaten ist dieses Städtchen vom Fleckfieber befallen, und die rote Ruhr grassiert sowohl unter den hiesigen armen Einwohnern als auch unter den Flüchtlingen. In Gniewoszów gibt es weder ein Krankenhaus, auch kein provisorisches, noch ein städtisches Badehaus, und wir können deshalb nichts gegen diese heftige Epidemie tun. [...] Am heutigen Tag gibt es in unserer Stadt etwa 150 infizierte Kranke, darunter ungefähr 80 mit Fleckfieber. [...] Ich lege diesem Schreiben auch einen Kostenvoranschlag in Höhe von 17 000 Zł. über die Einrichtung von Isolations- und Quarantäneräumen bei. Der Judenrat in Gniewoszów weist mir zu diesem Zweck eine Summe von 6000 Zł. an, ein Betrag in Höhe von 2000 Zł. läßt sich wahrscheinlich innerhalb der hiesigen Gesellschaft sammeln.« (Ebenda, Bl. 1f.)
Am 11. November 1941 teilt die JSS-Zentrale Dr. Winnykamień mit, daß sie 2000 Złoty für das Seuchenkrankenhaus angewiesen hätte. (Ebenda, Bl. 6) Dieser verbarg seine Enttäuschung über den niedrigen Zuschuß aus Krakau in seiner Antwort vom 19. November 1941 nicht:
»Wir erlauben uns jedoch zu bemerken, daß wir eine unangenehme Enttäuschung erfahren haben, insofern als wir für einen so wichtigen Zweck wie die Einrichtung eines Seuchenkrankenhauses, dessen Kosten sich auf 25 000 oder sogar 30 000 Zł. belaufen, von Ihnen eine weitaus höhere Zuwendung erwartet haben. [...] Das Krankenhaus haben wir in dem Gebäude der ehemaligen Synagoge untergebracht. Die Herrichtung dieses Gebäudes gemäß den Anordnungen der deutschen Behörden erfordert hohe Summen. [...] Der Termin zur Eröffnung des Krankenhauses durch die Behörden war für den 20. 9. d. J. festgesetzt. Aus Mangel an finanziellen Mitteln ist es bis zum heutigen Tag noch nicht eröffnet worden, die Konsequenzen dafür könnten für die Vertreter der hiesigen jüdischen Gemeinde sehr unangenehm sein.« (Ebenda, Bl. 7)
Am 21. November 1941 stellte Dr. Winnykamień ein »Verzeichnis benötigter Gegenstände für das Seuchenkrankenhaus in Gniewoszów« auf, das Spritzen, Uringefäße, Thermometer und Wäsche auflistete. Vermutlich in Krakau wurden 75 Prozent der angeforderten Gegenstände mit einem Rotstift durchgestrichen. (Ebenda, Bl. 10)
Die Inbetriebnahme des Seuchenkrankenhauses datiert F.W. auf den 30. November 1941 (siehe Text S. 202). Am 31. Januar 1942 schickte die JSS-Zentrale eine Sendung Arzneimittel, Verbandszeug und medizinische Instrumente nach Gniewoszów. (Ebenda, Bl. 16) Ebenfalls Ende Januar wurden 1000 Złoty von Krakau nach Gniewoszów geschickt, wofür sich Leopold Winnykamień am 8. Februar 1942 bedankte. (Ebenda, Bl. 18) Bald darauf erwähnte er die finanziellen Schwierigkeiten:

»[...] hoffen wir, daß Sie sich bemühen werden uns zu helfen, weil es für uns immer schwieriger wird, die oben erwähnten Einrichtungen zu erhalten, um so mehr als wir seit März [1942] keine Unterstützung mehr bekommen haben.« (Ebenda, Bl. 29)
In den folgenden Schriftstücken der Akte ist kein weiterer Hinweis auf das Seuchenkrankenhaus enthalten, nur der am 26. Mai 1942 verfaßte Halbjahresbericht der JSS-Vertretung Gniewoszów an die Zentrale in Krakau erwähnte die Arbeit des Krankenhauses kurz:
»Betr. medizinisch-gesundheitliche Fürsorge. Die Vertretung [der JSS] hat den ärmsten Kranken ärztliche Hilfe zuteil werden lassen, indem sie Karten für die Untersuchung von Kranken sowohl im privaten Behandlungszimmer als auch im Haus des Kranken zusammen mit Arzneimitteln ausgegeben hat. Wir beschaffen auch für das hiesige Seuchenkrankenhaus, für die bedürftigen Patienten dreimal täglich eine Mahlzeit (Frühstück, Mittagessen und Abendessen).« (Ebenda, Bl. 29)
Warum traute sich Leopold Winnykamień an das Projekt des Seuchenkrankenhauses in Gniewoszów? Für F.W. waren drei Faktoren maßgeblich: die finanzielle Grundsicherung durch die JSS Krakau, die Erfahrungen seines Vaters mit der Organisation eines Krankenhauses sowie die Anwesenheit des Großvaters Meier Winnykamień, der die ärztliche Betreuung der Patienten übernahm. Im Krankenhaus war neben dem Großvater auch ein Krankenpfleger tätig. Daß der Betrieb des Krankenhauses überhaupt aufrechterhalten werden konnte, war allein dem selbstlosen Engagement des Vaters und des Großvaters zu verdanken. (Interview F.W. Bd VA)
Das Seuchenkrankenhaus war in der Synagoge untergebracht, die deutsche Truppen 1939 als Pferdestall benutzt hatten. Zwei der wenigen überlebenden Juden Gniewoszóws erwähnen diese Einrichtung, jedoch ohne Kenntnis von Interna.
(Berichte von Abraham Mordechai Libhaber und Riwka Rosenberg, in: Shtokfish [Hg.], Ginivashov Memorial-Book, S. 289 u. 376f.)

46 F.W. besorgte für seine Mutter ein Glukose-Präparat. Die Möglichkeiten zur medikamentösen Behandlung von Typhus waren seinerzeit noch sehr begrenzt. (Interview F.W. Bd. VA)

47 Die Massendeportationen der Juden aus dem Lubliner Ghetto begannen am Abend des 16. März 1942. Dabei und durch die gleichzeitig stattfindende »Aussiedlung« von Juden aus Lwów/Lemberg wurden allein bis Mitte April 1942 etwa 30 000 Menschen aus Lublin und etwa 15 000 aus Lwów in das neuerrichtete Vernichtungslager Bełżec nahe Tomaszów Lubelski verschleppt. Dies war der Beginn der systematischen Ermordung aller Juden im Generalgouvernement.
Diesem Tötungsprogramm, das in unterschiedlicher Schreibweise den Tarnnamen »Einsatz« bzw. »Aktion Reinhard(t)« erhielt, sind bis zum Herbst 1943 mindestens 1,7 Millionen, nach anderen Schätzungen über zwei Millionen Menschen zum Opfer gefallen.
Die drei zur »Aktion Reinhardt« gehörenden Vernichtungslager Bełżec (»betrieben« ab März 1942), Sobibór (ab Mai 1942), beide im Distrikt Lublin, und Treblinka (bei Małkinia im Distrikt Warschau, ab 23. Juli 1942) unterstanden zentral dem SS- und Polizeiführer von Lublin, Odilo Globocnik. Die operative Leitung der »Aktion« im gesamten Generalgouvernement übernahm der »Einsatzstab Reinhardt« unter Hermann Höfle. Globocnik, der auch die Kompetenzen zur Schaffung eines rein deutschen Siedlungsgebiets im Südosten des Generalgouvernements besaß, hatte aller Wahrscheinlichkeit nach am 13. Oktober 1941 während einer Besprechung mit dem Reichsführer SS, Heinrich Himmler, und dem Höheren SS- und Polizeiführer im Generalgouvernement, Friedrich-Wilhelm Krüger, den Auftrag zur Errichtung des Vernichtungslagers Bełżec erhalten.
Der konkrete Anlaß dafür und die anfangs projektierte Tragweite dieses Planes sind weiterhin Gegenstand der Forschung. Wahrscheinlich besteht ein Zusammenhang mit dem kriegsbedingten Scheitern früherer Pläne zur Deportation aller Juden aus dem Generalgouvernement in die deutsch besetzten Gebiete der Sowjetunion, wie auch mit der avisierten »Germanisierung« des Generalgouvernements. Ein weiterer Grund war die selbsterzeugte Hunger- und Seuchenkrise in den Ghettos, derer sich die deutschen Machthaber nun mittels Massenmord zu entledigen trachteten.

Die drei Lager der »Aktion Reinhardt« waren reine Mordstätten. Die Mehrzahl aller Deportierten wurde dort nach der Ankunft mit Kohlenmonoxyd, zum Teil aus Motorenabgasen, vergiftet. Nur einige wenige Häftlinge sind für Zwangsarbeiten zur Aufrechterhaltung des Lagerbetriebes eingeteilt worden.
Sowohl in den Methoden zur Massentötung (Einleitung von Abgasen in geschlossene Kammern) als auch in den Täterbiographien des deutschen Lagerpersonals gab es Kontinuitäten: Es führt eine direkte Linie vom sogenannten Euthanasie-Programm, der Ermordung von Kranken und Behinderten im Reich, zur Massentötung der Juden im Generalgouvernement.
Nach einer Anfangsphase zwischen März und Juni 1942 entwickelte sich die »Aktion Reinhardt« binnen weniger Monate zur systematischen Deportation der Juden im gesamten Generalgouvernement, deren Logistik der Stab Globocniks koordinierte. Am 19. Juli 1942 ordnete Heinrich Himmler die »totale Bereinigung« des Generalgouvernements von der jüdischen Bevölkerung bis zum Jahresende an, eine Ausnahme machte er nur für unverzichtbare jüdische Zwangsarbeiter, welche in geschlossene Arbeitslager eingewiesen werden sollten. (Himmler an HSSPF Krüger, BA, NS 19/1757, Bl. 1, gedruckt in FGM, Dok. 229, S. 303)
Die Verschleppungen aus den »jüdischen Wohnbezirken« begannen in den Distrikten Lublin und Galizien im März 1942 und wurden dort nach einer Unterbrechung ab Mai bzw. Juli 1942 fortgesetzt. Von Ende Mai bis Juni 1942 begannen die systematischen Deportationen im Distrikt Krakau, es folgte die Auflösung der Ghettos im Distrikt Warschau ab 22. Juli und im Distrikt Radom ab 5. August 1942. Im November 1942 setzte die Verschleppung der Juden aus dem Bezirk Białystok ein, welcher nicht zum Generalgouvernement gehörte.
Die mit äußerster Grausamkeit durchgeführten »Ghettoräumungen« wurden von den jeweiligen SS- und Polizeiführern geleitet. Sie mobilisierten dazu sämtliche verfügbaren Einheiten der Sicherheitspolizei, der kasernierten Ordnungs- sowie Schutzpolizei und Gendarmerie, ebenso benachbarte Einheiten der Waffen-SS. Außerdem versicherte man sich der Zusammenarbeit der jeweiligen zivilen Dienststellen.
Noch vor Ort wurden viele Alte, Kranke, Kinder und jene erschossen, die sich den deutschen Anordnungen zu widersetzen versuchten. Einige wenige, noch als arbeitsfähig angesehene Juden wurden zur Zwangsarbeit ausgesondert. Die Ghettoräumungen waren erneut mit der großangelegten Beraubung der jüdischen Bevölkerung verbunden.
Zwischen Juli und Herbst 1942, als aus allen Distrikten täglich Züge mit Tausenden Menschen in die Vernichtungslager fuhren, wurde die überwiegende Mehrheit der Juden im Generalgouvernement ermordet. Nach einer Meldung Höfles vom 11. Januar 1943 waren bis zum 31. Dezember 1942 1249433 Menschen in die drei Lager der »Aktion Reinhardt« und weitere 24733 in das Konzentrationslager Lublin eingeliefert worden. (Witte und Tyas, *Document*, S. 469f.) Zu den Opfern zählten auch jene Juden, die 1942 aus dem Reich, dem »Protektorat Böhmen und Mähren« und der Slowakei ins Generalgouvernement deportiert worden waren.
Nach der Ermordung aller als nicht arbeitsfähig geltender Juden und der Bildung einiger weniger zentraler Arbeitsghettos, unter anderem in Warschau, Krakau und Radom, wurde die »Aktion Reinhardt« im Jahr 1943 mit der systematischen Ermordung auch der jüdischen Zwangsarbeiter fortgesetzt. Sie wurde im Herbst des Jahres – nach den Aufständen der Häftlinge in Treblinka am 2. August 1943 und in Sobibór am 14. Oktober 1943 – mit der Massenerschießung an mindestens 42000 jüdischen Zwangsarbeitern am 3. und 4. November 1943 (»Aktion Erntefest«) vor allem im Konzentrationslager Majdanek bei Lublin sowie in den Arbeitslagern Trawniki und Poniatowa beendet.
Die Lageranlagen von Bełżec, Sobibór und Treblinka ließ man abreißen und einebnen. Nach seiner Beförderung und Versetzung nach Italien sandte Globocnik am 5. Januar 1944 seine wirtschaftliche Bilanz der »Aktion Reinhardt« an Himmler. Er wies darin der Raub von Vermögenswerten der ermordeten polnischen Juden im Wert von 178745960,59 Reichsmark

zugunsten des Deutschen Reiches aus. (IMG, Bd. XXXIV, Dok. PS-4024, S. 70–89, hier 89)
Von den etwa zwei Millionen Juden im gesamten Generalgouvernement überlebten nur wenige Zehntausend in einigen Zwangsarbeitslagern oder in Verstecken, eine genauere Bestimmung ihrer Zahl ist aufgrund ihrer Odysseen in den Nachkriegswirren nicht mehr möglich.

Odilo Globocnik nahm sich nach seiner Verhaftung am 31. Mai 1945 in Kärnten das Leben. Hermann Höfle beging am 21. August 1962 in Wiener Untersuchungshaft Selbstmord. In der Bundesrepublik Deutschland ergingen lebenslange Haftstrafen gegen einige Angehörige des Lagerpersonals wie beispielsweise gegen den Kommandanten von Sobibór und später Treblinka, Franz Stangl, und seinen Stellvertreter in Treblinka, Kurt Franz. Weniger hochrangige Angehörige des Lagerpersonals bekamen geringere Strafen wegen Beihilfe zum Mord; einige Verfahren gegen sie wurden, wie im Falle von sieben Angehörigen des Lagerpersonals von Bełżec, eingestellt. Ein Freispruch trotz lückenloser Anklage erhielt 1976 etwa Karl Streibel, Kommandant des SS-Ausbildungs- und des SS-Arbeitslagers Trawniki.

(Siehe zu den neuesten Forschungsergebnissen die verschiedenen Beiträge in Musial [Hg.], »Aktion Reinhardt«; außerdem Arad, Belzec; Arndt und Scheffler, *Massenmord*; Blank, *Beispiel*; Browning, *Warschau und Lodz*; Friedlander, Weg; Pohl, »Judenpolitik«; ders., *Ermordung*; Scheffler, *Zahl*; ders., *Einordnung*; ders., *Part*; Witte und Tyas, *Document*; Witte u.a. [Bearb.], Dienstkalender, S. 65–73 und darin die kommentierten Einträge vom 13.10.1941 (S. 233f.), 13./14.3.1942 (S. 378ff.), 17.4.1942 (S. 401) und 18.–20.7.1942 (S. 493–497).)

48 Erste Nachrichten über die Deportation der Juden aus Lublin erreichten Gniewoszów – wie auch andere Orte im Generalgouvernement – offenbar spätestens im April 1942. Die systematischen Tötungen ließen sich hier schon angesichts der vor aller Augen durchgeführten »Ghettoräumungen« nicht geheimhalten. Von Anfang an kursierten Berichte über Massendeportationen und Befürchtungen über die Ermordung der Verschleppten in der polnischen und vor allem jüdischen Bevölkerung. So trafen im Untergrundarchiv des Warschauer Ghettos bereits Anfang April zwei Kassiber von »Szlamek« aus Zamość ein, in denen er die Verschleppungen im Distrikt Lublin benannte und keinen Zweifel am Schicksal der dortigen Juden ließ. (Brief »Szlameks« an Hersz Wasser in Warschau vom 5. oder 6.4.1942, in: Sakowska, Etappe, Dok. 17, S. 190ff.) Auch die Schülerin Mary Berg notierte in ihrem im Warschauer Ghetto verfaßten Tagebuch am 15. April 1942:

»[…] die Nachricht […], die uns Frau Minc, eine Mieterin in unserem Haus, heute abend erzählt hat. Ein naher Verwandter von ihr, der kürzlich im Ghetto eingetroffen ist, berichtete ihr Einzelheiten über ein schreckliches Massaker in Lublin, bei dem er seine Frau und zwei Kinder verlor … Es klingt alles schrecklich, und ich kann es einfach nicht glauben.« (Berg, Ghetto, S. 140, hier zit. nach der deutschen Übersetzung in: Schoenberner, Zeugen, S. 105)

Auf polnischer Seite erschien im Untergrundorgan »Biuletyn Informacyjny« am 30. April 1942 ein Artikel, der die Ereignisse in Lublin in Details beschrieb, Befürchtungen über Massenmorde in Bełżec äußerte und zur Schlußfolgerung kam, es vollziehe sich nun die von Hitler angekündigte Vernichtung des Judentums. (Artikel *Żydzi* [*Die Juden*] vom 30.4.1942, abgedruckt und übersetzt in: Kunert [Hg.], Polacy – Żydzi, Dokument II/7, S. 200–206, hier bes. S. 204)

(Siehe hierzu auch Bartoszewski, Blut, S. 49–62; Pohl, »Judenpolitik«, S. 116f.; Sakowska, Etappe, bes. S. 40f. und Silberklang, *Juden*, S. 154–164.)

49 Die Angaben von F.W. weichen hier um einige Wochen von der Chronologie der Ereignisse ab. Die erste Deportation aus Dęblin-Irena fand nachweislich am 6. Mai 1942 statt. Im Zuge der systematischen »Ghettoräumungen« im Kreis Puławy des Distrikts Lublin wurden an diesem Tag etwa 2500 Juden aus Dęblin zusammengetrieben und in das Vernichtungslager Sobibór deportiert. Aus dem gesamten Kreis verschleppten SS und Polizei zwischen dem 6. und 12. Mai 1942 16 822 Menschen; ausgenommen die etwa 1200 jüdischen Zwangsarbeiter auf dem Fliegerhorst Dęblin-Irena.

(Siehe das Schreiben des Kreishauptmannes in Puławy an die Abteilung Bevölkerung und Fürsorge im Distrikt Lublin vom 13.5.1942 über die noch im Kreis verbliebenen Juden nach der »Aussiedlung«, BA, R 102 II/25, Bl. 59f.; Scheffler, *Zahl*, S. 229 und Arad, Belzec, Tabelle 2, S. 390.)

50 Zum Personal des »Lubliner Kommandos« bzw. des »Einsatzstabes Reinhardt« gehörten ukrainische, baltische und auch russische Hilfswillige der SS. Es handelte sich um ehemalige Angehörige der sowjetischen Armee, die vom Stab des SS- und Polizeiführers Lublin in Kriegsgefangenenlagern für deutsche Dienste rekrutiert worden sind. Zwischen Herbst 1941 und Juli 1944 bestand in Trawniki im Distrikt Lublin ein Ausbildungslager des SS- und Polizeiführers Lublin für diese »Hiwis«, »Trawnikis« oder »Askaris« genannten, schwarzbraun uniformierten Hilfstruppen. Soweit bekannt, erhielten insgesamt 5082 Männer eine Identitätsnummer dieser in zwei Bataillone gegliederten Einheit. (Black, *Trawniki-Männer*, S. 319)

Unter dem Kommando von SS-Angehörigen wurden diese Hilfstruppen bei den »Ghettoräumungen« zur Absperrung und Zusammentreibung der jüdischen Bevölkerung eingesetzt. Sie gehörten zum Personal in den drei Vernichtungslagern Bełżec, Sobibór und Treblinka und zu den Wachen in verschiedenen Zwangsarbeitslagern. Auch bei Zwangsumsiedlungen der polnischen Bevölkerung und zur Bekämpfung von Partisanen wurden sie herangezogen. (Siehe dazu Grabitz, Täter, S. 112–119; Scheffler, *Probleme*, S. 270–281 und Black, *Trawniki-Männer*.)

51 Gemeint ist das Vernichtungslager Sobibór, errichtet im Frühjahr 1942 in einem Wald südlich von Włodawa an der Ostgrenze des Generalgouvernements. Die Massenmorde mit Giftgas (Kohlenmonoxyd) begannen dort im Mai 1942. Bis zum Jahresende 1942 wurden 101 370 Menschen in Sobibór ermordet. Insgesamt wird die Zahl der Opfer, bis zur Schließung des Lagers im Herbst 1943 auf etwa 236 000 bis 257 000 Menschen geschätzt. Zu ihnen zählten neben Juden aus dem Generalgouvernement (hauptsächlich aus dem Distrikt Lublin) auch Deportierte aus dem Reich, dem »Protektorat Böhmen und Mähren«, der Slowakei, der besetzten Sowjetunion, der Niederlande und Frankreich.

(Siehe dazu Schelvis, Vernichtungslager, insgesamt und zur Opferzahl bes. S. 236–241; Witte und Tyas, *Document*, S. 470 und 472; Arndt und Scheffler, *Massenmord*, S. 557–559.)

52 Oskar Kerklies war nach eigener Aussage von 1939 bis Januar 1945 mit Unterbrechungen als Regierungsobersekretär, später als Regierungsinspektor beim Kreishauptmann Radom-Land tätig und dort ab Dezember 1940 für die Einrichtung »jüdischer Wohnbezirke« und die Abschließung von Ghettos zuständig.

(Zeugenaussage von Oskar Kerklies für die II. Entschädigungskammer beim Landgericht Stuttgart vom 29.6.1955, BAL, B 162/ AR-Z 363/59, Bd. I, Bl. 166–166 R)

53 Die Ghettobildung wurde in den einzelnen Distrikten des Generalgouvernements auf verschiedene Weise vorgenommen.

Im Distrikt Radom erfolgte die Abschließung »jüdischer Wohnbezirke« vergleichsweise spät. Ausnahmen bildeten die bereits 1939 eingerichteten Ghettos in Piotrków und Radomsko. Anders als in Warschau, wohin die jüdische Bevölkerung aus den umliegenden, kleineren Orten sukzessive umgesiedelt wurde, vertrieben die Behörden im Distrikt Radom zunächst einen Teil der jüdischen Einwohnerschaft aus den größeren Städten, nicht zuletzt, um vor dem Angriff auf die Sowjetunion Quartiere für deutsche Soldaten zu requirieren. Hierdurch verzeichneten kleinere Orte wie Gniewoszów im Jahr 1941 einen erheblichen Bevölkerungszuwachs. (Siehe oben S. 198f. und Anm. 36, S. 450f.) Ab 1940 entstanden im Distrikt Radom vielerorts sogenannte offene Ghettos, in denen bestimmte Straßenzüge, mitunter aber auch ganze Orte als »jüdische Wohngebiete« gekennzeichnet wurden, zu welchen Nichtjuden jedoch noch freien Zugang hatten. Deren jüdische Einwohner hingegen unterlagen den Bestimmungen der Verordnungen »über die Aufenthaltsbeschränkungen im Generalgouvernement«, welche es regionalen Behörden gestatteten, Freizügigkeitsbeschränkungen anzuordnen und sie mittels der Verhängung von Haft- bzw. Geldstrafen – ab Oktober 1941 der Todesstrafe – durchzusetzen. (Verordnung vom 13.9.1940, VBl.GG,

1940, I, S. 288, Zweite bzw. Dritte »Verordnung über die Aufenthaltsbeschränkungen im Generalgouvernement« vom 29.4. und 15.10.1941, VBl.GG 1941, S. 274f. bzw. S. 595) Einer entsprechenden Anordnung von Distriktgouverneur Lasch vom 19. März 1941 folgend wurden in den großen Städten des Distrikts im März und April 1941 sowohl geschlossene (z.B. in Radom und Częstochowa) als auch offene Ghettos (beispielsweise in Kielce) eingerichtet, ein Prozeß, der sich im Laufe des Jahres auch auf kleinere Städte erstreckte. (Amtsblatt des Chefs des Distrikts Radom im Generalgouvernement Nr. 9, 1941, S. 132–134)
Eine weitere und letzte Phase der Ghettoisierung leitete eine Anordnung des neuen Distriktgouverneurs Kundt ein, der am 11. Dezember 1941 – unter anderem zur vermeintlichen Eindämmung der Seuchengefahr – verfügte, ab 1. Januar 1942 allen Juden im Distrikt das Verlassen ihres jeweiligen Wohnorts zu verbieten und Zuwiderhandlungen mit der Todesstrafe zu ahnden. Davon ausgenommen waren lediglich Inhaber einer behördlichen Genehmigung.
(Anordnung über Aufenthaltsbeschränkungen im Bereich des Distrikts Radom vom 11.12.1941 und Rundschreiben Oswalds von der Abteilung Innere Verwaltung im Distrikt Radom an alle Stadt- und Kreishauptleute vom gleichen Tage, BA, R 52 II/254, Bl. 116f. und 127–129, leicht verändert am 23. Februar 1942 herausgegeben und veröffentlicht im Amtlichen Anzeiger für das Generalgouvernement, Nr. 16, 1942, S. 301f.)
In der Folge isolierten die deutschen Behörden die offenen Ghettos durch Zäune und errichteten bis zum Frühsommer 1942 auch in jenen Orten abgeschlossene »Judenwohnbezirke«, in denen bislang keine Ghettos bestanden hatten. Bis zum Sommer wurden Juden, die in kleinen Gemeinden gelebt hatten, zum Umzug in die Ghettos nächstgrößerer Orte gezwungen. (Siehe hierzu insgesamt Rutkowski, *Martyrologia*, S. 77–87 und 104 und Młynarczyk, *Organisation*, S. 167–169.)
Das Ghetto in Gniewoszów gehörte zu den letzten im Distrikt Radom abgesperrten »jüdischen Wohnbezirken«. Angaben Überlebender über den Zeitpunkt seiner Errichtung und seine Lage in Gniewoszów bzw. in Granica sind uneinheitlich, einige Berichte nennen frühere Daten als das Frühjahr 1942, wobei das Verbot, den Wohnort zu verlassen, in der Erinnerung vermutlich mit der Bildung des umzäunten Ghettos gleichgesetzt wird.
(Siehe dazu z.B. den Bericht von Riwka Rosenberg, in: Shtokfish [Hg.], Ginivashov Memorial-Book, S. 378. Da sie auf Augenzeugenberichten beruhen, sind auch die Angaben in Überblickswerken widersprüchlich, so in Encyclopedia of Jewish Life, Bd. II, S. 436 zu Gniewoszow und S. 450 zu Granica II.)

54 Die Namen der möglichen Unterzeichner – Angehörige der örtlichen, akademisch gebildeten Elite von Gniewoszów – sind im polnischen Original ausgeschrieben, werden jedoch hier, auch auf Wunsch von F.W., aus Gründen des Persönlichkeitsschutzes nur abgekürzt wiedergegeben.
Da keine amtlichen Dokumente der Jahre 1939 bis 1944 aus Gniewoszów überliefert sind (vgl. Anm. 1, S. 439f.), kann weder nachgewiesen noch widerlegt werden, daß es solche Petitionen tatsächlich gegeben hat. F.W. erinnert sich, daß sein Vater von diesen Gesuchen gesprochen hat. Die Information hatte Leopold Winnykamień von dem Gemeindeangestellten Bolesław Paciorek, einem seiner Patienten, der der Familie später auch mit Versteck, Papieren und Informationen weiterhalf.

55 Seit dem 15. Oktober 1941 sollte für das unerlaubte Verlassen der »jüdischen Wohnbezirke« die Todesstrafe verhängt werden. Entsprechende Anweisungen, die über geltende Regelungen hinausgingen, enthält die von Generalgouverneur Frank an diesem Tag erlassene Dritte Verordnung über Aufenthaltsbeschränkungen im Generalgouvernement. Darin heißt es wörtlich:
»§ 4b (1) Juden, die den ihnen zugewiesenen Wohnbezirk unbefugt verlassen, werden mit dem Tode bestraft. Die gleiche Strafe trifft Personen, die solchen Juden wissentlich Unterschlupf gewähren. (2) Anstifter und Gehilfen werden wie die Täter, die versuchte Tat wird wie die vollendete bestraft. In leichteren Fällen kann auf Zuchthaus oder Gefängnis erkannt werden. (3) Die Aburteilung erfolgt durch die Sondergerichte.« (VBl.GG 1941, S. 595)

Diese Bestimmungen wurden von den regionalen Behörden erneut ausformuliert und per Plakatanschlag bekanntgegeben. Der Radomer Distriktgouverneur Kundt verfügte am 11. Dezember 1941 explizit, daß dieses für alle Wohnorte von Juden gelte, auch wenn dort noch kein Ghetto bestünde, und daß es ebenso verboten sei, diese Wohnorte auch nur vorübergehend zu verlassen. Er forderte weiterhin, entsprechende Schilder in den einzelnen Ortschaften aufzustellen. (»Anordnung über Aufenthaltsbeschränkungen für Juden im Bereich des Distrikts Radom« vom 11.12.1941 und das Rundschreiben Oswalds von der Abteilung Innere Verwaltung im Distrikt Radom an die Kreis- und Stadthauptleute betreffend »Bildung jüdischer Wohnbezirke« vom selben Tag, BA, R 52 II/254, Bl. 116f. und 127–129; siehe auch die Abbildung S. 395.)

56 Die Namen der Nachbarn werden im Original genannt, hier und im folgenden, auch auf Wunsch von F.W., aus Personenschutzgründen jedoch anonymisiert.

57 Nach Auskunft von F.W. besorgte der Magistratsangestellte Paciorek die Papiere. (Vgl. Anm. 54, S. 461 und Anm. 68, S. 465.) Die Ausweise ohne Lichtbild waren rote Meldekarten der Gemeinde Gniewoszów, die als Bestätigung über den Wohnsitz von den örtlichen polnischen Behörden ausgegeben wurden. (Interview F.W., Band VI A)

58 Am 26. Oktober 1939 erließ Generalgouverneur Hans Frank die »Verordnung über die Einführung von Kennkarten im Generalgouvernement« (VBl.GG 1939, S. 8), welche für die gesamte nichtdeutsche Bevölkerung im Generalgouvernement den Ausweiszwang anordnete. Die darin vorgesehene Ausgabe neuer Kennkarten nach deutschen Vorgaben begann jedoch aufgrund von Materialengpässen und Verwaltungshindernissen erst Mitte des Jahres 1941. Die diesbezügliche Zweite Verordnung Franks vom 13. Juni 1941 nennt Strafvorschriften bei Zuwiderhandlung und dem Gebrauch fremder Ausweise (VBl.GG 1941, S. 344), zugleich erging durch den HSSPF Krüger eine erste Durchführungsvorschrift (VBl.GG 1941, S. 344–348). Danach mußten alle über fünfzehn Jahre alten Nichtdeutschen im Generalgouvernement eine Kennkarte beantragen.

Die Ausstellung der neuen Ausweise oblag den Stadt- und Kreishauptleuten mit den jeweils unterstellten Gemeindeverwaltungen. Die auf der Grundlage aller eingereichten Personaldokumente erhobenen Daten gaben die Gemeinden zugleich an die Zentralkartei der Regierung des Generalgouvernements weiter.

Diese neuen Kennkarten unterschieden deutlich sichtbar die Angehörigen der verschiedenen ethnischen Gruppen. Während die Kennkarten für christliche Polen grau waren, sollte die jüdische Bevölkerung gelbe, mit einem »J« bzw. »Z« (für polnisch Żyd, Jude) gekennzeichnete Ausweise erhalten; für andere Minderheiten waren blaue Karten mit einem Kürzel zur Hervorhebung der jeweiligen Nationalität vorgesehen. Alle Ausweise wurden mit fünfjähriger Gültigkeit ausgestellt und mußten mit einem Paßfoto und Fingerabdrücken versehen werden. Sie enthielten unter anderem auch Angaben über Wohnort, Beruf und Religionszugehörigkeit.

(Siehe zum Verfahren und den einzelnen Auflagen das Schreiben des Kreishauptmanns Warschau (Land), Amt für Innere Verwaltung, an die Bürgermeister und Gemeindevorsteher »Betr.: Kennkarten für die nichtdeutsche Bevölkerung« vom 15.1.1942, BA, R 102 I/1, Bl. 29–29R und auch die Abbildung des auf den falschen Namen Mieczysław Ambryszewski ausgestellten polnischen Ausweises von F.W. auf Seite 404.)

Die dezentrale Ausfertigung der Ausweise und Materialprobleme verzögerten die Ausgabe erheblich, so daß die Kennkarten auch im Jahr 1943 noch nicht flächendeckend eingeführt waren.

(Siehe: Vortrag Schönhals von der Hauptabteilung Innere Verwaltung auf der Regierungssitzung im Generalgouvernement am 17.10.1941, BA, R 52 II/240, Bl. 14–14R; Schreiben des Kreishauptmanns Warschau [Land], Amt für Innere Verwaltung, an die Bürgermeister und Gemeindevorsteher »Betr.: Kennkarten für die nichtdeutsche Bevölkerung« vom 31.7.1942, BA, R 102 I/1, Bl. 52; Schreiben des Kreishauptmanns in Miechow an alle Bürgermeister im Kreis »Betr.: Beschleunigter Abschluß der Kennkartenausstellung für Nichtdeutsche« vom 12.4.1943, BA, R 102 II/10, Bl. 48–48R.)

Lücken in diesem Verfahren, insbesondere die Regelungen zum Ersatz verlorener Papiere aufgrund eidesstattlicher Erklärungen eröffneten relativ gute Möglichkeiten zum Erwerb falscher Ausweise. (Paulsson, City, S. 102ff.)

59 Die Blankoformulare konnte wahrscheinlich wiederum der Magistratsangestellte Paciorek besorgen, da die Gemeindeverwaltungen mit der Anfertigung der Kennkarten beauftragt waren.

60 F.W. erläuterte diese Vorstellung und sein eigenes Erscheinungsbild: »›Arisches‹ Aussehen, das hieß nicht, blonde Haare und blaue Augen zu haben, ich habe keine blauen Augen und blonde Haare, aber ich lebte [1944/45] sechs Monate unter Polen und sie merkten nicht, wer ich war. Ich fühlte mich sicher, sowie ich die Armbinde abnahm. Ich wußte, daß die Deutschen, die deutschen Soldaten einen Juden niemals wirklich ausfindig machen konnten, wenn es nicht offensichtlich war, [...] aber die Polen besaßen – weil man über Jahrhunderte zusammen gelebt hatte – irgendwie einen Instinkt, sie witterten einen Juden aus welchem Grund auch immer. Aber mich nicht, auch als ich mich unter etwa 400 von ihnen befand! Es ist auch das Verhalten, nichts Spezifisches, ich kann es nicht genau benennen.« (Interview F.W., Band IV B, aus dem Englischen M.V.)
Anders als in Deutschland unterschied sich die jüdische Bevölkerung in Polen zu einem großen Teil durch erworbene äußere Merkmale von der nichtjüdischen Mehrheit. Ein wesentlicher Faktor war die jiddische Sprache – sie wurde von den meisten aller jüdischen Familien in Polen gesprochen und erschwerte ein akzentfreies Sprechen des Polnischen. Hinzu kam die Unkenntnis katholischer Bräuche, Redensarten und Anspielungen, welche auch in der alltäglichen Kommunikation unter Polen präsent waren. Für jüdische Männer bestand generell die Gefahr, unter Umständen an der Beschneidung erkannt zu werden. Die von F.W. geschilderte Befürchtung, Polen hätten Juden binnen weniger Momente und weit genauer identifizieren können als es Deutsche vermochten, findet sich in zahlreichen Aufzeichnungen verfolgter polnischer Juden. Zugleich herrschte unter der jüdischen Bevölkerung eine erhebliche Angst, rein physiognomisch den Klischees antisemitischer Propaganda zu ähneln. Viele Merkmale konnten einen Juden verraten, doch allein eine »gebogene Nase« fiel nicht immer auf, wie Nathan Gross rückblickend feststellte:
»Ein ›gutes Gesicht‹ umfaßte ein ganzes Bündel aus Lebensstil, Benehmen, Kleidung, Sprache etc. [...] Junge [jüdische] Männer gingen in Reiterhosen mit hohen Stiefeln einher, zogen sich einen Mittelscheitel, färbten sich die Haare und ließen sich einen Schnurrbart wachsen. Aber keine dieser Vorkehrungen war von Nutzen, solange derjenige nicht unter Polen aufgewachsen war und die Voraussetzungen nicht erfüllte, um sich beim Eintritt in seinen ›arischen‹ Lebensweg atmosphärisch in diese Gesellschaft einzufügen.«
(Gross, *Papers*, S. 79f., Übersetzung M.V.; siehe zu der gesamten Problematik einschließlich verschiedener Zeugnisse der Verfolgten: Paulsson, Secret City, S. 106–115 und Kosmala, *Opfer*, S. 44–47.)

61 Die Razzien der Arbeitsämter im Frühsommer 1942 hatten das Ziel, das nach der Deportation polnischer Arbeiter ins Reich in der Rüstungsindustrie herrschende Defizit an Arbeitskräften mit jüdischen Zwangsarbeitern zu decken. An den großen Industriestandorten errichteten die SS- und Polizeiführer in der zweiten Hälfte des Jahres 1942 zentrale Zwangsarbeitslager. Diese bestanden vor allem in den Industriegebieten des Distrikts Radom, so z.B. in Starachowice, Kielce und Skarżysko-Kamiena.
(Siehe hierzu: Młynarczyk, *Organisation*, S. 187–195; Rutkowski, *Hitlerowskie obozy pracy*, S. 113–128 und Pohl, *Zwangsarbeitslager*, S. 418–420. Über die ersten Arbeitslager im Generalgouvernement und F.W.s Wissen darüber siehe hier S. 158ff. und 166.)

62 Der Name lautete vermutlich Janik. Josef Janik, ein 1913 wahrscheinlich in Beuthen/Oberschlesien geborener Deutscher, war Mitarbeiter, nicht Chef des Arbeitsamtes Radom. Im Jahre 1941 war er in der Abteilung 5 AK für die Ausgabe der Arbeitskarten zuständig. (Geschäftsverteilungsplan des Arbeitsamtes Radom nach dem Stande vom 31. August 1941, vom 1.9.1941, APR, Urzędy pracy z terenu dystryktu radomskiego – Zbiór szczątków zespołów 1939–1944 [Arbeitsamt Radom] Nr. 1, Bl. 43) 1942 war Janik Leiter der Abteilung

5 J, »Judeneinsatz«. In dieser Funktion führte er Razzien zur Rekrutierung von Zwangsarbeitern in verschiedenen Orten des Distrikts an. Durch sein brutales Vorgehen und seinen Hang zur Korruption blieb er vielen Zeugen aus Radom und Umgebung deutlich in Erinnerung. Überlebende des Ghettos Radom beschreiben ihn als »außergewöhnlichen Sadisten und Judenhasser«, der stets mit einer Peitsche auf seine Opfer einschlug. (Komitee der Radomer Juden in Stuttgart [Hg.], Radom, S. 153)
Janiks Aufenthalt nach dem Krieg konnte nicht ermittelt werden, weshalb er der Strafverfolgung entging.
(Siehe zu den übrigen Angaben die Aussage von F.A., ehemals Abteilungsleiter beim Arbeitsamt Radom, vom 19.10.1966 im Ermittlungsverfahren 2 Js 161/65 der StA Verden, BAL, B 162/ AR-Z 19/64, Bd. III, Bl. 551; die Verfügung der StA Hamburg vom 30.8.1972 im Strafverfahren 147 Js 7/69 über den Abschluß des Verfahrens gegen weitere Beschuldigte, darunter Janik/Janick, BAL, B 162/ AR-Z 15/65, Bd. 47, Bl. 10735ff., hierin auch eine Zusammenstellung der Aussagen jüdischer Zeugen über das Verhalten Janiks.)

63 Abschätzige Äußerungen dieser Art scheinen für Janik charakteristisch gewesen zu sein, so erinnerte sich D.G., Überlebende des Ghettos in Zwoleń, an Janiks Ausspruch während einer Razzia dort: »Solche [Juden] brauchen wir jetzt, junge, gesunde, hübsche«. (Aussage D.G. vom 7.11.1966, im Verfahren 147 Js 38/65 der StA Hamburg, BAL, B 162/ AR-Z 15/65, Bd. 4, Bl. 852)

64 Bestechung deutscher Besatzungsbeamter gehörte zu den wenigen Optionen der Judenräte im Generalgouvernement zu dieser Zeit. Die Hoffnung, damit eine gewisse Handlungsfreiheit zu behalten, die zum Schutz ihrer Gemeinden vor den zunehmenden Verfolgungen genutzt werden könnte, erwies sich allzuoft als Illusion. Letztendlich benutzten die Deutschen die von ihnen angeordneten Zwangsorganisationen für ihre Zwecke: Ohne die Judenräte wäre die spätere Durchführung der systematischen Ermordung der Juden weniger zügig und reibungslos verlaufen. Den Judenräten hatten die deutschen Behörden ausschließlich die Rolle der Befehlsempfänger zugedacht und keineswegs die der Interessenvertretung ihrer Gruppe, wogegen die Judenratsvorsitzenden machtlos waren.
Bemerkenswert erscheint die oft relativ milde Beurteilung der Judenräte im Rückblick vieler Überlebender. Das Urteil in den 1960er Jahren fiel selten so radikal aus wie F.W.s Bewertung von 1944. Aus der zeitlichen Distanz hatten viele Betroffene die Ausweglosigkeit »ihrer« Judenräte erkannt. (Trunk, Judenrat, S. 259–281 und 577–585)
So ergaben sich auch moderatere Urteile über den Judenrat von Gniewoszów unter Jakob Dyner und Józef Kuropatwa:
»Der Chef der jüdischen Polizei war Jechiel Grosman, früher unser Nachbar, aber jetzt zählten freundschaftliche oder gesellschaftliche Beziehungen nicht mehr. Des öfteren kamen die Deutschen und forderten Lösegeld, Stiefel, Tuch und anderes. Die Verantwortung für die Erfüllung ihrer Forderungen übertrugen sie dem Judenrat, und diese Institution hatte keine andere Wahl, als sie notgedrungen den Juden des Shtetl aufzuerlegen. Bisweilen gab es Streit und Auseinandersetzungen zwischen dem Judenrat und den belangten Juden aufgrund von Benachteiligung und Ungerechtigkeit. Aber heute ist keiner von ihnen mehr am Leben, und man sollte nicht zu streng über sie urteilen.« (Bericht von Menachem Weinreb, in: Shtokfish [Hg.], Ginivashov Memorial-Book, S. 422, aus dem Hebräischen von Emily Link; siehe auch Trunk, Judenrat, S. 385–387.)
Einige wenige Mitglieder der Judenräte im Generalgouvernement widersetzten sich der verhängnisvollen Kooperation mit den Deutschen. Überliefert sind mutige Befehlsverweigerungen, die Unterstützung jugendlicher Widerstandsgruppen und ein Zusammenwirken mit lokalen Partisanengruppen. Meistens bezahlten diese Judenratsvorsitzenden dafür mit ihrem Leben, bevor ihre Gemeinden kollektiv deportiert wurden. (Zum Zwiespalt der Judenräte siehe: Levin, *Fighting Leadership* und Weiss, *Jewish Leadership*.)

65 In der Stadt Pionki, etwa 25 km westlich von Gniewoszów, befand sich eine Fabrik zur Herstellung von Schießpulver und Sprengstoff. Diese ehemals polnische Firma »Krusz« war 1941 der deutschen Wehrmacht übertragen worden. Spätestens seit Frühjahr 1941

waren hier jüdische Zwangsarbeiter eingesetzt. Im August 1942 wurde außerhalb des Geländes ein Zwangsarbeitslager unter dem SS- und Polizeiführer Radom eingerichtet, das im Sommer 1944 beim Vorrücken der Roten Armee durch die Deportation der Häftlinge – mehrheitlich nach Auschwitz – aufgelöst wurde. Im Lager waren Männer und Frauen inhaftiert, die Zahl der jüdischen Häftlinge stieg von etwa 1000 in der Anfangsphase auf etwa 3000 im Jahr 1944. Aufgrund des ungeschützten Umgangs mit explosiven Stoffen war die Zwangsarbeit in Pionki besonders gefährlich und gesundheitsschädlich.
(Siehe insgesamt hierzu: das Schreiben des Leiters der Hauptabteilung Wirtschaft in der Regierung des Generalgouvernements an den Reichsminister der Finanzen vom 3.10.1941 betreffend »Freistellung von Betrieben aus früherem polnischen Staatseigentum für die Eigentumsübertragung an die Wehrmacht«, BA, R 2/5084, Bl. 95f.; Sachverhaltsdarstellung vom 13.10.1967 und Abschlußvermerk vom 28.11.1977 der Zentralen Stelle der Landesjustizverwaltungen in Ludwigsburg über das Vorermittlungsverfahren gegen Angehörige der Werksleitung, des Werkschutzes und der Wachmannschaften im ZAL Pionki, BAL, B 162/ AR-Z 14/67 -R-, Bd. II, Bl. 220ff. und Bd. III, Bl. 600ff. sowie den Vermerk der StA Hamburg vom 25.1.1979 über die Einstellung des Ermittlungsverfahrens 2100 Js 3/78, ebenda Bd. III, Bl. 639ff.; Weinmann [Hg.], Lagersystem, S. 681; Rutkowski, *Hitlerowskie obozy pracy*, S. 122f.)

66 Die »Judenpolitik« der deutschen Besatzungsmacht wurde auch durch gezielte Förderung von Unterschieden innerhalb der Gemeinden (»divide et impera«) durchgesetzt. (Vgl. Anm. 8, S. 441f.) Mehrere Überlebende aus Gniewoszów berichteten später von der »Rangordnung« der dort lebenden Juden und der Reihenfolge ihrer Auslieferung an die Deutschen. (Shtokfish [Hg.], Ginivashov Memorial-Book, Berichte in jiddischer und hebräischer Sprache, Übersetzungen von Emily Link)
Riwka Rosenberg: »Die ganze Zeit über hat man Juden, insbesondere Jugendliche, zu verschiedenen Arbeiten geschickt. Das geschah mit Hilfe des Judenrats und der jüdischen Polizei. Es versteht sich, daß diejenigen, die viel Geld hatten, sich freikaufen konnten. Im allgemeinen waren die hinzugekommenen Flüchtlinge die ersten, die zur Arbeit geschickt wurden.« (Ebenda, S. 378)
Perez Schapira: »In die [Arbeits-] Lager schickte der Judenrat gewöhnlich die Armen, die Vertriebenen und die Flüchtlinge. Das hat ständige Reibereien und Mißtrauen gegenüber dem Judenrat geschaffen. Die Deutschen waren dagegen zufrieden, weil sie alles bekamen, was sie vom Judenrat forderten: Manufakturwaren, Geflügel, Lebensmittel, Branntwein, Gold, und ... Sklavenarbeiter.« (Ebenda, S. 332)
Abraham Lansman: »Zuerst wurden die Fremden verhaftet, jene, die aus anderen Orten nach Gniewoszów entkommen waren, um dort Zuflucht und Schutz zu finden. Danach brachte man auch Ortsansässige. Es waren dies die Armen des Städtchens. [...] Den Ortsansässigen und Fremden, die hier Verwandte oder Bekannte hatten, brachte man etwas zu essen und zu trinken, während ich und andere meinesgleichen nichts erhielten.« (Ebenda, S. 330)
Dieses Phänomen war nicht nur in Gniewoszów, sondern in vielen Ghettos des deutschen Herrschaftsbereichs zu beobachten. (Trunk, Judenrat, S. 420–436)

67 Hierbei handelt es sich um die eingangs erwähnte, vermutlich im Sommer 1945 angefertigte Abschrift einer jetzt fehlenden Originalseite (siehe S. 38). Es ist nicht auszuschließen, daß F.W. an manchen Stellen den ursprünglichen Wortlaut veränderte.

68 Den Namen dieses Helfers hatte Fred Weinstein in seinen Aufzeichnungen bewußt verschwiegen, um ihn im Falle des Entdecktwerdens nicht zu gefährden. Es war der bereits erwähnte Bolesław Paciorek aus der Gniewoszówer Gemeindeverwaltung. (Interview F.W., Band IV A, IV B; siehe zu ihm auch zuvor S. 214 einschließlich der Anmerkungen.)

69 Im November 1941 erließ der Befehlshaber der Ordnungspolizei im Generalgouvernement den sogenannten Schießbefehl, wonach Schutzpolizei und Gendarmerie alle Juden, die sich ohne Erlaubnis außerhalb der ihnen zugewiesenen »Wohngebiete« aufhielten, an Ort und Stelle erschießen sollten. Im Besonderen erstreckte sich dieser Befehl auf außerhalb

von Ortschaften und auf Landstraßen aufgegriffene Juden und wurde – wie es auch für die Ghettobildung der Fall war – unter anderem mit vermeintlichen Seuchenschutzmaßnahmen begründet.
(Siehe den Vortrag Hummels, des Amtschefs beim Warschauer Distriktgouverneur, auf der Regierungssitzung im Generalgouvernement am 16.12.1941, in: Präg und Jacobmeyer [Hg.], Diensttagebuch, S. 456 sowie den Befehl des Kommandeurs der Ordnungspolizei in Warschau vom 10.11.1941 »Betr.: Unbefugtes Verlassen des jüdischen Wohnbezirks durch Juden«, worin die Polizei angewiesen wurde, zukünftig auf alle aus dem Ghetto fliehenden Juden zu schießen, dieses sei hauptsächlich Aufgabe der polnischen Polizei, Auerswald-Akten Bl. 130. Siehe hierzu auch Majer, »Fremdvölkische«, S. 868 und S. 894–896 sowie Rutkowski, *Martyrologia*, S. 87.)

70 Die Hilfsbereitschaft des polnischen Arztes Dr. Bronisław Kiełczyński gegenüber den Juden in Gniewoszów bestätigten auch andere jüdische Überlebende des Ortes. So berichtete Sarah Gertner, er habe ihre Schwester behandelt und gerettet, nachdem sie von Deutschen angeschossen worden war. (Shtokfish [Hg.], Ginivashov Memorial-Book, S. 311)

71 Nach Aussagen früherer Kollegen wurde Janik vermutlich noch 1942 verhaftet und vom (Sondergericht beim) Deutschen Gericht in Radom wegen seiner »Geschäfte mit Juden« und eines Verhältnisses mit einer jüdischen Frau zu einer mehr als zweijährigen Zuchthausstrafe verurteilt. Anderen Angaben zufolge soll er in ein Konzentrationslager überstellt oder zu einer Zuchthausstrafe verurteilt, aber anschließend zum Dienst in der Wehrmacht begnadigt worden sein.
(Siehe die Aussage von F.A., ehemals Abteilungsleiter beim Arbeitsamt Radom, vom 19.10.1966 im Ermittlungsverfahren 2 Js 161/65 der StA Verden, BAL, B 162/ AR-Z 19/64, Bd. III, Bl. 551; Verfügung der StA Hamburg vom 30.8.1972 im Strafverfahren 147 Js 7/69 über den Abschluß des Ermittlungsverfahrens gegen weitere Beschuldigte, darunter Janik/Janick, BAL, B 162/ AR-Z 15/65, Bd. 47, Bl. 10737 mit dem Stand der Ermittlungen über die Haft und den weiteren, nicht aufklärbaren Aufenthalt Janiks.)

72 Mit der Ghettobildung in Warschau wurde dort der Jüdische Ordnungsdienst etabliert. Der Vorsitzende des Judenrats, Adam Czerniaków, erhielt am 12. Oktober 1940 von der Abteilung Innere Verwaltung des Distrikts Warschau den Auftrag, bis zum Monatsende eine jüdische »Miliz« von 1000 Mann aufzustellen; am 26. Oktober ernannte er den ehemaligen Polizeioffizier Józef Szeryński zum Leiter dieser neuen Abteilung. (Tagebucheinträge vom 3., 12. und 27.10.1940, Czerniaków, Getto, S. 120, 122 und 126)
Formal unterstand der Jüdische Ordnungsdienst dem Judenrat, faktisch aber löste er sich von ihm los und wurde zu einer eigenständigen Institution innerhalb des Ghettos. Die tatsächliche Befehlsgewalt über den Jüdischen Ordnungsdienst lag bei der deutschen Polizei. Als direktes Kontrollorgan fungierte, nicht zuletzt auf Initiative Szeryńskis, die Polnische Polizei, welche in Personal- und Disziplinarangelegenheiten den Jüdischen Ordnungsdienst überwachte.
Wichtigste Aufgabenfelder des Jüdischen Ordnungsdienstes waren die innere Bewachung der Ghettogrenzen und -tore, die Bekämpfung des Schmuggels sowie die Übernahme allgemeiner polizeilicher Aufgaben im »jüdischen Wohnbezirk«, also Verbrechensbekämpfung, Straßen- und Verkehrskontrollen sowie die Durchführung gesundheitspolizeilicher Maßnahmen.
Die Mitgliederzahl des Jüdischen Ordnungsdienstes stieg von anfänglich 1000 auf über 1600 im November 1941 und 2000 im Juli 1942. Ihre Bewaffnung bestand aus Gummiknüppeln. Aufgrund der hohen Auflagen an die Bewerber – sie mußten Vorerfahrungen im polizeilichen oder militärischen Bereich und deutsche Sprachkenntnisse vorweisen – waren die Reihen des Jüdischen Ordnungsdienstes mehrheitlich mit Personen höherer Bildung, darunter etlichen Juristen, besetzt. Es wird betont, daß das Gros der Ordnungsdienstmänner zuvor keine oder nur sehr lose Verbindungen zum jüdischen Gemeindeleben besaß und häufig aus Ortsfremden bestand, weshalb ihre Beziehungen zu den jeweils zu bewachenden Gemeinwesen eher gering waren. (Weiss, *Relations*, S. 211)

In Warschau stand die jüdische Bevölkerung dem Ordnungsdienst anfangs positiv gegenüber, das Ansehen sank jedoch im Laufe des Jahres 1941 mit der Durchführung rigider Quarantänevorschriften zur Seuchenbekämpfung und Straßenrazzien zur Rekrutierung von Zwangsarbeitern. (Gutman, Jews, S. 89) Auch die Einrichtung des Gefängnisses des Jüdischen Ordnungsdienstes in der Ul. Gęsia im Juni 1941 trug zu seiner Entfremdung von der Bevölkerung bei, da in diesem »Arrest« auch Kinder – hauptsächlich wegen Schmuggels – einsaßen und die Haftbedingungen durch Hunger und Überfüllung erbärmlich waren. An den Massendeportationen aus dem Warschauer Ghetto seit dem 22. Juli 1942 war der Jüdische Ordnungsdienst, der seit Mai 1942 von dem Rechtsanwalt Jacub Lejkin geleitet wurde, im deutschen Auftrag von Anfang an beteiligt. Die gründliche und rücksichtslose Ausführung dieses Befehls, die Teilnahme an der Durchsuchungen der Häuser, die Bewachung der zusammengetriebenen Menschen und die Durchführung von Menschenjagden im Ghetto machten den Jüdischen Ordnungsdienst nach Juli 1942 zu einer bei der gesamten Ghettobevölkerung verhaßten Institution.

(Siehe hierzu insgesamt Gutman, Jews, S. 86–90; Weiss, *Relations*; den Bericht von Jan Mawult in Grynberg [Hg.], Words, S. 63–72 und die Organisationsvorschriften für den Jüdischen Ordnungsdienst, undatiert (Anschreiben vom 11.11.1940), Auerswald-Akten, Bl. 232–240.)

73 Die Ul. Wielska war nicht die ursprüngliche südöstliche Begrenzung des Ghettos, sondern wurde es erst mit der Verkleinerung des Ghettos zur Jahreswende 1941/42. Die entsprechende Anordnung Auerswalds stammte vom 23. Oktober 1941 und wurde am 3. November 1941 im »Mitteilungsblatt der Stadt Warschau« (Nr. 47, S. 1f.) veröffentlicht. In dem Wochen dauernden Bauprozeß wurden die neuen Grenzen nicht überall mit einer Mauer, sondern häufig nur mit einem Stacheldrahtzaun befestigt. (Foto in: Engelking und Leociak, Ghetto, S. 95)

An der Straßenkreuzung Wielska/ Panska befand sich kein offizieller Ghettoeingang. (Ebenda, S. 103f.) F.W. erinnert sich im Jahr 2002: »Dort war eine kleine Öffnung, die nur mit Stacheldraht begrenzt war. Sonst war das Ghetto doch mit Mauern umgeben. Aber die Schmuggler wußten von diesem Schlupfloch, und die Polizisten, die polnischen und jüdischen, konnten Bestechungsgelder kassieren. Die Stacheldraht-Öffnung war etwas breiter als eine Tür, vielleicht etwa 2 m breit.« (Interview F.W. Bd. VI B)

Es gibt keine Statistik über die Zahl derjenigen, die sich zu dieser Zeit ins Ghetto schmuggeln ließen.

(Zu Versuchen und Möglichkeiten, die Ghettogrenzen zu überwinden, siehe Paulsson, Secret City, S. 59–66; zum Hineinschmuggeln ins Ghetto auch: Lewin, Cup, Tagebucheintrag vom 19.5.1942, S. 79f.)

Warschauer Ghetto, Juni und Juli 1942 [A]

1 Als F.W. in Warschau eintraf, befand sich das Ghetto in einer Phase des Umbruchs. Seine Bewohner befürchteten das Schlimmste, zugleich ließ die Produktivität des Ghettos Hoffnungen auf geringfügige Besserung der Zustände und Schutz zu.

Zunehmende Beunruhigung über das Schicksal der Warschauer Juden erwuchs aus regelmäßig eintreffenden Nachrichten über »Ghettoräumungen« in anderen Teilen des Generalgouvernements. Es häuften sich Hinweise auf Massenmorde in den Vernichtungslagern Bełżec und Sobibór und die Erschießungen in den besetzten Gebieten der Sowjetunion. Allerdings vermochte die Ghettobevölkerung kaum zwischen Gerüchten, Ahnungen und zutreffenden Berichten zu unterscheiden.

Eine Folge davon war, wie auch F.W. beobachtete, daß viele Warschauer Juden diese beängstigenden Meldungen mit der Vermutung abwehrten, es sei unmöglich und aus ökonomischen Gründen nicht beabsichtigt, die halbe Million Einwohner des Warschauer Ghettos auf die gleiche Weise ins Unbekannte zu verschleppen, wie es in kleineren Ghettos

geschehen war. Positive Grundannahmen über die Deutschen – sie würden vor Massakern an Zivilisten zurückschrecken – bestanden hingegen nicht mehr. Zu diesem Zeitpunkt wußte man im Ghetto bereits vom Mord an 700000 Juden an verschiedenen Orten im deutschen Herrschaftsgebiet. Diejenigen, die nicht an eine »Räumung« des Warschauer Ghettos glaubten, führten daher eher praktische Argumente ins Feld. Noch auf einer Sitzung von Repräsentanten verschiedener Untergrundzirkel im Ghetto am 19. Juli 1942, auf der die Zukunft des Ghettos eingeschätzt werden sollte, führten die »Optimisten« folgende Gründe an, die gegen eine baldige Massendeportation aus Warschau sprächen: das Ghetto sei zu groß, als daß die Deportation seiner Bewohner technisch möglich sei; die Produktion der Ghettobetriebe sei zu wichtig für die deutsche Kriegsführung, und die mit dem Ghetto befaßten deutschen Beamten wollten ihre Posten (und damit das Ghetto) behalten, um nicht zum Frontdienst eingezogen zu werden. (Engel, *»Will They Dare?«*, S. 78; siehe insgesamt hierzu den gesamten Aufsatz von Engel sowie Sakowska, Etappe, S. 35–49; zu den vom Untergrundarchiv »Oneg Schabat« im Ghetto gesammelten Nachrichten über die deutschen Massenmorde dessen Bericht vom Juni 1942, ebenda, Dok. 21, S. 200–226 sowie Tych [Red.] und dies. [Bearb.], Archivum Ringelbluma, Bd. 1.)
Die Meinung, das Warschauer Ghetto sei aufgrund seines wirtschaftlichen Nutzens für die deutschen Besatzer vor der gewaltsamen Auflösung geschützt, schien begründet. In der Tat zeigte die im April 1941 eingeleitete Kursänderung der deutschen Behörden, das Ghetto – unter Kontrolle eines gleichzeitig installierten »Kommissars für den jüdischen Wohnbezirk« – durch Zulassung privater Firmen produktiv nutzbar zu machen, bereits erste Erfolge. Die neugegründeten Firmen, vor allem deutscher Unternehmer, die sich im Ghetto angesiedelt hatten und großenteils für den Truppenbedarf der Wehrmacht produzierten, verzeichneten im Frühjahr 1942 deutliche Auftragssteigerungen.
(Siehe hierzu insgesamt: Grabitz und Scheffler, Spuren, S. 23–29 und 290–305; Browning, Entfesselung, S. 239–248; ders., *Ghettoisierungspolitik*, S. 46–50 und 57–60 und Sakowska, Menschen, S. 60–66. Näheres auch unten Anm. 18, S. 474.)
Für die jüdischen Zwangsarbeiter, welche eine minimale Entlohnung erhielten, bedeuteten die zusätzlichen Lebensmittelrationen, die ihnen in diesen Betrieben zustanden, eine leichte Verbesserung ihrer Lebenssituation. Erstmals seit elf Monaten sank die Zahl der Sterbefälle im Ghetto im Mai 1942 wieder unter 4000 im Monat, blieb aber auch im Frühsommer 1942 mit weit über 3000 auf hohem Niveau. (65., 66. und 67. »Bericht des Obmanns des Judenrates in Warschau« für Mai, Juni und Juli [Teil 1] 1942, APW, Bestand T. XLVIII, Bd. 13, Blatt 74, 80, 94 und 102)
Zugleich jedoch lebte die Ghettobevölkerung in ständiger Furcht vor Gewalttaten. Seit der Verhaftung und Ermordung von über fünfzig angeblichen Mitarbeitern einer Untergrundzeitung in der Nacht vom 17. zum 18. April 1942 überzog die deutsche Sicherheitspolizei das Ghetto nahezu täglich mit Verhaftungen; es kam zu nächtlichen Razzien und plötzlichen Schießereien auf den Straßen. Einen vorläufigen Höhepunkt erreichten die Gewalttaten Anfang Juli 1942, als 110 Juden aus dem Ghetto geführt und im Vorort Babice erschossen wurden. Deren Hinrichtung ließ der Kommissar mit Plakatanschlägen im Ghetto bekanntgeben. (Czerniaków Tagebucheinträge vom 30. 6., 1. und 2. 7. 1942, Getto, S. 272f., Engelking und Leociak, Getto, Chronologie für Juli 1942, S. 61)
Noch bis Ende 1942 bestimmte die Rivalität deutscher Dienststellen mit ihren unterschiedlichen Zielvorstellungen das Schicksal des Warschauer Ghettos. Die radikale ökonomische Ausbeutung erwies sich als nachrangiges Konzept. Seit dem 22. Juli 1942, dem Beginn der Massendeportationen, bestimmten SS und Polizei den Kurs, der nun auch für Warschau die Auflösung des Ghettos und die systematische Massentötung seiner Bewohner vorsah.

2 Der genaue Ursprung des Wortes ist bisher ungeklärt. Es soll tatsächlich unter den deutschen Besatzern entstanden sein, und zwar zuerst im Ghetto Łódź und nicht im etwas später eingerichteten Warschauer Ghetto. Den Hinweis verdanken wir freundlicherweise Herrn Dr. Jürgen Hensel, Leiter der Wissenschaftlichen Abteilung des Jüdisch-Historischen Instituts Warschau. (Siehe auch Baranowski, *Vorgeschichte und Geschichte*, S. 259.)

3 Das Jüdische Krankenhaus und die Krankenschwesternschule waren die letzten Institutionen, die im Januar 1941 in das geschlossene Ghetto umziehen mußten. (Siehe Anm. 34, S. 449f.)
Als F.W. seine Schwester Pola aufsuchte, lebte sie schon sieben Monate in der Ul. Mariańska 1. Die damalige Krankenschwesternschülerin Alina Margolis-Edelman erinnert sich an das Haus und seine Führung: »Es [das Internat] war ein großes bequemes Haus in der Marianska-Straße, wo man vergessen konnte, daß man sich im Ghetto befand. Am Eingang im Parterre führte immer eine Schülerin der unteren Klassen Aufsicht, daneben befanden sich das Büro der Direktorin und ein Zimmer, das sie mit ihrem Mann und zwei Kindern bewohnte. Im Korridor hing an einem Ehrenplatz deutlich sichtbar ein Portrait von Florence Nightingale, der großen Krankenpflegerin. [...] Um die Schule zu betreten, mußte man läuten, und das diensthabende Mädchen öffnete. Die Tür war mit einer schweren Portiere verhängt, und wenn man durch sie hindurchschritt, konnte man fühlen, daß die Welt draußen eine andere Welt war, von der wir durch diese Portiere getrennt wurden. [...] Die Direktorin führte von Anfang an ein eisernes Regiment, wie es in dieser Schule seit Beginn ihrer Existenz üblich war. Sie nahm ganz einfach nicht zur Kenntnis, daß sich die Schule jetzt im Ghetto befand.« (Margolis-Edelman, Als das Ghetto brannte, S. 45)

4 Diese Begegnung zwischen F.W. und dem Ehepaar Róża und Wiktor Pakman, die durch Polas Verbindung zu Róża Pakman zustande kam, ist für die weitere Geschichte der Familie Winnykamień sehr bedeutend. Es entstand dadurch der Kontakt zu Wiktor Pakmans Schwestern Karola, Tania und Pela in Berlin. (Siehe Manuskriptteil E, Herbst 1943 bis Sommer 1944, ab S. 322 und die Fotos auf S. 411–413.)
Róża Mydlarz (*1917 in Łódź) war seit April 1939 mit Wiktor Pakman (*1909 in Łódź) verheiratet, einem Mitarbeiter der Mydlarz'schen Spinnerei in Łódź bis zu deren Enteignung durch die Deutschen. Der genaue Zeitpunkt ihrer Übersiedlung nach Warschau ist unbekannt. Nach den Angaben seiner Schwester Tania hatte Wiktor Pakman nach dem Abitur (1928) eine private Ingenieur-Schule besucht.
(Entschädigungsakte Viktor Pakman, EA Berlin Reg.-Nr. 377348, Bl. M 24; Sterbeurkunde Róża Pakmann, ausgestellt am 25.4.1962 (Todesdatum: 3.2.1945, in Berlin); Auszug aus dem Standesamtsregister Łódź vom 20.3.1967 über die Eheschließung zwischen Wiktor Pakman und Róża Mydlarz am 19.4.1939, Privatbesitz Mary Schreiber)
»Daß ich Wiktor Pakman mit ›Ingenieur‹ bezeichnete, war eine Art selbstverständlicher Höflichkeit seiner Ausbildung gegenüber. Nicht viele Menschen in Polen hatten eine solche Ausbildung, und ›Ingenieur‹ hieß, daß er diplomierter Ingenieur war. [...] Leider kannte ich ihn nicht besonders gut, und da war auch der Altersunterschied – er war ein reifer Mann, während ich im Gegensatz zu ihm noch ein Junge war.« (Interview F.W., Bd. VI B, Übersetzung B.S.; siehe auch den Exkurs über die Geschwister Pakman, ab S. 372.)

5 Szymon Rozen (*1908 in Łódź) hatte nach dem Gymnasium (1925) eine kaufmännische Ausbildung absolviert. Seit 1931 selbstständiger Kolonialwaren-Großhändler in der Ul. Sawadzka 16, heiratete er 1934 Pela Pakman (*1913 in Łódź), eine jüngere Schwester von Wiktor Pakman. 1935 kam ihre gemeinsame Tochter Mary zur Welt.
»Am 1.7.1939 wurde ich in Polen ordnungsgemäß zum Reservedienst eingezogen, blieb dann bei Kriegsausbruch beim Militär und geriet am 25.9.1939 in Gefangenschaft. Über das Gefangenenlager in Fallingbostel kam ich in das Stalag XI a in Altengrabow Kreis Magdeburg, wo ich bis März 1940 blieb.[...] Im März 1940 wurde ich nach Warschau zurücktransportiert und kam dann im Oktober 1940 ins Warschauer Ghetto.« (Lebenslauf Szymon Rozen vom 20.12.1958, EA Berlin, Reg.-Nr. 270119, Bl. B 6)
Mit Hilfe ihres Schwagers Ernst Woop aus Berlin gelangten Pela Rozen und ihre Tochter Mary – als Jüdinnen unerkannt – Ende Dezember 1939 aus Łódź nach Berlin, wo beide dann illegal lebten. (Gespräch Mary Schreiber, Landhut, 20.4.2002; siehe auch den Exkurs über die Geschwister Pakman ab S. 372 und die Fotos S. 410–413.)
Während dieser Zeit im Warschauer Ghetto, als er bei Wiktor und Róża Pakman wohnte,

arbeitete Szymon Rozen als Zwangsarbeiter in einem Arbeitskommando auf dem Warschauer Flughafen Okęcie.

6 Als »Großes Ghetto« bezeichnete man den nördlich der Straßen Chłodna und Elektoralna gelegenen Teil des »jüdischen Wohnbezirks«, »Kleines Ghetto« hieß das Gebiet südlich der Chłodna und Krochmalna. Die Ul. Chłodna, deren Ostteil wegen des Zugangs zu einer christlichen Kirche ohnehin nicht zum Ghetto gehörte, war als eine der wichtigsten Ost-West-Verbindungsstraßen nach und nach vollständig aus dem Ghettogebiet ausgegliedert worden. Beide Ghettoteile waren im Frühjahr 1942 nur noch durch eine über die Chłodna führende Holzbrücke verbunden. (Siehe auch den Straßenplan des Ghettos auf S. 399 und das Foto auf S. 397 oben.)

7 Während das Gros der Bevölkerung im Ghetto kaum die lebensnotwendigsten Bedürfnisse befriedigen konnte (Ende des Jahres 1941 war mehr als die Hälfte aller Ghettobewohner arbeitslos; dazu Schaubild 9 in Engelking und Leociak, Getto, S. 401; Caumanns und Esch, *Fleckfieber*, S. 237), war eine »neue Elite« von etwa 30 000 Personen unter geschickter Ausnutzung der im Ghetto herrschenden Bedingungen zu beträchtlichem Wohlstand gelangt. Dazu zählten vor allem die Schwarzmarkthändler, unter ihnen etliche Personen aus dem kriminellen und Halbweltmilieu, die in großem Stil überaus profitable Schmuggelgeschäfte mit dem »arischen« Teil der Stadt betrieben. Dabei wurden Gewinne bis zu 1000 Prozent erzielt. (»From the Series ›Jewish Livelihood in the Ghetto‹«, in: Kermish [Hg.], Honor, S. 545) Zur wohlhabenden Schicht, die durch ihren ausschweifenden Lebensstil in Restaurants, Bars und Vergnügungsstätten des Ghettos von sich reden machte, gehörten auch die jüdischen Besitzer wieder zugelassener Unternehmen, deren bekanntestes die Pferdestraßenbahn von Moryc Kohn und Zelik Heller war. Zudem unterstützten Kohn und Heller die deutschen Behörden durch Agententätigkeiten. (Siehe insgesamt Gutman, Jews, S. 68f.; Sakowska, Menschen, S. 70f.; Ringelblum, Kronika, S. 384f. bzw. Sloan [Hg.], Notes, S. 278f.)

8 Hierbei handelte es sich um Kutschen, die von einem Pferd gezogen wurden. Da die deutschen Behörden allen jüdischen Kutschern Ende August 1940 die Lizenz entzogen hatten, gab es im Warschauer Ghetto nur noch einige wenige Droschken mit speziellen Genehmigungen. (Engelking und Leociak, Getto, S. 116; siehe auch das Foto auf S. 396 unten.)

9 Im Herbst 1941 hatte der Kommissar für den jüdischen Wohnbezirk angeordnet, etliche Ghettomauern zu versetzen, weshalb die Grenzen insbesondere im südlichen Gebiet in der folgenden Zeit entlang provisorischer Stacheldrahtzäune verliefen. Auch zum Zeitpunkt von F.W.s Ankunft im Ghetto waren die Zäune noch in Gebrauch, und an einigen dieser Straßenabschnitte war intensiver Schmuggel mit der »arischen« Seite möglich.
Die Ghettobevölkerung war wegen der geringen offiziellen Zuteilungen, die noch nicht einmal zehn Prozent des Tagesbedarfs eines Menschen deckten und hauptsächlich aus etwa 180 Gramm (mit Sägemehl versetztem) Brot täglich und kleinen Mengen Zucker, Marmelade und Kunsthonig bestanden, auf den Bezug von Lebensmitteln vom schwarzen Markt angewiesen.
Der Handel stellte nach Schätzungen des Judenratsvorsitzenden 80 Prozent der Lebensmittelversorgung bereit. Er konnte nur funktionieren, weil manche Angehörigen der Wachmannschaften – des Jüdischen Ordnungsdienstes und der polnischen Polizei sowie vereinzelt auch deutsche Polizisten – den Schmuggel an den Ghettogrenzen aktiv und passiv unterstützten, meist aufgrund von Bestechung und der zu erwartenden Gewinnbeteiligung. Beteiligte jüdische Händler berichten von enger, eingespielter Kooperation zwischen Schmugglern und bestimmten Personen aus den wachhabenden Einheiten.
Der von F.W. beobachtete Transfer umfangreicher Warenmengen über die Absperrungen hinweg konnte daher bis Juli 1942 aufrechterhalten werden.
Seit Kriegsbeginn hatte sich der Schwarzmarkt auch in den anderen Teilen Warschaus und des Generalgouvernements entwickelt, da die Versorgung der einheimischen, nichtdeut-

schen Bevölkerung zugunsten der Ernährung der deutschen Besatzungskräfte und später auch der Belieferung des Reichs auf Rationen von weniger als der Hälfte des erforderlichen Satzes reduziert worden war. Zuteilungen für die jüdische Bevölkerung lagen noch einmal weit darunter. Einen Höhepunkt erreichte der Schwarzhandel im Generalgouvernement im Frühjahr 1942.

Diesen »Schleichhandel« bekamen die deutschen Behörden trotz repressiver Bestimmungen nie vollständig unter Kontrolle, weil u.a. die Personalstärke der Polizei eine flächendeckende Überwachung des Handels nicht zuließ und die Verfolgung phasenweise aus wirtschaftlichen und politischen Erwägungen gelockert wurde. (Gerlach, *Ernährungspolitik*, S. 170–175, 192 und 200) Ähnliches galt für den illegalen Handel über die Grenzen des Warschauer Ghettos hinweg. Trotz strikter Verbote und der Ahndung durch Gefängnisstrafen und sofortige Erschießungen entwickelte sich ein intensiver Warenaustausch mit dem »arischen« Stadtteil. Ins Ghetto gelangten vor allem Lebensmittel und Rohstoffe, während Produkte aus der Fertigung in den Ghettowerkstätten illegal in den polnischen Stadtteil transferiert wurden.

Der geschäftlich organisierte Warentausch erfolgte über professionelle Schwarzhändler. (Siehe oben Anm. 7, S. 470.) Daneben versuchte auch ein großer Teil der Ghettobewohner, zur Eigenversorgung Waren durch Tauschgeschäfte jenseits der Mauern zu erwerben.

Die Transportwege führten durch die Keller der auf der Grenze gelegenen Häuser, durch Schlupflöcher innerhalb der Mauern oder der mit Stacheldraht versperrten Abschnitte, durch unterirdische Verbindungswege wie die Kanalisation, in Gebäuden, welche Zugänge zu beiden Stadtteilen hatten, sowie über den jüdischen Friedhof. Eine wichtige Rolle in der Versorgung zum Eigenbedarf spielten Kinder, denen ihre Körpergröße die Passage durch enge Zugänge erleichterte.

Seit Herbst 1941 versuchten sowohl der Kommissar für den jüdischen Wohnbezirk, Heinz Auerswald, als auch SS- und Polizeidienststellen, den Schmuggel mit dem Warschauer Ghetto drastischer zu bekämpfen, wozu unter anderem grenznahe Häuser gesprengt, die Grenzsperren zur Straßenmitte hin verlagert und eine schärfere Verfolgung von Schwarzhändlern vorgenommen werden sollte. Im Juni 1942 übernahm eine Sondereinheit des Jüdischen Ordnungsdienstes auf Auerswalds Veranlassung die gezielte Kontrolle der Grenzstraßen, um den Schmuggel zu unterbinden. (Ringelblum, Kronika, S. 402 bzw. Sloan [Hg.], Notes S. 302; Czerniaków, Tagebucheinträge vom 28.5. und 15.6.1942, Getto, S. 259 und 267; Kaplan, Buch, S. 361) Die Schmuggler liefen Gefahr, auf der Stelle durch das deutsche Wachpersonal erschossen zu werden, eine Maßnahme, die im Frühjahr und -sommer 1942 zu häufigen Erschießungen auf den Straßen des Ghettos führte. Unter den Opfern waren viele Kinder.

Diese Monate waren auch gekennzeichnet von anhaltenden Razzien gegen jüdische Schmuggler und sie unterstützende Angehörige des Ordnungsdienstes. Polnischen Polizisten, die sich als bestechlich erwiesen, drohte die Einweisung in ein Konzentrationslager.

Trotz dieser Maßnahmen, die zahlreiche Todesopfer forderten, konnte der Schmuggel nicht unterbunden werden.

(Siehe insgesamt Ringelblum, Ghetto Warschau, S. 76–81; ders., Kronika, S. 368f. und 393, bzw. Sloan [Hg.], Notes, S. 264f. und 292f.; Gutman, Jews, S. 66–73; Sakowska, Menschen, S. 57f.; Paulsson, Secret City, S. 59–70; »Niederschrift über die Besprechung beim SS- und Polizeiführer [Warschau] am 24.2.1942. Betr.: Ghettogrenzen«, Auerswald-Akten Blatt 264–266.)

10 Das System der Garküchen hatte sich seit der Zeit vom Sommer 1940 (siehe Anm. 1 oben, S. 439) zwar etwas modifiziert, war jedoch im Kern dasselbe geblieben. Seit Kriegseintritt der USA (7.12.1941) konnten keine direkten Gelder mehr aus den USA nach Polen fließen, doch die früheren Ansprechpartner des Joint wie Emanuel Ringelblum und andere agierten weiter. Von der JSS-Zentrale in Krakau kam Geld für die Hungernden, und auch der Judenrat sah es als eine seiner Hauptaufgaben an, Suppenküchen zu subventionieren. (Sakowska, Menschen, S. 91–107)

Die Menge der auszugebenden Mahlzeiten sowie ihre Qualität waren von den Lebensmittellieferungen ins Ghetto abhängig. Sowohl der Judenrat als auch die JSS – und als oberste Instanz die Behörde des deutschen Ghetto-Kommissars – kontrollierten die Garküchen. Zwischen Januar und Juli 1942 wurden durchschnittlich 80 000 Mahlzeiten täglich ausgegeben. (Sakowska, ebenda, S. 106) Es wird geschätzt, daß es zu dieser Zeit ca. 80 Garküchen im Warschauer Ghetto gegeben hat. (Lewin, Cup, S. 266, Anm. 127) Abraham Lewin schrieb am 9. Juni 1942, daß es private und unabhängige Küchen sowie Küchen nur für Mitglieder des Judenrates und des Jüdischen Ordnungsdienstes gab. Der Preis der einzelnen Mahlzeiten war abhängig von den Subventionen, die die einzelnen Küchen erhielten:
»In einer privaten Suppenküche kann man ein Essen für 4 Złoty bekommen, das aus einer Suppe, einem winzigen Stückchen Fleisch und ein bißchen Gemüse besteht. Und dann gehen die Preise steil aufwärts: 4.50–5, 6.50, 10, 14, 17 Złoty. [...] Nur Schmuggler, Erpresser, wichtige Offizielle, Mitglieder der Polizei und andere Reiche, denen die Zeit günstig ist, können es sich leisten, dort zu essen.« (Lewin, Cup, S. 127, Übersetzung B.S.)

11 Im Ghetto galt die für Juden im Generalgouvernement festgelegte Ausgangssperre von 21 bis 5 Uhr morgens. Am 15. Juli 1942 wurde sie um eine Stunde verkürzt und begann erst um 22 Uhr, um die tägliche Arbeitszeit zu verlängern. (Czerniaków, Tagebucheinträge vom 9. 6. und 15. 7. 1942, Getto, S. 264 und 280) Die Neuregelung wurde am 25. August 1942 rückgängig gemacht.

12 Das kulturelle Leben im Warschauer Ghetto war erstaunlich vielfältig. Auf Initiative der ihrer Lebensgrundlage beraubten Künstler wurden Theater- und Musikensembles gegründet, Räumlichkeiten beschafft und immer wieder neue Stücke geprobt und aufgeführt. Sowohl die Theater als auch die Orchester unterlagen der Kontrolle der Abteilung »Volksaufklärung und Propaganda« im Amt des Distriktgouverneurs. Es galt das Verbot, »arische« Werke durch Juden aufzuführen, das aber oft – z.T. durch verschleiernde Angaben – unterlaufen wurde.
Wo genau Mirka Braczkowska als Tänzerin auf den Bühnen des Ghettos wirkte, ist heute nicht mehr zu rekonstruieren. Es sind jedoch Inszenierungen verschiedener Theater bekannt, in denen auch ein Ballett mitwirkte.
Die Einnahmen, die sich durch den geringen Eintrittspreis ergaben, wurden als Gage unter den Künstlern verteilt, was zum Lebensunterhalt dennoch nicht reichte. Andererseits ermöglichten die niedrigen Eintrittspreise (1 bis 2 Złoty) nicht nur den Wohlhabenden einen Konzert- oder Theaterbesuch. Alle kulturellen Veranstaltungen im Ghetto waren immer sehr gut besucht und erfüllten eine äußerst wichtige Funktion für die eingeschlossenen Menschen.
»Der Not zum Trotz? Nein, nicht Trotz trieb die Hungernden, die Elenden in die Konzertsäle, sondern die Sehnsucht nach Trost und Erbauung – und so verbraucht diese Vokabeln auch sein mögen, hier sind sie am Platz. Die unentwegt um ihr Leben Bangenden, die auf Abruf Vegetierenden waren auf der Suche nach Schutz und Zuflucht für eine Stunde oder zwei, auf der Suche nach dem, was man Geborgenheit nennt, vielleicht nach Glück. Sicher ist: Sie waren auf eine Gegenwelt angewiesen.«
(Marcel Reich-Ranicki, Mein Leben, S. 228; siehe allgemein zur Kultur im Warschauer Ghetto: Engelking und Leociak, Getto, S. 515–608 und Sakowska, Menschen, S. 148–163.)

13 Im traditionellen jüdischen Viertel und später im Ghetto von Warschau befanden sich mehrere Betriebe zur Bürstenherstellung. Die Firma der Gebrüder Mazur besaß eine Spitzenstellung im Bürstengroßhandel, und im Mai 1940 verlegte die unter deutscher Treuhand stehende Krakauer Firma Emil Weitz ihre Produktion nach Warschau. Die jüdischen Bürstenmacher hielten über einige Zeit das Monopol in der Fertigung von Bürsten aller Art.
Die Produktion beruhte großenteils auf Heimarbeit, einer der Hauptabnehmer war neben Geschäften im »arischen« Teil der Stadt die Wehrmacht. Im Oktober 1941 waren etwa 2000 Menschen im Ghetto in 120 alteingesessenen und 100 neuen Werkstätten mit der Herstellung von Bürsten beschäftigt.

Das sogenannte Bürstenbinderviertel lag im Nordwesten des Ghettos zwischen den Straßen Bonifraterska, Franciszkańska und Świętojerska. (Siehe dazu: Engelking und Leociak, Getto S. 376f. und Trunk, Judenrat, S. 79f.)
Obwohl das »Bürstenbinderviertel« im Frühjahr 1943 ein Zentrum des jüdischen Widerstands im Warschauer Ghetto war, ist die Geschichte der Werkstätten und Wohnhäuser dort bisher nicht detailliert erforscht.

14 Nach dem Verbot aller polnischen und jüdischen Schulen durch die deutsche Besatzungsmacht im Herbst 1939 bemühte sich der Warschauer Judenrat ab Anfang 1940 darum, die jüdischen Kinder wieder unterrichtet zu lassen. Erst am 5. September 1941 erlaubte die Regierung des Generalgouvernements die Wiederaufnahme des Grundschulunterrichts. In der Zwischenzeit erhielten die meisten Kinder des Warschauer Ghettos im Grundschulalter illegalen Unterricht. Dieser geheime Notunterricht fand überwiegend in den Küchen für Kinder, den Horten der Umsiedlerheime und den »Winkeln für Kinder« in den Wohnblocks statt. Verantwortlich dafür waren etliche religiös bzw. weltanschaulich höchst unterschiedlich ausgerichtete Patronate. Parallel zum legalen Schulunterricht ab Herbst 1941 wurden Kinder auch weiterhin in den Küchen und »Winkeln« schulisch betreut.
Im Juni 1942 besuchte Mirkas zwölfjährige Schwester sicherlich eine Grundschule in ihrer Nähe. Damit gehörte sie zu den ca. 6700 Schülern, die in den neunzehn Schulen des Ghettos unterrichtet wurden. Nur eine Minderheit der etwa 80 000 Kinder unter vierzehn Jahren, die – nach Schätzung des Judenrates – Anfang 1942 im Warschauer Ghetto lebten, konnte in den offiziellen Schulen unterrichtet werden.
(Siehe insgesamt hierzu: Sakowska, Menschen, S. 116–119 und S. 129–145.)

15 Seit 1939 war die jüdische Bevölkerung Warschaus von Obdachlosigkeit betroffen. Bei der Bombardierung der Stadt im September 1939 hatten auch viele jüdische Einwohner der Hauptstadt ihre Wohnungen verloren. Das Problem verschärfte sich in den Jahren 1940 und 1941 durch die erzwungenen Umsiedlungen von Zehntausenden Juden aus dem Umland ins Warschauer Ghetto.
Von Beginn an kümmerten sich sowohl die Jüdische Soziale Selbsthilfe (JSS) als auch das Flüchtlingsreferat des Judenrates um die große Zahl der Ausgebombten, Umsiedler und Flüchtlinge. Obwohl auch die einzelnen Landsmannschaften im Ghetto unschätzbare Hilfe leisteten, waren die Hilfskapazitäten längst nicht ausreichend, um den Heimatlosen den nötigen Wohnraum und ausreichend Nahrungsmittel zukommen zu lassen. Die höchste Zahl der Heimatlosen registrierte das Ringelblum-Archiv im April 1941 mit ca. 17 000 Obdachlosen in ca. 170 Heimen. (Tabelle in: Sakowska, Menschen, S. 111)
Die Umsiedlerheime entstanden in Synagogen, ungenutzten, weil geschlossenen Schulgebäuden, Kinosälen, ehemaligen Fabriken oder in anderen leerstehenden, zum Teil kriegsbeschädigten Gebäuden, die für die Bedürfnisse dieser Menschen nicht geeignet waren. Die Gebäude waren meistens unbewohnbar, und durch fehlende oder reparaturbedürftige Dächer, Fenster, Türen, Küchen und sanitäre Anlagen kam es zu einer schnellen Verschmutzung dieser Häuser. Eine Folge war die überproportionale Ausbreitung der Fleckfieber-Epidemie und eine hohe Sterberate (die häufigste Todesursache war die Unterernährung), wodurch sich die Belegungszahl der Heime reduzierte. Im Juni 1942 lebten 8060 Obdachlose in den Heimen, die auch »Punkte« genannt wurden. (Sakowska, Menschen, S. 110ff.)
Um dem Schmutz dieser Heime (Punkte) zu entgehen und nicht den willkürlichen Razzien, die es dort auch gab, ausgesetzt zu sein, versuchten im Sommer jede Nacht etliche Obdachlose, auf der Straße, in Hauseingängen oder anderen Orten zu übernachten. Die jüdische Polizei sah dies als Verstoß gegen die Sperrstunde an und schritt dagegen ein.
(Siehe insgesamt zu den Obdachlosenheimen Sakowska, Menschen, S. 109–116.)

16 Die »Anordnung über Aufenthaltsbeschränkungen für Juden im Bereich des Distrikts Radom« vom 11. Dezember 1941 gestattete Juden im § 2 die Passage zwischen verschiedenen Orten, sofern ein behördlicher Auftrag vorlag. (BA, R 52 II/254, Bl. 127–129, hier 127f.)
Nach § 4 der »Verordnung über die Benutzung öffentlicher Verkehrsmittel durch Juden

im Generalgouvernement« vom 20. Februar 1941 (VBl.GG 1941, S. 69f.) galt die Vorladung selbst bereits als einmalige Reiseerlaubnis zum angegebenen Datum, ohne daß der jeweilige Kreishauptmann darüber – wie in anderen Fällen – noch einmal entscheiden mußte. Somit war die gerichtliche Vorladung für Juden der sicherste Weg, um die »jüdischen Wohnbezirke« vorübergehend zu verlassen.

17 Annähernd identische Preise ermittelten auch Engelking und Leociak in einer Zusammenstellung aus verschiedenen Berichten für Juni 1942 und den Stichtag 20. Juli 1942. (Getto, unpaginierte Aufstellungen nach S. 474 – hier entsprechend S. 488–490 – mit Angaben für weitere Lebensmittel) Danach war der Schwarzbrot- und Kartoffelpreis mit rund zehn bzw. vier bis fünf Złoty pro Kilogramm in diesen Monaten recht stabil, der Preis für ein Kilo Butter schwankte seit Mai zwischen 115 und 150 Złoty, der für Speck war im selben Zeitraum um rund 25 Złoty gestiegen. Das hohe Preisniveau dieser überwiegend durch Schwarzhandel ins Ghetto gelangten Waren zeigt sich im Vergleich zu den Tageslöhnen, die zwischen drei und fünf Złoty in den »Shops«, und nur in manchen privaten Betrieben bei maximal 20 Złoty lagen. (Ebenda, S. 392) Nach Beginn der »Ghettoräumung« stiegen die Lebensmittelpreise ab Ende Juli 1942 insgesamt um mehrere hundert Prozent oder mehr. (Ebenda, unpaginierte Auflistungen nach S. 474 – hier entsprechend S. 490f.)

18 Infolge der Neuregelungen zur wirtschaftlichen Ausnutzung des Warschauer Ghettos vom Frühjahr 1941 (siehe oben Anm. 1, S. 467f.) entstanden im »jüdischen Wohnbezirk« neben einer Vielzahl behördlich nicht registrierter Kleinbetriebe und Heimarbeitsstätten auch konzessionierte Betriebe jüdischer und nichtjüdischer Inhaber. Vom Sommer 1941 an erteilte die Abteilung Industrie und Handel beim Judenrat mehreren Dachverbänden jüdischer Gewerbetreibender die Genehmigung zur Produktion und zum Handel mit dem »arischen« Teil der Stadt. Außerdem behielten Betriebe polnischer Eigentümer ihren Standort im Ghettogebiet. Verschiedene deutsche Unternehmer, die in der »Deutschen Firmengemeinschaft Warschau GmbH« zusammengeschlossen waren, ließen sich ab Sommer 1941 dort nieder und erweiterten z.T. ihre Produktionsstätten, indem sie sich zuvor selbständige jüdische Kleinbetriebe einverleibten, deren Besitzer zur Übergabe gezwungen und anschließend als Arbeiter übernommen wurden.

Diese im Ghettojargon »Shop« genannten deutschen Betriebe waren, sofern sie im Auftrag der Wehrmacht produzierten und somit der Rüstungsinspektion im Generalgouvernement unterstanden, als »wehrwirtschaftlich wichtig« eingestuft.

Nach schleppenden Anfängen verzeichnete die Produktion im Frühjahr 1942 erhebliche Zuwächse, es kam zu einer steigenden Nachfrage nach Arbeitskräften sowie zu zahlreichen neuen Firmengründungen. Die Zahl der Beschäftigten war im Vergleich zur Gesamtzahl der jüdischen Bevölkerung im Ghetto jedoch weiterhin gering. Nach offiziellen deutschen Angaben waren im Juni 1942 25000 Menschen in kriegswichtigen Betrieben im Ghetto tätig (Angaben des Amtschefs des Gouverneurs des Distrikts Warschau, Herbert Hummel, auf der Polizeisitzung der Regierung des Generalgouvernements am 18.6.1942, in: Präg und Jacobmeyer [Hg.], Diensttagebuch, S. 510), nach nicht näher überprüfbaren Angaben des Judenrats vom selben Monat lag die Zahl der insgesamt im Ghetto beschäftigten Arbeiter und Angestellten bei 85000 (Bericht des Warschauer Judenrats »Der Jüdische Wohnbezirk in Warschau [Zahlen und Tatsachen]« vom Juni 1942, APW, Bestand T. XXXV, Bd. 15, Bl. 3).

Ein Großteil der Firmen war in der Textil-, Leder-, Metall- und Holzbranche tätig, in denen der Bedarf nach Arbeitskräften stieg. Die Arbeiter in den »shops« mußten Akkordarbeit leisten, ihre Löhne lagen mit durchschnittlich drei bis fünf Złoty am Tag unter denen der Arbeiter in den nicht konzessionierten Betrieben. (Engelking und Leociak, Getto, S. 387–396; Gutman, Jews, S. 74–75)

(Siehe hierzu insgesamt den zeitgeössischen Bericht des Leiters der Abteilung Arbeit des Judenrats Hiel Rozen [fälschlich N. Rosen], »The Problem of Work in the Jewish Quarter«, in: Kermish [Hg.], Honor, S. 251–262, hier bes. 255f. sowie Grabitz und Scheffler, Spuren, S. 23–28; Engelking und Leociak, Getto, S. 387–396; Browning, Entfesselung, S. 245–248;

eine nachträglich zusammengestellte Übersicht über die im Ghetto ansässigen Firmen findet sich bei Engelking und Leociak, Getto, nach S. 474.)

19 In Warschau herrschte, wie überall im Generalgouvernement, im Frühjahr 1942 ein beträchtlicher Mangel an Arbeitern, im besonderen an Facharbeitern. Durch die fortlaufende Deportation polnischer Industriearbeiter zu Zwangsarbeiten im Reich war die Aufrechterhaltung und Steigerung der deutschen (Rüstungs-)Produktion auf polnischem Gebiet gefährdet. Ganz entgegen ihrer bisherigen Politik entschieden sich die deutschen Behörden in dieser Situation, die vakanten Stellen mit jüdischen (Fach-)Arbeitern zu besetzen.
Diese Veränderung wurde in Warschau ab März 1942 in die Wege geleitet. Auf einer Besprechung verschiedener Behördenvertreter mit dem Kommissar für den jüdischen Wohnbezirk am 20. März 1942 plädierte insbesondere der Vertreter der Abteilung Arbeit beim Distriktgouverneur in Warschau, Regierungsdirektor Hoffmann, für eine Aufhebung der geltenden Einschränkungen, um einen möglichst flexiblen Einsatz jüdischer Arbeiter und die Tätigkeit jüdischer Fachkräfte in Industriebetrieben außerhalb der Ghettos zu ermöglichen. (APW, Bestand T. XLVIII, Bd. 111, Bl. 33–36)
Die Rüstungsdienststellen trafen dann Anfang Mai 1942 eine allgemeine Regelung. Der Plan sah vor, im Generalgouvernement 100000 Juden anstelle der deportierten Polen einzusetzen. Sie sollten in den Betrieben in geschlossenen Abteilungen zusammengefaßt werden oder ggf. die gesamte Belegschaft ersetzen.
(Kriegstagebuch des Militärbefehlshabers im Generalgouvernement/ Oberquartiermeister [im folgenden: MiG/OQu.], Einträge vom 8. und 9. 5. 1942, BA-MA, RH 53-23/80, unpag. und das Schreiben des Oberquartiermeisters im Generalgouvernement, Forster, vom 9. 5. 1942 [Anlage 103 zum Kriegstagebuch] »Betr.: Einsatz jüdischer Facharbeiter«, BA-MA, RH 53-23/86, unpag.)
Obgleich nicht im vorgesehenen Umfang realisiert, führte der Plan zur verstärkten Anforderung jüdischer Arbeiter durch Industriebetriebe. Am 20. Juli 1942 meldete der Oberquartiermeister der Rüstungsinspektion im Generalgouvernement einen Bedarf von Ersatzleuten für 2033 Fach- und 3019 Hilfsarbeiterstellen in der Rüstungsproduktion. (Kriegstagebuch MiG/OQu. vom 20. 7. 1942, BA-MA, RH 53-23/80, unpag.) In Warschau stieg die Zahl der in Betrieben und Dienststellen auf der »arischen« Seite arbeitenden Juden von 700 im März auf 2500 bis 3000 im Mai 1942. (Monatsberichte der »Nebenstelle für den jüdischen Wohnbezirk« des Arbeitsamts vom April und Mai 1942, APW, Bestand T. XLVIII, Bd. 111, Bl. 37R und 42) Im Juli 1942 lag die Zahl der meist in Industriebetrieben außerhalb des Ghettos tätigen Juden bereits bei 6000, darunter befanden sich 1500 Facharbeiter, hauptsächlich in metallverarbeitenden Berufen. Bezeugt ist ein hoher und weiter ansteigender Bedarf an Arbeitskräften. (Bericht von Hiel Rozen [fälschlich N. Rosen], »The Problem of Work in the Jewish Quarter«, in: Kermish [Hg.], Honor, S. 256)

20 Die »Nebenstelle für den jüdischen Wohnbezirk« des Warschauer Arbeitsamts (»Neb. Ju.«) befand sich in der Ul. Leszno 84 – außerhalb des Ghettos, gleich neben dem Tor an der Straßenecke Leszno und Żelazna. Das Amt hatte einen Eingang auf der »arischen« Seite und konnte vom Ghetto aus über eine Holzbrücke erreicht werden. Es war mit einigen hundert jüdischen Angestellten unter deutscher Leitung besetzt und vermittelte u.a. jüdische Zwangsarbeiter an außerhalb gelegene Arbeitsstellen. (Siehe Berenstein, *Praca*, S. 71f.; Ernest, O wojnie, S. 100–103 sowie die Aussage des ehemaligen Leiters vom 25.4.1964 im Verfahren 141 Js 192/60 der Staatsanwaltschaft Hamburg, Staatsarchiv Hamburg 0070/029, Bl. 13538f.)

21 Der Kommissar für den Jüdischen Wohnbezirk, Heinz Auerswald, ordnete am 11. November 1941 eine Registrierung aller jüdischen Männer zwischen zwölf und sechzig Jahren im Ghetto an, wobei diese eine Melde- und Arbeitskarte erhalten sollten. Die ursprünglich bis zum April 1942 angesetzte Zählung wurde schließlich bis zum 31. Mai 1942 verlängert. Jedem, der nach diesem Stichtag ohne eine gültige Meldekarte angetroffen wurde, drohten der Anordnung nach eine Geldstrafe von 1000 Złoty oder drei Monate Haft. Tatsächlich liefen die Nichtregistrierten Gefahr, auf der Straße aufgegriffen und zur Zwangsarbeit in

Lagern im Generalgouvernement sowie auf dem deutsch besetzten Gebiet der Sowjetunion eingeteilt zu werden. Schon vor Abschluß der Zählung sollten ab Mai 1942 Patrouillen die Männer im Ghetto auf den Besitz der Karten hin überprüfen.
(Schreiben des Kommissars für den jüdischen Wohnbezirk vom 11.11.1941, »Betr.: Einführung der Meldepflicht«, und eine undatierte Anordnung zu den Nachfristen, APW, Bestand T. XLVIII, Bd. 14, Bl. 14 und 15; Anordnung Auerswalds »Meldekarte für den Arbeitseinsatz« vom 7.4.1942, ebenda, Bl. 35 sowie die Monatsberichte des Warschauer Arbeitsamtes/Nebenstelle für den jüdischen Wohnbezirk für April und Mai 1942, APW, Bestand T. XLVIII, Bd. 111, Bl. 37 und 42. Siehe auch die Abbildung von zwei Seiten einer Meldekarte einschließlich der für den Besitzer verbindlichen Auflagen und dem zunächst schützenden Aufdruck »Ein Auffangen auf der Strasse ist nicht statthaft« in: Sakowska, Etappe, S. 33-34.)

22 Im Juni 1942 wurden in den einzelnen »Revieren« des Ghettos Meldebüros eingerichtet, in denen Angestellte des Judenrates statt wie zuvor Beamte der Stadtverwaltung tätig waren. (66. Bericht des Obmanns des Judenrates in Warschau für den Monat Juni 1942, APW, Bestand T. XLVIII, Bd. 13, Bl. 97)
Nach einer Anweisung des Kommissars für den jüdischen Wohnbezirk mußte der Judenrat in Warschau seit Mai 1942 die Passierscheine von Neuankömmlingen einziehen und sie zusammen mit einer Aufstellung über die jeweils zugezogenen Juden monatlich dem Kommissar übergeben. Auf diese Weise sollte die Bevölkerungsbewegung im Ghetto stärker kontrolliert werden und eine systematische Überprüfung der Zuzugswege erfolgen. (65. und 67. Bericht des Obmanns des Judenrates in Warschau für die Monate Mai und Juli [Teil I] 1942, ebenda, Bl. 84 und 104)

23 Bis zu den Massendeportationen ab 22. Juli 1942 funktionierte die Post wie oben beschrieben (vgl. Anm. 13, S. 443 und Anm. 33, S. 449). Einschreibebriefe von polnischen Absendern aus dem Generalgouvernement an jüdische Adressaten im Warschauer Ghetto zu schikken, scheint unproblematisch gewesen zu sein. Zwischen dem 1. und 21. Juli 1942 trafen ca. 104 000 Briefe und ca. 7000 Drucksachen im Ghetto ein, während ca. 99 000 Briefe und Postkarten, ca. 1900 Einschreiben, ca. 9000 Auslandskarten, ca. 1400 Telegramme und ca. 4600 Postanweisungen aus dem Ghetto hinausgingen. (Statistik der Postabteilung des Judenrates, nach: Engelking und Leociak, Getto S. 361) Durch die bruchstückhafte Quellenlage zum Postverkehr des Warschauer Ghettos können nicht alle Details nachvollzogen werden. (Ebenda, S. 360)
Warum Irena Bocian in diesem Zeitraum kein Geld, sondern nur ein Päckchen an F.W. schicken konnte, bleibt unklar. Bis zum 22. Juli 1942 galten auch im Geldverkehr noch die üblichen Regeln. (Siehe Anm. 33, S. 449.)

24 Die Namen werden im Original genannt, jedoch hier und im folgenden, auch auf Wunsch von F.W., aus Personenschutzgründen abgekürzt.

25 Die Tagebücher und Berichte von Ghettoinsassen bezeugen einhellig, daß im Frühjahr 1942 täglich Menschen den Erschießungen auf offener Straße zum Opfer fielen. Auch der Judenrat führte in seinen monatlichen Berichten unter der Rubrik »Todesfälle« zwischen April und Juni 1942 »Unfälle infolge Schusswunden« auf. Nach diesen Angaben betrug die Zahl der Erschossenen 81 im April, 54 im Mai und 90 im Juni 1942. (64., 65. und 66. Bericht des Obmanns des Judenrates in Warschau, APW, Bestand T. XLVIII, Bd. 13, Bl. 70, 78 und 91) Die Schützen gehörten zu den deutschen Polizeieinheiten, die das Ghetto kontrollierten, darunter besonders zum Polizeibataillon 61, welches zu jener Zeit die Ghettogrenze bewachte, und zum sogenannten Ghettokommando der Sicherheitspolizei, das sowohl die Grenzwachen unterstützte als auch Einsätze innerhalb des Ghettos unternahm. Verschiedene Bestimmungen ermächtigten sie zum sofortigen Gebrauch von Schußwaffen: Zum einen hatte der Kommandeur der Ordnungspolizei in Warschau am 10. November 1941 auch für seinen Zuständigkeitsbereich den sogenannten Schießbefehl erlassen, mit dem die Polizisten angewiesen wurden, bei jeglichem Ausbruchsversuch aus dem Ghetto sofort das Feuers zu eröffnen. (Befehl »Betr.: Unbefugtes Verlassen des jüdischen Wohnbezirks«,

Auerswald-Akten Bl. 130) Zum anderen war auch zur Bekämpfung des Schmuggels die Anweisung ergangen, vor Ort auf verdächtige Juden zu schießen. (»Kurze Instruktion für die Posten der Ghettowachen in Warschau«, undatiert, vor Februar 1942, BAL, Ordner Polen 365c, Bl. 1–5, bes. Bl. 4) Dadurch befanden sich alle Ghettobewohner, die sich den Grenzmarkierungen auch nur näherten, in unmittelbarer Lebensgefahr.
Eine weitere Gefahr ging von den innerhalb des Ghettos patrouillierenden Streifen der Ordnungspolizei und des »Ghettokommandos« aus, die sich ebenfalls gegen Schmuggler und des Widerstands verdächtige Personen richteten. Das Terrorisieren der Ghettobevölkerung erfolgte auf Befehl, jedoch auch oft aus einer – von Überlebenden bezeugten – »sportiven« Lust einzelner Polizisten heraus (so neben vielen anderen Lewin, Cup, S. 128–130).
(Siehe insgesamt auch die gegen sogenannte Schießer aus dem »Ghettokommando« der Sicherheitspolizei ergangenen Strafurteile gegen Karl Heinrich Klaustermeyer und – für die Zeit ab Ende Juli 1942 – gegen Josef Blösche, Justiz und NS-Verbrechen, Bd. XX, lfd. Nr. 586, S. 651–691 bzw. DDR-Justiz und NS-Verbrechen, Bd. 2, lfd. Nr. 1049, S. 396–418.)

26 Berüchtigt für seine Exzesse am Ghettotor Leszno/Ecke Żelazna war ein deutscher Polizist, der in Tagebüchern und Berichten Überlebender als »Frankenstein« vorkommt. Nach Aussage eines Zwangsarbeiters, der den Übergang in Richtung des Stadtwerks von »Ursus« passieren mußte, schoß dieser auch »Todesengel« genannte Polizist aus nichtigem Anlaß wahllos auf die jüdischen Arbeiter. Der Täter kam vermutlich aus den Reihen des Polizeibataillons 61, das zur Bewachung des Ghettos eingesetzt war; seine Identität blieb ungeklärt.
(Siehe im Ermittlungsverfahren 141 Js 192/60 der Staatsanwaltschaft Hamburg neben zahlreichen weiteren Aussagen jüdischer Zeugen die von H. A. vom 12.1.1962, Staatsarchiv Hamburg, 0070/010, Bl. 4756; den Bericht der Staatsanwaltschaft Hamburg, »Bisherige Erkenntnisse über Judenerschießungen durch den Polizisten mit dem Spitznamen ›Frankenstein‹«, ebenda Bd. 044, Bl. 20382–20385 und den Vermerk des Leitenden Oberstaatsanwalts Hamburg vom 1.12.1961 betreffend »Frankenstein« im selben Verfahren, ebenda Bd. 008, Bl. 3938; siehe auch Czerniaków, Getto, Tagebucheintrag vom 10.6.1942, S. 265.)

27 Das Pawiak-Gefängnis lag im Ghetto an der Ul. Dzielna; rückwärtig grenzte das Grundstück an die Ul. Pawia. Es war dem Kommandeur der Sicherheitspolizei in Warschau unterstellt, die Einweisung der Häftlinge erfolgte durch dessen Abteilung IV, die Gestapo. Die Gefängniswachen waren anfangs polnische Polizisten, die später durch Deutsche und Ukrainer ersetzt wurden. Die Gefangenen waren zumeist nichtjüdische Polen, jedoch befanden sich auch Juden unter ihnen. (Das eigentliche Ghettogefängnis, der sogenannte Arrest, lag in der benachbarten Ul. Gęsia.) Für maximal 800 Häftlinge vorgesehen, war das Pawiak-Gefängnis mit einer Belegungsstärke von bis zu 3000 Insassen konstant überfüllt, es herrschten katastrophale Bedingungen. Das bis August 1944 bestehende Gefängnis war in ganz Warschau gefürchtet, Erschießungen auf dessen Gelände oder der Abtransport von Gefangenen zu anderen Erschießungsplätzen sind nahezu täglich dokumentiert.
(Siehe insgesamt den Urteilstext im Strafverfahren (50) 2/72 des Landgerichts Hamburg gegen Ludwig Hahn und T.W. (Freispruch) vom 5.6.1973, S. 83–90; Grabitz, Täter, S. 92 sowie Bartozewski, Todesring, u.a. mit den Aufzählungen einzelner Hinrichtungen, passim.)

28 Die Überfälle mit Schußwaffen und Knüppeln in der Ul. Karmelicka schilderten sehr ähnlich auch Emanuel Ringelblum (Ringelblum, Kronika, S. 377 bzw. Sloan [Hg.], Notes, S. 272, Eintragung vom 19. Mai 1942) und Chaim Kaplan in seinem Tagebucheintrag vom 26. Mai 1942 (Kaplan, Buch, S. 332f.).

29 Eine solche Tat im August 1942 war – neben anderen – Gegenstand der Verurteilung Karl Heinrich Klaustermeyers, welcher als Angehöriger der Sicherheitspolizei an der Straßenecke Nowolipie/Karmelicka einen Rikschafahrer erschoß, nachdem dieser ihn an seinem gewünschten Fahrtziel abgesetzt hatte. (Urteil des Landgerichts Bielefeld vom 4.2.1965, abgedruckt in: Justiz und NS-Verbrechen, Bd. XX, lfd. Nr. 586, S. 651–691, hier S. 662. Siehe zu den Angriffen auf Rikschafahrer auch Emanuel Ringelblums Notiz unter dem Datum 19. Mai 1942, in: Kronika, S. 377 bzw. Sloan [Hg.], Notes, S. 272.)

30 Zu dieser Zeit befand sich in der Ul. Stawki 6 die Infektionsabteilung des Jüdischen Krankenhauses, in dem die Krankenschwesternschülerinnen einen Teil ihrer praktischen Ausbildung zu absolvieren hatten. Die letzte Direktorin der Schule erinnerte sich: »Die Schülerinnen, meistenteils ständig hungrig, mußten bis ans andere Ende der Stadt gehen, um die Typhuskranken zu versorgen; ihnen standen weder frische Wäsche noch Bäder zur Verfügung. Das einzige, was die Krankenschwestern vor Ansteckung schützte, war der vorbildlich organisierte Aufnahmesaal. Die Kranken waren schrecklich verwahrlost, verlaust, schmutzig, in Lumpen.« (Blum-Bielicka, *Skoła Pielęgniarstwa*, S. 73, Übersetzung Sabine Leitner)
Daß Pola Winnykamień diesen langen und gefährlichen Fußweg vom Kleinen ins Große Ghetto täglich unbeschadet zurücklegte, kann auch darin seinen Grund gehabt haben, daß die Schwesternschülerinnen an ihrer Kleidung erkennbar waren und als fast unberührbar galten: »Die Polizisten ergriffen uns nicht, und wenn es vorkam, daß die Deutschen eine von uns zum Umschlagplatz führten, gelang es stets, sie von dort wieder zurückzubringen. Natürlich blieb das nicht bis zum Schluß so.« (Margolis-Edelman, Ghetto, S. 48)

31 Im Frühjahr 1942 wurden jüdische Männer aus dem Warschauer Ghetto in verschiedene Arbeitslager auch außerhalb des Generalgouvernements geschickt. Innerhalb dessen wurden die Betroffenen in Lager der Arbeitsaußenstellen im Raum Warschau und in verschiedene Zwangsarbeitslager im Distrikt Lublin deportiert; jüdische Zwangsarbeiter wurden auch auf der Baustelle des Vernichtungslagers Treblinka II bei Małkinia im Distrikt Warschau eingesetzt.
Eine weitere Anforderung von Zwangsarbeitern aus dem Warschauer Ghetto erging Ende Mai 1942 durch den Höheren SS- und Polizeiführer Rußland-Mitte. Daraufhin ordnete der Kommissar für den jüdischen Wohnbezirk am 29. Mai 1942 beim Warschauer Judenrat die Bereitstellung von 900 Personen für ein nicht näher bezeichnetes Lager an. In der folgenden Nacht verließ ein Transport mit mehr als 900 Männern das Ghetto in Richtung Bobruisk (Babrujsk) im deutsch besetzten östlichen Weißrußland. Die Gruppe war zum größten Teil bei Razzien zusammengetrieben worden, auch befanden sich darunter jugendliche Häftlinge aus dem Ghettogefängnis in der Ul. Gęsia 24.
Ähnliche Häftlingstransporte wiederholten sich in den folgenden Wochen. In Weißrußland wurden die Zwangsarbeiter beim Nachschubkommando der Waffen-SS in Bobruisk sowie bei der Wehrmacht eingesetzt, später auch in Minsk und in einem Arbeitslager in Mogilew (Mogiljow).
Nach den Berichten des Judenrates wurden zwischen Mai und Juli 1942 mehr als 3000 Juden in Arbeitslager außerhalb Warschaus verschickt. Die Zusammenstellung der Arbeitergruppen im Auftrag des Arbeitsamtes/Nebenstelle für den jüdischen Wohnbezirk erfolgte teils über Freiwilligenwerbung, hauptsächlich jedoch durch Razzien gegen Männer ohne Meldekarten. Der Jüdische Ordnungsdienst war für die »Straßenaktionen zwecks Zwangsführung zur Arbeit« verantwortlich.
Eine besondere Änderung dieses Verfahrens in der Zeit um den 28. Juni 1942 ist durch die überlieferten Akten nicht belegt, jedoch notierte der Vorsitzende des Judenrats, Adam Czerniaków, am 1. Juli 1942, im Ghetto sei während einer Razzia auf Jugendliche Panik ausgebrochen. (Getto, S. 272)
(Siehe zu den Verschickungen insgesamt: Gerlach, Morde, S. 762–764; Czerniaków, Tagebucheinträge vom 29. und 30.5., 1., 24. und 25.6., 1., 6., 10., 15., 16. und 19.7.1942, Getto, S. 260–262, 269f., 272, 274, 277 und 279–282; den Monatsbericht des Arbeitsamts, Nebenstelle für den jüdischen Wohnbezirk für Mai 1942, APW, Bestand T. XLVIII, Bd. 111, Bl. 42 und 42R; den 65., 66. und 67. Bericht des Obmanns des Judenrates in Warschau für Mai, Juni und Juli 1942, APW, ebenda, Bd. 13, Bl. 77, 90f. und 100; den Ermittlungsbericht der Staatsanwalt beim Landgericht München I über Franz Grassler, den ehemaligen stellvertretenden Kommissar für den jüdischen Wohnbezirk, vom 3.6.1971, in: BAL, B 162/ AR 294/1962, Bd. III, Bl. 570–579, Original S. 14–23 sowie die Vermerke Grasslers vom 29.5.1942, Auerswald-Akten, Bl. 148–150.)

32 Die im Frühjahr und Sommer nahezu täglich durchgeführten nächtlichen Razzien trugen massiv zur weiteren Verängstigung der Ghettobevölkerung bei. Sie sind in zahlreichen Augenzeugenberichten beschrieben worden, z.B. von der Schriftstellerin Gustava Jarecka in ihrem vor Januar 1943 verfaßten Essay »Ostatnim etapem przesiedlenia jest śmierć« (»Die letzte Etappe der Umsiedlung ist der Tod«, deutsche Übersetzung in: Sakowska, Etappe, Dok. 22, S. 227–243, hier S. 231–233) sowie in den Tagebucheinträgen von Chaim Kaplan vom 9. und 27. Juni sowie 1. Juli 1942 (Buch, S. 342f. und 360–362).
Außer zur Zwangsrekrutierung von Arbeitskräften durch den Jüdischen Ordnungsdienst dienten die nächtlichen Durchsuchungen und Überfälle der deutschen Polizei auch der Bekämpfung von Schmuggel und Widerstand. Doch die Überfallkommandos agierten häufig auch aus eigenem Antrieb – um ihre Mordlust zu befriedigen. (Kaplan, ebenda, S. 337f.)

33 Der Betrieb besaß vermutlich weder eine Konzession des Judenrats noch Ein- und Ausfuhrgenehmigungen der deutschen »Transferstelle«, die den wirtschaftlichen Verkehr des Ghettos mit der Außenwelt regelte. Da er bei der Rüstungsinspektion Warschau nicht registriert und nicht als »wehrwirtschaftlich wichtig« anerkannt war, offiziell also keine Rohstoffe zugeteilt bekam und keine Waren außerhalb des Ghettos verkaufen durfte, bot dieser Betrieb seinen Arbeitern keinen Schutz gegen Razzien. Auch hatten die Arbeiter keinen Anspruch auf Zusatzverpflegung. (Engelking und Leociak, Getto, S. 377, 380–383, 395f.; Grabitz und Scheffler, Spuren, S. 294–301; Caumanns und Esch, *Fleckfieber*, S. 237)
Viele solcher Kleinunternehmer versuchten, jenseits der offiziellen Regelungen zurechtzukommen. Im Warschauer Ghetto existierten auch im Juni 1942 noch etliche illegale oder halblegale Firmen, die Rohstoffe aus Altmaterial oder auf dem Schwarzmarkt bezogen und ihre Waren durch Schmuggel im »arischen« Teil der Stadt, auch bei Deutschen (darunter den örtlichen Wehrmachtsstellen) absetzten. Bis zu den Massendeportationen im Sommer 1942 bestand somit ein dichtes Gefüge legaler und illegaler Firmen, die sich durch geschicktes Taktieren im Kompetenzengeflecht der zuständigen Institutionen, mit Bestechung und Schmuggel über Wasser hielten und zuweilen gegenseitig unterstützten. (Sakowska, Menschen, S. 63–66; Ringelblum, Ghetto Warschau, S. 65–69; Trunk, Judenrat, S. 80f.)
Der Judenrat unternahm am 28. Juni 1942 erneut Anstrengungen, alle im Ghetto befindlichen Firmen zu erfassen und zu konzessionieren. Die Zahl offiziell zugelassener Betriebe stieg im Juni 1942 an, bot jedoch kaum mehr Arbeitsplätze, da es sich mehrheitlich um Kleinstbetriebe handelte. (Engelking und Leociak, Getto, S. 395f.; Gutman, Jews, S. 7; Sakowska, Menschen, S. 69)

34 Zu den wehrwirtschaftlich wichtig (»W«) eingestuften Betriebe im Raum Warschau zählten die »Staatlichen Ingenieurwerke Ursus bei Warschau«. (»Statistischer Überblick über die W-Betriebe der Rü In im Generalgouvernement nach dem Stand vom 1.2.1942«, BA-MA, RW 23/6a, Bl.143) Die Flug- und Fahrzeugbaufirma »Zakłady Mechaniczne URSUS S.A.«, deren Anfänge in das Jahr 1893 zurückreichen, war 1939 von deutscher Seite enteignet und im Herbst 1941 der Wehrmacht übertragen worden. Dachgesellschaft war bereits seit September 1940 die Verwertungsgesellschaft für Montanindustrie GmbH in Berlin, eine vom Heereswaffenamt gegründete Reichsgesellschaft zur Zentralisierung der Rüstungsindustrie.
Die »Ursus«-Werke hatten ihren Hauptsitz in dem südwestlich von Warschau gelegenen Vorort Czechowice (später umbenannt in Ursus) und unterhielten einen Zweigbetrieb in ihrem alten »Stadtwerk« in der Ul. Skierniewicka in Warschau-Wola, wenige Straßen westlich vom Ghetto entfernt.
Am 1. Juli 1942 wurden die beiden »Ursus«-Werke mit einer weiteren Firma zur »Warschauer Vereinigte Maschinenfabriken GmbH« (Waverma) zusammengelegt und als solche in der Reichsbetriebskartei eingetragen. (Kriegstagebuch des Rüstungskommandos Warschau für Juli 1942, BA-MA, RW 23/19, Bl. 6R; BA, R 3, Reichsbetriebskartei Nr. 0/1462/0038)
Die Firma, die auch gegenwärtig noch existiert, zählte zu den wichtigsten Industriebetrie-

ben Warschaus. Sie war während des Krieges im Auftrag der deutschen Luftwaffe und des Heeres tätig, wirtschaftete jedoch mit Verlusten. Das Hauptwerk stellte unter anderem für die Firma Junkers Flugzeugteile her, während im »Stadtwerk« in Wola hauptsächlich Panzer, Kampfwagen- und Panzerteile produziert wurden. (»Geschichte der Rüstungsinspektion im Generalgouvernement (Berichtszeitraum 1.7.1940 bis 31.12.1941)«, Bearbeiter Schenk, BA-MA, RW 23/5, Bl. 192–193 und 3. Vierteljahresbericht 1942 der Rüstungsinspektion im Generalgouvernement, Eintrag vom 22.8.1942, BA-MA, RW 23/1, Bl. 24)

Nach einer Übersicht über die im Warschauer Ghetto als Arbeitgeber anerkannten Firmen vom August 1942 war den »Ursus«-Werken zu diesem Zeitpunkt die Beschäftigung von insgesamt 400 jüdischen Arbeitern zugebilligt worden. (Liste der im Ghetto anerkannten Firmen von August 1942, Anlage Nr. 14 zum Bericht *Likwidacja żydowskiej Warszawy*, der Vereinigten Untergrundorganisationen des Warschauer Ghettos an die polnische Exilregierung in London vom 15.11.1942, in: BŻIH 1, 1951, S. 125) Die letzten jüdischen Arbeiter aus den sogenannten W-Betrieben in Warschau wurden in der Nacht zum 4. Mai 1943 im Zuge der Liquidierung des Ghettos »abgezogen«, womit sie ihren Schutz vor der Deportation verloren. (Kriegstagebuch des Rüstungskommandos Warschau, Eintrag vom 4.5.1943, BA-MA, RW 23/20, Bl. 22 R.)

Nach Auskunft des Firmenarchivs von 2002 an Jola Woźniak-Kreutzer sind außer einigen Personalakten polnischer Beschäftigter keine firmeneigenen Unterlagen aus der Kriegszeit erhalten geblieben.

(Siehe insgesamt den firmeneigenen Überblick über die Geschichte der Ursus Sp. z o. o. [Ursus GmbH] auf http://www.ursus.internetdsl.pl/firma/historia.html; Enzyklopedia Warszawy, S. 919f.; Schreiben der Hauptabteilung Wirtschaft in der Regierung des Generalgouvernements an das Reichsfinanzministerium vom 3.10.1941 »Betrifft: Freistellung von Betrieben aus früherem polnischen Staatseigentum für eine Eigentumsübertragung an die Wehrmacht« und Vermerk des Ministeriums hierzu vom 5.11.1941, BA R 2/ 5084, Bl. 92–96; OKW Wi Rü Amt/ Preisspr B, »Bericht über die Wehrwirtschaftsprüfung bei der Firma Warschauer Vereinigte Maschinenfabriken GmbH, durchgeführt im Jahre 1943, geprüfte Werke: Ursus«, vom 9.4.1943 und »Bericht der Geschäftsführung über den beim Werk Ursus b/Warschau entstandenen Verlust per 23.6.1942 in den Jahren 1939 bis 1942« vom 30.3.1944, beides BA, R 121/5381. Siehe zur Firma »Ursus« in F.W.s Aufzeichnungen auch S. 121 und in Manuskriptteil B ab S. 277.)

35 Eine Auflösung des Kleinen Ghettos war vom Kommissar für den jüdischen Wohnbezirk im September 1941 beabsichtigt gewesen, der Plan war jedoch nach Widersprüchen von deutscher Seite aufgegeben und durch eine Anordnung zur Verengung der Ghettogrenzen ersetzt worden.

(Schreiben Auerswalds an den Leiter des Amtes für Raumordnung vom 18.8.1941, BAL, Ordner Polen 365c, Bl. 30–30R und die Anordnung Auerswalds über die Grenzen des jüdischen Wohnbezirks in Warschau vom 23.10.1941, gedruckt im Mitteilungsblatt der Stadt Warschau Nr. 47 vom 3.11.1941, S. 1f.)

Das Kleine Ghetto wurde dann im Zuge der Massendeportationen im August 1942 aufgelöst.

F.W. ist möglicherweise Augenzeuge erzwungener Umzüge aus den zur Ausgliederung vorgesehenen Ghettobereichen geworden. Ende Juni 1942 wurden die Bewohner einiger Straßenzüge im Nordosten zum Verlassen ihrer Wohnungen aufgefordert. Viele von ihnen zogen mit ihrem Umzugsgut durch das Ghetto, oft vergeblich auf der Suche nach einer neuen Bleibe. (Czerniaków, Getto, Tagebucheintrag vom 23.6.1942, S. 269; Kaplan, Buch, S. 354f.)

36 Im Ghetto kursierten zu dieser Zeit Gerüchte über angebliche Briefe, die die aus Lublin und anderen Orten des Generalgouvernements deportierten Juden aus der Ukraine und sonstigen Gegenden im »Osten« an ihre Angehörigen geschickt hätten. Sie wurden von jüdischen Kollaborateuren im Auftrag deutscher Dienststellen verbreitet, um die Ghettobevölkerung über die bevorstehende Massendeportation aus Warschau und deren Ziel zu täuschen.

(Siehe u.a. den Bericht *Likwidacja żydowskiej Warszawy*, abgedruckt in; BŻIH Nr.1, 1951, S. 59–126, hier S. 63; Sakowska, Menschen, S. 236 und dies., Etappe, S. 57.)
Als die Massendeportationen aus Warschau in das Vernichtungslager Treblinka bereits angelaufen waren, täuschten die Behörden die Ghettobevölkerung weiter über den wahren Bestimmungsort der Transporte, indem von einer Verschickung in Arbeitslager im »Osten« die Rede war; so mit der Bekanntmachung des Judenrates vom 24. Juli 1942 über das »tatsächliche Ziel der Umsiedlung«. (Abgebildet in Grabitz und Scheffler, Spuren, S. 155) Auch die Verbreitung angeblicher Nachrichten von »Umgesiedelten« wurde fortgesetzt. (Siehe die Tagebucheinträge Lewins am 26. Juli und 4. August 1942, Cup, S. 138 und 147; Berman, *Zagłada*, S. 142f. und den Bericht *Likwidacja żydowskiej Warszawy* (wie oben), S. 74f.)

37 Die sich zuspitzende Lage im Ghetto, die umlaufenden Gerüchte, tägliche Morde und wiederholte Verhaftungswellen führten im Juni und Juli 1942 mehrfach zu Massenpaniken. (Kermish, *Emmanuel Ringelblum's Notes*, S. 181f.; Czerniaków, Getto, Tagebucheinträge vom 1., 18. und 19.7.1942, S. 272f. und 281f.) Eine weitere Eskalation am 15. Juli 1942 ist jedoch nicht überliefert. An diesem Tag aber soll Kommissar Auerswald erneut Plakate ausgehängt haben, die betonten, daß jeder Versuch, das Ghetto zu verlassen, mit dem Tode bestraft werde. (Ernest, O wojnie, S. 190 und ders. in: Grynberg [Hg.], Words, S. 105)
Nachrichten über eine unmittelbar bevorstehende Auflösung des Ghettos führten am 19. Juli 1942 zu einem das ganze Ghetto erfassenden Aufruhr, den auch F.W. an dieser Stelle meinen wird. Der Vorsitzende des Judenrats, Adam Czerniaków, befragte daraufhin die Gestapo über die Zukunft des Ghettos. Die beschwichtigenden Auskünfte, welche man ihm dort in betrügerischer Absicht erteilte, gab er anschließend der Ghettobevölkerung bekannt. (Siehe u.a.: Czerniaków, Getto, Tagebucheinträge vom 18., 19. und 20.7.1942, S. 281f.; Kaplan, Buch, S. 376f. und Berman, *Zagłada*, S. 139.)
Das Ghetto wurde drei Tage später, in der Nacht vom 21. zum 22. Juli 1942, also wenige Stunden vor Beginn der Massendeportationen, vollständig umstellt. (Siehe u.a. Czerniakóws Tagebucheintrag vom 22.7.1942, ebenda, S. 284 und den Bericht *Likwidacja żydowskiej Warszawy*, in: BŻIH Nr. 1, 1951, S. 65.)
Ein verstärkter Aufzug der Polizei an den äußeren Ghettogrenzen war jedoch schon vorher beobachtet worden und galt wahrscheinlich der Bekämpfung des Schmuggels. Zur deutschen Ordnungspolizei an der Ghettogrenze zählte dabei auch ein lettisches Kommando. Das Auftauchen dieser lettischen Polizisten am 19. und 20. Juli 1942 vermerkten auch Stefan Ernest, der beim Arbeitsamt des Judenrats tätig war, und der jüdische Rechtsanwalt Marek Stok in ihren noch während der Verfolgung verfaßten Erinnerungen. (Beide in: Grynberg [Hg.], Words, S. 103 und 105, ebenso Ernest, O wojnie, S. 150) Diese zunächst zur Umstellung und – während der ersten Deportationen – zu Festnahmen im Ghetto eingesetzte »fremdvölkische« Einheit, die dem Kommandeur der Ordnungspolizei in Warschau unterstand, wurde zu einem späteren Zeitpunkt Ende Juli 1942 abgelöst und durch ukrainische und lettische Hilfswillige des SS- und Polizeiführers Lublin aus dem SS-Ausbildungslager Trawniki ersetzt. (Grabitz und Scheffler, Spuren, S. 151; zu den Einheiten aus Trawniki siehe hier Anm. 50, S. 460 und Grabitz, Täter, S. 101 und 112ff.)

38 Von einem Ansturm auf deutsche Ghetto-Betriebe, in denen eine Anstellung Schutz vor weiteren Deportationen versprach, berichtet für die Tage zwischen der Panik im Ghetto vom 19. Juli 1942 und dem Beginn der Massendeportationen auch der Rechtsanwalt Marek Stok (in Grynberg [Hg.], Words, S. 103). Stefan Ernest, ein jüdischer Angestellter des Arbeitsamtes, hielt in seinen Aufzeichnungen fest:
»Das Spiel hatte begonnen. Eine Angst, die bisher nicht zu spüren gewesen war, befiel die Stadt. Nur wenige Menschen schliefen in der Nacht von Sonntag auf Montag [vom 19. zum 20. Juli], obwohl da nichts geschehen sollte und auch nichts geschah. Denn zum Prüfstein für Leben oder Tod wurde die Sache der Beschäftigung, der Schwerpunkt verlagerte sich anderntags auf das Collegium, wo sich das Arbeitsamt befand. Die Menschen stellten sich ab 3 Uhr morgens in Schlangen an. Es waren wie immer etliche, und sie erstreckten sich

ganze Straßenzüge entlang [...]. Alle, die irgendeine Begründung für eine Beschäftigung hatten, eilten zum Arbeitsamt, um mit einem Ausweis ihre ›Produktivität‹ zu regeln, um Rückstände zu begleichen, von denen der Erhalt eines solchen Ausweises abhängig war, um vernachlässigte Pflichten der Registrierung zu erfüllen und schließlich, um sich um eine neue wirkliche oder scheinbare Beschäftigung zu bemühen [...].« (Ernest, O wojnie, S. 190–191, aus dem Polnischen Sabine Leitner)

39 Die Firmen W. C. Többens und Schultz & Co GmbH gehörten zur »Deutschen Firmengemeinschaft Warschau GmbH«, einem Zusammenschluß von Unternehmen, die sich seit 1941 im Ghetto angesiedelt hatten. Beide Firmen zählten zu den sechzehn bei der Rüstungsinspektion im Generalgouvernement registrierten Betrieben im Warschauer Ghetto.
Der Bremer Textilfabrikant Walter Caspar Többens unterhielt seit Herbst 1941 Textilwerkstätten in den Straßen Prosta und Leszno. Die Firma stellte durch Enteignung und erzwungene Inkorporation weiterer ehemals selbständiger Betriebe Warschauer Juden Bekleidung und andere Textilien für den privaten Gebrauch sowie Uniformen für die deutsche Wehrmacht her.
Der Danziger Pelzwarenfabrikant Fritz Emil Schultz hatte sich im September 1941 im Warschauer Ghetto niedergelassen. Im Hauptwerk in der Ul. Nowolipie 44/46 sowie weiteren Zweigbetrieben ließ Schultz Pelzwaren für Privatkunden und die Wehrmacht anfertigen. Die Firma, die am 16. Juli 1942 4476 Arbeiter beschäftigte, wurde im Ghetto auch »großer Schultz« genannt in Abgrenzung zu der kleineren deutschen Trikotagenfirma K. G. Schultz & Co. (Grabitz und Scheffler, Letzte Spuren, S. 23f.; Engelking und Leociak, S. 387–390)
Zur Geschichte der Firma Schultz & Co GmbH und zur Verlagerung ihres Betriebs in das Arbeitslager Trawniki siehe ausführlich Grabitz und Scheffler, Spuren; trotz vielfacher Erwähnung in der Literatur existiert eine vergleichbare Monographie zur Firma Többens bisher nicht.

40 Die Verschickung zwangsweise rekrutierter und angeworbener jüdischer Männer aus Warschau in Arbeitslager auf besetztem sowjetischem Gebiet (siehe Anm. 31, S. 478) wurde über den Beginn der Massendeportationen hinaus fortgesetzt. In Smolensk trafen am 28. Juli 1942 jüdische Zwangsarbeiter aus Warschau ein, die zeitgleich mit den beginnenden Massendeportationen zunächst nach Bobruisk (Babrujsk) verschickt worden waren. In Smolensk mußten die Männer auf der Baustelle eines Flughafens arbeiten. Nur wenige überlebten die katastrophalen Arbeitsbedingungen und das brutale Regime der Aufseher.
(Siehe dazu den Bericht von Yehuda Lerner, welcher am 23. Juli 1942 in Warschau gefangengenommen und nach Smolensk deportiert worden war, in: Novitch [Hg.], Sobibor, S. 111–113 sowie Gerlach, Morde, S. 762f.)
Von Plakaten zur Anwerbung für die Arbeit in Smolensk, die Freiwillige mit guter Bezahlung lockten, berichtet auch Jonas Turkow in seinen Erinnerungen. (»Azoi is es gewen«, S. 263f.)

41 Im April 1942 waren aus Hannover und Berlin drei Transporte mit ungefähr 3000 Juden aus verschiedenen deutschen Städten in Warschau eingetroffen. Im selben Monat erreichte noch ein Transport mit eintausend tschechischen Juden das Ghetto. Die Deportierten wurden zunächst in der »Quarantäne« Ul. Leszno 109/111 sowie in der großen Synagoge und der ehemaligen Bibliothek der jüdischen Gemeinde in der Ul. Tłomackie außerhalb der Ghettomauern untergebracht.
(Czerniaków, Getto, Tagebucheinträge am 1., 5., 15., 16. und 27. April 1942, S. 240, 243 und 248 sowie Gottwaldt und Schulle, »Judendeportationen«, S. 167f., 188–191, 193f., 197 und 446)
Junge Männer aus diesen Gruppen wurden bald nach der Ankunft zu Zwangsarbeiten außerhalb Warschaus verschleppt, unter anderem zum Aufbau des Vernichtungslagers Treblinka. (Tagebucheinträge Czerniaków vom 9., 10., 18. April, 21. und 23. Mai 1942, ebenda S. 241f., 244, 256 und 258)
Noch im Juni 1942 lebten etwa 3700 Personen, die Mehrheit der im April angekommenen,

abgetrennt von der übrigen Ghettobevölkerung in den »Quarantänen«, während nur eine Minderheit ins Ghetto selbst umgezogen war. (66. Bericht des Obmanns des Judenrates in Warschau für den Monat Juni 1942, APW, Bestand T. XLVIII, Bd. 13, Bl. 95)
Da die deutschen Juden verpflichtet waren, zusätzlich zu der kennzeichnenden Armbinde den im Reich obligatorischen gelben Stern mit der Aufschrift »Jude« zu tragen, waren sie von der übrigen Ghettobevölkerung sichtbar unterschieden. (65. Bericht des Obmanns für Mai 1942, ebenda, Bl. 75)
Eine wie von F.W. geschilderte gesonderte Verschleppung deutscher Juden aus Warschau vor oder zu Beginn der Massendeportationen ist weder durch offizielle deutsche Dokumente noch durch die Unterlagen des Judenrats belegt. Möglicherweise trafen aber Mitte Juli 1942 weitere deutsche Juden aus dem Reich in Warschau ein, wobei das genaue Schicksal dieser Verschleppten bisher nicht erforscht ist. (Gottwaldt und Schulle, »Judendeportationen«, S. 221–223 und 449) Wie F.W. berichten auch andere Augenzeugen, daß um den 22. Juli 1942 Kolonnen deutscher Juden zum »Umschlagplatz« am Danziger Bahnhof (Dworzec Gdańska) geführt worden sind, wo die Züge nach Treblinka abfuhren. Eine gesonderte Deportation der deutschen Juden vor Beginn der Massendeportationen erwähnte Jonas Turkow in seinen kurz nach dem Krieg aufgezeichneten Erinnerungen. (»Azoi is es gewen«, S. 256) Er hatte ihren Zug von der Ul. Tłomakie zum Umschlagplatz aber nicht mit eigenen Augen gesehen, sondern wiedergegeben, was ihm im Ghetto erzählt wurde. (Aussage Turkow vom 6. 5. 1964 im Ermittlungsverfahren 141 Js 192/60 der Staatsanwaltschaft Hamburg, Staatsarchiv Hamburg, 0070/030, Bl. 14002) Auch der Schriftsteller Jehoszua Perle schrieb in seinen Aufzeichnungen vom August und September 1942 über die Ereignisse am 22. Juli 1942:
»Das erste Opfer waren die deutschen Juden, die schon viele Male umgesiedelt und endlich ins Warschauer Ghetto gekommen waren, Fremde, Heimatlose, Unbeholfene. [...] Die deutschen Juden nahmen den Befehl stumpf hin. Die jüdischen Polizeileute führten sie zum ›Umschlagplatz‹. Von dort aus wurden sie in verschlossenen Waggons, ohne Essen, ohne Trinken, in die Vernichtung gefahren. [...] Als der Abtransport der deutschen Juden beendet war, kam die Reihe an die ›Punkte‹. [...] Er [Czerniaków] protestierte nicht, als die deutschen Juden abtransportiert wurden. [...] Nach den Juden aus Deutschland, nach den unglücklichen Flüchtlingen aus den ›Punkten‹ griff man die Bettler auf.« (Perle, *Vernichtung*, S. 193, 195 und 197)
Ähnliches hielt Jan Mawult, Angehöriger des Jüdischen Ordnungsdienstes, in seinen Erinnerungen von 1944 fest. Danach waren das Gęsia-Gefängnis und die Unterkünfte deutscher und tschechischer Juden am 23. Juli 1942 die ersten Ziele der Räumungen. Dabei seien ihm die deutschen Juden dadurch aufgefallen, daß sie sich in geordneter Formation zum »Umschlagplatz« hätten bringen lassen, wobei viele ihre Kriegsauszeichnungen aus dem Ersten Weltkrieg getragen haben sollen. Ihr Gepäck sei ordentlich mit Namen und Adressen gekennzeichnet gewesen. Ein deutsch-jüdischer Arzt habe eine »Marschkolonne« kranker und alter Leute angeführt. Die Zuschauer auf den Straßen hätten noch spekuliert, die Deportation ins Ungewisse würde »nur« ein paar hundert Alte und Kranke treffen, alle anderen könnten durch Arbeit, eventuell in Lagern in Rußland, gerettet werden. (Bericht von Jan Mawult in: Grynberg [Hg.], Words, S. 112f.)
F.W. identifizierte die deutschen Juden am gekennzeichneten Gepäck der zumeist alten Leute, die auf der Straße gesessen hätten. (Auskunft per E-Mail vom 5. und 13. März 2002)
Diese Beobachtungen – wie auch die von Perle, Turkow und Mawult – lassen sich nicht eindeutig zuordnen. Eventuell beziehen sie sich auf eine der Massendeportation unmittelbar vorangegangene »Einsiedlung« deutscher und tschechischer Juden in das Ghetto. Am 25. Juni und 15. Juli 1942 wurde der Judenrat vom »Kommissar für den jüdischen Wohnbezirk« angewiesen, die deutschen Juden aus den Unterkünften in der Ul. Tłomackie und der Ul. Leszno 109/111 herauszunehmen und nach eigenem Ermessen in Wohnungen im Ghetto unterzubringen. Die betreffenden Gebäude wurden als Sammellager für Zwangsarbeiter

(Leszno) und von der Sicherheitspolizei als Sammelunterkunft für Juden mit Pässen von Staaten außerhalb des deutschen Machtbereichs (Tłomackie) beansprucht.

(Siehe Czerniaków's Tagebucheinträge vom 25.6. und 15.7.1942, Getto S. 270 und 279; den Briefwechsel zwischen Auerswald und dem Warschauer Amtsarzt Hagen vom 16.7.1942, APW, Bestand T. XLVIII, Bd. 26, Bl. 82–83 und den 67. »Bericht des Obmanns des Judenrates in Warschau für den Monat Juli 1942«, Teil I, APW, ebenda, Bd. 13, Bl. 102.)

Der Judenratsvorsitzende Adam Czerniaków veranlaßte am 16. Juli die Räumung des Hauses Leszno 109/111, wobei die Firma Többens ein Fürsorgeheim in der Ul. Ogrodowa für jene deutschen Juden, die für den Betrieb arbeiteten, widerrechtlich in Anspruch nahm. Die Umsetzung von 1700 Menschen aus der Ul. Leszno war am 17. Juli beendet und sei, so Czerniaków, »geordnet« verlaufen; man habe mehrere Dutzend Wohnungen im Ghetto belegt. Die Räumungen in der Ul. Tłomackie erfolgten an den folgenden zwei Tagen. (Tagebucheinträge vom 16. bis 18. Juli 1942, Getto, S. 280f.)

42 Die deutschen Juden fielen – neben ihren meist völlig verarmten, hungernden polnischen Schicksalsgenossen – bei ihrer Ankunft im Frühjahr 1942 durch eine relativ gute körperliche Verfassung und ihre bessere Kleidung auf. Das ließ sie, die in ihrer Heimat selbst entrechtet und enteignet worden waren, im Ghetto zunächst als »wohlhabend« erscheinen. Ein jüdischer Informant, der dort zwischen März und Mai 1942 wöchentliche Berichte an deutsche Behörden verfaßte, meldete am 7. April 1942, daß die neu »eingesiedelten« deutschen Juden zum Teil Pelzmäntel getragen und alle jeweils 50 Kilogramm Gepäck mitgeführt hätten. (Abgedruckt in: Browning und Gutman, *Reports*, S. 279f.) Sie wurden jedoch kurz nach ihrer Ankunft durch die SS aller Wertsachen beraubt. (Czerniaków, Tagebucheintrag vom 8.4.1942, Getto, S. 241)

F.W.s mitleidige, freundliche Haltung gegenüber den deutschen Juden fällt auf, denn Spannungen zwischen beiden Bevölkerungsgruppen sind in verschiedenen zeitgenössischen Memoiren dokumentiert. Ein Grund dafür war die verbreitete Annahme, die deutschen Juden würden von den Behörden bei den Lebensmittelzuteilungen bevorzugt, so Emanuel Ringelblum in seinen Aufzeichnungen vom Mai 1942. Ringelblum vermerkte jedoch auch, daß viele der zumeist älteren deutschen Juden aufgrund der harten Lebensbedingungen in Warschau wenige Wochen nach ihrer Ankunft bereits verstorben waren. (Kronika, S. 387 bzw. Sloan [Hg.], Notes, S. 288) Wegen ihrer Sprache und ihres »zackigen deutschen Benehmens« lastete auf den deutschen Juden im Ghetto generell der Verdacht, sie kollaborierten mit den deutschen Behörden.

(Barkai, *Jews*, S. 255. Zu ähnlichen Mißverständnissen und Konflikten in den Ghettos im Distrikt Lublin vergleiche Kuwałek, *Durchgangsghettos*, S. 212–214 und S. 222–227 sowie ders., *Leben*, S. 125–128.)

Warschauer Ghetto, Juni 1942 bis Februar 1943 [B]

1 Maks Bigos war der Mann von Sala, einer Schwester von Isabella Winnykamień. Ob er bei einer Razzia gefaßt wurde, sich freiwillig für die Arbeit in einem Lager meldete oder es ihm gelang, an einen sicheren Ort zu entkommen, weiß F.W. heute nicht mehr. (Gespräch F.W. mit Jolanta Woźniak-Kreutzer, NY April 2003)

2 Die am 22. Juli 1942 beginnenden Massendeportationen aus dem Warschauer Ghetto, von deutscher Seite verschleiernd »Aus-« oder »Umsiedlung« genannt, waren Bestandteil der »Aktion Reinhardt«, der systematischen Ermordung der Juden im Generalgouvernement. (Siehe dazu oben Anm. 47, S. 457ff.) Im Sommer und Herbst 1942 erreichten diese Massentötungen ihren Höhepunkt. Die Ghettos in nunmehr allen fünf Distrikten wurden systematisch »geräumt«, die Mehrzahl ihrer Bewohner in den im Generalgouvernement errichteten Vernichtungslagern Bełżec, Treblinka und (eingeschränkt auch) in Sobibór ermordet. Den Deportationen aus Warschau unmittelbar vorangegangen war der Befehl

des Reichsführers SS, Heinrich Himmler, vom 19. Juli 1942, die gesamte jüdische Bevölkerung bis zum Jahresende aus dem Generalgouvernement zu eliminieren. Lediglich die für deutsche Wirtschafts- und Rüstungsinteressen unabdingbar notwendigen jüdischen Zwangsarbeiter sollten noch in Arbeitslagern in Warschau, Lublin, Radom, Krakau und Częstochowa (Tschenstochau) kaserniert werden. (BA, NS 19/1757, Bl. 1)
Konkrete Planungen zur Ermordung der Juden aus dem bevölkerungsreichsten Ghetto in Warschau waren bereits zuvor eingeleitet worden. Bei Małkinia im Nordosten des Distrikts Warschau wurde zwischen Ende April und Anfang Mai 1942 mit dem Bau des Vernichtungslagers Treblinka begonnen; dessen Fertigstellung erfolgte Mitte Juli. (Näheres siehe Arndt und Scheffler, *Massenmord*, S. 559–563.) Wie die zwei zuvor errichteten Lager unterstand auch Treblinka dem SS- und Polizeiführer Lublin, dem Himmler die Gesamtleitung für die »Aktion Reinhardt« übertragen hatte.
Das mit der Leitung der Massenverschleppung der Warschauer Juden nach Treblinka beauftragte »Lubliner Kommando« unter SS-Sturmbannführer Hermann Höfle traf mit weiteren Angehörigen der Lubliner SS- und Polizeiführung am 21. Juli 1942 in Warschau ein. Ihm beigeordnet und gleichermaßen für den planmäßigen Ablauf der Deportationen aus Warschau verantwortlich waren die dem SS- und Polizeiführer von Warschau unterstehenden Kräfte der deutschen Sicherheits- und Ordnungspolizei.
Am Morgen des 22. Juli erschien Höfle im Gebäude des Judenrats und diktierte den versammelten jüdischen Funktionären die »Eröffnungen und Auflagen für den Judenrat«, die genauen Anweisungen für die Deportationen, die noch am selben Tage beginnen sollten. Diese Anweisung zwang den Judenrat sowie den Jüdischen Ordnungsdienst, aktiv an der Deportation von täglich etwa 6000 Menschen mitzuwirken, da, wie es beschönigend hieß, »Alle jüdischen Personen, gleichgültig welchen Alters und Geschlechts, welche in Warschau wohnen, [...] nach dem Osten umgesiedelt« werden sollten.
(Überliefert u.a. im zweiten Teil des 67. Bericht des Obmanns des Warschauer Judenrats, APW, Bestand T. XLVIII, Bd. 13, Bl. 106–108; abgedruckt in FGM, Dok. 231, S. 305–307 sowie in Grabitz und Scheffler, Spuren, S. 152–154; zur Situation in den Büros des Judenrats während der »Eröffnung« siehe die Erinnerungen von Marcel Reich-Ranicki, Mein Leben, S. 234–241.)
Die Anweisungen wurden am Nachmittag desselben Tages im Ghetto plakatiert. (Siehe Abbildung S. 400.) Der Vorsitzende des Warschauer Judenrats, Adam Czerniaków, nahm sich am zweiten Tag der Deportationen das Leben, als er den Befehl zur Auslieferung von weiteren 9000 Menschen und zur Räumung der Kinderheime erhalten hatte. (Czerniaków, Getto, S. 285)
Höfle legte die Hauptverantwortung für die Zusammentreibung der Menschen im Ghetto zunächst in die Hände des Jüdischen Ordnungsdienstes. Während der ersten Woche der »Umsiedlung« war daher hauptsächlich jüdische Polizei im Ghetto präsent. Sie hatte nach vorgegebenen Quoten täglich mehrere tausend Menschen an die Deutschen ausliefern. Mitbeteiligt waren anfangs die lettischen Kompanien der Ordnungspolizei, die Kontrolle oblag einer nicht mehr als zwanzig Mann starken Gruppe des Judenreferats der Sicherheitspolizei Warschau.
Die Räumtrupps gingen mit Razzien gegen Armenunterkünfte, Krankenhäuser und Kinderheime vor. Es kam zu den im Text »Blockaden« genannten Absperrmaßnahmen einzelner Häuser und Straßen.
Deutsche Polizeieinheiten hielten sich anfangs im Hintergrund, das »Lubliner Kommando« überwachte zunächst nur am sogenannten Umschlagplatz den Abtransport der Opfer, während die deutsche Ordnungspolizei die Begleitung und Bewachung der Züge übernahm.
Zu Beginn der Massendeportationen blieben die Inhaber von Arbeiterausweisen weitgehend unangetastet. Die beim Judenrat und seinen Institutionen, für deutsche Behörden oder in deutschen Firmen tätigen Ghettobewohner, ihre Angehörigen sowie die grundsätzlich Arbeitsfähigen waren durch die Bestimmungen vom 22. Juli zunächst von der Deportation ausgenommen. (Siehe Punkt 2a–h der Bestimmungen, Abb. S. 400.)

Doch verschont wurde letztlich niemand. Hatte sich die »Aktion Reinhardt« im Frühjahr 1942 hauptsächlich gegen die sogenannten »Arbeitsunfähigen« gerichtet, so drängte die SS-Führung schon im Sommer 1942 darauf, auch die Zahl der jüdischen Arbeiter auf ein Minimum zu reduzieren und lediglich den als wehrwirtschaftlich unverzichtbar angesehenen jüdischen Arbeitern einen vorübergehenden Aufschub zu gewähren. Am 17. Juli 1942 sicherte sich der Höhere SS- und Polizeiführer im Generalgouvernement die Kontrolle über die Einstellung jüdischer Arbeiter. Die Zahl solcher Genehmigungen erklärte er für begrenzt. Zugleich informierte er die Rüstungsinspektion über den grundsätzlichen Plan zur Auflösung der Ghettos.
Man kam – vorläufig – überein, den Bedarf an jüdischen Arbeitern sowie ihre Unterbringung noch in Absprache mit der Wehrmacht zu regeln. (Ergebnisprotokoll der Besprechung zwischen HSSPF Krüger und Generalleutnant Schindler am 17. 7. 1942, BA-MA, RH 53-23/87 Bl. 51)
Der erst im Frühjahr 1942 angestrebte umfangreiche Einsatz von Juden in vakanten (Fach-) Arbeiterstellen in der Industrie wurde spätestens Anfang August 1942 aufgekündigt. (Ergebnisprotokoll der Besprechung zwischen Vertretern des HSSPF, des Rüstungskommandos Krakau und des Oberquartiermeisters beim Militärbefehlshabers im Generalgouvernement am 14. 8. 1942, BA-MA, RH 53-23/87, Bl. 47–50, hier Bl. 47)
Über die Frage des weiteren Einsatzes jüdischer Arbeiter im Generalgouvernement kam es in der zweiten Jahreshälfte 1942 zu einer heftigen Auseinandersetzung zwischen Wehrmachtsdienststellen und SS. Der Militärbefehlshaber sowie die Rüstungsinspektion im Generalgouvernement führten ökonomische Gründe für den weiteren Einsatz der jüdischer Zwangsarbeiter an, beugten sich letztlich aber weitestgehend dem Willen der SS-Führung zur »möglichst raschen Herauslösung der Juden« (Vereinbarung vom 20. 10. 1942, BA-MA, RH 53-23/87, Bl. 193). Allein eine für die Rüstungsproduktion unabdingbar notwendige, geringe Zahl an jüdischen Arbeitern in Konzentrationslagerbetrieben sollte zurückbleiben. (Siehe zu diesen Auseinandersetzungen: von Krannhals, *Judenvernichtung*; Grabitz und Scheffler, Spuren, S. 306–316; Browning, *Arbeitskräfte*, S. 112–125 sowie Gerlach, *Bedeutung*, S. 210–237.)
Als Motiv der SS, deren Aktivismus bei anhaltendem Arbeitskräftemangel den rüstungswirtschaftlichen Interessen und der Wehrmachtsversorgung für den anstehenden Winterfeldzug zuwiderlief, wird das Bestreben vermutet, »überflüssige Esser« zu beseitigen: Die knappe Ernte 1942 im Generalgouvernement sollte möglichst weitgehend der reichsdeutschen Bevölkerung zugute kommen. (Gerlach, ebenda)
Daß im Laufe des Jahres 1942 eine für sie prinzipiell ausweglose Situation entstand, war für das Gros der Ghettobewohner anfangs nicht erkennbar. Man schenkte den Täuschungsversuchen der deutschen Behörden, die von einer »Umsiedlung« in Arbeitslager »im Osten« sprachen, zunächst vielfach Glauben und meinte noch für Wochen, durch Arbeit in den Betrieben inner- und außerhalb des Ghettos geschützt zu sein. Allmählich erst, mit den eintreffenden Nachrichten über die Vorgänge in Treblinka, den sich häufenden Übergriffen der Räumkommandos auch auf Zwangsarbeiter, der Auflösung des gerade etablierten Shop-Systems und einer abermaligen Verkleinerung des Ghettogebiets, nunmehr auf ein Areal ummauerter Zwangsarbeitsstätten, enthüllte sich die Wahrheit über die Massendeportationen.
(Siehe zum Wissen über Treblinka Anm. 99, S. 512f.; zur Frage der Arbeiter Anm. 7, S. 487f.; Anm. 70, S. 501f.; Anm. 83, S. 507f. sowie zur Verkleinerung des Ghettos und zur Kasernierung der Arbeiter Anm. 47, S. 497; Anm. 58, S. 499; Anm. 63, S. 499f.; Anm. 92, S. 509f. und Anm. 96, S. 511f.)
Das Ringen der Überlebenden der Massenverschleppungen vom Sommer 1942 um den Erhalt des Ghettos als letzten Schutzraum mündete im Januar und April 1943 in den bewaffneten Widerstand.

3 Die am 22. Juli 1942 ausgehängten Plakate beinhalteten die von den Deutschen erzwungene Bekanntmachung des Judenrats über die Aussiedlung aller Warschauer Juden, »gleichgültig welchen Alters und Geschlechts«. (Siehe die Abbildung S. 400.)

Die Freude Fryderyk Winnykamieńs und Mirka Braczkowskas darüber, daß junge Leute bleiben durften, bezieht sich wahrscheinlich auf folgende Ausnahmeregelung: »Ausgenommen von der Umsiedlung sind: [...] d) alle arbeitsfähigen Juden, die bisher nicht in den Arbeitsprozeß eingereiht sind. Diese sind im Jüdischen Wohnbezirk zu kasernieren.« Beide jungen Leute fielen unter keine andere Ausnahmebestimmung.

4 Das dem Judenrat aufgenötigte System, wonach eine bestimmte Anzahl Personen an die Deutschen ausgeliefert werden mußte, traf immer zuerst diejenigen, die kein Geld und keine Lobby hatten. An den ersten Tagen der Deportationsaktion in Warschau waren es die Bewohner der Flüchtlings- und Altersheime, die Jugendlichen aus dem Heim in der Ul. Dzika 3 sowie Bettler und Straßenkinder, die zum »Umschlagplatz« gebracht wurden. Die »Aussiedlung« dieser Personengruppe diente auch dem Zweck, die anderen, Arbeitsfähigen, in falscher Sicherheit zu wiegen. An diesem Tag wurden 6250 Personen deportiert.
(Siehe hierzu den Bericht *Likwidacja żydowskiej Warszawy*, in: BŻIH 1, 1951, S. 72f.; Turkow, Azoi is es gewen, S. 283; Berman, *Zagłada*, S. 140 sowie Engelking und Leociak, Getto, S. 669.)

5 Hier ist Róża Pakman gemeint, die Frau von Wiktor Pakman. Sie wohnten in der Ul. Pańska 13. Mit beiden konnte F.W. über lebenswichtige Angelegenheiten sprechen. Es kann vermutet werden, daß es bei diesem Gespräch um die Sicherheit von Wiktor Pakmans Arbeitsplatz ging. (Siehe dazu auch S. 239f. und Exkurs über die Familie Pakman ab S. 372.)

6 Gemeint ist die Ulica (Straße) Żelazna, die nördlich der Ul. Nowolipie als Sackgasse endete und sich dort vor den Häusern der Nummern 101 bis 105 (nach anderen Angaben Nummer 99 bis 103) zu einem kleinen Platz verbreiterte. Den Aufzeichnungen Emanuel Ringelblums zufolge versammelten sich hier schon im Frühjahr 1942 jene Arbeiter zum Schichtwechsel, die mit Lastwagen in die Arbeitsaußenstellen gebracht wurden. Zu diesen Tageszeiten seien der Platz und die Wagen von Arbeitsuchenden umlagert gewesen. (Ringelblum, Kronika, S. 379, Eintrag vom 22.5.1942 bzw. Sloan [Hg.], Notes, S. 274f.)
Der ehemalige jüdische Zwangsarbeiter K.J., der im Hauptwerk von »Ursus« eingesetzt war, bestätigt dies. Seine Arbeitergruppe habe sich stets an der Ecke Ul. Nowolipie und Ul. Żelazna eingefunden, um gemeinsam zum Ghettotor an der Ul. Leszno geführt zu werden, von wo aus sie in die Fabrik gefahren seien. (Aussage K.J. vom 29.11.1963 vor der Staatsanwaltschaft Bielefeld, hinzugezogen zum Ermittlungsverfahren 141 Js 192/60 der Staatsanwaltschaft Hamburg, Staatsarchiv Hamburg, 0070/026, Bl. 11658)
Die Nutzung des Hauses Żelazna 101 stand jedoch in keinem Zusammenhang mit der Arbeitsvermittlung, es war vor Juli 1942 vermutlich ein Wohnhaus. Dies änderte sich offenbar, als der »Einsatzstab Reinhardt« kurz nach Beginn der Deportationen im benachbarten Haus Nummer 103 seine »Befehlsstelle« einrichtete. Nach Aussagen des Augenzeugen Dr. E.R., der sich vor den Verschleppungen auf dem Dachboden einer angrenzenden Ruine verbergen konnte, quartierte man zu dieser Zeit im Haus Nummer 101 jene Juden ein, die als Hauspersonal für die »Befehlstelle« arbeiten mußten. (Undatierte Erklärung von Dr. E.R., verfaßt um 1961 für die österreichischen Justizbehörden, und seine Aussage vom 25.10.1961 im Ermittlungsverfahren 141 Js 192/60 der Staatsanwaltschaft Hamburg, Staatsarchiv Hamburg, 0070/008, Bl. 3738, 3743f. und 3945f.)
Drastischer bezeichnete Emanuel Ringelblum das Haus als Sitz der jüdischen Gestapospitzel. (Kronika, S. 443)

7 Schon Wochen vor der Ankündigung der »Umsiedlung« gab es im Ghetto einen dann immer stärker anwachsenden Ansturm arbeitsuchender Ghettobewohner auf die Betriebe. Nach den Ausnahmebestimmungen für Arbeiter in der plakatierten Bekanntmachung vom 22. Juli schien eine Anstellung in den Shops und Außenstellen langfristig vor der Deportation zu schützen. Im Ghetto schätzte man, daß etwa 70 000 Menschen nicht unter die Ausnahmebestimmungen fielen und damit unmittelbar von den Deportationen bedroht seien.
Tatsächlich wurden alle Arbeitsausweise der Ghettofirmen während der ersten Phase der Massendeportationen bis etwa Ende Juli in der Regel noch anerkannt.

Vor den Toren der Shops drängten sich daher Menschenmassen, die um eine Einstellung als Nachweis ihrer »Lebensberechtigung« kämpften. Viele zahlten Bestechungsgelder für die Zuweisung eines Arbeitsplatzes. Ihre einzige Lohnerwartung war ein Werksausweis, der sie und ihre Angehörigen schützen könnte.
Der Andrang führte zu einer plötzlichen Veränderung im Gefüge der Ghettobetriebe. Die deutschen Firmen, die als die »sichersten« galten, expandierten, in dem sie kleinere und zuvor von Juden betriebene Werkstätten übernahmen; eine Reihe von Scheinfirmen entstand, die in betrügerischer Absicht alsbald wertlose Werksausweise gegen Zahlung ausgaben. In dieser Zeit nahmen auch die etablierten Shops weit mehr Arbeiter auf als ihre Produktivität es erlaubte: So geht aus den erhaltenen Personenstandslisten der Firma Schultz & Co GmbH ein sprunghafter Anstieg der Belegschaft von 4776 Personen in den Tagen vor Deportationsbeginn auf 13 850 am 10. August 1942 hervor. (Abgebildet bei Grabitz und Scheffler, Spuren, S. 162–163)
Für die Produktionsabläufe war dieser Zustrom von Arbeitern nicht durchgängig von Vorteil. Die Beschäftigten saßen bei mangelhafter Ausrüstung in überfüllten Werkshallen, viele der Neueingestellten waren für die ihnen zugewiesenen Aufgaben weder beruflich noch körperlich qualifiziert. Doch nur für kurze Zeit konnten alle diese Betriebe einen Zufluchtsraum bieten.
Bereits in den ersten Tagen der Deportationen begann man auf deutscher Seite, die Betriebe nach ihrer Nützlichkeit zu klassifizieren. Nach einer Intervention der Wehrmacht wurde am 25. Juli auf einer Konferenz zwischen Vertretern des Rüstungskommandos, des Kommissars für den jüdischen Wohnbezirk und der Transferstelle beschlossen, jene »kriegs- und lebenswichtigen« Betriebe festzulegen, deren Arbeiter weiterhin Schutz genießen sollten. (Kriegstagebuch des Rüstungskommandos Warschau, Einträge vom 23. bis 25. 7. 1942, BA-MA, RW 23/19, Bl. 5 R) Nur wenige jüdische Arbeiter fielen unter diese Kategorie, wohingegen das Verbleiben (und damit die Daseinsberechtigung) »überzähliger« Arbeiter und Belegschaften aller anderen Betriebe in den kommenden Wochen zunehmend in Frage gestellt wurde. Bereits im August unternahmen die Räumkommandos »Selektionen« in den Betrieben, zunächst gegen die sogenannten Scheinarbeiter.
(Siehe insgesamt zum Ansturm auf die Betrieben den Bericht *Likwidacja żydowskiej Warszawy*, in: BŻIH 1, 1951, S. 72–75; Grabitz und Scheffler, Spuren, S. 157–167; Sakowska, Menschen, S. 237 und Gutman, Jews, S. 204–206.)

8 Der Beginn der Massendeportationen und die vollständige Umstellung des Ghettos durch Polizeikräfte beendeten schlagartig den Schwarzhandel mit dem »arischen« Teil Warschaus. Da der größte Teil der Lebensmittel durch die Geschäfte professioneller und privater Schmuggler ins Ghetto gelangte (siehe oben Anm. 7 und 9, S. 470f.), hatte die Unterbrechung der Versorgungswege umgehend eine Teuerung um 500 bis 1000 Prozent zur Folge: War ein Kilogramm Brot vor dem 22. Juli 1942 für rund zehn Złoty im Handel gewesen, so stiegen die Preise an den Tagen danach auf 50 bis 100 Zł., der Preis für Kartoffeln von rund fünf auf bis zu 25 Zł. und mehr; der Fleischpreis verdoppelte sich auf 80 Zł.
In den folgenden Wochen und Monaten blieben die Preise auf demselben Niveau, in einzelnen Produktsparten stiegen sie weiter an.
(Siehe für den gesamten Zeitraum bis Mai 1943: Engelking und Leociak, Getto, unpaginierte Aufstellungen nach S. 474 (hier entsprechend S. 489–491) mit Angaben für weitere Lebensmittel; für Ende Juli 1942: Lewin, Cup, S. 139 und mit etwas niedrigeren Preisangaben den Bericht *Likwidacja żydowskiej Warszawy*, in: BŻIH 1, 1951, S. 77.)

9 Siehe zu den Firmen Schultz und Többens Anm. 39, S. 482 und zu den Bürstenbindern Anm. 13, S. 472.

10 Über die Deportationen tausender Menschen am Tag lagen F.W. begreiflicherweise keinerlei Dokumente vor, so daß er seine persönlichen Eindrücke und Schätzungen wiedergab. Die hier und im folgenden von ihm genannten Größenordnungen übersteigen die Angaben in offiziellen Aufstellungen über die tägliche Anzahl der deportierten Menschen.

Solche Listen, die in Details bisweilen voneinander abweichen, sind aus der Statistischen Abteilung des Judenrats und durch das Untergrundarchiv im Ghetto überliefert. Das Datenmaterial beruhte auf deutschen Quellen, weshalb es – wie im Bericht der Untergrundorganisationen betont wird – vermutlich nach unten korrigiert ist. Für den 22. 7. 1942 vermerken diese Quellen 6250 »ausgesiedelte« Personen, 17 Einweisungen in das Durchgangslager und 22 noch vor Ort erfolgte Erschießungen von »Arbeitsunfähigen«. Am 23. Juli habe die Zahl der Deportierten bei 7300 gelegen, 490 Menschen seien zum Durchgangslager gebracht worden und 25 den Erschießungen zum Opfer gefallen. (Bericht *Likwidacja żydowskiej Warszawy*, in: BŻIH 1, 1951, S. 81)
Es kann angenommen werden, daß neben den im Ghetto bekannten Zählungen eine weitere deutsche geführt wurde, die generell mit höheren Zahlen operierte. So gab der spätere SS- und Polizeiführer Jürgen Stroop in seinem Bericht vom 16. Mai 1943 an, während des Sommers 1942 seien insgesamt 310 322 Juden »ausgesiedelt« worden. Diese Opferzahl übersteigt die in den beiden anderen genannten Sammlungen errechnete um mehr als 50 000.
(Vgl. die Berechnungen im 69. Bericht des Obmanns des Judenrates in Warschau für September 1942, APW, Bestand T. XLVIII, Bd. 13, Bl. 121 und abweichend den Bericht des SSPF Warschau, Jürgen Stroop, »Es gibt keinen jüdischen Wohnbezirk in Warschau mehr« vom 16. 5. 1943, Nürnberger Dokument 1061-PS, IMG, Bd. XXVI, S. 634.)

11 Als »Umschlagplatz« bezeichnete man das an der Nordgrenze des Ghettos von der Ul. Stawki abgehende Areal, welches zum Danziger Bahnhof (Warszawa Gdańska) führte. Die allgemein verwendete deutsche Bezeichnung »Umschlagplatz« geht auf die Nutzung dieses Geländes zum legalen Warenverkehr zwischen dem Ghetto und dem »arischen« Stadtgebiet bis zum Sommer 1942 zurück.
Seit dem 22. Juli 1942 war das Gebiet des »Umschlagplatzes« zentrale Sammelstelle der zusammengetriebenen jüdischen Ghettobewohner. Hierfür wurde der Platz erweitert und zwischen den Straßen Stawki, Zamenhofa und Niska nach außen abgeriegelt.
Vom Danziger Bahnhof fuhren Güterzüge die Opfer – im Schnitt 5000 täglich – zum Vernichtungslager Treblinka bei Małkinia im Norden des Distrikts Warschau.
Auf dem »Umschlagplatz« und am Bahngleis waren Angehörige des »Einsatzkommandos Reinhardt« aus Lublin sowie der Jüdische Ordnungsdienst unter Mieczysław Smerzling eingesetzt. Die Kontrolle des Platzes und des Bahngeländes oblag dem »Lubliner Kommando« der SS. Die Wachhabenden führten unter den Ankommenden erneut »Selektionen« durch, wobei sie junge Männer zur Verschickung in Arbeitslager aussonderten.
Das angrenzende jüdische Krankenhaus in der Ul. Stawki war vom 22. Juli bis August 1942 zwangsweise geräumt und ebenfalls in eine Sammelstelle umgewandelt worden; medizinisches Personal mußte die Eintreffenden versorgen, soweit dies bei völligem Fehlen von Nahrung und Trinkwasser möglich war.
(Siehe insgesamt Sakowska, Menschen, S. 239f. Eine Skizze des »Umschlagplatzes« ist in Grynberg [Hg.], Words, S. 159 abgebildet.)
In Warschau befindet sich heute an dieser Stelle ein Denkmal.

12 Am 22. Juli 1942 erfuhr der Krankenhausdirektor Josef Stein von Adam Czerniaków, daß das Krankenhaus, das bisher auf fünf Gebäude im Ghetto verteilt war, innerhalb von zwei Tagen in zwei Gebäude umziehen müsse: in die Ul. Leszno 1 und 80. Im Gebäude Leszno 1, wo bisher 250 Betten standen, mußte nun Platz für 700 Betten geschaffen werden. Die Gebäude in der Ul. Stawki mußten geräumt werden, weil sie für die am »Umschlagplatz« auf ihre Deportation Wartenden benötigt würden.
Weitere Einzelheiten enthält ein Untergrundbericht über das Krankenhaus vom Dezember 1942: »Die Zahl der Patienten in der Stawki betrug 761 Personen. Es fehlten Transportmittel. Man schaffte arische Fuhrwerke herbei und begann – angesichts des unerhört kurzfristigen Termins – in einem wahnsinnigen Tempo mit dieser auf ihre Weise einzigartigen Evakuierung. [...] Bis 24 Uhr des ersten Tages der Evakuierung (22. 7.) war das Gebäude in der Stawki 8 geräumt, bis 16 Uhr des folgenden Tages das in der Stawki 6. In der Zwischenzeit

gelang es jedoch der Direktion, eine Verlängerung des Termins für die Evakuierung bis zum 24. Juli, 24 Uhr, zu erwirken. Am 24. Juli, um 24 Uhr, war die Evakuierung abgeschlossen, und die aufgeräumten und gereinigten Gebäude wurden den Behörden übergeben. Die Gerätschaften wurden in die Leszno 1, in die Leszno 80, in die Elektoralna 12 und in die Dzika 3 gebracht.«

(»Likwidacja Żydowskiego Szpitala (w getcie Warszawskim)«, abgedruckt in: *Materiały i Dokumenty … Ringelbluma II,* S. 145, Übersetzung Sabine Leitner)

13 Die jüdischen Arbeiter der einzelnen Arbeitsaußenstellen unterstanden jeweils einem Gruppenleiter, der bei der Abteilung Arbeit des Judenrats angestellt war. Die Funktion dieser Gruppenleiter geht auf die Organisation der Zwangsarbeit im Jahre 1940 zurück. Sie hatten die Aufgabe, die Arbeiter zu den Arbeitsstellen zu begleiten, sie zu überwachen und dem Judenrat über den Arbeitereinsatz Meldung zu erstatten. (Bericht des Arbeitsbataillons des Judenrats für 1940, AŻIH, Ring I, 28, S. 3) Sie hatten damit einen gewissen Einfluß auf die Zuordnung der Arbeiter zu den einzelnen Arbeitsstellen. Beim Massenansturm auf die Arbeitsstellen versuchten viele, durch Bestechung der jüdischen Gruppenleiter Aufnahme in die vermeintlich sicheren Außenstellen zu finden. (Berenstein, *Praca,* S. 87)

14 Zur Firma »Ursus« siehe oben Anm. 34, S. 479f.

15 Bei diesem Ukrainer handelte es sich wahrscheinlich um einen Angehörigen des Werkschutzes der Firma »Ursus«.

16 »Der Direktor kam an diesem Tag ins Ghetto, und ich weiß noch genau wie er aussah. Er war korpulent, hatte einen blauen Anzug an und trug eine Krawatte. Eine Meute Arbeitswilliger stand um ihn herum, und irgendwie bekam ich mit, daß er Leute einstellte. Ich schaffte es, zu ihm durchzukommen, ich zeigte ihm ein Papier – ich vermute, daß es das letzte Zeugnis meiner Łódźer Schule war – er stellte mir ein paar Fragen, die ich beantworten konnte, und so schrieb er meinen Namen auf. Welche Funktion er genau hatte, weiß ich nicht, vielleicht war es Marx selber, vielleicht war es der Personalchef. Auf alle Fälle sprach er Polnisch, und daher weiß ich, daß er ›Volksdeutscher‹ gewesen ist. Er ist mir deshalb noch im Gedächtnis, weil er anders war als viele andere, die mir begegneten: Er war höflich und gebildet – er hatte auch technische Kenntnisse, vielleicht war er ja ein Ingenieur. Immer, wenn ich ihn später in der Firma sah, war er elegant gekleidet – er war ein freundlicher, distinguierter Mann. […] Diese Prüfung im Werk führte ›Ursus‹ deshalb durch, weil sie Fachleute suchten und nicht einfach Leute von der Straße. Und ich wußte die Fragen wirklich zu beantworten, denn ich war ein guter Schüler gewesen. Auf dem Gymnasium in Łódź gehörte ich zu den besten.«

(Interview F.W. Bd. VII A, aus dem Englischen von B.S.)

17 In der Ul. Skierniewicka im Warschauer Stadtteil Wola, wenige Straßen westlich des Ghettos, befand sich das sogenannte Stadtwerk der Firma »Ursus«.

18 Firmen, die jüdische Arbeiter suchten, mußten eine sogenannte Anforderung an das Arbeitsamt/Nebenstelle für den jüdischen Wohnbezirk (Neb.Ju.) in der Ul. Leszno 84 richten. Nach Genehmigung durch das Arbeitsamt erfolgte die Gestellung der Arbeiter durch den Judenrat, das Arbeitsamt wies sie wiederum den Betrieben zu. Nur auf diesem Wege erhielten der Arbeitsplatz und damit der Stempel in der Meldekarte des jeweiligen Arbeiters die formale Gültigkeit.

Seit den Deportationen mußten die »Anforderungen« zusätzlich polizeilich genehmigt werden. (Berenstein, *Praca,* S. 72 und 77; Ernest, O wojnie, S. 144, 191f. und 202–204) Die Bestimmungen zur Kontingentierung der Arbeiter und für die Papiere zu deren Anerkennung wurden im Verlauf der Sommerdeportationen 1942 mehrfach verändert und verschärft. (Zur Einführung neuer Arbeiterstempel im August 1942 siehe auch Anm. 66, S. 500.)

19 Nach den Bestimmungen vom 22. Juli 1942 galten auch Ehefrauen und Kinder durch die Arbeitsausweise ihrer Ehemänner und Väter als geschützt. Bei »Ursus« war womöglich nur je ein Exemplar dieses Nachweises für die Arbeiter selbst ausgegeben worden, außerdem fehlte ihnen offenbar die vorgeschriebene Genehmigung der Anstellung durch das Arbeitsamt.

20 Wie auf dem Plakat vom 22. Juli 1942 angegeben, war das Personal der Krankenhäuser von den Deportationen ausgenommen. (Siehe die Abbildung S. 400.) Dies änderte sich jedoch ab Mitte August 1942.

21 Am 23. Juli 1942 wurde der Postverkehr ins Ghetto völlig eingestellt. Eintreffende und von dort abgeschickte Päckchen und Briefe wurden auf deutsche Anweisung nicht befördert. (Engelking und Leociak, Getto, S. 669)

22 Anscheinend gelang es F.W. nur über seinen Bekannten, das Telegramm zu versenden, da der reguläre Postverkehr unterbrochen war. (Engelking und Leociak, Getto, S. 369)

23 Mehrere Ereignisse, die F.W. unter dem 25. Juli 1942 notiert hat, beziehen sich offensichtlich auf Erlebnisse zwischen dem 29. Juli und dem 1. August 1942. Dementsprechend sind auch auf die nachfolgenden Einträge um rund eine Woche zu früh datiert.

24 Beim Ansturm auf die Ghettobetriebe brachten viele Juden ihr eigenes Werkzeug mit, um sich damit für eine Einstellung zu qualifizieren. »Eine Nähmaschine kann Leben retten«, notierte der Warschauer Judenratsvorsitzende Adam Czerniaków noch in den letzten Zeilen seines Tagebuchs am 23. Juli 1942. (Czerniaków, Getto, S. 285) Nicht ohne Zynismus vermerkte das Rüstungskommando Warschau in seinem Monatsrückblick für Juli 1942: »Der bisher bei den im Judenviertel liegenden Firmen herrschende Maschinenmangel konnte im Zusammenhang mit der Evakuierungsaktion behoben werden, da die Juden die Maschinen freiwillig anboten.« (Kriegstagebuch des Rüstungskommandos Warschau, BA-MA, RW 23/19, Bl. 7)
Mit Beginn der zweiten Phase der Deportationen (siehe Anm. 27, S. 491), als SS- und Polizei auch kleinere Werkstätten liquidierten, nahm der Andrang der Arbeitssuchenden vor den als sicher geltenden deutschen Großbetrieben Többens und Schultz & Co. noch einmal erheblich zu. (Grabitz und Scheffler, Spuren, S. 164)

25 Bereits einen Monat zuvor hatte die SS- und Polizeiführung Anspruch auf die Kontrolle aller Einstellungen von Juden im Generalgouvernement erhoben und ihre Absicht erklärt, zukünftig die Gestellung der Arbeiter selbst zu übernehmen. Der Leiter der Hauptabteilung Arbeit bei der Regierung des Generalgouvernements, Max Frauendorfer, wies am 25. Juni 1942 alle Arbeitsämter an, mit den SS- und Polizeidienststellen zu kooperieren. (Runderlaß Nr. 113/42, BA, R 52 II/255, Bl. 35) Nach den Angaben von Stefan Ernest, der zu den jüdischen Mitarbeitern des Warschauer Arbeitsamts/Nebenstelle Jüdischer Wohnbezirk gehörte, untersagten SS und Polizei dem Amt schon unmittelbar nach Beginn der Massendeportationen die Zuweisung weiterer Juden an die Arbeitsstellen in- und außerhalb des Ghettos. Gleichzeitig setzten sie eine Genehmigungspflicht eventueller Neueinstellungen durch ihre Dienststellen durch. Das Arbeitsamt »Neb.Ju.« versuchte diese Sperre durch Rückdatierungen der Zuweisungen zu umgehen. (Ernest, O wojnie, S. 204)
Wie Ernest weiter ausführt, habe das Verlangen nach billigen Arbeitskräften aber auch bei SS-Dienststellen laufend zur Durchbrechung dieser Annahmesperre geführt. (Ernest, ebenda und S. 224) Wahrscheinlich steht das falsche Datum vom 1. Juli 1942, das auf F.W.s Ausweis der »Ursus«-Werke als Bearbeitungstag angegeben ist, ebenfalls im Zusammenhang mit diesen Rückdatierungen. (Vergleiche die Abbildung des Ausweises auf S. 401 unten.)

26 Zu Beginn der Deportationen beschlagnahmte der Jüdische Ordnungsdienst nahezu alle Fahrzeuge im Ghetto. Hiermit wurden die Zusammengetriebenen, besonders die Alten und Schwachen, einschließlich ihres Gepäcks zum »Umschlagplatz« transportiert. Die Ladeflächen der Wagen, die jeweils in der Nähe der zu räumenden Häuser auffuhren, waren rundum mit Holz verkleidet worden. (Bericht *Likwidacja żydowskiej Warszawy*, in: BŻIH 1, 1951, S. 76 und 78)

27 Gemeint sind wahrscheinlich die ukrainischen SS-Hilfswilligen, die Ende Juli 1942 aus dem Distrikt Lublin im Warschauer Ghetto eintrafen. Die einzige Einheit »fremdvölkischer« Hilfstruppen, die in den Tagen vor und nach dem 22. Juli 1942 im Ghettobereich eingesetzt war, war ein lettisches Kommando. Es unterstand der deutschen Ordnungspolizei und wurde zunächst mit der äußeren Absperrung des Ghettos beauftragt. (Siehe oben

Anm. 37, S. 481) Nach Beginn der Deportationen nahmen diese lettischen Polizisten auch an Durchsuchungen der Häuser teil, wurden jedoch im Laufe der ersten Woche aus dem Ghetto abgezogen. Als Ersatz tra fen wahrscheinlich am 29. Juli drei Kompanien hauptsächlich ukrainischer Hilfswilliger aus dem SS-Ausbildungslager Trawniki in Warschau ein. Unter dem Kommando des SS- und Polizeiführers Lublin waren sie seit Frühjahr 1942 an allen »Ghettoräumungen« im Zuge der »Aktion Reinhardt« beteiligt. (Siehe dazu Anm. 50, S. 460.)

Mit der Ankunft der »Trawnikis« begann zur Monatswende Juli/August 1942 die zweite Phase der Massendeportationen aus dem Warschauer Ghetto. Angehörige der deutschen Sicherheits- und Ordnungspolizei aus Warschau sowie des Kommandos des SS- und Polizeiführers Lublin griffen aktiv in die Durchkämmungsaktionen im Ghetto ein. Sie leiteten die Razzien von Ukrainern und Jüdischem Ordnungsdienst, der bis dahin die zur Deportation vorgesehenen Menschen weitgehend allein zusammengetrieben hatte.

Jeweils bis zu 20 deutsche Polizisten, 50 bis 100 »Trawnikis« sowie mehrere hundert Jüdische Ordnungsdienstleute bildeten einen solchen »Räumtrupp«. Sie erhöhten die Zahl der Opfer durch systematische Blockaden ganzer Straßenzüge, die Durchsuchungen der Häuser und die zielgerichteten Räumungen von Häuserblocks. Die Einheiten traten mit äußerster Brutalität auf: Massaker auf offener Straße, die Plötzlichkeit ihrer Überfälle und die zunehmende Mißachtung vermeintlich schützender Arbeitspapiere bewirkten eine weitere Eskalation der Lage im Ghetto. Die schwarz oder dunkelbraun uniformierten »Trawnikis« hatten außerdem am »Umschlagplatz« die Aufgabe, die Opfer mit Gewalt in die bereitgestellten Waggons zu zwingen.

(Siehe insgesamt und zur Rolle der »Trawnikis« im Warschauer Ghetto 1942: Grabitz und Scheffler, Spuren, S. 164; Grabitz, Täter, S. 101 sowie den Bericht *Likwidacja żydowskiej Warszawy*, in: BŻIH 1, 1951, S. 81–85.)

28 Als Datum der großen Blockade und des Massakers in der Ul. Nowolipie sowie im Karree zwischen den Straßen Smocza und Karmelicka nannten mehrere andere Augenzeugen den 1. August 1942, so die Tagebuchautoren Abraham Lewin (Cup, S. 144f.) und Chaim A. Kaplan (Buch, S. 398f. mit einer ambivalenten Zeitangabe, die sich auch auf den 31. Juli beziehen könnte). Auch der Sammelbericht der Warschauer Untergrundorganisationen vom 15. November 1942 schildert die Blockade zwischen Smocza und Karmelicka am 1. August als eine Häuserräumung von besonderer Grausamkeit. Der Bericht spricht von 2000 Opfern allein in diesem Gebiet. (*Likwidacja żydowskiej Warszawy*, in: BŻIH 1, 1951, S. 83)

29 Lucyna war die kleine Cousine F.W.s, die Tochter seiner Verwandten Kurctag, die einige Tage zuvor aus ihrer Wohnung in der Zamenhofa 6 zu den Verwandten Gerszange in die Ul. Karmelicka 23 gezogen waren. (Siehe auf S. 277 den Eintrag vom 22.7.1942.) Vermutlich ohne Arbeit und daher ohne Schutz und Nahrungsmittel, litt die Familie Hunger. F.W. erinnerte sich:

»Es war in der ersten Zeit der Deportationen. Ich glaube, mein Onkel, meine Tante, die Großmutter und die Tochter Lucyna lebten zusammen. Ich weiß nicht mehr genau, wie alt Lucyna war, sieben oder acht Jahre, vielleicht sechs, sie war ein zartes kleines Mädchen, und zu dieser Zeit hatte sie Fieber. Sie sagten, daß es vom Hunger und der Unterernährung käme. Sie waren so verzweifelt, weil sie dieses Kind so liebten, das einzige Kind, das sie hatten, und weil sie ihm nichts zu essen geben konnten. Sie haben so furchtbar gelitten und haben sich dann freiwillig zum Umschlagplatz gemeldet, das haben sie mir noch erzählt, daß sie vorhätten, sich freiwillig zu melden, weil sie dort Brot und Marmelade bekämen. Sie gingen aus dem einzigen Grund dorthin, um dem Kind etwas zu essen zu geben.« (Interview F.W., Bd. X A, aus dem Englischen von B.S.)

Eine Postkarte von F.W.s Onkel Kurctag, die er von Treblinka aus schreiben und abschicken konnte, war vermutlich nicht an F.W., sondern an die Verwandten Gerszange adressiert. Durch diese hat F.W. sie jedoch auch zu lesen bekommen. (Siehe Näheres dazu in Anm. 99, S. 512f.)

30 So wie die deutschen Dienststellen mit ihren Beschwichtigungen und, erzwungenermaßen, auch der Judenrat die Ghettobewohner dazu brachten, sich möglichst reibungslos in die angebliche »Umsiedlung« zu fügen, setzte auch der Jüdische Ordnungsdienst auf bewußte Täuschung. Man versuchte, die Menschen zur freiwilligen Meldung auf dem »Umschlagplatz« zu bewegen, um das gesetzte »Soll« von mehreren Tausend Deportierten pro Tag zu erfüllen. Am 29. Juli und erneut am 1. August 1942 ließ der Leiter des Jüdischen Ordnungsdienstes im Ghetto Aufrufe plakatieren, in denen er allen, die sich bis zum 4. August freiwillig stellten, eine Sonderration von drei Kilogramm Brot und einem Kilo Marmelade versprach. (Siehe die Abbildungen beider Plakate in Grabitz und Scheffler, Spuren, S. 156 und 157.)
Unter den Ausgehungerten erzielte diese Ankündigung die gewünschte Wirkung. Nach den Beobachtungen der Untergrundgruppen im Ghetto meldeten sich anfangs Hunderte, bald Tausende pro Tag freiwillig mit Gepäck auf dem »Umschlagplatz«. (Bericht *Likwidacja żydowskiej Warszawy*, in: BŻIH 1, 1951, S. 79f.) Die versprochenen Nahrungsmittel wurden tatsächlich verteilt.
Der älteste bekannte Aufruf dieser Art trägt das Datum vom 29. Juli 1942. Emanuel Ringelblum erwähnt in seinen Tagebuchaufzeichnungen einen früheren Aufruf, der den Freiwilligen zunächst ein Kilogramm Brot in Aussicht gestellt haben soll, dieser ist jedoch nicht überliefert. Auch im Bericht des Judenrats für August 1942 wird auf einen früheren dritten Aufruf verwiesen. (Ringelblum, Kronika, S. 425 bzw. Sloan [Hg.], Notes, S. 328; 68. Bericht des Obmanns des Judenrats, APW, Bestand T. XLVIII, Bd. 13, Bl. 111)

31 Während dieser mit beispielloser Brutalität durchgeführten Häuserrazzien flüchteten sich viele Ghettobewohner in Verstecke innerhalb ihrer Wohnungen, Häuser und Blocks, um nicht erfaßt zu werden. »Wie verstecken sich Juden? In Couchen, in Betten, in Kellern und Speichern.« (Lewin, Cup, 29.7.1942, S. 141)

32 Nur Firmen, die für deutsche Dienststellen produzierten, erhielten eine Zulassung zur Fortführung ihrer Betriebe im Ghetto. Braczkowski fürchtete wahrscheinlich, daß die Arbeitsstätten von den deutschen Behörden nicht als »kriegswichtig«eingestuft werden könnten.

33 Bei »Venke« handelte es sich vermutlich um dieselbe Person, die der ehemalige Zwangsarbeiter H.A., der ebenfalls bei »Ursus« eingesetzt war, in seiner Aussage für die Staatsanwaltschaft Hamburg benannte. Nach seiner Darstellung führte im Stadtwerk ein deutscher Angestellter namens »Wendke« die Aufsicht über die jüdischen Arbeiter. (Aussage H.A. vom 12.1.1962 im Verfahren 141 Js 192/ 60 der Staatsanwaltschaft Hamburg, Staatsarchiv Hamburg, 0070/ 010, Bl. 4757)

34 Gemeint ist das westliche Ghettotor an der Kreuzung der Ul. Leszno und Ul. Żelazna. Während der Massendeportationen waren Angehörige der Sicherheitspolizei dort ständig präsent.

35 In der ersten Phase der Deportationen ließ der Jüdische Ordnungsdienst den Blockaden einzelner Häuser noch Ankündigungen vorangehen. (Abb. S. 401) Dieses änderte sich mit der Übernahme der Kontrolle durch SS und Polizei, als die Räumtrupps Häuser, Straßen und Betriebe plötzlich und ohne Vorwarnung abriegelten und überfielen. Plakatiert wurden später nur noch die Aufforderungen zur Räumung ganzer Straßenzüge im Zusammenhang mit der Verkleinerung des Ghettos. Den Bewohnern wurde eine Frist von wenigen Tagen gesetzt, um »freiwillig« mit wenig Gepäck in die verbleibenden Ghettoteile umzuziehen. Die Räumung dieser Wohnungen erfolgte dann trotzdem meistens mit Gewalt.

36 Mit Beginn der Massendeportationen, als der Schwarzmarkt weitgehend unterbunden und infolgedessen ein starker Preisanstieg sämtlicher Waren zu verzeichnen war, wuchs auch die Not. Für Lebensmittel boten viele nun die noch verbliebenen Wertsachen, hauptsächlich aber ihren und den Hausrat ihrer bereits verschleppten Angehörigen feil. Ebenso wurden Gegenstände aus geplünderten Wohnungen vermarktet. Die Preise der gegen Lebensmittel gehandelten Waren verfielen und betrugen nur noch einen Bruchteil ihrer früheren Schwarzmarktwerte.

Dieser »ciuchy« genannte Altwarenhandel spielte sich vor allem frühmorgens in Hauseingängen und Höfen, auf den Anlagen der Betriebe sowie dem jüdischen Friedhof ab. Die Käufer waren polnische Angestellte der Ghettobetriebe, polnische Schmuggler, die illegal die Ghettomauern überwunden hatten, und Angehörige der polnischen Polizei. Manche von ihnen, so beobachtete es Emanuel Ringelblum, streuten gezielt Gerüchte über bevorstehende »Aktionen« der Deutschen, um weitere Panikverkäufe der Juden zu provozieren.

Ein wesentliches Glied in diesem Tauschhandel waren auch die jüdischen Arbeiter der Arbeitsaußenstellen, die Hausrat aus dem Ghetto auf der »arischen« Seite versetzen und dafür Lebensmittel ins Ghetto einschmuggeln konnten.

(Siehe insgesamt hierzu Ringelblum, Ghetto Warschau, S. 71f. und ders., Kronika, S. 420 bzw. Sloan [Hg.], Notes, S. 323f.; zum Handel der Arbeiter der Außenstellen siehe Anm. 42, S. 495f.)

37 Der Vorort Rembertów liegt östlich von Warschau, knapp 15 Kilometer Luftlinie vom Ghettogebiet entfernt. Auf dem dortigen deutschen Truppenübungsplatz arbeiteten die Betriebe der Munitionsverwaltung und der Heeres-Sortierbetrieb mit jüdischen Zwangsarbeitern. Außerdem beschäftigte die Baufirma Schmitt & Junk in Rembertów 350 bis 400 jüdische Arbeiter. Wegen der großen Entfernung zum Ghetto lebten die Arbeiter der Baufirma und die der Wehrmacht kaserniert in der Nähe der Betriebe und betraten den »jüdischen Wohnbezirk« nicht mehr. Möglicherweise wurden Ende Juli 1942 Arbeiterinnen für die Versorgungseinrichtungen der Wohnlager gesucht.

(Siehe dazu das Kriegstagebuch des MiG/OQu., BA-MA, RH 53-23/80, unpag., Einträge vom 20. und 22. 8. 1942; Abteilung Arbeit des Judenrats, Aufstellung der Arbeitsstellen und der Arbeiterzahl vom 16. 6. 1942, APW, Bestand T. XLVIII, Bd. 111, Bl. 52 und Berenstein, *Praca*, S. 90.)

38 In allen (wehr-)wirtschaftlich bedeutenden Betrieben des Deutschen Reiches und der besetzten Gebiete gab es einen bewaffneten, uniformierten Werkschutz. Seine Aufgabenfelder lagen in der internen Bewachung des Betriebsgeländes, der Zugänge, des Fahrzeug- und Personenverkehrs im Inneren der Fabrikanlagen. Seine Hauptaufgabe war jedoch die umfassende Kontrolle und Disziplinierung der Arbeiter. Zur Unterbindung aller Verstöße gegen die Werksordnung, des sogenannten Bummelantentums, vermeintlicher oder wirklicher Betriebsgefährdung, von Sabotageversuchen und anderem mehr waren dem Werkschutz Mittel wie Leibesvisitation, Prügelstrafen und Schußwaffengebrauch an die Hand gegeben.

Die Bildung des Werkschutzes geht auf die »Verordnung über den Wachdienst« vom 14. Dezember 1937 (RGBl. I, 1937, S. 1387) zurück, in der der Reichsminister des Inneren im Hinblick auf die Kriegsvorbereitungen anordnete, gefährdete nichtstaatliche Objekte unter sicherheitspolizeiliche Aufsicht zu stellen. Personalauswahl, Ausstattung und Kontrolle des Wachdienstes oblagen der Sicherheitspolizei. Mit einer ersten Durchführungsanordnung des Reichsführers SS vom 31. März 1939 erhielt die Wehrmacht (bis 1943) Entscheidungskompetenzen hinsichtlich des Wachdienstes der Wehrwirtschaftsbetriebe. (RGBl. I, 1939, S. 734)

Der äußere Schutz der Betriebsanlagen im Krieg erfolgte durch das Militär.

Zur inneren Sicherung legte der Mobilmachungsplan des OKW von 1939 fest, daß die nachgeordneten, regionalen Wehrmachtsdienststellen über die jeweilige Aufstellung und Bewaffnung des Werkschutzes entscheiden und diesen überwachten sollten, die Sicherheitspolizei dagegen Auswahl und Schulung der Werkschutzmänner übernahmen werde. Die Sicherheitspolizei hatte überdies mit der Einsetzung von Abwehrbeauftragten in den einzelnen Werken die verdeckte innerbetriebliche politische Überwachung inne. Die jeweiligen Werkschutzmannschaften unterstanden den Betriebsleitungen und deren Werkschutzleitern, welche möglichst mit den Abwehrbeauftragten identisch sein sollten. Somit besaß die Sicherheitspolizei einen direkten Einfluß auf Aufgabenstellung und Handeln der einzelnen Werkschutzeinheiten vor Ort.

(OKW, Wehrmachtsführungsstab, Mobilmachungsplan für die Rüstungswirtschaft, Sammelheft IX (Teil II): Werkschutz der geschützten Wehrwirtschaftsbetriebe (W-Betriebe) 1939, Nürnberger Dokument Burkhart Nr. 725, Bl. 320–323a)
In arbeitsrechtlicher Hinsicht waren die Werkschutzleute Betriebszugehörige, sie konnten jedoch – sofern deutscher Abkunft – zu Hilfspolizeibeamten bestellt werden.
Anders als im Reichsgebiet, wo er sich aus politisch konformen Betriebsangehörigen rekrutieren sollte, setzte sich der Werkschutz im Generalgouvernement hauptsächlich aus zuvor betriebsfernen Personen zusammen, die man eigens für diesen Zweck anwarb. Polen galten als politisch unzuverlässig und wurden im Laufe des Jahres 1940 aus dem Werkschutz herausgenommen.
Nach dem Stand vom 31. Dezember 1941 bestand der Werkschutz aller W-Betriebe im Generalgouvernement ohne Galizien zu 48,9 % aus Ukrainern (ehemals polnischer Staatsangehörigkeit) und zu 31,6 % aus sogenannten Volksdeutschen, die restlichen 19,5% aller Werksschutzmänner waren Deutsche aus dem Reich. Sie waren mit Stichwaffen und Pistolen ausgerüstet.
Die Herrschaft des Werkschutzes erstreckte sich nicht allein auf Betriebe. In den an einzelne Firmen gebundenen Zwangsarbeitslagern stellte der Werkschutz einen maßgeblichen Teil der Wachmannschaften, bisweilen die Lagerleitung. Seine Angehörigen waren vielfach verantwortlich für Mißhandlungen und Morde an den Häftlingen.
(Siehe dazu Schenk, »Geschichte der Rüstungsinspektion im Generalgouvernement (Berichtszeitraum 1.7.1940 bis 30.9.1940 und 1.10.1940 bis 31.12.1941)«, BA-MA, RW 23/5, hier Bl. 142–148 mit den dazugehörigen Anlagen in RW 23/6a, Bl. 118–127; weiterhin, wenn auch mit Schwerpunkt auf dem Werkschutz im Reich, Drobisch, *Werkschutz*, S. 219–223 und Wysocki, Arbeit, S. 370–381; zum Werkschutz in Arbeitslagern im Generalgouvernement siehe unter anderem Browning, *»Arbeitsjuden«*.)

39 Jüdische Arbeiter einiger Fabriken außerhalb des Ghettos erhielten über den Warschauer Judenrat zusätzliche Nahrungsmittel, hauptsächlich Brot und Suppe. Die Zuteilung erfolgte über die Betriebe. Es war zunächst gestattet, die Lebensmittel ins Ghetto mitzunehmen.
(Siehe den Bericht des Leiters der Abteilung Arbeit beim Warschauer Judenrat, Hiel Rozen [hier fälschlich N. Rosen], »The Problem of Work in the Jewish Quarter«, vom Juli 1942, in: Kermish [Hg.], Honor, S. 256 und Berenstein, *Praca*, S. 86.)

40 Andrzej Łukawski, Meister bei »Ursus«, fungierte als Chef der Reparatur-Abteilung. Er war etwa fünfzig Jahre alt und arbeitete schon lange in der Firma. F.W. würdigt dessen Hilfestellung: Łukawski ließ sich von ihm, einem jungen jüdischen Arbeiter aus dem Ghetto, zwar dafür bezahlen, riskierte aber doch einiges, als er die geltenden Bestimmungen ignorierte. (Interview F.W. Bd. VII A, X B)

41 »Ich arbeitete in der Werkzeugmaschinen-Reparatur-Abteilung, und meine Aufgabe war es, die defekten Maschinen zu reparieren. So kam ich in alle Abteilungen: in die Schmiede, den Härtungsraum, die Fräsmaschinen-Abteilung, die Drehbänke-Abteilung und alle anderen. [...] ›Ursus‹ stellte Motoren für U-Boote, Panzerteile, Geschützrohre und andere kriegswichtige Gegenstände her. [...] Wenn etwas Kompliziertes zu reparieren war, nahm unser Vorarbeiter zwei oder drei Männer mit, und dann mußten wir die Maschinen auseinandernehmen. Diejenigen mit elektrischen Teilen waren oft sehr kompliziert. Wir sahen nach, ob wir ein Teil ersetzen mußten oder selber reparieren konnten, und setzten danach alles wieder zusammen. Manchmal schickte er auch nur einen oder zwei Arbeiter an eine bestimmte Maschine, ohne selber mitzukommen. [...] Die Arbeitsgruppen waren gemischt, es gab keine rein jüdische Gruppe, und es wurde auch nicht immer streng überwacht, daß man die Armbinde trug.« (Interview F.W. Bd. IV B, VII A, aus dem Englischen B.S.)

42 Nach dem Zusammenbruch des organisierten Schmuggels (siehe oben Anm. 8, S. 488) brachten die außerhalb des Ghettos eingesetzten Arbeiter durch ihre Kontakte zur »arischen« Seite als nahezu die einzigen noch zusätzliche Lebensmittel ins Ghetto: die eigenen – geringen – Zusatzrationen, die sie mitnehmen durften, sowie bei Polen gegen Waren aus dem Ghetto eingetauschte Nahrungsmittel. Die Schmuggelware mußte durch die bewachten Ghettotore

geschleust werden, da die dichte Umstellung des Ghettos einen Tausch über die Mauern und Zäune hinweg nahezu völlig verhinderte. Das Risiko, während der Abfertigung der Arbeiterkolonnen an der Wache nach Schmuggelgut durchsucht zu werden, war hoch. Je nach Einstellung der wachhabenden Personen wechselten scharfe und mildere Kontrollen der passierenden Arbeitergruppen. Bestechliches oder nachlässiges Personal konnte am anderen Tag durch Polizisten abgelöst sein, die bei Regelverstößen sofort zur Waffe griffen. Diese mit dem Transport verbundenen Gefahren schlugen sich auf die Preise nieder, die Verdienste der Außenarbeiter durch den Schmuggel waren vergleichsweise hoch.
Die Ghettobevölkerung verfolgte den Handel der Außenarbeiter daher mit gemischten Gefühlen. Emanuel Ringelblum, der Leiter des Untergrundarchivs, würdigte sachlich die Überlebenshilfe, notierte jedoch auch mit Ingrimm und Anteilnahme: »Die ›Außendienstler‹ tragen Wäsche und Kleidung mit sich. Freßsäcke. Alles hauen sie sich in die Bäuche. Sie lassen nichts übrig. Marschieren singend. Werden täglich geschlagen.«
(Ringelblum, Kronika, S. 416, Übersetzung Sabine Leitner; nüchterner in Kronika, S. 420 bzw. Sloan [Hg.], Notes, S. 323f.)
Der offenbar recht profitable Handel ernährte F.W. und seine Schwester. Das dabei verdiente Geld sparte er für sich selbst, seine geplante Flucht und später für seine versteckt lebenden Eltern an. (Interview F.W., Bd. VII B; siehe auch S. 297 und 301 sowie Anm. 101, S. 513.)

43 Die Aktiengesellschaft »Dal« unterhielt Betriebe in- und außerhalb des Ghettos. Der Lederbetrieb im Ghetto befand sich an der Ul. Szczęśliwa. Im August 1942 waren der Firma noch Stellen für 500 jüdische Arbeiter zugeteilt worden, der Shop wurde jedoch noch im Laufe der »Sommeraktion« liquidiert, die jüdischen Arbeiter deportiert. Auf den Shop- und »Lohnlisten« des Judenrats für September bis November 1942 ist »Dal« bereits nicht mehr verzeichnet. Leon Zamczyk konnte der Deportation 1942 offenbar entkommen, da F.W. sich noch im Januar 1943 um ihn sorgte. (Siehe S. 311.) Eventuell fand er Arbeit in der an »Dal« angrenzenden Schuhfabrik »Dea«, die auch nach den großen Deportationen vom Sommer 1942 mit etwa 240 jüdischen Zwangsarbeitern fortbestand.
(Siehe zu »Dal« für August 1942 die Anlage 14 zum Bericht *Likwidacja żydowskiej Warszawy*, in: BŻIH 1, 1951, S. 125; für September bis November 1942 die Listen des Judenrats, abgedruckt in der Sammlung »Miejsca pracy i zamieszkania ludności Getta Warszawskiego (Wrzesień – Listopad 1942r.)« [Die Arbeitsplätze und Wohnorte der Bevölkerung des Warschauer Ghettos (September – November 1942)], in: *Materiały i Dokumenty … Ringelbluma II*, S. 152–155; die Aussage der ehemaligen »Dal«-Mitarbeiterin H.H. vom 2.4.1963 vor der Staatsanwaltschaft Hamburg in den Ermittlungsverfahren 141 Js 192/60 und 141 Js 573/60, Staatsarchiv Hamburg, 0070/020, Bl. 9057 und 9067 sowie die Aufstellungen in Engelking und Leociak, Getto, unpaginierte Seiten nach S. 474, hier entsprechend S. 481.)

44 Der genaue Inhalt dieses Anrufs aus Gniewoszów ist F.W. nicht mehr erinnerlich. Leopold Winnykamień erreichte seine Tochter vermutlich im Krankenhaus. Seit der Schließung des Ghettos reduzierten die deutschen Behörden die Anzahl der Telefone, bis es keinerlei private Anschlüsse mehr gab. Abgesehen von illegal verlegten, nicht registrierten Anschlüssen konnte nur noch in den Büros des Judenrates und in den sozialen Einrichtungen telefoniert werden. (Ringelblum, Ghetto Warschau, S. 85f.)

45 Janina Gerszange ist eine von F.W.s Tanten mütterlicherseits.

46 »Piotr Przeradowski war Metalldreher von Beruf und arbeitete an einer der Drehbänke. Wir kamen dadurch in Kontakt, daß ich auch bei ihm ab und zu etwas zu reparieren hatte. Er war ein Kopf größer als ich, etwas bucklig, weil er schon so lange bei ›Ursus‹ arbeitete, schon vor dem Krieg. Er war ein wenig merkwürdig und hatte große Augen, aber er sah niemandem direkt ins Gesicht. Für mich war er damals ein alter Mann. Er wird so 56 oder 58 Jahre alt gewesen sein. Er war verheiratet, seine Frau hieß Maria. Er hat sehr darunter gelitten, daß sie kinderlos geblieben sind. Daß er Kommunist war, habe ich von Anfang an gewußt. Er hat darüber aber nur geredet, wenn es niemand hören konnte.« (Interview F.W. Bd. VII A, aus dem Englischen von B.S.)

47 Vom 1. August 1942 an begann die Kasernierung der jüdischen Zwangsarbeiter im Ghetto in verschiedenen, abgezäunten Wohnblocks, die jeweils einer Firma oder Institution zugeteilt waren. (68. Bericht des Obmanns des Warschauer Judenrats für August 1942, APW, Bestand T. XLVIII, Bd. 13, Bl. 112f.) Dieser Prozeß war bis zum Herbst 1942 abgeschlossen. Das ehemalige Ghettogebiet bestand danach hauptsächlich aus einem Konglomerat verschiedener Firmenblöcke, die durch Sperren und zum Teil durch gewaltsam entvölkerte Gebiete voneinander abgetrennt waren.
(Siehe dazu auch unten Anm. 96, S. 511f. sowie zur Lage der einzelnen Arbeiterblöcke im Ghetto: Ernest, O wojnie, S. 237f. und die zeitgenössische Übersicht über die Häuser der Shops für September bis November 1942, abgedruckt in: *Materiały i Dokumenty … Ringelbluma II*, S. 155f.)
Die Konzentration und isolierte Unterbringung der verbliebenen jüdischen Arbeiter in der Nähe ihrer Arbeitsplätze sollte eine vorübergehende Maßnahme sein. Sie war eine Etappe zur vollständigen Auflösung der Ghettos, welche nach den Plänen der SS-Führung umgehend, nach Vorstellung zuständiger Wehrmachtsdienststellen ohne Einbußen in der Rüstungsproduktion erst nach Bereitstellung alternativer Arbeitskräfte erfolgen sollte. Beschlossen wurde die – zu diesem Zeitpunkt bereits begonnene – Bildung eines »rüstungswirtschaftlichen Ghettos« in Warschau auf der gemeinsamen Sitzung vom 14. August 1942. (Ergebnisprotokoll vom 15. 8. 1942, BA-MA, RH 53-23/87, Bl. 47–50, hier 48f., abgedruckt in: Grabitz und Scheffler, Spuren, S. 309)

48 Die den Firmen Schultz & Co und Toebbens zugeteilten Straßenzüge im Großen Ghetto, die deren Werkstätten und Wohnblöcke umfaßten, wurden Anfang August mit Zäunen gegen das übrige Ghettogebiet abgegrenzt, ebenso die einigen weiteren Betrieben zugewiesenen Quartiere. Daraus entstand im September 1942 das sogenannte Produktive Ghetto zwischen den Straßen Nowolipki und Leszno, in dem die Arbeiter dieser Firmen eingeschlossen waren. Durch die vollständige Räumung der nördlich davon gelegenen Straßenzüge zwischen der Ul. Nowolipki und der Ul. Gęsia war dieses Areal ab dem 20. August vom nördlichen Ghettogebiet weitgehend isoliert. (Siehe die Karte auf S. 399.)

49 Im Zuge der Räumung des Kleinen Ghettos befahlen SS-Männer am 6. August 1942 den Krankenschwesterschülerinnen, das Gebäude in der Ul. Mariańska zu verlassen. Die Gruppe wurde zum Grzybowski-Platz getrieben, wo bereits die anderen Bewohner des Kleinen Ghettos zusammengepfercht waren.
»Die Schülerinnen waren in ihrer Schwesterntracht. Das gesamte Verwaltungspersonal hatte ebenfalls Dienstkleidung an. […] Die Krankenschwestern wurden als für die Bekämpfung von ansteckenden Krankheiten (›Seuchengefahr‹) unentbehrliche Personen freigelassen.« (Blum-Bielicka, *Skoła Pielęgniarstwa*, S. 73, Übersetzung Sabine Leitner)
Nach einer Beschwerde gegen die Ausquartierung und ihrer Übersiedlung in das verkleinerte Ghetto wurde die Schule erneut legalisiert, nun jedoch als Schwesternheim, untergebracht in einer Sechs-Zimmer-Wohnung in der Ul. Gęsia 33. Dort fanden 30 Krankenschwestern Platz – es waren Absolventinnen und ältere Schülerinnen. (Blum-Bielicka, ebenda, S. 73f.; Engelking und Leociak, Getto, S. 254)

50 Wie die Bekanntmachung vom 22. Juli 1942 festschrieb, waren Ehefrauen von arbeitenden Männern bei wichtigen Arbeitsstätten von der Deportation ausgenommen. Obwohl Mirka Braczkowska ihre eigene Arbeit bei den Bürstenbindern hatte, ahnten ihre Eltern, daß es wohl noch sicherer sei, mit einem »Außendienstler« verheiratet zu sein. Viele junge Leute gingen damals solche Ehen ein. Marcel Reich-Ranicki, als Übersetzer beim Judenrat beschäftigt und somit in einer geschützten Position, heiratete sofort am 22. Juli 1942 seine Freundin Teofila Langnas, die als Graphikerin ohne feste Anstellung äußerst gefährdet war. (Reich-Ranicki, Leben, S. 241f.) Emanuel Ringelblum berichtete von Scheinehen zwischen Müttern und Söhnen sowie Brüdern und Schwestern. Rabbiner stellten Ehebescheinigungen aus, ohne die Brautpaare gesehen zu haben. (Konika, S. 425 bzw. Sloan [Hg.], Notes, S. 329)

51 Als die Ghetto-Post von den deutschen Behörden kontrolliert und teilweise konfisziert wurde (Engelking und Leociak, Getto, S. 369), schickte Irena Bocian ihre Sendungen an die Adresse von Andrzej Łukawski, den Meister von F.W., auf der »arischen« Seite Warschaus.

52 Die Werke der Firma »Ursus« besaßen ein Kontingent von insgesamt 400 Plätzen für jüdische Arbeiter. Diese Stellenzuweisung durch die deutschen Behörden blieb vom Sommer bis Spätherbst 1942 unverändert. Die Zahl der tatsächlich beschäftigten jüdischen Arbeiter konnte darunter liegen.

(Aufstellung über die anerkannten Firmen und genehmigten Arbeiterzahlen vom August 1942 in der Anlage 14 zum Bericht *Likwidacja żydowskiej Warszawy*, in: BŻIH 1, 1951, S. 125; Abrechnung des Judenrats über die von September bis November 1942 an den SSPF gezahlten »Löhne«, abgedruckt in: *Materiały i Dokumenty ... Ringelbluma II*, S. 154)

In Czechowice, einem südwestlichen Vorort von Warschau, steht seit 1924 das Hauptwerk der Firma. Der Ort wurde später in »Ursus« umbenannt und bildet heute mit weiteren Gemeinden den gleichnamigen Stadtteil der polnischen Hauptstadt. (Encyklopedia Warszawy, S. 919) In zeitgenössischen deutschen Dokumenten wird durchgängig bereits der Ortsname »Ursus« verwendet.

53 Die Häuser, deren Bewohner deportiert, vertrieben oder in Arbeiterblöcke versetzt und deren Wohnungen geplündert worden waren, boten vielen Unterschlupf, die vor den Verschleppungen zunächst hatten fliehen können. Ohne Arbeitsbescheinigungen zugelassener Betriebe und daher außerhalb der Wohnblöcke lebten diese Menschen – zumeist Frauen, Kinder und alte Menschen – in ständiger Gefahr, von den »Räumtrupps« aufgespürt zu werden. Genaue Schätzungen über die Zahl der versteckt lebenden Personen während der Sommerdeportationen liegen nicht vor. (Siehe zu diesen Häusern besonders ab Herbst 1942 Sakowska, Menschen, S. 252f.)

54 Äußere und innere Wachen stellte der Werkschutz, der sich innerhalb des Ghettos – anders als in den großen Rüstungsbetrieben außerhalb – mehrheitlich aus Angehörigen des Jüdischen Ordnungsdienstes zusammensetzte.

55 Die Werkstätten im Bürstenbinderviertel arbeiteten nun im Auftrag der Heeresunterkunftsverwaltung (HUV). Sie stellten verschiedene Güter für den täglichen Bedarf der Warschauer Wehrmachtseinrichtungen her, neben Bürsten auch Metallwaren wie Kessel und Küchengeräte sowie chemische Erzeugnisse. Den für die HUV arbeitenden Werkstätten, deren Hauptsitz in der Ul. Świętojerska 34 lag, war für August 1942 die Beschäftigung von 4000 jüdischen Arbeitern – eine vergleichsweise hohe Zahl – bewilligt worden.

(Siehe: Engelking und Leociak, Getto, unpaginierte Aufstellung nach S. 474 [hier entsprechend S. 481] und die Liste der anerkannten Firmen im Ghetto vom August 1942, abgedruckt als Anlage 14 zum Bericht *Likwidacja żydowskiej Warszawy*, in: BŻIH 1, 1951, S. 125.)

Die Wohnhäuser der Arbeiter lagen nahe den Werkstätten in den Straßen Świętojerska, Franciszkańska und Wałowa im Nordosten des Ghettos.

56 Gemeint ist ihr Umzug ins Ghetto, da sich nach der Aussage des ehemaligen Arbeitsamtsleiters die Wohnungen der jüdischen Mitarbeiter des Arbeitsamtes »Neb. Ju.« im Amtsgebäude Ul. Leszno 84 außerhalb des Ghettos befunden hatten. (Aussage vom 25.4.1964 im Strafverfahren 141 Js 192/60 der Staatsanwaltschaft Hamburg, Staatsarchiv Hamburg, 0070/029, Bl. 13542.) Stefan Ernest, ein jüdischer Angestellter des Amtes, gab an, die Wohnhäuser des Arbeitsamtes hätten im August 1942 in der Ul. Leszno 71 und 73 gelegen. Er erwähnte nicht, ob es sich hierbei nur um die Wohnungen der Angehörigen handelte. (Ernest, O wojnie, S. 237)

57 Da die Räumung des Kleinen Ghettos einige Tage in Anspruch nahm (zwischen dem 6. und 10. August 1942), könnten die Krankenschwesternschule oder einzelne Schülerinnen auch nach dem 6. August noch für einige Tage in dem Gebäude in der Ul. Mariańska geblieben sein. Vielleicht besteht auch ein Zusammenhang mit der am 8. August 1942 erfolgten Ausgabe der Abschlußzeugnisse an Absolventinnen, die ihre Ausbildung im April 1940 begonnen hatten, zu denen höchstwahrscheinlich auch Pola Winnykamień gehörte. (Vgl. Blum-Bielicka, *Szkoła Pielęgniarstwa*, S. 74)

58 Erste Gerüchte über die bevorstehende Räumung des Kleinen Ghettos kursierten Ende Juli 1942. Anfang August begannen die Blockaden der Straßen und Häuser zur Ergreifung der Bewohnerschaft, die vollständig vertrieben und deportiert wurde.
Das ganze Gebiet südlich der Ul. Chłodna sollte bis auf die Werkstätten und Wohnhäuser der Firma Toebbens an der Ul. Prosta aus dem »jüdischen Wohnbezirk« ausgegliedert werden. So notierten Chaim Kaplan und Abraham Lewin in ihren Tagebüchern, am 2. August sei es zu Massenverhaftungen im Süden des Ghettos gekommen. (Kaplan, Buch, S. 400, Lewin, Cup, S. 146)
Ab dem 6. August erreichte die Auflösung des Kleinen Ghettos ihren Höhepunkt, als Tausende von dort abgeführt, vertrieben oder auf offener Straße massakriert wurden. (Siehe unten Anm. 64, S. 500.) Als Zeitpunkt für die endgültige Räumung des gesamten Kleinen Ghettos legten die Behörden den 10. August, 18.00 Uhr fest; bei Widerstand drohte sofortige Erschießung. Wenige Tage später, als auch weitere Straßen im Süden des Großen Ghettos vollständig entvölkert waren, erging für alle dort nicht beschäftigten Personen das Verbot zum Betreten des gesamten südlichen Ghettogebiets. (Anordnungen vom 9. und 16. 8. 1942, abgedruckt in den Anlagen 5 und 8 zum Bericht *Likwidacja żydowskiej Warszawy*, in: BŻIH 1, 1951, S. 118–120)
Durch die Auflösung dieses Ghettoteils waren auch verschiedene jüdische Institutionen zum Umzug gezwungen: Der Judenrat verlegte seinen Sitz von der Ul. Grzybowska 26–28 in das ehemalige Postgebäude Zamenhofa 19, das Heim der Krankenschwesternschule zog in die Ul. Gęsia 33 um. (Siehe Anm. 49, S. 497.) Andere jüdische Institutionen mußten schließen, so das bekannte Waisenhaus von Janusz Korczak, das zuletzt in der Ul. Sienna 16 untergebracht war. Der Erzieher, die Pflegerinnen und die Kinder zogen in einem vielfach erwähnten würdevollen Gang zum »Umschlagplatz«.
(Siehe unter vielen anderen Beobachtern Perle, *Vernichtung*, S. 204–207 sowie insgesamt den Bericht *Likwidacja żydowskiej Warszawy*, in: BŻIH 1, 1951, S. 82 und 84 und Berman, *Zagłada*, S. 146.)

59 Am 13. August 1942 erfolgte die Räumung des Krankenhauses Ecke Leszno/Żelazna und dessen Umzug in das Gebäude am »Umschlagplatz«, Ul. Stawki 6. Das Krankenhauspersonal wurde in der Ul. Pawia 22 kaserniert. (»Likwidacja Żydowskiego Szpitala [w getcie Warszawskim]« abgedruckt in: *Materiały i Dokumenty … Ringelbluma II*, S. 146)

60 In der Ul. Dzielna befanden sich Wohnhäuser für Mitglieder des Jüdischen Ordnungsdienstes. (Siehe oben S. 285 und die Aufstellung bei Ernest, O wojnie, S. 238.)

61 Pola Winnykamień war eine der dreißig Frauen, die nach dem 6. August 1942 in die »neue« Behausung des Schwesternheims in der Gęsia 33 zogen. (Vgl. Blum-Bielicka, *Skoła Pielęgniarstwa*, S. 73f.; siehe auch Anm. 49, S. 497.)

62 Eine Straße dieses Namens gab es dort nicht. Vielleicht meinte F.W. die Ul. Wołyńska.

63 Die Wiener »Steyr-Daimler-Puch AG« hatte im Generalgouvernement mehrere Zweigniederlassungen. Ihre Warschauer Vertretung befand sich in der Ul. Dworska 29–31 außerhalb des Ghettos. Die Firma zählte als Maschinen- und Kraftfahrzeughersteller zu den »W-Betrieben« von rüstungswirtschaftlicher Bedeutung. Die Zahl der bei Steyr zugelassenen jüdischen Zwangsarbeiter lag im August 1942 bei 350 und wurde im Herbst des Jahres auf 400 angehoben.
Mit »A-Ha-Ge« ist der Papier- und Büromaschinenhersteller »Ahage«-Zimmermann & Co gemeint, dessen Werk und Wohnhäuser sich gegenüber dem Wohnblock von »Ursus« in der Ul. Miła 43 befanden. Der Betrieb, der anscheinend im September 1942 liquidiert wurde (siehe unten Anm. 94, S. 511), konnte im August 1942 noch 1000 jüdische Zwangsarbeiter einstellen. Mit der Flugzeugfirma ist wahrscheinlich der deutsche Hersteller von Flugzeugteilen »Transavia – von Killisch-Horn« gemeint, eventuell auch die ehemals polnische Präzisionsmaschinenfirma »Avia«. Die »Transavia« war im Ghetto in der Ul. Stawki 24 oder 36 ansässig; der Hauptsitz des Warschauer Werks befand sich in Warschau-Grabow. Sie galt ebenfalls als sogenannter W-Betrieb und beschäftigte bis zu 275 jüdische Zwangsarbeiter.

(Siehe insgesamt die Liste der im Ghetto zugelassenen Firmen vom August 1942, Anlage 14 zum Bericht *Likwidacja żydowskiej Warszawy*, abgedruckt in: BŻIH 1, 1951, S. 125; die Aufstellungen des Judenrats über Arbeiterzahlen und »Lohnzahlungen« bis November 1942, abgedruckt in: *Materiały i Dokumenty … Ringelbluma II*, S. 152–155; die Aufstellungen über Firmen im Ghetto bei Engelking und Leociak, Getto, unpaginiert nach S. 474 (hier entsprechend S. 478 und 480) sowie die monatlichen Listen über die vom Rüstungskommando Warschau betreuten W-Betriebe in dessen Kriegstagebuch für Juli bis Dezember 1942, BA-MA, RW 23/19, Bl. 8, 13, 19, 39, 45 und 50.)

64 Diese Opferzahl bezieht sich wahrscheinlich auf die Ereignisse zwischen dem 6. und 10. August 1942. F.W. verknüpfte seine Erinnerungen daran mit dem Umzug der Schwester in die Ul. Gęsia (6. August oder kurz darauf). In diesen Tagen erreichte die Brutalität der Straßenblockaden bei der Schließung des Kleinen Ghettos einen Gipfelpunkt, und auch im Großen Ghetto suchten Räumtrupps zahlreiche Straßen heim, darunter am 7. die Nowolipie. Etliche Menschen wurden noch im Ghetto ermordet.

Der Tagebuchschreiber Abraham Lewin nennt den 6. August einen entsetzlichen Tag: Menschen aus dem Kleinen Ghetto seien in großer Zahl abgeführt, etwa 15 000 zum »Umschlagplatz« gebracht worden. Am 9. August notierte er, die »Austreibung« hätte sich am Vortag zu »einem Pogrom, schlicht einem Massaker« gesteigert, am 9. habe das »Schlachten« vom frühen Morgen bis in die Nacht angehalten. (Lewin, Cup, S. 148–151)

Allein am 6. und 7. August deportierten SS und Polizei jeweils mehr als 10 000 Einwohner des Warschauer Ghettos, 2000 bis 5000 mehr als an den vorangegangenen und – mit einer Ausnahme – allen folgenden Tagen der »Sommeraktion«.

(Siehe die Aufstellungen über die Zahl der Deportierten in den Berichten des Obmanns des Judenrates, APW, Bestand T. XLVIII, Bd. 13, Bl. 111f. und 121; im Bericht *Likwidacja żydowskiej Warszawy*, in: BŻIH 1, 1951, S. 81, 86 und 90, sowie die Angaben bei Scheffler, *Zahl*, S. 221.)

65 Zu den Werkstätten der Bürstenbinder gehörten die Häuser Ul. Świętojerska 28, 30, 32, 34 und 38 sowie fünf weitere in der Franciszkańska und Wałowa. (»Miejsca pracy i zamieszkania ludności Getta Warszawskiego [Wrzesień – Listopad 1942r.]« [Die Arbeitsplätze und Wohnorte der Bevölkerung des Warschauer Ghettos [September – November 1942]], abgedruckt in: *Materiały i Dokumenty … Ringelbluma II*, S. 156)

Ab Mitte August 1942 wurden diese Wohnblocks von der Heeresunterkunftsverwaltung als gesonderter Ghettoteil abgeriegelt. (Kriegstagebuch des Militärbefehlshabers im Generalgouvernement/Oberquartiermeister, Eintrag vom 19.8.1942, BA-MA, RH 53-23/80, unpag.) Die Bewohner nannten das Karree »Emilstadt« nach dem Bürstenfabrikanten Emil Weitz. (So Menachem Kon in seinem Tagebuch, »Fragments of a Diary [Aug. 6, 42 – Oct. 42]«, in: Kermish [Hg.], Honor, S. 80–85, bes. S. 82.)

66 Ab Mitte August 1942 galt für Arbeitspapiere, die den Besitzer vor der Deportation schützen sollten, eine verschärfte Regelung. Hatten zu Beginn der »Umsiedlung« die vom Arbeitsamt abgestempelten Meldekarten oder die Werksausweise zumindest formal als Nachweis eines Arbeitsplatzes ausgereicht, so wurden nun nur noch solche Ausweise für die Zurückstellung anerkannt, die einen (roten) Stempel der Sicherheitspolizei und des SD mit der Aufschrift »Unterliegt nicht der Umsiedlung« trugen. Einen solchen Stempel erhielten ausschließlich Arbeiter der als wehrwirtschaftlich wichtig eingestuften Betriebe oder Mitarbeiter in anerkannten Institutionen des Judenrats.

Diese Neuregelung war Resultat der Auseinandersetzungen zwischen Wehrmacht und SS über die Beibehaltung jüdischer Arbeiter im Generalgouvernement. Sie sollte die nach Auffassung der SS unangemessen hohe Zahl jüdischer Arbeiter in einigen Betrieben begrenzen. (Siehe dazu Anm. 2, S. 484ff. und Anm. 70, S. 501f.) Tausende Arbeiter, die den neuen Stempel, für den hohe Bestechungsgelder gezahlt wurden, nicht bekamen, waren nun den Räumtrupps ausgeliefert. Doch auch der Stempel selbst bot keinen ausreichenden Schutz, da die Zahl der zugelassenen Arbeiterkontingente und Betriebe laufend weiter reduziert wurde und es in den Wirren der Blockaden von Wohnhäusern und Betrieben zu häufigen Willkürakten kam.

(Siehe insgesamt: Grabitz und Scheffler, Spuren, S. 165–167; Niederschrift vom 15.8.1942 über die Besprechung zwischen Vertretern des HSSPF, des Rüstungskommandos und des Militärbefehlshabers im Generalgouvernement am 14.8.1942, BA-MA, RH 53-23/87, Bl. 47–50, insbesondere Bl. 49, und den Bericht *Likwidacja żydowskiej Warszawy*, in: BŻIH 1, 1951, S. 83f.)

67 In der Zeit zwischen dem erzwungenen Umzug in die Ul. Gęsia 33 am 6. August und der völligen Auflösung des Krankenhauses am 12. September 1942 ereignete sich folgende Begebenheit, die F.W. durchaus hier gemeint haben könnte und die die frühere Direktorin der Schule beschrieb:

»Ich kehrte zurück in die Ul. Gęsia 33, dort war schon eine ›Aktion‹ gewesen, es war niemand mehr da. Es waren keine Schülerinnen da, meine Kinder waren nicht da, keine Menschenseele war dort. Geöffnete Koffer, Federn schwebten in der Luft. Das Leben hatte für mich keine Bedeutung mehr, ich rannte zum Umschlagplatz. Sie ließen alle hinein, die Bekanntmachungen riefen dazu auf, sich freiwillig zur Arbeit zu melden, aber in Wahrheit meldete man sich für den Tod. [...] Ich traf dort meine Kinder an, meine Schwester, ebenfalls eine Krankenschwester, und zwölf Schülerinnen [...]. Es stellte sich heraus, daß die deutsche Erlaubnis für den Betrieb des Krankenschwesternheims zugleich eine Garantie für das Leben dieser Krankenschwestern war. [...] Triumphierend führte ich die Übriggebliebenen unserer Schule vom Umschlagplatz fort. Dieser Zug der Krankenschwestern inmitten Tausender zum Tode Verurteilter, irrsinnig vor Verzweiflung, Erschöpfung und Hunger, mit ausgetrockneten Mündern und ausdruckslosen Augen, war eine Art Marsch in das Leben. [...] Wir kehrten in das ausgestorbene Gebäude zurück. Ich sagte zu den Schülerinnen: ›Rette sich, wer kann!‹ Aber es gab keine Rettung. Unsere Kontakte zur ›arischen Seite‹ boten keine Grundlage.«

(Blum-Bielicka, *Szkoła Pielęgniarstwa*, S. 74, Übersetzung Sabine Leitner)

68 Der ab Mitte August zur Anerkennung als geschützter Arbeiter erforderliche Stempel der Sicherheitspolizei und des SD war rot. (Ringelblum, Kronika, S. 424 bzw. Sloan [Hg.], Notes, S. 327; siehe auch oben Anm. 66, S. 500f.)

69 Nach von Untergrundgruppen im Warschauer Ghetto gesammelten Angaben verschwanden vom 22. Juli bis Mitte August 1942 insgesamt 141 013 (Zählung bis einschließlich 10. August) bzw. 167 727 (Stand 15. August) Menschen aus dem Ghetto. Die überwiegende Mehrheit wurde nach Treblinka deportiert und dort ermordet; mehrere Tausend jüngere Männer verschickte man über das Durchgangslager in der Ul. Leszno in verschiedene Arbeitslager; bis zum 10. August erfaßten diese Transporte 7430, bis zum 15. des Monats 8387 Personen. (Bericht *Likwidacja żydowskiej Warszawy*, in: BŻIH 1, 1951, S. 81 und 86) Geht man von einer Einwohnerzahl von etwa 355 500 bis 370 000 Personen im Warschauer Ghetto am Vorabend der Deportationen aus (Sakowska, Menschen, S. 38), so war die Bevölkerung Mitte August 1942 bereits um fast die Hälfte dezimiert.

70 Zu den neuen Stempeln in den Werksausweisen siehe oben Anm. 66, S. 500f. Als deutsche SS- und Polizeieinheiten das Kommando über die Deportation der Ghettobevölkerung übernahmen, also etwa ab dem 29. Juli 1942, wurde die Schließung einer Reihe kleinerer Betriebe und Werkstätten verfügt, die als Zulieferer deutscher Dienststellen arbeiteten. Die dort beschäftigten Zwangsarbeiter verloren ihren Schutz und wurden ebenfalls deportiert.

Die Suche der Ghettobewohner nach einem rettenden Arbeitsplatz richtete sich nun verstärkt auf die großen, im Ghetto angesiedelten deutschen Firmen, die in offiziellem Wehrmachts-Auftrag produzierten. Doch nach Abschluß der »Räumung« des Kleinen Ghettos erstreckten sich ab Mitte August die Blockaden auch auf diese vermeintlich sicheren Shops. Als Produzenten von Ausrüstungsgegenständen zählten diese nicht zu den wehrwirtschaftlich bedeutenden »W-Betrieben«, weshalb ihre jüdische Belegschaft drastisch dezimiert und den Firmen Höchstgrenzen für deren Beschäftigung gesetzt werden sollten. Gegen den Willen der Firmenleitungen begann die »Selektion« von »nützlichen« und »nicht benötigten« Arbeitern. Die plötzlich in die Betriebe eindringenden Räumkommandos nahmen noch

auf dem Firmengelände Aussonderungen nach Augenschein vor, um sogenannte Scheinarbeiter und angeblich Überzählige zum »Umschlagplatz« abzuführen; auch Facharbeiter waren nicht länger vor der Abholung sicher. Die Trupps wollten ihr tägliches »Soll« an Abholungen erfüllen, weshalb sie die Interessen der Betriebe meist mißachteten.
Am 16. August 1942 ließen die Behörden eine Anordnung bekanntgeben, nach der auch die nicht selbst beschäftigten Angehörigen jüdischer Arbeiter der Deportation ausgeliefert werden konnten. (Abgedruckt als Anlage 8 zum Bericht *Likwidacja żydowskiej Warszawy*, in: BŻIH 1, 1951, S. 120; siehe insgesamt zu den Blockaden der Shops den oben angeführten Bericht *Likwidacja*, ebenda, S. 84 und 88; Grabitz und Scheffler, Spuren, S. 164–169 sowie Ernest, O wojnie, S. 239–246.)
Die »Selektionen« in Betrieben standen im Zusammenhang mit den Auseinandersetzungen um die Weiterbeschäftigung jüdischer Zwangsarbeiter, die im August 1942 zu weiteren, vorläufigen Abmachungen zwischen SS und Wehrmacht führten. Anfang des Monats hatte der Militärbefehlshaber im Generalgouvernement (M.i.G.) den Einsatz von Juden zu kriegswichtigen Arbeiten als unerläßlich bezeichnet und Absprachen vor allen »Judenaktionen« gefordert. Der Befehlshaber der Sicherheitspolizei erklärte daraufhin, daß ein Schutz der für den M.i.G. arbeitenden Betriebe nur nach Festschreibung der entsprechenden Arbeitsstätten und scharfer Auslese der tauglichen jüdischen Arbeiter durch die Sicherheitspolizei gewährt werden könne. (Fernschreiben M.i.G./Oberquartiermeister (Qu. 1) an den Generalquartiermeister vom 5.8.1942 sowie Rückantwort vom 9.8.1942, BA-MA, RH 53-23/87, Bl. 11 und 34)
Die Verminderung der Zahl jüdischer Zwangsarbeiter war damit Basis aller nachfolgenden Verhandlungen.
Am 14. August 1942 kam es zu einer grundlegenden Besprechung zwischen Vertretern des Höheren SS- und Polizeiführers, der Rüstungsinspektion und des Oberquartiermeisters im Generalgouvernement, auf der die Vertreter der SS kategorisch erklärten, die Beschäftigung jüdischer Arbeiter sei noch während des Krieges zu beenden. Die Delegierten der Wehrmacht folgten dem Wunsch der SS und verzichteten auf weitere Anforderungen jüdischer Arbeitskräfte. Mit Rücksicht auf die laufende Produktion vereinbarte man als Zwischenlösung die Abschließung der jüdischen Arbeiter in gesonderten Ghettoteilen sowie die Zusammenlegung kleinerer Betriebe. (BA-MA, RH 53-23/87, Bl. 47–50)
Entgegen dieser Vereinbarung erklärte der Höhere SS- und Polizeiführer Friedrich-Wilhelm Krüger schon am 21. August, daß auch die in rüstungswirtschaftlich bedeutenden Betrieben eingesetzten Juden »langsam ausgesiedelt« werden müßten. (Kriegstagebuch M.i.G./Oberquartiermeister, Eintrag vom 21.8.1942, BA-MA, RH 53-23/80, unpag.) SS und Polizei setzten ihre unangekündigten Razzien in vermeintlich geschützten Betrieben fort.
Daraufhin handelten die Rüstungsdienststellen im Generalgouvernement feste Quoten für die maximal zulässige Anzahl jüdischer Arbeiter in den einzelnen Betrieben aus – alle übrigen waren der SS ausgeliefert. In den vom Rüstungskommando Warschau betreuten Betrieben sollten nach Weisung des SS- und Polizeiführers von Ende August 1942 insgesamt etwa 21 000 Juden bis Jahresende weiterbeschäftigt werden. (Kriegstagebuch des Rüstungskommandos Warschau, Monatsrückblick August 1942, BA-MA, RW 23/19, Bl. 12R)
Die Zahl der Mitarbeiter des Judenrats und der jüdischen Institutionen sollte auf ein Minimum reduziert werden. (Berman, *Zagłada*, 151f.; Lewin, Cup, S. 167f.)

71 Menachem Kon, der bei den Bürstenbindern tätig war, berichtete in seinem Tagebuch von einer großen »Selektion« in den Shops der Bürstenbinder am Dienstag, dem 18. August 1942. Mittags sei ein Vertreter der Wehrmacht (also der Heeresunterkunftsverwaltung, des Auftraggebers) in die Werkstatt gekommen und habe verkündet, man solle 500 Betriebsangehörige zur Deportation »freigeben«. Nachdem der Betriebsleiter dies verweigert habe, hätten am Nachmittag Männer des Jüdischen Ordnungsdienstes die Firma gestürmt und vorwiegend ältere Arbeiter ergriffen. Wenige Stunden später habe eine zweite Razzia

durch Ukrainer stattgefunden, wobei etwa 1600 Arbeiter aller Altersgruppen von ihren Werkbänken weg zum »Umschlagplatz« verschleppt und sofort deportiert worden seien. Kon nannte den Tag den »blutigen Dienstag in Emilstadt«. (Siehe Kon, »Fragments of a Diary«, in Kermish [Hg.], Honor, S. 81f.)

72 Der Wohnblock des Jüdischen Ordnungsdienstes wurde nach der Räumung des Kleinen Ghettos in mehreren Häusern in der Ul. Wołyńska eingerichtet. Die Umsetzung kann in mehreren Schritten vollzogen worden sein. Eine (weitere) Zwangsräumung zugunsten des Jüdischen Ordnungsdienstes muß in der Nacht vom 4. auf den 5. September 1942 stattgefunden haben. Perec Opoczyński notierte dazu in seinem Tagebuch am 6. September, um zwei Uhr morgens seien Männer vom Jüdischen Ordnungsdienst plötzlich in mehreren Häusern in der Wołyńska aufgetaucht und hätten die Bewohner umgehend zum Verlassen der Wohnungen bis neun Uhr früh aufgefordert, da sie die Häuser selber beanspruchten. (Opoczyński, »Warsaw Ghetto Chronicle«, in: Kermish [Hg.], Honor, S. 104)

73 F.W. erinnert sich, daß dieser ältere polnische Vorarbeiter der Härtungsabteilung Butterbrote mitbrachte, die ihm jüdische Arbeiter abkaufen konnten. Oft, wenn F.W. in dieser Abteilung zu tun hatte, nutzte er dieses Angebot und aß dort Brot mit Speck. (Interview F.W., Bd. VII A) Wahrscheinlich gab es dort auch die Möglichkeit, in einem Winkel unbemerkt etwas zu schlafen. Wie F.W.s Eintrag vom 3. August 1942 (S. 291) zeigt, verkaufte dieser polnische Arbeiter auch Suppe zum Mitnehmen.

74 Den Erinnerungen von Stefan Ernest zufolge war es den Bewohnern der Arbeiterblöcke ab Mitte August 1942 verboten, die Wege zu ihren Betrieben allein und ohne Bewachung zurückzulegen. (Ernest, O wojnie, S. 231 und 238) Eine entsprechende Vorschrift ist im Originaltext nicht überliefert. Vom August und September 1942 sind jedoch mehrere Anordnungen bekannt, die den Personenverkehr im Ghetto stark reglementierten.
Nach Schließung des Kleinen Ghettos und der südlichen Straßenzüge des Großen Ghettos untersagten die Behörden am 16. August 1942 allen Juden, die nicht zu den dort verbliebenen Betrieben gehörten, unter Androhung der Todesstrafe das Betreten dieses Gebiets. (Abgedruckt als Anlage 8 zum Bericht *Likwidacja żydowskiej Warszawy*, in: BŻIH 1, 1951, S. 119f.) Für die zwischen dem 15. und 20. August 1942 geräumten Straßen zwischen der Gęsia und der Nowolipki galt nach der Bekanntmachung des Judenrats über den Straßenverkehr vom 28. September 1942 gleiches. (Abgedruckt bei Grabitz und Scheffler, Spuren, S. 174) Juden, die auf dem Weg zur Arbeit diese Gebiete durchqueren mußten, durften sich dort nur in bewachten Gruppen aufhalten. Dies galt vor allem für jene Arbeitergruppen, die das Ghetto verließen, also längere Wege durch gesperrte Zonen zurückzulegen hatten.
Die weitestreichenden Beschränkungen für Fußgänger innerhalb der Werks- und Wohnblocks ordnete der SS- und Polizeiführer von Warschau am 14. September 1942 an. Danach war Juden das eigenmächtige Verlassen der einzelnen Blocks verboten, ebenso betriebsfremden Personen der Aufenthalt dort. Auch Passagen zwischen den verschiedenen Blocks waren nur in geschlossenen, bewachten Kolonnen gestattet. Die Firmen ließen hierfür eigene Passierscheine ausgeben und nahmen die Bestimmungen in die Betriebsordnungen der einzelnen Werke auf.
(Siehe die Anordnung des SSPF an die Betriebsführer vom 14. 9. 1942, abgebildet bei Grabitz und Scheffler, Spuren, S. 173; Betriebsordnung des Shops Ostdeutsche Bautischlerei vom 29. 10. 1942, abgebildet in: BŻIH 71–72, 1969, S. 164.)

75 Den Tausch von Hausrat und Kleidung gegen eingeschmuggelte Lebensmittel (»ciuchy«), den Ghettobewohner und Polen seit Beginn der Deportationen auf den Straßen betrieben, suchte die Polizei von Anfang an zu unterbinden. Die deutschen Behörden erhoben selbst Anspruch auf jegliches zurückgelassenes Eigentum – auch mindere Alltagsware – der deportierten Juden. Ein definitives Verbot des Straßenhandels erging mit der Bekanntmachung des Judenrats zum Straßenverkehr im jüdischen Wohnbezirk vom 28. September 1942. (Abgebildet in Grabitz und Scheffler, Spuren, S. 174) Darin hieß es: »Strasenhandel <sic!> sowie unnötiges Herumstehen und Ansammlungen von Passanten sind streng verboten. Wer gegen diese Vorschriften verstösst, wird umgesiedelt.« Der Handel, vom Jüdischen

Ordnungsdienst nun systematisch verfolgt, verlagerte sich in die Häuser und Wohnungen. (Siehe insgesamt Ringelblum, Ghetto Warschau, S. 72 und ders., Kronika, S. 420 bzw. Sloan [Hg.], Notes S. 323f.)

76 Sowjetische Luftstreitkräfte hatten Warschau im Laufe des Jahres 1941 mehrmals angeflogen und die Stadt zuletzt am 13. November 1941 bombardiert. Nach monatelanger Pause begannen sie ab August 1942 mit erneuten Luftangriffen. Der erste Angriff in der Nacht vom 20. auf den 21. August richtete erhebliche Schäden im Stadtgebiet an. (Szarota, *Luftangriffe*, S. 128–130 und Hosenfeld, »Ich versuche…«, Tagebucheintrag und Brief vom 21.8.1942, S. 644f.)

77 Eine große Razzia in der – dem »Ursus«-Wohnblock gegenübergelegenen – Firma »Ahage«-Zimmermann & Co in der Ul. Miła 43 fand nach Augenzeugenberichten am 3. September 1942 statt. Mehrere hundert Arbeiter wurden zum »Umschlagplatz« abgeführt. An diesem Tag ging das Gerücht um, die Firma werde vollständig geschlossen. (Siehe Lewin, Tagebucheintrag vom 4.9.1942, Cup, S. 175 und Opoczyński, Tagebucheintrag vom 3.9.1942, »Warsaw Ghetto Chronicle«, in: Kermish [Hg.], Honor, S. 101.)

78 Die von F.W. unter diesem Datum beschriebenen Ereignisse haben sich wahrscheinlich zu einem anderen Zeitpunkt zugetragen. In den Zeit vom 19. bis 24. August 1942 führten der »Aussiedlungsstab«, das Ghettokommando unter Brandt sowie die ukrainischen Hilfswilligen außerhalb Warschaus in den Landgemeinden des Distrikts »Ghettoräumungen« durch. Lediglich am »Umschlagplatz« waren noch Deutsche eingesetzt, da auch die Juden aus der Provinz über Warschau nach Treblinka deportiert wurden. Im Ghetto führte der Jüdische Ordnungsdienst einzelne Blockaden durch. (Bericht *Likwidacja żydowskiej Warszawy*, in: BŻIH 1, 1951, S. 85–86; Scheffler, *Zahl*, S. 221)

79 SS-Untersturmführer Karl Georg Brandt (1898 – vermutlich 1945) war Kriminalsekretär bei der Abteilung III, später IV (Gestapo) des Kommandeurs der Sicherheitspolizei und des SD in Warschau. Dort leitete er das sogenannte Judenreferat (IV B 4). Seit Beginn der Warschauer Massendeportationen zählte Brandt zum führenden deutschen Personal dieser »Aktion«. Während der Deportationen waren er und andere Angehörige seiner Dienststelle in der Ul. Ogrodowa 17 einquartiert, ab September 1942 in der sogenannten Befehlsstelle in der Ul. Żelazna 103.

Wegen zahlreicher brutaler Überfälle auf Juden und der Leitung von Räumkommandos gehörte Brandt zu den unter der Ghettobevölkerung am meisten gefürchteten und den wenigen ihnen namentlich bekannten Personen aus den Reihen der deutschen Einheiten. Brandt, der am 16. Februar 1945 bei Posen gefallen sein soll, wurde auf Antrag seiner Ehefrau für tot erklärt. Am Wahrheitsgehalt der Todesmeldung, die auf einer Zeugenaussage beruhte, blieben zunächst Zweifel bestehen, sie konnte jedoch nicht widerlegt werden. (Siehe zu Brandt das Schreiben des Staatsanwalts in Hamburg an die Kriminalpolizei in Bielefeld betreffend Brandt vom 25.2.1963 im Verfahren 141 Js 192/60, Staatsarchiv Hamburg, 0070/019, Bl. 8590–8592; den Vermerk des Staatsanwalts vom 31.12.1975 im Verfahren 14 Js 16/69, ebenda, 0077/013, Bl. 31676f.; Wulf, Vollstrecker, S. 299–302 und den Text des Urteils des Landgerichts Hamburg gegen Ludwig Hahn (50)16/74 vom 4.7.1975, S. 46.)

80 Über Irena Bocians Post an Andrzej Łukawski erhielten F.W. und seine Schwester Pola die Information über den Aufenthaltsort ihrer Eltern in Chotcza, nachdem diese Gniewoszów hatten verlassen können. Wann und unter welchen Umständen Isabella, Leopold und Rysia Winnykamień dies gelungen war, ist nicht geklärt. F.W.s Vater hatte offenbar in letzter Minute versucht, eine Rettungsmöglichkeit für die Gniewoszówer Juden zu finden: mit Hilfe der JSS-Zentrale in Krakau wollte er in Gniewoszów handwerkliche Gemeinschaftswerkstätten einrichten. Er hoffte wohl, mit solch ökonomisch nützlichen Aktivitäten die deutschen Behörden von der Räumung des Ghettos abzuhalten.

Durch Unterlagen der Jüdischen Sozialen Selbsthilfe (JSS) vom 20. August 1942 ist überliefert, daß ein Bote in Krakau an diesem Tag zwei Briefe Leopold Winnykamieńs (beide sind nicht erhalten) übergeben und auf Antwort gewartet hatte: »Wie wir schon dem Überbringer dieser Briefe erklärt haben, können wir von hier aus bezüglich des Erhalts

einer Erlaubnis für die Inbetriebnahme von Gemeinschaftswerkstätten nichts tun.« (Brief der JSS, Abteilung Arbeitshilfe, an die JSS Vertretung in Gniewoszów am 20.8.1942, ŻIH, Akte 211/405, Bl. 39)
Aus der Notiz des Vertreters der JSS Krakau vom selben Tag (ebenda, Bl. 40) geht hervor, daß dem Boten, einem Herrn Leszczyński, der oben erwähnte Antwortbrief ausgehändigt worden ist. Ob Leopold Winnykamień noch dessen Rückkehr nach Gniewoszów abgewartet hat und ob der Bote überhaupt nach Gniewoszów zurückgekehrt ist, bleibt ungeklärt.
F.W.s Eintrag läßt vermuten, daß seine Eltern und die Schwester sehr wahrscheinlich Ende August 1942 in Chotcza waren und die Möglichkeit hatten, ihn über Irena Bocian darüber zu informieren.
Was das Schicksal seines Großvaters Meier Winnykamieńs betrifft, weiß F.W., daß er und dessen Frau Raisa bei der Ghettoräumung in Gniewoszów ermordet worden sind, als sie sich weigerten, ein Transportmittel zu besteigen. Soweit er sich an die Erzählung seiner Eltern erinnert, war sein Großvater nicht mehr bereit, irgendwohin zu gehen oder gebracht zu werden, weil doch überall der Tod auf ihn warte. Er soll in Gniewoszów beerdigt worden sein. (Interview F.W., Bd. VI A) Der Mord an den beiden älteren Verwandten zeigt, daß die Auflösung des Gniewoszówer Ghettos unter deutscher Federführung roh und gewaltsam durchgeführt wurde.
Die »Räumungen« der Ghettos im Distrikt Radom waren Teil der »Aktion Reinhardt«. Sie fanden im Zeitraum zwischen dem 5. August (Ghetto Radom) und dem 7. November 1942 statt. (Rutkowski, Martyrologia, S. 108f.; Młynarczyk, *Organisation*, S. 182–184) Arbeitsfähige Juden wurden in den Restghettos oder Arbeitslagern interniert, alle sogenannten Arbeitsunfähigen nach Treblinka und Bełżec deportiert und ermordet. Es waren ca. 300 000 Juden betroffen. (Rutkowski, ebenda; Młynarczyk, ebenda, S. 184) Scheffler nennt für Sommer und Herbst 1942 mindestens 320 000 Opfer und für 1943 nochmals etwa 16 000. (*Zahl*, S. 223f.)
Die Juden aus kleineren Orten im Distrikt Radom sollten zunächst in zentrale Sammelorte eingewiesen werden. Für die Gemeinden im Kreis Radom-Land war Zwoleń vorgesehen. (Młynarczyk, *Organisation*, S. 168f.) Die Angaben über Gniewoszów weisen aus, daß 600 Juden im August 1942, wahrscheinlich als Zwangsarbeiter, ins Lager Dęblin und am 19./20. August 1942 ca. 5000 Juden nach Zwoleń gebracht wurden. (Rutkowski, Martyrologia, Tabelle XI, S. 156) Sie wurden am 29. September 1942 von dort nach Treblinka deportiert. Am 15. November 1942 wurden weitere 1000 Juden dorthin deportiert. (Arad, Belzec, Tabelle 3, S. 393) Diese Zahlen basieren hauptsächlich auf Aussagen von Überlebenden.
Den Befehlen der deutschen Zivilverwaltung keine Folge zu leisten, war bei Ghettoräumungen nahezu unmöglich. Zum einen kontrollierte immer ein großes Aufgebot von SS, Gestapo oder Hilfswilligen sämtliche Absperrungen, zum anderen war es für die Geflohenen fast unmöglich, sich an anderen Orten ohne Lebensmittelrationen zu versorgen. Dennoch klagten deutsche Stellen ab September 1942 über flüchtige Juden, die anscheinend vor allem bei Räumungen kleinerer Ghettos entkommen waren. Distriktgouverneur Kundt ermahnte deswegen die ihm unterstehenden Stadthauptmänner, daß Juden, die den jüdischen Bezirk verließen, nach der Verordnung vom 15. Oktober 1941 die Todesstrafe drohe. (Rutkowski, Martyrologia, S. 114)
Gesicherte Erkenntnisse über die genauen Vorgänge bei der Gniewoszówer Ghettoauflösung liegen bislang nicht vor. Überlebende berichten im Ginivashov Memorial-Book jedoch übereinstimmend, daß das Ghetto vom 18. August 1942 an innerhalb von drei Tagen geräumt werden mußte. Die Anordnung kam aus Radom. Die jüdische Bevölkerung Gniewoszóws wurde demnach aufgefordert, sich nach Zwoleń zu begeben. Vermutlich sind die meisten Juden dieser Anweisung gefolgt, einige jedoch sollen in den Ort Chotcza geflohen sein. (Chotcza liegt ca. 30 km südöstlich von Zwoleń und gehörte damals zur Kreishauptmannschaft Starachowice des Distrikts Radom.)
»Am 17. August 1942 ruft der Bürgermeister den Judenrat zu sich und übergibt ihm den Befehl des Radomer Kreishauptmanns, daß alle Juden Gniewoszów binnen drei Tagen

verlassen und nach Zwoleń übersiedeln müssen (vom 18. bis 20. August). Der Bürgermeister fügt hinzu, daß er den Befehl gegeben hat, daß jedes Dorf eine Anzahl Pferdewagen zur Verfügung zu stellen hat. Die Nachricht verbreitet sich sofort im ganzen Shtetl, und jeder weiß, daß es den Tod bedeutet, nach Zwoleń zu fahren, weil von dort Transporte nach Sobibór und Treblinka gehen. Am 18. August früh morgens kommen die ersten Wagen nach Gniewoszów, mittags ist es schon unmöglich, in die Stadt hineinzukommen, weil Bauern zu den Juden kommen, um ihnen ihr letztes Hab und Gut abzukaufen, viele kommen um zu plündern, was die Juden nicht mitnehmen können.« (Loser Weinberg, in: Shtokfish [Hg.], Ginivashov Memorial-Book, S. 444ff., Übersetzung aus dem Jiddischen von Emily Link)

In Weinbergs Bericht heißt es weiter, viele Familien seien nach Kozienice, Dęblin, Chotcza oder zu ihnen bekannten Bauern gegangen, da sie sich dort sicherer fühlten. »Chotcza schien von den Deutschen vergessen; seit dem 1. Januar 1942 war es den Juden verboten, in Dörfern zu wohnen, aber in Chotcza wohnten die ganze Zeit über Juden und Christen zusammen.« (Ebenda)

Abraham Mordechai Libhaber gehörte zu der Gruppe Juden aus Gniewoszów, die nach Chotcza kam. Er erinnerte sich, daß dort vor 1939 zwanzig jüdische Familien gelebt hätten. Durch die von den deutschen Besatzungsbehörden erzwungene Migration lebten 1942 etliche hundert jüdische Familien in Chotcza. Es gab einen Judenrat, aber kein Ghetto. Er selber erkaufte sich für 1500 Złoty vom Judenrat die Erlaubnis, dort zu wohnen. Da viele örtliche Bauern der polnischen Untergrundarmee Armia Krajowa angehörten, bestand die Gefahr, Strafexpeditionen der Deutschen ausgesetzt zu sein, weshalb er diesen Ort auch wieder verließ. (Abraham Mordechai Libhaber, ebenda, S. 290ff.)

Auch Malka Tirangel kam in dieser Zeit nach Chotcza, und zwar auf dem Weg nach Zwoleń: Sie und ihr Mann stießen auf eine Gruppe Juden, die von bezahlten Bauern nach Chotcza geführt wurde. Sie beschrieb Chotcza als ein stilles Dorf mit etwa eintausend Juden, die auch einen Judenrat gebildet hatten. Aber auch dort gab es die Rekrutierung zur Zwangsarbeit und Erschießungen bei Nichtbefolgen von Befehlen. (Malka Tirangel, ebenda, S. 355ff.)

Die ca. zweihundert jüdischen Flüchtlinge aus Gniewoszów in Chotcza wurden bislang in keiner Studie über das Schicksal der Juden im Distrikt Radom erwähnt.

In Chotcza teilten die Winnykamieńs das Schicksal der anderen geflüchteten Juden aus Gniewoszów. Die verzweifelte Lage dieser Gruppe schilderte Jakob Diner, Vorsitzender des Gniesoszówer Judenrats, in seinem Brief vom 1. September 1942 an das Präsidium der JSS in Krakau:

»Wir wenden uns an Sie mit einer dringlichen Bitte. Etliche Dutzend aus Gniewoszów vertriebene jüdische Familien befinden sich in Chotcza. Über zehn Familien befinden sich in einer tragischen materiellen Situation. Es droht ihnen der blanke Hungertod. Der Rest der Familien ist auch nicht imstande, den eigenen Lebensunterhalt zu sichern, erst recht nicht, auch noch den zum Hungertod verurteilten zwölf Familien zu helfen. Wir bitten Sie deshalb, Mitleid und Erbarmen zu zeigen und umgehend eine gewisse Summe zu schicken, um etwas unternehmen zu können zur Rettung von etwa fünfzig Personen in ihrer verzweifelten Lage ohne ein Dach über dem Kopf und ohne einen Bissen Brot für sich und ihre Kinder. [...] In der Hoffnung, daß Sie die um Hilfe ausgestreckten Hände nicht zurückstoßen werden, verbleiben wir mit Achtung [...].« (ŻIH, Akte 211/405, letztes Blatt unpag., handschriftlicher Brief in Jiddisch, Übersetzung von Emily Link)

Eine Antwort aus Krakau ist nicht überliefert. Vermutlich hat die Mehrzahl dieser Flüchtlinge in Chotcza nicht überlebt. Näheres ist jedoch unbekannt.

81 Der sowjetische Luftangriff in der Nacht vom 1. auf den 2. September 1942 traf große Teile des Warschauer Stadtgebiets, darunter verschiedene Bahn- und Wehrmachtseinrichtungen sowie den Norden des Ghettos. Mehrere Häuser im Ghetto brannten, es gab Tote und Verletzte. In der Nachbarschaft der getroffenen Häuser fielen aufgrund der Druckwellen die Fenster heraus, so in der Ul. Miła 54. Die Angriffe nährten bei manchen Ghettobewohnern die Hoffnung auf eine baldige Befreiung durch die Alliierten. Im »arischen«

Teil der Stadt reagierte die Bevölkerung auf die Zerstörungen mit einer Massenflucht ins Umland.
(Siehe dazu Szarota, *Luftangriffe*, S. 130; Engelking und Leociak, Getto, S. 685f.; Kriegstagebuch des Rüstungskommandos Warschau, Eintrag vom 1. 9. 1942, BA-MA, RW 23/19, Bl. 15; die anonymen Tagebuchaufzeichnungen aus dem Ghetto, »The Destruction of Warsaw«, in: Kermish [Hg.], Honor, S. 702 und zur Stimmung der Ghettobewohner Berman, *Zagłada*, S. 152f.)

82 Rein rechtlich hätten jüdische Arbeiter in Wirtschaftsbetrieben außerhalb des Ghettos noch bis September 1942 Anspruch auf die Zahlung von 80 Prozent des Tariflohns für Polen gehabt. Das sahen die im Juli 1940 ausgegebenen Regelungen für Juden in »freien« Arbeitsverhältnissen vor, die in den Tarifordnungen der Distrikte im Winter und Frühjahr 1941/42 erneut festgeschrieben worden waren. Dabei durfte nur die reine Arbeitszeit entlohnt werden, zusätzliche Zahlungen und Kündigungsfristen entfielen ebenso wie Schutzvorschriften für Frauen und Jugendliche. (»Neunte Durchführungsverordnung zur Verordnung vom 31. Oktober 1939 über die Gestaltung der Arbeitsbedingungen und den Arbeitsschutz im Generalgouvernement« vom 15. 12. 1941, VBl.GG, 1942, S. 3)
Die Löhne, die den jüdischen Arbeitern bei »Ursus« zustanden, lassen sich aus einer Übersicht über die Lohn- und Gehaltsstufen der Firma vom 28. Februar 1943 relativ genau errechnen. Polnische Arbeiter verdienten einen bis 2,01 Złoty pro Stunde (Bericht über die Wehrwirtschaftsprüfung vom 9. 4. 1943, BA, R 121/5381, Bl. 4). Es steht jedoch nicht fest, ob die jüdischen Arbeiter auch tatsächlich ausbezahlt wurden. An regelmäßige Lohnzahlungen kann sich F.W. nicht erinnern; bei »Ursus« hätten die jüdischen Arbeiter nur zusätzliche Lebensmittel erhalten. (Interview F.W., Bd. VII A) Die wichtigste Einnahmequelle der Außenarbeiter bestand ohnehin im Handel mit Waren zwischen der polnischen Seite der Stadt und dem Ghetto.
Mit der Anordnung des SS- und Polizeiführers Warschau an alle Betriebsführer vom 14. September 1942 wurden, rückwirkend vom 1. September an, jegliche weitere Lohnzahlung an Juden endgültig untersagt. Für jeden jüdischen Arbeiter mußten die Betriebe fortan pro Arbeitstag fünf Złoty an die Warschauer SS- und Polizeiführung entrichten: Drei Złoty flossen direkt an diese Dienststelle, die anderen zwei sollten für die Verpflegung der Arbeiter durch den Judenrat verwendet werden. (Faksimile der Anordnung in Grabitz und Scheffler, Spuren, S. 172; siehe auch den 69. Bericht des Obmanns des Warschauer Judenrats für September 1942, APW, Bestand T. XLVIII, Bd. 113, Bl. 127f.)
Diese Regelung wurde erlassen, als die SS die vollständige Kontrolle über den Einsatz jüdischer Arbeiter und die Rüstungsbetriebe im Ghetto erlangt hatte. (Siehe dazu Anm. 92, S. 509f.) Offenkundig betrachteten SS- und Polizeiführung die jüdische Bevölkerung nunmehr als eine Art Eigentum, das gegen Gebühr vermietbar war.

83 Gemeint ist die »Selektion« unter der gesamten Ghettobevölkerung im sogenannten Kessel: Dabei wurde die Zahl jüdischer Arbeiter in den Ghettoinstitutionen und Betrieben gewaltsam auf die jeweils vorgeschriebenen Höchstgrenzen herabgedrückt und bestimmt, wer weiterhin im Ghetto leben durfte oder zur sofortigen Deportation verurteilt war.
Diese Gefangennahme aller Einwohner begann am 6. September 1942 und hielt mehrere Tage an. Eine plakatierte Anordnung des Judenrats vom Vortrag hatte alle Bewohner aufgefordert, sich an diesem Sonntagmorgen im Nordwesten des Großen Ghettos zu einer Registrierung zu versammeln. Fernbleibenden drohte die sofortige Erschießung. Man sollte Lebensmittel für zwei Tage mitnehmen und alle Wohnungen unverschlossen lassen – ein Zeichen dafür, daß die Mehrheit nicht wieder in ihre Häuser zurückkehren würde.
Die Belegschaften der Betriebe traten nach ihren jeweiligen Arbeitsstätten geordnet in den genannten Straßen an. Um 10 Uhr umstellte der Jüdische Ordnungsdienst die Ausgänge und riegelte das Areal ab. Zwischen 80 000 und 100 000 Menschen waren in dem so gebildeten »Kessel« umzingelt. Aus ihrer Mitte sollten nach genau vorgegebenen Quoten für die einzelnen Arbeitsstätten jene 30 000 Arbeiter bestimmt werden, die fortan noch im Ghetto tätig sein durften.

SS und Polizei beteiligten Betriebsleiter und Führungspersonal der Arbeitsstätten an den »Selektionen«, also auch daran, die Entscheidung über Leben und Tod zu treffen. Familien wurden auseinandergerissen, Frauen und Kindern der Arbeiter versagte man die weitere »Lebensberechtigung«. Die Geretteten erhielten Schilder mit handgeschriebenen Nummern, sogenannten Lebensnummern, die sie sich an die Brust heften mußten. Sie durften anschließend das umstellte Gebiet verlassen und in ihre Betriebe zurückkehren.
Innerhalb des »Kesselns« wüteten deutsche Polizei und Ukrainer. Menschen wurden vor aller Augen erschossen, andere starben an Entkräftung oder nahmen sich das Leben. Mehr als 3000 Tote blieben in den Straßen des Ghettos zurück. Die etwa 50 000 zu »Überzähligen« erklärten Menschen wurden zum »Umschlagplatz« abgeführt und in das Vernichtungslager Treblinka deportiert, 2100 weitere in Arbeitslager verschickt.
Während die Menschen im Kessel gefangen waren, ließen die deutschen Behörden ihre Wohnungen ausräumen.
(Siehe insgesamt den Bericht *Likwidacja żydowskiej Warszawy*, in: BŻIH 1, 1951, S. 88–92; Grabitz und Scheffler, Spuren, S. 170f. und 304f., mit einer Abbildung der Anordnung vom 5.9.1942 und Augenzeugenberichten; Engelking und Leociak, Getto, S. 687f.; Sakowska, Menschen, S. 242f. sowie Ernest, O wojnie, S. 246–252.)

84 Pola Winnykamień konnte – die näheren Umstände lassen sich nicht mehr rekonstruieren – während des »Kessels an der Miła« nach Okęcie gehen, wo es außerhalb des Ghettos kasernierte Arbeitsaußenstellen im Flughafenbereich gab. Sie entging dadurch der »Selektion«, die ihre Direktorin unter den Schwesternschülerinnen durchführen mußte. Luba Blum-Bielicka hatte nur zwanzig »Lebensnummern« von der Jüdischen Gemeinde erhalten und konnte – außer sich selbst – lediglich 19 Krankenschwesterschülerinnen retten. (Blum-Bielicka, *Skoła Pielęgniarstwa*, S. 76)

85 F.W. hatte während der Deportationen Kontakt zu seinem Cousin Arnold Fogler, wie seine Einträge zum 24. und 26. Juli 1942 (S. 277 und 281) zeigen. Foglers wohnten demnach in der Ul. Nowolipie 81. Der Weg zum »Umschlagplatz« führte sie durch die Ul. Miła. Die Geschwister Arnold und Urszula Fogler sah F.W. hier zum letzten Mal:
»Arnold und Urszula gingen Richtung Umschlagplatz, und zwar durch die Miła. Ich wollte, daß sie zu mir hinaufkommen, in den ›Ursus‹-Block im Haus 42, wo ich wohnte. Von meinem Balkon aus sah ich, wie sie da gingen, und ging zu ihnen hinunter. Am Ende des Blocks standen die SS-Männer und selektierten die Menschen – nach links und nach rechts – links bedeutete ›Umschlagplatz‹. Ich wollte, daß sie sich bis zum Ende dieser Aktion in meiner Wohnung versteckten. Aber das wollten sie nicht, weil ihre Eltern an diesem oder am Tag vorher zum Umschlagplatz getrieben worden waren. Sie gingen einfach weiter – direkt zum Umschlagplatz. Sie hatten aufgegeben.« (Interview F.W., Bd. I A, aus dem Englischen B.S.; zu Familie Fogler siehe auch Anm. 49, S. 434.)

86 Wahrscheinlich die von F.W. geschätzte Anzahl der im »Kessel« gefangenen Menschen.

87 Die jüdischen Arbeiter verschiedener außerhalb des Ghettos gelegener Arbeitsstätten wurden für die Zeit des »Kessels« in ihren Betrieben kaserniert oder aus dem »Kessel« dorthin verbracht. Dies war vermutlich vor allem in den »W-Betrieben« wie »Ursus« der Fall, deren jüdische Arbeiter unter relativem Schutz standen. Als wehrwirtschaftlich wichtige Rüstungsarbeiter sollten sie jedoch mittelfristig in Arbeitslager überführt werden. Die Arbeiter etlicher Außenstellen wurden daher vom September 1942 an auch dauerhaft aus dem Ghetto ausquartiert und in der Nähe der Betriebe untergebracht. (Ernest, O wojnie, S. 251 und Berenstein, *Praca*, S. 79) Andere Außenstellen, deren Bedeutung weniger hoch angesetzt war, wurden hingegen vor und während der »Aktion im Kessel« ebenso liquidiert wie zahlreiche Shops. (Ernest, ebenda, S. 242)

88 Die Arbeiter aus dem südwestlich von Warschau gelegenen Hauptwerk der Firma »Ursus«.

89 Das Besorgen von Tauschware, im Ghetto »shabrir« (jiddischer Ausdruck aus dem Schlosserhandwerk, sinngemäß »Glätten«) genannt, war eine riskante Beschäftigung. Sämtliche Habe der Deportierten wurde von deutschen Behörden beansprucht, jüdische wie polnische

Plünderer sollten bei Entdeckung sofort erschossen werden. (Ringelblum, Ghetto, S. 148; ders., Kronika, S. 460) Viele Ghetto-Bewohner entschlossen sich dennoch dazu, um an Lebensmittel zu kommen.
In einem Interview aus dem Jahr 1997 berichtete F.W., er sei mit drei bis fünf anderen jungen Männern sofort nach einer Blockade in die jeweiligen Wohnungen gegangen, um den Räumkommandos der deutschen »Werterfassung« zuvorzukommen. (Zur »Werterfassung« siehe unten Anm. 110, S. 515f.) Dort habe er nach Anzügen, Schuhen, Ledertaschen und sonstigen kleinen Gegenständen Ausschau gehalten, die sich unbemerkt aus dem Ghetto hinaustragen ließen. Er habe sie auf dem Weg zu »Ursus« durch die Wache geschmuggelt und im Betrieb bei Piotr Przeradowski und anderen Arbeitern eingetauscht, die die Waren ihrerseits unter Polen weiterverkauften. Als Gegenleistung habe er Lebensmittel und Geld erhalten. Von den Nahrungsmitteln konnte er sich und seine Schwester Pola ernähren, während er ab Herbst 1942 das Geld seinen Eltern übergab, die in Warschau-Wola Zuflucht gefunden hatten. (Interview F.W. für die Survivors of the Shoah Visual History Foundation vom 20.2.1997, Nr. 26536, 2. Band, Platz 05:04 – 05:07; siehe zum Quartier der Eltern S. 302f. einschließlich Anm. 107 und 108.)

90 Nachdem die Ghettobevölkerung im »Kessel« zusammengetrieben und größtenteils deportiert worden war, begann die Dezimierung des Jüdischen Ordnungsdienstes. Sie wurde mit der »Räumung« von dessen Wohnhäusern in den Straßen Wołyńska und Ostrowska sowie der Deportation von etwa 80 Prozent aller Ordnungsdienstleute und ihrer Familien am 21. September 1942 abgeschlossen. (Bericht *Likwidacja żydowskiej Warszawy*, in: BŻIH 1, 1951, S. 92)

91 Über Daten, Motive, Reiserouten und Entscheidungen grundsätzlicher Art, die seine Eltern in diesem dramatischen Zeitabschnitt bewegten, weiß F.W. heute nichts mehr. Warum und wie sie von Chotcza nach Starachowice gekommen sind, entzieht sich seiner Erinnerung. Nur eine Episode kennt er als Erzählung seines Vaters:
»Irgendwo auf dem Weg waren sie in einem Dorf für eine Nacht oder einen Tag und eine Nacht. Mein Vater hatte einige Goldmünzen bei sich, die er fürs Überleben brauchte. Da er den Bauern nicht traute – er dachte, sie würden ihn nachts vielleicht berauben – ging er in der Dunkelheit hinters Haus oder in den Garten und vergrub den kleinen Behälter mit den Münzen. Als sie dort wieder aufbrechen wollten und er das, was er vergraben hatte, wieder ausgraben wollte, fand er nichts mehr. Er war bestohlen worden. Vermutlich hat ihn doch jemand beobachtet. Mein Vater war ein guter Zahnarzt und ein guter Organisator, aber in solchen Untergrund-Dingen war er einfach unerfahren.« (Interview F.W., Bd. VI A, aus dem Englischen B.S.)

92 Die kasernierten Außenarbeiter lebten bis zur endgültigen Auflösung des Ghettos im April und Mai 1943 in diesen Lagern, einige, wie die Zwangsarbeiter der Ostbahn, noch darüber hinaus. (Berenstein, *Praca*, S. 89–91; Ernest, O wojnie, S. 244 und 251) Nach der radikalen Auslese der Arbeiter im »Kessel« blieben offiziell etwa 35 000 Menschen im Ghetto zurück. Schätzungsweise mindestens 20 000 lebten als »Wilde«, d.h. unangemeldet und versteckt in leerstehenden Wohnungen. (Gutman, Jews, S. 269; Sakowska, Menschen, S. 252f.) Nach Schließung vieler Ghetto-Betriebe, deren jüdische Belegschaft oft geschlossen in Treblinka zu Tode kam, verringerte sich die Zahl der existierenden Betriebe weiter: Im August 1942 erhielten noch 45 Wirtschaftsbetriebe Lebensmittelbeihilfen, im September befanden sich einschließlich der Institutionen des Judenrats noch 33 Arbeitgeber im Ghetto.
(Berichte der Transferstelle Warschau für August und September 1942, Auerswald-Akten, Bl. 488 und 490; siehe auch den Auszug aus dem September-Bericht in Grabitz und Scheffler, Spuren, S. 175.)
Im Zuge der Umwandlung des Ghettos in ein Arbeitslager unter SS- und Polizeihoheit wurde die Transferstelle zum Jahresende 1942 geschlossen (ebenda, Bl. 490), womit das im Jahr zuvor eingeführte System einer eigenständigen Ghettowirtschaft endgültig zerschlagen war. Diese Entwicklung beförderte der SS- und Polizeiführer von Warschau mit zwei Anordnungen vom 14. September 1942. (Abgebildet in Grabitz und Scheffler, Spuren,

S. 172f.) Darin untersagte er jegliche Lohnzahlungen an Juden und ordnete die vollständige Ummauerung der einzelnen Betriebsstätten und Wohnblöcke im Ghetto an. (Siehe Anm. 82, S. 507 und Anm. 96, S. 511f.)

Die Kasernierung der jüdischen Zwangsarbeiter in- und außerhalb des Ghettos erfolgte, nachdem auf höherer Ebene die Entscheidung über das Schicksal der verbliebenen Juden gefallen war. Am 5. September 1942 hatte der Chef des Oberkommandos der Wehrmacht, Wilhelm Keitel, in die Auseinandersetzung zwischen Wehrmachtsdienststellen und SS im Generalgouvernement eingegriffen. Er befahl dem Wehrkreisbefehlshaber im Generalgouvernement (W.i.G., bis 1.9.1942 Militärbefehlshaber) den sofortigen Austausch aller für Wehrmacht und Rüstungswirtschaft tätigen jüdischen Arbeiter durch Polen, womit er eindeutig der Linie der SS folgte. (BA, NS 19/2462, Bl. 1) Der Adressierte, General von Gienath, antwortete am 18. September mit einem Grundsatzmemorandum, worin er erneut die wirtschaftlichen Probleme eines solchen Schrittes aufführte und die Beibehaltung aller betrieblich eingesetzten jüdischen Arbeiter bis zu einer prinzipiellen Behebung dieser Schwierigkeiten forderte. (BA-MA, RH 53-23/87, Bl. 116–118) Von Gienath wurde daraufhin vorzeitig in den Ruhestand versetzt, sein Schreiben zeigte keine weitere Wirkung, und sein Anfang Oktober 1942 angetretener Nachfolger General Haenicke war deutlich geneigter, der Position der SS zuzuarbeiten. Angesichts der Arbeitsmarktlage im Generalgouvernement war man dennoch auf die Schaffung von »Übergangslösungen« angewiesen, um die Produktion für den anstehenden Winterfeldzug nicht zu unterbrechen.

(Schreiben des Oberkommandos der Wehrmacht/Wehrmachtsführungsstab Quartiermeister (Qu. II) vom 6.10.1942, BA, NS 19/1766, Bl. 1 und des W.i.G. vom 8.10.1942 nach Ermittlungen über den Bestand an Ersatzarbeitskräften, BA-MA, RH 53-23/87, Bl. 159)

Die vorläufig letzten Weisungen ergingen Mitte Oktober 1942 und liefen auf die Abschließung aller noch für die Produktion benötigten jüdischen Zwangsarbeiter in Lagern hinaus: Am 9. Oktober ordnete Himmler an, alle diejenigen Juden, die für Ausrüstungsbetriebe der Wehrmacht arbeiteten, »an Ort und Stelle« in Konzentrationslagern zusammenzulegen. Produktion und Auftragsannahme sollten unter Leitung der SS stehen. Die »wirklichen« jüdischen Rüstungsarbeiter in der Waffen- und Fahrzeugindustrie sollten zunächst in ihren Betrieben bleiben, dort jedoch kaserniert werden, bis auch diese Produktion in Konzentrationslager überführt werden könne. Nach einer Übergangszeit müßten, so Himmler, »eines Tages dem Wunsche des Führers entsprechend die Juden verschwinden«. (BA, NS 19/352, Bl. 11 und 16)

Dieser Regelung stimmten OKW und Wehrkreisbefehlshaber an den folgenden Tagen zu, und bereits bestehende Arbeitslager der Wehrmacht wurden der SS unterstellt. Die Zwangsarbeiter in den Uniformen und anderes Zubehör produzierenden Ghettobetrieben blieben vorübergehend noch in den abgeriegelten Häuserblocks vor Ort. Sie sollten aber baldmöglichst geschlossen in Arbeitslager unter Kontrolle der SS verlegt, die Ghettos also aufgelöst werden. (Schreiben des W.i.G/OQu. über die Vereinbarungen mit dem HSSPF vom 14., 15. und 20.10.1942, BA-MA, RH 53-23/87, Bl. 174–177 und 193–193R)

Diese am 18. Januar 1943 beginnende gewaltsame Auslagerung der Betriebe aus dem Warschauer Ghetto in Zwangsarbeitslager, begleitet von erneuten Deportationen nach Treblinka, stieß auf bewaffneten Widerstand. (Siehe S. 306 und Anm. 125, S. 519; insgesamt dazu Krannhals, *Judenvernichtung* sowie Grabitz und Scheffler, Spuren, bes. S. 306–316.)

93 Nach der Auflösung des Schwesternheims in der Gęsia 33 und der dramatischen Reduzierung des Personals zwischen dem 6.und 9. September 1942 wurde die Krankenschwesterschule in dem Gebäude Ul. Franciszkańska 24 erneut untergebracht. Dort blieb sie bis zum Aufstand im April 1943 bestehen. F.W. nennt hier irrtümlich die Parallelstraße Ul. Świętojerska. (Blum-Bielicka, *Skoła Pielęgniarstwa*, S. 75; Engelking, Leociak, Getto, 2. Karte zwischen S. 288 und 289)

94 Der Ghetto-Betrieb der Firma »Ahage«-Zimmermann & Co in der Ul. Miła 43 wurde am 19. September 1942 wahrscheinlich endgültig geschlossen. Nach einer Razzia wurden möglicherweise bis zu 600 Arbeiter zum »Umschlagplatz« gebracht. (Lewin, Tagebucheintrag

vom 20.9.1942, Cup, S. 182 und Opoczyński, Tagebucheintrag vom 19.9.1942, »Warsaw Ghetto Chronicle«, in: Kermish [Hg.], Honor, S. 108) Dem Hersteller von Papier und Büromaterial wurde vermutlich keine wehrwirtschaftliche Bedeutung mehr zugemessen; die Firma fehlte auf der späteren Liste des Judenrates über Lohnzahlungen an die SS, bestand aber im polnischen Teil der Stadt offenbar weiterhin.
(Vgl. »Miejsca pracy i zamieszkania ludności Getta Warszawskiego [Wrzesień – Listopad 1942r.]« [Die Arbeitsplätze und Wohnorte der Bevölkerung des Warschauer Ghettos [September – November 1942]], abgedruckt in: *Materiały i Dokumenty ... Ringelbluma II*, S. 154f.; Handelsregistereintrag (Neueintrag) Nr. 78 der Firma »Ahage« beim Deutschen Gericht in Warschau vom 24.11.1942, veröffentlicht im Amtlichen Anzeiger für das Generalgouvernement, Nr. 3, 1943, S. 77.)

95 Im Jahr 1942 fiel Jom Kippur, der höchste jüdische Feiertag, auf den 21. September. Ein ebenfalls im »Ursus«-Stadtwerk eingesetzter jüdischer Zwangsarbeiter berichtete, daß er und weitere jüdische Arbeiter wegen des Feiertags nicht zur Arbeit gegangen seien. Gegen 10 Uhr vormittags seien Angehörige des Werkschutzes und SS-Leute vor den »Ursus«-Häusern in der Ul. Miła erschienen, um die fehlenden Männer mit Peitschenschlägen zusammenzutreiben. Zur gleichen Zeit seien auch die Frauen, darunter die Ehefrau des Zeugen, aus den Wohnungen geholt und zum »Umschlagplatz« getrieben worden. Als einige Männer wenige Stunden später nach den Frauen suchten, waren diese bereits nach Treblinka deportiert worden. (Aussage H.A. vom 12.1.1962 im Verfahren 141 Js 192/60 der Staatsanwaltschaft Hamburg, Staatsarchiv Hamburg, Bestand 0070/010, Bl. 4756f.)
Die Blockade in der Ul. Miła erwähnt auch Abraham Lewin in seinem Tagebuch. (Cup, S. 183) In Wohnblocks anderer Firmen soll es an diesem Tag ebenfalls zu Razzien durch betriebseigene Kommandos gekommen sein. (Opoczyński, »Warsaw Ghetto Chronicle«, in: Kermish [Hg.], Honor, S. 109)

96 Mit den Razzien an Jom Kippur, den Blockaden in den Häusern des Jüdischen Ordnungsdienstes, der Deportation von 2196 Menschen, hauptsächlich Angehörigen des Ordnungsdienstes und ihrer Familien, und der Verkleinerung seines Apparates auf 380 Personen endete am 21. September 1942 die erste sogenannte Räumungsaktion im Warschauer Ghetto. Angaben über die Gesamtzahl aller Opfer seit dem 22. Juli 1942, einschließlich der mehr als zehntausend in Arbeitslager deportierten und der im Ghetto erschossenen Menschen, schwanken zwischen knapp 238 000 und mehr als 300 000 Personen.
(69. Bericht des Obmanns des Judenrates für September 1942, APW, Bestand T. XLVIII, Bd. 13, Bl. 121; Bericht *Likwidacja żydowskiej Warszawy*, in: BŻIH 1, 1951, S. 126; Bericht des SSPF Warschau, Jürgen Stroop, »Es gibt keinen jüdischen Wohnbezirk in Warschau mehr« vom 16.5.1943, Nürnberger Dokument 1061-PS, IMG, Bd. XXVI, S. 634; Grabitz und Scheffler, Spuren, S. 170f.)
Der »Umschlagplatz« war auch in den folgenden Wochen noch geöffnet, jedoch ließ man etwa 1000 Personen, die dort gefangen waren, im Oktober oder Anfang November frei. (Bericht *Likwidacja*, ebenda, S. 100 sowie die Dokumentation aus dem Untergrundarchiv »Zjawiska społeczne w listopadzie 1942 r.« [Soziale Phänomene im November 1942], abgedruckt in: *Materiały i Dokumenty ... Ringelbluma II*, S. 148–151, hier 151, englische Übersetzung in Kermish [Hg.], Honor, S. 163–166, hier 166)
Die oberste Kontrolle über das Ghetto lag nun bei der »Befehlsstelle« der Sicherheitspolizei, das Amt des »Kommissars für den jüdischen Wohnbezirk« war bedeutungslos geworden. Es gab weiter Razzien in einigen Betrieben und Schießereien auf den Straßen des Ghettos. Wenige Tage nach dem offiziellen Ende der Deportationen wurden die Grenzen des Ghettos neu festgelegt, alle Einquartierungen von Personen, Institutionen und Betrieben mußten am 27. September abgeschlossen sein.
Das sogenannte Zentralghetto umfaßte nun etwa zwei Drittel des früheren Nordteils des Ghettos und reichte bis zur Ul. Gęsia. Hier befand sich auch der Wohnblock der »Ursus«-Arbeiter in der Ul. Miła. Weitere separate Ghettoteile bestanden zwischen den Straßen Nowolipki und Nowolipie (»Produktives Ghetto« mit den Betrieben von Schultz & Co, Töb-

bens und weiteren Werkstätten), im äußersten Nordosten entlang der Straßen Świętojerska und Bonifraterska (Betriebe der Heeresunterkunftsverwaltung bzw. Bürstenbinderviertel), im ehemaligen Kleinen Ghetto an der Ul. Prosta (Zweigbetrieb der Firma Többens) sowie im Bereich des Arbeitsamtes an der Ul. Leszno. (Siehe die gepunkteten Bereiche auf der Karte S. 399.)

Die einzelnen Teile dieses »Restghettos« mußten mit Mauern umgeben werden, die Passage zwischen diesen Gebieten war verboten. Eine breite, von Streifen der Sicherheitspolizei und des Jüdischen Ordnungsdienstes bewachte Zone der schon im August weitgehend geräumten, »wilden« Straßenzüge zwischen der Gęsia und der Nowolipki trennte das Zentrale vom »Produktiven Ghetto« und riß die Ghettobevölkerung auseinander. Juden durften diese Straßen nur in bewachten Arbeiterkolonnen durchqueren. Innerhalb der vom Jüdischen Ordnungsdienst und Werkschutz bewachten Ghettogebiete schritt die Umzäunung der einzelnen Werks- und Wohnblöcke voran, wodurch der Stadtteil weitgehend parzelliert wurde.

Weitere Bestimmungen beschnitten die Bewegungsfreiheit nahezu vollständig. Die Sperrstunde begann bereits seit dem 25. August wieder abends um 21.00 Uhr. Es war sowohl verboten, sich während der Hauptarbeitszeit unbefugt auf den Straßen aufzuhalten, als auch dort länger zu verweilen, sich zu mehreren in der Öffentlichkeit zu treffen oder andere Wohnblocks aufzusuchen.

(Siehe insgesamt: Sakowska, Menschen, S. 254–258; den 69. Bericht des Judenrates für September 1942, wie oben, Bl. 121f.; den Bericht *Likwidacja* , wie oben, S. 100–104; die Bekanntmachung des Judenrats über die Sperrstunde vom 25.8.1942, abgedruckt als Anlage 11 ebenda, S. 122; die Anordnung des SSPF Warschau an die Betriebsführer vom 14. 9. 1942 und die Bekanntmachung des Judenrats zum Straßenverkehr vom 28. 9. 1942, beide abgebildet in: Grabitz und Scheffler, Spuren, S. 173f.)

97 Pinkiert war der Name eines bekannten Beerdigungsunternehmens. Während der Zeit des Ghettos veränderten sich – zwangsweise – die Bräuche der Beisetzung. War es vorher meistens üblich gewesen, die Toten von einem Wohltätigkeitsverein beerdigen zu lassen, kamen nach der Abriegelung des Ghettos zu den wenigen bisher bestehenden viele neue – florierende – Bestattungsunternehmen hinzu. Das bekannteste war das von Model Pinkiert mit dem Namen »Wieczność« (»Ewigkeit«). Seinen Hauptsitz hatte es in der Ul. Grzybowska 24, Filialen gab es in der Zamenhofa 11, 38 und 42 sowie in der Smocza 27 und 31. Leichenträger und Totengräber wurden auch für die Deutschen unentbehrlich; Mitarbeiter der Bestattungsunternehmen waren deshalb bis zum Mai 1943 von den Deportationen ausgenommen. (Engelking und Leociak, Getto, S. 467–470)

Die Begegnung zwischen Krankenschwestern und Leichenträgern war in dieser Zeit nichts Außergewöhnliches. Die genauen Umstände von Pola Winnykamieńs Zusammentreffen mit »den Pinkierts« sind unbekannt.

98 Über Pola Winnykamieńs Arbeit als Krankenschwester im Block der Firma Schultz & Co waren keine Details in Erfahrung zu bringen. Die Tatsache, daß sie arbeitete, ist ein weiterer Hinweis darauf, daß sie ihre Ausbildung abgeschlossen hatte:

»Am 8. August 1942 bekamen die Schülerinnen der Gruppe XXVII ihre Schulzeugnisse. Diese erste Gruppe der Kriegszeit, die unter solch schwierigen Bedingungen ausgebildet worden war, erhielt ihre Diplome nach zwei Jahren und vier Monaten Unterricht. Von dieser Gruppe blieb nur eine Absolventin am Leben […].« (Blum-Bielicka, *Skoła Pielęgniarstwa*, S. 73f., Übersetzung Sabine Leitner)

99 Es hat einige gelungene Fluchten aus Treblinka gegeben. Die Begegnung mit einem Flüchtling hatte F.W.s Wissen über das Ziel der Deportationen aus Warschau vertieft. Eine Postkarte seines Onkels Mosze Kurctag, der freiwillig mit seiner Familie zum »Umschlagplatz« gegangen war (siehe Anm. 29, S. 492f.), hatte seine Vorstellung geprägt:

»Ich wünschte, ich hätte diese Karte heute noch. Es stand nur sehr wenig darauf. Es waren nur wenige Sätze auf polnisch: ›Wir sind alle nackt und ich sehe große Flammen‹, oder ›große Feuer‹. Es stand nichts anderes darauf, und mein Onkel hatte unterschrieben.

Sie kam mit der normalen Post, und ich kann mir bis heute nicht erklären, wie sie von Treblinka ins Ghetto kam. Irgendwie muß die Karte hinausgekommen und in der Post gelandet sein. Es war eine Postkarte mit eingedruckter Briefmarke, und es stand kein Absender drauf. Sicherlich kam sie an die Adresse des anderen Onkels Isaak Gerszange in der Karmelicka 23. Und dort las ich sie. Das war das letzte, was ich von ihnen hörte, und es hat mich nicht überrascht. Ich wußte vom Hörensagen, daß sie alle nicht ins Paradies gingen. Und trotzdem war es schockierend, auch wenn es mich nicht überrascht hat. Es muß jedoch irgendeinen Eindruck in mir hinterlassen haben, sonst würde ich mich heute nicht mehr daran erinnern. Es war wahrscheinlich die furchtbare Vorstellung, daß man die Menschen dort verbrannte.«

(Interview F.W. Bd. X A, aus dem Englischen B.S.; siehe zu Fluchten und Nachrichten aus Treblinka: Lewin, Tagebucheintrag vom 11.8.1942, Cup, S. 153; den Bericht *Likwidacja żydowskiej Warszawy*, in: BŻIH 1, 1951, S. 93–100.; »Reminiscences of a Treblinka Escapee«, in: Kermish [Hg.], Honor, S. 710–716 und Sakowska, Menschen, S. 245–248.)

100 Um sich halbwegs gefahrlos als »arischer Pole« bewegen zu können, benötigte F.W. einen Ausweis. Er bat vermutlich Bolesław Paciorek in Gniewoszów um ein Blanko-Formular einer Kennkarte, die für jeden erwachsenen Polen Pflicht war. (Zum Problem der Kennkarten und ihrer Einführung in Polen siehe Anm. 29, S. 492f.)

101 Wenn F.W. am 21. September 1942 (S. 301) vermerkte, er habe 3000 Złoty bei Piotr Przeradowski eingelagert, so bezeichnet die Zahl »4000« an dieser Stelle wohl den höheren aktuellen »Kontostand«.

102 Leopold Winnykamień hatte von Anfang an geplant, nach Warschau zu gehen, um sich dort zu verstecken. Die näheren Einzelheiten seiner Flucht sind unbekannt. Der Zeitpunkt seiner und Rysias Ankunft in Warschau könnte im Zusammenhang mit der Ghettoräumung in Starachowice stehen, die zwischen dem 15. und 29. Oktober 1942 erfolgte. (Arad, Belzec, S. 395) Noch in Gniewoszów hatten sich F.W.s Eltern falsche Geburtsurkunden durch den Organisten Tworek besorgen können, der Patient von Leopold Winnykamień gewesen war. Er konnte echte Taufscheine oder Geburtsurkunden verstorbener Personen aus seiner Kirchengemeinde besorgen. So gelangten Leopold und Isabella Winnykamień in den Besitz von Originaldokumenten, die auf die Namen Józef Giziński und Marianna Gizińska lauteten. Nach F.W.s Erinnerung hatten sie zwar den gleichen Familiennamen, galten aber nicht als Ehepaar. Mit diesen Identitätspapieren waren sie nicht vollkommen sicher, doch waren sie besser, als gar nichts in der Hand zu haben wie F.W.s Schwester Rysia. Der Besitz dieser Papiere war dennoch auch eine Gefahrenquelle, da sie auf Namen und Daten realer Personen ausgestellt waren. So ist in einem anderen Fall bekannt, daß der falsche Name eines sich tarnenden jungen Juden von der Mutter des Verstorbenen erkannt wurde. Die Anzeige führte zur Hinrichtung des Juden. (Kosmala, *Opfer*, S. 44)

Der Grund für die Trennung von F.W.s Eltern zwischen Starachowice und Warschau ist nicht bekannt. Soweit sich F.W. an die Erzählungen seiner Eltern erinnert, sind sie von Starachowice aus mit dem Zug nach Warschau gefahren. (Interview F.W., Bd. VI A)

103 An dieses Zusammentreffen bei Piotr Przeradowski hat F.W. heute keinerlei Erinnerung mehr. Bei dieser Gelegenheit wird Leopold Winnykamień seinem Sohn von seinen Erlebnissen seit dessen Flucht aus Gniewoszów berichtet haben.

104 Um auch der fünfzehnjährigen Tochter Rysia zu einem relativ sicheren Personaldokument zu verhelfen, gab es anscheinend keine andere Möglichkeit, als erneut den Gniewoszówer Organisten Tworek um eine Geburts- oder Taufbescheinigung seiner Kirchengemeinde zu bitten. Zur Sicherheit wurde F.W.s Mutter auf der Reise dorthin von Frau Prażuch, der Schwiegermutter Piotr Przeradowskis, begleitet. (Interview F.W., Bd. VI A)

105 Der Name des Einwohners von Gniewoszów wird im Original genannt, hier aber – auch auf Wunsch von F.W. – aus Personenschutzgründen anonymisiert. F.R. war vermutlich kein SS-Mann.

Der Mann hatte Isabella Winnykamień als Jüdin und frühere Bewohnerin des Ghettos, vielleicht sogar als Frau des jüdischen Zahnarztes erkannt und konnte nur durch eine

Zahlung von 2000 Złoty von einer Denunziation abgehalten werden. Weitere Details ihres Besuchs in Gniewoszów sind nicht bekannt. Anscheinend gelang es ihr jedoch, mit dem Organisten Tworek in Verbindung zu treten, der sich wieder bereiterklärte, aus dem Kirchenarchiv eine passende Geburts- oder Taufbescheinigung zu besorgen. (Interview F.W., Bd. VI A)

106 Aufgrund ihrer Gefährdung muß sich Rysia Winnykamień noch am selben Tag mit der Geburts- oder Taufbescheinigung aus Gniewoszów bei jener Stelle in Warschau gemeldet haben, wo Polen sich zur freiwilligen Arbeit im Reich zur Verfügung stellten. Als noch nicht Volljährige benötigte sie keine Kennkarte. Ihre Tarnung gelang, und als Michalina Wawszczyk, geboren am 11. Dezember 1927 in Gniewoszów, Kreis Radom, wurde sie in die Nähe Berlins verschickt. F.W. erinnert sich, daß seine Familie in Warschau von Rysias Ankunft in Deutschland erst erfuhr, als der erste Brief von ihr eintraf. Die Eltern waren seitdem einigermaßen beruhigt, daß die Tarnung funktioniert hatte. (Interview F.W., Bd. VI A)

Rysia Winnykamień kam als Fremdarbeiterin zu den Chemischen Werken »Oemeta« in Bötzow-West bei Velten. Das Unternehmen produzierte Schleifscheiben, Bohröle und andere kriegswichtige Zulieferprodukte und beschäftigte eine große Zahl Arbeiter aus den von Deutschland besetzten Ländern. Sie waren in einem firmeneigenen Lager untergebracht.

Eine Werksliste vom 11. November 1942 erfaßte die »Polen-Frauen in der Presserei«, die ihre Arbeitskarte am Vortag erhalten hatten. Darauf sind 32 Frauen mit ihren Personalien verzeichnet, darunter »Nr. 480 Michalina Wawszczek«. Es waren zumeist junge ledige Frauen, manche sogar jünger als die fünfzehnjährige Rysia Winnykamień. (Brandenburgisches Landeshauptarchiv Rep. 41, Amtsbezirk Bötzow (OH), Nr. 88, Bl. 5–6)

Rysias Personalakte enthält sich widersprechende Daten: Als »Tag des Grenzübertritts« wurde der 11. November 1942 vermerkt, während die vor Ort ausgestellte Arbeitskarte das Datum vom 10. November 1942 trägt. Wann genau sie in Bötzow eintraf, bleibt daher unklar. (Brandenburgisches Landeshauptarchiv Rep. 41, Nr. 128 [Aufenthaltsanzeigen von Ausländern 1940–1945] unpag.: Akte Halina Wawszczyk. Das darin eingeheftete und auf S. 407 abgebildete Foto stammt spätestens vom 1. Dezember 1942, weil an diesem Tag das Formular »Aufenthaltsanzeige eines Ausländers« ausgefüllt wurde, dem das Foto beigefügt ist.)

Freiwillige Arbeiter aus den besetzten Ländern wurden nicht wie Zwangsarbeiter behandelt. Sie befanden sich in den Händen der jeweiligen Firmen, die – wegen des kriegsbedingten Arbeitskräftemangels – ein Interesse daran hatten, die Einsatzbereitschaft ihrer Arbeiter über einen längeren Zeitraum zu erhalten. Es gab festgelegte Arbeitszeiten, arbeitsfreie Zeiten und regelmäßige Mahlzeiten. Die Arbeiter wohnten zwar in Lagern, durften diese jedoch – nach Abmeldung – stundenweise auch verlassen. Es galten eine nächtliche Ausgangssperre und das Verbot, sich außerhalb der Ortsgrenzen zu bewegen. Die Kennzeichnung an der Kleidung für Polen, ein aufgenähtes »P«, war obligatorisch. Verstöße gegen die Vorschriften und strafbare Handlungen mußten der Gestapo gemeldet werden, die dann im eigenen Ermessen Ahndungen durchführen konnte.

(»Sondervorschriften zur Behandlung der im Reich eingesetzten Arbeiter und Arbeiterinnen polnischen Volkstums« der Staatspolizeistelle Potsdam vom 13.8.1943, abgedruckt in: Barwig/Saathoff/Weyde [Hg.], Entschädigung, S. 341f.)

107 Wie Leopold Winnykamień es geschafft hat, ins Ghetto hinein- und wieder hinauszukommen, erinnert F.W. heute nicht mehr: »Ich weiß nicht, wie er es genau bewerkstelligte, aber mein Vater war ein mutiger Mann.« (Interview F.W., Bd. IX B)

In dieser Zeit gab es jedoch kaum eine andere Möglichkeit, als sich einer Gruppe »Außendienstler« anzuschließen, weil man sich im Ghetto als einzelne Person gar nicht bewegen durfte.

Seinen Sohn sah Leopold Winnykamień ab und zu außerhalb des Ghettos, nur seine Tochter Pola hatte er seit ihrer Rückkehr ins Ghetto im Oktober 1941 nicht mehr getroffen.

108 Durch wessen Vermittlung Isabella und Leopold Winnykamień bei den Polen Martoszowa und Kamiński unterschlüpfen konnten, geht aus diesem kurzen Eintrag nicht hervor. Doch schon im November 1942 kam Isabella Winnykamień in die Ul. Wolska 54 zu dem Ehepaar Purto, Bekannten von Piotr Przeradowski. Durch eine weitere Bekannte in diesem Haus, Jadzia Łazarowicz, konnte F.W.s Mutter dort sogar ein Kellerzimmer mieten. Sie wies sich mit der aus Gniewoszów stammenden Geburts- oder Taufbescheinigung als Polin aus, auf den Namen »Maria Gizińska, geboren am 8.10.1892«.
(Name und Geburtsdatum sind folgendermaßen überliefert: erstens auf dem Original Lager-Ausweis des Gleislagers Zöblitz, Bayerisches Landesentschädigungsamt München, EG 58308, BEG 24154, Bl. 40, und zweitens auf der Zwangsarbeiterliste vom 15.1.1946, Kreisarchiv Mittlerer Erzgebirgskreis Marienberg, 854 II, Bl. 219.)
Die Miete dieses sehr einfachen Zimmers ohne Bad, Toilette, Küche und Elektrizität muß gering gewesen sein, denn F.W. erinnert sich nicht an Probleme mit der Bezahlung. So hart die Lebensbedingungen dort waren, das Kellerzimmer bot den Winnykamieńs einen großen Vorteil, von dem viele andere Untergetauchte träumten: Sie hatten einen kleinen abschließbaren Raum nur zur eigenen Verfügung.
Die Ul. Wolska liegt im Warschauer Stadtteil Wola. F.W.s täglicher Weg aus dem Ghetto zu seiner Arbeitsstätte bei »Ursus« in der Ul. Skierniewicka führte ihn durch die Wolska. Die Hausnummer 54 liegt auf der nördlichen Straßenseite zwischen den Einmündungen der Straßen Działdowska und Płocka. Direkt gegenüber, an die südliche Straßenseite der Wolska angrenzend, lag das Gelände der Firma »Ursus«. Während der Zeit der deutschen Besatzung trug die Ul. Wolska den Namen »Litzmannstädter Straße«.

109 Zur Ummauerung einzelner Teile des »Restghettos« siehe oben Anm. 96, S. 511f.

110 Die Dienststelle »Werterfassung« wurde vor Beginn der Massendeportationen beim SS- und Polizeiführer Warschau eingerichtet. Ihr Zweck war es, das gesamte bewegliche von den deportierten und ermordeten Juden zurückgelassene Eigentum zugunsten des Deutschen Reiches zu konfiszieren. Leiter der »Werterfassung« war anfangs SS-Hauptsturmführer Ernst Geipel, der bald nach Beginn der »Ghettoräumung« von seinem Stellvertreter, SS-Obersturmführer Franz Konrad, abgelöst wurde. Die »Werterfassung« unterhielt über das Ghetto verteilt mehrere Lager und Werkstätten zur Sammlung, Sichtung und Aufbereitung der geraubten Gegenstände.
Im August 1942 wurde der Judenrat in die Tätigkeit der »Werterfassung« einbezogen, vor allem durch die Gestellung jüdischer Zwangsarbeiter. Im November 1942 gab er daher drei Bekanntmachungen heraus, die alle arbeitsfähigen, aber nicht beschäftigten Personen im Ghetto verpflichteten, sich der »Werterfassung« zur Verfügung zu stellen. Einen Großteil dieser Arbeiter rekrutierte man im Herbst 1942 unter den Ehefrauen der Shop-Arbeiter, den neu ins Ghetto eingewiesenen Rückkehrern aus ehemaligen Zwangsarbeitslagern, unter Juden, die nach der Zerstörung kleinerer Ghettos im Distrikt in das Warschauer Ghetto überstellt wurden, sowie unter Gefangenen des »Arrests« in der Ul. Gęsia. Im Dezember 1942 lag die Zahl der bei der »Werterfassung« tätigen jüdischen Zwangsarbeiter nach Angaben des Judenrats bei 3700 Personen.
Nach der späteren Aussage Konrads beschlagnahmte die »Werterfassung« Materialien im Wert von fünf Millionen Reichsmark. Bis heute manifestieren sich die Raubzüge der »Werterfassung« in den Bildern des aufgestapelten Hausrats inmitten fliegender Bettfedern auf den Höfen der mit Gewalt geräumten und verwüsteten Häuser.
(Siehe insgesamt den 68., 71. und 72. Bericht des Obmanns des Judenrates in Warschau für August, November und Dezember 1942, APW, Bestand T. XLVIII, Bd. 13, Bl. 114, 138f. und 145; Aussage von Franz Konrad vor dem US Counter Intelligence Corps Salzburg vom 2. bis 8.1.1946, BStU, ZUV-15, Akte 19, hier Bl. 032-055; Ringelblum, Kronika, S. 432; Grabitz und Scheffler, Aufstand, S. 30.)

111 F.W. erinnert sich an zwei markante Ereignisse von Terror und Demütigung durch den Werkschutz, die sich tief in seine Erinnerung eingeprägt haben:
»Einige Leute unserer Gruppe hatten sich irgendeiner kleinen Übertretung schuldig

gemacht. Und im großen Hof zwischen den Fabrikgebäuden hatten sie Galgen aufgebaut. An diese Galgen hängten sie – ich weiß nicht mehr wie viele – einige Jungen oder Männer aus unserer Gruppe, aus dem Ghetto, auf. Waren es acht oder sechs, vielleicht zehn? Ich weiß es nicht mehr, ich weiß auch nicht mehr, wofür sie gehängt wurden, aber mir ist so, als wäre es eine läppische Übertretung gewesen, und das war dann die Rache oder vielmehr die Bestrafung. Jedenfalls ließen sie sie dort hängen, denn es war kalt. [...]
Und dann habe ich einmal zwanzig Hiebe bekommen. Ich weiß nicht wofür. Jedenfalls sollte ich eines Tages in die Wachstube kommen, und dort stand ein langer Tisch. Sie sagten ›Zieh aus, was du anhast!‹, und dann mußte ich mich auf diesen Tisch legen. Sie hatten einen Gürtel oder eine Peitsche, das weiß ich nicht mehr, jedenfalls bekam ich zwanzig Hiebe, und ich weiß heute nicht mehr wofür. Damals wußte ich es, aber ich habe versucht es zu vergessen, um mich dieser Demütigung nicht immer wieder auszusetzen. Der Schmerz war nicht so schlimm – Demütigung ist ein tieferer Schmerz als der Schmerz selber. Wofür? Vielleicht erwischten sie mich, als ich aus dem Härtungsraum kam, wo ich gerade aber nichts zu suchen hatte, ich weiß es einfach nicht mehr. Jedenfalls muß es eine Kleinigkeit gewesen sein. Und ich war nicht der einzige, den sie so schlugen. Ich erinnere mich sehr ungerne daran.« (Interview F.W., Bd. VII A, aus dem Englischen von B.S.)
Seine im Gespräch geäußerte vage Vermutung (ebenda), daß dieses Ereignis etwas mit der Kriegsentwicklung bei Stalingrad zu tun hatte, wird durch die Aussage eines seiner Kollegen bestätigt:
»Wenn wir zur Arbeit in die Ursus-Werkstätten gingen, nahmen wir manchmal, soweit wir hatten, Kleidungsstücke mit, um sie bei den Polen gegen Nahrungsmittel einzutauschen. Einmal, im November 1942, hatte ich mir zu diesem Zweck drei Hemden übereinandergezogen. Ich wurde aber im Fabrikhof von dem Werkschutzführer erwischt und wurde dann wegen dieser Tat verprügelt. Als ich wieder an meiner Maschine stand, sagte mir ein Pole: ›Du denkst, Du hättest heute wegen der drei Hemden Schläge bekommen, in Wirklichkeit hast Du wegen Stalingrad Prügel bekommen. Die Wachleute sind alle sehr nervös, weil die deutsche Front vor einigen Tagen bei Stalingrad eingebrochen ist.‹« (Aussage des Zeugen H.A. vom 12.1.1962 im Ermittlungsverfahren 141 Js 192/60 der Staatsanwaltschaft Hamburg, Staatsarchiv Hamburg, 0070/010, Bl. 4758)
Seit dem 23. November 1942 war die 6. deutsche Armee unter General Paulus im Kessel von Stalingrad eingeschlossen.

112 An der Ul. Smocza verlief die Westgrenze des »Zentralghettos«. (Siehe die Karte S. 399). Nach den Angaben von Ber Warm, der dem Jüdischen Ordnungsdienst angehörte, diente diese unbewohnte Straße der »Befehlsstelle« der Sicherheitspolizei im Herbst 1942 als Erschießungsplatz. (Warm in: Gryberg [Hg.], Words, S. 173f. und 176)

113 Bronisław Sztyfelman war ein Gefährte F.W.s aus dem Jahr 1940. Er beschreibt ihn (siehe S. 111) als Sohn des Zahnarztkollegen seines Vaters, der damals weit geringere materielle Sorgen hatte als er selbst.

114 Die ursprüngliche »Wohngemeinschaft« in der Miła 42 (siehe S. 288) schien sich zu diesem Zeitpunkt aufzulösen. Da sich F.W. mehr zu Adek Rozenberg hingezogen fühlte und öfter Abende und Nächte in dessen Wohnung verbrachte, erschien es ihm angenehmer und praktischer, gleich bei ihm zu wohnen. Da dieser als »Ursus-Außendienstler« ebenfalls im Miła-Block wohnte, war ein Umzug innerhalb desselben Hauses oder Blocks anscheinend problemlos möglich.

115 Gemeint ist der wahrscheinlich schon um den 20. August 1942 eingerichtete Wachposten an der Kreuzung der Straßen Gęsia und Zamenhofa. Nach der Abriegelung des Zentralghettos Ende September lag an diesem Tor der einzige südliche Ausgang des Zentralghettos, von dem aus die Arbeiterkolonnen das leerstehende Gebiet zwischen den beiden großen Ghettoteilen durchquerten, um an ihre Arbeitsstätten zu gelangen.

116 Im Oktober und November 1942 führte der Judenrat auf Anweisung der Sicherheitspolizei einen neuen Zensus unter der Bevölkerung durch: Danach waren Ende November 1942

offiziell 34 969 Einwohner in 457 Häusern im Ghetto registriert. (70. und 71. Bericht des Obmanns des Judenrates für Oktober und November 1942, APW, Bestand T. XLVIII, Bd. 13, Bl. 135 und 143) Hinzu kamen jene, die sich unangemeldet im Ghetto verborgen hielten. Im Oktober 1942 ging man im Ghetto von mindestens 20 000 unregistrierten Personen aus (Gutman, Jews, S. 269; Sakowska, Menschen, S. 252f.), Emanuel Ringelblum schrieb im Dezember 1942, ihre Zahl werde auf 7000 bis 15 000 Personen geschätzt. (Kronika, S. 423)

Die Struktur der Bevölkerung war durch die Deportationen massiv verändert worden. Über 99 Prozent der Kinder unter zehn Jahren und der alten Menschen waren ermordet, und unter den Bewohnern im arbeitsfähigen Alter waren – anders als in der gesamten früheren Zeit des Ghettos – erstmals Männer in der Mehrheit.

(Siehe die zeitgenössischen Statistiken in Gutman, Jews, S. 270f.; zur scheinbaren Normalisierung des Alltags, der Wiedereröffnung einiger Läden und anderer Einrichtungen sowie einer leichten Entspannung der Versorgungslage siehe Sakowska, Menschen, S. 258–260 und Gutman, Jews, S. 273–275.)

117 Dieser Auftrag stand vermutlich im Zusammenhang mit der Produktion von »Panther«- und »Tiger«-Panzern, mit der unter anderen die Firma »Ursus« beauftragt worden war. Betriebe, die an diesen Programmen arbeiteten, waren auch von der allgemeinen Arbeitsstillegung ausgenommen, welche wegen Problemen in der Energieversorgung in Warschau zwischen Weihnachten 1942 und Neujahr 1943 angeordnet war. Die Pflicht zu durchgehender Arbeit während dieser Ruheperiode bestand für »Ursus« und drei weitere Firmen. (Kriegstagebuch des Rüstungskommandos Warschau, Wochenübersicht für den 13. bis 19.12.1942, BA-MA, RW 23/19, Bl. 48)

118 Es ist wahrscheinlich, daß damit seine einmalige Sabotageaktion gemeint ist, die F.W. im Oktober 2002 wie folgt schilderte:

»Zusammen mit meinem Freund Adek Rozenberg hatte ich während einer Nachtschicht in der Drehbank-Abteilung zu tun. Es war nichts zu reparieren, wir mußten nur sehen, daß alles gut funktionierte. An einer ganzen Reihe Drehbänke wurden die Panzerketten montiert, und bestimmte Rollen waren dafür zuständig, daß die Ketten gerade und fest montiert werden konnten. Die Lager dieser Drehbänke liefen nicht auf Kugellagern, sondern brauchten Öl. So hatte jede Drehbank oben einen kleinen Öltank, der die Lager während der Arbeitszeit mit Öl versorgte. Und in diese Ölbehälter der Drehbänke streuten wir etwas Metallstaub. Am nächsten Tag lief gar nichts mehr. Was waren wir naiv und dumm! Sie hätten doch sehr leicht herausfinden können, wer zu diesen Maschinen Zugang gehabt hatte! Jedenfalls haben sie nie herausgefunden, daß wir es waren – da hatten wir riesiges Glück. Die Produktion mußte gestoppt werden, alles stand still und mußte repariert werden. Das war Sabotage! Was haben wir für dumme Sachen gemacht, wenn ich das heute überlege!« (Interview F.W., Bd. VII A, aus dem Englischen B.S.)

119 »Ich trug eine Art Fliegeroverall, bei dem die Hosenbeine unten zugenäht waren. Die Sachen, die ich aus dem Ghetto ins Werk brachte, tauschte ich gegen Wodka. In jedes Hosenbein steckte ich eine Flasche. Ich machte das nur, weil es im Ghetto keinen Alkohol gab und ich wußte, daß ich ein hübsches Sümmchen verdienen konnte. Ich freute mich darauf, dieses Geld meinen Eltern zukommen zu lassen. Ich hatte es schon ein paar Male gemacht, doch beim letzten Mal stand ein SS-Mann vor der Ghettowache und trieb uns mit einer Peitsche an: ›Lauf schnell, lauf schneller!‹ Aber ich konnte wegen der Flaschen nicht rennen, sonst wären sie aneinandergestoßen und zu hören gewesen. Ich ging schneller, aber ich konnte nicht rennen. Der SS-Mann hatte in einer Hand die Peitsche und in der anderen eine Pistole. Ich ging so schnell wie möglich, aber als die Flaschen aneinanderschlugen, wurde ich wieder etwas langsamer. Er war direkt hinter mir und trieb mich letztlich mit einem Peitschenhieb ins Ghetto. Dort war ich sicher, aber Wodka schmuggelte ich an diesem Tag zum letzten Mal, weil ich um dieselbe Zeit erlebt hatte, wie der Vater eines Freundes – beide arbeiteten bei ›Ursus‹ – für ein kleines Stück Butter bei einer Durchsuchung auf der Wache vor unseren Augen erschossen wurde. Es

war kein Viertelpfund Butter – es war nur ein kleines Stückchen, und ich forderte das Schicksal mit Wodka heraus! Ich habe es nie wieder gemacht, mußte aber immer an das kleine Stück Butter denken, wegen dem Maniak Neumanns Vater erschossen worden war.« (Interview F.W., Bd. VII A, VII B, aus dem Englischen B.S.)

120 Im angrenzenden Haus Zamenhofa 38 befand sich eine Niederlassung des Beerdigungsinstituts »Pinkiert«. (Engelking und Leociak, Getto, S. 468) Durch ihren Freund in der Nachbarschaft wird sich Pola Winnykamień dort wahrscheinlich sicherer gefühlt haben.

121 Saba, mit ganzem Namen Sabina, war eine Stiefschwester von Leopold Winnykamień. »Ich kannte sie von der Zeit vor dem Krieg, als ich meine Großeltern in Warschau besuchte, sie war meine Tante, aber sie war nur drei oder vier Jahre älter als ich. Sie war ein Nachkömmling.« (Interview F.W., Bd. II A, VII B, aus dem Englischen B.S.)

122 Gemeint sind entweder die aus dem Ghetto ausgegliederten, leerstehenden Straßenzüge zwischen der Gęsia und der Nowolipki, die von Patrouillen des Jüdischen Ordnungsdienstes und der Sicherheitspolizei bewacht waren und von Juden nur in geschlossenen Kolonnen betreten werden durften, oder das größtenteils leerstehende Areal im Süden des früheren Ghettogebietes.

123 F.W.s Tante Sabina heiratete einen Ghettopolizisten, von dem er nur den Vornamen Zygmunt erinnert. F.W. hatte zu dieser Zeit vermutlich Kontakt zu den beiden jungen Leuten, verhielt sich jedoch, wie er in der Rückschau feststellte, einem Mitglied der Ghettopolizei gegenüber aus Prinzip reserviert. (Interview F.W., Bd. II A, VII B)

124 Es gehörte zu den Methoden der deutschen Besatzungsmacht, jeden möglichen Widerstand präventiv im Keim zu ersticken. Im November 1942 hatte der Reichsführer-SS, Heinrich Himmler, Meldungen erhalten, im Generalgouvernement sei ein Aufstand geplant. Er ordnete am 10. November 1942 schärfste Maßnahmen an. (Witte u.a. [Bearb.], Dienstkalender, S. 610, Anm. 15) Bis über die Jahreswende hinaus folgte eine Welle von Razzien und Verhaftungen unter der polnischen Bevölkerung Warschaus. Himmlers erneuerte seinen Befehl am 11. Januar 1943:
»Ich ordne daher an, daß nun laufend alle Bandenverdächtigen [sic!] proletarischen Elemente männlichen und weiblichen Geschlechts festgenommen und den KL. in Lublin, Auschwitz und im Reich zugeführt werden. Die Festnahme muß eine so große sein, daß im Generalgouvernement in den nicht durch die Arbeit erfaßten Kreisen eine fühlbare Verminderung und damit für die Bandenlage eine spürbare Erleichterung eintritt. [...] Die Aktion ist mit größter Beschleunigung durchzuführen.« (Heinrich Himmler an SS-Gruppenführer Heinrich Müller, den Chef der Gestapo, BA, NS 19/2648, Bl. 176)
Ludwik Landau hielt in seiner Chronik fest, daß es am 17. Januar 1943 zu einem »Menschenfang bisher unbekannten Ausmaßes« gekommen sei. Durch rücksichtslose Straßenrazzien, Razzien in Straßenbahnen, Vorortzügen, Bahnhöfen, vor Kirchen und die systematische Durchsuchung von Häusern in verschiedenen Stadtteilen Warschaus seien sehr große Menschenmengen an die Sammelstellen im Pawiak-Gefängnis und in der Zitadelle gebracht worden. Ein Teil der Gefangenen wurde ins Lager Lublin (das spätere KZ Majdanek) gebracht, von wo sie nicht zurückkehrten, ein anderer Teil wurde zwei Wochen lang im Pawiak-Gefängnis festgehalten und nach einiger Zeit (am 1. Februar 1943) freigelassen. (Bartoszewski, Todesring, S. 163f., insgesamt dazu S. 158–164) Die Sorge der Geschwister um ihre Eltern war berechtigt und begründet.

125 Die sogenannte zweite Aktion im Warschauer Ghetto dauerte von Montag, dem 18., bis Donnerstag dem 21. Januar 1943. Sie unterschied sich wesentlich von den Massendeportationen im Sommer 1942. Bei seinem Besuch in Warschau am 9. Januar 1943 verlangte Himmler von den deutschen Dienststellen vor Ort die beschleunigte Auflösung des Warschauer Ghettos. Der Reichsführer-SS zeigte sich unzufrieden, daß die Liquidierung des Ghettos bis zum Jahresende 1942 nicht abgeschlossen, die Herausnahme und Verlagerung der Betriebe bis Anfang Januar 1943 nicht erfolgt war, wie er es am 9. Oktober 1942 verlangt hatte. (Anordnungen vom 9. 10. 1942, BA, NS 19/352, Bl. 11 und 16 sowie vom

19.7.1942, BA, NS 19/1757, Bl. 1) Am 9. und 11. Januar 1943 ordnete er folgendes an: die umgehende Deportation von 8000 Juden in den folgenden Tagen, die Verlagerung aller Ghettobetriebe (der »sogenannten Rüstungsbetriebe«) in Konzentrationslager im Distrikt Lublin bis zum 15. Februar 1943 sowie die möglichst rasche, zentrale Zusammenlegung aller Juden, die in »wirklich eisenbearbeitenden Betrieben« tätig waren.
(Schreiben Himmlers an HSSPF Krüger vom 11. 1. 1943, BA, NS 19/352, Bl. 20–21; Vermerk von Oberst Freter vom Rüstungskommando Warschau über die Sitzung am 9. 1. 1943 vom 12. 1. 1943, BA-MA, RW 23/20, Bl. 15–15 R)
Die zwischen dem 18. und 21. Januar 1943 durchgeführte »zweite Aktion« im Ghetto folgte diesen Vorgaben. Zum einen sollten die Zahl der jüdischen Zwangsarbeiter erneut reduziert und die nicht mehr als Arbeiter benötigten Ghettobewohner deportiert werden, und zum anderen sollten die übrigen Belegschaften mit ihren Betrieben in den Distrikt Lublin verlegt werden. Vor allem die großen Betriebe wie Schultz & Co und Többens begannen daraufhin, sich auf den Umzug ihrer Betriebe einzurichten und ihn vorzubereiten. Daß die Produktion tatsächlich noch erhalten bleiben sollte und die Arbeiter damit geschützt werden konnten, stieß bei nahezu allen Betroffenen auf Unglauben.
Seit Ende der Sommerdeportationen 1942 hatte die Überlebenden im Ghetto die Frage beschäftigt, wie es einer relativ geringen Anzahl jüdischer Polizisten, deutscher SS- und Polizeiangehöriger, polnischer Gendarmen sowie lettischer und ukrainischer Hilfswilliger gelingen konnte, mehr als 200 000 Menschen zu deportieren. Man war zu dem Schluß gekommen, daß die Machthaber weniger effizient hätten vorgehen können, wenn sie auf organisierte Gegenwehr gestoßen wären. So kam es am 20. Oktober 1942 zur Gründung der »Jüdischen Koordinierungskommission«, die sich am 1./2. Dezember 1942 ein Statut gab; zugleich wurde die »Jüdische Kampforganisation« (Żydowska Organizacja Bojowa, ŻOB) gegründet, die die meisten politischen Richtungen zum Widerstand zusammenschloß. Damit wurden die vorher zersplitterten Kräfte gebündelt. (Sakowska, Menschen, S. 260–269)
Die »Januaraktion« war zwar nicht angekündigt, doch ahnten viele Juden, daß weitere Massendeportationen bevorstanden, und hatten sich vorbereitet. Die relativ ruhige Zeit zwischen Oktober 1942 und Januar 1943 wurde genutzt, um in den Wohnblocks Verstecke einzubauen – doppelte Wände wurden eingezogen, »unsichtbare« Räume abgetrennt sowie auf Böden und in Kellern Verstecke eingerichtet. Mit Hilfe des polnischen Widerstands konnten einige Waffen ins Ghetto geschmuggelt werden.
Während der »Januaraktion« wurden etwa 6000 Menschen zum »Umschlagplatz« gebracht und etwa eintausend an Ort und Stelle erschossen, die meisten jedoch konnten sich verstecken. Viele Judenratsmitglieder wurden erfaßt, erschossen oder deportiert, so daß der Rat nahezu aufgelöst war. Der größte Erfolg der Widerstandskämpfer lag jedoch darin, die deutschen Einheiten angegriffen zu haben: Bis zu zwanzig deutsche Männer kamen ums Leben, wodurch sich die SS gezwungen sah, die »Aktion« vorzeitig abzubrechen. Bewaffneten Widerstand gab es am Plac Muranowski, in der Ul. Miła 34, 41 und 63, der Ul. Zamenhofa 40 und der Ul. Franziskańska 22. Der gesamte Schultz-Shop verteidigte sich am dritten Tag der Aktion, am 20. Januar.
(Siehe insgesamt Scheffler und Grabitz, Spuren, S. 179–185; Sakowska, Menschen, S. 260–269; Engelking und Leociak, Getto, S. 720–722 sowie den Bericht von Ernest in: Grynberg [Hg.], Words S. 243–251.)
F.W. harrte die vier Tage in einem Versteck aus. Es befand sich in seinem Wohnblock in der Ul. Miła; auch sein Freund Adek Rozenberg, dessen Mutter und zwei Schwestern konnten sich dort verbergen:
»Das war eine sehr schwere Aktion, eine gründliche Durchkämmungsaktion. Wir hatten eine doppelte Wand in Rozenbergs Wohnung, da war dann noch ein kleiner Raum hinter der Wand. Dort waren wir, und Adek und ich gingen manchmal hinaus. Wir hatten kein Wasser – entweder waren die Rohre eingefroren, oder es war abgestellt. Und dann hatten wir nichts zu essen, weil wir dafür nichts vorbereitet hatten. Diese Aktion kam für uns

letztlich überraschend. Da war dieser furchtbare Hunger die ganze Zeit – wir haben wirklich drei Tage nichts gegessen und getrunken, und wir konnten auch nicht hinaus, weil das Ghetto doch klein geworden war und die Deutschen es ständig durchstreiften!« (Interview F.W., Bd. VII B, aus dem Englischen B.S.)

126 Da alle in ihren Verstecken auf das Ende der »Aktion« warteten, gab es auch keine Kommunikation untereinander. F.W. machte sich große Sorgen um seine Schwester. Durch Anszel, einen der Totengräber des Pinkiert-Unternehmens, der die Leichen aufsammeln mußte und sich daher relativ ungefährdet bewegen konnten, erfuhr er, daß sie lebte und wo sie sich befand. Da er dies später nicht notierte, kann nur vermutet werden, daß sie die furchtbaren Ereignisse im Krankenhaus in der Ul. Gęsia 6 miterlebt hat. (Siehe dazu auch F.W.s Notiz zum 23. Januar 1943, S. 311.)
Ungeklärt ist die Identität des »Abe« – nach diesem Eintrag zu urteilen, wird er ein Kollege Anszels gewesen sein, der ebenfalls mit einem Wagen durch die Ghettostraßen zog und Leichen einsammelte.

127 F.W. hat noch heute genau in Erinnerung, wie entschlossen er war, das Ghetto zu verlassen und alles dafür vorzubereiten.
»Nach dieser Aktion sagte ich mir: ›Das ist das Ende, ich muß hier verschwinden.‹ Diese 18. Januar-Aktion gab mir die Ahnung, daß das Ende kommen wird. Ich sah überhaupt keine Hoffnung mehr, außer zu fliehen.« (Interview F.W., Bd. VII B, aus dem Englischen von B.S.)

128 Mit »Stalingrad« werden F.W. und viele Ghettobewohner Hoffnungen auf eine baldige Kriegswende gehegt haben.
Im September 1942 begannen die Kämpfe zur Einnahme von Stalingrad, was der Wehrmacht im Oktober auch fast gelang. Am 19. November 1942 begann die entscheidende sowjetische Gegenoffensive, die die Einkesselung der 6. deutschen Armee unter Generaloberst Paulus zur Folge hatte. Ein rechtzeitiger Rückzug aus dem Kessel wurde von Hitler am 21. November 1942 unter Verkennung der realen Kräfteverhältnisse verboten. Ein Versuch, den Kessel durch den Vorstoß einer Panzerarmee aufzubrechen, mißlang.
Vom 23. November 1942 an waren die deutschen Soldaten eingeschlossen. Am 31. Januar 1943 kapitulierte der südliche Teil des Kessels unter General Paulus, am 2. Februar folgte der nördliche Teil. Von ursprünglich 250 000 deutschen Soldaten gerieten 90 000 in Gefangenschaft. Der Fall von Stalingrad bedeutete die militärische Wende an der Ostfront. (Siehe Rürup, Krieg, S. 57, 218–224 und zur Entscheidung Hitlers: Kershaw, Hitler 1936–1945, S. 713–722.)

129 Pola Winnykamieńs Entscheidung, im Ghetto zu bleiben und nicht mit ihm zu fliehen, schmerzt F.W. bis heute:
»Ich mußte das Ghetto verlassen und besprach es mit Pola. Pola war eine schöne junge Frau, aber sie sah jüdisch aus. Außerhalb des Ghettos wäre es für sie schwierig gewesen. Hinzu kam, daß sie so sehr in ihrem Beruf als Krankenschwester aufging – sie hätte die Kranken im Krankenhaus nicht verlassen. Sie sagte zu mir: ›Du gehst, ich werde nicht gehen.‹ Sie wußte auch, daß sie nicht mit uns in dem kleinen Zimmer [der Eltern in der Ul. Wolska] sein könnte. Schon zu dritt war es sehr eng. Und sie wollte uns drei nicht in Gefahr bringen mit ihrem Aussehen, wenn sie mal beim Hinein- oder Herausgehen gesehen würde. Und ich hatte keinen Plan für sie zur Hand – vielleicht hätte es eine Möglichkeit gegeben, einen Polen von ›Ursus‹ gegen Geld dazu zu bringen, sie bei sich aufzunehmen. Ich weiß nicht, ob das funktioniert hätte. Jedenfalls hielten sie viele Gründe zurück, und ihr letztes Wort war, daß sie nicht mitkäme.« (Interview F.W., Bd. VII B, aus dem Englischen von B.S.)

Warschauer Ghetto, September 1942 bis Januar 1943 [C]

1 Während und nach den Deportationen des Sommers 1942 konnten sich viele Juden auf die »arische« Seite Warschaus retten. Dies gelang mit Hilfe falscher Papiere, einem »guten« Aussehen, verläßlichen polnischen Helfern und Geld. Nach Schätzungen von Gunnar Paulsson sind etwa 2500 Ghettobewohner in der Zeit zwischen dem 12. September 1942 und dem 18. Januar 1943 auf die »arische« Seite geflohen. (Secret City, S. 57, Tab. 2.1.) Viele der Entkommenen kehrten, wie von F.W. Anfang Dezember 1942 beobachtet, jedoch aus Not wieder ins Ghetto zurück: Sie sahen auf der polnischen Seite für sich keine Chance zu überleben.
Eine neue deutsche Verordnung zur Bildung von Ghettos, die am 1. November 1942 in Kraft trat, forderte versteckt lebende Juden (indirekt) auf, sich bis zum 30. November 1942 in einem der sechs Ghettos der Distrikte Warschau und Lublin zu melden. Andernfalls drohte ihnen die Todesstrafe.
(§§ 2 und 3 der »Polizeiverordnung über die Bildung von Judenwohnbezirken in den Distrikten Warschau und Lublin« vom 28.10.1942, in: VBl.GG 1942, S. 665f.; siehe dazu auch Ringelblum, Kronika, S. 431.)
Die Problematik polnischer Denunzianten bringen auch andere Betroffene zur Sprache: »Der Umsiedlungsstab hat seine eigenen Spitzel. Die wissen, daß die Juden flüchten und bei Polen unterschlüpfen. Brand, der Kommandeur des Vernichtungskommandos, hält eine Rede: Die Juden sollen arbeiten, die Arbeiter bleiben da, und die, die sich auf der arischen Seite verstecken, werden sowieso von den Polen an die Deutschen ausgeliefert. Da ist viel Wahres dran. Auf der arischen Seite gibt es organisierte Gruppen von Verrätern, denen die dunkelblaue polnische Polizei unter die Arme greift. Die Juden beginnen von der arischen Seite zurückzukommen. Unmöglich, dort durchzuhalten; es fehlt ihnen das Geld, um die Erpresser zu bezahlen.«
(Szajn-Lewin, Aufzeichnungen, S. 93; über Rückkehrer siehe insgesamt: Paulsson, Secret City, S. 76–88.)
Die tatsächliche Zahl der Rückkehrer läßt sich nicht rekonstruieren.

2 Gemeint ist die stark bewachte, geräumte Zone zwischen den beiden Ghettoteilen. (Siehe dazu oben Anm. 96, S. 511f.)

3 Im November 1942 unternahmen etwa zwölf Roma einen Ausbruchsversuch aus dem Ghettogefängnis in der Ul. Gęsia 24 (dem »Arrest«). Man überwältigte das Wachpersonal, brach die Türschlösser auf und entkam der Haftanstalt. Doch wurde die Gruppe an der Ghettogrenze von Schützen abgefangen: einige starben noch vor Ort an ihren Schußverletzungen, die anderen wurden ins Gefängnis zurückgebracht. (Ficowski, Gypsies, S. 42)
Die Verfolgung der Sinti und Roma in Polen begann kurz nach der deutschen Besetzung mit Erschießungen, Gefangennahmen und Ausweisungen. Im Frühjahr 1942 verhängten die Behörden im Generalgouvernement gegen sie ähnliche Aufenthaltsverbote wie zuvor gegen die Juden; Sinti und Roma wurden zum Umzug in die bereits bestehenden »jüdischen Wohnbezirke« gezwungen. So verordnete der Kreishauptmann Warschau-Land am 28. Mai 1942, daß alle im Kreis lebenden »Zigeuner« ab 1. Juni in die nächstgelegenen Ghettos einzuweisen seien, Männer nach Bedarf auch in Arbeitslager. Ihr Eigentum sei ohne Entschädigung zu beschlagnahmen. Das Verlassen der Ghettos war ihnen unter Androhung von Geld- und Zuchthausstrafen verboten. (Anordnung des Kreishauptmanns Ruppert vom 28.5.1942, abgebildet in: Rose, Völkermord, S. 131)
Im Warschauer Ghetto trafen nach den Aufzeichnungen des Vorsitzenden des Judenrats im Juni 1942 mehrmals »Zigeuner« ein, die zunächst ausnahmslos im »Arrest« in der Ul. Gęsia inhaftiert wurden. Einige von ihnen – zumeist dem Volk der Roma angehörig – brachte man später im Ghetto unter. Ebenso wie die jüdischen Ghettobewohner mußten auch sie ein eigenes Kennzeichen an der Kleidung tragen. Bereits zuvor, am 22. April 1942, hatten die Behörden in einem offenbar spezifischen Fall zehn Roma südosteuropäischer Herkunft in das Gefängnis überstellt. Die genaue Zahl der im Juni infolge der

Aufenthaltsverbote nach Warschau verschickten Sinti und Roma läßt sich anhand von Czerniaków's Tagebuchnotizen nicht genau benennen, es müssen mehrere hundert gewesen sein. (Czerniaków, Getto, S. 247f., 264, 266–268 und 275) Die Einbeziehung einer größeren Gruppe in die Deportationen nach Treblinka ist durch Augenzeugen für August 1942 belegt. Im Herbst 1942 wurden erneut Roma aus dem Warschauer Stadtgebiet in das Gefängnis an der Gęsia eingewiesen. Sie, wie auch die bei dem Ausbruch im November gefaßten, wurden im Januar 1943 während der zweiten »Ghettoräumung« nach Treblinka deportiert. Mindestens 8000 polnische »Zigeuner« fielen dem nationalsozialistischen Völkermord zum Opfer. (Siehe insgesamt Ficowski, Gypsies, S. 38–43 und Zimmermann, Rassenutopie, S. 277–283.)

4 Der Reichsführer SS Heinrich Himmler besuchte Warschau überraschend am 9. Januar 1943. Zwischen 14.30 und 15.30 Uhr trafen er und sein Verbindungsmann zum Führerhauptquartier, SS-Obergruppenführer Karl Wolff, im Kasino der SS mit dem Kommandeur des Warschauer Rüstungskommandos, Oberst Freter, und dem SS- und Polizeiführer von Warschau, Ferdinand von Sammern-Frankenegg, zusammen. In dieser Besprechung ging es um die beschleunigte Räumung des Warschauer Ghettos. Himmler befahl ultimativ, die Betriebe unter SS-Regie in Konzentrationslager zu verlagern und die nicht arbeitsfähigen Juden »abzufahren«.
(Kriegstagebuch des Rüstungskommandos Warschau, Eintrag vom 9. 1. 1943, BA-MA, RW 23/20, Bl. 5; Himmler an HSSPF Krüger, 11. 1. 1943, BA, NS 19/ 352, Bl. 20–21 sowie Vermerk gez. Freter vom 12. 1. 1943, BA-MA, RW 23/20, Bl. 15–15R)
Diesem Besuch folgte am 18. Januar 1943 unmittelbar die »zweite Aktion« im Warschauer Ghetto.
(Siehe dazu Grabitz und Scheffler, Spuren, S. 180–182, sowie S. 309 einschließlich der Anmerkung.)

5 Siehe zur Januar-»Aktion« 1943 Anm. 125, S. 518f.
Die Leiter der Ghetto-Unternehmen hatten mit der SS-Führung vereinbart, ihre Betriebe mitsamt der Belegschaft aus Warschau in Arbeitslager im Distrikt Lublin zu verlegen. Für die Firma Schultz & Co war das SS-Arbeitslager Trawniki vorgesehen. Die Arbeiter glaubten dies nicht und verweigerten die Mitwirkung an der Verlagerung. Nachdem zu Beginn der »zweiten Aktion« 400 Arbeiter der Firma Schultz & Co zum Umschlagplatz abgeführt worden waren, kam es am nächsten Tag, dem 20. Januar 1943, im Häuserblock der Firma zu Akten der Selbstverteidigung. Am 21. Januar 1943 wurde die »Aktion« wegen deutscher Verluste vorzeitig abgebrochen.
(Siehe zu den Zuständen in der Firma Schultz & Co sowie der später auch erfolgten Verlegung des Betriebes: Grabitz und Scheffler, Spuren, S. 179–272.)

6 Die Tiefbaugesellschaft Schmidt & Münstermann besaß außerhalb des Warschauer Ghettos einen Betrieb in der Ul. Prusa. Im Herbst 1942 beschäftigte sie dort 170 oder 180 jüdische Arbeiter. Während der »Aktion« im Januar 1943 sollen der Betrieb vollständig liquidiert und die Arbeiter ausnahmslos deportiert worden sein.
(»Lohnliste« des Judenrats für September bis November 1942, abgedruckt in: *Materiały i Dokumenty … Ringelbluma II*, S. 155; zur Liquidierung Ernest, O wojnie, S. 325)
Der Shop der »Dal A.G.« im Ghetto wurde wahrscheinlich noch während der Deportationen im Sommer oder Frühherbst 1942 zwangsweise geschlossen.
Die Ostbahn war das von der deutschen »Generaldirektion der Ostbahn« verwaltete Eisenbahnsystem im Generalgouvernement. Der Wohnblock der Ostbahn-Arbeiter im Ghetto in der Ul. Miła soll am 18. Januar 1943 von Räumkommandos überfallen worden sein. (Zeidman, Togbuch, S. 277) Die jüdischen Zwangsarbeiter der Ostbahn in Warschau blieben jedoch auch nach Januar 1943 in ihren Außenstellen. Anders als alle anderen Dienststellen erhielt die Ostbahn im Januar 1943 von Himmler sogar die Genehmigung, eine noch größere Anzahl jüdischer Zwangsarbeiter einzustellen. Im Frühjahr 1943 waren an verschiedenen Warschauer Arbeitsstätten der Bahn etwa 800 Juden eingesetzt, die man im April 1943 am Danziger, später am Westbahnhof kasernierte. Sie blieben auch nach

der Zerstörung des Ghettos bis Mitte Juli dort, wurden danach aber mit Ausnahme einer kleinen Gruppe ebenfalls deportiert. (Berenstein, *Praca*, S. 79, 81 und 91)

7 Das letzte Krankenhaus im Warschauer Ghetto, das zu dieser Zeit 800 Patienten versorgte, war während der »zweiten Aktion« mehrfach Zielscheibe deutscher Räumtrupps. Gehfähige Patienten und Personal wurden zum Umschlagplatz getrieben, andere an Ort und Stelle ermordet. Einem Teil der Angestellten und ihrer Familien gelang es jedoch, sich auf dem Gelände der Ul. Gęsia 6/8 zu verstecken. (Engelking und Leociak, Getto, S. 276)
Die Direktorin des Schwesternheims beschrieb die Ereignisse im Krankenhaus:
»Am 18. Januar 1943 begab ich mich um 6 Uhr morgens zum Krankenhaus. Ich vertrat die Oberschwester, Frau Fryd. Man wußte nie, wie viele Krankenschwestern am betreffenden Tag zur Arbeit kommen würden. Denn einige waren infolge von Hunger und Erschöpfung krank, andere bemühten sich auf die ›arische‹ Seite zu kommen. Ich [...] erfuhr telefonisch von der nächsten ›Aktion‹, ich machte mir keine Illusionen mehr. Die Jüdische Kampforganisation im Getto erwartete die ›Aktion‹ eine Woche früher. [...] Ich brachte die Patienten in Schutzräumen unter, mit denen das Krankenhaus ausgestattet war. Sogar die Wöchnerinnen flohen in diese Schutzräume. Die Säuglinge konnte man nicht verstecken, wir waren davon überzeugt, daß die Nationalsozialisten den Neugeborenen nichts antun würden. Wie naiv wir doch waren! [...] Mir wurde befohlen, die Rekonvaleszenten auf Wagen zu laden. Ich leistete Widerstand und rief dazu auf, die Befehle der SS-Männer nicht auszuführen. Die Deutschen nahmen das Krankenhauspersonal angeblich von der Vernichtung aus. Das war ein weiterer Betrug der Besatzer. Nach Beendigung der ›Aktion‹ nahmen sie auch das Personal mit. Es ertönte ein schreckliches Gejammer. Sie ließen Direktor Stein, seine Frau, den betrieblichen Leiter Ingenieur Sztabholc, Dr. Braude-Hellerowa, Dr. Wortman (von der Gesundheitsabteilung bei der jüdischen Gemeinde) und Frau Rochman, die Schwesternälteste des Krankenhauses, Schwester Szereszewska als ›arische Schönheit‹ [deutsch im Original], und Schwester Sabina Zenderman, als ›judische [sic!] Schönheit‹ [deutsch im Original] frei. Nachdem die SS-Männer weggegangen waren, lagen in den Betten Leichname mit chirurgischen Streckverbänden und Schienen. Ein Junge hatte sich gerettet (er war leichenblaß), die Nazis hatten ihn für einen Toten gehalten. Die Neugeborenen lagen in Blutlachen in ihren hübschen, weißen Bettchen.«
(Blum-Bielicka, *Skoła Pielęgniarstwa*, S. 75–76, Übersetzung Sabine Leitner)
Der Krankenhausbetrieb wurde bis zur endgültigen Vernichtung des Warschauer Ghettos Ende April 1943 unter äußerst schwierigen Bedingungen notdürftig aufrecht erhalten. Ein geregelter Betrieb des Schwesternheims war sicherlich nicht mehr möglich.

8 Nach dem vorzeitigen Abbruch der Januar-»Aktion« ahnten viele, daß die endgültige Auflösung des Ghettos nur aufgeschoben war. Der Taktik und den Aufrufen der Jüdischen Kampforganisation folgend, wurden in dieser Zeit unterirdische Verstecke in die Wohnblocks eingebaut, wo Vorräte an Lebensmitteln, Wasser und Waffen angelegt wurden. In diesen Verstecken wollte man sich verbergen und sich so lange wie möglich gegen die Deutschen verteidigen. Diese Strategie erschwerte es den deutschen Einheiten ab 19. April 1943, das Ghetto zu »erobern«. (Wulf, Leben, S. 74)

9 Mirka Braczkowska ist seither verschollen. F.W. bekam seit Januar 1943 kein Lebenszeichen mehr von ihr. Leon Zamczyk war der Deportation der »Dal«-Arbeiter nach Schließung des Shops im Jahre 1942 offenbar entkommen. Über sein weiteres Schicksal ist ebenfalls nichts bekannt.

10 Dieser Eintrag könnte zweierlei bedeuten: Entweder vermerkt F.W. hier, daß zum letzten Mal ein Brief von Irena Bocian bei ihm im Ghetto ankam. Oder der Inhalt dieses Briefes vom September war so ungewöhnlich, daß er sich die Tatsache als Notiz vermerken wollte, um später ausführlich darüber zu schreiben. Er bedeutet jedoch nicht, daß die Korrespondenz zwischen Winnykamieńs und Bocians aufgehört hatte. (Siehe zur weiteren Korrespondenz über die »arische« Seite S. 312 mit den Anm. 13 und 15.)

11 Grundsätzlich wurden alle ein- und ausgehenden Postsendungen ab dem 22. Juli 1942 von den Deutschen konfisziert. Dennoch funktionierte die Ghetto-Post weiter, und oft wurden

die eingegangenen Sendungen auch ausgetragen, wenn die Adressaten noch aufzufinden waren. Manche Sendungen kamen an, viele nicht. Post aus dem Ghetto zu versenden, war nach dem 22. Juli 1942 jedoch so gut wie unmöglich. Vielleicht wurde es F.W. erst nach dem Ende der Sommerdeportationen im September 1942 bewußt, daß er keine Post mehr aus dem Ghetto verschicken konnte. Als »Außendienstler« hatte er aber die Möglichkeit, seine Post von der »arischen« Seite aus zu versenden. Im Privatbesitz Zofia Kwiatkowskas hat sich eine Weihnachtskarte F.W.s erhalten, die er am 23. Dezember 1942 von dort aus nach Gniewoszów abgeschickt hatte. (Abbildung S. 403; zum Postverkehr siehe: Engelking und Leociak, Getto, S. 356–369, bes. S. 369 sowie Opoczyński, »Jewish Postal Service in Warsaw and the Deportation«, in: Kermish [Hg.], Honor, S. 157–163.)

12 Siehe hier Anm. 119, S. 517.

13 Budziek ist Wiktor Pakmans Spitzname. Er war mit Marek Midlarz' Schwester Róża verheiratet. F.W. traf ihn mehrmals im Juni und Juli 1942 nach seiner Rückkehr ins Warschauer Ghetto. Wiktor Pakman gab ihm entscheidende Hinweise zur Legalisierung seines Aufenthalts im Ghetto.

Ende September 1942 konnten Wiktor und Róża Pakman aus dem Ghetto fliehen und sich nach Berlin zu Wiktors Schwestern begeben. Wie dies im einzelnen gelang, ist nicht bekannt. Nach seiner Ankunft in Berlin schrieb Wiktor an Irena Bocian in Gniewoszów, um Familie Winnykamień über seinen Verbleib zu informieren. Irena Bocian kontaktierte ihrerseits die polnischen Helfer von F.W. in Warschau, und so gelangte Wiktor Pakmans Brief schließlich in die richtigen Hände. Familie Winnykamień war so darüber informiert, daß sich Wiktor Pakman zu seinen Schwestern Karola, Tania und Pela nach Berlin retten konnte. (Siehe zur Familie Pakman-Woop in Berlin ausführlich die Darstellung ab S. 372.)

Dies war der Beginn einer kontinuierlichen Korrespondenz zwischen der Familie Winnykamień in Warschau und den Geschwistern Pakman in Berlin, in deren Folge die Berliner nicht nur Briefe und Nachrichten, sondern darüber hinaus Nahrungsmittel und Geld ins Warschauer Versteck schickten. Vermutlich aus Sicherheitsgründen hatte F.W. Irena Bocian nicht nur die Adressen von Piotr Przeradowski und Andrzej Łukawski als Kontaktmöglichkeit mitgeteilt, sondern auch jene von Piotrs Schwiegermutter, Frau Prażuchowa.

14 Seit Marek Mydlarsz' Deportation im Juni 1942 hatte Familie Winnykamień keine Nachricht mehr von ihm oder über ihn erhalten. Diese kurze Notiz mit dem Tarnnamen »Marcin« – wie F.W. 2002 versicherte, handelte es sich hierbei tatsächlich um Marek Mydlarsz – weist darauf hin, daß dieser in das Lager Starachowice verbracht worden war. Er hatte dort, vermutlich auf dem Postweg, davon erfahren, daß seine Schwester (Róża) und sein Schwager (»Budziek«, also Wiktor Pakman) sich nach Berlin in Sicherheit gebracht hatten. Daß Marek Mydlarsz tatsächlich Häftling eines der Lager von Starachowice war, wird durch seine Witwe erhärtet: Nach ihren Erinnerungen zog er sich bei der Zwangsarbeit an einem Hochofen ohne Schutzbrille eine bleibende Augenentzündung zu. (Gespräch mit Anneliese Midlasch, 3. 12. 2001)

Die Stahl- und Munitionsfabriken der Stadt Starachowice wurden im Herbst 1939 von den Hermann-Göring-Werken einverleibt und produzierten für die Wehrmacht. Insgesamt gab es vier Lager: Die Juden im Lager Strelnica mußten in einer Munitionsfabrik arbeiten, das Lager Majowka war für jüdische Zwangsarbeiter errichtet worden, die an den Hochöfen und der Walzanlage des Stahlwerks eingesetzt wurden; die beiden kleineren Lager waren einem Sägewerk und einem Kraftwerk zugeordnet. Höchstwahrscheinlich war Marek Mydlarsz im Lager Majowka inhaftiert. Es ist jedoch unbekannt, wann er dorthin kam – ob direkt aus Gniewoszów oder erst später –, wie lange er dort blieb, und wann und unter welchen Umständen er von dort fliehen konnte. (Zu Starachowice siehe Browning, *»Arbeitsjuden«*, S. 139–177, bes. S. 143 und 146.)

15 F.W. erinnert sich nicht mehr an alle Aufschlüsselungen der Abkürzungen und Tarnnamen. »B.« könnte hier für Bötzow stehen – den Ort nordwestlich von Berlin, in dem seine Schwester Rysia den »Oemeta«-Werken im November 1942 als »arisch«-polnische Fremd-

arbeiterin zugeteilt wurde. (Siehe Anm. 106, S. 514.) Um seine Schwester in Deutschland zu schützen, verwendete F.W. niemals den Ortsnamen »Bötzow«, während er »Berlin« oft ausschrieb.

Vielleicht wollte Rysia Winnykamień – aus unbekannten Gründen – nicht direkt nach Warschau schreiben, sondern beauftragte damit »Alfred und Pela«. Möglicherweise sind »Alfred und Pela« Tarnnamen für den Deutschen Ernst Woop und seine Frau Karola sowie deren Schwestern Tania Pakman und Pela Rozen, die in der Berliner Alexandrinenstraße lebten und dort auch Wiktor und Róza Pakman aufgenommen hatten. (Siehe dazu ausführlich ab S. 372) Im Falle der Richtigkeit dieser Interpretation würde der Eintrag bedeuten, daß Winnykamieńs im Dezember 1942 über Rysias Wohlergehen unterrichtet waren.

16 Dieser Eintrag von fremder Hand ähnelt den Adressennotizen auf derselben Seite, die jedoch durchgestrichen wurden. Er hat mit dem Text – soweit ersichtlich – nichts zu tun.

Warschau-Wola, Februar bis November 1943 [D]

1 Frederick Weinstein, Life on the precipice of hope and fate, New York 2000 (für private Zwecke in wenigen Exemplaren vervielfältigt), S. 134–136.

2 Die endgültige Zerstörung des Warschauer Ghettos begann am 19. April und endete am 16. Mai 1943, doch auch danach kam es noch zu Kämpfen und Verhaftungen auf dem Ghettogelände. Die im Januar 1943 auf Befehl Himmlers begonnene Auflösung des Warschauer Ghettos (»zweite Aktion«) war nicht zuletzt am jüdischen Widerstand gescheitert. (Dazu siehe oben S. 306 und 309 sowie Anm. 125, S. 518f. und Anm. 5, S. 522.) Auch in den folgenden Monaten gelang es nicht, die Ghetto-Betriebe in dem von der SS geforderten Ausmaß zu verlagern. Am 19. April setzten SS und Polizei daher zur gewaltsamen »Räumung« des Ghettos an.

Jüdische Untergrundgruppen und die Bevölkerung des Ghettos hatten, da sie nach der gescheiterten Januar-Aktion einen neuerlichen Räumungsversuch erwarteten, ein System von Verstecken und unterirdischen Gängen angelegt und unter Mithilfe der militärischen polnischen Untergrundorganisationen Waffen eingeschleust.

Unter der Leitung von Mordechai Anielewicz begegnete die Żydowska Organizacja Bojowa (ŻOB, Jüdische Kampforganisation) am Morgen des 19. April den über die Ul. Zamenhofa ins Ghetto einmarschierenden deutschen Truppen mit bewaffneter Gegenwehr. Von der Heftigkeit des Widerstands überrascht, mußten die deutschen Besatzungstruppen zunächst den Rückzug antreten, kehrten jedoch mit aufgestockten Truppen zurück. Der jüdische Aufstand gegen die überlegenen Einheiten von Polizei, Waffen-SS, Wehrmacht und ukrainischen SS-Hilfswilligen unter Leitung des designierten Warschauer SS- und Polizeiführers Jürgen Stroop dauerte bis Mai 1943.

Die deutschen Einheiten gingen bei der Bekämpfung der »Widerstandsnester« mit äußerster Brutalität vor.

Ein großer Teil der Häuser wurde in Brand gesetzt, Menschen in den unterirdischen Verstecken – in Stroops Worten – »ausgeräuchert«. Nach der Überwältigung der ŻOB-Leitung in der Ul. Miła 18 am 8. Mai und der symbolischen Sprengung der großen Synagoge in der Ul. Tłomackie am 16. Mai 1943 meldete Stroop die Niederschlagung des Aufstandes und das Ende seiner »Großaktion«. (Fernschreiben an den Höheren SS- und Polizeiführer Ost, IMG, 1061-PS, Bd. XXVI, S. 693)

Nach seinen Angaben habe man 56 065 Juden im Ghetto »erfaßt«, von ihnen starben etwa 7000 noch während der Kämpfe, 6929 wurden nach Treblinka deportiert. (Stroops abschließende Meldung an den HSSPF vom 24.5.1943, abgedruckt in: Wulf, Vollstrecker, S. 178f.)

Die in Arbeitslager im Distrikt Lublin und das Konzentrationslager Majdanek verbrachten jüdischen Zwangsarbeiter wurden größtenteils während der »Aktion Erntefest« am 3. und 4. November 1943 erschossen. Die niedergebrannten Ruinen des ehemaligen Ghettogebiets wurden später in Häftlingsarbeit abgetragen.

(Die Literatur zum Ghettoaufstand und zur »Stroop-Aktion« ist umfangreich, siehe daraus: Kurzman, Aufstand; Scheffler und Grabitz, Ghetto-Aufstand; Gutman, Jews, S. 364–430; Friedman [Hg.], Martyrs sowie aus den zahlreichen Memoiren der jüdischen Widerstandskämpfer die von Edelman, Ghetto; Zuckerman, Surplus und Rotem, Kazik.)

3 Josef Blösche (1912–1969) war SS-Rottenführer; er gehörte seit September 1941 der Gestapo beim Kommandeur der Sicherheitspolizei und des SD (KdS) in Warschau an. Ab August 1942 war er im sogenannten Ghettokommando der Sicherheitspolizei eingesetzt und nahm an allen drei Massendeportationen teil. Im August 1943 erhielt er, auf Vorschlag des KdS Warschau, für »seine Leistungen und seine stete Einsatzbereitschaft« im Ghetto das Kriegsverdienstkreuz II. Klasse mit Schwertern. (»Vorschlagsliste für die Verleihung des Kriegsverdienstkreuzes II. Klasse mit Schwertern« vom 17.8.1943, BStU, ZUV 15, Akte 17, Bl. 045–049)

Blösche war für seine außerordentliche Brutalität und zahlreiche Erschießungen auf offener Straße im Warschauer Ghetto weithin bekannt. Zumeist als »Blesche(r)« taucht diese Figur in vielen Erinnerungen Überlebender auf.

Nach dem Krieg lebte Blösche jahrelang unerkannt in der DDR, wo er als Bergarbeiter im thüringischen Kaliabbau tätig war. Nach seiner Enttarnung wurde er am 30. April 1969 vom Bezirksgericht Erfurt und nach erfolgloser Berufung am 13. Juni 1969 vom Obersten Gericht der DDR wegen Kriegsverbrechen und Verbrechen gegen die Menschlichkeit zum Tode verurteilt. (BStU, ZUV 15, Akte 7, abgedruckt in: DDR-Justiz und NS-Verbrechen, Bd. 2, lfd. Nr. 1049, S. 396–418) Das Urteil wurde am 29. Juli 1969 vollstreckt.

Blösche mußte sich vor Gericht unter anderem wegen mehrerer Morde verantworten, die bei der Räumung des Warschauer Ghettos am 19. April 1943 in der Ul. Zamenhofa begangen worden sind: wegen der Teilnahme an einer Massenerschießung im Gebäude des Judenrats in der Zamenhofa 19, der mindestens 1000 Menschen zum Opfer fielen, wegen der Erschießung von jüdischen Bestattern sowie der gewaltsamen Verhinderung von Löscharbeiten im Haus Zamenhofa 38, wodurch am Morgen desselben Tages eine Frau und ihr Kind starben. (BStU, ZUV 15, Akte 7, Bl. 034, 041 und 059f.) Wie der Zeuge Szymon Kraus, selbst ein Totengräber, aussagte, habe Blösche am Morgen des 19. April mehrere Bestatter vor den Häusern Zamenhofa 36 und 38 gefangengenommen und einige Stunden später im Hof des Judenratsgebäudes erschossen. Auf der Straße habe es während dieser Zeit Feuergefechte gegeben.

(Aussage Kraus vom 11.4.1967, BSTU, ZUV 15, Akte 16, Bl. 093f.; zu Kämpfen und Schießereien vor diesen Häusern siehe auch die Aussagen von Stefan S. und Benjamin G. in: Scheffler und Grabitz, Aufstand, S. 65 und 78; siehe zu Blösche auch Schwan und Heindrichs, SS-Mann.)

Warschau-Wola, Dezember 1943 bis August 1944 [E]

1 Inhaltlich kreisten F.W.s Gedanken und Einträge um vier Themenkomplexe: 1. den »Mikrokosmos« des Hauses seines Verstecks in der Ul. Wolska 54 und seiner Bewohner sowie die eigene Selbstkontrolle und Tarnung nach außen, 2. die schwierige finanzielle Lage und Lebensmittelsituation der drei Versteckten, 3. die Außenkontakte über die Post nach Berlin, 4. die aufmerksame Sammlung von Informationen über die militärische Lage.

2 In diesem Kapitel kommen Vor- oder Nachnamen bisher unbekannter Menschen vor. Es handelt sich um nicht-jüdische Einwohner des Warschauer Stadtbezirks Wola bzw. Nachbarn im Haus Ul. Wolska 54.

Das Haus steht noch heute und trägt dieselbe Hausnummer wie damals. Der Gebäudekomplex besteht aus einem Vorderhaus und zwei umbauten Hinterhöfen. 1943/44 wohnten dort schätzungsweise um die 200 Menschen. (Siehe Foto S. 403.)

Jazia Łazarowicz war eine Nachbarin. Sie hatte einen Freund namens Łaszewski und zwei Kinder: ihren Sohn Władek und Tochter Fela mit ihrem kleinen Sohn Stasio.

Der »Ursus«-Arbeiter Piotr Przeradowski wohnte nicht in diesem Haus, kam jedoch zu Besuch. Er, seine Frau Maria (Marysia) Przeradowska und seine Schwiegermutter Frau Prażuchowa spielten für die Familie Winnykamień auch nach dem Einzug in die Kellerwohnung eine bedeutende Rolle. Die Familien Łazarowicz und Przeradowski waren miteinander befreundet. Sie wußten um die wahre Identität von Isabella Winnykamień und auch, daß in dem Kellerzimmer deren Ehemann und Sohn lebten.
Frau Kowalczyk war eine Cousine von Maria Przeradowska. Sie wohnte mit ihrer Familie wahrscheinlich auch in Wola. Kowalczyks hatten eine Tochter namens Janka und einen Sohn.
Direkte Zimmernachbarn von Isabella Winnykamień im Souterrain waren das Ehepaar Helena und Jan Maryniak. Beide durften sie nur unter ihrer falschen Identität kennen und die Anwesenheit von Ehemann und Sohn nicht bemerken. Es ist möglich, daß Jan Maryniak beruflich etwas mit dem Finanzamt zu tun hatte, wie der Eintrag vom 29. Juli 1944 über den Deputatwodka (S. 339) zeigt.
Im Seitenflügel lebte das Ehepaar Barbara und Anton (Antek) Purto. Obwohl Barbara Purto F.W.s Mutter für kurze Zeit beherbergt hatte (siehe S. 302 zum 7.11.1942), mußte auch ihr die Anwesenheit von Leopold und Fryderyk Winnykamień verheimlicht werden. »Antek« war vermutlich bei der Bahn beschäftigt. (Siehe S. 326.)
Eine weitere Nachbarin war Anka Jakubiak; der »alte Jakubiak« höchstwahrscheinlich ihr Vater. Anka Jakubiak hatte eventuell etwas mit der Gendarmerie zu tun, wie der Eintrag vom 3. Juli 1944 (S. 331) zeigt. Sie stand in einer nicht näher bestimmbaren Beziehung zu Franto Tuna, der in der Ul. Skierniewicka lebte.
Das Ehepaar Kamiński übte die Funktion des Hausmeisters aus und war für die Verteilung der Lebensmittelrationen zuständig.
Weitere, hier nur namentlich erwähnte BewohnerInnen des Hauses waren: Ewiakowa, Raniszewska, Bazylak, Pawlicki, Osmalkiewicz, Hutnikowa, Szwagierkowa und Stanczak.
Nur mit dem Vornamen tauchen eine Franka und eine Wanda auf. Auch sie scheinen Nachbarinnen gewesen zu sein. Ein Mann namens Zielińsky war offenbar Kommunist (im Eintrag vom 1. August 1944, S. 342, wird er als »Genosse« bezeichnet); ob er in der Ul. Wolska 54 gewohnt hat, bleibt unklar. Auch Herr Krup, den die Gestapo verhaftete. (Eintrag vom April 1944, S. 326), gehörte vielleicht zu den Bewohnern des Hauses.

3 Dieser Satz könnte der erste Satz der Aufzeichnungen sein, den F.W. überhaupt schrieb. Er benennt prägnant die dramatische Lebenssituation der Versteckten. Die Bemerkungen über den 15. November 1943 und die Besuche der Nachbarinnen und des Briefträgers sind sichtbar in den schon bestehenden Text zum 16. Dezember 1944 eingefügt.

4 »Nach unten« bedeutet das unter den Schrank gegrabene Versteck für Leopold und Fryderyk W.

5 Nach dem deutschen Rückzug im Sommer und Herbst 1943 lag die Rote Armee im Dezember im Süden der Sowjetunion an einer Linie westlich von Kiew bis an den Unterlauf des Djnepr. Mit einem überraschenden Vorstoß der fünf Armeen der 1. Ukrainischen Front, der von Kiew aus in Richtung Schitomir gegen die 4. deutsche Panzerarmee vorgetragen wurde, begann am 24. Dezember 1943 die sowjetische Winteroffensive. Die Kämpfe gegen die bereits stark geschwächten Verbände der deutschen Heeresgruppen Süd und A führten bis Februar 1944 zu einer völligen Auflösung der Front im Bereich der deutsch besetzten Ukraine. Mit ihrem gefächerten Vorrücken in west- und südwestliche Richtung trieb die Rote Armee einen tiefen Keil zwischen die deutschen Heeresgruppen Mitte und Süd. Aus dieser günstigen Ausgangsposition sollten die sowjetischen Verbände im März 1944 ihre Frühjahrsoffensive starten, die sie bis Ostgalizien, in den Süden des Generalgouvernements, vorrücken ließ.
Im Zuge ihrer Winteroffensive 1943/44 überschritten sowjetische Truppen erstmals die Ostgrenze Vorkriegspolens. Bei einer gleichzeitigen Großoffensive im Norden wurde ab Januar 1944 auch der deutsche Belagerungsring um Leningrad gebrochen. (Siehe hier und

im folgenden Hillgruber und Hümmelchen, Chronik; Gruchmann, Weltkrieg, S. 246f. und Cartier, Weltkrieg, S. 696–703.)

6 Am 4. Januar 1944 nahmen Einheiten der 1. Ukrainischen Front Sarny (in Wolhynien) ein und überschritten damit erstmals die östliche Vorkriegsgrenze Polens. Die früher polnischen Orte Równe und Łuck wurden nach einem am 27. Januar beginnenden Vorstoß erst am 2. Februar 1944 erobert.

7 Die im folgenden häufiger vorkommende Ortsbezeichnung »B.« verwendete F.W. sowohl für Berlin als wahrscheinlich auch für Bötzow, den Aufenthaltsort seiner Schwester Rysia. In den meisten Fällen ist – wie auch an dieser Stelle – Berlin, und damit die Adresse der Familie Woop-Pakman gemeint.

8 Vermutlich standen F.W.s Eltern in der Ul. Wolska von Anfang an (ab Dezember 1942) in Briefkontakt mit den drei Schwestern Karola Woop, Tania Pakman und Pela Rózen in Berlin. F.W. besaß seit Oktober 1942 die unausgefüllte Blanko-Kennkarte, die ihm Bolesław Paciorek geschickt hatte. (Eintrag S. 302 zum 20.10.1942) Vereinbart war, daß die »Berliner« – da sie eine Schreibmaschine zur Verfügung hatten – den Ausweis ausfüllen sollten. Um keinen Verdacht auf die Schwestern zu lenken, die illegal in Berlin lebten, mußte dafür eine unverdächtige Berliner Anschrift verabredet werden. Wie sich F.W. erinnert, schickten Winnykamieńs ihre Briefe an eine postlagernde Adresse auf einem Berliner Postamt. (Interview F.W. Bd. VI A)

Die Post zwischen Berlin und Warschau funktionierte als Auslandsdienst ganz normal: Briefe und Einschreiben, Päckchen und Pakete wurden problemlos befördert. Das Postgeheimnis blieb für den zivilen Bereich anscheinend gewahrt. F.W. erinnert sich nicht, Angst vor der Zensur oder dem unbefugten Öffnen seiner Briefe durch Behörden gehabt zu haben. Eine Postüberwachung wurde nur in Verdachtsfällen durch die Gestapo oder den SD angeordnet. Die Dienst- und Feldpost zwischen dem Generalgouvernement und dem Reich allerdings unterlag der regelmäßigen Überwachung.

(Siehe Ueberschär, Deutsche Reichspost, Bd.II, S. 117–126 und das Merkheft über den Post-, Telegraphen- und Fernsprechdienst 1942, S. 10f.)

Gerd R. Ueberschär sei für seine Auskunft vom 26.1.2004 über die Handhabung der Zensur bezüglich der Zivilpost gedankt.

9 Wegen der anhaltenden Wohnungsknappheit plante Distriktgouverneur Fischer, die Warschauer Stadtbevölkerung durch verschiedene Zwangsmaßnahmen zu reduzieren. Am 1. Oktober 1943 ermächtigte er die städtischen Behörden, Personen ohne ein als kriegswichtig anerkanntes Beschäftigungsverhältnis aus Warschau auszuquartieren. In der Stadt hielt man Wohnungskündigungen für Rentenbezieher für wahrscheinlich. Dies hätte auch Isabella Winnykamień betreffen können. Möglicherweise berichteten die Zeitungen im Januar 1944 erneut über diese Planungen. (Siehe Szarota, Warschau, S. 154–157, bes. S. 156 und Madajczyk, Okkupationspolitik, S. 436f.)

10 Rysia Winnykamień schrieb regelmäßig aus Bötzow, und ihre Nachrichten, auch die über ihre Kontakte zur Familie Woop-Pakman, müssen für die Eltern und den Bruder beruhigend gewesen sein. Weitere Sendungen von ihr notierte F.W. unter folgenden Daten: Februar 1944 (S. 323), April 1944 (S. 325), 3. Juli 1944 (S. 330), 27. Juli 1944 (S. 334) und 28. Juli 1944 (S. 337).

11 Vermutlich durch Isabella Winnykamieńs Kontakte zur Außenwelt erfuhren die drei Untergetauchten von Denunziationen anderer versteckt lebender Juden. Der eine Fall ereignete sich direkt im Nachbarhaus.

Den Forschungen Gunnar Paulssons zufolge lebten kurz vor dem Warschauer Aufstand im August 1944 etwa 17 000 untergetauchte Juden in der Stadt. In der Zeit zwischen der Liquidierung des Ghettos und dem Warschauer Aufstand, also zwischen Mai 1943 und Juli 1944, kamen etwa 11 000 untergetauchte Juden um: Oft wurden sie verraten und entdeckt, viele sind »einfach« gestorben. (Paulsson, Secret City, S. 221)

12 F.W. verwendet den Namen »Zofia« in diesem Manuskriptteil als Tarnnamen für die Schwestern Karola Woop, Tania Pakman und Pela Rozen in Berlin. F.W. erinnert sich, daß es vor

allem Tania Pakman war, die die Korrespondenz zu ihnen nach Warschau unterhielt. Durch das Notieren des genauen Inhalts der Päckchen kann die Kargheit der Ernährung der drei Versteckten erahnt werden.

13 Mit Marek Mydlarsz standen die drei Versteckten ebenfalls in brieflichem Kontakt. Er war wohl bereits aus dem Lager Starachowice geflohen und befand sich bei einer Partisanengruppe. Über diese abenteuerliche Zeit hat er weder seiner Frau noch F.W. nach dem Krieg berichtet, auch gibt seine Entschädigungsakte darüber keine nähere Auskunft. Die Korrespondenz zwischen Marek Mydlarsz und den Winnykamieńs lief vermutlich über Piotr Przeradowski. Da Marek jedoch auch Kontakt zu seiner Schwester nach Berlin unterhielt, gelangten von dort ebenfalls Informationen über ihn nach Warschau.

14 Siehe Anm. 11, S. 528f. zum Eintrag vom 3. Januar 1944.

15 Nach etwa einem Monat bekam F.W. seinen nach Berlin geschickten Blanko-Ausweis von Tania Pakman ausgefüllt zurück. Er hatte den einzutragenden Namen, das Geburtsdatum und alle anderen Details vorsichtig mit einem Bleistift vorgeschrieben, so daß man sie wieder ausradieren konnte. Den Rest besorgte er selbst:
»Und dann arbeitete ich an den Stempeln und an der Befestigung des Fotos. [...] Als Klammer für das Foto nahm ich eine Öse vom Schuh meines Vaters, und für die Stempel benutzte ich Tinte. Für die Unterschrift hatte ich ungefähr einen Tag geübt. [...] Aber über die [schwarz] getippten Buchstaben war ich ein wenig enttäuscht, weil die Kennkarte meiner Mutter mit eher bläulichen Typen ausgefüllt war. Da alle Kennkarten in Warschau in dieser Art beschriftet waren, machte ich mir Sorgen wegen der anderen Schriftfarbe. Aber ich konnte es nicht mehr ändern.« (Interview F.W. Bd. VI A, aus dem Englischen B.S.)
Der gefälschte Ausweis ist – falls das erwähnte Paßbild dafür bestimmt war – erst nach dem 29. Mai 1944 fertig geworden. Während seiner Zeit im Versteck hat F.W. ihn nicht benutzt. Erst nach dem 2. August 1944 und bei seinem nachfolgenden Arbeitseinsatz für die Wehrmacht legitimierte er sich damit. (Siehe die Abbildung des Ausweises S. 404.)

16 Wahrscheinlich stand diese Blockade der Ul. Wolska im Zusammenhang mit Razzien im Stadtteil Wola, die nach dem gelungenen Attentat polnischer Widerstandskämpfer auf den Warschauer SS- und Polizeiführer Franz Kutschera am 1. Februar 1944 erfolgten. (Siehe dazu unten Anm. 21, S. 530f.) Nach den Aufzeichnungen von Ludwik Landau nahm die Polizei in der Nacht vom 2. zum 3. Februar in Wola massenhaft Hausdurchsuchungen und Verhaftungen vor. Am 10. Februar erschoß die Sicherheitspolizei als Vergeltungsmaßnahme auf dem Gelände der Ul. Wolska 79/81 eine Gruppe Häftlinge. (Landau, Kronika, Bd. III, S. 603 sowie Bartoszewski, Todesring, S. 284f. und 361)

17 Ein Besuch des Generalgouverneurs Hans Frank in Warschau ist für die ersten Monate des Jahres 1944 nicht nachgewiesen; am 4. Februar 1944 reiste er von Krakau nach Berlin. Möglicherweise hörte F.W. ein entsprechendes Gerücht, als ein Fahrzeugkonvoi zur Beisetzung des SS- und Polizeiführers Kutschera und weiterer Deutscher, die drei Tage zuvor von Widerstandskämpfern getötet worden waren, durch die Stadt fuhr.
(Siehe Präg und Jacobmeyer, Diensttagebuch, S. 782 sowie Franks Itinerar von Januar bis März 1944 ebenda, S. 767–820; zu den Attentaten Anm. 21, S. 530f.)

18 Gemeint ist der »Nowy Kurier Warszawski«. Das Lokalblatt für Warschau – von der Bevölkerung »Schundblatt« genannt – war eine der offiziell genehmigten polnischsprachigen Tageszeitungen im Generalgouvernement. Es war eine Gründung der deutschen Besatzer und berichtete streng nach deren Vorgaben. (Siehe dazu: Szarota, Warschau, S. 211–214.)

19 Am 4. März 1944 begann die sowjetische Frühjahrsoffensive. Der Vorstoß der 1. Ukrainischen Front gegen die deutschen Heeresgruppen Süd und A ging von Schepetkowa aus über Tarnopol in südwestlicher Richtung auf die damals rumänische Stadt Czernowitz. An den folgenden Tagen setzten die 2., 3. und 4. Ukrainische Front ebenfalls zu Großoffensiven an, so daß sich die Front ab Mitte März von Pinsk über Tarnopol in Galizien bis zum Schwarzmeer-Mündungsgebiet des rumänischen Bug westlich von Cherson erstreckte. Infolge der Frühjahrsoffensive verschob diese sich in den südlichen Kampfabschnitten (mit

Ausnahme der noch umkämpften Halbinsel Krim) bis Mitte April 1944 auf eine Linie, die Kowel im Osten umfaßte und sich von Brody im Osten des Distrikts Galizien (Generalgouvernement) bis an die damalige Ostgrenze Ungarns zog und schließlich vom Fuß der rumänischen Karpaten aus westlich von Odessa zum Schwarzen Meer führte.
Die deutsche Besetzung Zentralpolens war durch diese Offensiven nicht unmittelbar in Frage gestellt. Auf dieser Höhe hielt die deutsche Heeresgruppe Mitte die Front noch bis Juni 1944 östlich des Grenzflusses Bug, hinter den weißrussischen Städten Witebsk, Mogiljow und Bobruisk. Sie war insgesamt noch zwischen 150 und 400 Kilometer von Warschau entfernt.

20 Dies ist ein Hinweis auf Marek Mydlarsz, der sich an einem unbekannten Ort aufhielt. Weil sich F.W. vorstellte, wie schwierig es für ihn sein mußte, als Jude auf der Flucht ohne Papiere unterwegs zu sein, präparierte er erneut zwei – vermutlich abermals von Bołeslaw Paciorek aus Gniewoszów beschaffte – Blankoformulare und schickte sie nach Berlin. Dort sollten die beiden Ausweise wahrscheinlich von Tania Pakman ausgefüllt und an Marek Mydlarsz weitergeleitet werden.

21 Trotz des großen zeitlichen Abstands dieser Notiz zum Ereignis deutet alles daraufhin, daß F.W. hiermit das Attentat polnischer Widerstandskämpfer auf SS-Brigadeführer Franz Kutschera meinte. Kutschera, seit dem 25. September 1943 SS- und Polizeiführer von Warschau, wurde am Morgen des 1. Februar 1944 von Angehörigen eines Bataillons der Armia Krajowa (der im Untergrund agierenden polnischen Armee im Lande oder »Heimatarmee«) getötet. Das Kommando lenkte das Auto Kutscheras in der Nähe seines Dienstsitzes in eine Falle und eröffnete das Feuer durch Schüsse und den Wurf eines Sprengsatzes. Außer Kutschera kamen auch mehrere seiner Mitarbeiter um. Am selben Tag töteten polnische Oppositionelle außerdem zwei deutsche Funktionsträger anderer Behörden. Als Vergeltungsmaßnahmen exekutierte die Sicherheitspolizei am 2. Februar 300 polnische Häftlinge und an den folgenden Tagen nach Massenverhaftungen im ganzen Stadtgebiet erneut mehrere hundert Personen. Zudem erlegte der Kommandeur der Sicherheitspolizei der Warschauer Bevölkerung eine Strafzahlung von insgesamt 100 Millionen Złoty auf, ließ Gaststätten schließen, untersagte den Zugang zu Veranstaltungsorten und verlängerte die Sperrstunden. (Faksimile der Bekanntmachung in Landau, Kronika, Bd. III, gegenüber S. 609)
Im Zuge dieser Repressalien führte die Polizei in den Tagen nach den Attentaten in weiten Teilen der Stadt Durchsuchungen, Häuserblockaden und Straßenkontrollen durch. Auch im Stadtteil Wola wurden polnische Oppositionelle oder des Widerstands verdächtige Personen verhaftet und erschossen.
Am 4. Februar kam Panik auf, als die Bewohner einiger Straßen im neuen Stadtzentrum und im Stadtteil Powiśle sowie eines Teils der Altstadt anläßlich der Beisetzungsfeiern für die getöteten Deutschen morgens zum Verlassen ihrer Wohnungen gezwungen wurden. Zunächst sah es so aus, als handele es sich um den Beginn weitreichender Ausweisungen und Deportationen. Noch im Laufe desselben Tages durften die Bewohner jedoch zurückkehren. Diese beruhigende Nachricht verbreitete sich unverzüglich.
(Landau, Kronika, Bd. III, S. 606f.; siehe insgesamt zu den Ereignissen: die Tagebucheinträge von Ludwik Landau vom 1. bis 5.2.1944, ebenda, S. 596, 599, 602f., 606f. und 610; Bartoszewski, Todesring, S. 281–289 und Warschau – Hauptstadt, S. 124f.)
Verwandtschaftliche Beziehungen zwischen Franz Kutschera und Heinrich Himmler sind weder bekannt noch belegt. (BA, ehemaliger BDC-Bestand, SS-Personalakte Franz Kutschera, SSO 233A und RuSHA-Akte Sip. Nr. 345 352, Franz Kutschera) F.W. verwechselte ihn vermutlich mit einem SS-Untersturmführer gleichen Nachnamens, der in der Leitung der »Werterfassung« im Warschauer Ghetto tätig gewesen ist. Unter den dort beschäftigten jüdischen Zwangsarbeitern kursierte seinerzeit das Gerücht, SS-Untersturmführer Kutschera hätte verwandtschaftliche Beziehungen zu einer hochrangigen Person des NS-Regimes, auch sagte man über einen anderen Angehörigen des SS-Personals der »Werterfassung«, er sei ein Schwager Himmlers. (Turkow, Asoi is es gewen, S. 423 und S. 432)

Trotz der ganz Warschau erfassenden Aufregung, der rasch umlaufenden Nachrichten und der Sorge um die eigene Wohnung während der Ausquartierungen notierte F.W. diese Ereignisse erst unter dem Datum des 7. März 1944; seine Notizen zum Februar erwähnen lediglich die Umstellung der Ul. Wolska. (Siehe oben S. 323.) Während Beobachter wie Ludwik Landau genauer Bescheid wußten, hatte F.W. vermutlich bis März keine Informationen über den Anlaß der verschiedenen beunruhigenden Vorgänge in der Stadt. In den offiziellen Bekanntmachungen der Repressalmaßnahmen wurden das Attentat sowie Name und Funktion Kutscheras nicht deutlich genannt. F.W.s Eintrag im März geht dann eventuell auf detailliertere Informationen aus den Untergrundzeitungen zurück, von denen er erst jetzt Kenntnis bekam. So veröffentlichte die illegal verbreitete Zeitung »Rzeczpospolita Polska« erst am 6. März 1944 eine Mitteilung der Widerstandskämpfer über den Anschlag. (Faksimile in Landau, Kronika, Bd. III, gegenüber S. 593) Die verspätete Nachricht könnte F.W. von Piotr Przeradowski erhalten haben, der die Familie Winnykamień im Februar nicht besuchte, aber im März wieder in der Ul. Wolska 54 vorbeikam.

22 Während des Zurückweichens der deutschen Truppen kam es mehrfach zur Einkreisung deutscher Verbände im Frontgebiet. Bei Kamenez-Podolski wurde die sich zurückziehende 1. deutsche Panzerarmee am 23. März 1944 zunächst eingekesselt, konnte aber am 8. April westwärts durchbrechen. Die Städte Kowel in Wolhynien und Tarnopol im Osten des damaligen Distrikts Galizien (Generalgouvernement) waren von Hitler zu sogenannten »festen Plätzen« erklärt worden, d.h. die deutschen Truppen hatten den Befehl, die betreffenden Orte auch gegen eine feindliche Abschließung bedingungslos zu halten. (Führerbefehl Nr. 11 vom 8. 3. 1944, abgedruckt in: Jacobsen, 1939–1945, S. 647–651) Der sowjetische Belagerungsring um Kowel (17. März bis 5. April 1944) wurde durch deutsche Ersatzverbände gesprengt, so daß Kowel noch bis Juli 1944 in deutscher Hand blieb.

Mit »Płoskirów« ist wahrscheinlich der ukrainische Ort Proskurow (Proskuriv, seit 1954 Chmelnizki) gemeint, der seit Mitte März 1944 bei dem Vorstoß der 1. Ukrainischen Front auf Tarnopol und Czernowitz heftig umkämpft war. Während der Kämpfe um Stadt und Region Tarnopol räumten die Deutschen Proskurow am 25./26. März 1944. (OKW, Frontbericht vom 26.3.1944 in: Archiv der Gegenwart, XIV. Jahrgang 1944, S. 6318) Der »feste Platz« Tarnopol war seit Ende März von sowjetischen Truppen eingeschlossen. Die 60. sowjetische Armee nahm die stark zerstörte Stadt am 15. April 1944 ein.

(Siehe insgesamt die einzelnen Meldungen der Heeresgruppe Süd bzw. Heeresgruppe Nordukraine vom 4. 3. bis 16. 4. 1944 in: Mehner (Hg.), Tagesberichte, Bd. 10, S. 10–131; Gruchmann, Weltkrieg, S. 250f. und Cartier, Weltkrieg, S. 704f.)

23 Nach der Zerstörung des Warschauer Ghettos ließ die SS die Ruinen seit Sommer 1943 durch jüdische Häftlinge verschiedener Nationalität abgetragen. Zur Verrichtung dieser Arbeiten ordnete Himmler am 11. Juni 1943 die Errichtung eines Konzentrationslagers auf dem ehemaligen Ghettogebiet an. (BA, NS 19/1740, Bl. 7) Dieser Befehl und frühere Pläne des Reichsführers-SS, das Warschauer Ghetto in ein Konzentrationslager umzuwandeln, stehen nicht in direktem Zusammenhang.

Das Lager wurde im Sommer 1943 an der Ul.Gęsia eingerichtet. Der erste Häftlingstransport mit 300 Männern traf am 19. Juli 1943 ein. (Schreiben des Chefs des SS- Wirtschafts-Verwaltungshauptamts, Oswald Pohl, an Himmler vom 23.7.1943, BA, NS 19/1740, Bl. 22, abgebildet in FGM, Dok. 363, S. 452) Lagerkommandant war der zuvor im KZ Mauthausen eingesetzte SS-Obersturmbannführer Wilhelm Göcke. Das zunächst eigenständige KZ Warschau wurde ab April 1944 als Außenlager dem KZ Majdanek zugeordnet.

Die genaue Anzahl der bis Ende Juli 1944 eingelieferten Häftlinge ist nicht bekannt; aus den vorhandenen Unterlagen kann aber von mindestens 6000 ausgegangen werden. Die Häftlinge des KZ Warschau waren fast ausschließlich jüdische Männer nichtpolnischer Herkunft: Wie eine Gruppe griechischer Juden, die im Herbst 1943 aus Auschwitz-Birkenau kam, wurden sie aus anderen Konzentrationslagern, mehrheitlich jedoch aus Auschwitz, dorthin deportiert. Die Häftlinge mußten an ihrer Kleidung den »Judenstern« sowie ein Kennzeichen tragen, das auf ihre jeweilige Nationalität hinwies.

Die Lagerinsassen des KZ Warschau wurden in drei Gruppen zur Zwangsarbeit eingeteilt. Eine Gruppe mußte Arbeiten außerhalb des Ghettogebiets verrichten, eine zweite war zum Ausbau des Lagers und zum Bau von Baracken auf dem ummauerten Gelände an der Ul. Gęsia (um den ehemaligen »Ghettoarrest«) eingesetzt. Die weitaus größte Häftlingsgruppe wurde auf dem ehemaligen Ghettogelände zu Abbrucharbeiten herangezogen, an denen auch polnische Zivilarbeiter und drei deutsche Baufirmen beteiligt waren. Die Ruinen sollten gesprengt und abgerissen werden, außerdem mußten sämtliche wiederverwertbaren Materialien, hauptsächlich Bauschutt und Metalle, gesammelt und abtransportiert werden.
Die Schwerstarbeit auf den Baustellen führte bei mangelhafter Ernährung zum Tod eines großen Teils der Häftlinge. Auch deckte die deutsche Polizei bei ihren regelmäßig durchgeführten Razzien laufend Verstecke in den Ruinen auf, in die sich mehrere tausend überlebende Ghettobewohner geflüchtet hatten. Sie erschoß die Aufgespürten an Hinrichtungsstätten, die sie im gesamten ehemaligen Ghettogebiet angelegt hatte.
Als Schlußtermin für die Spreng- und Abrißarbeiten im früheren Ghetto war der 1. August 1944 vorgesehen. Noch vor der vollständigen Planierung des Areals wurde das KZ Ende Juli 1944 wegen des sowjetischen Vorstoßes auf Warschau aufgelöst und alle Häftlinge zwangsevakuiert. (Siehe auch hier S. 336 und Anm. 63, S. 538.) Nur eine Gruppe von etwa 350 Häftlingen, die sich nach diesem Zeitpunkt noch im Lager befand, konnte am 5. August 1944 während des Warschauer Aufstands durch polnische Widerstandskämpfer befreit werden.
(Siehe insgesamt Berenstein und Rutkowski, *Obóz;* Domańska: *Obozy;* die Berichte des SS-WVHA über die Maßnahmen zum Abbruch des Ghettos Warschau vom 29. 10. 1943, 13. 2., 19. 4. und 10. 6. 1944, BA, NS 19/1740, Bl. 36–36R, 42–44, 52–53, 57–58 und das Vorermittlungsverfahren der Zentralen Stelle der Landesjustizverwaltungen gegen Unbekannt betr. KL Warschau, BAL, B 162 /AR-Z 158/73, insbesondere den Schlußvermerk des Staatsanwalts vom 3. 7. 1973, Bd. IV, Bl. 931–968.)

24 Gut möglich, daß Tania Pakman die beiden von F.W. präparierten Ausweise für Marek Mydlarsz (S. 324 und Anm. 20, S. 530) als nicht ausreichend ansah und um ein weiteres Kennkarten-Blankoformular gebeten hat. Als Erklärung kommt außerdem in Frage, daß auch Leopold Winnykamień noch keine Kennkarte besaß, sondern nur im Besitz einer Geburts- oder Taufbescheinigung war. Vielleicht wollten die drei Versteckten ihren Gniewoszówer Helfer um einen sicheren Ausweis für Leopold Winnykamień bitten. Eine Antwort von B. Paciorek hat F.W. nicht vermerkt.

25 Mit »im Ghetto« ist hier wahrscheinlich das Pawiak-Gefängnis an der Ul. Dzielna gemeint, das im ehemaligen Ghettogebiet fortbestand; Zieliński berichtete später über seine Haft. (Siehe S. 330; zu diesem Gefängnis siehe oben Anm. 27, S. 477.) In der Aleja Szucha (zur Zeit der Besatzung »Straße der Polizei«), gelegen im Zentrum Warschaus, befanden sich der Dienstsitz und das Gefängnis des Warschauer Kommandeurs der Sicherheitspolizei und des SD, also auch der Gestapo, sowie die oberen Dienstellen des Kommandeurs der deutschen Ordnungspolizei in Warschau.

26 Durch eine den Przeradowskis nahestehende Familie, deren Tochter offenbar mit einem Juden verheiratet war, kam Maria Przeradowska auf die Idee, wie F.W. legalisiert werden könnte: durch eine reguläre Eheschließung als vermeintlich christlicher Pole mit einer polnischen Frau. Da sie eine passende Person in ihrer Verwandtschaft kannte, nämlich Janka Kowalczyk, die Tochter ihrer Cousine, wurde dieses Vorhaben nun täglich besprochen. Anscheinend war Maria Przeradowska durch ihren kommunistischen Ehemann jedoch mit konspirativen Regeln so vertraut, daß sie sich darüber bewußt war, F.W.s Adresse nicht arglos weitergeben zu können, ohne ihn und seine Eltern aufs höchste zu gefährden.

27 Die Front hatte sich durch die Vorstöße der Roten Armee seit dem Winter 1943/44 rund 300 Kilometer weiter nach Westen verschoben und verlief nun von Kowel in Wolhynien über die galizischen Orte Brody und Tarnopol bis zum Fuß der rumänischen Karpaten. Der Vormarsch der Roten Armee wurde durch die frühjahrsbedingte Schlammperiode

weniger stark beeinträchtigt als die deutschen Truppenbewegungen. Dennoch erzielte die Wehrmacht Ende März / Anfang April 1944 bei Kowel und in Ostgalizien partielle Erfolge: Die 1. Ukrainischen Front unterschätzte eine deutsche Truppenmassierung südöstlich Lwów (Lemberg), wodurch hier ihr weiteres Vordringen nach Westen vorerst aufgehalten wurde. (Ustinov [Red.], Geschichte, Bd. 8, S. 114) Lwów, etwa 50 Kilometer westlich von Brody entfernt, blieb vorerst noch deutsch besetzt. Deutschen Truppeneinheiten war es außerdem gelungen, sich an einigen Stellen aus der sowjetischen Umklammerung zu befreien, und am 25. März 1944 hatte die Wehrmacht bei Kowel die Verbindung der auseinandergetriebenen Heeresgruppen Mitte und Süd (jetzt »Nordukraine«) wiederhergestellt. (Tagesmeldung vom 25.3.1944, abgedruckt in: Mehner [Hg.], Tagesberichte, Bd. 10, S. 67) Hitler erklärte die so begradigte Linie und ihre Fortsetzung bis Odessa in seinem Operationsbefehl Nr. 7 vom 2. April 1944 zur »endgültigen Verteidigungslinie«. Deren nördliche Abschnitte wurden bis Juli 1944 gehalten, im Süden jedoch begann bereits am 7. April eine sowjetische Offensive in Richtung Krim. Die deutschen Truppen mußten Odessa am 10. April räumen. Nach weiteren sowjetischen Erfolgen im Süden, mit der Rückeroberung Sewastopols am 9. Mai und der vollständigen Befreiung der Krim, kamen die Bewegungen an der gesamten Ostfront von Mitte Mai bis zum 22. Juni 1944 zu einem vorläufigen Halt. (Siehe dazu: Gruchmann, Weltkrieg, S. 251f. und Cartier, Weltkrieg, S. 705 und 802.)

28 Hier ist vermutlich von F.W.s anvisierter Taufe die Rede. Die katholische Familie Kowalczyk fand den Gedanken, daß ihre Tochter Janka einen Juden – und wenn auch nur zum Schein – heiratet, wohl unerträglich.

29 Gemeint ist vermutlich das Vorderhaus des Gebäudekomplexes Ul. Wolska 54. Es wurde 1912 für den Grafen Zdzisław Grocholski gebaut. (Mórawski und Głębocki, Bedeker Warszawski, S. 373) Der ursprüngliche Charakter dieses »gräflichen Wohnhauses« ist durch Kriegsschäden und zahlreiche Umbauten heute nur noch schwer zu erkennen.

30 Im April 1944 lag die Frontlinie am östlichen Fuß der Karpaten und damit erst nahe jenes Landstreifens, der 1938 mit dem Ersten Wiener Schiedsspruch von der damals gerade autonomen Slowakei an Ungarn abgetreten worden war. Im Frühjahr 1944 entsandte die Sowjetunion bereits Fallschirmspringer auf slowakisches Staatsgebiet zur Unterstützung der Widerstandbewegung gegen das dortige, mit Deutschland verbündete Regime. Der Vorstoß der Roten Armee auf vormals tschechoslowakisches Gebiet erfolgte jedoch erst im Frühjahr 1945.

31 Anscheinend hatte es sich herumgesprochen, daß F.W. Stempel originalgetreu kopieren konnte. (Siehe Anm. 15, S. 529 zur Präparierung seines eigenen Ausweises.)

32 An diesen beiden Tagen verließ F.W. erstmals sein Kellerversteck, wo er sich seit seiner Flucht aus dem Ghetto über 15 Monate lang verborgen gehalten hatte.
Die Diskrepanz zwischen F. W.s und Janka Kowalczyks Interessen sind offensichtlich: F.W. wollte nur ein sicheres Personaldokument erlangen, um dem »Gefängnis« der Kellerwohnung ab und zu entkommen zu können, während sich Janka Kowalczyk Hoffnung auf eine richtige Eheschließung machte.

33 Bei dieser Namenstagsfeier im Haus kamen Menschen zusammen, die F.W.s wirkliche Identität kannten (Jadzia Łazarowicz und ihre Tochter Fela); andere dagegen – Barbara Purto und eine Wanda – wußten nicht, wer er war. Anscheinend konnte F.W. so gut mit der deutschen Sprache umgehen und schauspielern, daß er für einen Deutschen oder »Volksdeutschen« gehalten werden konnte.

34 In der Rückschau ist F.W. dieser Tag in sehr prägnanter Erinnerung: »Als ich die Wolska entlangging, auf dem Weg vom Fotografen, kam ich an einem Friedhof vorbei – es war ein orthodoxer. Und da blieb ich eine Weile. Ich wollte nicht gleich wieder in das Zimmer zurückkehren. Ich wollte es auskosten, an der frischen Luft zu sein. Es war wunderschön, Mai oder Juni. Und ich fühlte mich so gut! Ich fühlte mich wie ein Vogel, der aus seinem Käfig herausgelassen wurde. Ich verbrachte einige Stunden auf diesem Friedhof, bis ich zurückmußte, ja, irgendwann mußte ich wieder zurück, aber ich wollte diese Zeit so lange wie möglich ausdehnen.« (Interview F.W., Bd. VIII B, aus dem Englischen von B.S.)

35 Nach dem deutschen Einmarsch in Ungarn am 19. März 1944 begann auch die systematische Ghettoisierung und Ermordung der ungarischen Juden. In einer von dem Sonderkommando Adolf Eichmanns und dem ungarischen Innenministerium stringent koordinierten »Aktion« wurden vom 16. Mai bis zum 7. Juli 1944 mehr als 437 000 Juden aus Ungarn in das Konzentrations- und Vernichtungslager Auschwitz deportiert. Im April und Juni 1944 wurden mit zwei Transporten etwa 3000 jüdische Männer aus Ungarn, die zuvor im Lager Auschwitz-Birkenau inhaftiert gewesen waren, in das KZ Warschau eingeliefert. (Varga, *Ungarn*, S. 340–344; Berenstein und Rutkowski, *Obóz*, S. 8 und auch oben Anm. 23, S. 531f.)

36 Mit der Landung alliierter Truppen in Sizilien am 10. Juli 1943 begann die Errichtung der zweiten Front in Europa. Die Absetzung Mussolinis am 24. Juli 1943 leitete die politische Wende in Italien ein, die Waffenstillstandsverhandlungen nach sich zog. Weitere alliierte Truppen landeten in Italien, als am 10. September 1943 Rom von deutschen Truppen besetzt wurde. Am 12. Mai 1944 setzten die Alliierten von Süden her zum Großangriff auf Italien an. Am 4. Juni 1944 wurde Rom als »offene Stadt« den Alliierten kampflos übergeben. (Erdmann, Weltkrieg, S. 134ff.)

37 Zur Invasion am 6. Juni 1944 siehe Anm. 1, S. 380 zu F.W.s Einleitung.

38 In der Nacht vom 12. zum 13. Juni 1944 schoß die deutsche Luftwaffe erstmals zehn der neuentwickelten, unbemannten Flugkörper V 1 gegen England ab, wovon neun fehlgingen und eine in London einschlug. Ein massiver Einsatz dieser »Vergeltungswaffen« folgte am 16. Juni 1944. Von 244 abgefeuerten Flugkörpern schlugen 144 auf englischem Boden ein, darunter 73 im Großraum London, wo sie schwere Schäden verursachten. Aufgrund erheblicher technischer Mängel erfüllten die als »Wunderwaffe« propagierte V 1 und ihr Nachfolgemodell V 2 die in sie gesetzten deutschen Erwartungen jedoch nicht. (Cartier, Weltkrieg, S. 766)

39 Nach heftigen Partisanenaktionen begann am 22. Juni 1944, dem dritten Jahrestag des deutschen Überfalls, die sowjetische Offensive auf die deutsche Heeresgruppe Mitte in Weißrußland entlang der Linie Witebsk, Orscha, Mogiljow, Bobruisk und Berezna. Angesichts der bereits stark ausgedünnten deutschen Kräfte gelang den weitaus überlegenen sowjetischen Truppen binnen weniger Tage die Einnahme dieser von den Deutschen zu »festen Plätzen« erklärten Städte, die Umfassung der deutschen Stellungen in einer Zangenbewegung, eine Gegenoffensive von der Düna bis zum Pripjet sowie ein rascher Vorstoß nach Westen. Dabei wurde am 3. Juli Minsk eingenommen und nach weiteren Vorstößen entlang der Nord- und Südfront bis Mitte Juli 1944 das sowjetische Staatsgebiet in den Grenzen vor 1939 zurückerobert.

Die sowjetischen Truppen standen damit auf der ganzen Linie an und westlich der polnisch-sowjetischen Vorkriegsgrenze. Die deutsche Heeresgruppe Mitte, die bei den Kämpfen etwa 350 000 Mann verlor, brach zusammen.

Der sowjetische Vorstoß erreichte Ende Juli bereits die Weichsel. Nach der Einnahme Lublins am 23./24. Juli sowie von Lwów, Białystok und Brest am 27. beziehungsweise 28. Juli 1944 zielten die dort liegenden sowjetischen Truppen auf die Überschreitung der Weichsel im Abschnitt Puławy bis Magnuszew und den Vormarsch in Richtung der nordöstlichen Umgebung Warschaus. Dort kam ein weiteres Vordringen der Roten Armee nach Westen in den ersten Augusttagen durch eine deutsche Gegenoffensive und Nachschubprobleme vor Warschau vorläufig ins Stocken. Am 29. August erreichten die sowjetischen Verbände die Narew und nördlich von Warschau das östliche Weichselufer, wo sie in Stellung gingen. Die Wehrmacht gewann damit Zeit, um ihre Verteidigungsstellungen auf der gegenüberliegenden Flußseite auszubauen.

Insgesamt bereitete die sowjetische Sommeroffensive von 1944 der deutschen Wehrmacht eine schwerere Niederlage als die Schlacht von Stalingrad. Polen wurde östlich der Weichsel von der deutschen Herrschaft befreit und in eine eng an Moskau orientierte, eigene Verwaltung überführt. Die Rote Armee stieß bis zu 600 Kilometer weiter nach Westen vor und sicherte sich die Ausgangspositionen für den Vormarsch über die deutschen Grenzen während der anschließenden Winteroffensive.

(Siehe, auch im folgenden: Cartier, Weltkrieg, S. 803–812; Weinberg, Welt, S. 742–751; Gruchmann, Weltkrieg, S. 252–254; Krannhals, Aufstand, S. 77–81; Royal Institute of International Affairs, Chronology, S. 271–283; Hillgruber und Hümmelchen, Chronik, S. 217–226; Ustinov u.a. [Red.], Geschichte, Bd. 9, S. 70–82.)

F.W. bezog sein Wissen zum Teil aus allzu optimistischen Berichten und in Warschau kursierenden Gerüchten über Fortschritte beim sowjetischen Vormarsch – Hoffnungen, die mehrmals enttäuscht wurden.

40 Da F.W. wußte, daß die Familie seines Helfers weiter weg, in die Ul. Zawiszy im Stadtteil Koło, zog, wollte er ihn noch einmal sehen, eventuell wichtige Dinge regeln – wie die Übergabe an ihn gerichteter und an Piotr Przeradowski adressierter Briefe – und sich wahrscheinlich von ihm und seiner Familie verabschieden.

41 Am 3. Juli befreite die Rote Armee Minsk. Am 16. Juli wurde Grodno, am 27. Juli Białystok und am 28. Juli 1944 Brest eingenommen.

42 Aus Furcht vor der herannahenden Roten Armee begannen Deutsche und »Volksdeutsche« die Stadt zu verlassen; in der Verwaltung taten sich zunehmend Lücken auf. Am 23. Juli 1944 erließ auch die Oberfeldkommandantur Warschau einen Teilräumungsbefehl, der sich vor allem an weibliches und untergeordnetes Wehrmachtspersonal richtete. Daraus entwickelte sich eine Fluchtbewegung der gesamten deutschen Zivilbevölkerung, die die Stadt mit hochbeladenen Wagen und teilweise zu Fuß deutlich sichtbar verließ. Infolge der um sich greifenden Panik waren auch einige Wehrmachtsdienststellen in Auflösung begriffen.

(Siehe Krannhals, Aufstand, S. 82 und 118; Hanson, Population, S. 69 sowie Hosenfeld, »Ich versuche ...«, Brief vom 24. 7. und Tagebucheintrag vom 26. 7. 1944, S. 818–820 einschließlich der Anmerkung des Herausgebers Thomas Vogel auf S. 1143.)

43 Einheiten der 1. Weißrussischen Front hatten Kowel bereits am 6. Juli 1944 eingenommen. Der sowjetische Vorstoß auf Lwów erfolgte ab dem 13./14. Juli, sowjetische Verbände drangen am 23. Juli in die Stadt ein, die am 27. Juli 1944 nach mehrtägigen Kämpfen im Stadtgebiet von deutschen Truppen geräumt wurde.

44 Die 69. sowjetische Armee und die auf sowjetischer Seite kämpfende 1. Polnische Armee (unter Zygmunt Berling) erreichten am 20. Juli 1944 erstmals auf der Höhe von Cholm das Westufer des polnischen Bug und überschritten damit die von der Sowjetunion als polnische Ostgrenze akzeptierte Curzon-Linie.

45 Am 20. Juli 1944 kann von keiner Warschauer Zeitung über das Attentat auf Adolf Hitler berichtet worden sein. Obwohl Hitler in der Nacht auf den 21. Juli 1944 gegen 1 Uhr eine Rundfunkansprache hielt, brachten die Warschauer Zeitungen in ihren Ausgaben vom 21. Juli zwar eine Meldung, doch nichts über den Ausgang des Umsturzversuchs. Frühestens am 22. Juli 1944 erfuhr die polnische Bevölkerung aus den Zeitungen vom gescheiterten Attentat. (Walle, 20. Juli, S. 364–376)

Dieser Eintrag zeigt F.W.s häufig angewandte Notierungs- und Datierungsweise: Die Nachricht vom Attentat auf Hitler wurde nicht unter dem aktuellen Datum, sondern dem des Ereignisses notiert.

46 Am 20. Juli 1944 überschritt die Rote Armee den Bug und begann ihren Angriff auf Lublin. Die Kämpfe erreichten am 22. Juli die östlichen Stadtteile (Tagesmeldung der 4. deutschen Panzerarmee vom 22.7.1944 in: Mehner [Hg.], Tagesberichte, Bd. 10, S. 368).

47 Gemeint ist wahrscheinlich der sowjetische Bombenangriff auf Warschau vom 21. Juli 1944. (Hanson, Population, S. 67)

48 Truppen der 1. Weißrussischen Front befreiten am 23. Juli 1944 das KZ Majdanek bei Lublin und erlangten am folgenden Tag die umfassende Kontrolle über die gesamte Stadt. Die Verwaltung übernahm das bereits zuvor gebildete »Polski Komitet Wyzwolenia Narodowego« (PKWN, Polnisches Komitee der Nationalen Befreiung), das seinen Sitz nun nach Lublin verlegte. Unter der Leitung des Linkssozialisten Edward Osóbka-Morawski forderte das PKWN gemäß seinem zuvor mit der sowjetischen Führung ausgearbeiteten Manifest den gemeinsamen Kampf mit der Roten Armee zur Befreiung Polens. Es strebte die enge

Anbindung der politischen Nachkriegsordnung an die Sowjetunion an. Diese bestätigte noch Ende Juli 1944 den Anspruch des »Lubliner Komitees« auf die alleinige rechtmäßige Vertretung der befreiten und noch zu befreienden polnischen Gebiete.
In scharfer Opposition zu der als »illegal« bezeichneten Londoner Exilregierung, deren diplomatische Beziehungen zu Moskau im April 1943 abgebrochen waren, erkannte das »Lubliner Komitee« die Curzon-Linie von 1919 entlang des Bug als polnische Ostgrenze an. Es proklamierte die Wiederinkraftsetzung der polnischen Verfassung von 1921 und strebte eine umfassende Boden- und Sozialreform an, die dem Wortlaut nach jedoch noch keine explizit sozialistischen Züge trug. Am 1. Januar 1945 erklärte sich das »Lubliner Komitee« zur provisorischen Regierung Polens. Unter Bekämpfung der Kräfte der Exilregierung und deren »Armee im Lande« (Armia Krajowa) sowie durch die stufenweise Ausschaltung gegnerischer Parteien ging die spätere Regierung der Volksrepublik Polen aus dem PKWN hervor.
(Siehe Hoensch, Geschichte, S. 288ff.; Fuhrmann, Abriß, S. 131–133; Borodziej, Aufstand, S. 89 und 99; Manifest des PKWN datiert 22.7.1944 und Abkommen des PKWN mit der Regierung der UdSSR vom 26.7.1944 in deutscher Übersetzung in: Ursachen und Folgen, Bd. 21, Dok. 3514a, S. 356–361 und Dok. 3514c, S. 362f.)

49 Nach der Einnahme von Lublin erreichten die 2. sowjetische Panzerarmee und die 8. Gardearmee am 25. Juli 1944 die Weichsel nördlich von Dęblin. Die 1. Polnische Armee besetzte am 27. Juli auf dem Abschnitt Puławy und Dęblin das Ostufer des Flusses. Am 29. Juli stieß die 69. Armee südlich von Puławy zur Weichsel durch und eroberte einen Brückenkopf. Auf das Überschreiten des Flusses entlang der sowjetischen Brückenköpfe zwischen Puławy und Magnuszew reagierte die deutsche Seite Anfang August 1944 mit heftigen Gegenangriffen, die die sowjetischen Truppen in diesen Stellungen hielten. Das westliche Weichselufer und damit auch der Ort Gniewoszów lagen bis Januar 1945 im Kampfgebiet.

50 Tatsächlich kam die Rote Armee langsamer als erhofft voran. Sie erreichte diese Städte erst nach dem Vorstoß westlich der Weichsel in der folgenden Winteroffensive und nahm Kielce am 15., Radom am 16. und Częstochowa am 17. Januar 1945 ein.

51 Nachdem sie Puławy und Dęblin erreicht hatte, drehte die 2. sowjetische Panzerarmee am Ostufer der Weichsel nach Norden in Richtung der östlichen Stadtteile Warschaus ab. Von Osten und Süden her waren nun sowjetische Truppen auf den Raum Warschau ausgerichtet. Sie konnten am 27. Juli 1944 in Garwolin eindringen und erreichten Otwock und Minsk Mazowiecki am 28. Juli 1944. (Tagesmeldung der 9. deutschen Armee vom 27.7.1944 in: Mehner [Hg.], Tagesberichte, Bd. 10, S. 383; Jaczyński, *Rote Armee*, S. 199) Da die östlich und südöstlich von Warschau gelegenen Orte stark umkämpft waren, trafen bei der Warschauer Bevölkerung in den folgenden Tagen widersprüchliche Nachrichten über die Fortschritte der Roten Armee in diesem Gebiet ein.

52 Otwock wurde schließlich am 31. Juli 1944 von Truppen der 1. Weißrussischen Front eingenommen. Die Stadt Siedlce lag Ende Juli unmittelbar im Frontgebiet. Den täglichen Meldungen der 2. deutschen Armee zufolge erreichte die Rote Armee am 24. Juli nachmittags den Raum Międzyrzec (und damit den früheren Wohnort der Familie Winnykamień) und stieß von Süden kommend auf Siedlce vor. An den folgenden Tagen entbrannten Kämpfe im Umland und in der Stadt Siedlce, die die Wehrmacht am 31. Juli 1944 »verloren« meldete. (Tagesmeldungen der 2. deutschen Armee vom 24.–31.7.1944 in: Mehner [Hg.], Tagesberichte, Bd. 10, S. 374, 377, 380, 386, 390 und 396; OKW Wehrmachtsbericht vom 30. und 31.7.1944, in: Ursachen und Folgen, Bd. 21, Dok. 3511a, S. 330f.)
Widersprüchliche Nachrichten über die Lage in diesem Gebiet ließen F.W. an den folgenden Tagen mehrfach einen sowjetischen Erfolg bei der Eroberung Siedlces notieren.

53 Zeitgleich mit der Evakuierung der deutschen Zivilbevölkerung wurden zahlreiche Fabriken in Warschau geschlossen. Nur die deutschen und »volksdeutschen« Mitglieder der Belegschaften erhielten verfrüht ihre Monatsgehälter, die anderen nichts. (Hanson, Population, S. 68; Getter, *Schicksal*, S. 80)

54 Warschau wurde am 21., 25., 27. und 28. Juli 1944 von sowjetischen Fliegern bombardiert. (Hanson, Population, S. 67)

55 Am 26. Juli 1944 ließ der Warschauer Distriktgouverneur Fischer im Stadtgebiet zur Warnung rote Plakate aufhängen: Auf »Sabotage«, Streik und willkürliche Geschäftsschließungen stand nunmehr die Todesstrafe. (Hanson, Population, S. 69)

56 Das Gerücht mag im Zusammenhang mit der Auflösung des KZ Warschau Ende Juli 1944 (siehe S. 336 und Anm. 62, S. 538.) entstanden sein, eine Freilassung von Häftlingen ist jedoch nicht dokumentiert.

57 Bei dieser Bemerkung handelt es sich eventuell um eine Simplifizierung der »Burza«-Strategie der Armia Krajowa (AK; siehe dazu Anm. 77, S. 540f.), wonach Aufstände gegen die deutschen Besatzer im politischen Sinne auch einer drohenden sowjetischen Dominanz in Polen zuvorkommen sollten. Im Raum Lublin war dieses Konzept in den letzten Julitagen 1944 gescheitert: Nach der Befreiung mehrerer Ortschaften im Umland der Stadt wurden die AK-Kämpfer der 3. und 27. Division zwischen dem 25. und 30. Juli 1944 von sowjetischen Soldaten entwaffnet, ihre Führer verhaftet. Entsprechende Meldungen trafen umgehend bei der AK-Hauptkommandantur in Warschau ein. Im selben Zeitraum entschied die Warschauer AK, die Hauptstadt nicht – wie ursprünglich vorgesehen – aus der »Burza«-Planung herauszunehmen, sondern auch hier zeitgleich mit dem Vordringen der Roten Armee einen Aufstand auszulösen. (Borodziej, Aufstand, S. 88f. und 103–112; Ciechanowski, *Genese*, S. 108f.)
Sollte sich die Nachricht des Gärtners auf diese Vorgänge bezogen haben, so beruht F.W.s abfälliges Urteil vielleicht auf seiner vordringlichen Hoffnung auf eine rasche Befreiung von der deutschen Herrschaft durch eine möglichst rasche und ungehinderte sowjetische Eroberung der Stadt.
In anderer Lesart könnte sich die zitierte Äußerung des Gärtners auf den Aufruf der deutschen Verwaltung an die Warschauer Bevölkerung vom 27. Juli 1944 bezogen haben, der sie zur Teilnahme am Bau von Verteidigungsanlagen aufforderte (siehe unten Anm. 59). Hatte der Gärtner fälschlich angenommen, die Werbung zur Unterstützung der Besatzer werde befolgt, so erklärt sich F.W.s mißbilligende Bemerkung von selbst.

58 Erst während der folgenden Winteroffensive stieß die Rote Armee von der Weichsel aus nach Westen vor und beseitigte die deutsche Besatzungsherrschaft auf dem gesamten früheren polnischen Staatsgebiet. (Zu den Kämpfen an der Weichsel bei Puławy und Dęblin siehe oben Anm. 49, S. 536.)

59 Am 27. Juli 1944 ließ Distriktgouverneur Fischer die Warschauer Bevölkerung über Lautsprecher dazu auffordern, sich am folgenden Tag freiwillig zum Bau von Befestigungsanlagen zu melden. Trotz nochmaliger Aufrufe am 28. Juli durch Plakate und im »Nowy Kurier Warszawski« stellten sich nur einige wenige Warschauer zur Verfügung – das Vorhaben mußte aufgegeben werden. (Borodzej, Aufstand, S. 104; Hanson, Population, S. 69f.)

60 Joseph Marx war Werksdirektor und stellvertretender technischer Geschäftsführer der Warschauer »Ursus«-Werke. (Vgl. den Bericht über die Wehrwirtschaftsprüfung bei der Firma Warschauer Vereinigte Maschinenfabriken GmbH, geprüfte Werke: Ursus, vom 9.4.1943, BA, R 121/5381, Original S. 1 und die Besprechungsniederschrift vom 25.2./4.3.1943, ebenda, unpag.)

61 Marx zitierte hier Gouverneur Fischer, der in mehreren Aufrufen an die Warschauer Bevölkerung vom »Wunder an der Weichsel« gesprochen hatte. (Borodziej, Aufstand, S. 104; Hanson, Population, S. 69) Man verbindet damit den entscheidenden Wendepunkt des russisch-polnischen Krieges, als Staatschef Józef Piłsudski im August 1920 den unmittelbar bevorstehenden Vorstoß der Roten Armee auf Warschau abgewendet hat. Polens Ostgrenze, festgelegt im Frieden von Riga von 1921, konnte infolgedessen etwa 250 km weiter nach Osten vorgeschoben werden, als es die von Moskau akzeptierte Curzon-Linie entlang des Bug vorsah. Dieser Erfolg des militärisch nicht vorgebildeten Piłsudski, von seinen innenpolitischen Gegnern spöttisch als »Wunder« bezeichnet, begründete seine Popularität und bleibende Verehrung in Polen.

62 Die Nachbarin wurde Zeugin des Evakuierungsmarsches aus dem KZ Warschau, das auf dem Gebiet des ehemaligen Ghettos lag. (Siehe dazu oben Anm. 23, S. 531f.) Der Höhere SS- und Polizeiführer im Generalgouvernement, Wilhelm Koppe, ließ das Lager angesichts der herannahenden sowjetischen Truppen Ende Juli vorzeitig auflösen. (Fernschreiben des Chefs der Amtsgruppe C des SS-WVHA an den Persönlichen Stab Reichsführer-SS vom 29.7.1944, BA, NS 19/1740, Bl. 61–61R) Nach der Erschießung von etwa 400 Insassen der Krankenbaracke an den Tagen zuvor trieben die Wachen am Morgen des 28. Juli 1944 mehr als 3600 Häftlinge auf einen bewachten Fußmarsch durch die Stadt in Richtung Westen. Nach mehreren Tagen, an denen die Häftlinge die Orte Sochazew, Łowicz und Żychlin durchqueren mußten und etwa 1000 von ihnen erschossen wurden, ließ man die Überlebenden von Kutno im annektierten »Warthegau« aus mit Güterwaggons ins KZ Dachau verschleppen, wo weniger als 2000 von ihnen am 6. August 1944 lebend eintrafen.
(Siehe insgesamt Berenstein und Rutkowski, *Obóz*, S. 17f.; Krakowski, *Death Marches*, S. 476f.; zu den Qualen während dieses Marsches aus der Sicht eines Überlebenden siehe den Bericht von Max Mannheimer, *Theresienstadt*, S. 124f.)

63 In diesen Tagen waren in Warschau gegenläufige deutsche Truppenbewegungen zu beobachten: Mannschaften und Fahrzeuge der an der Ostfront aufgeriebenen, auf dem Rückzug befindlichen Einheiten durchquerten die Stadt in Richtung Westen, gleichzeitig waren in Warschau Panzereinheiten zur Verstärkung angefordert worden. Die neu zugeführten Truppen zeigten seit dem 27. Juli eine deutliche Präsenz auf den Warschauer Hauptstraßen. (Borodziej, Aufstand, S. 104 und 228; Hanson, Population, S. 68 und 70)

64 F.W.s düstere Einschätzung war zutreffend. Hitlers Befehl Nr. 11 zur Schaffung »fester Plätze« vom 8. März 1944 (abgedruckt in: Jacobsen, 1939–1945, mit Anlage S. 647–651) verpflichtete die in der Stadt liegenden deutschen Truppen dazu, den Ort gegen Angriffe bedingungslos zu verteidigen und zu halten. Warschau wurde ab Mai 1944 zu einem »festen Platz« ausgebaut. Dies begann mit dem Aushub von Panzergräben. Ende Juli 1944 befahl Hitler die Unterstellung Warschaus unter einen Wehrmachts-Kommandanten und ernannte hierzu den Generalleutnant der Luftwaffe Rainer Stahel, der bereits zuvor mehrere »feste Plätze« befehligt hatte. Stahel blieb vom 27. Juli bis Ende August 1944 in Warschau.
Dieser Sonderkommandant war befugt, alle in der Stadt befindlichen Einheiten von Wehrmacht und Waffen-SS gegen einen sowjetischen Angriff von außen und einen polnischen Aufstand im Inneren zu koordinieren. Die deutsche Verschanzung und Hitlers späterer Befehl zum militärischen Ausbau der »Festung Warschau« im Herbst 1944 führten zur Deportation der gesamten polnischen Zivilbevölkerung während und nach dem Warschauer Aufstand. (Siehe hierzu S. 342–352 einschließlich der Anmerkungen.)
Die Errichtung von militärischen Anlagen in der seit dem 10. Oktober 1944 entvölkerten Stadt ging mit umfangreichen Sprengungen im Stadtgebiet einher. Dies und die (sich z.T. widersprechenden, vor allem auch militärisch unsinnigen) Anordnungen Hitlers und Himmlers, die Stadt nach der Kapitulation der Aufständischen komplett auszulöschen, führten zur Plünderung und Zerstörung der polnischen Hauptstadt, bevor die Rote Armee am 17. Januar 1945 schließlich in Warschau einmarschierte.
(Siehe Krannhals, Aufstand, S. 117–119, 350f. und S. 412–414; Schwendemann, *Kapitulation*, S. 250–253 sowie die Anmerkungen des Herausgebers Thomas Vogel zu Hosenfeld, »Ich versuche ...« auf S. 1139, 1142–1144 und 1151.)

65 Die Polska Partia Robotnicza, Anfang 1942 im Untergrund gegründet, orientierte sich an der Sowjetunion. Das Hauptanliegen der polnischen Kommunisten war zunächst der bewaffnete Kampf gegen die deutsche Besatzungsherrschaft. Dieser lag vor allem in Händen der Partisanenorganisation »Gwardia Ludowa« (Volksgarde) bzw. deren Nachfolgerin, der »Armia Ludowa« (Volksarme, gegründet am 1. Januar 1944). Letztere besaß starken Rückhalt im Gebiet Lublin und operierte – v.a. im Umgang mit Moskau – in Konkurrenz zur »Armia Krajowa« (Armee im Lande oder »Heimatarmee«) der Londoner Exilregierung. (Hoensch, Geschichte, S. 285f.; Fuhrmann, Abriß, S. 130f.)

66 Der Privatbesitz von Radios war im Generalgouvernement seit Juli 1940 verboten und bedurfte einer Sondergenehmigung. (»Verordnung über den Besitz und Betrieb von Rundfunkempfangsgeräten im Generalgouvernement« vom 13.4.1940, VBl.GG, I, 1940, S. 167–171) Die Geräte waren in Warschau bereits zum Stichtag 5. November 1939 konfisziert worden. (Bekanntmachung in: Dziennik Urzędowy Miasta Stoł. Warszawy, Nr. 6 vom 20.10.1939, S. 1)
Offizielle Meldungen wurden seit August 1940 über Megaphone verkündet, die in den Straßen Warschaus aufgestellt waren. Zweimal am Tag ertönten sie: mit zensierten Nachrichten, unregelmäßig zur Bekanntgabe von Anordnungen, ab 1943 auch zur Verlesung der Namen hingerichteter Oppositioneller. Viele mutige Warschauer hatten ihre Radiogeräte jedoch versteckt und konnten nun die Meldungen alliierter Sender empfangen. (Szarota, Warschau, S. 172–174 einschließlich der Abbildung Nr. 31)

67 Nach tagelangen Kämpfen im Stadtgebiet räumten die deutschen Truppen die Stadt Lwów am 27. Juli 1944. Brest wurde am 28. Juli durch Truppen dreier sowjetischer Armeen eingenommen. Die deutsche Besatzung Lublins fiel bereits am 24. Juli 1944.

68 Die von Süden entlang der Weichsel auf Warschau vorstoßende 2. sowjetische Panzerarmee erreichte Otwock und Minsk Mazowiecki am 28. Juli 1944. (Jaczyński, *Rote Armee*, S. 199)

69 Die Flucht der deutschen Zivilbevölkerung war in der letzten Juliwoche in vollem Gange. Auch die Reihen der Wehrmacht lichteten sich rascher als dies der Teilevakuierungsbefehl vom 23. Juli 1944 vorsah. (Siehe dazu oben Anm. 42, S. 535.) Nach den späteren Angaben Paul Otto Geibels, des damaligen SS- und Polizeiführers von Warschau, wurde zur Wahrung der Truppenstärke der weitere deutsche Abzug aus der Stadt am 29. Juli unterbunden. (Bericht Geibels vom 24.5.1948, in: Krannhals, Aufstand, S. 264) Möglicherweise gab es zuvor einen Aufruf an die verbliebenen deutschen Zivilisten, die Stadt noch rechtzeitig zu verlassen.

70 Wahrscheinlich handelte es sich um eine der in Warschau umlaufenden Sensationsmeldungen, wie etwa zur Ankunft verkleideter sowjetischer Späher. (Vgl. Krannhals, Aufstand, S. 96 und 99)

71 »Pela« – Tarnname für die Berliner Geschwister. Neben Lebensmitteln und Geld waren Informationen über die militärische Lage für die Versteckten sehr wichtig. Das Abhören von sogenannten »Feindsendern« stand im Reich seit dem 1. September 1939 unter Strafe. (Hensle, Rundfunkverbrechen)
Radio Moskau bot wahrscheinlich die zuverlässigsten Informationen über das Vorrücken der Roten Armee.

72 Zu SS-Rottenführer Josef Blösche siehe Anm. 3, S. 526.

73 In den letzten Julitagen war die Front bis in die Umgebung Warschaus östlich der Weichsel herangerückt. Es kam zu heftigen Kämpfen und einer deutschen Gegenoffensive, die den Vormarsch der sowjetischen Truppen bei Radzymin Anfang August vorübergehend stoppte. (Krannhals, Aufstand, S. 81–86; Gruchmann, Weltkrieg, S. 254; Jaczyński, *Rote Armee*, S. 199f.; Besymenski, *Vorstoß*, S. 91f.) Der Lärm der Gefechte war in den letzen Julitagen in Warschau deutlich zu hören. (Borodziej, Aufstand, S. 108f.; Hanson, Population, S. 70)

74 F.W. meint vermutlich ein Flugblatt des »Krajowa Rada Narodowa« (Landes-Nationalrat), der zur Jahreswende 1943/44 als Gremium der linken polnischen Untergrundgruppen gebildet worden war. Er bestand aus zwanzig Delegierten, die an einer engen Zusammenarbeit mit der Sowjetunion interessiert waren. Der KRN beteiligte sich daher am 20. Juli 1944 in Moskau an der Gründung des Polski Komitet Wyzwolenia Narodowego (PKWN, später »Lubliner Komitee«). Siehe dazu Hoensch, Geschichte, S. 285f.; Fuhrmann, Abriß, S. 131 sowie Gutman und Krakowski, Victims, S. 355 und 357.

75 Dieses Gerücht entbehrte jeder Grundlage. Die Rote Armee hat die Weichsel bei Warschau während der Sommeroffensive 1944 nicht überquert. So konnte sie die Stadt auch nicht von Westen her einkreisen.

76 Sowjetische Truppen griffen die östlich der Weichsel gelegenen Stadtteile Warschaus weder am 31. Juli 1944 noch in den folgenden Tagen an, sondern lagen etwa 20 Kilometer

vor dem Stadtrand. Das Gerücht über einen sowjetischen Vorstoß nach Praga erreichte jedoch am Nachmittag des 31. Juli das Hauptquartier der Armia Krajowa in Warschau und führte zum vorgezogenen Beginn des Aufstands. (Krannhals, Aufstand, S. 98–101; Borodziej, Aufstand, S. 110–112; Ciechanowski, *Genese*, S. 109f.)

77 Am Nachmittag des 1. August 1944 begann der Aufstand der polnischen Bevölkerung Warschaus gegen die deutsche Besatzungsherrschaft. Er wurde von den Deutschen in 63 Tagen bis zum 2. Oktober 1944 blutig niedergeschlagen.

Der Aufstand wurde hauptsächlich von der nationalkonservativen, in Zusammenarbeit mit der Londoner Exilregierung im Untergrund operierenden Armia Krajowa (AK, Armee im Lande oder »Heimatarmee«) getragen und beruhte auf Planungen, die seit November 1943 unter dem Decknamen »Burza« (Gewitter) bestanden hatten. Vom Oberbefehlshaber der AK, Generalleutnant Tadeusz Komorowski (Tarnname »Bor«) entwickelt, zielte »Burza« sowohl auf die Erhebung gegen die deutsche Besatzung als auch auf die Bewahrung polnischer Eigenständigkeit gegenüber der sich abzeichnenden Einnahme des Landes durch die Sowjetunion. Der Plan sah vor, unmittelbar vor dem Einrücken der Roten Armee die jeweiligen Gebiete mit dezentralen Aufständen eigenständig von der deutschen Herrschaft zu befreien, um aus dieser Position eines »Hausherren« heraus die weitere Zusammenarbeit mit der Sowjetunion aushandeln zu können.

Nach mehreren gescheiterten »Burza«-Unternehmungen in den östlichen Landesteilen und Lublin deutete die lokale AK-Führung das Vorrücken der Roten Armee östlich von Warschau Ende Juli 1944 als die entsprechende Ausgangslage für die Erhebung in der Hauptstadt. Als am 31. Juli die unzutreffende Nachricht über einen bevorstehenden sowjetischen Einmarsch im östlich der Weichsel gelegenen Stadtteil Praga einging, erteilte AK-Generalmajor Antoni Chruściel (Tarnname »Monter«), der das Kommando für den Aufstand in der Hauptstadt innehatte, den Befehl zum Kampfbeginn am folgenden Tag.

Der Aufstand begann nach kurzer Vorbereitung am Nachmittag des 1. August mit dezentralen Kämpfen im ganzen Stadtgebiet. Den Aufständischen gelang in den ersten Tagen die Einnahme weiter Teile des inneren Stadtgebiets und verschiedener Infrastruktureinrichtungen sowie die Einkreisung deutscher Dienstellen. Sie konnten jedoch zu keinem Zeitpunkt die Kontrolle über strategisch wichtige Punkte oder deutsche Militäranlagen erlangen. Zugleich forderten die Kämpfe der ersten Tage einen so hohen Verlust an Menschen und Ausrüstung, daß sich bereits am 4. August die Lage zugunsten der Deutschen zu wenden begann, die weite Gebiete der Stadt zurückerobern konnten. Die Verantwortung für die Bekämpfung des Aufstands ging unmittelbar nach Ausbruch der Kämpfe auf den Reichsführer-SS Heinrich Himmler über, der seinem »Chef der Bandenkampfverbände«, SS-Obergruppenführer Erich von dem Bach-Zelewski, den Oberbefehl über die zur Aufstandsbekämpfung nach Warschau verlagerten Einheiten der Waffen-SS und auch der Wehrmacht erteilte. Zur Verstärkung der deutschen Kräfte wurden mehrere SS- und Wehrmachtseinheiten nach Warschau beordert. Die in der »Kampfgruppe Reinefarth« zusammengefaßten SS- und Polizeitruppen und die aus ausländischen Kollaborateuren bestehende SS-Sturmbrigade RONA gingen nicht nur gegen Kämpfer der AK, sondern auch gegen die Zivilbevölkerung rechtswidrig und mit äußerster Brutalität vor.

Das von der AK kontrollierte Gebiet beschränkte sich ab Mitte August auf die weichselnahen Stadtteile, insbesondere den Stadtkern mit der Altstadt, wo es zu erbitterten Häuserkämpfen kam. Die Deutschen konnten Keile zwischen die einzelnen Aufstandsgebiete in der Stadt treiben, welche die Kommunikation unter den Kämpfern zunehmend erschwerten. Die Versorgung der Bevölkerung brach zusammen. Auch mehrere Materialabwürfe westalliierter Flugzeuge konnten die allgemeine Notlage und den Mangel an Waffen im wesentlichen nicht beheben. Nach letzten Kämpfen in den Stadtteilen Mokotów und Żoliborz hatten die Deutschen Ende September 1944 den Aufstand niedergeschlagen.

Die abwartende und inkonsequente Haltung der sowjetischen Truppen auf dem rechten Weichselufer, die auch nach der Einnahme des Stadtteils Praga am 14. September 1944 nicht massiv zugunsten der Warschauer Bevölkerung eingriffen, war teils politischem Unwillen, teils militärischen Hindernissen und Strategien geschuldet und ist bis heute Gegenstand wissenschaftlicher Diskussionen. (Siehe dazu unter anderem: Besymenski, *Vorstoß*, und Jaczyński, *Rote Armee*.)

Der Warschauer Aufstand endete am 2. Oktober 1944 mit der förmlichen Kapitulation der Armia Krajowa, wobei mehr als 15 000 Kämpfer in deutsche Kriegsgefangenschaft kamen. Im Anschluß an die Kämpfe wurde Warschau durch die deutschen Truppen zwangsweise entvölkert und großflächig zerstört. Es wird geschätzt, daß während des Aufstands auf polnischer Seite etwa 130 000 Zivilisten und etwa 18 000 Kämpfer der AK starben oder als vermißt galten. Die Zahl der aus Warschau und Umgebung vertriebenen Menschen lag bei über 650 000, darunter etwa 165 000, die zur Zwangsarbeit ins Reich, und 55 000, die in Konzentrationslager verschleppt wurden. (Warschau – Hauptstadt, S. 143 und 188) (Siehe insgesamt Krannhals, Aufstand; Borodziej, Aufstand; Martin und Lewandowska [Hg.], Aufstand; Hauptkommission und Bundeszentrale, Aufstand und Warschau – Hauptstadt, ab S. 134.)

78 Der Aufstand in Warschau sollte nach den Weisungen der Armia Krajowa am 1. August 1944 um 17 Uhr mit dezentralen Erhebungen in der Stadt beginnen. Es kam jedoch in einigen Stadtbezirken, darunter in Wola, schon seit der Mittagszeit zu Kampfhandlungen. Bereits am frühen Nachmittag des 1. August entflammten Kämpfe an der Ul. Wolska, einer der wichtigsten West-Ost-Verbindungen der Stadt. An der Eisenbahnbrücke, die im Westen über die Straße führte, positionierte sich eine aus Urychow angerückte deutsche Panzereinheit, die einen Sprengversuch durch Pioniere der AK vereitelte. Noch vor 17 Uhr kam es daraufhin zu heftigen Gefechten mit den Aufständischen, welche hohe Verluste hinnehmen mußten. (Piekalkiewicz, Kampf, S. 43f. und 46)

Die Kämpfe in der Ul. Wolska hielten bis in die späten Abendstunden des 1. August an. (Przygoński, Powstanie, S. 149f.)

79 Mit erfolgreichen und gescheiterten Versuchen, strategisch wichtige und symbolische Plätze hauptsächlich in der Warschauer Innen- und Altstadt zu besetzen, begann um 17 Uhr der planmäßige Hauptschlag der Armia Krajowa. Einheiten der sozialistischen Armia Ludowa und andere Widerstandsorganisationen der politischen Linken unterstützten den Aufstand. Durch die bereits zuvor in der Stadt entbrannten Kämpfe war jedoch der vorgesehene Überraschungsschlag mißlungen, weshalb die Gegenwehr von deutscher Seite rasch einsetzte und den Aufständischen die vorgesehene Besetzung zentraler Verkehrs- und Infrastruktureinrichtungen nur teilweise gelang. (Krannhals, Aufstand, S. 101–112; Borodziej, Aufstand, S. 113–117)

80 Die Aufständischen brachten am ersten Tag zwar weite Teile des Stadtgebiets sowie einige Durchfahrtsstraßen unter ihre Kontrolle, es gelang ihnen jedoch nicht, strategisch entscheidende Einrichtungen wie Brücken oder Flughäfen zu besetzen.

81 In der ganzen Stadt errichtete die Bevölkerung zur Unterstützung der Kämpfer aus diversen Materialien Straßensperren, um deutschen Einheiten die Zufahrtswege zu versperren. Die zu diesem Zeitpunkt mit maximal 20 000 einsatzfähigen Soldaten und Polizisten eher schwach besetzte deutsche Garnison (Borodziej, Aufstand, S. 114) forderte umgehend die Zuführung weiterer Truppen an, die jedoch mehrere Tage in Anspruch nahm.

Der Aufstand konnte sich zunächst in weiten Teilen der Stadt ausbreiten. Dennoch war die Zahl der menschlichen Verluste für die Aufständischen schon in den ersten Stunden sehr hoch, es starben am ersten Kampftag etwa 2000 polnische Kämpfer, während es auf deutscher Seite 500 Tote gab. (Krannhals, Aufstand, S. 110)

Widerstandskämpfern gelang es am Abend des 1. August, das Straßenbahndepot in der Ul. Młynarska in Wola zu besetzen und einige Waffen zu erbeuten, gleichzeitig versperrten sie die Gleiskörper. Das Depot befand sich an der Kreuzung der Straßen Młynarska und Wolska. (Kirchmayer, Powstanie, S. 215 und Przygoński, Powstanie, Bd. 1, S. 149f.)

82 Das Haus Ul. Wolska 54 liegt in unmittelbarer Nachbarschaft der Straßen Płocka- und Działdowska. Außer den hier errichteten Barrikaden bildeten Aufständische während der Abend- und Nachtstunden weitere Barrikaden in der nahen Umgebung. (Przygoński,

Powstanie, Bd. 1, S. 149 und 158; Kirchmayer, Powstanie, S. 245) Die Ul. Wolska (unter der deutschen Besatzung »Litzmannstädter Straße«), die wichtigste Hauptzufahrtstraße von Westen in die Stadt, war jedoch in den Aufstandsplanungen nicht ausreichend berücksichtigt worden, bewaffnete Widerstandskämpfer waren im Stadtteil Wola vergleichsweise schwach positioniert.
Bereits am Nachmittag des 1. August kam es in Wola und im besonderen auf der Ul. Wolska nach einer Massierung deutscher Panzertruppen zu Gefechten zwischen deutschem Militär und polnischen Kämpfern. Anders als in anderen Stadtteilen, in denen die Zahl polnischer Kämpfer wesentlich höher war, befanden sich die deutschen Einheiten in Wola von Anfang an in der überlegenen Position.
In den ersten Tagen des Aufstandes war Wola ein Zentrum der Kämpfe, wobei die Zerstörung beziehungsweise Verteidigung der Barrikaden auf der Ul. Wolska, insbesondere der mehrmals zerstörten und wiedererrichteten großen Sperre auf der Höhe der Ul. Młynarska, wegen der Zufahrt zur Innenstadt für beide Seiten besondere Bedeutung hatte. Die Deutschen gingen mit Panzern und Infanterie gegen bewaffnete Kämpfer und Zivilisten vor und zerstörten durch den Einsatz von Brandsätzen und Flammenwerfern einen Teil der Häuser. Der deutsche Panzereinsatz in der Ul. Wolska und ihren Seitenstraßen erhielt bereits nach kurzer Zeit Luftunterstützung durch deutsches Bombardement des Stadtteils. (Bartoszewski, Dni, S. 26 und 29; Kirchmayer, Powstanie, S. 245–247; Przygoński, Powstanie, Bd. 1, S. 158–162 und 164f.)
Die Lage verschärfte sich mit dem Eintreffen der unter SS-Befehl stehenden deutschen Nachschubtruppen aus Poznań (Posen). Von Westen kommend rückte am 4. August die »Kampfgruppe Reinefarth« in die Ul. Wolska ein und nahm dort Quartier. Die etwa 2300 Mann starke Einheit, zu der unter anderen ein Bataillon des aus Sträflingen zusammengesetzten SS- und Polizeiregiments Dirlewanger gehörte, stand unter dem Befehl des Höheren SS- und Polizeiführers Wartheland, SS-Gruppenführer Heinz Reinefarth.
Am Morgen des 5. August griff die »Kampfgruppe Reinefarth« in die Kämpfe in Wola ein. Dieser Einsatz, der eigentlich unter der Order stand, die Zufahrtstraße freizukämpfen, entwickelte sich vom selben Tag an zu einem Massaker an der Zivilbevölkerung Wolas. Die »Kampfgruppe Reinefarth« begann im Bereich der Ul. Wolska umgehend mit wahllosen Zusammentreibungen der Bewohner, Plünderungen und Massenerschießungen, auch an Frauen und Kindern. Sie verübten den Massenmord an 41 Erschießungsplätzen entlang der Wolska, darunter auch auf dem Gelände der Firma »Ursus« in der Ul. Skiernewicka. Es wird geschätzt, daß etwa 90 Prozent der Opfer zuvor an den Aufständen unbeteiligt waren, zu ihnen zählten auch das Personal und die Patienten der Krankenhäuser in Wola.
Über die Zahl der polnischen Todesopfer in Wola am 5. August und den folgenden Tagen gibt es unterschiedliche Angaben. Während Reinefarth etwa 10 000 Getötete nannte, gehen polnische Quellen von 30 000 bis 40 000 ermordeten Zivilisten aus. Wegen des Einsatzes von Fliegerbomben und der großflächigen Zerstörung der Häuser wurden viele Überlebende obdachlos.
Der Massenmord in Wola und Ochota, wo die SS-Sturmbrigade RONA ebenfalls ein Massaker anrichtete, bewirkte eine Verstärkung des polnischen Widerstands in Warschau, nicht allein wegen des Entsetzens über den verbrecherischen deutschen Einsatz, sondern auch, weil die Truppen der Aufständischen nun eine Schutzfunktion für die Bewohner Warschaus übernahmen, was die Solidarität der Einwohner mit den Kämpfern erheblich verstärkte.
(Siehe insgesamt: Kannhals, Aufstand, S. 124–128 und S. 131–136; Borodziej, Aufstand, S. 119–125 sowie Hanson, Population, S. 87–92 und 98–100.)

83 Diese Lageeinschätzung, wie sie F.W. zugetragen wurde, entsprach in keiner Weise der Realität. Aufgrund des dezentral im gesamten Stadtgebiet begonnenen Aufstands mag es zwar manchem Beobachter so erschienen sein, als sei ganz Warschau in der Hand der Widerstandskämpfer, tatsächlich aber erlitt der Aufstand bereits in den ersten 24 Stunden

erhebliche Rückschläge. So wurden weder die deutschen Dienststellen in der »Straße der Polizei« noch stärkere deutsche Stützpunkte unter polnische Kontrolle gebracht. Immerhin gelang es den Aufständischen unter anderem, die Angehörigen deutscher Behörden in ihren Dienstgebäuden in der Innenstadt zunächst einzukreisen und zu isolieren und einige bedeutende Gebäude wie das Elektrizitätswerk sowie am 2. August die gesamte Altstadt erfolgreich zu besetzen.
Insgesamt konnten in Stadtteilen mit geringer Präsenz deutscher Einrichtungen größere Gebiete besetzt werden als in jenen, in denen die deutschen Exekutivorgane hauptsächlich stationiert waren. Die Zahl der polnischen Todesopfer war bereits am ersten Tag des Aufstands hoch.
(Siehe Borodziej, Aufstand, S. 113–118 und Krannhals, Aufstand, S. 107–110 einschließlich des Berichts des Distriktgouverneurs von Warschau an Generalgouverneur Frank vom 20.12.1944 auf S. 278–303, hier besonders S. 283–285.)

84 Zur Armia Ludowa, der Partisanenorganisation der politischen Linken, siehe oben Anm. 65, S. 539. Trotz grundsätzlicher Differenzen mit der Armia Krajowa über das zukünftige Verhältnis zwischen Polen und der Sowjetunion beteiligten sich Einheiten der Armia Ludowa – wenngleich nicht in tragender Rolle – an dem von der AK ausgelösten Aufstand gegen die deutschen Besatzer in der Hauptstadt.

85 Aufständische errichteten in der Nacht vom 1. zum 2. August 1944 weitere Barrikaden auf der Ul. Wolska in der Nähe des Hauses Nummer 54. Am Morgen gab es in diesem Karree mindestens vier Straßensperren, je eine an den Kreuzungen der Ul. Wolska mit den Straßen Płocka und Działdowska, also an den unmittelbaren Nachbarstraßen von F.W.s Häuserblock. Eine große Barrikade hatten Aufständische in der Nacht auch an der Kreuzung zur Ul. Młynarska errichtet, und eine vierte sperrte die Ul. Górczewska, eine Parallelstraße der Wolska, ab.
Deutsche Einheiten setzten am Morgen des 2. August gegen 7 Uhr zum Angriff auf diese Barrikaden an und durchbrachen gegen 11 Uhr vormittags die Sperren an den Querstraßen Płocka und Działdowska. Die große Barrikade an der Ul. Młynarska, die die West-Ost-Verbindung absperrte, fiel unter einem deutschen Panzerangriff am 3. August, konnte aber vorübergehend wieder erneuert werden. (Kirchmayer, Powstanie, S. 245–247; Przygoński, Powstanie, Bd. 1, S. 158–162)

Epilog: August 1944 bis 1946/2002

1 Siehe zu den Kämpfen in Wola oben S. 342–345 einschließlich der Anmerkungen.

2 In Pruszków, einem südwestlich von Warschau gelegenen Vorort, befand sich in einem zuvor geräumten Ausbesserungswerk der Ostbahn das »Durchgangslager 121« zur Internierung der polnischen Bevölkerung Warschaus während und nach der Niederschlagung des Aufstandes. Die menschenunwürdigen Zustände im Lager alarmierten seinerzeit unter anderem die ausländische Presse, das Polnische Rote Kreuz und die katholische Kirche und führten neben anderem zur Verurteilung des damaligen Gouverneurs von Warschau, Ludwig Fischer, in Warschau im Jahr 1947. Etwa 550 000 Zivilisten wurden während des Aufstandes aus der Stadt vertrieben und mehr als 150 000 über die Durchgangslager Pruszków und Ursus gemäß den Anweisungen Himmlers zu Zwangsarbeiten ins Reich oder in Konzentrationslager deportiert, die anderen kamen an verschiedene Orte im Generalgouvernement, wo sie meist ebenfalls zum »Arbeitseinsatz« herangezogen wurden. (Siehe den Abschlußbericht Fischers vom 20.12.1944 in: Krannhals, Aufstand 1944, S. 288 und bes. Fn. 117; Borodziej, Aufstand, S. 201f. sowie Getter, *Schicksal*, S. 76.)

3 Die katholische Kirche des heiligen Stanisław (św. Stanisława) in der Gemeinde des Hl. Wojciech (św. Wojciecha) befindet sich in der Ul. Wolska 76. Als sich während der ersten Tage des Warschauer Aufstandes Zivilisten aus den brennenden Häusern der Nachbarschaft in die Kirche flüchteten, kontrollierten nach Aussage des Priesters Wacław Murawski Pio-

niere der Wehrmacht beziehungsweise Feldgendarmerie das Gelände der Kirche und des benachbarten Pfarrhauses. Wenig später wurde die Kirche von den Deutschen zu einem Sammellager für Zivilgefangene erklärt. Pfarrhaus und Kirche standen ab dem 5. August 1944 unter Bewachung der Gestapo, welche häufig in die wehrlose Menge schoß. Bis zu 5000 Menschen wurden gleichzeitig im Kirchenschiff konzentriert, bevor man sie über die Durchgangslager Pruszków und Ursus aus Warschau zwangsevakuierte und mehrheitlich zu Zwangsarbeiten in andere Orte des Generalgouvernements oder ins Reich deportierte. Siehe dazu das Foto S. 405.
(Siehe insgesamt die Aussage des Priesters Wacław Murawski vom 9.5.1948 vor der Warschauer Bezirkskommission zur Untersuchung der deutschen Verbrechen, abgedruckt in: Datner und Leszczyński [Hg.], Zbrodnie, S. 33–36 und Encyklopedia Warszawy, S. 375.)

4 Das hier beschriebene Gefängnis war wahrscheinlich die in der Ul. Sokołowska 5 in Warschau-Wola eingerichtete Haftstätte der Sicherheitspolizei. Die Ul. Sokołowska ist eine Seitenstraße der Ul. Wolska, auf deren Eckgrundstück sich die Kirche Św. Wojciecha befindet. Das dreistöckige Haus wurde in den ersten Jahren der deutschen Besatzung als Kriegsgefangenenlager genutzt. Später ging es als Gefängnis an die Sicherheitspolizei über. Ab dem 5. August 1944 nahm das zur Niederschlagung des Warschauer Aufstandes neu in die Stadt verlegte »Einsatzkommando Sicherheitspolizei Kampfgruppe Reinefarth« unter SS-Hauptsturmführer Alfred Spilker im gegenüberliegenden Pfarrhaus Ul. Sokołowska 4 seinen Sitz und nutzte das Gefängnis weiter.
Nach Aussagen eines ehemaligen Häftlings dieses Gefängnisses vor der Warschauer Bezirkskommission zur Untersuchung der deutschen Verbrechen wurden am 3. August 1944 etwa 5000 Männer aus dem Gefängnis in der Ul. Sokołowska nach Modlin abgeführt. (Aussage F. Z. vom 23.5.1947 in deutscher Übersetzung, Landesarchiv Schleswig-Holstein Abt. 354, Nr. 11243, Bl. 526–532, hier bes. 526f.)
Der Priester Wacław Murawski, der am 9. Mai 1948 vor derselben Kommission aussagte, beobachtete vom gegenüberliegenden Pfarrhaus seiner Kirche aus, daß ab dem 2. August 1944 laufend Männer aus der Kirche und der Stadt in das Gefängnis gebracht und von dort aus zur Arbeit, unter anderem zum Abriß der Barrikaden eingesetzt wurden. Der Priester gab weiterhin an, am 3. August habe man einen Teil der Männer »gruppenweise abgeführt und von da an verlor sich ihre Spur«. (Aussage in: Datner und Leszczyński [Hg.], Zbrodnie, S. 33–36, Zitat S. 34 übersetzt von Sabine Leitner)
In den darauffolgenden Tagen inhaftierte die Sicherheitspolizei in diesem Haus unter anderen eine Gruppe Zivilisten, welche als sogenanntes Verbrennungskommando die in der Ul. Wolska liegenden Leichen der Opfer des Massakers in Wola (siehe dazu oben Anm. 82, S. 541f.) einsammeln und einäschern mußte.
(Siehe insgesamt: Bericht des Oberstaatsanwalts Flensburg, »Bisheriges Ermittlungsergebnis über das EK Sicherheitspolizei Kampfgruppe Reinefarth« vom 30.5.1963 und Schreiben des Gutachters Hanns von Krannhals an den Oberstaatsanwalt beim Landgericht Flensburg vom 2.1.1962 »Betr.: Erschiessungsgruppe Spielker [sic!] der Gestapo in Warschau-Wola (5.8.44–2.10.44)«, beides in den Unterlagen des Ermittlungsverfahrens 141 Js 192/60 der Staatsanwaltschaft Hamburg, Staatsarchiv Hamburg, 0070/021, Bl. 9511–9548, hier bes. 9522f., bzw. 0070/017, Bl. 7357–7364; die Aussagen von F.Z., wie oben, und von Zenon Piasecki vom 29.4.1948 vor der Warschauer Bezirkskommission zur Untersuchung der deutschen Verbrechen abgedruckt in: Instytut Historii Polskiej Akademii Nauk [Hg.], Madajczyk [Red.], Ludność cywilna, Bd. 1.1., Dok. 14, S. 322–325. Ein von Hanns von Krannhals angefertigtes Foto des Hauses befindet sich in den Unterlagen des Strafverfahrens 2 Js 700/61 der Staatsanwaltschaft Flensburg gegen Heinz Reinefarth, Landesarchiv Schleswig-Holstein Abt. 354, Nr. 11256, unpag., Orig. S. 30.)

5 Auf der Bescheinigung Leopold Winnykamieńs (siehe Abbildung S. 408 oben) ist der 4. August 1944 als Zeitpunkt seiner Ankunft im Baupionier-Bataillon 737 vermerkt.

6 Kaddisch (»heilig«): Jüdisches Gebet zur Lobpreisung Gottes mit der Bitte um endgültige Rettung und Erlösung, das auch im Trauerfall gesprochen wird.

7 Das deutsche Oberkommando des Heeres ließ auf dem linken Weichselufer umfangreiche Befestigungsanlagen anlegen. Geplant war außerdem ein 200 bis 300 Kilometer tief in Richtung Westen gestaffeltes Stellungssystem, das die heranrückenden sowjetischen Truppen aufhalten sollte. Die Wehrmacht warb für diese Schanzarbeiten zunächst polnische Zivilisten an, wobei sie die verbreitete Furcht vor einer drohenden sowjetischen Besatzung Polens auszunutzen verstand. Da dies auch eine Möglichkeit war, der Deportation als Zwangsarbeiter ins Reich zu entgehen, meldeten sich im Juli und August 1944 einige Gruppen Freiwilliger. Im Verlauf des Warschauer Aufstands ging die Wehrmacht zur Zwangsrekrutierung von Schanzarbeitern unter der Zivilbevölkerung im Generalgouvernement über, insbesondere unter den Vertriebenen aus Warschau. Das Reichssicherheitshauptamt setzte Ende August 1944 seine Forderungen nach einem lagerähnlichen Einsatz der Schanzarbeiter durch.

Der Stellungsbau im rückwärtigen Heeresgebiet der 9. deutschen Armee westlich der Weichsel, organisiert von Reichsverteidigungskommissar Erich Koch, dem Gauleiter von Ostpreußen, oblag verschiedenen Bau-Pioniereinheiten der Wehrmacht.

Leopold Winnykamień war, bis man ihn wegen seines Gehschadens offiziell entließ, beim Bau-Pionier-Bataillon 737 und dem 1. Landes-Baupionierbataillon (B) 24 eingesetzt (siehe die Abbildung seiner Bescheinigung auf S. 408 oben), Einheiten, die zur sogenannten Festungsdienststelle Warschau zählten. F.W. hielt sich, möglicherweise (die Zugehörigkeit ließ sich nicht exakt ermitteln), beim Baupionier-Ersatz-Bataillon 1 oder dem Pionier Ersatz- und Ausbildungsbataillon 311 auf, die zur fraglichen Zeit in Modlin stationiert waren.

(Vgl. Tessin, Verbände, Bd. 16, Teil 1, S. 25 und die Gliederung des AOK 9 vom14. 8. 1944, abgedruckt in Krannhals, Aufstand, S. 376–380. Zum Stellungsbau insgesamt siehe Schwendemann, *Kapitulation*, S. 238 und 247–250 und Magenheimer, Abwehrschlacht, S. 130–137.)

8 Solche Mäntel hatte F. W. vielleicht bei seinen Bewachern auf dem Flughafen Klikawa gesehen. Fliegendes Luftwaffenpersonal trug solche Mäntel nicht.

9 Am 25. August 1944 kam Isabella Winnykamień unter ihrem Tarnnamen Marianna Gizińska als polnische Zwangsarbeiterin zu den »Metallwerken Zöblitz« in den Ort Zöblitz im Kreis Marienberg/Erzgebirge. Eine Gruppe von insgesamt 58 polnischen Frauen, die am 25. August 1944 in Zöblitz eintraf, ist auf einer namentlichen Liste des Zöblitzer Bürgermeisters für das Kreispolizeiamt Marienberg vom 15. Januar 1946 verzeichnet. (Kreisarchiv Mittlerer Erzgebirgskreis Marienberg, Akte 854 II, Bl. 210, 219f.) Es kann vermutet werden, daß diese polnischen Frauen zu einem nicht bekannten Zeitpunkt im August 1944 vom Lager Pruszków bei Warschau nach Zöblitz verbracht worden waren.

Über die »Metallwerke Zöblitz« ist wenig bekannt. Es war ein Rüstungsbetrieb, doch Informationen über dessen genaue Produkte sind für diese Zeit nicht überliefert. (Körner, 75 Jahre, S. 6f.) In Isabella Winnykamieńs Entschädigungsakte gibt es keinen Hinweis auf die Art der Arbeit, die sie dort verrichten mußte. F. W. weiß jedoch aus späteren Gesprächen mit seiner Mutter, daß ihre Behandlung als Zwangsarbeiterin nicht allzu schlecht gewesen sein muß.

(Entschädigungsakte Isabella Winnykamień, Bayerisches Landesentschädigungsamt München, BEG 24154)

Nach der Befreiung dieser Region am 8. Mai 1945 durch sowjetische Truppen blieb sie noch einige Wochen in Zöblitz, wo sie – wegen ihrer Deutsch- und Russischkenntnisse – als Übersetzerin gebraucht wurde. Ende Mai oder Anfang Juni 1945 kehrte sie dann von dort aus nach Łódź zurück. (Interview F.W. Bd. VIIIA, IXA; siehe die Abbildung ihres Lager-Ausweis auf S. 409 oben.)

10 Rysias Weihnachtskarte an ihren Vater vom Dezember 1944 war an eine Anschrift in Leszno adressiert. Gut möglich, daß Leopold Winnykamień schon vorher dort gewesen war. (Siehe die Abbildung auf S. 406.)

11 Die Alija Bet (hebr. »sekundärer« bzw. »geheimer Aufstieg«) war von verschiedenen zionistischen Organisationen, hauptsächlich der Hagana, getragen. Sie sollte die Einwan-

derung von Juden nach Palästina (Erez Israel) unter Umgehung der restriktiven Einreisebestimmungen der britischen Mandatsmacht durchsetzen. Zwischen August 1945 und der Staatsgründung Israels im Mai 1948 versuchten mehr als 70 000 Einwanderer auf diese Weise ins Land zu kommen, von ihnen wurden jedoch etwa 52 000 zunächst abgefangen und in britischen Internierungslagern auf Zypern festgehalten. Die Zurückweisung und Abdrängung zahlreicher überfüllter Einwandererschiffe durch britisches Militär bedeutete für die Passagiere, in der Mehrheit Überlebende der nationalsozialistischen Verfolgungen, einen dramatischen Rückschlag auf ihrem Weg in ein Leben in Freiheit. (New Encyclopedia of Zionism, Bd. 1, S. 647–649)

12 UNRRA: Die »United Nations Relief and Rehabilitation Administration« war mit der Rückführung und auch der sozialen Betreuung der Displaced Persons beauftragt. Am 15. November 1945 übernahm die UNRRA auch die Verwaltung der DP-Lager im amerikanischen Sektor Berlins. (Königseder, Flucht, S. 79ff.)

13 Welche Kurse und Seminare F. W. an der TH Charlottenburg besucht hat, war ohne Matrikelnummer nicht zu ermitteln.

14 Ausführlich bei Schieb, Nachricht, bes. S. 149ff.

15 Die Direktive Trumans vom 22. Dezember 1945 gestattete die bevorzugte Einwanderung von Displaced Persons für das Jahr 1946, sofern diese bis Dezember 1945 in der amerikanischen Besatzungszone Deutschlands beziehungsweise im amerikanischen Sektor Berlins ansässig waren.

16 Affidavit: Von den US-Einwanderungsbehörden obligatorisch geforderte Bürgschaften amerikanischer Bürger für das materielle Auskommen von Neueinwanderern.

17 ORT (russisch: Obschtschestwo Rasprostranenija Truda sredi Jewrejew), jüdische Organisation zur Berufsausbildung. Die 1880 in Rußland gegründete Gesellschaft ist seit den 1920er Jahren auch international tätig.

Exkurs: Die Familie Pakman-Woop in Berlin

1 Die Erkenntnisse über die Familie Pakman in Berlin beruhen, da die Hauptbeteiligten nicht mehr leben, auf den Angaben in den Entschädigungsakten der Beteiligten und den Informationen, die Mary Schreiber, geborene Rozen, den Herausgeberinnen im Gespräch am 20. April 2002 gab. Sie hatte ab 1940 als Kind illegal bei ihren Tanten Karola Woop und Tania Pakman in Berlin gelebt. Siehe zu diesem Teil die Fotos S. 410–413.

2 EA Berlin, Reg.-Nr. 220194, Bl. M 8.

3 Als Jahr der Eheschließung werden in den Entschädigungsakten unterschiedliche Daten genannt: während Karola Woop angab, im Jahr 1929 geheiratet zu haben, nannte ihr Mann den 24. Dezember 1930 als Datum ihrer Heirat. (EA Berlin, Reg.-Nr. 220194, Bl. M 8 und BayHStA, LEA, Nr. A 49/70, S. 46) Mit der Eheschließung erwarb Karola Woop die deutsche Staatsangehörigkeit.

4 Der Betrieb kann eine bestimmte Größe nicht überschritten haben, denn er war nicht handelsregisterlich eingetragen. (EA Berlin, Reg.-Nr. 220194, Bl. D 57)

5 Angaben aus Tania Pakmans Studentenausweis. (Privatbesitz ihrer Nichte Mary Schreiber) Siehe die Abbildung S. 412.

6 EA Berlin, Reg.-Nr. 220189, Mary Schreiber.

7 EA Berlin, Reg.-Nr. 377348, Tania Pakman nach Viktor Pakman; Abschrift der Heiratsurkunde, Privatbesitz Mary Schreiber.

8 Kopie des Zeugnisses in: EA Berlin, Reg.-Nr. 220190, Tania Pakman, B 67.

9 Privatbesitz Mary Schreiber, siehe die Abbildung S. 410.

10 Sowohl Tania Pakman als auch Karola Woop berichteten davon vor der Berliner Entschädigungsbehörde. (Karola Woop, Reg.-Nr. 220194, Bl. M 8 und Tania Pakman, Reg.-Nr. 220190, Bl. M 4)

11 Gespräch mit Mary Schreiber, 20. 4. 2002.

12 Entschädigungsakte Szymon Rozen, EA Berlin, Reg.-Nr. 270119.
13 Gespräch mit Mary Schreiber, 20.4.2002.
14 Steuerakten oder andere Betriebsunterlagen der Kosmetikfirma sind nicht erhalten.
15 Gespräch mit Mary Schreiber, 20.4.2002.
16 EA Berlin, Reg.-Nr. 377348, Tania Pakman nach Viktor Pakman, Bl. M 24.
17 Entschädigungsakte Ernst Woop, BayHStA, LEANr. A 49/70, Bl. 47R.
18 Ebenda Bl. 12. Diese Angaben ließen sich nicht verifizieren.
19 Szymon Rozens Entschädigungsakte enthält keine Einzelheiten zu seiner Flucht. (EA Berlin Reg.-Nr. 270119)
20 Ebenda Bl. C 2.
21 EA Berlin, Reg.-Nr. 377348, Tania Pakman nach Viktor Pakman, Bl. M 24f.; Schreiben des Polizeipräsidenten in Berlin an das Standesamt Neukölln vom 15.9.1947 über die Identifizierung der am 8.10.1943 registrierten und am 15.10.1943 auf dem Friedhof Marzahn bestatteten unbekannten männlichen Leiche als Wiktor Pakman, ebenda, Bl. M 36.
22 Fred Weinstein, E-Mail an B.S. vom 25. März 2003.
23 Gespräch mit Mary Schreiber, 20.4.2002.
24 Siehe Epilog, S. 354f.
25 Gespräch mit Mary Schreiber, 20.4.2002.
26 Brandenburgisches Landeshauptarchiv Potsdam, Amtsbezirk Bötzow, Rep. 41, Nr. 128, unpag.
27 Der Angriff kostete laut offizieller Statistik 2541 Menschen das Leben, 1688 wurden verwundet, 714 vermißt und 119 057 Menschen wurden obdachlos. (Rürup, [Hg.], Berlin 1945, S. 14; über diesen Angriff siehe: Smit/Staikos/Thormann, 3. Februar 1945, Die Zerstörung Kreuzbergs aus der Luft, Berlin 1995.)

PERSONENVERZEICHNIS

Dieses Verzeichnis führt mit Kurzinformationen diejenigen Personen auf, die in Frederick Weinsteins Texten genannt werden.

Abe (Nachname unbekannt)	Jüdischer Bekannter F.W.s im Warschauer Ghetto
Ambryszewski, Mieczysław	Falscher »arischer« Name F.W.s
Anka (Nachname unbekannt)	Nachbarin im Haus Wolska 54 in Warschau-Wola
Anshel (Nachname unbekannt)	Freund von Pola Winnykamień im Ghetto, Totengräber
B. (Rest unbekannt), Moszen	F.W.s Bekannter beim Warschauer Ghetto-Postamt
Bak (Vorname unbekannt)	Bauer im Dorf Zalesie
Banas (Vorname unbekannt)	Einwohner Gniewoszóws
Baumann (Vorname unbekannt)	Österreichischer Soldat der Wehrmachtseinheit, in der F.W. 1944/45 als Dolmetscher tätig war
Bazylak (Vorname unbekannt)	Bewohner des Hauses Wolska 54 in Warschau-Wola
Beer (Vorname unbekannt)	Jüdischer Rechtsanwalt in Warschau
Belochowa (Vorname unbekannt)	Frau, bei der Isabella, Leopold und Rysia Winnykamień auf der Flucht in Chotcza wohnen
Bigos, Maks	Ehemann von Sala Bigos, Schwester von Isabella Winnykamień
Bigos, Sala, geb. Gerszange	Schwester von Isabella Winnykamień
Blajsiewic (Vorname unbekannt)	Jüdischer Arbeiter bei Ursus
Blösche, Josef	1912–1969, SS-Rottenführer, ab August 1942 beim Ghettokommando der Sicherheitspolizei Warschau
Bocian, Antoni	1903–1987, Lehrer in Gniewoszów, 1939–45 in deutscher Kriegsgefangenschaft
Bocian, Irena	1908–1993, Lehrerin in Gniewoszów, Helferin der Familie Winnykamień, lebte nach dem Krieg als Lehrerin in Radom
Bocian, Zofia	* 1931, Tochter von Irena und Antoni Bocian, lebt in Warschau, → Kwiatkowska, Zofia
Braczkowska, Mira/Mirka	Warschauer Freundin und ab 1942 Ehefrau von F.W., vermutlich 1943 ermordet

Braczkowska, Renia	Ältere Schwester von Mira/Mirka B.
Braczkowski, Familie	Eltern und Schwestern von Mira/Mirka B.
Brandt, Karl Georg	1898 – vermutlich 1945, SS-Oschaf., Leiter des Judenreferats beim KdS Warschau
Chalebska (Vorname unbekannt)	Eine F.W. bekannte Jüdin im Warschauer Ghetto, Bewohnerin des »Ursus«-Wohnblocks in der Miła 42
Chotzen, Ruth, geb. Cohn	*1922 in Berlin, spätere Ehefrau F.W.s
Cytrynbaum, Kuba	Leiter der »Ursus-Gruppe« im Warschauer Ghetto
Cytrynbaum (Vorname unbekannt)	Ehefrau des »Ursus«-Gruppenleiters, im September 1942 deportiert
Czarniecki (Vorname unbekannt)	Lehrer am Technischen Gymnasium in Łódź
Delewicz (Vorname unbekannt)	Inhaber einer nicht angemeldeten mechanischen Werkstatt im Warschauer Ghetto
Dyner, Jakob	Judenratsvorsitzender in Gniewoszów
»Eisenbär« (richtiger Name unbekannt)	Jüdischer Zwangsarbeiter in Warschau
Ewiakowa (Vorname unbekannt)	Nachbarin im Haus Wolska 54 in Warschau-Wola
Fajersztajn, Familie	Isabella Winnykamieńs Schwester Natalia und ihr Ehemann Adek Fajersztajn in Warschau, Ul. Nowolipie 13, Deportation am 3.8.1942 (»Tante und Onkel Fajersztajn«)
Fela (Nachname unbekannt)	Tochter von Jadwiga Łazrowicz, Mutter von Sohn Stasio
Floksztrumpf, Dr.	Ärztin, Hauptmieterin der Wohnung Prosta 19 in Warschau, Januar 1940
Fogler, Arnold	1921–1942, F.W.s Cousin, deportiert im September 1942
Fogler, Jozef	Leopold Winnykamieńs Cousin, vermutlich ermordet
Fogler, Urzula	Schwester von Arnold F., deportiert im September 1942
Fogler, Familie	Eltern von Arnold und Urzula F., 1938 aus Berlin ausgewiesen, vermutlich 1942 ermordet
Frank, Hans	1900–1946, Gouverneur des Generalgouvernements

Franka (Nachname unbekannt)	Vermutlich eine Nachbarin im Haus Wolska 54 in Warschau-Wola
Frydman, Rubin	Freund von F.W. im Warschauer Ghetto
Frydman, Frau und Sohn	Familie von Rubin Frydman im Warschauer Ghetto
Gadulska (Vorname unbekannt)	Schwägerin des Gniewoszówer Arztes Dr. Bronisław Kiełczyński
Gensel, Rudolf	Junger Jude in Gniewoszów, bekannt mit F.W.
Gerszange, Janina	Ehefrau von Mieczyslaw Gerszange, Warschau, Nowolipie 25, vermutlich ermordet
Gerszange, Mieczysław	Bruder von → Isabella Winnykamień, Warschau, Nowolipie 25, vermutlich ermordet
Gerszange, Isaac	Halbbruder von → Isabella Winnykamień, Warschau, Karmelicka 23, vermutlich ermordet
Gerszange, Elie	Isabella Winnykamieńs Vater, starb im September 1939
Gizińska, Marianna	Falscher »arischer« Name von Isabella Winnykamień
Giziński, Josef	Falscher »arischer« Name von Leopold Winnykamień
Goebbels, Dr. Joseph	1897–1945, Reichsminister für Volksaufklärung und Propaganda
Gottlieb, Jakob	Lieblingsfreund von F.W. in Łódź
Gross (Vorname unbekannt)	Angehöriger des Werkschutzes der Firma »Ursus«
Gryniewicz, Heniek	Sohn von Krystyna G., im Dezember 1943 von der Gestapo ermordet
Gryniewicz, Krystyna	Bewohnerin von Wola, nahe F.W.s Versteck, im Dezember 1943 umgekommen
Hammer, Zdzisław	Bekannter von F.W. aus Łódź
Hardwächer, Johannes	Deutscher Arzt in Łódź, Freund von Leopold Winnykamień
Herszkowicz, Mirka/Mira	Bekannte von F.W. im Warschauer Ghetto
Herszkowicz (Vorname unbekannt)	Bruder von Mirka Herszkowicz
Herszkowicz, Szlomo	Freund von F.W. aus Łódź, Rikschafahrer im Warschauer Ghetto

Herszkowicz, Familie	Eltern und Geschwister von Szlomo H.
Hesse (Vorname unbekannt)	Werkschutzangehöriger der Firma »Ursus« in Warschau
Himmler, Heinrich	1900–1945, Reichsführer SS und Chef der Deutschen Polizei
Hitler, Adolf	1889–1945, deutscher Reichskanzler 1933–1945
Hutnikowa (Vorname unbekannt)	Nachbarin im Haus Wolska 54 in Warschau-Wola
Jacubowicz (Vorname unbekannt)	Jüdischer Soldat aus Łódź
Jakubiak, Anka	Nachbarin im Haus Wolska 54 in Warschau-Wola
Jakubiak (Vorname unbekannt)	Vermutlich der Vater von Anka Jakubiak
Janik, Josef	*1913, nach 1945 verschollen, Leiter der Abteilung »Judeneinsatz« beim Arbeitsamt Radom
Kaczmarek (Vorname unbekannt)	Polizeihauptmann, Patient von Leopold Winnykamień in Łódź, Selbstmord bei Einmarsch der deutschen Truppen
Kaminski, Ehepaar	Hausmeisterehepaar des Hauses Wolska 54 in Warschau-Wola
Kamiński, Zdzisław	Beherberger von Leopold Winnykamień für kurze Zeit in Warschau, Długa 26/17
Kaplan, Dr. (Vorname unbekannt)	Jüdischer Arzt im Warschauer Ghetto
Kelter (Vorname unbekannt)	Verwalter in den »Ursus«-Häusern im Warschauer Ghetto
Kerklies, Oskar	Regierungsinspektor beim Kreishauptmann Radom-Land, dort mit der Bildung von Ghettos beauftragt
Kielczynski, Dr. Bronisław	Praktischer Arzt in Gniewoszów
Kirszblum, Marian	Freund von F.W. in Warschau
Kołodziejczyk (Vorname unbekannt)	Polnischer Arbeiter bei der Firma »Ursus«
Kowalczyk, Janka	Christliche Frau, zwischen der und F.W. 1944 in Warschau eine Eheschließung arrangiert werden sollte
Kowalczyk (Vorname unbekannt)	Mutter von Janka K., Cousine von Maria Przeradowski
Krup (Vorname unbekannt)	Nachbar im Haus Wolska 54 in Warschau-Wola
Kuc, Familie	Bauersfamilie in Stare Zalesie

Kurctag, Familie	Isabella Winnykamieńs Schwester Franka mit ihrem Ehemann Mosze, Warschau, Zamenhofa 6 (»Onkel und Tante Kurctag«), deportiert während des Sommers 1942
Kurctag, Lucyna	Jüngere Cousine von F.W., Tochter von Franka und Mosze Kurctag
Kuropatwa, Josef	Judenratsvertreter von Gniewoszów
Kwiatkowska, Zofia, geb. Bocian	* 1931 in Gniewoszów, Tochter von Irena und Antoni Bocian, lebt in Warschau
Łaszewski (Vorname unbekannt)	Nachbar im Haus Wolska 54 in Warschau-Wola
Łazarowicz, Jadwiga (Jadzia)	Nachbarin und Helferin im Haus Wolska 54 in Warschau-Wola
Łazarowicz, Władek	Sohn von Jadwiga Łazarowicz
Lissek (Vorname unbekannt)	Klassenkamerad von F.W. in Łódź
Litwak, Adek (Adam)	Freund von Pola Winnykamień aus Łódź, überlebte das KZ Auschwitz und wanderte später nach Palästina/Israel aus
London, Harry	Sohn eines Untermieters von F.W.s Onkel Mosze Kurctag, Warschau, Zamenhofa 6
Łukawski, Andrzej	Polnischer Vorarbeiter bei der Firma »Ursus«
Majchrzak, Dr. T.	Polnischer Distriktsarzt in Radom
Makower, Familie	Helfer bei Geldtransaktion für die Eltern Winnykamień im Herbst 1942 in Warschau
Marinow, Familie (Vornamen unbekannt)	Onkel und Tante F.W.s in Warschau
Martoszowa (Vorname unbekannt)	Erste Warschauer Quartiergeberin der untergetauchten Isabella Winnykamień im November 1942
Marx, Josef	Technischer Direktor der Firma »Ursus«
Maryniak, Helena	Direkte Nachbarin neben Winnykamieńs im Haus Wolska 54 in Warschau-Wola
Maryniak, Jan	Ehemann von Helena M.
Moszer, Jerzy	F.W.s Kollege 1940 in Warschau
Moszkowski, J.	Feldscher, Freund der Familie Winnykamień

Muszyńska, Helene	Irena Bocians Mutter, lebte in Gniewoszów
Mydlarz/Midlasch, Marek	1919–1989, Verlobter von Pola Winnykamień, überlebte und ließ sich Ende der 1940er Jahre in Berlin mit einer Firma zur Herstellung von Tuchen nieder
Mydlarz, Familie	Vater, Mutter, Schwester und Bruder von Marek M., die alle nicht überlebten
Neumann (Vorname unbekannt)	Jüdischer Zwangsarbeiter am Warschauer Flughafen Mokotów
Orensztein (Vorname unbekannt)	Jüdischer Gruppenleiter für Arbeiter der Firma »Ursus«
Osmalkiewicz (Vorname unbekannt)	Nachbarin im Haus Wolska 54 in Warschau-Wola
Paciorek, Bolesław	Polnischer Gemeindeangestellter in Gniewoszów, half Winnykamieńs mit Informationen, Ausweisformularen und Versteck
Pakman, Róża, geb. Mydlarz	1917–1945, Schwester von Marek Mydlarz, Ehefrau von Wiktor Pakman
Pakman, Tania	1915–1994, Schwester von Karola Woop, Wiktor P. und Pela Rozen, Tarnname »Zofia«, lebte seit Anfang der 1930er Jahre in Berlin
Pakman, Wiktor	1909–1943, Bruder von Karola Woop, Pela Rozen und Tania P., Ehemann von Róża, Ingenieur
Pawlicki (Vorname unbekannt)	Nachbar im Haus Wolska 54 in Warschau-Wola
Perelsztajn, Hersz	Sohn von Winnykamieńs erster Vermieterin in Gniewoszów
Peter (Nachname unbekannt)	Werkschutzangehöriger der Firma »Ursus«
Pinkiert, Model	Inhaber des Beerdigungsunternehmens »Wieczność« (Ewigkeit) im Warschauer Ghetto
Prażuchowa (Vorname unbekannt)	Mutter von Marysia Przeradowska aus Warschau
Przeradowska, Marysia	Ehefrau von Piotr P., lebte in Warschau
Przeradowski, Piotr	Metalldreher in der Firma »Ursus«, Helfer der Familie Winnykamień
Purto, Antoni	Ehemann von Barbara Purto, Nachbar im Haus Wolska 54 in Warschau-Wola
Purtowa, Barbara/Bola	Nachbarin im Haus Wolska 54 in Warschau-Wola

Rajchman (Vorname unbekannt)	Untermieter von F.W.s Onkel Mosze Kurctag im Warschauer Ghetto, Zamenhofa 6
Raniszewska (Vorname unbekannt)	Bewohnerin des Hauses Wolska 54 in Warschau-Wola
Raszewska, Weronika	Nichtjüdische Stiefmutter von Zdzisław Hammer
Rozen, Pela, geb. Pakman	1913–1945, Schwester von Karola Woop, Wiktor und Tania Pakman, verheiratet mit Szymon Rozen, Mutter von Mary Schreiber
Rozen, Szymon	1908 – um 1970, Ehemann von Pela P., Schwager von Wiktor Pakman, Vater von Mary Schreiber, lebte nach 1945 in Israel und Australien
Rozenberg, Adek	F.W.s Freund im Warschauer Ghetto, Flucht mit F.W. aus dem Ghetto, hat den Krieg nicht überlebt
Rozenberg, Familie	Mutter und Schwestern von Adek Rozenberg
Rozental, Dorka	Bekannte von F.W. im »Ursus«-Wohnblock im Warschauer Ghetto, vermutlich Anfang 1943 umgekommen
Ryszpan, Michał	F.W.s bester Schulfreund in Łódź
Rzepnik A.[dek]	Bekannter von F.W. im Warschauer Ghetto
Scherantz, R.	Klassenlehrer von F.W. in Łódź und Oberleutnant
Schreiber, Mary, geb. Rozen	*1935, Tochter von Szymon und Pela Rozen, lebt in Landshut
Segal (Vorname unbekannt)	»Ursus«-Gruppenleiter von F.W. im September 1942
Skorkiewicz (Vorname unbekannt)	Bauer in Gniewoszów
Stańczak (Vorname unbekannt)	Bewohner des Hauses Wolska 54 in Warschau-Wola
Stawski (Vorname unbekannt)	Schwager von Szlom Herszkowic
Sztyfelman, Moryc	Leopold W.s Partner der Zahnarztpraxis in Warschau
Sztyfelman, Bronisław	Sohn des Partners von Leopold Winnykamień, Freund von F.W.
Szwagierkowa (Vorname unbekannt)	Nachbarin im Haus Wolska 54 in Warschau-Wola
Szymańska, Lilka	Bekannte von F.W. im Warschauer Ghetto, ermordet im Januar 1943
Templowa (Vorname unbekannt)	Frau im »Ursus«-Wohnblock Miła 42 im Warschauer Ghetto, im Januar 1943 ermordet

Tuna, Franto	Bekannter von Jadwiga Łazrowicz in Warschau
Tworek (Vorname unbekannt)	Organist in Gniewoszów, gab Winnykamieńs Taufbescheinigungen zu Tarnungszwecken
Venke (Vorname unbekannt)	Angehöriger des Werkschutzes der Firma Ursus
Wajnberg, Familie	F.W. bekannte Familie im Warschauer Ghetto
Wanda (Nachname unbekannt)	Vermutlich eine Nachbarin im Haus Wolska 54 in Warschau-Wola
Wapniarska (Vorname unbekannt)	Fluchthelferin, schmuggelte F.W. im Juni 1942 ins Warschauer Ghetto
Wawszczyk, Michalina	Falscher »arischer« Name von → Rysia Winnykamień
Weichert, Dr. Michael	1890–1967, Vorsitzender der »Jüdischen Sozialen Selbsthilfe« in Krakau
Wiercioch, Familie	Bauernfamilie in Pachnowola
Wierzbicki (Vorname unbekannt)	Jüdischer Vermieter der Zahnarztpraxis von Leopold Winnykamień in Gniewoszów
Winnykamień, Isabella, geb. Gerszange	1899–2000, Mutter von Pola, Rysia und F.W., Ehefrau von Leopold W., 1948 Emigration nach Israel, Mitte der 1950er Jahre Einwanderung in die USA, lebte in New York und Florida
Winnykamień, Leopold Dr.	1893–1978, Zahnarzt, Vater von Pola, Rysia und F.W., Ehemann von Isabella W.; 1948 Emigration nach Israel, Mitte der 1950er Jahre Einwanderung in die USA, lebte zuletzt in New York
Winnykamień, Meier	Um 1870–1942, Vater von Leopold W., wahrscheinlich bei der Ghettoräumung Gniewoszóws im August 1942 ermordet
Winnykamień, Pola/Apolonia	1920–1943, F.W.'s Schwester, Krankenschwester im Warschauer Ghetto, wurde am 19.4.1943 während des Warschauer Ghettosaufstands erschossen
Winnykamień, Raisa	Zweite Frau von Meier W., wie dieser wahrscheinlich im August 1942 bei der Ghettoräumung Gniewoszóws ermordet
Winnykamień, Rysia/Ryszarda	1927–1945, F.W.'s Schwester, ab November 1942 Zwangsarbeiterin in Bötzow/Brandenburg, starb am 3.2.1945 während eines Bombenangriffs auf Berlin-Kreuzberg
Winnykamień, Sabina/Saba	Um 1918 – um 1943, Stiefschwester von Leopold W., heiratete den Ghettopolizisten Zygmunt

Włodzio (Nachname unbekannt)	Knecht der Familie Wiercioch
Woop, Ernst	1890–1951, Ehemann von Karola, geb. Pakman, ab 1942 verhaftet, Häftling in Auschwitz und Dachau, überlebte und wohnte bis zu seinem Tod in Ansbach
Woop, Karola, geb. Pakman	1907–1956, Ehefrau von Ernst W., Schwester von Pela Rozen, Wiktor und Tania Pakman, lebte in Berlin
Zamczyk, Leon	F.W.s Freund im Warschauer Ghetto, vermutlich im Januar 1943 ermordet
Zamczyk (Vorname unbekannt)	Schwester von Leon Z., war gelähmt und stürzte sich im August 1942 aus dem 10. Stock des Ghettokrankenhauses
Zdanowski, Zenon/Zenek	Um 1922 – November 1942; F.W.s Freund aus der Schule in Łódź und im Warschauer Ghetto
Zdanowski, Familie	Vater und Schwester von Zenon Z.
Zieliński (Vorname unbekannt)	Bekannter von Jadwiga Łazarowicz im Haus Wolska 54 in Warschau-Wola
Ziemski (Vorname unbekannt)	Bauer in Stare Zalesie
Złotowski, Stanisław	Polnischer Vorarbeiter in der Firma »Ursus«, 1944/45 bei derselben Wehrmachtseinheit wie F.W. verpflichtet
»Zofia«	Tarnname für → Tania Pakman in der Korrespondenz zwischen Warschau und Berlin 1944
Żychliński, Stanisław	»Ursus«-Kollege von F.W., Gefährte im Warschauer Ghetto, vermutlich im Januar 1943 ermordet
Zygmunt (Nachname unbekannt)	Mitglied des Jüdischen Ordnungsdienstes im Warschauer Ghetto, Ehemann von Saba Winnykamień

LITERATURVERZEICHNIS

Unveröffentlichte Quellen

Archivbestände

Archiwum Państwowe w Łódzi (APŁ)
- Bestand 39/166 Vereinsakten

Archiwum Państwowe w Radomiu (APR)
- Bestand Gubernator Dystryktu [Gouverneur des Distrikts (Radom)]
- Bestand Urzędy pracy z terenu dystryktu radomskiego – Zbiór szczątków zespołów 1939–1944 [Arbeitsamt Radom]
- Bestand Plakate aus der Besatzungszeit

Archiwum Państwowe m. st. Warszawy (APW)
- Bestand T. XLVIII Amt des Gouverneurs des Distrikts Warschau/Der Kommissar für den jüdischen Wohnbezirk
- Bestand T. XXXV Obmann des Judenrates in Warschau 1940–1942

Archiwum Żydowskiego Instytutu Historycznego, Warschau
- Bestand Untergrundarchiv des Warschauer Ghettos [sogenanntes Ringelblum-Archiv] 1939–1943: Ring I und Ring II
- Bestand 211: Żydowska Samopomoc Społeczna [Akten der Jüdischen Sozialen Selbsthilfe]
- Bestand 301: Relacje z Zagłady [Zeugnisse von Überlebenden des Holocaust]

Bayerisches Hauptstaatsarchiv München
- Bestand Entschädigungsakten:
  - LEA A 49/70 Ernest (Ernst) Woop
  - BEG 24155 Leopold Winnykamień

Brandenburgisches Landeshauptarchiv Potsdam
- Rep. 41 Amtsbezirk Bötzow, Oberhavel, Aufenthaltsanzeigen von Ausländern 1940–1945

Bundesarchiv Berlin-Lichterfelde
- Bestand NS 19 Persönlicher Stab Reichsführer SS
- Bestand R 2 Reichsfinanzministerium
- Bestand R 3 Reichsministerium für Rüstung und Kriegsproduktion
- Bestand R 52 Regierung des Generalgouvernements
  - R 52 II Regierung des Generalgouvernements, Kanzlei des Generalgouverneurs
  - R 52 III Regierung des Generalgouvernements, Hauptabteilung Innere Verwaltung
  - R 52 VII Regierung des Generalgouvernements, Hauptabteilung Ernährung und Landwirtschaft
- Bestand R 70/Polen (Deutsche) Polizeidienststellen in Polen
- Bestand R 102 Distrikt- und Kreisverwaltungen im Generalgouvernement
  - R 102 I Gouverneur des Distrikts Warschau
  - R 102 II Gouverneur des Distrikts Lublin
  - R 102 III Gouverneur des Distrikts Radom
- Bestand R 121 Industriebeteiligungsgesellschaft m.b.H.
- Bestand ehemaliges Berlin Document Center (BDC):
  - Personalakten (SSO und SS-RuSHA) Karl-Georg Brandt, Josef Blösche und Franz Kutschera
- Film Nr. 72200
- Film Nr. 18576

Bundesarchiv Koblenz
  Bestand Zsg 122 Sammlung Hanns von Krannhals
Bundesarchiv Außenstelle Ludwigsburg
  Dokumentenordner Verschiedenes 293/19
  Dokumentenordner Polen 365c
  B 162/ AR-294/62 Warschauer Ghetto (gegen Auerswald)
  B 162/ AR-Z 15/65 Distrikt Radom (gegen Weinrich)
  B 162/ AR-Z 19/64 Kreis Radom-Land (gegen Fürst)
  B 162/ AR-Z 14/67 ZAL Pionki (gegen Brandt)
  B 162/ AR-Z 73/76 Ghetto Kozienice (gegen Silber u.a.)
  B 162/ AR-Z 95/80 Zwolen (gegen Unbekannt)
  B 162/ AR 1434/61 Regierung des GG, Abt. Bevölkerung u. Fürsorge (gegen Weirauch)
  B 162/ AR-Z 363/59 SSPF Radom (gegen Boettcher)
  B 162/ AR-Z 158/73 KZ Warschau (gegen Unbekannt)
Bundesarchiv-Militärarchiv Freiburg im Breisgau
  Bestand RH 53-23 Militärbefehlshaber im Generalgouvernement
  Bestand RW 23 Rüstungsdienststellen im Generalgouvernement
Kreisarchiv Mittlerer Erzgebirgskreis Marienberg
  Akten der Stadt Zöblitz 1943–1945
Landesarchiv Schleswig-Holstein, Schleswig
  Abt. 354 11199–11314, Akten des Ermittlungsverfahrens 2 Js 700/61 der Staatsanwaltschaft Flensburg gegen Heinz Reinefarth
Staatsarchiv Hamburg
  NSG-Bestand 0070: Akten des Ermittlungsverfahrens 141 Js 192/60 der Staatsanwaltschaft bei dem Landgericht Hamburg gegen Dr. Ludwig Hahn (Ursprungsverfahren)
  NSG-Bestand 0077: Akten des Verfahrens 147 Js 16/69 der Staatsanwaltschaft bei dem Landgericht Hamburg gegen Dr. LudwigHahn u.a. (Verfahren wegen der Massendeportationen aus dem Warschauer Ghetto)
  NSG-Bestand 0072: Akten des Verfahrens 147 Js 7/72 der Staatsanwaltschaft bei dem Landgericht Hamburg gegen Dr. Ludwig Hahn u.a. (»Stroop-Aktion« im Warschauer Ghetto April–Mai 1943)
Yad Vashem Holocaust Martyrs' and Heroes Remembrance Authority, Jerusalem
  Plan des Warschauer Ghettos, angefertigt von Joseph Zieman

Unterlagen aus den Beständen von Behörden

»Auerswald Akten«:
  Sammlung deutscher Akten aus polnischen Archiven betreffend den Kommissar für den jüdischen Wohnbezirk (Warschau), für den Gebrauch deutscher Justizbehörden zusammengestellt und einzeln durchnumeriert von Hanns von Krannhals
Berliner Landesamt für Bürger- und Ordnungsangelegenheiten – Entschädigungsbehörde
  Reg.-Nr. 11051 Marek Midlasch
  Reg.-Nr. 220190 Tania Pakman
  Reg.-Nr. 377348 Viktor Pakman
  Reg.-Nr. 220189 Mary Rozen
  Reg.-Nr. 270119 Szymon Rozen
  Reg.-Nr. 220194 Karola Woop
Die Bundesbeauftragte für die Unterlagen des Staatssicherheitsdienstes der ehemaligen Deutschen Demokratischen Republik – Zentralarchiv
  HA IX/11 – Archiv ZUV 15 Verfahren der Staatsanwaltschaft Erfurt gegen Josef Blösche
Oberfinanzdirektion München – Landesentschädigungsamt
  BEG 24154 Isabella Winnykamień
Staatsanwaltschaft Hamburg
  Urteilstexte des Landgerichts Hamburg in NSG-Verfahren

Persönliche Dokumente

Interviews

Interview Barbara Schieb und Martina Voigt mit Frederick Weinstein, Band I–XI, New York, 8.10. bis 14.10.2002

Interview Jolanta Woźniak-Kreutzer mit Frederick Weinstein, New York, April 2003

Interview der Survivors of the Shoah Visual History Foundation, jetzt University of Southern California, Shoa Foundation, Institute for Visual History and Education (Los Angeles) Nr. 26536 mit Frederick Weinstein in Boca Raton, Fl. am 20. Februar 1997 (2 Videobänder, Interviewerin Patricia Stein)

Interview mit Mendel Borenstein, Berlin, 12.11.2003

Interview mit Zofia Kwiatkowska, Band I–IV, Warschau, 6.2. und 8.2.2002

Interview mit Anneliese Midlasch, Berlin, 3.12.2001

Interview mit Mary Schreiber, Band I–II, Landshut, 20.4.2002

Unterlagen in Privatbesitz

Unterlagen von Mary Schreiber, Landshut

Unterlagen von Frederick Weinstein, New York

Tagebücher, Memoiren, Augenzeugenberichte

Adler, Stanislaw: In The Warsaw Ghetto 1940–1943. An Account of a Witness. Aus dem Polnischen von Sara (Chmielewska) Philip, Jerusalem 1982.

Berman, Adolf und Barbara Berman: *Zagłada getta w Warszawie (Szkic kronikarski)* [*Die Vernichtung des Ghettos in Warschau (chronologische Skizze)*], in: Biuletyn Żydowskiego Instytutu Historycznego, Nr. 45–46, 1963, S. 138–158.

Bernstein, J. u.a.: Ghetto. Berichte aus dem Warschauer Ghetto 1939–1945, mit einem Vorwort von Rudolf Hirsch, Berlin 1966.

Blady-Szwajgier, Adin:, I więcej nic nie pamiętam [An mehr erinnere ich mich nicht], Warschau 1994.

Dies.: *Tak naprawdę – w 1942 roku wyszłam z domu i nigdy do niego nie powróciłam. Rozmowa z Adiną Blady Szwajgier* [*Ja, wirklich, 1942 bin ich aus dem Haus gegangen und nie zurückgekehrt. Ein Gespräch mit Adina Blady Szwajgier*], in: Grupińska, Anka, Ciągle po kole. Rozmowy z żołnierzami getta warszawskiego [Immer im Kreis. Gespräche mit Kämpfern des Warschauer Ghettos], Warschau 2000, S. 169–212.

Blum-Bielicka, Luba: *Szkoła Pielęgniarstwa przy Szpitalu Starozakonnych w Warszawie (1923–1943). Wspomnienia* [*Die Krankenschwesternschule am Jüdischen Krankenhaus in Warschau (1923–1943). Erinnerungen*], in: Biuletyn Żydowskiego Instytutu Historycznego, Nr. 40, 1961, S. 66–77.

Dies. und Zofia Zoledziowska: *18 stycznia 1943 roku* [*18. Januar 1943*], in: Pielęgniarka Polska, Czasopismo Związku Zawodowego Pracowników Służby Zdrowia, 2. Jg. (XIII), Januar 1949, Nr. 1, S. 11f.

Edelman, Marek: Das Ghetto kämpft. Warschau 1941–1943. Aus dem Polnischen von Ewa und Jerzy Czerwiakowski, mit einem Vorwort von Ingrid Strobl, Berlin 1993. [Polnische Originalausgabe Warschau 1945.]

Ernest, Stefan: O wojnie wielkich Niemiec z Żydami Warszawy 1939–1943 [Über den Krieg Großdeutschlands mit den Juden Warschaus 1939–1943], hg. und mit einem Vorwort und Anmerkungen versehen von Marta Młodkowska, Warschau 2003.

Das Ghettotagebuch des Dawid Sierakowiak. Aufzeichnungen eines Siebzehnjährigen 1941/42. Aus dem Polnischen von Roswitha Matwin-Buschmann, mit einem Geleitwort von Arnold Mostowicz und einer Zeittafel von Andrzej Bodek, Leipzig 1993.

Grynberg, Michał (Hg.), Words to Outlive Us. Eyewitness Accounts from the Warsaw Ghetto, übersetzt und mit einer Einleitung versehen von Philip Boehm, New York (First Picador Edition) 2003. [Polnische Originalausgaben 1988 und 1993.]

Hosenfeld, Wilm: »Ich versuche jeden zu retten«. Das Leben eines deutschen Offiziers in Briefen und Tagebüchern, hg. von Thomas Vogel im Auftrag des Militärgeschichtlichen Forschungsamtes, München 2004.
Instytut Historii Polskiej Akademii (Hg.) und Czesław Madajczyk (Red.): Ludność cywilna w Powstaniu Warszawskim [Die Zivilbevölkerung im Warschauer Aufstand], Bd. 1.1.: Pamiętniki. Relacje. Zeznania [Erinnerungen. Berichte. Zeugenaussagen], Warschau 1974.
Kaplan, Chaim A.: Buch der Agonie, Warschauer Tagebuch, hg. von Abraham I. Katsh, Frankfurt am Main 1967.
Kermish, Joseph: *Emmanuel Ringelblum's Notes hitherto Unpublished,* in: Yad Vashem Studies VII, 1968, S. 173–183.
Klukowski, Zygmunt: Diary from the Years of Occupation 1939–1944, hg. von Andrew Klukowski and Helen Klukowski May. Aus dem Polnischen von George Klukowski, mit einem Vorwort von Monty Noam Penkower, Urbana/Chicago 1993.
Kommitee der Radomer Juden in Stuttgart (Hg.): Dos jiddische Radom in churves; ondenkbuch [Das jüdische Radom in Trümmern; Gedenkbuch], Stuttgart 1958.
Landau, Ludwik: Kronika lat wojny i okupacji [Chronik der Kriegsjahre und der Besatzungszeit],
Bd. I: Wrzesień 1939–listopad 1940 [September 1939–November 1940], Warschau 1962;
Bd. III: Lipiec 1943–luty 1944 [Juli 1943–Februar 1944], Warschau 1963.
»Les Vrais Riches«, Notizen am Rand. Ein Tagebuch aus dem Ghetto Łódź (Mai bis August 1944), hg. von Hanno Loewy und Andrzej Bodek, Leipzig 1997.
Lewin, Abraham: A Cup of Tears. A diary of the Warsaw Ghetto, hg. von Antony Polonsky, übersetzt von Christopher Hutton, Oxford 1988.
Mannheimer, Max: *Theresienstadt – Auschwitz – Warschau – Dachau. Erinnerungen,* in: Dachauer Hefte, Heft 1: Die Befreiung, 1985, S. 88–128.
Margolis-Edelman, Alina: Als das Ghetto brannte. Eine Jugend in Warschau. Aus dem Polnischen von Beate Kosmala, Berlin 1999. [Polnische Originalausgabe London 1994.]
Perechodnik, Calel: Bin ich ein Mörder? Das Testament eines jüdischen Ghettopolizisten. Aus dem Polnischen von Lavinia Oelkers, mit einem Vorwort von Micha Brumlik, Lüneburg 1997. [Polnische Originalausgabe Warschau 1993.]
Perle, Jehoszua: *Die Vernichtung des Warschauer Judentums,* in: Bernstein u.a., Ghetto, S. 187–226.
Reich-Ranicki, Marcel: Mein Leben, Stuttgart 1999.
Ringelblum, Emanuel: Ghetto Warschau. Tagebücher aus dem Chaos (1943), eingeleitet von Arieh Tartakower, Stuttgart 1967. [Deutsche Übersetzung der Ausarbeitung Ringelblums in jiddischer Sprache von 1943 »Polnisch-jüdische Beziehungen während des Zweiten Weltkrieges«.]
Ders.: Kronika getta warszawskiego. Wrzesień 1939 – styczeń 1943 [Chronik des Warschauer Ghettos September 1939 – Januar 1943]. Aus dem Jiddischen von Adam Rutkowski, hg. von Tatiana Berenstein u.a., Warschau 1988.
Rotem, Simcha: Kazik. Erinnerungen eines Ghettokämpfers. Aus dem Hebräischen von Ronit Mayer, Berlin 1996.
Schoenberner, Mira und Gerhard Schoenberner: Zeugen sagen aus. Berichte und Dokumente über die Judenverfolgung im »Dritten Reich«, Berlin 1988.
Shtokfish, David (Hg.): Ginivashov Memorial-Book [englische Einleitung, Hauptteil in Jiddisch und Hebräisch], Tel Aviv 1971.
Singer, Isaac B.: Eine Kindheit in Warschau. Aus dem Amerikanischen von Karin Polz, 8. Auflage, München 1996.
Singer, Oskar: »Im Eilschritt durch den Gettotag ...«, Reportagen und Essays aus dem Getto Lodz, hg. von Sascha Feuchert u.a., Berlin/Wien 2002.
Sloan, Jacob (Hg.): Notes from the Warsaw Ghetto. The Journal of Emmanuel Ringelblum, New York/Toronto/London 1958.

Szajn-Lewin, Eugenia: Aufzeichnungen aus dem Warschauer Ghetto Juli 1942 bis April 1943. Aus dem Polnischen von Roswitha Matwin-Buschmann, Leipzig 1994.
Szereszewska, Helena: Memoirs from occupied Warsaw 1940–1945. Aus dem Polnischen von Anna Marianska, London/Portland, Or. 1997.
Szpilman, Władysław: *Meines Vaters Verbeugungen*, in: Wolff (Hg.), Hiob 1943, S. 56–62.
Ders.: Der Pianist. Das wunderbare Überleben. Aus dem Polnischen von Karin Wolff, mit einem Vorwort von Andrzej Szpilman, einem Anhang von Wilm Hosenfeld und einem Nachwort von Wolf Biermann, Berlin/Frankfurt am Main/Düsseldorf 1998.
Das Tagebuch des Dawid Rubinowicz, hg. und mit einem Nachwort von Walther Petri, aus dem Polnischen von Stanisław Żyliński, Berlin 1985.
Turkow, Jonas: Azoi is es gewen [So ist es gewesen], Buenos Aires 1948.
Warsaw Ghetto. A Diary by Mary Berg, hg. von S. L. Shneiderman, New York 1945.
Im Warschauer Getto. Das Tagebuch des Adam Czerniaków 1939–1942, mit einem Vorwort von Israel Gutman, aus dem Polnischen von Silke Lent, München 1986.
Wat, Aleksander: Jenseits von Wahrheit und Lüge: Mein Jahrhundert; gesprochene Erinnerungen 1926–1945, mit einem Vorwort von Czesław Miłosz, aus dem Polnischen von Esther Kinsky, hg. und mit einem Nachwort versehen von Matthias Freise, Frankfurt am Main 2000.
Weichert, Michael: Jidische Aleinhilf 1939–1945 [Jüdische Selbsthilfe 1939–1945], Tel Aviv 1962.
Zeidman, Hillel: Togbuch fun Warschewer Getto [Tagebuch vom Warschauer Ghetto], Buenos Aires 1947.
Zuckerman, Yitzhak (»Antek«): A Surplus of Memory. Chronicle of the Warsaw Ghetto Uprising. Aus dem Hebräischen von Barbara Harshav, Berkeley/Los Angeles/Oxford 1993.

Dokumenteneditionen, gedruckte Quellen

Datner, Szymon und Kazimierz Leszczyński (Hg.): Zbrodnie okupanta hitlerowskiego na ludności cywilnej w czasie Powstania Warszawskiego w 1944 roku (w dokumentach) [Die Verbrechen der nationalsozialistischen Besatzer an der Zivilbevölkerung während des Warschauer Aufstandes im Jahr 1944 (Dokumente)], Warschau 1962.
Documenta Occupationis, veröffentlicht vom Instytut Zachodni, Poznań,
Bd. II: Serwański, Edward und Irena Trawińska (Hg.): Zbrodnia niemiecka w Warszawie 1944 r. Zeznania – zdjęcia [Die deutschen Verbrechen in Warschau im Jahr 1944. Zeugenaussagen – Fotos], Posen 1946;
Bd. VI: Pospieszalski, Karol Marian (Hg.): Hitlerowskie »prawo« okupacyjne w Polsce. Część II, Generalna Gubernia. Wybór dokumentów i próba syntezy [Das nationalsozialistische Besatzungs-»Recht« in Polen. Teil II, Generalgouvernement. Auswahl und Versuch einer Synthese], Posen 1958;
Bd. X: Konieczny, Alfred und Herbert Szurgacz (Hg.): Praca przymusowa Polaków pod panowaniem hitlerowskim 1939–1945 [Die Zwangsarbeit der Polen unter der nationalsozialistischen Herrschaft 1939–1945], Posen 1976.
Jacobsen, Hans-Adolf: 1939–1945. Der Zweite Weltkrieg in Chronik und Dokumenten, 5. überarbeitete Auflage, Darmstadt 1961.
Jüdisch Historisches Institut Warschau (Hg.): Faschismus – Getto – Massenmord. Dokumentation über Ausrottung und Widerstand der Juden in Polen während des zweiten Weltkrieges, ausgewählt, bearbeitet und eingeleitet von Tatjana Berenstein u.a., Berlin 1961.
Kermish, Joseph (Hg.): To Live with Honor and Die with Honor! ... Selected Documents from the Warsaw Ghetto Underground Archives »O. S.« [»Oneg Shabbath«], Jerusalem 1986.
Likwidacja Żydowskiego Szpitala (w getcie Warszawskim) [*Die Liquidierung des jüdischen Krankenhauses (im Warschauer Ghetto)*, aus der Untergrundzeitschrift »Wiadomości«, Nr. 2 (22. November bis 5. Dezember 1942)], gedruckt in: Materiały i dokumenty, Ringelbluma II, in: Biuletyn Żydowskiego Instytutu Historycznego, Nr. 71–72, 1969, S. 144–147.

Likwidacja żydowskiej Warszawy [*Die Liquidierung des jüdischen Warschau*, Bericht der vereinigten Untergrundorganisationen im Warschauer Ghetto an die polnische Exilregierung in London und die Regierungen der alliierten Staaten vom 15. November 1942], gedruckt in: Biuletyn Żydowskiego Instytutu Historycznego, Nr. 1, 1951, S. 59–126.

Materiały i dokumenty z drugiej części Podziemnego Archiwum Getta Warszawskiego, tzw. Archiwum Ringelbluma II [Materialien und Dokumente aus dem zweiten Teil des Untergrundarchivs des Warschauer Ghettos, dem sogenannten Ringelblum-Archiv II], in: Biuletyn Żydowskiego Instytutu Historycznego, Nr. 71–72, 1969, S. 137–170.

Mehner, Kurt (Hg.): Die geheimen Tagesberichte der deutschen Wehrmachtführung im Zweiten Weltkrieg 1939–1945. Die gegenseitige Lageunterrichtung der Wehrmacht-, Heeres- und Luftwaffenführung über alle Haupt- und Nebenkriegsschauplätze: »Lage West« (OKW-Kriegsschauplätze Nord, West, Italien, Balkan), »Lage Ost« (OKH) und »Luftlage Reich«. Aus den Akten im Bundesarchiv/Militärarchiv, Freiburg im Breisgau. Im Anhang: Kriegsgliederungen, Stellenbesetzungen, Formations- und Ortsregister, dokumentarische Nachweise und Lageskizzen,
Bd. 1: 1. September 1939 – 30. April 1940, Osnabrück 1995;
Bd. 9: 1. Dezember 1943 – 29. Februar 1944, Osnabrück 1987;
Bd. 10: 1. März 1944 – 31. August 1944, Osnabrück 1985.

Michaelis, Herbert / Ernst Schraepler / Günter Scheel (Hg.): Ursachen und Folgen. Vom deutschen Zusammenbruch 1918 und 1945 zur staatlichen Neuordnung Deutschlands in der Gegenwart. Eine Urkunden- und Dokumentensammlung zur Zeitgeschichte,
Bd. 14: Das Dritte Reich. Der Angriff auf Polen. Die Ereignisse im Winter 1939–1940, Sonderausgabe, Berlin 1969;
Bd. 21: Der Sturm auf die Festung Europa. Emigration und Widerstand. Die Invasion der Anglo-Amerikaner. Der 20. Juli 1944. Der Zusammenbruch der Mittelfront im Osten. Das polnische Problem. Der totale Kriegseinsatz, Berlin 1975.

Präg, Werner und Wolfgang Jacobmeyer: Das Diensttagebuch des deutschen Generalgouverneurs in Polen 1939–1945, Stuttgart 1975.

Der Prozeß gegen die Hauptkriegsverbrecher vor dem Internationalen Militärgerichtshof Nürnberg 14. November 1945 – 1. Oktober 1946, Bände XXV–XLII: Urkunden und anderes Beweismaterial, Nürnberg 1947.

Rüter, Christiaan Frederick u.a. (Bearb.): DDR-Justiz und NS-Verbrechen, Sammlung ostdeutscher Strafurteile wegen nationalsozialistischer Tötungsverbrechen,
Bd. 2: Die Verfahren Nr. 1031–1063 der Jahre 1965–1974, Amsterdam 2002.

Ders. u.a. (Bearb.): Justiz und NS-Verbrechen, Sammlung deutscher Strafurteile wegen nationalsozialistischer Tötungsverbrechen 1945–1966, Bd. XX: Die vom 12.04.1964 bis zum 03.04.1965 ergangenen Strafurteile Lfd. Nr. 569–590, Amsterdam 1979.

Schumann, Wolfgang und Ludwig Nestler (Hg.): Europa unterm Hakenkreuz. Die Okkupationspolitik des deutschen Faschismus (1938–1945), Teilband: Die faschistische Okkupationspolitik in Polen (1939–1945), Dokumentenauswahl und Einleitung von Werner Röhr unter Mitarbeit von Elke Heckert u.a., Berlin 1989.

Tych, Feliks (Red.) und Ruta Sakowska (Bearb.): Archiwum Ringelbluma, Bd. 1: Listy o Zagładzie [Briefe über die Vernichtung], Warschau 1997.

Witte, Peter / Michael Wildt / Martina Voigt / Dieter Pohl / Peter Klein / Christian Gerlach / Christoph Dieckmann / Andrej Angrick (Bearb. im Auftrag der Forschungsstelle für Zeitgeschichte in Hamburg): Der Dienstkalender Heinrich Himmlers 1941/42, Hamburg 1999.

Periodika

Amtlicher Anzeiger für das Generalgouvernement/Dziennik Urzędowy dla Generalnego Gubernatorstwa, 1940 bis 1943.

Amtsblatt des Chefs des Distrikts Radom im Generalgouvernement für die besetzten polnischen Gebiete/Dziennik Urzędowy Szefa Dystryktu Radom w Generalnym Gubernatorstwie dla okupowanych polskich obszarów, Jg.1939.

Amtsblatt des Chefs des Distrikts Radom im Generalgouvernement/Dziennik Urzędowy Szefa Dystryktu Radom w Generalnym Gubernatorstwie, Jg.1941.

Amtsblatt der Stadt Warschau/Dziennik Urzędowy Miasta Stoł. Warszawy, Jg. 1939 (Nr. 1–15). Ab Nr. 16/1939: Mitteilungsblatt der Stadt Warschau/Dziennik Obwieszczeń Miasta Warszawy, Nr. 16/1939 bis 1942.

Archiv der Gegenwart: Die weltweite Dokumentation für Politik und Wirtschaft/Zusammenstellung des Nachrichtenstoffes, gegr. von Heinrich v. Siegler, Ausgaben 1939 und 1944.

Deutsche Lodzer Zeitung, Ausgaben vom 24.9.1939 bis 30.11.1939; danach: Lodzer Zeitung, Ausgaben vom 1.12.1939 bis 29.12.1939.

Gesundheit und Leben. Amtsblatt der Gesundheitskammer im Generalgouvernement, Jg. 1940–1941 [unvollständige deutsche Typoskriptausgabe].

Ostdeutscher Beobachter, Organ der NSDAP, Posen, November 1939 bis Oktober 1940.

Verordnungsblatt des Generalgouverneurs für die besetzten polnischen Gebiete / Dziennik Rozporządzeń Generalnego Gubernatora dla okupowanych polskich obszarów, 1939 bis 50/1940. Ab 51/1940: Verordnungsblatt für das Generalgouvernement / Dziennik Rozporządzeń Generalnego Gubernatorstwa, 51/1940 bis 1944.

Wiadomości Gospodarcze. Urzędowy Biuletyn Informacyjny Izby Przemysłowo-Handlowej w Warszawie [Wirtschaftsmitteilungen. Amtliches Informationsbulletin der Industrie- und Handelskammer in Warschau], Jg. 1940 [gedruckte und vollständige polnische Ausgabe].

Wirtschaftsmitteilungen. Amtliches Informationsbulletin der Industrie- und Handelskammer in Warschau, Jg. 1940 [unvollständige deutsche Typoskriptausgabe].

Zdrowie i Życie. Dziennik Urzędowy Izby Zdrowia w Generalnym Gubernatorstwie [Gesundheit und Leben. Amtsblatt der Gesundheitskammer im Generalgouvernement], Jg. 1940 [gedruckte und vollständige polnische Ausgabe].

Zeitgenössische deutsche Publikationen

Amtliches Fernsprechbuch für das Generalgouvernement, herausgegeben von der Deutschen Post Osten, Ausgabe Mai 1941, Stand 1. März 1941.

Deutsches Kursbuch Gesamtausgabe, Jahresfahrplan 1944/45.

Grundmann, Karl: Führer durch Warschau, Krakau 1942.

Handels-, Gewerbe- und Berufsverzeichnis zum Amtlichen Fernsprechbuch für das Generalgouvernement. Branchen-Telefonbuch Ausgabe 1942, hg. von der deutschen Postreklame im Generalgouvernement GmbH Krakau.

Jüdisches Adressbuch von Groß-Berlin, Berlin 1930.

Melies, Heinz: Das Arbeitsrecht des Generalgouvernements. Die Regelungen der Arbeitsbedingungen, insbesondere der Lohngestaltung im Generalgouvernement, Krakau 1943.

Merkheft über den Post-, Telegraphen- und Fernsprechdienst mit den besetzten Gebieten, dem Generalgouvernement und dem Protektorat Böhmen und Mähren sowie über die Benutzung der Deutschen Dienstposten und der Deutschen Post Osten, Berlin 1942.

du Prel, Max Freiherr (Hg.): Das Deutsche Generalgouvernement Polen. Ein Überblick über Gebiet, Gestaltung und Geschichte, Krakau 1940.

Ders. (Hg.): Das Generalgouvernement, Würzburg 1942.

Reichspropagandaamt und Gauselbstverwaltung Wartheland (Hg.): Reden zum Tag der Freiheit im Reichsgau Wartheland 1940, Posen o.J. [vermutlich 1940].

Sekundärliteratur

Adelson, Alan und Robert Lapides (Hg.): Lodz Ghetto, Inside a Community under Siege, New York 1989.

Alberti, Michael: *»Exerzierplatz des Nationalsozialismus«. Der Reichsgau Wartheland 1939–1941*, in: Mallmann/Musial (Hg.), Genesis, S. 111–126.

Angrick, Andrej: Besatzungspolitik und Massenmord. Die Einsatzgruppe D in der südlichen Sowjetunion 1941–1943, Hamburg 2003.

Apenszlak, Jacob (Hg.): The Black Book of Polish Jewry. An Account of the Martyrdom of Polish Jewry Under the Nazi Occupation, New York 1982. [Originalausgabe New York 1943.]

Ders. und Moshe Polakiewicz: Armed Resistance of the Jews in Poland, mit einem Vorwort von Joseph Tenenbau, New York 1944.

Arad, Yitzhak: Belzec, Sobibor, Treblinka. The Operation Reinhard Death Camps, Bloomington/Indianapolis 1987.

Arndt, Ino und Wolfgang Scheffler: *Organisierter Massenmord an Juden in nationalsozialistischen Vernichtungslagern. Ein Beitrag zur Richtigstellung apologetischer Literatur*, in: Bracher/Funke/Jacobsen (Hg.), Nationalsozialistische Diktatur, S. 539–571.

Ärztekammer Berlin und Bundesärztekammer (Hg.) / Christian Pross und Götz Aly (Red.): Der Wert des Menschen, Medizin in Deutschland 1918–1945, Berlin 1989.

Bähr, Johannes und Ralf Banken (Hg.): Das Europa des »Dritten Reichs«. Recht, Wirtschaft, Besatzung (Studien zur europäischen Rechtsgeschichte. Veröffentlichungen des Max-Planck-Instituts für Europäische Rechtsgeschichte Frankfurt am Main Bd. 181. Das Europa der Diktatur Bd. 5), Frankfurt am Main 2005.

Baranowski, Julian: The Łódź Ghetto 1940–1944 – Łódzkie Getto 1940–1944, Łódź 1999.

Ders.: *Zur Vorgeschichte und Geschichte des Gettos Lodz*, in: Singer, Eilschritt, S. 246–265.

Barkai, Avraham: *German-Speaking Jews in Eastern European Ghettos*, in: Leo Baeck Institute Year Book XXXIV, 1989, S. 247–266.

Bartoszewski, Władysław: Dni walczącej stolicy. Kronika Powstania Warszawskiego [Die Tage der kämpfenden Hauptstadt. Chronik des Warschauer Aufstands], Warschau 1989.

Ders.: *Polen und Juden unter der deutschen Besatzung (1939–1945), Zusammenarbeit und Hilfe*, in: Jersch-Wenzel (Hg.), Deutsche – Polen – Juden, S. 241–257.

Ders.: Der Todesring um Warschau, Krakau 1969.

Ders.: Uns eint vergossenes Blut. Juden und Polen in der Zeit der »Endlösung«, redaktionelle Bearbeitung und Übersetzung von Nina Kozlowski, Frankfurt am Main 1987.

Barwig, Klaus / Günter Saathoff / Nicole Weyde (Hg.): Entschädigung für NS-Zwangsarbeiter. Rechtliche, historische und politische Aspekte, Baden-Baden 1998.

Bauer, Yehuda: American Jewry and the Holocaust, The American Jewish Joint Distribution Committee, 1939–1945, Detroit 1981.

Ders.: *The JSS: JDC´s Front Organisation*, in: ders., American Jewry, S. 84–92.

Benz, Wolfgang (Hg.): Dimensionen des Völkermords. Die Zahl der jüdischen Opfer des Nationalsozialismus, München 1991.

Ders. und Juliane Wetzel (Hg.): Solidarität und Hilfe für Juden während der NS-Zeit, Regionalstudien I, Berlin 1996.

Berenstein, Tatiana: *Praca przymusowa Żydów w Warszawie w czasie okupacji hitlerowskiej* [*Die Zwangsarbeit der Juden in Warschau während der nationalsozialistischen Besatzung*], in: Biuletyn Żydowskiego Instytutu Historycznego, Nr. 45–46, 1963, S. 42–93.

Dies. und Adam Rutkowski: *Obóz Koncentracyjny dla Żydów w Warszawie (1943–1944)* [*Das Konzentrationslager für Juden in Warschau (1943–1944)*], in: Biuletyn Żydowskiego Instytutu Historycznego, Nr. 62, 1967, S. 3–22.

Besymenski, Lew: *Der sowjetische Vorstoß auf die Weichsel*, in: Martin/Lewandowska (Hg.), Aufstand, S. 90–99.

Black, Peter: *Die Trawniki-Männer und die »Aktion Reinhard«*, in: Musial (Hg.), »Aktion Reinhardt«, S. 309–352.

Blank, Manfred: *Zum Beispiel: Die Ermordung der Juden im »Generalgouvernement« Polen*, in: Rückerl (Hg.), NS-Prozesse, S. 35–64.
Böhler, Jochen: *»Tragische Verstrickung« oder Auftakt zum Vernichtungskrieg? Die Wehrmacht in Polen 1939*, in: Mallmann/Musial (Hg.), Genesis, S. 36–56.
Bömelburg, Hans-Jürgen und Bogdan Musial: *Die deutsche Besatzungspolitik in Polen 1939–1945*, in: Borodziej/Ziemer (Hg.), Beziehungen, S. 43–111.
Borodziej, Włodzimierz: Der Warschauer Aufstand 1944, Frankfurt am Main 2001.
Ders. und Klaus Ziemer (Hg.): Deutsch-polnische Beziehungen 1939–1945–1949. Eine Einführung, Osnabrück 2000.
Bracher, Karl Dietrich / Manfred Funke / Hans-Adolf Jacobsen (Hg.): Nationalsozialistische Diktatur 1933–1945. Eine Bilanz, Bonn 1986.
Broszat, Martin: Nationalsozialistische Polenpolitik 1939–1945, Frankfurt am Main 1965. [Überarbeitete Ausgabe der Originalausgabe Stuttgart 1961.]
Browning, Christopher R.: *Jüdische Arbeitskräfte in Polen. Existenzkampf, Ausbeutung, Vernichtung*, in: ders., Judenmord, S. 93–137.
Ders.: *Die »Arbeitsjuden« und die Erinnerungen der Überlebenden. Der Fall des Arbeitslagers Starachowice*, in: ders., Judenmord, S. 139–177.
Ders.: Die Entfesselung der »Endlösung«. Nationalsozialistische Judenpolitik 1939–1942. Aus dem Amerikanischen von Klaus-Dieter Schmidt, München 2003. [Englische Originalausgabe Jerusalem 2003.]
Ders.: *Genocide and Public Health: German Doctors and Polish Jews 1939–1941*, in: Holocaust and Genocide Studies, Bd. 3, Nr. 1, 1988, S. 21–36.
Ders.: *Genozid und Gesundheitswesen, Deutsche Ärzte und polnische Juden 1939–1941*, in: Ärztekammer/Bundesärztekammer (Hg.), Wert des Menschen, S. 316–328.
Ders.: *Die nationalsozialistische Ghettoisierungspolitik in Polen 1939–1941*, in: ders., Weg, S. 37–65.
Ders.: Judenmord, NS-Politik, Zwangsarbeit und das Verhalten der Täter. Aus dem Englischen von Karl Heinz Siber, Frankfurt am Main 2001.[Englische Originalausgabe Cambridge 2000.]
Ders.: *Nazi Germany's Initial Attempt to Exploit Jewish Labor in the General Gouvernement: The Early Jewish Work Camps 1940–41*, in: Grabitz/Tuchel/Bästlein (Hg.), Normalität, S. 171–185.
Ders.: *Mehr als Warschau und Lodz: Der Holocaust in Polen*, in: ders., Weg, S. 127–148.
Ders.: Der Weg zur »Endlösung«. Entscheidungen und Täter. Aus dem Amerikanischen von Jürgen P. Krause, Bonn 1998.
Ders. und Israel Gutman: *The Reports of a Jewish »Informer« in the Warsaw Ghetto – Selected Documents*, in: Yad Vashem Studies XVII, 1986, S. 247–273.
Brustin-Berenstein, Tatiana: *Jüdische Soziale Selbsthilfe*, in: Gruner u.a. (Hg.), Arbeitsmarkt, S. 156–174.
Budziarek, Marek (Red.): Lodzer Judaica in Archiven und Museen. Aufsätze und Berichte aus Łódź, Jerusalem, Washington und Frankfurt am Main, Łódź/Bonn 1996.
Ders. / Leszek Skrzydlo / Marek Szukalak: Łódź nasze miasto – Unsere Stadt Łódź, Łódź 2000.
Bundesarchiv (Hg.): Die Okkupationspolitik des deutschen Faschismus / Europa unterm Hakenkreuz, Ergänzungsband 1: Okkupation und Kollaboration (1938–1945). Beiträge zu Konzeption und Praxis der Kollaboration in der deutschen Okkupationspolitik, zusammengestellt und eingeleitet von Werner Röhr, Berlin/Heidelberg 1994.
Cartier, Raymond: Der Zweite Weltkrieg 1939–1945. Aus dem Französischen von Max Harries-Kester, Wolf-Dieter Bach und Wilhelm Thaler, 7. Auflage, München/Zürich 1985. [Französische Originalausgabe Paris 1965.]
Caumanns, Ute und Michael Esch: *Fleckfieber und Fleckfieberbekämpfung im Warschauer Ghetto und die Tätigkeit der deutschen Gesundheitsverwaltung 1941/42*, in: Woelck/Vögele (Hg.), Geschichte der Gesundheitspolitik, S. 225–262.
Chiari, Bernhard (Hg. im Auftrag des Militärgeschichtlichen Forschungsamtes) und Jerzy Kochanowski (Mitarb.): Die polnische Heimatarmee. Geschichte und Mythos der Armia Krajowa seit dem Zweiten Weltkrieg, München 2003.

Chronology and Index of the Second World War, 1938–1945, zusammengestellt vom Royal Institute of International Affairs, Westport/London 1975.
Ciechanowski, Jan: *Die Genese des Aufstandes: Zum Entscheidungsprozeß und den Zielsetzungen auf polnischer Seite,* in: Martin/Lewandowska (Hg.), Aufstand, S. 100–117.
Corni, Gustavo: *Voices from a Beleaguered Society: Diaries and Memoirs from the Jewish Ghettos During World War II,* in: Roth/Maxwell (Hg.), Remembering for the Future, Bd. 1, S. 211–230.
Cüppers, Martin: *»... auf eine so saubere und anständige SS-mäßige Art«. Die Waffen-SS in Polen 1939–1941,* in: Mallmann/Musial (Hg.), Genesis, S. 90–110.
Dauerausstellung der Gedenkstätte Haus der Wannsee-Konferenz, Katalogbroschüre, Berlin o.J. [1996].
Deutsches Historisches Institut Warschau (Hg.): »Größte Härte ...«, Verbrechen der Wehrmacht in Polen, September/Oktober 1939, Warschau 2005.
Dieckmann, Christoph / Babette Quinkert / Tatjana Tönsmeyer (Hg.): Kooperation und Verbrechen, Formen der »Kollaboration« im östlichen Europa 1939–1945, Beiträge zur Geschichte des Nationalsozialismus, Bd. 19, Göttingen 2003.
Długoborski, Wacław und Czesław Madajczyk: *Ausbeutungssysteme in den besetzten Gebieten Polens und der UdSSR,* in: Forstmeier/Volkmann, Kriegswirtschaft, S. 375–416.
Dobroszycki, Lucjan: *Introduction,* in: ders. (Hg.), The Chronicle of the Łódź Ghetto 1941–1944, New Haven/London 1984, S. IX–LXVIII.
Ders.: *Prasa polska w okresie kampanii wrześniowej (1–28 września 1939r.)* [*Die polnische Presse während des Septemberfeldzugs (1.–28. September 1939)*], in: Rocznik Historii Czasopiśmiennictwa Polskiego, Bd. 5, Heft 1, Wrocław/Warschau/Krakau 1966, S. 151–166.
Ders.: Die Legale Polnische Presse im Generalgouvernement 1939–1945, München 1977.
Domańska, Regina: *Obozy w getcie warszawskim* [*Die Lager im Warschauer Getto*], in: Biuletyn Głównej Komisji Badania Zbrodni przeciwko Narodowi Polskiemu Instytutu Pamięci Narodowej, Nr. 34, 1992, S. 124–135.
Dreßen, Willi und Volker Rieß: *Ausbeutung und Vernichtung. Gesundheitspolitik im Generalgouvernement,* in: Frei (Hg.), Medizin, S. 157–171.
Drobisch, Klaus: *Der Werkschutz – betriebliches Terrororgan im faschistischen Deutschland,* in: Jahrbuch für Wirtschaftsgeschichte 1965, Teil IV, S. 217–247.
Eisenblätter, Gerhard: Grundlinien der Politik des Reichs gegenüber dem Generalgouvernement, 1939–1945, Frankfurt am Main 1969.
Engel, David: *»Will They Dare?«. Perceptions of Threat in Diaries from the Warsaw Ghetto,* in: Shapiro (Hg.), Holocaust Chronicles, S. 71–82.
Engelking, Barbara: Holocaust and Memory. The Experience of the Holocaust and Its Consequences: An Investigation Based on Personal Narratives. Aus dem Polnischen von Emma Harris, London/New York 2001.
Dies. und Jacek Leociak: Getto warszawskie. Przewodnik po nieistniejącym mieście [Das Warschauer Getto. Ein Führer durch eine nicht existierende Stadt], Warschau 2001.
Erdmann, Karl Dietrich: Der Zweite Weltkrieg, 9. Auflage, München 1999.
Ficowski, Jercy: The Gypsies in Poland. History and Customs, Warschau o.J. [1989].
Forstmeier, Friedrich und Hans-Erich Volkmann: Kriegswirtschaft und Rüstung 1939–1945, Düsseldorf 1977.
Frei, Norbert (Hg.): Medizin und Gesundheitspolitik in der NS-Zeit, München 1991.
Friedlander, Henry: Der Weg zum NS-Genozid. Von der Euthanasie zur Endlösung. Aus dem Amerikanischen von Johanna Friedman, Martin Richter und Barbara Schaden, Berlin 1997.
Friedman, Philip (Hg.): Martyrs and Fighters. The Epic of the Warsaw Ghetto, New York 1954.
Friedman, Saul S. (Hg.): Holocaust Literature. A Handbook of Critical, Historical, and Literary Writings, Westport, Ct./London 1993.
Friedrich, Klaus-Peter: *Kollaboration und Antisemitismus in Polen unter deutscher Besatzung*

(1939–1944/45). Zu verdrängten Aspekten eines schwierigen deutsch-polnisch-jüdischen Verhältnisses, in: Zeitschrift für Geschichtswissenschaft, 45. Jg., 1997, Heft 9, S. 818–834.

Ders.: *Rassistische Seuchenprävention als Voraussetzung nationalsozialistischer Vernichtungspolitik: Vom Warschauer »Seuchensperrgebiet« zu den »Getto«-Mauern (1939/40),* in: Zeitschrift für Geschichtswissenschaft, 58. Jg., 2005, Heft 7, S. 610–636.

Ders.: *Zusammenarbeit und Mittäterschaft in Polen 1939–1945, Skizze einer polnischen Historiographie,* in: Dieckmann/Quinkert/Tönsmeyer (Hg.), Kooperation, S. 113–150.

Fuhrmann, Rainer W.: Polen. Abriß der Geschichte, Hannover 1981.

Gerlach, Christian: *Die Ausweitung der deutschen Massenmorde in den besetzten sowjetischen Gebieten im Herbst 1941. Überlegungen zur Vernichtungspolitik gegen Juden und sowjetische Kriegsgefangene,* in: ders., Krieg, S. 10–84.

Ders.: *Die Bedeutung der deutschen Ernährungspolitik für die Beschleunigung des Mordes an den Juden 1942. Das Generalgouvernement und die Westukraine,* in: ders., Krieg, S. 167–257.

Ders.: Krieg, Ernährung, Völkermord. Forschungen zur deutschen Vernichtungspolitik im Zweiten Weltkrieg, Hamburg 1998.

Ders.: Kalkulierte Morde. Die deutsche Wirtschafts- und Vernichtungspolitik in Weißrußland 1941 bis 1944, Hamburg 1999.

Gerson, Daniel: *Deutsche und Juden in Polen, 1918–1939,* in: Jahrbuch für Antisemitismusforschung, Bd. II, 1993, S. 62–92.

Golczewski, Frank: *Die Heimatarmee und die Juden,* in: Chiari (Hg.), Heimatarmee, S. 635–676.

Ders.: *Polen,* in: Benz (Hg.), Dimensionen, S. 411–497.

Görtemaker, Manfred: Deutschland im 19. Jahrhundert. Entwicklungslinien, 2. durchgesehene Auflage, Bonn 1986.

Gottwaldt, Alfred und Diana Schulle: Die »Judendeportationen« aus dem Deutschen Reich 1941–1945. Eine kommentierte Chronologie, Wiesbaden 2005.

Grabitz, Helge und Justizbehörde Hamburg (Hg.): Täter und Gehilfen des Endlösungswahns. Hamburger Verfahren wegen NS-Gewaltverbrechen 1946–1996, Hamburg 1999.

Grabitz, Helge und Wolfgang Scheffler: Letzte Spuren. Ghetto Warschau, SS-Arbeitslager Trawniki, Aktion Erntefest. Fotos und Dokumente über Opfer des Endlösungswahns im Spiegel der historischen Ereignisse, Berlin 1988.

Grabitz, Helge / Johannes Tuchel / Klaus Bästlein (Hg.): Die Normalität des Verbrechens. Bilanz und Perspektiven der Forschung zu den nationalsozialistischen Gewaltverbrechen. Festschrift für Wolfgang Scheffler zum 65. Geburtstag, Berlin 1994.

Gross, Jan Tomasz: Nachbarn. Der Mord an den Juden von Jedwabne, mit einem Vorwort von Adam Michnik. Aus dem Englischen von Friedrich Griese, München 2001.

Gross, Nathan: *Aryan Papers in Poland,* in: Szner (Hg.), Extermination, S. 79–85.

Gruchmann, Lothar: Der Zweite Weltkrieg. Kriegführung und Politik, München 1967.

Gruner, Wolf u.a. (Hg.): Arbeitsmarkt und Sondererlaß. Menschenverwertung, Rassenpolitik und Arbeitsamt. Beiträge zur nationalsozialistischern Gesundheits- und Sozialpolitik 8, Berlin 1990.

Gutman, Yisrael: The Jews of Warsaw 1939–1943. Ghetto, Underground, Revolt, Bloomington 1982.

Ders.: *Polish Antisemitism Between the Wars: An Overview,* in: ders. u.a. (Hg.), Jews of Poland, S. 97–108.

Ders. u.a. (Hg.): The Jews of Poland Between Two World Wars, Hanover/London 1989.

Ders. und Avital Saf (Hg.): The Nazi Concentration Camps. Structure and Aims – The Image of the Prisoner – The Jews in the Camps. Proceedings of the Fourth Yad Vashem International Historical Conference, Jerusalem, January 1980, Jerusalem 1984.

Ders. und Cynthia Haft (Hg.): Patterns of Jewish Leadership in Nazi Europe 1933–1945. Proceedings of the Third Yad Vashem International Historical Conference, Jerusalem, April 4–7 1977, Jerusalem 1979.

Ders. und Shmuel Krakowski: Unequal Victims. Poles and Jews During World War Two, New York 1986.

Hamburger Institut für Sozialforschung (Hg.): Verbrechen der Wehrmacht. Dimensionen des Vernichtungskrieges 1941–1944, Ausstellungskatalog, Hamburg 2002.

Hanson, Joanna K. M.: The civilian population and the Warsaw Uprising of 1944, Cambridge u.a. 1982.

Henning, Ruth (Hg.): Die »Jedwabne-Debatte« in polnischen Zeitungen und Zeitschriften – eine Dokumentation, Potsdam 2001.

Hensel, Jürgen (Hg.): Polen, Deutsche und Juden in Lodz 1820–1939. Eine schwierige Nachbarschaft, Osnabrück 1999.

Hensle, Michael P.: Rundfunkverbrechen, Das Hören von »Feindsendern« im Nationalsozialismus, Berlin 2003.

Herbert, Ulrich (Hg.): Nationalsozialistische Vernichtungspolitik 1939–1945. Neue Forschungen und Kontroversen, Frankfurt am Main 1998.

Ders. / Karin Orth / Christoph Dieckmann (Hg.): Die nationalsozialistischen Konzentrationslager – Entwicklung und Struktur, Bd. I, Göttingen 1998.

Hilberg, Raul: Die Vernichtung der Europäischen Juden. Aus dem Amerikanischen von Christian Seeger, Harry Maor, Walle Bengs und Wilfried Sczepan, 21.–24. Tausend der durchgesehenen und erweiterten Ausgabe von 1990, Frankfurt am Main 1994. [Beruhend auf den amerikanischen Originalausgaben von 1961 und 1981.]

Der Hilfsrat für Juden »Żegota« 1942–1945, Auswahl von Dokumenten, eingeleitet durch ein Interview Andrzej Friszkes mit Władysław Bartoszewski, ausgearbeitet von Andrzej Krzysztof Kunert, Warschau 2002.

Hillgruber, Andreas und Gerhard Hümmelchen: Chronik des Zweiten Weltkrieges. Kalendarium militärischer und politischer Ereignisse 1939–1945, Düsseldorf 1978.

Hirsch, Helga: Die Rache des Naftali S. – Jüdischer Widerstand im besetzten Polen, Feature des Deutschlandfunks, 27. Mai 2003, 45 Min.

Dies.: *Richter von eigenen Gnaden. Er erschoß, wen immer er für schuldig hielt: Norman Salsitz entkam den Nazis und rächte die Ermordung seiner Familie an Deutschen und Polen*, in: Frankfurter Allgemeine Zeitung, 16.8.2003.

Hoensch, Jörg K.: Geschichte Polens, 2. neubearbeitete und erweiterte Auflage, Stuttgart 1990.

Jacobmeyer, Wolfgang: *Der Überfall auf Polen und der neue Charakter des Krieges*, in: Kleßmann (Hg.), September 1939, S. 16–37.

Jaczyński, Stanisław: *Die Rote Armee an der Weichsel: Politischer oder militärischer Attentismus?*, in: Martin/Lewandowska (Hg.), Aufstand, S. 195–209.

Jansen, Christian und Arno Weckbecker: *Eine Miliz im »Weltanschauungskrieg«: Der »Volksdeutsche Selbstschutz« in Polen 1939/40*, in: Michalka (Hg.), Zweite Weltkrieg, S. 482–500.

Dies.: Der »Volksdeutsche Selbstschutz« in Polen 1939/40, München 1992.

Jersch-Wenzel, Steffi (Hg.): Deutsche – Polen – Juden. Ihre Beziehungen von den Anfängen bis ins 20. Jahrhundert. Beiträge zu einer Tagung, Berlin 1987.

Jonca, Karol (Red.): Studia nad faszyzmem i zbrodniami Hitlerowskimi [Studien über den Faschismus und die nationalsozialistischen Verbrechen], Bd. XIX, Wrocław 1996.

Jüdisch Historisches Institut Warschau und Jüdisches Museum der Stadt Frankfurt am Main (Hg.): Oneg Schabbat. Das Untergrundarchiv des Warschauer Ghettos, Ringelblum-Archiv, Ausstellung in der Börnegalerie im Museum Judengasse in Frankfurt am Main, 28.9.2000 – 21.1.2001, Warschau/Frankfurt am Main 2000.

Jureit, Ulrike: *Authentische und konstruierte Erinnerung – Methodische Überlegungen zu biographischen Sinnkonstruktionen*, in: WerkstattGeschichte, Nr. 18: »Endlösung«, 1997, S. 91–101.

Kaiser, Wolf (Hg.): Täter im Vernichtungskrieg. Der Überfall auf die Sowjetunion und der Völkermord an den Juden, Berlin/München 2002.

Kershaw, Ian: Hitler, Bd. 1: 1889–1936, Bd. 2: 1936–1945. Aus dem Englischen von Jürgen Peter Krause und Jörg W. Rademacher, Stuttgart/München 1998. [Englische Originalausgabe London 1998.]

Kiełboń, Janina: *Judendeportationen in den Distrikt Lublin*, in: Musial (Hg.), »Aktion Reinhardt«, S. 111–140.

Kirchmayer, Jerzy: Powstanie Warszawskie [Der Warschauer Aufstand], Warschau 1989.
Klein, Peter (Hg.): Die Einsatzgruppen in der besetzten Sowjetunion 1941/42. Die Tätigkeits- und Lageberichte des Chefs der Sicherheitspolizei und des SD, Berlin1997.
Kleßmann, Christoph (Hg.): September 1939. Krieg, Besatzung, Widerstand in Polen. Acht Beiträge, Göttingen 1989.
Klietmann, Kurt Gerhard: Die Waffen-SS – eine Dokumentation, Osnabrück 1965.
Königseder, Angelika: Flucht nach Berlin. Jüdische Displaced Persons 1945–1948, Berlin 1998.
Körner, Bert: *75 Jahre Metallwerke Zöblitz,* in: Stadt- und Gemeindeanzeiger von Zöblitz, Ansprung, Sorgau und Grundau, 7. Jg., 1997, Nr. 9, S. 6.
Körte, Mona: *Erinnerungsliteratur,* in: Dachauer Hefte 18: Terror und Kunst. Zeugnis, Überlebenshilfe, Rekonstruktion und Denkmal, 2002, S. 23–33.
Kosmala, Beate: *Lodzer Juden und Deutsche im Jahr 1933. Die Rezeption der nationalsozialistischen Machtübernahme in Deutschland und ihre Wirkung auf das Verhältnis von jüdischer und deutscher Minderheit,* in: Hensel (Hg.), Polen, Deutsche und Juden, S. 237–245.
Dies.: *Ungleiche Opfer in extremer Situation. Die Schwierigkeiten der Solidarität im okkupierten Polen,* in: Benz/Wetzel (Hg.), Solidarität, Regionalstudien I, S. 19–97.
Krakowski, Shmuel: *The Death Marches in the Period of the Evacuation of the Camps,* in: Gutman/Saf (Hg.), Nazi Concentration Camps, S. 475–489.
Krannhals, Hanns von: Der Warschauer Aufstand 1944, Frankfurt am Main 1962.
Ders.: *Die Judenvernichtung in Polen und die »Wehrmacht«,* in: Wehrwissenschaftliche Rundschau, Zeitschrift für die Europäische Sicherheit, 15. Jg., 1965, S. 570–581.
Kranz, Tomasz: *Ewidencja zgonów i śmiertelność więźniów KL Lublin* [Die Registrierung von Todesfällen und die Sterblichkeit von Gefangenen im KL Lublin], in: Zeszty Majdanka, XXIII, 2005, S. 7–53.
Kreuzberg-Museum (Hg.): Made in Kreuzberg. Produkte aus Handwerk und Industrie, Berlin 1996.
Kühn-Ludewig, Maria: *Lodz, Warschau, Wilna – Zeugnisse aus den Ghettos der NS-Zeit. Zu ihrer Überlieferung und Publikationsgeschichte in Deutschland,* in: Aschkenas – Zeitschrift für Geschichte und Kultur der Juden, 5. Jg., 1995, Heft 1, S. 181–193.
Kundrus, Birte und Beate Meyer (Hg.): Die Deportation der Juden aus Deutschland. Pläne – Praxis – Reaktionen 1938–1945, Göttingen 2004.
Kunert, Andrzej Krzysztof (Hg.): Polacy – Żydzi, Polen – Juden, Poles – Jews 1939–1945. Wybór źródeł, Quellenauswahl, Selection of Documents, Warschau 2001.
Kurzman, Dan: Der Aufstand: Die letzten Tage des Warschauer Ghettos, München 1979.
Kutler, Laurence: *Holocaust Diaries and Memoirs,* in: Friedman (Hg.), Holocaust Literature, S. 521–532.
Kuwałek, Robert: *Die Durchgangsghettos im Distrikt Lublin (u.a. Izbica, Piaski, Rejowiec und Trawniki),* in: Musial (Hg.), »Aktion Reinhardt«, S. 197–232.
Ders.: *Das kurze Leben »im Osten«. Jüdische Deutsche im Distrikt Lublin aus polnisch-jüdischer Sicht,* in: Kundrus/Meyer (Hg.), Deportation, S. 112–134.
Langer, Lawrence L.: Holocaust Testimonies: The Ruins of Memory, New Haven/London 1991.
Levin, Dov: *The Fighting Leadership of the Judenräte in the Small Communities of Poland,* in: Gutman/Haft (Hg.), Patterns, S. 133–149.
Lewandowska, Stanisława: *Die Zivilbevölkerung im Warschauer Aufstand,* in: Martin/dies. (Hg.), Aufstand, S. 164–176.
Libionka, Dariusz: *The Catholic Church in Poland and the Holocaust, 1939–1945,* in: Rittner/Smith/Steinfeldt (Hg.) und Bauer (berat. Hg.), Holocaust and Christian World, S. 74–78.
Ders.: *Die Kirche in Polen und der Mord an den Juden im Licht der polnischen Publizistik und Historiographie nach 1945,* in: Zeitschrift für Ostmitteleuropa-Forschung, 51. Jg., 2002, Heft 2, S. 188–215.
Loewy, Hanno und Gerhard Schoenberner (Red.): »Unser einziger Weg ist Arbeit«. Das Getto in Lodz 1940–1944, Eine Ausstellung des Jüdischen Museums Frankfurt am Main 30. März bis 10. Juni 1990 in Zusammenarbeit mit Yad Vashem u.a., Frankfurt am Main 1990.

Longerich, Peter: Politik der Vernichtung. Eine Gesamtdarstellung der nationalsozialistischen Judenverfolgung, München 1998.
Löw, Andrea: *»Nicht in Melancholie verfallen«. Reaktionen der jüdischen Minderheit im deutsch besetzten Polen 1939–1941,* in: Mallmann/Musial (Hg.), Genesis, S. 170–186.
Łuczak, Czesław: *Basic Assumptions of the Economic Policies of Nazi Germany and their Implementation in the Occupied Poland,* in: Studia Historiae Oeconomicae, Bd. 11, 1976, S. 193–213.
Ders.: *Die Wirtschaftspolitik des Dritten Reiches im besetzten Polen,* in: Studia Historiae Oeconomicae, Bd. 14, 1979, S. 87–103.
Luft, Maria: Warschau, Köln 2002.
Lukas, Richard C., The Forgotten Holocaust. The Poles Under German Occupation 1939–1944, Lexington, Ky. 1986.
Lustiger, Arno: Rotbuch: Stalin und die Juden. Die tragische Geschichte des Jüdischen Antifaschistischen Komitees und der sowjetischen Juden, Berlin 1998.
Madajczyk, Czesław: *Kann man in Polen 1939–1945 von Kollaboration sprechen?,* in: Bundesarchiv (Hg.), Okkupation und Kollaboration, Berlin/Heidelberg 1994, S. 133–148.
Ders.: Die Okkupationspolitik Nazideutschlands in Polen 1939–1945. Aus dem Polnischen von Bertold Puchert, Berlin 1987. [Gekürzte Übersetzung der polnischen Originalausgabe Warschau 1970.]
Ders.: *Die Verantwortung der Wehrmacht für die Verbrechen während des Krieges mit Polen,* in: Wette/Ueberschär (Hg.), Kriegsverbrechen, S. 113–122.
Magenheimer, Heinz: Die Abwehrschlacht an der Weichsel. Vorbereitung, Ablauf, Erfahrungen, Freiburg im Breisgau 1976.
Majer, Diemut: »Fremdvölkische« im Dritten Reich. Ein Beitrag zur nationalsozialistischen Rechtssetzung und Rechtspraxis in Verwaltung und Justiz unter besonderer Berücksichtigung der eingegliederten Ostgebiete und des Generalgouvernements, Boppard am Rhein 1981.
Mallmann, Klaus-Michael und Bogdan Musial (Hg.): Genesis des Genozids. Polen 1939–1941, Darmstadt 2004.
Martin, Bernd und Stanisława Lewandowska (Hg.): Der Warschauer Aufstand 1944, Warschau 1999.
Martin, Cheyenne und Susan Bakewell-Sachs: *Courage in the Face of Death: Nurses and Physicians' Involvement in Resistance,* in: Roth/Maxwell (Hg.), Remembering for the Future, Bd. 1, S. 279–288.
Matthäus, Jürgen: *Das »Unternehmen Barbarossa« und der Beginn der Judenvernichtung, Juni–Dezember 1941,* in: Browning, Entfesselung, S. 360–448.
Maurer, Trude: *Abschiebung und Attentat, Die Ausweisung der polnischen Juden und der Vorwand für die »Kristallnacht«,* in: Pehle (Hg.), Judenpogrom 1938, S. 52–73.
Melzer, Emanuel: *Antisemitism in the Last Years of the Second Polish Republic,* in: Gutman u.a. (Hg.), Jews of Poland, S. 126–137.
Mendelsohn, Ezra: *Jewish Politics in Interwar Poland: An Overview,* in: Gutman u.a. (Hg.), Jews of Poland, S. 9–19.
Michalka, Wolfgang (Hg.): Der Zweite Weltkrieg. Analysen, Grundzüge, Forschungsbilanz, München/Zürich 1989.
Militärgeschichtliches Forschungsamt (Hg.): Das Deutsche Reich und der Zweite Weltkrieg,
Bd. 2: Die Errichtung der Hegemonie auf dem europäischen Kontinent, Mitarbeiter Klaus A. Meier u.a., Stuttgart 1979;
Bd. 4 mit einem Beiheft: Der Angriff auf die Sowjetunion, Mitarbeiter Horst Boog u.a., Stuttgart 1987;
Bd. 5.1: Organisation und Mobilisierung des deutschen Machtbereichs. Kriegswirtschaft, Wirtschaft und personelle Ressourcen 1939–1941, Mitarbeiter Bernhard R. Kroener u.a., Stuttgart 1988;
Bd. 5.2: Organisation und Mobilisierung des deutschen Machtbereichs. Kriegswirtschaft,

Wirtschaft und personelle Ressourcen 1942–1944/45, Mitarbeiter Bernhard R. Kroener u.a., Stuttgart 1999.
Młynarczyk, Jacek Andrzej: *Organisation und Durchführung der »Aktion Reinhard« im Distrikt Radom,* in: Musial (Hg.), »Aktion Reinhardt«, S. 165–195.
Mórawski, Karol und Wiesław Głębocki: Bedeker Warszawski, Warschau 1996.
Musial, Bogdan (Hg.): »Aktion Reinhardt«. Der Völkermord an den Juden im Generalgouvernement 1941–1944, Osnabrück 2004.
Ders.: »Konterrevolutionäre Elemente sind zu erschießen«. Die Brutalisierung des deutsch-sowjetischen Krieges im Sommer 1941, München 2000.
Ders.: *Recht und Wirtschaft im besetzten Polen 1939–1945,* in: Bähr/Banken (Hg.), Europa, S. 31–57.
Myszor, Jerzy: *Die katholische Kirche und die Heimatarmee,* in: Chiari (Hg.), Heimatarmee, S. 367–385.
Novitch, Miriam (Hg.): Sobibor – Martyrdom and Revolt, New York 1980.
Ofer, Dalia: *The Education of Jewish Children in Warsaw during the Nazi Occupation,* in: Roth/Maxwell (Hg.), Remembering for the Future, Bd. 1, S. 289–301.
Paulsson, Gunnar S.: *Evading the Holocaust: The Unexplored Continent of Holocaust Historiography,* in: Roth/Maxwell (Hg.), Remembering for the Future, Bd. 1, S. 302–318.
Ders.: Secret City. The Hidden Jews of Warsaw 1940–1945, New Haven/London 2002.
Pehle, Walter H. (Hg.): Der Judenpogrom 1938, Von der »Reichskristallnacht« zum Völkermord, Frankfurt am Main 1988.
Piekalkiewicz, Janusz: Kampf um Warschau. Stalins Verrat an der polnischen Heimatarmee 1944, München 1994.
Ders.: Polenfeldzug. Hitler und Stalin zerschlagen die Polnische Republik, Herrsching 1989. [Lizenzausgabe der deutschen Ausgabe Bergisch Gladbach 1982.]
Pohl, Dieter: *Die »Aktion Reinhard« im Licht der Historiographie,* in: Musial (Hg.), »Aktion Reinhardt«, S. 15–47.
Ders.: *Die Ermordung der Juden im Generalgouvernement,* in: Herbert (Hg.), Vernichtungspolitik, S. 98–121.
Ders.: Von der »Judenpolitik« zum Judenmord. Der Distrikt Lublin des Generalgouvernements 1939–1944, Frankfurt am Main u.a. 1993.
Ders.: Verfolgung und Massenmord in der NS-Zeit 1933–1945, Darmstadt 2003.
Ders.: *Der Völkermord an den Juden,* in: Borodziej/Ziemer (Hg.), Beziehungen, S.114–134.
Ders.: *Die großen Zwangsarbeitslager der SS- und Polizeiführer für Juden im Generalgouvernement 1942–1945,* in: Herbert/Orth/Dieckmann (Hg.), Konzentrationslager, S. 415–438.
Polonsky, Antony: »My Brother's Keeper?« Recent Polish Debates on the Holocaust, London 1990.
Ders. / Ezra Mendelsohn / Jerzy Tomaszewski (Hg.): Jews in Independent Poland 1918–1939, Polin – Studies in Polish Jewry, Bd. 8, London/Washington 1994.
Przygoński, Antoni: Powstanie Warszawskie w sierpniu 1944 r. [Der Warschauer Aufstand im August 1944], Bd. 1, Warschau 1980.
Reemtsma, Jan Philipp: *»Les vrais riches«. Ein Tagebuch aus dem Ghetto Lódz,* in: ders., Stimmen, S. 21–47.
Ders.: *Die Memoiren Überlebender. Eine Literaturgattung des 20. Jahrhunderts,* in: ders., Mord, S. 227–253.
Ders.: Mord am Strand. Allianzen von Zivilisation und Barbarei, o.O. [Berlin] 2000.
Ders.: Stimmen aus dem vorigen Jahrhundert. Hörbilder, Stuttgart 2000.
Rittner, Carol / Stephen D. Smith / Irena Steinfeldt (Hg.) und Yehuda Bauer (berat. Hg.): The Holocaust and the Christian World. Reflections on the Past, Challenges for the Future, New York 2000.
Robel, Gert: *Sowjetunion,* in: Benz (Hg.), Dimensionen, S. 499–550.
Roland, Charles G.: Courage under Siege, Starvation, Disease and Death in the Warsaw Ghetto, New York/Oxford 1992.

Rose, Romani (Hg.): Der nationalsozialistische Völkermord an den Sinti und Roma. Katalog zur Ausstellung im Staatlichen Museum Auschwitz, Heidelberg 2001.
Rosin, Ryszard: *Zbrodnie Wehrmachtu w Łódzkiem i Częstochowskiem* [Die Kriegsverbrechen der Wehrmacht im Raum Łódź und Częstochowa], in: Biuletyn Głównej Komisji Badania Zbrodni Hitlerowskich w Polsce, Bd. XXXII, 1987, S. 191–202.
Roth, John K. und Elisabeth Maxwell (Hg.): Remembering for the Future. The Holocaust in an Age of Genocide, Bd. 1: History, Bd. 3: Memory, Houndmills, N.Y. 2001.
Rozett, Robert: *Published Memoirs of Holocaust Survivors,* in: Roth/Maxwell (Hg.), Remembering for the Future, Bd. 3, S. 167–171.
Rückerl, Adalbert (Hg.): NS-Prozesse. Nach 25 Jahren Strafverfolgung: Möglichkeiten – Grenzen – Ergebnisse, 2. Auflage, Karlsruhe 1972.
Ders. (Hg.): NS-Vernichtungslager im Spiegel deutscher Strafprozesse: Belzec, Sobibor, Treblinka, Chelmno, München 1977.
Rürup, Reinhard (Hg.): Der Krieg gegen die Sowjetunion 1941–1945. Eine Dokumentation zum 50. Jahrestag des Überfalls auf die Sowjetunion, Berlin 1991.
Rutkowski, A. [Adam]: *Hitlerowskie obozy pracy dla Żydów w dystrykcie radomskim [Die nationalsozialistischen Arbeitslager für Juden im Distrikt Radom]*, in: Biuletyn Żydowskiego Instytutu Historycznego, Nr. 17/18, 1956, S. 106–128.
Ders.: *Martyrologia, walka i zagłada ludności żydowskiej w dystrykcie radomskim podczas okupacji hitlerowskiej [Martyrium, Kampf und Vernichtung der jüdischen Bevölkerung im Distrikt Radom während der nationalsozialistischen Okkupation]*, in: Biuletyn Żydowskiego Instytutu Historycznego, Nr. 15/16, 1955, S. 75–182.
Sakowska, Ruta: Die zweite Etappe ist der Tod. NS-Ausrottungspolitik gegen die polnischen Juden, gesehen mit den Augen der Opfer. Ein historischer Essay und ausgewählte Dokumente aus dem Ringelblum-Archiv 1941–1943. Aus dem Polnischen von Jochen August, Berlin 1993. [Polnische Originalausgabe Wrocław 1986.]
Dies.: Menschen im Ghetto, Die Jüdische Bevölkerung im besetzten Warschau 1939–1943. Aus dem Polnischen von Ruth Henning, Osnabrück 1999. [Überarbeitete Fassung der polnischen Originalausgabe Warschau 1993.]
Samuś, Paweł: *Lodz. Heimatstadt von Polen, Deutschen und Juden*, in: Hensel (Hg.), Polen, Deutsche und Juden, S. 13–32.
Scheffler, Wolfgang, *Zur organisatorischen und verfassungsorganischen Einordnung der SS und Polizei unter besonderer Berücksichtigung der Verhältnisse während der »Aktion Reinhard« im Generalgouvernement. Wissenschaftliches Gutachten erstattet am 3. April 1973 vor dem Schwurgericht Hamburg Az.: (50) 8/72,* in: Grabitz/Justizbehörde Hamburg (Hg.), Täter und Gehilfen, S. 189–214.
Ders.: *Zur Judenpolitik und Judenverfolgung unter besonderer Berücksichtigung der Maßnahmen gegen die Juden im Generalgouvernement. Wissenschaftliches Gutachten erstattet am 29. März 1973 vor dem Schwurgericht Hamburg Az.: (50) 8/72,* in: Grabitz/Justizbehörde Hamburg (Hg.), Täter und Gehilfen, S. 167–188.
Ders.: *The Forgotten Part of the »Final Solution«: The Liquidation of the Ghettos,* in: Simon Wiesenthal Center Annual, Bd. 2, 1985, S. 31–51.
Ders.: *Probleme der Holocaustforschung,* in: Jersch-Wenzel (Hg.), Deutsche – Polen – Juden, S. 270–281.
Ders.: *Zur Zahl der in den Vernichtungslagern der »Aktion Reinhard« ermordeten Juden. Wissenschaftliches Gutachten erstattet am 3. Juli 1973 vor dem Schwurgericht Hamburg Az.: (50) 8/72,* in: Grabitz/Justizbehörde Hamburg (Hg.), Täter und Gehilfen, S. 215–241.
Ders. und Helge Grabitz: Der Ghetto-Aufstand Warschau 1943 aus der Sicht der Täter und Opfer in Aussagen vor deutschen Gerichten, München 1993.
Schelvis, Jules: Vernichtungslager Sobibór. Aus dem Holländischen von Gero Deckers, Berlin 1998.
Schieb, Barbara: Nachricht von Chotzen. »Wer immer hofft, stirbt singend«, Berlin 2000.

Schwan, Heribert und Helgard Heindrichs: Der SS-Mann Josef Blösche – Leben und Sterben eines Mörders, München 2003.
Schwarberg, Günther: Das Getto, Geburtstagsspaziergang in die Hölle, Göttingen 1989.
Schwendemann, Heinrich: *Die Kapitulation: Deutsche Vergeltungsmaßnahmen und deutsches Werben um eine antibolschewistische Front*, in: Martin/Lewandowska (Hg.), Aufstand, S. 234–253.
Shapiro, Robert Moses (Hg.): Holocaust Chronicles: Individualizing the Holocaust through Diaries and Other Contemporaneous Personal Accounts. A collection of papers originally presented at an international conference sponsored by the Eli and Diana Zborowski Professorial Chair in Interdisciplinary Holocaust Studies, Yeshiva University, October 1993, Hoboken, NJ. 1999.
Silberklang, David: *Die Juden und die ersten Deportationen aus dem Distrikt Lublin*, in: Musial (Hg.), »Aktion Reinhardt«, S. 141–164.
Smit, Erik / Evthalia Staikos / Dirk Thormann: 3. Februar 1945. Die Zerstörung Kreuzbergs aus der Luft, hg. vom Kunstamt Kreuzberg und Kreuzberg-Museum, Berlin 1995.
Steinbach, Peter und Johannes Tuchel (Hg.): Widerstand gegen den Nationalsozialismus, Bonn 1994.
Dies. (Hg.): Widerstand gegen die nationalsozialistische Diktatur, Berlin 2004.
Szarota, Tomasz: *Alltag in Warschau und anderen besetzten Hauptstädten*, in: Kleßmann (Hg.), September 1939, S. 73–94.
Ders.: *Die Luftangriffe auf Warschau im Zweiten Weltkrieg*, in: Acta Poloniae Historica 69, 1994, S. 121–133.
Ders.: Warschau unter dem Hakenkreuz. Leben und Alltag im besetzten Warschau 1.10.1939 bis 31.7.1944. Aus dem Polnischen von Claudia und Ryszard Makowski, eingeleitet von Wolfgang Jacobmeyer, Paderborn 1985. [Gekürzte Fassung der polnischen Originalausgabe Warschau 1978.]
Szner, Zvi (Hg.): Extermination and Resistance. Historical Records and Source Material, Bd. I, Kibbuz Lohamei Haghettaot, Israel, 1958.
Tessin, Georg: Verbände und Truppen der deutschen Wehrmacht und Waffen-SS im Zweiten Weltkrieg 1939–1945,
Bd. 3: Die Landstreitkräfte 6–14, Osnabrück 1967;
Bd. 16, Teil 1: Wehrkreise I–IV. Verzeichnis der Friedensgarnisonen 1932–1939 und Stationierungen im Kriege 1939–1945, bearbeitet von Christian Zweng, Osnabrück 1996.
Tomaszewski, Jerzy: *The Civil Rights of Jews in Poland 1918–1939*, in: Polonsky/Mendelsohn/Tomaszewski (Hg.), Jews in Independent Poland, S. 115–127.
Trenkner, Joachim: *Ziel vernichtet. Wieluń 1. September 1939*, in: Die Zeit, Nr. 7, 6.2.2003, S. 78.
Trunk, Isaiah: Judenrat. The Jewish Councils in Eastern Europe under Nazi Occupation, New York/London 1972.
Ueberschär, Gerd R.: Die Deutsche Reichspost 1933–1945, Eine politische Verwaltungsgeschichte, Bd. I: 1933–1939, Bd. II: 1939–1945, Berlin 1999.
Ders. und Wolfram Wette (Hg.): Der deutsche Überfall auf die Sowjetunion »Unternehmen Barbarossa« 1941, Frankfurt am Main 1991.
Ustinow, D. F. u.a. (Hauptredaktion) / H. Hoffmann u.a. (Hg. der DDR-Ausgabe): Geschichte des Zweiten Weltkrieges 1939–1945 in zwölf Bänden,
Bd. 9: Die Befreiung des Territoriums der UdSSR und der europäischen Länder, der Krieg auf dem Stillen Ozean und in Asien, Berlin 1981.
Varga, László: *Ungarn*, in: Benz (Hg.), Dimensionen, S. 331–351.
Walle, Heinrich: *Der 20. Juli 1944. Eine Chronik der Ereignisse von Attentat und Umsturzversuch*, in: Steinbach/Tuchel (Hg.), Widerstand 1994, S. 364–376.
Warschau – Hauptstadt der Freiheit. Der Warschauer Aufstand August – Oktober 1944, Ausstellungskatalog des Rates zum Schutz des Gedenkens an Kampf und Martyrium, Warschau, der Botschaft der Republik Polen und der Gedenkstätte Deutscher Widerstand, Berlin, Berlin 2004.

Der Warschauer Aufstand 1. August – 2. Oktober 1944. Ursachen, Verlauf, Folgen, veröffentlicht von der Hauptkommission zur Untersuchung der Verbrechen gegen die polnische Nation und der Niedersächsischen Landeszentrale für politische Bildung, Warschau/Hannover, 1996.

Wegner, Bernd (Hg.): Zwei Wege nach Moskau. Vom Hitler-Stalin-Pakt bis zum »Unternehmen Barbarossa«, München/Zürich 1991.

Weiss, Aharon: *Jewish Leadership in Occupied Poland – postures and attitudes,* in: Yad Vashem Studies XII, 1977, S. 335–365.

Ders.: *The Relations Between the Judenrat and the Jewish Police,* in: Gutman/Haft (Hg.), Patterns, S. 201–217.

Wette, Wolfram: *Der Krieg gegen die Sowjetunion – ein rassenideologisch begründeter Vernichtungskrieg,* in: Kaiser (Hg.), Täter, S. 15–38.

Ders. und Gerd R. Ueberschär (Hg.): Kriegsverbrechen im 20. Jahrhundert, Darmstadt 2001.

Wischnitzer, Mark: Die Juden in der Welt. Gegenwart und Geschichte des Judentums in allen Ländern, Berlin 1935.

Witte, Peter und Stephen Tyas: *A New Document on the Deportation and Murder of Jews during »Einsatz Reinhardt« 1942,* in: Holocaust and Genocide Studies, Bd. 15, Nr. 3, Winter 2001, S. 468–486.

Woelck, Wolfgang und Jörg Vögele (Hg.): Geschichte der Gesundheitspolitik in Deutschland. Von der Weimarer Republik bis in die Frühgeschichte der »doppelten Staatsgründung«, Berlin 2002.

Wolff, Karin (Hg.): Hiob 1943. Ein Requiem für das Warschauer Getto, Berlin 1984.

Wulf, Joseph: Das Dritte Reich und seine Vollstrecker. Die Liquidation der Juden im Warschauer Ghetto. Dokumente und Berichte, Wiesbaden 1989. [Nachdruck der Originalausgabe Berlin 1961.]

Ders.: Vom Leben, Kampf und Tod im Ghetto Warschau, Bonn 1958.

Wysocki, Gerd: Arbeit für den Krieg. Herrschaftsmechanismen in der Rüstungsindustrie des »Dritten Reiches«. Arbeitseinsatz, Sozialpolitik und staatspolizeiliche Repression bei den Reichswerken »Herrmann Göring« im Salzgitter-Gebiet 1937/38 bis 1945, Braunschweig 1992.

Young, James E.: Beschreiben des Holocaust. Darstellung und Folgen der Interpretation. Aus dem Amerikanischen von Christa Schuenke, Frankfurt am Main 1992. [Amerikanische Originalausgabe Bloomington u.a. 1990.]

Ders.: *Between History and Memory: The Uncanny Voices of Historian and Survivor,* in: History & Memory, Bd. 9, Nr. 1/2, Herbst 1997, S. 47–58.

Zimmermann: Michael, Rassenutopie und Genozid. Die nationalsozialistische »Lösung der Zigeunerfrage«, Hamburg 1996.

Lexika, Nachschlagewerke

Encyklopedia Warszawy, Warschau 1994.

Główna Komisja Badania Zbrodni Hitlerowskich w Polsce / Rada Ochrony Pomników Walki i Męczeństwa (Hg.), Pilichowski, Czesław (Redaktionsleitung): Obozy hitlerowskie na ziemiach polskich 1939–1945. Informator encyklopedyczny [Die nationalsozialistischen Lager auf polnischem Gebiet 1939–1945. Enzyklopädisches Verzeichnis], Warschau 1979.

Pinkas ha-Kehillot Polin: Encyclopaedia of Jewish communities from their foundation till after the Holocaut, Bd. VII, hg. von Abraham Wein: Lublin/Kielce District [in hebräischer Sprache], Jerusalem 1999.

Spector, Shmuel (Hg.): The Encyclopedia of Jewish Life Before and During the Holocaust, New York 2001.

Weinmann, Martin (Hg.): Das nationalsozialistische Lagersystem (CCP), Frankfurt am Main 1990.
Wigoder, Geoffrey (Hg.): New Encyclopedia of Zionism and Israel, London/Toronto 1994.
Ders. und Cecil Roth (Hg.): Encyclopaedia Judaica, CD-Rom, Text-update ca. 2000.
Zentner, Christian und Friedemann Bedürftig (Hg.): Das Grosse Lexikon des Zweiten Weltkriegs, München 1988.

ABKÜRZUNGSVERZEICHNIS

Abb.	Abbildung(en)
AdG	Archiv der Gegenwart
Anm.	Anmerkung(en)
APŁ	Archiwum Państwowe w Łódzi
APR	Archiwum Państwowe w Radomiu
APW	Archiwum Państwowe m. st. Warszawy
AŻIH	Archiwum Żydowskiego Instytutu Historycznego
BŻIH	Biuletyn Żydowskiego Instytutu Historycznego
BA	Bundesarchiv
BAL	Bundesarchiv Außenstelle Ludwigsburg
BA-MA	Bundesarchiv-Militärarchiv
BDC	(ehemaliges) Berlin Document Center
BdS	Befehlshaber der Sicherheitspolizei
BdO	Befehlshaber der Ordnungspolizei
Bl.	Blatt
B.S.	Barbara Schieb
BStU	Die Bundesbeauftragte für die Unterlagen des Staatssicherheitsdienstes der ehemaligen Deutschen Demokratischen Republik
DLZ	Deutsche Lodzer Zeitung
Doc. Occ.	Documenta Occupationis
Dok.	Dokument
EA	Entschädigungsamt bzw. -behörde
FGM	Faschismus – Ghetto – Massenmord
F.W.	Fryderyk Winykamień / Frederick Weinstein
GG	Generalgouvernement
HSSPF	Höherer SS- und Polizeiführer
IMG	Internationaler Militärgerichtshof Nürnberg
JSS	Jüdische Soziale Selbsthilfe / Żydowska Samopomoc Społeczna
KdS	Kommandeur der Sicherheitspolizei
KdO	Kommandeur der Ordnungspolizei
LG	Landgericht
M.i.G.	Militärbefehlshaber im Generalgouvernement
M.i.G./O.Qu.	Militärbefehlshaber im Generalgouvernement/Oberquartiermeister
M.V.	Martina Voigt
NSG	Nationalsozialistische Gewaltverbrechen
OKH	Oberkommando des Heeres
OKW	Oberkommando der Wehrmacht
RFSS	Reichsführer SS
S.	Seite(n)
SSPF	SS- und Polizeiführer
StA	Staatsanwaltschaft
Ul.	Ulica (Straße)
USHMM	United States Holocaust Memorial Museum (Washington)
VBl.GG	Verordnungsblatt des Generalgouverneurs für die besetzten polnischen Gebiete / Verordnungsblatt für das Generalgouvernement
W.i.G.	Wehrkreisbefehlshaber im Generalgouvernement
ZfG	Zeitschrift für Geschichtswissenschaft
ŻIH	Żydowski Instytut Historyczny (Jüdisches Historisches Institut Warschau)
ŻOB	Żydowska Organizacja Bojowa (Jüdische Kampforganisation)

BILDNACHWEIS

APŁ, Łódź: S. 387
APR, Radom: S. 391
Bayerisches Hauptstaatsarchiv, München (BEG 24155): S. 408 (oben und unten)
Brandenburgisches Landeshauptarchiv, Potsdam (Rep. 41 Amtsbezirk Bötzow Nr. 128): S. 407
Buchverlag Deutscher Osten G.m.b.H., Krakau (1942): S. 398
Bundesarchiv, Koblenz: S. 389, S. 396 Mitte und unten, S. 405
dtv-Verlag, München, Fotograf Joe J. Heydecker: S. 388 unten
Geographisches Institut der Humboldt-Universität Berlin: S. 390
Oberfinanzdirektion München – Landesentschädigungsamt (BEG 24154): S. 409 oben
Privatbesitz Friedhelm Hoffmann, Berlin: S. 416
Privatbesitz Zofia Kwiatkowska, Warschau: S. 392, 393, 394, 395, S. 403 oben
Privatbesitz Anneliese Midlasch, Berlin: S. 413 oben links
Privatbesitz Mary Schreiber, Landshut: S. 410, 411, 412, 413 oben rechts und unten
Privatbesitz Frederick Weinstein, New York: S. 385, 386, 401 unten, 402, 404, 406, 409 unten, 414, 415
Privatbesitz Jolanta Woźniak-Kreutzer, Berlin: S. 403 unten
Transit-Film, München: S. 388 oben
USHMM, Washington, Fotograf Heinz Jöst: S. 397
Yad Vashem Jerusalem: S. 399
ŻIH, Warschau: S. 396 oben, S. 397 oben, S. 400, S. 401 oben

Die Autoren

Frederick Weinstein wurde als Fryderyk Winnykamień 1922 in Biała Podlaska, Polen geboren. Er konnte die nationalsozialistische Verfolgung unter der deutschen Besatzungsherrschaft überleben und wanderte 1946 in die USA aus. Dort arbeitete er als Werkzeug- und Feinmechaniker, zuletzt in einem eigenen Betrieb. Heute lebt er im Ruhestand in New York. Seine Frau Ruth und er haben drei erwachsene Kinder und sechs Enkel.

Barbara Schieb, 1958 in Recklinghausen geboren, studierte Geschichtswissenschaft und Germanistik in Freiburg i.Br. und Berlin. Seit 1986 forscht und publiziert sie über verschiedene Aspekte der Judenverfolgung während der NS-Zeit in Berlin. Langjährig war sie für die Gedenkstätte Deutscher Widerstand sowie das Haus der Wannsee-Konferenz freiberuflich tätig und hat auch eigene Projekte realisiert. Gegenwärtig arbeitet sie als wissenschaftliche Mitarbeiterin der Gedenkstätte Deutscher Widerstand an der im Entstehen begriffenen Gedenkstätte »Stille Helden«, die die Schicksale der untergetauchten Juden zeigen und das Handeln ihrer Helfer darstellen wird.

Martina Voigt, 1960 in Bonn geboren, studierte Geschichte und Ethologie in Bonn und Berlin. Sie ist als Rechercheurin zur Geschichte des Nationalsozialismus tätig, unter anderem ebenfalls für das Projekt »Stille Helden« der Gedenkstätte Deutscher Widerstand und für die Conference of Jewish Material Claims Against Germany. Sie veröffentlicht zur nationalsozialistischen Judenverfolgung, darunter zu Flucht und Hilfe für Verfolgte sowie zur Geschichte von SS und Polizei unterm NS-Regime.

Peter Steinbach und Johannes Tuchel (Hg.)

Widerstand gegen die nationalsozialistische Diktatur 1933–1945

Der umfangreiche Sammelband bietet einen erschöpfenden Abriß über alle Facetten der Opposition gegen die NS-Diktatur. Fast dreißig Aufsätze widmen sich dem Widerstand u.a. aus kommunistischen, sozialdemokratischen, gewerkschaftlichen, christlichen, konservativen, jüdischen oder militärischen Kreisen und Motiven. Sie dokumentieren den aktuellen Forschungsstand in der derzeit wohl geschlossensten, gültigsten Form.

2004, Festeinband, 550 Seiten
ISBN 3–936872–37–6 € 25,–

Sigrid Grabner und Hendrik Röder (Hg.)

Im Geist bleibe ich bei Euch

Texte und Dokumente zu Hermann Maaß

Das erstmals veröffentliche Material gibt Auskunft über das Schicksal des Potsdamer Demokraten Hermann Maaß, der für seine Beteiligung am Umsturzversuch gegen Hitler hingerichtet wurde.

2003, Broschur, 110 Seiten, 23 s/w Abb.
ISBN 3–936872–03–1 € 12,90

Geertje Andresen

Die Tänzerin, Bildhauerin
und Nazigegnerin

Oda Schottmüller

1905–1943

Klaus Mann kannte Oda Schottmüller als bizarre Zeichnerin. Vor allem aber war sie eine bedeutende Bildhauerin und Ausdruckstänzerin, die sich auch nach 1934 nicht scheute, ihre phantastischen, oftmals tragischen Choreographien öffentlich zu zeigen. Ihre Beziehung zu dem kommunistischen Bildhauer Kurt Schumacher brachte sie Ende der 1930er Jahre in Kontakt mit dem Freundeskreis um Harro Schulze-Boysen, in dem freimütig künstlerische und politische Fragen diskutiert, ausländische Sender gehört, Verfolgten geholfen und Aktionen gegen die Nazi-Diktatur vorbereitet wurden.
Im Spätsommer 1942 verhaftete die Gestapo Harro Schulze-Boysen, Kurt Schumacher, Arvid Harnack, Oda Schottmüller und etwa 120 weitere Personen. Die Gestapo hatten diesem Kreis den Namen »Rote Kapelle« als Fahndungsbegriff zugeordnet und verdächtigte die Verhafteten, einer von Moskau gesteuerten Spionageorganisation anzugehören. Oda Schottmüller wurde vorgeworfen, ihr Atelier für Funkversuche nach Moskau zur Verfügung gestellt zu haben. Obwohl dies nicht bewiesen werden konnte, verurteilte sie das Reichskriegsgericht zum Tode. Am 5. August 1943 wurde sie enthauptet.
Eine Vielzahl bislang unbekannter Dokumente und Fotos erlaubt jetzt die weitgehende Rekonstruktion des tragischen Lebensweges und des künstlerischen Schaffens von Oda Schottmüller. Gleichsam nebenbei bietet das qualitätvoll ausgestattete Buch einen umfassenden Einblick in die Geschichte des Ausdruckstanzes während der NS-Zeit.

Festeinband mit Schutzumschlag,
353 Seiten, 145 Abbildungen
2005
ISBN 3-936872-58-9 € 19,80

Lars-Broder Keil

Hans-Ulrich von Oertzen

Offizier und Widerstandskämpfer.
Ein Lebensbild in Briefen und Erinnerungen

Hans-Ulrich von Oertzen stand im Zentrum der Verschwörung gegen Hitler, ist aber bis heute nahezu unbekannt. Dabei schrieb er im September 1943 mit dem späteren Attentäter Stauffenberg die wichtigen »Walküre«-Befehle für den Tag X, half Sprengstoff zu besorgen und inspizierte im Juli 1944 von Berlin aus die Einsatzbereitschaft von Truppen. Am 20. Juli 1944 war der neunundzwanzigjährige Oertzen für den wichtigen Wehrkreis Berlin eingeteilt worden. Vom Sitz des Wehrkreiskommandos am Hohenzollerndamm aus kümmerte er sich um die Übergabe von Befehlen und griff bei Problemen ein. Nach dem mißlungenen Attentat auf Hitler wurde der Major festgehalten. Die erste Vernehmung ergab zunächst keinen Hinweis auf eine Mittäterschaft, bis am nächsten Morgen seine wahre Rolle durch einen unglücklichen Zufall ans Licht kam. Oertzen rief noch einmal seine Frau an. Dann steckte er sich eine zuvor deponierte Gewehrsprenggranate in den Mund und zog ab.
Im Mittelpunkt dieser ersten biographischen Studie zu Hans-Ulrich von Oertzen steht eine Auswahl von rund 240 Briefen, die er 1942 bis 1944 an seine Frau geschrieben hat. Sie sind außergewöhnliche Zeugnisse einer Liebe, die sich trotz der Wirren des Krieges behaupten kann, Zeugnisse seines Wandels vom begeisterten Militär zu einem desillusionierten und enttäuschten Menschen, aber auch Zeugnisse des festen Glaubens, daß es eine gemeinsame Zukunft gibt. Oertzen heiratete vier Monate vor dem Attentat – ein Zeichen, daß er von dessen Gelingen ausging. Die im vorliegenden Buch publizierten Erinnerungen beschreiben zudem in bislang unbekannter Weise das persönlich enge Verhältnis der Beteiligten am Staatsstreich aus der Heeresgruppe Mitte.

Festeinband mit Schutzumschlag, 179 Seiten, 55 Abbildungen
2005
ISBN 3-936872-49-X € 19,80

Sigrid Grabner und Hendrik Röder (Hg.)

Emmi Bonhoeffer

Essay, Gespräch, Erinnerung

Emmi Bonhoeffer wußte an der Seite ihres Mannes Klaus um die Verschwörung vom 20. Juli 1944 und hielt nach dessen Ermordung wenige Tage vor Kriegsende die Erinnerung an ihn und den Mut seiner Helfer im Gedächtnis der Deutschen lebendig. Sie, die ihr Leben mit Selbstdisziplin und Tapferkeit meisterte, hatte stets ein Gespür für die materiellen und seelischen Notlagen anderer, so auch 1964, als sie Zeugen im Auschwitz-Prozeß betreute – prägende Erlebnisse, über die sie in gleichermaßen anrührenden wie präzise analysierenden Briefen an ihre in den USA lebende jüdische Freundin Recha Jászi berichtete. Diese Briefe sind im Buch ebenso enthalten wie Notizen aus dem Jahr 1945, ihre Rede zum 20. Juli 1981 oder der bewegende Abschiedsbrief von Klaus Bonhoeffer an die gemeinsamen Kinder.

Preußen hat uns auch Frauengestalten gegeben, in denen das Wesentliche fortwirkt. An uns liegt es, sie zu erkennen, an ihnen, uns dabei zu helfen, wie Emmi Bonhoeffer es vorbildlich tat am 20. Juli 1981 mit ihrem Bericht über den Widerstand gegen Hitler.

Richard von Weizsäcker

Eine ganz bemerkenswerte, preußische Frau, die alle preußischen Tugenden in sich vereint.

Günther Jauch in Elke Heidenreichs Sendung »ZDF Lesen«

Was für ein Leben! möchte man nach der Lektüre dieses Buchs ausrufen, das biographische Zeugnisse einer mutigen Frau versammelt, die preußisch erzogen wurde, demokratisch gedacht und couragiert gehandelt hat.

Denis Scheck in der ARD-Sendung »druckfrisch«

Ein wichtiges Buch, das eine Heldin aus dem Schatten ihres Mannes hervorholt.

Empfehlung der Stiftung Lesen

Festeinband mit Schutzumschlag, 147 Seiten, 24 Abbildungen
2004, 3. Auflage 2005
ISBN 3–936872–31–7 € 16,90

Mława
Ciechanów
Glinojeck
Drobin
Płońsk
PŁOCK
Modlin
Now
Wisła
WA
Leszno
Sochaczew
Błonie
Kutno
P
Łowicz
Skierniewice